To Joe from Becky
Xmas 1990
with love.
(Vive la France!)

DE GAULLE

JEAN LACOUTURE

DE GAULLE

I. LE REBELLE
1890-1944

ÉDITIONS DU SEUIL
27, rue Jacob, Paris VIᵉ

En couverture · p 1 Londres, mai 1943 — p 4 Paris, août 1944.
Photos AFP

ISBN : 2-02-006969-5 (éd. complète)
2-02-006968-7 (tome 1 : broché)
2-02-008577-1 (tome 1 : relié)

© ÉDITIONS DU SEUIL. SEPTEMBRE 1984

La loi du 11 mars 1957 interdit les copies ou reproductions destinées à une utilisation collective. Toute représentation ou reproduction intégrale ou partielle faite par quelque procédé que ce soit sans le consentement de l'auteur ou de ses ayants cause. est illicite et constitue une contrefaçon sanctionnée par les articles 425 et suivants du Code pénal.

Avertissement

Cette entreprise téméraire entre toutes — écrire une biographie du général de Gaulle moins de quinze ans après sa mort... —, l'auteur ne s'y est pas lancé sans connaître ses limites et ses manques. Rien ou presque, ni fréquentation du personnage, ni affinités particulières avec lui, ni participation à l'une ou à l'autre des phases de la grande aventure gaullienne, ni découverte ou détention de documents réellement inédits ne le désignait pour cette tâche démesurée.

Il a cru néanmoins pouvoir l'entreprendre. S'il existe beaucoup de fort bons livres consacrés à Charles de Gaulle par des observateurs, des familiers ou des adversaires, aucune biographie d'ensemble n'est encore disponible en français — que traduite de l'anglais. Au surplus, l'insuffisance du recul historique est peut-être compensée par la chance qu'a le chercheur de pouvoir interroger bon nombre des témoins ou acteurs de cette histoire immense : quel biographe de Louis XI n'a pas rêvé de poser quelques questions à Olivier le Daim ou au cardinal La Balue ? Enfin, pour qui fait le métier de biographe, quel sujet plus irrésistible, s'agissant de la France, et de notre siècle ?

Sa décision prise, l'auteur n'a pas cessé de constater à quel point son ambition était inégale à ses moyens. Se donnera-t-il le ridicule de préciser que rien n'est plus éloigné de son esprit que de prétendre proposer un travail exhaustif ? Hormis la précieuse sélection publiée sous la direction de l'amiral de Gaulle (les cinq premiers tomes de ses *Lettres, Notes et Carnets*), les archives personnelles du général ne sont pas accessibles aux chercheurs, pas plus que celles de la plupart des organismes de l'État français relatives à la période considérée. Trop brèves plongées dans les fonds déjà ouverts aux historiens, lecture fort incomplète des quelque huit cents ouvrages traitant déjà de Charles de Gaulle, oubli de témoins importants, voilà quelques-uns des griefs qui seront faits à l'auteur.

Ni historien professionnel ni universitaire, il s'excuse d'avance d'avoir souvent privilégié le souci du rythme, du ton, du « rendu », sur les exigences scientifiques. Son récit tend à plaire plus qu'à édifier, à renseigner plus qu'à enseigner. Tel lecteur lui fera grief d'avoir cédé ici à la fascination exercée par son héros, tel autre d'avoir voulu résister à l'envoûtement par le sarcasme. Aussi bien son livre n'est-il pas plus objectif que ceux qu'il a déjà publiés.

Parce qu'il est formé à l'école du journalisme et ne prétend à rien d'autre qu'à exercer honnêtement son métier, parce que beaucoup des acteurs et témoins du drame se sont prêtés à l'échange, l'auteur a fondé l'essentiel de sa recherche sur le témoignage oral : une centaine d'interviews (pour le premier tome) avec des compagnons et des adversaires du général lui a permis de personnaliser sinon de renouveler la relation de cette vie fabuleuse, et d'un temps qui ne le fut pas moins.

Mais qu'on ne cherche ici ni révélation sensationnelle ni document modifiant de fond en comble la connaissance du sujet. Sur Charles de Gaulle, tout ou presque tout a été dit, écrit, allégué plaidé (l'auteur lui-même a déjà publié en 1965, révisé en 1969 et complété en 1971, un portrait biographique du général). L'ambition de ce livre n'est pas de présenter un « nouveau de Gaulle », un Charles dévoilé, un général inconnu. Elle est de proposer à un public de non-spécialistes, aux yeux duquel Charles de Gaulle est d'ores et déjà un personnage aussi légendaire que le sont devenus Jaurès ou Clemenceau, un récit cohérent, aussi équitable que possible (mais non pas neutre !) de cette traversée épique du xxᵉ siècle par le plus illustre, et en tout cas le plus singulier des Français.

De Gaulle est une montagne qu'on n'escalade pas sans peine ni ne considère sans quelque vertige. Les parois sont abruptes, l'altitude épuisante. Le général disait lui-même que, sur les sommets, « il n'y a pas foule ». Si l'auteur a réussi parfois à l'y suivre, exténué, s'il a pu l'y entrevoir sans le défigurer, ni l'exalter hors de propos, il s'estimera payé de son long effort.

Ce livre comportera deux tomes. La publication du second, intitulé « Le souverain », est prévue pour l'automne 1985. Les sources de l'ouvrage y seront données [1]. On constatera ici que l'auteur, ne visant pas pas — et pour cause... — à faire œuvre universitaire, ne s'est pas cru obligé de donner systématiquement ses références après chaque citation mais simplement, pour ne pas alourdir la lecture de proposer des repères, que l'on trouvera rassemblés en fin de volume.

C'est au début du second tome que l'auteur publiera les remerciements qu'il doit à tous ceux qui ont bien voulu le recevoir ou l'aider. En attendant, il exprime sa gratitude à celles et ceux qui l'ont directement aidé dans ses recherches et ont bien voulu mettre au net ou relire le manuscrit : Catherine Grünblatt, Marie-Christine Gerber, Dominique Miollan, Martine Tardieu, Paul Flamand, Georges Buis, Jacques Nobécourt et Jean-Claude Guillebaud.

J L.

---

1. En attendant de publier une bibliographie à la fin de l'ouvrage, l'auteur tient à rendre hommage à ceux de ses prédécesseurs auxquels il a fait, dans ce premier tome, les plus larges emprunts :
J.-R. Tournoux (surtout *Pétain et de Gaulle*, Plon, 1964),
François Kersaudy (*De Gaulle et Churchill*, Plon, 1981),
Paul-Marie de la Gorce (*De Gaulle entre deux mondes*, Fayard, 1964),
Henri Noguères (*Histoire de la Résistance en France*, R. Laffont, 1981),
J.-B. Duroselle (*L'Abîme*, Imprimerie nationale, 1982),
Maurice Schumann (*Un certain 18 juin*, Plon, 1980),
Henri Amouroux (*Le 18 juin 1940*, Fayard, 1964),
les responsables de la remarquable série *En ce temps-là, de Gaulle* (Éditions du Hénin, publié sous la direction de Henri Gautrelet et Guy Schoeller, 1971-1973), et surtout ceux qui, autour de Philippe de Gaulle, publient depuis trois ans les *Lettres, Notes et Carnets* (Plon) du général — sans parler bien sûr des *Mémoires de guerre*.

I

L'idée

1. L'étoile

Nous sommes en 1905. Le débarquement du kaiser Guillaume II à Tanger fait frissonner l'Europe, ouvrant, écrit Charles Péguy « une période nouvelle dans l'histoire de ma propre vie, dans l'histoire de ce pays et assurément dans l'histoire du monde ». A Paris, au collège des jésuites de l'Immaculée-Conception, un garçon de 15 ans nommé Charles de Gaulle, peut-être inspiré par l'événement mais sans y faire référence, rédige sur un petit carnet brun ce texte singulier :

> « En 1930, l'Europe, irritée du mauvais vouloir et des insolences du gouvernement, déclara la guerre à la France. Trois armées allemandes franchirent les Vosges [...]. Le commandement de l'armée la plus forte fut confié au général Manteuffel. Le feld-maréchal et prince Frédéric-Charles se mit à la tête de la seconde [...]. En France, l'organisation fut faite très rapidement.
> Le général de Gaulle fut mis à la tête de 200 000 hommes et de 518 canons, le général de Boisdeffre commandait une armée de 150 000 hommes et 510 canons [...]. Le 10 février, les armées entrèrent en campagne. De Gaulle eut vite pris son plan, il fallait sauver Nancy, puis donner la main à Boisdeffre et écraser les Allemands avant leur jonction qui nous serait sûrement funeste [1] *

Et ainsi de suite pendant vingt pages... Ce collégien couronné de feuilles de chêne décrit avec une précision et une autorité stupéfiantes le conflit qu'il a bien pris soin de situer à une époque où il aura atteint l'âge de Napoléon à Wagram.

Ainsi, dès le milieu de l'adolescence, Charles de Gaulle se projette à la tête des armées françaises. Prenant le pas sur un Boisdeffre, héritier de l'un des noms les plus significatifs de l'histoire militaire française, défiant les Manteuffel et les Frédéric-Charles de Prusse, il fait manœuvrer régiments et batteries avec la virtuosité d'un Maurice de Saxe. On dira qu'en ce temps-là, des milliers de garçons de 15 ans savaient par cœur l'ordre de bataille d'Austerlitz et se prenaient un jour ou l'autre pour Turenne ou Chanzy. Mais lequel d'entre eux aurait osé proposer à ses maîtres jésuites, dans un système d'éducation où les hiérarchies étaient entre toutes rigides et l'humilité tenue pour la vertu des forts, une aussi formidable vision de soi ?

A 15 ans, Charles se voit, se sait déjà le général de Gaulle. Il sauve Nancy, marche sur Strasbourg, assiège Metz, sauve du désastre le malheu-

---

* Les notes appelées par un chiffre sont groupées en fin de volume, p. 839.

reux Boisdeffre, bouscule le gouvernement, parle à l'Europe... Il a déjà le sens du geste et du symbole qui fera de lui le plus « dramatique » des hommes publics de notre histoire... « De Gaulle savait qu'il jouait la partie décisive, car c'est sous les murs de Metz que l'Europe entière attachait ses regards. » Ses regards... Trente-cinq ans avant l'heure, l'homme du 18 juin est là tout entier.

Que signifient au juste de telles prémonitions ? Charles de Gaulle devait prendre soin, en écrivant vingt-cinq ans plus tard *le Fil de l'épée*, de nous en avertir : « Ce qu'Alexandre appelle son « espérance », César « sa fortune », Napoléon « son étoile », n'est-ce pas simplement la certitude qu'un don particulier les met, avec les réalités, en rapport assez étroit pour les dominer toujours ? » Les « réalités », ou ce en quoi la volonté transfigure les réalités ? La « certitude » en tout cas est marquée, et le « don ». On ne devient jamais que ce qu'on est. L'imagination, l'énergie et les circonstances font le reste.

Si grand soit le crédit qu'il convient de faire à celui qui fut, entre les deux guerres, son plus fidèle compagnon, et en 1944 le premier de ses biographes « autorisés », on ne saurait suivre ici le conseil du colonel Nachin : « Au point où les événements l'ont porté, le général de Gaulle nous paraît être de ceux qui, semblables à ces étoiles extraordinaires dont on ignore les causes... n'ont ni aïeuls ni descendants, et composent seuls toute leur race [2]. »

Certes, l'histoire n'a pas promu Charles de Gaulle « à l'ancienneté ». André Frossard, qui le fait observer, précise que le général n'était « pas homme à faire son nid dans un espalier généalogique » : il est de fait que, s'il lui arriva de parler de ses ancêtres, il n'en fait guère état dans ses textes écrits — qui comptaient seuls à ses yeux. On serait mal venu de voir d'abord en ce créateur un héritier. Mais pour singulier qu'il soit, et dès avant l'été 40, irréductible à toutes les « séries », une lignée, un milieu et une époque lui ont offert le matériau dont il a fait le général de Gaulle.

Son père, le professeur Henri de Gaulle, utilisant des notes accumulées par son propre père, Julien-Philippe, qui était chartiste, établit une généalogie [3] qui remonte au XIIIe siècle et fait apparaître des origines d'abord normandes, puis bourguignonnes, avec des rameaux belge et champenois. M. de Gaulle a l'honnêteté d'observer que si les variations d'orthographe (Gaule, de Gaule, de Gaules, de Gaul, Gaulers, Gaulliers) courantes dans les manuscrits anciens, ne suffisent pas à jeter le doute sur telle ou telle filiation, il n'est pas possible, jusqu'au XVIe siècle, d'attester la continuité de la lignée. Chose curieuse, il ne fait aucune allusion à une origine flamande du nom qui, selon certaines sources (Dauzat par exemple), pourrait être « de Waulle » (en un ou deux mots) et signifier « le rempart » — hypothèse néanmoins séduisante : le « wall » anglais...

Ainsi le grand-père du général a-t-il retrouvé trace d'un Richard de Gaulle doté d'un fief par Philippe Auguste et d'un Jean de Gaulle sur le compte duquel un professeur au collège de Saint-Lô, M. Patry, devait en 1946 fournir au général des indications nouvelles : « C'était l'un des chefs des Armagnacs et il combattit à Azincourt. On le retrouve capitaine de Vire au moment où la ville est menacée par les troupes anglaises d'Henry V. La résistance de la ville se prolonge jusqu'en 1418 et le nom du capitaine demeure si populaire parmi les gens du Bocage que lorsque s'organise contre les Anglais la résistance, on voit les maquisards de l'époque prendre son nom comme ralliement et s'intituler " compagnons de Gaulle "[4]. »

Cette résistance valut à Jean de Gaulle de voir ses biens confisqués (ce que mentionnent les registres du temps). Il s'exile donc, vraisemblablement en Bourgogne *. Où l'on trouve trace[5] à partir de 1465, d'un Girard Gaulle puis d'un Jehan Gaulles, recteur de l'hôpital de Cuisery (en Saône-et-Loire) d'un Nicolas de Gaules, greffier puis notaire, d'un autre Nicolas, capitaine-châtelain de la petite ville — il porte le même nom, mais orthographié de Gaulle — dont le fils, mort en 1639, est conseiller au parlement de Dijon.

A la fin du XVIIe siècle, on découvre un Antoine de Gaulle en Champagne, puis à Paris où son fils Jean-Baptiste devient, sous Louis XV, procureur au parlement de Paris. Voilà les de Gaulle décidément « dans la robe ». Mais non prémunis contre les orages de l'histoire. Bien qu'il ait pris soin à partir de 1791 d'écrire son nom en un seul mot, Jean-Baptiste-Philippe Degaulle, fils du procureur et inscrit au barreau de Paris où semble-t-il il ne plaida jamais, se retrouve emprisonné en 1794 au « collège des Écossais » : Dans la nuit du 9 au 10 thermidor, il y croise Saint-Just que viennent libérer les hommes de la Commune avant de l'abandonner à la guillotine en compagnie de Robespierre. De cette nuit mémorable, Jean-Baptiste-Philippe (dont un portrait conservé à Colombey nous restitue le fin visage à la Chénier) a laissé aux siens un récit détaillé. Après avoir vécu à Strasbourg, il prit, écrit son petits-fils, « la courageuse détermination d'entrer, à 56 ans, dans le service de postes de la Grande Armée » : il servit surtout en Allemagne et, après Waterloo, rentra en France, où il mourut du choléra.

Son troisième enfant, Julien-Philippe le chartiste, est le grand-père du général. Élevé au petit séminaire de Saint-Nicolas-du-Chardonnet, il se souvenait d'avoir vu en mai 1815, pendant les Cent-Jours, l'empereur acclamé par les ouvriers du faubourg Saint-Antoine. Collaborateur anonyme mais assidu du *Journal des savants,* Julien-Philippe de Gaulle publia en 1841 une monumentale *Histoire de Paris et de ses environs* préfacée par Charles Nodier, quelques années plus tard une *Vie de saint Louis* « d'après Tillemont », puis une *Note sur la vie et les ouvrages de M. Bidault, paysagyste,* et enfin le *Recueil des épitaphes de Notre-Dame.* Littérature austère... Un portrait nous le montre sous les traits de saint Jérôme tel que l'a vu le Greco, majestueux et secret. Bien qu'un temps éloigné du catholicisme auquel il ne revint que sur le tard, Julien-Philippe, écrit son fils Henri, « avait en horreur la Révolution, et non seulement ses excès, mais ses principes, son origine et ses résultats[6] ».

---

* Ce qui est une idée singulière pour un Armagnac. Ces de Gaulle !

Si fécond écrivain qu'il fût, Julien-Philippe fait figure de paresseux, comparé à son épouse Joséphine, née Maillot — issue d'une famille lilloise que l'écrivain belge Charles d'Ydevalle[7], dont les parents sont de même origine, évoque ainsi : « Les Maillot, comme les Droulers, étaient sous Louis XIV des entrepreneurs de travaux publics qui firent de plantureux bénéfices en édifiant les fortifications de Vauban, [...] avant d'être taxés très brutalement par Sa Majesté Très Chrétienne [...]. Puis ils étaient devenus industriels du textile et fabriquaient des broderies d'église et des aubes, tulles et dentelles dont j'ai vu plusieurs exemplaires à la sacristie de l'église Saint-André. » Les Maillot s'étaient enfin reconvertis dans les tabacs avant d'être plus ou moins ruinés par le monopole d'État imposé par Napoléon.

Joséphine de Gaulle fut une si intrépide polygraphe que son œuvre écrase, par son volume, celle de tous les siens, Charles compris : la nomenclature en occupe huit pages du catalogue de la Bibliothèque nationale.

Non contente d'avoir publié des romans tels que *le Foyer de mon oncle, Adhémar de Belcastel, Valérie de Montlaur* (ouvrages « imités de l'anglais » précise l'éditeur, signifiant par là qu'ils sont exempts du cynisme et de l'indécence qu'étaient alors, dans le goût français, les auteurs de *Splendeurs et Misères des courtisanes* et de *Madame Bovary*), des essais comme *l'Année consolante, dédiée aux âmes affligées,* des biographies de Chateaubriand, d'O'Connell le libérateur de l'Irlande, et du général Drouot (fort bon républicain), cette femme de bien fut aussi la directrice du *Correspondant des familles,* publication édifiante, mais pas au point qu'elle refusât d'y publier un texte de Jules Vallès — oui, *l'Insurgé* de la Commune — et une oraison funèbre (nuancée) de Proudhon. Pour si bien pensante qu'elle fût, voilà une dame qui savait regarder hors de son oratoire, et n'avait pas de la France une vision trop restrictive.

De la chevalerie aux soldats de l'an II, du *Génie du christianisme* à l'ouvriérisme, ses grands-parents auront ainsi fourni à Charles de Gaulle les les thèmes majeurs de son œuvre d'écrivain. Mais tant de lignes accumulées de part et d'autre n'avaient pas fait la prospérité des de Gaulle : « Mon père, écrit Henri de Gaulle, à toute époque, a fait preuve d'un désintéressement excessif[8]. »

Ces de Gaulle, tout alliés aux Maillot qu'ils fussent, n'étaient donc pas des « bourgeois » au sens où Flaubert, et par ailleurs Marx, l'entendaient. Avec un mélange, dans l'ascendance, de noblesse de robe et de porteurs d'épée, c'étaient depuis un siècle des gens de plume, des clercs, commis de l'État et érudits, écrivains de province et secrétaires de cours. Des intellectuels impécunieux et prudes avec un oncle cuirassier et un cousin curé, des gens qui savaient la grammaire, le latin et le grec, beaucoup d'histoire et un peu de géographie, qui allaient à la messe et servaient l'État sans trop demander en retour, en regrettant dignement de mettre leur talent et leur vertu au service de la République plutôt qu'à la disposition d'un successeur des « quarante rois qui, en mille ans, firent la France ».

De ce type de Français que l'époque de Paul Bourget et d'Albert de Mun colore de ses feux indécis, Henri de Gaulle fut le type achevé. C'était un homme à la taille élancée, un peu voûté dès la quarantaine, au visage allongé, le regard méditatif, des mains d'ivoire, la voix posée. Son fils Charles dit simplement, dès le deuxième paragraphe des *Mémoires de guerre :* « Mon père, homme de culture, de pensée, de tradition, était imprégné du sentiment de la dignité de la France. Il m'en a découvert l'histoire. »

Henri de Gaulle avait eu deux frères. Charles, l'aîné, infirme de bonne heure et que l'on tenait en famille pour un saint (n'avait-il pas ramené son père à la pratique religieuse ?) s'était spécialisé dans la littérature bretonne Auteur de *l'Appel aux Celtes,* écrit en langue gaélique, surnommé par ses disciples *Barz Bro C'Hall* (le barde de Gaulle), il savait de la civilisation celte tout ce qu'en connaissait son siècle : et son neveu Charles, né dix ans après sa mort, devait faire vive impression sur les Quimpérois, quelques mois avant sa retraite, en citant deux vers de l'oncle Charles. Quant à Jules, le cadet, il s'était voué à l'étude des hyménoptères, insectes dotés d'ailes en forme de membrane (hymen), c'est-à-dire les abeilles et les guêpes. Dans son *Catalogue systématique et biologique,* Jules de Gaulle en dénombre cinq mille espèces rien qu'en France, ce qui lui valut une certaine notoriété internationale (on a conservé sa correspondance avec un collègue américain), une élection à la société des entomologistes et l'affichage de son effigie dans le vestibule du jardin des Plantes.

Cette famille sur laquelle planait l' « ange du bizarre », il fallait la faire vivre : deux écrivains âgés aux préoccupations austères, un barde breton et un collectionneur de guêpes n'y pouvaient suffire. La charge retomba sur Henri qui pensait à la carrière militaire mais dut l'interrompre, après avoir été admissible à l'écrit du concours de Polytechnique. Son rêve de soldat, Henri de Gaulle le vécut pourtant, quelques mois, comme volontaire aux bataillons de mobiles de la Seine formés sans préparation au début de l'été 1870. Leurs officiers, écrit-il, étaient « des jeunes gens de bonne volonté à qui leur situation de fortune permettait de s'habiller et de s'équiper ». Moyennant quoi le descendant du sire de Cuisery se retrouve sergent. En septembre, pourtant, il est promu sous-lieutenant — et le mois suivant confirmé dans son grade par le vote de la troupe — procédure que ce légitimiste a le bon goût de trouver naturelle : « En général, les votes furent inspirés par le bon sens », note-t-il sobrement[9].

En octobre, devant Saint-Denis, il a le bras droit traversé par une balle. Moins d'un mois plus tard, il participe aux combats de Stains, puis du Bourget, sans exaltation, dégoûté de l'inaction et du sous-équipement où est laissée la troupe qui souffre d'ailleurs du froid plus que des armes ennemies. En janvier 1871, il commande la 3e compagnie de mobiles, soumise au bombardement des Prussiens à La Courneuve et à Saint-Denis : c'est là que les surprend, le 26 janvier, ce qu'il qualifie de « capitulation déguisée sous le nom d'armistice » (un propos qu'on n'oubliera pas dans la famille...). Quelle vocation militaire aurait résisté à cette expérience sinistre —

13

amorcée dans la défaite, poursuivie dans le désordre et achevée dans l'humiliation ?

Il en restera pourtant à Henri de Gaulle comme une nostalgie, et ce n'est pas sans ennui semble-t-il qu'il se résigne à accepter un emploi à la préfecture de la Seine qui lui permettra de subvenir aux besoins de la famille. On assure que c'est pour avoir pris la défense d'un collègue injustement sanctionné qu'il dut donner sa démission : s'il est apocryphe, ce trait est en tout cas conforme au caractère du personnage.

Henri de Gaulle a passé sa licence en droit, il est licencié ès lettres : les jésuites, dont il a été l'élève — il a eu notamment pour maître le père Olivaint, fusillé par les communards et qui a depuis lors donné son nom à une « conférence » où se regroupent les sujets d'avenir (ou tenus pour tels par les bons pères) —, lui offrent de professer chez eux le français, le latin et le grec. Ainsi devient-il le seul laïc chargé de l'enseignement au collège de l'Immaculée-Conception, 389 rue de Vaugirard, où on le chargera en outre des classes d'histoire, puis de philosophie et même de mathématiques. Ainsi accède-t-il en 1901 à la plus haute fonction de cette institution vénérable, celle de préfet des études, tout en formant au collège Sainte-Geneviève (ou « Ginette ») de la rue des Postes* ceux de leurs collégiens que les pères jésuites estiment dignes de se présenter aux grandes écoles.

Plus tard, quand les congrégations auront été interdites, puis expulsées, Henri de Gaulle fondera et dirigera l'école Fontanes, du nom de l'ami de Chateaubriant qui, rallié à l'Empire, avait été grand maître de l'Université napoléonienne (curieux d'ailleurs, cet hommage rendu indirectement à l'usurpateur...).

C'est dire l'influence qu'aura exercée dans la formation des jeunes catholiques parisiens que fouette, au début du siècle, l'ambition, celui que ses élèves appellent le PDG — le père de Gaulle — ou « le Vicomte ». Serait-il excessif de mettre ce rôle en parallèle avec celui que, dans la pédagogie laïque, auront joué Émile Chartier, dit Alain, ou Lucien Herr ? Le registre est plus modeste. Mais l'empreinte peut être égale.

Les plus fameux de ses élèves, de Georges Bernanos à Marcel Prévost et au grand juriste Juliot de la Morandière, du cardinal Gerlier aux généraux de Lattre et Leclerc — sans parler de son propre fils —, ont vanté sa science et sa fougue oratoire, l'élégance de ses propos, l'abondance de son érudition, la courtoisie qu'il mettait dans l'exercice d'une exigeante discipline. Au retardataire, il lançait simplement : « Monsieur, vous êtes gêné, et gênant [10]... » C'est en 1901 qu'il eut Charles parmi ses élèves. Il s'adressait à lui en disant : « Untel ! » et confiait parfois à ses intimes : « Charles est très intelligent, mais il n'a aucun bon sens... »

Immuablement chapeauté d'un haut-de-forme (on l'en vit coiffé jusque sur la plage de Wimereux qui, proche de Boulogne, n'incite pas, il est vrai, au naturisme), il venait au cours en fiacre hippomobile et s'il fut jamais injuste dans ses notations, ce fut à l'encontre des jeunes gens qui se faisaient

---

* Aujourd'hui rue Lhomond. Le collège a été transféré à Versailles.

conduire au collège en « véhicule automobile » et utilisaient un « stylo-graphe » pour écrire[11].

Conservateur, il ne l'était pas seulement dans le domaine technique : il se définissait comme un « monarchiste de regret ». Formule bénigne, qui exprimait sous forme de litote une grande et forte passion. Sa généalogie de la famille de Gaulle est agrémentée d'une note éloquente : « Comme la Réforme, la Révolution a été, selon le mot de Joseph de Maistre, satanique dans son essence. L'aimer, c'est s'éloigner de Dieu... » Comment dire plus en moins de mots ? Professeur d'histoire, Henri de Gaulle ne manquait jamais, devant ses auditoires, d'opposer à cette entreprise « satanique dans son essence » le bon sens des Capétiens, la justice du saint roi Louis et, chez Louis XIV, un « orgueil » qui n'était jamais que celui de la France.

Il fut d'ailleurs très tôt abonné à *l'Action française**. Quand en juin 1940 le général de Gaulle entrera au gouvernement, Maurice Pujo, rédacteur en chef de l'organe royaliste, se félicitera de la promotion d'un homme dont le père avait maintes fois témoigné de sa sympathie à la « cause ». Mais Henri de Gaulle était trop fin pour garder les illusions de restauration monarchique que s'efforçaient d'entretenir Maurras et Daudet. Et on découvre chez lui cette vision de la « continuité française » dont son fils fera une philosophie de l'histoire. Il lisait volontiers à ses élèves *Mademoiselle de la Seiglière* de Jules Sandeau, qui, à sa manière « bien pensante », décrit un processus d'intégration très balzacien, de la petite bourgeoisie terrienne à l'aristocratie déclinante.

On retrouvera en cours de route ces convictions dans les observations dont Henri de Gaulle devait émailler les marges de plusieurs textes de son fils, celui de *la France et son armée* par exemple, dont il annote sans indulgence telle critique de l'Ancien Régime, tel éloge de la Révolution. Le professeur de « Ginette » n'avait oublié ni la nuit de Thermidor de son grand-père, ni le massacre des pères jésuites de la rue des Postes, ni les désastres auxquels l'avait mêlé le second Empire.

S'il n'était « vicomte » qu'en vertu d'un sobriquet de collège, il était gentilhomme jusqu'au bout des ongles — et son comportement de frère, de maître et de père impose d'entendre ici le mot dans le sens d'une noblesse qui n'a rien à voir avec l'armorial. Quelle meilleure preuve en donner que ce refus qu'il opposa à l'hystérie antidreyfusarde des dernières années du siècle, au risque de se voir fermer autour de lui les visages et les portes. S'étant pris peu à peu à douter de la culpabilité de Dreyfus, il le dit tout haut, en un temps où, dans son milieu, il y fallait de l'héroïsme.

Il approchait de la quarantaine quand, ses devoirs remplis vis-à-vis de ses proches, il songea à prendre femme. Son père avait épousé une demoiselle Maillot. Pourquoi pas lui ? Il partit pour Lille et, le haut-de-forme à la main, demanda à l'oncle Jules Maillot la main de sa fille Jeanne (cousine, fille de cousins...) qui avait d'assez beaux traits, le regard noir, la taille petite, du

---

* Mais cessa de la lire après la condamnation de l'AF par le Vatican : la « mise à l'index » est de janvier 1927, l'interdiction formelle de lire le journal de mars 1927.

sérieux, de la religion et le goût du dessin. Ils s'aimèrent, sans nul doute (il arrivait à Henri de Gaulle de lancer à ses enfants : « Vous avez la plus belle maman du monde ! » ce qui était faire preuve de plus de sentiment que de mesure). Il aimait citer à ses fils ce vers de Gabriel Legouvé : « Tombe aux pieds de ce sexe auquel tu dois ta mère ! »

Consacrant à sa mère quelques lignes au début des *Mémoires de guerre*, Charles de Gaulle écrit simplement qu'elle « portait à la patrie une passion intransigeante à l'égal de sa piété religieuse » et qu'il lui arrivait d'évoquer « son désespoir de petite fille à la vue de ses parents en larmes : Bazaine a capitulé ! »

Monarchiste, elle l'était avec plus de véhémence encore que son mari. On a souvent conté une anecdote qui résume ses idées sur ce point. A une amie qui, vers le début du siècle, louait les qualités de ses quatre fils, Jeanne de Gaulle répliqua en soupirant : « Oui, mais ils me font bien de la peine... — De la peine ? » Se penchant vers la visiteuse, elle glissa dans un souffle : « Ils sont républicains ! » Et elle pleurait, dit-on, en évoquant le jour où le comte de Chambord avait renoncé au trône pour ne pas lui sacrifier le drapeau blanc fleurdelysé.

« De glace dans les délassements, lui disait son mari, tu es de feu dans les corvées... » C'était une Romaine de province, intraitable sur les chapitres de la religion, des mœurs et de la patrie, qui portait en son cœur l'armée, l'archevêché, Veuillot, l'Alsace et les fleurs de lys. Trait significatif : sur la carte d'alimentation qui lui fut remise en 1918, en face du mot « sexe » elle traça simplement une croix. Exorcisme ?

Il faut citer ici les souvenirs de sa fille Marie-Agnès, tels que la sœur aînée du général de Gaulle les a confiés en 1980 à Jean Mauriac [12] : « Ma mère reprochait (à mon père) d'être trop " complimenteur ". Elle était honnête au point d'exiger une sincérité totale. Elle ne comprenait que les compliments vraiment mérités. " Comment, lui avait-elle dit un jour, as-tu pu dire cela (quelques anodines amabilités) de ce bébé si laid... ? " Ma mère était bonne, douce, très imaginative, mais entière, ardente, intransigeante et quelquefois véhémente. Je me rappelle l'avoir entendue dire un jour de ce pauvre Blum : " Blum, ce suppôt de Satan... " »

Elle tenait son rigorisme de sa mère, Julia Maillot-Delannoy, si intraitable elle-même sur le point de la piété et des mœurs que le très prude Henri de Gaulle disait un jour à ses fils : « Si le Bon Dieu avait consulté bonne-maman, ce n'est pas ainsi que les enfants viendraient au monde. » Elle interdisait chez elle la danse et tenait le théâtre pour diabolique. D'origine britannique, elle descendait d'un certain Andronic Mac Cartan, Irlandais né à Lille, et d'une Écossaise, Annie Fleming. Une autre branche des Maillot avait fait alliance avec une famille badoise, les Kolb : au cours de son voyage en Allemagne, en 1962, le général de Gaulle devait revendiquer pour ancêtre un certain Louis-Philippe Kolb, né à Reinach au XVIIIᵉ siècle, dont un descendant, Kolb-Bernard, fut député aux premiers temps de la IIIᵉ République *.

---

* La « famille Kolb-Bernard » fut de celles qui firent part en juillet 1940 de la mort de Mme de Gaulle.

Quelques jours avant sa mort, à Colombey, le général de Gaulle confiait à sa sœur Marie-Agnès Cailliau : « Ce qui m'a souvent réconforté, depuis le 18 juin 1940, c'est la conviction que maman aurait été toujours et en tout avec moi*... — Papa aussi ? interroge Mme Cailliau. — Oui, bien sûr, répond le général, mais peut-être y aurait-il eu de sa part une nuance de prudence**.

Charles-André-Joseph-Marie de Gaulle naît le 22 novembre 1890, entre trois et quatre heures du matin dans la maison de sa grand-mère, à Lille, où sa mère a tenu à faire ses couches comme il était alors d'usage dans ce milieu. Il est le troisième enfant et le deuxième fils d'Henri de Gaulle et de Jeanne Maillot***. C'est le lendemain seulement, à trois heures de l'après-midi, que son père le déclare à la mairie, où l'acte de naissance est signé par l'adjoint au maire de Lille, Achille Dutilleul, le médecin et le cocher, un nommé Oscar Ledru. L'officier d'état civil attribue curieusement à Henri de Gaulle la profession d'avocat. L'enfant est baptisé le même jour dans la paroisse voisine de Saint-André, assez belle église carmélitaine de style baroque. La marraine est sa tante Lucie Maillot, le parrain son oncle Gustave de Corbie, professeur à l'Institut catholique.

Il faut s'arrêter un instant sur ces données géographiques, plutôt que sur les spécificités bourgeoises de l'affaire, le quartier éminemment respectable où se situe la rue Princesse, le style de bon ton de la demeure, la beauté du jardin auquel elle s'adosse, la statuette de Notre-Dame-de-la-Foi qui se niche sur la façade de la cour : on n'a pas manqué de signaler déjà que Charles n'a pas surgi d'un milieu prolétarien.

Mais jusqu'où faut-il mettre l'accent sur ce lieu de naissance, Lille ? Dans ses *Mémoires*, de Gaulle se qualifiera lui-même de « petit Lillois de Paris ». Ce qui le tire vers le Nord plus nettement que s'il avait écrit « petit Parisien de Lille ». Aujourd'hui interrogés, les proches de Charles de Gaulle minimisent d'ordinaire l'appartenance nordiste du général, et ont beau jeu pour ce faire de rappeler que les de Gaulle étaient Parisiens depuis quatre générations et que le général n'a passé à Lille que les premières semaines de sa vie.

Mais les Maillot, eux, étaient plus Lillois que nature et pour être de Gaulle, on n'en est pas moins fils de sa mère avant tout. Lille n'est pas seulement son berceau. C'est la capitale d'une région dont la frontière menacée fut, toute sa vie, son obsession ; où, de la rue Princesse où les enfants revenaient pour Pâques et à la fin de l'été, à Wimereux où leur grand-mère louait en août une villa pour eux et leurs cousins de Corbie et Droulers, il a passé ses vacances (et, comme l'écrit joliment Olivier

---

* Relisant le texte, Mme Cailliau faisait observer à Jean Mauriac que le général avait peut-être dit « derrière moi... ».
** Mme de Gaulle est morte quelques jours après l'appel du 18 juin. On y reviendra.
*** L'aîné des frères est Xavier, puis vient Marie-Agnès.

Guichard : « La vraie patrie des enfants est celle des vacances heureuses [13] ») ; où il a choisi, à Arras, d'amorcer sa carrière militaire ; où il a voulu enfin, à Calais, prendre femme.

Ce petit-fils de Normands et de Bourguignons n'a pas seulement été naturalisé nordiste par les hasards de la naissance et des circonstances de la vie : il a aimé sa ville natale, la rue et la maison où il est né. Quand, dans les années soixante, André Frossard lui demande s'il n'y a pas un lieu dans le monde où l'homme de nulle part qu'il est devenu à l'Élysée aimerait « se retrouver », il répond : « Oui... La rue Princesse, à Lille, où je suis né. Mais je sais que je n'y reviendrai jamais. »

Complétons cette notation par celle-ci, de Charles d'Ydevalle : « Rue Princesse, les portraits d'ancêtres faisaient, dans l'escalier, une galerie pittoresque [...]. Leur nez long et provocant fut leur trait caractéristique [...]. Le grand nez pointu de Charles de Gaulle, connu dans tout le quartier, complétait glorieusement la série. Ma grand-mère disait en riant : " Ces de Gaulle, ils promènent leur nez devant eux comme le saint sacrement... " [14]. »

Et les fêtes ? Qui dira à quel point compte dans les cœurs d'enfants leur célébration, les formes qu'elles prennent, et à quelle date ? Or il se trouve que dans la famille de Jeanne de Gaulle la Lilloise, on distribuait les cadeaux non pas pour Noël, mais pour la Saint-Nicolas, comme il est d'usage dans le Nord. On imagine l'impact que put avoir, sur ces enfants, le fait d'être inscrits ainsi dans un cycle rituel différent des autres. Comment se sentir plus fortement d'ailleurs ? (ainsi les petits protestants sont-ils séparés de leurs camarades catholiques par les lieux et dates des célébrations, comme les jeunes juifs par la célébration de Pessah ou du Kippour). Cette Saint-Nicolas substituée à Noël, quelle frontière ! Comme ils devaient se sentir lillois, les petits de Gaulle, le 6 décembre, jour de la Saint-Nicolas, et surtout le 25 au matin...

Cette immanence nordiste est l'une des composantes essentielles du général. Paul-Marie de La Gorce le dit très bien : « Tout au long de sa vie, quand il évoque le peuple français, c'est surtout la population du nord de la France qu'il imagine. Quand il s'adresse aux Français, c'est aux Français du Nord qu'il pense [15]... » Pour autant qu'il les estime ! Quand il grommelle : « Les Français sont des veaux... », ce sont plutôt, dans son esprit, ceux du sud de la Loire *. Quand il les appelle à la résistance ou à la raison, de juin 1940 à avril 1969, ce sont surtout les autres... La France du café plus que celle du vin. Celle du football, plutôt que celle du rugby. Ceci, compte tenu du sens puissamment unitaire qu'il a de la communauté française — d'un point de vue historique plus que géographique, peut-être.

Homme du Nord, donc, qui ne se plaira qu'aux bourrasques, choisira sa maison sur la route par où sont venus les guerriers francs avec le vent des grandes plaines ; qui déteste les « coteaux modérés », ce qu'on appelle la « douce France », la « bonne vie », le côté « pépère » et la cordialité

---

* On lira de lui quelques réflexions acerbes sur les villes du Midi.

approximative des Méridionaux, préférant au « petit Liré » les orages d'Ulysse. Homme de gros temps, celui qu'il a connu sur la plage de Wimereux quand Henri de Gaulle, pour y retrouver ses enfants, devait tenir à deux mains son gibus... Homme des tempêtes, qui aura constamment recours, écrivain, aux métaphores maritimes et lancera à ses ministres, dans une sorte de rire vorace à la veille du grand spasme algérien : « Accrochez-vous bien au mât : ça va tanguer ! »

Parisien, pourtant, comme tous les de Gaulle depuis ce Jean-Baptiste qui fut procureur au Parlement du temps de M. de Maupeou. Mais Parisien d'où ? Du VIIe arrondissement, de cette capitale des guerriers, des prêtres et des légistes qui s'étend du Champ-de-Mars aux Invalides et de Saint-François-Xavier à Sainte-Clotilde, citadelle de la vertu et de l'étude, des armes et des lois — où Rodin a surgi pour y ajouter les arts. Regardez bien ces rues, ces avenues : pas un magasin, pas une banque, pas un commerce — sauf, de temps à autre, quelques cafés qui permettent aux militaires retraités de s'affronter en de savantes batailles rétrospectives et aux fils de colonels de retrouver, devant un tilleul-menthe, des filles de généraux.

Ce Paris gaullien, c'est comme Pékin, comme le Berlin du début du siècle ou le Washington des « pères fondateurs », une cité toute vouée à l'administration et à l'étude, une cité mandarinale où seuls des trois « ordres », s'activent le clergé et les noblesses de robe, de science et d'épée, une communauté d'églises, d'hôpitaux et de casernes, de jardins nobles et de couvents cachés, où quand se manifeste cette bizarrerie suprême de l'ordre républicain qu'est un scrutin électoral, on voit surgir dans les bureaux de vote, peu avant midi, à la fin de la grand-messe, des théories de religieux et des cohortes de guerriers chenus vêtus de sombre.

A quoi penser sous ces marronniers, le long de ces perspectives quasi versaillaises, devant ces dômes majestueux, sinon au service de l'État, à sa défense, à son illustration et à sa gloire, fût-ce en l'absence du roi Très Chrétien, après la retraite de M. de Meaux et du marquis de Louvois ? C'est là que le « petit Lillois » est né pour la seconde fois, c'est là qu'il a formé sa vision du monde qui ne saurait avoir pour centre que cet ordonnancement abstrait et superbe, loin des vulgarités de Montmartre, du monde de la Bourse, des théâtres de boulevard, des marchands de cravates de la rue Saint-Honoré et du bavardage des cafés « littéraires ».

Paris, oui. Mais un certain Paris qui n'est ni « gai » ni marchand, ni celui de Villon, ni celui de Zola, ni celui d'Offenbach, ni même celui du baron Haussmann. Un Paris qui, pour paraphraser Pascal, n'est « que la capitale de la France », d'une certaine France spirituelle, organisatrice et militaire surgie tout armée du cerveau du second fils d'Henri de Gaulle. Lillois par l'essence, Parisien par l'existence, on pourrait croire Charles de Gaulle inventé pour conforter les thèses de M. Taine. Mais il se trouve que l'auteur des *Origines de la France contemporaine* est le seul des grands maîtres de son temps qu'il ne citera jamais, comme pour mieux affirmer l'autonomie de son personnage. Si contraignante soit l'essence, l'existence, chez de Gaulle, c'est d'abord l'effort constant de la volonté et de l'imagination. Les choses étant ce qu'elles sont, les hommes sont ce qu'ils font. Lui surtout.

Charles-André-Marie-Joseph de Gaulle naît au crépuscule d'un siècle débordant d'ardeurs nobles et de langueurs savantes (un siècle qu'il jugera moins « stupide » que ne le disent ceux de sa race), dans un milieu monarchiste déserté par Chambord* et qu'exalte moins Orléans, au moment où l'Exposition universelle vient de proclamer à Paris le triomphe apparemment définitif de la république laïque et industrielle, en un temps où le nationalisme français parle sur le ton du clairon de Déroulède et où l'armée va passer aux mains de Mercier, de Gonse et de Saussier, en attendant André. Il naît à l'envers de l'histoire.

1890 n'est fait, ou peu s'en faut, que de jours ordinaires. Ni Magenta, ni Sadowa, ni Fachoda. Cette année-là pourtant, le jeune kaiser Guillaume se débarrasse de Bismarck, la Compagnie de Panama cesse ses paiements. Et quelques jours seulement avant la venue au monde du jeune Charles, s'est produit un événement qui va changer bien des choses alentour : le cardinal Lavigerie, porte-parole solennel de l'Église de France, a annoncé le ralliement des catholiques à la République...

La lecture des journaux du 22 novembre 1890 ne manque d'ailleurs pas d'un certain piquant prémonitoire. Si *le Gaulois* ne relève que le retour de Chine du prince Henri d'Orléans, *le Figaro* signale que, le Sénat ayant décidé de « se préoccuper de la réorganisation des colonies », le secrétaire d'État d'Eugène Étienne** a obtenu « un utile ajournement »... Quant au *Temps*, il annonce une vague d'attentats commis en Algérie « contre des particuliers » et rapporte sans commentaire ce propos du procureur général d'Alger : « Le musulman ne redoute qu'un châtiment : la peine de mort. L'heure de la clémence est passée : l'échafaud doit se dresser partout où un crime a été commis. » Le Temps est, on le sait, un journal modéré...

De ce pays où il naît, un peu mou en apparence, un peu flou en surface et pourtant agité en profondeur de toutes les folies de notre temps, le général de Gaulle écrira plus tard qu'en ce temps-là, « la France cultive sa mélancolie en savourant sa richesse ». Richesse et mélancolie sont bien là. Mais la France n'en est pas moins le centre d'un monde lourd d'une énorme attente et de mille enfantements, dont Gustave Le Bon, l'un des vrais maîtres du temps, écrit dans son *Évolution des peuples* : « Nous sommes à l'une de ces périodes de l'histoire où, pour un instant, les cieux restent vides. Par ce fait seul, le monde doit changer. »

Une époque comparable à celle de l'Encyclopédie ? Oui, par antithèse : l'individualisme, la démocratie et le positivisme qui vont connaître leur apogée, à l'occasion de la bataille pour Dreyfus, sont d'ores et déjà minés par les courants que Zeev Sternhell a vigoureusement décrits dans *la Droite révolutionnaire* [16] : culte de la violence, mobilisation des foules, déclin de l'intellectualisme, surgissement de l'inconscient... L'anarchie tend déjà la

---

* Le comte de Chambord est mort en 1883.

** Animateur de ce qu'on va appeler « le parti colonial ».

main à ce qui, un quart de siècle plus tard, prendra le nom de fascisme. Bien sûr, la distribution des rôles est encore indécise. Personne ne sait le rôle qu'il jouera, ni Bergson, ni Barrès, ni même le jeune Maurras. Qui entend défendre la personne et le droit les met subtilement en question ; qui prépare la subversion de la république radicale mine les bases de l'intelligence positive sur lesquelles il prétend bâtir l'avenir ; qui vise à mettre le socialisme au service du nationalisme ne fait que troubler l'un par l'autre. C'est une mêlée, la première répétition, dans une salle obscure encore, d'une immense tragédie dont la montée du socialisme européen et l'affrontement des impérialismes, sous leurs diverses formes nationales, ne sont que les préludes.

Temps fébrile, temps fertile... Partout des fumerolles sortent du sol. Cézanne, Debussy et Claudel sont sur le seuil. Marx et Nietzsche frappent à la porte, mais aussi Drumont et Sorel, les activistes du « cercle Proudhon » et le couple tragique que forment l'antisémitisme naissant sous sa forme moderne et le populisme ouvrier dédaigneux de la légalité. Et déjà, à l'université de Montpellier, Georges Vacher de Lapouge, idéologue de la férocité nue, le vrai précurseur du nazisme, prodigue son enseignement.

Cette France qui, au moment où paraît l'enfant de Gaulle, ne semble penser qu'à une lointaine revanche, sue de bien d'autres angoisses. Aussi bien les prophètes ne manquent-ils pas : là Friedrich Nietzsche, ici Gustave Le Bon qui écrit en 1894 : « L'âge où nous entrons sera véritablement l'ère des foules. Ce n'est plus dans les conseils des princes, mais dans l'âme des foules que se préparent les destinées des nations. » Raison de plus pour l'homme de caractère d'entrer en scène.

L'enfant Charles de Gaulle n'est pas, comme l'écrit Flaubert à propos d'Hannibal, « revêtu de l'indéfinissable splendeur de ceux qui sont destinés aux grandes entreprises... ». Mais les angles du personnage saillent très vite. Donnons la parole à la personne qui l'a peut-être mieux connu que quiconque, sa sœur Marie-Agnès, aînée très attentive et devant laquelle il dut se surveiller moins qu'en présence de ses parents :

« ... Charles était un enfant plutôt difficile. Mon père avait beaucoup d'autorité sur lui mais ma mère, en revanche, aucune. Il ne lui obéissait jamais. Je me souviens de l'une de ses " scènes " un jour à Wimereux, chez l'un de nos oncles. Il devait avoir dans les 7 ans. Charles s'était alors adressé à notre mère : " Maman, je voudrais monter à poney... — Non, tu es monté hier [...]. — Alors, je vais être méchant... " Et aussitôt il jetait ses jouets par terre, criait, pleurait, tapait du pied...

« Une autre fois, Charles lançait des livres à la tête de Pierre *. La porte de la chambre était fermée à clé, et il ne voulait pas ouvrir à notre mère qui, inquiète des pleurs de Pierre, désirait entrer... Il était batailleur, turbulent

* Le cadet des frères

21

et taquin. Quand j'avais 10 ans, j'étais la grande sœur* qui défendait contre Charles les petits. Jacques avait trois ans de moins que lui, et Pierre six ans. Un jour que Charles jouait avec nous, mon père l'appelle : " Charles, tu es sage ? — Oui, papa. — Tu n'opprimes pas Jacques ? — Non, papa. — Ni Pierre ? — Non, papa. — Tiens, voilà deux sous pour que tu continues à être gentil avec tes frères[17]... "

« J'ai d'autres souvenirs [...] significatifs de son caractère. Enfants, nous allions toujours l'été à Wimille, près de Wimereux, aux environs de Boulogne-sur-mer, à deux ou trois kilomètres de la mer Ma grand-mère maternelle louait alors une maison où, avec mes cousins, nous passions nos grandes vacances. Il y avait un portique au milieu d'une prairie. Le matin, c'était à qui retiendrait le premier la balançoire. Le premier cri que l'on entendait, aussitôt le réveil, était toujours celui de Charles : " J'y suis, je retiens la balançoire ! "

« C'est à la Saint-Nicolas [...] que nous recevions les cadeaux [...]. Le 1er janvier, nous avions de petites étrennes et à Noël seulement un petit cadeau et un " crammick ", sorte de pain aux raisins que ma grand-mère nous envoyait du Nord et qui avait vaguement la forme d'un petit Jésus... Je me souviens spécialement d'une Saint-Nicolas : Charles venait d'avoir 5 ans... Il avait demandé ce que nous appelions un cheval-jupon (dans un trou pratiqué dans le dos du cheval, l'enfant passait ses jambes qui étaient dissimulées par un volant). Il en rêvait depuis longtemps. Or mes parents avaient voulu le punir parce qu'il n'avait pas été sage. A la place du cheval-jupon, il avait trouvé sur un fauteuil une lettre de Saint-Nicolas lui expliquant [...] qu'il ne l'avait pas mérité. [...] Charles avait été le seul enfant à ne pas avoir de jouet. Il en était mortifié et humilié...

« Charles aimait tous les jeux : le diabolo, le croquet, le cerf-volant, le ballon, colin-maillard. Il jouait beaucoup aussi aux soldats de plomb avec ses frères. Xavier était le roi d'Angleterre et commandait les troupes anglaises. Jean de Corbie, notre cousin, était l'empereur de Russie [...]. Charles était toujours le roi de France, il avait toujours sous ses ordres l'armée française. Il n'était pas question qu'il en fût autrement [...]. Il interpellait Jacques : " Tu es le roi de l'île mystérieuse " et Pierre : " Tu es le pape et tu commandes aux gardes pontificaux ! " »

Ce n'est pas de cette plaisante aspiration à la préséance qu'il faut inférer la conscience qu'aurait déjà le jeune Charles de son « destin », mais peut-être d'un trait recueilli à une autre source familiale et qui a tout de même un peu plus de sens. A 10 ans, jouant comme tous les garçons de son âge à glisser sur la rampe de l'escalier, il fait une chute. « Tu t'es fait mal ? N'as-tu pas eu peur ? — Peur ? N'ai-je pas mon étoile ? »

« Mon père, reprend Mme Cailliau, nous a toujours fait travailler tous les cinq pendant les vacances. Avec Charles, cela n'allait pas trop mal. C'est en classe qu'il ne travaillait pas (de temps en temps pourtant, premier en français et en histoire). Il n'apprenait pas son allemand et ne rendait pas

---

* De deux ans l'aînée de Charles

toujours ses devoirs... Ce qu'il aimait, c'était écrire des poèmes et lire...

« ... Bien sûr, tout enfant, il aimait la " Bibliothèque rose " et surtout la comtesse de Ségur [...]. Le général, a rapporté Claude Sainteny*, avait dit un jour à l'époque de l'Élysée : " La phrase la plus mélancolique de la littérature française, c'est celle qui ouvre l'avant-dernier chapitre des *Vacances.* " Et de citer : " Les vacances étaient tout près de leur fin. Les enfants s'aimaient de plus en plus. "

« Petits, nous regardions les images d'Épinal, *la Vie des saints* et *l'Histoire sainte* sur laquelle nous restions penchés des heures entières : les martyrs livrés aux bêtes sauvages, Jonas qui avait séjourné trois jours dans le ventre d'une baleine, Joseph vendu par ses frères, la tour de Babel, l'arche de Noé... »

Plus tard, rappelle Mme Cailliau, Charles devait lire Jules Verne, Paul Féval, Edmond About (« Je l'entends encore rire tout haut quand il lisait *l'Homme à l'oreille cassée* »).

Les enfants de Gaulle, qui étaient abonnés au *Journal des voyages,* lisaient aussi, comme tous ceux de leur âge *Sans famille, Robinson Crusoé* et *Robinson suisse, le Dernier des Mohicans, la Prairie, le Trappeur de l'Arkansas* et *l'Héritier de Charlemagne.* Leur père ne leur lisait pas que *les Oraisons funèbres,* mais aussi *l'Aiglon* (dont, rapporte sa sœur, « Charles savait et a su jusqu'à sa mort des scènes entières par cœur ») et *Cyrano* (« Il me semble encore entendre sa voix : " Voilà les cadets de Gascogne... ". »

« Ah ! notre père ! quel homme il était ! Charmant, spirituel, merveilleux... Il savait se mettre à la portée des enfants. Il faisait des rondes avec nous, nous apprenait des chansons populaires... Pendant les vacances, dans le Nord, il nous emmenait souvent chez le pâtissier où nous mangions beaucoup de gâteaux. Il disait alors : " Confessez-vous... " et nous avouions le nombre de gâteaux que nous avions pris. Il disait aussi : " Chaque fois que vous prenez un gâteau, vous faites économie d'un sou... " (parce que les gâteaux coûtaient à Paris trois sous, au lieu de deux dans le Nord)... Nous n'aimions pas beaucoup les promenades à pied, sauf avec lui. Il disait : " Formez-vous près de la porte ! " Et nous partions tout heureux, groupés autour de lui. En cours de route, nous nous arrêtions dans des caboulots de campagne où nous prenions du fromage et buvions du cidre ou de la bière... »

De l'extrême gentillesse, de la bonhommie entraînante d'Henri de Gaulle, de son talent pédagogique, ses petits-enfants gardent aujourd'hui le même souvenir, surtout les enfants de Mme Cailliau chez qui il vint finir sa vie au Havre dans les années trente, toujours bienveillant, disponible, débordant d'attentions, de culture, s'amusant à résoudre des problèmes de mathématiques comme on fait des mots croisés.

« Vous savez, Charles a gardé un souvenir merveilleux de son enfance. Cette enfance, toute sa vie, est demeurée présente ! Et pourtant, nous

---

* Épouse de Jean Sainteny, historienne, auteur, sous le pseudonyme de Claude Dulong, de *La Vie quotidienne à l'Élysée* (Paris, Hachette, 1974).

n'étions pas gâtés. Je me souviens que l'on coupait les poires et les oranges en deux. " Il faut qu'il en reste pour la cuisine ", répétait ma mère chaque fois que nous voulions reprendre d'un plat... »

Si souvent que reviennent, dans les propos de Marie-Agnès, les souvenirs de Wimereux et de Lille, les enfants de Gaulle n'étaient pas cantonnés systématiquement dans le Nord. Aux derniers temps du siècle, leur père avait fait l'acquisition en Dordogne, pour une somme dérisoire, d'une propriété proche de Nontron appelée « La Ligerie », vieille demeure de notable rural agrémentée d'un colombier qui lui donnait vaguement, enfouie sous les arbres, l'allure d'une tourelle de manoir *.

On y partait vers le milieu de juillet, pour un bon mois. A la gare d'Austerlitz, on prenait le train de nuit — des secondes — on changeait au petit matin à Angoulême, achevant le trajet en carriole. Et là, sous les grands arbres, dans les taillis, le « roi Charles » ne se contentait pas de faire manœuvrer ses frères : les petits paysans d'alentour, les petits-fils de Jacquou le croquant, les futurs électeurs d'Yvon Delbos, de Georges Bonnet, de Robert Lacoste et d'Yves Guéna formaient la piétaille idéale aux grands desseins d'un stratège de 12 ans.

A Paris, Henri de Gaulle conduit volontiers ses enfants à l'arc de triomphe, ou aux Invalides sur le tombeau de Napoléon — parfois aussi, le dimanche, jusqu'au Bourget ou à Stains, où il a combattu, on le sait, pendant les derniers mois de 1870. La patrie, la revanche... Pour fêter un anniversaire de Charles, il l'emmènera assister à l'une des premières représentations de *l'Aiglon*. Le face-à-face entre Sarah Bernardt et Lucien Guitry laissera une ineffaçable empreinte sur l'adolescent. Encore la patrie, la revanche...

Ni quelques taloches échangées avec ses frères ni les exigences de cet enfant impérieux ne sauraient dissimuler l'harmonie du climat dans lequel s'est déroulée l'enfance de Charles. Il n'était pas le plus brillant des fils d'Henri de Gaulle. Xavier, l'aîné, semblait beaucoup plus doué que lui : Georges Bernanos, qui fut son condisciple au collège de la rue de Vaugirard, assurait qu'il n'avait jamais connu d'adolescent plus riche de promesses. Xavier de Gaulle fut d'ailleurs ingénieur des Mines, avant de devenir consul général à Genève.

Jacques, le troisième fils, fut lui aussi ingénieur — avant d'être victime d'une épidémie d'encéphalite léthargique qui fit de lui, à 30 ans, un paralytique total. Grabataire pendant vingt ans, muet, accablé de douleurs, il fut peut-être le frère le plus aimé de Charles, qui semble avoir presque autant souffert de l'infirmité de Jacques que de celle qui allait, quelques années plus tard, frapper son troisième enfant. Quant à Pierre, on le retrouvera aux côtés du général lors de la fondation du RPF, président du conseil municipal de la capitale, sénateur de la Seine et enfin député de Paris.

---

* Rachetée et aménagée dans les années soixante par la mère de Jacques Chaban-Delmas.

24

On ne saurait, mieux que Charles de Gaulle, témoigner de l'efficacité des diverses formes de l'enseignement catholique en France au tournant du siècle : tour à tour l'ont formé les frères des écoles chrétiennes de Saint-Thomas-d'Aquin, les jésuites du collège de l'Immaculée-Conception, puis ceux d'Antoing en Belgique et enfin les maîtres du collège Stanislas.

On sait naturellement peu de chose de son passage chez les frères dits « quatre bras » (non du fait de leur propension à administrer des taloches, ou de leur aptitude aux travaux manuels mais parce qu'ils portaient une cape sur laquelle flottaient deux manches vides...), sous la férule desquels Charles passa ses cinq premières années scolaires, jusqu'en juillet 1900. Les archives des frères font état, non de ses notes, mais du prix de la pension trimestrielle acquittée par son père : 20 francs. Et André Frossard y a relevé qu'une mention à l'encre rouge a été ajoutée naguère à côté du nom du second fils d'Henri de Gaulle : « président de la République ». Bonne note pour l'établissement.

En octobre 1900, à la veille de ses 10 ans, Charles de Gaulle entre au collège dont son père va devenir le préfet des études, en vue de faire sa sixième, la classe où l'on commence le latin. Sur la photo prise avant le départ en vacances de fin d'année, on le voit au troisième rang, plutôt effacé, visiblement intimidé, avec la frange de *Poil de carotte*, le cou émergeant d'une sorte de « col Claudine », l'air un peu perdu du *Gilles* de Watteau, pas très grand encore pour ses 10 ans. On le tient alors pour un élève très moyen.

Dix-huit mois plus tard cependant, une autre photo montre que sans s'être affirmé comme un jeune génie, Charles de Gaulle manifeste quelque personnalité. Le 31 mai 1902, à l'occasion de la fête du directeur du collège, les élèves représentèrent une petite comédie musicale d'un certain Auguste Thibault intitulée *Pages et Ménestrels*. Le personnage principal en est le roi Philippe Auguste : on s'accorde à en charger le jeune de Gaulle, qui ne dut pas se faire prier : de Wimereux à La Ligerie, il avait l'habitude... C'est un premier référendum. Couronne en tête, drapé dans une cape de velours, la poitrine barrée d'une imposante croix de Malte, Charles ne manque pas d'allure.

Retenons aussi ce croquis du peintre Roger Wild qui fut son condisciple rue de Vaugirard : « Nous devions avoir respectivement, lui 15, et moi 11 ans. C'était la fête de la sainte patronne du collège. Je revêtais pour la première fois le costume d'enfant de chœur. Du plus petit enfant de chœur d'une théorie qui en comportait une bonne douzaine. Derrière moi, ceinturé aussi de blanc, lui, de Gaulle, le maître de cérémonie, dominait de sa haute silhouette filiforme et de son autorité précoce la troupe diligente dont il rythmait les évolutions et agenouillements d'un claquoir strict et péremptoire. Le visage distant, lointain ? Non pas. Sérieux ? Sans doute. Grave ? A coup sûr, et peut-être déjà lourd de prémonitions [18]. »

Charles de Gaulle ne dédaigne pas pour autant de frayer avec le menu peuple. Roger Wild l'a évoqué aussi en cour de récréation, impassible sous les projectiles divers dont les petits bombardaient les grands passant à leur portée. Un autre de ses camarades, devenu le père Lepoutre, assure qu'il était assez bon au football : « Il avait un excellent shoot. C'est toujours lui qui tirait les coups de pied de réparation. Mais il prenait souvent aussi le sifflet. Il aimait déjà arbitrer[19]. »

Moyen jusqu'en seconde, à 14 ans — au point que son père le menace alors des sanctions les plus diverses s'il ne suit pas l'exemple de son frère aîné —, Charles de Gaulle s'impose un an plus tard à la tête de sa classe. On a gardé le palmarès de la distribution des prix de juillet 1906 où il est dix fois cité : avec six premiers prix (notamment en composition française, mathématiques, histoire et géographie) un second prix et trois accessits, il est de loin le lauréat de cette année-là.

Pourquoi ce retournement de situation ? Parce qu'il est animé désormais par une ambition très précise : vers le milieu de sa quatorzième année, semble-t-il, il a décidé de se présenter au concours de Saint-Cyr. Son père lui rappelle qu'il ne suffit pas, pour cela, de déclamer le rôle de Flambeau et de prendre d'assaut un chêne de la forêt périgourdine. Il en tient compte, et se prépare aux épreuves promises avec l'énergie qu'il manifestera désormais en toutes choses. « Il est devenu brusquement un autre garçon, rappelle sa sœur : facile, raisonnable. Oui, tout a changé... » C'est l'époque où Charles rédige le texte cité en exorde de ce livre.

En octobre 1907, les Congrégations s'étant vu notifier l'interdiction d'enseigner en vertu de la loi votée trois ans plus tôt — Henri de Gaulle envoie son second fils faire ses études secondaires en Belgique, au collège du Sacré-Cœur, à Antoing, tout près de la frontière française. Charles, qui ne pense déjà plus qu'à la préparation de Saint-Cyr, choisit de faire les mathématiques élémentaires. Le 30 novembre, il écrit à son père[20] :

> « ... J'ai eu cette semaine un grand malheur. Dans la composition de mathématiques que nous avons faite le 20, j'ai été 12e... Et puis, comme la fortune n'était pas avec moi ce mois-ci, je viens d'être second en physique et chimie... Je fais toujours beaucoup d'histoire et d'histoire naturelle, et surtout beaucoup d'allemand... On nous a lu le récit des derniers combats qui ont eu lieu sur la frontière d'Algérie. Le lieutenant de Saint-Hilaire, des tirailleurs, qui a été tué à l'ennemi, est le cousin d'un de mes camarades (et) paraît-il, un ancien élève de la rue des Postes *... »

Lettre de bûcheur ambitieux, exigeant, avec une intéressante référence finale au métier des armes qui le hante jusque dans cette retraite belge. Les mécanismes sont en place. A noter aussi que le jeune homme, écrivant à son père, signe, non seulement de son prénom, mais de son nom tout entier, comme si « Charles de Gaulle » était déjà une référence, un sceau indissociable.

Simultanément s'affirme chez lui une certaine forme d'éloquence. On a souvent cité quelques phrases prononcées par Charles de Gaulle au nom de ses camarades à l'occasion d'une retraite organisée par les pères jésuites à

---

* Où enseigne M. de Gaulle.

Notre-Dame-du-Haut-Mont : « On reproche aux élèves des jésuites de manquer de personnalité : nous saurons prouver qu'il n'en est rien. L'avenir sera grand, car il sera pétri de nos œuvres. » Grandiloquence plutôt sympathique, très datée en tout cas : c'est le « joli mouvement de menton » de Barrès... Plus intéressant en tout cas que le texte assez médiocre écrit alors pour une revue des jésuites intitulée *Hors de France,* et qui est un plaidoyer laborieux pour les Congrégations alors exilées et leurs inventeurs de la Compagnie de Jésus :

« Les jésuites, traités en suspects par le gouvernement (de Louis XV) succombèrent enfin sous les efforts combinés des " philosophes* " et des jansénistes [...]. L'œuvre des Congrégations sombra... » Rétablie en 1801, la Congrégation va être de nouveau en butte à la persécution : « Béranger rimait ses couplets : " Hommes noirs d'où sortez-vous ? Nous sortons de dessous terre... " L'autorité ecclésiastique, effrayée des clameurs, crut les apaiser en sollicitant sa retraite... »

On relève au passage que l'adolescent hanté par Saint-Cyr met l'accent sur les services rendus par les congréganistes à la défense nationale. Il rappelle que Condé et Turenne furent congréganistes et cite une apostrophe de Villars à Louis XIV qui laissait exclure les congréganistes de l'armée : « Tant que j'ai été à la tête des armées, je n'ai jamais vu de soldats plus actifs, plus prompts à exécuter mes ordres, plus intrépides enfin que ceux qui appartenaient aux Congrégations[21]. »

Charles passe l'été 1908 en Allemagne, du pays de Bade à la Forêt-Noire. Il s'y montre curieux, bon observateur. Il note le nombre des tués à la guerre de 1870 sur les monuments aux morts : 41 sur une centaine de combattants dans un village badois. Tiens... Il lit la presse, constate que « les journaux sont assez montés contre nous » et que la *Kölnische Volkzeitung* a publié un article « menaçant à propos de notre séjour prolongé au Maroc ». Et il en conclut : « Il y a quelque chose de changé en Europe depuis trois ans et, en le constatant, je pense aux malaises qui précèdent les grandes guerres... » Pas mal vu et dit, pour un collégien de 17 ans...

En octobre 1908, Charles de Gaulle entre au collège Stanislas où des maîtres laïcs ont pris la relève des pères maristes, pour y préparer le concours de Saint-Cyr. J'ai retrouvé, rue Notre-Dame-des-Champs, les « notes de l'élève de Gaulle, Charles », d'octobre 1908 à juillet 1909. Chose curieuse, elles sont bien meilleures quand elles sanctionnent la pratique quotidienne, le « train-train », que lors des compositions — où le jeune homme semble perdre ses moyens : au premier trimestre, il lui arrive de n'être que 18e sur 29 ; mais en avril, on le retrouve à la 3e place et à la fin de l'année, il est second.

Citons quelques annotations de ses professeurs : « Très bon élève, écrit M. Fumey, mais, s'il continue, perdra du temps par ses causeries » (notation savoureuse !). « Excellent élève, doit facilement réussir » (Dumont). « Le

---

* Entre guillemets, comme il convient chez les pères...

meilleur élève de sa classe pour l'intelligence... » (Kaeppelin). « Excellent à tous égards » (Gautier). Et relevons cette « communication faite aux parents : " Charles est un excellent élève, mais il devient un peu bavard et, s'il continue, il perdra ainsi du temps. Ce serait fâcheux car, s'il veut, il peut réussir brillamment " ».

On a conservé de cette année-là plusieurs de ses compositions d'histoire : son point fort. Ce qui frappe dans le texte de sept pages consacré au traité de Francfort de 1871, par exemple, c'est la remarquable sérénité du ton. Même à propos du sort réservé aux provinces de l'Est, le jeune homme ne croit pas utile de hausser le ton. Il préfère constater non sans raison que :

> « l'annexion de l'Alsace et de la Lorraine, outre qu'elle crée désormais une raison d'hostilité permanente avec la France, oblige l'Empire à des dépenses et à des sacrifices militaires énormes. D'ailleurs, les quinze cent mille nouveaux sujets allemands n'accrurent point la puissance de leurs maîtres et les contraignirent par contre à des efforts politiques et financiers dont on ne peut encore prévoir la fin ».

On croirait entendre un vieux routier du Quai d'Orsay — sinon du Foreign Office. Mais ce sang-froid a son revers. Il est payé d'une évidente platitude. Le conteur plein de verve qui, deux ans plus tôt, évoquait les débuts de la « prochaine guerre européenne » dans un style haletant, se contente d'aligner ici des observations puisées à bonne source. Lui faut-il l'aiguillon de l'imagination pour briller ?

On le trouvera plus prometteur, plus « lui-même » déjà (en tout état de cause, il n'a pas 18 ans...) sinon par le style au moins pour les idées, dans un devoir également écrit à Stanislas, consacré à la France du Consulat, qui est une vive dénonciation du « pouvoir absolu » de Bonaparte : « La faculté de choisir les fonctionnaires et les députés sur des listes de notabilités détruisait les effets du suffrage universel... », écrit-il du ton d'un vieil avocat de la démocratie. Et le jeune de Gaulle l'est aussi de la politique extérieure de la première République : « Les guerres de la Révolution [...], écrit-il dans le même devoir, avaient replacé la France au premier rang des puissances européennes et largement réparé les désastres du règne de Louis XV... »

Où l'on voit que le second fils d'Henri de Gaulle a pris ses distances vis-à-vis de l'enseignement paternel... Si, à Antoing, on l'a montré soucieux avant tout de témoigner sa fidélité à un ordre religieux pourchassé, on le retrouve, à Paris, beaucoup plus libre d'esprit : le voilà déjà marqué par cette idée qui ne le quittera plus, et que les lectures de Barrès et surtout de Péguy affirmeront dans les années à venir : que l'histoire de France est une, que l'idée de la nation la domine, et qu'un régicide appelant aux armes contre l'invasion vaut mieux qu'un prince du sang allié aux envahisseurs.

Tout hanté qu'il est alors par la carrière des armes, Charles de Gaulle se croit aussi poète, et versifie à perdre haleine. Sa sœur en témoigne. A 13 ans, elle entend leur mère menacer Charles, s'il n'est pas moins insupportable, de « déchirer ses vers ». Fut-elle contrainte de le faire ? On n'a rien retrouvé de ces rimes d'enfance

La première « œuvre » de Charles de Gaulle est un texte auquel la gloire de son auteur aura assuré une notoriété évidemment abusive. Tous ceux qui se piquent d'écrire sur le général de Gaulle* se croient obligés de faire un sort à la « saynète comique » intitulée *Une mauvaise rencontre*. Cet apologue versifié rédigé à 14 ans fut expédié (par l'adolescent lui-même?) au jury d'un concours littéraire qui, l'ayant distingué, proposa à l'auteur, soit 25 francs, soit la publication. Charles de Gaulle donna naturellement le pas à la gloire sur la fortune, et l'opuscule parut chez un imprimeur de l'Orne. Pendant un quart de siècle, il représenta seul Charles de Gaulle au catalogue de la Bibliothèque nationale...

On assurait dans la famille que Mme de Gaulle en avait découvert par hasard les exemplaires dans les tiroirs de son fils : en tout cas, dès l'été de 1905, Charles et son cousin Jean de Corbie avaient joué *Une mauvaise rencontre* en famille. Tout donne à penser qu'on s'extasia. La pochade met en scène un brigand jovial, qui, brandissant ses pistolets, dévalise un voyageur. Quelques citations suffiront à donner le ton :

Le brigand   Certains naquirent roi, d'autres naquirent princes,
Officiers, magistrats, gouverneurs de provinces,
Celui-ci naît charron, celui-là fabricant,
Cet autre enfin maçon. Moi je naquis brigand...

Sauvez une âme avant qu'elle ne soit saisie
De l'aveugle désir de tuer son prochain.
Sauvez-la de l'abîme et vous pourrez demain
Vous vanter en tous lieux d'une action si belle.
D'ailleurs, regardez bien, j'ai là deux pistolets...
Voyez !

Le Voyageur   Oui je les vois, monsieur, retirez-les...
Acceptez je vous prie une simple escarcelle...

Le personnage veut faire penser au Don César de Bazan de *Ruy Blas*. Le style fait écho sans mystère à celui de Rostand, alors au sommet de sa gloire. Quant au sujet, si ténu qu'il soit, il est emprunté à un chansonnier du temps, Gustave Nadaud. Appartient en propre à l'auteur une certaine adresse à versifier qu'ont souvent les garçons de cet âge, rompus aux récitations, la tête farcie d'hémistiches, de rimes sonores et de rejets savants. Aussi bien l'œuvre ne saurait-elle prétendre à motiver un jugement esthétique. Elle ne peut être lue qu'en tant que reflet de la personnalité du personnage au cœur de l'adolescence, sinon comme préfiguration du héros.

Faut-il s'étonner de voir un collégien rimer sur la ruse plutôt que sur les dames ? Non. C'est l'âge où l'on préfère *le Renard et les Raisins* à *Psyché*. Qui n'a pas été renard dans un couloir de collège ? Et qui peut prétendre

---

* Je n'y ai pas manqué...

connaître Psyché ? Le jeune Charles n'est pas voué à un machiavélisme précoce, nous le verrons bientôt.

Certains veulent voir ici une préfiguration très précise du personnage : « Dès l'âge de 14 ans, le sort de De Gaulle [est] scellé. Il est évident que le souci de ce jeune homme est déjà l'exercice de la puissance. La pièce exprime une volonté de domination dans un monde marqué par la médiocrité et la violence [22]... » C'est là tirer bien des leçons d'un brouillon d'enfant à la plume vagabonde et un tantinet pédante.

Une mauvaise rencontre décèle moins un caractère qu'un milieu, un climat culturel, une mode : à la même époque, François Mauriac fait du Francis Jammes, et bientôt le jeune Malraux écrira des « à la manière de » Max Jacob. Dans cette saynète comique, nous découvrons moins Charles que l'un des paysages littéraires qu'il a dû traverser, l'une des étapes d'un voyage initiatique qui va bientôt prendre une forme plus douloureuse.

C'est de l'époque de son passage au collège Stanislas, trois ans plus tard donc *, que datent un poème et une nouvelle où ne s'ébauche guère encore la personnalité de Charles de Gaulle. Le jeune homme leur attribue néanmoins assez d'importance pour avoir choisi, en vue d'une possible publication, de les signer d'un pseudonyme — assez transparent néanmoins pour que la paternité lui en soit attribuée : Charles de Lugale.

Le poème appartient à ce qu'on pourrait appeler la littérature saint-cyrienne :

> Quand je devrai mourir, j'aimerais que ce soit
> Sur un champ de bataille [...]
> J'aimerais que ce soit le soir. Le jour mourant
> Donne à celui qui part un regret moins pesant
> Et lui fait un linceul de voiles
> Le soir !... Avec la nuit, la paix viendrait des cieux
> Et j'aurais en mourant dans le cœur et les yeux
> Le calme apaisant des étoiles **...

Tout le monde n'est pas Vigny... Mais on aime que ce guerrier ivre de Rostand aspire aussi à un peu de douceur. Un soupir de flûte fait écho à ces coups de clairon.

C'est encore à cette littérature galonnée assortie de quelque langueur que ressortit le premier récit de « Charles de Lugale », intitulé *Zalaina*. Un jeune officier de la coloniale rencontre en Nouvelle-Calédonie une beauté mélanésienne, Zalaina, qui l'aime assez, dès lors qu'elle se croit abandonnée, pour tenter de l'entraîner avec elle dans la mort. Des fleurs exotiques sont l'arme du crime. Pour mieux évoquer *Madame Chrysanthème* ?

Ce jeune homme de 18 ans n'a pas encore forgé son style. Écoutons-le raconter le réveil de son héros :

---

* Dans les *Lettres, Notes et Carnets* (p. 43), la date donnée pour « vraisemblable » est 1908.
** Les emprunts à *Cyrano* et à *L'Aiglon* sont patents.

« ... Auprès de mon lit, le cadavre nu de Salaina... La mort au moins avait respecté ses traits et ses formes. Je fondis en larmes, ce qui acheva de me remettre. Le médecin écouta l'histoire de Zalaina et, hochant la tête : " Elle connaissait les propriétés extrêmement vénéneuses de ces fleurs. [...] Elle croyait qu'en vous donnant la mort en même temps qu'à elle-même, vos deux âmes iraient rejoindre les ancêtres et vivraient ensemble éternellement [23]... " »

On ne sait comment les parents de Charles de Lugale, élève de mathématiques élémentaires, prirent cette évocation du corps nu de Zalaina dont la mort « avait respecté les formes ». Le moins qu'on puisse dire est que l'auteur des *Mémoires de guerre* est encore loin ! Mais très vite, on le verra, l'écriture du jeune homme s'arrachera au vaporeux pour acquérir sa densité forte.

Pour faire surgir l'homme de cet adolescent tiraillé entre un cynisme empanaché et une affectivité très littéraire, il faudra à la fois les turbulences d'une époque qui émerge alors des apparentes somnolences de la fin du siècle, et l'engagement dans un ordre exigeant.

Quelles dates, quels événements, quelles émotions collectives ont pu frapper et modeler, de touche en touche, le jeune Charles, à travers les commentaires paternels ou au cours des débats surgis entre les collégiens de la rue de Vaugirard ou les étudiants de Stanislas ?

Fut-il, dès sa huitième année, atteint de plein fouet par l'évacuation de Fachoda ? On peut faire confiance à Henri de Gaulle pour avoir tenté d'insuffler déjà à ses fils aînés — Xavier a 11 ans — une si juste indignation. Décamper sans combattre devant des habits rouges ! On peut croire aussi que, l'année suivante, le second procès d'Alfred Dreyfus, à Rennes, fit l'objet d'une mise au point du chef de famille dont on sait que, gagné peu à peu par le doute au sujet de la culpabilité du condamné, il ne tut pas ses convictions. On imagine l'incrédulité de Jeanne de Gaulle, les murmures passionnés, les « pas devant les enfants ! » et autres mystères qui frappent plus que tout les jeunes imaginations.

En 1900, tout s'efface devant l'inauguration de l'Exposition universelle de Paris — sauf peut-être la création de *l'Aiglon*. Charles assista-t-il vraiment à l'une des premières représentations ? S'il est vrai que son père l'y mena à l'occasion de son dixième anniversaire, ce ne dut être qu'après la cinquantième. Le fait est qu'il y fut et en resta bouleversé. En 1901, 1902 ou 1903, on l'imagine ému par le séisme de la Martinique, passionné par les combats sur la frontière marocaine et le bombardement de Figuig, peut-être intrigué par le premier Tour de France, remué par la visite à Toulon de l'escadre russe de l'amiral Avellan — et son père ne put manquer de commenter devant lui la publication du premier tome de l'*Histoire* de Lavisse, si peu conforme à ses vues et si magistrale pourtant.

Qui peut douter qu'en 1904, on ait parlé à la table de famille de l' « Entente cordiale » ? Mais moins à coup sûr que de la loi interdisant aux Congrégations d'enseigner. 1905, c'est la réduction du service militaire à deux ans et surtout celle du débarquement de Guillaume II à Tanger, qui bouleversa Péguy et fit tant pour sa conversion au nationalisme *. Mais la loi de séparation de l'Église et de l'État dut faire elle aussi l'effet d'un coup de tonnerre sur ce milieu. Que pouvait-on dire chez les de Gaulle de l'accession de Georges Clemenceau à la tête du gouvernement en 1906, sinon qu'il ne manquait plus à cette « gueuse » de République que d'être incarnée par ce féroce anticlérical, par l' « homme de Panama »...

En 1907, l'encyclique *Pascendi* qui maintient la papauté au centre des débats de l'époque où Léon XIII l'avait placée seize ans plus tôt en publiant *Rerum Novarum;* en 1908, l'irruption flamboyante de *l'Action française* qui, de bimensuelle, devient quotidienne et s'affirme d'abord plus nationaliste peut-être que monarchiste, et la répression des manifestations ouvrières de Draveil et de Villeneuve-Saint-Georges par Clemenceau, lequel démontre ainsi qu'il peut être aussi un « tigre » pour les pauvres ; en 1909, le coup d'aile de Blériot au-dessus de la Manche et la publication du « grand roman patriotique » de Barrès, *Colette Baudoche;* en 1910, la grève générale des cheminots : voilà ce qu'a entendu, ce qu'a lu, ce qu'a commenté, dénoncé ou acclamé ce jeune homme nommé Charles de Gaulle, voilà le paysage historique où il s'est frayé son chemin vers ce métier des armes qu'il a choisi au milieu de sa quatorzième année, pour que l' « étoile » qu'il a très tôt décelée en lui prenne tout son éclat.

Tout est dit dans les *Mémoires de guerre :*

> « Adolescent, ce qu'il advenait de la France, que ce fût le sujet de l'histoire ou l'enjeu de la vie publique, m'intéressait par-dessus tout. J'éprouvais donc de l'attrait, mais aussi de la sévérité, à l'égard de la pièce qui se jouait, sans relâche, sur le forum... D'autant plus qu'au début du siècle apparaissaient les prodromes de la guerre. Je dois dire que ma prime jeunesse imaginait sans horreur et magnifiait à l'avance cette aventure inconnue. En somme, je ne doutais pas que la France dût traverser des épreuves gigantesques, que l'intérêt de la vie consistait à lui rendre, un jour, quelque service signalé et que j'en aurais l'occasion. »

La dernière phrase est saisissante — d'autres diraient « scandaleuse ». Scandale de la vérité... Que dire, en ce temps-là, d'un jeune homme, fils d'Henri de Gaulle, élève des jésuites, aspirant à Saint-Cyr qui, parlant du très proche et à coup sûr tragique avenir de la France, pense à l' « intérêt » de la vie, plutôt qu'au devoir, et parle d'un service « signalé », plutôt que du sacrifice anonyme et collectif, comme il était alors de bon ton de dire. Ce ne sont pas ses maîtres du temps, Péguy et Psichari, qui auraient parlé ainsi. Peut-être le premier Barrès, en attendant le prochain Montherlant ?

« L'intérêt de la vie » ? Plus tard, Charles de Gaulle parlera du « jeu divin du héros ». Un ton de joueur noble, d'aventurier supérieur, à la Malraux déjà, à la Lyautey en tout cas. Tant de franchise, de liberté de ton, séduit.

---

* Voir *supra*, p. 9.

Le jeune homme est en train de tenir la promesse faite naguère chez les jésuites : il ne laissera pas s'affadir sa personnalité, impatient qu'il est de « pétrir l'avenir » de ses œuvres.

Cela, il est vrai, est écrit de très longues années plus tard, par un général de Gaulle retiré à Colombey, recru de gloire et d'amertumes. Mais pourquoi faut-il que l'on ne doute pas une seconde de la justesse du souvenir ? Si de Gaulle, quarante ans plus tard, définit ainsi les espérances et les motivations de Charles, c'est de toute évidence parce qu'elles furent telles. Il ne cherche pas (ici en tout cas) à embellir. Devenu un monument national, il est trop pris par la superbe autodescription qui ouvre son livre et trop historien des mentalités pour jouer avec les idées et les mots, pour s'inventer autre qu'il fut.

Ce Charles-là, si impatient de goûter sur un plan supérieur à l'« intérêt » de la vie et de rendre à la France un « signalé » service, c'est bien le grand jeune homme maigre aux propos tranchants, à la mémoire prodigieuse, aux élans déconcertants, au carnet de notes tout griffé d'aphorismes et de citations, qui, à la fin de l'été 1909, attend dans la fièvre les résultats du concours d'entrée à Saint-Cyr.

2. Le rouge

« Je me fis saint-cyrien pour reprendre l'Alsace [...] aussi pour épater Clarisse... » La formule n'est pas de Charles de Gaulle, mais de Loustau-nau-Lacau[1], Béarnais rocambolesque qui sera dix ans plus tard son camarade à l'École de guerre et vingt ans après, un insaisissable ludion entre Vichy et Londres.

Nulle Clarisse à « épater » ne semble avoir conduit le second fils d'Henri de Gaulle au choix qu'il fit dès 1904, presque enfant. Choix spontané, évident, allant de soi dans ce milieu et en ce temps-là ? Non. Des quatre fils de Gaulle, également élevés dans l'esprit de la tradition, de la patrie, de la « revanche », des lys et du Sacré-Cœur, du sabre et du goupillon, lisant les mêmes livres, mêlés aux mêmes jeux, seul Charles est tenté par les armes. L'aîné et le troisième seront ingénieurs civils, et le cadet banquier. Alors ?

On ne saurait négliger la recherche des raisons de l'engagement militaire de Charles de Gaulle, fugitivement mis en balance, croit-on savoir, par une vague vocation religieuse, aux alentours de la dix-septième année, l' « inconduite » d'un père jésuite l'ayant jeté, assure Olivier Guichard[2], dans une crise morale. Crut-il la surmonter en pensant entrer dans les ordres ? Le fait est que l'épisode ne laisse guère de traces...

« Quand j'entrai dans l'armée, elle était une des plus grandes choses du monde... » Ici, l'auteur des *Mémoires de guerre* semble contraindre quelque peu sa mémoire légendaire. En 1909 ? Trois ans seulement après la réhabilitation de Dreyfus, alors que sonne encore à toutes les oreilles l'apostrophe de Zola : « J'accuse le général Mercier [...] d'une des plus grandes iniquités du siècle... J'accuse le général Billot d'avoir eu entre les mains les preuves certaines de l'innocence de Dreyfus et de les avoir étouffées... J'accuse le général de Boisdeffre et le général Gonse de s'être rendus coupables du même crime ! [...] Et ces gens-là dorment ! Ils ont des femmes et des enfants qu'ils aiment ! »

En 1909, si peu d'années après les « inventaires » des biens de l'Église auxquels on l'a contrainte de procéder, après l'affaire des « fiches » dénonçant les officiers catholiques, qui ont l'une et l'autre divisé contre elle-même l'armée, contrainte à des tâches de répression, de police et de délation, déchirée et semi-consentante, sous les ordres successifs d'un général André qu'elle méprise et d'un général Picquart qu'elle déteste comme elle détestera de Gaulle — parce qu'au temps de « l'affaire », il a su avoir raison contre tous ?

En 1909, nous ne sommes que dix ans après Fachoda, quatre ans après le coup de poing de Tanger resté sans réplique, alors que le désastre de l'allié russe en Extrême-Orient fait mal augurer de l'avenir, quatre ans après la réduction à deux ans du service militaire, en pleine ascension du pacifisme jaurésien, débordé lui-même sur sa gauche par le véhément courant antimilitariste qu'animent Gustave Hervé et les anarcho-syndicalistes de la CGT.

Il est vrai qu'à la même époque, Foch enseigne à l'École de guerre, démontrant que le corps militaire n'est pas décervelé ; que Lyautey prépare à Aïn-Sefra son proconsulat marocain, et que l'état-major a fini par doter la troupe du Lebel et du 75. Mais à Saint-Cyr, où il y avait 2 000 candidats à la fin du siècle, il n'y en a plus que 700 en 1908. De ses garnisons moroses, la troupe ne sort plus guère que pour mater, non sans dégoût, les grandes grèves du début du siècle ; et le haut commandement figé (à trois ou quatre exceptions près) n'apaise guère la soif de renouveau que manifestent les recherches de l'intelligentsia militaire.

Une des plus grandes choses du monde ? S'il avait voulu, vers 1904, bâtir son avenir sur une « valeur sûre », c'est plutôt vers l'Université que le fils du professeur de Gaulle eut dû se diriger. Elle régnait alors, et cette « Histoire » qu'il avait dans le sang et n'écrivait qu'avec une majuscule, il eût été judicieux de choisir de l'enseigner, usant de cet instinct pédagogique qu'il tenait de son père et de son propre génie, au moment où l'école historique française était en gloire, héritant de maîtres illustres — Renan, Taine, Fustel de Coulanges, Camille Jullian, Albert Sorel —, et passant du positivisme dont Lavisse faisait briller les derniers feux à cette socio-histoire que le groupe des *Annales* devait porter au premier rang de la science contemporaine : Lucien Febvre et Marc Bloch n'étaient-ils pas les contemporains de Charles de Gaulle ?

C'est pourtant vers l'armée qu'il se dirige. Parce qu'il est normal que les fils accomplissent les rêves des pères ? Dans cette détermination, il y eut quelque chose de cela. Sitôt qu'il apprend d'Henri de Gaulle sa réussite au concours, il lui écrit :

> « Vous avez été le premier à ajouter à mon nom le titre de saint-cyrien. Ceci est dans l'ordre car n'est-ce pas à vous d'abord que je dois, pour une foule de raisons, la réussite à cet examen [3] ? »

La filiation est marquée, la dette reconnue, le relais pris.

Mais il faut aussi faire leur part à ce que Charles de Gaulle appellera, pour en faire ses maîtres, « les circonstances ». D'abord celle-ci : l'attente de la « revanche ». On a relevé déjà la part que la perte de l'Alsace-Lorraine jouait dans la formation culturelle et affective des enfants de Gaulle — comme de beaucoup d'autres petits Français de ce temps. « Pensons-y toujours, n'en parlons jamais... », disait Gambetta. Mais Henri de Gaulle se souciait peu de suivre les avis de ce « borgne génois » qu'il détestait. Ses enfants furent obsédés de rappels et d'anathèmes. L'étonnant n'est pas que l'un des fils de Gaulle ait répondu à ce défi en prenant le moyen le plus sûr de le relever par les armes, c'est que Charles ait fait seul ce choix, plutôt que l'aîné par exemple, le très brillant Xavier.

Mais en attendant la revanche (ces « jours où tout dépendrait d'elle » que l'armée française du début du siècle « sentait venir avec sérénité et, même, une sourde espérance », écrira le général de Gaulle), un climat se formait qui contribua beaucoup à l'engagement du jeune homme. Climat d'incertitude et de divisions évoqué pour nous dans une lettre du général Béthouart qui fit simultanément le même choix que de Gaulle et fut son condisciple à Saint-Cyr. « C'est l'état de choses qui prévalait en France qui nous a conduits l'un et l'autre, issus de familles pourtant sans traditions militaires, à entrer dans l'armée », m'écrivait le futur haut-commissaire en Autriche. Un état de choses qui n'est plus fait des turbulences du temps de l' « affaire » et pas encore de l'imminence de la guerre ; un remugle, un tohu-bohu d'incohérences qui pousse ces jeunes gens à chercher un ordre, une structure, un môle de certitudes.

Recherche d'un ordre, d'une « église » ? Mieux encore, recherche d'une synthèse et d'une unité. Le de Gaulle de 1909, ce jeune Français furieusement impatient de rendre un service « signalé » en eût trouvé l'occasion à l'Université. Mais le débat intellectuel et politique dans lequel il découvre la société française est trop confus pour qu'il risque d'y assumer un rôle pilote.

Républicain, il l'est à coup sûr devenu, malgré son père et sa mère, malgré tous ces jeunes gens à fines moustaches, cols durs et particules qui, de la rue de Vaugirard à l' « émigration » d'Antoing, se prennent presque tous pour le duc d'Enghien. Mais cette république de Fachoda et des « inventaires », comment l'aimer ? Enseignant, politique, « intellectuel », il lui faudrait pleinement l'assumer. Soldat, il lui suffit d'obéir, fût-ce avec éclat et sur le plan le plus élevé. Lyautey-le-monarchiste a montré la voie, et chacun sait que Foch n'est pas non plus un dévot de l'école laïque.

Contestée, affaiblie, amère, l'armée française reste, il est vrai, l'une des « grandes choses » de France. Et l'ordre qu'elle propose est, d'un certain point de vue, le plus libre qui soit. Le garde-à-vous est une attitude admirable, qui permet de penser à loisir et de résister en silence — en attendant mieux. Modelée tour à tour par le comte de Guibert et Lazare Carnot, par Bugeaud et par Galliffet, par le comte de Maud'huy et le fils du tonnelier Joffre, l'armée de la République est peut-être le seul corps de l'État où s'exprime l'unanimisme dont rêve Charles de Gaulle, dans un style qui reste empreint de son élitisme fondamental. Elle est un foyer de synthèse, un carrefour d'unification. C'est pourquoi il va y creuser sa tranchée.

Le 30 septembre 1909, Charles de Gaulle en vacances à Wimereux apprend par son père qu'il est reçu au concours d'entrée à Saint-Cyr. 119ᵉ sur 221 (pour un peu moins de 800 candidats). Ce n'est pas éclatant, mais il n'a pas 19 ans et c'est la première fois qu'il se présente. Les perspectives sont bonnes. C'est ce que se disent, enchantés, le père et le fils. Charles contracte le 7 octobre un engagement volontaire pour quatre ans. Mais avant de franchir le portail de l'école spéciale militaire, le nouvel élève officier devra, comme tous ses camarades, faire une année de service dans la troupe, conformément à la loi du 21 mars 1905 qui, en pleine période de démocratisation de l'armée, entendait soumettre les futurs chefs aux rudes épreuves des hommes de troupe, au nom de ce principe assez vain qui veut qu'on ne puisse commander sans avoir obéi.

Sur les conseils de son père, qui veut bien le voir en troupier pour peu que ce soit en un lieu historique et propre à le nourrir de souvenirs exaltants, il choisit pour ce faire le 33ᵉ régiment d'infanterie d'Arras, cité militaire hantée par les souvenirs conjugués de Condé et de Turenne — et de Cyrano de Bergerac *. Le 33ᵉ RI est un des plus fameux régiments de France, qui s'est illustré à Austerlitz, à Wagram et à la Moskowa. Un colonel Schwartz commande le régiment, un capitaine de Tugny sa compagnie, la 5ᵉ. Et voilà l'auteur d'*Une mauvaise rencontre* jouant dans les locaux vétustes du quartier Schramm le rôle d'un Lidoire empêtré dans les paquetages et accablé de corvées de balayage.

Il a peu goûté cette épreuve et récusé ses méthodes. A son ami le colonel Nachin, il devait confier plus tard qu' « il avait gardé un souvenir peu enthousiaste de ses instructeurs improvisés » mais, ajoute Nachin, « sa vocation fortement enracinée eut néanmoins raison de toutes les tentatives involontaires faites pour qu'il prît en horreur le métier militaire ». De son stage, il tira toutefois la conclusion qu'« en prenant le contre-pied des mesures dont [il avait] été victime, des résultats assez satisfaisants pouvaient être escomptés [4] ».

Admirable, ce « contre-pied » ! Déjà dès les premières corvées de pluche se dessine ce tempérament de rebelle qui le mènera loin... Il ne faudrait pas croire pour autant que cet agacement où il vit lui fasse prendre une attitude de martyr incompris vis-à-vis des siens. En janvier 1910, par exemple, il écrit à son père cette lettre plutôt enjouée :

> « ... Nous revenons d'une marche de 24 kilomètres qui a été assez fatigante à cause de la pluie et de la boue des chemins. C'est d'un bon entraînement pour les marches d'épreuves [...]. Jusqu'à présent, la marche ne m'a jamais paru difficile, même avec notre chargement actuel qui ressemble fort au chargement complet : c'est effectivement du côté du sac que j'attendais pour mon compte les ennuis. Ils ne se sont pas produits. Demain, j'offre au café des Voyageurs le dîner prévu aux Parisiens... »

Et le « troufion » de Gaulle ajoute une indication qui prouve que cette « épreuve » n'a pas pour seul objectif de soumettre des jeunes gens tels que lui aux humiliations et aux peines que devraient subir les chefs, avant de les imposer :

---

* Un acte de la pièce de Rostand s'y déroule.

« C'est samedi prochain que je ferai ma conférence à tout le troisième bataillon : j'ai une vague idée que le commandant y assistera... sinon le colonel. Je ne pourrai dire qu'après si la présence de si gros personnages est, ou non, souhaitable à mon point de vue[5]. »

Une conférence devant les officiers supérieurs ? Nous voilà loin de Lidoire et du sapeur Camember. Le séjour en Artois ne lui aura pas seulement servi à apprendre à cirer les bottes et à faire son paquetage. On n'échappe jamais tout à fait à son personnage. Pas lui en tout cas.

Ne lui eût-il pas donné l'occasion de faire briller devant ses chefs un talent oratoire encore balbutiant, et de vérifier que le poids du sac n'est pas la pire épreuve que puisse subir un fantassin français au début du xxe siècle, ce premier passage de Charles de Gaulle au 33e régiment d'infanterie mériterait d'être retenu, car il lui a valu, sinon le premier, mais le plus fameux et peut-être le meilleur de ses sobriquets. L'anecdote est connue. On ne saurait pour autant manquer de la rappeler.

En avril 1910, le soldat de Gaulle est promu caporal. Ne pouvait-on passer tout de suite au grade supérieur, promotion justifiée par la personnalité de ce conscrit assez exceptionnel pour être jugé apte à disserter devant son colonel ? A qui lui en fait la remarque, le capitaine de Tugny, commandant la 5e compagnie, rétorque : « Que voulez-vous que je nomme sergent un garçon qui ne se sentirait à sa place que connétable ! » (le connétable, dans la monarchie française, c'est le chef suprême des armées — après Dieu et le roi. C'est le bras armé du souverain).

Est-ce en raison du ton qu'il adoptait pour s'adresser à ses supérieurs ? Du style qu'il empruntait pour prononcer ses conférences devant un parterre d'officiers ? Ou de la façon qu'il avait de se relever après avoir « crapahuté » dans la boue du Pas-de-Calais ? Le fait est que ce simple soldat ne passe pas inaperçu : « Connétable »... Le mot restera, repris tour à tour au fil des ans par des camarades jaloux, des instructeurs agacés, des généraux aveugles, et surtout, en juin 1940, aux heures décisives, par Winston Churchill lui-même — qui, grâce à Shakespeare, avait la tête pleine d'échos de l'histoire d'une France tour à tour sauvée et trahie par ses connétables.

C'est de cette époque d'avant l'entrée à Saint-Cyr que date le second récit dû à l'imagination de « Charles de Lugale », qu'il a intitulé le Secret du spahi, ajoutant en sous-titre : la Fille de l'agha. L'éditeur des Lettres, Notes et Carnets précise que « la version imprimée de ce texte d'imagination a été conservée par son auteur dans un carton portant la mention : " Nouvelle publiée par moi en 1910 dans le Journal des voyages * " ».

On imagine assez bien le caporal de Gaulle installé à la « coopérative » du quartier d'où il datait les lettres adressées à ses proches, mal ficelé dans son treillis, suçotant son porte-plume et, pour s'évader de l'horizon grisâtre strié de la pluie artésienne, inventant l'histoire du lieutenant Meillan — un officier de spahis du Sud-Algérien qui, chargé de réprimer les exactions d'un

---

* On la retrouve en effet dans le n° 685 du Journal des voyages et des aventures de terre et de mer, en date du 30 janvier 1910.

agha pillard, tombe amoureux de sa fille, Medella, et choisit de se tuer pour éviter que son unité ne la capture. Écoutons Charles de Lugale, conteur de cette tragédie des sables :

> « ... Sans attendre une seconde de plus, je lançai tout mon monde au triple galop et j'eus la chance de rattraper l'agha et la plus grande partie de sa tribu. Medella avait pu s'échapper. En revenant le soir, je fis ramener le cadavre de mon malheureux camarade. Les hommes et moi convînmes de ne rien dire de ce qui s'était passé. A Mahroum on fit à Meillan des funérailles solennelles comme à tout officier tué à l'ennemi. Mais, comme toujours en ce monde, la vérité se sut ensuite, et voilà pourquoi je la raconte.
> J'avais fouillé les poches de Meillan pour envoyer à sa famille ce que j'y trouverais. Il y avait dans son dolman un de ces courts corsages bleus comme en portent les filles arabes dans les tribus nomades du désert.
> Quelques semaines après, un chanteur psalmodiait dans les rues de Mahroum la légende de la fille de l'agha tuant de ses regards les ennemis de son père.
>
> *Charles de Lugale.* »

Depuis *Zalaina,* le style du jeune de Gaulle s'est affermi, le rythme du conteur s'est accéléré. Voilà un novice qui promet de se porter sur les traces de Jérôme Tharaud. Être publié dans *le Journal des voyages* à moins de 20 ans est prometteur. Si jamais les instructeurs de Saint-Cyr ne veulent pas de lui... A noter aussi, de Zalaina à Medella, cette obsession de la femme colonisée porteuse de mort, subjuguée-subjuguante, empoisonneuse par amour ou meurtrière dans la fuite. Aussi bien le conscrit d'Arras choisira-t-il de servir en métropole...

Rêve saharien ou pas, c'est « sous une pluie battante » que, le 14 octobre 1910, Charles-André-Marie-Joseph de Gaulle, quelques semaines avant son vingtième anniversaire, passe le portail fameux de l'école de Saint-Cyr, comme élève officier de la « promotion Fez » — ainsi nommée en raison des opérations de pénétration qui se déroulent au Maroc et, après la prise de la capitale du nord, vont conduire un an et demi plus tard à la signature du traité qui liera pour longtemps le Maroc à la France et ouvrira un prestigieux champ d'action aux jeunes officiers.

Premières réactions du novice (on dit ici « bazar »), consignées dans une lettre à son père, le lendemain :

> « Après le dîner, je comptais pouvoir vous écrire un mot ; mais les anciens qui sont ici depuis quatre jours, comme vous le savez, ont employé ce temps à nous tenir des laïus, à nous brimer aussi, sans méchanceté d'ailleurs... »

Et il annonce une première sortie :

> « Hélas, vous me reverrez sans cheveux car la première chose que l'on a faite à notre arrivée a été de nous confier au coiffeur et à la tondeuse... »

Gardons-nous en tout cas de le voir à Saint-Cyr en adolescent fabuleux, en Rimbaud militaire. Il y sera avant tout un bon élève, encore qu'un peu péremptoire parfois avec ses maîtres — et les autres...

Charles de Gaulle a résumé à l'intention des siens les données essentielles de sa situation à l'école : l'effectif des saint-cyriens est divisé en quatre groupes « deux pour les anciens et deux pour nous. Je fais partie du troisième groupe, commandé par le capitaine Mellier »... Chaque groupe a son dortoir et sa salle d'études. Le réfectoire est commun. Aux termes du règlement, le réveil est fixé à 5 h 30 et le déjeuner à 6, suivi d'une étude ; à 7 heures, gymnastique, escrime, équitation ou allemand (seule langue obligatoire : chacun sait la guerre proche) ; 9 heures, travaux « de propreté » ; 9 h 30, cours. Midi déjeuner. De 1 heure à 4 heures, instruction militaire proprement dite ; à partir de 4 h 30, « colles » et étude, à 7 h 30, dîner, suivi de temps libre ; à 9 heures, appel ; à 10 heures « extinction des feux ».

Une semaine après son entrée à l'école, Charles écrit à sa mère[6] :

> « ... Nos journées sont mieux que remplies avec nos cours, nos études, nos exercices militaires, l'escrime, le cheval, l'astique *, la gymnastique, etc. et nous sommes en dépit d'un an de régiment, un peu courbaturés par ces débuts très brusques d'occupations si diverses... Le temps ici est abominable depuis deux jours et a changé en un cloaque le plateau de Satory où nous pataugeons de une à quatre heures pour l'exercice. Notre sortie de dimanche sera subordonnée à deux questions, celle des grèves ** qui, me semble-t-il est résolue et celle de l'habillement qui ne l'est pas tout à fait... Votre fils très affectionné et respectueux
>
> *Charles de Gaulle.* »

A l'école militaire comme ailleurs, Charles de Gaulle se fait d'abord repérer par sa taille peu banale (la fiche signalétique de l'école ne lui attribue d'ailleurs que 187 centimètres, alors qu'il en compte 6 ou 7 de plus). D'où un chapelet de sobriquets qui vont de « la grande asperge » au « dindon », et du « sot-en-hauteur » à « double mètre ». Le général Béthouart, qui fut son camarade de promotion, racontait que le soir de son arrivée, l'un des anciens réclama « le nommé la gaule ». L'interpellé se présentant, il lui intima l'ordre de monter sur la table en clamant · « C'est bien ainsi que je l'imaginais ! »

Un autre sobriquet lui valut un type particulier de « bahutage » : celui de « melon-kilomètre ». La tradition, assure Jean Pouget[7], veut que le « bazar » ainsi baptisé soit utilisé par les anciens à diverses mesures d'arpentage. D'où la scène très plausible imaginée par l'auteur d'*Un certain capitaine de Gaulle,* mettant en scène l'officier élève Jean de Lattre de Tassigny, alors en deuxième année à l'escadron de Saint-Cyr, et qui a droit de ce fait à porter « houseaux, éperons et cravache » et à brimer les arrivants. On peut suggérer qu'il le fit avec une malice particulière, ayant

* L'astiquage des armes et chaussures.
** La grève générale des cheminots qui dura du 10 au 17 octobre 1910.

été, un an avant Charles, l'élève d'Henri de Gaulle au collège de la rue Vaugirard :

« Le bazar mal fagoté dans son treillis raide, arrive en courant et se présente au garde-à-vous : " Monsieur de Gaulle, [...] vous êtes sale, contrefait physiquement, digne en tout point d'appartenir à ce troupeau infect que nous avons mission de former... Nous allons donc vous utiliser au mieux de vos aptitudes. Veuillez je vous prie aller mesurer les dimensions de la cour Wagram et en calculer la longueur et la largeur en melons-kilomètres... " Et il ne s'agit pas d'arpenter la cour, mais de s'y allonger autant de fois que la taille du " melon " est contenue dans la longueur et la largeur de la cour... »

Saint-Cyr connaît deux hiérarchies parallèles : celle de la « strass », des « huiles » ou « brutes pompières », et celle des « fines ». La première est faite des forts en thème, des bûcheurs. La seconde, des fantaisistes. Les premiers visent à faire carrière conformément aux règles établies, les seconds à camper leur personnage de beaux cavaliers et de tombeurs de filles (classification qui fut souvent bousculée par l'histoire, de Gaulle ayant été une « huile » et Pétain une « fine »...). Les premiers s'acharnent à digérer les matières de l'enseignement théorique (« la pompe ») — histoire, administration, topographie — et accèdent plus tôt à la « gradaille » ; les seconds font mine de ne s'intéresser qu'à la « mili » — tir, éducation physique, manœuvre sur le terrain, sens du commandement.

Charles de Gaulle, bien qu'entré dans un rang modeste — 119e — s'imposa d'emblée comme une « brute pompière ». On le vit ardent à « s'instruire pour vaincre » (c'est la devise de Saint-Cyr), attentif aux cours, pressé d'écouter les instructeurs, mais aussi de leur en remontrer : si bien que le journal de l'école publia un croquis où, au-dessus de la légende ainsi rédigée : « Le cyrard de Gaulle passe une " colle " d'histoire : l'examinateur n'en mène pas large », on voit un grand diable au long nez marcher, craie en main, sur un officier-instructeur qui, acculé à sa table, tente de battre en retraite... Quitte à en irriter plus d'un, il fit si bien qu'il se haussa, dès le « classement de première année », au 45e rang.

S'il ronfle bruyamment la nuit, l'élève officier de Gaulle est assez discret le jour. On lui connaît à l'école deux ou trois amis, Jacques de Sieyès (qu'on retrouvera en 1940 à New York), Mennerat et Ditte, fils de général, qui sera son témoin de mariage. Avec eux, il se lance dans de longues marches, arpente les chemins, de Trappes à Chevreuse, discutant des questions de service aussi bien que de l'avenir de l'armée et des perspectives de la guerre qui vient. Que penser de ce propos que l'on prête alors au directeur de l'École de guerre : « L'aviation, c'est du sport. Pour l'armée, c'est zéro*! », ou des projets d'armée professionnelle et spécialisée que l'on attribue alors à l'ancien ministre de la Guerre, Messimy ?

Chose curieuse, cet élève de Gaulle si ardent à se perfectionner ne semble pas avoir eu de relations suivies — de celles qui assurent le succès, par

---

* Certains attribuent ce propos à Foch.

émulation entre « brutes pompières » — avec celui qui s'affirme très vite comme le « crack » de la promotion, Alphonse Juin, fils de gendarme et « pied-noir » d'Algérie à l'intelligence rapide, qui, en dépit des notes exceptionnelles qui en feront le major de la promotion, choisira comme lui la modeste infanterie.

C'est à la fin de la première année seulement que les élèves officiers choisissent la « biffe » ou la « basane », celle-ci plus séduisante et ouverte de préférence aux porteurs de particule. Charles de Gaulle, arrière-petit-fils du sire de Cuisery, petit-neveu du formidable cuirassier lillois Charles Maillot, choisit néanmoins la « biffe » Non parce qu'il a particulièrement goûté son expérience au régiment d'infanterie d'Arras, on l'a vu. Mais, devait-il dire plus tard sous forme d'une boutade — qui va assez loin — à son collaborateur Pierre Billotte : « Parce que c'est plus militaire ! » Comme un prêtre se fait chartreux, comme un musicien se voue au quatuor à cordes et à la sonate. Pour aller au bout de son choix, dans le dépouillement et l'ascèse. « C'est plus militaire ! » Toujours plus, ce de Gaulle...

C'est à la fin de la première année aussi que ceux qui n'étaient encore que les « hommes » deviennent vraiment les officiers élèves et forment la promotion dont le nom leur restera. Le 12 juillet 1911 fut ainsi baptisée la « promotion Fez » : le général Moinier vient de pénétrer dans la ville impériale où le sultan Moulay Hafid, assiégé par les tribus insoumises du Rif et du Moyen-Atlas, l'a appelé à l'aide. La promotion de Juin et de De Gaulle est accueillie en fanfare par celle de « Mauritanie ».

Le baptême de la promotion ne va pas sans quelques revue, comédie ou pantomime. Cette année-là, on y voit plus que tout autre Charles de Gaulle, d'abord déguisé en « marié de village », d'autant plus gigantesque qu'il a le chef surmonté d'un formidable gibus à la Vautrin, puis dans une revue intitulée « en voyant l'astique », où il joue encore deux rôles, celui de « Salhuile », allusion directe à ses tendances de « brute pompière » qui lui donne l'occasion de parler sinon le « volapück » (qu'il brocardera, devenu chef de l'État) mais l' « espéranto » qui connaît alors une certaine vogue, et celui de l' « escrimeur », chargé de pasticher Cyrano : « J'accroche avec grâce mon képi rouge et bleu... »

Et le voilà même — il est infatigable, le Connétable ! — chantant avec le chœur des « officiers de Fez » sur l'air de *la Sidi Brahim* :

> « En avant, Cyrards mes neveux
> Au Maroc, en Mauritanie
> Que la victoire vous sourie [...]
> J'ai connu Traktir et l'Alma
> J'ai combattu à Magenta
> Je suis allé jusqu'au Mexique
> Mais je suis revenu mourir
> Sous le ciel de cette Algérie
> Où nous avons su conquérir
> Une gigantesque patrie... »

Et l'année suivante, on le retrouvera encore, lors du prochain « triomphe », en clown classique coiffé du chapeau pointu. Sous la direction d'un Monsieur Loyal qui est son ami Jacques de Sieyès, il exécute un numéro de haute voltige en compagnie d'une écuyère qui n'est autre que le futur général Herreman. Un joyeux drille, alors, le grand Charles ? Cette « brute pompière » est en tout cas apte à « jouer le jeu » avec un entrain inattendu, comme il saura le montrer en d'autres occasions.

Mais il n'est pas venu en cette école où jadis les pensionnaires de Mme de Maintenon créèrent *Esther* et *Athalie,* à la seule fin d'y cueillir les lauriers du pitre et de boute-en-train. Il a travaillé d'arrache-pied, peiné, marché, couru, porté, disserté, récité, objecté — et soigneusement reporté sur son carnet de cours une formule qu'il a empruntée à Victor Hugo et se donne alors pour règle de vie : « Concision dans le style. Précision dans la pensée. Décision dans la vie. » Préceptes qu'à tout prendre, il mettra plus souvent en œuvre que son maître.

Il n'aura pas perdu son temps à Saint-Cyr, si l'on se réfère aux notes qu'il obtient en la quittant, le 1er septembre 1912, avec le grade de sous-lieutenant. Parcourons sa fiche signalétique :

Notes du capitaine

Conduite	Irréprochable
Tenue	Très correcte
Intelligence	Très vive
Éducation	Soignée
Caractère	Droit
Attitude	Très belle
Zèle	Très soutenu
Esprit militaire	Très développé
Physique	Sympathique
Aptitude à la marche	Très bonne
Résistance à la fatigue	Grande

Valeur d'ensemble

Aspirant très bien doué. Travailleur consciencieux et sérieux. Mentalité excellente. Nature calme et énergique. Fera un excellent officier.

Notes du chef de bataillon, directeur des exercices d'infanterie

Très militaire, très dévoué, très consciencieux.
Commande avec calme et énergie.
Fera un excellent officier.

Appréciation générale du commandant de l'école

A été continuellement en progressant depuis son entrée à l'école, a beaucoup de moyens, de l'énergie, du zèle, de l'enthousiasme, du commandement et de la décision. Ne peut manquer de faire un excellent officier.

Qui se penche sur les chiffres constate que ce dithyrambe ne manque pas de références numériques. La seule matière où l'aspirant de Gaulle n'obtient pas la moyenne est le tir : 8,6/20. Il décroche tout juste la moyenne en équitation et en escrime : mais on lui voit un 17,7 en histoire militaire, un 18,5 en géographie, un 19 en « fortification » et en « exercices sur la carte » et plusieurs 20 — en service en campagne, en règlement de manœuvre et en « éducation morale ». Voilà une « huile » qui s'est acharnée aussi à briller dans la « mili ».

Au classement final, on le retrouve 13e — encore 32 places gagnées au cours de la deuxième année — mais loin derrière Juin, le major. Classement que l'on qualifiera de simplement honorable ou de brillant selon que l'on tient ou non Charles de Gaulle pour un individu hors du commun... Classement qui lui donne en tout cas la latitude de choisir sinon son arme — il a d'ores et déjà opté pour l'infanterie — mais le type de régiment qu'il préfère. Les plus prisés sont d'ordinaire les chasseurs, la Légion et les unités d'outre-mer alors engagées dans les prestigieuses opérations du Maroc. De toutes les affectations, les moins demandées sont celles qui relèvent de la « biffe inté », les régiments d'infanterie de garnisons métropolitaines, auxquelles sont voués les plus mal classés.

C'est pourtant ce que le Connétable choisit : le sous-lieutenant de Gaulle décide de reprendre du service au 33e d'infanterie d'Arras où le caporal de Gaulle n'a guère trouvé de satisfactions. Masochisme ? Ou volonté, chez ce garçon aux aspirations multiples, aux velléités peut-être contradictoires, de s'enfoncer, de s'enraciner durement dans l'austérité et le dépouillement. On peut rêver de Zalaina et de « la fille de l'agha » et s'assigner, en attendant de se sentir bronzé, cuirassé, les tâches les plus terre-à-terre, les plus strictement professionnelles. Sollicité par mille postulations contraires, Charles de Gaulle se voue, à vingt et un ans, à une sorte d'obscurité revêche : il « aura de l'esprit quand il sera évêque », comme dit la Sanseverina à Fabrice — ou connétable.

Mais peut-être sait-il (il n'en a jamais fait confidence) qu'il va à la rencontre d'un chef peu banal. Depuis le mois de juin 1911, le colonel Schwartz a été remplacé à la tête du 33e RI par le colonel Pétain. Dans ce milieu d'élèves officiers de Saint-Cyr, on devait savoir beaucoup de choses sur les « patrons » sous lesquels on aurait tôt ou tard à servir. Les tuyaux qu'on se transmettait de dortoirs en réfectoires et en permission allaient-ils jusqu'à la connaissance des commandants de corps de ce niveau ?

Ancien professeur à l'École de guerre, Philippe Pétain, fils de paysan picard, s'était fait une double légende : celle d'un enseignant remarquable à l'esprit assez indépendant pour prôner la supériorité du feu sur l'offensive contre la doctrine officielle de l'état-major, et celle d'un chef de caractère assez ferme pour avoir répondu à un enquêteur du ministère qui lui demandait les noms des officiers de son régiment qui allaient à la messe : « M'y tenant au premier rang, je n'ai pas l'habitude de me retourner... » Trait qui avait fait le tour des « popotes » où l'on parlait souvent de ce « colonel à la stature impressionnante, au visage énigmatique, personnalité alors animée d'une froide énergie, d'un dynamisme incomparable, d'une originalité déjà légendaire, prestigieux, autoritaire, orgueilleux[8] ».

Ce tête-à-tête Pétain-de Gaulle (dans la mesure où les rapports régimentaires entre un sous-lieutenant et le colonel qui a sous ses ordres 19 capitaines et 32 lieutenants et sous-lieutenants peuvent être résumés ainsi : mais un demi-siècle d'histoire remodèle les hiérarchies...) est un des inévitables morceaux de bravoure de la gaullographie. Raymond Tournoux a beau avoir consacré au sujet les premiers chapitres d'un livre célèbre, Jean Pouget avoir enrichi ces évocations de touches dues à ses expériences personnelles d'officier et des fruits d'une enquête minutieuse, on revient toujours à cet épisode d'Arras où s'opère la jonction entre deux légendes. Et pourquoi l'éviter ? De Gaulle en restera marqué au point d'avoir écrit quarante ans après, et malgré tout, dans les *Mémoires de guerre* : « Mon premier colonel : Pétain, me démontra ce que valent le don et l'art de commander[9]. »

Sitôt qu'il a reçu l'annonce officielle de son affectation au 33e RI, le 10 octobre 1912, le sous-lieutenant de Gaulle a écrit à son nouveau chef la lettre qui commence par la formule consacrée : « Appelé à l'honneur de servir sous vos ordres... » A quoi le colonel a répondu de façon non moins conventionnelle[10]. Peu de jours plus tard, à la caserne Schramm, le sous-lieutenant se présente au colonel Pétain sur le compte duquel il en sait désormais assez long pour être impressionné.

Il voit en effet se dresser un très bel homme de 56 ans, déjà presque chauve, à la moustache poivre et sel, au teint d'ivoire, au regard d'un bleu pervenche qui n'a pas fini de séduire ses auditeurs et les dames. Le paysan picard a l'allure d'un roi de tragédie classique. Un vrai chef gaulois peint par Gérôme. De Gaulle sait qu'il n'en apprendra pas beaucoup plus ce premier jour. Si ses camarades le traitent de « Connétable », les collaborateurs de Pétain l'appellent « Précis-le-sec ». Une quinzaine de mots suffiront : « Vous êtes affecté à la 6e compagnie, celle du capitaine Saliceti. Je vous souhaite la bienvenue dans l'armée. »

Chose étrange, aucune lettre du sous-lieutenant à ses parents ne nous a été conservée qui témoigne de cet instant privilégié. Tout donne à penser pourtant que Charles ne put manquer de signaler à son père et de commenter éloquemment la chance qui était la sienne de servir sous un patron de cette stature, et d'autant plus attachant que la fermeté de son caractère et de ses convictions, tant dans le domaine de la théorie que dans la pratique quotidienne des rapports avec le ministère et l'état-major, semble avoir brisé sa carrière : tout « républicain » qu'il soit noté, le voici en passe de prendre sa retraite comme colonel dans la brume d'Artois, d'ici trois ou quatre ans, lui, professeur prestigieux à l'École de guerre dont les camarades de promotion sont tous généraux...

Au-« dessus » de lui, donc, un des personnages les plus remarquables de l'armée française. Au-« dessous », une troupe qu'il reconnaît bien : les paysans d'Artois et de Picardie, du Tardennois et de la Thiérache qui forment ce qu'il appellera « une infanterie lourde et un peu morose ».

Encore le Nord, par choix, par goût et affinités. Pour mieux les connaître et les former, il va déployer un zèle qui agacera les sous-officiers, peu accoutumés à voir s'interposer un officier entre les recrues et eux. Mais le sous-lieutenant de Gaulle, imbu du « rôle social de l'officier » selon Lyautey, saisi d'une véritable « ardeur apostolique [11] » et doté d'une mémoire prodigieuse, connaîtra bientôt par cœur le carnet militaire de toutes les recrues.

Il ne se contente pas de surveiller l'« astique » et de se préoccuper des literies, de la rédaction des lettres et des ennuis familiaux de chacun. Il entend s'adresser à eux en maître d'esprit civique et de morale militaire. A une date indéterminée, il rédige des notes pour une allocution aux recrues, qui ont été conservées et constituent en quelque sorte le premier « discours » de Charles de Gaulle :

> « Vous voilà arrivés au régiment. Vous n'êtes plus maintenant des hommes ordinaires : vous êtes devenus des soldats... Vous êtes-vous déjà demandé pourquoi ? La France est une nation. Mais est-elle la seule nation dans le monde ? Non ! Il y a d'autres nations [...] qui ne demanderaient pas mieux que de nous conquérir [...] pour nous empêcher de parler français, enlever nos libertés. Alors [...] la France s'est donné une armée, elle a décidé que ses enfants viendraient la servir chacun leur tour, et vous voilà !
> Voici quarante-deux ans que la France est en paix [...] et si les étrangers voulaient lui déclarer la guerre, ils trouveraient à qui parler, je vous en réponds. Nos terres, nos maisons, nos enfants resteront à nous désormais. Et puis la France n'a pas seulement à craindre les ennemis de l'étranger. Il y a souvent à l'intérieur même du pays des gens qui ne cherchent qu'une occasion de causer du désordre, d'empêcher les bons citoyens de vivre tranquilles. L'armée française sert aussi à maintenir l'ordre en France, à faire respecter les lois.
> Et qui sait si cette année-ci ne sera pas précisément décisive pour l'avenir de la Patrie ! Je n'ai pas besoin de vous dire que plus que jamais la situation extérieure apparaît... menaçante. Pensons que la victoire de demain dépend peut-être de chacun de nous [12]. »

Bon... Des « jus » de ce genre, les conscrits de 1913 ont dû en entendre beaucoup, de Nancy à Rennes et de Grenoble à Bordeaux. Mais ce qui donne un intérêt tout particulier à celui de Charles de Gaulle, c'est ce passage, fort peu conforme aux idées du chef de corps :

> « ... Il faut avoir l'esprit d'offensive... Cela veut dire qu'il faut partout, toujours, avoir une seule idée, marcher en avant... Dès que le combat commence, tout le monde dans l'armée française, le général en chef, les chefs, les soldats n'ont plus qu'une idée : marcher en avant, marcher à l'assaut, atteindre les Allemands pour les embrocher ou les faire fuir. »

Le moins que l'on puisse dire est que ce n'était pas là l'expression des idées fondamentales de Philippe Pétain. On dira certes que cultiver l'esprit « offensif » des recrues n'implique pas que l'on fasse sienne la théorie de l'attaque à tout prix au niveau du grand état-major. Mais le sous-lieutenant de Gaulle se permet ici de proclamer que « le général en chef » aussi bien que le fantassin de base ne doit avoir qu'une idée en tête : l'offensive.

Il serait risible de soutenir que nous sommes là aux sources des conflits Pétain-de Gaulle, et que quelques mois seulement après le premier tête-à-tête se manifeste déjà une querelle de doctrine entre l'officier de 23 ans et le majestueux colonel... On peut gager pourtant que si le brouillon de cette allocution vint à tomber sous les yeux du chef de corps, il ne put manquer de froncer le sourcil.

Dans le grand débat où s'affrontent alors les stratèges appelés à conduire les forces françaises dans la guerre qui vient, il y a d'un côté le lieutenant-colonel de Grandmaison, chef du 3ᵉ bureau de l'armée et augure de l'état-major (depuis 1911 confié au général Joffre) et de l'autre le général Lanrezac. Grandmaison se fonde sur la mission de la France : reconquérir les provinces perdues, pour prôner l'offensive qui doit être préparée « avec passion, avec exagération et jusque dans les détails infimes de l'instruction [13] ». Grandmaison peut se réclamer de l'appui au moins moral du plus prestigieux des théoriciens militaires, le général Foch.

Face à eux se dresse entre autres Lanrezac qui, approuvé par Gallieni, résume ainsi la doctrine à la mode : « Attaquons ? Attaquons comme la lune ! » C'est bien ce que pense Pétain, pour qui le dernier mot restera au feu et qui ne justifie l'offensive que comme progression de la « ligne de feu ». L'assaut ne peut précéder, mais doit suivre le feu.

Qu'il ait donné lieu ou non à un désaveu intime du colonel par le sous-lieutenant ou à une mise au point explicite du premier au second, le débat est là, reflétant dans l'ombre d'un quartier de province celui où est en train de se jouer la fortune de la France pendant les premiers mois de la guerre. Pétain fera souvent prévaloir ses arguments dans la conscience du jeune de Gaulle qui — dans son for intérieur et par tempérament — est un tenant passionné de l'offensive, qu'il appelle d'ailleurs « mouvement ».

Si Pétain marqua des points contre lui, s'imposant d'abord comme un maître, ce fut certainement à l'occasion des manœuvres de 1913, en Artois. Le général Le Gallet, commandant la division dont fait partie le 33ᵉ RI, les a ordonnées : c'est une apothéose de l'attaque à la baïonnette, clairons sonnant la charge, pantalons garance bien exposés au feu. Un Detaille... L'heure de la critique venue dans une mairie de village, en présence de tous les officiers, le colonel Pétain est sollicité de donner son avis. On entend tomber de ses lèvres ces quelques phrases :

« Messieurs, le général Le Gallet s'est proposé, afin de mieux frapper vos esprits, de présenter la synthèse de toutes les fautes qu'une armée moderne ne doit plus commettre... » On imagine le poids du silence qui alors s'installe, l'acuité des coups d'œil qui s'échangent. On imagine aussi l'impression produite sur un esprit non conformiste comme celui de Charles de Gaulle par cette manifestation d'intrépidité lucide.

Quand il sera amené à tracer quinze ans plus tard * le portrait de Pétain,

---

* Dans *Le Fil de l'épée*, nous verrons que ce « portrait » n'est pas seulement celui du maréchal.

de Gaulle dressera celui de l'homme de caractère, de l'esprit libre, non du penseur fécond :

> « ... Un maître dont on sait qu'il a dédaigné la fortune des serviteurs. Puissance de l'esprit critique sauvegardé des faveurs banales. Grandeur de l'indépendance [...]. Prestige du secret ménagé par la froideur voulue, l'ironie vigilante et jusque par l'orgueil dont s'enveloppe cette solitude. »

Le lieutenant résiste pourtant, sinon à la force des arguments du type « le feu tue », tout au moins à la philosophie générale qu'en dégage Pétain. Témoin les notes qu'il prend alors dans son carnet personnel, et qui presque toutes remettent en cause les idées de son chef de corps :

> « Arras, octobre 1913 :
> Importance relative variable accordée au cours de l'histoire au feu et au mouvement. Le combat au Moyen Age. Essentiellement offensif. Les Communes s'arment. La poudre apparaît. L'intervention de l'arme à feu [...]. Altération du sentiment offensif [...].
> Le maréchal de Saxe n'admet pas le feu par masses et par salves. Quant au choc, il est exécuté par une colonne profonde... l'ordre profond * convient à la Révolution et à l'Empire [...]. Mais [...] la Restauration ramène les anciens officiers royaux et les errements du feu l'emportent sur le mouvement... L'étude de 1866 donne à l'armée française de fausses idées. D'autant plus qu'on adopte le Chassepot.
> 1894-1900... Les feux de salves recommencent à triompher. Les écoles de tir **. Elles tendent à faire croire transportables sur le champ de bataille les gestes du polygone... Divergences entre les écoles de tir et l'École supérieure de guerre ***.
> Guerre anglo-Boer. Les Boers sont de merveilleux tireurs et les Anglais ne savent d'aucune façon utiliser le terrain ou prendre les formations favorables... Les mauvaises idées reviennent sur l'eau...
> Heureusement vient la guerre russo-japonaise. Les Japonais ont toujours poussé leurs attaques à fond aussi bien sur le front que sur les flancs. Jamais le feu seul n'a résolu la question : " La baïonnette, dit Soloviefff, a travaillé tout le temps. " La progression se fait par bonds et en utilisant merveilleusement le terrain [14]. »

On ne saurait être plus clair. De la suprématie accordée au feu viennent les « errements », les « mauvaises idées ». Le salut est dans l'offensive, le bond en avant et la baïonnette. Le colonel Pétain ne pouvait rêver d'un disciple plus rétif, plus infidèle.

Charles de Gaulle voue certes une vive admiration — pour une douzaine d'années encore — à son colonel d'Arras, à sa rigueur, son caractère, ses éminentes qualités professionnelles de chef de corps, son style, son rayonnement. Mais en tant que penseur militaire, il le rejette carrément, au moins jusqu'au moment où il aura subi, jusque dans sa chair, la puissance des armes. Dans *la France et son armée* (écrit sous l'égide du maréchal...), il

---

* Inventé par le comte de Guibert, il est à l'origine des effets de choc de la stratégie napoléonienne.
** Où Pétain bâtit son prestige.
*** Toute acquise alors à l'offensive.

fera certes oraison, consacrant quelques-unes de ses plus belles pages à la description des ravages du feu. Pétain avait donc raison ? Oui, mais...

... Mais au tréfonds de l'âme et de l'esprit, le désaccord demeure. Il n'est pas absurde de situer là, dès 1913, à propos de l'esprit de combat, le ver qui dévorera le fruit : dans l'idée qu'il se fera de Pétain, il y aura désormais chez de Gaulle quelque chose de ce refus intellectuel de 1913, cette conviction que ce « grand homme » est un esprit limité.

Quand on pense ce que sont souvent les rapports entre chefs et subordonnés, ce qu'il peut y entrer de dévotion fanatique, et quand on pense à la vénération suscitée par Pétain dès ce temps-là, on mesure ce que leur relation eut, sitôt que nouée, de suspendu et de conditionnel. De Gaulle, à Arras, a découvert un chef, il retrouvera en lui, après la guerre, un patron (dont il usera largement) ; il n'aura jamais élu en Pétain ce maître, ce père, ce gourou que tant d'autres se donnent à cet âge.

Qu'il ait ou non perçu ces réserves à l'occasion de tel ou tel contact avec ce jeune subordonné, Philippe Pétain n'en aura cure. Il ne lui en témoignera pas moins de bienveillance dans les notes qu'il lui attribue et les commentaires qui les accompagnent. Si les félicitations qu'il adresse à de Gaulle, à l'occasion de sa promotion au grade de lieutenant, en octobre 1913, sont de pure convention, les annotations dont il les a fait précéder sont des témoignages d'une faveur appuyée :

Note du 1er semestre 1913 :
« Sorti de Saint-Cyr avec le n° 13 sur 211, s'affirme dès le début comme un officier de réelle valeur qui donne les plus belles espérances pour l'avenir. Se donne de tout cœur à ses fonctions d'instructeur. A fait une brillante conférence sur les causes du conflit dans la péninsule des Balkans. »
Note du 2e semestre 1913 :
« Très intelligent, aime son métier avec passion. A parfaitement conduit sa section aux manœuvres. Digne de tous les éloges[15]. »

A la fin de 1913, le colonel Pétain quitte Arras pour prendre le commandement d'une brigade. Mais il y a un mot encore à dire sur les relations entre les deux hommes de ce temps-là. La légende veut qu'elles ne se soient pas cantonnées au domaine strictement professionnel et que l'infatigable « homme à femmes » qu'était Philippe Pétain soit entré en compétition avec le lieutenant de Gaulle sur d'autres champs de manœuvre que ceux qu'avait choisis le général Le Gallet[16].

Pour n'être pas Lucien Leuwen à Nancy, le lieutenant d'Arras n'en est pas moins un personnage digne d'intérêt. S'il ne l'a pas connu dès cette époque, Lucien Nachin esquisse de Charles de Gaulle en 1913 un portrait dont la vraisemblance est à peine entamée par la dévotion rétrospective :
« ... dans ces petites villes [...] derrière chaque fenêtre, chaque étalage, des regards curieux épient les nouvelles figures [...]. Comment ne pas retenir les traits si caractéristiques de ce sous-lieutenant très grand, très mince, élégant et soigné, au visage ouvert et grave et dont la démarche juvénile et alerte marque la confiance en soi comme le port de tête... ».

Alors, on raconte des histoires de trains pris à la hâte pour Paris où se retrouvent nez à nez le colonel et le lieutenant insouciant des arrêts infligés par son chef et levés avec une particulière opportunité, des anecdotes pour films de René Clair ou pièces de Robert de Flers. Quand le « feu » n'a pas encore commencé de tuer, pourquoi s'enfermer au quartier ou ne courir qu'au créneau ? Un jour qu'il nous parlait de Charles de Gaulle avec cette exaltation sarcastique qui n'était qu'à lui, François Mauriac, se référant de toute évidence à des sources sérieuses, glissait dans un demi-rire : « Des femmes, de Gaulle ? Les mêmes que Pétain ! »

On peut néanmoins faire confiance au lieutenant d'Arras pour avoir concentré sa passion sur un autre sujet. Témoin cette conférence prononcée devant ses camarades, les quelque cinquante officiers subalternes du 33e RI, et tout simplement intitulée : « Du patriotisme [17] » :

> « ... Je ne pense pas qu'aucun amour humain ait inspiré de plus nombreux et aussi de plus durs dévouements... Ce que nous désirons combattre, c'est seulement le chauvinisme, c'est cette disposition d'esprit qui porte certaines gens à donner toujours et aveuglément raison à tous les actes bons et mauvais de leur patrie à l'extérieur. A cette observation, il faut répondre que le chauvinisme, si c'est un excès, vaut cent fois, mille fois mieux qu'un patriotisme qui raisonne trop souvent... Il fallait bien que Vercingétorix, que Jeanne d'Arc, que Villars fussent des chauvins pour avoir accompli les exploits que l'histoire nous a transmis... Comme me l'a dit à moi-même il y a six mois celui que M. de Freycinet appelait " le plus grand patriote du siècle ", Déroulède : celui qui n'aime pas sa mère plus que les autres mères et sa patrie plus que les autres patries n'aime ni sa mère ni sa patrie [18] ! »

Une si éclatante profession de foi « chauvine » soulignée par ce naïf « dit à moi-même » à propos de Déroulède *, l'aurions-nous attendue du très intelligent fils d'Henri de Gaulle, cet homme qui a su très précisément respecter la frontière qui passe entre patriotisme et chauvinisme lors de l'épreuve type de ce temps-là, l'affaire Dreyfus ? Après tout, il n'a que 23 ans, il est le frémissant novice d'un ordre consacré à ce sacerdoce-là, et s'exprime à la veille d'une épreuve désormais certaine et qui risque de ne pas laisser vivants beaucoup des lieutenants d'infanterie d'un régiment du Nord...

On peut témoigner de beaucoup de compréhension envers le chauvinisme et tenter de conserver sa lucidité face à l'adversaire. Le 1er avril 1914, le lieutenant de Gaulle prononce devant les cadres du 3e bataillon de son régiment une conférence sur l'armée allemande dont on n'a conservé que les notes. L'orateur signalait « l'augmentation formidable en effectifs et matériel » dont venaient de bénéficier les forces du kaiser, la jeunesse des officiers supérieurs et des généraux allemands par rapport à leurs vis-à-vis français, le relatif équilibre des effectifs (60 000 hommes de plus de l'autre côté du Rhin), l'excellence des communications de l'adversaire. Il indiquait

---

* Rencontre dont on n'a gardé aucune autre trace.

que le fusil allemand (le Mannlicher) était « plus commode et plus rapide » que le Lebel, mais que sa balle était d'une force de pénétration moindre, que « l'artillerie allemande serait inférieure à la nôtre » mais que l'instruction de l'armée allemande était « bonne », ajoutant que « comme nous, les Allemands préconisent l'offensive à outrance ». Et de conclure, sur un ton suffisant qui contraste avec les sobres indications précédentes : « La France n'a donc aucune inquiétude à avoir. Une armée ne vaut que par les forces morales. C'est à nous, cadres, qu'il appartient de les créer. »

Plus que trois mois... Le lieutenant de Gaulle sent s'approcher « l'aventure inconnue » qu'il imagine « sans horreur » et « magnifie à l'avance ». En ce début d'été 1914, la lecture des journaux ni les palabres de popotes ne sauraient le prendre de court. Sarajevo ou pas, archiduc ou non, le temps n'est-il pas venu d'abattre les dés ? Encore heureux que, depuis un an, le chef de l'État soit un patriote intraitable, Poincaré, que l'état-major soit dirigé par un homme de tête, Joffre, et que le Parlement ait adopté la « loi de trois ans » qui maintient sous les drapeaux des garçons formés depuis de longs mois. « La France n'a aucune inquiétude à avoir... »

Il n'aura 24 ans que dans trois mois. Dans le visage pâle, amaigri par l'exercice, tendu par l'effort, le nez saille de plus en plus. Les yeux très rapprochés lui donnent un regard d'oiseau des altitudes. Une mèche courte ombre le front. La moustache fait mollement sur la lèvre comme un accent circonflexe, et le menton tombe un peu dans le col très haut. Une cambrure naturelle et la discipline militaire corrigent quelque chose de flexible, à la Barrès. La silhouette est toujours un peu fragile, mais les longues marches l'ont affermie. La voix encore un peu trébuchante parfois a déjà pris son éclat de cornet à piston.

L'impression qui se dégage de ce grand escogriffe de lieutenant d'Arras tout en jambes, en angles et en éclats, est celle d'une flamme revêche. Il convoque spontanément autour de lui comme un permanent congrès d'écouteurs. S'impose-t-il ? Il s'expose en tout cas dans le débat, en attendant demain. C'est un vivant tout imbibé d'histoire et d'espérances.

Que lit-il, ce Charles de 1914 ? On sait qu'il fréquente beaucoup la bibliothèque municipale de l'ancienne abbaye de Saint-Vaast. Mais ce qu'il y emprunte ? A coup sûr beaucoup de livres d'histoire, surtout ceux qui ont trait aux campagnes du Nord, d'Artois et de Picardie, tout ce qui se rapporte au siège de 1654, aux faits et gestes de Condé et de Turenne qui s'affrontèrent aux portes de la ville, sur la Scarpe. D'ailleurs, Azincourt n'est pas loin, et l'on imagine qu'il tenta de vérifier dans les archives locales si la légende familiale disait vrai, qui voulait que Jehan de Gaulle ait déconseillé d'y livrer bataille.

Comment n'aurait-il pas pratiqué en ces mois d'imminence la grande littérature militaire — Guibert et Clausewitz, Jomini, Ardant du Picq et Gilbert ? Guibert d'abord, inventeur de l' « ordre profond » propre aux grandes offensives. Pouvait-il manquer d'être séduit par cet officier monarchiste formé sous Maurice de Saxe et le maréchal de Broglie, qui voit venir la Révolution, la comprend, et prépare l'outil incomparable qu'utiliseront Carnot et Bonaparte ? Avant tous, il a compris la formidable efficacité, mais aussi la terrible nocivité, de la levée en masse, qui convoque le monde pour des guerres proprement biologiques, ces guerres sans limites qui succéderont aux conflits de professionnels, de castes et de bandes. Il a presque tout vu avant de pouvoir agir, laissant une œuvre superbe qui laissera sa trace sur l'auteur de *la France et son armée.*

De Clausewitz dut alors le frapper plus que tout ce précepte : « Toutes les guerres ayant leur caractère propre et présentant dans leur évolution un grand nombre de caractères particuliers, chacune d'elle peut être considérée comme une mer inconnue du général en chef... » Qu'il aurait aimé avoir trouvé cette « mer inconnue », le jeune de Gaulle ! Et il croit à la vérité de la chose. Que sait-on au juste de ce qui se prépare ? Croit-on refaire Magenta et Reichshoffen ? « Une mer inconnue... » Il a dû rêver à cette navigation-là, le lieutenant d'Arras...

Le capitaine Gilbert, qui avait publié son meilleur livre l'année même de la naissance de De Gaulle, en 1890, était un théoricien très admiré et abondamment cité par Jaurès (qui l'avait beaucoup consulté) dans *l'Armée nouvelle.* Très tôt arraché au métier militaire par la maladie, comme Vauvenargues, il mettait avant tout l'accent sur les « forces morales », comme Charles de Gaulle souhaitait qu'on le fît.

On ne sait si le lieutenant de Gaulle lut dès cette époque Ardant du Picq, cet officier périgourdin dont Henri de Gaulle devait avoir rangé dans la bibliothèque de La Ligerie quelques ouvrages, et notamment celui-ci, bien propre à retenir l'attention du jeune officier : *Nécessité dans les choses de la guerre de connaître l'instrument premier qui est l'homme.* Sarcastiques, hauts de ton, vifs et secs, les traités de ce colonel tué en 1870 sont les chefs-d'œuvre de la littérature militaire française. Il n'est pas imaginable qu'une « brute pompière » de Saint-Cyr n'en ait pas eu, dès cette époque, connaissance.

Mais on aurait tort de croire le de Gaulle de 1914 entièrement absorbé par les problèmes de son état. Si ses notes de l'époque, à la différence de celles des années à venir, ne font mention d'aucune lecture « civile », on sait qu'il dévorait les livres. Tout homme est contemporain de son temps : lecteur, il lit ce qui paraît alors. Qui domine alors le paysage intellectuel d'un jeune homme formé par l'enseignement catholique, passionné d'histoire, imbu du nationalisme le plus ambitieux et curieux de tout ? Barrès, les fondateurs de *l'Action française,* les rénovateurs de la pensée catholique (de La Tour du Pin à de Mun) et surtout Péguy et Bergson.

Barrès vient de publier *la Colline inspirée.* Il est alors comme un prince de la jeunesse, et son pitoyable dérapage dans l'antidreyfusisme ne suffit pas à le dégrader aux yeux d'un patriote comme le lieutenant du 33ᵉ RI. Charles de Gaulle le citera peu et rien ne nous certifie qu'il le plaçait au premier rang en tant qu'artiste. Mais quel professeur de continuité nationale que ce Barrès pour qui « toute époque est bonne où éclate l'énergie française », de la monarchie capétienne à la Révolution et à l'Empire qui offrit au grand-père Barrès, vélite de la Garde, l'occasion d'entrer à Moscou derrière

Napoléon, et qui écrivait au lendemain de l' « affaire » : « Il faudrait incorporer dreyfusisme et antidreyfusisme dans un type supérieur... Il faudrait sauver ce qu'il y a de chevaleresque français chez le dreyfusien de bonne foi. »

Ce pourquoi Charles de Gaulle restera toujours réservé vis-à-vis des tranche-montagne de *l'Action française* qui prétendent éliminer de notre histoire Carnot le régicide et Gambetta le fondateur de république et s'enferment dans une logique si implacable que la vie même s'y fige et dépérit. Mais quand on a eu 18 ans au moment où est lancée *l'AF* quotidienne et qu'on a été instruit sans trêve par un monarchiste tel que le PDG de la rue de Vaugirard, comment ne pas être ébloui par la pugnacité intellectuelle du petit homme de Martigues, et par l'antigermanisme flamboyant de « son » historien, Jacques Bainville ?

C'est moins peut-être *l'AF,* trop péremptoire, que le prolongement qu'elle trouve chez « Agathon » qui marque alors le lieutenant d'Arras. Cette année-là en effet, deux jeunes écrivains de la mouvance de Maurras, Henri Massis et Alfred de Tarde, publient sous le pseudonyme commun d' « Agathon » une enquête restée fameuse d'où il ressort que la jeunesse française se rassemble sur des thèmes — la nation, la revanche, l'ordre, la spiritualité — qui ne sont apparemment pas ceux dont s'inspire la majorité de gauche de la Chambre des députés élue au printemps 1914. Que voilà de bonnes munitions pour ce militant des « forces morales » qu'est le lieutenant de Gaulle !

Il les trouve aussi chez les maîtres du renouveau catholique que sont René de La Tour du Pin et Albert de Mun. Certes, le comte de Mun, qui s'était engagé assez loin vingt ans plus tôt sur la voie du « catholicisme social » inspiré par le Léon XIII de *Rerum Novarum,* vient d'opérer un prudent repli sur les bases de ses traditions familiales : mais c'est une grande voix. Plus profonde est l'influence du marquis de La Tour du Pin, qu'Henri de Gaulle tient pour un maître et qu'il a fait lire à son fils.

Légitimiste, très tôt adhérent de *l'Action française,* fondateur avec de Mun de l' « œuvre des cercles ouvriers », auteur de *Vers un ordre social chrétien* (1907) et d'*Aphorismes de politique sociale* (1909), René de La Tour du Pin plaide pour « l'harmonie du corps social », ce qui implique de rompre avec « le libéralisme et l'individualisme de 1789, responsables de la lutte des classes » et de reconstruire les « corps professionnels », pièces maîtresses de l'édifice social. Cet « ordre social chrétien » repose sur les associations professionnelles c'est-à-dire sur les corporations mixtes de l'Ancien Régime, adaptées aux conditions modernes du travail auxquelles l'État devrait donner un « caractère public ». Curieuse doctrine où résonnent des échos de Montalembert et de Lamennais. Elle inspire les militants de *l'AF* première manière, et sera à la source de la pensée des fondateurs du corporatisme de Vichy.

Mais les maîtres du jeune homme en uniforme sont mieux encore Péguy et Bergson. Péguy a publié *Notre jeunesse* et *le Mystère de la charité de Jeanne d'Arc* en 1910, *les Tapisseries* en 1912 et *Ève* en 1914. Dans une sorte de délire sacré, il mène alors la charge contre Jaurès et toutes les formes du pacifisme. La verve polémique de *Notre jeunesse* a enchanté de Gaulle, comme la mystique historique de *Jeanne d'Arc* et des *Tapisseries*. Cette France peuplée de moines patriotes, de chevaliers égalitaires et d'artisans chrétiens, comme elle est conforme à son rêve !

Le lieutenant de Gaulle, qui s'est abonné aux *Cahiers de la quinzaine,* aime par-dessus tout que ce fils de rempailleuse de chaises, socialiste et dreyfusard, soit devenu — avec Psichari, le petit-fils de Renan — le chantre le plus intrépide du nationalisme français. Quand on vous disait que la France était une, et parlait d'une seule voix depuis treize siècles... Écoutez l'homme qui écrit dans *Notre jeunesse* que le vrai débat n'est pas entre républicains et royalistes, que « le choix n'est pas entre l'Ancien Régime et la Révolution. Il est entre toute l'ancienne France [...] païenne et chrétienne, traditionnelle et révolutionnaire, monarchiste, royaliste et républicaine — et d'autre part, et en face et au contraire une certaine domination primaire, qui parasite la République »...

C'est en réaction à la menace extérieure, nous avons vu déjà le « coup de Tanger » du kaiser, que Charles Péguy encore imprégné de l'idéologie socialiste — bien qu'en révolte contre Jaurès et ses leçons — se convertit soudain au nationalisme mystique : en même temps que l' « histoire du monde », sa propre vision des choses a été rénovée d'un coup.

Voilà qui sied bien au lieutenant d'Arras. De ces thèmes, toute son action, toute œuvre seront nourries. Edmond Michelet affirmera un demi-siècle plus tard que « le gaullisme est un péguysme » (d'un Péguy qui aurait armé sa mystique d'une ferme politique...). En tout cas, dans son plus ambitieux ouvrage historique, *la France et son armée,* Charles de Gaulle évoquant le climat intellectuel qui régnait en France à la veille de la guerre, parlera du « rayonnement secret d'un Péguy ».

La matière même sur laquelle travaillait Péguy, l'éloquence poignante de son propos étaient de nature à saisir d'emblée le jeune de Gaulle. Mais Bergson ? On a souvent parlé d'une relation familiale, et notamment Malraux, qui le tenait, disait-il, de la meilleure source [19]. Mais Philippe de Gaulle dément cette indication [20]. Que le préfet des études du collège de l'Immaculée-Conception, curieux de tout et voué à de multiples échanges intellectuels, ait lié connaissance avec le philosophe dont les cours au Collège de France drainaient, depuis 1897, une foule très dense et fervente, il n'y a rien de surprenant.

Henri Bergson était alors considéré comme une sorte de témoin prophétique du retour au spirituel, un pionnier de la renaissance mystique. *L'Évolution créatrice,* publiée en 1907, est tenue pour une manifestation de redécouverte de Dieu par l'intuition, l' « élan vital ». Et le catholicisme français de s'exalter à la pensée que, venu du judaïsme, le plus grand philosophe de son époque fait route vers le christianisme par ces voies phosphorescentes... Dans *la France et son armée,* encore, Charles de Gaulle dira ce que le « renouvellement » de la spiritualité française doit, au début du siècle, à Henri Bergson.

Plus précisément, ce que Bergson représente aux yeux du jeune officier qui s'embarque vers des rivages inconnus, c'est le contempteur des catégories et des systèmes, du kantisme et de l'intellectualisme ; c'est le penseur mouvant qui dit aux hommes de son temps : inventez-vous, ayez du monde une intuition neuve, c'est la seule chance d'appréhender le réel : « Le temps n'est pas une ligne sur laquelle on repasse... » En Bergson, de Gaulle a trouvé ce professeur de liberté que cherche tout adolescent. Il n'est que d'inventer : l'histoire qui vient, pense Charles de Gaulle, nous le montrera.

On peut préparer soigneusement ses concours, écouter les leçons de ses chefs, étudier les campagnes de Catinat, et croire profondément que le moment de l'action venu, tout sera à recréer, quand le plus expérimenté des capitaines plongera dans « une mer nouvelle »...

Les convulsions de l'Europe, à partir de la fin de juin 1914, sont bien de nature à conforter Charles de Gaulle dans ses convictions les plus intimes. D'une chancellerie à l'autre, d'un état-major à celui d'en face se déroule, comme dans les plus vieux livres d'histoire diplomatique, une tragédie monotone. Spectacle fascinant, observera-t-il plus tard, que celui qu'offrent des masses poussées à la catastrophe, tout au long de ce mois de juillet 14, par une « conjuration des forces obscures que les Anciens eussent nommées destin, Bossuet, arrêt divin, Darwin, loi de l'espèce ». Comment s'en étonner quand on a fait choix précisément d'être, de cette machinerie tragique, un rouage ?

Ce n'est pas sans une secrète jubilation qu'il constate l'évanouissement des « théories dont on aurait pu penser qu'elles feraient obstacle au mouvement. Pas un groupement ne se dresse pour condamner la mobilisation. Pas un syndicat ne songe * à l'entraver par la grève. Au Parlement, pas une voix ne manque au vote des crédits pour la guerre. La proportion des réfractaires évalués par les prévisions officielles à 13 % des appelés, n'atteint pas 1,5 %. 350 000 volontaires assiègent les bureaux de recrutement. Les Français vivant à l'étranger prennent d'assaut trains et navires pour rallier la patrie. Les suspects inscrits au " carnet B " supplient qu'on les envoie au feu. On voit accourir aux frontières 3 000 déserteurs du temps de paix qui sollicitent l'honneur de se battre[21] ».

L' « Union sacrée » proclamée par Poincaré au lendemain de l'assassinat de Jaurès (qui, vivant « en eût pris la tête », crut pouvoir affirmer quelques mois plus tard Léon Blum) confirme le lieutenant de Gaulle dans ses certitudes : que la patrie est une et que les idéologies ne pèsent guère quand le sort de la nation est en jeu. C'est le socialiste (« indépendant ») Viviani qui met le pays dans la guerre. C'est le dreyfusard Péguy qui l'appelle le plus ardemment au combat, à moins que ce ne soit le marxiste Jules Guesde, en

---

* « Ne songe » est excessif. « Ne réussit » serait plus juste.

attendant l'antimilitariste Gustave Hervé. Aussi bien, de l'autre côté de la frontière, le même phénomène se produit-il : mis à part Karl Liebknecht et Ebert, les leaders du puissant parti social-démocrate ne songent guère à freiner la vague populaire qui jette vers la frontière ouvriers et paysans. Nationalisme ou « chauvinisme », c'est bien vers le service de la patrie que porte « l'élan vital ». Le lieutenant d'Arras, toutes convictions vérifiées, est prêt.

Exercé dans la paix à l'art du commandement, nourri d'autant d'histoire qu'on en peut savoir à 20 ans et sachant si bien sa géographie que « les affluents de la Seine étaient comme les lignes de sa main », (Gaston Bonheur), Charles de Gaulle s'est déjà donné une éthique personnelle : mission exceptionnelle « de la France dans le monde » ; certitude du rôle éminent qu'est appelé à jouer un homme de caractère tel que lui ; primauté donnée à l'intuition et à l'inventivité ; nationalisme intégrant classes et époques.

C'est un brillant sujet, piaffant d'ambition noble et qui ayant choisi « le rouge », n'entend pas jeter sur la guerre qui vient le regard marginal de Fabrice.

Mais le combat ne révèle-t-il pas un autre homme dans l'homme ?

3. Le feu

Le 1er août 1914, le lieutenant Charles de Gaulle note dans son carnet personnel : « Tout le monde attend pour ce soir l'ordre de mobilisation[1]... » C'est ce jour-là, à 16 h 30, que le lieutenant-colonel Stirn, successeur du colonel Pétain à la tête du 33e RI d'Arras, en est avisé. Les dés sont jetés.

Le lieutenant note encore : « Calme absolu de la troupe et de la population. Mais inquiétude sur les visages. Comme les officiers sont quelqu'un maintenant en ville ! » Affecté au 1er bataillon, dans la 11e compagnie que commande le capitaine Maes, il y sera responsable de la 1re section.

Le 2 août est consacré à l'habillage de l'active, le 3 — jour de la déclaration de guerre de l'Allemagne — à l'incorporation des réservistes. Le 4, signale de Gaulle, « un très grand nombre de déserteurs rentrent et d'hommes réformés demandent à servir ». Et il ajoute : « Le soir, dîner très gai à la pension. Puis mettons nos affaires en ordre [...] Je peux partir. » Et le 5 : « Adieu mon appartement, mes livres, mes objets familiers. Comme la vie paraît plus intense, comme les moindres choses ont du relief quand peut-être tout va cesser[1]... »

Le *JMO** du 33e RI signale que le 5, « le régiment mis sur pied de guerre est transporté d'Arras à Hirson** ». Le lieutenant de la 11e compagnie observe pour sa part : « Peu de monde pour nous voir partir. Mais des gens résolus qui retiennent leurs larmes. Allons, décidément, c'est bien l'élan unanime, l'enthousiasme contenu que j'avais rêvé. »

Le cap est mis sur les Ardennes, du côté de Mézières. La mission sera donc de défendre la Meuse. Le 7, de Bourg-Fidèle, Charles trouve enfin le temps d'écrire à sa mère : « Ma bien chère maman, nous voici en pleine campagne, pleins d'entrain et de confiance. Les troupes sont absolument admirables... Je n'ai aucune lettre de vous ni de personne depuis le 1er août[2]... »

Le lendemain, le *JMO* du régiment signale entre autres que « pendant les journées des 6 et 7, le 33e a accompli avec des réservistes non entraînés portant pour la plupart des souliers neufs [...] 70 kilomètres sans laisser un seul traînard... » Bigre... Mais si bon marcheur qu'il se soit révélé, le

* *Journal de marche et d'opérations.*
** Sur la frontière belge.

lieutenant de Gaulle, lui, chevauche une jument. A Rocroi, petite cité guerrière qu'il trouve seulement « curieuse par son exiguïté », il ne put manquer, pour distraire sa troupe aux pieds endoloris, d'évoquer pendant la soupe la bataille où le prince de Condé fit éclater son jeune génie. Débuter dans la vie guerrière à Rocroi : comment le fils d'Henri de Gaulle pourrait ne pas voir là encore se manifester son « étoile » ?

Les forces allemandes ayant envahi la Belgique, l'armée Lanrezac * et notamment son 1er corps commandé par Franchet d'Esperey — dont dépend le 33e — se porte à leur rencontre. De grandes choses se préparent : « Maintenant, on a la sensation que l'armée est concentrée et que l'on va marcher pour de bon », note avec flegme de Gaulle le 11, ajoutant : « Lettres de papa et maman datées du 4 août, les poussières de la campagne[3]... »

Le 13, survolés par un avion allemand, ils entrent en Belgique. « Accueil enthousiaste... On nous reçoit comme des libérateurs... Le soir à 7 heures, salut de l'aumônier... Nous voulons Dieu. *Pace Domine*. Très touchant. » Mais le *JMO* régimentaire signale un « ordre général » qui donne mission au 1er corps d'armée (donc au 33e) de « s'opposer aux tentatives éventuelles de l'ennemi pour franchir la Meuse entre Givet et Namur », ce qui fait prévoir un choc imminent. Dans la soirée en effet (selon le *JMO*) « l'ennemi attaque les ponts de Dinant et d'Auseremme... Le 33e reprendra les ponts s'il y a lieu et cherchera à déboucher sur la rive droite ».

Notes de Charles de Gaulle relatives aux 14 et 15 août ** :

> « Marche de nuit. Tout le monde sent qu'on va au combat, mais tout le monde est résolu et plein d'entrain... L'ennemi n'occupe pas encore Dinant. Nous y entrons donc... Les hommes moulus dorment sur le pavé. Le capitaine Bosquet et moi... assis sur des chaises...
> A 6 heures du matin, boum ! boum ! la danse commence. L'ennemi bombarde Dinant avec fureur. Ce sont les premiers coups que nous recevons de la campagne. Quelle impression sur moi ? Pourquoi ne pas le dire ? Deux secondes d'émotion physique : gorge serrée. Et puis c'est tout... les hommes [...] ont commencé par être graves, puis la blague reprend le dessus... »

Voici la 11e compagnie abritée dans une tranchée de chemin de fer, de part et d'autre d'un passage à niveau. De Gaulle : « Je m'assois sur un banc dans la rue [...] et je reste là par bravade. De fait, je n'y ai pas de mérite car je ne suis nullement ému... » Arrivent les premiers blessés. Puis le flot s'accroît, pitoyable... On parle de plusieurs officiers du 33e tués. Du haut de la citadelle, l'ennemi déclenche maintenant sur eux un tir infernal, par balles

> « L'adjudant Vansteen passe à côté de moi. " Eh bien, Vansteen, ça va ?
> — Oh mon lieutenant, je n'irai pas loin. — Mais si... En voilà des idées...
> — Je n'irai pas loin mais j'irai tout de même.. " C'est son tour de se

---

* L'homme du « Attaquons comme la lune ! »
** Rédigées à l'hôpital, après sa blessure, deux semaines plus tard.

déployer avec sa section au tournant de la rue [...]. Vlan ! Il lève les bras, fait trois pas de mon côté pour dire " Vous voyez, je vous l'avais bien dit ! " et tombe raide mort. »

Toujours pas un coup de canon français : « Ce n'est pas la peur qui s'empare de nous (mais) la rage... » Et voilà que la 11ᵉ compagnie est appelée à intervenir, à la baïonnette, pour empêcher l'ennemi de passer le pont « sur les talons de nos compagnies massacrées », écrit de Gaulle qui ajoute :

« Pour me rendre à ma section, il me faut franchir le passage à niveau. Je décide de le passer au pas... Bon Dieu ! quelles fourmis dans les jambes ! [...] Je hurle : " 1ʳᵉ section avec moi en avant ! " et je m'élance, conscient que notre seule chance de réussite est de faire très vite... J'ai l'impression que mon moi vient à l'instant de se dédoubler : un qui court comme un automate et un autre qui l'observe avec angoisse.
J'ai à peine franchi la vingtaine de mètres qui nous séparent de l'entrée du pont que je reçois au genou comme un coup de fouet qui me fait manquer le pied [...]. Je tombe et le sergent Debout tombe sur moi, tué raide. Alors [...] c'est une grêle épouvantable de balles autour de moi [...]. Je les entends [...] rentrer avec un bruit sourd dans les cadavres et les blessés qui jonchent le sol... Je me dégage de mes voisins, cadavres ou ne valant guère mieux, et me voici rampant dans la rue sous la même grêle... Comment je n'ai pas été percé comme une écumoire durant le trajet, ce sera toujours le lourd problème de ma vie...
... boitant et lamentable, je me traîne jusqu'au pont de la Meuse. Notre artillerie fait rage. Il est bien temps ! [...] Je m'occupe de faire glaner dans Dinant tout ce qui y traîne du régiment [...] la nuit tombe, ma tâche est finie [...]. Les paysans organisent par voitures le transport [...] des blessés. Je monte dans une de ces voitures... »

Dans le *Journal de marche* du régiment, l'affaire du pont de Dinant est ainsi évoquée : « ... avant que l'ennemi ait cherché à franchir le pont, le commandant Bertrand lance à la contre-attaque la 11ᵉ compagnie (capitaine Maes). Cette compagnie est décimée. Elle tente par deux fois sa contre-attaque sans y réussir. Le lieutenant de Gaulle est blessé, elle est contrainte de se replier et de s'abriter dans les maisons de Dinant ».

Évacué d'abord sur Charleroi, où l'accueille, stupéfaite, sa sœur Marie-Agnès qui y réside alors avec son mari Alfred Cailliau, puis sur Arras, le lieutenant de Gaulle qui souffre d'une « plaie au péroné droit avec paralysie du sciatique par balle » est opéré par le Pr Michon à l'hôpital Saint-Joseph, à Paris, puis traité à l'hôpital Desgenettes de Lyon. C'est là qu'il rédige le récit du combat du 15 août, ajoutant que « [sa] blessure ne [l']a fait souffrir à aucun moment », mais que son pied droit est paralysé. En tout cas, ce très rude baptême du feu lui aura permis de faire quelques mises au point. Pour ce qui le concerne, d'abord, il a pu observer que, passé « deux secondes d'émotion physique », le feu ne l'émeut pas. C'est un atout quand on a choisi ce métier, comme cette dureté au mal qu'il vient de se reconnaître : ses proches ont souvent relevé que jamais Charles de Gaulle ne semblait handicapé par quelque maladie que ce soit, traitant son corps avec une indifférence souveraine, qu'il gèle, pleuve ou vente.

Mais si la carcasse ne tremble ni ne souffre, le lieutenant du 33ᵉ est conduit, au moins en son for intérieur, à une autre observation, tout aussi importante à l'orée du conflit : « Le premier choc est une immense surprise [...]. En un clin d'œil il apparaît que toute la vertu du monde ne prévaut point contre le feu [4]. » Le colonel Pétain avait raison : le feu prime. Qu'on soit Bayard ou le chevalier d'Assas, sur le pont de Dinant les balles sont les plus fortes. Charles de Gaulle n'oubliera jamais ce bruit qu'elles faisaient en entrant dans le corps des hommes, ce 15 août 1914...

Le 12 septembre, il écrit à sa mère, ne parlant de lui que pour indiquer qu'on lui fait suivre « un traitement à l'électricité afin de rendre la vie au nerf abîmé », mais embrassant d'un coup d'œil de chef d'état-major la bataille en cours sur la Marne qui « va être une pure et simple victoire, revanche méritée de nos premiers échecs en Belgique. Ensuite il s'agira de gagner la belle et la question sera tranchée ». Même ton dans une lettre à son père deux jours plus tard :

> « ... Nos morts [...] ont dû tressaillir dans leurs tombeaux comme le grenadier de Heine, en entendant le pas victorieux de nos soldats et le roulement terrible de nos canons. La France reprend conscience d'elle-même [...]. Le généralissime a tout de suite limité les frais en ne s'acharnant pas à la bataille décisive sur la Meuse. Il a choisi un nouveau terrain, échappé sans à-coup à l'étreinte ennemie et modifié complètement la disposition défectueuse de ses forces. [...] Sur la Marne [...], le combat fut beaucoup mieux coordonné [...]. L'ennemi ne pourra pas arrêter notre poursuite avant la Meuse et le Luxembourg, et nous aurons toute la gloire d'avoir, sans que les Russes nous aient été indispensables, battu dans la grande et décisive bataille l'armée qui se considérait comme la première du monde. »

Compte tenu des « cocoricos » conformes à la couleur locale, le coup d'œil ne manque pas d'allure. Quelle vision d'ensemble ! Mais ce qui surprend, dans les deux lettres, c'est l'analyse des premiers revers, attribués à des « offensives trop rapides », aux « insuffisances » de beaucoup de généraux et au « retard des troupes anglaises » (déjà...). Mais l'accent n'est pas mis sur l'essentiel : la suprématie du feu sur l'assaut. Décidément rétif aux leçons de Pétain que l'expérience vient, sous ses yeux, de vérifier avec tant d'éclat !

C'est « très probablement » pendant sa convalescence à Lyon, précise l'éditeur des Lettres, Notes et Carnets que le lieutenant de Gaulle écrivit une nouvelle restée inédite, intitulée le Baptême, dont le caractère autobiographique est au moins troublant. Il s'agit d'un lieutenant Langel (anagramme, sinon de Gaulle, au moins de « Ganlle ») âgé de 23 ans qui, au début d'août 14, part d'une « petite ville » à la tête de sa section (« Cette guerre, l'avait-il rêvée ! D'abord par imagination d'enfant, puis par ambition aventureuse de jeunesse, enfin par impatience de sa capacité professionnelle »), entre presque aussitôt dans « l'enfer du feu », est aussitôt blessé dans des circonstances identiques à celles du combat de Dinant, puis évacué sur Lyon, d'où il écrit ce récit...

Or le lieutenant Langel, dont *le Baptême* conte l'histoire, est l'amant de la femme de son capitaine, lequel, au moment du départ, lui déclare que, certain d'être tué dès le premier engagement, il lui confie son portefeuille pour qu'il le remette à son épouse... Le capitaine est en effet tué, le lieutenant blessé. Sur son lit d'hôpital de Lyon, « Langel » reçoit la visite de la veuve :

> « Elle prit le portefeuille et le regarda longuement à travers ses larmes. Son mari le lui faisait remettre par son amant. Que s'était-il passé entre eux, avant l'épreuve, au moment où tous deux n'étaient plus que de pauvres hommes sincères ? Dans le regard de son amant, elle lut l'irrémédiable... Elle voulut prendre la main du jeune homme, mais celui-ci saisit les siennes et les baisa d'une tendresse d'adieu [...].
> Par la fenêtre ouverte, jetant les yeux sur la ville, il vit son calme labeur. De combien d'instincts contenus, de douleurs acceptées, d'efforts soumis à la règle était faite son antique puissance ! [...] Langel tâchait d'adoucir [...] la blessure de son amour arraché. Parmi tant de sacrifices, dont la victoire était pétrie, qui sait si celui-là n'avait pas compté [5] ? »

Sincérité autobiographique ou fantasmes de malade ? La précision des références au réel tendrait plutôt à faire croire au fantasme. Il était trop « bien élevé » et (alors) respectueux des hiérarchies pour risquer de dévoiler ainsi, de touche vraie en détail authentique, une personne qui ne pouvait que souhaiter l'anonymat. On peut penser que tant de précisions vécues et rappelées tendaient plutôt à magnifier, à ses propres yeux, son rêve d'éclopé ; tandis que le « sacrifice » qu'il est censé s'imposer accroît, au moins dans l'univers imaginaire où il se meut alors, une participation à la victoire qu'il estime trop courte. Être tombé sur le pont de Dinant avant d'avoir pu se battre sur la Marne !

Quelques semaines plus tard, il achève sa rééducation à Cognac, qui « ... contrairement à la plupart des villes du Sud-Ouest est une ville opulente et propre », écrit-il à sa mère [*]. Il lui annonce qu'il « marche deux heures par jour » et prévoit donc « un prochain retour au front : ce sera au meilleur moment ». Et de fait, dès le 15 octobre, il prend le train pour rejoindre le 33e RI quelque part sur le front (en Champagne) où les deux armées ennemies se sont depuis quelques semaines enterrées et où il retrouve des hommes revêtus du bleu horizon qui les désigne un peu moins aux coups de l'ennemi. Il reprend alors la rédaction de son carnet personnel :

> « 19 octobre : réveil au canon. Puis tous aux tranchées pour voir les camarades. A certains endroits à 50 mètres de l'ennemi qui tient toujours le village de La Ville-au-Bois et les environs...
> 22 octobre : canonnade assez violente dans la journée et vive fusillade... (Nos) 155 tirent sur La Ville-au-Bois, mais la moitié des obus n'éclatent pas. Déjeuner au champagne que le cycliste de la compagnie vient de rapporter de Reims..

* Que savait-il des villes du Sud-Ouest, le lieutenant de Gaulle ?

> 1ᵉʳ novembre. Nuit calme. Les nouvelles du Nord sont encore bonnes. Mais fichtre ! que cela va doucement ! Déjeuner au sauternes et au champagne. Très gai. Des invités. On boit à l'offensive. On entend les Allemands qui chantent dans leurs tranchées... Des cantiques sans doute. Quels drôles de gens ! »

A son père (il adresse désormais ses lettres au « commandant de Gaulle », grade que porte dans la réserve l'ancien combattant de 70) il redit le 15 novembre sa confiance en la victoire, compte tenu de la « certitude que nous avons de l'alliance du Temps ». Avec sa mère, deux jours plus tard, il est plus précis :

> « Décembre verra [...] sans doute la suprême bataille des Russes contre les Allemands renforcés et les Autrichiens reformés. Il est certain que ce sera pour nos alliés une troisième victoire suivie d'une invasion désormais rapide. »

Et le lendemain :

> « Notre armée, plus puissante moralement et physiquement après quatre mois de guerre bientôt, est un instrument merveilleux et elle le fera de mieux en mieux sentir[6]. »

Le 7 décembre, toujours à sa mère :

> « Qu'est cette guerre sinon une guerre d'extermination ? [...] Une guerre pareille qui dépasse en portée et en acharnement tout ce que l'Europe a jamais vu ne se fait pas sans des sacrifices formidables... Il *faut* vaincre. Le vainqueur est celui qui le veut le plus énergiquement... »

Et, d'ajouter, plus spécifique :

> « Nous avons un nouveau colonel, Claudel, breveté sur toutes les coutures. Il a 43 ans et me fait l'effet d'un homme de haute valeur. Du reste, lentement mais sûrement, ce sont ces hommes-là qui percent. »

Alors se produisent deux incidents très significatifs, où de Gaulle se manifeste déjà tout entier — aussi bien son personnage que ses rapports avec l'environnement. S'il reprend la rédaction de son journal, le 11 décembre, c'est pour leur faire un sort. Il a repéré qu'autour d'un petit bois qu'on appelle « le Bonnet Persan », les Allemands creusent de nuit une nouvelle tranchée en direction de nos positions. Il envoie une section pour faire l'opération symétrique et couper court à l'avance adverse.

> « Ce boyau fini, une bonne fusillade [...] aurait dégoûté les boches de travailler au Bonnet Persan. Mais le compte rendu que je fis au commandant Batdebat reçut cette réponse : " Bien. Mais n'entreprenez rien ainsi dans le secteur. Vous amènerez des conflagrations. Laissez l'ennemi tranquille au Bonnet Persan puisqu'il nous laisse tranquille chez nous ! " J'avais envie de lui répondre : " Mais le Bonnet Persan c'est chez nous, et bien plus loin encore ! " [...] Cette guerre de tranchées a eu ce grave inconvénient d'exagérer chez tout le monde un sentiment contre

lequel on est bien faible à la guerre. Si je laisse l'ennemi tranquille, il me fichera la paix ! Ceci est déplorable. »

Quelques jours plus tard, le colonel lui fait dire qu'il a reçu deux mortiers et ne sait qu'en faire. De Gaulle les réclame, les met en batterie (« J'excite la compagnie ; je promets des cigares... ») et se prépare à faire tirer.

> « Sur ces entrefaites, je reçois la visite de X., à moi délégué par le 3e bataillon, qui me tient à peu près ce langage : " Ces mortiers sont une plaisanterie, n'est-ce pas ? Si on les tire, l'artillerie allemande va répondre et nous en aurons le contrecoup. Il n'y a qu'à rendre compte qu'on a tiré et ne pas tirer... " Je mets X. à la porte. Le lendemain mon mortier tira [...]. Mais dès le lendemain j'étais relevé [...]. La compagnie qui me remplaça ne fit pas tirer [...]. De huit jours, le commandant M. ne fut me voir, et tout le 3e bataillon me fit grise mine[7]. »

On se croirait déjà en 1940, ou en 1960. Charles de Gaulle caracole en avant des autres, bouillant d'impatience active, méprisant les prudents et les souples, insupportable et insupporté, tout à sa vision de grandeur, d'action marquante et de « service signalé ». Isolé ?... Pas tout à fait. Deux jours plus tard, le colonel Claudel, nouveau commandant du 33e RI, lui offre d'être son adjoint. Rôle délicat, complexe et qui avivera les jalousies (« Cet ambitieux, à force de " fayoter ", il a su y faire avec le nouveau patron ! »)

Le lieutenant de Gaulle se contente de noter : « C'est d'un puissant intérêt pour le jeune lieutenant que je suis [...] sûr de m'instruire beaucoup à ces fonctions si Dieu me prête vie. » Dieu et le colonel : car l'adjoint est désormais à l'état-major du régiment, à 50 mètres à l' « arrière » des tranchées : « la largeur du Styx » observe Jean Pouget...

Le 18 décembre, le régiment embarque à Fère-en-Tardenois pour la région de Châlons-sur-Marne. Le sol de la Champagne pouilleuse, la bien-nommée, est un cloaque. Triste Noël sous la pluie « au milieu d'une très violente canonnade », écrit-il à sa mère, avant de décrire ainsi ses nouvelles responsabilités d'adjoint du colonel :

> « Ces nouvelles fonctions me plaisent beaucoup, d'abord à cause de leur importance, ensuite en raison de leur intérêt, car on voit beaucoup plus de choses que comme commandant de compagnie. Cela m'a pourtant fait quelque peine de quitter ma 7e compagnie. Je ne l'avais commandée que dans les tranchées mais elle m'avait pleinement satisfait. En deux mois déjà, elle avait perdu sous mes ordres 27 tués et blessés, ce qui n'avait rien d'excessif. »

(Formulation pour le moins regrettable. On le verra, en des circonstances analogues, tout de même moins impassible...)
Le 11 janvier 1915, cette lettre typique :

> « Ma bien chère maman,
> Nous sommes ici dans une mer de boue, aussi y a-t-il pas mal de malades (5 officiers et 300 hommes). Les Allemands sont bien retranchés, mais nous les aurons quand même.

Le colonel Claudel a quitté le commandement du régiment pour prendre une brigade. Nous sommes commandés par le colonel Boud'hors dont je demeure l'adjoint. A part cela tout va bien. Il *faut* que cette guerre finisse à notre avantage. Mille affections à papa et à Pierre,
Votre fils très affectionné et respectueux,

C. *de Gaulle*[8]. »

Une semaine plus tard, il est cité à l'ordre de la division et décoré de la croix de guerre, et le 10 février promu capitaine (à titre temporaire). Toujours adjoint du colonel, il bombarde les officiers du régiment de notes, instructions, remontrances et incitations. Le 20 février par exemple, en vue de « se rapprocher de l'ennemi par la sape jusqu'à être en mesure de l'aborder corps à corps », le capitaine de Gaulle rappelle que

« les commandants de compagnie ont pour premier devoir d'élever à son maximum le moral de leur troupe. C'est le grand effort de libération du territoire français que le 1er corps a l'honneur de commencer. Les pertes importent peu si le résultat est acquis ».

La date de sa seconde blessure est difficile à déterminer, le *JMO* du régiment indiquant seulement les pertes « du 10 février au 10 mars » — parmi lesquelles 4 officiers tués, 2 disparus, 13 blessés (dont le capitaine de Gaulle) et près de 700 hommes hors de combat. Chiffres effrayants : mais Charles de Gaulle ne vient-il pas d'assurer à ses camarades que les pertes importent peu si le résultat est acquis ?

D'après les notes et instructions qu'il laisse alors, il semble que cette blessure en Argonne — main gauche traversée par un éclat d'obus — doive être située en mars (le 10, précisera Philippe de Gaulle[9]). Il n'est évacué qu'à la mi-avril sur un hôpital, ayant estimé d'abord sa blessure sans gravité. Mais la plaie s'est infectée, provoquant une enflure de l'avant-bras, la paralysie de la main et une fièvre violente*. C'est sur le Mont-Dore, cette fois, qu'il est évacué.

Le 2 mai, il écrit à sa mère pour lui annoncer sa prochaine « rentrée dans l'Humanité » — c'est-à-dire son retour au front, ajoutant ce très curieux commentaire à propos du rôle joué par le pape à l'occasion de l'expédition des Dardanelles :

« Comment est-il possible que le pape favorise — il n'y a pas à dire — les Infidèles au détriment des Croisés ; ou du moins hésite entre eux ? Je veux bien admettre que les motifs qui portent nos troupes sur Constantinople sont médiocrement chrétiens ; mais il n'est pas douteux que notre succès sera avant tout un succès chrétien et que la destruction de l'Empire turc sera un coup terrible porté à l'islamisme à l'avantage de la chrétienté. Les répercussions en seront immenses en particulier aux Indes et aussi en Afrique... »

---

* L'amiral de Gaulle précise dans cet article que son père devait en conserver une légère déformation de la paume et quelque raideur dans le médius et l'annulaire.

Rare, chez de Gaulle, cette interpénétration du religieux et du stratégique. Il est vrai que c'est pour en remontrer au pape. Belle cible, surtout dans une lettre à sa mère...

« 1ᵉʳ juin 1915 : ma troisième entrée en campagne », note-t-il dans son carnet de route. Douze jours plus tard (les itinéraires de l'Auvergne à la Champagne sont alors étranges) il retrouve dans l'Aisne son régiment et ses camarades. Pas grand-chose à signaler pendant des semaines. Alors, le 26 juin, il veut pousser en avant une de ses sections, prépare la chose pour la nuit et en rend compte au colonel : « Plan : au dernier moment, il me fait dire d'attendre... » Toujours attendre ! Alors il multiplie les constructions d'abris (qu'on appelle désormais au 33ᵉ RI les « ouvrages de Gaulle ») et tente de se distraire : « J'ai un harmonium et une mandoline. »

Il enrage, et rédige alors dans une tranchée de l'Aisne un petit texte au picrate qu'il intitule *l'Artilleur*. D'où il ressort qu'il n'a toujours pas oublié ces minutes passées sur le pont de Dinant où il attendait en vain l'intervention des grosses pièces françaises... Décrit par le capitaine d'infanterie de Gaulle, l'artilleur est « un malin » qui ne manque de rien, vit bien abrité dans un total confort, et « s'occupe avant tout de manger, boire et dormir ».

> « Quand il fait beau et que tout est calme, l'artilleur vient parfois en première ligne. Il a dans ces circonstances l'air d'une belle dame qui va voir les pauvres... Les fantassins l'entourent et lui font fête car les fantassins sont humbles et presque honteux qu'on pense à eux et qu'on vienne les voir, ils s'efforcent de ne pas être trop sales, trop bêtes, trop tristes.
> L'artilleur du reste est bon garçon et même crâne dans la tranchée. Il plaisante sur les boches qui de fait ne lui ont jamais fait grand mal... Parfois il accepte de dîner à une popote de fantassins. Il fait la critique des opérations. Enfin il s'en va tout doucement, plein de miséricorde, d'indulgence et de fierté [10]... »

Une ironie assez bien venue. Ni la « miséricorde » ni l'« indulgence » n'ont jamais été son fort : et il est vrai que la vie dans les *cagnas* de la Champagne pouilleuse n'incite ni à l'une ni à l'autre. Ses hommes le constatent parfois. A la veille d'une relève, le 17 juin (oui, le 17 seulement...) il diffuse une note selon laquelle « tous les hommes auront avant 16 heures les cheveux coupés ras et la barbe rasée. Recoudre certains boutons qui manquent aux capotes. Ne pas tolérer qu'un homme marche demain sans cravate sous prétexte de l'avoir lavée ». La discipline faisant la force principale des armées...

Et deux mois plus tard, il prend le temps d'écrire ceci à un collègue :

> « J'ai rencontré ce matin dans le boyau Desaix votre cycliste B. : il m'a croisé sans se déranger avec une désinvolture sans limites et ne saluant pas, bien entendu... Sur mon ordre formel, il a bien voulu consentir à saluer, et encore très mal [...]. En vous laissant le soin des suites... etc. [11] »

Et toujours du même capitaine « pète-sec » :

> « Les guetteurs doivent guetter et non pas lire, écrire ou manger à côté de leur créneau. Quand la soupe arrive, les guetteurs sont remplacés par

• d'autres tandis qu'ils la mangent. Il faut dans chaque ouvrage [...] avoir en permanence plusieurs fusils braqués sur des points intéressants et les tirer de nuit à maintes reprises. On ne se sert pas assez de son fusil. Une tiraillade sans objet et sans soin ne sert à rien mais une balle fréquente et tenace est insupportable à l'ennemi. C'est une raison amplement suffisante pour la lui envoyer. »

Quel « tenace » guerrier, ce de Gaulle... Aussi attentif à nuire à l'ennemi qu'à préserver la santé de ses gens (eh! oui...), détaillant avec minutie tous les procédés de lutte contre les gaz — auxquels les références se font incessantes à partir de cet automne 1915. Chargé par intérim pendant quelques semaines du commandement du 3e bataillon, en novembre, il multiplie les réprimandes aussi bien que les demandes de récompense et de promotion, rédigées dans le style de commandant en chef qui est déjà le sien.

Retenons encore ce trait de Charles de Gaulle au front, raconté par Étienne Répessé, alors lieutenant au 33e RI et qui deviendra son éditeur et son ami. Le capitaine — à titre définitif depuis le 3 septembre — inspecte la ligne de feu en compagnie de deux lieutenants. Un obus éclate à côté d'eux. Les deux jeunes officiers se jettent à plat ventre. De Gaulle est resté debout. « Vous avez eu peur, messieurs? » (est-il d'un bon chef d'humilier ainsi ses subordonnés, fût-ce en leur donnant l'exemple de l'intrépidité?). Le geste est impressionnant. Mais que penser des mots? Qu'aurait été l'armée française en 1918 si tous les officiers étaient restés pendant quatre ans debout sous la mitraille?

Dans une lettre à sa mère, le 18 novembre, on le voit se réjouir de ce que

« la force des choses va nous contraindre à renoncer à l'expédition d'Orient... Erreur qui aurait pu nous être fatale... Et maintenant que nous avons l'esprit libre de cette erreur, préparons de toutes nos forces la prochaine et décisive victoire, celle qui affranchira notre territoire à nous, celle qui chassera l'ennemi de la Belgique et nous permettra, si nous avons quelque audace, de nous y installer à sa place, celle qui nous rendra, si nous sommes capables de la vouloir, notre frontière naturelle : le Rhin... Briand* doit avoir le nez dans ses souliers, maintenant qu'il en a. Pourtant, je ne souhaite aucunement son départ. A quoi bon? ».

Ainsi perce, à propos de Briand, un antiparlementarisme qui se substitue de plus en plus souvent chez lui à la critique du haut commandement des premiers mois. Évoquant dans une lettre à son père les combats de Dinant et les propositions de décorations qu'il avait alors formulées, il écrira qu'aucune suite n'y a été donnée parce que les généraux d'alors avaient « honte » de cet épisode et « ne voulaient pas qu'on en parle ». Et il lui arrivera de lancer à l'un de ses supérieurs : « Nous sommes commandés par des épiciers! »

On s'en voudrait de ne pas citer une nouvelle prédiction de victoire prochaine (une de plus!) faite aux siens à la fin de novembre, pour

* Alors président du Conseil.

l'énumération des atouts qui fondent sa confiance : « Le jour où nos splendides armées, nos auxiliaires anglais (!), nos alliés russes, nos associés (!) * italiens, munis des moyens formidables qu'ils accumulent, etc. » Curieux d'ailleurs que cet intelligent officier aux vues planétaires n'envisage à aucun moment une intervention américaine que d'autres alors prévoient — ou préparent.

Un mois plus tard, c'est l'explosion de colère attendue contre les responsables politiques :

> « Le Parlement devient de plus en plus odieux et bête. Les ministres ont littéralement toutes leurs journées prises par les séances de la Chambre [...] la lecture des requêtes ou des injonctions les plus saugrenues du premier marchand de vin venu que la politique a changé en député. Ils ne pourraient absolument pas, même s'ils le voulaient, trouver le temps d'administrer leur département [...]. Nous serons vainqueurs, dès que nous aurons balayé cette racaille, et il n'y a pas un Français qui n'en hurlerait de joie, les combattants en particulier. Du reste, l'idée est en marche, et je serais fort surpris que ce régime survive à la guerre [12]. »

Moyennant quoi ce contempleur du système parlementaire publiera cinq ans plus tard un livre expliquant que c'est le régime impérial, laissant s'opérer la mainmise de l'appareil militaire sur les décisions politiques, qui a provoqué la « discorde chez l'ennemi », puis l'effondrement de l'État allemand en 1918...

Le 1er janvier 1916, le capitaine de Gaulle, adressant ses vœux de bonne année à sa 10e compagnie, se laisse aller à un témoignage d'affectivité qui ne devait pas être courant, si l'on porte attention à la première phrase :

> « C'est une occasion semblable qu'il me fallait pour vous dire que, si les dures nécessités de la guerre et les exigences de la discipline contraignent votre capitaine à la sévérité, il vous aime bien tout de même... »

Après quoi le capitaine-stratège annonce à ses troupiers que

> « sort cet hiver de nos ateliers une artillerie formidable, inouïe, la première du monde [.. qui] nous permettra, le jour où nous la mettrons en œuvre, d'écraser l'ennemi dans ses tranchées et de passer sur ses cadavres »...

En janvier 1916, une forte fièvre le cloue pendant dix jours dans sa cagna, mais il réussit à éviter l'évacuation, et reprend l'incessant harcèlement des siens et des autres, toujours en quête d'un ouvrage à entreprendre, d'une patrouille à lancer, d'un truc à inventer pour protéger ses hommes tel que l'usage de la paille mouillée enflammée qu'il estime efficace contre les gaz (?). Le 14 février, il fait prévoir à sa mère un repli du régiment vers l'arrière « pour nous refaire matériellement et nous grandir moralement. De sorte qu'aux beaux jours, nous serons très dispos pour les grands efforts que le commandement nous demandera »

* La ponctuation est de l'auteur du livre

Mais à la guerre, les uns proposent et les autres disposent. Verdun approche. Le 24 février tout est changé :

> « L'ennemi se décide donc à nous attaquer une dernière fois, écrit-il à Mme de Gaulle. Ma conviction, au début de la furieuse bataille qui s'engage, est que l'ennemi va éprouver une ruineuse et retentissante défaite. Sans doute il nous prendra des tranchées un peu partout, quitte à les perde plus tard ; sans doute ses coups seront durs et il faudra faire appel à toutes les ressources morales et matérielles de nos armées pour les supporter sans faiblir... Ne vous alarmez pas si, dans les jours et les semaines qui vont suivre, vous ne recevez que des nouvelles irrégulières... »

Étonnante prescience de ce que va être la bataille de Verdun, qu'on dirait décrite en ces quelques lignes de février 1916, et de ce que sera son propre sort. Dès la fin de février, ce monocorde prophète de la victoire sait et dit que les mois qui viennent seront redoutables. La première phase de l'offensive allemande a débuté le 21 février. Les nouvelles vont vite, d'un boyau à l'autre : on sait que, cette fois, l'Empire allemand vient de jeter des forces immenses dans la bataille. Aussi bien, dès le 25 le général Joffre, pris de court, a convoqué Pétain, qu'il déteste, pour lui confier, en catastrophe, la défense de Verdun.

C'est alors semble-t-il qu'a été prise une photo où l'on voit Charles de Gaulle, assez mal fagoté dans le drap bleu horizon où s'enveloppe alors le pays au combat, les mains gantées de sombre serrant une badine comme fait l'escrimeur entre deux assauts, la visière du képi mou ombrant un regard d'une gravité presque insoutenable, le cou très long emmitouflé dans une sorte de foulard, la moustache fournie sous le nez moins provocant qu'à l'ordinaire.

Campée sur les fortes jambes serrées dans des leggins, un peu rejetée en arrière comme pour mieux considérer le monde alentour, la silhouette est plus décidée qu'arrogante, plus solide que belliqueuse. Un Charles de Gaulle mûri, serein et plutôt équilibré par le terrible contact des faits, et dirait-on humanisé par l'épreuve, fait face à l'objectif, non comme à un ennemi mais comme à un partenaire.

Est-ce encore là l'infatigable chasseur de sentinelles mangeuses de soupe, le donneur de leçons péremptoires, le capitaine-qui-reste-debout-sous-la-mitraille, ce mélange de Cyrano et de vieil Horace qui semble vouloir toujours faire honte aux pauvres hommes de n'être que des hommes ? Peut-être pas. Quelque chose de plus humain, de plus naturel semble avoir pris possession de lui, à la veille de l'entrée dans la fournaise de Verdun.

Ce beau portrait où le capitaine tout en angles et saillies semble naturalisé ou pénétré par un Charles à l'échelle humaine, on dirait qu'il est là comme un souvenir, pour le cas où..

Le 25 février 1916, le 33ᵉ RI achève un mouvement qui, en une semaine, l'a conduit de Nanteuil-la-Fosse dans l'Aisne, aux abords de Verdun. De toute évidence, le 1ᵉʳ corps d'armée auquel il appartient est une des forces vives que le haut commandement jette dans la fournaise pour colmater les premières brèches provoquées par la ruée allemande. Le régiment pénètre le 26 à l'aube dans Verdun, où il s'installe à la caserne du Petit-Miribel.

Dès le lendemain, le régiment se voit assigner un secteur périlleux entre tous, au nord de Douaumont. Le 1ᵉʳ mars, il prend position entre le lieu-dit le Calvaire et le fort de Douaumont, qui vient de tomber aux mains des Allemands.

A midi, ce 1ᵉʳ mars, le colonel Boud'hors charge le capitaine de Gaulle d'une mission capitale : reconnaissance de la position du régiment, et surtout de ses liaisons à droite et à gauche. Reçu par le colonel commandant le 110ᵉ RI que le 33ᵉ vient relever, de Gaulle s'entend dire *1.* que l'offensive ennemie est terminée, *2.* que les liaisons en question sont très sûres. Or, en poussant plus avant sa reconnaissance sur ce terrain balayé par le feu, le capitaine de Gaulle observe que l'ennemi prépare de toute évidence un second assaut, que cet assaut est imminent, et que la liaison à droite n'est nullement assurée [13].

Cette mission accomplie, le capitaine de Gaulle fait mentionner au *JMO* qu' « il n'y a aucune tranchée en première ligne, aucun boyau, aucun fil de fer, aucun croquis ». Peut-être eût-il mieux valu écrire « il n'y a plus », car tout a été raboté par les terribles bombardements auxquels est soumis le secteur depuis cinq jours. D'ailleurs, quand le capitaine de Gaulle en a fait l'observation une heure plus tôt aux officiers du 110ᵉ dont il prépare la relève, et sur le ton abrupt dont il se retient peu d'user, il s'est fait traiter d' « énergumène » par l'un d'eux, le capitaine Destouches [14]. Quand on vient de passer des journées sous la mitraille, on apprécie peu de se voir donner des leçons par les troupes fraîches...

Le colonel Boud'hors — qui s'en remet de plus en plus aux avis du savant et bouillant capitaine, bien que de Gaulle ait refusé de rester son « adjoint » en titre, préférant commander directement sa compagnie sur la ligne de feu — signale aussitôt à l'état-major la « précarité » de sa situation, sous la menace directe du fort de Douaumont où l'ennemi commence à disposer mitrailleuses et canons qui feront un malheur, écrit-il dans le *JMO*, si nous ne savons « accabler ce fort par notre lourde* ».

Cette journée du 2 mars 1916, entre le Calvaire et l'église de Douaumont — le secteur que tient le 3ᵉ bataillon du commandant Cordonnier, dont fait partie la 10ᵉ compagnie du capitaine de Gaulle —, il faut en lire le récit hallucinant dans le *JMO* du 33ᵉ RI, rédigé de toute évidence par le colonel Boudhors lui-même :

« Dès 6 h 30 du matin, bombardement effroyable d'artillerie lourde [...] sur toute la largeur du secteur et sur une profondeur de 3 kilomètres [...]. La terre tremble sans interruption, le fracas est inouï. Toute liaison vers l'avant

---

* Artillerie lourde, s'entend.

comme vers l'arrière est impossible, tout téléphone est coupé, tout agent de liaison envoyé est un homme mort... [Le] dernier me revenait blessé, me disant : " Les Allemands sont à 20 mètres de nous... " sur le chemin de Douaumont à Fleury [...]. Revolver au poing, nous nous préparons à défendre coûte que coûte cette voie d'accès...

« ... Les Allemands, vers 13 h 15, se sont lancés à la faveur du bombardement qui avait déjà haché les lignes [...] pour envelopper le 3ᵉ bataillon... C'est sur la 12ᵉ compagnie, à la gauche de la 10ᵉ, que s'est porté l'effort ennemi. Les premiers qui furent vus furent des Allemands déboulant du fort *avec des casques français*. Le commandant Cordonnier, qui se trouvait derrière le centre de la 11ᵉ compagnie, cria : " Ne tirez pas, ce sont des Français ! " et presque aussitôt tomba blessé ou tué d'une balle à la gorge*, tandis que l'adjudant Bacro s'écriait : " Tirez toujours, ce sont des Allemands ! ", faisant le coup de feu lui-même avec furie... Les Allemands se trouvaient bientôt derrière la 10ᵉ compagnie.

« C'est alors qu'on vit cette chose magnifique [...] on vit la 10ᵉ compagnie foncer droit devant elle sur les masses ennemies qui gagnaient le village [en] un corps à corps terrible où les coups de baïonnettes et de crosses s'abattaient tout autour de ces braves jusqu'au moment où ils succombèrent [...]. La 10ᵉ compagnie, dans une ruée folle, se voyait entourée de tous côtés, s'élançait à l'assaut sous la conduite de son chef, le capitaine de Gaulle, contre des masses denses, vendait chèrement sa vie et tombait magnifiquement. »

Le colonel Boud'hors tient donc dès cet instant de Gaulle pour mort parmi les siens — et c'est à ce titre qu'il le proposera dans les jours suivants pour la Légion d'honneur, avec ce projet de citation à l'ordre de la division :

« Le 2 mars 1916, sous un effroyable bombardement, alors que l'ennemi avait passé la ligne et attaquait sa compagnie de toutes parts, a organisé, après un corps à corps farouche, un îlot de résistance où tous se battirent jusqu'à ce que fussent dépensées les munitions, fracassés les fusils et tombés les défenseurs désarmés. Bien que grièvement blessé d'un coup de baïonnette, a continué à être l'âme de la défense jusqu'à ce qu'il tombât inanimé sous l'action des gaz. »

Recevant à Verdun ce projet concernant son ancien subordonné, le général Pétain le reprenait en sublimant encore le rôle du capitaine pour en faire une citation à l'ordre de l'armée signée de sa main, et publiée au *Journal officiel* le 7 mai 1916 :

« Le capitaine de Gaulle, commandant de compagnie, réputé pour sa haute valeur intellectuelle et morale, alors que son bataillon, subissant un effroyable bombardement, était décimé et que les Allemands atteignaient sa compagnie de tous côtés, a enlevé ses hommes dans un assaut furieux et un corps à corps farouche, seule solution qu'il jugeait compatible avec son sentiment de l'honneur militaire. Est tombé dans la mêlée. Officier hors de pair à tous égards. »

---

* Il fut tué net d'une balle dans la tête. Charles de Gaulle a relaté sa mort dans une lettre aux siens (*Lettres, Notes...*, I, p. 312-313).

Ce texte célèbre, joyau de la « gaullologie », ne saurait servir de référence historique, le général Pétain étant encore plus éloigné de l'action que le colonel Boud'hors de qui il tient ce qu'il sait. Cette seconde citation ne serre pas la réalité de plus près que la première, dans la mesure où « tombé dans la mêlée » donne à penser que le capitaine n'a pas survécu. Quelques jours plus tard d'ailleurs, M. Henri de Gaulle, ayant appris que son fils avait « disparu », partit à la rencontre du colonel du 33ᵉ envoyé au repos, afin d'être fixé sur le comportement et sur le sort de Charles. Il entendit Boud'hors lui dire que le capitaine « avait fait son devoir jusqu'au bout ». Si bien que M. de Gaulle rentra à Paris en disant : « Mon fils est mort en faisant son devoir. »

Trente mois plus tard, au retour de captivité, Charles de Gaulle adressait au colonel Boud'hors une lettre où il écrivait : « Sans doute, ainsi qu'il arrive après une affaire malheureuse, n'avez-vous pu recueillir sur le combat que des renseignements contradictoires et plus ou moins empreints de la vantardise des uns, du dénigrement des autres et du défaitisme de certains [15]... »

Pour savoir ce qui s'est passé le 2 mars 1916 au nord-ouest de Douaumont, entre l'église balayée par les obus et la route de Tavannes éventrée, on souhaite se référer à d'autres témoins du comportement de Charles de Gaulle en cette occurrence tragique.

Le 16 avril 1966, M. Samson Delpech, agriculteur de Haute-Garonne, publiait dans *Sud-Ouest dimanche* de Bordeaux un récit (« J'ai été fait prisonnier avec de Gaulle ») si juste de ton, si naïf et évidemment sincère qu'on ne résiste pas à la tentation de le citer largement :

« Versé au 33ᵉ régiment d'infanterie [...], 10ᵉ compagnie, 2ᵉ section, 7ᵉ escouade, qui avait été décimée quelques jours auparavant, j'ai vu arriver, une dizaine de jours après, un nouveau capitaine tout jeune, 24 ans : Charles de Gaulle, qui nous a rassemblés, nous a parlé, nous a bien remonté le moral en nous déclarant que lorsqu'il y aurait un coup dur il serait le premier, et effectivement notre courageux capitaine a tenu parole et nous le suivions avec enthousiasme.

« J'ai fait un an de front de première ligne avec lui. La Ville-au-Bois, ferme du Choléra, Berry-au-Bac, cote 108, etc. et enfin, le 27 février 1916, à Verdun, nous sommes restés trois jours dans les bois à l'entrée du tunnel de Tavannes, sous le bruit du tonnerre des forts de Souville, de Saint-Michel et de Tavannes, qui tiraient sans arrêt.

« Enfin, le 1ᵉʳ mars au soir, nous sommes allés prendre nos positions dans le village de Douaumont, où il ne restait que quelques pans de mur. Pour y arriver, nous sommes passés dans les redoutes du fort de Douaumont en colonne par un, car il y avait tellement de cadavres accumulés de chaque côté que c'était affreux. Or, arrivés à notre tranchée, le capitaine de Gaulle nous a donné l'ordre d'approfondir nos tranchées ; mais hélas ! à chaque coup de pioche on rencontrait des cadavres et on a dû abandonner et nous résigner à n'avoir que 80 centimètres de profondeur.

« Il était 11 heures du soir ; la nuit a été calme, mais vers 6 heures du matin, le bombardement a commencé, jusqu'à 8 heures doucement, mais de 8 heures à midi et demi, un véritable enfer, un tonnerre sans fin, à tel point que, blotti dans ma tranchée, j'ai dû, ainsi que mes camarades, creuser un petit trou dans la terre avec la visière de mon casque pour me protéger la tête des éclats de toutes sortes.

« Voici l'attaque : les Allemands arrivent par vagues ; nous en avons arrêté cinq mais, ayant percé à côté, nous avons été encerclés, et, sous les ordres de notre capitaine de Gaulle, nous avons été obligés de nous rendre. »

On remarque que M. Delpech ne parle pas de la blessure du capitaine. Mais qui pouvait tout voir et retenir dans cet enfer pavé de cadavres ?

Quelques jours plus tard, le 21 avril 1966, *le Nouveau Candide,* hebdomadaire d'inspiration gaulliste, publiait le récit d'un ancien combattant allemand, Casimir Albrecht, selon lequel, à la tête d'une unité de lance-flammes, il avait repéré « une sorte de cagna » qui lui parut être un PC. « A la sortie du trou [était apparu] un vague tissu blanc, probablement une chemise accrochée à une baïonnette au bout d'un fusil. » Ayant ordonné le cessez-le-feu, il avait vu surgir du trou quelques hommes. « Et c'est alors, dit-il, que j'ai remarqué l'officier qui les commandait, tellement il était grand [...]. Il paraissait un peu hagard et chancelant [...]. Il m'a remis son ceinturon et son arme... »

Ses proches lui ayant communiqué le récit de M. Albrecht, le général de Gaulle se contenta de hausser les épaules, sans juger utile la moindre mise au point. Mais il faut noter que, quand il eut connaissance de la citation qu'avait proposée le colonel Boud'hors, il lui écrivit que ce texte était « un idéal » dont il ne s'était « guère approché dans la réalité ». Et il maintient cette note modeste dans une lettre à son père.

Sa propre version des faits est convaincante. La première formulation en est brève. Le 12 mars 1916, du camp d'Osnabrück où il a été interné, il écrit à sa sœur Marie-Agnès : « Je suis tombé le 2 mars aux mains de l'ennemi dans un combat autour de Douaumont, j'y ai été blessé, pas trop gravement, d'un coup de baïonnette à la cuisse dont je me suis remis complètement... »

On ne mettra pas sur le même rang les autres « témoignages » versés au dossier. Dans un livre intitulé *Souvenirs d'un fantassin,* M. Gaston Richebé, qui appartint lui aussi au 33e RI, mais était alors, de son propre aveu, fort éloigné de l'action, écrit (p. 25) : « Je tiens de source sûre [elle n'est pas précisée...] qu'à Verdun, la blessure [du capitaine de Gaulle] n'a été qu'une écorchure à la fesse. » Enfin, dans un hebdomadaire dont on répugne à citer le titre, le général Perré, qui un demi-siècle durant a poursuivi de Gaulle de sa haine*, rapportait que, « selon un de ses amis », qui avait été prisonnier avec Charles de Gaulle, les Allemands, accoutumés de rendre leur sabre aux officiers qui s'étaient signalés par leur héroïsme, ne l'avaient pas fait pour de Gaulle.

---

* On verra pourquoi, chapitre XV.

Charles de Gaulle avait, au cours des années, reconstitué une version de cette terrible journée dont son fils Philippe s'est fait l'écho fidèle dans un article (déjà cité en partie) d'*En ce temps-là, de Gaulle* (n° 6, p. 96).

Après avoir rappelé la fantastique violence du pilonnage subi depuis l'aube par les positions tenues par la 10e compagnie et l'intensité de l'assaut déclenché par les assaillants, il décrit ainsi le combat :

« De leurs positions bouleversées, les défenseurs survivants (37 pour la 10e compagnie) ouvrirent le feu avec leurs quelques armes intactes. [...] Un deuxième bombardement, aussi violent que le premier acheva d'écraser le bataillon... tandis que les Allemands le tournaient et progressaient sur ses arrières... L'assaut qui suivit isola complètement ce qui restait de la 10e compagnie... Dès lors, ne subsistait qu'une chance d'échapper à l'anéantissement : rétablir la liaison avec l'élément ami le plus proche [...] sur la droite...

« ... Mon père tenta d'entraîner dans cette direction ses derniers hommes valides [...], mais bientôt la poignée de combattants français se trouva submergée [...]. Mon père, après avoir lancé une grenade à l'aveuglette, sauta dans un trou d'obus en même temps que plusieurs Allemands. L'un d'eux, dans l'élan, lui porta un coup de baïonnette : l'arme pénétra au tiers supérieur de la cuisse gauche pour ressortir au tiers moyen de l'autre côté. La douleur, très vive, entraîna la perte de connaissance immédiate...

« Lorsque le blessé revint à lui, ce fut au milieu de jeunes troupiers hagards de la garde prussienne [...]. Mon père fut sommairement pansé sur place par le Dr François Lepennetier, médecin du bataillon, et le médecin auxiliaire Gaston Detrahem qui venaient eux aussi d'être capturés avec une soixantaine de rescapés : tout ce qui restait du 3e bataillon du 33e. En trois jours, le régiment avait perdu 32 officiers et 1 443 sous-officiers et hommes de troupe [*]. »

L'amiral de Gaulle précise que le même Dr Lepennetier continua de soigner le capitaine de Gaulle en captivité. C'est lui qui fit parvenir, par les services de santé allemands et le consulat d'Espagne, le certificat réglementaire qui permit à la famille de connaître le sort réel du « disparu » — catégorie dans laquelle il figurait depuis le 2 mars.

Pourquoi accorde-t-on sans beaucoup d'hésitations plus de crédit à cette version qu'aux autres ? Non seulement parce qu'elle s'entoure de bons répondants, mais aussi parce qu'elle est infiniment plus conforme à tout ce que nous savons par ailleurs du capitaine de Gaulle. Certes, le plus brave des hommes peut n'être plus lui-même après des heures de pilonnage infernal. Les nerfs peuvent lâcher, on peut être « groggy ».

Mais tous ceux qui ont approché de Gaulle à cette époque (et depuis lors...) l'ont reconnu d'une impassibilité presque inhumaine dans de telles

---

[*] Ce qui représente au moins 60 % de l'effectif...

circonstances, superbement insensible à la terreur comme à la douleur (ne s'en attribuant nul mérite, on l'a vu) et au surplus porté par un orgueil et un sens du devoir au-delà du commun. Si un reproche peut lui être en ce temps-là adressé, c'est d'en « faire trop ». Tout donne à penser que, trop ou pas, il fit pour le moins ce jour-là ce que commandaient son tempérament et sa mission.

4. « La belle »

« Tu juges de ma tristesse de finir ainsi la campagne », écrit Charles de Gaulle à sa sœur Marie-Agnès[1], le 12 mai 1916, du camp d'Osnabrück * où il est interné depuis quelques semaines : évacué d'abord de Douaumont sur Pierrepont, il a été transporté à l'hôpital de la citadelle de Mayence. « Complètement remis » de sa blessure, précise-t-il dans la même lettre à sa sœur, il est bientôt transféré au camp de transit de Neisse.

« Finir ainsi la campagne »... Est-ce sa capture et sa blessure qui l'ont jeté dans un abattement propre à lui faire écrire cela ? N'est-ce pas plutôt parce qu'il sait que désormais ses lettres sont lues par les censeurs allemands et qu'il lui faut camoufler ses intentions ? Le fait est que l'apparente résignation qu'exprime sa lettre du 12 mai ne dure guère et qu'il n'envisagera pas longtemps de rester hors de combat : l'histoire des trente-deux mois de captivité du capitaine de Gaulle, de mars 1916 à novembre 1918, est surtout celle de ses tentatives en vue de rejoindre ses camarades sur la ligne de feu.

Dans presque toutes ses lettres se manifeste le dégoût qu'il éprouve de la condition de prisonnier, sa révolte de ne pouvoir participer à l'effort de guerre, parfois même une sorte de honte. Le 15 juillet 1916, il parle à son père de son « lamentable exil » de ces heures historiques où il n'est « plus rien ». A sa mère il écrit quelques semaines plus tard : « Combien je pleure dans mon cœur de cette odieuse captivité, vous le savez, ma chère petite maman... » Et encore, quelques semaines plus tard (17 septembre) : « Pour un officier français, l'état de prisonnier est le pire de tous[2]... »

L'image que le prisonnier se fait du peuple allemand (qui, dans ses lettres de combattant, était d'abord qualifié d'« odieux ennemi » pour se transformer en « soldat valeureux et compétent ») n'en sort pas grandie. Il signale certes un jour que, si des « vexations » sont imposées à ses camarades et à lui-même, ce n'est pas « par des gens qui ont combattu à Douaumont ou à Belloy », car « ceux-là savent ce que nous valons et ont eu souvent la politesse de nous le dire », mais par des non-combattants.

La rancune qui s'amasse en lui est telle qu'elle le pousse à exprimer l'espoir de voir « des centaines d'officiers allemands faits prisonniers... délicatement expédiés au Dahomey... » (ce qui est faire fi des lois de la guerre). Et d'ajouter, pour une fois peu prophétique :

* Près de Münster.

> « Vous allez rire, si je vous dis qu'il y a parmi les Allemands qui nous entourent une foule d'individus — et le plus souvent instruits — qui ont l'audace de venir de temps en temps nous parler d'une alliance de leur race avec la nôtre après la paix[3] !!! »

Cette impression d'insupportable exil de l'histoire et cette détestation du peuple dont il est captif ne suffisent pas à enfouir longtemps le capitaine du 33e RI dans un total désespoir. S'il est vrai que les descriptions qu'il fait de sa situation à ses proches se ressentent du souci de ne pas ajouter à leur chagrin, on lit ceci qui sonne assez vrai :

> « Nous sommes tous ici de fort bonne humeur et notre camaraderie est pour chacun le meilleur réconfort... »

> « Nous passons notre temps à lire et à causer, et les événements qui se précipitent fournissent à nos conversations d'amples et heureux aliments... »

> « En ce qui me concerne personnellement, ce régime me va fort bien. L'interdiction de sortir me détermine à travailler mon allemand et à relire la plume à la main l'histoire grecque et l'histoire romaine... »

Du point de vue de la formation culturelle et de l'évolution intellectuelle de Charles de Gaulle, nous ne disposons peut-être d'aucun document plus intéressant, avant les débuts de sa carrière d'écrivain en tout cas, que les « notes d'un carnet personnel » prises au cours de ces années de captivité, telles qu'elles sont publiées dans le premier tome des *Lettres, Notes et Carnets*. Les histoires grecque et romaine ne lui servent pas d'unique aliment. Exercices de mémoire et relevés hâtifs se mêlent à des notations personnelles du plus vif intérêt : on a l'impression que la culture de Charles de Gaulle se construit, se modèle sous nos yeux.

Il s'agit là, il est vrai, d'un homme dans une situation très particulière. Bien des formules ou aphorismes qu'il note dans ce carnet ne retiennent son attention que parce qu'il est en état de vacuité et d'isolement. Mais cette disponibilité, cette espèce de virginité intellectuelle ne sont-elles pas plus révélatrices qu'aucune autre disposition de l'esprit et du corps ?

Voici en tout cas, en vrac, cocasseries et découvertes mêlées, quelques éléments de la cueillette culturelle d'un vagabond enchaîné, herbier qui nous semble en dire assez long sur cet intellectuel guerrier exclu pour un temps de l'action. On préférerait certes que ces trouvailles et les commentaires qui les accompagnent soient datés, permettant de suivre l'itinéraire du capitaine enchaîné, de la convalescence de Mayence à la piaffante exaltation de l'automne 1918 Prenons pour ce qu'il est — un bloc émanant des années 1916-1918 — l'apport du petit carnet que portait sur lui, des boues de Lituanie aux bords du Danube, un officier captif nommé Charles de Gaulle.

> « Quel est le partage d'un serviteur du monde ? Un immense ennui parsemé de quelques rares plaisirs » (Imitation de Jésus-Christ).

— J'estime que la première condition du bonheur pour un homme est de sortir de lui-même, dans le monde aujourd'hui. Les choses n'ont que l'importance qu'on leur donne. Si nous jugeons que l'amour est au fond plus amer que doux, n'en faisons pour rien au monde l'objet principal de nos préoccupations, mais seulement un assaisonnement de la vie.

« La liberté qui sert à tout sans suffire à rien *. »

— Il faut être un homme de caractère.
Le meilleur procédé pour réussir dans l'action est de savoir perpétuellement se dominer soi-même [...].
Mais se dominer soi-même doit être devenu l'habitude, le réflexe moral obtenu par une gymnastique constante de la volonté, notamment dans les petites choses : tenue, conversation, conduite de la pensée, méthode recherchée et appliquée en toutes choses, notamment dans le travail.
Il faut parler peu, il le faut absolument. L'avantage d'être un causeur brillant ne vaut pas au centième celui d'être replié sur soi-même, même au point de vue de l'influence générale. Chez l'homme de valeur, la réflexion doit être concentrée. Autrui ne s'y trompe pas.
Et dans l'action, il ne faut rien dire. Le chef est celui qui ne parle pas [4].
[*Tout le Fil de l'épée ou presque est résumé déjà en ces douze lignes. Saisissant autoportrait du de Gaulle de ces années-là, tel que l'ont décrit ses compagnons.*]

— *Le Rouge et le Noir* de Stendhal.
Caractère du héros bien marqué et intéressant quoique vraiment compli qué et trop machiavélique pour son âge [...]. Le caractère de Mme de Rénal est bien tracé...
Surtout ** peinture des rivalités intérieures d'un département et d'une petite ville transformées en luttes politiques entre les ultras et les libéraux. Stendhal croit à la congrégation.

— Redressons-nous. Les raisons nous manquent d'être si modeste.
[*Un propos qu'on réentendra à Londres...*]

« Si dans l'épée de la France, la lame est bonne et bien trempée, que la poignée l'est mal ! »
[*La poignée, c'est évidemment le pouvoir politique.*]

« Tu regere imperio populos, Romane, memento » (Virgile) ***.

— L'abbé Chatel amusa Paris après 1830 avec son église dite française. Il disait la messe et chantait les vêpres en français... »

A de nombreuses reprises apparaissent dans les carnets du capitaine de Gaulle des notes de lecture relatives au livre de Friedrich von Bernhardi sur *la Prochaine Guerre*. Aucun commentaire n'accompagne cette compilation où s'étale le cynisme de cet officier prussien qui fait apparaître Clausewitz et Bismarck comme de doux illuminés.
Particulièrement détaillé est le résumé que fait de Gaulle du chapitre II . « Le devoir de guerre » où, rappelant le propos de Bismarck selon lequel un homme d'État ne doit jamais lancer son pays dans une guerre sans y être

---

* Citation sans attributaire
** Ce « surtout » est révélateur du lecteur de Gaulle...
*** « Souviens-toi, Romain, de mener les peuples avec autorité. »

absolument contraint, Bernhardi soutient que le chancelier de fer s'est bien gardé de se conformer à sa théorie, et que la Prusse s'en est fort bien trouvée... Morale individuelle et morale des peuples ne sauraient être assimilées, soutient l'officier prussien. Au surplus, un homme d'État habile saura garder les formes... Précisément, c'est du point de vue moral que l'homme d'État doit savoir déchaîner la guerre au moment le plus favorable aux intérêts et à l'honneur de la nation dont il a la charge : c'est alors son devoir d'État...

L'absence de tout commentaire implique-t-elle, de la part du prisonnier, quelque approbation que ce soit de cette morale ? Le fait est qu'il voit depuis quelque années s'appliquer l'enseignement de cet officier pangermaniste dont il est, derrière les barbelés, la victime. Et tout cela cadre si bien avec l'image qu'il s'est alors faite de l'esprit allemand...

A propos d'un texte de Rodin sur l'art, Charles de Gaulle rappelle que pour « les bergsoniens [...] la réalité purement mécanique n'est pas toute la réalité ; et qu'il faut faire la part dans la Vérité du rôle que joue l'âme humaine établissant entre les phénomènes successifs un lien que la simple observation n'y voit pas et qui seul pourtant donne à l'ensemble de l'événement le caractère d'être ce qu'il est. [...] On peut dire dans le même ordre d'idée que " le temps est l'étoffe de la Réalité " »...

> « Les raisonnables ont duré, disait Chamfort ; les passionnés ont vécu*. »
>
> « Nil actum reputans, si quid super est et agendum**. »
>
> « Ne donnons jamais démission de nous-mêmes », disait Barbey d'Aurevilly.
>
> — Analyser le prestige.
>
> « Prétentieux, dit Madelin, comme ceux qui ont manié des idées sans toucher aux réalités » (bien que je n'aime guère « manier des idées »).
>
> « Polemos pater pantom***. »
>
> « L'homme qui n'a plus de chemise est un homme perdu » (Jules Vallès).
>
> — La musique, cette sublime entremetteuse...
>
> « Cette sorte de besoin, dit Gaston Boissier, que nous éprouvons d'envelopper de prodiges les grands événements de l'histoire »... (Je pense à ce que notre presse veut appeler « le miracle de la Marne ». Ou encore « le miracle américain ».)

A propos d'un livre de Charles Benoist, *Sophismes politiques de ce temps*, le capitaine de Gaulle reprend à son compte l'idée centrale de l'auteur :

> « Il n'y a jamais eu, il n'y aura jamais de monarchie, d'aristocratie, de démocratie pures. Un gouvernement est toujours une cote taillée entre ces trois termes où chacun d'eux est dosé différemment selon les pays et les

---

* Maxime qu'il citera souvent, notamment dans les *Mémoires de guerre*.
** « Estimant que rien n'est achevé tant qu'il reste quelque chose à tenter »... (une devise pour l'homme de juin 40...).
*** « La guerre engendre toutes choses » (on a romanisé les caractères de la citation).

époques. [Le] gouvernement organique [est] celui qui se moule le mieux sur la nation du moment, [celui] qui la représente le mieux tout entière *... »

Ainsi, de sa description de l'homme de caractère à cette vue sur un « gouvernement organique » ni vraiment monarchique ni tout à fait républicain qu'il entreprendra de mettre en œuvre un demi-siècle plus tard, de sa conception très créatrice de la durée bergsonienne à ce précepte romain que rien n'est joué quand quelque chose reste à tenter, du proverbe grec qui attribue à la guerre la paternité de toute chose au mépris de l'humilité qu'il emprunte entre autres à Barbey d'Aurevilly, on voit se dessiner un personnage déjà presque accompli.

Ce temps de captivité dont un tel « animal d'action » souffre avec une intensité qui se dilue de temps à autre pour resurgir avec une virulence accrue le mois suivant, Charles de Gaulle tend donc à le naturaliser en durée culturelle : qu'attendre d'autre d'un bon bergsonien comme lui ?

Mais, temps d'enterrement ou durée de culture, cette vie est alors hantée — et on dirait justifiée — par une obsession : celle de l'évasion que tous les prisonniers du monde appellent, du rêve plein les yeux, la « belle »... D'abord parce que la condition de captif n'est pas naturelle à l'homme Ensuite parce qu'un guerrier comme celui-là ne peut souffrir d'être exilé du combat, et qu'un patriote comme lui se maudit de n'être pas au service de la nation en danger. Enfin parce que la préparation de la « belle » est le plus passionnant des dérivatifs. Ainsi l'évasion combine-t-elle ces deux composantes de l'énergie gaullienne, telles qu'il les a définies lui-même dans l'une des premières pages des *Mémoires de guerre* et qu'on a déjà commentées le « service signalé » et l'« intérêt de la vie ».

Si intéressé qu'il soit par la lecture de Stendhal ou de Friedrich von Bernhardi, le capitaine de Gaulle ne saurait l'être autant que par cette forme d'action où la hardiesse se combine à la ruse. Risque pris, ingéniosité prouvée et mauvais tour joué aux gardiens détestés : tout homme, et notamment un jeune officier, garde la nostalgie du temps où il jouait aux gendarmes et aux voleurs. Si Charles, à 13 ans, ne souffrait d'être que le roi de France au combat, le capitaine de 27 ans ne se voit que dans le rôle de Silvio Pellico.

Sur ces tentatives d'évasion, on en est longtemps resté à la légende dorée. Un document établi par le capitaine de Gaulle au mois de janviers 1927, en exécution d'une directive officielle à propos de la médaille des évadés **, et publié pour la première fois en avril 1971 dans la deuxième livraison d'*En ce temps-là, de Gaulle* met utilement les choses au point pour ce qui concerne les cinq essais qui eurent quelques chances d'être transformés, à partir des

---

* Prolégomène aux institutions de la Ve République.
** Qui lui fut alors décernée.

camps ou forteresses d'Ingolstadt, de Rosenberg et de Wülzburg. Il ne fait pas état des projets ou tentatives antérieurs.

Dès le mois d'avril 1916, pourtant, le capitaine de Gaulle transféré d'Osnabrück vers l'est, au camp de transit de Neisse, dresse un plan pour s'enfuir en barque sur le Danube. Projet qui dut être éventé par ses gardiens puisqu'on le retrouve à la fin d'avril dans un camp dit « de représailles », une ancienne usine à bois tant bien que mal aménagée en prison à Szuczyn, en Lituanie. (Sur cet épisode, on empruntera diverses informations à l'excellent livre déjà cité de Jean Pouget[5] qui a visiblement eu accès à des sources directes.)

La cinquantaine d'officiers français envoyés à Szuczyn — où ils cohabitent avec une centaine de Russes — ont trouvé un leader peu banal, le lieutenant-colonel Tardiù, colonial qui a fait carrière au Tonkin et se signalera par une si constante insolence à l'égard de ses gardiens que ce petit homme cambré au menton en galoche passera trente-sept fois en conseil de guerre et aura au moment de l'armistice écopé d'une centaine d'années de détention... (moyennant quoi il jouera un rôle dans la révolution allemande de novembre 1918, au cri de : « J'organise le désordre ! »).

Sous l'égide de ce personnage en silex qui, de son côté est assez frappé par lui pour lui conférer de son propre chef le grade de commandant, Charles de Gaulle se lie à son voisin de paillasse, le lieutenant Roederer, polytechnicien ingénieur des Mines, qui, au surplus, parle russe — ce pourquoi il l'a surnommé Gospodin. Quel meilleur compagnon d'évasion rêver que ce spécialiste des tunnels qui parle la langue du pays vers lequel, de ce pays de l'Est, on ne peut que choisir de se diriger ?

De Gaulle et Rœderer décident de s'enfuir en août : mais le trou creusé dans un angle de la grange où ils couchent est vite repéré par les gardiens : ce qui vaut à l'ensemble des officiers français — Tardiù ayant exigé qu'ils assument en commun la responsabilité de l'acte — d'être, entre autres sanctions, privés de leurs ordonnances russes. Quelques semaines plus tard, en septembre, le camp de Szuczyn est dissous et les trois « fortes têtes », Tardiù, de Gaulle et Roederer sont transférés dans un lieu de détention autrement redoutable, le fort IX d'Ingolstadt, en Bavière, qualifié de « camp de sûreté » par ses créateurs.

Le Fort IX a déjà sa légende, que l'un de ses « pensionnaires », le lieutenant A. J. Evans, pilote britannique capturé en 1916 dans la Somme, résume dans le titre du livre qu'il lui a consacré, *The Escaping Club* (le Club de l'évasion). Entre 100 et 150 officiers, aussi bien russes qu'anglais ou français, réputés pour leur propension à l'évasion, y sont regroupés. Le pétaradant colonel Tardiù ne se retrouvera pas dépaysé au milieu de cette bande d'insoumis où de Gaulle et lui repéreront vite un officier russe nommé Mikhaïl Toukhatchevski aussi bien que le journaliste Rémy Roure, l'éditeur Berger-Levrault (qui sera dix ans plus tard celui du *Fil de l'épée*) le très aristocratique commandant Catroux, le capitaine Lelong et Roland Garros, aviateur déjà célèbre.

Drôle d'atmosphère que celle du fort d'Ingolstadt, perché au bord d'un

Danube encore écumant comme une rivière de montagne. « *Hier ist alles kriminal !* » (ici, ils sont tous criminels) rugit le général Peter, commandant du camp, dont le prédécesseur est devenu fou, tellement obsédé par ses « clients » qu'on l'a vu un jour se précipiter dans la cour centrale du fort en hurlant en français « A la garde ! ». L'affaire s'est terminée à l'asile... Les détenus espèrent-ils renouveler l'opération ? Ce ne sont que paillasses enflammées, bombes à eau, concerts de gamelles dirigés par le colonel Tardiù et prolongés pendant la nuit : à travers le hourvari permanent, on voit passer un grand type goguenard qui se tamponne le nez rougi par le froid et qui s'appelle Charles de Gaulle.

Un de ses compagnons de captivité, le Bordelais Édouard Lafon, nous l'a décrit flegmatique et sûr de lui, demandant à un camarade de chambrée, universitaire de talent : « Pourquoi ne faites-vous pas de politique ? Moi, si je n'étais pas militaire... » et d'ajouter : « En politique, l'expérience seule est formatrice... » Ce même professeur de lettres ayant prononcé devant ses camarades une conférence sur Henri III qu'il qualifie de « grand politique », suscite quelques remous : « Laissez, laissez, fait de Gaulle, majestueux. Le professeur trouve tout naturel qu'un chef politique se débarrasse de ses rivaux par le poignard ou le poison... »

Cette étrange vie sociale et intellectuelle réinventée en vase clos, on la retrouvera mieux dessinée, accomplie et fertile lors du second « séjour » du capitaine de Gaulle à Ingolstadt, en 1917. Mais en octobre 1916 ? Pour les arrivants de Szuczyn, la forteresse bavaroise, gigantesque, humide, sinistre sous les grandes voûtes, est si inhospitalière que l'idée d'une évasion s'impose avant toute autre. Cette fois, pourtant, ce n'est ni avec Roederer, ni avec Tardiù que de Gaulle va tenter de s'enfuir, mais avec un autre capitaine nommé Ducret.

Dans la note rédigée en 1927[6] et qui s'ouvre par ce récit, le capitaine du 33e RI rappelle d'abord par quels moyens il put se procurer le matériel nécessaire à la réussite d'une telle tentative : ravitaillement léger, cartes, boussoles, scies à métaux, vêtements civils. Comme tous les candidats à l'évasion, il bénéficie de paquets reçus des siens, surtout des boîtes de conserves, des vêtements plus ou moins truqués (uniformes avec galons détachables, par exemple...) et des services rendus par quelques gardiens plus ou moins complaisants ou complices. Après chaque évasion, rappelle-t-il, cette panoplie de campagne était confisquée : tout était à recommencer — sauf, on le verra, dans un cas...

De Gaulle a vite fait son compte : le dispositif du fort, les barbelés qui l'entourent, la surveillance qui s'exerce à l'extérieur rendent extrêmement problématique une évasion directe. Mais la garnison de la petite ville a son hôpital, auquel est annexé un bâtiment réservé aux prisonniers de guerre. Il décide donc de s'y faire envoyer en absorbant de l'acide picrique envoyé par sa mère pour soigner les engelures : d'où, le lendemain, les syptômes les plus évidents d'un ictère carabiné — yeux jaunes, teint brouillé et urines troubles...

Le médecin du camp juge le cas assez sérieux pour expédier le grand capitaine à l'hôpital, où il rencontre Ducret, qui est dans le même état d'esprit que lui. Mais les deux officiers constatent que l'annexe des prisonniers est à peu près aussi étroitement surveillée que le fort lui-même : hautes palissades et sentinelles en éveil.

L'hôpital réservé aux Allemands — pour la plupart des blessés de Verdun — n'étant pas surveillé, le problème consiste à passer de l'annexe à la maison mère — où des prisonniers français étaient conduits chaque jour pour recevoir des soins. Tandis qu'un ouvrier électricien français leur rend le service d'entasser, jour après jour, dans la cabane où il loge près de la cour de l'hôpital, vivres et effets civils, ils soudoient l'officier allemand qui les accompagne, parvenant à lui faire acheter pour leur compte une carte des environs :

> « Désormais, écrit sèchement de Gaulle, cet homme était à notre discrétion. Sommé d'obtempérer, sous peine d'être aussitôt signalé par nous et de passer en conseil de guerre, il nous acheta en ville une casquette militaire et, après une suprême résistance, nous céda son pantalon... »

On est le 29 octobre. C'est un dimanche, jour où les va-et-vient sont particulièrement nombreux à l'hôpital. Ducret enfile la défroque de l'infirmier sans culotte et à la nuit tombée, c'est sous sa surveillance que de Gaulle pénètre dans l'hôpital, gagne la cabane de l'électricien où sont cachés vêtements civils et provisions. Et les voilà rucksak au dos, en route pour la Suisse : Schaffhouse est à 300 kilomètres. Ils ne font route que la nuit et la pluie constante ralentit leur marche. Déjà sept jours qu'ils ont pris le large :

> « Le dimanche 5 novembre, huitième jour de notre évasion, vers 21 h 30, nous avions atteint Pfaffenhoffen, bourg situé à 30 kilomètres au sud-ouest d'Ulm, ayant parcouru les 2/3 de notre route... Nous pensions [le] traverser sans incident. Mais c'était dimanche... En arrivant sur la place centrale, fort bien éclairée, nous nous trouvâmes soudain au milieu de la jeunesse du bourg qui polissonnait dans la rue. Une semaine de vie sauvage nous avait donné une mine patibulaire qui fut aussitôt remarquée... Arrêtés, nous fûmes conduits au violon municipal... »

Ramené au Fort IX, Charles de Gaulle décide de s'y tenir coi pendant quelque temps : manifestation de « sagesse » qui lui permettra, au bout de quelques mois, espère-t-il, de se faire transférer dans un camp moins impropre à l'exécution de ses plans. De novembre 1916 à juillet 1917, c'est une nouvelle vie qu'il entreprend de mener à Ingolstadt, écrivant et lisant, et organisant des conférences qui n'ont pas seulement pour objectif de tromper l'ennui, d'approfondir la culture générale de la communauté prisonnière, d'éviter la « rouille » intellectuelle et de maintenir le moral collectif — à commencer par le sien — mais aussi de couvrir d'un voile studieux tel ou tel préparatif d'évasion.

Feinte ou non, cette « sagesse » lui réussit assez bien. Ainsi, le 21 mars

1917, écrit-il à sa mère ces phrases qui donnent une fort curieuse impression de sérénité :

> « L'hiver est décidément fini. A part de fréquentes giboulées, la tempéra-ture est devenue clémente. Vous me demandez souvent si je me promène. Oui, deux heures par jour au moins à l'intérieur du fort. Le plus réconfortant dans notre situation est l'excellente camaraderie qui règne entre nous, ce qui nous empêche d'être jamais seuls, même moralement. Nous avons d'ailleurs une bibliothèque assez bien fournie. »

Les citations qu'on a lues plus haut en témoignent.

Entreprit-il de donner des leçons de français à Toukhatchevski — qui, fils de colonel de la garde impériale, le parlait déjà assez bien ? On l'a dit. En tout cas, on le voyait très souvent plongé dans l'étude de la presse allemande, et notamment des communiqués de guerre qu'il n'avait pas de mal à juger plus sérieux et plus crédibles que ceux qui émanaient de l'état-major français. Son compagnon Rémy Roure, homme de métier, nous l'a décrit « souvent seul, plongé dans l'étude des journaux allemands, notant ses impressions, cherchant, avec acharnement, dans les bulletins de victoire de l'ennemi, les traces encore peu perceptibles du reflux, étudiant avec un soin minutieux les caractères des chefs militaires et civils, scrutant les défauts de sa cuirasse[7] ».

Le lieutenant Borgnis-Desbordes signale pour sa part que « le capitaine de Gaulle s'occupa de l'organisation du camp ; il nous fit une série de conférences sur la guerre. Nous étions frappés de l'autorité avec laquelle il parlait. Il se chargea aussi de la rédaction des communiqués que l'on affichait à la porte des casemates, alors que les nouvelles nous parvenaient le plus souvent tronquées ».

Aux derniers jours de 1916, en effet, Charles de Gaulle s'estime suffisamment documenté pour proposer à ses compagnons — dont beau-coup, plus gradés que lui, ne peuvent manquer de s'étonner de cette audace — un vaste tableau de la guerre en cours. Ses exposés, étalés sur six mois, de décembre 1916 à juin 1917, nous sont parvenus (retravaillés plus tard ?) sous forme de quatre chapitres. Deux sont regroupés sous le titre global « De la guerre », les deux autres intitulés « De la direction supérieure de la guerre[8] ».

On aurait tort de sourire de la solennité de ces titres, venus sous la plume d'un simple officier subalterne prisonnier, isolé, coupé de la plupart des sources et ignorant l'issue du débat formidable qui se déroule et qu'il prétend expliquer. C'est l'amorce d'un véritable traité de la guerre moderne, à la lumière des enseignements des deux premières années du conflit, que présente là Charles de Gaulle, et on comprend que son jeune camarade Borgnis-Desbordes ait été « impressionné par son autorité ».

Lues plusieurs décennies après, ces quatre conférences s'imposent encore par la sûreté des informations, la perspicacité des vues, l'ampleur des synthèses, la hardiesse des critiques. Tout ici annonce le grand historien militaire : et il n'est pas certain que ses deux ouvrages *la Discorde chez l'ennemi* ou même *la France et son armée* aient tout à fait accompli les promesses dont débordent les exposés faits par ce capitaine prisonnier de 27 ans à une centaine de compagnons de captivité, vraisemblablement partagés entre l'ironie et l'admiration.

Quand on pense que l'homme qui a écrit cela dans sa casemate de Bavière ne disposait que de bribes d'informations arrachées aux communiqués des deux bords, de coupures de journaux, de confidences de camarades et de ses propres souvenirs (qui ne portaient, rappelons-le, que sur quatre ou cinq mois de présence sur la ligne de feu) on doit bien s'avouer confondu.

On ne retiendra ici que deux thèmes des conférences d'Ingolstadt : l'évocation des souffrances des combattants chargés d'accomplir la « percée » de 1915, et la critique des décisions du haut commandement. Dans l'un et l'autre cas, l'ambitieux capitaine de Gaulle, « planchant » devant un parterre d'officiers supérieurs, savait les risques qu'il prenait...

Des offensives en Champagne auxquelles il fut mêlé en 1915 avant sa blessure de Mesnil-lès-Hurlus, le capitaine du 33ᵉ RI dit ceci :

> « Les fantassins qui y ont pris part et qui y ont survécu se rappellent avec tristesse et amertume ces terrains d'attaque lamentables où chaque jour de nouveaux cadavres s'entassaient dans la boue immonde ; ces ordres d'assaut, coûte que coûte donnés par téléphone par un commandement si lointain, après des préparations d'artillerie dérisoires et peu ou point réglées ; ces assauts sans illusion exécutés contre des réseaux de fils de fer intacts et profonds où les meilleurs officiers et les meilleurs soldats allaient se prendre et se faire tuer comme des mouches dans des toiles d'araignée [...].
> La défaillance ultérieure de certaines unités dont vous avez tous entendu parler n'a guère, à mon humble avis, d'autre motif que la démoralisation résultant de ces expériences lamentables où l'infanterie qui en fut l'instrument toucha, je vous l'assure, le fond du désespoir. Prise chaque fois entre la certitude de la mort sans aucun résultat à 10 mètres de la tranchée de départ, et l'accusation de lâcheté qu'un commandement trop nerveux et du reste sans illusion lui-même lui prodiguait aussitôt si ses pertes n'étaient pas jugées suffisantes pour que l'on pût se couvrir avec ces morts vis-à-vis des échelons supérieurs [9]. »

Quelles phrases plus terribles furent jamais écrites contre cette guerre, fût-ce par Barbusse ou par Remarque ? Ici, le capitaine de Gaulle laisse parler sa mémoire et son cœur, il en laisse déborder la colère et la pitié. Il va jusqu'à expliquer (excuser ?) les « défaillances de certaines unités * ». Quand on pense que ces « conférences » étaient notamment organisées pour « soutenir le moral » des officiers captifs, on mesure la violence des émotions qui agitaient alors cet officier de 27 ans au souvenir de ces boucheries où le commandement pensait si fort à « se couvrir avec ces morts vis-à-vis des échelons supérieurs »...

Critique de la conduite générale de la guerre, Charles de Gaulle n'est pas beaucoup plus timide. Écoutons quelques développements de ses exposés du Fort IX :

---

* Nous sommes en 1917, au moment où elles se produisent.

« Messieurs, il semble vraisemblable que l'Histoire arrêtera au mois d'octobre 1915 la première phase de la guerre. Jusque-là, la France et ses alliés ne perdirent point l'espoir de finir la guerre d'un moment à l'autre et d'un seul coup [...]. Pendant cette première période de la guerre, il faut bien reconnaître qu'en France la conduite générale laissa beaucoup à désirer [...]. D'une part la conception du rôle du gouvernement dans la direction supérieure ne se faisait jour que lentement, d'autre part l'organisation créée avant la guerre ne répondait pas aux besoins qui apparurent [...]. Je passe sous silence la crise du 15 août au 15 octobre [...] ces jours tragiques où la France, haletante de l'effort, ne vit que ses armées dans la fournaise, ne pensa qu'à arrêter puis à faire reculer la hideuse invasion, il sembla qu'il n'existait plus rien que la bataille elle-même [...].

... Un décret de novembre 1915 nomma le général Joffre commandant en chef des armées françaises et lui donna autorité sur toutes nos troupes opérant sur tous les théâtres d'opérations... D'autre part, les conseils de guerre de l'Entente arrêtaient bien la stratégie d'ensemble... Ainsi, messieurs, vous le voyez, conduite générale de la guerre assurée par le gouvernement, mais éclairé cette fois et aidé pour l'action par des spécialistes, ministres de la Guerre et de la Marine... Ce système était incomparablement meilleur que le précédent — et les événements le prouvèrent [mais] il faut voir aussi qu'il comportait en soi bien des inconvénients...

... Avec l'hiver de 1916 à 1917 commença la troisième période de la campagne, nous y sommes encore aujourd'hui. Cependant, messieurs, la Vérité commençait à se faire jour, et au début de l'année 1917 une organisation nouvelle de la direction supérieure de la guerre fut créée par décret... Le général Lyautey [devint] ministre de la Guerre [...]. Messieurs, les militaires sont faits pour agir, pour servir, pour commander ; et les discussions parlementaires sont rarement leur fort. Il s'y mêle une passion, une mobilité, qui les déroutent. Le mécontentement y revêt par définition le caractère d'une critique violente et amère qui heurte le plus souvent les habitudes d'esprit, les méthodes de raisonnement qui sont les leurs par profession et qui doivent l'être. »

Voilà ce qui s'appelle faire de « l'histoire immédiate ». En ce printemps de 1917, au feu de l'événement, de Gaulle expose, juge et tranche, avec une lucidité surprenante. Peut-être parce qu'il est préservé de l'excessive proximité temporelle des faits par son isolement géographique, et sauvé d'une excessive partialité par la dualité de ses sources. Certes, le tableau de la situation militaire en 1917 tient trop peu compte de l'entrée des Américains dans la lutte ; la périodisation qu'il propose là peut être discutée. Des historiens dotés de profondeur de champ iront plus loin dans la description des grands débats de 1914-1917. Mais avouons que ces esquisses de prisonnier suggèrent déjà beaucoup.

Autre observation sur ces commentaires de la guerre des Gaules : la discrétion avec laquelle l'ancien lieutenant d'Arras traite du rôle du général Pétain *. Considérons ce jeune homme qui eut d'emblée pour chef direct et premier « patron » l'homme qu'entre tous a révélé la guerre, l'officier auquel les terribles déboires de 1914 et de 1915 ont donné raison plus qu'à tous, le général qui enfin rejoint dans la gloire les rivaux qui lui furent si

---

* Qui vient d'être promu, le 17 mai, commandant en chef des forces françaises.

longtemps préférés, Joffre et Foch, Lyautey, Gallieni, Castelnau, Sarrail...

Cet officier qui a été son parrain originel, qui lui a donné ses premières leçons de commandement et dont les préceptes relatifs au « feu qui tue » se sont avérés les règles d'or de cette guerre, règles dont l'oubli a conduit aux horreurs que le capitaine prisonnier décrit avec une si magnifique indignation, ce chef auquel il devrait se sentir lié et dont il devrait se proclamer fier, il ne parle de lui que comme aurait pu le faire n'importe quel observateur de l'époque : il le qualifie certes d' « exceptionnel » — mais le couvre de moins d'éloges qu'il ne fait de Joffre ou de Foch, par exemple.

Étrange retenue que nous avons déjà observée à propos de Pétain dans ses lettres à ses parents relatives aux hécatombes de l'été 14, réserve qui paraît bien exprimer un désaccord fondamental sur l'essentiel, recouvert pour un temps par la reconnaissance due au colonel de 1913 et au « maître du feu ».

L'essentiel ? Oui. Les notes prises par le lieutenant de Gaulle à Arras le disaient bien : la guerre, c'est l'initiative et c'est le mouvement. Toute la sagesse et la science du colonel Pétain, dût-il avoir eu raison sans cesse depuis le 3 août 1914, eût-il sauvé Verdun et le moral de l'armée, fût-il devenu commandant en chef, ne prévalent pas, aux yeux de Charles de Gaulle, sur cette vérité profonde que la bataille, c'est la manœuvre. Point de vue stratégique opposé au point de vue, essentiellement tactique, de son patron.

L'admirable (si l'on peut dire) c'est que toutes les leçons reçues depuis trois ans alors, toutes les preuves tirées du déroulement de la guerre, tout le prestige conquis par Pétain n'aient pas fait fléchir le capitaine. Au vainqueur de Verdun, il rendra alors, et longtemps encore, les hommages qu'exige l'équité. Il reconnaîtra les faits, il admirera les succès, il dénombrera les morts, respectant celui qui a épargné le plus de vies humaines. Mais il ne ralliera pas le parti de l'autre. Il pourra passer des années dans la « maison Pétain », en observer les rites, s'y plier aux directives du maître, le servir avec diligence, entrer pour un temps dans ses vues ; mais ce ne sera pas sans appliquer la restriction mentale enseignée par ses maîtres jésuites. A la première occasion, le désaccord éclatera, parce qu'il est radical — à la racine des choses.

Du fort d'Ingolstadt en tout cas, des échos contradictoires nous sont parvenus sur la manière dont Charles de Gaulle parlait de Philippe Pétain. Le lieutenant Navières du Treuil, notaire d'origine, assure que le capitaine de Gaulle y faisait volontiers l'éloge de son ancien colonel. Mais un autre officier réserviste prisonnier au Fort IX, Ferdinand Plessy, qui fut pendant six mois son voisin de lit, soutient pour sa part que s'il est un nom, à cette époque, qui ne sortait jamais de la bouche du capitaine du 33e RI, dissertant volontiers des mérites de Foch ou de Mangin, c'était celui de Pétain [10]

Ses conférences prononcées, Charles de Gaulle estime qu'il en a fini avec son temps de « sagesse » et, en juin, se met en quête d'un lieu de détention plus propre à s'évader. Sa demande de transfert est acceptée.

En juillet 1917, le conférencier d'Ingolstadt, flanqué de trois de ses camarades du Fort IX, Pruvost, Tristani et Angot (aviateur et ancien élève de son père rue des Postes), pénètre dans une vieille forteresse, un peu plus avenante que celle qu'ils viennent de quitter, à Rosenberg près de Kronach en Franconie (Bayreuth n'est pas loin mais de Gaulle n'en a cure). C'est un très bel édifice du XVIe siècle hérissé de hautes tours, planté sur un piton rocheux assez abrupt.

Au premier coup d'œil, le capitaine et ses lieutenants se demandent s'ils ont beaucoup gagné au change : le site n'est pas très favorable à la « belle ». Mais il ne leur faudra que quelques jours pour conclure que les « sûretés » sont beaucoup moins contraignantes qu'à Ingolstadt : ici l'esprit n'est pas à l'insoumission et les gardiens ont tendance à s'endormir dans une aimable quiétude.

« Je ne suis pas mécontent d'avoir changé de camp, écrit Charles à sa mère le 5 août, bien que je regrette un peu les excellents camarades que j'avais à Ingolstadt. Mais ici je suis sensiblement mieux logé — en tout cas, nous sommes dans de vraies chambres. » Et la lettre s'achève dans un curieux galimatias, d'où il ressort (c'est un langage codé, mais à la portée de n'importe quel censeur !) qu'il a besoin de vêtements civils. On voit pourquoi.

C'est dans le corps de bâtiment central — le plus élevé — de cette vieille forteresse franconienne où l'on croirait à tout instant voir surgir les ombres de Wallenstein ou de Gustave-Adolphe, que sont internés les officiers français : une cinquantaine. Des territoriaux au tour de taille rassurant sont chargés de les garder. Point trop mécontents les uns des autres, ils attendent apparemment que guerre se passe. Les quatre nouveaux venus font figure d'intrus.

Raison de plus pour ne pas tarder à dresser des plans. Le logement des prisonniers est entouré de deux murailles et de deux fossés : celui de l'intérieur leur sert de promenade, celui de l'extérieur est agrémenté d'un court de tennis situé à 6 mètres en contrebas du sommet du rempart sur lequel circulent des sentinelles. Jusque-là, rien d'infranchissable. Le vrai problème est constitué par la paroi rocheuse sur laquelle se dresse le fort, et le long de laquelle il faudra descendre en à-pic. Le quatuor en ignore la hauteur. 10 mètres, ou 40 ? Les avis des informateurs varient d'autant. Alors, de quelle longueur prévoir la corde ? On en tresse une de 30 mètres en lanières de drap de lit. On fabrique une échelle démontable de 6 mètres, on descelle un moellon de la tour attenante à leur bâtiment, un autre du rempart intérieur, et on attend de nuit en nuit l'occasion.

Le soir du 15 octobre 1917, moins de trois mois après leur arrivée en Franconie, il pleut à verse. Circonstance favorable : les sentinelles se calfeutreront dans leur guérite et le bruit de la pluie devrait étouffer les bruits de pas des fuyards. Au dernier moment s'est présenté un nouveau compagnon de route, le capitaine de Montéty, arrivé le jour même à Rosenberg : on l'embarque.

Vers 22 heures, de Gaulle et son escouade, tous obstacles franchis sans trop d'encombre, ont atteint la crête de la falaise. Mais tout reste à faire. On descend Tristani au bout de la corde : il reste flottant dans le vide. On le remonte, cherchant une aire d'atterrissage plus favorable : un peu plus loin, une sorte de redan de près de 10 mètres de haut, au pied de la falaise, pourrait permettre de prendre pied. Mais en deux étapes. Il faudra donc que l'un des évadés accepte de rester là-haut pour jeter la corde à ceux qui auront atteint le palier. Montéty, dernier venu, se sacrifie.

C'est alors que (selon Jean Pouget) de Gaulle prévient ses compagnons · « Messieurs, étant dans l'incapacité physique de faire plus de quelques mètres à la corde lisse, je vous prie de me descendre à la force du poignet. » Ce qui fut fait[11]. Vers minuit, au pied de la falaise, les quatre acrobates peuvent mettre le cap sur la frontière suisse. Schaffhouse est de nouveau leur point de mire : mais cette fois, ce ne sont plus 300 kilomètres qui les en séparent, comme à Ingolstadt, mais 460...

> « Après dix jours de marche en direction de Schaffhouse, raconte de Gaulle, excédés de fatigue et de froid, nous eûmes la mauvaise inspiration de nous réfugier pour passer la journée dans un pigeonnier isolé au milieu des champs [...]. Des paysans qui travaillaient aux environs nous y entendirent et prévinrent un soldat chargé de la surveillance de prisonniers russes employés dans une ferme voisine. A la nuit tombante, le soldat et quelques civils entourant le pigeonnier nous sommèrent d'en descendre. Il fallut s'exécuter[12]... »

Angot et Pruvost, profitant de l'obscurité naissante, réussirent à fausser compagnie à leurs nouveaux gardiens : mais ils furent repris quelques jours plus tard, et ramenés à Rosenberg le 30 octobre, à temps pour être témoins de la nouvelle évasion de De Gaulle et Tristani...

Les deux officiers, ayant décidé de tenter très vite le tout pour le tout, sachant que leur escapade allait leur valoir un renvoi rapide à Ingolstadt, scient un barreau de leur fenêtre dans la journée du 30 octobre et, dans le dos de la sentinelle, gagnent la cour tandis qu'un camarade replace le barreau et tire la corde qui leur a permis de descendre : puis, vêtus en civils, porteurs de moustaches postiches et de lunettes, ils se mêlent aux employés allemands qui vont et viennent autour de la poterne, et sortent sans autre forme de procès. Mais ils ont été vus dégringolant de la fenêtre, et l'alarme est donnée, on constate leur absence : les postes de gendarmerie des environs sont mis en état d'alerte.

Cette fois, toujours pressés, ils avaient décidé de prendre le train à Lichtenfels (25 kilomètres de Rosenberg) pour Aix-la-Chapelle, où ils seraient en vue de la frontière hollandaise. Ils furent à la gare à minuit. Mais le premier train ne partait qu'à 5 heures. Leur manège fut repéré et au moment où ils montaient dans leur compartiment, des gendarmes leur mettaient la main au collet. De telle façon que de Gaulle se rebiffa et, sur le ton qu'on peut imaginer de lui en de telles circonstances la rage aidant, enjoignit à ces lourdauds de traiter comme il se doit des officiers français — dans le style « Bas les pattes ! » (« Arrêté par les gendarmes en gare de Lichtenfels et bousculé par eux, écrira-t-il, je les avais rappelés au sentiment des distances ! »). Procès-verbal est dressé pour « injures » — qui lui vaudra de passer en conseil de guerre à Ingolstadt six mois plus tard, écopant de quatorze jours de prison.

Car Tristani et lui ont été bien sûr renvoyés au Fort IX, avec toutes les mauvaises têtes, les incorrigibles de l' « escaping club ». Il n'en est point surpris — mais tout de même, pour un temps, déprimé. Témoin la lettre qu'il adresse pour une fois à son père et à sa mère, le 19 décembre 1917. C'est la plus amère qu'il ait écrite de toute la guerre. La plus poignante aussi :

> « Un chagrin qui ne se terminera qu'avec ma vie et dont je ne pense pas devoir rencontrer jamais d'aussi amer m'étreint en ce moment plus directement que jamais. Être inutile aussi irrémédiablement et aussi totalement que je le suis dans les heures que nous traversons quand on est de toutes pièces construit pour agir, et l'être par surcroît dans la situation où je me trouve et qui pour un homme et un soldat est la plus cruelle qu'on puisse imaginer ! Excusez-moi de montrer cette faiblesse et de me plaindre [13]... »

C'est de cette époque que date le meilleur portrait écrit que l'on ait de Charles de Gaulle prisonnier, retrouvant ses compagnons du Fort IX au retour de son équipée de Franconie. Il est dû à Ferdinand Plessy, déjà cité, qui sous le titre « J'ai connu de Gaulle captif » donnait en 1981 à la *Revue de la France libre* cette évocation du « Connétable » prisonnier à Ingolstadt, puis à Wülzburg.

> « La première vision que j'eus de lui, sur le chemin de ronde du fort, le jour même de son arrivée, fut celle d'une haute silhouette qui, tout en parlant avec animation, entraînait à ses côtés, à l'allure du pas de charge, un peloton serré d'auditeurs attentifs. [...] De Gaulle habitait l'aile du fort opposée à la nôtre, aussi avais-je peu souvent l'occasion de l'approcher. Quotidiennement je le croisais sur le chemin de ronde du fort qu'il arpentait d'un pas rapide, entouré de son auditoire habituel. Il me paraissait inaccessible. Je le vis de près lorsqu'il vint rendre visite au capitaine Brillat-Savarin, dans la casemate n° 16 où j'avais été affecté lors de mon arrivée, au début de novembre. Visiblement, de Gaulle avait pour ce beau soldat une estime particulière. Lorsqu'il l'appelait : « Mon capitaine Brillat », le ton avait la chaleur d'un affectueux respect. [...]

> « De Gaulle exerçait sur ceux qui l'entouraient un ascendant indéniable. Sous des dehors simples et parfois familiers, il savait demeurer distant. Tous les autres jeunes capitaines se tutoyaient entre eux. Personne n'a jamais tutoyé de Gaulle [14]. »

C'est du 10 février au 10 avril 1918 qu'il dut purger les arrêts de rigueur que lui avaient valus ses deux tentatives d'évasion de Rosenberg. Il écrit en effet à sa mère, le 14 avril, qu'il est « revenu après deux mois d'absence [15] ». Dans son mémoire relatif à ses évasions, Charles de Gaulle indique simplement que cette punition lui fut infligée « au cours de l'hiver 1917-1918 dans les conditions habituelles (fenêtres closes par volets, pas de lumière, régime alimentaire spécial, rien pour lire ni pour écrire, une demi-heure de promenade par jour dans une cour de 100 m² ».

Pendant que Charles de Gaulle croupit ainsi dans une manière de tombeau, (ni lire, ni écrire...), l'un au moins de ses compagnons du Fort IX réussit à « apprivoiser la Belle » : Mikhaïl Toukhatchevski. Les prisonniers russes ont reçu la permission de sortir du camp chaque jour en prenant l'engagement d'honneur de rentrer une heure plus tard. Toukhatchevski a trouvé la parade. Chacun des sortants devant signer à côté de son nom, il intervertit les paraphes avec un camarade : il signe en face de Popov, et Popov en face de Toukhatchevski. Ainsi se jugent-ils déliés de leur serment... Et il part pour accomplir son destin.

« Si vous rentrez maintenant en Russie [on est en décembre 1917] vous, fils de nobles, vous serez fusillé », lui ont dit, pour le retenir, ses compagnons français. « Fusillé ? Je serai général à 25 ans ! » A 40 ans, il était maréchal. Et fusillé à 43.

Un officier français évadé du Fort IX ayant été abattu au moment de sa capture, le scandale qui s'ensuivit incita les autorités allemandes à dissoudre le camp d'Ingolstadt à la fin d'avril en vue de disperser les intraitables, désormais répartis entre deux lieux de détention voisins. De Gaulle fut ainsi envoyé au fort Prinz Karl, d'où il écrit à sa mère, le 15 mai, que son nouveau logement est « moins humide » et qu'il y est heureusement accompagné d'un « groupe respectable de [ses] camarades du Fort IX [16] ».

Dans la même lettre, le capitaine du 33e RI demande conseil à ses parents à propos d'un éventuel échange de prisonniers par la Suisse, dont on parle alors beaucoup. Il ne saurait l'envisager que s'il ne s'agit pas d'un « internement en qualité de malade. D'abord parce que je ne suis pas malade. Ensuite et surtout parce que ce serait renoncer définitivement à combattre un jour [et à] reprendre mon rang au combat » ce qu'il espère encore, étant donné que la guerre « se prolongera des années encore ». Il reviendra à diverses reprises sur ce projet dans les mois qui suivent — jusqu'à l'automne où son relatif pessimisme du printemps et même de l'été 18 (une guerre de plusieurs années encore...) fera place à l'éblouissement de la victoire imminente.

Les geôliers du fort Prinz Karl ont vite constaté que le « groupe respectable » des sociétaires de l' « escaping club » trouble derechef et troublera toujours l'atmosphère des camps les plus paisibles. Aussi bien les transféreront-ils en bloc sur la forteresse de Wülzburg, à 5 kilomètres de Weissenburg (entre Ingolstadt et Nuremberg). Ce splendide ouvrage à la Vauban s'ouvre par un portail à colonnes qui fait penser aux plus belles réussites, dites « en tambour », de Claude-Nicolas Ledoux, le génial constructeur des salines d'Arc-et-Senans. Cette porte attira d'autant mieux l'attention du capitaine de Gaulle que les « sûretés » prises par les nouveaux hôtes des trublions d'Ingolstadt étaient telles qu'il ne pourrait guère sortir que par là.

« J'ai reçu la vareuse et le pantalon de la Belle Jardinière, parfaitement bien... », écrit-il à sa mère le 31 mai. D'où lui vient ce souci d'élégance vestimentaire, au Connétable ? Autant demander à quoi il pense : ce ne peut être, ici comme là-bas, qu'à une évasion. La Belle, donc. Mais Jardinière, pourquoi ? Il compte utiliser ce type de vêtement (militaire, mais transformable) lors d'un nouvel essai d'escapade — et en réclamera bientôt un second exemplaire. Pour un camarade ?

Sa première tentative, à Wülzburg, n'aura pourtant rien à voir avec la « BJ ». En dépit de l'échec qu'il avait alors subi, il eut d'abord l'idée de réitérer l'opération tentée à Ingolstadt avec le capitaine Dupret : se faire conduire hors du camp par un camarade revêtu de l'uniforme allemand. Ici, en effet, les conditions sont plus favorables : le tailleur de la *Landsturm* qui les garde est installé au rez-de-chaussée du bâtiment où ses compagnons et lui sont internés. Il suffit de cambrioler la boutique avec l'aide de quelques complices pour se procurer un uniforme de sous-officier. Qui le revêtira pour jouer les gardiens complaisants ? C'est le lieutenant Meyer, fantassin comme lui, qui s'offre.

On fera comme si le détenu de Gaulle était transféré dans un autre camp et conduit hors de la forteresse par une sentinelle. Pour accentuer la vraisemblance de l'opération, l'abbé Michel, aumônier de Wülzburg et notoirement lié au capitaine de Gaulle, les accompagne. Les adieux sont chaleureux. Un planton obligeant leur ouvre la grille du portail à la Ledoux. Quelques centaines de mètres dans la campagne et voici de Gaulle et Meyer sortant d'un fourré en civil. Ils se dirigent sur Nuremberg, en vue d'y prendre le train pour Francfort.

Marchant un jour et une nuit entière, ils ont fait à peu près la moitié de la route (60 kilomètres) quand ils sont invités par une patrouille de gendarmerie à présenter leurs papiers. C'est fichu... Ils sont ramenés le soir même au fort de Wülzburg, où Charles de Gaulle retrouve ses amis le commandant Catroux, le capitaine Brillat-Savarin (qui sera bientôt transféré en Suisse) et le lieutenant Plessy qui l'a si bien observé à Ingolstadt et qui est devenu ici son voisin de lit dans la chambre n° 4.

On ne parle que d' « elle », bien sûr. Plessy, plus jeune et plus léger, songe à escalader les remparts. De Gaulle, qui a mesuré les limites de ses moyens en matière de varappe, préconise plutôt « la ruse ». Il a observé que, chaque lundi matin, le linge sale du fort, empilé dans une énorme panière par les ordonnances, est emporté à Weissenburg. Pourquoi ne pas prendre tout ou partie de la place du linge et se faire ainsi trimballer jusqu'à la petite ville voisine ? La substitution pouvait être opérée entre le moment où le sous-officier fourrier vérifiait le contenu de la panière, et le moment où elle était embarquée, cadenassée — et seuls le fourrier et la blanchisseuse en possédaient chacun une clef. Mais truquer les charnières était un jeu pour les « canaris », équipe de spécialistes et techniciens de l'évasion qui était fort bien outillée à Wülzburg, annexe de l' « escaping club »... Le problème le plus délicat restait celui de la sortie du panier. De Gaulle se renseigna auprès des hommes de corvée. Le répit dont il disposait lui parut suffisant. Avec de l'oreille et un peu de chance, il devait réussir.

C'est dans la matinée du lundi 7 juillet que le capitaine de Gaulle et ses camarades passèrent à l'exécution du plan. Après avoir cadenassé le panier, le sergent fourrier partit chercher les sentinelles d'accompagnement. Son absence devait durer cinq à dix minutes. Dès qu'il eut disparu, de Gaulle, accompagné de deux spécialistes du « canari », entra dans le local où les deux hommes de corvée attendaient auprès du panier. En deux coups de pointe, les « canaris » ouvrirent le panier, qui fut prestement vidé de son contenu, rapporté à la buanderie par les hommes de corvée. Cependant, de Gaulle se calait de son mieux dans le panier. Les « canaris » refermèrent le couvercle et remplacèrent les axes des charnières par un câble souple en acier peint aux couleurs de l'osier, dont ils passèrent les extrémités à travers la paroi de manière que de Gaulle pût, de l'intérieur, les saisir et les réunir dans sa main. Puis ils s'éclipsèrent.

Le chargement et le transport à Weissenburg s'opérèrent sans incident. Déposé sans ménagements dans le couloir de la blanchisserie, de Gaulle attendit le moment propice. Quand tout fut redevenu silencieux, il tira sur l'extrémité du câble pour dégager les charnières. Il souleva le couvercle sans difficulté et put sortir du panier sans être vu. Habillé en civil, il se mêla aux passants, sortit de Weissenburg, se cacha dans la forêt voisine, puis marcha sur Nuremberg — où il pénétra au matin du troisième jour.

Mais la malchance s'acharne sur lui. Saisi soudain par une grippe intestinale très violente, il grelotte de fièvre en arrivant à Nuremberg. Son projet était d'y prendre, pour Francfort, un train de nuit (ce sont les moins étroitement surveillés) et le lendemain, le même moyen de locomotion vers Aix-la-Chapelle : mais dans l'état physique où il est, il préfère monter dans le premier convoi avant d'être immobilisé par le mal.

A la gare de Nuremberg, il prend un billet sans difficulté et monte dans l'express de Francfort bondé de voyageurs. Debout dans le couloir, il maintient un bandeau sur sa bouche, faisant mine de souffrir d'une fluxion, pour éviter d'avoir à bavarder avec ses voisins. Mais avant d'arriver à la petite gare d'Aschaffenburg, il tombe une fois de plus sur la police militaire : les deux extrémités du couloir du wagon sont contrôlées, il n'y a qu'à se rendre... Il est si mal en point d'ailleurs que ses nouveaux geôliers l'expédient à l'hôpital où on le soigne avant de lui faire réintégrer sous bonne escorte le camp de Wülzburg.

Laissons la parole à son voisin de lit Ferdinand Plessy :

« De Gaulle regagna la chambre 4 de fort méchante humeur, en attendant de subir les trois semaines d'arrêts qui étaient la sanction de toute tentative d'évasion. Je tentai de le consoler en lui affirmant qu'il aurait bientôt l'occasion de prendre sa revanche. Il ne paraissait pas convaincu, s'étant vu confisquer dans l'aventure son beau complet de la « BJ* ». Cette création de la « Belle Jardinière » était un superbe uniforme à col ouvert, de couleur bleu marine, surchargé de dorures, mais dont les galons, boutons, écussons, ainsi que le passepoil rouge du pantalon, étaient simplement faufilés et pouvaient être arrachés en quelques instants. Les boutons civils, camouflés à l'intérieur du veston, étaient fixables par simple pression : transformation instantanée de militaire en civil... »

Quelques jours plus tard, furetant dans le magasin du fourrier où il a réussi à se glisser, Plessy met la main sur le fameux « complet BJ » et retourne triomphant dans la chambre n° 4 :

« En me voyant entrer dans la chambre avec son complet BJ sous le bras, de Gaulle demeura une seconde sans voix avant de lancer son : " Ah, mince !!! " qui était pour lui le comble de la jubilation. Je crus que dans sa joie, il allait m'embrasser. Mais déjà il s'était ressaisi et il s'empressa de remettre le précieux colis à l'abbé Michel qui partageait notre chambre. Puis il m'entraîna à la cantine pour fêter l'événement devant une bouteille de vin de Moselle.

Le 22 juin, 4 camarades et moi étions prêts à notre tour. J'offris tout naturellement au capitaine de Gaulle de se joindre à nous : " Ah, non ! Je viens, grâce à vous, de récupérer mon BJ, je ne veux pas me le faire reprendre à coup sûr dans une aussi folle entreprise ! " (elle comportait en effet la traversée de l'appartement du commandant du camp, et le franchissement de deux murailles de 17 et de 10 mètres). Contre toute vraisemblance, l'opération réussit ** et le lendemain matin, faute d'être de la " belle ", Charles de Gaulle se paya le luxe de répondre, seul " survivant " de la chambrée, à un appel peu banal :

— Herr Hauptmann Brillat-Savarin ?
— Parti !
— Herr Hauptmann de Montéty ?
— Parti !
— Herr Hauptmann de Gaulle ?
— Présent !
— Herr Oberleutnant Plessy ?
— Parti !
— Herr Leutnant Paternostre ?
— Parti ! »

Les nouvelles du front ne sont pas bonnes, en ce mois de juillet 1918 : c'est la « seconde bataille de la Marne », où Ludendorff jette toutes les

* Celui qu'il avait reçu de sa mère un mois plus tôt.
** Tous furent repris individuellement dans les jours qui suivirent.

forces de l'Empire libérées par l'accord germano-soviétique de Brest Litovsk, en mars 1918 et dont l'issue, jusqu'au coup d'arrêt donné le 19 juillet à Villers-Cotterêt, est aussi incertaine que celle du corps à corps de 1914. Charles de Gaulle, s'il croit désormais à une guerre longue, se refuse à perdre confiance. Écrivant à son père le 16 juillet, il lui dit son « orgueil raisonné d'appartenir [...] à l'admirable armée française contre qui rien ne peut prévaloir, modèle impérissable de courage, de science du combat et de volonté de vaincre. »

Il fait de même avec ses compagnons de chambrée, notamment avec le jeune lieutenant qu'il a pour voisin de lit et qu'impressionnent fort les ruées allemandes sur le Chemin des Dames et la Marne.

« Regardant sur la carte les lignes allemandes qui bordaient la Marne entre Épernay et Château-Thierry, il fulminait : " Il se croit gagnant, il va tout simplement s'enferrer un peu plus ! " " Il ", c'était Ludendorff, le fougueux " Generalquartiermeister ", dont la signature s'étalait, orgueilleuse, au bas des communiqués de victoire du GQG allemand. De Gaulle l'exécrait.

« Me montrant un jour, dans un illustré allemand le portrait grandeur nature de Ludenforff [...] il me disait : " Regardez cette face de brute constipée et comparez-la à cette noble figure, lumineuse d'intelligence " (c'était celle de Foch, découpée dans un journal français).

« L'étude de la carte terminée, il descendait dans la cour où il retrouvait son auditoire habituel. Au cours d'une marche circulaire, il exposait ses idées sur la situation et sur les développements à prévoir. Puis, détendu physiquement, il regagnait la chambre 4 où, souvent, il s'allongeait sur son lit et méditait en silence, allumant de temps en temps une cigarette. La méditation terminée, il se levait d'un bond et allait à la table mettre sur papier le fruit de ses réflexions.

« Après l'étude du front, celle des journaux le passionnait. Il aimait à suivre l'évolution de l'opinion depuis que l'initiative des opérations était revenue aux alliés. Il guettait la première manifestation du séparatisme bavarois, prompt à se réveiller dès que les choses iraient mal. Il rédigeait son propre communiqué sur la situation intérieure et allait l'afficher sur la porte de notre bâtiment. Lorsqu'il avait vu le sous-officier interprète allemand s'arrêter longuement devant son papier, il en éprouvait un véritable ravissement...

« Il parlait très rarement de lui. Aussi fus-je surpris lorsqu'un soir il me fit cette confidence inattendue : " Savez-vous qu'au fond je suis un timide ? " Je protestai vivement. Cette affirmation ne concordait absolument pas avec l'aisance de son ascendant naturel ni avec sa remarquable facilité d'élocution, servie par une prodigieuse mémoire.

« A l'époque, je crus que ce que de Gaulle appelait sa timidité n'était pas autre chose qu'une pudeur excessive. Le confort ultra-sommaire de Wülzburg obligeait les captifs à vivre dans une promiscuité totale. En particulier, la salle de douches était simplement équipée de bancs adossés aux murs, entourant le caillebotis central, lui-même surmonté des pommes d'aspersion. Nulle cloison pour abriter sa nudité des regards des voisins. C'est ainsi que j'ai connu l'anatomie de tous mes compagnons, depuis le plus ancien en grade, le commandant Catroux, jusqu'à notre aumônier, l'abbé Michel.

« Tous sauf un : de Gaulle. Quelle heure choisissait-il pour aller se laver seul ? Je ne m'en suis jamais préoccupé mais le fait est là : je n'ai jamais vu de Gaulle nu. »

Le processus de libération, cependant, va bon train : renforcé maintenant du corps expéditionnaire américain, Foch reconduit Ludendorff, l'épée dans les reins, de Château-Thierry en juillet à Douai en octobre. En Macédoine, Franchet d'Esperey menace le « ventre mou » des empires centraux. Au Proche-Orient enfin, Allenby bouscule les Germano-Turcs. C'est le moment où, par un retournement psychologique assez prévisible, quand tout annonce à la collectivité nationale la fin de la nuit, l'individu Charles de Gaulle s'enfonce dans une navrante mélancolie. Le 1er septembre 1918, alors que les fronts ennemis commencent à craquer de partout, il écrit à sa mère :

« ... Je suis un enterré vivant. Lisant l'autre jour dans quelque journal le qualificatif de " revenants " appliqué à des prisonniers rentrés en France, je l'ai trouvé lamentablement juste.

« Vous me proposez de m'envoyer des livres ! Hélas ! Je voudrais que vous sachiez, car le savez-vous ? dans quelles conditions matérielles je suis ici pour travailler, et n'ai jamais cessé d'être. Du reste, quand bien même ces conditions seraient radicalement différentes ! travailler à quoi ?... Pour travailler il faut avoir un but. Or, quel but puis-je avoir ? Ma carrière, me direz-vous ? Mais, si je ne peux combattre à nouveau d'ici la fin de la guerre, resterai-je dans l'armée ? et quel avenir médiocre m'y sera fait ? trois ans, quatre ans de guerre auxquels je n'aurai pas assisté, davantage peut-être * ! Pour avoir quelque avenir dans la carrière, en ce qui concerne les officiers de mon âge et qui ont quelque ambition, la première, l'indispensable condition sera d'avoir fait la campagne, d'avoir, au fur et à mesure qu'elle changeait de forme, appris à la juger **, formé ses raisonnements, trempé son caractère et son autorité. Au point de vue militaire, je ne me fais aucune illusion, je ne serai moi aussi qu'un " revenant " [17]... »

Lettre poignante. Mais comment le Connétable n'aurait-il pas lui aussi connu la « déprime » ? Comment une personnalité aussi flamboyante, et agitée d'une ambition aussi noble, ne se sentirait-elle pas poignardée par la fortune au moment de la grande délivrance ? Exclu de l'histoire, rejeté par la gloire, « revenant ».

Il serait très facile, même sur-le-champ, et sans projeter sur cet officier

---

* Il en a « manqué » jusqu'alors, compte tenu de ses blessures et de sa captivité, deux ans et dix mois.
** Sur ce plan, on sait qu'il n'a pas pris de retard !

désemparé de 1918 l'avenir prodigieux que nous connaissons, de lui objecter qu'être un « revenant », quand on a commencé la guerre en août 1914 à la tête d'une section d'infanterie d'assaut du 33ᵉ RI dont les effectifs ont été au moins trois fois renouvelés, est un miracle — et que l'armée qu'il envisage, ô stupeur, de quitter, ne peut manquer d'avoir besoin d'hommes tels que lui qui vient de démontrer, face à des auditoires riches d'hommes comme Catroux et Rémy Roure, son exceptionnel talent d'analyste et de mémorialiste.

Tout de même, cette guerre insaisissable qu'il aura, de son point de vue, seulement frôlée, ne s'achèvera pas sans que le Connétable n'ait accompli un geste typiquement gaullien. Au point même que — idée, ton, style — on l'y trouve tout entier. On a dit qu'il avait écopé, pour « injures » à ses gardiens, de deux semaines de prison infligées par le conseil de guerre d'Ingolstadt. Il attend toujours de les faire : si on continue à le lanterner, la fin de la guerre ne le surprendra-t-elle pas en train de purger sa peine dans quelque exil lointain ? Alors il a l'idée doublement baroque d'écrire à l'ambassadeur d'Espagne à Berlin, chargé des « intérêts français » en Allemagne, ce texte de haute époque dont l'auteur, ne l'oublions pas, est un officier subalterne interné dans un fort bavarois :

> « ... Votre Excellence me permettra d'attendre de sa bienveillance :
> 1. Que l'ambassade d'Espagne à Berlin cherche à obtenir des autorités allemandes qu'elles n'attendent point, pour me faire exécuter ma punition, le moment où mon tour viendra d'être interné en Suisse (ce qui aurait pour résultat de me maintenir ici) et qu'elles le fassent exécuter *immédiatement* *...
> 2. L'incident étant caractéristique, que l'ambassade d'Espagne à Berlin veuille bien en avertir le gouvernement de la République française, afin qu'il puisse prendre, en connaissance de cause — à cet égard comme aux autres — telles mesures qu'il jugera utiles [18]... »

Si le diplomate espagnol qui reçut cette sommation ne chercha pas à en savoir un peu plus long sur le capitaine qui lui adressait ce « poulet », c'est qu'il n'était vraiment pas curieux, ni amateur de la « fiesta brava »...

Que l'ambassadeur d'Alphonse XIII soit intervenu ou non, Charles de Gaulle subit sa peine entre le 15 septembre et le 10 octobre 1918 :

> « Je fus d'abord envoyé à la prison militaire de Passau, pêle-mêle avec les condamnés allemands : assassins, déserteurs, voleurs, etc. Puis, sur mes protestations énergiques et la menace de faire la grève de la faim, je fus au bout de trois jours conduit à Magdebourg (fort Scharnhorst) où je terminai les trois semaines en même temps que d'autres officiers condamnés. »

De l'internement à Magdebourg, ce lieu si chargé de souvenirs militaires qu'il ne saurait laisser indifférent un historien français — se retrouve dans l'ombre de Scharnhorst... — il écrit à sa mère : « ... Je ne m'y trouve pas plus mal qu'ailleurs »... Mais c'est le 15 octobre de Wülzburg où il a été

* Souligné dans le texte.

ramené après une traversée de l'Allemagne qui lui en a appris très long sur la décomposition de l'Empire — l'armistice est demandé par Berlin le 4 octobre, qu'il exprime son adhésion totale à la joie collective :

> « ... En dépit de ma situation personnelle lamentable, je savoure en ce moment les plus douces journées de ma vie. Il n'y a point de chagrins, de souffrances, de déceptions, de sacrifices qui vaillent de loin ces satisfactions-là et celles qui vont les suivre. Comme mes frères doivent être heureux, qui peuvent en outre exprimer leurs sentiments par l'organe de leurs canons... »

Le 1er novembre, pourtant, après avoir rendu hommage à « nos chers morts », il laisse remonter en lui une bouffée de son dépit de « revenant » :

> « A l'immense joie que j'éprouve avec vous [...] se mêle il est vrai pour moi, plus amer que jamais, le regret indescriptible de n'y avoir pas pris une meilleure part. Il me semble qu'au long de ma vie — qu'elle doive être courte ou prolongée — ce regret ne me quittera plus [19]. »

On s'étonne de ne trouver dans ces lettres du stratège politique qui s'affirme spontanément en lui aucun écho du débat qui se déroule alors entre partisans et adversaires de l'armistice immédiat : Foch et Clemenceau (soumis aux pressions américaines) estiment que la guerre étant gagnée, « aucun homme n'a plus le droit de faire verser encore une goutte de sang », tandis que Poincaré et Mangin regrettent que l'on « coupe les jarrets à nos soldats » et que Pétain réclame qu'on n'arrête le combat que sur le sol allemand. On peut imaginer — d'après une lettre du 10 septembre où il écrit que « nos affaires ne réussiront pas de la manière complète qu'il faut d'ici un certain temps » — qu'il fut de ce dernier parti. Mais aucun texte plus clair ne permet de l'affirmer.

On le situe mal au moment où l'armistice est signé. On sait qu'à cette époque il fit un bref séjour à l'Anilinfabrik de Ludwigshafen. Puis on le retrouve à la frontière suisse — à Romanshorn — le 1er décembre, à Genève le 2 — et il arrive le 3 à Lyon. Le temps de toucher barre à Paris, et le voilà en famille à La Ligerie, où Henri de Gaulle a tenu à rassembler les siens, loin des ruines et des plaies de la guerre.

De ces jours-là, où une famille française miraculée retrouve quatre jeunes hommes vivants sur quatre, date une photo prise devant la vieille maison périgourdine.

On y voit les quatre frères de Gaulle, deux capitaines (Xavier et Charles), un lieutenant (Jacques) et un aspirant (Pierre) sanglés dans des uniformes identiques — les frères de Charles ayant troqué leurs noires vêtures d'artilleurs contre des tuniques bleu horizon comme la sienne. Légèrement en retrait pour symboliser sa condition des dernières années, figé dans une rigidité d'exclu, il se dresse pourtant, le sombre « revenant », sans complexe apparent. Il sait que l'histoire n'est jamais close à qui sait la regarder en face.

Une guerre vaine, manquée ? Il est trop profondément nationaliste pour s'en tenir à ce point de vue d'individu inaccompli. Gageons qu'il a oublié très vite ses velléités de Wülzburg. Quitter l'armée ? Pourquoi, quand la guerre lui a appris tant de choses : de la Meuse à la Champagne et à Verdun, qu'il est doté de cette intrépidité naturelle sans laquelle cette carrière choisie au seuil de l'adolescence n'eut été qu'un rêve ; et, des casemates d'Ingolstadt à la chambrée n° 4 de Wülzburg, qu'il dispose de dons exceptionnels d'observateur, d'historien, de pédagogue, pour tout dire de penseur militaire.

Il est bien loin de croire d'ailleurs que l'armée française est assez assurée de sa victoire définitive pour faire fi d'une énergie et d'un talent comme les siens. Écoutons plutôt la conclusion de la dernière conférence prononcée devant ses camarades du fort de Wülzburg, à une date non précisée :

> « ... Les peuples de la vieille Europe finiront par signer une paix que leurs hommes d'État appelleront paix d'entente ! et qui sera de fait une paix d'épuisement. Mais chacun sait, chacun sent que cette paix n'est qu'une mauvaise couverture jetée sur des ambitions non satisfaites, des haines plus vivaces que jamais, des colères nationales non éteintes[20]. »

Voilà ce qui s'appelle ne pas se faire d'illusions. Le capitaine de Gaulle n'a qu'à considérer les cartes, sinon la mappemonde et à regarder en lui-même, pour savoir que le temps n'est pas passé où se manifestera « l'intérêt de la vie » et où il lui sera donné l'occasion de rendre des « services signalés ».

5. L'école

Des colères nationales non éteintes... Voici en effet que l'Europe en est toute fumante. Colères d'autant moins éteintes que les indignations sociales, loin de faire contre-feu, sont autant de souffles sur les braises. L'Allemagne scalpée du pouvoir impérial et du grand état-major n'est qu'une énorme véhémence. De Budapest à Munich s'étend le brasier révolutionnaire allumé à Pétrograd. Vienne et l'Italie industrielle bouillonnent.

La France victorieuse et mutilée peut bien pousser jusqu'au délire l'exaltation des vertus militaires et déifier pour un temps Clemenceau, Poincaré et les maréchaux de la Marne et du Rhin, le printemps 1919 n'en est pas moins chargé d'amertume ouvrière. Les institutions républicaines ont relevé le défi de la guerre, qui a abattu celles des empires adverses : mais les structures sociales sont mises en question par le sinistre bilan de l'effort national : un million et demi de morts, un million et demi de blessés graves... Quelle classe, quelle collectivité a payé le plus lourd tribut ? Qui en a tiré profit ?

L'armistice n'est pas la paix, et la paix ne sera pas la sérénité. Aux yeux d'hommes comme le capitaine de Gaulle, très représentatif en ce domaine de la majorité de l'opinion publique, la France avait un ennemi en 1914, elle en a deux maintenant. L'Allemand terrassé reste « le boche » auquel est imputé la seule responsabilité de l'assassinat de millions de nos soldats — mon mari, ton frère, son fils... Le Russe, lui, n'est plus que « le bolchevik », le traître plus haïssable encore qui, à Brest-Litovsk, a poignardé ses alliés dans le dos. Aussi n'est-il plus question que de clouer au sol le vaincu, à l'Ouest, et à l'Est de liquider la révolution rouge.

Ces projets et ces rêves, qui les nourrirait plus intensément qu'un officier nationaliste frémissant des frustrations de la captivité, et qui écrit à sa mère : « Je finis la guerre débordant des sentiments d'une xénophobie générale, et pénétré de la conviction qu'il faut revenir, pour nous faire respecter, à l'emploi raisonné de notre force militaire, aujourd'hui la première du monde » ?

En cette aube de 1919, alors que les vainqueurs se réunissent à Versailles, le capitaine de Gaulle attend avant tout de Clemenceau et de Foch qu'ils y agitent l'« épée flamboyante » afin d'« imposer à l'odieux vaincu [...] un écrasement complet, politique, militaire et économique », et se réjouit ouvertement que l'on « prépare une grande expédition en Russie ». On le

99

retrouvera quelques mois plus tard stratège mieux conscient des rapports de forces, psychologiques aussi bien que militaires, comptable plus lucide des réalités européennes. Pour l'heure, il n'est que le « revenant » avide de rentrer en lice.

Mais cette lice, Charles de Gaulle est assez intelligemment ambitieux pour la vouloir d'abord studieuse. Il sait bien que ce qu'il a perdu, depuis deux ans et demi, c'est moins l'occasion de se battre et de prouver son intrépidité — c'est fait — que l'expérience des techniques nouvelles et de l'évolution du combat. De la stratégie générale, il sait à peu près tout ce que peut savoir un officier de son temps, à quelques dizaines de spécialistes près (et encore...). Mais lui ont échappé, après 1916, les tactiques sur le terrain, l'emploi des armes, les méthodes d'organisation qui ont dû transformer la physionomie du combat, de Verdun à Rethondes. Alors il va à l'école.

Toute cette période, du début de 1919 à la fin de 1924, ce sera pour lui l'ère du recyclage. Il assimile avec un temps de retard, les leçons de la guerre : il apprend. Mais on sait que de Gaulle, à la différence des Anglais qui distinguent « to learn » (recevoir un enseignement) de « to teach » (le dispenser), fait bloc de cette opération, et ne dédaigne pas à l'occasion d'enrichir la science ou la réflexion de celui qui est chargé de l'instruire...

1919 : stage à Saint-Maixent ; 1920 : formation de cadres polonais à Rambertow ; 1921 : enseignement de l'histoire à Saint-Cyr. 1922-1924, leçons de l'École supérieure de guerre. On peut dire que ces cinq années-là, pour le capitaine de Gaulle, auront été celles de l'étude, de part et d'autre de la chaire professorale. Si orageux que puisse être tel ou tel épisode, décevantes les leçons données ou reçues, il n'aura pas à regretter ce temps d'apprentissage. L'officier qui se verra appelé au cabinet du maréchal Pétain, en juillet 1925, n'aura pas volé cette promotion grisante.

Les semaines de congé à La Ligerie ont passé vite. Il y apprend qu'un stage de perfectionnement pour commandants de compagnie rentrant de captivité va débuter à Saint-Maixent. Il y court et, cinq jours après son arrivée, écrit à sa mère : « Au point de vue moral, je renais en quelque sorte, me voyant rentré dans l'existence militaire... » Il juge le cours « convenablement fait » par des officiers venus directement du front et observe que l'objet de ses études étant « ce qui est apparu comme engins nouveaux et leur emploi », il sera bientôt « parfaitement apte au commandement sans aucune infériorité d'aucune sorte ». D'ailleurs, le colonel qui dirige les cours lui confie qu'avec les états de service qu'il a, il peut, s'il le veut, se « faire un très bel avenir [1] »... S'il le veut !

Mais déjà il pense à autre chose. « Je bous dans ma peau ! » écrit-il aux siens le 21 janvier. Pourquoi ? Parce qu'il n'a pas encore reçu de réponse du ministère de la Guerre auquel il a adressé, peu avant son départ pour Saint-Maixent, une demande d'affectation à l'armée polonaise. De quoi s'agit-il ? De la grande expédition prévue contre les Soviets à partir de Varsovie, de

Bucarest, voire d'Odessa où se met en place un corps expéditionnaire franco-grec sous les ordres du général d'Anselme ? Ou plus simplement d'une mission d'instruction de l'armée d'un pays allié dont des milliers de ressortissants se regroupent alors en Seine-et-Marne sous les ordres du général Joseph Haller, Polonais transfuge de l'armée autrichienne qui a rejoint la France par la Russie, pour servir d'ossature (4 divisions) à l'armée du gouvernement de Varsovie ?

Ne faisons pas ici de romantisme polonais. Charles de Gaulle ne part pas pour payer les dettes contractées par la France envers Poniatowski ou Dombrowski. Ne le voyons pas non plus sous la figure d'un croisé s'armant pour le combat contre l'antéchrist rouge. La Pologne ? Il écrit le 11 février à son père[2] qu'il a entendu parler d'un recrutement de volontaires pour l'« armée d'Orient » et a donné aussitôt son nom « avec joie ». Il n'exclut pas la mission polonaise. Mais s'il a l'occasion « de faire campagne d'une manière aussi active avec des Français » il choisira « avec empressement » la seconde hypothèse.

La croisade ? Réfléchissant à la mission que pourrait remplir cette « armée d'Orient », il la voit moins chargée d'abattre le régime bolchevique que de « tenir en respect les peuples balkaniques et ceux qui sont issus du démembrement de l'Autriche et de la Russie[3] » et d'« appuyer un mouvement des États conservateurs limitrophes des Russes » (Finlande, Pologne, Roumanie, etc.) contre les « foyers de désordres ». Ce n'est ni le ton de « Vive la Pologne, monsieur ! », ni celui de Clemenceau rêvant alors de déclencher une gigantesque opération offensive contre le foyer de la révolution mondiale. C'est le ton d'un officier aux vues amples et à l'ambition piaffante qui, observant que très peu de ses camarades s'engagent pour l'une ou l'autre de ces grandes missions, se réjouit plutôt de se « séparer à bref délai de ce triste peloton de coureurs »...

Au surplus, il n'a pas retrouvé la France qu'il espérait, purifiée et musclée par la guerre. Dans une lettre à son père, il déplore que ce pays « s'enfonce dans un océan de sottise, de paresse et d'indolence administrative... A quelque degré de la hiérarchie qu'il soit placé, personne ne fait son affaire. Nous aurions grand besoin d'un Richelieu ou d'un Louvois » ! Allons, il est mûr pour le grand large...

C'est la Pologne ! Au début d'avril, il se retrouve à Lorrez-le-Bocage, en partance pour Varsovie où il sera chargé d'instruire les officiers. Il est déjà nanti d'une ordonnance qui, écrit-il à sa mère, a servi pendant la guerre dans l'armée allemande et fait le coup de feu contre lui à Berry-au-Bac, en 1915... La mission française est dirigée sur Mödlin (à 30 kilomètres de Varsovie), vaste complexe militaire où doivent se dérouler les cours.

Les premières impressions ne sont pas fameuses. Les instructeurs français ne sont pas accueillis sans méfiance par des cadres qu'ont formés selon les cas les Autrichiens, les Allemands ou les Russes. Rivalités et coups fourrés se multiplient autour de Pilsudski*, qui lui-même n'est pas sans arrière-

---

* Le nouveau maître de la Pologne, général formé dans l'armée autrichienne.

pensées. Au point que le nouvel instructeur croit pouvoir écrire après un mois de séjour : « Ces gens-là livrés à eux-mêmes ne sont bons à rien, et le plus terrible est qu'ils se croient excellents en tout. » Personne n'est plus aveuglément méprisant qu'un voyageur novice...

La xénophobie qu'il ne craint pas d'afficher à cette époque, on l'a vu, peut prendre la forme de l'antisémitisme. Décrivant les désordres de la société polonaise en 1919, il glisse cette notation :

> « ... Au milieu de tout cela, d'innombrables [...]* : détestés à mort de toutes les classes de la société, tous enrichis par la guerre dont ils ont profité sur le dos des Russes, des boches et des Polonais, et assez disposés à une révolution sociale où ils recueilleraient beaucoup d'argent en échange de quelques mauvais coups. »

Est-ce la bonne nature des Polonais ? Le charme des Polonaises ? La Légion d'honneur dont il est décoré en juillet ? Le fait d'être promu commandant « à titre polonais » ? La satisfaction qu'il trouve — et trouvera toujours — à enseigner ? Le fait est qu'il se décrit, dans une lettre à sa mère, « à peu près tel que je me suis connu avant cette abominable captivité. La confiance en moi-même et en l'avenir m'est revenue » (août 1919). Et quelques mois plus tard, après une permission passée en France au début de l'automne : « L'armée de Pologne aura été — ce que je la destinais à être — une restauration militaire pour moi... Ensuite, je travaillerai pour mon propre compte[4]... »

Sur l'enseignement dispensé en Pologne par le commandant de Gaulle, le meilleur témoignage est à coup sûr celui de l'officier qui fut alors son adjoint et traducteur, le lieutenant de Medvecki, tel que l'a publié André Frossard dans *En ce temps-là, de Gaulle*[5] :

« ... A Rembertow, à une quinzaine de kilomètres de Varsovie, nous bénéficiâmes d'un vaste camp, genre camp de Mailly, pour les officiers élèves, les bureaux et tous les services [...]. La Pologne ayant décidé de suivre la tactique française d'évolution sur le champ de bataille, il fallait l'inculquer au plus vite au plus grand nombre d'officiers possible**, afin de réaliser l'unité de doctrine indispensable [...]. Tout ce qui était progression des troupes et combat était strictement réservé au chef de cours, le commandant de Gaulle. C'était un conférencier brillant, écouté avec la plus vive attention et il savait déjà détendre l'auditoire de temps à autre, par un bon mot inattendu, à l'emporte-pièce [...].

« De temps en temps, le commandant de Gaulle quittait les thèmes du combat proprement dit et faisait une conférence sur des sujets plus

* Les points de suspension ici pudiquement placés — par l'auteur ou par l'éditeur ? — ne peuvent dissimuler qu'il s'agit des juifs. Ce trait révèle d'ailleurs mieux le milieu que fréquentait alors Charles de Gaulle (les salons de Varsovie et les mess d'officiers polonais) que ses sentiments profonds, qui auront l'occasion de se manifester autrement.
** Parmi lesquels se trouvaient bon nombre de combattants de l'armée allemande. « Les meilleurs auditeurs de De Gaulle », note Medvecki.

généraux. La plus belle [...] intitulée : " La défaite, question morale " était vraiment d'une grande classe. Il fallut la faire polycopier car tous les officiers élèves en voulurent un exemplaire. Bien mieux, elle eut un retentissement jusqu'à Varsovie et il fallut nous y rendre, tous les deux, pour la rééditer devant un auditoire de généraux et de colonels aussi bien français que polonais...

« Les rapports de De Gaulle avec les autres instructeurs français [...] étaient des plus réservés. Jeunes officiers ayant gagné leurs galons au feu et habitués à la bonne franquette du front, ils profitaient de leur position de vainqueurs pour se payer du bon temps et aller à Varsovie, où ils étaient choyés et adorés. De Gaulle, lui, allait peu à Varsovie et, lorsqu'il en revenait, il me parlait philosophie... Il me dit une fois, sur le coup d'une heure du matin en me souhaitant bonne nuit sur le pas de la porte du chalet où il habitait : " Medvecki, voyez-vous, nous sommes la génération des catastrophes... " »

En attendant la prochaine « catastrophe », qu'il saura prévoir très tôt, s'y préparant mieux que les autres alentour, il consolide sa réputation. En février, le général Henrys, chef de la mission française, vient assister à son cours et insiste pour qu'il prolonge son séjour au-delà de la limite prévue . c'est-à-dire en avril. Il ne dit pas non : si rien de mieux ne lui est proposé en France où il doit passer le mois de mai...

Il y est en effet. Mais s'il a l'occasion, le 20 mai, lors de l'inauguration du monument aux morts de Saint-Cyr, de rencontrer le maréchal Pétain (« trois minutes », note-t-il), il ne se voit pas offrir mieux qu'une affectation au cabinet du ministre, « bureau des décorations »...

Le voici donc de retour à Varsovie, en juin — bientôt mué de professeur en officier d'état-major. Car l'orage qui couvait depuis des mois entre la Pologne et la Russie soviétique, toujours en état de guerre et entre lesquelles les Alliés n'ont encore dessiné aucune frontière, s'est déchaîné. Varsovie revendique de vastes territoires ukrainiens. L'URSS ne se résigne guère mieux que le régime précédent à l'existence d'une Pologne digne de ce nom, bien que Lénine ait déclaré en janvier 1920 reconnaître son indépendance.

En mai 1920, alliés à l'ataman ukrainien Petlioura, les Polonais se jettent sur l'Ukraine et s'emparent de Kiev. C'est pousser trop loin le défi à la puissance russe : deux mois plus tard, l'Armée rouge, entraînée par Boudienny, cavalier aux moustaches de vent et ce Toukhatchevski auquel s'était lié de Gaulle à Ingolstadt (général à 24 ans, déjà...), bouscule les divisions polonaises jusqu'à 60 kilomètres de Varsovie.

Toukhatchevski — qui est flanqué d'un commissaire politique nommé Staline... — proclame : « La route de l'incendie mondial passe par le cadavre de la Pologne ! » tandis qu'est mis en place à Bialystok un « gouvernement » révolutionnaire présidé par Julian Marchnowski, qui lance aux ouvriers polonais un appel au soulèvement. Après Budapest, après Munich, la capitale polonaise va-t-elle porter des Soviets au pouvoir ? Observant ces séismes, Charles de Gaulle écrit aux siens qu'en ce début de juillet 1920, ce qu'il y a de plus inquiétant, « ce n'est pas tant le recul des troupes polonaises que le désarroi de l'esprit public »...

Mais sa « xénophobie » militante se tempérant avec l'accroissement des responsabilités, il ne bouillonne pas d'impatience d'en découdre. « Allons-nous être amenés à intervenir ici les armes à la main contre les Russes ? écrit-il à sa mère le 3 juillet (au moment où se précise la menace que Toukhatchevski fait peser sur Varsovie). C'est bien scabreux[6]... » D'autant plus scabreux que le gouvernement social-démocrate allemand regimbe contre toute « violation de sa neutralité » et parle même d'alliance avec Moscou. Déjà Rapallo ?

Aussi bien la France, qui prétend secourir activement l'allié polonais, ne lui dépêche le général Weygand, le 21 juillet, qu'à la tête d'une mission « diplomatique » officiellement chargée de rechercher un règlement politique. Mais l'homme de confiance de Foch a aussi mission de « conseiller » Pilsudski, en qui il voit le « rempart de la civilisation chrétienne en Occident ». Au début d'août, l'Armée rouge est contenue sur le Bug. Deux semaines plus tard, Pilsudski déclenchera la contre-attaque et refoulera les assaillants vers la Prusse orientale : Weygand, dont on n'a jamais tout à fait élucidé la part qu'il prit au « miracle de la Vistule », est à Paris à la fin d'août.

Charles de Gaulle a narré sa mission auprès de l'état-major polonais pendant ces dramatiques journées de juillet-août 1920 dans un article auquel il a gardé sa forme de notes prises sur le terrain et publié (sans signature) dès le 1er novembre suivant dans *la Revue de Paris,* sous le titre « La bataille de la Vistule ». Texte un peu décevant, si on le compare à ses conférences de prisonnier. On y trouve tout de même des notations émouvantes sur la misère du peuple polonais :

> « Il faut avoir observé la foule affreuse des faubourgs : " Praga " ou " Wola ", pour mesurer à quel degré de misère peuvent atteindre des hommes... Notre civilisation tient à bien peu de chose... Toutes les richesses dont elle est fière auraient vite disparu sous la lame de fureur des masses désespérées... »

Le conteur se garde bien de prendre une pose de sauveur héroïque à la Garibaldi. Il se donne tout simplement pour ce qu'il fut, un observateur-conseiller souvent aux avant-postes, ne craignant pas de s'exposer, très mêlé aux combattants, veillant surtout à améliorer les communications entre les grandes unités polonaises. Tâche délicate — relève-t-il d'autre part dans une note rédigée pour le général Henrys — du fait de la propension du maréchal Pilsudski à tout prendre en main, y compris les responsabilités du commandant en chef du groupe d'armées du centre, le général Ridz-Smigly, peintre de talent et militant socialiste promu chef d'armées à 32 ans — et qu'apprécie fort le commandant de Gaulle.

Le 14 juillet 1920, tandis que Varsovie pavoise aux couleurs polonaises et françaises à la fois, le commandant de Gaulle est parti en compagnie du général Bernard vers le théâtre d'opérations du sud, à Chelm, puis sur celui du nord, à Luck. Partout l'a frappé l'antithèse entre cette guerre et celle où il a fait l'apprentissage des armes, de la Champagne à Verdun : pas de front, une alternance monotone d'offensives de l'un et de retraites de l'autre sans que jamais se noue la vraie bataille :

> « L'adversaire qui se porte en avant trouve toujours entre les groupes du défenseur des trous immenses par où il passe. Et la retraite commence alors, pour celui qui se voit traversé, jusqu'à ce que son commandement ait pris la résolution de grouper ses forces à nouveau et de les porter en avant... [Opérations] qui se déroulent à la manière des romans russes qui paraissent sans cesse sur le point de finir et qui recommencent toujours... »

Le 5 août, le commandant en mission revoit la « noble Varsovie [...] muette : elle sent les Russes à ses portes ». Le 14, la contre-offensive étant déclenchée, il prend part à la reprise de Hrubischow par les Polonais : quel retournement de situation ! Et le 17, voilà que Pilsudski pousse à fond son mouvement vers le nord :

> « L'ennemi, complètement surpris de voir tomber sur son flanc gauche les Polonais qu'il croyait complètement désespérés, ne résiste sérieusement nulle part, fuit en désordre de tous côtés, ou capitule par régiments entiers. [...] Ah ! la belle manœuvre que nous avons vue là ! Nos Polonais ont des ailes pour l'exécuter et ces mêmes soldats épuisés physiquement et moralement voici une semaine, courent en avant, abattent des étapes de 40 kilomètres par jour. »

Sur la route du retour vers Varsovie,

> « les paysans nous tirent leur chapeau. Voici le pont de Praga que cette fois on n'aura pas à faire sauter ! Voici la capitale enfin... La foule gronde d'une joie contenue. Dans les yeux de ce peuple, on sent la juste fierté de la première grande victoire de la Pologne renaissante ».

On imagine l'accueil fait au retour de cette campagne victorieuse aux officiers qui, de près ou de loin, y ont pris part, dans cette capitale où la guerre, la musique et l'amour ont accoutumé de jouer en trio. Le sévère professeur de Rambertow, qui frayait si peu avec ses jeunes camarades chéris des Varsoviennes, se donne alors un peu de bon temps. Nommé chef de cabinet du général Niessel, qui a succédé à Henrys, il est au centre de cette « cour » française que la victoire a auréolée de prestige. Services, études, fêtes, tout passe par les mains de ce grand diable de commandant.

C'est de cette courte période d'août à octobre 1920 que datent les souvenirs des gens de Nowy-Swiat, la rue Royale de Varsovie : ils parlent volontiers d'un officier français à la taille de chevau-léger, habitué du fameux café Blikle où il dégustait des *ponskis** avec une minuscule personne que l'on dit être la comtesse Czetwertinska. Légende ? Jean Pouget, citant un mémorialiste du cru[7] évoque pour sa part des soirées où,

---

* Que nous appelons « pets-de-nonne ».

en compagnie de ses camarades Laperche et Touzet du Vigier*, Charles de Gaulle était le point de mire de salons qui, de Marie Walewska à Mme Hanska, n'ont jamais marchandé aux Français en uniforme un régime de faveur.

Cette faveur, les dames de Varsovie ne sont pas seules à la lui accorder. Ses supérieurs aussi, polonais et français. L'ensemble de son comportement en Pologne — les cours donnés à Rambertow jusqu'en juillet, sa participation aux opérations sur la Vistule pendant l'été aux côtés du général Bernard, son passage au cabinet du général Niessel — lui vaut une rafale de notes et de citations qui justifient amplement le choix qu'il a fait d'une escapade à l'Est. Sa feuille de notes est constellée d'éloges. Ainsi, à la date du 20 décembre alors que s'achève sa mission :

« Officier de tout premier plan, d'allures un peu hautaines cependant, ce qui pourrait lui nuire auprès de ses camarades. C'est une véritable perte pour l'école d'application de l'infanterie où il sera particulièrement difficile à remplacer. A été du reste l'objet, de la part des autorités polonaises d'une demande très élogieuse en vue d'être maintenu au cours des chefs de bataillon, au moment où il a manifesté l'intention de rentrer en France. »

Quelques jours plus tard, nouveau coup de chapeau :

« Officier destiné au plus bel avenir militaire par un ensemble de qualités que l'on trouve rarement réunies au même degré ; allure d'une distinction qui en impose, d'une personnalité accusée, caractère ferme, énergique et froid devant le danger, culture développée, haute valeur morale [...]. Est apte à l'emploi de professeur dans une école militaire. Paraît également indiqué comme candidat à l'École supérieure de guerre. » Ce roulement de tambour est complété le lendemain par une notation (du même, le général Bernard) dont un mot ne laissera pas de surprendre : « ... Modeste, d'une éducation parfaite, le capitaine de Gaulle peut prétendre à une très belle carrière. Il a tout pour lui, rien contre lui. » Modeste ? Le lecteur aura haussé le sourcil. Peut-être Charles de Gaulle fit-il de même...

Cette Pologne qu'il s'apprête à quitter, il n'en ramènera pas que des éloges, la découverte de la misère de masse et un affermissement de ses talents didactiques. Il y aura trouvé aussi la confirmation la plus éclatante d'une idée entrevue déjà en 1914 qui sera toute sa vie au centre de sa doctrine politique, diplomatique et militaire : que les hommes sont mus avant tout par la solidarité nationale.

En août 14, il a vu s'effondrer d'un coup, de part et d'autre de la frontière, les constructions idéologiques du pacifisme et du socialisme. De part et d'autre, ces passions nationales ont jeté les masses au créneau. En Pologne, sous ses yeux, une armée révolutionnaire conduite par un général de 25 ans pénètre dans un pays misérable où la soutient un gouvernement insurrectionnel, lance aux déshérités l'appel de la solidarité prolétarienne, et n'en dresse pas moins contre elle une résistance nationale.

---

* Qui commandera en 1944 la 1re division blindée.

Face aux Polonais envahisseurs de l'Ukraine, les Russes ont réagi en patriotes russes ; face aux bolcheviks les appelant au soulèvement populaire et à la fraternité des pauvres, les Polonais ont réagi en Polonais. Toukhatchevski, le jeune compagnon d'Ingolstadt, n'a pu entrer dans Varsovie comme Bonaparte dans Milan. En un siècle, les « colères nationales » auraient-elles pris le pas sur les idéologies collectives ?

L'expérience polonaise aura été fructueuse aussi dans le domaine de son métier. Quelque ironie qu'il mette à la décrire, on l'a vu, cette guerre de mouvements désordonnés n'a pas manqué de le faire réfléchir. Il a certes incité les Polonais à creuser des tranchées autour de Varsovie. Mais tout de même, ces grands espaces, ces chevauchées, ces coups d'éclat et de théâtre accomplis par des généraux de l'âge de Hoche et de Marceau, quelles perspectives sont ainsi ouvertes ! Et dans le rapport sur l'armée polonaise qu'il remettra à l'état-major en fin de mission, il y a cette phrase qui sonne comme un avertissement, un clignotant dans la pensée et l'œuvre de Charles de Gaulle : « Les chars... doivent être mis en œuvre rassemblés et non dispersés [8]. » Voilà quelques mots rapportés de Varsovie qui seront à l'origine de beaucoup d'autres. Rien que pour cette dizaine de mots-là, la campagne de Pologne n'aura pas été vaine...

Mais pourquoi abréger cette mission fertile en enseignements et en lauriers ? Parmi les notes relatives à son chef de cabinet qui abondent en cette fin de 1920, et dont il prend sa part, le général Niessel glisse celle-ci, brève mais éloquente : « Le capitaine de Gaulle veut rentrer en France pour se marier. » Entre la bataille de la Vistule et cette note, Charles de Gaulle a pris à Paris une permission qui n'aura pas manqué d'avoir, sur sa vie privée et même publique, quelque retentissement.

L'idée du mariage lui trottait dans la tête depuis pas mal de temps, entretenue avec ferveur par sa mère. C'est en réponse à une suggestion de Mme de Gaulle qu'il évoque pour la première fois, en juillet 1919, cette hypothèse en lui avouant que sa cousine Thérèse Kolb lui a fait une « vive impression » et qu'il a été « très sérieusement frappé » par son charme et son intelligence. Mais, ajoute-t-il, « il y a des années que je ne l'ai vue et je ne puis croire qu'elle se souvienne de ma modeste personne [9] »... Qu'est-il advenu de Thérèse Kolb ? Quand, en novembre 1919, Charles aborde à nouveau le sujet, il n'est plus question d'elle. Répondant à sa mère qui lui parle du mariage de son frère Xavier, il écrit : « Vous savez ce que je souhaite que cette année m'apporte à moi-même : une famille et, dans la tranquillité d'un amour profond et sanctifié, le pouvoir de donner à quelque autre tout le bonheur qu'un homme peut donner. » Voilà comment, dans ce milieu et en ce temps-là, on parlait à sa mère.

1920 s'achèvera-t-elle sans que soient accomplis ces raisonnables vœux ? Le commandant de Gaulle part en permission pour Paris au début d'octobre. Il vient de repousser sur la Vistule 100 millions de bolcheviks. Mais à Paris, il va tomber dans une embuscade familiale. Il n'est pas depuis huit jours en France qu'une amie de ses parents (et filleule de son père), Mme Denquin-Ferrand, donne une réception où est convié le commandant permissionnaire. S'y trouvent aussi — évidemment par hasard... — les Vendroux, notables de Calais, accompagnés de leur fille Yvonne, 20 ans. Première phase d'un complot dont les plus benêts prévoient aussitôt l'heureux dénouement, et que personne n'a décrit dans un style d'époque aussi pur, et avec plus d'authenticité que le frère de la jeune fille, Jacques, qui en fut sinon l'inventeur, au moins l'un des principaux exécutants. On suivra donc son récit de près, tentant de ne pas altérer, en le coupant de ricanements dérisoires, cet étonnant témoignage de ce que furent une époque, des mœurs et un système de valeurs.

Nous avons appris à connaître les de Gaulle. Mais les Vendroux ? L'arbre généalogique publié par le frère aîné d'Yvonne en tête de son livre [10] les désigne comme descendants d'un pape, ce qui n'est pas courant chez les bons catholiques, ni chez les autres d'ailleurs. Il se trouve pourtant que Jules III eut une fille naturelle, Mme de Monti qui, ayant épousé un Caffieri, grand-père du sculpteur que Mazarin fit venir en France et dont un fils eut pour parrain Louis XIV, se trouve l'ancêtre d'une demoiselle qu'épousa Jacques Leveux, maire de Calais à la veille de la Révolution. Sous l'Empire, une Leveux convola avec un Jacques-Philippe Vendroux. Pour simplifier les choses, il se trouve qu'à la fin du XIXe siècle, un Vendroux épousa une Giovanelli, dont la mère, Marguerite Forest, de Charleville, fut la mère d'Yvonne — fille de cousins comme Charles de Gaulle.

Les Vendroux, ce sont à l'origine des Van Droog, chassés des Pays-Bas par l'inondation qui permit à Guillaume d'Orange de repousser Louis XIV. Ils sont calaisiens, et bons bourgeois de Calais, depuis le début du XVIIIe siècle. On est armateur de père en fils, conseiller municipal, membre de la chambre de commerce et consul de diverses puissances. Jacques-Philippe IV (on met des numéros, comme à Versailles ou à Schönbrunn), le père d'Yvonne, préside en outre le conseil d'administration d'une fabrique de biscuits — si bien que depuis le début du siècle, la réputation du nom tient plus à l'alimentation qu'à la marine.

Plus remarquable est son épouse ardennaise, Marguerite, que les photos nous montrent fort blonde et belle, le nez légèrement pointu et retroussé, le teint éclatant, la silhouette fine. Sixième femme en France à passer son permis de conduire, infirmière-major à l'hôpital de Calais pendant la guerre, elle y a déployé une telle autorité qu'on lui a décerné la croix de guerre. C'est un personnage, qui se meut dans un cadre digne d'elle : une vieille maison de famille à Calais, une propriété à Coulogne, village tout proche, un appartement à Paris, et surtout le château de Sept-Fontaines, près de Charleville, splendide abbaye de prémontrés devenue la résidence des Forest. Des gens qui ont de la surface...

Du portrait que trace Jacques Vendroux de sa sœur, portrait dont on ne peut attendre qu'il soit rehaussé de beaucoup d'esprit critique, on peut retenir chez Yvonne du caractère et de la droiture. Tenons-nous-en à ce trait. Les religieuses du couvent des Visitandines de Périgueux (où elle avait été envoyée pendant la guerre — pas très loin de La Ligerie) ne disposant pas de baignoires, emmenaient leurs pensionnaires une fois par semaine aux bains municipaux. Bien qu'elles fussent installées dans des cabines individuelles, les religieuses exigeaient qu'elles gardassent leurs chemises pour se baigner. Les condisciples d'Yvonne se contentaient de tremper leurs chemises dans l'eau. Elle, au risque de faire scandale, laissait tout simplement sa chemise à côté de la baignoire (à la même époque, on l'a vu, ses camarades se demandaient comment Charles de Gaulle faisait pour ne jamais paraître nu sous la douche du camp de Wülzburg...).

De l'humour aussi ? Pendant la guerre, le médecin-chef de l'hôpital de Calais fumait une cigarette sur le perron de la cour de l'hôpital, Mme Vendroux lui conseille de rentrer. Vainement : « Résultat, raconte Yvonne : quelques minutes après, une torpille " jumelée " n'a laissé ni médecin-chef, ni cigarette. »

Une photo de famille nous montre Yvonne Vendroux au milieu des siens, en 1920. Elle se tient très droite sur sa chaise, austère blouse blanche et plus austère jupe noire, une raquette de tennis sur les genoux, le visage régulièrement beau, pâle, les yeux brillants qui, sous le front haut, regardent bien en face, encadrés d'une lourde chevelure noire. Une impression de clarté, de netteté, de fermeté. Si l'on se reporte aux modèles du temps, plus près d'Alissa de *la Porte étroite* que de la Thérèse de Mauriac. On imagine en tout cas le commandant de Gaulle recevant cette photo dans son monastère guerrier de Rambertow : le voilà aussitôt dans le train.

Nous les avons laissés dans le salon de Mme Denquin-Ferrand. De ces instants, qui semblent avoir été décisifs, Jacques Vendroux nous dit simplement que la conversation tomba sur un tableau qui, au Salon d'automne, défrayait alors les conversations, *la Femme en bleu,* de Van Dongen. « Pourquoi ne pas y aller de compagnie ? suggère, fine mouche, la maîtresse de maison. Puis nous prendrons le thé sur place, au Grand Palais... » On se retrouve donc devant la toile (« Quelle audace ! ») de maître Kees. Les conjurés observent du coin de l'œil deux ou trois apartés (à propos de Van Dongen ? Du Matisse voisin ? Du Maurice Denis tout proche ? Ou de la Pologne, peut-être) entre la demoiselle et le commandant. On prend le thé : scène que la chronique a rendue presque aussi fameuse que la rencontre entre Jupiter et Alcmène : a-t-« il » ou non renversé sa tasse de thé sur la robe d'Yvonne ? « Non ! » répond le chœur horrifié de la piété familiale. « Mais si », assurait Charles. Tenons-nous-en à cette version très autorisée.

Quelques jours plus tard, arrive chez les Vendroux (ils ont, on l'a vu, un pied-à-terre à Paris, boulevard Victor) une invitation pour le bal de Saint-Cyr, adressée à Yvonne et à son frère Jacques. Les comploteurs jubilent : tout marche mieux encore que prévu. Chez les Vendroux, pourtant, on s'interroge. Yvonne reste muette. Son frère est chargé de la sonder : « C'est à lui de se déclarer, fait-elle (certes !) Et il a plus de 40 centimètres de plus que moi ! » Mais elle n'en pose pas moins quelques questions sur le passé et l'avenir de ce géant aux gestes brusques...

Dans le hall de l'hôtel des Réservoirs, à Versailles où se déroule le bal des saint-cyriens, la haute silhouette bleue s'avance. Danseront-ils ? Monsieur frère n'est témoin de rien de tel, mais d'une longue conversation « en deux fauteuils convenablement espacés ». A l'orangeade offerte par le frère chaperon, le commandant riposte par une flûte de champagne : « Mademoiselle votre sœur me révélait à l'instant qu'elle aime beaucoup la montagne, et surtout, en altitude, la flore alpine qu'on peut y admirer... » (le Connétable dans une scène de Gyp : excellent). Et Yvonne Vendroux d'enchaîner avec entrain sur Wimereux et les plages du Nord, où les deux familles ont dû souvent se frôler.

Retour sur Paris. « Alors ? » fait Jacques. Yvonne : « Je ne me suis pas du tout ennuyée... » Téléphone des parents Vendroux à leur fils : « L'autre côté a fait connaître un sentiment favorable. » Trois jours après, Yvonne n'y tient plus : « Ce sera lui ou personne ! » Mais la permission du commandant très provisoire s'achève le 20 novembre : alors se multiplient thés, goûters et dîners de famille. On se fiance (devinez ?) le 11 novembre. Champagne, diamant et « premier baiser en public », précise Jacques Vendroux. Charles a dû promettre au général Niessel de revenir passer deux mois à ses côtés à Varsovie. On fixe la date du mariage en avril. Entre-temps, espère-t-on, le commandant polonais redevenu capitaine français aura obtenu la nomination qu'il brigue, celle de professeur d'histoire à Saint-Cyr.

Rentré à Varsovie, Charles de Gaulle apprend que le général Niessel accepte de le libérer dès le 10 janvier. Il écrit à M. et Mme Vendroux à l'occasion de Noël : « ... Je me sens pénétré à votre égard d'une immense reconnaissance en pensant au trésor que vous acceptez de me donner... » Mais cet homme amoureux reste un personnage impliqué dans l'histoire. Assurant que « jamais l'exil ne [lui] avait paru aussi mélancolique et pour de plus chères raisons », il ajoute : « Cette pauvre Pologne est toujours bien inquiète et bien à plaindre. En la quittant définitivement, j'emporterai comme résumé de mes impressions qu'il sera bien difficile de la faire vivre [11]. »

Nanti d'une citation à l'ordre de l'armée pour sa conduite en Pologne *, l'ex-commandant à titre polonais redevenu le capitaine de Gaulle rentre à Paris à la fin de janvier. Il obtient confirmation de sa nomination comme professeur adjoint d'histoire à l'école de Saint-Cyr et, le 6 février, est accueilli par les Vendroux à Calais. Le mariage civil est fixé au 6 avril.

Le maire de Calais, notable de la dentelle, M. Duquenoy-Martel (« dont mon père, précise Jacques Vendroux, a accepté d'être un des conseillers municipaux pour faire obstacle à la liste socialiste ») parle aux mariés de « la belle route plane qu'une existence prodigue vous a généreusement tracée » et évoque, à propos de la mère de la mariée, la cérémonie au cours de laquelle « le général Ditte, alors gouverneur de la place, épingla la croix

---

* Il recevra trois mois plus tard l'ordre polonais « Virtuti militari ».

de guerre à la fois sur la poitrine maternelle et sur celle de [son] fils respectueux des vertus sucées dans le lait nourricier ».

On se retrouve le lendemain pour le « vrai » mariage, en l'église Notre-Dame-de-Calais, curieux bâtiment fortifié de style Marie Tudor : messe « à trois chevaux », précise Jacques Vendroux, aria de Bach, prône de l'abbé Baheux, ami de la famille, marche de Mendelssohn, et tous les bourgeois de Calais entassés dans la sacristie. Menu à onze services « de chez Torchy » et un pas de valse esquissé par le capitaine (« Je ne crois pas que la vie me réserve une autre occasion de voir danser mon beau-frère »). A 19 heures, les mariés prennent le « train du bateau » pour Paris et de là pour le lac Majeur « où, glisse Jacques Vendroux, à Pallanza, eux seuls savent ce qui s'est passé dans le parfum des îles Borromées ».

Le Connétable marié. Jamais on ne le retrouvera aussi profondément inséré dans cet univers bien-pensant qui est une partie de lui-même. Bleu horizon et Comédie-Française, lac Majeur et ré mineur, visite au salon et tasse de thé, valse hésitation et crêpe de Chine, habit vert et musée Grévin, Trois-Quartiers et quatre-quarts au chocolat, le territoire est bien balisé. De temps à autre un coup de griffe lui échappe, du type de ce très petit mot alors adressé à un camarade : « Je me marie avec une demoiselle Vendroux, des biscuits. » Mais c'est plutôt pour faire le fier.

Le vrai Charles de Gaulle de ce temps-là est d'abord un homme amoureux d'une jeune femme dont l'univers est un concentré de vertus provinciales et catholiques, nationales et bourgeoises. Et il est lui-même assez attaché à ce type de valeurs pour avoir écrit un an plus tôt à sa mère, au lendemain du scrutin grotesque au cours duquel le Congrès de Versailles a élu Paul Deschanel président de la République, le préférant à Clemenceau :

« Tout le monde pensait depuis le Rhin jusqu'au Bug que du moment que Clemenceau acceptait d'être élu, il ne pourrait manquer de l'être... L'élection de Deschanel ne m'attriste pas. Je crois qu'il a toutes les aptitudes à la fonction. Et d'abord, il est marié, avec des enfants. » Plutôt un Deschanel « marié, avec des enfants » que « le Tigre » anticlérical et divorcé. On peut dire que le Charles de Gaulle de 1940 nous sera revenu de loin !

Feuilletons ses carnets de ce temps-là, d'une passionnante ambiguïté. On y voit apparaître l'adage grec qui restera, jusqu'à sa mort, l'un des préceptes favoris du Connétable : *Ta pathemata, mathemata** (nos souffrances sont nos leçons). On y relève aussi deux notations relatives à son ancien colonel d'Arras. A propos de sa réception à l'Institut, cette citation du collègue chargé de l'accueillir : « En temps de paix, vous n'aviez accordé à la Fortune ni une sollicitation ni un sourire. » Coup de chapeau au caractère de l'homme. Mais il y a aussi cette notation, étrangement brève : « Vu le maréchal Pétain. Causé avec lui trois minutes [12]. » Ce qui est curieux ici, ce n'est pas que celui qui est devenu le chef de l'armée française n'ait trouvé

---

* Caractères romanisés.

que 180 secondes à consacrer à un capitaine lors d'une cérémonie militaire où se pressaient d'innombrables subordonnés, c'est que cet officier subalterne, retrouvant ainsi un chef illustre, ne juge pas utile de donner ne serait-ce qu'un aperçu des sentiments exprimés alors par le maréchal, dont on nous dit volontiers qu'il le considérait comme son « patron » et son « maître », sinon son père... Pas une réflexion sur cette fabuleuse carrière, sur le style de plus en plus décoratif de l'homme, sur l'aura qui enveloppe alors le vainqueur de Verdun ? Rien que ces « trois minutes »...

Dans ces mêmes feuillets, il est aussi question de Clemenceau. Charles de Gaulle signale qu'il a lu sur lui un livre de Georges Lecomte, où il voit un « panégyrique du moment » assurant que « l'histoire dira plus juste et plus net ». Mais il ajoute ceci à propos du Clemenceau de 1917-18-19 : « Il fut la France. » Ce qui, de son point de vue, devrait mettre un point final au débat.

Et puis surgit soudain, en pleine page, ces quatre mots mystérieusement jetés là, sans commentaire, sans même un point d'interrogation ou d'exclamation qui les aurait intégrés à la pensée gaullienne : « L'internationale des Soldats [13] ». Que signifie cela ? Évidemment pas ce qu'entendaient un Trotski ou une Rosa Luxemburg en quête de fraternisation, mais plutôt ce que devait tenter d'exprimer plus tard *la Grande Illusion* de Jean Renoir, une fraternité supérieure des Guerriers, des membres de l'Ordre militaire, de part et d'autre des frontières. Quand le mot soldat prend ainsi une majuscule, il s'agit rarement du troupier de base.

L'ordre militaire, le capitaine Charles de Gaulle s'y intègre plus intimement que jamais : comment le faire mieux qu'en enseignant l'histoire des batailles aux jeunes gens de Saint-Cyr ? Peut-être ne fut-il jamais plus heureux qu'en cette année 1921 : alors que la femme qu'il chérit lui apprend qu'elle attend un enfant pour la fin de l'année, il déploie devant des auditoires de l'école spéciale militaire une science et un talent manifestés déjà à Ingolstadt et à Rambertow, et dont il est justement fier.

La chose ne va pas de soi. Pour s'exprimer et convaincre sans servir de cible aux railleries des médiocres, cet orateur en gants blancs, col en carcan et bottes noires doit maîtriser sa grande carcasse de sémaphore, ses gestes de trop grande amplitude qui balaient les tasses de thé comme les objections, cette voix du ventre qui grimpe soudain dans la gorge pour un chevrotement précoce et involontairement goguenard. Il lui faut apprivoiser ce paradoxe qu'est son corps, faire de ses maladresses un atout. Les témoignages aujourd'hui recueillis donnent à croire qu'il y parvient déjà.

Le fils du professeur de Gaulle est un maître que l'on écoute. Il musèle déjà cette éloquence en saccades et cascades qui fera du micro de Londres, puis de ceux d'Alger et de Paris, de formidables armes de guerre, cette gesticulation savante et cette mimique virtuose qui vaudront quelques millions de voix par scrutin au fondateur de la Ve République.

« En 1921, à Saint-Cyr, raconte le général Nérot, nous avions trois professeurs d'histoire : le capitaine Morel, qui traitait " du soldat dans l'Antiquité ", le commandant Desmazes, qui parlait des armées françaises de l'Ancien Régime, et le capitaine de Gaulle qui brossait leur histoire du début de la Révolution à l'armistice de 1918. Morel était un enseignant de premier ordre : on parlait à son sujet d'Ardant du Picq... Mais c'est de Gaulle qui nous impressionnait le plus. Chacune de ses conférences était, à proprement parler, un événement...

« Il n'était pas le seul à entrer dans le grand amphithéâtre botté, le sabre au côté. Mais tout cela prenait chez lui seul un aspect solennel et saisissant. Il ôtait son képi, détachait son sabre, le posait à côté de son couvre-chef sur le bureau et, gardant ses gants, regardait l'auditoire d'une façon qui n'appartenait qu'à lui... Immense, cambré, le col raide serrant le cou trop long, il parlait deux heures durant sans consulter ses notes. Il nous subjuguait... La sensation produite sur ses auditoires était telle que bientôt, on vit s'asseoir au premier rang les cadres de l'école, des officiers supérieurs, puis des généraux !

« Le moment culminant de ces conférences — une douzaine en tout — fut celui où, évoquant les combattants de Verdun, il fit un long silence, puis rugit : " Messieurs, debout ! " et l'on vit se dresser aussi bien les généraux présents que nous autres, les simples élèves, tandis qu'il rendait hommage aux morts de Douaumont... C'est dire l'extraordinaire ascendant de ce capitaine sur les hommes de tous âges et de tous grades... »

Ses conférences ? Dans les textes publiés dans *Lettres, Notes et Carnets* (tome II, p. 111-204), on ne retrouve pas le mouvement, l'ingéniosité, le sens étonnant de la mise en perspective immédiate qui mettent hors de pair, nous l'avons dit, les exposés du prisonnier de 1917. Il est plus loisible, dira-t-on, de frapper l'imagination en exposant les débats du haut commandement à l'époque de Verdun qu'en racontant une fois de plus la bataille d'Austerlitz. Au surplus, le maître de 1921 s'adresse à des esprits moins avertis que l'orateur de 1917. Il convient d'abord de les initier avant de les inciter à méditer.

Quelques beaux morceaux, tout de même, qui serviront de brouillons à *la France et son armée*. Ainsi ces réflexions à propos des campagnes de 1805 :

> « ... Exemples immortels de conceptions d'une simplicité auguste, de préparations minutieuses où " rien n'est laissé au hasard de ce qui peut lui être enlevé par conseil ou par prévoyance ", d'exécution d'une vigueur terrible [...]. Illustrations exceptionnelles des principes éternels de la guerre : économie des forces, concentration et mise en place des moyens avant la manœuvre, déplacements de dispositifs articulés, assez ouverts pour se prêter à toutes les combinaisons, assez resserrés pour qu'aucun élément important ne reste inemployé au cours de l'action décisive, surprise, sûreté raisonnée [...]. Ces principes, messieurs, dominent la guerre de tous les temps, qu'on l'ait faite avec des flèches, des fusils à briquet ou des chars d'assaut. La forme des batailles change avec les matériels, la philosophie de la guerre ne change pas[14]... »

Ou encore ceci, à propos de Sedan et de l'armée vaincue qui était, selon lui, un bon outil. On croirait entendre déjà un discours de Londres en 1941 :

> « Le meilleur outil n'a pas de valeur par lui-même. Il ne vaut que par l'emploi qu'on en fait. Or, les chefs de cette armée n'avaient pas, d'avance, entraîné leur esprit aux problèmes qu'ils auraient à résoudre, ils n'avaient pas travaillé. Ils subissaient par ailleurs dans leur caractère les conséquences de la dépression morale qui avait atteint le peuple français tout entier... »

Développement auquel s'articule parfaitement, dans le même esprit, celui qu'il consacre à l'année 1916 :

> « Il ne s'agit plus tant de savoir quelle est la meilleure armée mais où se trouvent les peuples les plus solides. Plus nettement que jamais, transposée toutefois du domaine exclusivement militaire dans le domaine national, apparaît cette vérité vieille comme la guerre, c'est-à-dire vieille comme les hommes : la victoire est une question morale. »

Les « brutes pompières » de 1921 avaient, on le voit, de quoi prendre des notes en écoutant Monsieur le professeur adjoint d'histoire*. Lui-même, d'ailleurs, travaille beaucoup. Les pages de son carnet, ces années-là, en témoignent. Bon nombre d'entre elles sont consacrées au chef militaire qui, Turenne mis à part, lui inspire la sympathie et l'intérêt les plus vifs : Lazare Hoche. Tout ce qui touche au pacificateur de la Vendée l'intéresse, notamment ses capacités « de politique et d'administration ». Il relève que « mûri avant l'âge par l'habitude du commandement, sa fougue impétueuse et sa parole brillante font place à une dignité froide et à un langage laconique ». Il relève aussi, parmi ses atouts, sa beauté — et naturellement sa chance.

Mais ce qui retient surtout l'attention dans ces notes éparses de 1921, c'est la volonté sous-jacente qui s'y exprime d'écrire un livre (celui qu'il consacre à la défaite allemande de 1918 est déjà plus qu'à demi écrit) qui semble devoir être une histoire militaire des Français. Ici et là se multiplient des notations qui tournent autour de cette idée centrale : « C'est " le Français " qui fut la nation : c'est donc lui qu'il faut étudier. » Michelet n'est pas loin. Ni *la France et son armée*.

D'où la multiplication des citations ou observations sur le caractère français. Beaucoup sont empruntées à César, à propos de cette « infirmité » des Gaulois qu'est leur « mobilité nerveuse » (où Fouillée, observe le capitaine, verrait se manifester un phénomène d' « induction nerveuse ») ou du caractère « soudain et inattendu » de leurs décisions. Mais Charles de Gaulle ne se contente pas de citer César, et passe progressivement à des observations de plus en plus personnelles. « Un seul élève de l'École normale supérieure tué en 1870. Combien en 1914-18 ? » Et encore : « Goût de critique du soldat français » qui « cherchant souvent à se soustraire à

---

* Le professeur titulaire est le commandant Desmazes.

114

l'autorité, méprise d'autant plus (ses chefs) qu'ils la laissent bafouer ». Ou ceci : « A partir de l'affaire Dreyfus, affaiblissement de l'idéal militaire. Un soi-disant idéal social le remplace. Le pacifisme aussi fait des ravages. »

Insensiblement, le capitaine-professeur glisse de l'analyse des Français aux leçons de la guerre, observant que « la vie économique et sociale est organisée de telle sorte qu'elle développe beaucoup le sens de la solidarité et de la discipline. Les anciennes formes de vie n'en faisaient pas autant » (curieux de la part du fils d'Henri qui n'avait pas manqué de lui parler des collectivités spirituelles et professionnelles de l'Ancien Régime)... Le tout conduit au souhait de voir l'*individualisme** reculer « de gré ou de force devant la solidarité » pour que puisse s'exercer dans sa plénitude et son efficacité « l'action du chef ».

Ainsi médite, plume en main, le capitaine de Gaulle qui, en cette année 1921, enseigne l'histoire militaire de Carnot à Foch aux élèves officiers de Saint-Cyr, tout en préparant avec fièvre l'École de guerre dont il parle dans ses lettres à ses parents depuis la fin de la guerre et vers laquelle l'ont orienté ses chefs de la Mission française en Pologne. Jusqu'à la fin de l'année il vit dans un appartement du boulevard de Grenelle d'où l'on voit (et entend...) passer les rames du métro aérien Nation-Étoile. Yvonne et Charles sont d'autant mieux repérables par les usagers que leur propriétaire a piqué sur le fronton de l'immeuble (avant même leur arrivée...), un drapeau tricolore en zinc...

Et le 28 décembre un garçon naît chez les de Gaulle. Il faut faire ici justice de la tenace légende du parrainage du maréchal Pétain. Le nom de Philippe était traditionnel dans l'une et l'autre famille, les messieurs Vendroux s'appelant plus souvent encore Jacques-Philippe que Julien-Philippe les messieurs de Gaulle. Aussi bien, le fait que le maréchal vécût hors du mariage religieux eût suffi, dans ce type de famille, à lui interdire d'être le parrain d'un enfant d'Yvonne et de Charles de Gaulle... Dans les brefs souvenirs qu'Yvonne communiqua à son frère deux semaines avant sa mort [15], on relève d'ailleurs ce trait. Parmi les vieilles personnes « un peu gênées » que visitait sa mère pour les assister, il y avait à Calais « au-dessus de la grande charcuterie côté est de la place, Mlle Pétain qui refusait de recevoir son frère, le futur maréchal, à cause de sa situation irrégulière, et qui, du coup, ne bénéficiait d'aucune aide de sa part... » (on imagine ces relations acides entre cette demoiselle un peu mûre et son colonel de frère : des scènes à la Jouhandeau)...

Bref, le capitaine est père d'un garçon que le Dr Levy-Solal, l'accoucheur, assure de forte constitution. On a déménagé, de Grenelle au 14, square Desaix (bonne adresse, pour notre professeur...) dans le XVe arrondissement : un bel appartement de cinq pièces, beaucoup moins bruyant que le précédent. Enfin, le 2 mai 1922, le *Journal officiel* annonce que le capitaine Charles de Gaulle est admis à l'École supérieure de guerre.

En attendant, il devra comme ses camarades faire trois stages dans des

* Souligné dans le texte

armes auxquelles il est censé se frotter. Pour lui, ce sera au 6ᵉ régiment des dragons cantonné à Paris, dans une unité d'aviation au Bourget et surtout — retenons la date, sans qu'une confidence du capitaine permette de donner un caractère décisif à l'épisode — au 503ᵉ régiment de chars, à Satory. Ces chars du 503ᵉ, il n'en est question dans aucun des papiers ou lettres du candidat à l'École de guerre conservés jusqu'à ce jour. Patience... Les méditations de Charles de Gaulle ne mûrissent pas toujours très vite. Il est impossible en tout cas que cette brève expérience des chars de combat — de mai à juillet 1922 — n'ait pas jeté des semences.

L'École de guerre, dans la corporation, c'est l'équivalent de ce que sont Normale supérieure ou le Conseil d'État dans la « méritocratie » civile. On en sort « breveté », c'est-à-dire bon pour les grands emplois. Entrer sous le porche de l'immense bâtiment du Champ-de-Mars où travaillait Bonaparte, c'est manifester l'ambition d'être un jour l'un des quelques hommes dont dépend trois fois par siècle la survie du pays. Comment douter que le professeur adjoint d'histoire de Saint-Cyr y pénètre dans cet esprit : il lui faut devenir, et au plus tôt, le successeur de ces hommes dont il enseigne à l'école militaire les hauts faits, de Rocroi à Rethondes.

L'École est alors commandée par le général Debeney, disciple par excellence de Pétain, dont les adjoints sont les généraux Dufieux et Bineau. Parmi les professeurs, on cite les noms des colonels Moyrand et Lemoine pour la « tactique générale », Étienne et Touchon pour l'infanterie, Prioux pour la cavalerie, Chauvineau pour les fortifications, Duffour pour l'histoire. Tel est probablement le jury qui a jugé le candidat de Gaulle digne d'être accueilli, précédé qu'il était de cette annotation du colonel Gombeaud, commandant en second de Saint-Cyr :

« Officier de haute valeur et qui le sait.

« Connaissances étendues et solides, grande aptitude à s'assimiler vite une question et à la présenter brillamment. Très écouté et très apprécié comme conférencier par les élèves, il a sur ces derniers beaucoup d'emprise.

« Prépare l'École de guerre, y sera certainement admis et y réussira. »

Il est reçu au 33ᵉ rang, qui surprend par sa modestie. Première ombre à un tableau qui en comprendra d'autres : la grande maison du Champ-de-Mars est l'une des rares où Charles de Gaulle n'aura pas de « bonheur », dans le sens que Napoléon donnait à ce mot. Ni sur le plan du succès étroitement professionnel, puisque entré 33ᵉ, il en sortira 52ᵉ sur 129, après de rudes démêlés avec ses instructeurs ; ni sur le plan humain, puisqu'il ne liera amitié avec aucun de ceux qui y seront ses compagnons — Conquet, le major de la promotion, Loustaunau-Lacau (ce d'Artagnan sans Dumas), Laffargue, Chauvin, Georges-Picot, Bridoux — bien qu'il entretînt avec les trois derniers des relations un peu plus que mondaines et professionnelles — personnages brillants à divers titres mais qui, vingt ans après, seront tous loin de Londres — et certains même tout à fait à Vichy.

L'académie guerrière où entre cette pléiade d'officiers ambitieux, comme toutes les institutions de ce genre, corsetée de préjugés (« la vieille mule », disait Loustaunau-Lacau) est imbue d'un corps de doctrine. Fondamentalement, le mot d'ordre est qu'en ces lendemains de guerre, la France, saignée à blanc, ne doit plus avoir en tête que la protection des acquis de 1918. Quand Charles de Gaulle entrait à Saint-Cyr, en 1910, l'obsession de la revanche dictait à beaucoup la conduite à suivre : pour reconquérir l'Alsace, il fallait aller la chercher, et donc prendre l'offensive. Quand il entre à l'École de guerre, douze ans après, la France a récupéré l'Alsace et contrôle le Rhin tout entier. Les obsessions jouent en sens contraire et sont devenues défensives. Qu'ils y viennent !

Cette idée-force (si l'on peut dire...) est approfondie sur le plan tactique par celle du « compartiment de terrain ». Dès lors qu'on a la chance de ne se battre que sur un espace déjà contrôlé et bien connu, il importe d'y organiser soigneusement la manœuvre, en fonction de ces données acquises. L'armée française connaît son champ de bataille comme Mounet-Sully le plateau de la Comédie-Française. Qu'elle l'aménage et prépare son action en ce sens !

Écoutons Georges Loustaunau-Lacau dénoncer avec verve « l'erreur qui consistait à considérer comme une science exacte, comme une suite de théorèmes, un art fragile dans ses certitudes, puisqu'il se pratique à deux et que, dans ces deux, l'autre exerce un effort de sens contraire, en cherchant à tromper... [...] Lemoine, le champion de cette stratégie de maçons, travaillait le terrain au kilomètre-homme, au kilomètre-canon, au kilomè-tre-obus. Lorsque l'on écoutait ses conférences de bélier, on avait envie de s'écrier : " Et si l'ennemi n'est pas là ? Et s'il existe d'autres moyens de détruire avec moins de ferraille ? Et la troisième dimension ? Et la surprise ? Et la vitesse ? " [...] en le suivant aux traces, on finissait par se demander s'il y avait encore des hommes qui faisaient sa guerre, amis ou ennemis. Ses victoires arrivaient toutes cuites de l'arrière, en camions, en chemin de fer, comme un gâteau de la cuisine à l'office [16] ».

Cette automatisation de la guerre, comme la fixation dans l'espace, le capitaine de Gaulle lui aussi les juge nuisibles, dans la mesure où elles risquent d'engendrer la fixité intellectuelle, l'ankylose tactique et la paralysie stratégique. On verra s'exprimer ces antagonismes, et sa résistance à tout ce qui tend à privilégier défensive, attentisme et suprématie du feu. La doctrine du patron de l'École, Debeney, c'est-à-dire de Pétain...

Voici donc le capitaine de Gaulle franchissant une fois de plus, mais cette fois en reculant, la barrière qui sépare enseignant et enseignés. On raconte qu'au moment de son entrée à l'École du Champ-de-Mars, certains de ses camarades lui glissèrent : « Attention ! Rappelez-vous que vous n'entrez pas à l'école comme professeur, mais comme élève... » Il tentera de s'en souvenir.

De bons portraits de ce professeur ramené à la condition étudiante ont été tracés par ses camarades d'école. André Laffargue devait quarante ans plus tard, devenu général, lui consacrer quelques pages dans son *Fantassin de Gascogne* [17]. L'ironie est voyante, l'admiration aussi :

« ... A la réunion d'ouverture, dans l'amphithéâtre des conférences, je vis un grand, très grand capitaine en bleu horizon descendre les gradins pour rejoindre sa place [...]. Il marchait très droit, raide, grave, en se rengorgeant, comme s'il déplaçait sa propre statue. Cette contenance me frappa et je ne pus m'empêcher de m'écrier en moi-même : " Eh bien, en voilà un qui ne se prend pas pour peu de chose ! " [.]

« Cette première impression, un peu péjorative, les deux ans que je passai avec Charles de Gaulle à l'École devaient s'attacher à la démentir et me rendre confus de l'avoir éprouvée. Car cet inconnu devait devenir mon plus proche voisin dans le petit groupe auquel nous fûmes affectés l'un et l'autre. Et c'est ainsi que, durant deux années, j'eus l'occasion de vivre côte à côte avec de Gaulle et d'être un témoin quotidien de son comportement.

« De cette fréquentation, j'ai gardé le meilleur souvenir. [...] Jamais de Gaulle ne fit mine de se différencier de nous en essayant de s'imposer ou en se tenant dédaigneusement à l'écart. Nous dépassant de sa haute taille, il ne se montrait nullement hautain et dominateur. Plus silencieux et moins expansif, certes, que la plupart d'entre nous, il restait toujours présent, participant, plaçant son mot avec originalité et humour. Sans être exubérant, il avait cependant un fonds de gaieté et ne s'abstenait pas de joindre sa voix, un peu caverneuse, au chœur du groupe lorsque, au cours d'un voyage nous entonnions *la Femme du roulier,* par exemple :

> « ... C'est la femme du roulier
> qui va de porte en porte
> en cherchant son mari... »

Et Laffargue de raconter cette anecdote typique. En l'honneur de deux camarades espagnols reçus à l'École, ces capitaines de 30 ans organisent une corrida où l'un d'eux, picador juché sur les épaules d'un collègue, affronte un « taureau » à trois galons. Et de Gaulle, spectateur narquois, de glisser au cavalier : « Dans une association entre deux hommes, il y en a toujours un qui porte l'autre... »

Mais tout soucieux qu'il soit de rendre justice à son camarade de 1922, le général Laffargue reste sur sa réserve pour l'essentiel : « ... Il appartient à cette famille d'esprit de ceux qui commencent par bâtir une solution, un système, à l'intérieur de leur cerveau. Ceci fait, dans un deuxième temps, ils plaquent leur solution, leur système, sur la réalité. Si la réalité accepte la solution, tout va bien. Mais si elle ne l'accepte pas, les choses se gâtent car pour ce genre d'esprit, c'est la réalité qui a tort... Dès l'École de guerre, je m'étais précisément aperçu que de Gaulle était de ceux qui commencent par regarder dans leur tête*. »

Il est assez déconcertant de voir Charles de Gaulle (dont les comportements ultérieurs justifieront parfois la thèse d'André Laffargue) ainsi dénoncé comme l'homme des idées toutes faites, de l'*a priori*, en un lieu où c'est notamment pour avoir plaidé en faveur de la disponibilité d'esprit et de la primauté accordée aux circonstances qu'il fut plus ou moins brimé. Il est vrai que l'on peut combattre pour la liberté sans libéralisme...

---

* Peut-être faut-il retenir ici que *Fantassin de Gascogne* fut publié à la fin de la guerre d'Algérie.

Autre excellent portrait du de Gaulle de l'École de guerre, celui du général Chauvin, qui y fut aussi l'un de ses compagnons : « Sa supériorité dans le domaine de l'intelligence était presque aussi évidente que dans le domaine de la culture. Si ses yeux étaient largement ouverts sur l'extérieur — et plus sur les choses que sur les hommes — il paraissait vivre surtout d'une vie intérieure intense, mais son goût de l'action le défendait de se laisser aller à une introspection stérile. Mieux disposé pour la déduction que pour l'analyse, ce qui est bien le fait des lutteurs, il semblait assez enclin à construire des systèmes [18]... »

A en croire ses camarades du temps, on pourrait donc définir le de Gaulle de cette époque comme un doctrinaire de l'antidogmatisme. Il faut en tout cas raconter, en se reportant surtout aux récits qu'en ont proposé Laffargue et Chauvin, l'épisode fameux et souvent cité de l'exercice de juin 1924, qui met à nu aussi bien le style du personnage que son état d'esprit d'étudiant-enseignant de la chose militaire.

Charles de Gaulle, qui pendant la première année avait été très attentif à ne pas détonner, se contient alors de moins en moins, confronté au corps de doctrine officiel qu'incarne le général Debeney, et plus précisément — car c'est à ce niveau que se déroulent les débats — à la doctrine dite *a priori* dont l'interprète officiel est ici le colonel Moyrand, professeur de tactique. Cet officier de grand talent et de ferme caractère qui avait appartenu au 3e bureau de l'état-major pendant la guerre, enseignait que l'action de guerre se déroule dans un cadre et avec des moyens connus *a priori* et utilisables comme tels, le chef traitant son champ d'action comme le joueur son échiquier. Ce qui enrageait le capitaine de Gaulle, persuadé (on l'a constaté dès ses premiers écrits) que, compte tenu de quelques principes simples, l'art militaire était affaire de circonstances.

En cette fin de deuxième et dernière année d'enseignement, l'épreuve de vérité allait se dérouler à Bar-sur-Aube, terrain choisi pour le « voyage tactique » qui, par tradition, constitue la clôture du cycle d'études et le test fondamental des aspirants aux grands commandements. Le colonel Moyrand, maître de la manœuvre, sentant la résistance intellectuelle que lui opposait de Gaulle, lui avait tendu un piège : il lui confiait le commandement du corps d'armée, la plus grande unité mise en cause, ses camarades étant chargés des diverses unités en dépendant, et le capitaine de Chateauvieux étant son chef d'état-major *.

Compte tenu du thème de la manœuvre qu'il avait préparée, il était clair que, dans l'esprit de Moyrand, la division dont le capitaine Laffargue avait reçu le commandement devait porter le poids principal de la manœuvre. Or — défi personnel, allergie au « prévu », à l'*a priori,* à toute forme de « compartiment de terrain » arrêté d'avance —, le « général de corps d'armée » de Gaulle choisit de confier à l'autre division la responsabilité du mouvement, qui comportait d'entrée de jeu un difficile franchissement de

---

* On a fait appel, pour ce récit, aux témoignages des généraux Laffargue et Chauvin, qui diffèrent en se complétant.

rivière. Complication accrue. Refusant de se laisser enfermer dans le corset prévu et, glisse Laffargue, « regardant de haut sans voir suffisamment à ses pieds » il a décidé d'affronter les « circonstances » en les provoquant. Du coup, il provoque Moyrand.

Tout au long de la journée, racontent Laffargue et Chauvin, le colonel mit de Gaulle en face de situations variées l'obligeant chaque fois à parer aux coups du sort, à prévoir des mesures nouvelles et à prendre des décisions brusquées. « Notre camarade, indique Chauvin, s'était parfaitement comporté [...] donnant la preuve de sa lucidité en même temps que de son sens aigu de l'action » (et de sa « fermeté d'âme » précise Laffargue).

Le soir, pour la critique, ils sont réunis dans une classe du collège de Bar. Le colonel Moyrand préside du haut de la chaire tandis que de Gaulle lui fait face, ses grandes jambes difficilement rassemblées sous un pupitre d'élève, flanqué de Chateauvieux.

« Aux questions posées, au ton adopté — tout nuancé de sarcasmes et d'agressivité — il devint constant qu'il ne s'agissait plus d'un examen, mais bien d'un procès, raconte le général Chauvin. Plus encore que nous, de Gaulle s'en était avisé, mais rien dans son comportement ne le montra. Il garda tout son calme, toute sa maîtrise de soi, répondant avec mesure, expliquant avec méthode [...]. Mais plus serein apparaissait de Gaulle, plus nerveux se montrait le colonel. Sa poudre était mouillée, ses chausse-trappes évitées... C'est alors que lui vint l'idée de cette dernière flèche, qui fut, en fait, l'aveu de sa défaite, tant la question était dérisoire et hors de propos :

— Où sont donc les trains de combat * du régiment de gauche de votre division de droite ?

— Chateauvieux, dit de Gaulle, veuillez répondre.

— Mais c'est à vous que je pose la question, de Gaulle !

— Mon colonel, vous m'avez confié les responsabilités d'un commandement de corps d'armée. S'il me fallait assumer par surcroît celles de mes subordonnés, je n'aurais plus l'esprit assez libre pour remplir convenablement ma mission : *de minimis non curat praetor* **. Chateauvieux, veuillez répondre au colonel...

— ... C'est bien. Nous savions que vous considériez que bien des tâches étaient au-dessous de vous... Je suis maintenant fixé... »

De Gaulle ne l'est pas moins. Quelques semaines plus tard, la 44ᵉ promotion est réunie pour la dernière fois dans le grand amphithéâtre, sous la présidence du général Dufieux, qui a succédé à Debeney, dans le même esprit ***. La liste des nouveaux « brevetés » est lue par tiers, le premier groupe formé d'une cinquantaine de noms, titulaires de la mention « très bien », étant supposé rassembler les maîtres de demain. De Gaulle n'est

---

* Expression jugée impropre par certains spécialistes : il s'agirait de « trains régimentaires ».

** Le chef ne s'occupe pas des détails.

*** Adversaire déterminé de la campagne de De Gaulle pour l'arme blindée, il présidera le tribunal militaire de Vichy.

même pas cité dans le second groupe : il ne reçoit qu'une mention « assez bien » parfaitement humiliante à l'altitude où, d'emblée, il s'est placé. Ce que Loustaunau-Lacau [19] présente ainsi : «... de Gaulle [...] se fit durement traiter pour avoir exalté la valeur des circonstances, et il dut à son courage de sortir dans le dernier tiers ».

Ses notes — sauf en équitation et, bizarrerie des examens, en infanterie... — sont pourtant bonnes, y compris celle attribuée par le colonel Moyrand pour le fameux « voyage » : 15,5. Il se voit créditer d'un 15 en « tactique générale et état-major », ce qui est peu pour un personnage de cette stature et de cette ambition. Faut-il voir là simplement le prix payé pour crime d'indépendance d'esprit, un effet de la vindicte du colonel Moyrand, défié et humilié à Bar-sur-Aube ? Les annotations de cet officier [20] ne reflètent pourtant pas l'esprit de vengeance. Signalant que, lors du « voyage tactique », de Gaulle, après avoir fait preuve de « décision, de calme et de commandement », puis « adopté des solutions peu en rapport avec la situation », avait « honnêtement reconnu » cette erreur, l'ancien collaborateur de Joffre écrit ceci, qui est justement resté, comme la citation de Pétain à Verdun, un des classiques de la gaullologie :

« Officier intelligent, cultivé et sérieux ; du brillant et de la facilité ; très bien doué ; beaucoup d'étoffe. Gâte malheureusement d'incontestables qualités par son assurance excessive, sa rigueur pour les opinions des autres et son attitude de roi en exil. Paraît par ailleurs avoir plus d'aptitude pour l'étude synthétique et générale d'un problème que pour l'examen approfondi et pratique de son exécution. »

« Roi en exil »... Cette formule digne des *Mémoires de guerre* suffit à nous persuader que Moyrand n'était pas un simple « pion ». De Gaulle n'est pas entré en conflit avec un médiocre : il n'a eu que le tort de défier une institution et ses tables de la loi. Dont on retrouve les échos, mieux encore que dans les notations de Moyrand, dans celle, finale, du directeur de l'École, le général Dufieux :

« ... Personnalité accusée. D'incontestables qualités qu'il gâte malheureusement par une attitude un peu détachée [le général avait d'abord écrit « distante » avant de surcharger le mot] et une certaine suffisance. N'a pas donné au travail de l'École toute l'attention qu'il aurait dû... Apte à rendre en tout cas de très grands services dans un état-major... »

Il est clair que ce « détaché », que ce manque d'attention visent un crime du capitaine de Gaulle qui n'est pas seulement son indépendance d'esprit face aux doctrines officielles et la hauteur de son ton quand il s'adresse à de plus hauts gradés : c'est aussi sa fièvre littéraire. Trois mois en effet avant cette lugubre distribution de prix, Charles de Gaulle avait publié *la Discorde chez l'ennemi* [21]. On n'était certes plus tout à fait au temps de Mac-Mahon, qui écartait du tableau d'avancement tout officier dont il voyait le nom sur la couverture d'un livre... Mais ce capitaine qui se mêlait, avant même d'être « breveté », de publier un ouvrage où il tranchait de la guerre et de la paix, échauffait beaucoup les oreilles de ces généraux au verbe mou.

La mention « assez bien » assenée au capitaine de Gaulle n'était pas passée inaperçue. Pour inférieurs à la légende que fussent alors ses liens avec de Gaulle, le maréchal Pétain fut des premiers à s'en émouvoir. Il n'avait jamais caché l'estime dans laquelle il tenait cet ancien subordonné aux dons éclatants, il l'avait reçu chez lui, laissant parfois dire qu'il le tenait pour un des très rares officiers autorisés à se réclamer de son patronage et qu'il le prendrait volontiers dans son état-major personnel, ne serait-ce que pour ses qualités d'écrivain. Bref, une humiliation infligée à l'ancien lieutenant d'Arras risquait de rejaillir sur l'arche sainte qu'était la « maison Pétain ». Le vieux chef, réputé pour sa réserve, sa froideur même, parla de « scandale » et même de « monstrueuse erreur judiciaire ». Pourquoi pas l'affaire Dreyfus ?...

Jean Pouget raconte avec verve l'étrange démarche que fit alors le maréchal. Le général de Lannurien, le très vertueux directeur de l'enseignement supérieur de l'armée, convoqué dans le bureau du patron de l'armée française, se vit mettre en demeure d'obtenir une rectification des notes attribuées en juin au capitaine de Gaulle. Stupéfaction de Lannurien : si haut placé soit-il au sommet sinon au-delà de la hiérarchie militaire, Pétain (dont la réputation n'est pas précisément celle d'un « magouilleur ») ne pouvait ignorer qu'aucune intervention « dût-elle émaner d'un parlementaire », n'était prise en considération à l'École de guerre.

Le maréchal insiste si impérieusement sur la nécessité de ne pas faire obstacle à la carrière d'un officier voué aux plus hautes responsabilités, que Lannurien s'incline avant de convaincre Dufieux et Moyrand : on « retouche » quelques notes et de Gaulle se trouva en fin de compte nanti de la mention « bien ». Assez ridicule opération, qui bafouait une institution sans rendre justice à un personnage hors série. De Gaulle, mention bien...

Conclusion du principal intéressé : « Cette boîte, je n'y remettrai plus les pieds que pour en prendre le commandement ! » Mais en attendant, le capitaine de Gaulle se retrouve en septembre 1924 stagiaire au 4e bureau de l'état-major de l'armée du Rhin, à Mayence. Le 4e bureau, le moins prestigieux, celui des comptes, du riz-pain-sel et du cambouis : on peut dire que la maison mère ne l'a pas gâté ! C'est un Limoges du temps de paix...

Mais qu'importent de telles péripéties quand on est l'homme qu'évoque encore ainsi le général Chauvin ? Au cours de la seconde année d'École, après un exercice sur le terrain, cet officier bavarde avec de Gaulle, assis au pied d'un arbre, et après un silence, un peu surpris lui-même de ce qu'il dit, laisse échapper ces mots :

« Mon cher, je vais vous dire une chose qui vous fera sans doute sourire : j'ai ce curieux sentiment que vous êtes voué à un très grand destin... »

La réaction attendue était un rire moqueur, une bourrade dans les côtes. Rien ne vient pendant quelques instants. Enfin, il entend ces mots, prononcés lentement et d'une voix sourde, le regard perdu vers un horizon très lointain : « Oui... moi aussi. »

C'est en mars 1924, cependant, qu'a paru chez Berger-Levrault (l'ancien compagnon de captivité d'Ingolstadt) *la Discorde chez l'ennemi,* le premier livre de Charles de Gaulle. Il en avait rédigé les premières ébauches en captivité, d'autres en Pologne, où la conférence qui avait tant impressionné le lieutenant Medvecki sur « la défaite, question morale », porte en germe plusieurs thèmes du livre, tragédie en cinq actes sur le thème de la défaite allemande, de 1914 à 1918 : désobéissance fatale de von Kluck sur la Marne, provocations navales de von Tirpitz qui entraînent les États-Unis dans la guerre, échecs répétés de Berlin tentant d'unifier le commandement entre les empires centraux, intrigue de Ludendorff pour supplanter le pouvoir civil, effondrement moral enfin d'un peuple dont le courage avait fait l'admiration de ses ennemis.

Charles de Gaulle publiera des livres plus ambitieux, plus élaborés ou plus décoratifs. Mais celui-ci, écrit plus simplement que les éclatants essais de la quarantaine ou que les majestueux mémoires, tient une place d'élection dans la bibliothèque des gaullologues. Très peu de ses ouvrages en diront autant sur la personnalité, les idées et la conception de l'histoire de Charles de Gaulle que cette œuvre de jeunesse.

Retenons-en les leçons qu'il a lisiblement voulu dégager de ce drame allemand. La première, qui est le résumé de son enseignement à Saint-Cyr et de sa résistance aux leçons de l'École de guerre, on la trouve formulée avec une belle simplicité dans la deuxième page du récit de la désobéissance de von Kluck qui sauva peut-être Joffre et la France au milieu d'août 1940 : « A la guerre, à part quelques principes essentiels, il n'y a pas de système universel, mais seulement des circonstances et des personnalités. » Bugeaud l'avait suggéré avant lui. « A la guerre, il y a des principes, mais il y en a peu. » Qui ne voit pourtant que la formule du capitaine de Gaulle a une tout autre résonance ?

La deuxième se dégage d'elle-même du magistral récit de l'opération hégémonique déclenchée en 1917 par Ludendorff en vue de jeter à bas le pouvoir civil du chancelier Bethmann-Hollweg et imposer sa dictature militaire de fait : la nécessité de préserver la suprématie du pouvoir politique sur l'autorité militaire qui, en faisant éclater les cadres institutionnels et en dynamisant ses assises légales, se suicide.

Dans l'un de ses cours aux saint-cyriens, le capitaine de Gaulle avait dénoncé avec beaucoup de vigueur les empiètements du gouvernement impérial sur la conduite des opérations en août 1870, empiètements qui avaient déconcerté puis paralysé Mac-Mahon. Les principes d'équilibre s'imposent dans les deux sens. Mais la règle d'or qui se dégage de *la Discorde chez l'ennemi,* c'est la nécessité de concentrer entre les mains du pouvoir politique la « conduite de la guerre » — formule qui recouvre un ensemble de données beaucoup plus complexes et multiples que « les opérations ». C'est, soutient de Gaulle avec une irrésistible conviction, parce qu'ils tentèrent d'imposer au pouvoir civil leur propre « conduite de la guerre » que Tirpitz et Ludendorff vouèrent l'Empire à la ruine.

Qu'un officier nationaliste et conservateur de 33 ans formule avec cette autorité l'un des préceptes essentiels de la conduite des États, battu si volontiers en brèche par les plus illustres de ses chefs, et analyse le comportement de l'ennemi dont il vient de quitter les prisons avec cette sérénité quasi scientifique, vient démontrer en temps voulu le caractère mineur des dissensions avec Dufieux et Moyrand. L'homme qui a écrit *la Discorde chez l'ennemi* est peut-être « en exil ». Il n'est pas en sommeil.

Et il va le rappeler avec encore plus d'acuité, sinon de sens du défi, en publiant au mois de mars 1925, en écho railleur aux notes des messieurs du Champ-de-Mars, un article intitulé « Doctrine *a priori* ou doctrine des circonstances », qui n'est ni plus ni moins qu'une réfutation systématique de l'enseignement de l'École dont il vient de sortir « breveté » — non sans mal... A Bar-sur-Aube, le colonel Moyrand avait pris la mouche. On se demande en quel état il acheva la lecture de cet éloge des « circonstances » :

> « ... L'esprit militaire français répugne à reconnaître à l'action de guerre le caractère essentiellement empirique qu'elle doit revêtir. Il s'efforce sans cesse de construire une doctrine qui lui permette, *a priori,* d'orienter tout au moins l'action et d'en concevoir la forme, sans tenir compte des circonstances qui devraient en être la base. Il tente perpétuellement de déduire la conception de constantes connues à l'avance, alors qu'il faut, pour chaque cas particulier, l'induire de faits contingents et variables. »

C'est un manifeste, ne nous y trompons pas. Mais Charles de Gaulle est-il tout à fait conscient ici de la charge critique que comporte son texte contre une constante de l'esprit français ? Ce qu'il met en cause ici avec une telle fermeté, ce n'est pas seulement un travers d'esprit des maîtres d'une certaine école, c'est toute une tradition classique française, celle des « trois unités » et du Grand Siècle. Le « compartiment de terrain », c'est une caricature du « jardin à la française ».

La suite de ce saisissant article n'est pas moins audacieuse. Et cette fois, de façon plus préméditée à coup sûr :

> « Sachons étouffer... dès sa naissance, toute théorie qui, partie de cette base réelle et concrète : la puissance du feu et l'influence capitale des formes du terrain sur son rendement, aboutirait par une série de déductions abstraites à des conclusions exclusives... Or, les formes du terrain commandent la portée, la rasance, la convergence des feux d'infanterie, la capacité d'observation de l'artillerie et la précision du tir de la plupart de ses pièces. Dans une situation donnée, le terrain présente en largeur et en profondeur un certain nombre de compartiments dont l'étendue et la nature plus ou moins coupée et couverte offrent aux armes des conditions d'emploi plus ou moins favorables. C'est le compartiment le plus avantageux qui s'imposerait. On en viendrait à déduire dans tous les cas de la seule étude du terrain le lieu où il conviendrait d'agir [...].
> C'est le terrain qu'il faudrait vaincre [...]. Ainsi s'accoutumerait-on à ne plus fixer d'autres directions, à ne plus choisir d'autres objectifs que ceux qu'indique l'aspect des crêtes, en faisant, par système, abstraction de toutes les variables et avant tout de l'ennemi... »

Dans le trait final, et dans certains autres, il y a une acuité grave qui fait penser aux *Provinciales*. On ne saurait plus élégamment « mettre en boîte » ceux qui prétendent mettre la guerre en boîte. Mais en dénonçant toute « théorie fondée sur la puissance du feu », qui vise donc de Gaulle ? On dira certes que tout éloge de l'empirisme est, d'une certaine façon, un salut adressé à Pétain, ce réaliste, qui n'a jamais fait fi des « circonstances », lui dont le nom symbolise de 1914 à 1917 l'expectative, la défense et la prudence, et qui, en 1918, prêche la hardiesse à Foch.

Certes, la composante la plus voyante de l'argumentation de l'article de la *Revue militaire française* vise les doctrinaires à la Moyrand. Mais mettre en cause la « puissance du feu » est frapper plus haut. On répondra que Pétain était assez grand pour ne s'être jamais confiné à un précepte. Mais ce qui a fait sa grandeur, on ne saurait soudain le camoufler sous prétexte qu'il ne saurait s'y réduire. Quand on met en question une doctrine fondée sur la primauté du feu, à cette époque, un nom vient sur toutes les lèvres.

Il se trouve que le maréchal sut ne pas en prendre ombrage. D'abord instruit de l'article par un rapport très élogieux de son homme de confiance, le colonel Laure (qui n'apprendra que plus tard à détester de Gaulle), Pétain était assez intelligent et sûr de son fait pour préférer admirer, dans cet étincelant discours, ce qui lui rendait hommage plutôt que de s'alarmer de ce qui remettait en cause sa légende et ses leçons.

Le chef de l'armée française tint si peu rigueur au capitaine de Gaulle de « Doctrine *a priori* ou doctrine des circonstances » qu'à cette même date, il lui fit proposer par un officier de son état-major de travailler pour lui à la rédaction d'un ouvrage historique. De Gaulle, alors exilé au 4e bureau de l'état-major de Mayence, s'empressa de répondre à une aussi flatteuse invite. Et un mois plus tard, ayant lu les premières pages rédigées par le Connétable, le maréchal lui en fit compliment, en ajoutant qu'il allait prier le général Guillaumat, commandant des forces françaises en Allemagne, de le mettre à sa disposition et concluait : « Je vous convoquerai à Paris... » (avril 1924).

Le 1er juillet 1925, le capitaine de Gaulle, quittant le triste séjour de Mayence, fit son entrée à l'état-major particulier du maréchal, à la vive satisfaction de l'un et l'autre. Philippe Pétain croit s'être inféodé l'officier le plus original de sa génération ; le capitaine pénètre dans le sanctuaire, l'état-major particulier du chef de l'armée où tout, dans l'ordre militaire, prend sa source. Que lui font désormais les Dufieux et les Moyrand ? Si longtemps qu'on lui fasse attendre son quatrième galon, il est désormais au cœur de la place, sur une de ces « crêtes » où, *a priori*, devraient le favoriser les « circonstances »...

Avant de suivre le Connétable sous les hauts plafonds du 4 bis, boulevard des Invalides, feuilletons rapidement les carnets du locataire du 14, square

Desaix — où est née, le 15 mai 1924, Élisabeth de Gaulle, son second enfant.

De qui est ce poème ?

> Quand un jour, tôt ou tard, il faut qu'on disparaisse,
> Quand on a plus ou moins vécu, souffert, aimé
> Il ne reste de soi que les enfants qu'on laisse
> Et le champ de l'Effort où l'on aura semé.

C'est signé (de) Moi

Et celui-ci :

> Le Rhin, triste témoin d'éternelles alarmes
> Couvre d'un deuil sans fin la splendeur de ses bords
> Roule un flot toujours prêt à recueillir des larmes
> Et tisse des brouillards pour voiles d'autres morts *.

C'est encore signé (de) Moi

On peut préférer Charles de Gaulle dans l'essai, la satire ou l'histoire. Mais ses emprunts d'alors forment un florilège éloquent :

> « Il faut se piquer d'être raisonnable et non point d'avoir raison » (Joubert).

> « Ceux qui n'ont pas souffert sont légers » (Amiel).

> « La rhétorique, dit Juvénal, mène au Consulat. »

> « Il faut se retirer, pour penser, de la foule
> Et s'y confondre pour agir. » (Lamartine).

> « Moult a appris qui bien connut ahan ** » (*Chanson de Roland*).

> « Le sentiment de solitude qui est la misère et la fierté des hommes supérieurs » (Faguet).

> — Il faut au grand chef moins de vertu que de grandeur [22].

Ce dernier trait ne porte pas de signature. Considérons pourtant qu'il est déjà signé. Mais peut-être pense-t-il à un autre...

---

* Poème que les auteurs du film de télévision consacré à la « fuite à Baden », en 1983, font réciter à l'acteur chargé du rôle du général de Gaulle.
** Adage qu'il citera souvent, aussi souvent que le *ta pathemata, mathemata* grec dont il est l'écho.

6. L'Imperator

Ce qu'était la gloire de Pétain dans les années qui suivirent la victoire de 1918, il est difficile de s'en faire aujourd'hui une idée. De tous les maréchaux, il était le moins contesté. Joffre avait l'antériorité — mais la rumeur maligne tendait à lui retirer la paternité du « miracle » de la Marne. Foch trônait dans une sorte d'empyrée sillonné d'éclairs — mais chargé d'une odeur de soufre : il aurait été peu économe de la vie des hommes, et moins encore respectueux de la primauté du pouvoir civil... Lyautey, décevant ministre de la Guerre en 1916, était reparti pour le Maroc. Gallieni était mort en 1916 et peu savaient quels services avaient valu le maréchalat à Franchet d'Esperey, Fayolle ou Maunoury.

Pétain, lui, pour n'importe quel écolier français, c'était « le vainqueur de Verdun ». En lui remettant le bâton de maréchal à Metz, le 8 décembre 1918, Poincaré avait salué entre autres mérites, sa « sagesse », vertu majeure au temps de la paix revenue. On savait qu'aux yeux du plus grand critique militaire de l'époque, l'Anglais Liddell Hart, il était le seul des chefs militaires dont la France n'aurait pu se passer, entre 1914 et 1918, surtout pendant la terrible crise de 1917.

Il n'était pas un leader politique qui ne fît son éloge. La gauche se loue de lui : pour Herriot, il est un « vrai républicain ». Pour Blum, « le plus humain des chefs ». Mais la droite n'en voit pas moins en lui un « recours » possible contre les misères de la démocratie. Foch, Lyautey, Mangin, Castelnau inquiétaient peu ou prou les républicains. Pétain beaucoup moins, bien que Poincaré l'ait écarté de la succession de Joffre parce qu'il voyait en lui un aspirant à la dictature, ce qui lui faisait dire, selon son ami Fayolle : « La République a peur de moi ! » Mais n'est-il pas l'ami de Paul Painlevé, archétype du « démocrate de progrès » et de Paul Valéry, poète officiel du régime républicain ? Et qui fut moins que lui suspect de « cléricalisme » ?

Sa carrière, si lente jusqu'en 1914, si foudroyante pendant la guerre (une étoile nouvelle tous les ans...) survivait au conflit. Alors que ses rivaux étaient embaumés dans des fonctions honorifiques ou repartis pour des missions lointaines, Philippe Pétain se voyait confier la haute main sur l'ensemble des forces armées du pays : vice-président du Conseil supérieur de la guerre (dont le président est de droit le ministre), inspecteur général de l'armée, contrôlant totalement l'état-major confié successivement à ses deux hommes liges, Buat et Debeney, il orientait la politique militaire de la

France, faisait et défaisait les carrières — non sans s'attirer cette acerbe remarque glissée dans ses « Mémoires » par Maxime Weygand, grand vicaire il est vrai du culte de Foch : « Pétain avait une curieuse répugnance à pousser vers les hauts grades les sujets d'élite. » Travers dont Charles de Gaulle, « sujet d'élite » s'il en fut, ne souffrit guère on le sait, jusqu'au jour où il prétendit exister par lui-même...

Pétain, dans la première partie des années vingt, c'est une sorte de divinité militaire. Il est à la fois le chef et le père, chargé de toutes les gloires et détenteur de tous les pouvoirs, celui qui épargnait le sang des soldats mais n'a pas été écouté quand il voulut infliger à l'ennemi un « Sedan allemand ». Sa beauté marmoréenne, la gravité cardinalice de son maintien, l'auguste laconisme de ses propos, tout concourt à faire de lui beaucoup plus qu'un généralissime ou qu'un chef victorieux : une sorte de figure tutélaire où se reconnaît non seulement une armée, mais aussi une nation saignée à blanc par sa victoire.

Aussi bien tout ce qui touche au métier des armes gravite-t-il, ces années-là, autour de lui. Nul ne vit, n'avance et ne marque que par celui qu'on appelle, alentour, l'Imperator.

Comment s'étonner alors qu'un homme comme de Gaulle, auquel son « étoile » n'a pas épargné le handicap de la captivité à l'heure où se faisait l'histoire et se forgeaient les personnalités appelées à la modeler après la victoire, ait tout misé sur ce personnage omnipotent auquel le liaient déjà, plus ou moins fortuitement, le service au régiment d'Arras, une citation chaleureuse, quelques rencontres après la guerre, enfin et surtout l'insolite intervention en sa faveur auprès des chefs de l'École de guerre ?

Une ample littérature est consacrée depuis un quart de siècle à établir une étroite filiation — compliquée de parrainage — entre le chef novateur de 1914 au caractère intraitable, et celui qui, à la veille de la guerre suivante, allait tenter à son tour de bousculer les doctrines et les préjugés, filiation que l'histoire cruelle aurait tragiquement brisée. Vue très littéraire et qui nous semble fondée sur un « montage » à base de malentendus.

L'étude attentive des actes et textes publics comme la lecture critique des lettres échangées entre eux font apparaître non seulement un désaccord profond sur l'essentiel, mais un étonnant rapport de forces affectives entre le vieillard glorieux et l'impatient capitaine. Simplifiant lourdement, on pourrait écrire que Philippe Pétain voua à Charles de Gaulle, après même avoir reçu des rebuffades ou des défis peu courants dans l'armée, une affection de vieillard sans enfant et de chef jusqu'alors privé de disciples dignes de lui, alors que l'auteur de *la Discorde chez l'ennemi*, d'abord ému de ces marques d'estime et comme tout un chacun impressionné par la stature historique du personnage, ne voyait bientôt en lui qu'un « patron » prestigieux et efficace, mais de plus en plus enfoncé dans la vanité et les honneurs, prisonnier d'un entourage médiocre, fourvoyé dans une inopportune mission marocaine et couvrant de sa gloire la plus funeste des doctrines militaires.

On reviendra sur l'antinomie fondamentale entre les deux visions de la guerre que l'on a relevée dès 1913, au temps où le lieutenant de Gaulle tenait ses premiers carnets de jeune officier ivre de volonté offensive. On a tenté de signaler les points par lesquels le maréchal Pétain pouvait se délecter de ce vinaigre jeté à la face des siens par l'auteur de « Doctrine *a priori* et doctrine des circonstances ». On mettra naturellement l'accent sur le texte où, pour les besoins de la cause, de Gaulle va le plus loin dans le sens des idées de l'Imperator : l'article sur « Le rôle historique des places françaises », où le souffle gaullien se fraie plus difficilement un chemin à travers les thèmes favoris du maréchal, et plus encore sur les fameuses conférences à l'École de guerre où Charles de Gaulle semble se vouer au panégyrique du vieux chef.

Mais que de contradictions ! Tandis que pour de Gaulle chaque jour qui l'éloigne de la guerre — où il a dû mesurer jusque dans sa chair l'absurdité de l'offensive à tout prix — le ramène plus fortement à l'idée du mouvement, de la mobilité, de la manœuvre, et aussi aux aspects proprement politiques et diplomatiques du métier des armes, Pétain ne cesse d'année en année de s'affirmer comme le symbole d'une politique militaire qui va se résumer dans la construction de la ligne Maginot.

Alors qu'au lendemain de la guerre, le maréchal est encore l'homme qui se reconnaît dans la remarquable « instruction » de 1921 où il est rappelé que « la constitution des grandes unités (doit prévoir) non seulement le cas des fronts continus, mais aussi la manœuvre dans les espaces libres », il patronne en 1927 le texte de loi qui proclame platement que « l'objet de notre organisation militaire est d'assurer la protection de nos frontières et la défense de territoires d'outre-mer ». Comment s'étonner alors que ce soit vers la fin de cette année 1927 que les premières fissures apparaissent dans les rapports entre le maréchal et le commandant ? En 1924, pourtant, quand Pétain avait fait appel à lui, comment de Gaulle se serait-il refusé à saisir une telle chance ? Il savait quel rôle il avait à jouer — et pourquoi ne pas dire quelle mission à remplir ? Le corps militaire est empêtré dans l'*a priori* paralysant et les préjugés frileux, les armes de la France, auxquelles il a voué sa vie, engluées dans l'autosatisfaction et le conservatisme des chefs.

Quelle tâche plus grande que de réveiller ce grand corps endormi ? Et où le frapper mieux qu'à la tête, au centre de décision, à l'état-major de l'homme dont tout dépend, dût-il pour un temps s'accommoder du climat d'adulation qui règne autour du « Vieux », des idées qu'il impose, et n'y creuser sa sape que progressivement ? Comment distinguer ce en quoi cette opération tactique sert sa carrière et en quoi elle est au service de ses idées — dès lors que les grands postes seuls permettent d'infléchir les décisions d'où dépend le salut ? Qui nierait que de Gaulle est ambitieux ? Pas lui, en tout cas... Il n'a pas seulement une certaine idée de la France. Il a aussi une certaine idée du rôle qui lui est destiné. On en revient au « service signalé » qu'il se sait et se veut en mesure de rendre, pour la plus grande gloire du pays, et de lui-même.

N'oublions pas non plus l'importance des liens qui se sont déjà tissés entre l'Imperator et son ancien lieutenant. En s'inféodant pour un temps à Pétain, de Gaulle éprouve l'extrême intérêt de vivre auprès d'un chef historique, d'un homme de légende, du meilleur « professionnel » de son temps, d'un modèle de commandement et (comme on dira plus tard) d'un « monstre sacré ». Quand on a pour l'histoire une passion si vive, comment ne pas rêver d'étudier de près l'un de ceux qui l'ont faite, et continuent de l'orienter ? Beau sujet d'étude.

Sans compter qu'au moment où le grand homme fait appel à lui, exilé qu'il est dans une garnison lointaine où on le voue à des tâches insipides, de Gaulle se sait le débiteur de celui qui lui tend la main. L'affaire du classement de l'École de guerre a révélé chez le vieux chef au cœur sec les trésors d'une sympathie si active qu'elle l'a conduit, lui, l'homme de caractère ennemi des coteries et de l'intrigue, à violer les règles sacrées de l'indépendance d'un jury. Quand Pétain lui demande de l'aider, tout se conjugue — reconnaissance, intérêt, curiosité, sens de l'histoire, ambition, patriotisme — pour inciter de Gaulle à accourir...

Dans la cuirasse du héros chenu qui règne au 4 bis, boulevard des Invalides, où siège le Conseil supérieur de la guerre, la renommée décèle un défaut, minime : un goût pour les femmes qui ne le porte pas toujours vers les sommets. Célibataire tenace (jusqu'en 1920), il court volontiers la gueuse (il le fera jusqu'à son ambassade à Madrid, qu'il aborde octogénaire : les services spéciaux étrangers tenteront d'utiliser à leur profit, en lui dépêchant quelques belles, ce qu'on hésite alors à appeler une « faiblesse »). Il s'en fait d'ailleurs une sorte de gloire. Le général Serrigny qui fut de ses intimes, précise dans un livre qu'il consacra au maréchal *(30 ans avec Pétain)* que « l'intensité de son regard bleu séduit... les femmes comme les hommes ».

Le 14 septembre 1920, Philippe Pétain a épousé (civilement car elle avait dû divorcer depuis peu d'un sculpteur nommé Hérain) Eugénie Hardon, dite Annie ou mieux « Nini ». On peut être l'épouse d'un maréchal sans se croire obligée de jouer les Mme Sans-Gêne : mais il est rare qu'on le devienne sur le tard sans juger que, si grands soient-ils, les honneurs décernés au conjoint sont inférieurs à ses mérites. Si la carrière amoureuse du maréchal marque (pour un temps) le pas, sa marche vers les honneurs de tous ordres en est accélérée.

C'est par ce biais (entre autres...) que va s'approfondir l'alliance entre le maréchal et le scintillant capitaine de Mayence dont les routes, d'Arras à Verdun, de Saint-Cyr à l'École de guerre, ont déjà croisé les siennes avec insistance. Philippe Pétain, on l'a vu, n'a pas perdu une occasion de témoigner à Charles de Gaulle une bienveillance d'autant plus marquante qu'il en était peu prodigue : sur ce point, Weygand n'est pas le seul à porter témoignage, mais aussi plusieurs des collaborateurs les plus proches de l'Imperator. Vingt-cinq ans plus tard, incarcéré au fort de Montrouge à la veille de son procès, le vieux maréchal dira à l'aumônier dépêché auprès de lui : « Jamais je ne me suis autant occupé d'un jeune officier... ça ne m'a pas réussi ! »

Si Charles de Gaulle s'inscrit avec tant d'évidence dans l'horizon de Philippe Pétain à partir de 1921, c'est que l'esprit du maréchal est alors habité par deux projets considérables, qu'un homme de talent peut d'ailleurs faire converger : la rédaction d'un grand texte tirant les leçons de la guerre en vue d'en faire l'exposé des motifs d'une loi fondamentale sur la refonte de l'armée ; et l'élaboration d'une œuvre fondant les ambitions académiques du patron de l'armée française. Chacun sait, du quai Conti aux couloirs de l'état-major, qu'il succédera à Foch quand celui-ci aura eu le bon goût de céder la place. Mais Pétain ne se satisfait pas de cette assurance : il déteste son prédécesseur avec assez de fermeté pour vouloir au moins le surpasser par l'ampleur de son bagage littéraire.

Au 4 bis, boulevard des Invalides, l'Imperator, qui n'écrit autant dire jamais une ligne, s'est entouré d'une formidable équipe de « nègres ». Sous la férule de son chef de cabinet le colonel Laure* et de son chef d'état-major le colonel Duchêne, sont rassemblés des hommes de talent — Bouvard, Audet, Buot de l'Épine, Montjean et Conquet, colonels, commandants et capitaines réputés pour l'agilité de leur plume. Mais aucun ne paraît au maréchal, relecteur aussi implacable qu'il est piètre écrivain, grand chasseur d'adjectifs redondants, d'adverbes abusifs et de « chevilles » incongrues, à la hauteur de son grand dessein.

Un seul homme s'impose, dont il a lu les meilleures pages, de *la Discorde chez l'ennemi* à « Doctrine *a priori* et doctrine des circonstances ». La plume qui lui convient, c'est celle de ce jeune de Gaulle qu'ont sottement maltraité les maîtres de l'École de guerre et qui se morfond dans un Limoges des bords du Rhin. D'où l'appel lancé à Mayence.

C'est vraisemblablement au début de 1924 que Pétain a projeté la publication d'un grand texte sur l'armée — hommage au passé et programme d'avenir : un portrait historique du soldat, l'accent étant mis sur celui de 1914-1918 et avant tout sur le combattant de Verdun. On en voit se dessiner l'idée dans une lettre qu'il adresse au colonel Bouvard le 27 septembre 1924 : « ... Je voudrais bien reprendre maintenant ma première ébauche du travail initial dans lequel les événements de 1917 figureront pour une partie et qui pourrait prendre comme titre " le soldat à travers les âges " ou quelque chose d'analogue... »

Les résultats du travail auquel s'est mis le colonel Bouvard le déçoivent-ils ? Est-il détourné de cette collaboration par le prochain départ de cet officier ? C'est alors en tout cas que le maréchal s'adresse à de Gaulle. Du texte que lui fournit bientôt le capitaine de Mayence, il est assez satisfait

---

* Qui sera à Vichy le secrétaire général du chef de l'État.

pour écrire à l'auteur, le 20 mars 1925 : « La première partie de votre travail que vous intitulez « les principes » me plaît beaucoup, c'est à peine si je trouve, quant à la forme, quelques mots à modifier. La substance est impeccable et de bonne doctrine [...]. Je vous demanderai seulement de changer le titre de la première partie et de mettre " introduction " à la place de " principes " ». Et d'ajouter en post-scriptum : « Il est bien entendu, n'est-ce pas, que vous ne communiquez à personne ce travail qui doit rester entre nous. » On ne saurait être plus explicite.

Quand, deux semaines plus tard, le capitaine de Gaulle est prévenu par le maréchal de son imminente convocation à Paris et de sa prochaine mutation au boulevard des Invalides, « détaché auprès de M. le Maréchal de France, vice-président du Conseil supérieur de la guerre », il sait qu'on fait appel à lui en tant que « nègre », que porte-plume du grand chef. Philippe Pétain a certes du goût pour le beau style, et une dilection particulière pour l'auteur de *la Discorde chez l'ennemi.* Mais pas au point de mettre la littérature au-dessus des exigences de la hiérarchie. Il s'agit de « servir » et, en ce domaine, on sait depuis Vigny que la « grandeur militaire » se confond volontiers avec la servitude, ou plutôt avec l'effacement. Au moins tant qu'on est subalterne.

Dès l'origine, les choses sont claires. De Gaulle a accepté les termes d'un contrat tacite qui ne peut faire de doute pour l'officier qu'il est — s'il est de nature à pousser jusqu'à la rébellion l'écrivain qui s'affirme en lui. Toute la crise est en germe dans cette dualité de natures, que Pétain est trop intelligent lui-même pour ignorer ou sous-estimer. Chacun a, *volens nolens,* tenté de circonvenir l'autre. (« Un " nègre " tel que moi, on se doit de l'affranchir ! » — « Un chef tel que moi, le plus doué des écrivains doit être fier de lui prêter sa plume ! ») N'oublions pas au surplus que ce sont des pratiques très courantes dans la vie publique française, civile aussi bien que militaire, et dans l'Université. Combien de hauts personnages de l'État, de grands médecins, de « mandarins » de l'enseignement en ont usé ainsi, faisant appel dans leur entourage à des spécialistes, à leurs disciples ou à leurs élèves pour rédiger tout ou partie des textes qu'ils ont ensuite signés ? S'il fallait recenser le peuple des « nègres » qui ont prêté leur plume à de plus célèbres qu'eux depuis que le monde est monde, depuis qu'on publie des articles ou des livres, le continent noir ne suffirait pas à les abriter tous !

En s'assurant les services de celui qui passait pour le meilleur écrivain de l'armée, Philippe Pétain n'agit pas autrement que tel grand chirurgien, tel ancien ministre, tel maître du barreau qui fait l'honneur de sa signature à un jeune homme de grand avenir... Notons tout de même l'étonnante idée de cette forme de « collaboration » que s'était faite Pétain. Loustaunau-Lacau raconte[1] qu'ayant écrit pour le maréchal, dont il était devenu à son tour « l'officier de plume », un texte sur « Le paysan et le soldat » pour *la Revue des deux mondes,* il reçoit un chèque de cette maison. A quelle œuvre faut-il reverser cette somme ? demanda-t-il à l'Imperator : « Pas du tout, dit le maréchal. Vous l'avez écrit et je l'ai accepté. Mille francs pour vous, mille francs pour moi ! »

Du capitaine de Gaulle, « porte-plume » du maréchal aux Invalides, voici deux évocations. L'une de Mlle Lucet qui, ayant été pendant plus d'un quart de siècle la secrétaire du maréchal, décrivait à Jean Pouget[2] l'arrivée quotidienne à 14 heures précises, à travers les allées du Champ-de-Mars, du gigantesque capitaine de Gaulle : « Il portait un chapeau melon et une canne, il avait toujours l'air absorbé par quelques soucis. Il marchait en regardant le ciel et agitait sa canne comme s'il écrivait en l'air... » Et parlant de son travail : « Le maréchal était très difficile, il raturait et corrigeait souvent. Mais je me souviens très bien des papiers du capitaine de Gaulle. Ils étaient toujours très lisibles et le maréchal portait peu de corrections sur ceux-là... »

Autre témoin. C'est un étudiant en droit qui, appelé à faire son service militaire, a eu la chance, aidé par quelques relations, d'être affecté à un travail de recherche au cabinet du maréchal. Sa tâche consiste à dépouiller et à classer la correspondance des combattants retenue par la censure militaire en 1917, correspondance où se dévoile, dans sa nudité, la crise morale dont Pétain fut l'irremplaçable guérisseur : dossier précieux pour le ou les rédacteurs du « soldat ». Ce jeune homme, voué à sa tâche dans une mansarde du 4 bis, boulevard des Invalides, s'appelle René Pleven.

Un après-midi, il voit entrer dans le cagibi où il travaille le colonel Duchêne, chef d'état-major du maréchal et ami de son père, le commandant Pleven *, suivi d'un officier dont la stature est d'autant plus impressionnante qu'elle s'enveloppe dans un imperméable sombre qui descend jusqu'à ses pieds. « Je vous présente le capitaine de Gaulle qui aurait besoin de consulter votre dossier sur le moral du soldat en 1917. » Un temps, puis : « Je suis heureux de vous faire connaître le futur chef de l'armée française. »

Accueilli le 1er juillet 1925 dans la « maison Pétain », le capitaine de Gaulle y bénéficie d'un traitement de faveur qui ne tient pas seulement au fait que le maréchal rature moins sévèrement sa copie que celle de ses collègues. Alors qu'au 4 bis, les colonels s'entassent à trois par pièce, il a droit, lui, à un bureau personnel au deuxième étage. Un de ses visiteurs décrit cette pièce « basse de plafond et enfumée ». Mais quel bureau ne paraît pas « bas de plafond » quand de Gaulle y siège ? Et quelle pièce ne serait enfumée quand un fumeur-cheminée tel que lui y travaille huit heures par jour ? Mais il est maître d'organiser ses horaires, et n'a de compte à rendre qu'au « patron ».

Si la raison profonde de sa présence aux Invalides est la rédaction de l'histoire du « soldat », il lui faudra d'abord remplir une autre tâche, qui répond moins aux préoccupations personnelles du maréchal qu'à ses obligations de vice-président du Conseil supérieur de la guerre : une étude consacrée aux « places fortes » françaises qui doit s'insérer dans une réflexion d'ensemble sur l'organisation du territoire en temps de guerre.

Un plaidoyer pour les fortifications confié à cet adepte du mouvement ? Si

---

* Qui deviendra commandant adjoint de Saint-Cyr.

peu conforme qu'il soit à sa légende (formée d'ailleurs dix ans plus tard), ce travail ne le prend pas à contre-pied. Il entre même dans ses préoccupations du moment. De son séjour à l'armée du Rhin, de Gaulle a rapporté la conviction que le peuple allemand n'avait pas accepté la défaite et qu'il fallait donc rester vigilant. Tout relâchement serait fatal, estime-t-il. Il écrit alors à un officier qui va devenir bientôt l'un de ses amis et confidents les plus proches, le capitaine Lucien Nachin :

> « Peut-être [...] sommes-nous plongés dans la nuit qui précède l'aurore d'un monde nouveau [...]. Cependant il faut vivre, et il est bien probable que pour vivre, il faudra quelque jour combattre, c'est-à-dire affronter les armes de l'ennemi et lui faire sentir la vigueur des nôtres. Pour ma part, je ne renonce pas à m'y préparer[3]. »

Le Conseil supérieur de la guerre — c'est-à-dire Pétain — médite alors la construction d'un vaste ensemble fortifié sur la frontière du nord-est, qui deviendra dix ans plus tard la « ligne Maginot ». De Gaulle est chargé d'exposer en un article synthétique, le rôle joué par les fortifications permanentes dans l'histoire de la défense nationale. L'article, rédigé en quelques semaines, parut dans la *Revue militaire française* le 1er décembre 1925, sous le titre « Rôle historique des places françaises », provoquant, écrit Nachin, « une grande sensation dans le monde militaire ».

On a ironisé sur l'aisance avec laquelle le prophète du mouvement que deviendra l'auteur du *Fil de l'épée* s'était prêté à cette illustration de la défense fixe, l'aisance avec laquelle, devenu « officier de plume » de Gaulle « faisait du Pétain ». On oppose volontiers l'ensemble de ses écrits militaires à la conclusion péremptoire de l'article sur les places françaises : « La fortification de son territoire est pour la France une nécessité nationale permanente. » Lui suffit-il d'être embauché par un patron prestigieux pour plaider la thèse inverse de celle qui émane de ses convictions profondes, comme on le fait dit-on au barreau, sinon au Parlement ?

La querelle est mauvaise. Il est vrai que l'article de la *Revue militaire française* va très loin à la rencontre de la doctrine Pétain. Mais il faut compléter aussitôt cette observation. Le capitaine de Gaulle est déjà, on l'a vu, un tenant de l'offensive et de la manœuvre. Déjà il a pris, dans son for intérieur, ses distances avec la pensée profonde, essentiellement défensive, de son patron. Mais s'il donne la priorité au mouvement sur l'expectative tactique, il n'a pas encore mûri ni arrêté sa doctrine telle qu'elle sera formulée dans ses œuvres maîtresses des années trente. N'opposons pas Charles à de Gaulle quand le premier n'est encore que l'ébauche du second...

Ajoutons que l'argumentation de l'« officier de plume » est fort intelligemment nuancée. Il rend certes un hommage enthousiaste à l'œuvre de Vauban. Il fait bien ressortir ce qu'il en coûta à Napoléon, surtout en 1814, d'avoir prêté peu d'attention aux places fortes que Carnot, lui, avait su restaurer. Il relève les services rendus par les fortifications aux stratèges de la dernière guerre. Mais c'est chaque fois pour bien marquer que ces

« places » ont surtout servi de points d'appui au mouvement. Bien loin de soutenir que la ligne de défense continue assurerait une quelconque quiétude, il rappelle qu'un certain nombre d'ensembles fortifiés n'abolirait en rien les exigences de la manœuvre, leur servant de pivots, de structure de base. Les places ont pour objectif de gêner les mouvements de l'adversaire, non de faire l'économie de ceux de notre propre armée. Nous sommes très loin de l'esprit qui préside à la construction de la ligne Maginot...

Mais comme il en va souvent, les lecteurs ne retinrent de ce texte que ce qui leur convenait. Dès lors que prévalait l'idée selon laquelle tout devait désormais non pas tendre à « faire la guerre » mais à « abriter le territoire national », on ne lut dans ce plaidoyer nuancé que ce qui convenait à ce courant de pensée, très majoritaire, même dans l'armée. Écoutons à ce propos le judicieux Nachin : « Cet article emporta l'opinion et le succès du projet de fortification de la frontière nord-est fut complet. Peut-être le fut-il trop*. N'y avait-il pas lieu de s'alarmer, en effet, de l'excès de confiance que cette couverture cuirassée, réputée inviolable, allait provoquer dans le pays ? »

De Gaulle s'avisa très vite des méfaits provoqués par une certaine « lecture » de son texte. Il écrit bientôt à Nachin :

> « L'organisation défensive, nécessaire en permanence et qui tient aux conditions géographiques, politiques, morales même où se trouve le pays, est affaire de gouvernement. Celui-ci fait entrer les places (quelles que soient leurs formes) dans ses projets, à titre de moyens, exactement comme il fait entrer les effectifs, le matériel, la puissance économique... »

Autrement dit l'infrastructure, dont l'aménagement dépend du pouvoir politique, ne saurait conditionner les opérations, pas plus que ne devait le faire, hier, le fameux « compartiment de terrain ». On peut se créer de meilleures conditions de manœuvre en dressant des obstacles contre l'envahisseur, sans s'en faire l'esclave docile. Et reprenant un peu plus tard sa réflexion à l'intention de son ami Nachin, Charles de Gaulle lui écrivait :

> « Barrer les routes : voilà ce que voulait Vauban et je persiste à penser que cette condition, réalisée par lui dans le Nord, a lourdement pesé sur la mobilité de nos ennemis fin Louis XIV et 1792-1793... J'ai lu avec beaucoup de satisfaction la phrase de Vauban que vous citez à propos du nombre de places. Oui, il en faut peu, mais de bonnes [4]. »

Ainsi l'officier de plume a-t-il réussi à garder son autonomie de manœuvre et préserver son quant-à-soi en servant loyalement les desseins de son patron. Mais c'est sur le terrain voisin, celui du fameux *Soldat*, que va se jouer entre eux la partie décisive.

---

* Certains amis de Charles de Gaulle savaient dire la vérité.

Dans le bureau enfumé du « 4 bis », le capitaine de Gaulle noircit les pages qui deviendront le premier jet du *Soldat*. De Meknès (où les raisons de sa présence seront données plus loin), le maréchal lui écrit le 20 novembre 1925 :

« ... Je viens de lire avec un vif intérêt « Le soldat de l'Ancien Régime ». Ce chapitre est tout à fait réussi. L'ensemble de votre travail me plaît d'ailleurs beaucoup et constitue une base excellente pour l'œuvre définitive. Quand vous en serez au soldat moderne, il y aura un chapitre spécial à consacrer au soldat colonial (l'Algérien, le Tunisien, le Marocain, le Soudanais, l'Annamite, le Malgache). Un chapitre sera peut-être trop, disons un paragraphe... » (surprenant, ce « paragraphe » réservé aux soldats de la coloniale, venant d'un chef réputé avare du sang des hommes, et qui a dû savoir combien d'Africains avaient laissé leurs os de la Marne à Verdun)...

Du maréchal au capitaine, les rapports restent donc excellents. Mais ils le sont déjà moins du capitaine au maréchal. Non que de Gaulle en veuille à son « patron » de lui avoir imposé la lourde tâche de plaider pour les « places » fortifiées, dès lors qu'il s'est tiré à son honneur de l'épreuve, et que ce tour de force lui a valu un surcroît de considération dans les milieux militaires.

Un événement s'est produit pourtant, très peu de semaines après l'arrivée de Charles de Gaulle aux Invalides, qui n'a pas contribué à embellir l'idée qu'il se fait de son chef : l'euphorie de cette collaboration prestigieuse n'aura, chez de Gaulle, duré qu'un seul été. A la fin du mois d'août 1925, Pétain a accepté d'aller se substituer à Lyautey pour mater la révolte d'Abd el-Krim dans le Rif.

Il est un mot que Charles de Gaulle a souvent répété à propos de Pétain, l'ayant prononcé pour la première fois le 11 juillet 1941 à Damas, à la table du général Catroux, en présence de plusieurs jeunes officiers de la France libre, dont Georges Buis, alors capitaine : « Le maréchal Pétain était un grand homme : il est mort en 1925. » Cette formule, le général l'a approfondie et explicitée à diverses reprises, notamment au cours d'un entretien qu'il eut en septembre 1968 avec son éditeur d'alors, Marcel Jullian, et qui fut publié dans *En ce temps-là, de Gaulle* (n° 15) :

« ... C'était un homme exceptionnel. C'était un chef exceptionnel, je n'ai pas changé d'avis. Le malheur a voulu, pour la France et pour lui-même, qu'il soit mort en 1925 et qu'il ne l'ait pas su. J'ai assisté à cela et comme j'avais de l'affection pour lui, j'en ai été très malheureux. Ça s'est passé de la façon suivante : en 1925, il s'est laissé circonvenir par Painlevé et par Briand pour* aller au Maroc exécuter ce pauvre Lyautey. Il y est allé. Il s'est prêté à ça ! Quand il est revenu, il n'était pas content de lui. Il a voulu être académicien, lui qui n'avait guère écrit de sa vie... Puis ministre... Ministre de M. Doumergue, vous vous rendez compte ! Il l'a été. Il courait après les honneurs, et la " maréchale " courait devant lui, encore plus vite ! »

---

* Reproduction d'un propos tenu oralement

Pour de Gaulle, donc, pas de doute : cette image de la « mort » de Pétain en 1925 sur laquelle on a tant épilogué, il la justifie par le mauvais coup porté à Lyautey, où il voit moins s'affirmer un talent que se déliter un caractère, s'altérer un sens de l'honneur. En acceptant d'aller « secourir » le fondateur du protectorat, comme il avait relevé en hâte le malheureux Nivelle, Pétain ne couvrait pas seulement de sa gloire ce que le camarade de De Gaulle à l'École de guerre, Loustaunau-Lacau, a qualifié de « muflerie sans nom », il donnait corps à la légende de l'effondrement de Lyautey face au défi d'Abd el-Krim. Lequel sera, quelques mois plus tard, capturé par un détachement commandé par un simple capitaine...

A Lyautey qui, dans sa fureur, dénonçait le « coup de poignard dans le dos » que lui portait ce rival couvert d'honneurs, un ami de Pétain objectait : « Il a obéi aux ordres ! » Rugissement de l'homme de Rabat : « Un maréchal des logis obéit aux ordres. Un maréchal de France n'obéit pas quand on prétend lui imposer une basse besogne ! »

Basse besogne ? La République n'avait jamais porté dans son cœur le maréchal de Rabat, qui affichait des sentiments monarchistes avec plus de sens du théâtre peut-être que de conviction profonde (suggère Gaston Palewski, qui travailla dans son équipe de Rabat). Quand elle le vit affaibli par l'âge, chanceler sous les coups d'un insurgé rustique, elle saisit l'occasion d'ouvrir sa succession en dépêchant à son « aide » un rival auquel tout l'opposait et qui se vit accorder d'emblée les renforts refusés depuis des mois à Lyautey, moyens qui permirent au nouveau venu de rétablir en un mois la situation.

Pétain se prêta-t-il à la manœuvre par abnégation, croyant la situation désastreuse et Lyautey incapable de la rétablir ? Saisit-il l'occasion d'humilier un rival, en démontrant au passage la supériorité des officiers métropolitains sur les coloniaux ? Au colonel Catroux qui tentait de se faire l'avocat des méthodes de Lyautey, fondées sur ce qu'on n'appelait pas encore l'« action psychologique », Pétain rétorquait durement : « Vous faites de la politique. Je fais de la stratégie [5]. » C'est la seconde hypothèse que retint de Gaulle : il fut de ceux qui jugèrent plus grand le maréchal qui faisait ses adieux au Maroc le 10 octobre 1925 que celui qui, doté d'un corps de cent bataillons, y écrasait la révolte riffaine à « coups de marteau » (c'est ainsi que Pétain définissait sa stratégie marocaine).

Aussi bien, tout en poursuivant ses travaux sur *le Soldat*, Charles de Gaulle évite-t-il désormais de se laisser enfermer dans une sujétion absolue, et sort-il le plus souvent possible de son rôle de « nègre ».

Est-ce parce qu'il se sent déjà détaché de la mouvance du maréchal Pétain que, dès cette époque, Charles de Gaulle commence de prendre des contacts avec le monde de la politique ? C'est de 1925 que date la première des innombrables lettres écrites par lui à des parlementaires — tranchant en cela avec une tradition bien établie dans son milieu. Au surplus, le destinataire, Joseph Paul-Boncour, est un député socialiste (il fut colistier de Léon Blum en 1919) dont la guerre il est vrai a fait le type même du

« social-patriote » — il sera ministre de la Guerre, puis des Affaires étrangères et très éphémère président du Conseil — et qui est depuis 1916 l'ami de Lyautey.

Le député de Paris lui ayant fait savoir qu'il avait lu avec un grand intérêt son étude sur les « places » de Gaulle répond :

> « ... J'ai l'opinion que vous êtes personnellement appelé à jouer le premier rôle dans la construction du système nouveau de notre défense française [...] vous poussez avec ardeur au changement de ce qui est, vous avez le sentiment de la continuité de la France, qualités indispensables à tout homme d'État qui doit jouer un grand rôle national... »

Et de lui recommander instamment la lecture de « Doctrine *a priori* et doctrine des circonstances »[6]...

Qu'il tende ou non à s'en affranchir, l'influence du maréchal continue à jouer en sa faveur. C'est à elle qu'il doit à coup sûr de se retrouver alors « instructeur » (et non professeur — son rêve...) à l'École supérieure de guerre. Cette nouvelle expérience lui permet de mettre sur pied un très curieux projet d'enseignement à l'usage de l'École, qu'il a trouvée bien peu ouverte sur le monde et les perspectives de conflit d'un type nouveau.

Ce plan est très révélateur de l'évolution de l'esprit du capitaine de Gaulle au début de 1926 : il s'y montre extrêmement attentif à des disciplines qui n'ont pas eu jusqu'alors droit de cité dans les casernes et écoles militaires. Les principes qu'il pose d'emblée ont déjà de quoi déconcerter les tenants de la tradition :

> « Favoriser le *développement* des personnalités en exerçant avec méthode la réflexion, le jugement, la faculté de décision, telle doit être la seule loi de l'enseignement donné à l'École. Cet enseignement se garde rigoureusement de tout corps de théories qui, sous prétexte d'unité de doctrine, prétendrait dresser un critère de l'action de guerre ou codifier les procédés. »

On voit que s'il a beaucoup appris, Charles de Gaulle n'a rien oublié...

Mais si les principes qu'il énonce ont de quoi faire sursauter des hommes comme ceux qui étaient ses maîtres trois ans plus tôt, les suggestions qu'il formule quant aux matières et au corps enseignant sont, elles, de nature à lui barrer pour longtemps la route vers la chaire magistrale qu'il ambitionne d'occuper dans cette grande maison. Au premier rang des matières qu'il propose d'inscrire au programme est la sociologie. Il propose d'en confier l'enseignement à M. Fauconnet, directeur de la *Revue sociologique*, à Charles Gide (l'oncle d'André), André Siegfried, Jacques Bardoux, René Pinon, etc. — ce qui ferait de l'ESG une succursale de celle des sciences politiques, dont ses maîtres sont les inspirateurs. Les problèmes de technique militaire seraient exposés par le colonel Doumenc qui est, comme par hasard, son prédécesseur dans la campagne pour la création d'une véritable armée blindée.

Quant à la « philosophie » du commandement, il trouve tout naturel, lui, capitaine de 36 ans, d'en revendiquer l'enseignement. Et il ne s'agit pas dans son esprit du maniement de quelques principes abstraits, propices à de beaux effets littéraires. Il propose notamment de traiter des problèmes les plus brûlants et que l'on sait tels depuis que s'est manifestée sept ans plus tôt de l'autre côté du Rhin ce qu'il a lui-même appelé « la discorde chez l'ennemi » et que se sont élevées en France les violentes controverses entre Foch et Clemenceau : les « rapports entre le gouvernement et le commandement en temps de guerre [7] ». Voilà ce qui s'appelle n'être pas timide.

Est-ce parce qu'il fut séduit par l'audace et la nouveauté de ces projets ? Par la qualité hors pair des textes sur le rôle du chef que lui soumettait alors de Gaulle ? Ou encore pour prendre sa revanche sur le traitement infligé deux ans plus tôt à son protégé par les maîtres de l'École de guerre qui ne s'étaient que de bien mauvaise grâce pliés à ses injonctions en vue d'obtenir le reclassement de Charles de Gaulle ? Le fait est que Pétain va prendre une initiative qui a fait plus que toutes les autres pour créer la légende d'une filiation entre de Gaulle et lui.

Le voyage qu'ils firent ensemble en 1926 dans la région de Verdun, de Vaux à Douaumont, fut l'occasion pour le maréchal et le capitaine de mettre au point le « complot » de l'École de guerre. A la veille de partir pour l'Est, Philippe Pétain confiait à ses amis Rueff : « Je vais parcourir le front avec l'officier le plus intelligent de l'armée française pour savoir ce qu'il aurait fait si, face à moi, il avait été le Kronprinz [8]... »

C'est dire que si de Gaulle a reçu l'équipée du maréchal au Maroc comme une blessure morale, il n'a pas dû s'en ouvrir à son « patron » auprès de qui sa faveur ne cesse de croître, inspirant à Pétain un geste sans précédent dans l'histoire de l'armée française. Cette École supérieure de guerre qui n'a pas voulu recevoir de Gaulle à un rang l'autorisant à y enseigner un jour, le maréchal va lui imposer son protégé comme conférencier... Convoqué au « 4 bis », le général Hering, directeur de l'École, l'un des disciples les plus fidèles * du maréchal est simplement informé qu'il lui faudra d'ici quelques mois organiser une série de trois conférences du capitaine de Gaulle. Le maréchal assure avoir lu les textes qui sont, dit-il à Hering, d'une qualité, d'une originalité et d'une élévation exceptionnelles. Il ne reste au directeur de l'ESG qu'à obtempérer...

Philippe Pétain s'est même donné le mal — le plaisir — de régler les cérémonies jusque dans les détails. Les conférences seront prononcées trois mardis de suite, à 10 h 30, l'heure des cours magistraux, et dans l'« amphi-Louis », le plus solennel, où ne professent que les maîtres, en présence des deux promotions réunies et de tout le corps enseignant, de l'École et de l'armée, dont le général de Lannurien. Il présidera en personne ces leçons de commandement données par un capitaine à un parterre de généraux...

---

* Et qui le restera jusqu'à sa mort, présidant l'association pour la défense de la mémoire de Pétain, et multipliant les démarches pour obtenir sa réhabilitation.

On ne pouvait aller plus loin dans la volonté de « donner une leçon », d'imposer un personnage, de provoquer l'exaspération. Au point qu'on se demande si la sollicitude poussée à ce point est tout à fait exempte de perversité. Que cherche Pétain, à vrai dire ? S'agit-il de promouvoir de Gaulle ? D'en faire l'instrument d'une vengeance ? De mesurer sa force de résistance à la haine ? Ou de dresser face à face deux écoles de pensée, en prenant le risque de ruiner la plus riche de promesses... L'affaire en tout cas a une allure de provocation. Montée par le prudent Pétain, elle intrigue, pour le moins...

Le 7 avril 1927 *, le maréchal, le capitaine et l'état-major de l'École sont réunis dans la salle des professeurs de l'ESG. Au moment d'entrer dans le grand « amphi », le maréchal s'efface ostensiblement devant de Gaulle : « Privilège du professeur... » Et se retournant vers le corps enseignant : « Du haut de cette chaire, le professeur a le droit d'enseigner ce qu'il veut. Ainsi en ai-je usé moi-même ! » Ce qui est déjà traiter son protégé comme un titulaire.

Le capitaine Charles de Gaulle sanglé dans son grand uniforme, gants blancs, le sabre au côté, son texte à la main — il n'y jettera pas les yeux — se dresse face à un amphithéâtre d'autant plus crispé que Pétain tient encore à déclarer avant de lui passer la parole : « Messieurs, je vous demande d'écouter avec attention les idées que va vous exposer le capitaine de Gaulle ** ! » Pour goûter le sel de l'aventure il faut avoir en mémoire le camouflet infligé trois ans plus tôt à de Gaulle dans les mêmes lieux, sa fureur, la colère du maréchal, les « magouilles » qui s'ensuivirent...

La première leçon a pour sujet « L'action de guerre et le chef ». Elle s'ouvre par les mots saisissants, qui servent d'exorde au *Fil de l'épée* et sont une déclaration de guerre à la doctrine de l'*a priori*, dogme de l'enseignement de l'ESG : « L'action de guerre revêt essentiellement le caractère de la contingence. » A quelques variantes près, d'ailleurs, ces propos comme une des deux leçons suivantes — « Du caractère », « Du prestige » — font la matière des trois articles publiés sous les mêmes titres en 1930 et 1931 dans la *Revue militaire française*, reproduits en brochure chez Berger-Levrault, et enfin regroupés, après un minutieux travail de réécriture, pour former *le Fil de l'épée* qui, enrichi de deux chapitres, paraîtra en 1932 ***.

Ces morceaux d'éloquence flamboyante — on dirait d'un Condé qui aurait pris d'assaut la chaire de Bossuet — déclamés par cœur sur le ton râpeux et emphatique qui frappait alors chez le capitaine de Gaulle, ne pouvaient manquer de subjuguer les uns, d'exaspérer les autres. L'orateur semble prendre son plaisir à défier ses anciens maîtres :

---

* C'est la date retenue par tous les historiens. Mais Charles de Gaulle en fait le récit à son père dans une lettre datée du 3 mars 1927 (voir plus loin, p. 142). S'agit-il d'une erreur matérielle du transcripteur ?
** Sur la foi du récit de l'honnête Lucien Nachin, nous sommes plusieurs à avoir rapporté une phrase qu'aurait alors prononcée le maréchal : « Écoutez le capitaine de Gaulle avec attention : un jour viendra où la France reconnaissante fera appel à lui... » Propos dont les autres témoins n'ont gardé nul souvenir...
* Voir, p. 169.

« ... Parfois les militaires, s'exagérant l'impuissance relative de l'intelligence, négligent de s'en servir [...]. Souvent, l'intelligence n'accepte pas de faire à l'instinct sa part [...]. Le dogmatisme inhérent à l'enseignement [fait] fleurir chez nous les doctrines d'école que leur caractère spéculatif et absolu rend à la fois séduisantes et périlleuses et qui nous ont coûté si cher ! »

Puis, passant à un règlement de comptes ouvert avec le colonel Moyrand, son censeur de 1924, il dénonce « la tendance à construire l'idée de manœuvre sur une seule condition : à savoir le terrain et l'influence de ses formes sur l'efficacité des feux ». Mais bientôt, au-delà de Moyrand, c'est l'ensemble du système de formation et de sélection des chefs militaires français que met en cause le vaincu de 1924 :

« ... Notre temps est peu propice à la formation des chefs militaires [car], comme le dit Scharnhorst, les esprits organisés mécaniquement triomphent, en temps de paix, de ceux qui ont du génie et du sentiment... Le recrutement des chefs de valeur devient malaisé quand la paix se prolonge... Il s'agit de discerner leurs mérites et de faire en sorte que les meilleurs atteignent le sommet... Le choix qui administre les carrières se porte plus volontiers sur ce qui plaît que sur ce qui mérite... »

Résumé de la querelle de 1924 qui sonne comme un défi. Saluant le courage de l'orateur — car ses maîtres d'hier, ainsi étrillés, seront ses chefs demain —, relevons non sans malignité que le capitaine de Gaulle, s'il a pris soin de citer Pétain tenant un propos démarqué du maréchal de Saxe *, s'est prudemment retenu de citer son ennemi juré, Foch, à propos de la manœuvre fameuse de Villers-Cotterêts qui ouvrit la grande contre-offensive de juillet 1918. L'hommage rendu dans le discours du capitaine l'est au « commandement »... Petite habileté qui altère discrètement la superbe audace de l'ensemble.

Voilà beaucoup d'esprit, d'érudition (une trentaine de philosophes, d'hommes d'État, de stratèges et d'historiens sont cités, de Socrate à Pasteur — et même le père Ubu) et d'assurance pour un officier qui ne porte pas encore son quatrième galon, face à l'« élite intellectuelle » de l'armée. Tant de certitudes, un style si magnifique et la protection provocante du premier personnage de la hiérarchie militaire : voilà plus qu'il n'en faut pour aliéner à de Gaulle tous ceux qui refusent de se laisser envoûter.

Le général Hering a raconté à J.-R. Tournoux[9] l'explosion de fureur du corps enseignant qui, dans son bureau, fit écho à la conférence inaugurale « ... Quelle morgue ! Quelle insolence ! Il est incroyable que le vieux patronne ce spectacle ! Il nous prend tous pour des imbéciles ! De Gaulle a construit son panégyrique. C'est son autoportrait ! » A quoi Hering ripostait que le chef dont de Gaulle brossait le portrait était plutôt le maréchal...

Plus flegmatique, Lucien Nachin décrit ainsi les réactions des auditeurs

---

* « On demandait au maréchal Pétain ce qui lui paraissait, dans l'action, demander le plus grand effort : " C'est d'ordonner ", répondit-il. Le maréchal de Saxe lui, avait dit plus profondément : " C'est de prescrire ". »

« Les officiers qui composent [l'auditoire] n'ont saisi sa pensée qu'en partie. Ils ont pu être subjugués par son extraordinaire rayonnement, mais l'empreinte qu'ils ont reçue, la mentalité qui les imprègne, l'ambiance qui les environne maintiennent non seulement une véritable incompréhension mais encore une sorte d'hostilité latente, un état de résistance, une inhibition à son enseignement... »

Quant à Charles de Gaulle lui-même, il ne semble pas avoir mesuré dans toute sa virulence la « résistance » que lui a opposée la majorité de son auditoire. C'est sur un ton plutôt satisfait qu'il écrit à son père :

> « ... La première [conférence] que présidait le maréchal, a fait une très grosse impression. Les partisans jubilent, les neutres font des sourires et les requins qui nagent autour du navire en attendant que je tombe à l'eau pour me dévorer se sont écartés à bonne distance [10]... »

On reviendra, lors de la publication du *Fil de l'épée,* sur les deux autres leçons de 1927, consacrées au « Caractère » et au « Prestige ». Notons en tout cas que le débat amorcé entre le général Hering et ses collègues sur le modèle de chef qui est ici décrit n'a pas grand sens. En homme de théâtre, de Gaulle a composé son personnage en surimpression. Il y a des traits de Pétain — la posture et le comportement, le laconisme et la méthode. Mais sur ce fond d'étoiles et de gloire acquise, tangible, c'est son propre génie que le phosphorescent capitaine insuffle au beau marbre pâle, lustré, cérémoniel, dont il a, depuis l'affaire du Maroc en tout cas, mesuré les limites. L'office est célébré autour de la statue de marbre étoilé : mais c'est le célébrant qui compte, et qui s'affirme.

Le mur de méfiance auquel se heurte naturellement tout beau parleur au sein de la « grande muette », Charles de Gaulle va pouvoir le contourner non sans en aggraver, du coup, la compacité : il est invité par Henri Boegner, animateur du cercle Fustel de Coulanges, à répéter ses trois conférences — qui n'ont pas manqué de faire quelque bruit dans Paris — à la Sorbonne.

Qu'est-ce donc que cet organisme placé sous l'invocation du grand historien de l'Antiquité ? C'est tout bonnement une organisation satellite de l'Action française, ainsi définie par son président, le Pr Dunoyer : « Un groupement d'universitaires dont le nationalisme intégral a été l'initiateur, dont il est resté l'animateur, mais qui n'est fermé à aucun de ceux qui, sans vouloir se réclamer formellement de l'Action française, pensent trouver dans ses doctrines, notamment dans son antidémocratisme et dans son traditionalisme, une aide pour parer aux dangers que courent les trois ordres de notre enseignement [11]. » Aussi bien trouve-t-on parmi les animateurs du Cercle quelques-uns des intellectuels d'extrême droite les plus notoires : Charles Maurras, Maurice Pujo, Louis Bertrand, André Bellessort, Charles Benoist...

Ce qui ne signifie pas que Charles de Gaulle entre dans leurs vues. Pour l'attirer, ils se sont recommandés du patronage de Lyautey, qui ne laisse pas d'impressionner le capitaine *. Au surplus, le cadre de la Sorbonne, qu'on lui offre, exerce sur lui un attrait irrésistible : voilà esquissée cette fusion de l'universitaire et du militaire que son projet de réforme de l'École de guerre, rédigé quelques mois plus tôt, se proposait d'accomplir.

Va donc pour le cercle Fustel de Coulanges qui lui donne accès à un amphithéâtre où se presse un public analogue à celui qu'attire Bergson au Collège de France voisin : professeurs, intellectuels, femmes du monde. Quelle satisfaction pour le fils du préfet des études du collège de l'Immaculée-Conception ! Lucien Nachin-le-fidèle est encore là pour nous donner une idée de ce que fut en novembre 1927 ce premier contact entre de Gaulle et un auditoire étranger au métier des armes : « C'est à un public peut-être plus compréhensif mais tout aussi mal préparé à l'entendre qu'il s'adresse : politiques, universitaires, écrivains se pressent à ses conférences [...]. De Gaulle s'y montre éblouissant, mais qui donc, parmi ceux qui l'écoutaient, a pu mesurer la portée de cette prophétie [...] qui termine sa conférence sur " le Prestige " : " Point de doute que la servitude militaire ne paraisse avant peu plus grande que jamais... " [12]. »

Mais où donc en est *le Soldat* ? Ni le débat sur les places fortes, ni les escarmouches autour des conférences de l'École de guerre, ni sa promotion au grade de commandant, en septembre 1927, ni même la révision d'opinion qui s'opère en lui à propos du maréchal n'ont pu en détourner Charles de Gaulle : n'est-ce pas le prétexte de son détachement auprès de l'Imperator ?

Tant que Charles de Gaulle travaille dans le calme de son bureau du 4 bis, on est mal informé de l'évolution des choses. Tout se passe en tête à tête, le seul témoin étant la discrète Mlle Lucet. Un incident est tout de même signalé, annonciateur de beaucoup d'autres : vers la fin de 1926, selon le colonel Bouvard, précurseur du capitaine de Gaulle et qui reste l'un des familiers du vieux chef, « une discussion apparemment orageuse oppose le maréchal et de Gaulle, qui sort du bureau de Pétain crispé, en proie à une colère froide [13]... ».

La crise va devenir plus « lisible » à partir du moment où de Gaulle s'éloigne : il doit, à partir de novembre 1927, faire son temps de commandement de chef de bataillon en Allemagne. Alors les lettres échangées permettent de mesurer l'écart qui se creuse entre deux personnalités, deux tempéraments et deux conceptions de la création littéraire.

Le 5 décembre 1927, le maréchal, pour la première fois, manifeste une pointe d'humeur à l'endroit du commandant : « Le temps marche et je ne reçois aucune nouvelle de votre travail. » Mais l'ouvrage doit être bien avancé puisque Pétain parle de la « conclusion » à laquelle il propose de donner la forme de « pensées détachées » : il va même jusqu'à écrire : « Je

---

* Mais de Gaulle refusera de participer à un dîner organisé sous la même égide, où l'exilé du Maroc doit prononcer un discours hostile à la République.

les rédigerai et vous les communiquerai ensuite pour avoir votre avis. » Alors[14] ?

Alors, le dialogue s'aigrit. Trois semaines plus tard, le 24 décembre 1927, c'est au tour de De Gaulle de maugréer : « Le maréchal n'est toujours aucunement pressé de faire sortir *le Soldat* et je le déplore par vanité et par curiosité. A force de goûter le silence, l'Imperator finit par y être asservi. »

Est-ce l'éloignement du commandant, l'impression qu'a Pétain de ne plus l'avoir « à sa main », dans sa dépendance ? A-t-il perçu la déception qu'il a infligée à son protégé, les contradictions qui se font jour entre le conférencier de l'École de guerre et lui ? Croit-il qu'ayant reçu de lui l'incomparable « coup d'épaule » d'avril 1927, et lui avoir fourni en revanche un texte superbe, de Gaulle se juge maintenant quitte avec son protecteur ? L'agacement qui perçait entre les lignes va devenir un âpre débat : car le contrat plus ou moins explicite mais en tout cas bilatéral passé entre rédacteur et signataire va être rompu par le vieux chef.

Le 13 janvier 1928, de Gaulle lit avec stupeur une lettre du colonel Audet, qui fait partie comme lui de l'équipe des « porte-plume » du vieux chef : « Le maréchal m'a fait venir et m'a exposé son désir que les études du fameux livre ne soient pas entièrement interrompues par votre départ [...]. Il ne s'agissait (m'a-t-il dit) que de certaines mises au point qu'il me prescrirait explicitement pour la partie 1914-1918 ; que la partie antérieure avait son agrément [...]. J'ai protesté que je n'avais aucune disposition au travail qu'il envisageait [...]. J'avais hésité à vous parler de tout cela, craignant que vous n'en ayez un déplaisir compréhensible... Je ne peux pas collaborer à un travail qui vous a tenu à cœur, sans vous le déclarer, encore que je répugne à ce travail... »

Voilà ce qui s'appelle être « doublé »... La réaction de Charles de Gaulle ne pouvait manquer d'être vive. Elle est d'un écrivain, pas d'un militaire. Elle prend la forme de deux lettres, l'une au colonel Audet, l'autre au maréchal. La première est du 16 janvier 1928 :

> « Mon Colonel,
> Je suis touché de la franche confiance que vous me marquez et je vous en remercie. Vous connaissez d'avance mon opinion. Un livre, c'est un homme. Cet homme, jusqu'à présent, c'était moi. Si quelqu'un d'autre, fût-ce un Montesquieu — fût-ce vous-même, mon Colonel — s'en mêle, alors de deux choses l'une : ou bien il fera un autre livre, ou bien il démolira le mien qui n'aura plus de caractère et par conséquent de valeur. Si le maréchal tient à ce que vous fassiez un autre livre, je n'ai aucune objection à présenter. Je reprendrai purement et simplement mon livre. Mais s'il s'agit de triturer mes idées, ma philosophie et mon style, je m'y oppose et vais le dire au maréchal [...].
> Le maréchal n'a jamais voulu reconnaître la différence qu'il y a entre un livre et une rédaction d'état-major. C'est pourquoi j'ai souvent pensé que cette affaire finirait mal[15]... »

C'est ce qui s'appelle mettre les points sur les « i ». Qu'il s'agisse de « mon bien » ou des conceptions qu'a le vieux chef du métier littéraire, on ne saurait être plus ferme. Voilà en effet une affaire qui risque de « finir mal ». D'autant que la lettre à Philippe Pétain est d'un ton encore plus haut, encore plus cinglant sous le velours du style :

> « Monsieur le Maréchal,
> Quand vous m'avez fait en 1925 le grand honneur de me demander d'être votre collaborateur pour *le Soldat*, vous avez bien voulu me dire qu'il s'agissait d'une collaboration personnelle, que le travail resterait entre nous deux et que vous sauriez reconnaître publiquement la part que j'y aurais prise. C'est dans ces conditions que j'ai accepté de l'entreprendre. J'ai d'ailleurs dans votre très haut jugement une confiance trop absolue pour imaginer que vous teniez un tel ouvrage pour un travail d' " état-major ". Cette œuvre de philosophie, d'histoire et de style sort tout à fait des travaux de service [...].
> C'est pourquoi je vous demande, Monsieur le Maréchal, avec une respectueuse instance, de ne soumettre à aucune autre plume ce que je n'ai remis qu'à vous [...]. Si, par dévouement à votre égard et par désir de donner à certaines idées, dans l'intérêt général, toute l'autorité de votre nom, je consens de grand cœur à vous voir signer seul l'ouvrage, je ne puis renoncer à ce que j'y ai mis de moi-même. D'ailleurs, y renoncerais-je que l'avenir se chargerait fatalement de remettre les choses en place.
> Ce tour de la pensée et du style qui se trouve dans *le Soldat,* certains le connaissent déjà. Par la force des choses, d'autres le découvriront plus tard. D'autre part, si le monde entier sait ce que vaut dans l'action et dans la réflexion le maréchal Pétain, mille renseignés connaissent sa répugnance à écrire. Pour répondre d'avance aux questions, pour fermer la bouche aux malveillants, surtout pour être juste, il est nécessaire, Monsieur le Maréchal, que vous fassiez hautement, dans une préface ou un avant-propos, l'aveu de votre collaborateur. Habile générosité qui assurera dans l'ordre littéraire, comme dans les autres, l'intégrité de votre gloire... »

On ne résiste pas à la tentation de recourir ici à une locution sportive, et semi-argotique : « la classe parle ». Fermeté, désinvolture, ironie, hauteur de vues, le commandant de Gaulle dit ce qu'il doit dire au chef dont dépend sa carrière militaire. Rien n'est voilé de ce que les traditions et « convenances » imposent qu'on dissimule en telle occurrence. Aussi bien la camarilla du vieux chef réagit-elle avec aigreur. Comment ce « nègre » ose-t-il, plus que nous, exiger son dû ? Le colonel Laure, bras droit de l'Imperator, écrit sèchement à de Gaulle :

« Quand nous servons un grand chef, nous ne valons que par lui et pour lui... Retirez votre lettre au maréchal. Ne posez pas vos conditions, soyez un loyal serviteur, ce qui est notre orgueil, à nous, soldats. » Le tout précédé d'une menace explicite où sont invoqués intérêt et carrière : le colonel va jusqu'à évoquer l'hypothèse selon laquelle le commandant de Gaulle serait « rayé des contrôles pour les deux ans au cours desquels ce travail [l'a] absorbé complètement » et classé « avec effet rétroactif en position de congé ou de disponibilité ». Pourquoi pas la dégradation ?

Le maréchal Pétain est assez fin, lui, pour ne pas tomber dans de tels excès. A la leçon péremptoire que lui administre de Gaulle, il réagit avec une modération où l'on décèle plus d'embarras que d'irritation.

« Mon Cher de Gaulle,

Je comprends l'émoi que vous a causé la lettre d'Audet... Le but que je poursuis n'est pas de présenter à mes camarades de l'Armée une simple étude historique, si brillante soit-elle. Il faut que de cette étude se dégagent certains principes d'organisation et d'emploi qui seront mis au point dans un dernier chapitre qui sera rédigé par mes soins... En ce qui concerne votre participation à l'ensemble du travail, elle apparaîtra, comme je vous l'ai déjà dit, dans la préface que nous rédigerons en commun quand le moment sera venu... »

Entre de Gaulle et Pétain, est-ce un armistice ? Divers témoins, dont le commandant Loustaunau-Lacau (camarade de Charles de Gaulle à l'École de guerre avant d'être appelé au cabinet de Pétain) assurent que vers le milieu de 1928 le maréchal, plutôt que d'avoir à reconnaître publiquement que le texte du *Soldat* est dû à la plume de De Gaulle, choisit de glisser le manuscrit dans son coffre-fort en assurant : « Il n'en sortira jamais ! »

En janvier 1929, pourtant, répondant aux vœux du commandant qui l'adjure « d'en finir avec *le Soldat* » et de le « livrer au public » l'Imperator écrit à de Gaulle que « *le Soldat* n'est pas mort [...] si vous voulez bien continuer votre collaboration » (*sic*). Et de suggérer, surtout à propos de la période 14-18, d'autres retouches... De nouvelles occasions de « collaboration », au surplus, vont s'offrir : la mort de Foch, au début de 1929, ouvre à Pétain les voies de l'Académie. Le discours ? Apparemment remis de sa grande fureur de l'année précédente, le colonel Laure signale à de Gaulle, en juin, que le maréchal envisage de le « tâter » pour la « mise au point » de l'allocution académique. Sur quoi de Gaulle écrit à Nachin : « On s'occupe du discours de réception du maréchal à l'Académie. C'est pour plus tard, le plus tard possible. Il s'agit de faire l'éloge de Foch, que l'autre ne pouvait pas sentir, et réciproquement... » Le sarcasme désormais ne cesse d'affleurer sous la plume de De Gaulle dès lors qu'il s'agit du vieux chef.

Le ton risque de prendre un tour franchement sardonique quand le commandant reçoit à Trèves, le 25 juillet 1929, une lettre où l'Imperator ne craint pas d'esquisser, en tant qu'écrivain, un parallèle entre lui et Paul Valéry qui est chargé de le recevoir sous la Coupole :

« ... Quant au discours académique, il n'a qu'une importance relative. Je vais me remettre à écrire. Je n'y réussissais pas trop mal autrefois. Comme c'est Paul Valéry qui me répondra, je ne serais pas fâché de mettre mon style, dépouillé à vif, en opposition avec le sien où la pensée disparaît sous l'amoncellement des fioritures... »

Charles de Gaulle aurait à coup sûr été secoué, en refermant cette lettre pittoresque, d'un formidable éclat de rire (une compétition Pétain-Valéry sur le terrain du style : et pourquoi ne pas envoyer l'auteur de *Monsieur Teste* présider le Conseil supérieur de la guerre ?) s'il n'avait lu la formule finale : « Sentiments affectueusement dévoués »... Le maréchal ne lui avait encore jamais donné que du « cordial ». Formule qui prouvait qu'en dépit des ruades de son « poulain », le vieil homme lui demeurait fortement attaché.

Tant il est vrai que si l'intimité de leurs relations a été exagérée par la plupart des biographes, d'autres * vont jusqu'à soutenir que nulle « protection » n'a été accordée par l'un, acceptée par l'autre, que nulle connivence exceptionnelle ne peut être, de l'un à l'autre, décelée. Répétons-le : si de Gaulle se déprit vite de l'influence de Pétain dont, dans le domaine de la pensée et des conceptions militaires, tout le séparait, le vieux chef poussa jusqu'à l'extrême la faveur sans exemple concédée à un cadet qu'il admirait plus que tout autre, et peut-être même aimait — sentiment très rare chez lui.

L'écrira-t-il, ce fameux discours de réception ? Il peut rire sous cape, hausser les épaules : nul doute qu'il ne souhaite en être chargé. Mettre dans la bouche de Pétain l'éloge de Foch de façon assez haute pour que le chef disparu le reçoive, de façon assez perfide pour que le survivant n'entende que les dissonances, voilà le plus fascinant des exercices pour le vibrant rhéteur et pour le virtuose politique qu'il est déjà...

Le 2 février 1930, l'Imperator le relance à cet effet, lui proposant un plan et lui rappelant qu'il n'a pas « l'intention de ménager les critiques » adressées à son collègue disparu (dans le rappel des opérations dirigées par Foch, Pétain prévoit de ne consacrer qu'un paragraphe sur cinq à l'offensive victorieuse de 1918 !). Et le vieux chef de préciser : « Si votre travail m'arrive à temps, c'est-à-dire vers le 15 mars, j'aurai grand plaisir à utiliser les parties qui rentreront dans le cadre que je me suis tracé. »

Six semaines pour sublimer Foch en ayant l'air de lui tordre le cou ? C'est plus qu'il n'en faut au Connétable. Le texte qu'il rédige alors est superbe [16]. Si beau que Pétain n'en voudra pas, non seulement parce que les réserves relatives au rival — notamment à propos de l'armistice de novembre 1918 — sont balayées par l'enthousiasme du rédacteur pour le stratège, homme de feu, de foi et d'imagination, mais parce que ce fameux « tour de la pensée et du style » qu'évoquait de Gaulle dans sa lettre de janvier 1928 à Pétain, sont si évidents ici, le mouvement de l'argumentation est si « offensif », l'esprit de la manœuvre imaginative si bien intégré au texte même que, pour l'homme de Verdun, ce serait se nier lui-même, forme et fond, que d'accepter de prendre à son compte cet éloge de son contraire...

Ce n'est pas Charles de Gaulle qui, sous le bicorne académique de Pétain, rendra hommage à Foch, certain après-midi de 1931 : c'est un certain capitaine Montjean — qui y mit plus de mesure dans la louange, plus de poids dans le déni, servant ainsi mieux les intentions du survivant.

Il s'en faut que ses textes de ce temps soient tous aussi beaux que les conférences de l'ESG ou l'éloge de Foch. De quelle aberration passagère

---

* André Frossard, par exemple.

certaine petite pochade intitulée *Télémaque* est-elle le fruit, que les éditeurs des *Lettres, Notes et Carnets* ont eu l'honnêteté proprement scientifique, on dirait même l'abnégation, d'arracher à l'oubli où l'auteur aurait à coup sûr rêvé de la voir enfouie ? Ce récit d'une réception donnée par un certain colonel Ménélas dont s'ébaubissent les lieutenants Télémaque et Pisistrate (« As-tu repéré l'argenterie ? Mieux que chez Poincaré * ! Sans blague, c'est épatant ! ») est si navrant qu'il suffit de tenter de l'oublier. Qui n'a pas commis son *Télémaque* ?

On peut en dire autant du *Flambeau* **, dialogue historico-héroïque publié dans deux livraisons de la *Revue militaire* (mars et avril 1928). On y voit se succéder quatre militaires — Thouvenin, vieux soldat de l'Ancien Régime dont le régiment de Navarre est intégré aux armées de la Révolution, Fricasse, volontaire de l'an II, le futur capitaine Coignet et ce Canrobert qui finira dans la peau d'un maréchal assez cruellement vaincu en 1870 — qui, d'évocation historique en tableau militaire, se passent de l'un à l'autre le « flambeau » de la défense nationale, de 1793 à 1826. On dirait une saynète pour revue de fin d'année à Saint-Cyr. Procédé artificiel, ton scolaire, pesanteur des transitions : on est loin de l'auteur de « Doctrine *a priori* »...

Mais ce laborieux dialogue des morts a tout de même un mérite : celui de résumer en quelques pages l'une des idées-forces qui inspireront, quelques années plus tard, *la France et son armée :* la permanence de la patrie, l'unité et la continuité d'une histoire que les changements de régime, les bouleversements les plus radicaux, de Danton à Villèle, ne parviennent pas à dissocier. Observons tout de même ici que l'éclairage dans lequel sont placées les armées de la Révolution sera beaucoup plus favorable dans *la France et son armée* (1938) qu'il ne l'est dans ce texte de 1926-1927. Ce qui permet de considérer *le Flambeau,* tout balourd qu'il est, comme un document digne d'attention, un repère utile dans l'évolution de la réflexion historique de Charles de Gaulle.

Intéressants aussi les *Carnets* que tient le capitaine à cette époque. On y retrouve sans surprise des citations de la plupart des auteurs préférés du Connétable — Tacite, Bossuet, La Bruyère, Vauvenargues, Goethe, Barrès, Psichari... Mais on y relève aussi un bien singulier commentaire, et la première citation d'un texte qui ne laissera pas d'inspirer une partie de sa vie.

Le commentaire est celui qu'il fait d'un livre de Raymond Poincaré, *l'Invasion,* récits des débuts de la guerre de 1914. Charles de Gaulle, qui ne fait pas très grand cas de l'ouvrage, se gausse de l'ancien président de la République : « Il n'avait — il le dit candidement lui-même — nul contact avec le peuple. Il va jusqu'à se figurer que l'assassinat de Jaurès va provoquer des soulèvements (!). Comme si cet infime incident pouvait

---

* Étrange référence : nul moins que ce pointilleux puritain ne fit étalage de quelque luxe que ce soit. Il avait rétabli le franc : lorsqu'il mourut, on ne trouva chez lui que de quoi payer ses funérailles. En cela très proche de Charles de Gaulle.
** A ceci près que de Gaulle y tenait...

suffire à troubler la nation française au moment qu'elle tirait l'épée [17]... »
Voilà une notation que se fût épargnée, trente ans plus tard, l'auteur des
Mémoires de guerre...

Quant au texte inspirant qui surgit ici, au détour d'une page des *Carnets*,
c'est une phrase de Paul Valéry qui servira d'épigraphe à l'un des chapitres
de *l'Armée de métier*, l'une des plus illuminantes qu'il ait jamais lues : « On
verra, sans doute, se développer les entreprises de peu d'hommes choisis,
agissant par équipes, produisant en quelques instants, à une heure, dans un
lieu prévu, des événements écrasants [18]. » Ce que le maréchal Pétain
appelait une pensée étouffée « sous l'amoncellement des fioritures »...

Mais la surprise qu'éprouve le lecteur en parcourant ces pages couvertes
de l'écriture quelque peu languide de Charles de Gaulle, c'est la place qui y
est faite à la poésie de Verlaine. Quatre fois en une vingtaine de pages, le
Connétable se donne le plaisir de citer les strophes les plus tendrement
mélancoliques, les plus rêveusement nostalgiques de la poésie française :

> Dis qu'as-tu fait, toi que voilà
> Pleurant sans cesse
> Qu'as-tu fait. Dis, toi que voilà
> de ta jeunesse !

Voilà ce que recopiait, patiemment, de poème en poème, un certain
Charles de Gaulle, officier de 37 ans considéré comme l'espoir de l'armée,
immédiatement après avoir noté cette maxime de Louis XIV : « C'est par le
travail qu'on règne. » Ce n'est pas simple, un homme. Fût-il professeur
d'énergie, maître du commandement et porteur du grand destin auquel
celui-ci se sait voué. « Qu'as-tu fait... toi que voilà, de ta jeunesse ? »

Le 25 septembre 1927, après être resté douze ans capitaine *, il a donc été
promu au grade de chef de bataillon. Son « inscription au tableau »
(d'avancement) date de huit mois. Son ami Lucien Nachin lui adresse alors
les félicitations d'usage, Charles de Gaulle lui riposte, en « gaullien » de
haute époque : « Il est doux d'avancer. Mais la question est ailleurs ; il s'agit
de marquer. » Ambition que lui auront permis d'accomplir les leçons de
l'École de guerre.

Au « temps de commandement » que tout officier, « maison Pétain » ou
pas, doit accomplir après chacune de ses promotions, il lui faut donner un
éclat particulier. Après le service du maréchal et les fracassantes conférences à l'École de guerre, que peut-on inventer pour lui qui reste dans ce
ton de miracle ? On l'enverra commander en Allemagne un bataillon de
chasseurs à pied, et l'un des plus éprouvés par la récente guerre : le 19ᵉ,

---

* Durée tout à fait normale. Leclerc, lui, est resté capitaine quinze ans...

cantonné à Trèves, sur les bords de la Moselle, petite cité d'origine romaine qui a donné au monde un citoyen peu banal : Karl Marx.

Pourquoi parler ici de « miracle » ? Parce que les unités de chasseurs sont, sans jeu de mots, la chasse gardée de ceux qui y ont servi dès l'origine. Unités d' « élite » où le narcissisme français prétend voir l'incarnation de la race, symbolisée par le port du béret et le pas plus allègre que celui des autres unités (120 enjambées à la minute !), elles ne s'ouvrent jamais aux intrus comme ce de Gaulle qui n'a jamais servi que dans des régiments d'infanterie ordinaires.

Est-ce une fois de plus la protection du maréchal qui lui vaut ce traitement de faveur ? Aucun texte ne vient corroborer cette hypothèse. Mais la réputation de l'auteur du « Rôle historique des places » commence à le précéder en tout lieu. Et il n'est pas jusqu'au terrible général Matter, directeur de l'infanterie, fameux pour les aspérités de son caractère, qui ne s'avoue frappé. A Lucien Nachin, son ancien subordonné, qui lui dit en même temps que sa satisfaction, son étonnement de voir son ami Charles de Gaulle bénéficier de cette dérogation à une tradition aussi solidement établie — et préservée par les intéressés, Matter rétorque de son ton abrupt : « Je mets en place un futur généralissime de l'armée française [19] ! »

7. Au fil de l'épée

Quand, le 11 octobre 1927, Charles de Gaulle rejoint à Trèves ce 19ᵉ BCP dont on lui confie la charge comme une épreuve en vue de mesurer ses vertus de chef promis aux plus hautes missions, il y a presque douze ans qu'il n'a exercé aucun commandement *. Exactement depuis le 12 mars 1916, sous la mitraille de Douaumont. Ce professeur d'autorité qui vient, face à l'intelligentzia militaire, d'en proclamer l'altière philosophie, le voici mis en devoir de faire à nouveau sa preuve.

A Dinant, il a appris que le feu tuait, mais qu'il saurait l'affronter avec fermeté. En Champagne, il a mesuré le prix incomparable de la vie humaine et compris que la discipline devait avoir pour objectif premier d'en limiter les pertes. A Verdun, il a vérifié que l'ascendant d'un chef se mesure à son exigence, surtout à l'égard de lui-même. Mais maintenant, après ces longs intermèdes dans le professorat, le « cabinet » et la littérature ? Maintenant, les chasseurs de Trèves vont connaître ce dont est capable un intellectuel quand on lui demande de démontrer ses capacités dans l'ordre des faits...

Cette troupe qu'on lui fait le privilège de commander, cette unité qui a été la plus tragiquement éprouvée de toute la guerre (ses effectifs quatre fois renouvelés de fond en comble...), que vaut-elle au juste ? Trois mois après son arrivée sur les bords de la Moselle, il écrit à un ami parisien :

> « Un bataillon de chasseurs, à l'armée du Rhin, est encore une belle troupe. J'entends qu'il s'y trouve des effectifs (721 hommes) et d'assez bonnes conditions d'instruction. Il y a même, au 19ᵉ bataillon, des officiers qui sont bons, en particulier les jeunes sortis des écoles depuis l'armistice et dont l'ardeur intacte vaut bien plus que l'expérience de leurs aînés : " L'expérience, disait von der Goltz, est funeste au soldat... "
> Il nous reste tous les éléments pour nous refaire une armée, mais nous n'avons plus d'armée. Qui donnera un Louvois à la République ? La vie de l'intelligence est en veilleuse à l'armée du Rhin. Cela vaut mieux d'ailleurs, car que " faire " avec l'intelligence, prétentieuse impuissante. Mars était fort, beau et brave, mais il avait peu d'esprit [1]. »

Étrange, cet éloge de l'inintelligence de Mars venant d'un officier qui, dans son texte alors le plus notoire, la première de ses conférences à l'ESG, incriminant les militaires de faire insuffisamment usage de leur cerveau. Veut-il, pour se mieux plonger dans sa nouvelle mission, étouffer en lui le

---

* En Pologne, il s'était trouvé sur la ligne de feu — mais sans exercer aucune autorité.

lecteur de Chamfort, de Bergson et de Valéry, et donner à croire que « faire » et « penser » sont antinomiques ? Il ne manie ce paradoxe de petit calibre qu'à l'adresse d'un homme dont il sait qu'il en sourira...

Voici en tout cas notre commandant sanglé dans la sombre tenue des chasseurs — bleu marine à liséré jonquille —, le col rigide marqué du cor qui sert d'emblème à cette arme. Une photographie du temps le montre au milieu des cadres du bataillon, groupés de part et d'autre de sa silhouette en forme de donjon : à vrai dire, ces capitaines râblés et moustachus qui l'entourent, arborant des galons gagnés au feu, ne semblent pas menacés par les débordements, en eux, de l'intellectualisme. Est-ce par esprit de corps qu'il arrive désormais à Charles de Gaulle de brocarder l'intelligence ?

Le pays où l'a envoyé la République pour vérifier si un « officier de plume » peut redevenir un homme à l'épée est d'une grande beauté. Des coteaux ourlés de vignes des bords de la Moselle aux escarpements de la vallée de la Kyll et des pentes du Kokelsberg aux contreforts boisés de l'Eifel, ce marcheur intrépide devrait trouver un cadre à la hauteur de ses méditations. Mais Trèves n'est plus qu'une petite ville dominée par une gigantesque statue de la Vierge, la Mariensaüle, et par la célèbre Porta Nigra, vestige majestueux du temps des Antonins, noircie par les fumées d'un incendie barbare : d'où son nom. Quel plus beau thème de réflexion pour l'orateur du cercle Fustel de Coulanges ?

Mais c'est par une fureur d'action qu'il veut s'imposer, secouant ses hommes et lui-même avec une sorte de frénésie. Au programme des dix premiers mois de son commandement sont prévus un séjour d'entraînement intensif d'un mois au camp de Bitche, un exercice de dix jours au camp de Drose, sans compter les manœuvres de garnison et les grandes manœuvres de l'armée du Rhin. Il ne s'en contente pas, imposant un train d'enfer à ses gens. Ce ne sont que marches forcées, exercices de tirs prolongés, compétitions sportives, traversée de la Moselle gelée en pleine nuit (interrompue avant exécution par le général commandant la place). Les chasseurs forment une troupe d'élite, oui ou non ? Ce n'est pas sous de Gaulle qu'ils perdront leur réputation ..

Il en fait tant qu'un certain nombre de ses hommes, moins soucieux que lui d'appartenir à l'élite, demandent leur transfert en France. Il tonne : « Toute demande de ce genre sera punie de prison ! » L'un de « ses » chasseurs n'en obtient pas moins de son député qu'un ordre de mutation parvienne du ministère. Le commandant de Gaulle tient parole : Au gnouf ! Protestation du député, intervention du commandant supérieur des troupes, menace des sanctions les plus graves, voyage éclair du Connétable à Paris (« J'appartiens à la maison Pétain », lance-t-il aux enquêteurs), entretien avec le maréchal, qui obtient du ministre, son ami Painlevé, l'absolution. Non sans conclure dans un sourire où s'inscrivent des comptabilités ambiguës : « Je lui ai tiré une belle épine du pied ! »

Un excité, ce commandant de Gaulle ? Il ne manque pas de collègues pour le murmurer alentour. Mais la plupart de ceux qui servent sous ses ordres — les gradés en tout cas — subissent son ascendant et, dans leurs souvenirs, mettent l'accent sur la puissance de sa personnalité, la hauteur de ses vues et la rigueur de son comportement, plutôt que sur les débordements d'une autorité naturelle longtemps tenue en lisière dans des fonctions marginales. Mais comme il est possessif avec « ses » hommes et « ses » officiers !

Il habite une maison modeste sur la rive de la Moselle opposée à celle où se dresse le « quartier Sidi-Brahim », la caserne du 19ᵉ BCP qu'il gagne à pied chaque matin. A midi, il prend son repas seul, le plus souvent dans la salle du casino où est installée la popote de garnison. Mais le soir, il convie souvent à sa table quelques-uns des jeunes officiers autour d'une bouteille de graves à six francs : l'étiquette en fait foi. Plus question de service : il disserte avec entrain sur les campagnes de Napoléon, les princes-évêques du xvIIᵉ siècle ou les poètes du Moyen Âge.

Le futur Mgr Rupp, qui fut lieutenant de réserve au 19ᵉ BCP sous les ordres de ce chef peu banal, a brossé un savoureux portrait du commandant de Gaulle à l'intention d'André Frossard [2] :

« … De Gaulle fut tout de suite notre point de mire… Il émergeait moins par sa taille que par son " Moi " qui fusait dans les grandes hauteurs… On jaugeait son extraordinaire solitude selon la mesure du quotidien. On disait : orgueil, froideur, ambition, envol spatial. Mes amis et moi comprenions un peu son silence. Que dire ? A qui parler ? De quoi * ? Il aimait les jeunes. Mais qu'avait-il, alors, à leur demander ? Son bataillon, le 19ᵉ, était sévèrement tenu. Mais intelligemment, bien sûr. Ailleurs, la sévérité régnait seule. On ne se plaignait pas de rigueurs, ni excessives ni injustes. Il nous fallait ce *drill* **.

« … Ses conférences d'histoire attiraient un public nombreux (hélas de civils. Les militaires savaient…). Il fit sur le champ de bataille de Frœschwiller une reconstitution dramatique. Adossé au monument commémoratif, ce visionnaire se montrait cinéaste, débordant d'érudition… Mais surtout, il expliquait. Le haut commandement prussien devait sa victoire à l'initiative laissée aux chefs… »

Ses conférences ? On relève que, le 24 janvier 1929, il prononça la troisième des sept causeries offertes à ses abonnés par la Société des conférences de Trèves, ainsi intitulée : « La déroute du peuple allemand. » On ne saurait dire que cet énoncé fut du meilleur goût, dix ans après l'événement et alors que les relations étaient redevenues cordiales entre Berlin et Paris, et au moment où le cabinet français décidait d'avancer la date de la fin de l'occupation. Une flèche du Parthe ?

Dans l'une des saynètes d'un spectacle satirique qu'il avait écrites pour une fête de garnison sous le titre « Trèves de valses », le lieutenant Rupp, mettant en scène le « commandant de Perche » dont les troupes outrepassaient les ordres d'un état-major pusillanime, faisait dire au colonel abasourdi par les initiatives du chef du 19ᵉ BCP : « Que dit-il ? *Alea jacta*

---

* D'autres ont le souvenir d'un causeur abondant, dès cette époque.
** Entraînement intensif, à la limite du dressage…

est. Passage du Rubicon... Quel surhomme ! » Ce dont l'intéressé eut le bon goût de rire, promettant à ce futur évêque un bel avenir sur le Boulevard...

Affinant le portrait du de Gaulle de Trèves, André Frossard nous le décrit ennemi de la « ploume », mot qui résumait pour lui tout ce que d'autres appellent le « chiqué » — rutilances, panaches, brandebourgs et style déclamatoire —, voire les quelques traits par lesquels les chasseurs prétendaient se distinguer : pas accéléré et béret en forme de tarte. Mais ces gants blancs qu'il ne quitte pas ne relèvent-ils pas de la « ploume » ? Il porte en tout cas une attention méticuleuse à la personnalité de chacun des hommes auxquels il impose une vie harassante. De cette sollicitude impérieuse, les témoignages ne sont pas rares. Que nous les tenions de gradés signifie simplement qu'eux seuls écrivent.

Jean-François Duflos n'était pas encore ambassadeur, à Trèves, mais seulement lieutenant de réserve, quand il se retrouva sous les ordres du Connétable. Quelque temps après son arrivée au bataillon, au soir d'une manœuvre où il a quelque peu cafouillé, il est convoqué par le commandant. L'orage s'annonce violent... Mais voici que de Gaulle, lui rappelant les terribles pertes subies au cours de l'histoire par le bataillon qu'il commande, évoque la mémoire du capitaine Duflos, tué à l'assaut de Navarin : « Voici trois mois que vous êtes avec nous, et j'ignorais que vous fussiez son fils. J'aurais dû le savoir... »

Quelques jours plus tard, le lieutenant reçoit la visite de sa mère. On déjeune à la popote du Casino. De Gaulle, seul à sa table, s'enquiert de la dame qui partage le repas de l'un de ses officiers, s'approche, s'incline devant la veuve du capitaine Duflos. « Madame, il vous faut visiter Trèves. Je me libérerai de tous mes engagements de l'après-midi et serai votre guide. » Deux heures durant, en grand uniforme, le Connétable conduira son invitée de la Porta Nigra à la basilique et du Moselüfer à la cathédrale, décrivant tout par le menu comme un vieux spécialiste. Et quand un groupe de « ses » officiers s'en va visiter Aix-la-Chapelle voisine, c'est encore lui qui s'improvise guide, imbattable érudit de la ville impériale [3].

Avec ses supérieurs, en revanche, les rapports du commandant restent immuablement tendus. Quand le colonel Lacombe se plaint devant lui de n'avoir pas été admis au Centre des hautes études militaires (dit « école des maréchaux »), de Gaulle le coupe : « Le CHEM n'accueille que les officiers appelés à un grand avenir ! » Quand le général Putois, commandant de la garnison, fait la critique publique du comportement des chasseurs lors d'une manœuvre, il entend aussitôt de Gaulle proclamer devant le front des troupes rassemblées : « Le 19e s'est bien comporté : une journée de repos ! » Et quand le général Debeney, l'ancien « patron » de l'ESG devenu chef d'état-major général, lui adresse une note annonçant la mort d'un ancien chef du bataillon, il reçoit en réponse un message cinglant lui signifiant qu'on n'a pas attendu l'avis de l'état-major de Paris pour rendre hommage au disparu... On dirait qu'il cherche systématiquement à entrer en conflit avec la hiérarchie : seul le général Guillaumat, commandant supérieur des troupes d'occupation en Allemagne, disciple déclaré de Foch (et donc en mauvais termes avec Pétain) trouve grâce à ses yeux...

S'il ne répugne pas aux conflits, il n'aime pas les « histoires ». Il en a, bien sûr. Celle-ci, par exemple, qui a défrayé la chronique. L'hiver 1928-1929 est terriblement froid dans la vallée de la Moselle. Une épidémie de grippe se déclare, que la presse française s'empresse de qualifier de « grippe allemande »... La maladie fait des ravages dans la garnison de Trèves : trente morts, précise-t-on, « sans compter les Annamites », dont sept pour le seul 19e BCP. Le gouvernement, que préside alors Poincaré, doit faire face à des dizaines d'interpellations : que fait-on de la vie de nos soldats en temps de paix ?

Une commission d'enquête est désignée, dont le rapporteur, le colonel Picot, monte à la tribune de la Chambre pour dégager, entre autres, la responsabilité du commandant du 19e bataillon, « où le... grand nombre de décès n'est pas dû à la façon dont les hommes sont traités : il est admirablement commandé ». Et l'orateur de préciser : « Le chasseur Gouraud étant mort orphelin, le commandant (de Gaulle) a décidé de porter le deuil. Voilà un chef ! » (Vifs applaudissements). Du banc du gouvernement, le président du Conseil lance un « Très bien ! » qui, venant de lui, vaut une citation à l'ordre de l'armée[4].

Le commandant de Gaulle, qui d'ordinaire ne déteste pas que l'on parle de lui, surtout pour louer ses méthodes, s'irrite de l'incident et juge abusifs les commentaires aussi bien que les chiffres avancés par le rapporteur de la Commission. Il écrit à son ami Nachin : « Le bataillon n'a pas été, de loin, aussi éprouvé par l'épidémie que le colonel Picot l'a prétendu, pour faire ressortir autre chose. Toute cette histoire est lamentable... »

Période chargée d'amertumes, privées (sur lesquelles nous reviendrons) et publiques autant que professionnelles. De l'incomparable poste d'observation qu'est la Rhénanie au temps de Locarno et du pacte Briand-Kellog (« guerre à la guerre ! »), il voit s'effilocher l'ascendant que la France exerçait sur l'Europe, se déliter de mois en mois le formidable outil qu'a été l'armée française, et basculer le rapport de forces entre Paris et Berlin. Une Allemagne encore saignante mais désormais appliquée à son redressement palpite sous ses yeux. Comment douterait-il du caractère tragique de l'avenir, quand il lit l'ouvrage capital d'Arthur Moeller van den Brück, *le IIIe Reich* * ?

Cet essai puissamment prophétique décrit un Reich supranational dirigé par la Prusse, rassemblant ce « peuple sans espace » et dépassant les limites de l'empire bismarckien pour dominer toute l'Europe centrale. « Nous sommes, nous Allemands, destinés à ne laisser jamais les autres en paix... », concluait Moeller qui, épouvanté des perspectives ouvertes par sa rigoureuse imagination, devait se suicider deux ans après la publication de son livre — dont le *Mein Kampf* de Hitler (1927) ne sera qu'une version plébéienne et sauvage.

Il ne semble pas que de Gaulle ait lu le manifeste nazi durant son séjour à

---

* Qui date de 1923, l'année du putsch nazi de Munich.

Trèves. Il écrit pourtant à Nachin, à la fin de 1928, sur un ton aussi prophétique que Moeller van der Brück :

> « L'armée du Rhin n'en a plus pour longtemps. La force des choses abat ce qui demeure en Europe de barrières convenues et précieuses. Il faut être convaincu que l'Anschluss est proche, puis la reprise par l'Allemagne, de force ou de gré, de ce qui lui fut arraché au profit de la Pologne. Après quoi, on nous réclamera l'Alsace. Cela me paraît écrit dans le Ciel[5]. »

Cette désagrégation de l'armée du Rhin dont il est le témoin courroucé va se manifester de la façon la plus blessante qui soit pour lui : il est avisé de la dissolution de son bataillon, le prestigieux 19e BCP. Le 9 octobre 1929, devant les troupes de la demi-brigade à laquelle appartenait le bataillon qu'il commande depuis deux ans, il commente ces « obsèques » avec une violente amertume :

> « ... Nous dirions volontiers, comme Œdipe à Colone : " Accepte le destin, mais sache le maudire ! " [...] Voir jeter aux quatre vents du ciel les trésors d'ardeur, de valeur, de force que nous représentions ensemble [...] cela, c'est une blessure profonde. Mais c'est aussi une blessure féconde et que nous laisserons s'élargir car elle nous marque et elle nous détermine [...]. Je pense à vous surtout, messieurs les jeunes officiers, dont l'enthousiasme se heurte chaque jour à des réalités pénibles [...]. L'armée française [est] toute prête à recommencer une jeunesse nouvelle le jour où quelque volonté puissante aura rencontré et saisi son destin[6] ! »

Bigre ! Une « volonté puissante » apte à « saisir le destin »... Où donc la trouver ? Ce « Louvois qu'il faut à la République » dont il parle si souvent et dont il a fait le sujet d'une de ses conférences à la garnison de Trèves, aurait-il cru le découvrir en Joseph Paul-Boncour auquel il écrivait quatre ans plus tôt ? Nulle trace ne reste d'une réponse. Saisir le destin... Ce séjour à l'armée du Rhin, dès avant la dissolution du bataillon qu'il s'est appliqué à forger comme une lame, aura surtout contribué à aviver son angoisse de patriote et sa nostalgie en tant qu'homme privé. N'en vient-il pas à s'interroger, lui, le Connétable, sur sa vocation ?

C'est quelques mois plus tôt, le 20 juin 1929, qu'il avait écrit l'une de ses lettres les plus passionnément commentées, et qui le mérite... Les trois phrases essentielles de ce texte furent divulguées par Lucien Nachin en 1944 dans son *Charles de Gaulle, général de France*. Mais on a eu déjà l'occasion de signaler que Nachin ne distingue pas, dans cet ouvrage, les lettres adressées au colonel Mayer et à lui-même. Il en avise d'ailleurs le lecteur. Or, c'est bien à Mayer, non à Nachin, constamment présenté jusqu'ici comme le destinataire, que la lettre fameuse est écrite, comme en témoigne la formule « Mon Colonel » : Nachin avait pris congé de l'armée six ans plus tôt avec le grade de capitaine. Voici en tout cas les trois phrases controversées, telles qu'elles furent livrées au public en 1944 :

> « Ah ! toute l'amertume qu'il y a de nos jours à porter le harnais ! Il le faut pourtant. Dans quelques années, on s'accrochera à mes basques pour sauver la patrie[7]... »

« Mes basques » ? Écrit par un simple commandant de chasseurs en 1929... Lu à l'époque de la Libération, dans le climat de mystique patriotique et d'exaltation de l'homme du 18 juin qui régnait lors de la publication du livre de Nachin, le propos parut tout simplement prophétique.

C'est comme tel que J.-R. Tournoux le reproduisit vingt ans après dans son *Pétain et de Gaulle*[8] où la lettre supposée écrite à Nachin est pour la première fois publiée *in extenso*. L'auteur prenait soin de reproduire en annexe le fac-similé[9] du document, à lui communiqué par Henri Noguères, qui le détient.

Examinant soigneusement le texte du fac-similé en vue de la rédaction d'un livre publié en 1965[10], il m'apparut que la lecture d'Émile Mayer et de Lucien Nachin (qui n'avaient pas manqué de se consulter), et de ceux qui avaient depuis lors reproduit ce propos surprenant, était erronée : une comparaison attentive des « n » et des « m », des « e » et des « o » que comporte la lettre, notamment dans la formule finale, me fit voir à l'évidence que le commandant de Gaulle avait écrit « nos basques » et non « mes basques », ce qui est plus conforme au bon sens, et au respect qu'il portait au supérieur et à l'homme âgé qu'était le lieutenant-colonel Mayer, alors septuagénaire. Charles de Gaulle vouait trop de respect à cet ami pour s'arroger à ses yeux une aussi formidable destinée. Que Mayer, puis Nachin, ait compris ainsi le message étonne un peu. Que de Gaulle ait voulu le formuler sous sa forme la plus altière serait stupéfiant.

Au surplus, la lecture « nos basques » est seule rationnelle. Pourquoi tenir si fort au « harnais » du soldat, s'il ne s'agit que d'un destin individuel ? C'est parce qu'il est convaincu que la patrie fera quelque jour appel à l'Ordre militaire, seul dépositaire, en dépit de ses présentes faiblesses, des valeurs fondamentales de la nation, que le commandant de Gaulle refuse, malgré tout, de s'en détacher. L'hypothèse est collective : observons d'ailleurs que l'esprit de caste et l'orgueil corporatif qu'elle implique déconcertent chez un homme qui se réclame si constamment de la légalité républicaine, et se confie ici à un vieux démocrate comme Émile Mayer.

Qu'il faille se donner tant de mal pour aboutir à cette interprétation « restrictive* », que des hommes qui éprouvent estime et admiration pour de Gaulle — Émile Mayer et Lucien Nachin les premiers — aient pu retenir la première lecture, voilà qui en dit long sur le mythe naissant. Surprenante prolifération du fluide d'autorité qui émane du Connétable et qu'exaltera *le Fil de l'épée*...

Cette fameuse « lettre du 20 juin » (il s'en faut de deux jours... et onze ans !) avait pour objet de répondre à une correspondance d'Émile Mayer relative à un article, « Philosophie du recrutement », publié par le commandant de Gaulle dans la *Revue de l'infanterie* d'avril 1929. Cet interlocuteur privilégié et fort peu bénisseur avait-il fait quelques réserves sur cet article, à dire vrai assez plat, où l'auteur mettait en parallèle les

---

* Dont, seul des « gaullologues », M. André Frossard a bien voulu signaler l'origine..

vertus respectives du soldat citoyen et du mercenaire, pour faire ressortir qu'en fin de compte, à la guerre, tout dépend de la capacité du chef à « pénétrer l'âme des soldats » ? Le fait est qu'avant d'évoquer l'amertume provoquée par le port du « harnais » en 1929, le commandant du 19ᵉ BCP écrivait :

> « Non ! La soi-disant " Philosophie du recrutement " ne " casse rien ". Il n'y a rien là d'original, ni de vraiment synthétique. J'en conviens ! J'en conviens ! Il fallait un article à la *Revue de l'infanterie,* qui en exigeait un. Je lui ai donné cela... »

Salubre autocritique dont on ne dira pas que la rareté fait le prix, tant qu'on ne disposera pas de la correspondance échangée par cet écrivain avec tous ses censeurs. Relevons en tout cas qu'il advint à de Gaulle de juger sévèrement telle ou telle de ses propres publications.

Mais comment tenter de décrire ou de comprendre le Charles de Gaulle de ces années-là sans évoquer la tragédie familiale qu'il vit ? Le 1ᵉʳ janvier 1928 est née chez les de Gaulle une fille, Anne, qui est bientôt reconnue mongolienne. La naissance a été très pénible. Son frère Jacques Vendroux rapporte qu'Yvonne de Gaulle, dont les deux premières maternités avaient été sans histoire, reçut un choc émotionnel en assistant à une violente bagarre entre un groupe d'anciens combattants allemands et une patrouille de chasseurs du bataillon de son mari, quelques semaines avant l'accouchement [11]. Dans la famille, c'est la cause que l'on attribuait à l'état de l'enfant.

Aucun portrait du général de Gaulle ne peut être fidèle qui ne dise ce que fut la souffrance éprouvée par ce couple. La présente biographie n'y saurait prétendre. Qui, hormis quelques intimes, est en mesure de décrire cette épreuve qui aura contribué, autrement que les malheurs de la patrie ou les gloires vécues, mais peut-être aussi profondément, à façonner, à sculpter le personnage de Charles de Gaulle ?

On reviendra naturellement sur la façon dont, vus de l'extérieur, Yvonne et Charles de Gaulle assumèrent la terrible épreuve. En attendant, il faut seulement signaler cette césure dans leur vie — avant et après la naissance d'Anne. Il n'est plus aucune de leurs décisions qui ne se rapporte plus ou moins à elle*... Et d'abord celle-ci : ils ne se sépareront pas d'elle, ils ne la confieront pas à une institution spécialisée. Elle vivra sa pauvre vie au cœur de la leur, de sa famille.

Si, du point de vue de la vie intérieure du couple, cette douleur acceptée peut être une source d'approfondissement de la tendresse, de l'estime réciproque et de la solidarité, on ne peut douter non plus que l'homme « dans le siècle » qu'est aussi de Gaulle porte désormais une blessure au

---

* Jusqu'en 1948, date de la mort d'Anne.

flanc qui ne cesse de saigner et avive jusqu'au cri, parfois, une furieuse impatience de vivre.

La dissolution de son bataillon* n'est ni une sanction — le général commandant la place de Trèves ne laissera pas s'accomplir la mise au tombeau sans rendre un vibrant hommage au chef de corps — ni la raison du départ d'Allemagne du commandant de Gaulle — encore qu'elle ait pu l'accélérer. Il y a « fait » ses deux ans de commandement et ne pense plus qu'à l'affectation dont il rêve depuis longtemps : un enseignement à l'École supérieure de guerre.

Mais certains s'emploient à lui tracer d'autres voies. Le maréchal Pétain, par exemple, auquel il a visiblement suggéré de le rappeler à ses côtés au « 4 bis » et qui lui répond (dans la lettre où il se compare à Paul Valéry...) en lui conseillant d'aller servir en Syrie : le général du Granrut, qui y commande, lui ferait bon accueil. « Je me ferais un scrupule de vous enlever à lui..., précise le maréchal. Pour gravir, en temps de paix, les divers échelons de la hiérarchie, il est nécessaire de se distinguer par des services exceptionnels. Une occasion vous est offerte, ne la négligez pas. Voilà le conseil que je vous donne, et il est bien désintéressé... »

« Désintéressé » ou non, le conseil n'enchante pas de Gaulle. Qu'est-ce que c'est que cette idée, chez le maréchal, d'envoyer ses amis outre-mer ? Voilà qui est nouveau. Le Maroc lui aurait-il laissé de si grands souvenirs ? Ce qui est clair, c'est que l'Imperator n'est pas pressé de le revoir aux Invalides, et qu'il ne le poussera pas, au moins pour cette fois, vers l'École de guerre. Il lui faut donc se débrouiller seul. Quelles que soient les démarches qu'il ait faites, il se croit bientôt agréé, si l'on en croit le récit fait dans *Fantassin de Gascogne* par le général Laffargue :

« Un jour, je rencontrai dans la cour de l'École militaire mon ancien camarade de Gaulle. Il me dit qu'il venait d'être nommé professeur à l'École supérieure de guerre. Je le félicitai et lui exprimai le plaisir que j'aurais à le rencontrer ainsi plus souvent.

« Or, quelques jours plus tard, ouvrant le *Journal officiel,* j'y lus l'affectation de De Gaulle à l'armée du Levant. J'en fus très étonné. Que s'était-il donc passé ?

« Voici ce que l'on me raconta. Lorsque les professeurs apprirent cette nomination, ils allèrent trouver le général commandant l'École et lui tinrent en substance ce langage : " Si de Gaulle vient ici, nous partirons tous ! "

« Une démarche inouïe, sans autre exemple dans l'armée française. On ne persista pas et l'affectation fut changée. »

On a vu que, sans jamais avoir été « gaulliste » — ni dans les années vingt comme Mayer, Nachin et pas mal d'autres, ni en 1940 et au-delà —, Laffargue n'était animé d'aucune animosité contre le Connétable. On

---

* Mesure qui sera rapportée trois mois plus tard, après son départ pour l'Orient.

retiendra donc son histoire, qui n'est cruelle que pour les imbéciles qui firent front contre le novateur. Elle rappelle en outre opportunément que ce n'est pas un choix personnel qui dirigea de Gaulle vers l'Orient à l'automne de 1929. S'il souhaite se retrouver plutôt à Paris, c'est d'abord en raison de son « tropisme » métropolitain ; c'est aussi parce qu'il souhaite rester près des « centres de décision ». C'est enfin du fait des obstacles opposés à toute affectation outre-mer par les soins qu'exige l'enfant infirme.

Bref, il faut partir. Toutes les précautions prises et les impedimenta rassemblés, Charles de Gaulle et les siens embarquent le 30 octobre 1929 sur le *Lamartine,* en partance pour Beyrouth. Trois jours plus tard, le commandant écrit à son père, au large du cap Matapan, après avoir visité Pompéi et avant de débarquer au Pirée et de découvrir Athènes :

> « La seule vue de la mer et de celle-là rend plus claires et plus profondes les idées et les espérances, et l'on admire Thémistocle qui fit placer la tribune de l'Agora de telle façon que les orateurs eussent toujours sous les yeux la Méditerranée [12]... »

Puis, commentant une émission de la radio du bord qui annonce la formation à Paris d'un gouvernement Tardieu, il souhaite à cet « élève de Clemenceau » de « redresser à l'intérieur et à l'extérieur notre politique que Briand et ses lâches admirateurs dénationalisent honteusement ». Et il conclut cette lecture à son père par une assurance de fidélité aux traditions familiales, « quelque tournure que puissent prendre les combinaisons laïques ou cléricales » (notons qu'il met les unes et les autres sur le même plan...).

Va-t-il se retrouver tout à fait déconcerté dans cet Orient qu'il ne dit pas encore « compliqué », mais sur lequel il ne doit pas avoir que des idées simples. Il n'a pas eu le temps de lire beaucoup, entre la notification de son affectation, le 18 octobre, et son départ à la fin du mois. Mais entre deux coups d'œil sur « la mer toujours recommencée », il a dû parcourir ce qui s'écrit depuis le début de l'autre siècle sur le Levant — de Chateaubriand, Lamartine et Renan à Barrès, Loti et Pierre Benoit.

Ce n'est pas d'ailleurs de son ordre de mission pour Beyrouth que date l'intérêt de Charles de Gaulle pour le Proche-Orient. Cinq ans plus tôt, le maréchal Pétain avait formé le projet de visiter les positions françaises au Levant : en vue de préparer ce voyage avait été convoqué à Paris l'officier réputé le plus compétent en ce domaine, le lieutenant-colonel Catroux, dont le maréchal avait chargé de Gaulle de recueillir les avis. Retrouvant ainsi pour la première fois son camarade de captivité du fort IX d'Ingolstadt, Catroux avait été frappé de l'intérêt que son jeune camarade prenait aux affaires de Syrie et du Liban, du nombre et de la précision des questions qu'il lui posait.

Nous parlant de ces entretiens en 1965, le général Catroux expliquait ainsi l'ouverture de Charles de Gaulle à ce type de questions : « Rien de surprenant à cela : de Gaulle est un chrétien fervent, et quoi de plus passionnant pour un croyant que cette terre où sont nées les grandes religions monothéistes et où elles s'affrontent encore dans toute leur intensité originelle ? » De Gaulle ne devait malheureusement pas retrouver à Beyrouth ce guide incomparable à travers les complexités de la politique du Levant : Catroux avait été muté quelques mois plus tôt au Maroc où, les « coups de marteau » de Pétain assenés, on sentait le besoin de ranimer l'esprit de Lyautey.

Le Levant de 1929, pour un officier français, est-ce, comme l'écrit joliment Jacques Nobécourt [13], une « Rhénanie ensoleillée » — ce qui serait de nature à la fois à rassurer à court terme les arrivants, non sans les inquiéter à plus long terme ? Fondateur manchot, barbu et paternel du « Grand Liban » imposé par la force au nationalisme arabe et à la stratégie anglaise, Gouraud est reparti six ans plus tôt et depuis lors, politiques et personnages contradictoires compliquent de conflits et d'intrigues personnels une situation inextricable.

Personne ne sait exactement ce qu'est le Mandat confié à la France par la Société des Nations sur la Syrie et le Liban. Très peu d'ailleurs savent ce que sont ces deux pays, si même une frontière les sépare. Ne sont incontestables que le confus et vivace nationalisme arabe, la conscience qu'ont les Maronites de leur originalité, les Druzes de leur différence, et le fourmillement d'une trentaine de communautés religieuses, de Tyr à Alep, et de Tripoli à Damas — enfin la rageuse rivalité entre Français et Britanniques. Au cœur de ce puzzle en transe, Beyrouth, soyeuse, mordorée, ouvrant des bras chargés de senteurs et de bagues, exigeante, ici et là un peu farouche...

Comment, sans Georges Catroux, s'y retrouver dans ce miraculeux dédale, d'une joute rituelle entre l'archimandrite aux yeux de nuit et le mufti aux mains potelées, au non moins rituel conflit entre sorciers d'hippodromes et parieurs pathétiques, et d'un débat métaphysique entre marchands de fleurs de la place des Canons à telle visite en catimini d'un condottiere du Chouf ? En ce temps-là, du côté d'Achrafieh, un écolier nommé Georges Schéhadé écoute, extasié, Gabriel Bounoure, oint des saintes huiles de la *NRF* et du surréalisme, l'initier aux mystères de Lautréamont, de Jouve et de Reverdy. Mais le commandant de Gaulle n'a point part à ces célébrations mystérieuses, voué qu'il est aux conciles politico-mystiques où prédicateurs et ruffians se disputent aux portes du Grand Sérail.

Qui sait alors ce qu'est la politique orientale de la France, inspirée de l'obsession de faire pièce aux rivaux britanniques qui s'ingénient, de Jérusalem à Bagdad, à oublier l'« autre » Mandat ? Sur le terrain, chacun agit à sa guise : tandis que dans les Alaouites, le général Billotte a imposé l'administration directe ou peu s'en faut, à Damas (il est vrai plus cohérente et cambrée) Catroux a mis à la mode le plus souple des protectorats. Beaux sujets d'étude et de réflexion pour le grand diable de commandant venu du Rhin auquel, dès son arrivée, le général de Bigault du Granrut, commandant supérieur des troupes du Levant où il guerroie depuis dix ans, a confié la double responsabilité du 2e et du 3e bureau (informations et opérations, tout ce qui compte), ce qui est faire vite confiance à un nouveau venu...

Charles de Gaulle s'installe avec tout son monde dans le « caracol Druze », à bonne distance du Grand Sérail où s'affaire l'état-major, au premier étage d'une maison — dont les autres étages sont également occupés par des officiers — que loue un M. Camille Wéhbé. Première description de sa situation dans une lettre à son père datée du 21 novembre :

> « ... Notre installation matérielle est. en très bonne voie. Maison spacieuse, neuve, bien située... Philippe... chez les pères jésuites. Élisabeth (chez) les dames de Nazareth. La petite Anne se porte bien et fait quelques progrès. Yvonne est pleine de courage et contente de l'ensemble. »

Dans un article écrit bien des années plus tard pour la *Revue du Liban,* Mme Wéhbé évoquait ainsi la vie des de Gaulle au « caracol Druze » : « De Gaulle était matinal et se rendait à pied au Grand Sérail. Il était aimable et plein de largesses. Les de Gaulle sortaient très peu, recevaient rarement. Mme de Gaulle était presque invisible (trop occupée à soigner sa fille Anne, malade). On ne la voyait que le dimanche. A onze heures, avec son mari, elle se rendait à la messe des Capucins à l'église Saint-Louis... »

> « Pour moi, écrit alors de Gaulle à son père, j'ai pris mes fonctions de chef des 2e et 3e bureaux. Je crois que tout ira très bien. Dès lundi prochain, je pars pour Alep d'où j'irai sur l'Euphrate et au-delà, visiter nos postes à la frontière turque. Ensuite, j'irai à Damas, puis dans le djebel Druze... Le pays est calme pour le moment. Bonne impression militaire. Moins bonne impression politique, le haut-commissaire, M. Parisot* ne paraissant pas décidé quant à la conduite à suivre et d'ailleurs mal éclairé et point soutenu par Paris... »

Cinq jours plus tard, d'Alep, c'est à son épouse qu'il écrit, précisant les étapes du voyage (Deir-ez-zor, Hassetché, Kamechlié, Ras-el-Aïn, Lattaquié, Tripoli...). Et il saisit l'occasion de cette tournée un peu aventureuse aux frontières pour s'épancher avec une spontanéité ravissante :

> « Je t'aime de tout mon cœur. Tout le monde ici me demande : " Et Mme de Gaulle n'a pas été trop impressionnée par cette entrée en campagne ? " Je réponds la vérité, c'est-à-dire " non ", et je pense à part moi qu'elle l'a peut-être été mais qu'elle est si brave et courageuse qu'elle a fait semblant d'être contente... Jamais je n'oublierai combien tu m'as soutenu et dans un moment en somme difficile... »

Si neuves et amples soient ses tâches nouvelles qui font de lui l'homme censé tout connaître des frémissements sociopolitiques qui ne cessent d'agiter le Liban et surtout la Syrie, et le responsable de tous les exercices et

---

* Il s'agit bien sûr de M. Henri Ponsot, dont les collaborateurs témoignent qu'il fut à Beyrouth comme à Rabat un homme de talent.

manœuvres entrepris de l'Euphrate au Litani, le Connétable trouve encore le temps de mettre son éloquence à l'épreuve. Son camarade de Saint-Cyr André Berlon, qu'il a retrouvé chef d'état-major à Lattaquié, évoque avec une admiration intacte les trois conférences qu'il prononça au cercle des officiers de Beyrouth, sur l'armée française au temps de la monarchie, de la révolution et de l'empire. « Quel cérémonial ! Et quel abattage ! C'était superbe... Comment fais-tu, lui disais-je, pour parler ainsi sans une note, avec cette clarté, cette autorité ? C'est très simple, me disait-il : j'apprends par cœur, puis je récite à ma femme. Quand elle a compris, j'estime que c'est au point. »

Des histoires, son talent et son entregent ne cesseront pas de lui en créer. Retrouvé à Tripoli, un autre camarade de Saint-Cyr, Émile Petit (qui le rejoindra à Londres et finira compagnon de route du PCF), le persuade de répéter ses conférences dans la capitale du Nord. Le colonel Massiet, commandant la place, n'a pas été consulté. Il s'émeut, proteste auprès du général du Granrut qui se hasarde à adresser au trop éloquent Connétable une discrète remontrance. On en restera là : de Gaulle en fait peut-être trop, mais ce qu'il a à faire, il le fait très bien.

En ce temps-là, sur les hauteurs qui dominent la plaine de la Bekaa, sévit une bande de pillards que l'on appelle les Dandaches. Le commandant Berlon, responsable du secteur, alerte le gouvernement libanais auquel incombe le maintien de l'ordre, dès lors que l'affaire ne met pas en cause la sécurité générale : ce qui est le cas, localement, les Dandaches cantonnant leurs activités à une zone très délimitée. Mais le cabinet libanais se dérobe, faute de moyens. Alors Berlon prend l'initiative de monter une opération très classique : après avoir vidé la montagne de ses habitants recasés dans la Bekaa, il s'empara de quelques-uns des pillards.

L'état-major de Beyrouth — d'où le haut-commissaire est absent — réagit assez mal. N'est-ce pas là empiéter sur les attributions des autorités libanaises ? Mais à l'état-major, un officier se dresse, qui intervient en faveur du responsable de l'opération. Le commandant de Gaulle emporte l'adhésion du haut commandement en faisant valoir que l'intérêt général a été, en l'occurrence, sauvegardé. Quelques jours plus tard, regagnant Beyrouth, le haut-commissaire Ponsot tranchera en faveur de Berlon et de Gaulle : il fallait agir.

Chaque fois qu'il peut en découdre avec un supérieur, le Connétable ne manque pas de saisir l'occasion. Après Massiet à Tripoli, c'est avec le colonel Clément-Grancourt, fameux pour les aspérités de son caractère qu'il a maille à partir lors des grandes manœuvres de 1930 organisées entre Damas et le Golan. De Gaulle ne dissimule à personne qu'il tient le colonel pour un reître mal dégrossi. L'autre le dénonce comme un mégalomane. Les mots volent, tonitruants. L'arbitrage du général du Granrut évite l'esclandre.

C'est à cette époque (juin 1930) qu'il écrit à l'un de ses deux fidèles correspondants parisiens (Mayer ou Nachin) cette lettre ambiguë, riche d'indications contradictoires sur ses conceptions du Mandat :

163

« Le Levant est un carrefour où tout passe : religions, armées, empires, marchandises, sans que rien ne bouge. Voilà dix ans que nous y sommes. Mon impression est que nous n'y pénétrons guère et que les gens nous sont aussi étrangers (et réciproquement) qu'ils le furent jamais. Il est vrai que, pour agir, nous avons adopté le pire système dans ce pays, à savoir d'inciter les gens à se lever d'eux-mêmes, quitte à les encourager, alors qu'on n'a jamais rien réalisé ici, ni les canaux du Nil, ni l'aqueduc de Palmyre, ni une route romaine, ni une oliveraie, sans la contrainte.

Pour moi, notre destin sera d'en arriver là ou bien de partir d'ici. Les sceptiques ajouteraient une troisième solution, à savoir que : durent les tâtonnements d'aujourd'hui puisqu'ici le temps ne compte pas et que les systèmes comme les ponts et comme les maisons trouvent facilement moyen de rester des siècles en porte à faux.

Il y a un homme, et je crois, un seul, qui comprenait bien la Syrie et " savait y faire " : c'était le colonel Catroux. C'est pourquoi il est parti. »

Curieuse argumentation, qui fait à la fois la critique de l'administration indirecte (« le pire système : inciter les gens à se lever... ») et l'éloge de l'homme qui symbolisait précisément ce type de politique : le colonel Catroux. Contradiction que nous ne cesserons jamais d'observer chez lui entre le réflexe (d'autorité) et la réflexion (qui le porte à la délibération). La synthèse émanera souvent des « circonstances », qui peuvent prendre la forme d'un homme. Ici, Catroux.

Pendant l'été, le commandant installe les siens sur les hauteurs dominant Beyrouth, à Aley, où chacun supporte mieux un climat qu'il juge, chaque fois qu'il faut redescendre à Beyrouth, « vraiment pénible ». Écrivant cela à son père, il pense surtout à la petite Anne, dont plusieurs collègues du commandant témoignent alors, dans le village d'altitude où tout se sait et se voit, à quel point elle est choyée. Ayant trouvé pour ses enfants ce cadre salubre, il accompagne le général du Granrut dans une intéressante incursion vers le nord :

« Le pays demeure très calme, ici, écrit-il à son père (7 juillet 1930). Nous avons l'autre jour occupé sans coup férir le " bec de canard " que nous rétrocéderaient les Turcs en bordure du Tigre. J'y étais allé avec le général et nous avons trempé nos mains dans ce fleuve, non sans quelque émotion. C'était, je pense, la première fois dans l'Histoire que des soldats français y allaient en armes. Les Croisés, il est vrai, avaient poussé jusqu'à Diarbekir [14]... »

Quelques mois plus tard, Charles de Gaulle entraîne sa femme et un ménage ami dans un voyage de quinze jours en Palestine. Accueillis chez les pères assomptionnistes de Notre-Dame-de-France, les de Gaulle visitent le Saint-Sépulcre et les Lieux Saints, Bethléem et Nazareth. Au retour, le Connétable commentera avec un grain d'acidité les observations recueillies pendant ces deux semaines — rivalités dérisoires entre ordres religieux, délabrement des sites, négligence des responsables politico-militaires britanniques. Ne poussent-ils pas jusqu'à la caricature ce « pire système » — celui de l'administration indirecte ? On en reparlera !

Après un an de séjour au Levant, le commandant de Gaulle fait ainsi le point à l'adresse de ses amis parisiens :

> « Le Levant est toujours calme, si l'on peut qualifier ainsi l'état d'excitation perpétuelle des esprits orientaux quand il n'a pas de conséquences sanglantes immédiatement. Il se trouve ici des populations qui n'ont jamais été satisfaites de rien, ni de personne, mais qui se soumettent à la volonté du plus fort pour peu qu'il l'exprime, et une puissance mandataire qui n'a pas encore bien vu par quel bout il convenait de prendre son mandat. Cela fait une incertitude chronique, laquelle se retrouve d'ailleurs dans tout l'Orient [15]. »

Ce n'est pas tout à fait le grand coup d'aile qu'on aurait pu attendre de ce disciple de Chateaubriand et de Barrès, plus généreusement inspirés que lui par ces paysages et par ces peuples. Ce ton vaguement cynique semble le fruit d'une observation ici un peu courte : que n'a-t-il su, lui, chef du 2e bureau, découvrir d'Alep à Saïda et surtout à Damas, voire à Jérusalem, les esprits, peut-être chimériques mais à coup sûr fertiles, qui préparent le grand réaménagement de l'Orient auquel il aura affaire dix ans plus tard ?

Un concours de circonstances inattendu lui donnera l'occasion, le 13 juillet 1931 *, de la manifestation qui aura marqué, de la façon la plus durable, son séjour au Levant. Chaque année, les jésuites de l'université Saint-Joseph de Beyrouth demandaient à une personnalité en vue de présider la distribution des prix et de prononcer une allocution. Le haut-commissaire, empêché, demanda à un officier de l'état-major de le représenter. Les plus gradés s'étant récusés, « le sort tomba sur le plus jeune » : de Gaulle n'était-il pas en outre un disciple des pères ?

Laissons la parole à un témoin autorisé, Gabriel Bounoure, alors professeur à l'école des lettres de Beyrouth ** :

« C'était à l'occasion d'une distribution de prix. Je vis se dresser, et faire deux pas vers le public, un grand diable de commandant tout de blanc vêtu, porteur d'un grand sabre et de qui nous n'attendions rien qu'un redoublement d'ennui. Il prit la parole, et alors toutes les lourdeurs instantanément reculèrent. Nous entendîmes des idées neuves et rares s'inventer à chaque seconde... L'appareil du langage, manié par lui, s'élevait au-dessus des contingences et des facticités, ouvrant largement le domaine du vouloir libre, de l'énergie humaine capable d'infléchir la puissance énorme de l'histoire [16]... »

Que dit-il de si remarquable, ce « grand diable de porteur de sabre » ? Ceci, entre autres, qui décidément le fait pencher plutôt du côté du colonel Catroux que de celui des lourdauds qui prennent le Mandat pour un titre de propriété :

> « ... Le dévouement au bien commun, voilà ce qui est nécessaire, puisque le moment est venu de rebâtir. Et justement pour vous, jeunesse libanaise,

---

* Date contestée. On donne celle de la chronologie officielle (Plon, 1973, p. 17).
** Devenu inspecteur général de l'enseignement au Levant, ce maître de poésie sera l'un des premiers à se rallier à de Gaulle en 1940.

ce grand devoir prend un sens immédiat et impérieux, car c'est une patrie que vous avez à faire. Sur ce sol merveilleux et pétri d'histoire, appuyés au rempart de vos montagnes, liés par la mer aux activités de l'Occident, aidés par la sagesse et par la force de la France, il vous appartient de construire un État. Non point seulement d'en partager les fonctions, d'en exercer les attributs, mais bien de lui donner cette vie propre, cette force intérieure, sans lesquelles il n'y a que des institutions vides. Il vous faudra créer et nourrir un esprit public, c'est-à-dire la subordination volontaire de chacun à l'intérêt général, condition *sine qua non* de l'autorité des gouvernants, de la vraie justice dans les prétoires, de l'ordre dans les rues, de la conscience des fonctionnaires. Point d'État sans sacrifices : d'ailleurs, c'est bien de sacrifices qu'est sorti celui du Liban...

...Oui, la jeunesse libanaise qui demain sortira d'ici sera bien préparée à sa tâche nationale. Marchant sur les traces de ses aînés, parmi lesquels nous saluerons avant tout le président de la République libanaise, résolue à la discipline et au désintéressement, liée à la France par toutes les voies de l'esprit et du cœur, cette élite sera le ferment d'un peuple chargé, dorénavant, des lourds devoirs de la liberté. »

Véritable discours-programme de gouvernement, dont on se demande si aucun haut-commissaire, à l'époque, en prononça d'aussi hardi... On croirait entendre Lyautey — ou plus tard Eirik Labonne — parlant aux Marocains, ou tout simplement le général de Gaulle s'adressant, trente ans plus tard, aux Africains. L'étonnement émerveillé de Gabriel Bounoure était justifié : c'est le ton d'un maître, et l'homme qui s'exprime là définit enfin une politique et parle en responsable. Il faut faire un effort de mémoire pour se souvenir que celui qui parle là n'est qu'un simple officier à l'état-major de l'armée du Levant.

Tous ses textes de ce temps-là ne sont pas de la même encre. Il faut que sa signature apparaisse à côté de celle du commandant Yvon, son collègue de l'état-major de Beyrouth, pour que l'on sache que *l'Histoire des troupes du Levant* publiée en août 1931 est en partie de sa plume. Mais relu avec soin, cet historique un peu plat des opérations militaires conduites de 1916 à 1930 par les forces françaises au Levant — des combats auxquels est mêlé le détachement français de Palestine sous l'autorité d'Allenby aux opérations d'occupation des territoires (Syrie-Liban-Cilicie) placés sous l'influence française par les accords Sykes-Picot de 1917, et de la répression de l'insurrection du djebel Druze de 1925-1926 conduite par le général Gamelin à l'implantation dans le « bec de canard » sur les rives du Tigre (à laquelle il a pris part en juin 1930, on l'a vu) — se recommande par une exemplaire clarté. La « patte » de De Gaulle n'y est pas. Mais c'est un bon résumé didactique.

Et maintenant ? Voici dix-huit mois qu'il est loin du « centre de décision ». Sa mission au Levant est prévue pour deux ans : il doit regagner la France en novembre 1931. Mais pour quoi faire ? Une fois de plus, il écrit au maréchal Pétain : n'y a-t-il décidément rien pour lui à l'École de guerre ? Faisant allusion à cette lettre [17], le colonel Audet (qui ne semble pas lui en vouloir d'avoir été deux ans plus tôt pris en tenaille entre ces deux caractères d'exception) lui écrit que le maréchal, songeant en effet pour lui à

« une place de professeur d'histoire à l'École de guerre », a « demandé des renseignements sur ce cours ». Et Audet de conclure : « Je crois [...] que vous tiendriez la chaire brillamment. »

Mais le maréchal, qui vient de fêter ses 75 ans, n'est plus tout à fait ce qu'il était, sinon pour ce qui a trait à ses facultés intellectuelles, en tout cas pour ce qui est de son influence : en février 1931, il a dû céder l'essentiel de ses attributions au général Weygand, ne gardant pour lui que de vagues fonctions d'inspecteur de la défense aérienne... Il reste néanmoins un allié de poids, que de Gaulle va alerter de nouveau, s'attirant une réponse quelque peu dilatoire (5 mars 1931 : « ... Il m'est difficile de vous donner dès maintenant des indications ou un conseil sur l'emploi à occuper à votre retour en France, mais je vous promets de m'y intéresser. L'embarras ne sera d'ailleurs pas grand, car vous êtes d'un emploi facile. ») Ce mot de « facile », à propos du Connétable, est d'un humour profond...

D'autant plus que ce que demande de Gaulle, il le sait, ce n'est pas un bon commandement à Lunéville ou à Colmar, c'est tout simplement l'enseignement de la « conduite de la guerre ». Quand Audet lui parlait d'une chaire d'histoire à l'École de guerre, il l'avait mal compris. Si passionnément que l'histoire l'intéresse, et si fort qu'il y brille, ce n'est plus de cela qu'il s'agit · c'est un cours de stratégie que postule le commandant de Gaulle. Et puisqu'il s'avère que l'École de guerre le rejette, il ne vise pas à moins qu'à la création d'un cadre d'enseignement nouveau où il pourrait trouver enfin à s'exprimer.

Le 20 avril 1931, entre deux lectures ou rédactions de rapports à l'intention de l'état-major de Beyrouth, il met la dernière main à un texte qui n'est pas sans rappeler son projet de réforme de l'École de guerre, rédigé trois ans plus tôt au « 4 bis ». De quoi s'agit-il ?

> « ... De présenter avec talent les dernières constantes du problème de la Conduite de la guerre... On jettera de cette façon les fondements d'une doctrine de la défense nationale parmi ceux qui, par leurs fonctions hors de l'armée ou dans l'armée, sont susceptibles de la répandre ou d'avoir à l'appliquer *. »

Précisant qu'un tel enseignement devrait viser aussi bien un auditoire civil (École des sciences politiques, École normale supérieure, fonctionnaires des affaires étrangères, des finances, des colonies) que militaire (École de guerre, Centre des hautes études militaires), le commandant de Gaulle concluait :

> « Pour... conférer le crédit nécessaire à celui qui sera chargé [de cet enseignement], il faut l'initiative et le patronage du maréchal Pétain, éminemment qualifié par sa gloire, le rôle qu'il a joué, ses fonctions actuelles et le double siège qu'il occupe à l'Institut. »

---

* C'est une préfiguration de l'Institut des hautes études de Défense nationale, tel que l'a créé l'amiral Castex.

Eh bien ! S'agissant d'un vieillard qu'il aurait tendance à juger quelque peu dévalué, voilà un sacré coup de képi...

Si l'on ne peut s'empêcher de sourire de la procédure, on doit observer ici tout ce qu'il y a de nouveau dans la pensée de cet officier de 40 ans, qui porte d'emblée son regard sur la « conduite de la guerre », comprenant à quel point les problèmes sont connexes et que le militaire n'est guère plus, dans l'évolution des conflits à venir, que ce qu'il appelait vingt ans plus tôt à Saint-Cyr la « mili ». Structures de l'État, organisation économique, recherche scientifique, coordination des diplomaties, voilà de quoi dépendra l'issue de la guerre de demain. Avec l'outrecuidance qu'il comporte dans la forme, ce petit texte est saisissant par ce qu'il contient déjà de la pensée stratégique qui se déploiera à partir de juin 1940.

Comment s'étonner qu'en dépit des fleurs sous lesquelles il se présente, le vieux maréchal n'ait pas mordu à cet hameçon ? « L'idée... répond-il à de Gaulle le 12 mai 1931, est intéressante, mais j'estime qu'il n'y a pas lieu d'en précipiter la réalisation. » Chez lui, la circonspection, structurelle, l'emporte sur la vanité, circonstancielle. Mais on n'est jamais assez méfiant : car cette esquive de vieillard le conduit à formuler une idée qui, mise en pratique, fera beaucoup pour donner à Charles de Gaulle sa stature d'homme d'État, et le dresser contre lui neuf ans plus tard :

« Je verrais volontiers votre affectation au secrétariat général du Conseil supérieur de la Défense nationale... Là, vous seriez employé à des travaux d'ordre général mais concrets, qui ne pourraient qu'aider à préciser et mûrir vos idées. Mon avis est que vous fassiez une demande pour obtenir l'affectation que j'indique. Je m'emploierai à la faire aboutir. » Et ce sont à nouveau des « sentiments affectueusement dévoués » que le vieux chef adresse au remuant protégé dont il pourra dire treize ans plus tard qu'il a vraiment soigné la carrière, sans tenir trop compte des rebuffades et des éclats qu'impliquent les mouvements du génie...

Faisant contre mauvaise fortune (?) bon cœur, mais trop intelligent pour ne pas mesurer ce qu'a de judicieux le conseil du maréchal et de fructueux sa nouvelle mission, le commandant de Gaulle va donc quitter les rivages du Levant, en novembre 1931, pour répondre à la convocation du secrétariat général de la Défense nationale, 3e section. Il ne va pas tarder à s'apercevoir qu'il a gagné, avant que d'enseigner la « conduite de la guerre », à s'initier aux mécanismes complexes qui la fondent.

Mais le Connétable ne quittera pas Beyrouth sans recevoir du chef sous lequel il y a servi un hommage qui eût beaucoup compté s'il lui avait fallu parcourir les étapes normales d'une carrière vers les sommets. Dans la « note » de fin de mission qu'il rédige pour lui, le général de Bigault du Granrut écrit en effet du commandant de Gaulle :

« Depuis deux ans que je peux l'apprécier dans les fonctions de chef du 3e bureau de mon état-major, je n'ai cessé d'éprouver pour l'ensemble des qualités intellectuelles et morales qu'il possède, une estime mêlée d'admiration. [...]

« J'insiste sur les mérites hors de pair de ce soldat doublé d'un penseur, qui n'ignore pas ce qu'il vaut et développe par un travail constant les qualités qu'il a conscience de posséder. Il sait d'ailleurs les faire apprécier avec discrétion, gardant en toutes circonstances une attitude réservée, empreinte d'une correction toute militaire

« Beau soldat, ce sera un beau chef, qu'il y a intérêt pour le bien de son arme et de toute l'armée à pousser rapidement aux hautes situations où il donnera sa pleine mesure et ne décevra pas [18]. »

La note finale est impressionnante. Qui dira que de Gaulle n'a jamais été, jusqu'en 1940, qu'un incompris, et qu'il n'a eu affaire, dans son métier, qu'à des imbéciles ?

Il a pris par deux fois le pouls de l'Allemagne. Il a mesuré, à partir de la Pologne, de quel poids pesait sur l'avenir de l'Europe la révolution soviétique. Le voilà frotté d'expériences levantines. En dépit du manque où il est toujours de toute expérience africaine *, il peut maintenant réintégrer l'état-major, les voies de grande communication vers le commandement, jouer ce rôle de penseur et de chef pour lequel il s'affûte, se cuirasse et vers lequel il se meut, de sa démarche de dinosaure vertical, avec une simplicité foudroyante.

Bureaucrate de l'armée plutôt que pédagogue de la guerre ? On ne dispose pas de texte permettant d'affirmer que Charles de Gaulle se résigna aisément à suivre le conseil du maréchal Pétain et, par voie de conséquence, les ordres de ses supérieurs. Ce qui est clair, c'est qu'avant de se plonger dans les dossiers de la 3ᵉ section du secrétariat général de la Défense, il voulut donner un tour définitif et éclatant aux leçons professées à l'École de guerre, dans le climat mouvementé que l'on sait, en avril 1927. Faute de disposer d'une chaire d'enseignement où, sous l'égide du maréchal, il dispenserait la bonne parole, il va publier ce qui est l'état de sa pensée militaire, son bréviaire d'action, au début des années trente. Ce sera *le Fil de l'épée,* qui sort chez Berger-Levrault le 22 juillet 1932.

Sur ce qui fait la matière du *Fil de l'épée,* il faut être prudent. On dit ou écrit souvent qu'il s'agit des trois conférences de 1927, reproduites dans trois livraisons de la *Revue militaire française* (nᵒˢ 81, 108 et 120) entre mars 1928 et juin 1931, agrémentées d'une courte préface. Ce qui est inexact.

Lucien Nachin, qui était, on le sait, bien informé, précise dans l'avant-propos de son livre publié en 1944 que ces pages furent « écrites en 1930 ». Ce qui n'est pas non plus tout à fait exact : on retrouve dans le texte définitif du *Fil de l'épée* — celui de la réédition chez Plon, en 1971, de la version parue chez Berger-Levrault en 1932 — de longs fragments des allocutions de 1927, repris dans les articles de 1928 à 1931, dont l'auteur était assez satisfait pour en avoir fait l'hommage à bon nombre de ses supérieurs et camarades de Beyrouth en 1931 (« Du caractère », notamment, fut alors dédicacé au commandant Berlon et lu par lui avec la plus vive admiration).

* Qu'il paiera cher en 1940...

On ne se livrera pas ici à une analyse de contenu systématique, de type universitaire. Il apparaît que Charles de Gaulle, perfectionniste et fier d'un travail qu'il considérait comme une sorte de manifeste personnel, n'a cessé de retravailler ces textes jusqu'à la veille des années de guerre : le fil de cette épée fut aiguisé avec une constante passion. On voudrait en donner pour exemple les deux versions suivantes de l'une des pages les plus célèbres du livre, l'une de celles où de Gaulle traite « Du prestige ». Lisons d'abord celle de 1927, telle qu'elle est publiée dans les *Lettres, Notes et Carnets* [19]

> « L'éloignement est indispensable. Il y a un élément d'ordre religieux dans la confiance des hommes en un autre homme. Il faut que les subordonnés aient la croyance que le chef est comme d'une essence supérieure à la leur... Cette croyance disparaît quand les masses qui lui obéissent le voient de trop près réfléchir, hésiter, changer d'avis, reconnaître une erreur, bref être un homme [...]. Un proverbe populaire exprime grossièrement ce fait : il n'y a pas de grand homme pour son valet de chambre.
> Mais bien entendu, dans l'ordre militaire notamment, ce n'est point surtout par son éloignement d'ordre matériel qu'il faut que le chef s'impose [...]. Un autre élément de prestige doit le déterminer à se montrer parfois aux masses... assez rarement et avec préméditation. Mais ce qu'il doit réaliser est l'éloignement moral... Il doit garder sur lui-même l'empire suffisant pour ne point laisser voir les mouvements de son âme... »

Et voici ce que devient la version définitive dans *le Fil de l'épée* :

> « ... Le prestige ne peut aller sans mystère, car on révère peu ce que l'on connaît trop bien. Tous les cultes ont leurs tabernacles et il n'y a pas de grand homme pour ses domestiques. Il faut donc que dans les projets, la manière, les mouvements de l'esprit, un élément demeure que les autres ne puissent saisir et qui les intrigue, les émeuve, les tienne en haleine. Non, certes, qu'on doive s'enfermer dans une tour d'ivoire, ignorer les subordonnés, leur demeurer inaccessible. Bien au contraire, l'empire sur les âmes exige qu'on les observe et que chacun puisse croire qu'on l'a distingué. Mais à la condition qu'on joigne à cette recherche un système de ne point livrer, un parti pris de garder par-devers soi quelque secret de surprise qui risque à toute heure d'intervenir. La foi latente des masses fait le reste... »

Parlera-t-on de « progrès » ? Bien sûr, si plate soit la formule. Mais il ne serait pas tout à fait loyal de comparer le premier jet d'un texte de conférence — pour si ambitieux que soit le conférencier — et une page de livre « peaufinée » pendant des années. Ce qui frappe en tout cas, c'est l'évolution du ton et de l'approche. Du professionnel au moraliste ? On dirait presque du militaire au « directeur » comme il s'en trouvait à l'usage des « âmes » au XVIIᵉ siècle. Le de Gaulle des leçons de 1927 décrit une méthode, sinon une « recette » de commandement. Le de Gaulle du livre de 1932 instruit d'éventuels disciples — à la façon de Loyola ou, sur un tout autre mode, du cardinal de Retz — cité d'ailleurs dans la préface, comme en avertissement. N'oublions pas que Charles était élève des jésuites et grand lecteur de la littérature politique du Grand Siècle — dont les *Mémoires* de Retz sont le joyau.

Et l'on ne résiste pas à citer la page fameuse — d'ailleurs un peu surfaite — qu'on ne retrouve pas dans ce qui a été conservé du « premier jet » de 1927 mais qui dut bien être prononcée sous une forme voisine, pour avoir suscité tant de débats à propos du modèle — Pétain ou l'auteur lui-même ? — de l' « homme de caractère » dont « la hauteur et les exigences » provoquent « au-dessous de lui » les murmures. .

> « Mais dans l'action, plus de censeurs ! Les volontés, les espoirs s'orientent vers lui comme le fer vers l'aimant. Vienne la crise, c'est lui que l'on suit, qui lève le fardeau de ses propres bras, dussent-ils s'y rompre, et le porte sur les reins, quand même ils en seraient brisés [...].
> Vis-à-vis de ses supérieurs, le train ordinaire des choses le favorise mal. Assuré dans ses jugements et conscient de sa force, il ne concède rien au désir de plaire. Le fait qu'il tire de lui-même, et non point d'un ordre, sa décision et sa fermeté l'éloigne souvent de l'obéissance passive. Il prétend qu'on lui donne sa tâche et qu'on le laisse maître à son bord, exigence insupportable à beaucoup de chefs qui, faute d'embrasser les ensembles, cultivent les détails et se nourrissent de formalités. [...]
> " Orgueilleux, indiscipliné ", disent de lui les médiocres, traitant le pur-sang dont la bouche est sensible comme la bourrique qui refuse d'avancer, ne discernant point que l'âpreté est le revers ordinaire des puissantes natures, qu'on s'appuie seulement sur ce qui résiste et qu'il faut préférer les cœurs fermes et incommodes aux âmes faciles et sans ressort. Mais, que les événements deviennent graves, le péril pressant, que le salut commun exige tout à coup l'initiative, le goût du risque, la solidité, aussitôt change la perspective et la justice se fait jour. Une sorte de lame de fond pousse au premier plan l'homme de caractère [20]... »

(Tout commentaire est superflu, sinon sous forme de question : rétrospective à propos du Pétain de 1916, ou saisissante anticipation personnelle ?)

Mais ce n'est pas seulement par le ton et l'approfondissement des thèmes que *le Fil de l'épée* se distingue des conférences patronnées par Pétain cinq ans plus tôt. C'est aussi parce que l'auteur a fait précéder le livre d'un petit avant-propos qui est comme un défi à la « mélancolie » du corps militaire, une sommation :

> « Il est temps que l'élite militaire reprenne conscience de son rôle prééminent, qu'elle se concentre sur son objet qui est tout simplement la guerre, qu'elle relève la tête et regarde vers les sommets. Pour rendre le fil à l'épée, il est temps qu'elle restaure la philosophie propre à son état. »

C'est enfin parce qu'il y a joint une nouvelle mouture de son article de 1925 contre la doctrine *a priori* et surtout un nouveau chapitre, intitulé « Le politique et le soldat », qui, moins phosphorescent peut-être que les trois premiers, n'en est pas moins le plus intéressant du point de vue historique.

La thèse qui y est défendue est en effet (comme dans *la Discorde chez l'ennemi*) que dans le couple voué à la « conduite de la guerre » que forment le politique et le soldat, le premier n'est pas moins indispensable que le second — bien que le portrait de l' « homme public » esquissé dans ces pages relève plutôt de la caricature :

> « Le politique s'efforce à dominer l'opinion [...]. Aussi met-il tout son art à la séduire, dissimulant suivant l'heure, n'affirmant qu'opportunément... Enfin, par mille intrigues et serments, voici qu'il l'a reconquise [...]. Va-t-il agir sans feindre ? Mais non, il lui faut plaire encore [...]. Toute sa vie, toute son œuvre ont un caractère instable, agité, tumultueux... »

(Charles de Gaulle ne cède-t-il pas ici à la facilité ? Est-ce là donner une juste idée de ce que firent les deux « hommes publics » les plus marquants de son époque, Poincaré et Clemenceau ? Si le second vécut bien dans le « tumulte », peut-on dire de lui, plus que de son rival, qu'il ne visa qu'à séduire et dissimuler opportunément ?)

Ce qui retient notamment l'attention, dans ce nouveau texte, c'est que Charles de Gaulle, sans se laisser décourager par l'aimable fin de non-recevoir que lui a opposée Pétain à propos de son projet d'enseignement de *la Conduite de la guerre,* y revient ici publiquement :

> « On pourrait concevoir qu'un État prévoyant voulût préparer une élite politique, administrative et militaire*, par des études faites en commun, à diriger, le cas échéant, l'effort guerrier de la nation. Outre de plus grandes chances d'accord entre les différents pouvoirs, dans le cas d'un conflit, une telle institution aurait, sans doute, l'avantage d'éclairer en temps de paix les discussions et les lois qui concernent la puissance militaire du pays[21]. »

Non seulement le commandant prend ainsi l'initiative d'en appeler à l'opinion publique (qu'il faut « séduire »...) par-dessus la tête du vieux chef qui ne l'a pas écouté, mais cette fois il a la malice de se référer à l'autre maréchal. Assurant quelques lignes plus loin qu' « on ne fait rien de grand sans de grands hommes », il choisit alors cet exemple : « Dans les leçons de Foch, encore obscur, transparaissait le généralissime[22]. » L'homme de Verdun n'avait qu'à l'entendre...

Mais celui qui surgit à la dernière page, flamboyante, du livre, ce n'est à coup sûr ni Foch, ni Pétain !

> « ... Puissent être hantés d'une telle ardeur les ambitieux de premier rang [...] qui ne voient à la vie d'autre raison que d'imprimer leur marque aux événements et qui, de la rive où les fixent les jours ordinaires, ne rêvent qu'à la foule de l'Histoire[23]... »

Il est une école gaulliste pour repousser avec horreur toute allusion à une influence qu'aurait pu subir l'auteur de cet essai en forme de proue. Faire allusion ici à Machiavel ou à Clausewitz, à Maurras ou à Psichari, à

---

* L'ordre choisi pour l'énumération est significatif.

Nietzsche ᵌu à Bainville serait faire injure à Charles de Gaulle. On peut voir autrem ᵌnt les choses et situer une œuvre d'autant plus haut qu'elle s'insère dans une chaîne de pensée plus exigeante.

On a déjà, à propos des conférences de 1927, évoqué Nietzsche et Clausewitz, et plus loin Loyola pour l'inclination à prescrire et Retz pour une certaine dynamique des mots. Machiavel ? Parce que de Gaulle étale un cynisme de grand style (« la perfection évangélique ne conduit point à l'empire »), parce qu'il prône la dissimulation et le secret, on parle du *Prince*. Mais Machiavel n'est pas machiavélien comme la plupart de ceux qui se réclament de lui. *Le Prince*, c'est la remontrance au prince, qui s'entend rappeler que la puissance du chef tient d'abord à l'adhésion des gouvernés : un précepte que l'on entend peu ici... En fait, c'est plutôt à Baltasar Gracián que feraient penser certaines pages à propos « du caractère » et « du prestige ».

Maurras ? *Le Fil de l'épée* peut faire penser à son esthétique néo-classique, à ses plaidoyers pour une politique « positive ». Mais en faisant appel à l'instinct contre l'intellectualisme, de Gaulle tourne le dos au maurrassisme. On a vu au surplus à quel point sa vision unitaire de l'histoire nationale l'oppose aux gens de l'AF. Le livre, néanmoins, est publié en 1932, à l'heure où se prépare à long terme le soulèvement des Ligues patriotiques — à commencer par les Camelots du roi — contre cette « gueuse » de République. De Gaulle ne se laissera jamais, ni de près ni de loin, circonvenir par l'AF : mais disons que d'aussi virils propos, dans cette saison-là, de tels appels à l'énergie, à la nécessité du prestige, au culte de la force, risquent en ce début des années trente de trouver des oreilles complaisantes. On a vu des auteurs prisonniers de leur public : Charles de Gaulle eut la chance de n'être guère lu que par des spécialistes — et en petit nombre..

Si l'on cherche vraiment un maître à ce commandant de Gaulle tout cuirassé de latinismes et si fervent admirateur du marquis de Louvois qu'il semble, en écrivant, n'avoir que ce lecteur en tête, on le trouverait peut-être chez le colonel Ardant du Picq, officier périgourdin, théoricien des « forces morales », tué en 1870 après avoir publié de bien curieux essais dont celui qu'il a intitulé *Nécessité dans les choses de la guerre de connaître l'instrument premier, qui est l'homme*. Secs, vifs, hauts de ton, les textes d'Ardant sont tenus pour les chefs-d'œuvre de la littérature militaire de son siècle. Qu'on en juge : « Combattre de loin est naturel à l'homme. Toute son industrie n'a tendu qu'à ce résultat. On se figure qu'avec des armes à longue portée, on sera forcé de revenir au combat de près : on fuira tout simplement de plus loin... »

Pour qui douterait qu'Ardant du Picq fut l'un des inspirateurs de Charles de Gaulle, on précisera que, longtemps délaissées, ses œuvres furent enfin réunies en volumes et annotées en 1930, et précisément par Lucien Nachin. Nul doute que de Gaulle n'ait été, à ce propos, consulté par son ami et qu'au plus fort de son travail de mise au point du *Fil de l'épée*, il relut ou lut les textes du Périgourdin. Les deux pensées se rejoignent en effet, aristocratiques, orgueilleuses, mais ni militaristes ni totalitaires.

Lucien Nachin met d'ailleurs les points sur les « i » dans le livre qu'il publia douze ans plus tard : « *Le Fil de l'épée* acheva de faire connaître à l'armée qu'elle comptait maintenant, en même temps qu'un écrivain de premier ordre, un penseur qui s'apparentait à Ardant du Picq [24]. »

Assurant pour sa part que le livre provoqua « une très vive sensation » — ce qui est juste si l'on ne prétend pas donner au mot vive une signification quantitative —, il soutient que *le Fil de l'épée* agit comme un « tonique » contre la décadence intellectuelle qui rongeait l'armée, décapitée par les hécatombes de 1914 et délaissée par les jeunes gens ambitieux, et ainsi réduite à « l'indigence de la pensée ». Et de citer à nouveau ici Ardant du Picq :

« Une aristocratie qui meurt, meurt toujours par sa faute, parce qu'elle ne remplit plus ses devoirs, parce qu'elle manque à sa tâche, parce qu'elle n'a plus les vertus de ses fonctions dans l'État, parce qu'elle n'a plus de raison d'être dans une société dont la tendance dernière est de supprimer ses fonctions. »

Et assimilant à la rédemption d'une aristrocratie condamnée cette réanimation intellectuelle de l'armée que Charles de Gaulle s'est donné pour mission d'accomplir, Lucien Nachin concluait dans un article du *Journal des anciens enfants de troupe* de novembre 1931 :

« Il y a de l'audace à porter si haut et d'emblée sa pensée ; il y a du mérite à soutenir cet effort sans faiblir et le risque est grand de se trouver contraint à devenir l'homme qui symbolisera ces idées et contractera l'obligation morale d'en représenter la réalité vivante.

« Mais le commandant de Gaulle est de taille à assumer cette responsabilité. »

On n'a jamais entendu dire que le commandant de Gaulle ait jugé abusif le rendez-vous que son ami lui donnait ainsi avec l'Histoire.

Le volume publié en juillet 1932 par l'éditeur Berger-Levrault portait en épigraphe « Au maréchal Pétain », avec ce commentaire : « Cet essai, Monsieur le Maréchal, ne saurait être dédié qu'à vous, car rien ne montre, mieux que votre gloire, quelle vertu l'action peut tirer des lumières de la pensée. » Un « pour solde de tous comptes » ? Non : il était dit que désormais tous leurs rapports seraient biaisés. Un mois plus tard, l'Imperator écrivait à l'auteur : « Mon cher de Gaulle, je viens de terminer la lecture de votre livre *le Fil de l'épée* que je trouve tout à fait remarquable dans le fond et dans la forme. Je réserve toutes mes sévérités pour la dédicace que je vous demande instamment de modifier... »

Le vieux chef propose de faire disparaître de tous les exemplaires en circulation les mots « que votre gloire » — faisant ainsi preuve d'une belle humilité aux yeux des uns, d'un orgueil singulièrement raffiné selon les autres. Embarras de De Gaulle qui promet en tout cas d'obtempérer aux « ordres » du maréchal « en cas de tirage suivant... si tant est qu'on doive en faire un autre, ce dont je doute fort d'ailleurs. Un tel ouvrage, en effet, n'est pas destiné au grand public et il ne s'en vendra que peu d'exemplaires. »

De fait, il s'en vendit peu, bien que *le Temps, les Débats, la Liberté, l'Ami du peuple* aient consacré au *Fil de l'épée* des critiques que l'auteur jugeait « très, c'est-à-dire trop flatteuses ». Sept cents exemplaires vendus... Après tout, c'était deux fois plus que Gallimard n'écoula de *Nourritures terrestres* en dix ans !

Avec ses cambrures à la Montherlant, ses dérapages vers une « ploume » de champs de bataille et ses effets de manche dignes d'un prédicateur du Grand Siècle, *le Fil de l'épée* est un essai qui a de l'éclat, du ton, qui confirme un écrivain et surtout dévoile un personnage. L'homme qui a écrit cela se prend visiblement pour ce qu'il espère devenir : mais il le fait sciemment, afin de se donner comme objectif cette silhouette formidable qu'il projette sur le mur. Parlant en 1927, il ne savait peut-être pas tout à fait si son modèle était le vieil Imperator ou lui-même ; en 1932 (et quels que soient les gestes, dédicaces et salutations qu'il surajoute dans le style des allées et venues de Versailles), il ne se leurre plus...

Ce n'est pas un autoportrait qu'il brosse, c'est un ultimatum à soi-même qu'il lance. Sois ceci, ou cesse de vivre ! Ce géant impavide et secret qu'il a modelé de ses mains, Charles de Gaulle joue à s'en effrayer et à s'en griser et, finissant par s'en éprendre, Pygmalion de soi-même, il insuffle en lui cette énergie préfabriquée, ou exaltée. Déjà a commencé le dédoublement de l'historien et du personnage, du moi observant et du soi agissant, de la conscience claire et de la « houle de l'Histoire » qui l'emporte. Charles se prépare à parler du général de Gaulle.

8. Famille, je vous aime...

La mort du père, dans toute vie d'homme, est le moment d'épreuve par excellence. L'heure des bilans, et des vues à long terme. Qu'ai-je fait de ce qu'il m'a laissé ? Qu'en ferai-je, maintenant ? Et que suis-je, désormais ?

Cette épreuve, le Connétable l'a affrontée peu après avoir doublé le cap de la quarantaine. C'est le 3 mai 1932 que M. Henri de Gaulle est mort à Sainte-Adresse, ce haut quartier maritime du Havre où sa femme et lui avaient été accueillis une dizaine d'années plus tôt par leur fille Marie-Agnès et son mari Alfred Cailliau. Il avait près de 83 ans.

Toujours affable et studieux, resté très attaché au métier qui avait été la passion de sa vie, le vieux monsieur servait de répétiteur d'histoire, de latin, de grec et de mathématiques à ses petits-enfants — y mettant, nous confiait l'un d'eux, Michel Cailliau, une patience et une bonhomie inlassables [1]. Le pavillon confortable et jouxtant la maison où leur fille avait installé le vieux ménage était à toute heure ouvert aux enfants. Henri de Gaulle se tenait au courant de tout ce qui paraissait, et surtout, bien entendu, de ce qu'écrivait son fils Charles.

Le capitaine de Gaulle l'avait d'ailleurs associé à plusieurs de ses travaux historiques. Ainsi, lorsqu'il accepte d'assurer la rédaction du *Soldat*, Charles de Gaulle demande à son père d'être en quelque sorte le soutier du « nègre » qu'il est devenu pour un temps : alors le PDG joue les documentalistes, relit Thiers, rédige sur les principaux chefs militaires des fiches minutieuses qu'utilise largement le capitaine. Les textes de son fils écrits — et à lui soumis, avant de l'être au maréchal —, Henri de Gaulle intervient à diverses reprises sur des thèmes proprement politiques. Si un doute subsistait quant aux « nuances » idéologiques qui séparaient le vieux professeur de son second fils, l'étude du manuscrit du *Soldat** et des observations que ce texte suscite chez Henri de Gaulle le lèverait aussitôt.

Le tableau très favorable aux armées de la Révolution et à leurs chefs — Carnot et Hoche surtout — que brosse Charles de Gaulle suscite de très nombreuses réserves chez son père. On pourrait les résumer en cette phrase vigoureuse écrite par le PDG au capitaine, le 5 février 1927 : « ... pour mon compte, je ne saurais montrer tant de sympathie pour ceux qui gardaient les portes de la boucherie tandis qu'on y égorgeait les victimes ».

---

* Menée avec une exceptionnelle pénétration par Jean-Michel Royer dans le n° 16 d'*En ce temps-là, de Gaulle*.

C'est le vieux, l'éternel débat entre les deux écoles historiques, entre les deux « lectures » de la Révolution. Il se précise à propos de Lazare Hoche, dont Charles fait un héros exemplaire — sans gommer pour autant le massacre des émigrés à Quiberon — alors qu'Henri voit en lui le principal responsable de la grande répression vendéenne.

Ce qui est clair, en tout cas, c'est que pour l'auteur de *la Discorde chez l'ennemi*, l'octogénaire qu'est son père reste un incomparable conseiller. Type de rapports assez rares et qui en dit long sur cette famille et le climat qui y régnait.

Charles de Gaulle était, pour employer une formule typique de cette bourgeoisie catholique d'où il venait et où il passait une bonne part de sa vie, « très famille ». Ce formidable navigateur des tempêtes qui n'a cessé d'affronter la « houle de l'Histoire » à laquelle rêve son héros du *Fil de l'épée* (qui est lui-même) ce non-conformiste crépitant de sarcasmes, cet homme de défis et de ruptures, ce révolutionnaire — tantôt malgré lui et tantôt avec préméditation — aura été le plus classique des maris et des pères, des fils et des frères, des grands-pères et des beaux-frères. Jacques Vendroux, qui fut l'un d'eux, croit utile de préciser : « Mon beau-frère a toujours été attentif à ce que les circonstances de l'existence ne distendent pas trop les liens familiaux[2]... » Ce qui est, sans nul doute, une litote.

« Très famille » — quoi qu'il pût penser de l'agilité ou de la pertinence intellectuelle de tel ou tel des siens —, Charles de Gaulle le fut de façon exemplaire, comme on ne peut l'être que dans une communauté aux racines multiples, ballottée par l'histoire et de cruelles épreuves, nourrie de tradition, corsetée par d'intraitables convictions religieuses et patriotiques, et dont chaque génération trouve au moins un personnage tutélaire pour servir de môle et de rassembleur — ce qui fut doublement le cas, depuis plus d'un siècle, chez les Maillot comme chez les de Gaulle.

Famille unie à un point inimaginable, jusque dans les grands drames qui divisèrent si profondément la nation depuis un siècle, et que ne purent même pas ébranler, à la fin du XIXᵉ siècle, les différences de choix faites à propos du ralliement à la République ou de l'innocence de Dreyfus. La tragédie de 1940-1944 ne fissurera pas davantage ce bloc où une lézarde ne finira par apparaître qu'à propos de l'Algérie française (quand l'un des neveux du président de la Vᵉ République, Michel Cailliau, se prononça contre la politique qui devait aboutir aux accords d'Évian).

Famille d'autant plus unie qu'elle formait une communauté régie, comme les trappistes, par la loi du mutisme. Il y a des choses dont on ne parle pas, et d'abord de « nous ». Principe que Bernard de Gaulle, neveu du général, résume drôlement en cette formule : « Silence dans les rangs[3] ! » Principe d'autant plus rigoureux que cet ensemble familial est projeté sur le devant de la scène mondiale, éclaboussé par les projecteurs, et chargé de ce fait de responsabilités qui dépassent l'ordre des convenances. Silence dans les rangs !

Il ne faudrait pas réduire ce principe à une sorte de clôture sur tel ou tel secret familial. Chez les de Gaulle, il n'y en eut guère. Ainsi l'infirmité de la petite Anne fut-elle vécue dans une totale clarté — ce qui n'aurait pas été le cas dans toutes les familles. Non. Le « silence des de Gaulle » est une attitude beaucoup plus traditionnelle, qui a trait à la fois à quelques grands sujets « dont on ne parle pas » et au refus de mêler l'ensemble familial en tant que tel aux affaires de la cité.

Le « grand sujet » type, c'est la foi. Il fallut la guerre, et les hasards d'un très long tête-à-tête dans une forêt kabyle, pour que Michel Cailliau osât poser à son oncle Charles quelques questions sur les fondements et la nature de sa foi*. Dieu n'est pas un sujet dont on parle. Ce n'est même pas un sujet du tout. C'est une évidence. On peut se faire une « certaine idée » de tout, même de la France. Pas de Dieu, fût-ce à propos d'une immense épreuve ou d'un malheur exemplaire.

Liés par la loi du silence qui est à la fois un orgueil et le souci de ne pas faire interférer l'ordre pur de la famille avec l'ordre impur de la vie publique, conscients d'une hiérarchie des valeurs qui ira jusqu'à l'extraordinaire mutisme observé par la famille sur la mort du général, du 9 novembre 1970 vers 19 heures au 10 novembre vers 9 heures, moment où le chef de l'État, ce collaborateur longtemps intime qu'avait été Georges Pompidou, est averti (quatorze heures de silence sur cet événement national, en plein XXᵉ siècle !), les de Gaulle observeront une exemplaire discrétion tout au long de la fabuleuse carrière du général : de Londres à l'Élysée, et d'Alger à Colombey, « rien ne dépasse ».

Puritanisme politique que ne démentent ni les carrières latérales de Pierre de Gaulle ou de Jacques Vendroux — le général n'interdisait à aucun des siens de «faire de la politique » — ni l'accession de son fils Philippe ou de son gendre Alain de Boissieu aux plus hauts grades de la hiérarchie militaire, conformément à leurs états de service. Il adviendra à l'amiral de Gaulle de juger publiquement le souci de réserve de son père « presque excessif », laissant entendre que pour ce qui le concernait, il avait plutôt pâti dans sa carrière d'être le fils de son père. Ce qui est un point de vue.

Rien ne sert mieux le goût du silence que la conscience d'appartenir à un groupe d'exception. Bernard de Gaulle fait observer à ce sujet que cette communauté familiale est consciente d'une certaine sacralisation, non seulement parce qu'elle se rassemble autour d'un des géants de l'histoire, mais aussi parce qu'elle est dotée de ce patronyme singulier qui lui faisait, dès avant le surgissement historique du général, une sorte de halo de mystère : de Gaulle. Distance des origines, incertitude des filiations, bizarrerie de l'orthographe. On ne saurait pousser plus loin l'involontaire souci de se distinguer[4]...

Autre élément de l'extrême solidarité familiale : la relative modicité des revenus de l'une ou de l'autre des branches qui composent la tribu. Certes, les Maillot, qui ont été riches, disposent encore d'une belle maison à Lille

---

* Voir plus loin, p. 818.

les Vendroux possèdent plusieurs domaines — et La Ligerie, après tout, n'est pas une masure. Mais les de Gaulle sont des gens qui, en vacances, ne se dispersent pas, pour des raisons où entre le souci de ne pas dépenser trop. Du cap Gris-Nez aux Ardennes et de Lille au Périgord, on se retrouve dans une maison familiale. Quand on loue une villa sur la côte, à Wissant ou à Wimereux, c'est à plusieurs ménages, et l'on s'y entasse. Pas question de déambuler d'hôtel en hôtel. C'est trop cher, et pas dans l'esprit de la famille : on reste entre soi.

Et cette cellule familiale, indépendamment de cette cohésion qui la referme sur elle-même et impose la discrétion, obéit à quelques règles de comportement qui sont celles d'un catholicisme provincial discrètement tempéré par le Parisien de fine culture qu'est Henri de Gaulle — stricte hiérarchie, vouvoiement des parents, procédures matrimoniales du siècle passé, extrême pudeur en matière d'argent, pudibonderie frénétique à propos des mœurs, bigoterie entêtée pour ce qui touche aux rites. Les de Gaulle semblent constamment sortis d'un roman de la grand-mère Joséphine Maillot. Et s'il est permis de découvrir en cette société doucement anachronique un domaine qui la rapproche du commun des mortels, on signalera la cuisine : Charles n'est pas le seul des de Gaulle à aimer les « plats canaille » — ragoûts, abats, sauces et mirotons, qui les ramènent du côté populaire.

Alors faut-il parler, à propos de Charles de Gaulle, comme le fait l'un de ses biographes[5], d'un dédoublement entre le révolutionnaire public et le conservateur privé, entre le rebelle du 18 juin et le promeneur des « jours ordinaires » ? On ne saurait le faire qu'en évoquant le pâté légendaire fait d'un cheval et d'une alouette. A côté du cheval d'histoire — on serait tenté de dire du cheval d'orgueil... — il y a l'alouette familiale, dont le chant n'est pas si grêle, et dont la présence s'affirme par une constante palpitation au sein du grand orage. Qui s'étonnerait qu'ayant rappelé la prédominance du cheval, on accorde quelque attention à l'alouette ?

Mari classique, a-t-on dit. Le Charles de Gaulle que nous considérons ici, au début des années trente, est marié depuis dix ans. Il a trois enfants et un avenir vraisemblablement brillant — qu'il « sait », lui, hors de pair — mais que rien, aux yeux des autres en tout cas, ne permet de prévoir historique. Officier supérieur — il obtient en décembre 1932 son cinquième galon — affecté à Paris où l'on ignore les indemnités de fonction, il n'y touche qu'une solde médiocre, qui lui permet tout juste de « tenir son rang ». Il se fait faire un costume tous les deux ans, et sa femme court les soldes dans les grands magasins, — où il ne dédaigne pas de l'accompagner, ne serait-ce que pour l'inciter à ne pas se priver de tout.

Rentrant du Liban, ils n'ont pas retrouvé l'appartement du square Desaix où ils voisinaient avec leurs amis Ditte, et se sont installés, au deuxième étage du 110, boulevard Raspail, dans un assez bel appartement de six pièces, à quelques mètres de la station de métro Notre-Dame-des-Champs et du collège Stanislas où Philippe poursuivait ses études. Excellente situation stratégique : les Invalides sont à un peu plus d'un quart d'heure de marche, qu'accomplit chaque matin le colonel ; on a vue sur les beaux arbres du boulevard, une église (Notre-Dame-des-Champs) est à portée de voix, les magasins du carrefour Vavin sont bien fournis, et à quelques minutes, Yvonne a le Bon Marché.

Dans ses *Mémoires d'un Français rebelle*, Georges Loustaunau-Lacau vise entre autres le ménage de son camarade de Gaulle, qu'il a retrouvé au début des années trente, quand il écrit : « ... la vertu règne comme elle n'a jamais régné. On devrait donner le prix Monthyon à l'armée française. Les femmes de colonels y tiennent la main [...]. Ces ménages exemplaires, ces célibataires sérieux qui se marient au sortir de l'école, offrent à tous les fonctionnaires le modèle de la vie bourgeoise. Et l'on dit au-dehors que la France est un pays dépravé[6] ! »

Comment se porter garant de la stricte fidélité conjugale d'un personnage aussi fascinant que le commandant de Gaulle — notamment lors d'un séjour à Beyrouth où, vers 1930, les officiers français n'étaient pas entourés de moins de prévenances qu'à Varsovie dix ans plus tôt ? On ne s'y hasardera pas, non sans ajouter que les quelques témoins interrogés à ce sujet par l'auteur ou par d'autres ne se font l'écho que d'anecdotes extrêmement vagues, assez peu crédibles, et sans réelle signification psychologique. Le fait est que, rentré à Paris aux derniers jours de 1931, le commandant de Gaulle ne donne prise à aucun commentaire de cet ordre. Le ménage de Gaulle relève alors de la description sarcastique de Loustaunau-Lacau.

Les de Gaulle ne sont plus guère reçus chez les Pétain, comme au milieu des années vingt, quand le « capitaine de plume » était le favori du maréchal. Les relations se sont distendues, et en partie sous l'influence de la maréchale, personne assez peu charitable qui commentait ainsi, quelques années plus tard, les visites que faisait chez elle Mme de Gaulle : « Cela l'embêtait de venir autant que moi de la recevoir. Nous n'avions rien à nous dire La conversation traînait, traînait. C'est une excellente femme... effacée, discrète. Elle aime s'occuper des confitures[7]... »

Confitures ou pas, on sait que son mari aimait à lire ses textes à Yvonne, faisant grand cas de son bon sens. Dans la conversation, il ne lui offrait guère l'occasion de briller — ce qu'elle ne recherchait guère — mais lui laissait placer son mot à propos, non des idées, mais des personnes mêlées à leur vie, ou à sa vie publique à lui. Il lui arrivait de la rabrouer (surtout une fois, à Londres, où, à propos d'un impair d'Yvonne, il lui lança : « Ce n'est pas Mme Churchill qui aurait fait ça ! »), mais se reprenait vite.

L'appartement du boulevard Raspail était assez accueillant. Un samedi par mois, les de Gaulle lançaient une invitation (« en smoking ») où se retrouvaient les Auburtin et les Georges-Picot, les Nachin et les Ditte, les Pironneau et bientôt Palewski. On assure[8] que la cuisine était bonne. Et pour ce qui est de la conversation...

Entre Yvonne et Charles, faut-il évoquer ce qu'on est convenu d'appeler les sentiments? Pourquoi pas? D'autant qu'un mot semble bien les résumer : la tendresse. Les quelques lettres (de lui à elle) qui ont été publiées s'ouvrent et se concluent par des formules qui vont au-delà des « bons usages ». La plus courante, de la part de Charles de Gaulle, est « Ma chère petite femme chérie » qui, dans l'abandon, va plus loin que celles de beaucoup de ses contemporains et collègues : combien de colonels de l'armée française s'en tenaient-ils alors à « Ma chère amie », « Ma chère femme » ou, plus hardiment, à « Ma chérie »... Ce qui est curieux pourtant, c'est qu'entre les de Gaulle — au moins de Charles à Yvonne — tutoiement et vouvoiement soient à ce point interchangeables. Jusque dans la même lettre. Chez un homme de caractère aussi ferme et imbu de tant de principes, ce flottement ne laisse pas d'étonner, bien qu'il ait son charme. Est-ce encore une forme d'application de la « doctrine des circonstances »?

Charles de Gaulle était-il agacé par la bigoterie et l'extrême pruderie de son épouse? Il avait trop connu sa mère, femme d'une autre génération il est vrai, mais qui sur ces chapitres pouvait en remontrer à Mlle Vendroux, pour ne pas considérer que, « dans nos milieux », cela allait de soi. Il ne la consultait pas sur ses lectures, et avait obtenu que, passant l'éponge sur le statut de divorcée de Mme Pétain, elle accepte de l'accompagner chez le maréchal, et qu'elle reçoive à leur table, sinon un « faux ménage », en tout cas des « époux de secondes noces ». C'est ce qu'on appelle le devoir d'État...

Lui-même, après tout, n'avait rien d'un « fanfaron de vices », comme dit Saint-Simon. Son beau-frère précise même avec une irrésistible drôlerie involontaire : « Ce n'était pas l'homme du *Bœuf sur le toit!* » Il faut dire que l'idée de voir l'auteur du *Fil de l'épée* installé dans la boîte de la rue de Ponthieu entre Maurice Sachs, Coco Chanel et Jean Cocteau n'a jamais traversé l'esprit de quiconque, avant que Jacques Vendroux ait jugé bon de donner cette intéressante précision.

Un ménage modèle? Assez uni en tout cas pour avoir été capable d'affronter d'un cœur égal la grande épreuve intime, et en avoir tiré, elle du fond de sa foi, et lui en y mêlant quelque stoïcisme, une incitation à approfondir leur entente.

Anne de Gaulle était née le 1er janvier 1928 à Trèves. Sa mère n'avait pas 30 ans, son père moins de quarante. Les deux premières maternités d'Yvonne s'étaient déroulées normalement (sous la surveillance plus étroite, il est vrai, du Pr Lévy-Solal). Cette naissance-ci fut très difficile. Il apparut vite que l'enfant souffrait d'un handicap. L'incertitude dura quelques mois.

Le 6 janvier 1929, un an après la naissance de sa deuxième fille, Yvonne de Gaulle est déjà assez avertie de la profondeur du mal pour écrire à une amie : « ... Bonne santé à tous. C'est la principale des choses à souhaiter; pour nous, nous abandonnerions tout ce qui est ambition, fortune, etc., si cela pouvait améliorer la santé de notre petite Anne... » L'enfant est alors soumise à un traitement aux rayons ultraviolets. Mais les médecins n'en font pas espérer de miracle aux de Gaulle.

Si bien que lorsque le commandant apprend son affectation au Liban, il ne croit pas indispensable à la santé de la petite malade d'insister pour rester en France, ou de l'y laisser. On prend la décision de l'emmener dans un pays où soins et médicaments sont moins assurés que dans une garnison française : il est clair désormais que les seuls soins que requiert l'enfant sont ceux de la tendresse.

Quelques jours après son installation à Beyrouth, le commandant de Gaulle signale à son père « quelques progrès » de la « petite Anne ». Ce qui ne signifie pas grand-chose, sinon que s'est déjà nouée entre le père et la petite infirme une relation d'étrange complicité. Elle qui ne saura jamais dire « maman » éprouve une sorte de joie à prononcer le mot « papa ». L'enfant handicapée est étroitement mêlée à la vie du couple et de ses frères et sœurs. La femme de l'un des collègues de Charles de Gaulle, en visite chez Yvonne à Aley, est frappée de l'épreuve que s'imposent ainsi les parents.

Car la décision est prise une fois pour toutes : Anne vivra au milieu des siens. Pas question de la confier à une institution spécialisée, de l'isoler, d'alléger le fardeau. S'il y a une chance sur mille que le sort de l'enfant soit adouci, c'est par les attentions dont elle sera entourée. Dès lors, ces errants que sont les de Gaulle (comme toutes les familles d'officiers) incorporent définitivement à leur vie le handicap terrible qu'est une enfant mongo-lienne.

Pendant l'été 1931, Yvonne et ses enfants, rentrés du Liban quelques mois avant Charles de Gaulle, passent à Wissant, sur la mer du Nord. « C'est au cours de ce séjour, écrit Jacques Vendroux, le frère d'Yvonne de Gaulle, que le handicap [d'Anne] devient apparent aux yeux des moins avertis... Aujourd'hui, aucun espoir d'amélioration sensible n'est plus permis. » Et de préciser que sa mère, particulièrement affligée de l'état de sa petite-fille, a trouvé une explication : une émotion violente ressentie par Yvonne à Trèves...

Les de Gaulle ont engagé, pour s'occuper de la petite infirme, une certaine Marguerite Potel, qui ne la quittera plus jamais, de Wissant à Paris, de Londres à Colombey, désormais assimilée aux membres de la famille. Mais les parents d'Anne savent que c'est d'abord à eux que revient la charge de ranimer en elle tout ce qui pourrait ressembler à de la joie.

On laisse ici la parole à André Frossard, qui évoque en ami des de Gaulle et en chrétien, beaucoup mieux que je ne saurais le faire, le drame qui est au centre même de la vie de Charles de Gaulle :

« Anne sera de ces enfants sans lesquels il y aurait sans doute moins d'amour sur terre, et sur le visage desquels l'angoisse épie en vain les premières lueurs d'une aurore qui ne se lève pas... Anne dira quelques mots et saura formuler quelques phrases, qui resteront des phrases d'enfant. Douce, proche et lointaine, elle suivra le sort itinérant de ses parents... »

(C'est en pensant à elle que les de Gaulle achetèrent — à crédit, sur des œuvres futures — le domaine de Milon-la-Chapelle où devait s'ouvrir, en 1948, la « fondation Anne de Gaulle » entretenue par les droits d'auteur du général.)

« Ainsi, par la grâce de cette enfant qui ne pouvait rien, d'autres enfants auront beaucoup reçu, poursuit André Frossard. Il n'est pas exact que la fondation ait été créée pour elle, ses parents n'imaginant pas qu'on pût les en séparer ou que sa famille ne se substituât pas s'ils venaient à disparaître ; mais il est exact qu'elle a été créée par elle, et l'amour de sa mère, et l'amour de son père. Cet amour qui aura tout fait, pendant vingt ans, pour qu'aucun signe ne vînt, par maladresse, lui faire sentir qu'elle était *différente* [...]. C'est auprès d'elle [que le général] a voulu être enseveli. Elle a été sa souffrance, son humilité — son espérance, et cela, ce sont les chrétiens qui le savent, sa joie [9]. »

Une photo a été prise, bouleversante, où l'on voit Charles de Gaulle, sur une plage du Nord, vêtu d'un sévère costume gris et d'un chapeau noir, assis dans un « transat », portant sur ses genoux l'enfant infirme, de blanc vêtue et coiffée d'un chapeau d'été à cordelière, comme en portaient alors toutes les petites filles. Les mains du père et de la fille sont emmêlées comme dans un jeu. L'œil rond de la petite est braqué passionnément sur le père qui penche vers elle un regard d'une infinie douceur. Rien ne saurait être écrit sur le général de Gaulle qui ne tienne compte de cette image.

Jacques Vendroux évoque ainsi les rapports établis entre les de Gaulle et leur fille handicapée :

« " La petite Anne ", comme dit Yvonne, " la pauvre petite Anne ", comme Charles la nomme quand il parle d'elle, doit désormais rester sous la garde constante de la dévouée Mlle Potel, qui lui prodigue des trésors de soins et de tendresse... Charles, quand il est là, tous les soirs vers 6 heures, la prend un long moment sur ses genoux et parvient à la faire rire en lui chantant — je ne sais pas l'origine de ce refrain — " Ou Pachou Pachou Paya " indéfiniment répété, ou bien encore, en la regardant passionnément dans les yeux : " La peinture à l'huile, c'est plus difficile, mais c'est bien plus beau que la peinture à l'eau ". » D'autres ont décrit l'enfant, toujours sur les genoux de son père, jouant sans fin avec l'objet du monde qui lui semblait le plus beau et le plus distrayant : le képi à feuilles de chêne qui distingue les officiers généraux. Tous soulignent la longueur indéfinie de ces scènes, et surtout les efforts constants faits par Charles de Gaulle pour être présent au moment où la petite l'espérait, les rendez-vous importants souvent interrompus en vue du tête-à-tête, les longues courses en pleine nuit parcourue par le colonel commandant le 507e régiment de Metz pour revenir de la région de Reims où il participait à des manœuvres et repartir à l'aube après avoir bercé l'enfant.

Anne mourut à 20 ans, en 1948, à Colombey. Quand l'inhumation fut accomplie, Yvonne et Charles de Gaulle restèrent un long moment encore debout devant la tombe fraîche. Puis le général prit le bras de sa femme et l'emmena doucement en lui disant : « Venez. Maintenant, elle est comme les autres. »

L'un des médecins du général assure lui avoir entendu dire : « Sans Anne, peut-être n'aurais-je pas fait tout ce que j'ai fait... Elle m'a fait comprendre tant de choses. Elle m'a donné tant de courage... » Faut-il voir là simplement le besoin de sublimer une grande épreuve ? Dans cette vie promise à tous les défis, celui-là ne fut pas le moindre. Faute de la présence et du souvenir d'Anne, de Gaulle courait-il le risque de s'enfermer dans le cynisme qui perce dans les conférences de 1927 ? Serait-il devenu l'obsédé de la colère que faisaient entrevoir les premières campagnes du RPF, en 1947 ?

Quelque supputation que l'on fasse, Charles de Gaulle est l'homme qui, au soir de sa vie, sollicité d'écrire quelques mots sur un exemplaire des *Mémoires de guerre,* cite deux proverbes, l'un grec et l'autre venu du Moyen Age, qui tous deux signifient :

« C'est par la souffrance que nous sommes instruits. »

Autre épreuve, et qui lui fut presque aussi cruelle : la longue maladie où se débattit pendant vingt ans son frère Jacques, celui avec lequel il était le plus étroitement lié, ayant, on l'a vu, participé à l'éducation de ce cadet de deux ans. En 1926, à 34 ans, Jacques de Gaulle ingénieur civil des Mines, père de trois enfants, fut frappé par une épidémie d'encéphalite léthargique, et atteint d'une paralysie qui se généralisa d'année en année.

Il lutta longtemps. En 1929, Charles écrivait de Beyrouth à son père : « Les détails encourageants que vous nous donnez au sujet de Jacques et des résultats produits actuellement par le nouveau traitement du Pr Histz nous ont remplis de contentement. Nous espérons ardemment que ce mieux va se maintenir [10]... »

Le malheureux ne fut bientôt plus qu'un grabataire, entièrement dépendant des siens. Souffrant de plus en plus, l'intelligence en éveil, faisant preuve d'une fermeté d'âme impressionnante, Jacques recevait régulièrement la visite de son frère Charles. En 1942, recherché par la Gestapo, il fut transporté en Suisse, passant la frontière à dos d'homme, avec l'aide de l'abbé Pierre. Il mourut en 1946, après vingt ans de souffrances.

Son fils Bernard nous disait que le général se révoltait plus encore peut-être contre la maladie de son frère préféré que contre l'infirmité de sa fille. Il voyait plus d'« injustice » encore à ce martyre infligé, en plein milieu de sa vie, à cet homme jeune, plein de talent, chargé de famille. Anne était sa blessure, sa chère blessure. Jacques, c'était l'absurdité pure, celle qui, dans l'âme de cet homme peu enclin à la résignation, était plus que toute autre inacceptable...

L'infirmité d'Anne et la façon dont il la vit font certes de Charles de Gaulle un père peu banal. Mais s'agissant de ses deux autres enfants, Philippe et Élisabeth, on retrouvera le Connétable plus semblable aux millions de ses contemporains qui ont choisi d'être ce que Péguy appelait « ces grands aventuriers du monde moderne, les pères de famille ». Une vie agitée, nomade, les défis du temps, une solde étroite, de grands desseins, une conception très hiérarchique de la paternité et de la solidarité familiale, et, on l'a dit, l'horreur de mêler vie publique et vie privée — tout cela constitue le bagage de Charles de Gaulle, père et éducateur.

C'est curieusement à Hegel qu'il emprunte l'un de ses axiomes favoris en la matière, recopié sur son carnet dès 1927 : « Celui qui n'est pas père n'est pas un homme. » S'il a voulu prendre femme, sitôt qu'il vit son avenir militaire assuré, c'est évidemment pour fonder une famille. Deux enfants en trois ans, trois en sept ans. Du temps de l'enseignement de l'histoire à Saint-Cyr et jusqu'au départ pour Trèves, il fut un père très attentif aux faits et gestes de ses deux aînés.

Non loin de la phrase de Hegel citée plus haut, entre une maxime de Bossuet et un vers de Shakespeare, le capitaine de Gaulle a pris soin de recopier patiemment dans son carnet le « compliment » versifié que son fils vient de lui réciter pour la célébration du Nouvel An de 1927.

On s'en voudrait d'être moins patient que lui, tant ce trait révèle joliment le père chez ce fracassant personnage qui rédige alors les conférences prononcées trois mois plus tard à l'École de guerre :

> « Le petit cœur de votre enfant
> est tout débordant de tendresse.
> Prenez mes baisers mes caresses
> Et tous les vœux tendres et doux
> Qu'au Jour de l'An je fais pour vous [11]. »

Quelle que soit la part qu'ait prise Yvonne à cette rédaction — mais peut-être après tout le fils du général de Gaulle était-il, comme Pierre Loti, aussi doué pour la littérature que pour la navigation — ce qui importe ici, c'est le soin pris à relever, dans ce carnet qui est un instrument de travail, ces mots de tendresse enfantine.

Interrogé à diverses reprises — notamment à Radio-France par Jacqueline Baudrier — sur la sévérité attribuée à son père en tant qu'éducateur, Philippe de Gaulle ne semble pas avoir gardé de cette expérience un souvenir particulièrement douloureux. Beaucoup moins en tout cas que celui d'innombrables garçons de ce milieu de la bourgeoisie intellectuelle aux prises avec un père n'attendant de la chair de sa chair que les manifestations du génie, et la gloire.

Si Charles de Gaulle consacra beaucoup moins de temps que son propre père à ce type de devoirs, il était attentif aux notes de son fils, mais sans maniaquerie, ni forfanterie. Il ne semble pas qu'il ait fait vivre Philippe dans l'obsession des premières places (du type « Un de Gaulle ne saurait être qu'en tête de sa classe ! »). Retenons pourtant cette indication : décrivant les vacances en famille à Septfontaines, Jacques Vendroux rapporte que « Charles [...] contrôlait avec une conscience et une patience exemplaires, mais non sans une certaine sévérité [les devoirs de vacances] de son fils »...

Et n'oublions pas ces lettres où, au plus fort de la guerre, le chef de la France libre s'informe du sort de son fils, de ses études * de ses affectations militaires ou l'informe de son propre état, avec une simple et sereine affection. Bon, excellent père à coup sûr.

Mais le de Gaulle privé le plus déconcertant, c'est à coup sûr le beau-frère. Dans les deux livres où il évoque ses relations avec les de Gaulle [12], Jacques Vendroux, frère aîné d'Yvonne, décrit en « mon beau-frère » le membre fidèle d'un club familial, très fermé comme il se doit, et apparemment impatient de retrouver, le mois d'août venu, entre le cousin Raymond et l'oncle Émile, le croquet, la cueillette des poires, les champignons de l'aube et les jeux de société du type « mariage à la campagne », où le futur général tenait, sans se faire prier, le rôle du suisse à hallebarde.

Ne doutons pas du goût de Charles de Gaulle pour la fréquentation d'une famille dont les valeurs étaient si proches de la sienne, et qui était celle de la femme à laquelle il avait choisi de lier sa vie. Mais dans le plaisir qu'il y prenait, il y avait sans nul doute l'agrément prestigieux des séjours que faisaient en été les de Gaulle dans le beau domaine de Septfontaines, cette ancienne abbaye de briques roses proche de Charleville, au centre de la forêt des Ardennes, un lieu selon son cœur, chargé de cette poésie légendaire, de ces cicatrices du temps qu'il révélait.

Le kaiser Guillaume avait séjourné pendant la guerre à Septfontaines, et le feld-maréchal Falkenhayn, prédécesseur d'Hindenburg, avait occupé à Charleville la maison des cousins des Vendroux. Autant de raisons de se passionner pour ces sites d'où l'on partait en promenade au long de la Meuse, rivière chargée elle aussi d'histoire et de lyrisme — celui de Péguy, entre autres — et que traversait la « voie romaine » de Reims à Aix-la-Chapelle, sujet qui avait le don d'exacerber l'éloquence naturelle du capitaine, puis commandant, puis colonel de Gaulle, dont on disait chez les Vendroux, à la veillée, qu'il serait « un jour ministre de la Guerre »...

On donnerait cher pour retrouver les films où l'un ou l'autre des cousins ardennais a enregistré Charles de Gaulle disputant de longues parties de badminton avec Jacques Vendroux, « en bras de chemise, sur la terrasse ensoleillée ». On aimerait aussi consulter les clichés où reste fixée pour l'éternité la démarche d'un grand diable d'officier partant pour la chasse. « Charles, qui sacrifiait à la tradition pour nous faire plaisir [...] figeait dans le layon doré par l'automne sa haute silhouette reconnaissable à ses leggins

---

* Le général semble avoir souhaité voir son fils faire les sciences politiques. Plusieurs lettres en témoignent. Mais il se rallia sans discuter au projet de Philippe de devenir marin.

fauves et à son classique chapeau de feutre gris, s'abstenant par discipline de fumer son éternelle cigarette et respectant scrupuleusement les consignes données aux chasseurs... Il tua proprement, à cette battue inaugurale, son premier lièvre, mais en laissa passer sans les tirer deux ou trois autres [13]... »

Le commandant de la garnison de Charleville mettait volontiers un bon cheval à sa disposition : et voilà le commandant de Gaulle chevauchant à travers la forêt comme les quatre fils Aymon, héros ardennais par excellence, vers Thys ou vers Neuville. Il aimait surtout piquer vers Gruyère, village isolé au fond d'une vallée touffue où se dressaient les murailles médiévales, d'une insaisissable beauté, du château du marquis de Meckenheim

Bien que la plupart de ses instructeurs militaires l'eussent crédité de notes médiocres en ce domaine, Charles de Gaulle, fantassin par vocation, aimait le cheval pour ce qu'il apporte de liberté dans la discipline. Il y voyait un instructif débat de volontés, celle du cavalier ne primant qu'en tant qu'elle tient compte de l'autre. Encore les « circonstances ». Ces chevauchées ardennaises resteront dans son souvenir.

Le lieu symbolique où s'exprime l'homme privé, c'est tout de même Colombey. Bien qu'il y ait poussé ses racines la quarantaine largement dépassée, c'est là bien sûr qu'il a mené la vie la plus autonome et la plus authentique, si tant est que Charles ait jamais pris le pied sur de Gaulle — ce dont doutait fort André Malraux, qui a bien connu celui-ci mais très peu celui-là.

Au printemps 1934, Yvonne et Charles de Gaulle — il est alors en fonctions à Paris, au secrétariat général de la Défense nationale, et s'apprête à publier *Vers l'armée de métier* — se mettent en quête d'une maison de campagne où Anne puisse vivre au grand air et eux prendre le large par rapport à leurs obligations politiques, professionnelles et mondaines. Ils découvrent dans *l'Écho de Paris* une annonce signalant la mise en vente d'une maison dans le petit village de Colombey-les-Deux-Églises, en Haute-Marne, non loin de Chaumont, sur la route de la frontière nord-est, mais pas trop près (ne pensait-on pas d'abord à la petite infirme ?), à quatre heures seulement de Paris dans la Citroën B 14 que possède alors le colonel. C'est intéressant. Et comment ces « deux églises » n'iraient-elles pas droit au cœur d'Yvonne de Gaulle — qui, vérification faite sur place, n'en retrouvera d'ailleurs qu'une...

« La Brasserie », ainsi appelée parce qu'elle a appartenu à un brasseur, est un ancien relais de poste : deux têtes de chevaux surmontent le portail. Elle a été rebaptisée plus noblement « La Boisserie » par la propriétaire, Mme Bombal, qui la loue depuis quelques années à un ménage américain, les Jolas*. Ceux-ci ne se contentent pas d'y vivre : ils en ont fait le siège

---

* Maria Jolas, restée jusqu'à ces dernières années l'une des figures intellectuelles de la communauté américaine à Paris, est la mère de la grande musicienne Betsy Jolas.

d'une petite revue d'avant-garde esthétique, *Transition*. Mais l'entretien de la toiture commençant à lui coûter trop cher, Alice Bombal a décidé de mettre « La Boisserie » en vente. Elle en demande 50 000 francs — ce qui excède largement les possibilités des de Gaulle — mais accepte que la plus grande partie soit payée en viager. Séduits, Charles et Yvonne signent l'acte de vente devant Me Mouton, notaire à Chaumont, le 9 juin 1934. Leur nouveau domaine y était décrit comme « une demeure de 14 pièces avec jardin d'agrément, boqueteaux, verger, potager et prairies »...

Reste ce problème du viager : 6 000 francs à trouver tous les ans, l'équivalent de trois mois de solde... Mais « deux ans plus tard, Mme Bombal mourra, noyée dans sa baignoire... Les de Gaulle avaient versé 17 000 francs pour une propriété qui en valait au moins le triple [14] ». Ce sont souvent les gens les plus impropres aux calculs et supputations * qui font les meilleures affaires.

On a mille fois décrit Charles de Gaulle arpentant la « forêt gauloise » de Colombey, les Champs catalauniques tout proches, les sentiers empruntés par Jeanne d'Arc en route pour le pays de Loire, et les prés labourés par les moines de Clairvaux, ses voisins. On y reviendra. Cinq années durant, avant que les occupants ne ravagent pour longtemps La Boisserie, les de Gaulle vinrent à Colombey en vacances d'été et pour quelques séjours, de Pâques à l'automne : mais la maison n'avait alors ni l'eau courante ni le chauffage central, et la santé d'Anne était terriblement fragile.

C'est là tout de même, mieux que partout ailleurs, qu'aura pour lui chanté l'alouette.

---

* En ce domaine...

II

En quête de l'outil

9. Le cénacle

Une pensée peut-elle se développer en solitaire ? N'étant ni Héraclite, ni Descartes, ni Hegel, mais seulement un officier français imprégné de la conviction qu'il devra tôt ou tard rendre à son pays « quelque service signalé » dont l'armée sera, sous son impulsion, l'instrument privilégié, Charles de Gaulle n'a jamais prétendu se passer des avis, enseignements et échanges de nature à faire progresser ses recherches. Mais il le fit longtemps dans la solitude. Aucune amitié d'élection n'ayant marqué son enfance, aucun « gourou » n'ayant illuminé son adolescence, aucun chef hiérarchique ne s'étant imposé à lui — on a vu à quel point l'emprise exercée par Pétain s'était vite affadie en relations inégales et biaisées — c'est très tard qu'il découvre enfin le cadre collectif où déployer, en terrain fertile, sa puissante imagination.

Jusqu'à 30 ans passés, il est l'homme sans ami. On ne lui connaît nulle intimité, ni d'enfance (sinon peut-être avec son frère Jacques), ni de collège, ni à Saint-Cyr, ni à la guerre ou en captivité, si propices pourtant aux liaisons d'amitié (leurs compagnons de camp à Wülzburg signalent qu'il y a sympathisé avec le capitaine Brillat-Savarin, mais celui-ci disparaît dès leur retour de captivité) ; ni en Pologne, ni à l'École de guerre, ni au cabinet Pétain, ni à Trèves, ni au Levant. Quelques bons camarades, quelques interlocuteurs privilégiés comme Gustave Ditte et Jacques de Sieyès à Saint-Cyr, Loustaunau-Lacau, Bridoux, Chauvin ou Georges-Picot à l'École de guerre : l'énumération est brève, du moins si l'on se fie aux écrits des principaux intéressés et aux confidences de ses proches. Timidité ? Certitude de sa « prédestination » ? Souci de préserver son domaine secret et son champ de méditation ? Incapacité des appelés à devenir des élus ? La plupart de ceux qui l'ont approché, du collège aux tranchées et de Rambertow au cabinet du maréchal, le disent courtois, un peu distant, volontiers cérémonieux, très attentif aux usages. Mais d'abandon ou même de cordialité, point.

Au milieu des années vingt, pourtant, va s'ébaucher la formation d'un groupe où Charles de Gaulle pourra épanouir enfin ses dons de sociabilité et ses aptitudes à l'échange, voire à l'amitié. C'est à l'époque où la « maison Pétain » sert de cadre à sa vie officielle que se constitue peu à peu une constellation formée d'Étienne Répessé, d'André Fleury, de l'intendant Ley, du commandant Rouget, de Jean Auburtin, et surtout du capitaine Nachin et du lieutenant-colonel Mayer : les premiers « compagnons »

191

qu'aura rassemblés, avant ceux de la Libération, l'auteur du *Fil de l'épée*.

Il faut considérer ce groupe avec attention : car il n'est pas de personnalité si puissante qui ne pousse ses racines dans une collectivité. Mal aimé du monde militaire, encore méfiant à l'égard du politique, privé de voie d'accès vers une république des lettres peu accueillante aux porteurs d'uniformes, de Gaulle aura trouvé dans ce cénacle ambigu où se côtoient des civils fascinés par les armes et des militaires fort civils, le milieu le plus favorable à la maturation de ses idées-forces.

Le premier à avoir croisé sa route est Étienne Répessé, d'abord au 33ᵉ régiment d'infanterie d'Arras où ce réserviste fait ses classes, puis sous les obus qui pleuvent en Champagne : là, le capitaine de Gaulle stupéfie le jeune lieutenant, on l'a vu, par son intrépidité provocante. Mais il ne s'agit alors que de rencontres fugitives, marquées par les inégalités hiérarchiques.

Répessé, lui aussi originaire du Nord — son père est imprimeur à Arras — entre au lendemain de la guerre chez l'éditeur Berger-Levrault, camarade de captivité de De Gaulle au fort IX d'Ingolstadt. C'est dans ces fonctions de directeur littéraire que cet intellectuel aux tendances plutôt antimilitaristes approfondit ses relations avec le capitaine de Gaulle, venu proposer à cette maison où il se connaît des amis le manuscrit de son premier livre, *la Discorde chez l'ennemi*. L'admiration qu'il lui voue est dès lors sans réserve.

Est-ce Répessé qui présenta Charles de Gaulle à Lucien Nachin, bientôt appelé à assumer lui-même des responsabilités éditoriales chez Berger-Levrault ? Peut-être le Connétable se lia-t-il directement, dès le lendemain de la guerre, avec le capitaine Nachin, alors que cet officier était chargé de la formation des jeunes cadres à Saint-Maixent — où de Gaulle fit un stage. Peut-être leurs relations se nouèrent-elles au temps où le capitaine Nachin occupait un poste important à la direction de l'infanterie auprès du général Matter : de Gaulle y fit de nombreuses visites en vue d'une affectation à son retour de Pologne.

Nachin était originaire de Calais, comme Mme de Gaulle : ce sont des choses qui facilitent les rapprochements au moment où l'on remplit des formulaires. En tout cas, dès avant la publication de *la Discorde*, les deux hommes se voient régulièrement, bien que Nachin eût choisi de se faire mettre en disponibilité de l'armée en 1923.

De Lucien Nachin, on ne connaît pas de meilleur portrait que celui que traça le général de Gaulle lui-même, en juin 1952, après la mort de son ami :

> « Lucien Nachin s'était fait lui-même, et il s'était très bien fait. Cet homme de qualité ne supportait dans son être rien qui fût vil, ni qui fût bas. Je l'ai vu soldat, chef, fonctionnaire, érudit, philosophe, parcourir les années, prendre part à deux guerres, plonger dans les événements, se mêler ardemment aux hommes, sans qu'il se soit sali, jamais !
> Quelle vie, pourtant ! qui ne fut que recherche et passion de connaître. Tout ce qui touche l'esprit : idées, art, histoire, l'attirait, mais surtout la philosophie de l'ordre militaire, qui était sa profonde vocation [...]. Que de choses il a données, s'empressant d'être utile à ceux qui le méritaient, les guidant vers les trésors que lui-même avait découverts [...]. Il a vécu

Ce fut pour les autres, non pour lui. Et moi, qu'il a aidé maintes fois, jusqu'en ses dernières journées, je rends témoignage à la mémoire de Lucien Nachin, mon compagnon, mon ami. »

Qui peut se flatter d'avoir reçu un tel hommage de Charles de Gaulle ? Peu d'hommes, il est vrai, furent aussi constamment mêlés à ces années d'apprentissage où se forma, avec une sorte d'évidence irrésistible, l'homme du 18 juin. Pas de grand personnage tragique sans confident. Aucun écolier français (en ce temps-là, en tout cas...) n'ignore Pylade ou Céphise. La montée du Connétable vers les sommets ne saurait être décrite en faisant abstraction de ce compagnon de cordée.

Lucien Nachin, de cinq ans l'aîné de Charles de Gaulle, était le fils d'un gendarme du Pas-de-Calais. « Enfant de troupe », c'est-à-dire boursier de l'État destiné à une carrière militaire, il était sorti major de l'école de Saint-Maixent par où les sous-officiers accédaient aux grades supérieurs. Promu officier à 23 ans, affecté à un régiment d'infanterie lillois, volontaire pour les cours d'éducation physique de Joinville, il choisit lui aussi d'enseigner les jeunes recrues avant de les commander au feu, cité à l'ordre de l'armée dès le mois de septembre 1914, blessé après un mois de combats, fait capitaine à 28 ans, capturé le 18 septembre 1915, il passe presque toute la durée de la guerre en captivité. Nul doute que des expériences si analogues ne l'aient rapproché, au lendemain de la guerre, de Charles de Gaulle.

C'est à la direction de l'infanterie du ministère de la Guerre que l'ancien « enfant de troupe » terminera sa carrière militaire active : en 1923, en effet, le capitaine Nachin, auquel la guerre n'aura permis de brûler que peu d'étapes vers les hauts grades peu accessibles aux officiers sortis du rang, choisit d'entrer dans l'administration des transports parisiens, où il s'imposera à la direction du personnel. Bien qu'en disponibilité de l'armée active, il sera promu commandant en 1928 et lieutenant-colonel en 1938.

Les photographies qui restent de lui montrent un homme au visage massif, au regard voilé de binocles, l'allure débonnaire d'un proviseur de lycée ou d'un chef de bureau. Mais cet étonnant portrait qu'il trace de lui-même dans une lettre à son ami Léo Lederer [1] ouvre des perspectives assez différentes sur le personnage :

« ... Vous êtes le seul [...] qui ayez entrevu ce double aspect de ma nature : un tempérament impétueux et belliqueux, une impulsivité à fleur de peau, une violence brutale dans les réactions qui devaient faire de moi, si un sévère contrôle et un freinage permanent ne s'étaient pas exercés, un individu tyrannique et insupportable. De toute évidence, je n'y suis parvenu qu'à moitié et la brute n'est qu'en partie assoupie. Je la sens toujours prête à se révolter [...]. Ce goût pour la lutte ne trouvant pas à s'exercer pour moi-même se dépense en démarches que j'effectue pour mes amis, avec le secret espoir, trop souvent déçu, que les puissants auprès desquels j'interviens offriront un semblant de résistance qui me fournira l'occasion de monter à l'assaut en poussant mon cri de guerre... »

Ce « cri de guerre », nous verrons que Lucien Nachin trouvera pas mal d'occasions de le lancer à la rescousse de Charles de Gaulle. Ce farouche guerrier par substitution et autodiscipline sera un partenaire et un confident d'autant plus enrichissant que le Connétable qu'il avait eu, lui, la chance de découvrir très tôt son « gourou », le lieutenant-colonel Mayer, qui allait devenir leur maître commun, en proposant à l'un et à l'autre de devenir ce qu'il appelait lui-même, pour en faire son idéal, un « homme d'action raisonnant ».

C'est en 1908, en effet, tout au début de sa carrière d'officier (et alors que Charles de Gaulle achevait au collège Stanislas sa classe de préparation à Saint-Cyr) que Lucien Nachin rencontra Émile Mayer. Il avait voulu le connaître après avoir lu de lui un fort ingénieux article sur « La réforme administrative de l'armée » dans *la Revue politique et parlementaire*. Très vite, les deux officiers nouèrent, en dépit d'une différence d'âge de trente-quatre ans, une amitié qui restera sans faille, et sera le noyau du groupe qui s'organisera bientôt autour de Charles de Gaulle.

Avec le capitaine, puis commandant de Gaulle, les échanges épistolaires sont entamés avant 1925. Au début de 1927, ils sont en tout cas assez anciens et chaleureux pour que de Gaulle écrive à Nachin :

> « Mon cher ami [...],
> Vous êtes un homme étonnant. Comment, après tant de mois écoulés, avez-vous gardé le souvenir, et si précis et intelligent, de notre échange d'idées sur l'organisation du territoire ? J'ai lu vos observations renouvelées, j'ai relu votre lettre de l'année dernière et demeure très frappé de la compréhension que vous marquez du sujet et de la valeur des remarques que vous faites[2]... »

Il s'agit évidemment de discussions à propos de l'article consacré par de Gaulle, « officier de plume » de Pétain, au problème des « places françaises ». On est frappé de la considération dont témoigne toute la lettre et jusqu'aux formules d'amitié et de cordialité qui y sont prodiguées à l'adresse d'un homme de rang modeste et qui n'est plus, si l'on peut dire, qu'un fonctionnaire civil. De toute évidence, il s'agit là d'un homme que le Connétable a reconnu pour l'un des siens. Et comme il en usera tout au long de sa vie, il tient alors peu de compte des dignités et des grades pour établir un commerce fondé sur la confiance et l'échange égalitaire.

Égalitaire ? A lire les textes de Nachin, on convient volontiers de l'originalité d'esprit de cet officier en disponibilité. Témoin cette lettre écrite au commandant de Gaulle :

> « ... A partir d'un certain chiffre d'individus, une nation civilisée trouve dans son sein à peu près toutes les aptitudes désirables [...]. Je reste persuadé que si [la guerre] avait duré deux ans encore, l'usure du commandement aurait été très rapide et que nous aurions vu surgir des hommes nouveaux [...]. Je pense donc qu'il est fort possible que nous ayons actuellement en France des chefs de demain de tout premier ordre. Où sont-ils et que font-ils à l'heure présente ? Personne ne peut le dire[3]. »

Écrit en 1928, quelques mois après la fameuse lettre à leur ami commun

Émile Mayer sur les « basques » auxquelles serait susceptible de s'accrocher la patrie en danger... Curieux out de même que Nachin reste si vague sur l'éventualité des « chefs de premier ordre » dont « personne ne peut dire où ils sont ». Si Pétain, Matter et quelques autres ont déjà décelé en de Gaulle l'homme de l'avenir, il faut à ce confident beaucoup de pudeur et un sens de la litote peu banal pour ne pas pousser, à l'adresse de son phénoménal ami, son « cri de guerre »...

L'œuvre de Lucien Nachin n'a pu encore être regroupée. L'opuscule publié par ses amis, chez Berger-Levrault (1953), n'en donne qu'une idée rapide. Une grande partie de sa correspondance, notamment avec de Gaulle, a disparu : les quelques extraits de lettres ici reproduits le font regretter. Pour approfondir la connaissance de celui qui fut par excellence le compagnon de la première partie de la vie de Charles de Gaulle *, il faudrait dépouiller des publications comme le *Journal des anciens enfants de troupe* ou le *Bulletin de la Saint-Maixentaise,* où ont été publiés ses innombrables articles consacrés aux questions d'organisation et de réforme militaires, sans compter ses études à propos de la bataille d'Alésia, ses recherches géologiques et les textes de conférences prononcées devant le personnel de la RATP sur « La fin du monde » ou « Les problèmes de l'Atlantide ».

Mais son œuvre la plus significative est peut-être l'ensemble des préfaces qu'il rédigea à l'usage de la collection dont Berger-Levrault lui avait confié la direction, « Les classiques de l'art militaire » : pour brefs qu'ils soient, les textes consacrés par Nachin à Sun Tsé, Montluc, Machiavel, Guibert, Marmont, Ardant du Picq et Clausewitz révèlent une connaissance profonde du caractère politique de la guerre. De fragment en fragment, c'est en quelque sorte son *Fil de l'épée* à lui. (On sait que l'autre lui doit beaucoup.)

Écoutons son exégète et collaborateur, Philippe Moray :

« Ceux qui pourraient être surpris du fait qu'ayant délibérément quitté l'armée, le colonel Nachin se soit néanmoins consacré passionnément à elle, devraient se rappeler le mot de Renan : " La foi a cela de particulier que, disparue, elle agit encore. " Parce qu'il était profondément convaincu du rôle capital du bouclier de la Nation, il a préféré s'en éloigner pour pouvoir librement la persuader de son efficacité et du sens de sa mission. »

Nous voilà ramenés au débat sur le « harnais » et la nécessité de le porter (ou non) pour mieux brandir le « bouclier ». On a vu que, quatre ans après la retraite précoce de Nachin, Charles de Gaulle avait fait un autre choix que son ami. C'est par une troisième voie qu'était passé leur mentor commun, Émile Mayer : ni persistant comme de Gaulle, ni s'écartant comme Nachin, cet homme d'exception fut marginalisé contre son gré par une armée qui — simple conformisme ? racisme ? — lui pardonna moins encore qu'à de Gaulle son génie inventif et ses originalités provocantes.

Dans une lettre qu'il m'adressait le 18 août 1964 à propos d'un premier travail sur le général de Gaulle, Philippe Serre, qui fut avec Paul Reynaud le

---

* Quel beau sujet de thèse pour un jeune historien...

meilleur et plus constant avocat parlementaire de l'auteur de *Vers l'armée de métier*, écrivait notamment :

« … En ce qui concerne cette période, je me permets de vous suggérer de faire un portrait du colonel Mayer, dont personne ne parle et dont le grand souvenir demeure dans la mémoire de tous ceux qui l'ont connu […]. C'est chez lui que se réunissaient les quelques hommes (ils étaient peu nombreux) qui croyaient aux visions stratégiques du général de Gaulle. »

Né en 1851 à Nancy dans un milieu de bourgeoisie juive peu fortunée, Émile Mayer avait fait ses études secondaires à Angoulême où son père, ingénieur des Mines, dirigeait la poudrerie ; puis à Paris où, élève de mathématiques spéciales au lycée Charlemagne, il fut le condisciple de Joseph Joffre. C'est alors, semble-t-il, qu'il se décida, sans enthousiasme d'abord*, à entrer dans la carrière militaire, passant par l'École polytechnique où il fut le camarade de promotion de Ferdinand Foch : il se lia même d'amitié avec le futur maréchal, qui lui fut reconnaissant d'être intervenu pour lui éviter les brimades auxquelles étaient soumis, dans ce milieu très libre penseur, les jeunes catholiques pratiquants.

Quelle carrière plus banale en apparence que celle de cet officier d'artillerie, ballotté de garnison en garnison — Fontainebleau, Toul, Versailles, Douai… Carrière étrange pourtant à force de lenteur : voilà un officier d'un talent évident, auquel a été confié un enseignement — fondamental en cette arme — de la balistique, et qui, promu capitaine à 28 ans, doit attendre dix-sept ans encore pour accéder au grade supérieur… Pourquoi ? Il écrit, et souvent sans demander l'autorisation à ses chefs. Pire : il publie dans ses revues « de pékins » comme la *Revue scientifique*. Bien pire encore : il y soutient des thèses proprement hérétiques.

Dès 1889, et surtout en 1890, il soutient dans cette revue que la « tactique de l'avenir » ne saurait être l' « offensive à outrance », mais une défensive fondée sur les foudroyants progrès de l'armement. Et il proclame sans timidité qu'à la guerre de mouvement classique va tôt ou tard se substituer la « guerre d'immobilité ». Écrit en 1890, vingt-cinq ans avant la Champagne, l'Artois et Verdun ! Ces propos prophétiques font d'ailleurs de lui moins le précurseur de Charles de Gaulle que de Philippe Pétain : le futur maréchal ne dira jamais rien d'autre, dans les cours qu'il professera dix ans plus tard à l'École de guerre… Ainsi Émile Mayer aura-t-il été l'inventeur de Pétain avant d'être l'accoucheur de De Gaulle…

Décidément, cet homme-là a trop d'esprit. Il ne publiera plus en France. C'est vers la *Revue militaire suisse* qu'il se retourne pour lui confier, en mai 1902, son article capital. Sous le titre « Quelques idées françaises sur la guerre de l'avenir », il décrivait une guerre figée, enterrée, clouée au sol, la « bataille impossible » sur un horizon vide. Article si neuf, si original et « erratique » qu'il passa inaperçu, ou fut occulté. Dès lors, selon Nachin, « le commandant Mayer renonça à vaticiner… persuadé que son opinion, dépourvue de l'autorité suffisante, n'intéressait personne ».

---

* « La carrière militaire… n'était pas celle qu'il eût choisie… » (L. Nachin, *Paroles d'adieu*, opuscule inédit).

D'autant que l'affaire Dreyfus, et le parti qu'il y prend, lui a valu quelques ennuis. *Le Gaulois,* qui a retrouvé un de ses articles critiquant telle ou telle décision de l'état-major, dénonce le collaborateur de la *Revue scientifique* comme un officier juif sabotant la Défense nationale... Un député de droite le met même en cause à la tribune de la Chambre, parce qu'il a osé proposer une réforme de la justice militaire... Le ministre, un certain Krantz, prend peur : le commandant Mayer est mis d'office en non-activité « avec retrait d'emploi ». Cette carrière déjà sabotée par le conformisme est désormais brisée par le racisme.

Par les préjugés idéologiques aussi : s'il est l'ami de Taine, on le sait aussi lié avec Jaurès, auquel il a proposé d'être son conseiller militaire pour la rédaction de *l'Armée nouvelle,* et en bons termes avec Romain Rolland : voilà autant d'amis qu'il en faut pour se faire beaucoup plus encore d'ennemis dans le milieu militaire. Il faudra qu'intervienne la réhabilitation d'Alfred Dreyfus, en 1906, pour qu'à l'initiative du général Picquart, ministre de la Guerre, Émile Mayer se voie rendre justice : il est nommé lieutenant-colonel et réintégré dans la réserve.

En 1903, il avait essayé de lancer une petite revue intitulée *l'Armée et la Nation :* mais la tentative a fait long feu, parce qu'elle se heurtait à l'ostracisme dont était frappé l'ingénieux Mayer au sein de sa corporation. En 1907, il reçoit une sorte de compensation : la rubrique militaire de *l'Opinion,* qu'il tiendra pendant sept ans, y publiant des études d'une inlassable originalité.

Le commandant Mayer continue d'entretenir des relations amicales avec les grands chefs de l'époque, Joffre, Gallieni, Sarrail et surtout Foch, dont il disait : « Il a tous les courages, sauf celui de douter... » De son « courage » et de son amitié, le futur maréchal lui donnera en tout cas une preuve en lui offrant à lui, le pestiféré, de prendre la direction du CHEM (Centre des hautes études militaires) qu'il vient de créer et qu'on appelle déjà « l'école des maréchaux ». Mais comme tout ce qui concerne la carrière d'Émile Mayer, le projet tourne court. Trop de boucliers ont dû se lever contre l'initiative de Foch.

Pendant la guerre, à 66 ans, il commande modestement l'artillerie de la zone ouest du camp retranché de Paris. Son heure de gloire survient enfin en 1915, quand *le Temps* reproduit son article de 1902 dans la *Revue militaire suisse* qui, diffusé alors en tiré à part, « provoqua une émotion intense et un prodigieux mouvement de curiosité. D'un bond, l'auteur de ces vues prophétiques devenait célèbre. On s'extasiait... sur l'extraordinaire lucidité dont l'auteur faisait preuve [mais] aussi sur l'écart fantastique entre la doctrine officielle [et les] faits si lumineusement pressentis par Émile Mayer[4] ».

Mais il n'était pas fait pour l'acclamation publique : à peine a-t-on rendu hommage à sa prescience qu'on stigmatise son comportement : tentant d'arracher sinon la libération, au moins l'amélioration du sort de son ami Lucien Nachin, prisonnier depuis deux ans, il lui écrit à l'Oflag une lettre destinée à amadouer l'ennemi en rendant hommage à l'esprit chevaleresque du combattant allemand. La censure saisit la lettre et le malheureux Mayer se voit voué aux gémonies pour avoir prétendu se conduire en homme de cœur quand il fallait seulement « penser droit ». Ce qui met définitivement un terme à cette étrange carrière..

Une revanche va-t-elle lui être offerte, quand le gouvernement français, tout de même averti du singulier génie de ce lieutenant-colonel maudit, envisage en 1918 de faire de lui le conseiller d'un organisme chargé d'envisager de doter la SDN d'une force militaire. Émile Mayer évoque drôlement l'épisode dans un article de *la Lumière* publié le 11 novembre 1938, quelques jours avant sa mort :

« En décembre 1918, M. Léon Bourgeois, promoteur de la Société des Nations, avait chargé certains de ses amis de constituer des commissions pour étudier la manière la meilleure d'organiser la future Société. En particulier, il fit envisager la création d'une force armée capable d'en faire respecter les arrêts. C'est Paul Doumer qui présida la commission, composée d'anciens ministres de la Guerre (Painlevé, Millerand), de généraux (de Lacroix, Beau de Nom de la Maze, etc.), de l'amiral Fournier, du colonel Boissonet et de moi, seul de mon grade. A la première réunion, dans un des salons du Sénat, le général Malleterre, me prenant à part, me dit :

— Il n'y a rien à tirer de toutes ces vieilles badernes. Nous ne sommes que deux hommes de progrès : vous et moi.

— Eh bien, lui répondis-je (non sans le remercier de la bonne opinion qu'il avait de son vieux camarade), j'espère, mon général, que vous soutiendrez ma proposition. Je compte en effet suggérer le licenciement de l'armée. Purement et simplement.

Mon interlocuteur se déroba. Il n'était pas assez " homme de progrès " pour me suivre... »

Ce qui n'empêche pas le vieux monsieur de rappeler, dans le même article, sa thèse favorite sur l'absurdité des guerres et des armements massifs :

« J'ai cru devoir reprendre ma thèse en 1925 dans un cours que je faisais au Collège libre des sciences sociales, et j'ai développé mes arguments dans une brochure, *Plus d'armées, plus de guerres !,* qui a paru à la même époque aux éditions de *la Griffe...* Je soutenais, je soutiens encore — et de plus en plus — que l'ère des guerres est close. Ceci ne veut pas dire qu'on ne fera plus de guerre. Je pense seulement qu'on devrait n'en plus faire, qu'on commet une faute en en faisant. [...]

« La guerre — nous le verrons bientôt — est devenue un vrai luxe que nous n'avons plus guère le moyen de nous offrir. Ainsi disparaîtra-t-elle de nos mœurs, comme en a disparu, par exemple, le duel... »

Genre de propos qui n'était pas de nature à consolider le crédit d'Émile Mayer auprès de l'état-major...

Le lieutenant-colonel en retraite Émile Mayer n'a plus qu'à retourner à ses études et à ses articles — qu'il signe, dans *l'Œuvre* ou *la Lumière,* Abel Vanglaire ou Émile Manceau. Parallèlement à ces plongées dans la presse, il prononce des conférences au célèbre Club du faubourg, animé par son vieil ami Léo Poldès (on assure qu'il y entraîna Charles de Gaulle), et surtout invente un genre littéraire, l' « histoire-fiction », qui fera école.

C'est dans cette veine qu'il publia *le Ministère Fidicsz, le Rétablissement de l'Empire d'Occident* et son livre intitulé *Nos maréchaux*[5], portraits au vitriol des vainqueurs de 1918 (Joffre, Gallieni et Foch) à propos desquels l'amitié n'émousse pas l'acuité de ses critiques. Livre qu'on peut résumer dans l'une des phrases finales : « Leurs victoires sont lourdes de mauvaises leçons. »

Mais arrêtons-nous surtout à la postface de *Nos maréchaux* qui a pour titre : « Évolution probable de la guerre. » Nous sommes en 1923. Émile Mayer imagine que le gouvernement fasciste italien, avide de succès de prestige aux dépens de la France mais peu soucieux de lui faire la guerre, déclenche une série d'opérations terroristes à base d'armes chimiques et de coups de main, dont l'ébouriffant enlèvement par Gabriele d'Annunzio, au cours d'une grande réception parisienne, de quelques-uns des personnages les plus notoires de l'époque, « MM. Loubet et Fallières, Georges Carpentier, Suzanne Lenglen, plusieurs Rothschild, André Citroën et la comtesse de Noailles... » Le gouvernement français se trouve pris de court. Quoi faire contre de tels procédés ? Mobiliser ? Mais où frapper...

A ce point de ce récit si drôlement prophétique, le colonel Mayer s'interrompt, d'une pirouette : « Je m'étais endormi sur le côté gauche, ce qui provoque chez moi des cauchemars... » On voit la cocasserie autant que l'ingéniosité de ce vieux militaire au destin manqué. Non seulement il invente en se jouant une histoire préfigurant celles que nous vivrons un demi-siècle plus tard, mais — avec cette passion qu'il avait d'instruire par le scandale — il glisse cette prophétique bouffonnerie en additif d'un livre extrêmement sévère sur les intouchables vainqueurs d'une guerre encore sacralisée par l'opinion... Ses malheurs ne lui avaient point appris la prudence !

Les vingt dernières années de sa vie — il meurt en 1938 — le lieutenant-colonel Mayer ne les consacra pas seulement à ce rôle de Jules Verne militaire : il multiplia avertissements et pronostics en vue de convaincre le commandement français de jouer à fond la carte de l'aviation, ou plutôt de l'arme « aérochimique », non sans proposer, on l'a vu, de licencier l'armée de terre en temps de paix. Pour faire respecter, du Rhin au Maroc, les intérêts de la France, l'armée de l'air suffirait, soutenait-il.

Le « secret de la mystérieuse attraction qu'exerça Émile Mayer sur des centaines de personnes à travers le monde », le fidèle Lucien Nachin, chargé par la famille de son ami de prononcer les « paroles d'adieux », lors d'une cérémonie le 29 novembre 1938, a tenté de le faire entrevoir en traçant du disparu ce très vivant portrait :

« ... Sa silhouette est fortement dessinée par une solide charpente osseuse qu'accentue une maigreur constitutionnelle... Il n'est pas d'une complexion forte... Une raideur articulaire se manifeste par une démarche légèrement sautillante, mais [...] ce besoin de mobilité lui confère comme un don d'ubiquité. De solides maxillaires, dessinant les traits rigoureux de son visage, favorisent un appétit qui fut longtemps robuste ; une myopie précoce, qui lui impose le port du binocle, donne à son regard une fixité parfois gênante, que venait tempérer un sourire d'une surprenante tendresse.

« ... Ce qui domine et qui apparaît au premier contact, c'est une probité intellectuelle qui lui interdit de se contenter de l'à-peu-près, qui refuse de s'endormir dans la sécurité d'une formule [...]. Sans égard pour les conséquences de sa sincérité [...] il reconnaît hautement la valeur de ses adversaires comme il dénonce les insuffisances de ses amis. Il avoue sans gêne son ignorance.

« Ce trait est encore accentué par une rigidité morale qui ne transige pas... Il est pour lui-même d'une extrême sévérité. L'injustice, l'intolérance, l'inconduite, le manque de courage lui font horreur. Ses scrupules se manifestent dans son exactitude, le soin qu'il apporte à sa toilette, son souci des nuances, son application à rédiger d'une écriture nette, lisible, bien ponctuée. »

C'est cette passion de la ponctuation qui fut à l'origine de l'amitié profonde que Mayer noua, au cours de la dernière partie de sa vie, avec Roger Martin du Gard. En août 1922, l'auteur des *Thibault* recevait un exemplaire de son dernier livre hachuré de corrections : de nombreuses coquilles ou fautes de ponctuation avaient été négligées par lui-même aussi bien que par les correcteurs. La signature était illisible. Martin du Gard, un peu piqué et surpris, remercia son mystérieux correspondant, en ajoutant : « Qui êtes-vous donc ? Un lieutenant-colonel ? Peut-être avez-vous failli être ministre de la Guerre... Et peut-être aussi n'avez-vous jamais existé... Il y a de quoi perdre la tête... » En tout cas, écrivait dans la lettre suivante le romancier, « Vous êtes un as ! Je suis stupéfait du tombereau de scories que vous m'avez révélées dans les deux premiers volumes des *Thibault*... »

Dès lors, Martin du Gard va soumettre tous ses manuscrits à Mayer, sollicitant, écrit-il, « les conseils généreux que vous voudrez bien me donner. C'est si difficile d'écrire. Je suis si honteux de ce que j'arrive à faire ». (L'auteur des *Thibault* en usa-t-il jamais aussi humblement avec Gide ?) Ce sont désormais des échanges constants de manuscrits et d'épreuves, le romancier suggérant au colonel d'écrire ses mémoires, qui seraient un « chef-d'œuvre », car, précise-t-il, « vos portraits atteignent un point de perfection * »...

Jusqu'aux derniers jours d'Émile Mayer, Roger Martin du Gard sera son confident littéraire le plus constant, le plus déférent, demandant des conseils pour l'évolution du personnage de Jacques Thibault, les circonstances de sa désertion et de sa mort, aussi bien que des avis à propos de telle tournure grammaticale, telle ponctuation, et discutant avec son vieil ami de l'avenir de l'Allemagne dont, rentrant d'un voyage à Berlin en mars 1932, ce grand observateur écrit : « ... Je n'ai rencontré d'hitlériens que parmi les imbéciles. Jamais l'Allemagne ne marchera pour Hitler... »

---

* Lettres conservées par Cécile Grunebaum-Ballin, fille aînée d'Émile Mayer.

Chose curieuse, Martin du Gard ne fit jamais partie du fameux cénacle du boulevard Beauséjour qu'il dut seulement entrevoir, assez tout de même pour évoquer, dans une lettre à la famille Mayer, « le colonel, toujours jeune et alerte, [présidant] sa cour de justice du dimanche matin, au milieu de gens venus de tous les horizons ».

Retenons aussi cette autre description du « club » Émile Mayer, due à Jean Auburtin qui y fut assidu, et y rencontra le colonel de Gaulle :

« Ce n'était ni un cercle politique ni un cénacle littéraire, cet appartement du boulevard Beauséjour où résidait un vieux condisciple de mon père au lycée Charlemagne, demeuré mon ami, le colonel Émile Mayer [...]. Chez son gendre, M. Grunebaum-Ballin [...], il réunissait tous les dimanches matin, dans un salon ovale qu'embuait la fumée des cigarettes, un groupe de fidèles, où se coudoyaient, avec la plus fraternelle animation, étudiants en mal de répétitions, personnalités françaises et étrangères, ministres en exercice et obscurs anonymes[6]... »

Émile Mayer avait d'abord reçu ses amis chez lui, rue du Ranelagh. Après la mort de sa femme, il élut domicile en 1930 chez sa fille Cécile, grande amie de Léon Blum, et son gendre Paul Grunebaum-Ballin qui, entre mille charges au service de l'État, avait été le bras droit de Briand. Ils avaient fait le projet d'écrire en collaboration, et en s'aidant des conseils de leur cousin, Jules Isaac, un livre sur l'abbé Grégoire, libérateur des juifs de France. Dans le salon des Grunebaum-Ballin, 21, boulevard Beauséjour, se croisaient donc en toute liberté des éditeurs comme Étienne Répessé, des avocats comme Jean Auburtin, des écrivains comme Denise Van Moppès ou Émile Hoog, des médecins comme le Pr Soula, le vieux pacifiste Joseph Monteilhet, des militaires enfin comme Nachin ou de Gaulle (qu'on vit surtout à partir de 1932, après son retour du Levant). Émile Mayer, curieux de mille choses, pétulant mais conciliant, s'entendait mieux que personne à animer les débats, à mettre chacun en valeur.

Si, dans le salon ovale des Grunebaum-Ballin, sous la présidence éclectique et débonnaire du colonel aux cheveux blancs, on parlait de tout, les officiers membres du cénacle constituèrent bientôt un groupe latéral qui se retrouvait le lundi à une table de la brasserie Dumesnil, ouverte sur la place qui s'étendait alors devant la gare Montparnasse. Là, on ne discutait plus guère que réforme militaire et stratégie, et, couvé par le regard attentif de Lucien Nachin, le lieutenant-colonel de 40 ans traitait de pair à compagnon, mais non sans déférence, l'auteur de *Nos maréchaux*.

Leurs relations remontaient à 1925. C'est de cette époque en effet que date la première lettre adressée par Mayer à de Gaulle, à propos de *la Discorde chez l'ennemi* :

« Permettez-moi de vous adresser mes très vifs compliments pour votre *Discorde chez l'ennemi*, dont je viens de lire trois chapitres [...] avec un intérêt poignant et soutenu... » (4 mars 1925)[7].

Et désormais, chacun des deux écrivains adressera à l'autre ses ouvrages Ceux de l'aîné sont presque toujours dédicacés « au camarade de Gaulle, pour lui rafraîchir la mémoire »... Le « camarade de Gaulle »? Peu d'hommes en ont usé ainsi avec le Connétable — lequel prenait gaiement sa revanche en appelant son vieux maître « le père Mayer ».

Qui viendrait à douter de la profondeur de l'alliance nouée entre Émile Mayer et Charles de Gaulle, en dépit d'une différence d'âge de trente-neuf ans, n'aurait qu'à se reporter aux articles publiés par le premier dans *la Lumière*, en 1937. Faisant allusion aux longues palabres de la brasserie Dumesnil où se forgea, sinon l'idée, en tout cas l'argumentation centrale de *l'Armée de métier*, Émile Mayer évoquait le dialogue entre l'« utopiste de la guerre aérochimique » qu'il ne se cachait pas d'être et l'« utopiste de l'armée cuirassée et motorisée » qui ne saurait être que Charles de Gaulle.

Mais la filiation qui lie de Gaulle à Mayer (ici, on ose le mot, parce que cette relation est d'une autre trempe que celle qui s'était établie entre l'Imperator et le Connétable...) est beaucoup mieux marquée par le disciple que par le maître. Pour s'en convaincre, il faut consulter les dédicaces des exemplaires d'articles ou de brochures de Charles de Gaulle offerts au vieux colonel. Celle de *l'Action de guerre et le Chef,* qui allait devenir le premier chapitre du *Fil de l'épée* : « Au colonel Émile Mayer, hommage respectueux et reconnaissant d'un disciple, Charles de Gaulle. » Ou celle de l'article « Métier militaire » du 5 décembre 1933 : « Au colonel Mayer, hommage d'un très respectueux et très reconnaissant dévouement, son élève, Charles de Gaulle *. »

Disciple, élève? Pour en être assuré, il suffit de lire le fragment d'un article publié le 8 mai 1909 par Émile Mayer dans *l'Opinion* :

« Nous devrions enseigner aux futurs chefs de nos armées qu'ils entreront en campagne sans savoir d'après quelles règles la guerre se fera... Il faut improviser sur le théâtre même des opérations à la demande des circonstances et sous la pression de la nécessité... ce qui implique une intelligence libre et ouverte, du jugement et de la décision. »

Charles de Gaulle est là tout entier, en tout cas le de Gaulle d'avant *l'Armée de métier*. Qu'a-t-il dit d'autre que cet éloge des « circonstances », de l'improvisation, du refus des règles préétablies? Avec, il est vrai, plus de vigueur dans l'expression, plus de hauteur dans le ton. Mais l'antériorité de Mayer est éclatante, comme sa prescience : penser que ceci est écrit cinq ans avant les hécatombes de Charleroi et de la première Marne...

Comment mesurer l'intensité de ce type de relations? Retenons que l'un des plus constants confidents de la dernière période de la vie du général de Gaulle, Olivier Guichard, note que « le nom d'Émile Mayer est le seul de cette période, dont il ne parlait guère, que j'aie entendu prononcer par le général avec une certaine émotion [8] ». Peu de temps avant sa mort, à la fin

---

* Observons que, à la différence de celles qu'il adresse à Pétain, ces dédicaces visent un homme auquel de Gaulle ne doit rien, et dont il n'attend rien.

de 1982 *, Cécile Grunebaum-Ballin nous disait à quel point le monumental colonel qui surgissait presque chaque dimanche entre 1932 et 1937 dans le salon du boulevard Beauséjour, avait occupé la pensée de son père, moins d'ailleurs pour les idées qu'il défendait que pour la fermeté de son caractère et l'indépendance farouche de son esprit.

Leurs idées, en effet, étaient fort différentes — si l'on tient pour secondaire leur accord absolu sur le thème des circonstances et sur la nécessité de constamment réinventer la guerre, et l'absurdité de la stratégie fondée sur la ligne Maginot, sur la suprématie du politique sur le militaire, sur la fondamentale apathie intellectuelle du haut commandement et le peu d'estime qu'ils professaient l'un et l'autre pour la corporation des généraux, sur l'idée enfin que la défense nationale, c'est beaucoup plus que la « défense nationale »...

Mais sur deux points essentiels, qui sont ceux sur lesquels de Gaulle travaille à cette époque et qui feront la matière de son prochain livre, l'armée « de métier » et l'accent mis sur les chars comme arme majeure de la stratégie moderne, le vieux Mayer et le jeune de Gaulle sont en état de contradiction à peu près permanente : ce qui n'a pas laissé de porter ses fruits...

L'armée « de métier »? Comme son ami Nachin, qui tient largement de lui ses convictions, Émile Mayer pense que l'objectif d'une réforme de l'appareil militaire n'est pas la constitution d'une armée professionnelle, mais d'une « armée-école », en tout cas la substitution progressive de celle-ci à celle-là qui dans son esprit ne saurait être considérée que comme une étape, une transition. Une armée de techniciens? A condition qu'elle ne soit pas une fin en soi et se mue peu à peu en une sorte de gymnase à vocation universitaire **. Thème que l'on retrouvera en filigrane dans l'ouvrage de De Gaulle, mais en filigrane seulement...

Deuxième contradiction : à propos des chars. On a déjà évoqué cette dispute entre les deux « utopistes », et indiqué que si de Gaulle était celui des divisions blindées, Émile Mayer, lui, misait sur l'avenir de la guerre aérochimique. Il ne négligeait pas les chars : mais l'évolution du monde lui semblait vouer les conflits futurs à se dérouler dans les airs, et à coups de bombardements chimiques — qu'il évoque dans sa rocambolesque anticipation de la postface du livre sur les maréchaux...

Que de Gaulle n'ait pas emboîté le pas à propos de la guerre chimique ne saurait surprendre. Mais qu'à écouter un si brillant et chaleureux mentor, il n'ait pas su, plus hardiment qu'il l'a fait, incorporer sans réserve l'aviation à la stratégie dessinée dans *Vers l'armée de métier,* voilà qui surprend. Eût-il manqué d'informations, négligé de lire les ouvrages du général italien Douhet ou de son disciple français Camille Rougeron, passe encore. Mais qu'instruit par un « utopiste » de l'envergure d'Émile Mayer auquel il

---

* Elle s'apprêtait à fêter ses 101 ans, et a disparu trois mois plus tard.
** Cette vocation éducative de l'officier est à cette époque (1934) intégrée au « plan du 9 juillet » dû à un groupe d'intellectuels dont certains n'ont rien à voir avec le fascisme (Lapie, Vallon) mais qui ont avec eux Marion et Fabre-Luce.

vouait une réelle admiration, il n'ait su en faire que timidement son profit, voilà qui laisse perplexe*.

Peut-être, comme certains hommes éminents mais vieillissants, Mayer présentait-il son idée de façon tellement obsessionnelle qu'elle n'en faisait plus figure, aux yeux de ses interlocuteurs, que de marotte, de lubie. Peut-être, à force de « matraquer » ses amis d'arguments en faveur de l'armée aérienne, en détourna-t-il de Gaulle, par satiété. On verra que c'est un peu ce qui arriva au Connétable lui-même, avec « ses » chars, quelques années plus tard...

Retenons cette judicieuse remarque de Henri Lerner, auteur d'un excellent article sur « Le colonel Mayer et son cercle d'amis » publié par *la Revue historique* : « Au moment où ils se sont rencontrés, chacun avait déjà élaboré son système si bien que la modernisation qu'ils jugeaient nécessaire ne passait pas par la même voie. » De leurs incessantes controverses, il semble que l'un et l'autre soient sortis consolidés dans leur scepticisme : Mayer, quant à la possibilité des chars de franchir les innombrables obstacles dressés par les défenseurs contre leur déferlement ; de Gaulle, quant à l'efficacité à long terme des attaques aériennes, l'effet de terreur passé.

Mais le thème qui les divisa le plus fortement fut probablement celui de l'armée professionnelle, on l'a dit. Émile Mayer était trop vieux républicain, il avait été trop lié à Jaurès et restait trop proche de Léon Blum pour se rallier à une formule risquant de détacher plus ou moins l'armée de la nation. Il avait de bonnes raisons personnelles, au surplus, de douter de l'esprit démocratique d'un corps militaire doté d'une relative autonomie par rapport aux « décideurs » politiques.

De toute évidence, les débats furent souvent très vifs, le lundi, à la table de la brasserie Dumesnil. Que ni les œuvres ni les décisions ultérieures de Charles de Gaulle n'en portent toujours la marque ne signifie pas grand-chose. La marge est grande entre un débat et ses fruits, entre une influence intellectuelle et l'action qui lui fait suite. C'est de Gaulle lui-même qui a dit qu'on retrouve, derrière les victoires d'Alexandre, la pensée d'Aristote. Mais qui dira que la conquête de la Perse est proprement aristotélicienne ?

De Gaulle eût été de Gaulle à coup sûr, n'eût-il pas connu Émile Mayer. Mais peut-être pas tout à fait le même. N'oublions pas que leurs relations, jusqu'alors essentiellement épistolaires, se nouent surtout à partir de 1932, au moment où le Connétable vient de publier *le Fil de l'épée,* et où il risque le plus de s'éloigner de la légalité républicaine, se laissant emporter par la « mystique du chef ». Nul doute qu'en ce domaine, le vieil ami de Romain Rolland et de Roger Martin du Gard n'ait été un savoureux antidote. Son commerce n'était pas de ceux qui incitent à conclure à la fondamentale imbécillité de la démocratie...

Retenons aussi que c'est à l'époque des entretiens bihebdomadaires du

---

* Voir plus loin, p. 233. On verra d'ailleurs que, si Charles de Gaulle est discret à propos du rôle futur de l'aviation, il se garde de la négliger.

salon Beauséjour à la brasserie de Montparnasse que s'opère, en mars 1933, le bouleversement décisif des valeurs et du rapport de forces en Europe : l'avènement des nazis à la chancellerie du Reich. La réaction de Charles de Gaulle à cet événement ne pouvait être que ce qu'elle fut — d'absolu rejet. Mais en une telle occurrence, les avis et informations d'un homme tel qu'Émile Mayer, mieux instruit par ses relations, parents et amis de la perversité nazie que la plupart des « gens informés » de l'époque, civils ou militaires, ne put qu'aviver la lucidité de l'auteur du *Fil de l'épée*.

De mois en mois, dès lors, les deux « utopistes » voient se précipiter la marche du destin — et à mesure que s'approchent les échéances, le vieux maître incline de plus en plus à reconnaître la valeur opérationnelle des projets du disciple. Plusieurs de ses articles de *la Lumière*, le journal de Georges Boris, collaborateur intime de Léon Blum qui sera à Londres, aux côtés du général de Gaulle, l'un des tout premiers « Français libres », rendent justice aux thèses de De Gaulle. Le dernier texte qu'il a publié, à l'extrême soir de sa vie, dans le même hebdomadaire, mettait l'accent sur l'urgence de la création de fortes colonnes blindées.

Ainsi le vieux « gourou » démontrait-il sa lumineuse ouverture d'esprit en inclinant ses propres thèses devant celles de son « élève ». Après avoir contraint de Gaulle à limer contre la sienne son imagination créatrice, il lui rendait justice à l'heure de l'action : les circonstances avaient pris le pas sur la théorie. Sous la « pression de la nécessité », il se ralliait à l'idée maîtresse de celui auquel il avait « mis les fers ».

Un peu moins de trois mois plus tôt, les démocraties avaient capitulé à Munich. Émile Mayer était dans sa 88ᵉ année et venait de lire le dernier livre de son ami, *la France et son armée*, dont il avait six mois plus tôt corrigé les épreuves avec la minutie presque maniaque qui le caractérisait quand, un certain 25 novembre 1938, il éprouva un malaise. Sur le carnet qui ne le quittait pas et où il notait tous les événements de sa vie, il écrivit, d'une main sereine : « Aujourd'hui, ma mort. » Il s'éteignit dans la soirée.

Le colonel de Gaulle, qui commandait alors le 507ᵉ régiment de chars à Metz, était en manœuvres. Il ne put se libérer pour la cérémonie d'adieux à son vieil ami : mais nul ne peut douter que les propos de Lucien Nachin cités plus haut n'aient exprimé le chagrin qu'il partageait avec tous les parents et intimes d'Émile Mayer.

10. SGDN : l'ENA du Connétable

Vers quoi se hâte ainsi à longues enjambées, un matin du printemps de 1932, le commandant Charles de Gaulle, auteur du *Fil de l'épée* ? Par la rue Notre-Dame-des-Champs — il jette en passant un regard sur la façade austère du collège Stanislas où, vingt-quatre ans après lui, son fils poursuit ses études — puis, par la rue de Vaugirard et le boulevard des Invalides, il gagne le secrétariat général permanent du Conseil supérieur de la Défense nationale, plus couramment appelé SGDN, où il a été affecté en rentrant du Liban. Son congé achevé, ses quartiers pris, sa femme installée, ses enfants casés, ses amis retrouvés, il a pris place en ce haut lieu de la préparation du pays au combat.

Si fort qu'il diffère de lui sur l'essentiel, le maréchal Pétain n'aura pas été pour de Gaulle un mauvais *manager* — quand il lui a conseillé en mai 1931 d'entrer au secrétariat général « ... qui, comme on peut le prévoir, formera l'ossature de l'état-major de la Défense nationale » et où les « travaux d'ordre général mais concrets » qui lui seront confiés l'aideront à « préciser et faire mûrir ses idées ». Ainsi le vieux chef a-t-il visé juste, et orienté au mieux son ancien subordonné : vers le centre de réflexion et de préparation, en attendant le « centre de décision ».

Dans l'une des premières pages des *Mémoires de guerre*, Charles de Gaulle a mieux décrit que personne cette étape de sa vie :

> « L'Allemagne se gonflait de menaces. Hitler approchait du pouvoir.
> A cette époque, je fus affecté au secrétariat général de la Défense nationale, organisme permanent dont le président du Conseil disposait pour la préparation à la guerre de l'État et de la nation. De 1932 à 1937, sous quatorze ministres*, je me trouvais mêlé, sur le plan des études, à toute l'activité politique, technique et administrative, pour tout ce qui concernait la défense du pays. »

Rappelant qu'il avait eu à collaborer à la rédaction des plans de sécurité et de limitation des armements qu'André Tardieu et Paul-Boncour avaient présentés en 1932 à la Société des Nations, et avait fourni en 1934 au cabinet Doumergue (dont Pétain était le ministre de la Guerre) des éléments de

---

* Cabinets Laval, Tardieu, Herriot, Paul-Boncour, Daladier, Sarraut, Chautemps, Daladier (le cabinet du 6 février), Doumergue, Flandin, Laval, Sarraut, Blum et Chautemps (dont les ministres de la Guerre furent Maginot, Piétri, Daladier, le colonel Fabry, le maréchal Pétain et le général Maurin).

décision après l'accession au pouvoir des nazis, de Gaulle met l'accent sur « la toile de Pénélope du projet de loi d'organisation de la nation pour le temps de guerre » qu'il contribua alors à tisser, et sur les « mesures que comportait la mobilisation des administrations civiles, des industries, des services publics » qu'il préconisa. Et il conclut :

> « Les travaux que j'avais à faire, les délibérations auxquelles j'assistais, les contacts que je devais prendre me montraient l'étendue de nos ressources, mais aussi l'infirmité de l'État. »

L'important ici n'est pas ce que conclut cet officier alors dénué de tout pouvoir pour changer le cours des choses : ce sont ces « délibérations » et ces « contacts », c'est la formation qu'il reçoit en vue d'assumer des tâches supérieures. Les études consacrées à l'homme du 18 juin ont trop négligé ces années capitales d'apprentissage où, des mois qui précèdent l'entrée d'Adolf Hitler à la chancellerie du Reich (modifiant d'un coup toutes les données de la sécurité européenne) à ceux qui préparent Munich, gonflés de l'imminence de la guerre, Charles de Gaulle aura été associé à toutes les études, démarches, discussions en vue de mettre la France inconsciente sur pied de guerre. Quelle meilleure préparation aux grandes affaires qu'il aura d'un coup à traiter à partir de juin 1940, de part et d'autre de la Manche, aurait-il pu rêver ?

Quand on s'étonne de l'extraordinaire disponibilité aux débats planétaires qu'affiche d'emblée, dès le mois de juin 1940, le chef de la France libre, comme s'il s'était toute sa vie préparé à impressionner Churchill, convaincre Reynaud, alerter Noguès, éclairer Eden ou secouer Weygand, il faut penser à cette école de manipulation des dossiers sinon des hommes que fut ce « stage » au secrétariat général de la Défense, où il ne cessa pendant six ans d'avoir affaire aux plus hauts personnages et à traiter des problèmes les plus vastes, les moins strictement militaires — économie, diplomatie, recherche.

On reprendra volontiers ici l'ingénieuse formule utilisée devant nous par Pierre Lefranc* alors que nous nous interrogions de compagnie sur la surprenante préparation du chef de la France libre aux grandes affaires : « Son aptitude à se saisir d'emblée des problèmes de tous ordres, il la dut au SGDN, qui fut son ENA. » Une ENA où il entre à 42 ans, ayant déjà combattu, assumé de difficiles commandements, écrit plusieurs livres et forgé sa pensée militaire, une ENA où il doit connaître des affaires les plus graves en vue de préparer à très court terme la communauté nationale à des épreuves gigantesques — et il le sait.

---

* Pierre Lefranc, qui rejoignit le général de Gaulle à Londres, n'a cessé depuis lors d'être associé à son action et à sa mémoire.

Le secrétariat général permanent du Conseil supérieur de la Défense nationale avait été créé en janvier 1922, au débouché de la guerre, sous un ministère Poincaré. Organisme chargé de préparer le passage du pays du temps de paix au temps de guerre, il avait pour mission d'étudier toutes les mesures de mobilisation économique et administrative, et d'établir à cet effet les dossiers soumis à l'examen du Conseil supérieur où siégeaient alors, autour de Pétain, tous les maréchaux de la guerre.

Ce qui faisait l'originalité de cet organisme, c'est qu'il ne dépendait pas, à l'origine, du ministère de la Guerre, mais du sous-secrétariat à la présidence du Conseil : il relevait donc directement du noyau « politique » du pouvoir, conformément aux vues maintes fois exprimées par le commandant de Gaulle. Ainsi furent rédigées par cet organisme, en quatorze ans, de 1922 à 1936, quarante « instructions du président du Conseil », visant toutes les branches de l'activité nationale en temps de guerre.

En 1936 cependant, l'auteur du *Fil de l'épée* en étant toujours membre, le SGDN fut rattaché au ministère de la Défense et mis à la disposition du chef d'état-major général comme une sorte de *brain-trust* (on n'utilisait pas encore cette formule commode) en vue d'une préparation plus intense de la nation à l'effort de guerre et de l'étude systématique d'une coopération avec les pays alliés.

Le chef de bataillon (breveté) Charles de Gaulle entre au début de 1932 au secrétariat général (installé aux Invalides) comme « officier rédacteur ». Promu lieutenant-colonel à la fin de l'année suivante [*], il devint alors chef de la 3e section du SGDN, la plus importante, celle qui était chargée notamment de la mise au point de la loi sur l'organisation de la nation en temps de guerre, en chantier depuis dix ans et que les Assemblées — surtout le Sénat — faisaient et défaisaient sans vergogne.

On ne saurait avoir une idée de la situation qui sera celle de Charles de Gaulle au SGDN sans rappeler qu'il est, en 1932, l'homme qui vient de publier un livre qui n'a eu que quelques centaines de lecteurs, mais n'a pas laissé de retenir l'attention des gens de métier, surtout des intellectuels de l'état-major au milieu desquels travaille l'auteur de ce bréviaire du chef ; et surtout qu'il sera, à partir de mai 1934, l'auteur de *Vers l'armée de métier*, ouvrage beaucoup plus controversé encore, et qui fait de lui un « homme à histoires », chaudement admiré par quelques-uns, détesté ou jalousé par la majorité de ses collègues. On verra, au ton de certains échanges avec ses collaborateurs, qu'il dut lui arriver de regretter les fleurets mouchetés dont on usait au cabinet du maréchal !

Impossible aussi d'apprécier ces échanges si l'on n'a pas à l'esprit, fût-ce de façon très sommaire, l'évolution au début des années trente des rapports de forces de part et d'autre du Rhin, et des doctrines militaires françaises. L'âpreté des débats dans lesquels intervient l'ancien commandant du 19e chasseurs ne s'explique que par l'angoisse dont ne peuvent se défendre ceux qui réfléchissent, pièces en main, à l'avenir de la sécurité de la France :

---

[*] Le 25 décembre 1933.

c'est le moment où la politique pacifiste de Briand et l'immobilisme solennel dont Pétain s'est fait le symbole révèlent leur vanité face à la rentrée en scène du militarisme allemand sous sa forme la plus sauvage, alors que la crise économique freine tout effort de redressement à long terme.

La montée en puissance de l'outil militaire allemand dont le nazisme allait se saisir à partir des premiers jours de 1933, lui greffant son agressivité viscérale, datait de l'été 1919 et de la prise en main de la petite armée de 100 000 hommes qu'autorisait à l'Allemagne le traité de Versailles par un chef militaire hors de pair, le général von Seeckt. Faisant de cette cohorte à la fois l'armée-école et la force professionnelle préconisées par Émile Mayer (et Charles de Gaulle) organisant la rotation de toute une jeunesse à travers cette étroite matrice, expérimentant à l'étranger (en URSS, notamment...) les prototypes d'armes que les traités interdisaient à Berlin — chars et avions — von Seeckt avait fait en dix ans de la Reichswehr une armée-laboratoire qui portait dans ses flancs celle qu'Hitler allait jeter sur l'Europe de Versailles.

Face à ce fer de lance qui n'attendait que la hampe et le bras capables de lui donner vigueur, l'institution militaire française — à la tête de laquelle Maxime Weygand avait succédé en 1931 à Philippe Pétain — ronronnait en discussions sans fin sur la forme et l'extension d'une stratégie tout uniment défensive. Le principe d'une ligne fortifiée continue (combattu par Joffre et Foch) avait été définitivement adopté en 1930. Le seul débat qui paraissait retenir l'attention des hiérarques de l'armée française se réduisait à une affaire de terrassement : fallait-il, comme le réclamait Weygand, couvrir toute la frontière du nord-est et du nord de Belfort à Dunkerque, y compris donc celle qui longe la Belgique ou, comme le conseillait Pétain, s'en tenir à la protection des marches de l'Est : qui serait assez fou, faisait valoir cet homme raisonnable, pour tenter le franchissement de ces barrières naturelles inexpugnables que sont les Ardennes et la Meuse ?

Dans ce débat de vieillards, c'est l'avis du plus vieux, bien sûr, qui prévalut. Pour une question d'étoiles et d'antériorité ? Non. Parce que la thèse Pétain répondait mieux aux exigences budgétaires d'une économie française aux abois. On opta pour les moindres frais. 300 kilomètres de mur mitoyen valent moins cher que 500... Dès lors qu'on s'en tenait à la simple défense, l'important était de réduire, autant que possible, la dépense. Comptes de bonne femme qui aboutirent à ce paradoxe : plusieurs des ministres de la Guerre de cette période, dont Pétain en 1934, n'arrivèrent pas à utiliser les crédits votés par les Chambres...

Comme pour mieux marquer le caractère passéiste de cette stratégie, la Défense nationale française réduite à des fortifications les avait elle-même raccourcies en vue de la seule protection de l'Alsace et de la Lorraine. Telle était, bien entendu, l'unique cible de l'adversaire qui pourrait se lever de l'autre côté du Rhin... Qui aurait pu penser que, trois quarts de siècle après Bismarck, un Allemand pût avoir en tête une autre idée que de récupérer la proie arrachée en 1918 par la république de Clemenceau à l'empire de Guillaume ? Défense doctrinale, défense immobile, défense tronquée : on imagine ce que les officiers, jeunes encore pour la plupart, qui formaient le SGDN, pouvaient penser de cette stratégie arrêtée par des vainqueurs de 1918 visiblement inaptes à imaginer une autre forme de conflit.

Dans le même temps, on semble se préoccuper assez peu de mettre en état de marche le système d'alliances qui aurait pu contribuer à la sécurité française. Certes, en mai 1935, Pierre Laval s'en ira à Moscou signer avec Staline le classique pacte franco-russe destiné à faire contrepoids, dans la tradition française, aux menaces du voisin germanique. Mais nul ne s'avisera, jusqu'en 1939, de donner vie à cet accord qui aux yeux de son signataire français semble avoir eu surtout pour objectif la dénonciation par Staline de la politique antimilitariste du parti communiste français.

Bref, immobilisme, béton, passéisme et tactique à courte vue substituée à une stratégie à long terme. Au secrétariat général, qui gravite jusqu'en 1936 dans l'orbite d'un président du Conseil appelé tantôt Tardieu, tantôt Herriot, tantôt Paul-Boncour, tantôt Daladier, tous concernés par ces problèmes (le premier a été un proche collaborateur de Clemenceau, le deuxième un admirateur de Lyautey, le troisième se pique de compétences militaires et le quatrième voue à l'armée une passion de jacobin ancien combattant), on « phosphore » sur d'autres thèmes.

Le commandant de Gaulle n'a pas plus tôt pénétré dans son nouveau bureau des Invalides, précédé d'une réputation de penseur musclé et de styliste éclatant, qu'il se voit confier une tâche en apparence prestigieuse : en vue d'une réunion de la Commission d'études du Conseil supérieur de la Défense nationale, il s'agit de rédiger un texte sur le canevas suivant : démontrer la nécessité d'un « plan de défense nationale ». La réunion de la Commission n'est prévue que pour le début de 1933. Mais il faut lui présenter un texte indiscutable — qui sera donc, auparavant, discuté.

L'homme qui donne ces consignes au nouveau venu, le patron du SGDN, est le général Chabert. Les yeux brûlants enfoncés sous la broussaille des sourcils, visage émacié, moustaches et maigreur de loup, il fait penser à quelque ermite militaire égaré dans le siècle, et règne sans indulgence sur ce cénacle en uniforme, flanqué d'un amiral incommode nommé Blétry.

Depuis qu'il a pénétré, cinq ans plus tôt, dans l'amphithéâtre Louis de l'École de guerre aux côtés du maréchal, Charles de Gaulle n'a jamais été considéré avec moins de bienveillance par ses collègues alentour. Les « requins nageant autour du navire », qu'il décrivait alors dans une lettre à son père, n'ont pas perdu leur denture. En 1927, sur un thème défini par lui, il a réussi à éviter la culbute. En 1933, sur un thème choisi par d'autres, il va déchaîner une intéressante cacophonie.

Sur le tohu-bohu provoqué par les « leçons » de l'École de guerre, on ne dispose que des échos oralement transmis par le général Hering ; sur l'épreuve subie cinq ans plus tard au SGDN, on dispose d'un texte : les archives du service historique de l'armée conservent la « copie » de l'élève de Gaulle corrigée par son chef et deux de ses collègues, qu'il est intéressant de comparer au texte définitif, reproduit dans les *Lettres, Notes et Carnets* datés de 1933[1]. Les annotations rédigées en marge de la note du « chef de bataillon breveté de Gaulle » en disent assez long sur l'état d'esprit qui régnait à son propos dans l'armée, dès avant son entrée en campagne pour l'armée de métier...

Le manuscrit se présente sous forme de quatre pages et demie de l'écriture penchée et un peu molle du Connétable, griffées d'une douzaine de ratures ou surcharges importantes. On y découvre par exemple qu'ayant écrit d'abord que, chez les dirigeants, la « netteté des desseins » est la condition « de la confiance et du dévouement du peuple qui éprouve dans ses angoisses le besoin d'être dirigé », de Gaulle a biffé la fin de cette formule et préféré mettre, plus sobrement : « éprouve le besoin d'être conduit ».

Observant que « la tâche de diriger un jour, dans le tumulte des événements, l'action guerrière de la France pourrait être proprement écrasante si les hommes qui en seraient chargés devaient s'en acquitter de but en blanc, et sans trouver prêtes, au moment voulu, les suggestions nécessaires », le commandant de Gaulle a rayé les dix derniers mots : ces « suggestions nécessaires » lui ont-elles paru trop imprégnées de la « doctrine *a priori* » ?

Avant de conclure à l'urgence d' « entreprendre le grand œuvre et d'arrêter le plan d'ensemble de la Défense nationale française », de Gaulle avait écrit : « Nous ne pourrions plus nous battre suivant les mêmes principes que nous l'avons fait » : formule qu'il modifie ainsi : « dans les mêmes conditions que nous l'avons fait, ni, par suite, d'après les mêmes conceptions ». On voit là encore la méfiance envers l'expression des « principes », les « conditions » lui semblant plus importantes, pour peu qu'elles conduisent à des « conceptions » d'ensemble...

Ce texte qui, sur un ton oratoire mais peu provocant, appelle l'intelligentzia militaire à un effort de synthèse en vue d'unifier la « conduite de la guerre » et d'éviter ainsi les improvisations dont eut à pâtir l'effort collectif de 1914 à 1918, allait susciter au SGDN, sinon une levée de boucliers, au moins une volée de bois vert révélatrice du climat psychologique dans lequel aurait à travailler cet officier qui se mêlait non seulement de jouer les écrivains, mais se souciait fort peu de préserver l'autonomie fondamentale du domaine militaire par rapport au politique, tenant au contraire, comme un prédécesseur fameux, que la guerre n'est que le prolongement de la politique par d'autres moyens.

Les corrections portées sur le texte du commandant par le général Chabert, « patron » du SGDN, ne sont pas très importantes, relevant simplement de ce souci de « faire plat » qui inspirait constamment les interventions de Philippe Pétain sur les travaux de ses collaborateurs : le style biffin... L'une d'elles, néanmoins, est des plus significatives. De Gaulle ayant écrit, on l'a vu, que la netteté des desseins des dirigeants conditionnait « la confiance et le dévouement du peuple », le général barre les deux derniers mots pour substituer à « du peuple », (qui sent le soufre !) « des exécutants »...

Les collègues de Charles de Gaulle, et surtout le lieutenant-colonel Hennequin, chef de la 1re section (études) du SGDN, et le contre-amiral Blétry, adjoint direct du général Chabert, seront moins discrets. On retrouvera dans leurs annotations tout le venin qui, vingt années durant, empoisonne les relations entre l'éloquent Connétable et la Grande Muette.

Quand de Gaulle écrit que « la conduite de la défense nationale dépendrait pour une large part des circonstances », non sans ajouter loyalement qu' « on s'exposerait aux pires aléas en s'en remettant à l'improvisation », le lieutenant-colonel Hennequin, négligeant la seconde partie de la phrase, bondit : « Mais non ! c'est tout le contraire. Elle dépend dans une très large part de décisions établies sur des bases fermes. Et il faut s'en tenir à ces décisions malgré les circonstances. » On croirait entendre le colonel Moyrand : l'École de guerre détient toujours les tables de la loi.

Et si le commandant de Gaulle va jusqu'à écrire plus loin que les hommes « chargés de l'action guerrière de la France » devraient « trouver prêtes au moment venu les suggestions nécessaires », le même Hennequin rugit en sens contraire : « Aïe ! Conception de l'E-M * de chefs gâteux ! » Quand le Connétable soutient enfin que le « plan d'ensemble » souhaité « garantira aux hommes d'État responsables une base solide pour leurs décisions », son lecteur ne se tient plus : « Mais non, le plan des techniciens est la conséquence des décisions des hommes d'État, s'il y en a. S'il n'y en a pas, les techniciens font ce qu'ils peuvent pour que, malgré leur carence, ils trouvent quelque chose de prêt. »

Attitude typique de l'officier de carrière des années trente : il ne saurait y avoir d'hommes d'État en France, et la seule chose que les « techniciens » (militaires) puissent prévoir, c'est leur « carence »... Observons que cet officier a été choisi entre mille pour être placé au centre même du dispositif du pouvoir... On s'en voudrait de prolonger l'évocation de cette hargne militante qui de toute évidence ne vise pas seulement un officier peu négligent de sa gloire aux yeux des « pékins », mais assez ridicule pour imaginer que du monde politique pourrait surgir en temps de crise des hommes aptes à assumer leurs responsabilités.

Les critiques du contre-amiral Blétry sont formulées avec moins de véhémence, surtout si l'on tient compte du fait qu'il s'agit d'un marin jugeant le travail d'un simple terrien. Mais relevons ceci, qui se veut une bonne leçon : « Est-il exact de dire que nous ne pourrions pas nous battre aujourd'hui d'après les mêmes conditions qu'en 1914-1918 ? La conception générale de la conduite de la guerre n'a jamais changé. Il s'agit toujours de battre l'ennemi... Ce qui change, ce sont les moyens et les possibilités. »

Mais la plus savoureuse peut-être de toutes ces annotations est celle-ci (recouverte par l'anonymat) qui va loin, à propos du projet d'un plan

_____
* État-major

d'ensemble élaboré dans le cadre d'un organisme gouvernemental associant politiques et militaires :

« ... Confier au même organisme la préparation des décisions, c'est-à-dire à un organisme nécessairement lourd et étalé, c'est aller aux solutions liquoreuses et assurer la divulgation des secrets les plus sacrés. » Et voilà... La guerre est une chose trop sérieuse pour être, si peu que ce soit, confiée aux civils — dont on ne peut attendre, au mieux, que des « solutions liquoreuses » et, en tout état de cause, une légèreté menant objectivement à la trahison.

C'est cela, l'état d'esprit de cette armée du milieu des années trente qui accepte d'un cœur léger de se blottir derrière la ligne Maginot à l'heure où Hitler prépare le grand chambardement. L'important, ce n'est pas de réinventer une stratégie face à cette révolution radicale des conceptions de la guerre : l'important, c'est de rester entre soi.

De cet extraordinaire état d'esprit, le porte-parole absolu est Maxime Weygand qui, lors d'une séance du Conseil supérieur de la guerre, refuse que « les arguments d'ordre politique [soient] utilisés dans les discussions », car, dit-il « les avis motivés attendus de nous étaient des avis techniques, et le ministre faisait intervenir dans la discussion des considérations politiques susceptibles d'influencer les membres du Conseil ».

Et dix ans plus tard, devant la Commission d'enquête parlementaire, le généralissime de juin 1940 haussera le ton jusqu'à la cocasserie ubuesque : « Mon commandement n'a été qu'une lutte contre ce qui était inévitable, c'est-à-dire toutes ces questions internationales qui venaient grignoter notre armée et la faire déchoir[2]. »

Il ne faudrait pas croire (qui le croirait d'ailleurs ?) que Charles de Gaulle se soit résigné au rôle de souffre-douleur livré à la vindicte de collègues exaspérés par sa personnalité dominatrice. Il lui arrive aussi, au SGDN, de sabrer à coups de stylo en forme de griffe le texte de tel ou tel « papier » rédigé par un rival, surtout s'il est revêtu d'une grande signature : ferrailler contre ses supérieurs n'a jamais cessé d'être sa passion...

Ainsi, en mai 1933 lui tombe sous la main une note concurrente de la sienne (sur la « nécessité du plan d'ensemble » signée du vice-amiral Durand-Viel, chef d'état-major de la Marine auquel devait succéder en 1937 un certain Darlan. Cet officier général suggérait pour sa part que les responsabilités en temps de guerre fussent réparties entre le gouvernement d'une part, le Conseil supérieur de la Défense (flanqué du SGDN) d'autre part et enfin le « haut comité militaire », créé par décret l'année précédente mais non encore mis en place, estimant que cet organisme était le mieux qualifié pour « déduire le plan d'ensemble de la situation militaire et politique ».

Les annotations jetées en marge par de Gaulle sont autant de gifles : « Ah ! Ah ! politique ! ? Alors il y faut affaires étrangères et intérieur [...] et la situation économique ? Ne compte-t-elle pas dans l'affaire ? Et la situation financière ? Etc. Bref l'ensemble du gouvernement et non trois blocs erratiques. » Il en bégaie de la plume, notre Connétable, pour mieux rappeler sa « doctrine » : la conduite de la guerre est d'abord politique, et donc affaire de gouvernement...

Et quand l'amiral Durand-Viel vante la satisfaction qu'éprouvent les trois chefs d'état-major (Terre, Air, Marine) à travailler comme « trois têtes dans le même bonnet », selon l'expression de Weygand, de Gaulle note sèchement, comme on tranche une branche morte d'un coup de sécateur : « On est toujours satisfait de l'inertie. » On imagine qu'il se trouva une bonne âme pour souligner ces sept mots et les mettre sous les yeux du prédécesseur de Darlan. Comment s'étonner après cela que de Gaulle n'ait pas eu que des amis dans la corporation ?

Mais il ne gaspille pas ces années-là en conflits internes avec ses voisins de palier. Il rédige aussi des textes dont on ne sait s'ils furent annotés par ses pairs, mais qui ont été en tout cas publiés par des revues non spécialisées, et par là ouvertes à un public plus réceptif. Et il rassemble la documentation et élabore l'argumentation qui prennent d'abord la forme d'un article intitulé « Vers une armée de métier », publié en mai 1933 par *la Revue politique et parlementaire* et développés un an plus tard en un livre qui fera, du personnage contesté qu'il est déjà, une sorte de défi vivant.

En attendant d'aborder la grande affaire de l'armée de métier, qui déborde de toutes parts le cadre des activités du Connétable au SGDN*, il faut considérer avec attention deux textes qui résument bien ses travaux de ce temps-là, l'un à propos du « plan d'ensemble » qui a été l'axe de ses activités au cours de ses deux premières années aux Invalides, l'autre qui concerne les expériences étrangères de préparation à la guerre dont il eut à connaître à partir de 1935.

Au début de mars 1933, au moment même où Hitler met en place, sur les ruines fumantes du Reichstag, son appareil répressif et guerrier, paraît dans la *Revue bleue* (publication qui tentait alors de se lancer en faisant traiter les grands sujets par des « hommes neufs ») un article, « Pour une politique de défense nationale », où Charles de Gaulle reprenait la plupart des thèmes abordés dans la note sur le « plan d'ensemble » rédigée à la fin de l'année précédente pour les services du général Chabert. On constate avec amusement que le commandant harcelé par ses collègues reprend, pour en faire son bien, certaines notations destinées à dévaloriser son travail...

Ce qui fait l'intérêt de l'article, par rapport à la note qui l'a précédé, c'est d'abord qu'il inscrit ce plaidoyer pour une politique générale dans un rappel des efforts faits au cours de l'année 1932 par le gouvernement français pour se doter de structures de défense un peu plus cohérentes ; c'est ensuite le tableau conformiste qu'il brosse de forces armées françaises, qualifiées de « solides, bien dotées et bien commandées », et appuyées sur le « système remarquable de fortifications » bâti aux frontières ; c'est aussi que Charles de Gaulle s'invente soudain — pour ménager ce public « civil » ? — une timidité qui ne lui est pas naturelle, assurant qu'on ne peut envisager un

* Voir chapitre suivant.

pareil plan « sans quelque effroi » du fait de ce « quelque chose d'éventuel » qu'a son objet et qui implique « une sorte d'audace gratuite ».

Curieux optimisme dans l'évaluation des défenses françaises, curieux « effroi » devant la tâche à entreprendre, plus curieuses encore ces qualifications d' « éventuel » et de « gratuit » données à l'effort proposé ou au danger couru. Car, de Gaulle a su évoquer avec la puissance de prévision qui est la sienne et n'est pas alors si courante, l'Allemagne « bouillonnant de cette confusion passionnée qui fut toujours pour elle le prélude des grandes entreprises ». Cela est écrit à la fin de 1932, après les élections de novembre où les nazis ont subi un échec assez cuisant pour persuader les optimistes, comme Léon Blum, qu'Hitler « avait perdu jusqu'à l'espérance du pouvoir », mais n'a pas détourné le grand capitalisme industriel (incarné par Hugo Stinnes) de jouer la carte de l'homme aux légions brunes.

Mais le plus frappant dans cet article-programme de la *Revue bleue*[3], ce ne sont pas les idées que nous connaissons déjà, ni même leur modulation à l'usage du grand public, c'est la conclusion qu'en tire Charles de Gaulle : « Ce grand œuvre, à bâtir en silence, offre au maître qui l'entreprend peu de profits immédiats, mais un jour quelle grande gloire ! Il y faut un homme d'État. »

Un « maître », un « homme d'État » ? On n'écrit pas de telles choses, destinées à être lues par le plus grand nombre, sans avoir quelque chose ou quelqu'un en tête. S'il est vraisemblable que Charles de Gaulle s'assigne déjà, pour quelque jour encore assez lointain, le rôle de ce « Louvois qu'il faut à la République », nous ne sommes alors qu'en 1932, il n'est que commandant et le « harnois » qu'il porte, non sans espérance, ne lui ouvre pas de perspectives à court terme. Alors ? Cet « homme d'État », où croit-il le trouver, au risque de faire ricaner le lieutenant-colonel Hennequin ?

Pense-t-il déjà à Paul Reynaud ? C'est peu probable. Certes, Reynaud est déjà une vedette politique, mais se consacre aux questions financières. C'est deux ans plus tard que Jean Auburtin (encore inconnu du commandant du SGDN) le lui fera connaître. En revanche, de Gaulle est déjà entré en relation avec Joseph Paul-Boncour, auquel il a même fait prévoir un grand destin, et vient de travailler avec lui au « plan maximum » en vue d'armer la SDN d'unités mobiles et professionnelles. Ce socialiste imbu de pacifisme armé, ami de Lyautey, était si féru des choses militaires que le général de Castelnau ne l'appelait jamais que « le commandant Boncour ».

Écoutons-le parler du Connétable : « ... J'avais été séduit par les idées d'un jeune chef de bataillon [...] que son tempérament et l'audace de ses conceptions [mettaient] déjà en conflit avec pas mal de gens. Nul n'était moins conformiste [...]. Le commandant de Gaulle [...] m'avait envoyé ses travaux [...]. Il vint me voir et entreprit de me convaincre, avec une force démonstrative peu commune et cette flamme intérieure qui brûlait en lui, que les idées, que j'avais défendues jusque-là, sur l'organisation de la nation armée et l'armement de la masse des citoyens ne suffisaient plus. Il fallait, disait-il, y ajouter autre chose : le développement des engins motorisés, leur puissance d'action et de rupture, dont on ne semblait pas soupçonner encore toutes les possibilités, nécessiteraient, en avant de la nation armée, la couvrant et désorganisant l'ennemi par de hardies offensives, une armée de choc... »

Paul-Boncour fera alliance avec de Gaulle sur le thème de l'armée cuirassée — non sans marquer (on le verra) ses réserves à propos de la professionnalisation des forces[4].

Et puis il y a André Tardieu, également très mêlé aux affaires militaires, qui a été jadis l'un des plus proches collaborateurs de Clemenceau et dont nous savons, par une lettre adressée à son père en 1929, que Charles de Gaulle le tenait en grande estime. C'est aussi sous son égide, après celle de Paul-Boncour, qu'il a étudié les divers plans de dotation de la SDN en moyens d'action : d'accord en cela avec Émile Mayer, Tardieu voulait pourvoir l'organisme international d'une puissante aviation d'intervention. Et c'est lui qui popularisera en France l'idée du référendum — un thème auquel de Gaulle ne restera pas indifférent...

Paul Reynaud, Paul-Boncour, Tardieu ? L' « homme d'État » n'est pas, à court ou moyen terme, introuvable. La République n'est pas indéfendable.

Mais la mission du lieutenant-colonel de Gaulle (à partir de décembre 1933) n'est pas circonscrite à l'Hexagone. A la 3e section du SGDN, on étudie aussi les expériences et évolutions des armées étrangères et les conceptions qui président à ces transformations. C'est ainsi qu'il rassemble, dans la deuxième partie de 1933, les éléments d'une étude qui sera publiée le 1er janvier 1934 dans la *Revue militaire française,* sous le titre « Mobilisation économique à l'étranger ».

En quête d'exemples à alléguer en vue de faire progresser l'idée d'une éventuelle mobilisation économique en France, Charles de Gaulle a choisi trois pays, les États-Unis, l'Italie et la Belgique, d'abord parce qu'ils ont tous trois pris depuis 1920 des mesures sur l'organisation du pays en temps de guerre, ensuite parce qu'ils représentent trois cas bien distincts : une grande puissance économique dotée d'un régime démocratique, une moyenne puissance dopée par son système totalitaire, une petite puissance du « monde libre » (l'expression est d'ores et déjà utilisée) mais affectée d'une profonde dépendance économique vis-à-vis de l'étranger, en dépit de ses ressources coloniales. Bon éventail pour un enquêteur — qui a pris soin d'encadrer l'étude consacrée à une dictature par deux analyses mettant en relief les réalisations concurrentes en régime démocratique.

On a parfois fait grief à de Gaulle du crédit qu'il fait, en la matière, au système mussolinien, écrivant notamment que si l'Italie est pauvre en matières premières « le régime fasciste permet aux pouvoirs publics de tirer des ressources existantes, sans réserve ni ménagement, tout ce qu'elles peuvent donner ». Et d'insister avec force :

> « L'impérieuse subordination des intérêts particuliers à ceux de l'Etat, la discipline exigée et obtenue de tous, la coordination imposée aux divers

départements par l'action personnelle du Duce, enfin cette sorte d'exaltation latente entretenue dans le peuple par le fascisme pour tout ce qui concerne la grandeur de la patrie, favorisent à l'extrême les mesures de défense nationale. »

Quelque chose comme de la fascination ? Peut-être. Tout de même, les locutions choisies sont ambiguës, et manifestent que l'auteur se tient en garde : ni « impérieuse subordination », ni « exaltation latente » ni même « à l'extrême » ne peuvent être considérés comme exprimant une quelconque adhésion. La description ainsi faite serait favorable, s'agissant de l'univers militaire. Mais de Gaulle décrit ici une société supposée civile, en paix jusqu'à nouvel ordre. Et l'on a dit et redit à quel point il se méfie de la confusion entre les ordres politique et militaire, et combien il reste attaché à la hiérarchie entre l'un et l'autre. Ce régime en forme de caserne enfiévrée qu'il évoque là est certes propre à la diffusion et à l'exécution des ordres. Ce n'est pas, sous sa plume, une forme idéale d'organisation sociale. Si l'on pense à ce qui s'écrivait alors dans la presse « modérée » en faveur du régime du Duce, même dans un reportage de François Mauriac pour *le Journal,* on apprécie le sang-froid dont fait montre ici cet officier féru d'autorité.

La description qu'il fait de l'exemple américain n'est pas pour autant celle d'un modèle. Mais rappelant le rôle déterminant joué dans la victoire de 1918 par l'intervention américaine, il constate que cet « arbitrage » aurait pu être plus rapide et décisif encore si les États-Unis avaient mis en branle leur formidable appareil industriel comme ils semblent alors décidés à le faire en cas de conflit.

Le précédent de 1918 ? De Gaulle rappelle que

« l'armistice survient sans qu'eussent figuré sur les champs de bataille un seul canon, un seul avion, un seul tank fabriqué en Amérique*. Par la suite, une production désordonnée avait accumulé d'énormes stocks [qui] durent être ensuite liquidés dans des conditions désastreuses ».

D'où le *National Defense Act* de 1920, qui organise la mobilisation économique du pays.

Que ne peut-on attendre de cette formidable puissance qui a fait quinze ans plus tôt pencher de façon décisive la balance du destin sans même avoir mis en jeu son immense potentiel industriel — quand, aiguillonnée par la dynamique impérieuse du capitalisme, elle aura discipliné et encadré ses capacités économiques en vue d'une action de guerre ? C'est en ce type de réflexion que réside l'essentiel de l'intérêt de l'étude de 1934, venant d'un homme qui jusqu'alors ne s'est guère hasardé sur ce terrain. Décidément, le colonel de Gaulle fait ses classes — et déjà, en ces quelques paragraphes, rédige le brouillon des grands appels lancés aux démocraties en 1940.

Charles de Gaulle ne veut pas terminer son plaidoyer en faveur d'une

---

* On retrouvera cette observation au cours des polémiques avec Roosevelt en 1943...

mobilisation économique en France sans aborder un exemple plus aisément opposable aux responsables français. C'est en se référant à un article très détaillé publié quelques mois plus tôt dans le *Bulletin belge des sciences militaires* qu'il met en valeur « les efforts tentés dans un pays libre » — cette dernière formule étant visiblement opposée à celle d'État totalitaire.

Planificateur, pamphlétaire, économiste, le Connétable multiplie expériences et coups de sonde. Mais il ne peut oublier qu'il exerce une certaine profession : l'un de ses articles les plus significatifs de cette époque, exactement contemporain de la « Mobilisation économique » et publié dans la revue des jésuites, *Études*, est intitulé « Métier militaire ». C'est un texte charnière entre les diverses recherches menées à cette époque par le collaborateur du SGDN et la croisade pour l'« armée de métier » où il va bientôt se jeter à corps perdu. Et c'est l'un des textes où de Gaulle s'exprime avec la plus indiscutable sincérité. N'est-il pas destiné à ses maîtres jésuites, dont il sait qu'on ne les trompe pas aisément...

Sous une épigraphe empruntée au chancelier d'Aguesseau, « Le plus grand bien de ce monde est l'amour de son état », Charles de Gaulle rappelle d'abord, avec une noble mélancolie, la langueur où était tombée au lendemain de 1918 une armée « blessée jusqu'au fond de l'âme » par la médiocrité de ses conditions d'existence, le bouleversement, du fait de la guerre, de ses composantes, de ses « catégories », de ses « valeurs », et par l' « indifférence ou aversion » de l'opinion. D'où « une amertume dont, jadis, eût rougi le dernier sergent », et des « rapports sur le moral » qui signalaient même « dans les garnisons des essais de syndicats »...

Mais voilà qu'à partir du début des années trente « se reforme la cohésion d'autrefois », car « la France discerne qu'elle peut, quelque jour, avoir besoin de ses armes [...] l'élite de la jeunesse pressent tout ce que l'ordre militaire lui promet d'active puissance » si bien qu' « il y avait en 1933 1 800 candidats saint-cyriens *. L'armée renoue avec la chaîne des temps ».

Cette réconciliation entre le « métier militaire » et « les tendances de l'époque, s'explique, selon de Gaulle, par l'évolution des conditions de la vie, des mœurs, et bientôt des lois qui reportent sur le groupement, l'obligation et l'autorité, la faveur qui, récemment encore, allait à l'individu, à ses droits, à son indépendance ».

Et son propos se fait plus pressant, presque provocant :

> « Une société qui se forme en syndicats, sinon en faisceaux, qui accepte les " pleins pouvoirs ", qui travaille en séries, sur tarifs, d'après gabarits, qui veut des costumes, des prix, des écoles uniques, n'a plus rien de contradictoire avec les corps de troupe, la rigueur des rangs, les consignes et l'uniforme. [...] A voir tayloriser l'industrie, diriger l'économie, embrigader les opinions, à constater que, par le monde entier, rien ne plaît à la jeunesse plus que de se former en troupes, de subir une rude discipline, de marcher au pas cadencé, on inclinerait à penser que le type militaire d'organisation est en train de devenir le symbole des temps

---

* Deux fois plus qu'au moment où Charles de Gaulle s'y préparait, en 1908.

nouveaux. Mille signes marquent, en tout cas, que la profession des armes a commencé de dépouiller ce tour étrange, parfois anachronique, qui, moralement, l'isolait parmi les contemporains. »

Cette fois, le commandant de Gaulle ne va-t-il pas très loin ? Il est bien d'avoir l'amour de son état, et de le voir ainsi accordé à l'air du temps. Mais du plaidoyer pour les siens, ne glisse-t-il pas vers une sorte de rêve militariste ? Quand il écrit, sur un ton jubilatoire, que « le type militaire d'organisation est en train de devenir le symbole des temps nouveaux », en alléguant « pleins pouvoirs » et groupes « formés en faisceaux », il risque fort de jouer un rôle terriblement mobilisateur.

Il ne parle pas de « modèle » ou de « règle », il est vrai, mais de « symbole » des temps nouveaux, et l'article peut se lire comme une offre de substituer à la tentation totalitaire, alors si grisante pour les masses juvéniles, un ordre militaire qui s'inscrit, lui, dans le cadre de la loi républicaine. Si le fascisme s'inspire de l'éthique et des méthodes militaires, pourquoi aller vers le reflet plutôt que vers le foyer ? Plutôt que de vous embrigader dans telle ou telle milice, engagez-vous dans l'armée * !

De même que le jeune de Gaulle de 1908 choisit peut-être le métier militaire pour transcender, par le service de l'État, le débat idéologique du temps, de la séparation de l'Église et de l'État et des Inventaires, on pourrait dire que le de Gaulle quadragénaire propose le « métier militaire » comme alternative à l' « ordre » totalitaire. C'est une interprétation. Avouons qu'elle est plus facile à formuler dans les années quatre-vingt qu'elle ne devait l'être dans les années trente...

A faire feu ainsi des quatre fers, n'oublie-t-il pas la mission primordiale confiée, sinon à lui, en tout cas au secrétariat général du Conseil supérieur de la Défense nationale — la mise au point du projet de loi sur l'organisation de la nation en temps de guerre ?

Dans le texte cité plus haut où Charles de Gaulle, au début de ses *Mémoires de guerre,* évoque son passage au SGDN, il est question de la mission qui lui revient de « tisser la toile de Pénélope de projet de loi sur l'organisation de la nation »... Pénélope ? Un texte avait été rédigé au lendemain de la guerre par la première équipe du SGDN, sous la direction du général Serrigny **, et présenté en 1927 par M. Paul-Boncour au Parlement. Adopté par les députés, il avait été l'année suivante modifié de fond en comble par les sénateurs, rejetant entre autres le principe de « réquisition générale des citoyens des deux sexes en temps de guerre ». Depuis le début des années trente, l'équipe du général Chabert remettait sans cesse l'ouvrage sur le métier, chaque nouveau ministre de la Défense — Maginot, Tardieu, Daladier, Paul-Boncour, Pétain — souhaitant y mettre la main et lui imprimer sa marque. D'où une série de va-et-vient découra-

---

* D'autres militaires alors, sans être des fascistes (Castelnau, Lyautey, Maud'huy et La Rocque), proposent des regroupements dans l' « ordre » civil : camps de jeunesse, scoutisme, anciens combattants.
** Longtemps collaborateur de Philippe Pétain.

geants pour ce qui avait trait à l'efficacité, mais fort instructifs pour l'apprenti homme d'État...

Il fallut attendre les premiers mois de 1936 pour que, le général Maurin étant ministre de la Guerre du cabinet Sarraut (celui qui subit sans réagir autrement que par des mots la remilitarisation de la Rhénanie par Hitler), la Chambre des députés se déclare favorable au nouveau projet — dont Charles de Gaulle est le principal rédacteur — projet qui échoue au Sénat, mais cette fois faute de débat. Daladier, ministre de la Guerre du cabinet de Front populaire, s'efforce d'en obtenir l'adoption par les deux Chambres en octobre 1936.

C'est le second cabinet Blum, formé en mars 1938 au lendemain de l'Anschluss* qui en arracha l'approbation par la Haute Assemblée et donc l'adoption définitive. Mais le moyen d'appliquer, dans le tumulte de ces mois-là, qui culmine à Vienne, à Munich et à Prague, les décisions de Pénélope? De Gaulle n'a pas le loisir de s'en irriter : il a quitté le SGDN depuis de longs mois, en 1937, pour prendre le commandement du 507e régiment de chars à Metz.

Avant de mettre fin à sa mission au SGDN, le lieutenant-colonel de Gaulle avait tout de même eu le temps de présenter son « enfant », le projet de loi sur l'organisation de la nation en temps de guerre, aux auditeurs du Centre des hautes études militaires (CHEM) le 22 octobre 1936, au moment même où Daladier tentait d'en parrainer le baptême parlementaire. Il serait fastidieux de résumer ici les cinq « titres » de ce texte austère et fort détaillé. Retenons cependant quelques points, que de Gaulle mettait lui-même en valeur dans cette conférence.

Les auditeurs du CHEM apprirent ainsi que la mobilisation ne saurait plus intervenir seulement en cas de guerre, mais aussi de « tension extérieure » (telle que le réarmement du IIIe Reich en faisait constamment planer la menace); qu'à la réquisition pure et simple des biens en temps de guerre avait été préféré « l'accord amiable entre l'État et l'entrepreneur »; que le contrôle du Parlement sur la conduite de la guerre serait allégé, à la lumière de l'expérience des années 1917-1918; et que dans le domaine particulièrement sensible des rapports entre le gouvernement et le haut commandement, le premier conservait bien la « direction de la guerre ».

Ce qui ressort de ces textes fondamentaux, compte tenu de la personna-lité du rédacteur principal que nous connaissons maintenant assez bien, c'est le refus de codifier strictement le rapport entre gouvernement et état-major, le premier ayant en principe barre sur le second. Face à ses auditeurs du CHEM qui n'en ignorent rien, de Gaulle, pour expliquer la souplesse de sa rédaction en la matière, fait valoir à quel point ces relations dépendent des personnes et des circonstances...

Ce cours a été prononcé devant les stagiaires du Centre des hautes études militaires où le Connétable a été nommé chargé de cours en avril 1936[5] tout en poursuivant un an encore ses activités au SGDN. Cette désignation qu'il

---

* Union entre l'Allemagne et l'Autriche accomplie par un coup de force d'Hitler

doit au général Maurin — en dépit des divergences qui les opposent à propos des divisions cuirassées* — lui offre la revanche qu'il attendait depuis longtemps sur les maîtres de l'enseignement militaire français.

Les portes de l'École de guerre, claquées derrière son dos en 1924, puis devant son nez en 1929 (le contraignant à cingler vers le Levant) ne seront donc jamais plus ouvertes devant lui. Mais un enseignement au CHEM, c'est plus prestigieux encore : cette institution n'est-elle pas tenue pour « l'école des maréchaux » ? Les quelques conférences qu'il y prononce, en 1936 et 1937, et les travaux auxquels il participe lui valent, à la fin de 1937, dans la « feuille de notes » remise à la fin des travaux du CHEM, cette appréciation due à la plume du « patron », le général Bineau — qui l'a déjà noté à Saint-Cyr trente ans plus tôt :

« Des dons naturels de qualité rare et en particulier un très beau talent d'exposition ; un caractère droit et énergique ; une très vaste culture générale et militaire. Mais le tout est le plus souvent voilé par une attitude hautaine et froide qui paraît être surtout un refuge. Assez en méfiance, en effet, ne se met pas en avant et ne se livre que très rarement. » (Voilà du nouveau sur de Gaulle : « ne se met pas en avant »... N'est-ce pas le travers opposé que la plupart de ses collègues dénoncent ?)

Et le général Bineau d'insister : « A semblé le plus souvent éviter volontairement l'originalité qui aurait pu l'obliger à discuter, et sciemment se cantonner dans une solution de grisaille. » (De plus en plus surprenant : « grisaille », de Gaulle ? « Pas d'originalité » ? Quel jeu jouait-il donc dans ce milieu-là ? Est-ce parce qu'il se sent suspecté, jalousé et contesté qu'il se tient à ce point à carreau ?)

C'est bien ce que semble sous-entendre Bineau avant de conclure : « Quand il aura plus de confiance en son entourage, et qu'il aura dépouillé cette attitude artificielle qui cache sa vraie figure, apparaîtra comme une personnalité particulièrement douée, originale et forte, qu'on doit pousser vers les hauts commandements. A suivre. »

Le général Bineau n'étant tenu ni pour un sot ni pour un homme malveillant par tous ceux qui ont eu affaire à lui, certaines notations de ce portrait nuancé doivent être retenues : effacement méfiant, grisaille volontaire. Ces traits en disent long sur les rapports de Charles de Gaulle et de son « environnement » professionnel dans ces années-là...

En attendant le bâton de maréchal que lui promet Bineau, Charles de Gaulle vient, en un peu moins de dix ans, d'étudier sous presque tous les angles les problèmes que les « hauts commandements » prévus l'appelleraient à résoudre dans le monde orageux, multiplie et féru de technique où tout chef, militaire aussi bien que civil, doit apprendre à vivre et à agir. Mais on a vu aussi que, dans cette pratique de grand commis militaire de l'État, dans ce rôle d'héritier de Louvois travaillant dans les bureaux de Colbert, il ne s'est pas fait que des amis.

Si, plus soucieux de ménager son environnement, il avait adopté un ton

---

* Voir chapitre suivant.

moins abupt, à l'écrit comme à l'oral, dans ses rapports avec les gens du SGDN, serait-il parvenu à se les concilier ? Non... Le seul fait d'avoir, dès 1933, lancé sa croisade publique pour l'autonomie des chars aurait suffi à dresser contre lui les deux tiers de l'intelligentzia militaire. Passe encore d'être cassant. Passe encore d'avoir raison. Passe encore de publier. Mais avoir l'audace de porter sur la place publique un problème « militaire » comme celui de l'emploi des divisions cuirassées et, sous son nom, oser en appeler à la lucidité et au bon sens des civils contre l'entêtement de la « vieille mule » militaire, comme dit Loustaunau-Lacau, voilà qui n'est pas tolérable. Nous allons le voir.

Ce lieutenant-colonel de 45 ans qui, des bureaux où s'élabore l'avenir des armes au cénacle où, entre Mayer et Nachin, mûrit sa pensée stratégique, et de la maison d'édition qui publie ses livres à la chaire du Centre des hautes études militaires où il instruit ses émules de demain, s'avance sans timidité vers la grande épreuve, comment réagit-il aux différentes tragédies qui jalonnent alors la vie de l'Europe — irruption des nazis au pouvoir au début de 1933, émeute du 6 février 1934 à Paris, invasion de l'Éthiopie par Mussolini, réoccupation de la Rhénanie par le IIIᵉ Reich, guerre d'Espagne, Anschluss, etc. ?

On ne dispose guère, sur ces différents événements, de documents émanant alors directement de Charles de Gaulle. Très peu de lettres à sa mère sont consultables. A ses amis, il parle surtout de « son » problème, l'armée de métier. Mais on connaît bien sûr l'essentiel qui, plus ou moins, vient d'être rappelé : que dans le grand débat entre la démocratie et la dictature où se concentre l'histoire de la France et de l'Europe, sinon du monde, dans les années trente, Charles de Gaulle n'a jamais hésité sur le parti à prendre.

Quelles que soient ses préventions contre les méthodes d'une république débile et bavarde, si irrité qu'il puisse être par ses lenteurs et son aveuglement (qui n'égalent d'ailleurs jamais les lenteurs et aveuglements de la haute hiérarchie militaire, il le sait et le dit), il ne met jamais en doute ce fait que les valeurs auxquelles il est le plus profondément attaché — indépendance nationale, stabilité de l'État, respect de la personne humaine, liberté d'expression et peut-être même ordre moral — sont mieux associées aux démocraties qu'à l'Axe et à ses succédanés.

L'auteur du *Fil de l'épée* aurait-il cédé à la fascination de la mystique du chef si, en janvier 1933, quelques mois après la publication de ce livre « musclé », cette tendance ne s'était soudain incarnée en une bande d'aventuriers sanglants, au surplus germaniques et comme tels jugés porteurs de menaces spécifiques contre la France ? On a vu que le fascisme italien, fût-il moins meurtrier et menaçant, le trouvait déjà fort réservé, quelque éloge qu'il ait pu en lire sous la plume d'auteurs qu'il admirait comme Jacques Bainville. Dès les premiers mois de 1933, en tout cas dès avant ce qu'il appelle « l'acte hostile » du 7 mars 1936 (la réoccupation de la Rhénanie par Hitler), il ne voit dans le nazisme que bellicisme et grossière violence.

Jugerait-il moins sévèrement les congréganistes du totalitarisme si leurs chemises n'étaient ni brunes ni noires, mais tricolores ? Rien ne permet de le supposer. Sur ses réactions au 6 février, on ne sait rien et s'il rencontre discrètement alors le colonel de Lattre, plus ou moins mêlé à l'événement, c'est uniquement pour parler de la question des chars[6]. Ni la cagoule du général Dusseigneur ni même son bon camarade Loustaunau-Lacau, qui monte alors le réseau « Corvignolles » pour faire pièce aux « progrès du bolchevisme » en France, ne tentent de recruter cet officier prestigieux, auteur de ce bréviaire du chef, le Fil de l'épée, qui est aussi une convocation d'énergies.

Il faut vraiment que sa réputation et ses propos aient été peu suspects de la moindre complaisance envers le fascisme pour qu'il soit resté si nettement à l'écart de l'énorme fourmillement que les « ligues » paramilitaires, légales ou dissoutes (surtout dissoutes) entretiennent alors dans la société française de la deuxième partie des années trente, grosse du fascisme sournois qui sera l'une des composantes de Vichy.

Démocrate impeccable, le Charles de Gaulle des années trente ? Qualifions-le en tout cas d'adversaire déterminé du fascisme, en donnant pour preuve cette lettre adressée à l'être au monde auquel il était le moins incliné à jouer la comédie — sa mère, à propos du pacte franco-soviétique signé en 1935 par Staline et Laval, qui devait horrifier la bonne dame :

> « ... Ce que je pense du pacte franco-russe ? Ma réponse sera très simple. Nous allons rapidement à la guerre contre l'Allemagne et, pour peu que les choses tournent mal pour nous, l'Italie ne manquera pas... de nous donner le coup de pied de l'âne[*]. Il s'agit de survivre, tout le reste est littérature [...]. Nous n'avons pas les moyens de refuser le concours des Russes, quelque horreur que nous ayons pour leur régime. C'est l'histoire de François Ier allié aux musulmans contre Charles Quint.
> Je sais bien que la propagande acharnée et très habile d'Hitler a réussi à faire croire à beaucoup de braves gens en France qu'il ne nous en voulait nullement et qu'il suffisait, pour lui acheter la paix, de lui laisser faire la conquête de l'Europe centrale et de l'Ukraine [...] Il faut avoir le courage de regarder les choses en face. Tout doit être en ce moment subordonné à un seul plan : grouper contre l'Allemagne tous ceux qui lui sont opposés[7]... »

---

[*] Notation très rare à l'époque, en tout cas dans ce milieu.

11. Le manifeste

Charles de Gaulle n'a pas inventé les chars — pas plus que Vauban les fortifications, Murat les charges de cavalerie ou Pétain la poudre. Il n'y prétend d'ailleurs point. « J'avais, naturellement, mis à profit les courants d'idées déclenchés à travers le monde par l'apparition du moteur combattant[1]. » Et de citer Estienne, Fuller, von Seeckt et quelques autres. Dédicaçant son livre sur les chars, il a souvent écrit qu'il s'agissait d' « idées non point neuves, mais renouvelées[2] ».

Toute stratégie fondée sur la rupture provoquée par un effet de masse multiplié par la vitesse est à l'origine de celle que préconise l'auteur de *Vers l'armée de métier* : éléphants d'Hannibal et cuirassiers de Reichshoffen. Mais un élément spécifique est apporté, au XXᵉ siècle, par l'intervention du moteur qui, à la vitesse, associe la continuité. La mobilité de la cuirasse amoindrit sa vulnérabilité. Les quelques minutes pendant lesquelles les cavaliers de Murat pouvaient provoquer la rupture peuvent être transformées en heures par le cheval-vapeur, au surplus mieux protégé qu'un hussard. D'où le problème de l'autonomisation d'une telle force de choc, posé depuis que les armées disposent d'unités plus rapides, cuirassées et endurantes que d'autres.

Le char dont Charles de Gaulle veut, à partir de 1932, faire le protagoniste d'une stratégie nouvelle, a un double ancêtre. Le premier est un véhicule à moteur surmonté d'une coupole blindée dont l'armée autrichienne mit quelques prototypes en circulation vers 1904. En 1913 le commandement italien engagea des véhicules blindés de ce type en Cyrénaïque. Mais on s'aperçut vite que ce « moteur cuirassé » était à la merci du moindre accident de terrain.

Le second ancêtre moderne du char fut un engin issu du tracteur agricole utilisé à partir de 1915 en Artois pour écraser les fils de fer barbelés et franchir les tranchées. Trop lent, mal profilé, mal blindé, cet instrument fut assez vite abandonné lui aussi. Mais comme le premier avait préfiguré le « moteur combattant », le second avait apporté une indication essentielle : l'efficacité de la chenille. Retenant celle-ci, la coiffant d'un habitácle blindé, on fabriqua bientôt des « chars d'assaut » de 7 tonnes, dotés d'un blindage de 15 millimètres et roulant à une quinzaine de kilomètres à l'heure C'est Renault qui sortit le premier char « de série », le FT 17, en 1916.

Aux Anglais devait néanmoins revenir l'honneur de mettre les premiers en action de façon relativement autonome une unité d'engins blindés et armés qu'ils baptisèrent « tanks ». Marins dans l'âme, ils y voyaient des succédanés terrestres des vaisseaux de haut bord. Et ce n'est pas un hasard si le nom de Winston Churchill, alors Premier Lord de l'Amirauté, est lié à cette décision. Créé au début de 1916, le « Royal tanks corps » fut engagé le 15 septembre 1916 à Flers, dans la Somme, puis en mars 1917 devant Cambrai, avec un succès relatif — assez grand tout de même pour permettre à quelques esprits hardis, ceux des colonels Fuller, Martell et Swinton et du capitaine Liddell Hart, entre autres, d'élaborer une théorie du char maître de la bataille qui allait faire autorité pendant des années.

D'autant que du côté français, on progressait « sur le terrain ». Un officier d'artillerie, le colonel Estienne, cherchant à mettre en mouvement la puissance de feu, ce qu'il appelait « l'artillerie d'assaut », déclencha, le 16 avril 1917 devant Corbény puis le 18 juillet 1918 à Villers-Cotterêts, les premières opérations de chars en avant de l'infanterie — alors que les utilisateurs de véhicules blindés, oubliant la vocation originale des chars « d'assaut », leur avaient seulement donné jusqu'alors une mission d'accompagnement et de protection des fantassins.

Les progrès imposés par ces pionniers furent rapides. Si, à Corbény, la percée des chars n'avait pas été décisive, celle qui fut réalisée à Villers-Cotterêt, où 300 Renault FT furent jetés d'un coup dans la fournaise, creva si profondément le front allemand que Ludendorff — qui n'avait pas osé lancer l'Allemagne dans ce type d'armement — parla ce soir-là de « journée de deuil pour l'armée allemande » avant de proclamer à la tribune du Reichstag, le 8 octobre 1918, que « l'emploi en masse des chars est notre plus redoutable ennemi ». A la veille de l'armistice, en vue du franchissement des canaux des Flandres au cours de la poursuite de l'ennemi acculé à la retraite, on avait mis en construction des mastodontes de 60 tonnes, et l'armée française disposait déjà de 3 120 « moteurs de combat » (la moitié de ce qu'elle pourra aligner, comme la Wehrmacht d'ailleurs, en 1940)...

Le 12 février 1920, prononçant une conférence au Conservatoire des arts et métiers, le général Estienne faisait du de Gaulle avec quatorze années d'avance : « Réfléchissez, messieurs, au formidable avantage stratégique et tactique que prendraient, sur les armées lourdes du plus récent passé, 100 000 hommes capables de couvrir 80 kilomètres en une nuit avec armes et bagages, dans une direction quelconque et à tout moment [...]. Poursuivi, les chars dans les reins, l'ennemi ne peut se rétablir ; il est défait sans retour comme au soir de Cannes ou d'Iéna... » Voilà déjà le ton, les chiffres et les images de *Vers l'armée de métier*

Ce novateur est trop hardi : on l'expédie à la tête de la division de Nice, où il se calmera... Mais rien n'y fait : le char est à la mode. Inventé par un artilleur, annexé par les fantassins qui, après quatre ans de massacres, sentent le besoin d'être un peu mieux protégés, il fait rêver les cavaliers, hommes de la vitesse et des raids audacieux. Ainsi, le général Flavigny, directeur de la cavalerie, propose dès le milieu des années vingt de substituer carrément le moteur au cheval. Il n'est pas jusqu'à Weygand qui n'en préconise l'emploi systématique, en 1921. Mais quand il accédera au plus haut poste de responsabilité, dix ans plus tard, il s'acharnera à réduire les chars à leur vieux rôle d'accompagnement et de soutien.

Très tôt, les politiques décèleront (et souvent plus vite et plus fort que les militaires) l'extrême intérêt et la spécificité du « moteur combattant ». Témoin cette remarquable intervention faite à l'occasion d'un débat sur l'organisation de la défense, à l'Assemblée nationale le 13 mars 1922, par Jacques Duboin. Ce jeune député de Haute-Savoie, qui avait servi sous les ordres du général Estienne, déclarait :

« Une grande transformation domine la dernière guerre ; l'intervention du moteur mécanique [...] sur le champ de bataille comme arme de combat. C'est cette arme puissante et nouvelle qui a permis de terminer la guerre un an plus tôt. Ce sont les Allemands eux-mêmes qui le disent. Où est l'effort du gouvernement pour moderniser l'armée ? Je ne vois même pas la création d'une direction de cette arme nouvelle : les chars de combat. [...] Une armée moderne, c'est une armée qui se reconnaît à l'odorat : elle sent le pétrole et elle ne sent pas le crottin... »

Ainsi, l'école qu'avait formée Estienne restait-elle vigoureusement attachée à l'idée d'autonomie du char, promis à bouleverser la stratégie moderne. Son plus ingénieux porte-parole fut le colonel Doumenc, ancien chef d'état-major d'Estienne, qui dès 1926 présentait un projet de « division blindée ». Après Flavigny, déjà cité, les généraux Hering (que nous avons vu commandant de l'École de guerre au temps où de Gaulle y donnait des leçons de commandement), Baratier, Nollet se prononcèrent dans le même sens.

Mais en Allemagne, qui pour une fois s'était laissé distancer en matière militaire, l'idée progressa plus vite, dans le cadre de cette Reichswehr dont von Seeckt avait fait un laboratoire de la guerre moderne. Là, des hommes comme Rundstedt, Brauchistch, Kleist, Bock et Guderian, étudiant tout ce qui s'écrivait sur le sujet en Angleterre, en Autriche et en France et manœuvrant des véhicules de bois, préparaient les futurs *Panzerdivisionen* : si vite que les trois premières seront mises sur pied dès 1934, un an après l'accession d'Adolf Hitler au pouvoir.

On peut situer en 1932, non la germination, mais l'épanouissement de l'idée dans le cerveau du commandant de Gaulle. Lucien Nachin a très bien raconté[3] comment s'opéra cette « illumination ». En novembre 1932, le *Journal des anciens enfants de troupe,* dont il était un collaborateur assidu, publiait le compte rendu fort élogieux que lui avait inspiré *le Fil de l'épée :* Nachin en avait naturellement remis un exemplaire à son ami. C'est dans le même numéro de cette revue que le commandant de Gaulle put lire un autre article, intitulé « Réflexions d'un amateur », consacré, lui, aux bouleversements que n'allaient pas manquer d'introduire dans l'armée « la motorisation et le cuirassement des véhicules ».

Cet « amateur » bien informé prévoyait la prochaine résurrection de l'armure, négligée depuis quatre siècles parce qu'elle était devenue trop coûteuse pour les particuliers, résurrection fondée sur une tradition millénaire d'après laquelle la protection des guerriers doit s'accentuer en fonction de l'accroissement de l'efficacité des armes. « On ne va pas à la guerre pour se faire tuer ; on y va pour vaincre l'ennemi », écrit Marmont. Et Ardant du Picq : « L'homme ne va pas au combat pour la lutte mais pour la victoire. Il fait tout ce qui dépend de lui pour supprimer la première et assurer la seconde. »

Le collaborateur « amateur » du *Journal des anciens enfants de troupe*, observant que le manque de protection était devenu de plus en plus insupportable aux combattants, surtout depuis les hécatombes de 1914-18, ils allaient exiger la multiplication des cuirasses et des blindages. Mais l'entretien et le fonctionnement des nouveaux engins entraîneraient le recours à des professionnels de la mécanique. D'où cette conclusion : la guerre allait se modifier profondément, cessant d'être un affrontement entre « nations armées » pour devenir une lutte entre troupes de métier spécialisées.

Dans le texte de cet « amateur », longtemps voilé par l'anonymat et qui n'était autre que Nachin lui-même (devait nous préciser trente ans plus tard M. Étienne Répessé[4] très mêlé à tous ces débats), on découvre nombre des thèmes qui serviront d'armature à l'argumentation du Connétable. De Gaulle sut-il ou devina-t-il que l'auteur en était Nachin ? Le fait est que la lettre qu'il lui écrivit après avoir lu l'article ne fait pas allusion à son origine. Racontant l'affaire, Lucien Nachin écrit avec une modestie confondante :

« De Gaulle fut assez frappé par ces vues, un peu utopiques, pour écrire*, en novembre 1932, qu'il y trouvait abordé " de biais, mais d'une façon originale, certaines conceptions générales, quant à l'évolution militaire qui sont désormais les miennes. Je suis, d'ailleurs, en train, dans mes loisirs, de les développer dans un nouvel ouvrage ". »

Reste, ici, une inconnue. Qu'est-ce qui avait conduit le Connétable, dont aucun écrit ne signale, avant 1933, l'intérêt pour cette arme, et qui semble ne s'être, avant cette époque, « jamais assis dans un char** » à se vouer soudain à cette croisade ? Il assure que l'article de Nachin aborde des « conceptions » qui sont déjà les siennes. Les tire-t-il des dossiers sur lesquels il travaille au SGDN ? Du plan de désarmement auquel il collabore sous la direction de Tardieu et surtout de Paul-Boncour, et qui prévoit la mise sur pied d'une force internationale mobile et fortement cuirassée mise à la disposition de la SDN ? Ce que l'on propose à la communauté internationale comme une solution miracle, pourquoi n'en pas doter d'abord la France ?

Personne n'a témoigné de l'effet que produisit sur Charles de Gaulle le court stage qu'il fit en 1921, avant d'entrer à l'École de guerre, dans une unité motorisée de Satory, et il ne fait guère que des allusions, dans ses

---

* Il ne précise même pas que c'est à lui que la lettre est adressée.
** Ce qui est aussi, assure-t-on, le cas de Heinz Guderian qui semble d'ailleurs s'être inspiré des écrits de l'Anglais Liddell Hart plus que de ceux de Charles de Gaulle.

écrits sur la campagne de Pologne, aux raids d'unités blindées. Mais dans le livre qu'il a consacré au général Delestraint, disciple du général Estienne et futur chef du colonel de Gaulle en Lorraine avant d'être son délégué militaire dans la Résistance, J.-F. Perrette écrit qu'à l'occasion d'une des réunions de l'Association des anciens officiers de chars d'assaut que présidait Estienne, chez Ledoyen, en 1925, « sans qu'on sût jamais qui l'avait invité dans notre milieu fermé, exclusivement chars, apparaît un immense, filiforme capitaine d'infanterie... (que j'avais connu) à l'hôtel Bristol de Varsovie... Sa présence fut froidement appréciée dès que nous vîmes qu'il venait d'accaparer " notre général "... dont la courte rondeur était enfoncée dans un profond fauteuil[5]... ».

Ainsi, sept ans avant l'entrée en campagne de 1932, Charles de Gaulle était-il parti en chasse, pénétrant d'emblée le milieu et « accaparant » sans détour le prophète d'où venait, en ce domaine, la vérité.

Les compagnons de la brasserie Dumesnil sont dès lors en proie à une passion : celle du moteur combattant. Un après-midi de la fin de novembre 1932, précise toujours Nachin, le commandant de Gaulle développe devant ses amis les thèmes, proches de ceux de l' « amateur » du *Journal des anciens enfants de troupe,* dont il a fait une doctrine : comment la faire prévaloir ?

Émile Mayer, en désaccord sur bien des points avec son jeune camarade — ne serait-ce que sur la priorité qu'il voudrait, lui, voir accorder à l'aviation — mais séduit par l'aspect révolutionnaire du projet, l'encourage à déclencher une campagne, promettant de lui ouvrir les portes d'une grande revue non spécialisée. Sitôt qu'il a, en mars, le texte de Charles de Gaulle — une douzaine de pages — l'auteur de *Nos maréchaux* s'en va le porter à *la Revue politique et parlementaire,* qui le publie le 10 mai 1933, sous le titre « Vers l'armée de métier[6] ».

Arrêtons-nous un instant à ce lieu d'expression. Certes, il ne s'agit pas d'un organe révolutionnaire, et le radicalisme dont se réclament ses promoteurs ne saurait effaroucher que les bigotes. Mais tout de même, choisir pour tribune une revue qui se déclare « politique et parlementaire », en cette année 1933 où les ligues multiplient les dénonciations du régime et où les camarades du commandant de Gaulle ne cessent de brocarder un cabinet que pour vouer son successeur aux gémonies, c'est prendre des risques. Surtout pour « lever un lièvre » de cette taille : une refonte totale de l'armée...

De cette audace, le commandant de Gaulle eut assez clairement conscience pour que l'auteur des *Mémoires de guerre* jugeât bon d'écrire, vingt ans après :

> « Faute que personne proposât rien qui répondît à la situation * [...], je me
> sentis tenu d'en appeler à l'opinion... Il me fallait m'attendre à ce qu'un

* La prise de pouvoir par les nazis à Berlin.

jour se posent sur moi les projecteurs de la vie publique. C'est avec peine que j'en pris mon parti, après vingt-cinq ans passés sous les normes militaires. »

« Avec peine » ? Peut-être... Les normes ? Hum... Le mal-pensant de l'École de guerre, le conférencier de 1927, l'officier de plume qui réclame à son patron son « bien », voilà un militaire qui a déjà pris pas mal de distances par rapport aux « normes ». Mais aucune de cette taille, en effet.

« Les projecteurs de la vie publique », les voilà en tout cas, et pour toujours, braqués sur lui. Mais en cette fin de printemps 1933, ils ne le sont pas au point de l'aveugler. Lucien Nachin écrit que la publication de l'article de *la Revue politique et parlementaire* « provoque un choc sensationnel... Dans le monde parlementaire comme dans les milieux militaires, une vive controverse s'engage aussitôt »... C'est forcer la note. A consulter la presse de l'époque, on ne voit pas qu'elle ait fait grand cas de cet article.

Il faut préciser d'ailleurs que si l'article de mai 1933 contient en germe quelques idées du livre qui paraîtra un an plus tard, il n'est encore qu'une esquisse où de Gaulle, moins qu'à la description de la guerre future qui donne tant d'éclat à son livre, s'attache à préconiser une refonte de l'appareil militaire français. Plus technique, moins lyrique que le livre, cet avant-propos était trop sobre pour bouleverser les imaginations des civils, et trop imprécis pour entraîner l'adhésion des spécialistes.

En proclamant toutefois que « les nécessités de la couverture, les exigences de la technique guerrière, l'évolution internationale s'accordent pour nous dicter une réforme militaire profonde », Charles de Gaulle avait posé les premiers jalons de sa campagne, et dessiné les deux axes sur lesquels il avait choisi de mener sa croisade : l'autonomisation de l'emploi des chars et la professionnalisation de l'armée.

Sur le premier point, il put croire que son intervention avait donné une sorte de coup d'envoi ou coïncidait avec un « tournant » stratégique : cette année-là, au camp de Suippes, l'état-major fit des grandes manœuvres une sorte d'hommage aux pionniers du char autonome, en rassemblant la centaine d'engins dont il disposait pour les faire manœuvrer sous forme de division mécanisée. Audace timide, mais qui parut annonciatrice de grands lendemains. Elle tourna court...

Sur le second point, les cerveaux, ici et là, s'activaient. Au mois d'octobre 1933, André Lecomte et Philippe Serre, animateurs de la « Jeune République », courant laïque* de la démocratie chrétienne, sollicitent l'avis du commandant de Gaulle : il s'agit de dresser le plan et le questionnaire d'une enquête lancée par *l'Aube* sous le titre : « Nation armée ou armée de métier ? » Bien que ses relations avec la démocratie chrétienne fussent alors influencées par les railleries méprisantes dont *l'Action française* (qu'il continuait de lire avec une irritation admirative) abreuvait Marc Sangnier et ses amis**, de Gaulle ne se déroba pas. Non seulement il aida les

---

* On veut dire non clérical.
* Les « démocrétins »...

solliciteurs à rédiger leurs questions, mais il obtint à leur intention une réponse de Lucien Nachin. L'enquête, publiée du 7 au 25 novembre 1933, se conclut par un texte non signé, qui est évidemment de lui :

> « Parce que notre frontière est ce qu'elle est, que nos voisins sont ce qu'ils sont, que nous avons l'empire que vous savez, que nous nous trouvons bon gré mal gré liés à d'autres peuples, eux aussi bien déterminés, je pense que le régime de la nation armée nous est actuellement indispensable, mais qu'il ne nous suffit pas... »

Et pour répondre à un argument souvent employé dans les milieux politiques, inquiets des risques qu'un corps de prétoriens pourrait faire courir à la République, de Gaulle ajoutait :

> « Les institutions s'effondrent quand elles cessent d'être accordées avec les nécessités de l'époque... Alors sans doute la force les balaie... mais la composition des troupes a peu d'importance en l'espèce. C'est une affaire de commandement général *. »

Nous verrons que cette embardée vers la démocratie chrétienne, qui dut surprendre quelques-uns de ses amis, ne sera pas sans lendemain et aura des prolongements cinq ans plus tard. Pour l'heure, il ne faut pas chercher à cette collaboration à *l'Aube* d'autre signification que celle-ci : toute tribune est bonne qui permet de pousser le cri de ralliement en faveur de l'armée cuirassée, autonome et professionnalisée. Mais cette brève collaboration aura permis à Charles de Gaulle de nouer d'excellents rapports avec ses deux interlocuteurs de la « Jeune République », André Lecomte et Philippe Serre : et nous verrons que le second ne laissera pas de jouer un rôle dans la suite de l'histoire.

Le manuscrit du livre sur l'armée cuirassée (promis bien sûr à son éditeur habituel, Berger-Levrault) n'étant pas tout à fait au point au début de l'année 1934, de Gaulle en donne quelques extraits à une revue qui annonce la sortie de son premier numéro, constellé de signatures notoires : *la Revue des vivants* (encore un « coup » du cher colonel Mayer...). Il intitule ce condensé : « Forgeons une armée de métier. » C'est ce qui s'appelle battre le fer...

Le fer est chaud en effet : afin de freiner les progrès du Reich hitlérien qui, achevant de se libérer des entraves mises à son réarmement, exige maintenant l'égalité des effectifs avec la France, et en réponse à la demande de la SDN et de ses amis anglais, Paris souhaite réduire le nombre des appelés sous les drapeaux : comment le faire sans construire, parallèlement, un efficace corps d'intervention ? Le plan de Gaulle tombe « à pic ». Mais le haut commandement met son veto absolu à toute réduction d'effectifs...

Les bouleversements intervenus en février 1934 vont-ils donner l'occasion au lieutenant-colonel de Gaulle d'agir plus directement sur le centre de décision ? Dans le gouvernement de « salut public » formé par l'ancien

---

* Propos qu'il faudra réexaminer à la lumière des événements d'Alger de mai 1958 puis d'avril 1961...

président Gaston Doumergue, c'est le maréchal Pétain qui est ministre de la Guerre. De Gaulle sait que le maréchal, bien qu'il lui soit arrivé de parler d'une « exploitation au maximum des engins modernes » et de la « combinaison de leur action », désapprouve ses thèses maximalistes et surtout la campagne qu'il mène (jusque auprès des politiciens!) pour les faire prévaloir. Mais peut-être y a-t-il une chance de le convaincre : installé non seulement auprès du vieux « patron », mais au sein même de l'appareil gouvernemental, dans quelle position serait-il pour faire progresser ses chars!

Lucien Nachin rapporte que Pétain pensa faire de Charles de Gaulle son chef de cabinet, mais que d' « habiles manœuvres » rejetèrent l'auteur du *Fil de l'épée* dans une « abstention pleine de dignité ». De son côté, le général Conquet (nouvel homme de confiance de l'Imperator), indique que Charles de Gaulle ayant écrit « quelques mots parfaitement discrets » pour signifier au maréchal qu'il serait « heureux d'être appelé auprès de lui », le général Laure, directeur de cabinet du ministre, signifia que plutôt que de voir de Gaulle entrer dans l'équipe, il « préférait quitter son poste [7] ». Pour de Gaulle, c'est un pas de clerc. Il faut chercher d'autres procédures.

C'est le 5 mai 1934 que paraît *Vers l'armée de métier*. En vertu d'une décision prise avant l'incident du cabinet ministériel, l'ouvrage n'est plus dédié au maréchal Pétain, mais « à l'armée française, pour servir à sa foi, à sa force, à sa gloire ». Pas plus que pour ses livres précédents — mais cette fois-ci c'est plus grave, car il ne s'agit plus de rappels historiques ou de réflexions philosophiques, mais d'une remise en question radicale de l'ordre militaire — de Gaulle n'a demandé la moindre autorisation à ses supérieurs. Et il signe simplement Charles de Gaulle.

Rappelons l'économie générale et les thèmes majeurs de *Vers l'armée de métier,* dont la publication est l'événement majeur de la vie de Charles de Gaulle avant son entrée dans le gouvernement Reynaud, le 6 juin 1940.

L'ouvrage est fait de deux parties : « Pourquoi? » et « Comment? », formées chacune de trois chapitres : « Couverture », « Technique », « Politique » pour la première, « Composition », « Emploi », « Commandement » pour la seconde... Le tout, composé avec un art un peu compassé, comme une oraison funèbre du Grand Siècle, dans un style noblement oratoire mais sans lourdeur, est porté par un mouvement d'autant plus entraînant qu'il s'agit précisément d'une plaidoirie pour la stratégie du mouvement.

Premier thème : la France est, par sa géographie, vouée aux invasions. Si utiles que puissent être fortifications et places, elle ne peut être « couverte » — c'est-à-dire protégée — que par la manœuvre — laquelle, aux temps où nous sommes, ne doit être assurée que par les machines pilotées par des experts, c'est-à-dire des professionnels. D'où la conclusion péremptoire du premier développement : « Point de couverture française sans une armée de métier ».

Deuxième mouvement : la machine s'est emparée de nos vies, mais point encore du système militaire encore tout imbibé de l'esprit de la « nation en armes », de l'impératif de « quantité ». L'ordre militaire, cependant, aspire lui aussi à la modernité technique, conscient qu'il est de la discordance entre sa mission et l'outil dont il dispose. « Sur mer et dans les airs, l'armée professionnelle est faite », constate de Gaulle, alors que, sur terre, ses éléments sont « épars et dispersés dans la foule »...

Le troisième développement est placé sous le signe « politique ». De Gaulle y est à son sommet, faisant valoir avec éloquence à quel point « les tendances du monde, les conditions d'une organisation internationale de la paix, en tout cas nos propres devoirs d'assistance des faibles et de maintien de l'ordre impérial, concourent à nous imposer la création de troupes professionnelles ». D'autant que cette refonte sert au mieux une France qui, n'étant plus la nation la plus peuplée d'Europe, retrouve une chance historique de briller au premier rang, dès lors que le sort des batailles ne dépend plus de la quantité des masses engagées, mais de la « qualité » de l'industrie et de la manœuvre de pointe : cette guerre technique qui s'annonce, quel pays peut y faire meilleure figure, selon lui, que celui de la « qualité française » ?

Passant du « pourquoi » au « comment », Charles de Gaulle ne craint pas d'en venir aux détails, sachant que, pour séduisantes qu'elles soient, des idées ne prévalent que si l'application en est crédible. Pour doter la France de cet « appareil répressif et préventif » qui est aussi bien dans l'esprit du temps que dans le génie de la nation et auquel le moteur donnera la « brutalité » et la « soudaineté » propres à « créer l'événement », il faut, assure-t-il, mettre sur pied six divisions formées chacune d'une brigade fortement blindée, constituée de deux régiments, l'un de chars lourds, l'autre moyens, éclairés par des engins rapides, d'une brigade d'infanterie motorisée et de deux régiments d'artillerie : la dotation de chacune des grandes unités en bouches à feu et catégories diverses d'unités spécialisées, de la reconnaissance au camouflage, est soigneusement précisée.

Pour mettre en œuvre cette formidable mécanique « de choc et de vitesse », il suffirait de 100 000 hommes aisément recrutables, tant la vie moderne donne de prestige aux experts, aux spécialistes, aux techniciens : « ... Il n'est, soutient le Connétable, que d'y apporter la flamme de l'esprit sportif... l'immense dépense d'énergie et d'orgueil consenti par notre siècle en faveur de l'effort physique et de la compétition. »

Arrivé à ce point de son discours, le commandant de Gaulle ne se garde pas d'une sorte d'exaltation lyrique. On le voit presque débordé par son propre rêve, quand il décrit ces surhommes que seront « " Messieurs les maîtres * " bien vêtus et nourris, insouciants célibataires, enviés pour tant de volants, cylindres, antennes, télémètres dont ils auront à se servir, parcourant la campagne d'avril à novembre et, tout en manœuvrant, faisant leur tour de France... », convoqués sans cesse à d'amples concertations

---

* C'est lui qui met les guillemets.

militaires entre les grands corps, par armes ou par provinces, passionner des populations entières par ces olympiades des armes qui porteraient à son paroxysme l'esprit de corps de « Messieurs les Maîtres »...

En venant à l' « emploi » de ces phalanges de champions survoltés par l'émulation et la faveur populaire, l'auteur leur donne pour mission, non plus la « lente usure » de la dernière guerre, mais « les opérations des grandes cavaleries de jadis ». Il ne cherche même pas à dissimuler que la mission première de « Messieurs les Maîtres » serait la « prise de gage » qui, dès l'ouverture des hostilités ou même sous forme d' « intervention préventive » les faisant « sauter d'un bond de la paix dans la guerre », pourrait permettre « de jeter l'angoisse au-delà des frontières ». Et puis, la bataille engagée ou livrée, en combinant ses actions avec celle des forces aériennes, « l'armée de métier poussera dans la zone des trophées. On verra l'exploitation devenir une réalité, quand la dernière guerre en avait fait un rêve ».

Notons ici que, contrairement à ce qui a été souvent écrit avec une mauvaise foi insistante et pointilleuse *, de Gaulle ne néglige aucunement le rôle de l'aviation dans cette stratégie de l'assaut, de la surprise et de la rupture. S'il est vrai qu'il se tient fort en retrait par rapport aux thèses de son ami Mayer ; s'il est vrai que ce qu'il a le moins bien prédit des événements foudroyants de 1940 est le rôle des forces aériennes, *l'Armée de métier* comporte des phrases éclairantes sur les opérations combinées entre chars et aviation. Est-ce négliger l'aviation que d'écrire :

> « ... Les escadres aériennes, capables d'opérer au loin, douées d'une foudroyante vitesse, manœuvrant dans les trois dimensions, frappant des coups verticaux — les plus impressionnants de tous — doivent jouer un rôle capital dans la guerre de l'avenir [8]. »

Quoi de plus différent de la guerre de taupes livrée entre 1914 et 1918 que cette tragédie imaginative et mouvementée, crépitante d'événements fabuleux que décrit ici de Gaulle ? A cette guerre antithétique, il faut des chefs nouveaux. Comment les former ? La seule règle de leur enseignement devrait être, selon de Gaulle, « le développement des personnalités » pour « cultiver l'esprit d'entreprise ». Pas de chef désormais que ne soutienne « l'âpre ressort de l'ambition »... l'espérance de jouer un grand rôle dans de grands événements. Faute de quoi, « le jour du danger, la patrie chercherait en vain des hommes dignes de la victoire. Car la gloire se donne seulement à ceux qui l'ont toujours rêvée ».

Charles de Gaulle ne prétend pas minimiser l'ampleur de la réforme

---

* La critique antigaulliste s'est gaussée de la publication, en mai 1944 à Alger (éd. Jules Carbonnel), d'une édition de *Vers l'armée de métier* dans laquelle est rajoutée cette phrase : « En frappant elle-même à visée directe et profonde, l'aviation devient, par excellence, l'arme dont les effets foudroyants se combinent le mieux avec les vertus de la rupture et de l'exploitation de grandes unités mécaniques. » A vouloir se mettre ainsi un peu mieux au « goût du jour » (alors que les vertus magiques de l'aviation d'assaut avaient déjà montré leurs limites...), de Gaulle prêtait le flanc aux censeurs. Dès 1945, il fit retirer cet ajout abusif, dont ne portent plus trace les dernières éditions.

proposée qui changera « l'esprit de l'institution comme la politique et la technique de la guerre ». Or il se trouve que l'armée, par nature, est réfractaire au changement. Seule une implacable volonté viendra à bout des réticences : c'est pourquoi

> « il faut qu'un maître apparaisse, indépendant en ses jugements, irrécusable dans ses ordres, crédité par l'opinion. Serviteur du seul État, dépouillé de préjugés, dédaigneux des clientèles ; commis enfermé dans sa tâche, pénétré de longs desseins, au fait des gens et des choses du ressort ; faisant corps avec l'armée, dévoué à ceux qu'il commande, avide d'être responsable ; homme assez fort pour s'imposer, assez habile pour séduire, assez grand pour une grande œuvre, tel sera le ministre, soldat ou politique, à qui la patrie devra l'économie prochaine de sa force ».

Texte stupéfiant, autant que celui qui est cité dès les premières lignes de ce livre, écrit un quart de siècle plus tôt par un Charles de Gaulle de 15 ans aux yeux duquel la France devrait un jour son salut au « général de Gaulle ». La quarantaine venue, la certitude de la prédestination s'est simplement précisée. Le « maître » ici annoncé, qui d'autre que lui pourrait l'être, en ce temps-là ? Relisez attentivement ces phrases : leur agencement conduit irrésistiblement vers le mixte de soldat et de politique qu'il est le seul capable d'incarner.

Du côté de l'armée, c'est peu de dire qu'il ne situe personne à ce niveau. Du côté du monde politique, qui peut-il imaginer « faisant corps avec l'armée, dévoué à ceux qu'il commande » ? Même quand il rencontrera Paul Reynaud, quelques mois plus tard, il n'en espérera pas tant. Non. « Faute de mieux » pourrait-on dire, ce Louvois-Carnot qu'il convoque là sur le ton d'un héraut d'armes du roi Louis, ce ne peut être que lui. Et lui le sait, même si ses premiers lecteurs, à quelques confidents près, l'ignorent.

Mais *Vers l'armée de métier* ne se borne pas à l'énonciation de ce grand projet technique et stratégique, à la formulation de cette hautaine candidature à l'histoire. La dernière page va plus loin encore : c'est un programme de gouvernement (ou de régime), le manifeste pour un nouveau Consulat :

> « Il n'est point de regroupement, de parti, de consul, qui n'invoque le redressement, l'ordre nouveau, l'autorité. Nul doute qu'à bref délai le jeu des institutions, suivant le mouvement des besoins, n'ouvre le champ aux résolus.
> Si cette refonte nationale devait commencer par l'armée, il n'y aurait rien là que de conforme à l'ordre naturel des choses. Non seulement parce que la force reste plus nécessaire que jamais aux nations qui veulent vivre, mais aussi pour cette raison que le corps militaire est l'expression la plus complète de l'esprit d'une société [...]. Dans le dur travail qui va rajeunir la France, l'armée nouvelle servira de recours et de ferment. Car l'épée est l'axe du monde et la grandeur ne se divise pas. »

Eh bien !... Faut-il que l'opinion publique fût insouciante, ou divertie par les retombées et contrecoups du 6 février, pour qu'en ce printemps 1934 ces phrases fulgurantes se soient perdues dans une sorte d'indifférence. Certes, le double projet militaire — autonomisation des chars, professionnalisation des hommes — a provoqué quelques remous dans le milieu concerné : on y reviendra.

Mais le volet politique du manifeste, le surgissement de l'homme fort flanqué de « messieurs les maîtres », présentés comme « recours et ferment » de la « refonte nationale », voilà qui était de nature à alerter une opinion que les violences du début de l'année avaient mise en état de choc, et que les Ligues — de l'« Action française * » aux « Croix de feu » et des « Jeunesses patriotes » à « Solidarité française » — sollicitaient sans rien leur offrir. Nul d'entre ces zélotes n'avait de guide à imposer. Le vieux chef de l'Action française ne proposait qu'un prétendant rétif à ses idées. Taittinger était un bourgeois grisonnant, La Rocque un velléitaire aux perspectives prudentes, Bucard une brute et Jean Renaud un comparse. Un « maître » se dressait là, si évidemment « dominateur et sûr de lui » que l'un de ses amis du temps s'interrogera très vite sur les chances qu'aurait la classe politique de l'époque de « faire le poids » si un tel homme descendait dans l'arène [9]...

Ne peut-on lire aujourd'hui *Vers l'armée de métier,* plus encore que *le Fil de l'épée,* comme un manifeste d'autoritarisme politique ou de militarisation de la société ? Car il ne s'agit plus seulement de décrire les traits distinctifs du chef ou d'en dresser l'enseigne. Ces « maîtres » rompus à tous les perfectionnements techniques et encadrant une armada de 100 000 hommes, c'est un formidable outil de pouvoir, infiniment supérieur aux « chemises noires » de Mussolini en 1922 et aux « SA » de Roehm en 1933.

Ce « champ ouvert aux résolus », cette offre « de recours et de ferment » fondés sur « l'épée, axe du monde », voilà qui n'était pas de tout repos, écrit au temps où l'« AF » et les « JP » occupaient la rue, où Déat et Doriot commençaient leur dérive du socialisme et du communisme vers le fascisme, où quelques-uns des jeunes gens les plus brillants de l'époque, Bertrand de Jouvenel, Drieu La Rochelle, Paul Marion, entendaient des appels venus du vieux fond antidémocratique français. On peut répondre, comme l'a fait Georges Cattaui, l'un des tout premiers biographes de Charles de Gaulle, que ces « maîtres » ne forment pas une chevalerie, moins encore une « cagoule », mais plutôt une corporation de « compagnons du tour de France » — la référence est explicite dans le livre. Certes. Mais ce terme même de corporation et les souvenirs d'un ouvriérisme romantique et itinérant n'étaient pas faits pour décourager les chefs de file de l'extrême droite.

N'a-t-il tenu qu'à un article de Léon Daudet saluant dans *l'Action française,* l'apparition d'un Connétable digne de « nos quarante rois », le héros attendu par l'« ardente jeunesse de France », ou d'un adoubement de Lyautey séduit, à la veille de sa mort, par cette pensée aristocratique et moderniste (comme la sienne un demi-siècle plus tôt) pour que l'auteur de *Vers l'armée de métier* soit aspiré vers d'autres voies ? Les explosifs qu'il

---

* Qui est à la fois un journal quotidien et une « ligue ».

maniait là, autour d'un projet superbe d'imagination et de promesses, étaient redoutables.

Mais (éclairés que nous sommes par son comportement ultérieur) nous nous garderons de pousser plus loin l'hypothèse. Rappelons que dans *l'Armée de métier,* il est clairement dit que le « renouveau » passerait par « le jeu des institutions », non par leur renversement. Rappelons aussi que nul de ceux qui défiaient alors la République n'a même tenté de s'aboucher avec ce Maître des « Maîtres ». Oubli de leur part ? ou plutôt conscience que ce « chef », si haut qu'il se mette, ou parce qu'il se mettait si haut, n'était pas un faiseur de pronunciamiento ?

Reste la question du titre. La professionnalisation de l'armée de terre est certes un des thèmes majeurs de ce manifeste. Mais la technique qui est à la source, le mouvement qui en serait le résultat, l'aptitude à intervenir en vue d'une diplomatie conforme aux traités et aux responsabilités de la France qui en est la fin dernière, auraient aussi bien pu servir d'enseigne à Charles de Gaulle. Le titre de la traduction anglaise, *The Army of the future,* lui aurait suscité moins de contradicteurs dans ce monde politique qu'il voulait au premier chef alerter.

Avec de Gaulle, il faut toujours tenir compte de ce goût du défi, de cette tentation d'affronter ses supérieurs (hiérarchies internes ou États), qui n'aura cessé de l'aiguillonner. Il sait que, dans le domaine technique, il a des prédécesseurs, et qu'Estienne, Flavigny et Doumenc ont presque tout dit. Il ne peut se contenter d'affiner les trouvailles de ces devanciers ou de les formuler en style cornélien. S'il veut ouvrir une brèche plus profonde, ce n'est pas seulement sur le thème de l'emploi de l'arme qu'il peut le faire, c'est sur celui d'une refonte radicale des structures de l'institution.

Dans l'état de somnolence où est l'armée française (l'épigraphe du dernier chapitre de son livre, « Pour te laver du sommeil », s'il va jusqu'à l'emprunter à un aussi mauvais écrivain que Jean Richepin, c'est pour montrer qu'il ne recule devant aucun clairon pour réveiller la chambrée...), seul un scandale peut être opératoire. Il s'y résout, non sans quelque jubilation de grand carnassier...

Revenons un instant au « pourquoi » de *Vers l'armée de métier.*

A la source de cet investissement total dans la campagne pour les divisions cuirassées, il faut voir, chez de Gaulle, autre chose que le goût du défi et le défi du temps. Il faut voir ce quelque chose de religieux que Charles de Gaulle met ou trouve dans le métier des armes — au moins jusqu'au moment où, en juin 1940, s'ouvrent devant lui des perspectives plus vastes encore, celles de la stratégie planétaire dont les armes ne sont qu'un des atouts.

Le de Gaulle des années trente entrevoit déjà ces horizons : mais il est encore celui qui pense que c'est aux « basques » de l'armée que s'accrochera tôt ou tard un pays en désarroi. Et ce corps militaire n'est pas seulement celui par lequel tout sera reconstruit ou sauvé : il est celui qui est revêtu de l'indéfinissable « mission » qu'ont entrevue Péguy et Psichari.

Témoin ce texte si profondément révélateur de l'état d'esprit du Connétable en ces années-là, extrait d'une lettre au colonel de Ruffray qui venait de publier une plaquette intitulée *le Silence de Douaumont*.

> « ... Le tumulte de notre temps et le nivellement torrentiel de la " nation armée " ne font que rendre plus nécessaire ce rôle spirituel et moral qui est l'esprit de notre métier. Comme l'écrit Psichari : " Nous sommes d'un métal pur ou alors nous ne sommes rien. " Si j'ai lancé dans le monde des idées, et bientôt dans celui des faits, la conception que vous savez, ce n'est pas seulement pour des raisons de pure technique [...]. Il faut que l'armée ait en elle au moins une fraction modèle dont tout le reste recevra le rayonnement [10]. »

Que dire de plus ? Ce qui fera le caractère indispensable et irremplaçable des « Maîtres », ce n'est pas qu'ils seront mieux armés, c'est qu'ils seront des voués, des consacrés, des « parfaits », êtres d'un « métal pur » forgé par une professionnalisation quasi monacale, une cléricature.

12. La croisade

La campagne que déclenche ce livre-manifeste, il faut d'abord la situer dans « l'air du temps », dans la séquence d'événements qui se précipitent, de la saisie de l'Allemagne par les nazis (janvier 1933) au déclenchement de la guerre d'Éthiopie (octobre 1935) et à la remilitarisation de la Rhénanie (mars 1936), dans cet énorme mouvement de tenailles qui va briser la France. Tandis que se déchaîne outre-Rhin la barbarie totalitaire et raciste — incendie du Reichstag, autodafés culturels, « nuit des longs couteaux » (juin 1934), assassinat du chancelier autrichien Dollfuss (août 1934), resurgissement politico-militaire du IIIe Reich — se manifeste le caractère impérialiste et belliqueux du système mussolinien qui culmine en octobre 1935 avec l'entrée en guerre de l'Italie fasciste en Éthiopie.

1934-35-36 : c'est la débâcle de toutes les espérances « briandistes » et pacifistes, la liquidation du système d' « équilibre » européen bâti à Versailles, l'effondrement d'une architecture échafaudée pour enserrer l'Allemagne dans un filet de sécurités et de contrôles et y assurer l'hégémonie de la démocratie : le totalitarisme se dresse, tous masques arrachés, toutes ruses oubliées. Qui pense, écrit ou prend la parole en cette période ne peut ou ne doit penser qu'à lui. Les thèses de Charles de Gaulle, considérées à la fin du xxe siècle, peuvent paraître empreintes de jactance nationaliste, technocratique et militariste. Mais qui se replace en 1934-35 ne peut que se demander comment cet appel d'une Cassandre positive aux mains chargées de solutions fut si peu ou mal entendu par ceux qui avaient en charge la sécurité du pays.

« Sept cents exemplaires du livre furent péniblement débités », signale Lucien Nachin, ajoutant qu'en Allemagne la traduction « s'arracha par milliers » (ce qui est une légère exagération). La presse, pourtant, fut bonne. De Gaulle, sur ce point non plus, ne négligea rien. Sachant déjà qu'on ne fait rien de trop pour conforter la compétence des journalistes, il « fit alliance », dit-il dans ses *Mémoires,* avec l'un des plus influents d'entre eux, André Pironneau, rédacteur en chef de *l'Écho de Paris,* journal nationaliste alors prestigieux et point trop mal vu dans les milieux militaires*. Jouant à fond la « carte Pironneau », le colonel de Gaulle le nantit de toute la documentation nécessaire : et dans les quatre années qui suivirent, cet éditorialiste d'un des journaux parisiens alors les plus

---

* La presse communiste le qualifie alors de « feuille de l'état-major ».

introduits dans les milieux dirigeants plaida près de quarante fois, pièces en main, pour la motorisation et la professionnalisation de l'armée — après avoir chanté les louanges de *l'Armée de métier.*

Mêmes éloges dans *le Journal des débats,* sous la plume du général Duval ; dans *l'Ordre,* signé Émile Buré, qui est alors une des « vaches sacrées » de la presse françaises ; dans *l'Action française,* grâce au colonel Larpent ; d'André Lecomte dans *l'Aube* (avec laquelle le Connétable a fait aussi « alliance », on l'a vu). Voilà déjà un assez bon échantillonnage de presse, de l'extrême droite au centre gauche : seule la gauche militante se tient à l'écart : l'armée « de métier », que voulez-vous...

Le 14 juin 1934, couronnant cette efficace campagne de presse, le plus influent des organes français, *le Temps,* publie un article de Pierre Fervacque (bientôt suivi d'une chronique très favorable du général Baratier). Fervacque, c'est le pseudonyme de Rémy Roure, compagnon de captivité du capitaine de Gaulle à Ingolstadt, qui a eu l'occasion d'entendre et d'apprécier ce prisonnier-conférencier hors du commun. Le billet de Roure-Fervacque est chaleureux, saluant aussi bien les qualités formelles du livre que la nouveauté salutaire de ses propositions. Enfin paraît, dans *la Revue des sciences politiques,* un article tout aussi enthousiaste, encore que le critique y fît quelques réserves sur les pages finales où l'auteur soutient que le corps militaire est « l'expression la plus complète de l'esprit d'une société ».

L'auteur en est un jeune avocat, Jean Auburtin, familier du colonel Mayer. Un dimanche de juin 1934, arrivé le premier à l'une des réunions du boulevard Beauséjour, le jeune homme voit son hôte en conversation avec un officier à la « haute silhouette sombre » qu'il se fait présenter : le lieutenant-colonel de Gaulle. Interrogeant son vieil ami sur l'officier à peine entrevu, il apprend que de Gaulle « vient d'écrire un livre passionnant sur l'armée de métier ». Sans dissimuler qu'il n'approuve pas toutes les conclusions de l'ouvrage, Mayer n'en conseille pas moins chaudement à Auburtin de le lire. Ce qui est bientôt fait, et donne lieu à l'article de *la Revue des sciences politiques.*

La réaction de De Gaulle est intéressante : remerciant son critique, il accueille « sans protester la haute leçon de la fin », ajoutant :

> « Peut-être attribuez-vous à mon culte des armes plus de fureur exclusive qu'il n'en a. Mais c'est fort bien ainsi. Le monde est fait d'idées qui se compensent. Faute de cet équilibre, où irions-nous ? Il faut un frein d'autant plus fort que le char est plus rapide. »

(Cette formule ne résume pas la pensée et les comportements de Charles de Gaulle. Mais les phrases de la péroraison de *l'Armée de métier* non plus...)

Sa bataille de presse, de Gaulle l'a gagnée — sans remuer pour autant l'opinion. Mais son corps à corps avec le monde militaire sera plus décevant encore qu'il l'avait prévu.

Au moment où paraît le livre, les trois hommes clé de la situation, le ministre de la Guerre, le vice-président du Conseil supérieur de la guerre et le chef d'état-major général sont Philippe Pétain, Maxime Weygand et Maurice Gamelin. De la part de Pétain, de plus en plus étroitement chambré par des hommes qui, regardant de Gaulle, ont substitué à leurs courtoises mises en garde de 1926-27 une animosité militante, c'est l'indifférence. Dès lors qu'il n'est plus « l'officier de plume », de Gaulle est sorti du champ de vision de l'Imperator. Peu importent ses vues, s'il ne les présente pas sous l'égide du vieux chef.

Il faudra attendre un an pour que Pétain, qui se contenta d'abord de faire dire autour de lui que « la solution de Gaulle n'est pas mûre », sorte de son silence. Un article de *la Revue des deux mondes* (mars 1935) qui porte sa marque traite avec une apparente objectivité des rapports entre armée traditionnelle et force mécanique : mais c'est pour conclure sans ambages à l'excellence du système en vigueur, et à la nécessité de ne réformer que très prudemment l'appareil défensif français. Coup d'arrêt très net à la « croisade » de Gaulle.

Weygand et Gamelin — qui, comme Pétain, ont su à diverses reprises saluer comme il convenait (on n'accède pas à de tels postes sans acquérir quelque compétence) l'intérêt des armes blindées et l'utilité de les employer de façon autonome — n'ont de cesse qu'ils ne dénoncent la professionnalisation d'une partie de l'armée. Le second fait sèchement connaître son désaccord dans *la Revue politique et parlementaire*. C'est dans *la Revue des deux mondes* que le premier lance ces formules qui seront abondamment reprises dans les cercles militaires : « ... Une armée d'élite ou de choc, composée de soldats de métier, richement dotée de matériel moderne (implique) une armée de second choix (qui) aurait vite fait de décliner moralement et matériellement à l'état de milice. Non, à aucun prix deux armées ! »

C'est l'époque où, à l'issue d'une séance du Conseil supérieur de la guerre dont il assume le secrétariat, à l'Élysée, de Gaulle s'entend interpeller ainsi par le général Maurin, ministre de la Guerre : « Adieu de Gaulle ! Là où je serai, vous n'aurez plus votre place ! » Et à ses voisins, le général jette : « Je l'enverrai en Corse *... »

Mais dans le même temps, hors des frontières, les thèses de l'auteur de *l'Armée de métier* étaient étudiées avec attention, et d'abord en Allemagne. Philippe Barrès raconte que, visitant en avril 1934 l'Allemagne en voie de nazification, il entendit dans l'entourage d'Hitler, d'abord Joachim von Ribbentrop, puis le chef du corps blindé des Sections d'assaut, Huhenlein, vanter les écrits de Charles de Gaulle. « Que devient mon grand collègue français ? » demande Huhenlein à Barrès, qui ignore jusqu'à ce nom [1].

En Union soviétique, *Vers l'armée de métier* n'a pas échappé à l'attention de l'ancien camarade de captivité du Connétable, Mikhaïl Toukhatchevski.

---

* Charles de Gaulle entretiendra d'excellentes relations avec les fils, tous deux généraux, de son ministre de l'époque. Le second, Philippe, sera même membre de son cabinet à l'Élysée.

Devenu entre-temps maréchal et chef d'état-major de l'Armée rouge, il l'a fait traduire en hâte à cinq mille exemplaires, et en fera compliment trois ans plus tard au colonel de Gaulle, lors d'une visite officielle à Paris : la dernière avant son procès et son exécution.

En Angleterre, l'auteur de *Vers l'armée de métier* jouit, dans les années qui précédèrent la guerre, d'un prestige attesté lors de l'hommage rendu à la Chambre des communes, le 10 novembre 1970, par le député conservateur Robert Hugh Turton :

« La première fois que j'ai entendu parler du général de Gaulle, c'était quand je servais sous les ordres du général Martell, qui commandait la 50ᵉ division et qui était alors le plus grand spécialiste des blindés en Grande-Bretagne. Il avait l'habitude de parler de " ce Charles de Gaulle " à qui il écrivait souvent et qui, à ses yeux, était le plus grand théoricien de la tactique des formations blindées qui existât alors en Europe. »

Mais quand de Gaulle, commandant la 4ᵉ division cuirassée en mai 1940, vit placer sous ses ordres la 5ᵉ division blindée britannique, aucun des officiers de cette grande unité, pas même son chef le général Fortune, n'avait entendu parler de lui — nous précisa M. Hettier de Boislambert alors officier de liaison entre les deux corps motorisés[2].

En France, cependant, rien ne bouge.

« La pâte militaire est lourde à soulever ! » confie alors de Gaulle à Auburtin. Mais le vrai problème n'est pas là. Pour mettre en œuvre le grand projet, il faut d'abord obtenir la révision des lois de 1927 qui corsètent le corps militaire dans ses traditions fondées sur le nombre et l'immobilité, et dont les auteurs sont Painlevé, Pétain et Debeney. En régime parlementaire, cette révision est d'ordre politique : et de Gaulle fait valoir à Auburtin que les deux seuls hommes qui aient donné à la France le « système adéquat aux nécessités de l'heure » n'étaient pas des généraux : c'étaient Carnot et Thiers. La campagne de presse s'étant avérée fructueuse, la bataille militaire étant perdue, reste à jouer la troisième manche, la politique.

Qui serait ce Carnot, ce Thiers — étant bien entendu que l'heure du « Louvois qu'il faut à la République », de ce « maître... faisant corps avec l'armée » annoncé dans *l'Armée de métier,* n'était pas venue ? On a évoqué les quelques hommes politiques dont le Connétable avait observé qu'ils portaient intérêt aux questions de défense, et y manifestaient quelque compétence. Daladier étant étroitement circonvenu par l'état-major en place — il avait prononcé en juin 1934 à la Chambre un discours si conforme à ses vues que Gamelin tenait la question pour close — André Tardieu et Paul-Boncour semblaient s'imposer. Mais le premier, homme fort du cabinet Doumergue-Pétain de février 1934, ne voudrait pas s'opposer au maréchal. Le second restait trop démocrate à l'ancienne pour n'être pas de prime abord effarouché par la formule d'armée de métier. Alors Auburtin lança le nom de Paul Reynaud, qu'il avait connu au Palais.

C'était un petit homme (1,60 mètre) sec comme un sarment, au visage et à l'œil plissés — masque de samouraï éduqué à Cambridge — la tête petite plantée entre les épaules comme si le Créateur avait donné un coup de marteau de trop, la voix nasale, coupante, métallique, avec quelque chose de mécanique dans la démarche, les gestes et même l'argumentation. Issu d'une famille modeste de Barcelonnette, il avait d'autant plus vite imposé au barreau de Paris son éloquence sèche et documentée qu'il était devenu le gendre du grand « patron » de l'époque, Me Henri-Robert.

Député des Basses-Alpes dans la Chambre « bleu horizon » de 1919, élu à Paris en 1928, trois fois ministre depuis 1930, il était, à 56 ans, l'un des trois ou quatre « ténors » du Parlement et passait pour en être le meilleur expert en matière économique et financière (ce qui, à l'époque, ne menait pas très loin...). Son nom était, en 1934, lié à l'idée de dévaluation dont il s'est fait le très éloquent promoteur.

Les problèmes militaires ne semblaient guère avoir retenu son attention, bien qu'il eût, dès 1924, publié dans *la Revue hebdomadaire* un article réclamant la formation d'une « armée offensive conforme aux besoins de notre politique étrangère » : l'un des thèmes majeurs de *Vers l'armée de métier*

Cet homme politique qui siégeait à droite de l'Assemblée avait nettement pris position en faveur de la signature d'un pacte avec Moscou et contre toute concession à Hitler et au fascisme. Positions plus voisines de celles du colonel de Gaulle que de celles de ses amis politiques : Tardieu se ralliera à partir de 1934 à l'« apaisement » vis-à-vis du fascisme et restera irréductiblement hostile au « pacte » avec l'URSS ; Flandin, plus lucide jusqu'en 1936, se résignera après la capitulation des démocrates face au coup de force hitlérien en Rhénanie et applaudira Munich, en attendant de se retrouver ministre à Vichy.

Cette originalité courageuse de Reynaud lui valait un traitement très particulier au Palais-Bourbon. Chaque fois qu'il intervenait, le silence régnait sur les bancs de la droite où ne le soutenait que son vieil ami Joseph Laniel*. Tous les autres restaient de glace, le soutien ne venant que de quelques travées de gauche[3]. Mais il semblait n'avoir cure de cet isolement parmi les siens. Esprit indépendant féru d'originalité, orateur prestigieux, il n'était vraiment lié à aucune coterie qui pût freiner son action, et personne n'avait jamais douté de son courage.

En quête de l'homme capable de prendre « l'initiative hardie » consistant à bouleverser de fond en comble l'appareil militaire français pour le rendre opérationnel face à la menace totalitaire et aux côtés de ses amis, de Gaulle et Auburtin tombent d'accord : « ... Paul Reynaud serait cet homme [...]. Tout notoire qu'il fût, Reynaud paraissait avoir son avenir devant lui. » Pourquoi pas celui du corps cuirassé ?

Jean Auburtin amorce le dialogue en allant porter à Reynaud un

---

* Qui sera en 1943 membre du Conseil national de la Résistance, et en 1953 président du Conseil.

exemplaire dédicacé de *Vers l'armée de métier*. Il est bien reçu, mais s'entend dire que l'emploi du temps du député de Paris ne saurait se plier à une entrée en campagne sur un thème qu'il connaît mal. Il n'est même pas membre, à la Chambre, de la Commission de l'armée... Voyez plutôt un membre de cette commission, fait Reynaud : et les voilà tous deux, raconte Auburtin, penchés sur l'annuaire du Palais-Bourbon, à la recherche du croisé adéquat. Visiblement, nul ne fait l'affaire. Alors Reynaud promet de reconsidérer son attitude : en attendant, il lira le livre.

Huit jours ne s'étaient pas écoulés que Paul Reynaud « me téléphonait son enthousiasme [4] », écrit Auburtin, en m'exprimant son désir de rencontrer de Gaulle. Le rendez-vous est pris pour le 5 décembre 1934, chez Paul Reynaud, rue Brémontier. Auburtin n'ayant pu s'y rendre, aucun récit détaillé n'a été publié de ce tête-à-tête décisif. A la page 13 de ses *Mémoires,* Charles de Gaulle se contente de ce résumé dans le ton césarien « Je le vis, le convainquis, et désormais travaillai avec lui. »

Paul Reynaud est un peu plus loquace. Il évoque l'entrée dans son bureau d'un « haut lieutenant-colonel de chasseurs à pied [à la] tranquille assurance [...] le regard des yeux bruns profondément enchâssé dans les orbites...

— Je vais vous trouver quelqu'un, dis-je.

— Inutile. J'ai déjà cherché. Ce sera vous ou personne..

— Je vous écoute...

... Il parlait sur un ton uni, avec une voix d'une douceur surprenante dans ce grand corps, tendant en avant la pointe de son visage... On le sentait pénétré d'une évidence irrésistible [5]... »

C'est alors qu'intervient un personnage clé, qui ne sortira plus de scène et restera, jusqu'aux derniers jours (et, doit-on dire, après...) le compagnon le plus constant et peut-être le plus efficace de l'auteur de *l'Armée de métier* : Gaston Palewski. Ancien membre de l'entourage du maréchal Lyautey, au Maroc, il est devenu, à 33 ans, l'un des plus proches collaborateurs de Reynaud. Il raconte pour sa part l'épisode de façon un peu différente :

« C'était à la fin de l'été 1934. J'ouvre *le Temps* où, sous un " pavé " signé Fervacque (le pseudonyme de Rémy Roure) est publié un texte extrait de *Vers l'armée de métier,* stupéfiant par la forme comme par le fond. J'ai voulu aussitôt connaître l'auteur d'un si remarquable travail. J'ai pris contact, au secrétariat général de la Défense nationale où il travaillait me dit-on, avec un de ses collègues, un marin*, dont je vis aussitôt le visage se fermer : " C'est un drôle de type ! " Bon. Je travaillais alors pour Paul Reynaud et son groupe politique. Je lui en parle et il me dit : " Justement, j'ai rendez-vous avec lui demain. Venez. "

« Le lendemain vers 11 heures, dans l'antichambre du bureau de Paul Reynaud, rue Brémontier, un entresol, je me trouve nez à nez avec un officier si grand que sa tête touche presque le plafond. Reynaud, étant occupé, me dit de commencer à parler avec son hôte. L'entretien commencé à deux, poursuivi à trois, n'a cessé que plusieurs heures plus tard, après que

---

* Probablement le contre-amiral Blétry.

le commandant de Gaulle m'eut entraîné déjeuner dans un mauvais restaurant qu'il avait choisi, le Poccardi des Boulevards. A la fin de cette après-midi-là, j'étais décidé à mettre désormais tout ce que je pouvais posséder d'influence ou de relations au service des projets de cet homme.

« Un seul, un unique sujet le possédait : l'arme blindée, le corps cuirassé mobile, à la fois comme instrument de la défense du territoire national et comme moyen de faire honneur à nos alliances. Que signifiaient des engagements avec la " petite entente " si, enfermés derrière nos fortifications, nous ne voulions ni ne pouvions bouger en vue de secourir nos alliés ou de faire pression sur les agresseurs ?

« Passionné de diplomatie plutôt que de technique militaire, j'ai donné beaucoup d'importance à ce dernier argument, mais il faut avoir en tête que de Gaulle parlait d'abord en militaire, et que la géopolitique n'était alors, dans ses propos, qu'un argument à l'appui des autres. Le grand débat en ce domaine avait alors trait au pacte franco-soviétique. Fallait-il ou non s'y engager ? Oui, pensait de Gaulle, ici en accord avec Weygand qui, en dépit de ses convictions idéologiques, était en faveur du pacte.

« Comment vous décrire l'impression que me fit alors Charles de Gaulle ? Si remarquables que soient les hommes pour lesquels j'avais déjà travaillé — à commencer par Lyautey au Maroc — il m'a paru au-dessus des autres. Il y a trois personnages que j'ai, d'emblée, souhaité servir ou en tout cas aider : de Gaulle, Jean Monnet et Eirik Labonne *. Mais de Gaulle bien à part. Tout ce qu'il disait était d'une originalité, d'une force incomparables. Au cours de l'une de nos premières conversations, une idée a traversé mon esprit, fugitivement : que si des hommes comme cela voulaient se consacrer à la politique, que pèseraient face à eux les professionnels du Parlement ? Mais je ne m'y suis pas arrêté : pas à l'époque en tout cas !

« Nous nous sommes liés d'autant plus immédiatement que Paul Reynaud, partant en vacances à Barcelonnette peu après notre première rencontre, nous avait chargés de rédiger en commun un texte polémique contre les tenants de l'immobilisme groupés autour de Pétain. Travaillant d'arrache-pied sur ce thème, nous sommes très vite devenus amis. Ce qu'il faut bien comprendre, c'est que de Gaulle, alors, est un pur militaire, un homme strictement voué à une idée qui peut avoir des prolongements ou des implications politiques et dont le succès ne va pas sans une forme d'action en ce domaine, mais un homme qui n'a, de toute évidence, aucune ambition de ce type, aucune arrière-pensée. Il n'a pas et n'aura pas avant la guerre ce qu'on appelait alors le " pied parisien ", un réseau de relations mondaines, une coterie. Rien à voir avec le maréchal Lyautey par exemple, superbe personnage de théâtre et très conscient de l'être, sur lequel il ne songe nullement à prendre modèle.

« Il est alors totalement voué à un projet bien précis et dont rien ne

---

* Diplomate, résident général au Maroc en 1945-1947, « inventeur » du pétrole saharien, qui a marqué tous ceux qui l'ont approché et qui fut peut-être le seul homme de sa génération, en France, à pouvoir être comparé à de Gaulle — auquel il se rallia après avoir télégraphié d'Ankara, où il était ambassadeur, un appel à la résistance, le 17 juin 1940...

saurait le distraire, ni sa carrière ni les obstacles. L'amitié qui se noue alors entre nous vient de ce que j'entre totalement dans sa " croisade " : car c'est à un croisé, à un prêcheur qu'il me fait alors penser. Nous ne parlions jamais de politique — sauf sous l'angle qui l'intéressait, celui des appuis possibles en vue de sa campagne. Le maurrassisme ? Il n'en était infecté ni de près ni de loin. Il lisait l'*AF* comme tout le monde ou presque, pour l'extrême intérêt des articles qui y paraissaient, mais sans en subir l'influence...

« Quelles étaient alors nos relations ? On disait autour de moi qu'il etait mon " protégé "... Quand on connaît l'homme, la puissance de sa personnalité qui éclatait déjà à tous les yeux, c'est risible ! Je crois pouvoir parler d' " affection " entre nous. De Paul Reynaud à lui, c'était un peu différent. Il faut se rappeler ce qu'était Reynaud à l'époque, un personnage considérable, le seul homme éminent de la Chambre avec Blum. Entre eux, il y avait de l'estime. Et, de la part de De Gaulle, une reconnaissance que je sais très sincère : il était seul, sachant les obstacles, à pouvoir mesurer le courage lucide dont faisait preuve Reynaud en s'engageant dans une pareille bataille.

« Il faut bien avoir à l'esprit l'hostilité du monde militaire au projet que présentait de Gaulle. Toute l'armée, oui, toute l'armée était contre l'emploi massif et autonome des blindés. Personne n'était contre les chars, en tant qu'arme d'accompagnement, que partie d'un ensemble. Mais tout le monde était contre les chars comme fondement et instrument d'une stratégie originale. L'animateur de la campagne anti-de Gaulle était un certain colonel Stehlé, directeur de l'infanterie — dont dépendaient les chars. Les idées de De Gaulle triomphant, il les aurait perdus, ses chars *...

« La campagne pour les chars, nous la menions avec tous les moyens imaginables. Le noyau dur de la résistance à notre effort, c'était Daladier, ou tout au moins son entourage du ministère de la Guerre. Quand j'ai voulu contourner l'obstacle en gagnant les socialistes à notre cause [...] Daladier, furieux, dit de moi : " Il conspire avec mes colonels... " »

Douze jours après son premier entretien avec Paul Reynaud, l'auteur de *Vers l'armée de métier* lui adresse la première d'une longue série de lettres — dont 62, entre 1934 et 1939, seront consacrées à la croisade désormais commune [6]. Dans ce premier message, de Gaulle se contente de fournir à Reynaud des renseignements complémentaires sur les modalités de réalisation du grand projet et de lui signaler les articles hostiles à l'armée de métier que publie alors dans *le Populaire* Léon Blum — qui est d'ailleurs, compte tenu de leur opposition idéologique, l'ami de Reynaud.

La seconde lettre, du 14 janvier 1935, est beaucoup plus intéressante. Le lieutenant-colonel de Gaulle donne à son correspondant la composition des trois premières *Panzerdivisionen* déjà mises sur pied par le IIIe Reich (trois

---

* En fait, endoctriné par Nachin, Stehlé devait nuancer progressivement son attitude.

autres seront formées dans les deux années suivantes) alors qu'il n'y a en France « aucun commencement sérieux de réalisation », observe que « cette carte c'est le Reich qui la joue » et conclut en exprimant « la douleur que peut ressentir un officier qui, ayant trouvé pour son pays un plan de salut, voit ce plan appliqué intégralement par l'ennemi éventuel [7] »...

Et le 14 mars, le Connétable pousse plus loin sa botte, signale qu'au Parlement, l'intérêt pour les armes nouvelles se manifeste de façons de plus en plus diverses et lance à son interlocuteur cette adjuration :

> « Encadré à gauche aussi bien qu'à droite, il y a pour un homme d'État de votre autorité et de votre avenir une occasion magnifique d'intervenir... et de dégager pour le pays cette politique militaire nouvelle (dont la formule technique est d'ailleurs toute trouvée [8])... »

En envoyant ainsi son nouvel allié à l'assaut de la citadelle conservatrice, Charles de Gaulle, pour une fois, ne précède pas l'événement : Paul Reynaud est inscrit dans le grand débat de politique générale au cours duquel doivent être abordés, notamment par Léon Blum, les problèmes de défense nationale. Quand Reynaud monte à la tribune — le lieutenant-colonel de Gaulle s'est assis dans les travées réservées au public — la grande majorité des députés pense qu'il va aborder la question de la défense sous l'angle du financement. Mais après une homélie assez banale en faveur de la paix et du désarmement, le petit homme entre dans le vif du sujet : et sa voix coupante, nasale, lance dans l'hémicycle des mots qui font l'effet d'autant de balles :

« L'Allemagne de M. Hitler [...] forme une jeunesse fanatisée, exaltée par tous les moyens de la publicité moderne, une jeunesse à qui l'on enseigne que, s'il n'y a plus d'espoir dans la paix, il y a peut-être encore un espoir dans la guerre... [...] Notre organisation militaire peut-elle suffire aux besoins d'une Europe complètement transformée ? Non, messieurs. Pourquoi ? Parce que la guerre est un duel où l'assaillant, seul, choisit ses armes. [...]

« Le problème français, du point de vue militaire, est de créer un corps spécialisé propre à des répliques aussi foudroyantes que l'attaque, car si l'assailli n'a pas des ripostes aussi rapides que l'assaillant, tout est perdu. Ce corps de manœuvre nous est, au surplus, imposé par notre politique étrangère. *Il faut avoir l'armée de sa politique.* Est-ce que, par hasard, nous aurions abandonné la politique d'assistance et de pactes ? Voulons-nous changer de politique — ce qui est notre droit — et laisser M. Hitler se promener de long en large en Europe ?... »

Le Connétable est enchanté. Dès le lendemain, il écrit à celui qu'à l'état-major, on appelle déjà « le phonographe de De Gaulle » :

« Monsieur le Ministre,

Je n'ai pas manqué d'aller vous entendre hier soir et j'ai été enthousiasmé de votre intervention, qui a produit, manifestement, une impression profonde [9]... »

Il faut s'arrêter un instant ici à cette correspondance de Gaulle-Reynaud, parce qu'elle pose au lecteur une question de fond : celle des relations qu'entretient Charles de Gaulle avec les détenteurs d'une forme quelconque de pouvoir. On n'a pas relevé au passage telle ou telle des expressions utilisées par de Gaulle dans sa correspondance avec le maréchal : d'un officier jeune à ce vieillard couvert de gloire, les « dévouements », les « respects » et les « fidélités » n'avaient rien que de traditionnel et les textes mêmes de dédicaces comme celles du *Fil de l'épée* obéissaient à des convenances établies. Il en va autrement avec Paul Reynaud.

Certes, il s'agit d'un homme de premier plan, et auquel — Palewski le souligne bien — de Gaulle doit beaucoup : utile à sa carrière parlementaire et conforme à ses convictions, son engagement dans la « croisade » comportait des risques, qu'il a assumés avec courage et talent. Le Connétable était-il tenu pour autant à ces révérences dignes du parc de Versailles au temps de ce Louvois qu'il révère, et que sa morgue faisait haïr ?

> « ... Il n'y a pas le moindre doute qu'un proche avenir ménage à votre politique et à votre personnalité un triomphe proportionné à leur valeur et à leur courage... » (2 décembre 1935).
> « Les grands esprits, disait Vauvenargues, ne doivent attendre le succès que de grandes idées, de grandes actions et de rien d'autre. Vous êtes la démonstration vivante et éclatante de cette devise... » (3 décembre 1935).

On est souvent très près de l'obséquiosité. Mais le ricanement, ici, est vain. De Gaulle est cet homme « possédé » par une idée unique qu'ont décrit plus haut Palewski et Auburtin. Que coûtent quelques courbettes face à un homme dont il a décelé, en même temps que la valeur, la vanité, si c'est pour faire prévaloir des vues qui ouvriraient la voie au salut national ? Cynisme ? Peut-être. Quand, à des fins supérieures, ne recourrait-on qu'à ce type de moyens-là, le monde n'en serait pas blessé autant qu'il l'est par d'autres...

Le choix qu'il a fait, le lieutenant-colonel de Gaulle l'avait expliqué un jour de 1935, au cours d'une réunion chez son ami Georges-Picot, en présence de leur collègue de l'École de guerre Loustaunau-Lacau qui plaidait pour une « réforme urgente de l'État » comme une condition de sa survie :

> « On ne peut réformer l'État actuel, riposte de Gaulle. Il est ce qu'il est. Ma solution consiste à lier partie avec un homme politique d'envergure susceptible d'être appelé à la direction des affaires, à lui faire comprendre les conceptions militaires modernes, à lui servir de conseiller technique. Le jour où cet homme politique parviendra au pouvoir, il y entraînera son conseiller militaire qui pourra alors faire prévaloir ses vues [10]... »

Ce qu'il exprime plus clairement encore dans une lettre à Paul Reynaud du 3 août 1936 : « ... Le jour n'est pas loin où il faudra bien que le pays se tourne vers nous... mais vous ne ferez de politique nouvelle qu'avec un gouvernement d'hommes nouveaux. »

Stratégie réaliste fondée sur le légalisme. Un légalisme républicain qui éloigne chaque jour davantage le lieutenant-colonel de Gaulle des courants de la droite monarchiste et autoritaire. Est-ce parce qu'il baigne maintenant dans le milieu politique, et que, compte tenu des rebuffades qu'il a dû encaisser, il y a croisé des personnalités vigoureuses et ouvertes au débat ? On ne dispose pas de ses « carnets » de ce temps-là, mais on peut gager qu'on y trouverait moins de citations de Bainville, et davantage de Clemenceau. Dans l'une des lettres laudatrices à Reynaud à propos du *Problème militaire français,* surgit une comparaison entre son correspondant et Jaurès, dont est loué l' « archet superbe »...

L'opération Reynaud est donc bien lancée, et un nouveau débat parlementaire étant prévu pour juin, de Gaulle se prépare à lui donner impulsion et munitions. Comme il l'écrit dans ses *Mémoires,* il croit bon « que la mélodie [soit] jouée sur des instruments divers [11] ». Reynaud étant tenu pour un homme de droite, en dépit des injures dont l'extrême droite abreuve ce « belliciste » qui se mêle de dénoncer le péril nazi et de plaider pour un pacte avec l'URSS, comme Jean Le Cour Grandmaison, député conservateur, ancien officier de marine qui, à l'exemple des Anglais, assimilait l'emploi des chars à celui des croiseurs de bataille, il faut tenter de faire « donner » la gauche, dont la méfiance viscérale à l'égard d'une armée de métier pourrait céder devant les arguments que développent les « croisés » en faveur de la sécurité collective et de la réduction des effectifs appelés. Deux thèmes « démocratiques » s'il en est.

Le plus prestigieux des parlementaires de gauche, Léon Blum, peut être tenu pour irrécupérable : il vient de publier dans *le Populaire* (novembre-décembre 1934) une série d'article : « Soldats de métier et armée de métier », « Vers l'armée de métier », « A bas l'armée de métier », qui exprimaient parfaitement le point de vue du plus fidèle des disciples de Jaurès. Publiant en 1910 *l'Armée nouvelle,* l'unificateur du socialisme plaidait, au contraire du Connétable, pour la déprofessionnalisation de l'armée et pour une popularisation massive de la défense. Pour Blum comme pour Jaurès, créer une armée professionnelle était prendre le risque de susciter une force prétorienne, une armée de coup d'État.

Idéologue socialiste, Blum est aussi un homme soucieux de vérité. Au cours du grand débat du 15 mars, il a écouté Reynaud, qu'il admire, avec une attention passionnée. Dans ses *Mémoires* il évoque ces instants : « C'est à moi que Paul Reynaud dédia le passage le plus pressant de son discours, celui où il assurait que les divisions préconisées par le colonel de Gaulle étaient, par excellence, l'instrument de la sécurité collective. » Et ses voisins entendirent alors Blum murmurer : « Sur ce point, il a raison ! » Alors ? Alors la doctrine est là, tables de la loi de la SFIO : armée du peuple et désarmement. Blum ne se laissera convaincre par de Gaulle que trop tard, en janvier 1940 : on y reviendra.

Mais la gauche parlementaire ne se réduit pas à un homme. Auburtin prononce d'autres noms, ceux d'hommes que préoccupent les affaires militaires et qui, dans leurs fonctions ou les commissions auxquelles ils appartiennent, manifestent des compétences : Marcel Déat, futur ministre de l'Air, Léo Lagrange, jeune député SFIO attentif aux questions de défense, Pierre-Olivier Lapie, plus jeune encore parlementaire « républicain-socialiste », membre de la Commission de l'air, Philippe Serre, avec lequel de Gaulle se souvient avoir collaboré en vue de l'enquête de *l'Aube*, et quelques notables supposés bienveillants, Paul-Boncour, l'ancien président Millerand, alors sénateur, et Raymond Patenôtre, augure du centre gauche.

La plus intéressante des tentatives de recrutement que déclencha le colonel de Gaulle fut celle qui visa Marcel Déat. Bien qu'il ait quitté la SFIO depuis l'automne 1933, le leader des « néo-socialistes » reste, deux ans plus tard, classé « à gauche ». A 40 ans, c'est une des figures du Parlement, et chacun voit en lui l'un des hommes de l'avenir. Visage mongol, regard nocturne, trapu, anguleux, attaché à sa terre, c'est un philosophe de l'action, un vigoureux dialecticien : le type d'hommes qui peuvent séduire de Gaulle. Il a peu écrit sur les questions militaires, mais a publié en 1931, dans *la Vie socialiste,* un article qui a attiré l'attention du colonel Mayer : il y étudiait en effet les moyens d'organiser le contrôle du développement de l'arme chimique. Sous son impulsion, le même journal venait, en avril 1935, de rendre hommage aux propositions formulées par Paul Reynaud à la tribune de la Chambre, et de se rallier à l'idée d'un « corps de manœuvre fortement outillé et servi par quelques dizaines de milliers de spécialistes (aptes) à jouer le rôle d'une force de police internationale [12] »...

Est-ce après avoir lu cet article ? Le 3 avril, de Gaulle écrit à Auburtin en vue du débat prévu en juin à la Chambre : « ... Ce serait un atout de premier ordre qu'une intervention de M. Déat, qui se conjuguerait à gauche avec celle de M. Paul Reynaud à droite. »

De ce que, Reynaud mis à part, Déat fut l'homme qui capta l'attention de De Gaulle, un témoignage intéressant, est donné par un autre de ces alliés du Connétable, Pierre-Olivier Lapie. Jeune député de Meurthe-et-Moselle, inscrit au groupe de l'Union socialiste et républicaine (que Paul-Boncour a fondée en quittant la SFIO* en 1932), membre de la Commission de l'air, Lapie est invité au début de 1936 par Jean Auburtin à un dîner chez sa mère qui a ouvert, dit-il, la « cantine » de l'armée de métier... Déat, ministre de l'Air (dans le cabinet Sarraut) est le héros du jour. De Gaulle et lui ne se quittent pas. Impossible d'approcher l'homme de *l'Armée de métier.* Lapie qui était venu avec un projet précis se retire, un peu dépité [13].

Et c'est aussi le point de vue de Philippe Serre, lui aussi député de Lorraine qui joua, nous le verrons, un rôle considérable dans cette campagne et nous disait en 1966 : « De tous les participants à la " croisade " pour les chars, c'est Déat qui intéressait le plus de Gaulle. C'est sur lui qu'il tablait surtout. » Ainsi, le 13 novembre 1937, de Gaulle écrivait encore à Auburtin, à propos de Marcel Déat qui venait de lui envoyer son livre *le*

* Dont il reste très proche.

Front populaire au tournant : c'est « un grand talent et une grande valeur. C'est de quoi on lui en veut. Mais, patience, je crois qu'on le verra remonter, et aller très haut [14] ».

Autre allié du Connétable, et le plus fermement ancré à gauche : Léo Lagrange. Avant de devenir le ministre des Sports et des Loisirs du cabinet Léon Blum, il est secrétaire de la Commission de l'armée au Palais-Bourbon, et dénonce la « position pacifiste » de beaucoup de ses camarades de la SFIO et plus précisément du groupe « Révolution constructive ». Au cours du deuxième semestre de 1935 on verra à diverses reprises le colonel de Gaulle grimper l'escalier de l'appartement du 3, quai Malaquais où Lagrange et sa femme Madeleine l'accueillent avec chaleur [15].

Dix ans plus tard, de Gaulle adressera un hommage public à ce « représentant du peuple ouvrant son esprit et portant son labeur et son éloquence aux fraternelles idées [16] ». Mais s'il était loisible à Lagrange, au sein de la SFIO, de se dresser contre un certain pacifisme, celui qui s'exprimait à propos de l'affaire d'Espagne et de Munich, il ne fut pas autorisé à plaider longtemps pour *l'Armée de métier :* Blum poussait très loin la tolérance aux idées des autres, sauf pour ce qui avait trait à la doctrine jauressienne ! Et Paul Faure, secrétaire général et comme tel mainteneur de la discipline, était munichois...

Charles de Gaulle ne saurait embrigader que de jeunes recrues. Tous ses rabatteurs s'y mettent : Auburtin d'un côté, Nachin ou Répessé d'un autre, Mayer d'un troisième font donner leurs relations jusque chez les grands notables de l'État. Le 12 avril, Auburtin est chargé d'aller porter chez Paul-Boncour un exemplaire dédicacé de *l'Armée de métier* et l'article que de Gaulle vient de donner à *la Revue hebdomadaire* (janvier 1935) où il a mis ses chiffres à jour*. Le promoteur du plan de 1932 avait d'abord réagi défavorablement à l'idée de la professionnalisation de l'armée, rapporte Auburtin mais, dans ses *Mémoires*, de Gaulle assure qu'il se déclare alors « favorable à la réforme ». En novembre 1936, il rendit cette approbation publique.

Quelques semaines plus tard, c'est en direction de l'ancien président Millerand, resté un augure du Sénat, que le Connétable jette son filet. Le 8 juin 1935, il écrit à Auburtin qu'il est sorti de chez lui « avec l'impression d'avoir rencontré un homme d'État de très grande classe [17]... Ce sont des choses qu'on n'écrit pas sans se savoir compris par son interlocuteur. Et à la même époque, les « croisés » s'emploient à recruter le très influent Raymond Patenôtre, qui, d'un banc situé au centre gauche, fait et défait portefeuilles et cabinets, et « tient » plusieurs journaux : son appui semble acquis.

Mais de Gaulle — qui continue tous les matins à gagner ponctuellement son bureau des Invalides où ses voisins le tiennent chaque jour davantage pour un « drôle de type » — s'en voudrait de limiter sa campagne aux seuls

---

* Il ne sait pas que cette revue est en train de passer sous le contrôle de l'ambassade italienne...

terrains du Parlement et de la presse. En mai 1934, bien que de plus en plus éloigné des thèses et positions de *l'Action française* *, il a accepté de prendre à nouveau la parole au cercle Fustel de Coulanges pour y défendre son armée de métier, que Daudet et Maurras considéraient d'un œil soupçonneux : Reynaud n'en était-il pas l'avocat ? Puis, cédant aux instances d'Émile Mayer, il accompagne son vieil ami au Club du faubourg, pittoresque repaire de pacifistes barbus, d'anticléricaux sonores et de non-conformistes anarchisants. Où ne faut-il pas aller pour prêcher une croisade !

Salles de rédaction, cercles littéraires, clubs... le lieutenant-colonel de Gaulle ne néglige pas davantage les salons — ceux au moins où il peut trouver l'occasion de parler « armée de métier ». Dans le livre qu'il lui a consacré, Robert Aron évoque une soirée chez Daniel Halévy, ces fameux samedis du quai de l'Horloge où se retrouvaient entre autres les membres et sympathisants d' « Ordre nouveau ** » groupe dont il était l'un des fondateurs avec Arnaud Dandieu, Denis de Rougemont, Daniel-Rops, Alexandre Marc, Jean Chauveau et Albert Ollivier ***.

« Un homme de haute stature est debout, isolé de l'assistance. Ne se mêlant pas aux propos, étranger aux hypothèses qu'échange cette réunion d'intellectuels sur l'avenir de notre pays [...] il se dresse comme la statue du commandeur, impassible, marmoréen, monolithique, annonçant le châtiment et tentant d'indiquer encore le seul chemin du salut... » Robert Aron complète cette évocation par le témoignage d'un membre du groupe absent de la soirée chez Daniel Halévy, auquel il avait confié quelques jours plus tard à quel point ce colonel de Gaulle l'avait « impressionné par une ampleur de vues extrêmement rare ». Sur le plan social, au demeurant, ses idées lui paraissaient si fort « en avance sur ses contemporains » qu'il avait conclu : « Si jamais cet homme devenait quelque chose en France, nos idées viendraient au pouvoir [18]. »

Le 7 mars 1936, Cassandre pourrait triompher, au moins sur le plan technique. Le coup d'audace d'Hitler, qui, en réoccupant sans coup férir la Rhénanie, a exactement réalisé cette « prise de gage » dont le Connétable faisait une des missions spécifiques de l'armée professionnelle, donne raison avec éclat aux thèses des « croisés » : la stratégie des fortifications voue la France à l'impuissance. On ne se défend contre l'agression que par la contre-attaque et le mouvement.

Tout n'était-il pas inéluctable, et Hitler n'était-il pas assuré de l'impunité, sauf à se lancer dans une agression directe dès lors que le gouvernement

* Ne serait-ce que parce que l'organe monarchiste est orienté, sur le plan militaire, par Weygand.
** Groupe d'orientation moderniste et progressiste contemporain d'*Esprit* (fondé par Mounier en 1932).
*** Les deux derniers deviendront de fervents gaullistes, proches collaborateurs du général.

français avait déclaré, par la voix de son ministre de la Guerre, le général Maurin, le 15 mars précédent : « Quand nous avons consacré tant d'efforts à construire une barrière fortifiée, croit-on que nous serions assez fous pour aller, en avant de cette barrière, à je ne sais quelle aventure ? »

De Gaulle se garde de tonitruer dans la presse. Sa réaction, on ne la connaît que par une lettre à Jean Auburtin [19] où il précise simplement :

> « L' " acte hostile " du 7 mars a montré quelle méthode va suivre désormais la force pour accomplir son œuvre : surprise, brutalité, vitesse. Un peuple qui veut vivre doit donc non seulement s'assurer de la part des autres des garanties de secours (assistance mutuelle) mais encore organiser sa propre force, de manière à pouvoir *réagir* dans les mêmes conditions que l'agresseur *agira*. Or, nous n'en avons pas les moyens. »

Les moyens ! Les responsables ne tentèrent même pas d'assurer qu'ils allaient essayer de rattraper le temps perdu afin de n'être plus pris au dépourvu. Le chef du gouvernement, M. Albert Sarraut ayant proclamé le 7 mars que « la France ne laisserait pas Strasbourg exposé au feu des canons allemands * » jugea son devoir ainsi accompli et s'en tint là... La passivité de l'opinion, la pusillanimité de la majorité des ministres, l'indifférence de Londres conduisirent vite au renoncement général — quand on sait maintenant qu'une riposte rapide eût provoqué l'effondrement du IIIe Reich.

Le coup du 7 mars fait apparaître avec éclat que l'homme qui vient en trois ans de domestiquer l'Allemagne en y déchaînant la terreur raciste, en égorgeant ses premiers fidèles et en emplissant les prisons et les camps, s'apprête à soumettre l'Europe entière au même traitement — et que la France, terrée derrière son mur, se contentera d'attendre l'écrasement de ses alliés de l'Est avant de subir l'assaut final. Faut-il s'y résigner une fois pour toutes ?

Sous le choc que vient d'infliger Hitler à qui se donne la peine de regarder, sinon de réfléchir, une évolution se dessine. Lors d'une séance du Conseil supérieur de la guerre, le général Gamelin, inflexible dans son rejet des thèses du colonel de Gaulle qu'évoque devant lui un ministre, lance enfin un appel à la création d'une force blindée : « Il nous faut, dit-il, des unités cuirassées Hitler dispose désormais de trois Panzerdivisionen. Pour vaincre désormais il nous faut mieux que les Panzer. » Mais la majorité des membres du Conseil se prononce contre un tel effort...

Deux mois plus tard survient la victoire du Front populaire. Quelques allusions mises à part, aucun élément de la correspondance de Charles de Gaulle publiée dans les *Lettres, Notes et Carnets* ne nous éclaire sur ce que fut sa réaction à cet événement capital, non plus qu'au conflit espagnol... Une courte lettre du 3 mai à Paul Reynaud se résume à des félicitations au « phonographe » pour sa victoire personnelle à Paris, mais elle n'est

---

* Phrase rédigée par René Massigli, et qui dans son esprit impliquait une action que seuls deux ministres, Paul-Boncour et Mandel, réclamèrent.

accompagnée d'aucun commentaire sur ce qui vient de s'accomplir par ailleurs, et qui est tout de même plus important. Une lettre à un familier tendrait à montrer que la défaite d'une droite qu'il connaît bien, et dont il a pu apprécier depuis quelques années ce que sont devenus le patriotisme et la lucidité, ne le bouleverse pas, et qu'il trouve au succès de la gauche des raisons qui ne l'effarouchent point.

Mais du point de vue de son projet, les perspectives n'en sont pas éclairées : à Matignon s'installe Léon Blum, qui s'y est déclaré hostile ; au ministère de la Guerre, Daladier, qui n'y est guère plus favorable. Et son allié privilégié, Paul Reynaud, est rejeté dans une opposition qui (fût-elle « constructive ») ne contribue pas à son efficacité parlementaire. De Gaulle avait bien fait de penser à se couvrir à gauche. Mais ni Paul-Boncour ni Déat n'entrent dans le cabinet. Léo Lagrange y est confiné aux Sports, et Philippe Serre attendra des mois avant d'y avoir accès.

Il se trouve pourtant que le gouvernement de Front populaire va être le premier depuis de longues années à tenter d'adapter la politique militaire de la France aux urgences de la situation. Tout simplement parce que la majorité de ses chefs, à commencer par Léon Blum, a commencé à prendre conscience de la gravité du péril, du caractère inéluctable de l'épreuve de force que, de défi en défi, Hitler impose à l'Europe.

Pour les hommes qui accèdent au pouvoir en mai 1936 dans une tourmente où achève de faire naufrage la sécurité collective, et qui seront bientôt giflés en pleine figure par le soulèvement militaire espagnol soutenu et armé les deux puissances de l'Axe, la question n'est pas de savoir s'il faudra un jour se battre, mais quand il faudra le faire. Ce qui explique la piteuse politique de « non-intervention » en Espagne, qui ne vise qu'à gagner du temps en vue de rattraper quelque peu du terrain perdu sur Hitler en matière d'armement, et à ne pas dilapider outre-Pyrénées des armes dont le besoin se fera bientôt sentir...

Le programme de réarmement lancé pendant l'été 1936, dit « des 14 milliards », dépasse de 40 % les demandes de l'état-major. Il est bientôt complété par des constructions navales qui portent l'effort financier à 20 milliards. L'ensemble de ces projets, étalé en principe sur quatre ans, devait doubler le potentiel de défense français entre 1936 et 1940 (c'est au printemps 40 que Léon Blum situait le déclenchement probable de l'offensive de l'Axe). Ces chiffres, produits en 1942 devant la Cour de Riom, conduiront à l'interruption précipitée du procès intenté par Vichy à Blum et Daladier.

Le lieutenant-colonel de Gaulle, de son poste d'observation du SGDN, est un témoin privilégié du développement de cette politique d'armement. Il constate que le « plan des 14 milliards » (il avait évalué le coût de « son » projet à 2 milliards) prévoit la fabrication de 3 000 chars (de quoi équiper 50 bataillons de chars légers et 12 de chars lourds) d'ici à avril 1940 : il n'en réclamait que le tiers pour former son corps cuirassé... Mais il constate aussi que les prévisions d'emploi n'ont pas changé : la nouvelle « Instruction pour l'emploi tactique des grandes unités » continue de placer les chars sous l'autorité des commandements des divisions d'infanterie. Voués à un savant « saupoudrage » des unités, ces atouts maîtres perdront leur vertu offensive. L'effort imposant consenti par le nouveau gouvernement mériterait un autre traitement de la part des « spécialistes »...

Ce chef de gouvernement socialiste qui, éloquent adversaire de l'armée de métier en décembre 1934, a paru ébranlé par certains arguments de Paul Reynaud, le 15 mars 1935, n'a-t-il pas pris à ce point conscience du danger qu'il pourrait peut-être se laisser convaincre de la nécessité d'une réorientation de l'emploi des blindés ? Émile Mayer dont le gendre, Paul Grunebaum-Ballin, est l'un des intimes de Blum, obtient pour son ami un rendez-vous avec le président du Conseil. Le 14 octobre 1936, voici Charles de Gaulle à l'hôtel Matignon, pour le face-à-face des deux personnages les plus noblement antithétiques de la France contemporaine — face-à-face qui a fait l'objet, de part et d'autre, de comptes rendus d'autant plus savoureux que légèrement discordants.

Lisons d'abord les *Mémoires* de Léon Blum :

« Je vis entrer avec une aisance calme, et même placide, un homme dont la taille, la largeur, la carrure avaient quelque chose de gigantesque [...]. On sentait en lui, au premier contact, un homme " tout d'une pièce " [...]. Il l'était dans sa personne physique, que chacun de ses mouvements semblait déplacer sans frottement, tout entière. Il l'était dans son " comportement " moral. L'homme qui se présentait ainsi, qui me dévisageait si tranquillement, qui me parlait de sa voix lente et mesurée, ne pouvait de toute évidence être occupé à la fois que par une idée, une croyance, mais alors il devait s'y abandonner absolument, sans que rien d'autre entrât dans la balance... Clemenceau est le type extrême de ces tempéraments que [...] rien ne peut détourner [...] d'agir parce que l'action représente pour eux une nécessité vitale [20]... »

Charles de Gaulle (dont les *Mémoires* paraissent en 1954, quatre ans après la mort de son interlocuteur) donne de l'affaire une tout autre version. Blum, auteur d'un *Stendhal,* tire de la rencontre un portrait romanesque. De Gaulle, amateur de Corneille en fait une scène de tragédie. Il prend soin d'abord de rappeler que l'entrevue a lieu le jour même où le roi des Belges a proclamé sa décision de revenir à la neutralité en donnant cet argument : « Étant donné les possibilités des forces mécaniques modernes, nous serions seuls, en tout état de cause. » Formidable argument en faveur des thèses du Connétable, aussi formidable que l'opération nazie en Rhénanie, six mois plus tôt...

« Avec chaleur, Léon Blum m'assura de l'intérêt qu'il portait à mes idées, écrit l'auteur des *Mémoires de guerre.* " Pourtant, lui dis-je, vous les avez combattues. — On change d'optique, répondit-il, quand on devient chef de gouvernement. " Nous parlâmes d'abord de ce qui se passerait si, comme il fallait le prévoir, Hitler marchait sur Vienne, sur Prague et sur Varsovie... »

Pour de Gaulle, pas de doute : la France assisterait passivement à l'asservissement de l'Europe.

Comment, fait Blum, envoyer un corps expéditionnaire en Europe orientale ? Notre objectif, riposte de Gaulle, devrait être alors non la Vistule, mais le Rhin : « Mais, souligne-t-il amèrement, notre actuel système nous interdit de bouger. Au contraire, le corps cuirassé nous y déterminerait. N'est-il pas vrai qu'un gouvernement peut trouver quelque soulagement à se sentir orienté d'avance * ? » Léon Blum en convient, mais objecte qu'Hitler n'aura rien fait tant qu'il n'aura pas abattu la France. Et il insiste : « Notre système, mal conformé pour l'attaque, est excellent pour la défense. »

Le Connétable le nie avec force. Soulignant la signification que revêt la défection du roi des Belges, il rappelle qu'il n'y avait déjà plus, en 1918, de front inviolable. Que dire alors à une époque où chars et avions ont fait les progrès que l'on sait... Et il décrit la brèche ouverte, la ruée, l'impossibilité d'agir avec le même type d'armes... Au chef du gouvernement qui fait valoir que le plan de redressement de la défense implique la construction de milliers de chars et d'avions, le visiteur riposte que ces chars, les Renault et les Hotchkiss, lents, lourds et peu armés, ne serviraient qu'à l'accompagnement de l'infanterie.

« Nous allons dépenser, précise-t-il, autant d'argent qu'il en faudrait pour l'armée mécanique, et nous n'aurons pas cette armée... » Et comme Léon Blum objecte que les options du gouvernement sont celles que les spécialistes militaires ont fait prévaloir, Charles de Gaulle (le mémorialiste, en tout cas quinze ans plus tard) rétorque en assénant à son hôte cette formule intensément gaullienne : « Permettez-moi de penser que la Défense nationale incombe au gouvernement[21]. »

Vaine plaidoirie. Le Connétable apprend bientôt que « le président du Conseil, quoique frappé par notre entretien, n'ébranlera pas les colonnes du temple » : le plan prévu sera appliqué sans délai, avant cette réorientation fondamentale qui aurait enfin donné à la France la force de « dissuasion » ou en tout cas de contrecoup sans laquelle la vague nazie pourra déferler sans être brisée.

Une chance encore ? Un grand débat consacré aux problèmes de défense est prévu pour le mois de janvier 1937. Le 27, Paul Reynaud monte une fois encore à la tribune pour développer sa plaidoirie en faveur du corps cuirassé. « Magnifique ! lui écrit de Gaulle le lendemain, tout le monde en parle ! » (c'est lui qui a rédigé le texte...) Mais cette fois, ce n'est pas le « phonographe » qui polarise l'attention de l'hémicycle, c'est un jeune député venu des marches de l'est, Philippe Serre, membre du petit groupe de la « Jeune République ».

Né avec le siècle, entré à l'Assemblée nationale en 1933 à l'occasion d'une élection partielle à Briey où, candidat du Front populaire il a triomphé du porte-parole des grands sidérurgistes, Philippe Serre est l'un des jeunes élus les plus doués de la Chambre, et chacun lui prédit une carrière ministérielle. Élu des Lorrains, il est tout naturellement orienté vers l'étude des questions militaires. Avant même d'avoir eu connaissance des idées de Charles de

---

* Léger dérapage vers la doctrine *a priori*...

Gaulle, il a manifesté son intérêt pour une armée de métier. Aussi son ami André Lecomte, démocrate-chrétien qui a donné à de Gaulle l'occasion de s'exprimer dans *l'Aube* et gardé des contacts avec lui, organise-t-il une rencontre entre le colonel et le jeune député de Briey.

« Je fus immédiatement subjugué par ce que j'appellerai son côté olympien, par une autorité, une maîtrise, une éloquence qui s'imposaient aussitôt. Il parlait avec une sorte de majesté, comme quelqu'un qui se sent investi d'une haute mission. Sitôt qu'il abordait " son " sujet, il était irrésistible. C'était l'homme d'une seule idée. Nous nous sommes rencontrés souvent. Je ne l'ai jamais entendu m'entreprendre sur autre chose que sur son " grand dessein ". Il en était littéralement possédé [22]... »

Point de vue qui recoupe presque mot pour mot celui de Gaston Palewski — et de façon d'autant plus significative que les relations entre de Gaulle et Serre ne sont pas restées aussi amicales que celles de l'homme du 18 juin et de l'ancien collaborateur de Reynaud*. En tout cas, séduit par ce « possédé », Philippe Serre s'offre aussitôt à plaider, « du point de vue de la gauche », pour les thèses de *Vers l'armée de métier*.

Intervention remarquable, qui renouvelle ingénieusement l'argumentation gaullienne. Rendant hommage au précurseur qu'était Henry de Jouvenel, auteur d'une brochure intitulée *Plus d'armées, des polices!*, Philippe Serre démontrait qu'en dépit des réserves officielles de principe, la professionnalisation de l'armée ne cessait de progresser, ne serait-ce que par la création, sur l'initiative d'Édouard Daladier et malgré l'opposition de l'état-major, de douze régiments de forteresse, « armée de métier de la garde de la frontière », puis par celle d'une division légère mécanique où la proportion de « spécialistes » était passée de 20 % en 1933 à 50 % en 1936... Que serait-ce quand on créerait enfin des divisions mécaniques « lourdes » ?

Il faut, plaidait Philippe Serre, que la France soit « protégée par deux remparts : la ligne rigide du béton, la ligne souple de l'acier. Si jamais, sous une pression irrésistible, la première cède sur un point, la seconde viendra instantanément s'adapter à elle pour combler cette fissure ». Et c'est alors que le député de Briey produisait l'argument qui devait toucher la gauche :

« Pourquoi la France, défendue par une double armée de métier, celle des fortifications et celle des divisions blindées, ne pourrait-elle pas donner à l'ensemble de la nation la structure militaire que Jaurès a si longtemps réclamée ? » « Je prie la gauche de méditer ce problème : à l'ombre de l'armée de métier, " l'armée nouvelle " peut rapidement devenir une réalité ; sans l'armée de métier, elle restera toujours une aspiration et un rêve. » *(Applaudissement sur divers bancs de la gauche.)*

Philippe Serre, démocrate de gauche attaché à la sécurité collective n'oubliait naturellement pas de mettre l'accent sur les préoccupations de respect des alliances : « Puisque, d'une part, la France doit, pour sa vie même, contribuer au maintien du statut territorial de l'Europe, puisque,

---

* Après 1944, Philippe Serre attendit un signe de l'homme qu'il avait ainsi soutenu, ne voulant pas se présenter en solliciteur. Rien ne vint...

d'autre part, notre peuple n'accepte plus de lancer sur les champs du monde l'armée des fils, des époux et des frères, l'armée qui est le sang de la nation, l'armée charnelle, en un mot, il est nécessaire, pour résoudre cette contradiction poignante de donner à la nation une armée qui deviendra l'armée de sa politique internationale [...]. Cette armée, vous le sentez comme moi, ne peut être que l'armée professionnelle, l'armée de métier. »

L'effet produit sur la Chambre fut si profond qu'Édouard Daladier, ministre « de la défense de l'état-major », crut bon d'intervenir avec véhémence, arguant contre Serre du « manque de spécialistes » et assurant qu'en dépit des arguments « d'une jeune école militaire que je regarde avec sympathie car je ne suis pas un fanatique du conformisme » (allusion évidente à de Gaulle) « rien ne serait plus dangereux que de vouloir jouer le sort de la patrie sur le destin d'un corps de spécialistes ».

La messe est dite. Le député de la Jeune République pourra bien tenter de revenir à la charge deux jours plus tard, trouver une péroraison plus brillante encore en assurant que son système de double protection — béton plus acier — non seulement conforterait la défense nationale, mais permettrait de « réaliser, dans l'ordre intérieur, une œuvre de réconciliation qui ne sera pas sans grandeur, puisque vous unirez, dans une seule force de défense nationale, l'armée de Louvois et l'armée de Jaurès », le dernier mot restera à Daladier et aux gros bataillons...

L'intervention de Philippe Serre a produit sur de Gaulle une impression si forte qu'il écrit le lendemain au député de la Jeune République pour le féliciter de ce « magnifique discours... [dont la] perfection dans le fond et dans la forme [...] a porté si fort que Daladier a dû intervenir, comme il ne l'a fait pour personne [23] »... L'émotion du Connétable est telle qu'à la fin de sa lettre, exprimant son « admiration » à Philippe Serre, il lui donne soudain du « Monsieur le Ministre » — anticipant de six mois sur une promotion qui n'était alors que vraisemblable. Mais on sait que Charles de Gaulle a toujours été enclin à la prophétie...

Trois mois plus tard, le prêcheur de la « croisade » déclenche une nouvelle opération : la publication, sous la signature de Paul Reynaud, du *Problème militaire français* où sont ramassés tous les arguments développés depuis trois ans, d'article en discours, par de Gaulle et ses compagnons. « Cet ouvrage doit plus à de Gaulle qu'à moi », écrit Reynaud dans ses *Mémoires* [24], avec une modestie qui ne lui est pas coutumière. A vrai dire, le livre n'est pas fameux : il tomba à plat.

Tout de même, quelques progrès sont faits. Dans une lettre à Paul Reynaud du 7 octobre 1936, le Connétable, parlant de « la bonne volonté latente mais ignorante de la Chambre [25] », lui a annoncé la création de la 1re division blindée au printemps 1937. Et le 20 mai 1937, d'une lettre du général Hering reçue par Reynaud et qui conforte leurs vues communes, de Gaulle tire cette conclusion : « ... Il faut que nous soyons près de la victoire pour que le Conseil supérieur de la guerre commence à confesser sa foi... » Il sait pourtant que cette approbation du général Hering n'est pas un ralliement, l'ancien directeur de l'École supérieure de guerre — si fidèle qu'il fût au maréchal Pétain — étant depuis longtemps favorable à l'autonomisation du corps cuirassé.

Mais c'est précisément de Pétain que va venir l'ultime coup d'arrêt. Ancien professeur « de fortification » à l'École de guerre (où il a bien noté de Gaulle) le général Chauvineau publie en 1938 un livre intitulé *Une invasion est-elle encore possible?* où, collectionnant tous les lieux communs des adversaires de la guerre de mouvement, ce chef militaire assure que « la faillite des chars est éclatante », que « contre le front continu, l'attaque motorisée mordra la poussière » et que « les grandes unités cuirassées appartiennent au domaine du rêve * ».

Le maréchal juge digne de sa réputation et utile à la défense du pays d'accorder à ce factum dérisoire le label d'une préface signée de son nom. Et s'il se garde de formuler des pronostics aussi ridicules que son confrère et fait même observer qu' « il semble que les possibilités techniques des chars et les possibilités de commandement des divisions cuirassées n'aient pas été étudiées d'une façon suffisante », il signe ces phrases définitives :

« ... Le barrage mortel qui s'oppose au passage des chars existe : c'est l'obstacle des mines associé au feu des armes antichars. Que deviendra une offensive de divisions cuirassées si elle se heurtait à des divisions de même nature, mais postées et ayant tendu d'avance en quelques heures, sur un champ de bataille de leur choix, un plan de feu antichars associé à des obstacles naturels renforcés par des champs de mines ? » A quoi de Gaulle avait beau jeu de riposter : encore faut-il que ces « divisions de même nature », on les ait !

Cette thèse, calquée sur celle du « compartiment de terrain » chère au colonel Moyrand, le maréchal devait la reprendre sous une forme plus imagée à l'adresse d'un interlocuteur qui s'inquiétait de l'interruption de la ligne Maginot à l'ouest des Ardennes. N'était-ce pas une brèche dans le dispositif, par où risquait de s'engouffrer l'assaillant? « La forêt des Ardennes est impénétrable, et si les Allemands avaient l'imprudence de s'y engager, nous les repincerions à la sortie ! »

On sait ce qui advint, en ces lieux, le 13 mai 1940.

Le coup d'arrêt décisif que l'Imperator donne ainsi aux croisés de *l'Armée de métier* manque de peu de se répercuter sur la carrière du lieutenant-colonel de Gaulle : il constate avec fureur, à l'automne 1936, qu'il n'est pas inscrit au « tableau d'avancement » où auraient dû l'imposer son talent et ses notes. Mais il faut bien convenir que pour éminent qu'il soit, cet officier est en lutte ouverte, depuis trois ans, contre les thèses officielles de l'état-major. Attitude qui n'aurait pas été tolérée dans l'armée britannique, écrit Bernard Ledwidge [26]. Qu'il ait à en pâtir n'est pas très surprenant.

De Gaulle refusa de se résigner. Fallait-il payer du prix de sa carrière le crime d'avoir raison? Il fit intervenir sans vergogne son ami Reynaud, lequel s'en ouvrit à Daladier. La réponse du ministre de la Guerre fut un

---

* Le III⁰ Reich en a déjà mis quatre sur pied, qui viennent de stupéfier les observateurs de la dernière grande « parade » de Berlin...

écho aux propos de son état-major : « De Gaulle est peut-être très fort, mais il n'a pas les états de service suffisants pour passer colonel à cet âge... »

Ses états de service ? L'homme de *l'Armée de métier* bondit, et transmit sur-le-champ ses « notes » à Reynaud, qui s'en revint trouver Daladier : trois blessures, cinq évasions, les risques pris de Dinant à Varsovie et de Verdun aux avant-postes du Sandjack d'Alexandrette... « On ne m'avait pas informé de cela... », fait Daladier, très ennuyé. Le directeur de son cabinet, le général Bourret, prit sur lui d'inscrire de Gaulle au tableau d'avancement.

Charles de Gaulle n'est pas homme à se laisser écarter de la voie royale par bonhomie ou dédain des intrigues, comme son vieil ami Émile Mayer. I croit assez ardemment à cette mission qu'il s'est donnée pour ne pas dédaigner la brigue. Quand on a fait le « pied de grue » dans les salles de rédaction des journaux pour être écouté par un scribouillard, pourquoi ne ferait-on pas jouer ses amitiés politiques afin de se faire rendre justice ?

La « croisade » lui aura valu bien des peines, avanies, rebuffades et rancunes : il ferait beau voir qu'elle fût en outre un handicap à sa carrière.

13. Le régiment

« Jamais je n'oublierai ce spectacle : 80 chars de 12 à 20 tonnes débouchèrent à " plein tube " sur la place d'Armes de Metz, dans un bruit de tonnerre, précédés par le tank " Austerlitz " d'où émergeait le colonel de Gaulle, casqué, dressé dans une attitude hiératique. La foule, d'abord frappée de stupeur, éclata en applaudissements[1]... »

Trente ans plus tard, Jean Auburtin en restait tremblant d'émotion, ajoutant que rien ne pouvait alors exalter son enthousiasme de confident et d'auxiliaire du colonel de Gaulle mieux que l'aigreur massive qui suintait de l'état-major alentour, dominé par un personnage de haute stature aux moustaches héroïques, dressé sur la tribune de Metz comme un bronze de Barbedienne sur la cheminée d'une salle à manger de notaire : le général de corps d'armée Henri Giraud, gouverneur militaire de la ville, flanqué d'un petit homme trapu, l'air bougon sous le feutre défensif : Édouard Daladier, ministre de la Guerre.

Le psychodrame motorisé qui se déroule ainsi, ce 24 novembre 1937, dans une ville qui symbolise le destin militaire de la France et où se concentrent alors mieux qu'en aucune autre les angoisses de la collectivité nationale, la détermination de quelques-uns et l'aveuglement suicidaire de beaucoup d'autres, a des allures de revanche. Face aux officiers qui auront tout fait pour lui barrer la route, Connétable en quête de cuirasse, face au ministre qui n'a cessé de balancer entre une doctrine qu'il ne peut s'empêcher de juger salutaire et des groupes de pression auxquels il n'ose pas opposer le pouvoir dont il dispose, Charles de Gaulle lance un pétaradant défi. Mais si son goût du « prestige » en est comblé, sa lucidité l'a dès longtemps mis en garde : ce ne sont plus là que moulinets et fantasias, tolérés par les prépondérants parce qu'ils ont, contre lui, gagné la partie...

Pour en arriver à ce triomphe de façade, que de traverses encore ! L'inscription au tableau d'avancement pour l'automne 1937 qu'il a arrachée de si âpre lutte est censée lui ouvrir les portes d'un commandement de régiment dans l'arme dont il s'est fait, depuis quatre ans, l'avocat le plus véhément. Mais les chars dépendent toujours, on l'a vu, de la direction de l'infanterie, sur laquelle règne sans partage le colonel Stehlé. Ce vieux camarade de Nachin serait disposé à réviser son jugement à propos de l'auteur de *Vers l'armée de métier* si celui-ci ne prétendait pas lui arracher la haute main sur l'arme blindée. Très bien, ce de Gaulle, pourvu qu'il reste dans ma mouvance !

Mais le véritable obstacle à la nomination du Connétable est, auprès de Stehlé, l'officier qui dirige la section « chars » : le lieutenant-colonel Perré, vieux spécialiste qui a pris part aux premières opérations de blindés en 1917-1918. C'est l'anti-de Gaulle. « L'homme ne manquait pas d'étoffe, écrit J.-F. Perrette, qui l'a bien connu. Intelligent, cultivé, [animé d'] une ambition personnelle forcenée... jouisseur, violent, partial et jalousement vindicatif, il savait... être adroit auprès des autorités... Il incarnait l'antithèse du " chef " tel que de Gaulle l'avait dépeint[2]... »

Mais, souligne Perrette, la principale contradiction entre de Gaulle et Perré concernait l'emploi des chars, le second « collant » sans nuance à la doctrine officielle qui vouait les blindés au soutien de l'infanterie. On imagine le type de relations qui s'étaient nouées entre le flamboyant visionnaire du « char papier » et le vieux praticien du « char métal », et l'ardeur que mit Perré à servir la carrière de son rival...

Comme pour attiser la flamme de leurs sentiments adverses, tous deux avaient été simultanément promus colonels en décembre 1937. Un seul régiment de chars était « disponible » : le 507e, basé à Metz. Placé où il était, Perré semblait assuré de l'emporter : ce fut de Gaulle qui l'obtint. Personne n'a jamais expliqué pourquoi, et à l'issue de quelle négociation (avec Reynaud?), Daladier et Gamelin donnèrent le pas à l'hérétique sur l'orthodoxe. Pour enfermer de Gaulle dans une structure existante, et lui donner l'occasion de mesurer ainsi ses limites et celles de ses idées? Parce qu'ils étaient assez lucides pour donner sa chance au génie? Ou parce que le véritable avenir, dans leur esprit, était du côté du régiment qui fut confié à Perré, le 8e zouaves, encore peu blindé, mais que l'on préparait et équipait secrètement à Mourmelon en vue d'en faire le noyau d'une division cuirassée expérimentale[3]?

Bref, Charles de Gaulle est nommé (par intérim) à la tête du 507e RCC le 13 juillet 1937. Il en prend au début de septembre le commandement effectif, qui sera confirmé le 24 décembre lors de sa promotion au grade de « colonel plein ». Entre-temps, il a pris un premier contact avec les blindés, en se faisant présenter une unité de chars légers à Satory, puis en effectuant un stage au 501e régiment cuirassé et à l'école des chars de Versailles. Ainsi, le prophète a-t-il enfin commencé de se colleter avec le réel, tandis qu'alentour les bonnes âmes font des gorges chaudes, les uns murmurant : « Pas trop tôt ! », et les autres : « Ses ailes de géant l'empêchent de marcher... !... »

Avant de le voir aux prises avec ce « moteur combattant » auquel il a voulu souder son destin et celui de la France, il serait bon de considérer la vision du monde qu'a le nouveau colonel et les circonstances où s'engage la partie. On convoquera à la barre, pour ce faire, un bon témoin, Jacques Vendroux, évoquant un souvenir de juillet 1937, peu de temps avant que

Charles de Gaulle ne quittât le SGDN pour prendre son commandement à Metz.

Passant ses vacances en famille à Pralognan, Vendroux reçoit un appel téléphonique de Brides-les-Bains : son beau-frère le colonel, en tournée d'inspection des défenses de la frontière italienne avec le général Gamelin, lui propose de finir la journée ensemble. Cet entretien impromptu est l'occasion pour de Gaulle de confidences surprenantes. « Sont-ce là nos dernières vacances heureuses ? » fait-il, beaucoup plus pessimiste que ne l'a jamais vu son beau-frère. Il prophétise soudain que le territoire national sera une fois de plus envahi et ajoute que quelques jours peuvent suffire pour atteindre Paris, qu'il faudra ensuite repartir de la Bretagne ou des massifs montagneux, voire de l'Algérie, et lutter pendant de longs mois, avec nos Alliés, afin d'assurer une victoire finale [4]...

Mais que représente en 1937 « le moteur combattant », au moment où de Gaulle « passe à l'acte » ? Quelle place occupe-t-il dans les conceptions globales de l'état-major et des cadres les plus responsables de l'armée française ? On fera appel, ici encore, à un témoin très crédible : Georges Buis. Alors lieutenant au 509e régiment de chars de Maubeuge, l'auteur des *Fanfares perdues* garde un piètre souvenir de l'estime où était tenue, dans les cercles dirigeants de l'armée, cette arme blindée où il avait choisi de servir avant même d'avoir lu *Vers l'armée de métier*.

Il se voit encore instructeur au camp de Sissonne, par lequel passaient les réservistes à former en tous domaines. Lors des réunions de travail qui précédaient ou suivaient les exercices, chaque arme était représentée par un colonel. Lui, simple lieutenant, était chargé de décrire la mission des chars. Un général l'interpelle : « Lors du dernier exercice, qu'avez-vous fait ? — Une simple progression de 300 mètres, avec l'infanterie. On pourrait... — Non, non ! On fera la même chose [5]... »

Au même Georges Buis, devenu son plus proche collaborateur au Levant en 1941, le général Catroux confiait que, chargé d'organiser les grandes manœuvres de 1937 alors qu'il commandait le corps d'armée de Nancy, il avait eu à expérimenter une compagnie de chars B, les premiers engins lourds modernes, qui mettaient la France en avant de la technologie de l'époque. Demandant à l'état-major quelle était la doctrine d'emploi de ces géants, il s'était entendu répondre qu'il n'y en avait aucune, que « ces chars ne servaient pratiquement à rien, qu'ils n'existaient que pour satisfaire l'opinion publique et un certain courant d'idées dans l'armée [6]... ».

Cela, de Gaulle le sait, aussi bien qu'il connaît les progrès foudroyants des *Panzer* qu'équipe et exhibe sans retenue le IIIe Reich. C'est donc un homme sans illusion qui débarque le 5 septembre 1937 à la gare de Metz où s'exprime si puissamment le génie constructif allemand. Il s'installe dans un appartement confortable, au n° 1 de la rue de la Vacquinière, et prend à bras-le-corps ce commandement qu'il a si passionnément désiré.

Le 507e RCC est formé de deux bataillons, l'un de chars « légers » R 35 Renault de 12 tonnes, convenablement blindés, armés d'un canon de 37 et d'une mitrailleuse, mais dotés d'une faible capacité de franchissement et dont la progression est donc souvent ralentie * ; l'autre, de chars « moyens » D 2 (également construits chez Renault) de 20 tonnes, fortement blindés (40 millimètres d'acier laminé), armés d'un canon de 47 et de deux mitrailleuses, beaucoup plus aptes aux franchissements et servis par trois hommes. En tout, une centaine de « moteurs combattants », honorable parcelle de cette masse cuirassée de 3 000 chars dont il veut faire, depuis quatre ans, le fer de lance de la stratégie française.

Sur les sentiments qu'il éprouve à manier enfin cet embryon de *l'Armée de métier*, nous disposons de lettres fort éloquentes, adressées pendant les premiers mois de son séjour lorrain à trois de ses interlocuteurs préférés — Reynaud, Auburtin et Mayer. Toutes sont des cris de victoire, où un esprit malin décèlerait peut-être un peu de surprise : celle du théoricien qui, expérimentant son invention, s'écrie : « Ça marche ! » avec l'exaltation d'un Icare embarqué sur Concorde...

A Paul Reynaud, le 15 octobre :

> « ... Ayant à employer moi-même directement ce matériel et le personnel qui le sert, et me trouvant dans une garnison où les occasions de manœuvres sont continuelles [...], il m'est donné d'étudier par en bas tout justement les problèmes que nous avons chez vous, Monsieur le Ministre, souvent considérés d'en haut. De ce point de vue très différent, j'en arrive exactement aux mêmes conclusions auxquelles nous avions abouti [...]. Voyant les choses par en bas, je constate aujourd'hui ceci : le char moderne est un fait énorme. *Il faut [le] voir évoluer, tirer, écraser, parmi les gens à pied, à cheval ou en voiture, pour comprendre que son apparition est une révolution dans la forme et l'art de la guerre[7]*... »

A Jean Auburtin, le 13 novembre :

> « ... Pour moi, je suis dans les chars jusqu'au cou, et cela marche. Le 11 novembre, j'ai sorti et fait défiler sur l'Esplanade 6 chars modernes qui ont fait une impression considérable. On annonce pour le 23 (?) une visite à Metz de Daladier. Dans ce cas, on lui offrirait le même spectacle, bien mérité, puisque en toute justice c'est à lui avant tout que nous devons d'avoir maintenant un certain nombre de chars modernes. Vous devriez venir voir cela **... »

A Émile Mayer, à la fin de l'année :

> « Après quelques expériences de détail, je me trouve plus convaincu que jamais du bien-fondé des idées que j'ai essayé de répandre et qui, hélas ! ont jusqu'à présent été entendues par les Allemands beaucoup plus volontiers que par mes compatriotes. La manœuvre, l'attaque ne peuvent plus être demandées sur terre qu'à des chars. L'âge de l'infanterie est terminé, sauf comme arme défensive. L'artillerie garde sa valeur relative, mais c'est à l'appui des chars qu'il lui faut désormais s'employer avant tout. Il reste à le reconnaître, puis à organiser l'armée française en conséquence, en constituant un instrument de manœuvre et de choc à base de chars : c'est-à-dire un " corps cuirassé "[8]. »

---

* Fort maniables en tout cas : l'auteur peut témoigner que n'importe quel détenteur du permis de conduire pouvait les piloter en terrain labouré.

** C'est le « spectacle » dont Jean Auburtin rend compte au début de ce chapitre.

Si passionnément qu'il s'investisse dans son rôle de chef de corps, Charles de Gaulle n'est pas le prisonnier de sa citadelle lorraine. On le voit encore assez souvent à Paris, où il garde le contact avec Reynaud et Palewski aussi bien qu'avec Mayer et Nachin, Jean Auburtin faisant la liaison entre ces deux équipes. Si « la cause » ne progresse guère, la réputation personnelle du Connétable grandit. Le directeur d'une grande collection que publie l'un des plus importants éditeurs parisiens lui demande un livre : ce n'est plus lui qui vient en solliciteur *.

C'est au cours de l'un de ces séjours parisiens qu'il retrouve une vieille connaissance : Mikhaïl Toukhatchevski, ci-devant détenu au fort IX d'Ingolstadt, devenu maréchal et chef d'état-major de l'Armée rouge. Au cours d'un dîner des « anciens du fort IX », le colonel dîne au côté du maréchal, qui rend hommage à ses travaux sur les chars [9]. Le visiteur signale à ses hôtes que la Guépéou le surveille de près [10]. Six mois plus tard, il sera fusillé.

A Metz, qui est tout de même le centre de sa vie, il ne s'enferme pas dans son cantonnement. Beaucoup plus qu'à Trèves, il reçoit rue de la Vacquinière ceux qui lui semblent dignes d'être mobilisés pour la « cause » — fonctionnaires, parlementaires, journalistes, amis parisiens. Et La Boisserie n'est pas loin, où Yvonne de Gaulle s'évade quand elle peut, y conduisant le plus souvent possible la petite Anne. En 1938, il écrira plusieurs lettres à son épouse pour organiser les allées et venues du groupe familial entre Paris — où Philippe et Élisabeth font leurs études — Colombey et Metz. Dans une de ces lettres, le colonel, parlant des enfants, écrit « les Babies » — anglicisme qui sonne bizarrement sous sa plume [11].

On l'appelle alors le « colonel Motor ». Les tankistes du « 507 » apprennent à connaître ce terrible chef de corps que les chasseurs de Trèves, fussent-ils revenus à la vie civile, n'ont pas oublié ! Évoquant « l'idée que l'on se faisait alors à Metz de la vie du 507 », le général Huard la résume dans la devise donnée au régiment par le nouveau colonel : « Toujours plus [12] ! » L'intensité de cette activité, de Gaulle lui-même la suggère dans sa lettre à Reynaud du 15 octobre, où il parle de cette « garnison où les occasions de manœuvres sont continuelles »...

Il est partout, le colonel, convoquant l'un, houspillant l'autre, déclenchant à l'aube un exercice tonitruant, inspectant moteurs et culasses, multipliant les revues de détail, faisant ronfler ses R 35 et surtout les D 2, plus lourds et donc plus conformes à la mission dévastatrice et perforante qu'il assigne au « moteur combattant ». C'est lui qui a choisi les noms que porte chacun de ces engins, et d'abord celui qu'il commande personnellement, « Austerlitz » — bien sûr. Assez drôlement, c'est Mme Giraud qui est « marraine » de ces chars dont son mari le général dit au remuant colonel du

---

* Voir chapitre suivant « La rupture ».

507 : « C'est coûteux, ces joujoux-là, ménagez-les en pensant au contribuable ! »

Le contribuable n'étant pas l'objet des préoccupations les plus poignantes du « colonel Motor », on le voit surgir chaque jour sur le champ de manœuvres dont plus d'un lieutenant a très vite tendance à s'esquiver... Mais le voilà aussitôt cloué au sol par une sommation du chef de corps : « Depuis quand fuit-on à l'arrivée de son colonel [13] ? » Et de faire plonger tous les chefs de chars dans la tourelle de leur R 35, pour une ruée à travers le champ d'exercice bosselé à plaisir...

Mais de Gaulle ne bouscule pas seulement son monde sur le terrain. Le général Huard raconte les exercices sur la carte où il ne néglige pas davantage de tenir ses gens en haleine, les déconcertant à l'occasion par des propos peu charitables. Son adjoint, le lieutenant-colonel Simonin, ancien camarade de promotion à Saint-Cyr, lui sert souvent de cible. A la question rituelle : « Et toi, Simonin, qu'en penses-tu ? » le colonel de Gaulle fait souvent la réponse lui-même : « Rien, comme d'habitude ! » Et les subalternes de rire sous cape, trop heureux de voir la foudre tomber ailleurs.

Étrange figure que celle du « colonel Motor ». Tranchant avec un éclat nouveau sur la noire tenue arborée par ces mécanos galonnés que sont les officiers de chars, il n'a pas renoncé à ses gants blancs, sur lesquels veillent tour à tour son épouse et son ordonnance : excellent, on le sait, pour le « cambouis » et les divers rapports avec le moteur, combattant ou pas... Comme pour se donner, lui, novice, un air plus « professionnel », il a adopté le petit casque à visière de cuir que ne portent guère ses collègues plus aguerris. L'écusson du régiment montre d'ailleurs l'effigie de profil d'un guerrier ainsi casqué se détachant sur une tourelle de blindé.

On a souvent décrit ses démêlés tragi-comiques avec le plus notoire de ses supérieurs hiérarchiques, le général Giraud. Il faut y revenir, moins pour le plaisir de l'anecdote qu'en raison des retombées psycho-politiques qui donneront à cet antagonisme, à partir de 1942, des dimensions historiques.

Le général P. Renauld, alors capitaine, a conservé [14] les notes prises au cours d'un exercice qui eut lieu à Metz à la fin de septembre 1937, alors que les relations entre le gouverneur militaire et le colonel ne s'étaient pas encore aigries. Le thème était celui de l'attaque d'un corps d'armée chargé de percer la ligne Maginot en l'un de ses points faibles, sur l'axe Metz-Saint-Avold. La première phase de l'exercice achevée, on convient qu'étant donné la supériorité des assaillants, les ouvrages en question sont tombés. Alors Giraud interpelle de Gaulle (qui dispose d'une brigade blindée) : « A vous de jouer ! »

Sur le ton majestueux qu'il adopte en ces occurrences, le colonel entame l'exposé par une description du déploiement et de la progression de son unité. Giraud l'interrompt : « Quel est votre objectif du soir ? — Pont-à-Mousson. — Pont-à-Mousson ? Mais c'est à 80 kilomètres ! [...] Non, de Gaulle, tant que je commanderai la Région, vous lierez vos chars au rythme de l'infanterie... »

Pendant l'été 1938, Paul Huard est à son tour témoin d'une algarade entre les deux officiers, au camp de Châlons. Giraud interpelle de Gaulle qui a une fois de plus lancé ses bataillons en avant de l'infanterie, espérant le prendre en défaut pour n'avoir pas obéi à l' « Instruction sur l'emploi tactique des grandes unités ». « Qu'ont fait les chars ? » Et de Gaulle de braver une fois de plus les conceptions de son chef, en critiquant sa manœuvre sur un ton définitif et d'une insolence calculée. Et une fois de plus, Giraud lui impose silence, sur un ton furibard.

Dans *Pétain et de Gaulle,* J.-R. Tournoux rapporte lui aussi quelques traits de cette incompatibilité d'humeurs, de tempéraments et de doctrines. Ainsi cet épisode où, sur le plateau de Plappeville qui domine la Moselle au débouché de la forêt, de Gaulle lance ses blindés en direction de Saint-Privat, plusieurs kilomètres en avant des fantassins, qui protestent : ne se sentant pas protégés contre le feu adverse, ils réclament « les chars dans les jambes ». De Gaulle riposte superbement : « Quand les chars seront passés, il ne restera plus rien ! » Devant des centaines d'officiers qui prennent part à la critique, le général de la Porte du Theil *, commandant la 42ᵉ division d'infanterie, directeur de la manœuvre, donne raison à de Gaulle. Le général Giraud, exaspéré, pointe le doigt vers le coupable : « Vous, mon petit de Gaulle, tant que je commanderai le corps d'armée... »

Il arrivera à Giraud d'être plus menaçant encore, ou plus blessant, assurant à Philippe Serre, député de la circonscription voisine, que « les idées du colonel de Gaulle sont peut-être brillantes, mais sont de celles qui risquent de nous faire perdre la prochaine guerre [15] »... Et c'est l'un de ses familiers qui déclarera aux membres d'une commission parlementaire en visite à Metz que « le colonel de Gaulle est l'officier le plus stupide de l'armée française »... On voit le climat...

Climat qui put parfois friser la bouffonnerie. Charles Giron, qui en fut témoin, raconte plaisamment l'anecdote. Le 14 juillet 1938, le « colonel Motor » ne se contenta pas de faire surgir ses engins rugissants sur la place d'Armes, au moment où s'achevait la revue, comme il l'avait fait le 24 novembre précédent. Il inventa de faire tirer (à blanc, tout de même) ses bouches à feu lors du passage devant les tribunes... On imagine le vacarme, et l'effroi des badauds. Le cheval qu'enfourchait le gouverneur militaire, pour ne pas voir les chars abhorrés, se cabre, prend le mors aux dents et manque jeter à bas l'homme aux grandes moustaches... Passe encore de contredire, sur le plan stratégique, son supérieur hiérarchique. Mais le ridiculiser...

Il s'en faudra de peu qu'en octobre 1938, au lendemain de Munich, cet antagonisme de doctrines et de tempéraments prenne un tour beaucoup plus solennel : le mariage de la fille du général Giraud est l'occasion de la venue à Metz du maréchal Pétain, dont la brouille avec de Gaulle vient de se consommer avec éclat, à propos de la publication de *la France et son armée* **. On attend un esclandre. Mais le maréchal saura s'enfermer dans une impassibilité olympienne.

* Que l'on retrouvera à Vichy, chef des Chantiers de jeunesse.
** Voir chapitre suivant.

C'est pourtant dans ce commandement exercé en Lorraine que Charles de Gaulle aura pour la première fois rencontré des chefs compréhensifs, ouverts et même accordés à ses vues, contre lesquels il n'aura pas, comme à son ordinaire, cabré sa puissante et ombrageuse personnalité : non seulement ce général de la Porte du Theil qui, tout fantassin qu'il est, a osé prendre son parti contre Giraud, mais aussi et surtout René Martin et Charles Delestraint.

Le général Martin avait été nommé inspecteur général des chars à l'époque où de Gaulle était envoyé à Metz. A ce titre, il avait créé à Nancy une sorte de cellule de travail qui devait préfigurer l'état-major de la première des grandes divisions cuirassées décrites par de Gaulle dans son livre, et dont Gamelin prévoyait enfin la formation dans le courant de l'année 1939. Très impressionné, lors de sa première inspection à Metz, par la tenue et le dynamisme du « 507 », il avait désigné de Gaulle pour faire partie du « pré-état-major » de Nancy.

Dans une lettre adressée à André Frossard [16], le général Martin met l'accent sur le rôle exceptionnel que joua, lors des travaux du groupe de Nancy, le colonel de Gaulle, « appuyé sur ses travaux antérieurs ». Aussi bien lui confiait-il souvent la direction de la manœuvre, le désignant ainsi de façon implicite pour le commandement de l'une des grandes divisions cuirassées à venir. De cette harmonie établie entre le général-inspecteur et lui témoignent plusieurs lettres de Charles de Gaulle, notamment celle-ci, du 27 décembre 1938 :

> « L'année 1939 sera, pour les chars, une année capitale, puisque pour la première fois, on verra paraître sur le terrain et sous vos ordres une grande unité cuirassée. Je sais, mon Général, avec quel esprit lucide et quelle ferme résolution vous accueillez et organisez cette immense transformation de notre art de soldat [17]. »

Mais le vrai compagnon de ce temps-là, celui auquel s'accordent le mieux la pensée et la volonté du « colonel Motor », c'est le général Delestraint. Spécialiste chevronné de l'arme blindée, disciple du général Estienne, ancien commandant de l'école de chars de Versailles et du 505e RCC de Vannes, il venait de se voir confier le commandement de la 3e brigade de chars, dont faisait partie le 507. Deux années durant, l'alliance ne cessa de s'approfondir entre ce petit général à la moustache de chat et le grand colonel aux gants blancs.

Chaque jour, devait raconter Delestraint à son futur biographe J.-F. Perrette, le travail de la matinée achevé, de Gaulle téléphonait au patron de la brigade avant de passer le voir pour étudier, de compagnie, problèmes techniques et questions de philosophie du commandement. On sait que cette alliance, encore enrichie pendant les combats de 1940, devait survivre au désastre. En 1942, à Londres, le chef des Français libres chargera son ancien patron du commandement de l'armée secrète en France. Arrêté par la Gestapo et déporté, Delestraint sera assassiné par ses geôliers de Dachau en 1944.

Les idées que les deux hommes et quelques autres tentent furieusement de mettre en pratique n'en restent pas moins considérées comme des hérésies. A l'École de guerre, en 1939, un officier de chars tentant, à l'issue d'un exposé technique, de suggérer une action autonome de l'arme blindée, « le général commandant l'école se dressa devant nous, raconte Paul Huard, ramenant sur-le-champ et avec vivacité les choses au point où elles devaient rester [18] »...

Autour d'eux se multiplient manœuvres et exercices sur le thème de la vulnérabilité de la ligne Maginot. A supposer que l'agresseur parvienne à la crever, donnerait-elle au moins à la France un délai suffisant pour se préparer aux véritables chocs, et le temps aux alliés d'arriver à la rescousse ? Un officier du « 507 », devenu le général Blanquefort, raconte que lors de chacune de ces conférences le colonel de Gaulle intervenait avec emportement, allant jusqu'à dire, face aux pontifes de l'état-major, que si l'on ne se décidait pas à jouer à fond la carte des blindés, « les Allemands mettraient trois semaines pour aller des Ardennes à Bayonne ». (Ce sera cinq semaines...)

Plus saisissante encore est cette intervention du Connétable contée par Georges Buis. Nous sommes à la fin de 1937, en Champagne, pour des manœuvres régionales. Comme toujours, l'exercice donne lieu à une critique « de très haut niveau intellectuel. On se serait cru en Sorbonne », convient l'auteur des *Fanfares perdues*. Devant le général Dufieux, qui incarne la doctrine de l'infanterie hégémonique, le général commandant du « parti bleu » expose comment il a manœuvré face au « parti rouge ».

Soudain, raconte Buis, on voit surgir des rangs « un immense bonhomme qu'allonge encore un manteau de cavalerie sous lequel apparaissent bottes et éperons. Une tête étrange. Un personnage du Greco... Il s'avance face à l'orateur, son supérieur hiérarchique, et l'apostrophe : " Vous expliquez que vous avez arrêté votre mouvement pendant deux heures pour que l'artillerie puisse rejoindre, mais pendant ce temps-là vous commettez une faute qu'un sous-lieutenant n'aurait pas faite : vous perdez le contact ! " Un grand froid, si grand que le commandant du " parti rouge " (également général) objecte comme un potache qu'il n'a pas, lui, marqué de temps d'arrêt. Alors, sans bouger, tournant seulement la tête vers lui, de Gaulle laisse tomber : " Vous, vous auriez mieux fait de ne pas attirer l'attention sur vous ! Vous n'avez rien fait ! " Le général Dufieux peut bien intervenir, furieux, et proférer un " Rentrez dans le rang ! " le Connétable salue, avant de faire avec noblesse un demi-tour réglementaire »...

Mais pour savoureux qu'ils soient, et annonciateurs de plus grandes choses, les conflits qui opposent Charles de Gaulle à la hiérarchie militaire ne sont pas les plus significatifs de ces temps troublés. En juin 1937, le gouvernement de Front populaire a été renversé, cédant la place à un cabinet Chautemps dont on ne saurait dire qu'il symbolise le renouveau —

surtout face au fascisme. La non-intervention en Espagne, après l'abstention lors de l'agression mussolinienne en Éthiopie et le renoncement
tragique de mars 1936, s'inscrit dans une chaîne qui conduit au pire : les
accords de Munich de septembre 1938.

On ne dispose que de brèves indications permettant de connaître la
désapprobation qu'opposa de Gaulle aux autres épisodes de cette lente
descente aux abîmes, mais on connaît très bien sa réaction après Munich.
Entre une douzaine de textes, choisissons celui où il s'exprime le plus
spontanément, puisqu'il s'agit de trois lettres de septembre et octobre 1938
à sa femme :

> « ... Nous capitulons sans combat devant les exigences insolentes des
> Allemands et nous livrons à l'ennemi commun nos alliés les Tchèques.
> L'argent allemand et la monnaie italienne ont coulé à flots ces jours-ci dans
> toute la presse française, surtout dans celle qui est dite " nationale " (*(le
> Jour, Gringoire, le Journal, le Matin*, etc.), pour persuader notre pauvre
> peuple qu'il fallait lâcher...
> Les Français, comme des étourneaux, poussent des cris de joie, cependant
> que les troupes allemandes entrent triomphalement sur le territoire d'un
> État que nous avons construit nous-mêmes, dont nous garantissons les
> frontières et qui était notre allié. Peu à peu, nous prenons l'habitude du
> recul et de l'humiliation, à ce point qu'elle nous devient une seconde
> nature. Nous boirons le calice jusqu'à la lie. »

Et cinq jours plus tard, toujours à l'adresse d'Yvonne de Gaulle, il
précise : « La France a cessé d'être une grande nation [19]. » (Et l'on sait ce
que ces mots signifient pour lui...)

Il faut y joindre ces quelques lignes adressées à Paul Reynaud le
24 septembre, à la veille de la capitulation :

> « ... Je vois venir sans nulle surprise les plus grands événements de
> l'histoire de France et je suis assuré que vous êtes marqué pour y jouer un
> rôle prépondérant. Laissez-moi vous dire qu'en tout cas je serai — à moins
> d'être mort — résolu à vous servir s'il vous plaît [20]... »

Cet immense revers collectif se combine en son esprit avec un profond
chagrin personnel : celui que lui cause la disparition de son vieil ami Émile
Mayer (« sa mort m'afflige infiniment », écrit-il à Auburtin) et aux
amertumes qui accompagnent la ruine des derniers vestiges de ses relations
avec le maréchal Pétain *. D'où une sorte de découragement que provoquent en lui le piétinement de ses efforts et l'avortement de son grand
dessein.

Si Paul Reynaud entre au gouvernement en avril 1938, c'est comme garde
des Sceaux : la solidarité ministérielle aidant, il est désormais perdu pour la
cause à laquelle de Gaulle avait su l'associer. Dans le même secteur de
l'opinion, ce ne sont que reniements et appels à la capitulation : *l'Action
française*, surtout, renchérit de jour en jour dans la dénonciation des

---

Voir chapitre suivant

« bellicistes » comme lui. L'exaspération de la menace nazie ne contribue-t-elle pas, au moins, à souder plus étroitement à de Gaulle ses alliés « de gauche » ? Il doit constater qu'au nom du pacifisme, Marcel Déat a choisi, pire encore que la veulerie générale : la solidarité de fait avec les agresseurs. Léo Lagrange a certes pris une autre voie, fondant avec quelques camarades, dont Pierre Brossolette, un groupe d'action antimunichois « Agir » ; mais son parti, la SFIO, où, en dépit de Léon Blum, le pacifisme semble se nourrir des provocations hitlériennes, l'a mis en garde contre toute action en faveur de *l'Armée de métier.*

Reste Philippe Serre. Le député de Briey fait de fréquents séjours à Metz et, toujours attentif à la personne et aux idées de De Gaulle, l'entraîne souvent déjeuner chez Moitrier. Serre n'a qu'une idée en tête : il faut que Charles de Gaulle entre au gouvernement. C'est là, et là seulement, qu'il pourra enfin faire prévaloir ses vues salutaires. D'ailleurs, on parle d'un cabinet présidé par Paul-Boncour, dont les relations avec de Gaulle sont excellentes. Mais un simple colonel ne saurait être ministre de la Défense et s'imposer au pontifes de l'état-major. Il a besoin d'une couverture prestigieuse.

« C'est Pétain qu'il nous faut, soutient l'élu du Front populaire qu'est Philippe Serre. Ses convictions républicaines sont indubitables. Son autorité est incomparable. Vos idées diffèrent, mais vous saurez lui imposer les vôtres. Et grâce à cette caution, nous toucherons au but... » Serre se croit assuré de l'approbation du colonel : il se heurte à un mur de glace.

« Pétain ? fait de Gaulle ; il n'a renoncé, quoi que vous imaginiez, à aucune de ses ambitions de jadis. Et c'est un personnage très faux. Méfiez-vous-en [21] ! » Voilà une idée qui tombe à plat. Ce n'est pas dans la foulée de l'Imperator que Charles de Gaulle accédera enfin à ce centre de décision où se joue le sort de la « croisade »...

Si violents soient les coups que reçoit cet observateur lucide, on pourrait croire que le vrombissement des moteurs sur le champ de manœuvres de Metz l'exalte assez intensément pour le détourner du pessimisme. N'est-ce pas là une drogue suffisante, ce commandement où s'accomplit son rêve moderniste aussi bien que s'affirme sa volonté de puissance ? Qui, moins que le « colonel Motor », céderait aux délices insidieuses de la mélancolie ?

Une lettre au moins, adressée en juin 1938 à son ami Lucien Nachin, laisse percer un désenchantement qui ne tient pas seulement aux affaires générales de la France, mais aussi à sa propre condition de commandant du 507e RCC :

> « Un chef de corps est tout bonnement un personnage qui use son temps et ses moyens à lutter contre le commandement tout au long de la voie hiérarchique et jusqu'au ministre inclus, pour tâcher de préserver ses effectifs, son matériel, ses cadres et sa propre bonne volonté contre le tumulte des ordres, circulaires, prescriptions, règlements généralement absurdes et toujours contradictoires qui auraient tôt fait de réduire à rien les diverses cellules de l'armée si, d'aventure, on les appliquait. Fort heureusement, on ne les applique pas, quitte à sauvegarder les apparences au moyen de comptes rendus.

Au reste, tout le monde, à commencer par les échelons qui prescrivent et réglementent, sait ce qu'il en est en réalité. Gobineau disait à peu près ceci : " Poser des règles, n'y pas croire, mais en prescrire l'application sans ignorer qu'elles seront lettre morte "[22]... »

Heureuse référence du point de vue stylistique : Gobineau est en ce domaine un bon maître. Mais voilà une distance bien grande prise vis-à-vis d'une tâche entreprise quelques mois plus tôt dans l'enthousiasme. Il faudra tenir compte de ce côté dépressif, chez de Gaulle, de ces « à quoi bon ? » et de ces « rien n'est rien » qui scanderont le voyage du grand navigateur sur la « houle de l'histoire ».

Charles de Gaulle sait bien qu'il vient de perdre la première grande bataille de sa vie. La « croisade » lancée en 1933 en faveur du « moteur combattant » et de l'« armée de métier », la création de cet instrument indispensable à la défense du pays et au respect de ses alliances, cette organisation de « maîtres » qui eût rendu à l'armée son rôle premier dans le redressement de la collectivité nationale, tout cela s'est heurté à un conservatisme d'autant plus désespérant, aux yeux du Connétable, qu'il est le fait d'une armée qu'il vénère depuis trente ans. Pire : de cette génération de soldats qui a gagné la plus grande des guerres et rendu tout son éclat au métier des armes. Ce sont les chefs de cette armée, définie par lui comme « l'une des plus grandes choses du monde », qui viennent de fermer la porte à l'espérance.

Si encore la faute en incombait aux politiciens, aux « politicards » de son enfance, à cette corporation que toute son éducation le conduisait à mépriser ! Mais non. C'est au Parlement beaucoup plus qu'à l'état-major qu'il a trouvé les quelques chances de salut : chez Reynaud, Paul-Boncour, Déat, Philippe Serre, Lagrange ou Le Cour Grandmaison. C'est là qu'il a reçu un peu de réconfort, et non chez Gamelin, Weygand, Maurin, Dufieux, Prételat ou Giraud — pour ne pas parler de Pétain.

Il a déploré qu'en dépit de sa valeur, Léon Blum fût incapable d'ébranler « les colonnes du temple ». Mais ce temple, qui l'a bâti, fortifié et défendu ? C'est toute, ou presque toute l'institution militaire qui est, dans son esprit, en procès (mis à part Doumenc, Hering, Billotte, Flavigny, Martin ou Delestraint). Comment s'étonner qu'un homme ainsi frappé laisse percer quelque désarroi ?

Ce désenchantement n'est pas provoqué seulement par les déceptions personnelles. Il l'est surtout par l'angoisse où le jette la constante étude des rapports de forces entre le IIIe Reich et la République. En 1939, Hitler dispose de cinq *Panzerdivisionen* toutes prêtes, et qui l'ont prouvé en dévorant d'un trait les routes d'Autriche lors de l'Anschluss, du 8 au 12 mars 1938. Et trois autres de ces grandes unités — construites sur le modèle fourni par l'auteur de *Vers l'armée de métier* — sont en formation à Berlin.

Du côté français, au moment où Charles de Gaulle s'apprête, pendant l'été 1939, à quitter le commandement du 507e RCC, aucune division cuirassée n'est encore en état de fonctionnement. La 1re DCR, confiée au général Bruneau, ne sera mise sur pied qu'après le début de la guerre. Les 2e et 3ᵉ DCR, au printemps de 1940. La 4ᵉ enfin, celle que sera appelé à commander le colonel de Gaulle en mai 1940, ne sera alors qu'un ramassis d'éléments dispersés.

Et non content d'avoir ainsi freiné puis « cassé » la croisade du Connétable, l'état-major lui décochera une vraie flèche du Parthe : le « 507 », dont on devait dire que « de ce régiment de mécaniciens, il a fait un régiment de chasseurs* » et qui aurait dû, dans l'esprit de Charles de Gaulle, servir de noyau à la grande unité projetée, voilà qu'on le désarticule et le concasse en trois bataillons, répartis en trois régions diverses.

Il ne suffisait pas qu'on se refuse à construire les grandes unités face aux *Panzer* ennemis : il fallait encore qu'on infligeât au « colonel Motor » ce désaveu et cette déchirure. L'institution pouvait se vanter d'avoir brisé l'entreprise du solitaire qui avait prétendu la faire plier en en appelant, par le truchement du livre et du Parlement, à l'opinion publique.

* Hommage suprême dans l'armée.

14. La rupture

Prophète rabroué, officier contesté, citoyen angoissé, que devient Charles de Gaulle, écrivain ? Depuis *le Fil de l'épée* qui a fait éclater en lui et révélé à quelques centaines d'autres une sorte de Vauvenargues impétueux, il n'a publié que quelques articles, et ce tract fulgurant qu'est *Vers l'armée de métier*. C'est peu. On le sait fort occupé à faire vrombir les moteurs sur le champ de manœuvres de Metz, et à entretenir la flamme de l'ambition militaire dans l'esprit de Paul Reynaud. Mais une verve littéraire de cette vigueur ne saurait rester en friche. Il se trouve bientôt quelqu'un pour s'en aviser

Henri Petiot, dit Daniel-Rops, professeur au lycée Pasteur, est alors l'auteur déjà notoire de deux ou trois romans et d'un essai très commenté intitulé *le Monde sans âme*. Il vient d'adhérer au groupe « Ordre nouveau » animé par l'un des esprits les plus originaux de l'époque, Arnaud Dandieu, et par Robert Aron, pionnier d'une « troisième voie » intellectuelle entre fascisme et communisme. C'est chez Émile Mayer, lors d'un des fameux colloques du dimanche matin où l'a conduit Jean Auburtin, qu'il a rencontré le colonel de Gaulle, en 1935. Immédiatement subjugué par l'homme, il le sera par l'écrivain, sitôt achevée la lecture du *Fil de l'épée*.

On peut difficilement imaginer deux personnages plus dissemblables que le gigantesque « colonel Motor » et le petit homme souffreteux au regard dolent qui, un certain jour de 1937, lui propose d'écrire un nouveau livre. Encore faut-il observer que, comme le colonel, l'écrivain — fils d'officier lui-même — a été séduit naguère par l'Action française et s'en écarte de plus en plus, en quête d'un certain « ordre » spirituel dont, Arnaud Dandieu tôt disparu, Marc Sangnier et Emmanuel Mounier sentant un peu trop fort le soufre, il va chercher les références fondamentales du côté de la hiérarchie catholique.

Daniel-Rops vient d'être chargé par son éditeur, la librairie Plon, de lancer une collection reflétant l'esprit du temps, aux frontières du littéraire, du philosophique, de l'économique et du politique. Il en a choisi le titre, « Présences », et noté aussitôt quelques noms d'auteurs. Le premier qu'il sollicite est l'homme qui incarne alors la compétence technicienne, l'ingénieur Raoul Dautry. Très vite après, dans l'ordre de préférence, Daniel-Rops inscrit Charles de Gaulle, qu'il veut charger d'écrire un livre sur le métier militaire.

Le colonel, qui n'a pas encore reçu son affectation à Metz, accepte la proposition de Rops et choisit d'intituler le livre promis *l'Homme sous les armes* : ce sera une sorte de version moderne de *Servitude et Grandeur militaires*. Un contrat est établi en ce sens par Plon en janvier 1937.

Sept mois plus tard, Charles de Gaulle, qui n'a guère écrit entre-temps, se retrouve à Metz et constate très vite que le commandement d'un régiment (tel qu'il l'entend, en tout cas) laisse peu de place à l'exercice de la littérature. Lors d'un séjour à Paris à la fin de l'année, il déjeune chez Daniel-Rops et lui avoue que les obligations de son état ne lui permettent guère de remplir son contrat. Mais... Mais il a conservé dans ses tiroirs un manuscrit qui, retouché, pourrait peut-être intéresser le directeur de « Présences ». C'est, dit-il, une sorte d'histoire de l'armée française écrite jadis à la demande du maréchal Pétain et dont le commanditaire a refusé la publication : mais le colonel se fait fort d'obtenir maintenant la levée de cet interdit.

On a reconnu le fameux *Soldat* que le vieux chef avait résolu de « serrer dans son coffre », comme l'écrivait son homme de confiance, le colonel Laure, à de Gaulle. Mais si profond soit le coffre où Pétain a « serré » le manuscrit de son officier de plume, de Gaulle a gardé un double du texte, sur lequel il travaille de temps à autre. Qui sait ? Il se trouvera peut-être une occasion...

En ce début de 1938, époque de l'entretien avec Daniel-Rops, le colonel se croit en posture d'obtenir la levée de l'embargo imposé dix ans plus tôt par le maréchal : il estime en effet leurs rapports revenus au beau fixe. En réponse à ses vœux de bonne année, il vient de recevoir de Philippe Pétain une lettre particulièrement chaleureuse, où son ancien patron lui déclare suivre sa carrière « avec beaucoup d'intérêt », exprime le souhait de « ne pas être déçu » (formule qui ne laisse pas d'être ambiguë...), lui propose de venir le voir et conclut en lui exprimant ses « sentiments affectueux », formule qui, on le sait, ne vient que très rarement sous sa plume.

Mais s'il est persuadé d'obtenir du maréchal qu'il revienne sur sa décision de 1927 (il le sait pourtant méfiant et tenace), Charles de Gaulle ne devrait pas sous-estimer pour autant ce que le vieil homme considère comme un « droit » de préemption, compte tenu de la pratique en cours, de ce qu'on pourrait appeler la « jurisprudence » militaire. Plus de Gaulle tardera à clarifier la situation, plus il risquera de l'envenimer. Or, il va attendre des mois avant de mettre les choses au point, pratiquant sans vergogne le « fait accompli ».

Le manuscrit, que Daniel-Rops a accepté d'emblée, parvient à la librairie Plon en avril 1938. Un lecteur nommé Blanchard est chargé de rendre le verdict. Sa réponse n'est pas enthousiaste. Il se dit « déçu » par les premiers chapitres, consacrés aux « origines et à l'Ancien Régime », qu'il juge « superficiels », mais ajoute que le livre « progresse jusqu'à sa conclusion ». Il juge le style « d'une bonne tenue », la valeur littéraire « suffisante » et la valeur commerciale « possible seulement ». Mais sur le même feuillet est portée une annotation de Daniel-Rops qui se dit « beaucoup plus favorable » et indique qu'il retient le livre pour « Présences [1] ».

Bref, le 8 mai 1938, le colonel de Gaulle signe le contrat établi un an plus tôt pour *l'Homme sous les armes*. Le nouveau titre est ajouté sur le document, mais non substitué à l'ancien : il semble donc que de Gaulle s'engage là pour deux livres. En tout cas, lui retournant le 9 juin le document signé, Maurice Bourdel, directeur de la librairie Plon, lui demande de « réduire et condenser les premiers chapitres », mais salue les derniers, consacrés à la Grande Guerre, comme ceux d' « un écrivain ».

L'affaire est donc tout à fait emmanchée. Le maréchal Pétain — qui, de Gaulle le sait, détient toujours, comme lui appartenant, l'exemplaire n° 1 du manuscrit... — en est-il seulement informé ? On ne dispose d'aucune correspondance entre le colonel et lui qui permette de l'établir clairement. Dans une lettre adressée au colonel Mayer le 22 juin 1938, cependant, Charles de Gaulle remercie son vieil ami de ses « démarches » (sans préciser si elles ont eu trait à cette question), assure que « le grand personnage » est « maintenant tout à fait décidé », ajoute : « Je le suis aussi », et conclut qu'un avant-propos devra reconnaître publiquement « ce qui doit l'être par justice et par prudence ».

Ce n'est pourtant que le 2 août 1938, alors que les épreuves du livre sont en cours de correction (il vient encore de proposer quelques allègements à l'éditeur), que le colonel de Gaulle se décide à informer le maréchal. Pour tardif qu'il soit, et peut-être parce que tardif, ce morceau de diplomatie gaullienne mérite d'être cité intégralement. C'est un inimitable mélange de formalisme militaire, de nostalgie personnelle et de double langage où l'homme de cabinet ressuscite sous la cuirasse de l'officier de chars :

> « Monsieur le Maréchal,
> J'ai l'honneur de vous rendre compte de la publication prochaine d'un ouvrage de votre serviteur, *la France et son armée*. Je m'y suis efforcé de réaliser cette synthèse dont vous m'aviez naguère chargé et qu'a visée de son côté, dans son livre récent, le général Weygand[2].
> J'ai pu en d'autres temps, Monsieur le Maréchal, espérer pour cette étude une destinée plus éclatante. Mais douze années écoulées m'ont amené au renoncement. D'ailleurs, l'attitude de réserve impassible que vous avez adoptée relativement à la Grande Guerre rendait inconcevable l'aboutissement de l'ancien projet.
> Il reste, Monsieur le Maréchal, que ce travail fut entrepris sous votre impulsion. Peut-être voudrez-vous accepter que cela soit dit, par exemple sous la forme d'un avant-propos, pour lequel je me permets de vous soumettre, ci-joint, un projet*.
> Je vous prie de bien vouloir accepter, Monsieur le Maréchal, l'expression de mon très respectueux dévouement. »

Le maréchal savait-il déjà qu'il y avait anguille sous roche ? Les échanges auxquels fait allusion la lettre à Émile Mayer l'avaient-ils « mis au parfum » ? Le fait est que sa réaction fut d'une rapidité foudroyante, rare chez lui. Que le rédacteur du texte soit ou non le général Laure** (seules les

---

* Le texte n'est pas joint à la lettre publiée dans *Lettres, Notes...*, II, p. 470.
** Comme l'affirme J.-M. Royer dans l'étude publiée par *En ce temps-là...*, n° 15.

lettres de Pétain écrites à la main peuvent lui être attribuées), c'est le 4 août que partit la rafale. Elle ne pouvait être plus meurtrière :

« Mon cher de Gaulle,
Vous m'annoncez la publication prochaine d'un livre intitulé *la France et son armée*. Si je comprends bien, vous auriez l'intention d'utiliser pour cette publication l'étude dont je vous ai antérieurement chargé. Vous m'en voyez profondément étonné. Ma surprise ne peut pas vous surprendre. »

Et le maréchal, ou son porte-parole, de rappeler les péripéties de l'affaire, en mettant avec insistance l'accent sur le côté « heures de bureau » et « travail d'état-major » (lequel, est-il précisé, « m'appartenait puisque j'en avais commandé l'exécution et dirigé la rédaction »). Et faisant grief à de Gaulle, non seulement d'utiliser ce travail sous sa signature, mais de le faire, précise le rédacteur de la lettre, « par un simple compte rendu, sans me soumettre votre rédaction et sans même demander mon autorisation », le rédacteur de la « philippique » (on nous pardonnera cet innocent jeu de mots) conclut ainsi :

« ... Le plan du travail qui est mon œuvre, les nombreuses retouches et corrections faites par moi aux différentes ébauches, suivant une méthode qui m'est habituelle, achèvent de définir son caractère : je considère que ce travail m'appartient personnellement et exclusivement. Je me réserve donc de l'utiliser comme il me conviendra [...]. Je me réserve aussi de m'opposer à sa publication dans le présent et dans l'avenir. Au cas où vous passeriez outre à ce désir légitime de disposer du travail suivant mes vues, je fais toutes réserves sur la conduite que j'adopterai [...]. Votre attitude m'est très pénible. »

Voilà ce qui s'appelle — dans l'ordre de l'édition, en tout cas — une déclaration de guerre. Ainsi défié, menacé d'être traité en voleur et parjure, Charles de Gaulle eut l'extraordinaire sang-froid de garder pour lui cette mise en demeure. Dans une lettre adressée à J.-R. Tournoux et publiée en appendice de *Pétain et de Gaulle*[3], Daniel-Rops parle de « négociations confuses, dans le détail desquelles le colonel de Gaulle ne jugea pas utile de mettre ni l'éditeur ni moi-même ». Qu'aurait fait la direction de Plon, mise en présence de cet ultimatum lancé par le plus auguste personnage de l'époque ?

Charles de Gaulle, très conscient de l'ascendant qu'il exerçait toujours sur le vieux monsieur, et sachant qu'une lettre dactylographiée ne l'engageait peut-être pas totalement, choisit de se battre seul — ou plutôt seul à seul. Il prit son temps et, deux semaines plus tard, le 18 août 1938, adressa à l'Imperator une réplique qui cette fois est du meilleur de Gaulle.

Après avoir assuré que sur les 600 pages de son texte (ce qui est beaucoup dire, la librairie Plon n'en ayant guère reçu que la moitié, même si l'on tient compte des coupures intervenues ensuite...), 480 avaient été rédigées bien après son départ du « 4 bis », et que les 120 autres avaient été depuis lors modifiées de fond en comble par rapport aux textes « examinés et amendés » par le commanditaire, le colonel de Gaulle précise au maréchal qu'il a « renoncé radicalement — non, certes, sans dommage pour l'ouvrage — aux corrections, observations, suggestions que vous aviez faites et que je possède encore telles qu'elles y furent portées de votre main ». Bref, ajoute-t-il, « il ne se trouve plus rien, dans ces chapitres, dont on ne doive dire à coup sûr : " C'est du de Gaulle "... »

Le Connétable a beau jeu de faire valoir que son œuvre n'a rien à voir avec un travail d'état-major : son objet aussi bien que le tour « extrêmement personnel » de la pensée et du style font bien que cette étude lui appartient en propre. Idée qu'il résume ainsi avec éclat : « Elle n'est pas " rédigée ", elle est " écrite". » Ayant sans timidité mis les points sur les « i », Charles de Gaulle personnalise soudain, avec un beau mélange de hauteur et d'émotion, le débat qui l'oppose à Philippe Pétain :

> « Au surplus, Monsieur le Maréchal, et sans épiloguer sur les raisons qui vous firent, voici onze ans, mettre fin à ma collaboration, il ne vous échappera certainement pas qu'au cours de ces onze années les éléments de cette affaire ont changé pour ce qui me concerne. J'avais 37 ans ; j'en ai 48. Moralement, j'ai reçu des blessures — même de vous, Monsieur le Maréchal —, perdu des illusions, quitté des ambitions. Du point de vue des idées et du style, j'étais ignoré, j'ai commencé à ne plus l'être. Bref, il me manque, désormais, à la fois la plasticité et l' " incognito " qui seraient nécessaires pour que je laisse inscrire au crédit d'autrui ce que, en matière de lettres et d'histoire, je puis avoir de talent. »

Cette altière mise au point faite, l'auteur de *la France et son armée* reconnaît que le maréchal fut « à l'origine » d'un livre sur lequel son « influence » s'est exercée, et lui offre de reconnaître sans ambages dans un avant-propos l' « initiative » qu'il a prise, son rôle dans l'établissement du « plan », l'importance de ses « directives et observations », afin que le public sache que, « grand homme dans la pénombre », il a su « patronner un talent et non point l'absorber[4] ».

Décidément, le colonel de Gaulle fait ses classes dans l'ordre politique et diplomatique aussi bien que militaire. Sa lettre du 2 août grinçait en cahotant entre hypocrisie et désinvolture. Celle-ci est superbe de netteté, d'habileté, voire de chaleur. Elle n'est plus celle d'un subordonné avide de secouer le joug aux moindres frais, mais celle d'un ancien disciple assez grand pour négliger les servitudes de la hiérarchie sans oublier ce que son talent doit à qui en a favorisé l'éclosion.

Quant aux « blessures » reçues du vieux chef, on s'interroge. Est-ce à l' « enterrement » du premier texte que fait allusion le Connétable ? Ou au refus du maréchal de soutenir sa candidature à une chaire à l'École de guerre ? Ou au dédain ouvertement professé par l'Imperator à l'égard des thèses défendues dans *Vers l'armée de métier* ? Si « blessures » il y eut, c'est plutôt le vieillard qui devrait en parler...

Ce qu'il y a de vertu, et plus encore de talent, dans la lettre du 18 août va être récompensé. Le maréchal est en vacances aux Eaux-Bonnes. C'est donc libéré de la tutelle de l'entourage qu'il répond, seul, à son ancien collaborateur — ce qui n'améliore pas son orthographe, mais lui permet de donner libre cours à ses sentiments à l'endroit du colonel-écrivain :

« Mon cher de Gaulle,

Si, au lieu de me mettre en présence d'un fait accompli, ou sur le point de l'être, vous aviez pris la peine de m'expliquer votre projet, comme vous le faites aujourd'hui, sans doute n'aurais-je pas répondu à votre précédente lettre par une fin de non-recevoir aussi catégorique...

Dans mon for intérieur, j'ai toujours pensé que le travail accompli au cours des années 1925 et 26 ne devait être considéré que comme une série d'études à utiliser pour un travail ultérieur plus étendu. Le travail que vous préparez prouve que vous êtes de mon avis.

Si vous admettez que quelques-unes de mes suggestions ont pu parfois vous être utiles, reconnaissez-le en me confiant votre travail pour quelques jours, ce qui me permettrait d'apprécier la part qui pourrait m'être attribuée dans l'élaboration de l'ouvrage. »

En conclusion de cette lettre qui rappelle à quel point son ancienne raideur s'était, avec l'âge, muée en instinct de la conciliation et génie de la retraite, le vieux chef propose à de Gaulle un entretien à Paris dans les derniers jours du mois. Le rendez-vous est pris pour le dimanche 28 août 1938, chez le maréchal. Ce sera — hormis deux ou trois tête-à-tête fugitifs — le dernier qui ait réuni les deux hommes.

Charles de Gaulle a raconté cette entrevue trente ans plus tard à Marcel Jullian[5], ajoutant quelques détails supplémentaires dans une interview accordée à Michel Droit en mars 1969. Écoutons la première version :

> « ... Il avait choisi un dimanche où il était certain d'être seul chez lui. La " maréchale " était partie, ainsi que tout le monde. Il ne voulait pas qu'il y ait de témoin à notre conversation. C'est lui-même qui m'a ouvert la porte. Et il m'a dit : " Moi, je ne vois pas d'inconvénient à ce que vous sortiez ce livre, *la France et son armée,* mais je voudrais bien qu'on sût la part que j'y ai prise lorsque vous étiez à mon état-major... " Je lui ai répondu : " Monsieur le Maréchal, je ne demande pas mieux que de dire précisément combien j'ai suivi votre pensée, que c'est à vous que je dois certaines directives de départ... " Quand nous nous sommes quittés, nous étions d'accord[*]... »

Dans la seconde version, le général de Gaulle — qui a alors sensiblement l'âge qu'avait Philippe Pétain lors du tête-à-tête d'août 1938 —, assure qu'à un certain moment de l'entretien, le maréchal lui demanda de lui laisser les épreuves du livre (conformément aux termes de sa lettre du 22 août). Le visiteur refusa. « De Gaulle, fit le maréchal, je vous donne l'ordre de me rendre[**] ces épreuves... — Monsieur le Maréchal, rétorque de Gaulle,

---

[*] A ce point « d'accord » que de Gaulle écrit le surlendemain à Daniel-Rops pour lui annoncer une préface de Pétain...
[**] Terme ici impropre.

vous avez des ordres à me donner en matière militaire, pas sur le plan littéraire. » Et il se retira, en saluant le maréchal, emportant avec lui les épreuves...

Devait-il, ne devait-il pas faire à Pétain cette concession formelle, compte tenu de celles que venait de faire le vieil homme ? En acceptant, de Gaulle se laissait « embarquer » dans un nouveau cycle de contestations, de ratiocinations, d'émondages et — disons-le, car l'étude attentive des textes va nous le révéler — de « pinaillages » assez médiocres, le beau style n'étant pas le propre du vainqueur de Verdun dont les interventions, plume en main, font penser tantôt à celles d'un greffier, tantôt à celles d'un capitaine de gendarmerie.

Charles de Gaulle fut probablement bien inspiré en se refusant ici à céder aux exigences du vieillard. Mais non en provoquant, par son intransigeance relative à la dédicace, un rebondissement de cette fâcheuse affaire que l'Imperator avait tout de même traitée, sitôt qu'il en eut le loisir, avec une assez noble bénévolence.

Une semaine après l'entrevue mouvementée du 28 août, en effet, Philippe Pétain faisait tenir à son ancien collaborateur le « projet de dédicace » au sujet duquel il lui demandait son « avis » ou son « acceptation ».

« A M. le Maréchal Pétain — qui a bien voulu, au cours des années 1925-1927, m'aider de ses conseils pour la préparation des chapitres II à V de ce volume (" Ancien Régime ", " Révolution ", " Napoléon ", " D'un désastre à l'autre ") — j'adresse l'hommage de ma reconnaissance. »

De Gaulle n'a cure de ce « projet » fort plat. Ayant trouvé mieux, il n'en avise même pas le vieux monsieur, et envoie à la librairie Plon ce texte qui doit figurer en épigraphe :

« A Monsieur le Maréchal Pétain,
Qui a voulu que ce livre fût écrit,
Qui dirigea de ses conseils la rédaction des cinq premiers chapitres,
Et grâce à qui les deux derniers sont l'histoire de notre victoire. »

Et c'est ainsi « chapeauté » que parut le livre, le 27 septembre 1938 — le jour même où est pris le rendez-vous tragique de Munich... Comment le maréchal, recevant, quelques jours plus tard, un exemplaire par la poste, n'en aurait-il pas été offusqué ? Moins par la substitution au sien d'un texte d'une meilleure tenue et plus flatteur à son endroit que par la désinvolture dont a usé une fois de plus le colonel... Au surplus, il est maintenant à Paris, entouré comme l'on sait.

Le 6 octobre, une lettre dactylographiée est adressée au colonel de Gaulle, dans laquelle l'Imperator se plaint des « inexactitudes » de la dédicace imprimée (il n'a pas « voulu » que le livre fût publié sous la signature de son ancien subordonné, et n'a « rien à voir » avec le chapitre consacré aux « origines »). En conséquence de quoi le maréchal demande la substitution de sa dédicace à celle que porte le volume publié, et annonce qu'il saisit de la question la maison Plon. Triste escarmouche d'arrière-garde que n'a pu s'épargner le vieux chef maltraité, et conseillé par des gens qu'exaspère sa longanimité à l'égard du mirobolant colonel.

Le jour même, Daniel-Rops avertit de Gaulle de la démarche d'un officier de l'état-major du maréchal, dont il donne l'interprétation la plus propre à contenter son auteur et ami (« Il s'agit d'un retournement de vieillard sous l'influence de son entourage »), non sans lui demander quelques conseils pour une réponse afin d'apaiser « l'inquiétude de certains chez Plon ». De Metz, le colonel lui téléphone : « Ça vibrionne autour du maréchal... Mais ne vous tourmentez pas, je le verrai et tout cela s'arrangera[6]... » Puis il écrit au vieux chef en objectant que son « projet » de dédicace du 5 septembre ne lui avait été adressé que pour « avis » et qu'il avait été bien loin de croire que son propre texte « fût de nature à encourir [sa] désapprobation ». Mais étant donné, poursuit-il, que « vos désirs sont pour moi des ordres » (admirable !), le colonel s'engage à faire opérer la substitution d'une dédicace à l'autre en cas de tirage ultérieur. Ruses un peu lourdes... D'autant qu'il écrit simultanément à Maurice Bourdel, directeur de la librairie Plon :

> « ... Il n'y a là qu'une petite intrigue d'entourage... Néanmoins, il convient, à mon avis, que vous répondiez à la démarche que le maréchal a fait faire auprès de vous d'une manière très empressée dans la forme mais évasive dans le fond. S'il devait arriver que vous rééditiez mon livre, il serait temps d'adopter, pour déférer au soi-disant désir du maréchal, un nouveau texte de dédicace. D'ici là, il n'est que de " noyer le poisson[7] ". »

Et comme il faut qu'une affaire de ce type ne s'achève pas sans que chacun ait craché toute sa bile, Maurice Bourdel écrit quelques jours plus tard à de Gaulle qu'il estime d'autant plus indispensable de faire coller le texte de la dédicace du maréchal sur les dédicaces imprimées qu'une démarche nouvelle vient d'être faite auprès de lui par l'état-major du vieux chef, réclamant cette fois qu'en soit supprimée la dernière phrase du texte proposé par Philippe Pétain : « J'adresse l'hommage de ma reconnaissance. » Cette fois, l' « entourage » dépasse les bornes ! A force de « vibrionner », il finirait par donner raison à de Gaulle jusque dans les formes... Le Connétable ne se fera pas faute d'exiger que ces mots de reconnaissance soient maintenus, et qu'une fin de non-recevoir soit opposée désormais à toute autre démarche des gens de la « maison Pétain ».

On ne saurait clore cette évocation d'une assez saumâtre querelle — rapportée en détail parce qu'elle éclaire déjà la suite d'un duel qui importera à l'histoire et manifeste l'intraitable pugnacité de l'homme de juin 40 — sans s'interroger sur les raisons pour lesquelles Pétain cède ici sur toute la ligne. On a déjà eu l'occasion de suggérer l'étrangeté du rapport de forces qui s'était établi entre le maréchal illustre, flanqué d'un état-major fourmillant de titres et d'ambition, et l'officier solitaire (encore qu'épaulé en certaines circonstances par ses alliés politiques).

Chaque fois qu'ils s'affrontent en terrain découvert, hors des taillis obscurs du tableau d'avancement ou des affectations, le capitaine, commandant ou colonel semble toujours peser d'un poids spécifique plus lourd que le maréchal. Par quoi se définit un ascendant ? Traitant du « prestige », de Gaulle ne l'a analysé que sur le plan collectif qui n'est peut-être qu'une multiplication, une massification du même rapport, vécu d'homme à homme.

Par rapport à celui qu'il dut secrètement élire, en 1925, comme son héritier ou son disciple, et dont il dut ressentir, à partir de la fin des années vingt et surtout de la « croisade » pour la rénovation radicale de la stratégie française, la désapprobation et l'éloignement, sinon le mépris, Pétain ne cessa de se tenir sur la défensive, mais sans faire cracher « le feu qui tue ». Trente ans avant que ce type de rapport soit banalisé, le vieil homme adulé ne vécut plus avec le jeune ambitieux qu'en situation de culpabilité craintive, constamment cravaché par l'énergie vitale et la puissance créatrice de l'autre. La tragédie de 1940 ne fera que sublimer, au plan national et pour des raisons d'un autre calibre, une relation vécue intimement par l'Imperator vieillissant et le Connétable en instance de soi-même.

Mais on ne serait pas équitable si l'on ne faisait intervenir, chez le maréchal Pétain, ce qu'il ne faut pas appeler seulement complexe d'infériorité de vieillard par rapport à l'homme jeune, mais vraie bienveillance. Ce n'est pas parce que l'homme donna maintes preuves, tout au long de sa vie, d'une confortable sécheresse de cœur, qu'il faut méconnaître ici ce qui ne fut pas seulement pusillanimité, mais aussi longanimité et — lâchons enfin le mot — générosité. Cet ancien « homme de caractère » s'ébaudit en bougonnant de ce génie cabré, de cette audace que manifeste, fût-ce à ses dépens, le rebelle à la nuque raide. Jusqu'à Vichy, jusqu'au fort de Montrouge, jusqu'à l'île d'Yeu, on entendra les échos murmurés de cette mystérieuse mais irrépressible « sympathie » blessée.

La France et son armée, ce n'est pas seulement une querelle entre la discipline et la personnalité, la hiérarchie et le talent. C'est aussi un texte dont l'histoire suit pas à pas celle que l'on vient d'évoquer. Il se trouve que deux fragments considérables du manuscrit de cet ouvrage, celui qui a trait à la Révolution et celui qui est consacré à la guerre de 1914, ont été ou peuvent être analysés dans leurs divers états — où l'on voit de Gaulle corrigé par Pétain, et Pétain revu par de Gaulle. Opérations peu banales, compte tenu des deux personnages...

Le premier de ces fragments du manuscrit, « Le soldat de la Révolution » a déjà été l'objet d'une étude comparative menée avec soin et talent par Jean-Michel Royer pour *En ce temps-là, de Gaulle* (n° 15). On ne s'y attardera donc pas outre mesure, non sans relever quelques traits qui définissent bien les rapports entre l'écrivain et son « correcteur », et font apparaître les décisions que prit — toujours dans le sens de son texte dactylographié, qu'on hésite à qualifier de « premier jet », tant ses manuscrits sont travaillés — le colonel de Gaulle.

Première observation générale et sur laquelle on ne reviendra pas : à trois ou quatre exceptions près, aucune des corrections, annotations ou suppressions portées par Philippe Pétain, au crayon, sur le manuscrit dactylographié par de Gaulle en 1925-1926, n'est retenue. Quelques émondages stylistiques sont opérés : mais la plupart d'entre eux sont dus à Henri de Gaulle, auquel, on l'a vu, l'auteur a soumis son texte avant de le montrer au maréchal. En tout cas, les rares suppressions opérées sur proposition de l'Imperator relèvent du travail de mise au net d'un manuscrit que réalise n'importe quel éditeur, directeur de collection ou correcteur d'épreuves, la seule originalité de l'opération venant de ce qu'il s'agit en l'occurrence d'un maréchal de France.

Deuxième observation d'ensemble : il n'est pas une intervention du « correcteur » étoilé qui n'aille dans le sens de la banalité, un mot abstrait étant le plus souvent suggéré à la place d'un vocable bien concret. « Théories » est proposé en échange de « files » et le classique « libelles » substitué à l'audacieux « tracts ». Au « système de Carnot », Pétain préférerait le « système que va appliquer Carnot ». Et les très crus « morceaux de l'ancienne armée » deviendraient de simples « restes » si l'on écoutait le vieil académicien.

Mais les dissonances n'ont pas trait seulement aux mots et à leur énergie propre. Elles concernent aussi les idées. Jean-Michel Royer relève pertinemment que, dans la description des querelles de 1793 entre la Convention et le commandement, de Gaulle ayant parlé de la « trahison » de Dumouriez passé aux Autrichiens avec ses hommes, Pétain biffe le mot pour lui substituer « défection » — sans emporter bien sûr l'adhésion de l'auteur. On peut dire — et Royer ne s'en fait pas faute ! — qu'on est ici au cœur du débat...

Et c'est au même lecteur passionné que l'on doit cette trouvaille savoureuse. Parlant des généraux de la Révolution, de Gaulle a écrit que « la frénésie politique en fait ses jouets », leur ôte « le prestige, souvent la vie, parfois l'honneur ». Pétain, d'un crayon minutieux, encercle « la vie » pour la mettre mieux en vue, en fin de phrase. A quoi la plume de l'auteur, en marge, riposte acidement : « C'est une gradation : prestige, vie, honneur », ce dernier mot à demi souligné... En quoi réside, pour l'un et l'autre, la « gradation », c'est ce que nous dira la suite de l'histoire...

Dernière remarque, pour sourire : dans le tableau des troupes que la Révolution hérite de l'Ancien Régime que brosse de Gaulle, on lit : « ... cette armée, réduite en nombre et rigoureusement régulière », etc. A quoi, le crayon de Pétain suggère de substituer « cette armée de métier ». Nous sommes en 1926 ou 27. Impossible donc de voir ici allusion ou malice. Mais que la formule, entre eux, vienne de la plume du vieux monsieur, il y a là matière à une brève réflexion sur le hasard objectif.

Des pages du manuscrit du « Soldat » consacrées à la Grande Guerre, celles où l'influence de Philippe Pétain devait évidemment s'exercer avec le plus de vigueur, l'auteur de *la France et son armée* a gardé si peu de lignes que, de Gaulle les lui eût-il soumises, le maréchal n'eût pas osé un instant de plus soutenir la prétention exprimée dans sa lettre du 5 août 1938.

J'ai sous les yeux ce manuscrit [8], balafré des annotations jumelles du colonel Laure (à la plume) et du maréchal Pétain (au crayon). A côté, j'ai posé le livre publié par la librairie Plon, dans l'édition de 1971, qui ne diffère guère de celle de 1938 que par la suppression de la dédicace au maréchal. C'est une véritable hécatombe : des dix premières pages de ce chapitre intitulé « Grande Guerre », Charles de Gaulle relisant en 1937-38 le manuscrit rédigé en 1925-26, corrigé et parfois recomposé par Pétain et Laure, n'a gardé que peu de paragraphes. Telle remarque de psychologie collective sur le soldat français, telle observation sur le caractère unanime de la levée en masse de 1914, telle notation sur la puissance de feu et les premières pertes... Bien peu de chose à vrai dire.

Fut-il détourné de son texte original par la rudesse des observations de ses deux critiques ? Le colonel Laure, par exemple, écrivait à la fin du chapitre sur « Le soldat de 1914 » : « Tout ce qui est dit sur la troupe est sans intérêt... » : ce qui n'apparaît pas évident au lecteur d'aujourd'hui. Le fait est qu'ici, le texte rédigé dans le cadre de l'état-major du « 4 bis » n'est même pas, comme les pages sur la Révolution, un « premier jet » retouché par le commanditaire, puis ramené à sa fraîcheur première par l'auteur. C'est un autre texte, écrit, dirait-on, par un autre homme.

Comme il le rappelait dans une de ses lettres au maréchal, entre le rédacteur de 1926 et celui de 1938, il y a de longues années de vie, trois grandes expériences du commandement, une culture élargie, un style affermi, une notoriété acquise. Beaucoup moins porté aux dissertations sur la psychologie collective des peuples, du type « le Français, né malin... », le de Gaulle de la fin des années trente est plus attentif aux données de la natalité, de la sociologie électorale, de la production et des échanges.

Si l'on veut chercher, de l'un à l'autre texte, des éléments de comparaisons, là où le bouleversement a laissé émerger quelques fragments analogues, quelques données plus ou moins communes, on dira que l'écrivain de 1938 remplace une allusion à la « lamentable affaire judiciaire » de la fin du XIXe siècle par une bonne évocation de l'affaire Dreyfus où est signalée en clair la « vraisemblance de l'erreur judiciaire * », et une description assez vague des mesures prises pour guérir la « crise morale » de l'armée française en 1917 par un beau portrait du vainqueur de Verdun ·

> « Du jour où l'on dut choisir entre la ruine et la raison, Pétain parut. Excellent à saisir en tout l'essentiel, le pratique, il domine sa tâche par l'esprit. En outre, par le caractère, il la marque de son empreinte [...]. La confiance prend parti pour un maître dont on sait qu'il a dédaigné la fortune des serviteurs [...]. Prestige du secret, ménagé par la froideur voulue, l'ironie vigilante, et jusque par l'orgueil dont s'enveloppe cette solitude... »

* Vraisemblance ? On trouvera Charles de Gaulle plus ferme en d'autres circonstances..

Cet « orgueil » dont parle de Gaulle dans la version définitive — et personnelle — de son livre, il a pu en déceler un nouveau trait dans une note jointe par le maréchal au texte de 1926 consacré à « La victoire ». Commentant la description faite par son « officier de plume » d'où naît l'impression que la décision de 1918 fut emportée par de vastes mouvements informes où la fatigue des peuples jouait un rôle primordial, le maréchal écrit fermement :

« En ce qui concerne le commandement, il faut que le soldat soit convaincu que tous ses actes ont été déterminés par un plan. » Il ne va pas toutefois jusqu'à reprendre la phrase qu'écrivait le colonel Laure en conclusion de sa propre critique du même texte : « La science et le caractère des chefs garantissent le succès et le bonheur des hommes... [9] »

La France et son armée ne fut pas seulement le champ de bataille où s'affrontèrent à l'arme blanche un officier doté d'un beau talent et un maréchal de France imbu de ses prérogatives. Ce fut aussi un livre écrit, négocié, édité, vendu et lu comme beaucoup d'autres. L'auteur, soumis par son éditeur au traditionnel questionnaire sur sa personnalité, ses publications, ses intentions et la signification de son livre, adressa au début d'août 1938 à Daniel-Rops sa réponse, qui est significative à plus d'un titre. S'il juge digne de lui de fournir son adresse, la liste des livres qu'il a publiés et celle des revues auxquelles il a collaboré (on note qu'il cite en tête les sept publications « civiles » qui ont accueilli ses textes, rejetant en fin de liste les revues militaires...), il renvoie un peu dédaigneusement Daniel-Rops à Lucien Nachin pour tout ce qui a trait à sa biographie.

S'agissant du contenu de l'ouvrage, il précise qu'il a voulu, « considérant mille ans d'histoire de France, en dégager l'esprit et la figure de notre armée, telle que l'ont façonnée, aux diverses époques, le tempérament national, le caractère du temps, la politique et l'État ». Et, sollicité de se définir lui-même, il répond : « Je parais, me semble-t-il, un homme qui " remue des idées ". » Et il ajoute, à propos de ce qu'on appelait alors la « réclame » du livre : « Je n'ai rien de particulier à recommander, sinon ceci : faire valoir ce qu'il peut y avoir de " vivant " dans la manière dont le sujet est traité, et dans le style. »

Intéressante, cette façon de se voir, de la part du colonel de Gaulle. Plus intéressant encore est le texte du « prière d'insérer » qu'il rédige à la demande de Daniel-Rops, cette espèce de manifeste de l'auteur à l'intention de la presse que l'éditeur demande d'ordinaire à l'auteur, quitte à retoucher son envoi :

> « Ce livre est une biographie. Son sujet, c'est la France souffrante, militante et triomphante. [...] Mais comme nous n'aimons que ce qui nous émeut, *la France et son armée* s'applique à mettre en relief ce qu'il y a d'émouvant dans le destin d'une nation qui s'élève et s'abaisse en même temps que sa force militaire [...]. C'est dans ce peuple lui-même qu'il faut

chercher l'explication de ses gloires et de ses douleurs, comme, pour un homme, le secret de son bonheur ou de ses larmes [...]. Puisque les grandes menaces planent à nouveau sur la patrie, puisse cet ouvrage ,humblement la servir [...]. Le moment est venu de rappeler qu'au total depuis Brennus jusqu'à Foch, aucune épée n'a pesé plus lourd que notre épée. »

L'accueil du public et de la presse fut bon. Meilleur que ceux qu'avaient obtenus *le Fil de l'épée* et *Vers l'armée de métier*. Les circonstances, il est vrai (« les grandes menaces qui planent à nouveau sur la patrie »), s'y prêtaient : au surplus, le colonel de Gaulle était devenu ce « remueur d'idées » dont un livre ne pouvait plus manquer de retenir, d'emblée, en bien ou en mal, l'attention de quelques centaines de lecteurs.

Plon avait pris des risques en tirant d'abord 4 000 exemplaires, puis, très vite après, 3 700 autres. A la fin de décembre, l'auteur s'étant enquis de la vente auprès de l'éditeur, apprit de Maurice Bourdel que, « sur 7 700 exemplaires tirés, il nous en reste environ 1 600. L'écoulement est un peu lent, mais le livre est bien accueilli ».

De fait, la presse était favorable. Dans *Paris-Midi*, quotidien à grand tirage, Roger Giron écrivait que : « Nul n'était plus qualifié que le colonel de Gaulle pour écrire l'histoire de l'armée française dont vient de s'enrichir la collection " Présences "... Écrivain militaire, M. Charles de Gaulle est un écrivain tout court... » Sur quoi Giron évoquait Michelet... *Gringoire*, dont l'humeur ardemment munichoise était pourtant peu compatible avec celle du colonel de Metz, lui rendait hommage par le truchement de Pierre Devaux : « Le colonel de Gaulle sait rendre prodigieusement vivante et présente la vie militaire de notre pays... » Et, tandis que *le Télégramme de Lille* parlait d'un « admirable livre », André Pironneau, dans *l'Époque*, réaffirmait une estime dès longtemps déclarée pour le « colonel Motor », en saluant à la fois la beauté du style, la richesse de la documentation et l'opportunité de la publication.

Voilà qui n'était pas fait pour apaiser l'humeur du maréchal. Une histoire qui se déroule au début d'octobre 1938 donne bien l'idée de ce que pense alors du colonel de Gaulle le vieux chef contraint par son inflexible interlocuteur à une assez humiliante retraite. Directeur de l'École libre des sciences politiques, Roger Seydoux* avait été frappé, tout au long de la crise de Munich, par l'extraordinaire indifférence de l'ensemble de l'opinion française, et plus précisément de la jeunesse, aux choses militaires. Il avait donc décidé de créer un enseignement de cet ordre dans le cadre de l'école dont il avait la charge et qui formait alors l'essentiel des cadres civils de l'État.

Il décide de s'en ouvrir au maréchal Pétain, membre du conseil d'administration de l'établissement, pour recevoir conseils et suggestions. Accueillant M. Seydoux au 4 bis, boulevard des Invalides, l'Imperator

---

* Qui fut depuis lors ambassadeur (sous la présidence du général de Gaulle) au Maroc· aux Nations unies et, sous celle de M. Pompidou, à Moscou.

approuve d'emblée l'idée d'un « cours de Défense nationale ». Mais à qui le confier ? Le directeur de Sciences-Po indique qu'il vient de lire un livre du colonel de Gaulle, qui lui semble fort qualifié pour donner un tel enseignement...

« Je connais bien le colonel de Gaulle, coupe le maréchal. C'est un ambitieux et un homme dépourvu d'éducation. J'ai largement inspiré son dernier livre. Il l'a rédigé sans me consulter et s'est borné à me l'envoyer par bordereau... C'est moi qui dirigerai personnellement le cours que vous prévoyez de créer, assisté par des officiers de mon état-major... Mais je prononcerai personnellement la leçon inaugurale, dès la rentrée... »

« Le maréchal, ajoute Roger Seydoux, tint sa promesse un mois plus tard. La rue Saint-Guillaume était noire de monde. Plus de 800 étudiants lui firent une ovation dans le grand amphithéâtre de l'école. Il donna une excellente conférence sur l'histoire de la Grande Guerre, au cours de laquelle ne furent prononcés ni le nom de Joffre, ni celui de Foch [10]... »

Éloquente réaction. Non moins éloquent est le portrait de Philippe Pétain qu'en marge de celui — si décoratif — dont s'orne *la France et son armée*, le colonel de Gaulle ébauche alors dans ses carnets. Suite de notations brèves, de phrases hachées, de traits aigus, de soupirs à peine réfrénés, c'est une de ces pochades plus belles que les œuvres achevées, par quoi se manifestent le mieux les grands portraitistes :

> « Drape d'orgueil la misère de sa solitude...
> Bien sensible, mais à ce qui le touche...
>
> Il n'a jamais entrepris rien que le résultat n'ait payé...
>
> Les traverses de sa carrière lui avaient conservé intact cet esprit critique dont la faveur et la réussite dépouillent souvent les plus avancés
>
> Trop assuré pour renoncer
> trop ambitieux pour être arriviste
> trop personnel pour faire fi des autres
> trop prudent pour ne point risquer
>
> Sa philosophie, c'est l'ajustement
>
> Impénétrable
> et même une ombre d'ironie dont il fait un rempart pour sa pensée et son repos
> Ayant par nature et par réflexion le goût de l'action longuement mûrie et préparée où la méthode se déploie...
>
> Plus de grandeur que de vertu [11]. »

Tel est le Pétain que de Gaulle aura en vue, entre la querelle « littéraire » de 1938 et le grand défi de juin 1940. Dans les multiples composantes de sa décision d'alors, on ne pourra se retenir d'entendre quelques échos de ce débat. Moins les traces d'amertumes qui peuvent subsister en lui — on a vu que les coups les plus cinglants, ce n'est pas lui qui les a reçus — que la

« mesure » qu'il a su prendre de l'autre. Au moment de se dresser, une nouvelle fois rebelle, il n'oubliera pas que ce vieil homme, il a su d'abord en « faire le tour », en cerner les traits, c'est-à-dire les limites, puis le faire plier...

15. Le mémorandum de Cassandre

A Franklin Roosevelt qui, vers la fin de 1944, l'invitait à donner une définition de la guerre qu'ils étaient tous deux en train de gagner, Winston Churchill fit cette étrange réponse : « The unnecessary war » (la guerre non nécessaire)[1]. Par quelle aberration celui qui fut entre tous « le grand champion de cette grande entreprise » en vint-il à nier ainsi la justification de son combat ? Peut-être n'y eut-il qu'une guerre « nécessaire » dans l'histoire moderne. S'il y en eut une, ce fut bien celle-là, livrée — Churchill l'a souvent rappelé lui-même — pour briser la tentative la plus évidente depuis quinze siècles de substituer à une certaine civilisation, celle du judéo-christianisme, le règne de la barbarie raciste la plus nue.

Si réaliste qu'il se soit toujours voulu, Charles de Gaulle, qui avait une « certaine idée », non seulement de la France, mais aussi de la civilisation occidentale et de ses valeurs, ne fut jamais effleuré, lui, par le moindre doute quant à la « nécessité » de cette guerre. On ne dispose pas de textes reflétant ses réactions au début de septembre 1939. Mais telle phrase de ses *Mémoires,* telle lettre écrite dans les semaines et les mois qui précédèrent et suivirent, telle allusion de ses discours et messages ultérieurs nous instruisent assez bien sur son état d'esprit au moment où s'engage la grande épreuve.

Certes, il entretient d'assez multiples relations dans les milieux politiques et lit trop bien une certaine presse (à commencer par *l'Action française*) pour ne pas connaître les arguments de ceux qui refusent de « mourir pour Dantzig » — selon la formule lancée alors par son associé de naguère, Marcel Déat.

Ainsi s'est-il entendu dire qu'il serait absurde de faire la guerre pour une Pologne suicidaire qui, fourvoyée par le colonel Beck, a longtemps préféré chercher son salut du côté de l'Allemagne, et vient de rejeter les propositions du chef de la mission française à Moscou, le général Doumenc*, l'invitant à laisser l'Armée rouge passer par son territoire pour participer à la lutte imminente contre le IIIᵉ Reich. Ainsi a-t-il écouté ceux qui prétendaient qu'après avoir laissé sans réagir Hitler réoccuper la Rhénanie notre glacis naturel, puis écraser la Tchécoslovaquie, notre meilleur allié, il était fou d'entrer en guerre pour maintenir cette absurdité du traité de Versailles qu'était le « corridor » de Dantzig, isolant la Prusse orientale du reste de l'Allemagne.

---

* Le pionnier des « divisions blindées »

Et qui mieux que lui, acharné depuis six ans à tracer la voie du salut obstinément négligée, peut apprécier les arguments de ceux qui estiment la France et son alliée britannique en état d'infériorité par rapport au IIIe Reich ? Il sait qu'Hitler vient de créer sa 6e division cuirassée (conformément au programme que de Gaulle traçait cinq ans plus tôt pour la France, où la 1re DC est encore en formation...), de forger une aviation d'assaut dont tous les observateurs de la guerre d'Espagne ont dit la terrible efficacité, et réalise une mobilisation économique sans précédent.

Il sait tout cela. Et aussi, ne serait-ce qu'en observant l'évolution qui se produit dans l'entourage de son ami Paul Reynaud au ministère des Finances, à quel point ceux mêmes qui se présentent comme les champions d'un combat sans merci sont infiltrés d'idées et d'influences ambiguës, et à quel point l'esprit de résistance à l'hitlérisme et au fascisme s'affaiblit au sein des équipes dirigeantes, fussent-elles réputées « républicaines ».

Il a observé avec une angoisse croissante la campagne que mènent, pour un rapprochement avec le fascisme italien, le dépérissement de l'alliance anglaise et la remise en cause des garanties accordées par la France à ses alliés d'Europe orientale et danubienne, des hommes comme Pierre Laval, Georges Bonnet, Anatole de Monzie et, depuis 1936, Pierre-Étienne Flandin ; des journaux comme *le Jour, le Matin* et *l'Action française* — avec la caution discrète du maréchal. Philippe Pétain ne perd aucune occasion en effet de déclarer à son entourage que, compte tenu du rapport de forces, il faut éviter à tout prix la guerre. Et il vient d'accepter avec une sorte d'empressement d'aller représenter la France auprès de l'Espagne franquiste.

Le 2 septembre, bien que venu de Metz à Paris pour se voir notifier un nouveau commandement, de Gaulle n'a pu assister à la navrante séance au cours de laquelle l'Assemblée nationale était invitée à voter les crédits militaires : mais il a recueilli aussitôt les échos de la tentative inspirée par Gaston Bergery — parallèle à celle de Laval au Sénat — de différer l'engagement de la France en vue de permettre à Georges Bonnet, ministre des Affaires étrangères, de faire appel à la médiation de Mussolini. Le dictateur italien, pour ses bons offices, se contenterait de quelques lambeaux d'Afrique, de Djibouti à la Tunisie... Les deux Chambres s'y sont refusées, mais n'ont voté les crédits militaires qu'à condition de s'entendre rappeler que « la mobilisation n'est pas la guerre ». Ainsi Daladier a-t-il dû prendre seul la responsabilité d'assurer, aux côtés de l'Angleterre et vis-à-vis de la Pologne, le respect de la parole de la France...

Le 3 septembre 1939, le colonel de Gaulle n'est donc pas de ceux qui s'interrogent sur l'opportunité de « mourir pour Dantzig ». Si conscient qu'il soit de l'état d'impréparation où sont plongées l'armée et la nation, il a craint jusqu'au bout que se renouvelle et s'approfondisse le dégradant abaissement de Munich, sachant mieux que d'autres, en spécialiste comparant attentivement les efforts consentis de part et d'autre du Rhin, que chaque semaine « gagnée » risque fort d'être une prime donnée à l'adversaire, et un allié perdu.

La veille, le général Colson (futur ministre de Vichy et alors chef d'état-major de l'armée de terre), écoutant l'un de ses collaborateurs, le colonel Gauché, lui dire que « jamais... la France ne s'est engagée dans une guerre dans des conditions aussi défavorables », ripostait en soupirant : « Mon pauvre ami, nous le savons. Mais nous sommes pris dans l'engrenage politique... D'ailleurs, si nous laissions aujourd'hui écraser la Pologne, nous nous retrouverions dans quelques semaines dans une situation encore plus grave, et encore plus seuls[2]... »

Peu enclin à dissocier, lui, les problèmes militaires de « l'engrenage politique », de Gaulle n'a pas attendu Munich pour savoir que le problème n'est pas s'il faut ou non affronter les armes à la main la machine de guerre hitlérienne, mais quand, avec quels moyens et aux côtés de quels alliés. Si, en mars 1939, à la veille de l'entrée d'Hitler à Prague, il a cru pour un temps à un « bluff » de l'Axe[3], il sait maintenant que le pire est assuré. Surtout depuis que Staline, piégé à Munich, a choisi, le 23 août, de pactiser avec Hitler et de prendre sa revanche sur Londres et sur Paris en rejetant le IIIe Reich contre les « ploutocraties occidentales » et la Pologne, préférant « partager la proie avec Hitler plutôt que d'être la sienne[4] ».

Il n'est pas d'homme en France que la guerre ait moins pris à l'improviste, pas d'homme qui ait moins balancé sur l'exigence d'agir, pas d'homme non plus qui s'y soit engagé avec moins d'illusions.

Lui qui a analysé vingt ans plus tôt, *in vivo,* les faiblesses structurelles de l'armée polonaise et connaît sa pauvreté en équipements mécaniques, est loin de surestimer, comme le font les états-majors anglais et français, la capacité de nos alliés d'endiguer pour quelques mois l'offensive allemande. Mais si modestes que puissent être les pertes infligées au IIIe Reich par l'armée polonaise dont il admire la valeur morale, et dès lors que Staline a choisi de se faire le complice d'Hitler plutôt que l'allié dont la stratégie française a besoin à l'Est, tout abandon nouveau, toute humiliation supplémentaire ne conduiraient qu'à aggraver la honte en accroissant l'isolement. Abandonner les Polonais en se désolidarisant des Anglais, ce serait décupler d'un coup le désastre de Munich.

Sans illusion sur le rapport de forces et les capacités de nos alliés, il l'est aussi — à la différence de beaucoup — au sujet du haut commandement français. L'auteur du *Fil de l'épée,* qui pendant des années a tenté de convaincre Gamelin, Weygand, Dufieux, Prételat, Giraud et tant d'autres, sait bien ce que valent, face aux problèmes de la guerre moderne, les héritiers de Foch et de Joffre, et *a fortiori* le maréchal Pétain.

Quant à l'homme qui est chargé de « conduire la guerre », Daladier, il l'a vu, au ministère de la Défense, docile aux pressions des « spécialistes ». Il a dénoncé en lui le signataire des acords de Munich. Et c'est cet homme qui, au lendemain de la déclaration de guerre, va rassembler entre ses mains la présidence du Conseil, les responsabilités de la défense et la direction du Quai d'Orsay... Charges si multiples et si concentrées que *l'Action française* le félicite de se faire ainsi l'artisan du rétablissement de la monarchie...

Oui, le 3 septembre 1939, Charles de Gaulle est un homme sans illusion

Si l'on en croit ses *Mémoires,* il était alors persuadé que le gouvernement espérait qu' « en dépit de l'état de guerre, on ne se battrait pas à fond[5] ». Il a plus de raisons que beaucoup d'autres de douter de l'issue du combat. Mais le pire tout de même a été évité : le funeste consentement, la trahison des alliances, le manquement à la parole de la France, le repli dans l'isolement calamiteux et l'insolent triomphe, sans coup férir, du nazisme.

Il faut s'arrêter ici un instant sur l'évolution de la pensée politique de Charles de Gaulle, au moment où s'ouvre la grande épreuve. On l'a vu souvent pencher à droite, par atavisme d'abord, par immersion dans un milieu social qui ne se pique pas de progressisme, par capillarité avec l'institution militaire qu'il dénonce et combat en la chérissant, du fait de lectures qui, de Chateaubriand au dernier Péguy et de Barrès à *l'Action française,* ne l'entretiennent pas dans le culte de la démocratie, enfin et surtout parce qu'il n'a pas vu fonctionner sans amertume le système de la IIIe République décadente.

Mais si fort qu'il ait méprisé mœurs et procédures, impuissance des uns et démagogie des autres, il a appris aussi à estimer des hommes. Le monde politique n'est pas pour lui ce grouillement informe de combines et d'intérêts sordides en quoi se résume, dans l'esprit de la plupart de ses collègues, la république parlementaire. Il a travaillé avec Tardieu et Paul-Boncour, avec Reynaud et Millerand, avec Philippe Serre et Palewski. S'il avait à mettre en parallèle les équipes politiques et militaires qui sont en charge de la France en 1939, il n'est pas certain qu'il trancherait en faveur des secondes — qui seront au contraire les cibles privilégiées de l'homme du 18 juin.

Bref, ayant depuis bien longtemps cessé d'être monarchiste — s'il le fut jamais au-delà de l'adolescence — il s'est affiché républicain. Entrer dans un gouvernement de la IIIe République — fût-il le dernier, et le plus infirme — lui sera un honneur, et durant toute la crise, il sera l'allié le plus intime des champions de l'esprit jacobin — Reynaud, Mandel, Marin, Campinchi, Jeanneney, Herriot — contre les « grands chefs » militaires que navre moins la défaite si elle peut être présentée comme celle du régime démocratique.

Certes, ce n'est pas une idéologie qu'il défend — et on le verra à Londres fort prévenu contre certaines personnalités symboliques du parlementarisme — mais un état d'esprit fondant une stratégie. Son seul critère est alors l'esprit de refus au IIIe Reich. Peu lui chaut que Kérillis soit de droite ou Lagrange de gauche : c'est à leur attitude face à l'entreprise nazie qu'il les jugera. Il a admiré Tardieu, mais rompu avec lui dès son ralliement au clan du compromis avec l'Axe. Il a dédaigné Blum, mais s'est voulu son allié dès que le leader socialiste fut mis au rang des « bellicistes ».

Il faut même aller plus loin. Cet homme qui s'est proclamé l'ennemi de toutes les doctrines — du « nationalisme intégral » de Maurras aussi bien que de toute idéologie de gauche — va se lier avec un groupement qui, sans

291

jouer aucun rôle parlementaire, ni même devenir un groupement politique, représente un peu plus qu'un état d'âme défavorable au fascisme comme au conservatisme social : les « Amis de *Temps présent* ».

On a vu le commandant de Gaulle collaborer épisodiquement à *l'Aube*, organe de la démocratie chrétienne, puis rester en contact avec diverses personnalités plus ou moins apparentées à ce courant, Daniel-Rops, André Lecomte et Philippe Serre. Ce dernier, on l'a dit, s'exprimait à la Chambre au nom du mouvement de la Jeune République, différent de la démocratie chrétienne en ce qu'il se refusait à toute affiliation cléricale. Selon Philippe Serre, et plus encore selon André Lecomte, le colonel de Gaulle aurait été fort impressionné par Marc Sangnier, inspirateur de la « JR » et de *Temps présent,* et fort proche d'adhérer à ce mouvement[6].

André Lecomte précise que, s'il ne rencontra pas Sangnier dès cette époque, Charles de Gaulle tint à le recevoir après la guerre pour lui dire qu'il avait « toujours appartenu à sa famille spirituelle », et qu'en 1938, il avait accepté de participer à Angers à un congrès de la Jeune République consacré aux problèmes militaires (empêché, il avait envoyé un texte). M. Lecomte ajoute qu'à la même époque, le colonel de Gaulle s'était prononcé, devant lui, pour un soutien actif à la République espagnole, arguant que la victoire de Franco couperait la France de son empire africain, sans lequel elle serait amoindrie sur le plan militaire[7].

Pour donner à cette orientation une sanction formelle, le colonel de Gaulle s'inscrivit aux « Amis de *Temps présent* » : cette adhésion est selon Joseph Folliet, rédacteur en chef de l'hebdomadaire alors replié à Nantes, « la dernière que le journal ait reçue », Stanislas Fumet précise : le 14 juin. Elle me fut « annoncée avec fierté », ajoute Folliet[8]. Or, ni *Temps présent* ni ses « amis » n'étaient neutres.

Fondé, après la liquidation par ordre du Vatican de l'hebdomadaire *Sept,* par des dominicains « avancés », *Temps présent* s'était présenté dès l'origine, sous la houlette de Stanislas Fumet et l'étendard de François Mauriac, comme un journal « mal-pensant », discrètement rebelle à un Vatican alors peu vigilant à l'égard du fascisme, italien aussi bien qu'espagnol. Mauriac, Henri Guillemin, Claude Bourdet et un jeune journaliste qui deviendra Maurice Schumann y fulminaient contre Franco et Hitler. Se proclamer « ami de *Temps présent* » était se marquer, surtout pour un officier, et Charles de Gaulle le savait[9].

« A gauche »? Nulle étude attentive de la carrière de Charles de Gaulle ne permet d'aventurer une telle formule. Mais l'adhésion aux « Amis de *Temps présent* » témoigne d'une convergence vers ce courant de l'antifascisme chrétien où s'alimentera très largement la Résistance, de Teitgen à Bidault, de Morandat au père Chaillet. Convergence assez neuve si l'on se reporte à une lettre adressée par Charles de Gaulle à Jean Auburtin, au lendemain de la démission du premier gouvernement Léon Blum, en juin 1937, pour le féliciter d'avoir fondé un centre d'études des problèmes sociaux :

« ... Il m'a toujours semblé que dans nos luttes sociales, il y avait beaucoup moins comme motif " l'intérêt " que la " jalousie "... Du côté des " petits ", cette jalousie devient l'envie. Du côté des " grands ", elle prend la forme de l'orgueil : " Noli me tangere ! " La question des gros sous (salaires, bénéfices, congés, etc.) s'arrangerait très vite si quelque chose pouvait rapprocher moralement les antagonistes. Ce quelque chose, il faut convenir que le fascisme l'a trouvé, l'hitlérisme aussi, et cependant, comment accepter un équilibre social qui se paie par la mort de la liberté ? Quelle solution ? Le christianisme, convenons-en, avait la sienne. Mais qui découvrira celle qui vaudra dans notre temps ? »

Curieuse approche de la « question sociale », d'une naïveté de patronage ou de « popote ». Curieuse aussi, cette distance par rapport au christianisme, dont il n'est question qu'au passé. Si, un an plus tard, le même Charles de Gaulle rejoint les amis de ce Marc Sangnier qui prétend redécouvrir la justice sociale par un retour à l'Évangile, c'est à la suite de quelles lectures ? De Sangnier lui-même, comme le suggèrent Lecomte et Serre ? Aucun texte n'est là pour l'attester.

« Ami de *Temps présent* », voilà en tout cas le colonel de Gaulle fort loin des maurrassiens et de l'extrême droite, contre lesquels le seul homme qui eût quelque influence sur lui depuis la mort de son père, le lieutenant-colonel Mayer, l'avait dès longtemps prévenu.

Au moment d'entrer dans la « houle de l'histoire », de Gaulle se sent bien appelé à jouer le rôle d'un Louvois : mais c'est de plus en plus, et comme il l'a écrit, « un Louvois pour la République », une république française qui ne peut survivre désormais qu'en triomphant du nazisme. Dès avant les tristes collusions de Bordeaux, de Vichy et de Sigmaringen, avant même de se retrouver lui-même chef d'une manière de Front populaire, il a constaté (sans joie) que le sort de l'indépendance française se confond *hic et nunc* avec celui du régime.

La veille de la déclaration de guerre, le 2 septembre, il a été appelé au commandement des chars de la Ve armée, qui couvre l'Alsace, à l'abri de la ligne Maginot, et dont l'état-major est installé à Wangenbourg, au sud de Saverne. C'est une promotion. Mais c'est aussi une nouvelle manifestation de l'échec de sa « croisade ». Ces chars qu'il est appelé à commander, ce n'est pas l'une de ces grandes unités pour lesquelles il n'a cessé de militer, c'est un conglomérat de cinq bataillons dispersés — les 1er, 2e, 19e, 21e et 24e BCC équipés de chars R 35. C'est l'expression même de cette formule du « saupoudrage » qu'il dénonce depuis des années. Mais quoi ? Il est soldat de métier, mobilisé, et obtempère.

La Ve armée est commandée par le général Bourret, qu'il connaît bien : chef du cabinet militaire de Daladier, il s'est fait plusieurs fois son avocat auprès du ministre, notamment lors de sa promotion au grade de colonel, en 1937. C'est un honnête homme, « républicain » déclaré, qui se fait volontiers appeler « le caporal Bourret » pour rappeler qu'il est sorti du rang. Le chef d'état-major de Bourret est un certain colonel de Lattre de Tassigny, dont on reparlera. Il n'est pas trop mal traité, de Gaulle, pour un rebelle.

Sur la « drôle de guerre », ces six mois pendant lesquels l'armée française resta l'arme au pied pendant qu'Hitler écrasait la Pologne, il écrit ces quelques lignes dans ses *Mémoires* (rédigés quinze ans plus tard) :

> « C'est sans aucun étonnement que je vis nos forces mobilisées s'établir dans la stagnation... Tandis que les forces ennemies se trouvaient, presque en totalité, employées sur la Vistule, nous ne faisions rien en effet, à part quelques démonstrations, pour nous porter sur le Rhin. Nous ne faisions rien, non plus, pour mettre l'Italie hors de cause en lui donnant le choix entre l'invasion française et la cession de gages de sa neutralité [10]... »

(Très intéressante suggestion, que n'osaient pas même formuler à l'époque les porte-parole de la gauche « belliciste », et qui aurait horrifié une droite qui n'avait pas encore cessé de voir en Mussolini le médiateur idéal...)

« A part quelques démonstrations... », écrit-il. L'impatience qu'il manifestait lui valut d'être désigné par Bourret pour jouer son rôle dans cette stratégie de théâtre. Le 12 septembre 1939, l'un des cinq bataillons qu'il commande — le 24e BCC — est engagé dans l'attaque d'un poste frontière allemand, celui de Schweix, près du camp de Bitche, en avant de la ligne Maginot. Cette « démonstration », simple coup de main à la mesure d'une ou deux compagnies, fut déclenchée avec de gros moyens — dont quelques-uns des chars de De Gaulle — sous les lorgnettes d'un quarteron de généraux français groupés sur un piton voisin (leurs collègues allemands étaient occupés ailleurs...). Le responsable de l'opération était un certain général Quilichini, camarade de promotion de Charles de Gaulle à l'École de guerre, petit officier corse aux moustaches en croc qu'il traita, indique un témoin [11], avec « une pointe de condescendance » bien qu'il eût (ou parce qu'il avait) bénéficié d'un avancement plus rapide que lui.

En de telles circonstances, et alors qu'agonise l'armée polonaise alliée, le colonel de Gaulle ne saurait se contenter de jouer sa partie dans une quelconque « manœuvre à tir réel ». Puisque l'état-major se contente de ces jeux, il va au moins poursuivre études et recherches. Le 11 novembre 1939, il adresse au commandant en chef, le général Gamelin, une « note sur l'emploi des chars » rédigée, précise-t-il, à la lumière des enseignements tirés de l'action des « grandes unités blindées que l'ennemi vient de mettre en œuvre en Pologne ».

Plus prudent, moins « prophétique » que dans *Vers l'armée de métier* (il ne s'agit pas ici d'un livre à usage externe, mais d'une note de service), il envisage une liaison entre l'infanterie et les chars « en tant qu'elle signifie appui réciproque », tout en maintenant sa dénonciation de l' « émiettement » et en préconisant une refonte du règlement en vue de l'emploi des chars « en largeur et en profondeur... dans le cadre d'une grande unité ».

Ce texte ne recevra même pas de réponse. De Gaulle en attendait-il une ?

Alors, de l'outil en miettes qui lui est concédé, il va s'efforcer de tirer le meilleur parti. Il crée à Blamont un « centre d'instruction des chars de la Vᵉ armée » et y fait manœuvrer sans répit ses cinq bataillons. On y étudie, en vue du franchissement des obstacles par les R 35, un « lance-fascines » dont sont dotés les véhicules du 24ᵉ BCP, mais dont l'histoire militaire n'a pas enregistré qu'ils furent de quelque utilité.

Plus fructueux est l'intérêt qu'il porte à l'amélioration des liaisons radio entre chars. A un collaborateur de son ami le général Delestraint, devenu adjoint de l'inspecteur général des blindés, il écrit en janvier 1940 que l'installation de postes radio était indispensable à bord des R 35, « sinon devant les blindés allemands, les [chars] légers seront couillonnés[12]... » Et de multiplier les recherches en vue de l'installation d'instruments radio dans les tourelles trop exiguës. Il inspecte, incite et morigène — recréant en ce temps de guerre immobile « son » climat de Trèves et de Metz.

On reçoit beaucoup au QG de la Vᵉ armée et sur l'ensemble de ce front du nord-est bien couvert par la ligne Maginot. Le 23 octobre, c'est le président Lebrun, chef de l'État, qui, vêtu d'une élégante veste de chasse, passe en revue sur les rives de la Moselle le 19ᵉ BCC, présenté par un colonel de Gaulle casqué de cuir et d'acier. « Vos idées me sont connues, lui dit fort aimablement le président de la République, ancien polytechnicien et amateur de mécanique. Mais pour que l'ennemi les applique, il semble bien qu'il soit trop tard. » Rapportant ce propos dans ses *Mémoires*[13], le « colonel Motor » ne dit pas quelle riposte lui vint, à lui qui n'en était pas avare. Peut-on croire qu'il se retint de faire plus aimablement encore observer au visiteur que ses « idées » étaient d'abord destinées à être appliquées par l'armée française ?

Quelques jours plus tard, c'est le directeur du *Figaro,* Pierre Brisson, qui est l'hôte de Wangenbourg. Charles de Gaulle lui exprime ses regrets de voir nos forces contraintes à une passivité à tous égards dangereuse. A quoi cet intelligent journaliste — mieux informé, il est vrai, en matière de tragédie classique que de stratégie — riposte sur un ton sans appel : « Ne voyez-vous pas que nous avons, d'ores et déjà, gagné la Marne blanche[14] ? »

C'est à cette époque qu'il écrit sa première lettre de guerre à Paul Reynaud. Le ministre des Finances lui ayant demandé au début d'octobre quelle affectation militaire il pourrait postuler (requête peu fréquente de la part d'un membre du gouvernement), de Gaulle, après avoir suggéré à Reynaud de se faire nommer à l'état-major des chars de la Vᵉ armée (ce qui eût provoqué entre eux un amusant basculage des hiérarchies), élève le débat :

> « ...Je me risquerai à vous donner mon opinion en ce qui concerne la conduite de cette guerre. Notre système militaire a été bâti exclusivement en vue de la défensive. Si l'ennemi nous attaque demain, je suis convaincu que nous lui tiendrons tête. Mais s'il n'attaque pas, c'est l'impuissance quasi totale.
> Or, à mon avis, l'ennemi ne nous attaquera pas de longtemps*. Son intérêt

* Écrit en octobre 1939

est de laisser " cuire dans son jus " notre armée mobilisée et passive, en agissant ailleurs entre-temps. Puis, quand il nous jugera lassés, désorientés, mécontents de notre propre inertie, il prendra en dernier lieu l'offensive contre nous, avec, dans l'ordre moral et dans l'ordre matériel, de toutes autres cartes que celles dont il dispose aujourd'hui [15]... »

Quelques semaines plus tard, le 2ᵉ bureau de l'état-major général fait diffuser à tirage très restreint, sous la cote « Secret n° 1152-2 FT », un rapport tirant les leçons de la victoire foudroyante remportée en Pologne par la Wehrmacht. A propos des blindés, il est notamment spécifié que « dans les opérations de rupture, les chars ont toujours été employés en masse... sur un front de 1 000 à 2 000 mètres par régiment... les chars formant plusieurs échelons distants les uns des autres d'environ 1 000 mètres... l'action des chars étant toujours appuyée par l'aviation attaquant à la bombe ou à la mitrailleuse »...

Document éclairant, dont les spécialistes du grand quartier général ne tirent que cette conclusion : « Les procédés de combat employés par l'armée allemande en Pologne répondaient à une situation particulière [...]. Sur le front occidental, les opérations revêtiront sans doute un autre aspect », mais « la connaissance [de ces méthodes] doit permettre de préparer en temps utile les parades appropriées [16]. »

Parades ? C'est seulement au début de 1940 que l'état-major rendit officielle la formation des deux premières divisions cuirassées, alors que les chars B 1 *bis,* les meilleurs véhicules blindés alors en service, ne sortaient qu'au compte-gouttes (60 seulement, sur les 460 commandés, étaient alors disponibles...) et que les chars légers R 35 restaient à la fois dotés d'un armement très insuffisant (un canon de 37) et privés, on l'a vu, de ces liaisons radio que le colonel de Gaulle réclamait, les ordres d'un véhicule à l'autre devant être transmis par fanions ou par coureurs...

Comment s'étonner que, recevant à cette époque une délégation de parlementaires britanniques, le Connétable ait choisi de provoquer un choc ? Il harangue en ces termes les visiteurs, de sa voix de cor de chasse : « Messieurs, cette guerre est perdue... (Un long, très long silence. Chapeaux melons et parapluies oscillent, stupéfaits.) ... Il faut donc en préparer et en gagner une autre : avec la machine ! »

Le 3 janvier 1940, Paul Reynaud, qui a entre-temps renoncé à ses aspirations militaires, répond à une invitation du colonel de Gaulle et débarque à son tour à Wangenbourg. Le général Bourret en profite pour l'inviter à sa table, entre de Lattre et de Gaulle. Le ministre des Finances ouvre le feu : « Messieurs les militaires, c'est à vous de jouer. Quand y allez-vous ? » Le Connétable saisit la balle au bond et prône ardemment l'offensive. Le général et son chef d'état-major objectent fermement que déclencher l'attaque dès le printemps serait une erreur. La discussion s'anime, au point que le calme Bourret prend la mouche : « La suffisance de ce ministre, raconte-t-il, m'a énervé au point de lui dire : " Si l'on attaque au printemps, le ministre qui l'aura décidé et le général qui l'aura exécuté seront pendus [17] ! " »

Quinze jours plus tard, c'est de Gaulle qui est, à Paris, rue de Rivoli, l'hôte du ministre des Finances. Léon Blum, de plus en plus lié à Reynaud, assiste au dîner. « Quels sont vos pronostics ? demande-t-il à de Gaulle. — Le problème, riposte sans timidité le visiteur, est de savoir si au printemps les Allemands attaqueront vers l'ouest pour prendre Paris ou vers l'est pour atteindre Moscou. — Y pensez-vous ? s'étonne Blum. Les Allemands, attaquer à l'Est ? Mais pourquoi iraient-ils se perdre dans les profondeurs des terres russes ? Attaquer à l'Ouest ? Mais que pourraient-ils faire contre la ligne Maginot [18] ? »

Léon Blum a relaté lui aussi, dans ses *Mémoires,* cette seconde rencontre avec de Gaulle. Il raconte comment, le raccompagnant quai de Bourbon après le dîner, le colonel lui confia avec une poignante émotion :

> « Je joue mon rôle dans une atroce mystification... Les quelques douzaines de chars légers qui sont rattachés à mon commandement sont une poussière... Je crains que l'enseignement de la Pologne, pourtant si clair, n'ait été récusé de parti pris. On ne veut pas que ce qui a été réussi là-bas soit exécutable ici. Croyez-moi, tout reste à faire chez nous... Si nous ne réagissons pas à temps, nous perdrons misérablement cette guerre. Nous la perdrons par notre faute. Si vous êtes en mesure d'agir de concert avec Paul Reynaud, faites-le, je vous en conjure ! »

Avant de quitter Blum, de Gaulle lui annonce l'envoi d'un mémoire qu'il vient de rédiger et qu'il a intitulé *l'Avènement de la force mécanique.* Quelques jours plus tard, le leader socialiste reçoit en effet une note signée du colonel de Gaulle, qu'il lit d'un trait. « Et c'est alors, dit-il, que j'appris, que je compris tout. Il fallait organiser à tout prix, et sans autre délai, l'armée mécanique [19]... »

Léon Blum ne disposait pas d'une bien grande audience dans les milieux militaires. Mais assez tout de même pour que le texte fût mis sous les yeux du général Georges, numéro 2 de la hiérarchie militaire, et de quelques autres. Il faut croire que son ascendant était plus faible sur les milieux politiques : Daladier, chef suprême de la conduite de la guerre, ne crut pas utile d'en prendre connaissance.

Quel est donc ce texte qui fit tomber les écailles des yeux du très intelligent Léon Blum — lequel avait fait déjà quelque chemin à la rencontre de l'auteur du *Fil de l'épée* depuis la série d'articles publiés dans *le Populaire* à la fin de 1933 pour faire pièce à l'armée professionnelle ? On ne saurait dire que le mémorandum de 1940 renouvelle profondément les thèmes de *Vers l'armée de métier.* Mais ce qui le corse et le muscle par rapport au livre-manifeste de 1934, c'est la caution que fournit alors à ces thèses le triomphe des divisions cuirassées hitlériennes en Pologne. Rien de plus éloquent que l'arbitrage des faits

De ce document capital, qui fut ronéotypé à quelque 80 exemplaires et adressé par de Gaulle à autant de personnalités civiles et militaires le 26 janvier 1940, on ne possède que la version très réduite publiée par Lucien Nachin dans son livre de 1944 [20] C'est à ce texte qu'on se référera, avec d'autant plus de confiance qu'il fut diffusé sous le contrôle de l'auteur

N'en retenant que quelques phrases dans ses *Mémoires de guerre,* le général les fait précéder d'un très bref résumé, indiquant que ce mémorandum constituait de sa part un « dernier effort » en vue de convaincre les responsables civils et militaires que l'offensive ennemie serait conduite avec d'énormes moyens mécaniques terrestres et aériens, que « notre front pourrait être à tout moment franchi » et que « faute d'éléments de riposte équivalents *, nous risquerions fort d'être anéantis ».

L'Avènement de la force mécanique est d'abord un hymne au « moteur combattant » qui

> « restitue et multiplie les propriétés qui sont éternellement à la base de l'offensive. Agissant dans les trois dimensions, se déplaçant plus vite qu'aucun être vivant, susceptible de porter des poids énormes sous forme d'armes ou de cuirasse, il occupe désormais un rang prépondérant dans l'échelle des valeurs guerrières et s'offre à renouveler l'art défaillant ».

Les nouvelles armes, poursuit de Gaulle, ne sont pas des panacées. L'ennemi leur oppose des engins identiques et d'autres, destinés spécialement à les combattre. L'artillerie conserve sa puissance de feu,

> « mais c'est un fait que, par rapport aux autres armes, l'engin mécanique est intrinsèquement doté d'une puissance, d'une mobilité, d'une protection littéralement incomparables et que, par suite, il constitue l'élément essentiel de la manœuvre, de la surprise et de l'attaque. Il n'y a plus, dans la guerre moderne, d'entreprise active que par le moyen et à la mesure de la force mécanique ».

Dans aucun des deux camps, observe curieusement le colonel de Wangenbourg, on ne semble s'être résolu encore à tirer de cette observation les conclusions qui s'imposent. Au lieu de créer, de toutes pièces, l'instrument de guerre nouveau, on se borne à insérer dans le système ancien les engins motorisés, et comme à regret.

Certes, en groupant d'importantes masses d'aviation d'attaque et plusieurs grandes unités cuirassées, les Allemands se sont rapprochés de la solution rationnelle et en ont tiré de grands avantages en Pologne. Mais, assure de Gaulle, leurs avions sont en nombre insuffisant et leurs chars d'un modèle trop léger pour penser rompre les obstacles de la ligne Maginot L'Allemagne n'est-elle pas en train de regretter l'excès de timidité dont elle a fait preuve dans la transformation de son armée ? Et il croit bon d'ajouter :

> « Nul ne peut raisonnablement douter que si l'Allemagne avait, le 1er septembre dernier, disposé seulement de deux fois plus d'avions, d'un millier de chars de cent tonnes, de trois mille de cinquante ou trente et de six mille de vingt ou de dix, elle aurait écrasé la France. »

---

* Ce sont presque les termes utilisés par Pétain dans la préface au livre du général Chauvineau (cf. p. 258).

Ce qui est une évidence.

S'agissant de la France, poursuit le colonel, la création d'une ligne fortifiée n'est qu'un expédient dont il convient de ne pas exagérer la valeur, car

> « la technique et l'industrie se trouvent dès à présent en mesure de construire des chars qui, employés en masse comme il se doit, seraient capables de surmonter nos défenses actives et passives [...]. Le défenseur qui s'en tiendrait à la résistance sur place des éléments anciens serait voué au désastre. Pour briser la force mécanique, seule la force mécanique possède une efficacité certaine. La contre-attaque massive d'escadres aériennes et terrestres... voilà donc l'indispensable recours de la défensive moderne ».

Terrés derrière nos fortifications, nous laissons à l'ennemi toutes facilités pour s'emparer de toutes les ressources de l'Europe, poursuit-il : « Dans le conflit présent, comme dans ceux qui l'ont précédé, être inerte, c'est être battu. » Selon de Gaulle, il y a péril à laisser dans l'inaction les forces mobilisées, ces milliers d'hommes qui piétinent dans leurs cantonnements, travaillés, comme leurs chefs, par l'obscur sentiment de leur inutilité autant que de leur impuissance. Faudra-t-il donc, demande-t-il, pour justifier leur maintien sous les armes « se voir acculé à des entreprises sans espoir * » ?

Ici, l'argumentation de l'auteur de *Vers l'armée de métier* s'enrichit d'observations neuves : la prolongation des hostilités peut-elle même se concevoir dans un pays où toute vie économique est suspendue, alors que l'énormité des dépenses de guerre exigerait une activité industrielle et commerciale accrue, une production agricole développée au maximum ? On ne peut à la fois exporter et mobiliser, fabriquer un matériel de guerre indispensable et maintenir les techniciens aux armées. « Jadis, souligne-t-il, la guerre des nations armées exigeait la masse au combat. Aujourd'hui, la guerre totale exige la masse au travail. »

Le seul moyen de concilier ces besoins contradictoires, selon de Gaulle, est de disposer de l'organisation militaire qui réalise le maximum de puissance avec le minimum d'effectif. L'adoption de la force mécanique entraîne fatalement la modification de l'organisation militaire, de l'étendue et du rythme des constructions et du caractère même de la guerre. Et pendant que se poursuivrait, avec le concours de l'Angleterre et de l'Amérique, l'exécution d'un vaste programme de fabrication, il serait procédé à la formation du personnel, pour le choix duquel le commandement aurait une priorité absolue. L'esprit sportif de guerre serait inculqué aux futurs exécutants, car « les grandes victoires de notre époque seront sans nul doute remportées par champions et par moteurs ».

> « L'élément de toute entreprise autonome est la grande unité, rappelle le " colonel Motor". En l'air, des divisions d'assaut capables, au cours de la

---

* C'est l'époque (janvier 1940) où Paris prépare dans la fièvre le débarquement à Petsamo. en Finlande.

bataille, à la fois de se tailler la place dans le ciel et d'en fondre pour assaillir l'ennemi au sol ou sur la mer, et des divisions d'attaque lointaine destinées à la destruction des objectifs d'ordre économique. La réunion de ces grandes unités en corps terrestres ou aériens permettrait les larges ruptures, les manœuvres à grande envergure, les exploitations profondes qui constituent la tactique des formations mécaniques, à condition qu'elles soient concentrées [...]. Nul doute que cette extension du rayon d'action de la force doive entraîner un vaste élargissement des théâtres d'opérations et, par suite, de profonds changements dans la conduite politique du conflit. »

Assurant qu'il y a là une possibilité offerte au commandement français de sortir de l'immobilité à laquelle notre organisation désuète le contraint, Charles de Gaulle souligne la nécessité impérieuse d'avoir à s'y attacher sans tarder, car les périls de l'immobilité sont également perçus chez tous les belligérants. « A aucun prix, le peuple français ne doit tomber dans l'illusion que l'immobilité militaire actuelle serait conforme au caractère de la guerre en cours. C'est le contraire qui est vrai... » Et ici le Connétable adopte avec un emportement génial le rôle et le ton de Cassandre :

« Le conflit présent sera tôt ou tard marqué par des mouvements, des surprises, des irruptions, des poursuites, dont l'ampleur et la rapidité dépasseront infiniment celles des plus fulgurants événements du passé. Beaucoup de signes annoncent déjà ce déchaînement des forces nouvelles [...] Ne nous y trompons pas! Le conflit qui est commencé pourrait bien être le plus étendu, le plus complexe, le plus violent de tous ceux qui ravagèrent la terre. La crise politique, économique, sociale, morale dont il est issu revêt une telle profondeur et présente un tel caractère d'ubiquité qu'elle aboutira fatalement à un bouleversement complet de la situation des peuples et de la structure des États. Or, l'obscure harmonie des choses procure à cette révolution un instrument militaire — l'armée des machines — exactement proportionné à ses colossales dimensions. Il est grand temps que la France en tire la conclusion. »

L'Avènement de la force mécanique est donc un manifeste où se mêlent des appréciations contestables sur les forces dont dispose déjà Hitler — sous-estimées, puisque l'auteur soutient qu'elles n'ont pas vraiment bénéficié de la révolution technique qu'il adjure le commandement français d'opérer —, des suggestions ingénieuses sur le maintien en activité des forces de production en temps de guerre, et des vues littéralement prophétiques sur les événements qui allaient survenir, ces « surprises, irruptions et poursuites » qui sont déjà un résumé du printemps de 1940...

Mais on peut y voir aussi le geste le plus audacieux, le plus original, le plus significatif qu'ait encore accompli de Gaulle, la première forme de l'appel du 18 juin. Voilà en effet un officier, responsable de forces importantes sur le front, et qui se mêle, en pleine guerre, de dénoncer la conduite de la guerre par l'état-major et d'en préconiser ouvertement une autre, non seulement à l'adresse des chefs militaires, mais en appelant à la rescousse des dizaines de parlementaires, notamment socialistes. Il est faible de parler d'acte d'indiscipline, il faut presque parler de rébellion*.

De l'École de guerre au conflit avec le maréchal Pétain à propos de son dernier livre, Charles de Gaulle n'avait pas été jusqu'alors un officier très conformiste. Mais jamais encore le rebelle ne s'était manifesté en lui avec autant d'éclat. On en vient à s'interroger sur les raisons de la mansuétude à son égard de chefs dont ce texte cinglant dénonçait une fois de plus l'incurie, la passivité et l'absence d'imagination.

« Mon mémorandum ne provoqua pas de secousse », note mélancoliquement de Gaulle dans ses *Mémoires*. Où donc un état-major qui n'osait pas même rappeler à l'ordre un hérétique (et relaps) aurait-il trouvé l'énergie de déclencher, à sa demande, un tel bouleversement d'idées et de structures ? On préféra, en haut lieu, négliger l'importun. Daladier, on l'a dit, s'abstint de le lire. Le général Georges nota : « Intéressant, mais la reconstitution n'est pas à la hauteur de la critique. » Le général Dufieux, depuis longtemps prévenu contre le « colonel Motor », déclara que « les conclusions sont, dans l'état actuel de la question, à rejeter ». Et un colonel breveté d'état-major auquel Jean Auburtin soumit le mémorandum du 26 janvier barra la première page de cette savoureuse annotation : « Un daltonien qui parle des couleurs... » Seul le général Billotte, commandant le groupe d'armées du Nord, lui fit connaître son approbation[21].

Comme pour mettre le sceau final à cet acte de divorce entre l'ensemble des chefs de l'armée française et lui, il y aura encore, avant la bourrasque de mai, ce face-à-face de Blamont où, présentant au général Prételat**, commandant du groupe d'armées de l'Est, un exercice de chars évoluant de façon autonome, il s'entend dire : « C'est un beau carrousel. Mais le règlement s'en tient à l'accompagnement d'infanterie[22] ! »

Les lettres qu'il écrit alors à ses correspondants habituels portent la marque de ces déceptions personnelles et collectives. A Lucien Nachin, le 8 février : « ... Rien n'est dramatique, humainement parlant, comme cette guerre où l'honneur et l'instinct nous ont fait entrer et que nous ne nous décidons pas, au fond, à faire réellement[23]. » Et à Paul Reynaud, le 21 février :

> « S'il est vrai que nous prîmes les armes pour empêcher l'Allemagne d'établir son hégémonie en Europe centrale, balkanique, nordique et orientale, nous n'avons point réussi, sans d'ailleurs l'avoir tenté... On peut donc dire que cette guerre est perdue. Mais il est encore temps d'en gagner une autre. Cette autre guerre pourrait défaire ce que l'ennemi vient de réaliser dans la première...
> « Si nous y manquions, le monde, et d'abord notre pays s'habitueraient

---

* Bernard Ledwidge, l'un des biographes anglais du général, assure que, dans l'armée britannique, une telle algarade eût été immédiatement sanctionnée par la mise en congé définitive de l'intéressé.

** Le seul membre du Conseil supérieur de la guerre qui avait osé se prononcer clairement contre l'entrée en guerre le 3 septembre 1939.

peu à peu à l'ordre nouveau qu'Hitler est en train de fonder dans la plus grande partie de l'Europe... Quelque jour, la paix qu'Hitler nous suggère sur la base des faits accomplis nous paraîtrait l'unique solution. Après quoi, nous serions mûrs pour l'abaissement, l'isolement et l'écrasement[24]. »

Quelle vision des choses, tout de même ! Des mois, des années avant la tragédie, ce guerrier gorgé d'histoire pose un œil de grand rapace de l'intelligence sur un avenir stratégique, politique et moral qu'il est seul peut-être à savoir lire ainsi — inspiré par un pessimisme historique de haut style où se conjuguent l'esprit des *Oraisons funèbres* et celui de *l'Ancien Régime et la Révolution*.

On peut se demander pourquoi cet « animal d'action » s'intéressa si peu (si l'on s'en tient aux textes dont nous disposons) à la stratégie périphérique que mit en branle, à la fin de novembre 1939, le conflit entre la Finlande et l'Union soviétique.

Quand on garde en mémoire les manifestations d'émotion que suscita dans l'opinion française la résistance opposée par le maréchal Mannerheim et les siens à l'Armée rouge, quand on sait l'excitation que suscitèrent dans les cercles gouvernementaux le « projet Petsamo » en vue d'un débarquement sur la côte septentrionale de la Finlande (en plein hiver !) et les rêves de Picrocholes d'état-major comme le général Bergeret *, qui proposait sans rire à l'un de ses adjoints, le capitaine Stehlin[25], de mettre sur pied un plan consistant à prendre l'URSS en tenaille par une jonction entre les conquérants (supposés) de la Finlande et l'armée de Weygand marchant de Beyrouth (à travers le Caucase) sur la capitale russe, on s'étonne des silences du colonel de Gaulle.

Dans son *De Gaulle dictateur,* dont le titre dit assez les sentiments qu'il nourrit à l'égard de son ancien allié des batailles antimunichoises, Henri de Kérillis assure que le colonel de Gaulle aurait déclaré alors qu'une force motorisée française débarquée en Norvège aurait pu « bousculer les hordes soviétiques » en Finlande. On ne trouve aucune trace de telles intentions dans la correspondance ni les *Mémoires* du Connétable. Ce qui apparaît, au contraire, c'est le souci qui anime le commandant des chars de la Ve armée de ne pas détourner l'effort de guerre de son objectif primordial : la défaite de l'impérialisme hitlérien.

Rédigeant ses *Mémoires* à une époque où, président du RPF, il n'est guère tenté de ménager Moscou et où il a perdu, s'il en eut jamais, toute illusion à propos de l'Union soviétique, de Gaulle écrit à ce sujet :

> « ... Certains milieux voulaient voir l'ennemi bien plutôt dans Staline que dans Hitler. Ils se souciaient des moyens de frapper la Russie, soit en aidant la Finlande, soit en bombardant Bakou, soit en débarquant à Stamboul, beaucoup plus que de la façon de venir à bout du Reich[26]... »

Qu'on retrouvera ministre à Vichy, puis adjoint de Darlan et de Giraud à Alger.

On ne saurait être plus clair. S'il souffrit quelque temps du « syndrome de Petsamo », de Gaulle, qui eut toujours une conscience claire de l'ordre des urgences, en guérit vite.

La défaite de la Finlande (Helsinki doit faire la paix avec Moscou le 12 mars) sonne le glas de trop de rêves pour ne pas porter un coup mortel au cabinet Daladier, renversé le 19. C'est Paul Reynaud que le président Lebrun appelle à lui succéder, comblant les vœux du colonel de Gaulle qui, trois semaines plus tôt, averti par son ami (qui n'est encore que le ministre des Finances) de sa prochaine désignation à la tête d'une division cuirassée, lui écrivait sur le ton de courtisan de haute époque qu'on a déjà relevé :

> « ... Dans le commandement qui me sera attribué grâce à vous, je m'efforcerai de démontrer en combattant la valeur des conceptions de rénovation militaire auxquelles vous avez, sur le plan de l'homme d'État, d'ores et déjà attaché votre nom[27]... »

Reynaud, Reynaud enfin, chargé de la conduite suprême de la guerre, à la veille d'événements que de Gaulle prévoit gigantesques ! Le destin se manifeste avec un éclat troublant, plus tôt peut-être que de Gaulle l'avait imaginé. Que ce soit dans l'entourage immédiat du nouveau chef du gouvernement qui a fait de lui depuis plus de cinq ans son mentor militaire, ou au commandement d'une de ces grandes unités blindées dont il est le prophète, tout lui fait prévoir qu'il va rendre enfin le « service signalé » que son adolescence a entrevu et que sa vie tout entière appelle.

Deux missions s'offrent donc, exaltantes l'une et l'autre. C'est très vraisemblablement de la première qu'il souhaite être chargé : il a toujours placé le politique au-dessus de tout, c'est-à-dire le centre de décision avant l'organe d'exécution. A une date qu'il n'est pas possible de préciser, mais qui se situe au début de 1940, Charles de Gaulle a adressé à Paul Reynaud une note fort explicite, où il pose sans détour sa candidature à l'exercice de ce type de responsabilités :

> « 1. Le Comité pour la conduite de la guerre arrête le plan de guerre et prend les décisions nécessaires dans cet ordre d'idées à mesure des événements.
> 2. Si l'on veut que les séances du Comité puissent être préparées, il faut un secrétariat qui établisse les dossiers, étudie les questions et fasse les procès-verbaux.
> 3. Le colonel de G. pourrait être secrétaire général pour la conduite de la guerre[28]... »

Tout fait prévoir que Charles de Gaulle sera appelé à seconder de très près le nouveau chef du gouvernement : c'est à lui que Paul Reynaud demande de rédiger sa déclaration ministérielle, prévue pour le 21 mars. Mais le texte qu'il lui remet, bref et musclé, lu (quelque peu retouché par un autre collaborateur de Reynaud, Dominique Leca) à la tribune du Palais-Bourbon par le petit homme à la voix de métal froid, ne semble guère émouvoir une Assemblée pleine de préventions et travaillée par le défaitisme.

Le climat est mauvais, à droite surtout où, faisant grief à Reynaud d'avoir ouvert son gouvernement à six socialistes (c'est « un cabinet Blum sans Blum », un « cocktail de *Marseillaise* et d'*Internationale* », lui lance-t-on), les amis de Laval, de Flandin et de Bonnet lui pardonnent moins que tout ce qu'ils appellent son « bellicisme » — en temps de guerre !... C'est avec un mélange de rage et de tristesse que Charles de Gaulle assiste, le 22 mars, à cette séance qu'il qualifiera d' « affreuse » — sur quoi tous les témoins et historiens s'accordent — cette séance où, en pleine guerre, une assemblée déliquescente et apeurée règle ses comptes avec celui des siens qui s'affirme le plus déterminé à combattre.

« Seul Léon Blum... parla avec élévation », écrit de Gaulle, précisant que c'est au leader socialiste que Reynaud dut sa majorité — qui fut d'une seule voix, compte tenu des abstentions. Herriot, président de la Chambre, en vint même plus tard à mettre en doute, en présence de De Gaulle, que Reynaud eut réellement obtenu ce maigre avantage. Le fait est que le président de la Chambre prolongea la séance au-delà des délais normaux, afin de permettre au plus ferme partisan de Reynaud, Georges Mandel, de « faire les couloirs ». Voulut-il s'épargner à lui-même la disgrâce historique de se retrouver à la tête d'un gouvernement que « mijotaient » alors Laval, Flandin, de Monzie, Bergery et Marquet ? Ces partisans d'une « paix blanche » avec Hitler souhaitaient en effet couvrir leur opération de la légitimité républicaine incarnée par le maire de Lyon.

L'affaire s'engage d'autant plus mal que Daladier a exigé de garder le ministère de la Défense nationale, exigence fondée sur le contrôle, qu'il détient, du puissant parti radical, pivot des majorités parlementaires. D'où un bicéphalisme fâcheux dans la conduite de la guerre. Agrippé à son bureau de la rue Saint-Dominique, il reçoit un émissaire du nouveau président du Conseil venu lui proposer la nomination du colonel de Gaulle au secrétariat général du Comité de guerre dont la création est décidée. Réponse de Daladier : « Si de Gaulle vient ici, je quitterai ce bureau, je descendrai l'escalier et je téléphonerai à Paul Reynaud qu'il le mette à ma place. » C'est en tout cas la version de la scène que donne de Gaulle[29]. Disons qu'elle est plausible, compte tenu des relations antérieures entre le ministre et le colonel.

Moyennant quoi, Reynaud va faire un choix surprenant : le poste prévu pour Charles de Gaulle, il va le confier, le 30 mars, à l'un des hommes les plus en vue du clan pacifiste, Paul Baudouin, ancien directeur de la Banque de l'Indochine et nouveau sous-secrétaire d'État à la présidence du Conseil, ainsi doté d'une position doublement décisive au centre de la toile d'araignée tissée autour de Paul Reynaud. Deux hommes y jouent déjà, dans le même sens, un rôle prépondérant : Yves Bouthillier, inspecteur des Finances passionnément hostile au régime et à la guerre, que l'on retrouvera au premier rang des ministres de Vichy, et le lieutenant-colonel de Villelume, chargé des liaisons entre le Quai d'Orsay et l'état-major.

Reynaud songea à faire son chef de cabinet diplomatique de cet officier de grand talent, le seul peut-être des jeunes chefs de l'armée, avec de

Lattre, qui puisse alors faire pièce à de Gaulle — contre lequel il est implacablement prévenu. Paul de Villelume se faisant, tout au long de cette période, l'avocat le plus brillant et le mieux informé des thèses de la paix immédiate, on imagine ce qu'aurait pu être l'atmosphère de l'entourage de Reynaud si de Gaulle y avait reçu les fonctions qu'il convoitait. D'ailleurs, Gaston Palewski, le plus ancien des compagnons de Reynaud, resté en accord total avec le « colonel Motor » et épouvanté par cette intrusion du clan pacifiste, préféra prendre le large et rejoindre une unité d'aviation [30].

Le choix que Paul Reynaud fait de Baudouin, après Villelume, est d'autant plus déconcertant * que deux jours plus tôt au cours d'une séance du Conseil suprême interallié à Londres, il s'est fait l'avocat auprès des Britanniques d'un texte élaboré au Quai d'Orsay (il est ministre des Affaires étrangères en même temps que président du Conseil), aux termes duquel les deux partenaires s'interdisent mutuellement de conclure avec le Reich une paix séparée. Proposition agréée aussitôt par Londres, et dont on reparlera... Adopter une attitude aussi « gaulliste » avant la lettre, en choisissant pour mettre en œuvre cette politique des hommes qui ne songent qu'au compromis, c'est là l'un des paradoxes dont est fait le comportement du nouveau chef de gouvernement.

Voici donc de Gaulle ramené à sa vocation militaire et contraint de regagner Wangenbourg. Il écrit à sa mère :

> « ... Je suis retourné au front... L'atmosphère politique était trop mauvaise à Paris et les relations entre Paul Reynaud et Daladier étaient trop tendues pour que je puisse travailler utilement. J'ai donc demandé au président du Conseil de retourner à mes chars jusqu'à ce que la situation soit éclaircie. Il y a consenti, tout en me déclarant qu'il me ferait revenir à bref délai : j'attends donc sans impatience [31]. »

Sans impatience ? Sur ce point, nous ne le suivrons pas. Mais pour rendre l'attente plus supportable, le Connétable va recevoir quelques compensations. Le général Gamelin le convoque au château de Vincennes dont il a fait sa thébaïde, loin des popotes et des intrigues, pour lui faire part de son intention de porter de deux à quatre le nombre des « divisions cuirassées » dont disposera l'armée française, et confirmer ce que Reynaud lui avait fait espérer en février : sa désignation au commandement de la 4e DCR, dont on espère qu'elle pourra être rassemblée le 15 mai. Pour un simple colonel, c'est une promotion foudroyante. Pour le frère prêcheur de la croisade du « moteur combattant », c'est un hommage signalé. Charles de Gaulle exprime à son hôte sa « fierté », non sans lui confier ses inquiétudes quant

---

* Il est dû à l'influence de plus en plus envahissante de Mme de Portes, dont les sentiments pour Paul Reynaud ne vont pas jusqu'à lui faire partager sa détermination contre l'ennemi. Égérie du camp de la « paix blanche », elle « case » des amis auprès de Reynaud. On y reviendra dans le chapitre suivant.

au rapport entre les « forces mécaniques » de part et d'autre du Rhin.

Le généralissime, qui lui fait l'effet, dans ce « couvent » de Vincennes, d' « un savant combinant en laboratoire les effets de sa stratégie », lui annonce une prochaine offensive allemande à travers la Belgique et les Pays-Bas, qu'il se dit certain et même « impatient » de briser. Ce commandant en chef qui a ainsi arrêté « une fois pour toutes sa volonté sur un plan défini » et s'affirme bien décidé à ne « s'en laisser détourner ensuite par aucun avatar », n'est-il pas l'exemple de cet esprit *a priori* que l'auteur du *Fil de l'épée* a tant combattu ? De Gaulle ne l'écrit pas, mais on peut voir dans cette constatation l'origine du « malaise » qu'éprouve le visiteur en quittant ce chef qui joue « le tout pour le tout sur un tableau que j'estimais mauvais[32] ».

En attendant de prendre en charge « sa » division encore en devenir, le colonel de Gaulle ne peut qu'être le témoin du développement de la stratégie périphérique par laquelle Paul Reynaud prétend manifester sa volonté de « faire la guerre ». Au début d'avril, le chef du gouvernement décide de ranimer un plan proposé depuis des mois par Winston Churchill, alors Premier Lord de l'Amirauté, et consistant à mouiller des mines puis à débarquer le long des côtes de la Norvège (alors neutre) pour empêcher l'approvisionnement du IIIe Reich en minerai de fer suédois. C'est l'application du fameux slogan « la route du fer sera coupée », grâce auquel Reynaud a voulu se faire une image de marque : celle de l'homme d'action. Mais au moment où la Royal Navy déclenche l'opération, le 8 avril, l'état-major allemand — qui prépare depuis décembre sa propre attaque vers le Nord — prend les devants et débarque des forces qui s'emparent en trois jours de tous les ports norvégiens — tandis que la Wehrmacht occupe en quelques heures le Danemark.

Dans ce que Reynaud appelle la « course de vitesse » ouverte en Scandinavie, les Franco-Britanniques ont laissé l'ennemi voler le départ. Hitler a su protéger sa « route du fer » et conserver l'initiative. Alors, en quête d'action à tout prix, on parle d'opérations en Belgique, de mouillage de mines dans le Rhin, de bombardement de Bakou... Le colonel de Gaulle, qui a d'abord salué dans une lettre à sa mère « l'action engagée en Norvège, que nous devons exclusivement à Churchill et à Paul Reynaud, [qui est] excellente au point de vue moral [et qui] va, certainement, consolider le ministère[33] », écrit trois semaines plus tard, à sa femme cette fois : « L'issue de l'affaire de Norvège va créer, sans doute, des difficultés à Paul Reynaud, bien qu'il n'y soit pour rien[34]... » Et à Jean Auburtin : « L'affaire de Norvège est une victoire de plus à l'actif de la force mécanique. Hélas, une fois de plus, cette victoire est allemande. Nous vaincrons seulement quand nous aurons compris[35]. »

Compris ? Aux yeux de Reynaud, comme de Charles de Gaulle, deux hommes font écran à la lumière : Daladier et Gamelin. Aussi bien Reynaud s'apprête-t-il à se débarrasser de l'un et de l'autre qui, dans l'affaire de Norvège, de Narvik à Namsos, n'ont cessé de manifester indécision et pusillanimité.

Le 3 mai, le chef du gouvernement reçoit une nouvelle lettre du colonel de Gaulle, qui le presse une fois de plus de procéder enfin à la refonte du système militaire. L'action n'est possible, insiste le colonel, que si le président prend « sous [son] autorité personnelle et directe l'ensemble des organismes militaires ».

Alors, le 9, au cours d'un conseil de cabinet tenu au Quai d'Orsay, Reynaud joue le tout pour le tout : il prononce un véhément réquisitoire contre Gamelin, que Daladier « couvre » avec fureur. Le chef du gouvernement, constatant sa totale divergence de vues avec le ministre de la Défense, estime l'occasion favorable, annonce que le cabinet est démissionnaire et va en informer le chef de l'État — lui demandant que sa démission ne soit rendue publique qu'après la formation du « nouveau » cabinet [36]. Dans son esprit, il ne peut s'agir que d'une refonte du gouvernement et du système défensif, sans Daladier et sous sa propre autorité.

Mais certains observateurs de l'époque pensèrent, eux, qu'en commençant aussitôt ses consultations — par Jules Jeanneney, président du Sénat, conformément aux traditions — M. Lebrun, préoccupé de l'animosité que suscitait à la Chambre et dans la presse la personne de Reynaud, avait d'autres hypothèses en tête. Quel accueil le Parlement aurait-il fait au limogeage de Gamelin, et surtout de Daladier ? Une véritable crise risquait fort de s'ouvrir, provoquant l'élimination de Reynaud — et donc celle de Charles de Gaulle, définitivement rendu à ses chars.

Mais à l'aube suivante, celle du 10 mai 1940, les divisions cuirassées d'Hitler, fonçant sur Sedan, coupaient court à ce développement susceptible de changer l'histoire — pour la bouleverser autrement. La ruée des nazis ne prorogeait pas seulement les mandats de Daladier et Gamelin (pour une dizaine de jours) mais ceux de Paul Reynaud et (pour beaucoup plus longtemps) de Charles de Gaulle.

16. Face au désastre

Le 10 mai 1940 au petit matin, dans son « cloître » de Vincennes, le général Maurice Gamelin chantonne un air guilleret : il vient d'apprendre le déclenchement de l'offensive allemande en Belgique et en Hollande. Et cet homme, qui depuis cinq ans croit à la supériorité de l'armée allemande, est soudain replongé dans une sorte d'euphorie, parce qu'il a prévu cette offensive et que rien ne lui importe plus que la lucidité intellectuelle.

« Le voilà content, il tient " sa " bataille », confie Paul Reynaud à son entourage. Le chef du gouvernement ne cache pas, pour sa part, la sourde inquiétude qu'éveille en lui la ruée de trois armées françaises en Belgique qu'a immédiatement décidée Gamelin, et se dit « surpris de voir un officier dans lequel il a confiance, le colonel de Gaulle, bien qu'en opposition avec le général Gamelin, tout à fait d'accord avec celui-ci au sujet de l'entrée en Belgique [1] »...

Quelques heures plus tard, Charles de Gaulle écrit à sa femme :

> « Voici donc la guerre, la véritable guerre, commencée. Je serais, cependant, assez surpris si les opérations actuelles de Hollande et de Belgique devaient constituer vraiment la grande bataille franco-allemande. Cela viendra, à mon avis, un peu plus tard. Je voudrais en tout cas que la IVᵉ division cuirassée soit prête le plus tôt possible [2]... »

(On aime qu'il ait consacré la moitié de sa lettre, ce jour-là, au « tout-petit * », aux précautions familiales à prendre et au comportement de Philippe...)

Il n'apparaît pas que Reynaud et de Gaulle se soient concertés sur ces opérations initiales : s'il approuve — à tort, semble-t-il — le principe de la marche vers le nord, de Gaulle ne croit pas, comme Gamelin, qu'il s'agit là de la vraie bataille. Sa seule erreur d'appréciation est qu'il pense que celle-ci viendra « plus tard », alors qu'elle se déroule déjà « ailleurs ».

C'est sur cette Meuse que Charles de Gaulle connaît bien, y ayant reçu le 15 août 1914 le baptême du feu et sa première blessure, que le Führer, convaincu par von Manstein de négliger les avis de ses généraux les plus prestigieux, partisans de faire peser tout le poids de la machine de guerre allemande sur la Hollande, la Belgique et l'embouchure de la Somme, a jeté ses troupes de choc, sept divisions cuirassées, les fameuses *Panzerdivisionen*

---

* Anne, bien sûr.

surgies tout armées, sinon du cerveau de l'auteur de *Vers l'armée de métier*, en tout cas de ceux qui se sont inspirés — entre autres — de ses avis.

En trois jours, traversant en trombe la forêt des Ardennes qui, avait annoncé Philippe Pétain, devait suffire à les arrêter (à moins qu'on ne les « repince à la sortie »), les deux groupements blindés de von Kleist et Guderian bousculent et écrasent les maigres forces chargées de défendre cette charnière vitale entre la ligne Maginot et le groupe d'armées du Nord. Dès le 13 mai, leurs motocyclistes sont en vue de Sedan.

Déjà Guderian se donne pour points de mire Rethel, sur l'Aisne, et Montcornet, sur la Serre, en attendant Abbeville et la Somme : ainsi se dessine une immense manœuvre d'encerclement des armées aventurées vers le nord par Gamelin. Dès la nuit du 13 au 14 mai, le sort de la bataille de France est, aux yeux des plus lucides, joué. Les *Panzer* soutenus par l'aviation ont accompli les prophéties de Charles de Gaulle. Recevant les nouvelles cette nuit-là, le général Georges, commandant en chef du front nord-est, déclare au capitaine Beaufre que « le front est enfoncé », et fond en larmes...

Le colonel de Gaulle, averti dès le 7 mai par l'état-major de se tenir prêt à prendre en main la 4ᵉ DCR, avait commencé à recruter, dans le calme de Wangenbourg, quelques collaborateurs. Mais c'est dans la fièvre, le 11, qu'il reçoit l'ordre de prendre son commandement, dont le poste est fixé au Vésinet. Il y arrive le 12 et s'installe dans une villa dite « Beaulieu », route de la Croix. Le 13, il accueille les premiers officiers désignés auprès de lui, le lieutenant-colonel Rime-Bruneau (qui doit être son chef d'état-major), le commandant Faivre, les capitaines Viard, Leton et de Nadaillac.

Dès le premier instant, ses rapports avec le premier sont détestables. Ils n'iront qu'en s'aigrissant : formé par le général Estienne — référence suprême dans les chars — Rime-Bruneau n'a pas accueilli sans humeur d'être surbordonné à cet « intellectuel ». De Gaulle le sent, et rudoie dès l'abord (« Ce ne sont pas des avis que je vous demande, mais des ordres que je donne ! ») celui qui est censé devenir son homme de confiance et devra être évacué une semaine plus tard... De même a-t-il éconduit un officier supérieur en lui jetant à la figure : « Je ne veux pas de vous ; demain vous serez malade[3]... »

Les autres officiers, qu'il rassemble le 14 mai, réagiront diversement à ses méthodes tour à tour courtoises et cassantes. On reviendra sur son comportement au combat. Lors de la « prise en main », il s'impose surtout par l'extrême attention qu'il porte à la personnalité et à la carrière de chacun, par sa précision, son autorité et les « distances » prises (hauteur, secret, laconisme), tout à fait conforme au portrait du chef qu'il a tracé dans *le Fil de l'épée*... Déjà, autour de lui, il y a les « fanas » et les allergiques. Il apprendra très vite à tirer le maximum des premiers et à se passer des seconds. Quitte à en briser certains, qui méritaient mieux.

C'est dans la journée du 15 que Charles de Gaulle — qui n'a pu rassembler encore que trois bataillons de chars, moins du tiers de ses effectifs blindés et moins de la moitié de ses cadres — est convoqué au grand quartier général pour s'y entendre définir sa mission. Le général Doumenc qui, près de dix ans avant lui, s'était fait l'avocat du « moteur combattant », lui précise qu'en vue de défendre l'Aisne, c'est-à-dire la route de Paris, contre les blindés de Kleist et de Guderian, la VIe armée du général Touchon a été arrachée en hâte aux abris de la ligne Maginot. Ce qu'on attend de la 4e DCR, c'est qu'opérant seule en avant de Laon, elle « gagne du temps » pour permettre à Touchon de se mettre en place... Puis c'est le général Georges, « visiblement accablé », qui le reçoit. « Allez, de Gaulle, lui dit ce vieil adversaire du corps cuirassé, pour vous qui avez depuis longtemps les conceptions que l'ennemi applique, voilà l'occasion d'agir[4] ! »

Constatant que l'état-major « fait diligence » pour diriger sur l'Aisne quelques-unes des forces qui lui sont destinées, mais qu'il est « submergé », que « le ressort est cassé » et que « l'espoir s'en va[5] », de Gaulle file sur Laon et choisit d'installer son PC au village voisin de Bruyères, non sans rameuter au passage quelques unités de cavalerie et d'artillerie en débandade, qui s'entendent dire, non sans étonnement : « Vous êtes sous mes ordres ! »

Ce soir-là, il écrit à Yvonne de Gaulle :

> « ... Me voici en pleine bagarre. Appelé hier d'extrême urgence pour constituer une division. A ce point de vue, tout va bien. On m'a donné tout ce qu'on pouvait me donner. Nous verrons bientôt la suite. Les événements sont très *sérieux*... »

(Et de suggérer des précautions familiales, car « il faut s'attendre à tout[6] »...)

C'est surtout le lendemain, 16 mai, que, sillonnant les environs de Laon en quête d'informations — il lui apparaît que l'ennemi ne fonce pas vers le sud et Paris, mais vers l'ouest, Saint-Quentin et la Somme —, Charles de Gaulle reçoit comme une gifle en pleine face la vision de la débâcle de

> « ces troupes que l'offensive des *Panzer* a mises en débandade au cours des jours précédents. Rattrapés dans leur fuite par les détachements mécaniques de l'ennemi, ils ont reçu l'ordre de jeter leurs fusils et de filer vers le sud pour ne pas encombrer les routes. " Nous n'avons pas, leur a-t-on crié, le temps de vous faire prisonniers ! " ».

Remuant treize ans plus tard ces souvenirs navrants, Charles de Gaulle ne peut se retenir de mettre à nu sa blessure :

> « Alors, au spectacle de ce peuple éperdu et de cette déroute militaire, au récit de cette insolence méprisante de l'adversaire, je me sens soulevé d'une fureur sans bornes. Ah ! c'est trop bête ! La guerre commence infiniment mal. Il faut donc qu'elle continue. Il y a pour cela de l'espace dans le monde. Si je vis, je me battrai, où il faudra, tant qu'il faudra, jusqu'à ce que l'ennemi soit défait et lavée la tache nationale. Ce que j'ai pu faire, par la suite, c'est ce jour-là que je l'ai résolu[7]. »

Lignes fameuses, qui en disent autant qu'on peut dire. Le 18 juin, ce sera cela aussi, greffé sur la réflexion du stratège planétaire (qui d'ailleurs pointe ici lorsqu'il parle de « l'espace dans le monde »), ce réflexe de mousquetaire giflé.

Alors, sans attendre de disposer de la totalité des moyens qui lui ont été promis, et pensant que la soudure de sa troupe ne s'opérera que dans l'action, il décide de déclencher dès le lendemain l'accomplissement de la mission retardatrice (de sacrifice ?) qu'on lui a assignée sur la Serre. Il se fixe un objectif : Montcornet, gros bourg à 20 kilomètres à l'ouest de Laon, où convergent les routes vers Saint-Quentin (objectif présumé de Guderian), Laon et Reims. S'il peut y pénétrer et s'y cramponner, il en fera un bouchon très nuisible aux assaillants.

Au milieu de l'après-midi du 16, après avoir confié à l'un de ses officiers que, faute de savoir si les Allemands étaient vraiment à Montcornet, « le mieux [était] d'y aller voir » il dicte un « ordre du jour n° 1 » qui prescrit le déploiement des chars de part et d'autre de la grande route de Laon à Montcornet, bordée par la forêt de Samoussy, sur un terrain peu vallonné et propice à la manœuvre. Objectif : la Serre.

Entre-temps, de Gaulle a reçu un renfort important : la demi-brigade blindée du colonel Sudre, dont un bataillon de chars formé en partie de *B1 bis,* le plus puissant des engins alors utilisés, lourd et lent, mais fortement blindé et armé d'un 75. C'est le meilleur spécialiste de cette arme, le commandant Bescond, qui commande l'unité. Au cours de la nuit, peu avant le déclenchement de l'opération, de Gaulle convoque cet officier bien connu de tous ceux qui croient à l'efficacité des chars : « Il me faut Montcornet. Vous êtes le défenseur du char B : à vous de montrer ce qu'il vaut. Allez gagner votre cinquième ficelle à Montcornet[8] ! » Revenant vers ses subordonnés, Bescond leur confie : « Ce sera mon Reichshoffen... »

C'est à 4 h 30, peu avant le lever du jour, que s'ébranle la 4ᵉ DCR, forte de moins de 100 chars. En face, sur la rive droite de la Serre, les blindés allemands ont marqué un temps d'arrêt du fait d'un ordre d'Hitler qui croit ses *Panzer* de pointe trop imprudemment engagés : prescription que Guderian négligerait volontiers si son compagnon d'offensive, von Kleist, qui est son supérieur hiérarchique, n'exigeait qu'il s'y plie. Les blindés allemands sont très supérieurs en effectifs. Mais à midi, les premiers chars français ont atteint Montcornet, en dépit des violentes attaques de la Luftwaffe. Venu rejoindre son ami de Gaulle au PC de Bruyères, le général Delestraint, très ému, lui dit qu'ils sont en train de vivre « la revanche sur l'aberration officielle »...

La ligne de communication de la 1ʳᵉ *Panzer* est bel et bien menacée : mais l'intervention de la 10ᵉ, dans l'après-midi, lui permettra de se dégager de l'emprise de la 4ᵉ DCR qui sera forcée de se replier sur Laon, après la mort du commandant Bescond (on ne sait si le colonel de Gaulle regretta les propos quelque peu provocateurs qu'il a tenus à cet officier). « Enfants perdus à 30 kilomètres en avant de l'Aisne, il nous faut mettre un terme à une situation pour le moins aventurée », écrit-il dans ses *Mémoires*[9].

Le bilan dressé par le Connétable à l'issue de la première journée de ce qu'il appelle une « reconnaissance offensive » est positif, dans la mesure où l'opération a montré que face aux meilleures troupes de pointe ennemies, les unités blindées françaises et leur matériel « tenaient le coup ». L'outil a commencé de se forger au feu. Dans un rapport ultérieur, le général Touchon parlera d'un « coup de poing vigoureux » qui a « ralenti les *Panzer* ». Les pertes en hommes sont relativement faibles : 25 tués ou blessés. Mais la DCR naissante a perdu (par mines, antichars et stukas) plus du quart de ses engins blindés (23 sur 90).

Cette journée du 17 mai, qui vit le colonel de Gaulle passer de la théorie à la pratique, on peut la résumer en disant avec le colonel d'Ornano que cette opération, conçue et réalisée à l'initiative du commandant de la 4e DCR, contribua à « lever l'hypothèque morale du 10 mai ». Isolée, elle revêtit surtout un sens symbolique. Qu'eût-elle fait, multipliée par dix ?

Aussi bien de Gaulle ne tient-il pas sa mission pour terminée. Le 18, il a reçu le renfort de deux nouveaux régiments de cavalerie motorisée, les 3e et 10e cuirassiers des colonels François et de Ham. Compte tenu des pertes du 17, il dispose maintenant de 150 « moteurs combattants », ensemble improvisé et de plus en plus hétéroclite, mais « dont il se dégage, écrit-il, une impression d'ardeur générale ». Le 19, à l'aube, c'est l'assaut.

L'opération déclenchée au nord de Laon par la 4e DCR a pour objectif Crécy (pas un geste de lui qui ne soit lourd de références historiques...) et Pouilly, dont les ponts commandent le passage de la Serre. Il s'agit à nouveau de freiner la progression des deux corps d'armée blindés, notamment les *Panzer* de Guderian, qui défilent sur la rive nord de la Serre, vers Saint-Quentin, point de regroupement important de l'offensive ennemie. Mais plus cruellement encore que l'avant-veille, les stukas font la loi, décimant les blindés du colonel de Gaulle aux abords des ponts de la Serre.

De son poste d'observation installé au sommet d'une colline boisée, dite le Mont-Fendu, de Gaulle doit constater après cinq heures de vains efforts que la maîtrise du ciel dont dispose l'ennemi, et l'absence presque totale d'artillerie chez lui interdisent d'établir au-delà des ponts de la Serre les positions qu'il prétendait conquérir. Après avoir négligé, au début de l'après-midi, un ordre de repli émanant du général Georges, il se fait conduire en pleine nuit au poste de commandement du général Touchon qui commande la VIe armée, et essaie de le persuader, au cours d'une longue et dramatique entrevue, de lui adjoindre deux autres divisions pour tenter de faire sa jonction avec les armées du Nord, isolées par la manœuvre allemande. En pure perte : Touchon n'est pas homme à prendre des initiatives de ce calibre...

Ce projet, qu'inspirent alors à de Gaulle l'allant de sa troupe, la valeur de son matériel et le relatif succès de sa manœuvre, relève d'ailleurs de la chimère. Bousculer en pleine bataille, à l'initiative d'un commandant de division (et simple colonel) le plan du grand état-major, fût-il déliquescent, et fût-ce pour tenter la dernière chance de rétablissement, c'est plus invraisemblable encore que de défier Pétain, de publier *Vers l'armée de métier*, de diffuser le « mémorandum » de janvier 1940... C'est déjà faire du pur de Gaulle, avant que l'effondrement de toutes les structures permette l'épiphanie du rebelle.

Il faut obtempérer. La journée du 20 sera celle de la retraite au-delà de l'Aisne à travers les bois de Festieux, entre Reims et Soissons, par le Chemin des Dames (encore, toujours l'histoire) et ce village de Corbény où se déroula, en 1917, sous Estienne, la première des batailles de chars. De Gaulle a pris sur lui de retarder cette opération de repli — très coûteuse — d'un jour. Inutile imprudence, aggravant les pertes en hommes et en matériel ?

Étudiant trente ans plus tard cette opération dont il fut l'un des protagonistes, Paul Huard (qui sait ne pas ménager à l'occasion son ancien commandant de division) écrit qu'un repli effectué dès le 19 aurait aggravé les embouteillages sur les ponts de l'Aisne et alourdi les pertes ; et que, moralement, une retraite hâtive aurait transformé en défaite morale ce qui avait été jusqu'alors un succès technique et psychologique, à un moment où « dans la sombre perspective qui se refermait sur l'armée française, l'honneur devait être placé au premier rang, et payé le prix qu'il faudrait [10] ».

Le lendemain, 21 mai, se situe un épisode fort oublié, et qui devait avoir de longs et fameux échos : le colonel de Gaulle est appelé par un officier des services de propagande du GQG, à prononcer une allocution radiophonique en vue de réagir contre la vague de défaitisme que déclenche dans la population la foudroyante progression des *Panzer*.

Cet « appel du 21 mai » lancé du petit village de Savigny n'a pas laissé de traces. Le commandant Faivre et le capitaine Viard, qui furent les témoins de cet enregistrement dans le jardin de la maison où était installé le PC du colonel, n'ont pas gardé le souvenir des formules employées, mais seulement des références aux récents combats de la 4ᵉ DCR que de Gaulle donna en exemple, et du ton « énergique » (selon l'un) et « solennel » (selon l'autre) de l'orateur. Mais, pas plus que la « performance » suivante et plus notoire de Charles de Gaulle, celle du 18 juin, ce primitif du gaullisme radiophonique n'a été enregistré [11].

Ce même jour, Charles de Gaulle écrit à sa femme :

> « Je t'écris au sortir d'une longue et dure bagarre qui s'est, d'ailleurs, très bien déroulée pour moi. Ma division se forme en combattant et l'on ne me refuse pas les moyens, car si l'atmosphère générale est mauvaise, elle est excellente pour ton mari. Je ne sais où vont les événements. Cependant j'ai aujourd'hui une impression un tantinet meilleure que notre commandement commence à se ressaisir [12]... »

Est-ce la substitution de Weygand à Gamelin — dont Paul Reynaud a enfin réussi, en plein désastre, à « avoir la peau » —, ou la prise en charge directe du ministère de la Guerre par le président du Conseil, Daladier étant éliminé, qui donne à de Gaulle cette illusion de « ressaisissement » ? Ou le contact qu'il prend le 22 mai avec son nouveau « patron », le général

Frère *, commandant la VIIe armée à laquelle est désormais rattachée la 4e DCR ? C'est Frère en tout cas qui le dépêche vers l'ouest, les jours suivants, par Soissons, Compiègne et Beauvais, en direction de la Somme où une nouvelle mission lui est confiée.

C'est pendant cette longue marche qu'il écrit à Yvonne de Gaulle, le 24 mai :

> « Toujours la bagarre. Mais les choses, de mon côté, ne vont pas mal. J'ai comme l'impression que la surprise est surmontée et que nous allons vers le rétablissement. Mais que de plumes nous aurons laissées et laisserons encore ! Je suis général depuis hier **. Je l'ai appris par une lettre de Paul Reynaud [qui] a signé ma promotion sur proposition du général Weygand... »

Charles de Gaulle a parfois quelque difficulté à distinguer ce qui lui advient de ce qu'éprouve la collectivité. De devenir, fût-ce « à titre temporaire », l'un des trois plus jeunes généraux de l'armée française, et de devoir cette promotion à un fait d'armes qui vous met à part dans l'abaissement général, grâce à un armement dont on s'est fait depuis des années le prophète, il y a certes de quoi privilégier, dans un moment d'abandon intime, son sort personnel, et s'attarder à croire ce que, déjà, démentent les faits...

La seconde des batailles où le nouveau général, homme de terrain, a tenté d'égaler le colonel de Gaulle, théoricien du « moteur combattant », on l'évoquera à travers le récit que nous en a fait le général Nérot [13] alors capitaine et officier de liaison auprès du chef de la 4e DCR, qu'il ne quitta pas au cours de ces trois journées :

> « Le 28 mai, nous venions de parcourir sans désemparer près de 200 kilomètres en six jours, ayant dû laisser en route une trentaine de chars tombés en panne. Avec environ 140 chars, six bataillons d'infanterie et six groupes d'artillerie, nous devions tenter de réduire, devant Abbeville, la poche de 12 kilomètres que les Allemands occupaient depuis une semaine au sud de la Somme : c'était la dernière chance de prévenir l'isolement et l'encerclement des armées du Nord...

> « La division est rassemblée dans le secteur d'Oisemont, le PC est à Merelessart. Le général de Gaulle décide d'attaquer dès 17 heures en direction de Mont-de-Caubert. Les chars tardent à se rassembler, puis me semblent trop groupés. Les antichars adverses, très nombreux et bien placés, nous causent beaucoup de pertes. Mais dans la soirée, nous avons conquis Huppy et nous voilà au Mont-de-Limeux, que les Allemands ont fui en désordre, abandonnant la soupe dans les cuisines roulantes... Nous faisons 400 prisonniers !

> « Dès 4 heures le lendemain matin, le général déclenche la seconde vague offensive : le temps est couvert, l'aviation adverse moins efficace, notre

---

* Qui mourra d'épuisement au camp de Struthof où l'avaient déporté les nazis, quatre ans plus tard.

** A « titre temporaire », on le sait. Il a 49 ans et 6 mois.

artillerie renforcée. Nous pénétrons dans Huchenneville, quelques-uns de nos chars atteignant Mont-de-Caubert, on nous signale que des colonnes adverses repassent en hâte la Somme. Abbeville est à notre portée... Mais l'ennemi contre-attaque dans le bois de Villers. Les villages conquis, Bienfait par exemple, sont durement bombardés. De Gaulle gagne la ligne de feu et convoque ses colonels : " Colonel de Ham, vous êtes à Bienfait, vous tiendrez le village jusqu'à demain ! — Colonel François, vous êtes à Mesnil-trois-Fœtus, vous tiendrez jusqu'à demain matin ! "

« Nous passons une courte nuit au château de Huppy, où sont soignés les blessés et que bombarde l'ennemi. A l'aube, on vient annoncer à de Gaulle la mort du colonel François. Seule réaction du général : " Qui le remplace ? " Et l'attaque reprend ce jour-là sur le Mont-de-Caubert. Mais la division ne pourra prendre Abbeville : elle a atteint la limite de son effort et sera relevée, le 31, par une grande unité anglaise, commandée par le général Fortune... »

Et voici la conclusion que le Connétable tire de l'opération, à l'usage d'Yvonne de Gaulle :

> « ... La deuxième grande bagarre que j'ai menée avec ma division s'est terminée par un grand succès vers Abbeville. Tu as dû en avoir l'écho au communiqué (400 prisonniers, beaucoup de matériel pris...). Je viens d'être cité à l'ordre de l'armée pour cette affaire. Actuellement, repos et reconstitution dont nous avions un extrême besoin... »

(Mais ce communiqué de victoire ne s'achève pas sans que Charles de Gaulle recommande à son épouse de chercher refuge en Charente, en Dordogne ou en Bretagne.)

La citation obtenue par le très nouveau général est éloquente :

« Le 17 mai 1940, à peine formée, la 4ᵉ DCR, sous les ordres du général de Gaulle, a été jetée dans la bataille. Isolée de toute unité combattante au nord de l'Aisne, au cours d'actions sur Montcornet, Crécy-sur-Serre et dans le massif de Laon, a pris l'ascendant sur l'ennemi. Quelques jours plus tard, par une série de fougueuses attaques, a arrêté l'ennemi débouchant d'Abbeville [...]. La 4ᵉ DCR a bien mérité de la patrie *. »

Retenons l'appréciation portée six ans après par le général Georges devant la « Commission d'enquête sur les événements survenus de 1933 à 1945 » : « La 4ᵉ DCR a été improvisée sur le champ de bataille. C'est cependant la seule qui, lancée dans le flanc des colonnes allemandes, y a jeté un trouble considérable. Tant il est vrai que les DCR exigent d'être commandées par des chefs audacieux, dynamiques, ayant longuement réfléchi aux possibilités qui s'offrent dans la bataille de ces unités spéciales. C'était alors le cas du colonel de Gaulle **. »

---

* Cette citation à l'ordre de l'armée, comme celle, d'inspiration analogue, que rédigea une semaine plus tard le général Frère, fut annulée par le gouvernement de Vichy...
** S'il s'exprime en un temps où de Gaulle est entré en gloire, rappelons que le général Georges n'a jamais été très favorable au commandant de la 4ᵉ DCR, auquel il s'est même opposé à Alger en 1943.

On ne manquera pas de juger intéressant le point de vue d'en face. Si von Kleist resta muet sur le rôle du Connétable en mai 1940, Heinz Guderian, en revanche, l'évoque. L'homme de *Achtung Panzer!* face à celui de *Vers l'armée de métier*, le destin avait bien fait les choses, comme en écho à ces combats médiévaux entre princes sarrazins et souverains croisés. Guderian — qui sait trop à quel point les moyens dont il disposait l'emportaient sur ceux de son antagoniste pour entonner un péan de victoire — écrit sobrement : « Nous étions informés de la présence de la 4ᵉ division cuirassée du colonel de Gaulle, qui se faisait sentir depuis le 16 [...]. De Gaulle fut fidèle au rendez-vous les jours suivants et parvint, le 19, avec quelques chars isolés, jusqu'à 2 kilomètres de mon PC avancé [...]. Je vécus quelques heures d'incertitude, jusqu'à ce que ces visiteurs importuns fassent demi-tour [14]. »

Utile aussi à connaître, le point de vue du vieux rival et ennemi intime de Charles de Gaulle, le général Perré*, qui n'a visiblement pas oublié leurs désaccords au moment où il écrit, dans une revue d'extrême droite : « ... De Gaulle n'agit guère en novateur [...]. Son ordre de bataille [...] tomba dans le travers le plus constant des procédés français : celui qui consiste à sous-estimer la densité d'appareils nécessaires pour rompre un front défensif. Là où les Allemands envisagent d'engager 70 à 100 chars au kilomètre courant, notre réglementation en préconise timidement 20 à 50, et le commandant de la 4ᵉ DCR va en mettre 13. Évidemment, il était limité dans ses moyens, mais dans une large mesure, il était maître de la largeur du front d'attaque [15]. »

Ce théoricien révolutionnaire mué en un guerrier plus traditionnel que Philippe Barrès a vu « impavide sous un pommier, fumant comme une locomotive, calme, si calme, vêtu comme son mécanicien d'une veste de cuir sans insigne... », le lieutenant Galimand, qui le vit opérer de très près, l'a jugé « brave » mais « cabotin ». Il fait observer qu'après son départ pour Paris, au début de juin, la division ne s'est pas moins bien comportée tout au long de la retraite, notamment sur la Loire, commandée par le général de La Font.

Le témoin le plus constant de son comportement, du 19 mai au début de juin, le capitaine Nérot, lui rend un hommage sans réserve : « J'ai admiré la netteté de ses décisions, leur opportunité, son courage, ses procédés de commandement [...]. Durant cette brève mais exaltante période, j'ai pris auprès de lui des leçons [...] que je n'ai jamais oubliées [...]. Pour être un tel chef, il faut avoir beaucoup travaillé, beaucoup réfléchi, connaître admirablement son outil de guerre [16]. . »

L'examen de divers autres témoignages recueillis auprès de ceux qui furent alors les subordonnés du « patron » de la 4ᵉ DCR incite à nuancer un peu, sinon l'hommage rendu à la puissante personnalité du combattant, du moins celui qui est ici décerné à ses « procédés de commandement ». Citons en vrac ces quelques traits, relevés par Paul Huard, le colonel d'Ornano, le

---

* Il siégera au tribunal qui condamnera de Gaulle en 1940.

colonel Faivre, le capitaine Viard ou tel autre de ses subordonnés de l'époque.

On a évoqué déjà la brutalité calculée avec laquelle il ne cessa de traiter le chef d'état-major désigné, le lieutenant-colonel Rime-Bruneau, au point de le pousser à demander une autre affectation, le 20 mai. On a cité les propos quelque peu irresponsables tenus dans la nuit du 16 au 17 mai au commandant Bescond, qui le quitte en évoquant Reichshoffen et se fait tuer quelques heures plus tard. On relève aussi qu'il menace de faire fusiller un jeune officier pour la seule raison qu'il s'est replié en vue de se ravitailler en carburant alors qu'il avait encore une centaine de litres en réserve (ce qui est peu pour un char).

Il ne se fait pas faute de rabrouer, sur un ton méprisant, parfois humiliant, tel officier venu lui rendre compte d'une déconvenue ou d'un retard. Sur la butte de Mont-Fendu, alors que, mitraillés par les stukas, les officiers qui l'entourent se jettent à terre, il lance : « Allons, messieurs, de la tenue ! » (comme en 1916, en Champagne). A un très jeune lieutenant qui, le 21 mai, lui présente son détachement dans un ordre approximatif, il jette, jupité-rien : « Existez, Jourdain ! »

Un commandant qui arrive le même jour au poste de commandement, sous le feu, en tenue de travail, reçoit ce paquet : « Vous arrivez à cette réunion d'état-major comme à une partie de pêche... Je vous renvoie à Tours ! » Enfin, écoutant un officier de liaison exposer son affaire sur un rythme trop lent à son gré, il gronde : « Vous vous croyez en 70 ? Qu'est-ce que vous faites dans la vie ? — Je suis curé... — Ça vous va bien ! »

On peut se demander si un personnage d'une telle stature et d'une supériorité intellectuelle aussi éclatante avait besoin de tels moyens pour s'imposer. Dans *le Fil de l'épée,* il est question du « prestige », non de ce harcèlement sarcastique dont souffrirent à coup sûr bon nombre de ceux qu'il avait mission d'exalter plutôt que de cravacher.

Le mieux est de donner ici la parole à celui qui, témoin de ces journées dramatiques, a observé le commandant de la 4e DCR avec le plus d'acuité, à partir d'une admiration que ne peut entamer la critique, le futur général Paul Huard. Son portrait du Connétable au feu est de bonne veine :

« ... Un chef impressionnant par la stature, la distinction " qui en impose ", la tenue impeccable soulignée à l'occasion, sur le terrain, par des gants blancs. Ce chef, exigeant en toutes circonstances, tient les officiers à six pas, créant autour de lui un vide au centre duquel il se détache, à moins qu'il ne préfère être visible de loin, debout sur un talus, voire attendant sur un tas de cailloux l'officier de moindre taille qu'il veut impressionner ; reçoit sans parler un compte rendu ; déconcerte par une boutade ironique [...] ; pique l'amour-propre d'un subordonné par une remarque acerbe et parfois imméritée. Dans les dialogues très brefs, qui interdisent la réplique, il pratique l'intimidation, enflant brusquement la voix lente qui devient péremptoire, tandis que ses yeux marron sans flamme paraissent regarder à travers son interlocuteur, ou au-delà...

« Auprès de la troupe, son prestige fut, d'emblée, considérable. Amplifiant les effets, visibles sur les officiers de chars, de son autorité [...] ses apparitions fréquentes sur le terrain aux points décisifs concouraient à créer et propager un sentiment de confiance qui a été la cause principale de la cohésion rapide acquise sur le champ de bataille par des éléments [...] hâtivement unis, venus d'horizons divers...

« De Gaulle a exercé un commandement indépendant, exclusif, autoritaire et égocentrique, basé sur la conviction que son jugement était, en toute occurrence, le meilleur sinon le seul valable, ce qui lui a fait douter de renseignements exacts, mais non conformes à l'idée qu'il se faisait alors de l'ennemi. Toute décision émanait de lui seul. Il n'acceptait aucun avis et encore moins de suggestion directe, quitte à tirer parti, à son heure, de ce qu'il avait semblé ne pas entendre...

« L'autoritarisme du colonel de Gaulle, conclut Paul Huard, a été systématique [...]. Il n'était pas nécessaire vis-à-vis de chefs de corps ayant l'expérience de la guerre et une haute conception de leur devoir. L'accueil glacial qu'il a réservé devant Laon à plusieurs d'entre eux, qui ne l'oublièrent pas, [était] une mise en condition brutale destinée à imposer une stricte soumission à ses ordres [17]... »

Rude portrait, qui sonne juste et impose ce simple rappel : aucun des officiers que Charles de Gaulle eut sous ses ordres au cours de ces combats à bien des égards exaltants ne crut bon de le rejoindre à Londres. Tel ou tel, comme le capitaine Nérot, se battit bravement dans la Résistance. Mais la réserve dont témoignèrent à l'égard de l'homme du 18 juin des compagnons qui avaient pu admirer sous le feu sa détermination et son énergie donne une indication plutôt négative sur ses méthodes de commandement — vis-à-vis des cadres, sinon vis-à-vis de la troupe (peut-être parce qu'elle n'est pas, elle, accoutumée à être plus doucement traitée...).

En de Gaulle, le chef de guerre eût-il jamais valu le politique — la poursuite de la lutte sur le terrain lui en donnant l'occasion ? Cette brève expérience, pour saisissante qu'elle fût, ne permet pas de l'affirmer. Avec un courage physique qu'attestent vingt traits, un sang-froid presque inhumain, une énergie proverbiale, une intelligence et une culture qui ne sont pas, dans l'art militaire, des handicaps, Charles de Gaulle ne paraît pas avoir montré sur le terrain ce sens des sites, des hommes et des instants, cet instinct de chasseur, ce flair presque animal qui font qu'à la tête de 6 000 hommes (ce fut son cas) ou d'un million, on est Luxembourg ou Masséna, Rommel ou Leclerc.

Mais de si peu de conséquence qu'ils aient pu être en fin de compte, les deux épisodes de Laon et d'Abbeville suffisent à faire de De Gaulle, comme de Jean de Lattre à Rethel, des combattants de Dunkerque et des jeunes défenseurs de Saumur, quelques-uns des hommes — plus nombreux qu'on ne croit — qui sauvèrent ce qu'il faut tout bonnement appeler l'honneur d'une armée jetée au combat dans les pires conditions d'impréparation et d'équipement par de vieux chefs sourds aux avis de ceux qui savaient que chaque guerre doit être réinventée.

Aussi bien n'est-ce pas sur le plan militaire, mais dans le débat de Charles de Gaulle avec lui-même que ces journées comptent surtout. Ces preuves qu'il a données sur le terrain ont fait mûrir la longue révolte qui couve en lui. Était-il si sûr de son fait, auparavant ? Après la formidable colère qui l'a soulevé le 16 mai au cœur de la débâcle, cette affirmation de sa valeur en tant que combattant, et de la sûreté de ses intuitions à propos du corps cuirassé, va contribuer à rendre plus plausible la décision de juin. Avoir été « différent » sur le terrain lui fera mieux admettre d'être « différent » en termes de destin.

Le 31 mai, le général de Gaulle est convoqué à Saint-Maxent, au sud d'Abbeville, par le chef de la Xe armée, le général Altmeyer, pour s'entendre notifier au cours d'une conférence d'état-major que « l'attaque sur Abbeville est suspendue jusqu'à nouvel ordre » et qu'il doit passer le commandement au général Fortune. Lui-même est convoqué à Paris, le lendemain, par le général Weygand, commandant en chef qui, la veille, au cours d'un Conseil suprême interallié tenu à Paris, a obtenu de Churchill que la tête de pont de Dunkerque fût défendue assez longtemps pour permettre l'évacuation des Français. Le redressement que de Gaulle n'a pas cessé d'espérer depuis le 20 mai paraît désormais exclu. La bataille frontale est perdue.

Le 1er juin à l'aube, laissant les divers éléments de la 4e DCR se regrouper à Marseille-en-Beauvaisis, le général de Gaulle met le cap sur Paris, accompagné du capitaine Nérot. Sa première visite, à 8 heures, est pour son tailleur, Petit-Demange (qu'est-ce qu'un général sans uniforme ?). Puis il gagne, rue Saint-Dominique, le bureau de Paul Reynaud, ministre de la Guerre. Le capitaine Nérot croit savoir que c'est au cours de cette entrevue que de Gaulle se vit proposer pour la première fois un poste politique aux côtés de Reynaud, et qu'il en accepta le principe.

La troisième visite est pour Weygand, à Montry où le généralissime a installé son quartier général. Témoin de l'entrevue, Nérot rapporte que Weygand (qui jusqu'alors n'avait pas témoigné, on le sait, une vive sympathie à l'homme de *l'Armée de métier*) s'avança vers le nouveau général, le prit par les épaules et lui donna l'accolade en disant : « Je vous félicite. Vous avez sauvé l'honneur [18]... » Puis il s'enquit auprès du Connétable de ce qui pourrait être encore fait pour donner un regain d'efficacité à ces unités cuirassées qui venaient de s'affirmer sur le terrain. A quoi le visiteur répondit en faisant quelques suggestions qu'il comptait reprendre, dit-il, dans une note rédigée d'urgence.

Cette note, datée du 2 juin et adressée au général Weygand, comporte essentiellement quatre points :

1. Véritable « Garde » (de Gaulle fait évidemment allusion à celle de Napoléon), les divisions cuirassées doivent être maintenues à la disposition du seul commandant en chef.

2. Compte tenu des pertes subies, il vaut mieux ne reconstituer que trois DCR complètes, plutôt que quatre affaiblies.

3. Ces trois unités devraient être groupées en un seul « corps cuirassé », qui serait, écrit de Gaulle, « notre marteau » dans la prochaine bataille. Et

il conclut : « Sans aucune modestie, mais avec la conscience d'en être capable, je me propose pour commander ce corps [19]. »

Cette offre de service, Charles de Gaulle la fait parallèlement à Paul Reynaud, dans une note datée de la veille (1ᵉʳ juin) et probablement rédigée en sortant du bureau de la rue Saint-Dominique. Est-ce pour se donner une alternative à l'offre du président du Conseil, lui assignant des responsabilités plus politiques ? On observe en tout cas dans les deux textes, à Weygand et à Reynaud, un ton de certitude, d'ambition, on dirait presque d'optimisme, surprenant à cette heure d'effondrement. A Reynaud, il parle de « retournement » possible, car « la force mécanique allemande (aviation et chars) est momentanément usée [20] ».

Cet étrange optimisme — une fois de plus, on vérifie que chez lui, l'affirmation personnelle a tendance à faire ombrage au sens, d'ordinaire très sûr, qu'il a de la situation alentour — ne dure pas. Dès le 3 juin, il écrit à Paul Reynaud une nouvelle lettre [21], qui est à la fois un SOS sur le plan national et une sommation pour ce qui le concerne. C'est un extraordinaire document :

> « Monsieur le Président,
> Nous sommes au bord de l'abîme et vous portez la France sur votre dos. Je vous demande de considérer ceci :
> 1. Notre première défaite provient de l'application par l'ennemi de conceptions qui sont les miennes et du refus de notre commandement d'appliquer les mêmes conceptions.
> 2. Après cette terrible leçon, vous qui, seul, m'aviez suivi, vous êtes trouvé le maître, en partie parce que vous m'aviez suivi et qu'on le savait.
> 3. Mais une fois devenu le maître, vous nous abandonnez aux hommes d'autrefois *. Je ne méconnais ni leur gloire passée ni leurs mérites de jadis. Mais je dis que ces hommes d'autrefois — si on les laisse faire — perdent cette guerre nouvelle.
> 4. Les hommes d'autrefois me redoutent parce qu'ils savent que j'ai raison et que je possède le dynamisme pour leur forcer la main. Ils font donc tout, aujourd'hui comme hier — et peut-être de très bonne foi —, pour m'empêcher d'accéder au poste où je pourrais agir avec vous.
> 5. Le pays sent qu'il faut nous renouveler d'urgence. Il saluerait avec espoir l'avènement d'un homme nouveau, de l'homme de la guerre nouvelle.
> 6. Sortez du conformisme, des situations « acquises », des influences d'académie. Soyez Carnot, ou nous périrons. Carnot fit Hoche, Marceau, Moreau.
> 7. Venir près de vous comme *irresponsable*? Chef de cabinet? Chef d'un bureau d'études? Non! J'entends agir avec vous, mais par moi-même. Ou alors, c'est inutile et je préfère commander!
> 8. Si vous renoncez à me prendre comme sous-secrétaire d'État, faites tout au moins de moi le chef — non point seulement d'une de vos quatre divisions cuirassées — mais bien du corps cuirassé groupant tous ces éléments. Laissez-moi dire sans modestie, mais après expérience faite sous le feu depuis vingt jours, que je suis seul capable de commander ce corps qui sera notre suprême ressource. L'ayant inventé, je prétends le conduire [22]. »

---

* Pétain, vice-président du Conseil et Weygand, commandant en chef.

Il faudrait commenter chaque mot, chaque allusion, chaque objurgation. Avant le de Gaulle tragique et souverain de Londres, c'est tout entier déjà ce personnage « hors de toutes les séries », qui veut tout et ne sait s'il lui faut plutôt réclamer d'entrer au gouvernement ou exiger de commander ce qui sera le rempart suprême de la patrie...

Qui parlera encore du « miracle » du 18 juin ? Avant même que le désastre absolu ait abattu autour de lui toutes les murailles, toutes les conventions et les rivalités, il se cabre, hennit et exige. Il se sent d'une autre espèce, cet « homme nouveau » dont le pays, dit-il, « saluerait avec espoir l'avènement ». Du coup ce Reynaud, qu'il fustige et implore à la fois, n'est plus rien...

Nous voilà dans le droit fil de ses deux textes les plus prophétiques, du premier et fulgurant petit devoir du garçon de 15 ans annonçant en 1905 que c'est au « général de Gaulle » que la France fera appel, et de la presque délirante lettre au colonel Mayer, qui, en 1927, assure que le pays s'accrochera à « nos basques » pour sauver la patrie. Mais, en ce début de juin 1940, c'est déjà presque à « mes » basques que pense Charles de Gaulle, « homme nouveau »...

17. Gouverner l'abîme [1]

L'ultime phase de la ruée allemande s'ouvre le 5 juin, au moment où s'achève la bataille de Dunkerque qui a joué le rôle d'un abcès de fixation. Sur l'Aisne, l'Oise et la Somme, les défenseurs semblent d'abord tenir bon. « J'ai l'espoir, écrit Charles de Gaulle à sa femme ce jour-là, que le nouvel effort (de l'ennemi) sera, pour nous, moins malheureux que le premier... » Mais il lui conseille de chercher une villégiature en Bretagne *.

Dans l'après-midi de ce même 5 juin, le commandant de la 4e DCR est convoqué par son « patron », le général Frère. « Le bruit court que vous allez être ministre. C'est bien tard pour la guérison... » Si peu défaitiste qu'il se soit montré jusqu'alors, le commandant de la VIIe armée ne se fait pas d'illusions sur les capacités de résistance de la machine de guerre française. Qu'attendre alors de la mission gouvernementale que la rumeur attribue déjà au nouveau général ?

Le lendemain, à l'aube du 6, la voix amicale du général Delestraint éveille de Gaulle, à Marseille-en-Beauvaisis : « La radio annonce que vous êtes appelé au gouvernement... » Est-il surpris, de Gaulle ? Ses derniers contacts avec Reynaud, leur entretien du 1er juin et la note qu'il lui a adressée le 3, pouvaient lui faire prévoir cette issue. Il l'avait lui-même préconisée. Mais il savait aussi quelles influences s'exerçaient autour du président du Conseil, et que le groupe Baudouin-Bouthillier-Villelume-Hélène de Portes multipliait, à son encontre, les manœuvres...

Une demi-heure plus tard, une communication de Paris confirme la nouvelle : de sa voix de fifre, Paul Reynaud le convoque de toute urgence. Le temps de rassembler ses officiers, de les informer (assez sèchement, ont-ils rapporté) qu'il est « appelé à d'autres fonctions », de les remercier de leur concours, et le voilà en route pour Paris. Reynaud l'attend à 11 heures, rue Saint-Dominique, au ministère de la Guerre, où va s'installer à ses côtés Charles de Gaulle, réalisant dans les pires circonstances l'un des rêves de sa vie.

Le voici dans le cabinet du petit homme qu'il connaît bien et qu'il retrouve « comme à son ordinaire, assuré, vif, incisif, prêt à écouter, prompt à juger »... Le nouveau sous-secrétaire d'État passe aussitôt à l'offensive : pourquoi avoir embarqué dans un cabinet rassemblé pour

---

* Yvonne de Gaulle et ses filles s'installent quelques jours plus tard à Carantec, au nord de Morlaix (Finistère).

« faire la guerre » le maréchal Pétain qui ne parle que de paix immédiate et sert de « paravent » aux partisans de l'abandon ? « Mieux vaut l'avoir dedans que dehors », fait valoir Reynaud.

De Gaulle le mitraille d'arguments inverses et dénonce les progrès du défaitisme, qui « risque de tout submerger ». (Qui ne sait qu'un bon tiers des membres du gouvernement, et la moitié des collaborateurs immédiats du président du Conseil sont tout acquis à l'idée d'une cessation rapide des hostilités ?) Si de Gaulle admet que « la guerre est perdue » sur le sol métropolitain, c'est pour proclamer qu'il faut poursuivre la lutte « dans l'Empire ». Tel est du moins le résumé qu'il donne de cette harangue à Reynaud dans ses *Mémoires de guerre,* oubliant de faire mention du « réduit breton », idée dont il fut pourtant, sinon l'inventeur, en tout cas un avocat déterminé jusque vers le milieu de juin.

De quoi s'agissait-il ? Ce plan, conçu pendant les plus sombres journées de mai (vers le 25), visait à rameuter sur la Vilaine et sur la Rance des forces suffisantes pour y préserver un « réduit » d'où l'on pourrait « tendre la main vers l'Angleterre et les États-Unis », préservant, sinon les chances d'une résistance prolongée, en tout cas les moyens d'un contact direct avec Londres et d'un embarquement ordonné de l'appareil d'État et de forces importantes vers le Royaume-Uni ou l'Afrique. Un Dunkerque préfabriqué — et à fins politiques.

Idée chimérique ? On l'a beaucoup dit. Dominique Leca, celui de tous les collaborateurs de Reynaud qui, toutes griffes de la jalousie rentrées, saura faire le plus loyalement crédit à l'imagination historique de Charles de Gaulle, écrit :

« Si de Gaulle eut cette inspiration, s'il la fit valoir farouchement, oralement et par écrit, si Paul Reynaud fut quelque temps séduit par elle, c'est qu'elle avait une indéniable valeur de symbole... Le " réduit breton " opposait une sorte de réplique vivante au constat de décès que se hâtait de dresser par avance le commandant en chef. » Mais il ajoute : « Le leurre breton ne cessa de troubler les esprits et les comportements, de façon incroyable, entre le 31 mai et le 13 juin... Paul Reynaud eut à mesurer à plusieurs reprises combien, certains jours, la solution bretonne, par son inanité pratique, discrédita l'esprit de résistance[2]... »

Selon Villelume[3] — qui lui, n'est qu'aigreur vigilante à l'encontre de De Gaulle —, il est encore question du « réduit », en comité restreint, le 7 juin, et il faut démontrer à Reynaud que la France ne disposait plus du dixième des effectifs indispensables à la défense d'un front de 150 kilomètres pour ébranler le président du Conseil, en dépit de la « fureur » du général de Gaulle*. Lequel n'a pas dit, en ce domaine pas plus qu'en d'autres, son dernier mot... On a vu d'ailleurs que, le 5 juin, il incitait sa femme et les siens à gagner la Bretagne, où sa mère est repliée auprès de son frère Xavier. Tout épique qu'on soit, ce sont des choses qui comptent...

---

* Geoffroy de Courcel, qui ne quitta guère de Gaulle à partir du 7, assure qu'il ne parlait plus, à cette date, du « réduit ».

Dans l'après-midi du 6 juin, le président du Conseil a rassemblé les nouveaux ministres et ceux qui ont changé d'attributions — la seule sensation provoquée par le remaniement étant l'éviction de Daladier — pour la traditionnelle photo sur le perron officiel. Derrière un peloton de radicaux grisonnants, de notables au teint fripé par l'accoutumance, stupéfiés par la tragédie où ils se meuvent[4], on voit se dresser un étrange personnage — un grand loup solitaire, morose, deux étoiles au képi, l'œil charbonneux, la lippe dédaigneuse, une paire de gants blancs à la main : le Connétable s'est fait sous-secrétaire d'État.

Non sans susciter, une fois de plus, des remous. « Sa nomination, écrit Reynaud dans ses *Mémoires,* déplut à Pétain, qui me raconta une histoire de livre fait en commun. Elle déplut davantage encore à Weygand. " Quel grief avez-vous contre lui ? — C'est un enfant... " Reynaud manie la litote. Les deux vieux chefs manifestèrent beaucoup plus que du déplaisir à voir entrer de Gaulle au gouvernement : de l'exaspération, qui s'exprima sans retenue, et conduisit le maréchal à s'opposer personnellement à ce que le nouveau sous-secrétaire d'État prît part aux délibérations militaires du gouvernement. C'était mal connaître son ancien collaborateur, qui intervint quand il le jugea bon...

Pétain ne se contente pas de faire barrage à de Gaulle au sein du cabinet. Il déverse sa bile dans l'oreille complaisante d'un étranger qui joue déjà un rôle capital : Sir Edward Spears, que Churchill a désigné comme son représentant personnel auprès du gouvernement français. Officier de liaison britannique auprès du GQG de Pétain, en 1917, Spears, témoin des grandes heures de Verdun, bénéficie donc auprès du maréchal d'un traitement de faveur : il lui parle... « Cette nomination de De Gaulle, confie-t-il à cet observateur étranger, n'est pas faite pour arranger les choses [...]. Sa vanité lui fait croire que l'art de la guerre n'a pas de secret pour lui. On dirait qu'il l'a inventé [...]. Non seulement il est vaniteux, mais il est ingrat. Il a peu d'amis dans l'armée[5]... »

Il n'en a pas beaucoup plus dans l'entourage du chef du gouvernement. Il faut lire la page que Paul de Villelume consacre à cette occurrence :

« De Gaulle entre dans mon cabinet. Son premier mot est pour me dire combien il est heureux de m'avoir sous ses ordres. Je lui réponds avec vivacité que je ne dépends de lui en aucune façon. Paul Reynaud, à qui nous allons porter le différend, approuve ma thèse[6]. De Gaulle obtient toutefois du président l'adjonction à son titre de " sous-secrétaire d'État à la Guerre " de la mention " et à la Défense nationale ". Jusqu'où iront ses empiétements ? Nous décidons, Baudouin et moi, d'y mettre un terme. Nous rédigeons dans ce but un projet de décret définissant ses attributions. En le présentant à Paul Reynaud, nous lui dépeignons sous les couleurs les plus inquiétantes l'ambition effrénée de son nouveau collaborateur. " Mais que peut-il encore désirer ? — Votre place, monsieur le Président. " Un sourire énigmatique nous annonce notre échec.

« Cette nomination, dont il est maintenant avéré que nous n'en pourrons que difficilement atténuer les effets, est une véritable catastrophe. Marge rie* y est évidemment pour beaucoup. Partisan de la lutte à outrance, il a voulu trouver un allié contre Baudouin et moi, à qui la nécessité de demander l'armistice apparaît chaque jour plus urgente[7]. »

Leca, que n'animent pas contre le Connétable les mêmes préventions professionnelles ou stratégiques, voit le nouveau venu avec beaucoup plus de sang-froid, et donc de perspicacité. Rentrant le 7 juin, raconte-t-il, dans le bureau que l'on vient d'attribuer à Charles de Gaulle, et ne l'y trouvant pas, il l'aperçoit dans le jardin en train de se faire photographier par la presse, et en tire ce lumineux commentaire** :

« ... Il pressentait que le vrai champ de bataille, pour les lendemains très proches, c'était l'imagination publique [...]. Il avait déjà parié que la sensibilité populaire aurait besoin d'une figure comme la sienne, celle d'un rigide homme d'État en uniforme, et dans le jardin ensoleillé, il répondait déjà " présent ". Il sut en 1940 que la France aurait le besoin vital d'un mythe de résurrection [...], que cela était la chose essentielle. Que tout le reste — l'exode et les batailles perdues — n'était que détail, ne comptant pas au regard de la future remontée des abîmes moraux où tout paraissait sombrer[8]. »

Cette presse, qu'il n'a pas attendu le désastre et sa propre ascension vers les sommets pour mettre dans son jeu, lui rend bien alors cette compréhension. Ce ne sont, dans les jours suivants, de *l'Action française* au *Populaire*, que témoignages d'intérêt déférent et tributs d'admiration à l'adresse du nouveau sous-secrétaire d'État dont, la veille, pas un journaliste sur cent ne connaissait le nom.

A droite, il faut citer *le Jour* (« L'écrivain militaire qui prépare la tâche du commandement doit être, selon le mot de Lyautey, le technicien des idées générales. Le général de Gaulle est ce technicien ») et *le Matin* (« Le général de Gaulle n'est pas seulement une des lumières de l'armée ; il est la lumière même qui éclaire les routes les plus obscures... Jamais voix plus juste n'avait clamé dans le désert... »).

A gauche, *l'Aube* lui reste fidèle (« M. Paul Reynaud a-t-il fait quelque chose de révolutionnaire en appelant à ses côtés le général de Gaulle ? Peut-être pour certains. Pour nous, il a fait acte de chef clairvoyant... »), tandis que *le Populaire* fait écho à l'illumination qu'a provoquée chez Léon Blum le mémorandum de janvier 1940 (« ... M. de Gaulle est un penseur en même temps qu'un soldat ; il est même, si l'on veut, un théoricien systématique. Mais il se trouve que ses théories ont reçu des événements, depuis neuf mois, une éclatante et cruelle confirmation »).

Il faut faire la part de l'émotion générale, et aussi des services de propagande mis en place par Reynaud. Mais quel sous-secrétaire d'État entrant dans un gouvernement a jamais suscité pareil concert de louanges ? Pour une entrée dans les cercles du pouvoir politique, on peut dire que Charles de Gaulle bénéficia, dès la première heure, d'une fanfare qui depuis

---

* Chef du cabinet diplomatique de Reynaud.
** Dont il faut faire d'autant mieux hommage à son auteur qu'il fut fort maltraité à Londres par la France libre.

lors, et quelle que soit la chanson, n'a baissé de ton que pour reprendre haleine.

Mais le commentaire le plus curieux qu'ait provoqué l'entrée au gouvernement du Connétable est à coup sûr celui du *Times* de Londres, daté du 8 juin : « ... Du point de vue militaire, l'innovation la plus intéressante de M. Paul Reynaud est la désignation du général de Gaulle qui retint, par ses livres, l'attention du monde militaire [...]. Assez agressivement " de droite " (*rather aggressively* " *right-wing* "), puissant théoricien, apôtre presque fanatique de l'utilisation massive des chars, c'est un esprit lumineux et pénétrant, à la fois homme d'action, de rêve et d'abstraction... »

Remarquable commentaire, et qui contient en germe bien des débats à venir. Notamment à propos du *rather aggressively* « *right-wing* » que rien alors ne justifie : on l'a dit, s'inscrire aux « Amis de *Temps présent* » en 1939, au plus fort de la bataille à propos du fascisme dont cet hebdomadaire est un adversaire déclaré, c'est se marquer dans l'autre sens. Mais le rédacteur du *Times* était en droit de ne pas connaître ce geste très récent et précis, et de s'attacher plutôt à la tonalité générale du *Fil de l'épée*, où passaient des échos de Barrès et déjà d'un certain Montherlant. Notation importante en tout cas, dont la presse anglo-saxonne (et française) s'inspirera des années durant.

Bon. Le voilà en place, et sous les feux des projecteurs. Il forme en hâte une équipe, dont la modestie, il faut bien le dire, surprend. Cet homme qui a depuis des années arpenté les allées du pouvoir et connaît de l'intérieur l'intelligentzia militaire, ne rassemble pas le groupe qu'appelaient, semble-t-il, les circonstances. Se heurta-t-il au refus de ceux qui jugeaient la situation trop désastreuse pour s'embarquer dans l'aventure, aux rebuffades de camarades agacés de n'être, auprès de lui, que des sous-fifres ?

De ceux qu'on attend de trouver là, on ne voit que Jean Auburtin, ami fidèle, et le journaliste Charles Giron *, qu'il a eu sous ses ordres à Metz. Le chef du cabinet militaire est un colonel Humbert qui disparaîtra de l'histoire aussitôt, et celui du cabinet civil Jean Laurent, directeur général de la Banque de l'Indochine, avec lequel Paul Reynaud et Gaston Palewski s'étaient liés dix ans plus tôt à l'occasion d'un voyage en Asie. Palewski l'a chaudement recommandé à de Gaulle. Laurent, sollicité, a hésité : alors Auburtin lui a enjoint de lire, toutes affaires cessantes, *Vers l'armée de métier*. Conquis, Jean Laurent a rejoint la rue Saint-Dominique — pour s'évanouir bientôt dans des brumes qui, hélas pour lui, ne furent pas celles de Londres...

Mais il y a aussi un jeune lieutenant de cavalerie nommé Geoffroy

---

* Ne pas confondre avec son frère Roger, qui a rendu compte avec faveur des livres de Charles de Gaulle, et le côtoya au sein du cabinet Reynaud.

Chaudron de Courcel qui, secrétaire d'ambassade à Athènes, mobilisé à Beyrouth en septembre 1939, venu par hasard en permission à Paris au début de mai 1940, s'est vu affecté par le général Weygand, son ancien chef au Levant, auprès du nouveau sous-secrétaire d'État à la Guerre. De Gaulle avait expressément demandé à l'état-major de lui fournir comme aide de camp « un diplomate parlant l'anglais[9] ». Il se trouve que Courcel répond à cette définition, qu'il est ardemment « jusqu'au-boutiste » et qu'il a lu, chez son frère, officier de carrière, *Vers l'armée de métier*. Le voici désormais incorporé à cette longue histoire.

Écoutons Jean Auburtin évoquer les moments d'installation du sous-secrétaire d'État : « ... Le 7 juin, je gagnai mon poste, rue Saint-Dominique, où régnait la plus folle agitation. S'y pressaient officiers, journalistes, membres des cabinets — celui de Reynaud, qui avait son bureau de ministre de la Guerre au premier étage, et celui de De Gaulle, au rez-de-chaussée. On commente passionnément, mais d'une voix étouffée, les désastreuses nouvelles : la veille dans la soirée du 6, le front avait été une fois de plus crevé... Je croise Philippe Serre, très ému de la promotion de son ami, et Philippe de Gaulle, qui attend son père... Soudain le silence se fait : une haute silhouette s'encadre dans la porte et de Gaulle s'avance vers une carte murale où s'inscrivent, comme autant de flèches enfoncées dans la chair du pays, l'avance foudroyante des *Panzer* à travers la Somme et vers la Seine... Il en fait un bref commentaire, avec un sang-froid presque invraisemblable qui ramène un peu de calme[10]... »

La mission de Charles de Gaulle, définie dès le premier entretien avec Paul Reynaud, le 6, est d'une part de tenter d'organiser « l'arrière », en symbiose avec son homologue chargé des « réfugiés », Robert Schuman[11], et d'autre part d'assurer la coordination avec Londres en vue de la poursuite de la guerre, où que ce soit : « ... J'ai pu donner (à nos alliés), les 26 et 31 mai, l'impression que nous n'excluions pas la perspective d'un armistice, lui a dit Reynaud. Mais à présent, il s'agit au contraire de convaincre les Anglais que nous tiendrons, quoi qu'il arrive, même outre-mer s'il le faut. Vous verrez M. Churchill... »

En attendant de partir pour Londres, le général de Gaulle doit prendre contact avec les deux hommes en qui s'incarne alors, aux yeux de l'opinion, toute action de guerre de la France : Pétain et Weygand. Le rendez-vous pris avec le maréchal, aux Invalides, le 8 juin, sera annulé par suite d'un contretemps. Mais ce même jour, le sous-secrétaire d'État à la Guerre est reçu par le général Weygand au PC avancé du commandant en chef, le château de Montry. Le récit de cette entrevue fait par le visiteur dans ses *Mémoires de guerre* a été contesté par Weygand. On lui fera néanmoins écho, quitte à citer les objections du généralissime :

> « Je trouvai le commandant en chef calme et maître de lui. Mais quelques instants de conversation suffirent à me faire comprendre qu'il était résigné à la défaite et décidé à l'armistice...

— ... Je vous ai, il y a quelques jours*, annoncé que les Allemands attaqueraient sur la Somme le 6 juin. Ils attaquent, en effet. En ce moment, ils passent la rivière. Je ne puis les en empêcher.
— Soit ! Ils passent la Somme. Et après ?
— Après ? C'est la Seine et la Marne.
— Oui. Et après ?
— Après ? Mais c'est fini !
— Comment ? Fini ? Et le monde ? Et l'Empire ?
Le général Weygand éclata d'un rire désespéré.
— L'Empire ? Mais c'est de l'enfantillage** ! Quant au monde, lorsque j'aurai été battu ici, l'Angleterre n'attendra pas huit jours pour négocier avec le Reich.
Et le commandant en chef ajouta, en me regardant dans les yeux :
— Ah ! si j'étais sûr que les Allemands me laisseraient les forces nécessaires pour maintenir l'ordre [12] !... »

A quoi le général Weygand objecte ceci : « Je m'élève contre l'authenticité (*sic*) de ce dialogue à prétentions cornéliennes : " A moi, comte, deux mots... " Je n'en aurais pas toléré l'inconvenance. D'autre part, il ne fut, à aucun moment de cet entretien, question de l'attitude de l'Angleterre ou de négociations avec les Allemands. Quant à mon rire, s'il a paru désespéré, c'était de ne pouvoir ramener aux exigences de l'heure un homme qui s'en détachait en parlant d'autre chose [13]. »

On ne prétend pas s'arroger un droit d'arbitrage. Disons que le contexte, et de nombreux témoignages relatifs à l'attitude et aux propos des deux hommes pendant la première quinzaine de juin, tendent à accréditer la thèse, sinon la formulation de Charles de Gaulle. Que le dialogue rédigé par ce maître écrivain prenne un ton un peu trop « cornélien » est possible : c'est une critique que jamais personne n'a songé à adresser à Maxime Weygand... Quant aux thèmes abordés et aux positions prises (« enfantillage », défaite anglaise, maintien de l'ordre), c'est peut-être une reconstitution trop artistement réalisée dix ou douze ans plus tard par le rédacteur des *Mémoires de guerre*. Mais où trouver ici trace de l' « inconvenance » que n'aurait pu tolérer l'ancien lieutenant de Foch ? Il est arrivé à de Gaulle de malmener incongrûment d'illustres interlocuteurs. Pas là, où Weygand se malmène tout seul.

Avant de quitter Montry, le général de Gaulle s'entretient avec quelques collaborateurs du généralissime, qui confirment l'impression donnée par Weygand : personne ici ne voit plus de sens à la poursuite du combat. De retour rue Saint-Dominique, il adjure Reynaud de retirer le commandement à un général en chef « qui a renoncé à vaincre ». Mais, fait Reynaud, à qui confier le navire en perdition ? Un nom vient à de Gaulle, celui du général Huntziger, capable selon lui de « s'élever jusqu'au plan d'une stratégie mondiale [14] »...

Si l'on juge cette suggestion étrange, ce n'est pas du fait de ce que l'on a appris depuis lors — cet officier ayant accepté, après avoir signé des accords

---

* Le 1er juin. Voir p. 319.
** Grief déjà formulé à l'encontre de De Gaulle. Voir plus haut, p. 324.

d'armistice comportant des clauses peu honorables, d'être ministre de la Guerre à Vichy —, c'est en raison de ce qu'on savait alors, de Gaulle mieux que personne : Huntziger était l'un des deux généraux dont les forces avaient « craqué » le 13 mai face à l'offensive de von Manstein dans les Ardennes. Tout chef peut subir un revers sans y perdre honneur ou crédit. Mais de là à le promouvoir immédiatement après aux responsabilités suprêmes... Pour cette raison ou pour d'autres, Reynaud demande à son sous-secrétaire d'État de surseoir à cette substitution du vaincu au désespéré.

Avant de partir pour Londres, Charles de Gaulle étudie les possibilités d'un repli massif sur l'Afrique du Nord. Les services évaluent à un demi-million environ les effectifs qui pourraient être transportés, pour peu que la marine fasse diligence, que l'aviation de bombardement rassemble tous ses moyens, et aussi que la flotte anglaise prête son concours à l'opération. Décidément, rien ne peut plus être entrepris sans l'adhésion et l'appui des alliés d'outre-Manche. C'est dans cet état d'esprit que, le 9 juin, le général de Gaulle s'envole pour son premier voyage à Londres, en compagnie de son aide de camp, le lieutenant de Courcel, et de Roland de Margerie, chef du cabinet diplomatique de Reynaud.

C'est à ce diplomate — qui selon Villelume, on l'a vu, fut un artisan essentiel de l'élévation de Charles de Gaulle aux grandes responsabilités politiques, et continuera, dans les semaines suivantes, à jouer un rôle clé dans le camp des partisans de la lutte à outrance — que l'on empruntera d'abord le récit de l'expédition. Partis du Bourget dans un avion spécial d'Air France, les trois voyageurs avaient gagné Londres où, après un déjeuner à l'ambassade, ils furent reçus par le Premier ministre au 10, Downing Street [15] :

« Churchill se leva aussitôt et se mit à se promener de long en large, les mains derrière le dos, bouillonnant littéralement, parlant un langage extravagant, mi-français, mi-anglais. Nos têtes allaient de droite à gauche, de gauche à droite et j'avais vraiment l'impression d'assister à un match de tennis... »

De Gaulle, s'emparant enfin de la parole, pressa passionnément Churchill de jeter immédiatement la RAF dans la bataille de France. A quoi le Premier ministre opposa que le front s'éloignait de l'Angleterre, et que se battre à proximité des côtes anglaises « rapportait de plus gros dividendes » : pour un avion abattu loin d'ici, expliqua-t-il, nos aviateurs en descendent cinq aux abords de notre île !

Sur quoi de Gaulle prit congé, conscient d'avoir échoué dans sa mission à court terme : obtenir une participation accrue des forces et surtout de l'aviation britanniques à la défense de la France. Mission suicidaire quand on y pense, à l'heure où l'égoïsme britannique était devenu le dernier atout des démocraties... Tout donne à penser que l'éloquence de l'homme qui,

329

cinq jours plus tôt, aux Communes, proclamait que l'Angleterre se battrait jusqu'au bout, « sur nos plages comme sur nos collines », le convainquit.

Est-ce ce jour-là, en quittant Downing Street, qu'il lança à Churchill : « C'est vous qui avez raison ! » ou le 16 juin, au moment de regagner Bordeaux ? Spears situe la phrase le 9 juin. Ce qui donne une plus haute idée de l'aptitude de Charles de Gaulle à se plier aux exigences de la réalité, quoi qu'en écrive le général Weygand. Comprendre, en ces heures d'agonie, que la défense des îles Britanniques encore libres importe davantage à la victoire finale et collective qu'un sursis accordé à une France en cours d'effondrement est, pour un nationaliste aussi intransigeant, faire preuve d'une lucidité peu banale, en attendant d'autres traits que l'on relèvera les jours suivants.

Lucidité d'autant plus méritoire que le visiteur n'a pu manquer d'être agacé — ses *Mémoires* le laissent voir [16] — par la « tranquillité, presque l'indifférence » des rues de Londres (il les voyait pour la première fois, et c'était un dimanche...), contrastant avec le tragique bouleversement des villes françaises. « On pouvait voir qu'au sentiment des Anglais, la Manche était encore large. » Ce patriote passionné ne fait pas, sans douleur, ce parallèle : mais, en lui, le stratège l'emporte.

Churchill et de Gaulle se sont quittés contents l'un de l'autre. Le Premier ministre, terriblement déçu depuis trois semaines par le commandement français, a rencontré enfin ce « général à l'esprit offensif » que Reynaud lui avait promis de découvrir. Pour ce qui est du visiteur, l'impression que lui a faite le chef de guerre britannique s'exprime dans l'admirable portrait des *Mémoires de guerre,* qu'il a voulu situer dès ce premier contact, comme si Churchill lui était apparu immédiatement dans sa totalité et sa grandeur, indivisible et formidable, on serait tenté de dire « incorrigible » :

> « M. Churchill me parut être de plain-pied avec la tâche la plus rude, pourvu qu'elle fût aussi grandiose... Il était, de par son caractère, fait pour agir, risquer, jouer le rôle, très carrément et sans scrupule... Je le trouvai bien assis à sa place de guide et de chef... Winston Churchill m'apparut, d'un bout à l'autre du drame, comme le grand champion d'une grande entreprise et le grand artiste d'une grande Histoire [17]... »

Les envoyés de Paul Reynaud qui, avant de regagner Paris, ont pris ensuite contact avec Anthony Eden, ministre de la Guerre, et les autres animateurs de l'effort militaire anglais, puis avec Jean Monnet, qui préside la Commission mixte franco-britannique d'achat de matériel de guerre, n'ont pas plus tôt atterri au Bourget sur un terrain truffé de bombes non explosées, que de Gaulle est convoqué d'urgence, en pleine nuit (celle du 9 au 10 juin), par le chef du gouvernement : les avant-gardes ennemies ont atteint la Seine, le front de Champagne s'effondre, Paris est immédiatement menacé, et l'Italie va entrer en guerre d'une heure à l'autre...

De Gaulle reparla-t-il alors du « réduit breton » ? C'est possible. Mais dans ses *Mémoires*, il n'est question que du repli vers l'Afrique : il presse le chef du gouvernement de le décider. Ce ne sont pas les visites qu'il fait ce jour-là à quelques-uns des principaux personnages de l'État, le président Lebrun en tête, qui lui rendent l'espoir d'une solution en métropole. Et comme toujours, ou presque, il résume ce qui fut une longue et confuse suite d'âpres discussions politico-stratégiques en une frappante formule : « Le redressement dit " de la Marne " était possible, mais sur la Méditerranée. »

« Jour d'agonie », écrit-il du 10 juin, qui, après l'entrée en guerre de Mussolini, et avant l'exode du gouvernement (vers où, au juste ?), dont personne ne sut s'il fut vraiment décidé en haut lieu ou s'accomplit comme un besoin naturel, fut marqué par un nouveau conflit Weygand-de Gaulle, que les deux protagonistes rapportent une fois encore de façons contradictoires.

Le Connétable qui n'évoque qu'une rencontre, alors qu'il y en eut deux ce jour-là, dont une au Comité de défense, peint le général en chef entrant « tout de go » dans le bureau de Paul Reynaud et lui remettant, en sa présence, une note visant à « établir nettement les responsabilités de chacun » et recommandant la recherche rapide d'un armistice. « Il y a d'autres perspectives », fait de Gaulle. A quoi le commandant en chef réplique « d'un ton railleur : avez-vous quelque chose à proposer ? — Le gouvernement, répondis-je, n'a pas de propositions à faire, mais des ordres à donner. Je compte qu'il les donnera [18]. »

S'il se garde cette fois d'ironiser sur le ton « cornélien » de son interlocuteur, bien qu'il y eût matière à le faire, le général Weygand affirme de son côté que la note alors remise à Paul Reynaud ne plaidait pas pour une demande d'armistice « que je ne voulais pas formuler, écrit-il, tant qu'il me restait une lueur d'espoir, c'est-à-dire jusqu'au 12 juin [19] ». Précision déconcertante. Cette « lueur d'espoir », les témoins, à partir de la fin du mois de mai, eurent le plus grand mal à la déceler dans les propos ou les regards du général Weygand. On est en droit de s'étonner de le voir renier *a posteriori*, en date du 10 juin, une idée dont il était, depuis plusieurs jours déjà, avec le maréchal, l'avocat le plus notoire.

C'est vers 23 heures, le 10 juin, qu'après la plupart des membres du gouvernement et notabilités politiques, Paul Reynaud et Charles de Gaulle quittent Paris — déclarée « ville ouverte » contre l'avis du sous-secrétaire d'État — qui voudrait en voir confier la défense résolue au général de Lattre. Ils arrivent (en cinq heures...) à Orléans en attendant de mettre le cap sur Tours — qui sera provisoirement le centre d'une constellation de châteaux-refuges — le Muguet, près de Briare où est Weygand, Cangé où s'installe Lebrun, Chissay où campe Reynaud, Beauvais où fait halte de Gaulle, Villandry et la Châtaigneraie qui deviennent les asiles du 37, quai d'Orsay... A la préfecture de Tours, centre du dispositif, Georges Mandel tente de réorganiser les moyens d'action qui sont en principe ceux du ministre de l'Intérieur.

Deux problèmes prioritaires se posent, entre mille autres, tous tragiques, à l'équipe Reynaud-de Gaulle : celui du commandement en chef et celui de la destination ultérieure du gouvernement, la Loire n'étant évidemment pas une ligne de résistance. Questions fondamentales qui ne concernent pas seulement des personnes ou des sites, mais toute la stratégie de la France en perdition. Faut-il accepter la défaite, *hic et nunc,* ou nier, ailleurs, le désastre ?

Que l'on maintienne ou non au commandement suprême un homme qui, jugeant — comme beaucoup d'autres — la défaite irrémédiable, semble moins soucieux d'en pallier les effets que d'en rejeter les responsabilités sur un monde politique qu'il méprise, que l'on choisisse de gagner Bordeaux (où plane l'ombre de 1870) ou Brest, tête de pont vers le grand large, c'est l'avenir du pays pour des mois, sinon des années, qui en dépend.

De Gaulle brûle de régler en priorité la première question, en assurant la relève de Weygand par Huntziger. Tandis que Reynaud met le cap sur Briare, où rendez-vous a été pris à 17 heures avec Winston Churchill, le sous-secrétaire d'État file vers Arcis-sur-Aube où se situe le PC de Huntziger, commandant du groupe d'armées du centre, que bousculent sans répit les *Panzer* de von Rundstedt. Confirmé dans ses vues par le « sang-froid » qu'affiche ce général dans le désastre, de Gaulle lui propose d'emblée la succession de Weygand — incontinent acceptée, rapporte-t-il dans ses *Mémoires*. La démarche n'aura pas de suite, Reynaud se refusant. dans le désarroi croissant, à en tirer les conséquences.

Au surplus, Huntziger donnait une tout autre version de l'affaire. D'après les *Mémoires* d'Henri Massis, écrivain maurrassien qui fut son proche collaborateur, le commandant des armées du centre racontait en riant cette visite qui lui avait paru surtout « plaisante », non du fait de la promotion offerte, mais de la mission à remplir : il s'agissait de regrouper nos forces « dans le Cotentin ou, à défaut, dans la presqu'île armoricaine... ». Voilà au moins une personne à qui, le 11 juin 1940, au moment où ses propres troupes refluaient en désordre, le général de Gaulle aura paru « plaisant »...

De l'Aube à la Loire, le Connétable traverse à nouveau un univers d'épouvante, troupes « sans berger » écrit-il, et réfugiés hagards. Sur les routes, on ne progresse qu'à travers un ramas de misères. Il arrive à Briare en fin d'après-midi. Pénétrant au château du Muguet, il croise Pétain qu'il n'a pas vu depuis deux ans. « Vous êtes général, lui lance le vieux chef. Je ne vous félicite pas. A quoi bon les grades dans la défaite ? — Mais vous-même, monsieur le Maréchal, c'est pendant la retraite de 1914 que vous avez reçu vos premières étoiles... — Aucun rapport ! » grogne Pétain. Commentaire du Connétable : « Sur ce point, il avait raison[20]. »

Et le voilà assis au bout de la table où siège, ce 11 juin 1940, à 19 heures, au château du Muguet, le Conseil suprême interallié*. Du côté anglais, Winston Churchill, Anthony Eden et les généraux Sir John Dill, chef de l'état-major impérial, Ismay, chef d'état-major de Churchill, et Spears, délégué spécial auprès du gouvernement français. Du côté français, Reynaud, Pétain, Weygand, le général Georges (convié à la demande de Churchill, qui lui fait confiance), Villelume et Margerie. (De Gaulle n'assistera qu'à la première partie de la réunion, celle de la soirée du 11. Lorsqu'elle reprendra, le 12 au matin, il sera parti pour Rennes.)

Des divers comptes rendus de cette conférence capitale dont on dispose (ceux de Margerie, de Villelume et de Spears, sans parler des mémoires de Churchill, Reynaud et de Gaulle), ce qui ressort le plus nettement, c'est le processus de dissociation de l'alliance. L'exposé du général Weygand — beaucoup moins défaitiste, quand on se réfère au texte, que ne le dépeint de Gaulle, bien qu'il ait parlé d'un « dernier quart d'heure » qui ne saurait être celui de l'ennemi... — est lourd d'imputations à demi formulées à propos de la solitude où se bat son armée, privée du soutien de ses alliés. Pétain met le comble à la tension en répondant à une remarque de Winston Churchill sur la fraternité de lutte en 1918 qu'à cette époque, il était venu au secours du général Gough avec 40 divisions : « Aujourd'hui, c'est nous qui sommes mis en pièces. Où sont vos 40 divisions ? » Et quand Winston Churchill suggère un recours à la guérilla, le maréchal le coupe rudement : « Ce serait la destruction du pays... » Il est clair que les visiteurs tiennent l'armée française pour vaincue, mais qu'ils ne se jugent pas totalement impliqués dans la défaite.

Le Premier ministre anglais ne parle pas seulement de guérilla. Après avoir évoqué cette « question de cauchemar » qu'est celle de l'avenir de la flotte française, il insiste à plusieurs reprises sur l'établissement d'une « tête de pont sur l'Atlantique » : c'est une relance du « réduit breton », dont le général de Gaulle se voit dès lors chargé d'étudier la réalisation sur place, le lendemain : tout au long de l'entretien, le sous-secrétaire d'État de Reynaud, qui n'a fait pourtant que des remarques techniques, a produit une forte impression sur les visiteurs.

Spears les résume ainsi : « ... Il était calme, maître de lui, absolument pas démonté. Civils et militaires bitanniques étaient enchantés de voir auprès de Reynaud le soutien de cette vigoureuse personnalité [...]. Les Français ont des visages blêmes, les yeux fixés sur la table. Ils ont absolument l'air de prisonniers qu'on a sortis de leurs cellules pour entendre l'inévitable verdict. Cherchant des yeux un spectacle moins décourageant, je me tourne vers de Gaulle. Seul de ses compatriotes, il fait montre d'un flegme comparable à celui des Britanniques**... » Et Spears ajoute : « Le Premier ministre, qui semblait chercher quelque chose sur le visage des Français, a regardé

---

* De Gaulle soutient que c'est Weygand qui prit l'initiative de « convoquer » le Premier ministre anglais. Des mémoires de Reynaud et Churchill, il ressort que cette initiative vint de Londres.

** Éloge suprême !

plusieurs fois de Gaulle et a semblé y avoir enfin trouvé ce qu'il cherchait... »

Churchill, qui avait pu au cours du dîner s'entretenir avec le sous-secrétaire d'État placé à sa gauche par Reynaud, écrit pour sa part : « Le général de Gaulle, qui avait assisté à la conférence... était partisan d'une guerre de guérilla [?] Il était jeune et énergique, et m'avait fait une impression très favorable. Je croyais probable que, si la ligne actuelle s'effondrait, Reynaud lui demanderait de prendre le commandement... » Commentaire symétrique de Charles de Gaulle : « Notre conversation fortifia la confiance que j'avais dans sa volonté. Lui-même en retint sans doute que de Gaulle, bien que démuni, n'en était pas moins résolu[21]. » On se croirait déjà en 1944 : ce parallèle entre l'obscur sous-secrétaire d'État et l'illustre Premier ministre, ce recours à la 3e personne...

Le lendemain matin à l'aube, de Gaulle quitte le château du Muguet avant la reprise de la conférence, pour gagner Rennes où il préside, aux côtés du général René Altmeyer, une conférence visant à l'organisation éventuelle du « réduit breton ». Chose curieuse, lui qui relate avec beaucoup de soin les épisodes dont sont faites ces journées capitales — les onze jours pendant lesquels il fut membre du gouvernement, du 6 au 16 juin — passe sous silence cet épisode breton, comme si le rappel de tout ce qui touche à cette chimère le gênait. On en a pourtant dit la valeur symbolique, à une heure où les faits ne comptaient pas seuls, où les espoirs valaient des corps d'armée... Sur le plan militaire, en tout cas, la conférence de Rennes tourna court : il avait suffi de faire le bilan des moyens qui subsistaient.

Oubliant sa visite à Rennes, de Gaulle rapporte dans ses *Mémoires* que le 12 juin fut consacré par lui à l'étude avec le général Colson, chef d'état-major de l'armée de terre, d'un transfert massif des forces françaises en Afrique du Nord. Il situe cette conférence au château de Beauvais ; son interlocuteur, à Arcy-sur-Cher. Peu importe : ce qui est clair, c'est que la volonté collective de déclencher cette grande opération s'effiloche d'heure en heure.

Le général de Gaulle le constate en repassant, après son entretien de Rennes, au château de Chissay. Paul Reynaud l'y attend, qui vient de présider un Conseil des ministres à Cangé, résidence du chef de l'État — conseil au cours duquel Pétain et Weygand ont enfin exprimé clairement leur souhait : un armistice rapide. Reynaud lui en fait part avec amertume.

Mais la question la plus pressante est alors celle qui se pose à propos de la prochaine destination du gouvernement : Quimper ou Bordeaux ?

> « J'étais, naturellement, pour Quimper, écrit de Gaulle. Non pas que j'eusse d'illusions quant à la possibilité de tenir en Bretagne [mais parce que] le gouvernement n'aurait pas, tôt ou tard, d'autre issue que de prendre la mer... Quimper était l'étape vers les décisions énergiques[22]... »

C'est pour Bordeaux qu'on partira. Non sans que Reynaud, ayant fait cette concession à « ses » défaitistes, n'ait rédigé à l'intention du général

Weygand une note, inspirée par de Gaulle, lui enjoignant de tenir aussi longtemps que possible « dans le Massif central et en Bretagne », en attendant que puisse être « organisée la lutte dans l'Empire ».

Le 13 juin, dans la matinée, de Gaulle rencontre au château de Chissay, où Paul Reynaud l'a convoqué, les présidents Herriot et Jeanneney (lequel voit aussitôt dans ce « passionné à froid... pâle et sobre de paroles... une nature forte »)[23]. A peine rentré au château de Beauvais, le général reçoit un appel téléphonique de Roland de Margerie qui l'avertit de la convocation à Tours, au début de l'après-midi, d'un nouveau Conseil interallié auquel, n'y étant pas convié, il serait bien inspiré de prendre part. Quand Reynaud tient à l'écart un tel collaborateur, c'est qu'il y a anguille sous roche. Est-ce pour renier ce qu'il représente, et semble défendre âprement ?

Charles de Gaulle a beau se hâter — on imagine à quel point ! — il arrive avec près d'une heure de retard à la conférence de Tours, où Reynaud n'est flanqué que de Baudouin et de Margerie, tandis que Churchill s'est fait accompagner de Lord Halifax, ministre des Affaires étrangères, de Lord Beaverbrook, du général Ismay, de Spears et de Sir Alexander Cadogan, secrétaire permanent du Foreign Office, sans compter l'ambassadeur Campbell. Face-à-face capital, dont de Gaulle perdra l'essentiel — ce qui retire beaucoup d'intérêt à son compte rendu*.

D'entrée de jeu, Reynaud, comme se jetant à l'eau, annonce aux visiteurs stupéfaits que le général Weygand a présenté, lors du Conseil des ministres de la veille, l'armistice comme « nécessaire » : en conséquence de quoi, il demande à ses alliés s'ils consentiraient à délier la France de l'engagement pris le 28 mars (accords Reynaud-Chamberlain interdisant toute paix séparée).

La réaction du Premier ministre, qui s'exprime dans un « sabir » franco-britannique déconcertant pour tout le monde, est véhémente : « Nous devons nous battre, nous nous battrons, et c'est pourquoi nous devons demander à nos amis de poursuivre la lutte ! » A quoi son homologue français fait observer qu'il n'a pas demandé ce que ferait l'Angleterre, et qu'il connaît bien, mais comment réagirait le cabinet britannique si un gouvernement français (« auquel je n'appartiendrais pas », tient-il à préciser) était amené à demander une paix séparée ? Devrait-il renoncer à l'amitié de la Grande-Bretagne, à la solidarité à venir entre les deux pays ?

A quoi Churchill (selon la version donnée à la fois par Spears et Margerie) répondit notamment (en français) : « Je comprends que vous allez demander l'armistice. Nous ne perdrons pas notre temps en récriminations. La cause de la France nous sera toujours chère et si nous gagnons la guerre, nous la rétablirons dans toute sa puissance et sa grandeur. Mais on ne peut pas demander à la Grande-Bretagne de renoncer à l'engagement

---

* On a utilisé de préférence ceux de Churchill, de Margerie et de Spears.

solennel qui lie les deux pays. » Sur quoi le Premier ministre, les larmes aux yeux, demanda de se retirer un instant avec ses amis dans le jardin de la préfecture pour les consulter sur le bien-fondé d'une position aussi ferme, qu'il ne veut pas prendre seul.

C'est pendant cette pause que de Gaulle entra dans la pièce, après que se fut déroulé l'essentiel du débat — la seconde partie de la réunion n'étant qu'un écho de la première. Ce qui ne l'empêchera pas de rapporter dans ses *Mémoires* que Churchill, placé devant la perspective d'un armistice, avait, au lieu de « bondir », témoigné une « compréhension apitoyée » et laissé entendre qu'il pourrait transiger sur l'engagement du 28 mars en échange de garanties très sérieuses sur la flotte française, cette « question de cauchemar [24] ».

Pour une fois, le Connétable s'était laissé « intoxiquer » par Paul Baudouin qui, dès le début de la « mi-temps » proposée par les visiteurs, avait fait circuler cette interprétation de la formule du Premier ministre : « Je comprends que vous allez demander l'armistice », comme signifiant « Je comprends que vous demandiez l'armistice... »

De Gaulle s'en ouvre à Spears : « Qu'a-t-il dit au juste ? » Interrogé un peu plus tard par son envoyé spécial sur la « traduction » de Baudouin, Churchill explosa : « Quand je dis " je comprends ", ça signifie " I understand " je saisis, ça ne signifie pas que je vous approuve *... Pour une fois que j'emploie le mot exact dans leur langue ! Dites-leur que mon français n'est pas aussi mauvais que ça **... »

Ainsi éclairé sur ce point capital, il est étrange que le général de Gaulle ait cru bon, dans ses *Mémoires* écrits douze ans plus tard, de maintenir une version, celle de la « compréhension apitoyée » que récusait sur-le-champ l'auteur du propos. Version qui, accréditée par Baudouin, devait être, des années durant, reprise par les porte-parole de Vichy — d'après lesquels la France n'aurait pas trahi son serment, dès lors que M. Churchill lui avait manifesté, à Tours, sa « compréhension [25] ».

C'est à l'issue de cette conférence, raconte Winston Churchill dans ses *Mémoires* que, croisant Charles de Gaulle dans l'embrasure d'une porte, « immobile et flegmatique », il lui aurait glissé « à voix basse et en français : l'homme du destin », ajoutant qu' « il ne broncha pas ». Le général avait-il seulement entendu ce propos digne des sorcières de *Macbeth* ? Avait-il « compris » mieux que ne l'avait fait Baudouin une heure auparavant le propos du Premier ministre ? Interrogé un quart de siècle plus tard sur ce point précis, le général de Gaulle répondit : « Je n'ai pas entendu. Vous savez, Churchill, c'était un romantique... Ce qui est vrai, c'est que nous nous étions " accrochés *** " tout de suite, à Londres d'abord, à Briare ensuite, puis à Tours [26]... »

« Destin » ou pas, c'est le même soir qu'au Conseil des ministres tenu

---

* Auquel cas il aurait dit : « I agree. »
** Comment ne pas évoquer ici un autre recours à ce verbe dans la carrière de Charles de Gaulle, le « Je vous ai compris » d'Alger — qui suscita lui aussi quelques gloses...
*** Dans le sens positif du mot, bien sûr : le courant passait.

comme la veille, à Cangé — avant que Reynaud, sur les conseils de Churchill, lance à Roosevelt un appel sans espoir — le maréchal Pétain devait venir à la rescousse de Weygand, dont on entendit un nouveau plaidoyer pour l'armistice, en lisant, debout, une proclamation solennelle qui porte en germe toute l'idéologie de Vichy :

« La question qui se pose n'est pas de savoir si le gouvernement demande l'armistice, mais s'il accepte de quitter le sol métropolitain. Je resterai parmi le peuple français pour partager ses peines et ses misères. L'armistice est, à nos yeux, la condition nécessaire à la pérennité de la France [... il faut] accepter la souffrance [...]. La renaissance française sera le fruit de cette souffrance *. » Cette fois, c'est le vieil homme, porteur d'une gloire encore intacte en apparence, et avocat d'une thèse propre à émouvoir un peuple naufragé, qui jette tout son poids dans la balance. Défaite irrémédiable pour les tenants de la poursuite du combat.

Déjà Charles de Gaulle a senti s'effriter en lui la confiance qu'il accordait aux deux hommes sur lesquels tout alors repose : Churchill « apitoyé » et Reynaud transformé (fugitivement) en porte-parole des partisans de l'armistice, lui qui, la veille au soir et le matin encore, ne lui parlait que de poursuivre la lutte en Afrique du Nord... Le général lui en fait aussitôt le reproche : « Est-il possible que vous conceviez que la France demande l'armistice ? » A quoi Reynaud riposte, petitement, qu'il n'a songé qu'à « impressionner les Anglais, pour obtenir d'eux un concours plus étendu »... Ce qui est non seulement une erreur psychologique majeure (il ne resserre pas un lien, il ruine une confiance) mais la réduction d'un problème fondamental au rang des expédients.

Comment rester dans un gouvernement soumis, en des heures si cruciales, à de telles fluctuations ? De Gaulle s'apprête à rédiger sa lettre de démission à Paul Reynaud quand son chef de cabinet Jean Laurent, qui a précipitamment alerté Mandel, l'informe que le ministre de l'Intérieur veut le voir :

Sur un ton « de gravité et de résolution dont je fus impressionné », écrit l'auteur des *Mémoires de guerre,* Georges Mandel le dissuade de se retirer : « De toute façon, nous ne sommes qu'au début de la guerre mondiale. Vous aurez de grands devoirs à accomplir, Général ! Mais avec l'avantage d'être, au milieu de nous tous, un homme intact [...]. Le cas échéant, votre fonction actuelle pourra vous faciliter les choses. » Et le Connétable de commenter cette adjuration de Mandel : « C'est à cela qu'a peut-être tenu, physiquement parlant, ce que j'ai pu faire par la suite [27]. » Un « appel à l'appel », en quelque sorte : un prophète trouve toujours plus prophète que lui...

Au moment où le ministre de l'Intérieur convainc Charles de Gaulle de rester aux côtés de Reynaud, « les loups entrent dans Paris » — avant qu'à

---

* Tout Vichy est déjà là.

l'aube du 14 le gouvernement s'ébranle de la Touraine vers Bordeaux, à travers une marée cahotante, ensommeillée, endolorie, éperdue : les réfugiés, civils et militaires. Odyssée nauséeuse, qui achève de mettre en transes le sous-secrétaire d'État à la « Défense nationale ».

A peine arrivé à Bordeaux, il croise, dans le vestibule de la résidence attribuée au chef du gouvernement, le maire de la ville, Adrien Marquet, ami intime de Laval qu'il croit pouvoir inciter à la résistance et qui ne lui parle, en retour, que d'armistice trop tardif... Se retournant vers Paul Reynaud, le Connétable, exaspéré, l'interpelle :

> « Depuis trois jours, je mesure avec quelle vitesse nous roulons vers la capitulation. Je vous ai donné mon modeste concours, mais c'était pour faire la guerre. Je me refuse à me soumettre à un armistice. Si vous restez ici, vous allez être submergé par la défaite. Il faut gagner Alger au plus vite. Y êtes-vous, oui ou non, décidé[28] ? »

Giflé par ce propos comminatoire (dont le plus étonnant est qu'il dut être tenu tel quel !), Reynaud convient que la tâche la plus urgente de son collaborateur est de gagner aussitôt Londres pour s'y assurer le concours des Anglais à l'immense transbordement prévu, et lui lance : « Vous me retrouvez à Alger ! »

Le temps de convoquer l'amiral Darlan que le président du Conseil veut voir le lendemain pour lui parler de la flotte (désormais centre du débat, ne serait-ce qu'en vue du passage en Afrique) et dont le ton ne lui dit rien qui vaille du point de vue de l'esprit de résistance, Charles de Gaulle s'en va dîner à l'hôtel Splendide — où Paris et la République, le monde et la Cour, la presse et ce qui fut le Pouvoir s'entassent dans un infini jacassement de rancœurs et d'intrigues, de douleurs et de dépits. A la table voisine de celle où il partage son repas avec son aide de camp, Pétain dîne en compagnie du Dr Ménétrel et du capitaine Bonhomme. En silence, de Gaulle va lui adresser son salut. « Il me serra la main, sans un mot. Je ne devais plus le revoir, jamais[29]. »

Il faut donc, à la demande de Reynaud, repartir pour Londres. Mais comment ? « Le 14 au matin, raconte Geoffroy de Courcel, nous nous sommes mis en quête d'un avion, et d'un pilote. Nous n'avons pas trouvé un seul appareil disponible dans cette ville en désarroi ! Alors le général a pris le parti de voyager par la route, ce qui lui donnerait l'occasion de prendre contact à Rennes avec les responsables de la défense de l'Ouest et d'aller embrasser sa mère, très malade, à Paimpont. Nous avons roulé toute la nuit, sans un mot. A Rennes, nous avons vu le général René Altmeyer et le préfet. De là, nous avons gagné Paimpont où le général a embrassé sa mère, visiblement proche de sa fin, puis, roulant sans cesse, Morlaix, Carhaix et Carantec, où s'était réfugiée Mme de Gaulle avec ses filles. A Brest enfin, nous avons pris place à bord du *Milan* pour Plymouth où nous avons abordé à l'aube du 16 juin[30]. »

A Carantec, de Gaulle a dit à sa femme : « Ça va très mal. Je m'en vais à

Londres, peut-être allons-nous continuer le combat en Afrique, mais je crois plutôt que tout va s'effondrer. Je vous préviens pour que vous soyez prête à partir au premier signal[31]. »

Lors de l'escale de Brest, le Connétable a rendu visite à l'amiral de Laborde, qui commande la flotte de l'Atlantique, en vue d'étudier avec lui les problèmes que poserait l'embarquement de troupes à partir des ports bretons. Mais l'entrevue a fort mal tourné, l'amiral s'indignant des violentes accusations portées par de Gaulle contre Pétain et Weygand *. De proche en proche se creuse le fossé entre l' « homme du destin » et les grands notables du corps militaire, qui sentent s'incarner en lui l'esprit de dissidence.

Un esprit qui ne cesse de mûrir. A bord du *Milan,* il jette soudain au commandant de bord : « Seriez-vous prêt à vous battre sous les couleurs britanniques ? » Et quelques heures plus tard, à peine arrivé à Londres, il prendra, lui, simple sous-secrétaire d'État, une décision qui le situera bien loin du cadre où ce nationaliste a, jusqu'alors, concentré ses démarches, sur le plan de la lutte globale contre le totalitarisme : il ordonne que le *Pasteur,* transportant des États-Unis vers la France un formidable arsenal (dont plus de 1 000 canons de 75), soit détourné vers un port anglais. Déjà, il a cessé de penser en termes « régionaux » : il s'est élevé au plan de la stratégie mondiale **.

En ce domaine, il va faire très vite un pas plus important et plus voyant encore. Le 16 au matin, alors qu'il fait sa toilette dans sa chambre de l'hôtel de Hyde Park, à deux pas de l'ambassade de France à Londres, se font annoncer Jean Monnet, chef de la mission d'achats franco-britannique, homme clé des relations interalliées, et l'ambassadeur Charles Corbin. Ils sont porteurs d'un projet « susceptible de bouleverser la situation » qu'ils lui demandent de faire accepter par Paul Reynaud.

C'est le fameux plan d' « Union franco-britannique » *(anglo-french unity)* qui ne fut pas, comme on l'a souvent écrit, un expédient tactique improvisé en quelques heures par l'esprit fertile de Jean Monnet : il avait bien été rédigé au cours de la semaine précédente par cet expert en convergences multiples, mais avec la collaboration de son ami britanique Arthur Salter et de son adjoint René Pleven, avant d'être retravaillé avec Desmond Morton et Horace Wilson, hommes de confiance de Churchill et de Chamberlain, et soumis le samedi, veille de l'arrivée de Charles de Gaulle à Londres, à des personnalités anglaises de haut rang comme Lord Halifax et Sir Robert Vansittart[32].

Il s'agissait d'une sorte de fédération groupant en une seule « Union », sous la direction d'un gouvernement unique, des institutions communes —

---

* A Vichy, Laborde sera le plus virulent des antigaullistes.
** Apprenant cette décision, plusieurs membres du gouvernement Reynaud demandent sa mise en jugement.

Parlement, ministères des Relations extérieures, de la Défense et des Affaires économiques — groupant Français et Britanniques dans une citoyenneté commune. Jean Monnet raconte qu'en lisant son texte, le 15, Winston Churchill « eut un sursaut ». Il ne précise pas si Charles de Gaulle fit de même dans sa chambre d'hôtel.

L'auteur des *Mémoires de guerre* rapporte pour sa part que les deux visiteurs lui firent valoir qu'à Bordeaux l'esprit d' « abandon » progressait rapidement, qu'on approchait des « derniers moments » et que le Conseil des ministres qui allait se tenir dans la journée serait « décisif ». Il convenait donc de provoquer une sorte de « coup de théâtre » de nature à changer le climat et à « renforcer Paul Reynaud »... Sur quoi, ils lui lurent le projet Monnet.

> « Il m'apparut aussitôt, écrit de Gaulle, que ce que [ce texte] avait de grandiose excluait, de toute manière, une réalisation rapide. Il sautait aux yeux qu'on ne pouvait, en vertu d'un échange de notes, fondre ensemble l'Angleterre et la France [...] à supposer que ce fût souhaitable. Mais [c'était] une manifestation de solidarité... de nature à apporter à M. Paul Reynaud [...] un élement de réconfort et, vis-à-vis de ses ministres, un argument de ténacité. J'acceptai donc de m'employer auprès de M. Churchill pour le lui faire prendre à son compte [33]. »

Au point où en était l'élargissement de son imagination historique, Charles de Gaulle aurait pu ajouter l'effet-choc qu'aurait produit un tel acte sur le partenaire américain. Nul doute qu'en de telles circonstances, cette amorce d'États-Unis d'Europe eût donné un formidable *doping* à Roosevelt et aux interventionnistes américains. Dix ans plus tard, le général de Gaulle résumait ainsi ses sentiments relatifs au « grandiose » projet :

> « C'était un prétexte pour donner à Reynaud la possibilité de gagner du temps, peut-être de partir pour l'Afrique du Nord. C'était un mythe, inventé, comme d'autres mythes, par Jean Monnet... Ni Churchill ni moi n'avions la moindre illusion [34]. »

Illusion ou pas, les deux hommes se retrouvent en hâte pour déjeuner avec Corbin au Carlton Club. Après avoir donné à Churchill l'assurance que la flotte française ne serait, en tout état de cause, pas livrée à l'Allemagne (« C'est le fief de Darlan. Un féodal ne livre pas son fief [35] »), Charles de Gaulle en vient au projet Monnet. « C'est un énorme morceau... », grogne Churchill. Mais le Premier ministre a trop de grandeur dans l'esprit pour résister aux arguments du visiteur — prévenu qu'il est déjà en faveur de l'Union par Halifax, Vansittart et son homme de confiance, le major Morton.

Et de convoquer d'urgence le cabinet au 10, Downing Street, ce dimanche 16 juin à 15 heures, non sans que l'ambassadeur Campbell ait reçu mission de retirer la note qu'il avait remise la veille à Reynaud, autorisant le gouvernement français à négocier un armistice à la condition que la flotte française fût conduite « hors de portée de l'ennemi » (« *out of reach of the enemy* »)

Il faut donner la parole ici au maître d'œuvre de l'opération :

« Vansittart avait remis un exemplaire [du projet] à Lord Halifax qui lui demanda de donner au document les formes nécessaires à son introduction au Conseil de l'après-midi. Ce ne fut pas la moindre de nos difficultés ce jour-là. En effet, pour que le cabinet pût discuter d'un projet dans les règles, celui-ci devait être présenté sous un dossier rouge, le *red binding*. Or, le Foreign Office était fermé le dimanche et les fonctionnaires du service absents. Après de longues recherches, nous trouvâmes un *red binding* qui fit l'affaire, bien qu'il fût blanc.

« Churchill fut d'une admirable loyauté, ne cachant pas à ses collègues ses propres objections, mais les incitant malgré tout à accomplir ce geste qui devait frapper les esprits. " Dans un moment aussi grave, me dit-il, il ne sera pas dit que l'imagination nous a fait défaut. " Je le revois dans un costume gris à rayures roses, le cigare à la bouche, sortant du Conseil pour venir nous parler, traitant de toute cette affaire d'un air négligent [...]. Telle était sa manière d'être supérieur[36]. »

Le général de Gaulle, qui attendait dans une pièce attenante à la salle du Conseil, voit les portes s'ouvrir, et Churchill s'avancer vers lui*, rayonnant : « Nous sommes d'accord ! » (selon le récit de son secrétaire, Sir John Colville). Le Premier ministre aurait ajouté, à l'adresse de Charles de Gaulle : « Si vous le voulez, vous serez notre commandant en chef ! »

Et c'est de la salle même du Conseil, où se pressent ministres et collaborateurs de Winston Churchill, que Charles de Gaulle appelle Bordeaux, à 16 h 40. Roland de Margerie, qui d'abord prend la communication, entend de Gaulle lui lancer : « Dites à Reynaud qu'il sera, s'il le veut, Premier ministre de la France et de la Grande-Bretagne réunies ! » (dire cela en présence de Churchill !). A quoi Reynaud objecte, perplexe : « Que peut-il bien vouloir dire ?... » La communication est interrompue.

Quelques minutes plus tard, alors qu'il reçoit l'ambassadeur Campbell et le général Spears, Reynaud décroche le récepteur. C'est encore de Gaulle, de Londres, qui lui lit un texte ahurissant. Si ahurissant qu'il prend fiévreusement des notes : « ... Désormais, la France et la Grande-Bretagne ne seront plus deux nations, mais une seule union franco-britannique... » Il interrompt : « Ce que vous me dites là, c'est vous qui le dites, ou bien c'est Churchill ? » Quelques secondes passent, et Churchill se manifeste à l'appareil, car on entend Reynaud saluer d'un « Good evening, Prime minister ! » l'interlocuteur qui lui jette par-delà les mers : « C'est de Gaulle qui a raison ! Notre proposition peut avoir de grandes conséquences. Il faut tenir ! » Et Churchill confirme le rendez-vous déjà pris pour un Conseil suprême interallié (désormais interne ?) le lendemain à Concarneau.

« Reynaud était transfiguré ! » note Spears, témoin direct de la scène. Le petit homme convoque aussitôt le Conseil des ministres, qui doit se tenir à quelques mètres de là, dans le salon doré de la résidence du préfet, rue

---

* Noter ici l'extraordinaire formulation des *Mémoires de guerre*, si typiquement gaullienne. Décrivant la sortie de Churchill et de ses ministres de la salle du conseil, de Gaulle écrit : « Tous entrèrent... » Prodigieuse expression d'égocentrisme.

Vital-Carles, où est installé Albert Lebrun. La séance, ouverte un peu après 17 heures, groupe 24 ministres, qui vont être placés devant le choix le plus important de l'histoire contemporaine du pays. Pour ou contre l'Union? Pour ou contre l'armistice? D'entrée de jeu, Reynaud s'empresse de relire les notes prises pendant l'entretien avec son envoyé de Londres, qui résument l'offre d'union franco-britannique ratifiée par le cabinet de Sa Majesté.

Pour banales qu'elles soient, les expressions de « douche froide » et de « coup de massue » expriment à coup sûr ce que ressentit, dans les minutes qui suivirent, le chef du gouvernement français. A peine eût-il fini de lire cette fantastique communication qu'il entendit tomber de la bouche du maréchal Pétain : « C'est un mariage avec un cadavre ! » (propos qui eut, dans l'instant, mieux trouvé place dans la bouche du roi George VI...). Tandis que s'élevaient des interjections du genre : « Nous ne voulons pas être un Dominion britannique !... »

Faut-il ajouter foi au propos attribué à Jean Ybarnegaray dans les *Mémoires* de Churchill qui (le tenant de Spears, de toute façon témoin indirect) rapporte que ce ministre aurait alors déclaré : « Plutôt devenir une province nazie, au moins nous saurions ce qui nous attend... » A quoi Reynaud aurait répliqué : « Je préfère collaborer avec mes amis qu'avec mes ennemis »...

Ainsi, le 16 juin 1940, deux douzaines de ministres français repoussaient-ils au bord de l'abîme, la main qui se tendait. Que Reynaud, si puissamment réconforté quelques instants plus tôt, en ait perdu courage au point de présenter sa démission au chef de l'État, qui s'en étonnerait ? Le coup était si cruel, si inattendu...

Mais le Conseil ne se borna pas à rejeter avec dédain l'offre venue de Londres : il entendit formuler avec une insistance nouvelle une suggestion présentée la veille par Camille Chautemps, vice-président du Conseil, d'après laquelle il convenait de demander à l'ennemi les conditions qu'il poserait à un armistice, étant bien entendu que ses exigences seraient si inacceptables qu'on ne pourrait que les repousser et que, la preuve étant alors faite de la nécessité de poursuivre le combat, l'État dans son entier gagnerait l'Afrique du Nord. Cet homme politique étant l'un des plus hauts dignitaires de la franc-maçonnerie, on a quelque gêne à qualifier cette procédure de jésuitique. Mais on ne pouvait plus insidieusement affaiblir l'esprit de résistance. S'informer n'est-il pas le devoir de tout gouvernement ? Quel crime y avait-il à chercher d'y voir clair ?

Ainsi le grandiose projet Monnet fut-il rejeté dans l'ombre par l'oblique proposition Chautemps, astuce de tacticien retors, mieux taillée aux mesures des acteurs d'un drame qui tournait au mélodrame, et permettant de ne pas se prononcer clairement sur la vraie question, la question lancinante : réclamer l'armistice sur place ou continuer le combat en Afrique du Nord ?

On ne vota pas. Ce n'était, fut-il rappelé, pas conforme aux usages. Car, dans cette débâcle d'un État et d'une société, perduraient les « usages ». Qu'aurait donné un scrutin ? D'innombrables pointages ont été faits depuis quarante ans pour savoir quelle majorité serait sortie d'un « tour de table » à Bordeaux. En cette fin d'après-midi du 16 juin le Conseil était partagé en trois groupes (résistants, hésitants, liquidateurs) le premier « tiers » étant le plus important : il comptait une dizaine de membres (dont Reynaud, Mandel, Campinchi, Louis Marin, Rio, Rollin, G. Monnet, Laurent-Eynac...) alors que les avocats déclarés de l'armistice n'étaient guère plus de sept. Restaient environ huit indécis, que chaque heure faisait glisser vers l'abandon.

Ce qui est clair, c'est que Reynaud se jugea mis en minorité, ne serait-ce que parce que ses deux vice-présidents, Pétain et Chautemps, étaient dans l'autre camp. Il présenta sa démission au président de la République à l'issue de la première partie du Conseil, vers 20 heures, et la confirma à 21 h 30 pendant la suspension de séance, bien que les présidents Jeanneney et Herriot fussent intervenus en sa faveur. Lebrun, qui l'avait refusée trois jours plus tôt, l'accepta cette fois, non sans hésitation et bien qu'il fût lui aussi partisan du repli en Afrique *.

A dire vrai, le petit homme était épuisé. Dans tous les sens du mot. Il était allé aux limites d'une résistance minée à tout instant, non seulement par l'immense tragédie, mais aussi par une amère comédie bourgeoise — les assauts que ne cessait de livrer à sa détermination combative la femme qui partageait tous les instants de sa vie, Hélène de Portes. Vingt témoins, que la courtoisie eût retenus en des circonstances moins tragiques de faire écho à de tels épisodes, ont dit quelle guérilla elle livra à l'homme qu'elle aimait et admirait, pour le contraindre à se renier en cessant le combat.

Dans ses *Mémoires de guerre,* le général de Gaulle rend, en ces circonstances, un très noble hommage au chef du gouvernement qui ne sut pas tenir les promesses faites à lui et à bien d'autres, « grande valeur, écrit-il, injustement broyée par des événements excessifs ». Il eût été moins généreux, mais plus équitable, d'ajouter qu'un homme revêtu d'aussi formidables responsabilités, et assailli par des épreuves auxquelles personne peut-être n'eût pu résister, manqua aux devoirs de sa charge en laissant Hélène de Portes truffer son entourage d'adversaires déterminés de sa politique et qu'il savait tels, de Bouthillier à Baudouin et de Villelume à Prouvost.

Qu'il dût admettre que les porte-parole de forces contraires à ses vues fussent admis au sein du gouvernement, c'était la loi du régime, fût-ce en temps de guerre, et Clemenceau avait dû avant lui s'en accommoder (mal...). Mais faire relayer ces courants adverses jusqu'au sein d'un cabinet qu'il était libre de composer à sa guise, et jusque dans sa vie privée, c'était s'entraver, au plus dur de la pente. Cela doit être rappelé, dût Charles de Gaulle, qui en souffrit plus que personne du 22 mars au 16 juin 1940,

---

* Comme Jeanneney et Herriot, deuxième et troisième personnages de l'État.

préférer en cette matière le silence du compagnon à la véracité de l'historien*.

Charles de Gaulle a quitté Londres à 18 h 30, peu après l'échange téléphonique avec Reynaud, dans un avion mis à sa disposition par Churchill pour retourner en France — et éventuellement pour d'autres usages... A-t-il déjà dans l'esprit un troisième départ pour l'Angleterre ? Oui, puisqu'il croit à l'adoption du projet franco-britannique qui ferait de Londres, avec Alger, l'un des pivots de l'effort de guerre commun. Il ne précise pas ce point dans ses *Mémoires*. Il devait dire plus tard que dans son esprit comme dans celui de Churchill, ce retour vers Londres était, « autant vous dire, convenu[37]... » Mais n'oublions pas que l'un comme l'autre privilégient alors une tout autre hypothèse que celle à laquelle il leur fallut faire face**.

Quoi qu'il en soit, le Premier ministre ne laisse pas partir son interlocuteur français sans ajouter une nouvelle touche au portrait de Charles de Gaulle qu'il brosse, ombres et lumières, tout au long de ses propres mémoires : « Au contact de cet homme immense et flegmatique, sous son attitude impassible et impénétrable, je sentis que de Gaulle avait une surprenante sensibilité à la douleur. Et je pensais : " Voilà le Connétable de France... " »

Comment le sobriquet fameux se retrouve-t-il sous la plume du Premier ministre britannique ? Est-ce Monnet ou Spears, Margerie ou Darlan qui le lui a soufflé ? N'est-ce qu'une réminiscence de familier de Shakespeare dont les scènes de batailles et de négociation crépitent de titres militaires du temps de Henri V et des roses d'York et de Lancastre ? Le fait est que, pour reprendre l'expression de Charles de Gaulle, les deux hommes se sont d'ores et déjà « accrochés ».

Quand l'avion du général décolle de Londres, le Conseil des ministres de Bordeaux a déjà rejeté le projet d'Union, c'est-à-dire la poursuite de l'effort de guerre, et confirmé son approbation de la proposition Chautemps : la France va demander à Hitler à quelles conditions le IIIe Reich consentirait à un armistice. C'est pendant qu'il survole la côte atlantique que le gouvernement Paul Reynaud achève son existence. Mais n'est pas encore intervenue l'autre décision capitale : la désignation du maréchal Pétain comme chef du gouvernement.

Sitôt que Paul Reynaud lui eut remis sa démission, estimant ne pas pouvoir se déjuger au point d'être l'homme qui se retournerait vers le Führer pour l'implorer de bien vouloir cesser les combats, le président Lebrun a convoqué les présidents des deux Chambres, double incarnation

---

* Il arriva à Charles de Gaulle de parler très durement, en privé, de la comtesse de Portes. Quitte à étendre indûment son jugement à l'ensemble de l'activité des femmes en politique...
** Le voyage de Churchill à Concarneau avait été annulé le 16 au soir, alors que le Premier ministre était déjà à la gare.

du Parlement souverain*, pour les consulter sur le nom d'un successeur. Les deux grands notables de la République ont aussitôt répondu : « Paul Reynaud ». Ce qui était bloquer nettement la procédure Chautemps — ou toute autre plus ouverte — dans le sens de l'armistice. Et pourtant, c'est au maréchal Pétain que le chef de l'État va faire aussitôt appel.

Au cours du procès Pétain, Albert Lebrun devait alléguer que, « frappé par la majorité qui s'était constituée dans le Conseil », il n'avait fait, en appelant Pétain, qu' « arbitrer dans le sens du vote qui venait d'être émis ». Or on sait qu'il n'y eut pas de vote, que la majorité était douteuse — et que si la proposition Chautemps avait, dès la veille, entraîné l'adhésion d'une forte fraction du Conseil, le choix du maréchal Pétain signifiait, non pas la simple éventualité d'un armistice au cas où Hitler serait assez bon pour ne pas humilier la France, mais — le vieux chef n'en faisait pas mystère — l'arrêt des combats immédiat : ce qu'il fit bien voir.

Il est donc permis d'écrire qu'en l'occurrence, le président de la République ne respecta pas les règles de la démocratie, ne serait-ce qu'en rejetant l'avis des deux hommes qui symbolisaient le suffrage universel, et ce au nom d'une « majorité » problématique au sein du Conseil des ministres.

Mais ceux qui ont vécu ces heures, surtout à Bordeaux**, ne peuvent manquer de reconnaître qu'une sorte de plébiscite muet contraignit Albert Lebrun à opérer le choix qu'il fit, sans trop de peine semble-t-il, fasciné qu'il était par la gloire du vainqueur de Verdun, et alors même que ce personnage de légende se prononçait le plus clairement du monde pour l'acceptation de la défaite et contre la poursuite de la guerre en Afrique du Nord dont lui, Lebrun, comme les trois autres présidents, Jeanneney, Herriot et Reynaud, était partisan***.

Ce qui imposa alors Pétain à la faiblesse congénitale et institutionnelle de Lebrun, ce fut cette rumeur immense qui courait la ville et les campagnes, cette plainte qui montait de l'énorme troupeau déchiqueté qu'était alors le peuple français, tourné vers la figure tutélaire du maréchal de Verdun comme vers un recours en grâce. Les mieux informés mis à part, chacun, par le truchement du vieil homme, incorporait la victoire ancienne dans la défaite présente. S'il l'acceptait, lui, c'est qu'elle n'était qu'une illusion. S'il la couvrait si totalement, c'est que la France n'était pas vaincue, mais seulement submergée. Il y aurait appel et révision.

Sur les routes, dans les greniers et les caves où campaient les familles, comme sur les trottoirs surpeuplés de la ville-refuge, comme dans les beaux hôtels où l'argenterie risquait d'être mise à mal par l'irruption d'un ennemi que l'on disait alors « correct » mais que ne manquerait pas d'exapérer le refus des vaincus de lui faciliter la tâche, une seule clameur désignait ce soir-

---

* Qu'aucun des principaux responsables n'a osé convoquer à Bordeaux, pour ne pas donner un « trop triste spectacle ».

** Ce fut le cas de l'auteur.

*** Aucun d'entre eux d'ailleurs — sinon Jules Jeanneney — ne semble s'être élevé catégoriquement contre le choix de Lebrun.

là le maréchal. Archétype du Français moyen, Albert Lebrun agit alors, plus encore qu'il ne l'avait jamais fait dans sa vie, en Français moyen. Pétain, donc.

Quand Charles de Gaulle atterrit sur l'aéroport de Mérignac, le 16 juin à 22 heures, il y est attendu par celui qui était jusqu'alors le chef de son cabinet militaire, le colonel Humbert * qui lui annonce la démission de Paul Reynaud : il n'est donc plus membre du gouvernement. Dans ses *Mémoires*, le général de Gaulle note qu'il apprit alors que le président Lebrun avait « chargé le maréchal Pétain de former le gouvernement ». Ce qui est anticiper sur l'événement.

Ce n'est qu'à 22 h 30 que le maréchal, désigné par le chef de l'État, sortit aussitôt de sa poche la liste de « ses » ministres, où figuraient les plus notoires partisans de l'armistice immédiat : Laval aux Affaires étrangères **, Weygand à la Défense, Darlan à la Marine, Bouthillier aux Finances — geste qui plongea Lebrun dans le ravissement le plus naïf : voilà bien la crise ministérielle la plus simple qu'il lui eût été donné de résoudre *** !

Ce n'est qu'un peu plus tard dans la soirée, juste avant sa visite à Paul Reynaud, que l'ancien « sous-secrétaire d'État à la Guerre et à la Défense nationale » apprit la mise en place de Philippe Pétain, dont il savait bien ce qu'elle signifiait. « C'était la capitulation certaine, écrit-il dans ses *Mémoires*. Ma décision fut prise aussitôt. Je partirais dès le lendemain matin [38]. »

Cette décision mûrissait d'heure en heure, probablement depuis son premier voyage à Londres, le 9 juin. Jean Monnet assure que de Gaulle lui en avait parlé dès le 16 [39] et le Connétable s'en ouvrit assez clairement au cours de ces journées-là pour qu'un officier de son entourage confie à Geoffroy de Courcel : « Le général fait des projets qui peuvent le mener au conseil de guerre [40]. » Mais peut-être convient-il, s'agissant d'un événement de cette ampleur, d'en cerner un peu mieux les contours.

---

* Mais non Jean Auburtin, comme l'indiquent les *Mémoires de guerre*.
** Dont Weygand, qui le méprisait encore plus que les autres « politiciens », exigea la mise à l'écart — provisoire.
*** L'ancien président n'a pas caché depuis lors que s'il se résigna à faire appel à Pétain, c'est parce qu'on l'avait assuré que le maréchal avait une équipe prête...

18. La décision

Peut-on seulement parler d' « une » décision ? Ou de plusieurs « temps » d'un choix ? Ou de l'accomplissement progressif d'une volonté ? La grande rupture de juin 1940 entre Charles de Gaulle et la légalité formelle, il est difficile de l'isoler et de la dater, d'abord parce qu'elle est l'apogée de la longue accoutumance d'un homme au refus ; ensuite parce qu'elle se développe et se décompose d'un jour à l'autre, pendant près de deux semaines, du 9 au 26 juin environ. Ni l'envol d'un avion de Bordeaux, le 17, ni l'énonciation de « mots irrévocables », le 18, ni le déni de la légitimité de Pétain, le 19, ne résument la « décision ». Ils n'en sont que les trois temps forts.

La rupture entre de Gaulle et les hommes de la nuit du 16 juin se décompose en une dissidence, suivie d'une rébellion, couronnée par la proclamation d'une légitimité alternative. La première phase est négative. C'est le refus de tout accord politico-militaire avec Hitler, vainqueur et occupant. Éliminé politiquement, privé d'affectation militaire, titulaire d'un grade incertain, de Gaulle dit « non » et s'exile : acte « en creux » posé contre l'inacceptable. Il s'interroge encore sur l'ampleur et la signification de son geste. C'est d'heure en heure que va se dessiner la mission qu'il s'arroge. Dessein que commandent d'autres volontés que la sienne : il ne sait qui viendra le rejoindre, ou se superposer à lui.

Ce premier temps de la décision, celui de Bordeaux, le temps négatif, le refus de pactiser, s'étale lui-même sur plusieurs journées. Quand, le 9 juin, il voit Churchill et peut mettre en balance la puissante détermination du Premier ministre avec l'affaissement des volontés autour de Reynaud, et reconnaît qu'il a raison de garder pour le sanctuaire britannique l'aviation qu'il a, lui, de Gaulle, mission de détourner vers la France, il est déjà entré dans la dissidence spirituelle. C'est alors qu'il prononce des mots dont un membre de son entourage dit qu'ils pourraient l'envoyer au conseil de guerre...

La triple débâcle de l'armée, des masses et de l'État, de Briare à Tours et à Bordeaux, fait bouillonner en lui le refus. Le 15, à Carantec, il parle à sa femme d'installation en Angleterre. Mais s'il prend l'avion de Spears, à Mérignac, c'est encore l'esprit partagé. Il faut le terrible appel du maréchal à « cesser le combat » sans condition pour le conduire aux démarches ultérieures.

Alors, le 17 au soir, il dit à Jean Monnet qui le reçoit à Londres : « Il n'y a plus rien à faire en France. C'est ici que nous travaillerons. » Et à Mme Monnet, qui lui demande quelle mission il remplit : « Je ne suis pas "en mission", madame. Je suis ici pour sauver l'honneur de la France. » Mais le 18 juin, les « mots irrévocables » sont encore limités au domaine militaire. Le 19, c'est vrai, sa seconde allocution radiophonique amorce le grand déni de la légitimité du gouvernement de Bordeaux. Mais l'hypothèse d'un passage à la dissidence de Noguès ou de Mandel plane encore. C'est le 26, au lendemain de l'armistice, quand il adresse à Churchill un mémorandum réclamant la reconnaissance d'un Comité français qui est déjà un contre-gouvernement, que la « décision » est vraiment arrêtée, et la légalité formelle défiée : on ne détruit que ce que l'on remplace.

Reste que c'est en s'envolant de Bordeaux pour Londres, le 17 juin à 9 heures que Charles de Gaulle a, pour l'essentiel, brûlé ses vaisseaux et défié l' « ordre » établi sur la capitulation. Dès cet instant, précurseur d'un mouvement ou chef d'un soulèvement, il a rompu avec la légalité formelle, rejeté la hiérarchie, ouvert le procès de la politique fondée sur l'armistice d'ores et déjà accepté par le maréchal. C'est ce moment-là de la décision qui importe plus que tous. C'est le 17 juin au matin que se situe son « hégire ».

Mais reprenons le cours du récit.

Charles de Gaulle est dans Bordeaux. Homme seul qui vient d'apprendre que le pouvoir a échappé des mains de son ami Reynaud, donc des siennes, et qui s'entendra confirmer dans quelques instants que l'avenir du pays est remis à un chef désormais tout-puissant, non seulement de par sa gloire de jadis, mais plus encore de par son humilité d'aujourd'hui. Pouvoir remis non pour agir, mais pour subir. Remis à un homme auquel un peuple entier s'est donné corps et âme (au moins jusqu'au lendemain, à 12 h 30). Un homme en qui de Gaulle connaît moins son ennemi que son contraire et dont il a depuis longtemps décelé l'esprit de résignation, d'autant plus dangereux qu'il se pare, chez lui, des couleurs de la dignité.

De Gaulle a perdu la partie pour longtemps — et, pense-t-il, la France avec lui.

Dans la décision qu'il mûrit ou soupèse tout au long de cette nuit bordelaise, faut-il faire intervenir ses réactions à l'hypothèse d'une participation au cabinet Pétain, qui aurait été retenue puis abandonnée par le maréchal ? Il n'y a guère qu'un acteur de ces délibérations, Paul Baudouin[1], pour l'avoir formulée, précisant que le nom de Charles de Gaulle figurait sur la fameuse liste ministérielle sortie de la poche de Philippe Pétain, vers 22 h 30, à la stupéfaction d'Albert Lebrun et des quelques témoins de la scène. Selon Baudouin, c'est Weygand qui, comme pour celui de Laval, fit rayer de la liste le nom de De Gaulle. Et il s'est trouvé des auteurs[2] pour affirmer que c'est en apprenant cette exclusion que le général de Gaulle, ulcéré, aurait choisi de partir pour Londres...

La petitesse de telles interprétations surprend, autant que la méconnaissance qu'elles révèlent de la profondeur tragique des débats qui opposaient alors partisans et adversaires de l'armistice, comme de la nature des relations qu'entretenait alors le Connétable avec les maîtres de la hiérarchie militaire. Accédant enfin au pouvoir réel, ceux-ci allaient-ils maintenir parmi eux ce jeune général novateur, péremptoire et dérangeant, dont la seule présence était une dénonciation vivante et permanente de leurs vingt années d'impéritie et d'imprévision ?

Interrogé sur ce point par Guy Raïssac[3], Maxime Weygand déclarait vingt ans plus tard qu'il n'avait aucun souvenir d'une telle éventualité, ajoutant honnêtement que si le nom de « monsieur de Gaulle » avait été avancé ce soir-là, il l'eût fait exclure de la combinaison ministérielle. Quant à Charles de Gaulle, il devait faire à Henri Amouroux cette sobre mise au point : « Moi, ministre du maréchal ? J'étais brouillé à fond avec lui depuis assez longtemps[4]... »

Que sa décision ait été prise d'emblée, sur le terrain même de Mérignac, comme le suggèrent les *Mémoires de guerre*, ou mûrie d'heure en heure au cours de la nuit, il reste au voyageur un certain nombre de gestes à accomplir, d'informations à recueillir ou vérifier. Et d'abord, voir Paul Reynaud qui, sa démission remise au président Lebrun — non sans que plusieurs de ses ministres, surpris d'un dénouement que n'appelait pas, d'évidence, l'évolution du débat au cours du dernier Conseil, ne se soient sentis plus « démissionnés » que démissionnaires —, s'est retiré dans sa nouvelle solitude, tandis qu'à quelques mètres de là, dans le salon du préfet, le maréchal Pétain, nouveau chef de gouvernement, fait approuver par ses ministres, en vingt minutes, la demande d'armistice qui sera, dès cette nuit-là, rédigée par Baudouin et transmise à Madrid pour être communiquée à Adolf Hitler.

« Je le trouvai sans illusion sur ce que devait entraîner l'avènement du maréchal, écrit l'auteur des *Mémoires de guerre*, et d'autre part comme soulagé d'un fardeau insupportable. Il me donna l'impression d'un homme arrivé à la limite de l'espérance[5]... » Impression peut-être abusive. D'autres témoins de ces journées-là ont cru voir en Reynaud un homme certes épuisé mais qui n'avait pas cessé tout à fait de se croire un recours, fort qu'il était de la confiance de Jeanneney, d'Herriot, des alliés de la France — de la certitude aussi que les exigences du chancelier du Reich seraient inacceptables, et que la tentative de Pétain était donc vouée à l'échec.

Le refus opposé cette nuit-là à Spears qui lui offre de l'emmener lui aussi à Londres ne s'inspire pas seulement, chez Reynaud, de la lassitude ou du désespoir, mais de l'hypothèse d'un rappel, préludant à un départ pour l'Afrique du Nord*. Bref, de Gaulle, qui le saisit à l'instant même où il

---

* Hypothèse qui ne l'empêcha pas quelques jours plus tard d'accepter dans un premier temps l'ambassade de Washington proposée par Pétain.

vient de déposer le fardeau, ne voit en lui qu'un être brisé. Mais pas au point de le détourner de poursuivre le combat.

Reynaud approuve son compagnon d'avoir choisi de mettre le cap sur Londres, où peut-être il le rejoindra un jour. L'avion de Churchill est là. De ce côté, les choses sont claires. Mais il y a tout de même quelques problèmes à résoudre. Partir ? Oui. Mais quand ? Avec quels moyens ? Avec qui ? En vertu de quelle « mission » ?

Quand ? Il faut partir dès le lendemain matin. Parce que l'armée allemande sera aux portes de Bordeaux dans les deux ou trois jours qui viennent. Parce que la terrible déception provoquée à Londres par le rejet de l'offre d'Union, la démission de Reynaud et l'annulation de la conférence de Concarneau doit être compensée d'urgence par un audacieux témoignage de solidarité, si l'on veut sauver l'alliance. Enfin, parce que la situation personnelle du général de Gaulle est rien moins que sûre.

Crut-il, cette nuit-là, que Weygand voulait le faire arrêter, comme il l'a confié à certains de ses interlocuteurs ? Il est certain que la décision qu'il a prise la veille de détourner sur l'Angleterre la cargaison d'armes du *Pasteur* destinée à la France risque de lui attirer de gros ennuis... On a souri de cette hypothèse d'arrestation. Weygand l'a démentie fermement, faisant valoir qu'il avait alors « d'autres soucis en tête que de s'occuper de ce jeune général de brigade ». Dans son interview avec Amouroux, de Gaulle se garde de l'exclure. N'oublions pas que le 17 juin, Georges Mandel sera bel et bien arrêté sur ordre du nouvel « homme fort », Raphaël Alibert. Or, personne n'était plus proche de Mandel par l'esprit et l'attitude publique que Charles de Gaulle.

Avec quels moyens ? Il ne suffit pas d'avoir un avion et un pilote. Reynaud l'assure aussitôt que, disposant des fonds secrets jusqu'à la passation des pouvoirs le lendemain, il lui fera remettre une somme permettant de subvenir aux premiers frais. Roland de Margerie est chargé aussitôt de s'occuper de la question — et aussi, à la demande du général, de procurer à Yvonne de Gaulle et à ses filles, réfugiées à Carantec, des passeports leur permettant d'entrer en Grande-Bretagne — qu'elles recevront dès le lendemain.

Avec qui ? Un peu plus tard au cours de la nuit, dans un bureau de la faculté de droit où le sous-secrétaire d'État était censé installer son équipe, de Gaulle rassemblera quelques-uns de ses collaborateurs — moins pour chercher à les entraîner avec lui qu'en vue de les informer de sa décision. Deux d'entre eux manifestent des velléités de départ : Jean Laurent lui promet de le rejoindre très vite en Angleterre, et lui remet en attendant les clés de son appartement londonien de Mayfair ; le commandant Chomel, attaché à son cabinet après avoir été pendant deux semaines son chef d'état-major à la 4e DCR, se voit détourné de partir par le général lui-même, qui lui rappelle ses devoirs envers sa nombreuse famille[6]. Les autres semblent être restés sur la réserve, y compris le fidèle Auburtin, auquel le général ne devait en tenir nulle rigueur. « Je ne désirais pas emmener toute une smalah », dira plus tard de Gaulle.

Quant à la « mission » qu'est censé remplir de Gaulle en Grande-Bretagne, il a été dit que Paul Reynaud étant encore chargé d'« expédier les affaires courantes », avait pris sur lui de rédiger, le 16 au soir, un « ordre » destiné au voyageur. Nul n'a jamais produit ce texte, ni le général, ni Reynaud, ni les archives diplomatiques. Bien que la première lettre adressée le 17 juin de Londres par de Gaulle ait, on le verra, le ton d'un télégramme officiel, on tiendra que le général est parti pour Londres sans « ordre de mission ».

Puisqu'il s'agit de Londres, et d'un avion anglais, il importe de prendre au moins l'attache des représentants, sur place, du Royaume-Uni. L'entretien du général avec Paul Reynaud s'est déroulé peu après 23 heures. Avant de rassembler les membres de son cabinet d'ancien sous-secrétaire d'État, vers minuit, Charles de Gaulle s'était fait annoncer à l'hôtel Montré, vieil établissement où descendent depuis des décennies les importateurs de vins, à côté du marché dit « des grands hommes » ; c'est là que se sont installés l'ambassadeur Ronald Campbell et le général Spears.

Edward Spears, de sept ans l'aîné de Charles de Gaulle, originaire de la bourgeoisie aisée, militaire de carrière, avait été officier de liaison auprès de l'état-major français en 1917, approchant Pétain auquel il avait voué une fervente admiration. Élu député conservateur à la fin des années vingt, il était très lié et dévoué à Churchill. Comme lui, il était réputé francophile, parlant admirablement notre langue et connaissant le Tout-Paris et le Tout-Nice.

On a dit pe. charitablement qu'il « aimait la France comme on aime le foie gras ». C'est un peu court. Il goûtait l'art de vivre à la française, fréquentait les « gens bien », admirait les églises romanes et les paysages du Midi. Il détestait la gauche, les syndicats et l'« anarchisme gaulois ». Qu'il fût plus attaché à la grandeur et aux ‘ntérêts anglais qu'à la France ne saurait être mis au compte de la félonie.

Ayant convoyé de Gaulle à Londres, il crut avoir acquis de ce fait un droit à la reconnaissance imprescriptible de la France libre — à laquelle il continua pendant près d'un an de manifester, près de Churchill, un dévouement fort efficace. Il ne comprit jamais que le crédit ainsi acquis — et amplement justifié — ne lui conférait pas tous les droits sur ses obligés. D'où un certain nombre de malentendus cruels, qui ne permettent de condamner ni la « perfide Albion » ni le chauvinisme français.

Mais l'amertume que suscitèrent ces incidents chez Sir Edward et sa femme, la romancière américaine Mary Borden, les conduisirent à porter sur de Gaulle et la France libre des jugements plus acides encore que ceux dont regorge, à l'encontre de Spears, la légende gaulliste.

De cette dramatique nuit bordelaise précédant le départ du général de Gaulle pour Londres, l'envoyé spécial de Churchill a donné, dans *la Chute de la France,* un récit qui tient beaucoup plus de la conversation d'après-dîner au Reform Club, dans la fumée des cigares, que d'une relation historique. Il ressort de cette brillante collection d'anecdotes que, perdu dans la nuit, accablé par la défaite de son pays et l'indignité de ses chefs, fuyant les sbires de Weygand prêts à l'arrêter, Charles de Gaulle fut recueilli, telle une épave, par l'énergique, lucide et généreux Sir Edward, qui, après l'avoir découvert seul et épouvanté dans la pénombre d'une antichambre, « derrière une colonne de marbre », le réconforta, lui rendit courage et, après lui avoir offert l'hospitalité pour la nuit à bord d'un navire britannique, le décida à partir pour Londres — non sans avoir dû le hisser dans l'avion où il osait à peine s'embarquer...

Ce qui est excessif est faible, et dans ce rôle de saint-bernard d'un de Gaulle réduit à l'état larvaire, le général Spears ne convainc pas. Il aurait suffi à l'envoyé de Churchill de rappeler ce qui est vrai, qui est considérable, et lui donne un rôle éminent dans l'histoire de la libération de la France. Vers minuit, donc, Charles de Gaulle est reçu à l'hôtel Montré par Campbell et Spears, auxquels il fait part de son intention de gagner l'Angleterre au plus tôt, et d'utiliser à cet effet l'avion que le Premier ministre a mis la veille à sa disposition. Spears fait alors observer que cet appareil dépend de lui et qu'il propose à de Gaulle d'y prendre place et d'emmener un compagnon. Rendez-vous est pris pour le lendemain matin, à 7 h 30, dans le hall de l'hôtel Normandy où de Gaulle a fini par trouver une chambre.

En attendant, Spears fera une dernière tentative pour convaincre Mandel de rejoindre lui aussi l'Angleterre. Le ministre de l'Intérieur du cabinet démissionnaire, libéré après sa brève arrestation, s'y refuse, arguant du fait que, dans le désastre national, un juif peut moins que personne quitter le sol de la patrie : c'est à partir des départements d'Algérie qu'il veut poursuivre le combat *.

Le lendemain matin, donc, peu après 7 heures, de Gaulle et Spears se retrouvent devant l'hôtel Normandy, où attend aussi Jean Laurent, muni du viatique promis par Paul Reynaud et obtenu par Margerie : 100 000 francs, premier « avoir » de la France libre... Est aussi présent Geoffroy de Courcel, l'aide de camp, convoqué par de Gaulle alors qu'il s'apprêtait à rejoindre son unité à Beyrouth où, croit-il savoir, la lutte va continuer. Le Connétable, qui a plus que jamais besoin d'un collaborateur « diplomate et sachant l'anglais », demande de but en blanc à son aide de camp : « Cela vous intéresserait-il de m'accompagner à Londres ? — Oui, si vous avez de la place... » Courcel, qui sait ce que signifie ce choix, n'a pas hésité.

Le général de Gaulle, avant de gagner Mérignac, tient à passer par la

* Il prendra place trois jours plus tard à bord du *Massilia*, qui met le cap sur le Maroc, aux côtés d'une trentaine de parlementaires, et devra constater qu'en ces temps-là, un juif n'a pas même le droit de quitter la métropole pour l' « Empire » : il sera arrêté à Casablanca, avant d'être livré aux nazis, par eux déporté, puis livré à la Milice, qui l'assassinera.

résidence de la rue Vital-Carles, qui abrite encore Paul Reynaud. Veut-il tenter de revoir son ancien « patron » ? D'après Spears, il a pensé à prendre là quelques rendez-vous pour la journée, afin de brouiller les pistes. En tout cas, il y rencontre Jean Mistler, député radical et président de la commission des Affaires étrangères de la Chambre, auquel il trouve le temps de jeter superbement : « Les Allemands ont perdu la guerre... Ils sont perdus et la France doit poursuivre le combat [7]... »

Reynaud restant invisible, on file en deux voitures, l'une pour les trois voyageurs, l'autre pour les bagages, vers Mérignac où règne l'une des plus formidables pagailles de cette guerre pourrissante. Christian Fouchet, qui y était, a évoqué cette indescriptible cohue, ce mélange de foire à la ferraille et de campement nomade. Si le général de Gaulle se crut alors menacé d'interception par la sécurité militaire au moment de s'envoler, le spectacle qui s'offrit aux trois voyageurs dut le rassurer. Aiguilles dans une botte de foin, ils sont assurés d'échapper au plus vigilant des limiers. L'admirable est qu'ils aient pu, dans ce magma hétéroclite, retrouver le petit avion biplan à quatre places aux couleurs de la RAF, dans lequel a dormi le pilote anglais.

Trois passagers ? Bon. Mais les bagages ? Un pour Spears, deux pour de Gaulle, deux pour Courcel... Il faut que l'aide de camp coure dans un hangar à la recherche d'une corde pour amarrer ces paquets volumineux. Cheminant, il rencontre deux officiers de l'état-major, auxquels il ne dissimule pas que le général de Gaulle va s'envoler, et qui n'en paraissent pas surpris. Enfin, tout est prêt.

C'est ici que se place un rebondissement du récit du général Spears, qui renchérit encore en pittoresque sur son évocation de la nuit précédente. A en croire Sir Edward, de Gaulle se tenait près de l'avion, faisant mine de n'être venu que pour prendre congé de lui, quand l'appareil se mit à rouler vers la piste d'envol. Alors seulement il s'élança vers Spears qui, déjà à bord, lui, se pencha hors de la carlingue, le saisit et le hissa à bord, hop !, tandis que d'un bond, l'agile Courcel, l'avion roulant de plus en plus vite, sautait sur le siège arrière ! Scène dans le style de Popeye ou du baron de Crac, qui tend à accréditer la thèse selon laquelle de Gaulle ne fut pas seulement la créature de Spears, mais un « homme-objet » entre ses mains... Un objet qui, avec ses 95 kilos et ses 194 centimètres, se prêtait mal à cet exercice de voltige *.

Dans ses *Mémoires,* le général de Gaulle se contente de noter que « le départ eut lieu sans romantisme ni difficulté ». Ce que Geoffroy de Courcel confirme de la façon la plus nette : « Le général, absorbé dans ses pensées, ne paraissait guère se préoccuper de l'immédiat, moins encore d'une éventuelle arrestation, mais de ce qui l'attendait là-bas [8]... »

« Nous survolâmes La Rochelle et Rochefort, raconte l'auteur des *Mémoires de guerre.* Dans ces ports brûlaient des navires incendiés par les avions allemands. Nous passâmes au-dessus de Paimpont, où se trouvait ma mère, très malade. La forêt était toute fumante des dépôts de munitions qui s'y consumaient [9]... »

---

* Spears était un homme de taille et de poids très moyens.

Puis on fait escale à Jersey — où la plume de Sir Edward Spears se fait plus fine qu'à Bordeaux : « Je demande à de Gaulle s'il veut prendre quelque chose. Il me répond qu'il aimerait bien une tasse de café. Je lui en tends une et il me fait remarquer [...] que c'est du thé. C'était la première fois qu'il faisait connaissance avec ce liquide pâle et tiède qui, en Angleterre, tient lieu tantôt de l'un, tantôt de l'autre. Son martyre commençait. »

Retour au texte gaullien :

> « Nous arrivâmes à Londres au début de l'après-midi. Tandis que je prenais logis et que Courcel, téléphonant à l'ambassade et aux missions, les trouvait déjà réticentes, je m'apparaissais à moi-même seul et démuni de tout, comme un homme au bord d'un océan qu'il prétendrait traverser à la nage [10]. »

Ce que ne disent pas ces épisodes confus, fiévreux, contradictoires et controversés dans ce Bordeaux nocturne où accouche dans la débâcle une « révolution nationale » qui sera peu nationale et franchement contre-révolutionnaire, dans ce clapotis de consentements moites où s'abîme une République et même une société, dans ce chassé-croisé d'abandons furtifs et de voracités déjà conquérantes, c'est ce que fut, en esprit et en volonté, la « décision » de Charles de Gaulle, sa rupture avec la légalité du désastre...

Ce geste à peu près sans exemple depuis qu'il existe des États corsetés par les lois de la discipline et les impératifs du nationalisme exclusif — sauf, peut-être, le précédent de Clausewitz gagnant la Russie après Iéna — Rossel passant du côté de la Commune en mars 1871 pour poursuivre le combat n'est tout de même qu'un officier subalterne et ne prétend pas incarner la légitimité —, Charles de Gaulle le commente assez peu dans ses *Mémoires* — sinon lorsqu'il se décrit lançant l'appel du 18 juin.

> « A mesure que s'envolaient les mots irrévocables, je sentais en moi-même se terminer une vie, celle que j'avais menée dans le cadre d'une France solide et d'une indivisible armée. A 49 ans, j'entrais dans l'aventure, comme un homme que le destin jetait hors de toutes les séries [11]. »

Il faudrait reprendre ce texte presque mot pour mot, réfléchir à ce que signifient ici des formules ou des vocables comme « terminer une vie », « dans le cadre », « France solide », « indivisible armée », « aventure », « destin », « séries »... On va y venir. Mais auparavant, il convient de donner à la décision prise par Charles de Gaulle dans la nuit du 17 juin 1940, à Bordeaux, sa dimension psychique et morale.

Écoutant dix ans plus tard le général lui lire les premiers chapitres des *Mémoires de guerre* dont il venait d'achever la rédaction, André Malraux, resté romancier bien qu'il affectât de mépriser la psychologie, fit observer à l'auteur que ce beau texte ne rendait guère compte des débats qui avaient dû l'agiter le 17 juin, de cette « tempête sous un crâne »... Alors de Gaulle, lui prenant les mains, dit de sa voix des profondeurs, et en détachant les syllabes : « Mais, Malraux, ce fut épouvantable [12]... »

Comment le fils de Jeanne et Henri de Gaulle, élevé dans le climat de la plus traditionnelle discipline, sinon du conformisme le plus déférent, dans la dévotion aux gloires et aux institutions établies, comment le saint-cyrien classé parmi les « huiles », le rédacteur à l'état-major des Invalides, le commandant « culotte de peau » de Trèves et le « colonel Motor » de Metz, comment le plus jeune général de l'armée française n'aurait-il pas saigné, au plus profond, en rompant avec les règles, les attachements et les principes qui avaient été ceux d'une vie vouée, en apparence tout au moins, à « la force principale des armées », qui est, chacun le sait, la discipline ?

Et comment cet homme dans la force de l'âge et déjà promis aux plus hauts commandements sur le terrain n'aurait-il pas souffert de rompre, dans la débâcle la plus atroce, avec le corps martyrisé de l'armée française, quittant en pleine tempête un navire démâté ? Si sévère qu'il fût pour le comportement et les propos du maréchal Pétain au cours de ces journées de juin 1940, il sentait bien aussi que la manifestation d'une solidarité étroite avec ce peuple éperdu et cette armée brisée, que la détermination de rester à leurs côtés avaient leur grandeur et leur nécessité. Il ne fut pas facile à cet homme de caractère de renoncer à la tâche la plus amère, celle qui devait aussi être accomplie sur le sol national.

« Épouvantable » donc. Arrachement, exil, incompréhension, scandale, son geste comportait mille implications cruelles ou périlleuses et risquait de lui aliéner des amitiés et des fidélités essentielles. Était-il si évident que sa mère, avertie par le curé de Paimpont de l'appel lancé de Londres dès le soir du 18 juin, réagirait en disant : « Je reconnais bien Charles. Il a fait ce qu'il devait faire [13]... » ?

Mais un homme fait rarement le contraire de ce qu'il est. Et qui donc est-il, celui qui demain prétendra que Rome n'est plus dans Rome, mais toute où il est ? Avant de s'installer en quelques phrases dans l'histoire, c'est, nous l'avons vu, un homme à histoires. Le 18 juin n'est, dans cette carrière fracassante, ni un miracle ni une révolution. C'est un paroxysme.

Maurice Schumann, se fondant sur divers entretiens avec son chef de file de Londres, fait observer que, resté dans les cadres de l'armée, Charles de Gaulle n'aurait pas osé franchir le Rubicon — et que c'est son passage dans l'ordre politique, le 6 juin 1940, comme membre du cabinet Reynaud, qui le libéra de ses derniers liens et lui donna l'audace de désobéir [14]. L'opposition n'est-elle pas dans la nature du métier politique ?

Mais quoi qu'il en dise, Charles de Gaulle n'en est pas, le 18 juin 1940, à « terminer une vie [...] menée dans le cadre d'une France solide et d'une indivisible armée »... Car s'il est une vie qui se déroule en marge des routines, et même des pratiques réglementaires, dans un pays dont il ne cesse de dénoncer la fragilité, et au sein d'une armée divisée (par lui, entre autres...), c'est bien la sienne. Dès avant le départ pour Londres, sa carrière est marquée par cette « aventure » qu'il prétend découvrir, au gré d'un « destin » déjà singulier, indépendamment de toutes les « séries » professionnelles et politiques.

Reprenons quelques étapes significatives de cette révolte permanente.

1912. Le lieutenant de Gaulle, appelé à servir dans le régiment d'Arras commandé par le colonel Pétain, notoire théoricien de la primauté du feu sur l'offensive — thèse qui se révélera prophétique en 1914 — emplit ses carnets de notes vantant le mouvement et l'assaut, seuls capables de faire, à la guerre, la décision. Il est en complète dissidence intellectuelle par rapport à ce chef exceptionnel que le destin lui a offert.

1917. Au fort d'Ingolstadt, le capitaine de Gaulle, multipliant les conférences devant un parterre d'officiers supérieurs, ne craint pas de dévoiler les erreurs stratégiques et tactiques du haut commandement, de Charleroi à la guerre de tranchées en Champagne, et la sottise meurtrière de la stratégie du « grignotage ».

1924. A l'École de guerre, le capitaine de Gaulle soutient, contre l'enseignement officiel et notamment contre celui que dispense le colonel Moyrand, professeur de tactique générale, théoricien de l'utilisation du comportement de terrain considéré *a priori*, ses thèses inspirées des circonstances, et le fait avec superbe. Le classement défavorable que lui vaut cette attitude de défi ne surprend que lui. Non seulement hérétique mais relaps, il pourfend la doctrine *a priori*, dogme de l'École, dans un article publié peu après...

1927. Il revient à l'École de guerre, à l'initiative incongrue du maréchal Pétain qui impose au corps enseignant de l'y inviter à prononcer trois conférences sur le commandement. Cet « éloge du caractère », dans une « fabrique d'officiers », peut d'autant moins être entendu comme une incitation à la discipline que le « héros » dont il dresse l'effigie altière au-dessus de l'amphithéâtre Louis a déjà bien des traits qui sont à lui plus qu'à son modèle officiel, le vieux maréchal.

1928. Mais voici qu'appelé par Philippe Pétain à écrire une « histoire du soldat français à travers les âges » destinée à être revêtue de l'auguste signature du vainqueur de Verdun, il prétend, non « rédiger » ce texte mais l' « écrire », et s'en proclamer au moins partiellement l'auteur. Scandale sans exemple vis-à-vis d'une hiérarchie où le mot de service s'applique aux « officiers de plume » comme aux chefs d'état-major ou aux ordonnances.

1934. Le lieutenant-colonel de Gaulle ne se contente pas de publier, sans demander la moindre autorisation à ses supérieurs, *Vers l'armée de métier,* ouvrage de doctrine qui contredit hardiment l'enseignement officiel : il soutient et prolonge la querelle, face aux chefs de l'armée, Pétain, Weygand, Maurin, Gamelin (et Daladier, le ministre) en suscitant une guérilla politico-militaire, mobilisant contre le conservatisme de l'état-major des parlementaires non conformistes comme Paul Reynaud, des députés de gauche comme Philippe Serre, Marcel Déat et Léo Lagrange, des officiers « hérétiques » comme le colonel Mayer, des journalistes comme Fervacque et Pironneau. Dans cette fronde déclenchée contre *l'establishment* militaire, il joue à la fois le rôle de Mme de Chevreuse, de Gondi et du Grand Condé...

1938. Invité à écrire un livre sur l'armée pour un grand éditeur, il ose ressortir des oubliettes le texte sur le « Soldat » rédigé douze ans plus tôt à la demande de Pétain et « enterré » par le vieux chef à la suite de leur procès en recherche de paternité. Nul doute que de Gaulle ne soit l'auteur du livre (surtout sous sa forme retouchée), qu'il a intitulé *la France et son armée.* Mais il en use alors avec son ancien « patron », personnage légendaire et intouchable, avec une désinvolture qui tranche sur les mœurs de l'intelligentzia militaire (aussi bien qu'universitaire, dominée, elle, par les « mandarins »). Depuis quand un vassal exige-t-il de son suzerain son dû ? Il le fait, lui, se brouillant définitivement avec le vieux chef qui, jusqu'alors, lui a témoigné une bienveillance sans limite.

Janvier 1940. En pleine guerre — plutôt en plein état de guerre —, ce colonel distribue un tract dénonçant, auprès de l'élite du pays (80 personnalités politiques et militaires), l'incapacité et l'aveuglement de l'état-major. Il somme les destinataires d'intervenir au plus tôt pour contraindre le haut commandement à adopter une stratégie contraire à celle qu'il a arrêtée... Si éclatant et prophétique que soit ce texte, la procédure choisie aurait valu, dans la plupart des armées du monde, la mise à pied immédiate du contestataire. De Gaulle, c'est cet officier qui crie, face à l'ennemi : « Vos chefs sont inaptes, et vous êtes désarmés ! »

24 mai 1940. Cette fois-ci, la bataille fait rage et, à la tête de la 4e division cuirassée, le colonel Charles de Gaulle vient de prouver vaillamment, aux abords de Laon, que dotée du « moteur combattant » employé en masse, l'armée française pouvait faire face aux *Panzer* d'Adolf Hitler. Mais il ne se contente pas de l'éloquence des faits. Il se précipite chez son supérieur hiérarchique, le général Touchon, commandant la VIe armée, et réclame de se voir confier deux ou trois autres divisions pour tenter d'opérer la jonction entre les armées du centre et celles du Nord : ce qui suppose un bouleversement complet du plan de bataille que Weygand est en train de substituer à celui de Gamelin. Un simple colonel...

16 juin 1940. Entamant à Londres sa dernière mission en tant que membre du gouvernement, il ose, sans en référer à son ministre, faire détourner vers l'Angleterre un navire, le *Pasteur,* transportant en France un important arsenal vendu par les États-Unis...

On ne saurait imaginer plus parfaite carrière de rebelle, et qui fasse prévoir un plus flamboyant insurgé. Rebelle, Charles de Gaulle semble avoir voulu s'ingénier à l'être, avec minutie et abnégation, comme d'autres sont coulés dans le moule de la discipline, *perinde ac cadaver.* En lui, l'homme de caractère ne semble pouvoir se manifester que par le déni et le défi.

Dans le très pénétrant portrait qu'il trace du sous-secrétaire d'État à la guerre du cabinet Reynaud, tel qu'il l'a vu de très près agir et se manifester du 6 au 16 juin 1940, Dominique Leca*, l'entendant chaque jour juger aussi bien Pétain, « incarnation du défaitisme » que Weygand « qui ne pense qu'à ses conseils d'administrations », écrit que « dans son cœur, de Gaulle avait depuis longtemps brûlé ses vaisseaux... Il était un *J'accuse* vivant [15] »...

Le 17 juin 1940, Charles de Gaulle n'est pas foudroyé par le destin et jeté dans son contraire... Il porte au plan collectif et mythique un personnage qu'il n'a cessé de modeler, cuirasser et aiguiser depuis plus de vingt ans, celui de l'homme supérieur qui se sait tel, qui ne s'encombre d'aucune hiérarchie, qui au contraire s'exacerbe contre elles. Un personnage qui se croit assez profondément accordé à l'intérêt national pour trouver à chacun de ses gestes une justification et qui ne juge indigne aucune procédure de nature à assurer le triomphe de ses thèses — puisqu'elles sont légitimes, puisqu'il est la légitimité.

A force de vivre dans l'intimité de Philippe Auguste, de Louvois et de Carnot, il finit par se prendre pour leur interprète, leur délégué permanent, pour le porte-parole de la France, de la continuité nationale... Que pèse donc un ordre, les consignes balbutiantes d'une troupe de vieillards solennels, de ministres nomades et de généraux en déroute, face à la légitimité profonde qu'il vient de rajeunir par quelques hâtives démonstrations de sa valeur sur le terrain ?

La contestation était en lui, triple et permanente insurrection de l'homme supérieur contre les hiérarchies, du modernisme technique contre la routine et de la mobilité intellectuelle contre les doctrines. Il n'a pas seulement lu le Barrès de *la Colline inspirée,* mais aussi celui de *l'Ennemi des lois.* Les circonstances, qu'il ne chérissait pas en vain, portèrent au degré de fusion ce qui depuis longtemps brûlait en lui. Nationaliste ombrageux, patriote de combat, théoricien refoulé, tout le conduisait à refuser d'admettre la défaite avec la sérénité railleuse qu'y mit le vieux maréchal (« Je vous l'avais bien dit ! ») — pour ne pas parler de la « divine surprise » de Maurras.

Mais c'est bien au-delà que va son refus. Ce qu'il récuse, ce n'est pas seulement la résignation liée à l'effondrement militaire, c'est aussi la désintégration de l'État — qui, aux yeux de cet historien, ne survivra que s'il redevient le chef-d'œuvre sorti des mains de Philippe le Bel, de Richelieu et du Premier consul, le fruit accompli du nationalisme français, de la pensée classique et de l'esprit jacobin.

Sa révolte a des racines lointaines. De quelles remises en cause n'a-t-il pas, depuis bientôt trente ans, été le témoin ? Ce Pétain qui planait sur le paysage militaire français dans les années d'après-guerre, il l'a vu s'abîmer dans la fâcheuse affaire du Maroc, puis s'engluer dans la routine, les honneurs et le vieillissement, jusqu'au défaitisme du printemps 1940. Cette armée française qu'il avait jugée naguère « l'une des plus grandes choses du monde », il l'avait vue, « vieille mule aveugle », conservatoire obstiné,

---

* Qui, fort maltraité à Londres par la France libre, sait voir de Gaulle avec justesse.

refuser les chances de rajeunissement structurel et technique qu'il lui proposait, puis s'affaisser dans la tourmente.

Et maintenant cette République, qu'il avait décidé de servir jusqu'à en pénétrer les arcanes, jusqu'à en arpenter le sérail, des couloirs des ministères aux pas-perdus des Assemblées, il vient de la voir tomber en lambeaux, de l'horrible séance d'investiture du cabinet Reynaud au cloaque de Bordeaux.

Juin 1940, pour Charles de Gaulle, c'est moins la manifestation de la carence de l'armée — il l'a dès longtemps jaugée et ne voit, dans sa débâcle, qu'une conséquence — que la déliquescence de l'État. Ce Reynaud réduit à l'impuissance, aux expédients et à une démission au profit de ses pires adversaires, c'est, pour de Gaulle, le symbole éclatant de la déchéance non d'un homme auquel il garde son estime, mais de l'État.

Si le Connétable prend le large, ce n'est pas seulement parce que a été adoptée à Bordeaux une politique contraire à ce qu'il estime être l'honneur et l'intérêt du pays, c'est aussi parce qu'il a senti peu à peu se dérober sous ses pas ce qui est l'idéal de sa vie : un État exprimant et servant, par les voies et les idéologies les plus diverses, l'immuable, l'immarcescible nation française.

Mais il y a aussi, sur un plan plus modeste, cette réponse faite en Angleterre à l'un de ses premiers compagnons qui lui demande si son refus a été fondé plutôt sur le sens de l'honneur ou sur le bon sens : « Beaucoup plus simple que cela : j'ai eu sous les yeux le spectacle de la trahison et, dans le cœur, le refus dégoûté de lui reconnaître la victoire... Voilà tout ! »

Le passager du petit biplan de Winston Churchill qui pique sur un aéroport de Londres, ce 17 juin, est un rebelle par destination, un insurgé par l'essence et la structure. Mais ce sont les circonstances qui vont donner à cette rébellion le sens d'une légitimité nouvelle. Ces refus et ces défis qui ont tissé sa carrière au sein de l'État et de l'armée française, Charles de Gaulle va en peupler l'univers et en faire, quatre années durant, les fondements d'une stratégie des mythes et des mots.

Il sait, comme Chateaubriand, qu'il convient de « mener les Français par les songes ». Il apprendra, comme Bonaparte, à « faire ses plans avec les rêves de ses soldats endormis ». La parole venue de Londres sera pendant quatre ans la voix nocturne de l'imaginaire — cette rébellion de l'esprit contre le réel, qui peut être aussi une préfiguration du réel.

III

Le feu sur la terre

19. « Moi, général de Gaulle... »

Quand ils atterrissent sur l'aéroport londonien de Heston inondé de soleil, le 17 juin peu après 12 h 30, de Gaulle, Spears et Courcel ne connaissent pas encore, et pour cause, le message radiodiffusé que le maréchal Pétain est, à la même heure, en train de prononcer à Bordeaux : « C'est le cœur serré que je vous dis aujourd'hui qu'il faut cesser le combat... »

L'ignorance où il est de cet appel à la capitulation qui, mieux qu'aucun autre, est de nature à affirmer sa détermination et justifier son choix, va donner aux premières heures de l'exil du Connétable un caractère étrangement flottant.

Son premier geste sur le sol britannique ne tend pas à approfondir la brèche creusée entre « ceux de Bordeaux » et lui, à dramatiser les rapports comme il aime tant le faire, mais semble fait au contraire pour préserver (à tout hasard?) les chances ou le mythe d'une complémentarité politique. C'est de ce 17 juin et de Londres, en effet, que date ce surprenant télégramme adressé par le général de Gaulle au ministre de la Guerre du cabinet Pétain, le général Colson* :

> « Suis à Londres. Ai négocié hier avec ministre Guerre britannique sur instruction de M. Paul Reynaud au sujet des matériels d'armements remis aux Alliés par le gouvernement des États-Unis... [et] des prisonniers allemands actuellement en France [qui] seront livrés à Bordeaux aux autorités militaires anglaises [...]. Me trouve dorénavant sans pouvoir (!). Dois-je poursuivre négociation? Me tiens à vos ordres par ambassade [1]... »

Ce texte semble rédigé par un somnambule, par un Charles de Gaulle qui ne serait pas passé par Bordeaux la veille... Il en dit long sur la complexité de la décision et l'amertume de l'arrachement. Ainsi les grands hérétiques tournent-ils encore leurs regards vers l'Église maudite. Peut-on voir dans ce message ultime une sorte de ruse de guerre pour brouiller les pistes ou préserver quelques contacts? Plutôt une sorte de dernière messe, à la veille de l'excommunication...

Après un bref passage par l'appartement de Seamore Grove qui sera le premier abri londonien du général de Gaulle, Spears emmène ses deux

* Avec lequel il a discuté six jours plus tôt des moyens d'organiser le repli vers l'Afrique du Nord.

compagnons déjeuner au Royal Automobile Club. Et puis, vers 15 heures il les conduit au 10, Downing Street, où les attend Winston Churchill.

Le Premier ministre a tenté, l'avant-veille au soir, en quelques phrases violentes rugies au téléphone, de détourner le maréchal Pétain de demander l'armistice. Il a bien compris que c'était en vain, dût-il évoquer la honte d'une « trahison » à la parole donnée. Qu'a-t-on fait de cette France qu'il admire et dont il plaçait si haut les grands chefs de 1918 — presque aussi haut que Nelson ou Wellington ? Maintenant, rendu à la sérénité par l'ampleur même de la tâche qui l'attend, il prend quelques instants de repos au soleil dans le jardin de sa résidence. Quand de Gaulle s'avance vers lui sur le gazon, il se lève pour le saluer et son sourire de dogue reflète, selon Spears qui est un observateur attentif, « la chaleur de l'amitié ».

Bien sûr, le Premier ministre de Sa Majesté aurait préféré accueillir ce jour-là Reynaud, Mandel ou Herriot, Darlan, Georges ou Weygand. Ce messager d'une France indomptable (et encore invisible) n'a encore ni renom, ni parti, ni troupes, ni apparente légitimité. Général de brigade à titre temporaire, sous-secrétaire d'État d'un gouvernement démissionnaire, penseur militaire négligé par les siens, ce n'est pas un « gros gibier » que lui a ramené Spears.

Mais il le connaît et a su, de son œil de grand fauve, reconnaître en ce géant jusqu'alors taciturne l' « homme du destin », le « Connétable de France ». Dès Briare, il a scruté cette face sortie tout droit d'une chronique du temps des Plantagenêts, l'a ceinte d'un heaume, coiffée d'un casque ou d'une tiare, et admise autour d'une table ronde où le descendant des Marlborough n'accueille que de rares chevaliers. Voici, Messires, un homme à qui parler...

Parler, oui. Il le faudra. Mais sur quel ton ? N'oublions pas que si Winston Churchill est un de ces Anglais, plus nombreux qu'on ne croit, qui ont pour la France une passion dévorante et un peu condescendante à la fois, où se mêlent les souvenirs d'Azincourt et du bûcher de Rouen, de Trafalgar et de Rethondes, le goût des sauces périgourdines et les couleurs des nymphéas — Charles de Gaulle n'est pas, quand il débarque à Londres, guetté par la moindre anglomanie.

Par tradition familiale, parce qu'il a été un enfant marqué par les syllabes sonores de Fachoda qu'on évoquait autour de lui, parce qu'il est un passionné des guerres de l'Empire, parce qu'il ne parle pas l'anglais mais l'allemand, qu'il a peu apprécié le comportement des alliés britanniques pendant la guerre de 1914-1918 et qu'il est familier d'une presse de droite — *l'Action française* entre autres — où, depuis vingt ans, tous les malheurs de la diplomatie française sont rapportés aux « intrigues » de la perfide Albion que les radicaux ou socialistes français « suivent comme le chien crevé au fil de l'eau », parce qu'il a dénoncé en Lord Runciman et Chamberlain les responsables de la dérobade de Munich, parce qu'il a enfin jugé dérisoire le concours militaire apporté depuis dix mois par la Grande-Bretagne à la France, le Connétable peut être tenu, en juin 1940, pour anglophobe.

Depuis le 9 juin, c'est vrai, il a découvert en Churchill, Eden et Spears des alliés chaleureux et efficaces. Mais le grand homme vers lequel il s'avance est d'abord, il le sait, un Anglais qui fera tout pour n'être pas le premier défenseur de l'île depuis Hastings à subir une invasion. Un « tout » qui peut aller loin, de Gaulle ne s'y trompe pas.

Il sait aussi ce qu'il veut, lui. Peut-être n'a-t-il pas encore défini les principes de son action aussi clairement qu'il le fera une dizaine d'années plus tard dans les *Mémoires de guerre*. Mais c'est ici pourtant qu'il faut citer ce grand texte, parce que tout, désormais, va en découler. Anachronisme ? Avec de Gaulle, on n'est jamais sûr...

> « Poursuivre la guerre ? Oui, certes ! mais pour quel but et dans quelles limites ?... Un concours donné, par une poignée de Français, à l'Empire britannique demeuré debout et en ligne ? Pas un instant je n'envisageai la tentative sur ce plan-là. Pour moi, ce qu'il s'agissait de servir et de sauver, c'était la nation et l'État.
> Je pensais en effet que c'en serait fini de l'honneur, de l'unité, de l'indépendance, s'il devait être entendu que, dans cette guerre mondiale, seule la France aurait capitulé et qu'elle en serait restée là. Car, dans ce cas, quelle que dût être l'issue du conflit, le dégoût (que le pays) aurait de lui-même et celui qu'il inspirerait aux autres empoisonnerait son âme et sa vie pour de longues générations. Quant à l'immédiat... à quoi bon fournir d'auxiliaires les forces d'une autre puissance ? Pour que l'effort en valût la peine il fallait aboutir à remettre dans la guerre, non point seulement des Français, mais la France[2]. »

Quant à lui, voué à cette tâche proprement nationale, et dont il ne craint pas ainsi de marquer la dimension spirituelle (il s'agit de l' « âme » de la France) comment se comportera-t-il ?

> « ... Je n'étais rien au départ... Mais ce dénuement même me traçait ma ligne de conduite. C'est en épousant, sans ménager rien, la cause du salut national, que je pourrais trouver l'autorité. C'est en agissant comme champion inflexible de la nation et de l'État qu'il me serait possible de grouper, parmi les Français, les consentements, voire les enthousiasmes, et d'obtenir des étrangers respect et considération. Les gens qui, tout au long du drame, s'offusquèrent de cette intransigeance ne voulurent pas voir que, pour moi, tendu à refouler d'innombrables pressions contraires, le moindre fléchissement eût entraîné l'effondrement. Bref, tout limité et solitaire que je fusse, et justement parce que je l'étais, il me fallait gagner les sommets et n'en descendre jamais plus[3]. »

Tout est dit. Et si tout ne le fut pas dès l'entretien au soleil dans le jardin de Downing Street, on peut imaginer que le comportement, les propos du Connétable furent tels, en cette après-midi du 17 juin, que Churchill sut d'emblée l'ampleur du projet et les épreuves qu'il lui infligerait.

Charles de Gaulle se présente donc, à l'hôte qui assume seul désormais l'écrasante responsabilité de défendre la liberté du monde face à Hitler, en mendiant orgueilleux.

« Naufragé de la désolation sur les rivages de l'Angleterre, qu'aurais-je pu faire sans son concours ? » Il expose aussitôt au Premier ministre ses intentions : il s'agit d'abord de « hisser les couleurs » en s'adressant au peuple français par le truchement des antennes anglaises. Ce concours demandé, Churchill l'accorde sans un instant d'hésitation : les micros de la BBC sont mis à la disposition du « Connétable de France ». Mais pas avant que Bordeaux n'ait demandé l'armistice.

Ici, il nous faut un peu d'imagination pour saisir l'ambiguïté de la situation. En effet, bien qu'il soit plus de 15 heures et que Pétain ait fini de parler depuis plus de deux heures, le Premier ministre britannique et l'homme qui vient de jouer sa vie et son honneur sur ou plutôt contre une certaine politique ne savent pas encore ce que le nouveau chef du gouvernement français a dit : sur ce point, Geoffroy de Courcel est formel [4]. Aussi bien de Gaulle s'accorde-t-il avec son hôte pour retarder sa première intervention jusqu'au moment où le maréchal Pétain aura déclenché le processus de la négociation. Aucun d'eux ne se fait d'ailleurs d'illusion. Mais il faut laisser toutes ses chances à un sursaut de fierté française.

Ce n'est qu'après le départ des visiteurs de Downing Street que seront connus les termes de l'allocution de Pétain, qui vont plus loin encore que le prévoyaient les deux interlocuteurs : « ... il faut cesser le combat. Je me suis adressé cette nuit à l'adversaire »...

Quoi ? Cesser le combat à n'importe quel prix ? Le vainqueur de Verdun qui avait, de si longues années durant, poursuivi Foch de sa vindicte pour n'avoir pas su, en novembre 1918, convaincre Clemenceau, ses troupes et les Alliés de poursuivre la guerre afin d'imposer, sur le sol allemand, un plus dur traité aux vaincus, qui n'avait donc pensé qu'en termes de « diktat », proclamait ainsi qu'il fallait mettre bas les armes, subir la loi de l'ennemi sans la moindre garantie, avant même de connaître les conditions que poserait un individu comme Hitler, et criait « sauve-qui-peut » au moment même où Weygand, son ministre de la Défense nationale, réclamait un dernier effort aux dernières troupes valides...

On dira certes que, fuyant sur les routes, mitraillée à merci, éperdue et exaspérée de voir se décomposer tout ce qui compose l'État civil et militaire, la presque totalité du peuple français attendait cette heure-là, ces mots-là. La honte fut bue, en ces jours de panique, comme une eau de source... Mais une chose est le réflexe innombrable d'une masse au désespoir, décervelée, désencadrée, au vieux cri de « nous sommes trahis », et autre chose la décision des gouvernants dont la vocation même n'est pas de faire écho, mais barrage. La popularité de Pétain, dans ces temps de débâcle, vint de ce qu'il parlait comme le plus misérable des réfugiés blotti dans un fossé sous les tirs des stukas. S'il le dit, lui, le maréchal, c'est que je ne suis pas un lâche...

Ce texte est si irresponsable, si ruineux, si liquidateur des derniers atouts que tient la France, mais dont on n'a pas entendu dire qu'aucun ministre l'ait dénoncé, Paul Baudouin, le nouveau ministre des Affaires étrangères, chargé par le Conseil des ministres de s'enquérir au moins des conditions de l'ennemi *, va enjoindre à la presse de le rectifier en « il faut *tenter* de cesser le combat ».

---

* Dont bon nombre de ministres, et Albert Lebrun, escomptent qu'elles seront si intolérables que l'obligation s'imposera de poursuivre la guerre en Afrique du Nord.

Mais entre-temps, la propagande nazie s'était emparée du texte original, en avait tiré un tract diffusé à des centaines de milliers d'exemplaires à l'intention des combattants français, appelés par le maréchal à cesser aussitôt le combat... Ce que la presse britannique, pour sa part, traduisit en cette fin d'après-midi-là par un énorme titre : « France surrenders... » : La France se rend.

Et dès cette soirée du 17 juin, après un dîner chez Jean Monnet * où, en présence d'un jeune homme nommé René Pleven, il dénonce carrément la « trahison » du maréchal Pétain [5], dont il a entre-temps lu l'appel à « cesser le combat », Charles de Gaulle se met à la rédaction de sa première proclamation au peuple français. Geoffroy de Courcel a déjà téléphoné à Élisabeth de Miribel, amie de jeunesse qui est alors employée à la mission économique dirigée par Paul Morand et qu'il a croisée l'avant-veille dans les couloirs de l'ambassade, lui demandant de se tenir prête, le lendemain, à taper à la machine « un texte important ».

Mais c'est compter sans les préoccupations et les objections de la diplomatie britannique. Si grand fût-il, Winston Churchill n'est que le premier d'entre les ministres de Sa Majesté. Cette promesse qu'il vient de faire, il manquera de fort peu d'y être infidèle. Si, pour lui, la France est une légende et un compagnon d'armes qu'il importe de ressusciter d'urgence en faisant appel à toutes les puissances du verbe et de l'imagination, pour la plupart de ses collègues, et surtout pour ceux du Foreign Office, la France est d'abord un État, encore allié au Royaume-Uni et doté d'un gouvernement dont la légalité ne saurait être mise en doute, pour saumâtre qu'elle soit... Tant qu'il restera un moyen de convaincre ce gouvernement de ménager les intérêts et la sécurité britanniques, il importe de ne pas le rejeter dans le camp adverse. Et il va de soi qu'une intervention sur les ondes de la BBC de ce militaire en rupture de ban ne peut qu'être mal accueillie à Bordeaux. Est-il bien sage de prendre ce risque supplémentaire ?

Tandis que du côté des exilés, on s'affaire avec confiance en vue de la « cérémonie des couleurs » prévue pour le soir, à la BBC se déroule un débat singulier. Le cabinet de guerre s'est réuni le 18 juin, à 12 h 30 au 10, Downing Street (mais hors de la présence de Churchill, lui-même occupé à rédiger le grand discours qu'attendent, dans l'après-midi, les Communes) sous la présidence de Neville Chamberlain, entouré notamment de Lord Halifax, Clement Attlee, Anthony Eden et Alfred Duff Cooper, ministre de l'Information. Les relations avec le gouvernement français sont au centre de la discussion, dans l'attente des propositions d'armistice demandées à Hitler.

La préoccupation majeure est l'avenir de la flotte française, dont peut dépendre la sécurité des îles Britanniques. Il est donc décidé que le Premier Lord de l'Amirauté, Victor Alexander, qui est déjà parti pour Bordeaux,

---

* Que Monnet, dans ses *Mémoires,* situe bizarrement la veille (alors que de Gaulle vole vers Bordeaux).

poursuivra ses démarches auprès du cabinet Pétain et que Lord Lloyd, ministre des Colonies et francophile déclaré, le rejoindra incontinent. Tout doit être fait pour détourner l'amiral Darlan et ses collègues de laisser Hitler mettre la main sur la flotte française (la plus moderne du monde, et la troisième en tonnage) et les ports d'outre-mer.

C'est alors qu'Alfred Duff Cooper, ministre de l'Information, intervient pour signaler que « le général de Gaulle lui a communiqué* le texte d'une allocution qu'il souhaite diffuser, disant que la France n'a pas été vaincue et invitant tous les soldats français à se joindre à lui ». A cette communication, le cabinet de guerre réagit en déclarant que « bien qu'il n'y ait rien à objecter dans ces propos, il n'est pas souhaitable (" *undesirable* ") que le général de Gaulle, *persona non grata* auprès de l'actuel gouvernement français, s'exprime à la radio aussi longtemps qu'il serait possible que le gouvernement français agisse de façon conforme aux intérêts de l'Alliance ».

On ne saurait être plus clair. Mais ce remarquable document[6] est suivi d'une courte note manuscrite spécifiant ceci : « Les membres du cabinet de guerre, ultérieurement consultés un par un sur cette question, se mirent d'accord pour que le général de Gaulle fût autorisé à s'exprimer à la radio, ce qu'il fit le soir même. »

Sortant du cabinet de guerre, en effet, Duff Cooper qui, tout au long du conflit, fut l'un des dirigeants anglais les plus favorables à de Gaulle (ce que le général souligne avec éclat dans ses *Mémoires*), avait aussitôt alerté Spears, installé chez Churchill. Le Premier ministre s'était assoupi après le grand discours des Communes, dit de « l'heure la plus belle » (*the finest hour*). A peine éveillé, il se contente d'autoriser Spears à aller plaider la cause de De Gaulle auprès de chacun des membres du cabinet. Sir Edward les convainc un à un et peut ramener au ministre de l'Information, en fin d'après-midi, le « feu vert » attendu.

L'admirable, en cette affaire très britannique, c'est que de Gaulle ne sut rien de ces débats qu'il provoquait. Duff Cooper, qui l'avait invité à déjeuner ce jour-là, en sortant de la réunion du cabinet de guerre, ne lui a soufflé mot de rien... Et c'est sans se douter du risque de veto qui pèse encore sur son intervention que, dans son petit appartement de Seamore Grove, le Connétable griffonne, rature et surcharge le texte qui le fera entrer dans l'histoire. Il y passe une grande partie de la matinée du 18, fumant cigarette sur cigarette, tandis que Courcel, recevant les feuillets de ses mains, les lit d'abord à Élisabeth de Miribel, si peu entraînée qu'elle fera ensuite appel à un planton et lui dictera à son tour les phrases presque illisibles[7].

A 15 heures, après le déjeuner avec Duff Cooper et Courcel, le général revenu à Seamore Grove relit le texte, qu'il faut retaper et qu'il retouche encore. De mise au point en correction, on arrive à 18 heures. Il est temps :

---

* De Gaulle a souvent nié avoir communiqué ce texte aux Britanniques. Presque tous les témoins le contredisent.

le général commande un taxi pour Oxford Circus, et dépose Élisabeth de Miribel chez elle, à Brompton Square à l'heure même où Spears et Duff Cooper ont fini de convaincre le Foreign Office que l'intervention du dissident est de nature à entraîner plus de ralliements à la résistance alliée que de mécontentement à Bordeaux — où, Laval s'y employant, l'anglophobie ne cesse d'ailleurs de croître dans l'entourage de Pétain. Quand on veut abattre son chien...

Le studio où doit se dérouler l'émission est au quatrième étage. Stephen Tallents, directeur des informations de la BBC, y accueille le général et Courcel[8]. Il est accompagné de deux de ses collaborateurs Leonard Miall et Elizabeth Barker, à qui le général apparaît comme « un homme immense avec des bottes brillantes, qui marchait à grandes enjambées en parlant d'une voix très grave »...

On arrive au studio 4B (depuis lors détruit par un bombardement et dont il ne reste plus trace) où attendent les deux annonceurs du programme en cours, Maurice Thierry et Gibson Parker[9]. Quelle heure était-il ? Dans ses *Mémoires,* de Gaulle situe la scène à 18 heures. Indication que confirme Courcel. Mais d'après les autres récits, c'est l'heure où ils quittèrent Seamore Grove. L'histoire officielle de la BBC[10] signale qu'annoncé à 20 h 15, le message fut diffusé (« *went on the air* ») à 22 heures. Une telle différence d'appréciation horaire surprend. Plusieurs témoins indiquent qu'il faisait « encore clair ». Et, s'il avait été diffusé à 22 heures, le message eût été, en cette saison, mieux écouté. Notons aussi que de Gaulle et Courcel dînèrent après l'émission dans un hôtel voisin, le Langham. Y servait-on encore après 22 heures ?

D'après le récit d'Elizabeth Barker et Gibson Parker, Maurice Thierry, qui lisait les informations au moment où le général entra dans le studio, s'interrompit un instant puis acheva la lecture de son texte. Alors on demanda au général de faire un essai de voix. Il dit seulement « la France », sur un ton qui parut convenir. Et l'émission put commencer.

A la surprise des professionnels qui l'entouraient, de Gaulle ne jeta qu'un très rapide coup d'œil sur les deux feuillets surchargés de ratures qu'il avait apportés et qui étaient posés sur une sorte de lutrin. Pâle, la mèche brune collée au front, « il fixait le micro comme s'il était la France personnifiée et comme s'il voulait l'hypnotiser. Sa voix était claire, ferme et un peu forte, celle d'un homme s'adressant à ses soldats avant la bataille... Il ne paraissait pas nerveux mais extrêmement tendu, comme s'il concentrait ses forces en un seul instant[11] ».

Pour si fameux qu'il soit, comment ne pas citer ici intégralement le texte de l'appel du 18 juin ?

« Les chefs qui depuis de nombreuses années, sont à la tête des armées françaises, ont formé un gouvernement.

Ce gouvernement, alléguant la défaite de nos armées, s'est mis en rapport avec l'ennemi pour cesser le combat.

Certes, nous avons été, nous sommes submergés par la force mécanique, terrestre et aérienne, de l'ennemi.

Infiniment plus que leur nombre, ce sont les chars, les avions, la tactique des Allemands qui nous font reculer. Ce sont les chars, les avions, la tactique des Allemands qui ont surpris nos chefs au point de les amener là où ils en sont aujourd'hui.

Mais le dernier mot est-il dit ? L'espérance doit-elle disparaître ? La défaite est-elle définitive ? Non !

Croyez-moi, moi qui vous parle en connaissance de cause et vous dis que rien n'est perdu pour la France. Les mêmes moyens qui nous ont vaincus peuvent faire venir un jour la victoire.

Car la France n'est pas seule. Elle n'est pas seule ! Elle n'est pas seule ! Elle a un vaste Empire derrière elle. Elle peut faire bloc avec l'Empire britannique qui tient la mer et continue la lutte. Elle peut, comme l'Angleterre, utiliser sans limite l'immense industrie des États-Unis.

Cette guerre n'est pas limitée au territoire malheureux de notre pays. Cette guerre n'est pas tranchée par la bataille de France. Cette guerre est une guerre mondiale. Toutes les fautes, tous les retards, toutes les souffrances n'empêchent pas qu'il y a, dans l'univers, tous les moyens pour écraser un jour nos ennemis. Foudroyés aujourd'hui par la force mécanique, nous pourrons vaincre dans l'avenir par une force mécanique supérieure. Le destin du monde est là.

Moi, général de Gaulle, actuellement à Londres, j'invite les officiers et les soldats français qui se trouvent en territoire britannique ou qui viendraient à s'y trouver, avec leurs armes ou sans leurs armes, j'invite les ingénieurs et les ouvriers spécialistes des industries d'armement qui se trouvent en territoire britannique ou qui viendraient à s'y trouver, à se mettre en rapport avec moi.

Quoi qu'il arrive, la flamme de la résistance française ne doit pas s'éteindre et ne s'éteindra pas.

Demain, comme aujourd'hui, je parlerai à la radio de Londres. »

Charles de Gaulle devait prononcer des discours plus accomplis, d'expression plus neuve, d'élan plus continu, de force plus pleine. Mais indépendamment de la lucidité prophétique si souvent vantée, il a trouvé d'emblée un ton oratoire où la tradition la plus classique s'enrichit du recours au micro, et lancé quelques formules qui, en attendant de plus fameuses encore, chemineront dans les mémoires. Il a montré aussi du jugement politique en restant pour l'essentiel sur le terrain militaire et en parlant d'abord en professionnel, ne se mêlant pas encore de défaire un gouvernement et appelant ses camarades à poursuivre le combat.

On l'a dit mille fois, l'appel fut peu entendu. En Angleterre, ceux mêmes auxquels il s'adressait surtout, les dizaines de milliers de militaires français que les opérations de Norvège et de Dunkerque y avaient conduits, se souciaient peu d'écouter la BBC... Pour les Britanniques, une seule voix comptait ce jour-là, celle de Winston Churchill annonçant, aux Communes d'abord, puis sur les ondes de la même BBC ensuite — de 21 heures à 22 heures —, que le peuple anglais allait vivre sa « plus belle heure ».

Si l'appel fut très peu entendu, il fut davantage lu. Quelques journaux français publièrent des extraits du texte, notamment *le Progrès de Lyon* qui, le 19, donnait trois des paragraphes de l'appel — non la dénonciation des chefs militaires, mais l'affirmation du caractère mondial du conflit. Et *le Petit Provençal* de Marseille reproduisait près de la moitié du texte, notamment la triple affirmation que « la France n'est pas seule ! » Mais rien ne parut dans la presse de Bordeaux...

Les nouveaux gouvernants, pourtant, furent informés de l'intervention de l'ancien sous-secrétaire d'État de Paul Reynaud par les services d'écoute du ministère de l'Intérieur, qui rendirent compte sur le ton le plus neutre d'une émission du poste de Daventry, en anglais, à 23 heures, dans laquelle il était indiqué que le général de Gaulle avait pris la parole à la radio de Londres, assurant que le gouvernement français avait demandé les conditions d'un armistice « dans la dignité et dans l'indépendance » (?) ajoutant que la guerre était mondiale, que la France n'avait pas définitivement perdu la partie et faisant appel à tous les officiers et soldats se trouvant en territoire britannique. Ainsi, la version que présentaient de l'appel les services anglais (à 23 heures seulement) donnait une idée très lénifiante, et même truquée, du texte original. Était-ce à l'instigation du Foreign Office ?

Mais la plus remarquable réaction à l'appel du général de Gaulle fut peut-être celle du *Times* de Londres qui avait déjà consacré, nous l'avons vu, une note remarquablement intéressante à l'entrée de Charles de Gaulle dans le cabinet Reynaud, douze jours plus tôt. En page trois, celle des grandes nouvelles politiques, le quotidien londonien, résumant en un « chapeau » de dix-sept lignes les événements majeurs de la veille — et Dieu sait s'il y en eut le 18 juin 1940 ! — consacrait quatre lignes à la rencontre Hitler-Mussolini qui s'était déroulée à Munich, sept à l'intervention du général de Gaulle et six au discours de Winston Churchill aux Communes... Et sous ce « chapeau », le discours du Premier ministre était publié sur deux colonnes, celui du général — intégralement — sur une, avec ce titre « La France n'est pas perdue ! ». Un attaché de presse d'aujourd'hui écrirait que de Gaulle avait eu, ce jour-là, une « couverture » à 20/20...

Un « couac », pourtant, s'était produit, provoquant un premier incident entre l'exilé et ses hôtes. Le soir du 18, son intervention à peine achevée, le général était parti dîner — en silence — avec Courcel dans un hôtel voisin. Annonçant qu'il parlerait « demain », il avait agacé l'équipe de la BBC, qui ne savait pas l'y avoir invité... Mais « le général de Gaulle était déjà sa propre loi », observe acidement Leonard Miall dans une conférence diffusée trente ans plus tard sur la même antenne. Le lendemain, lorsqu'il se présenta en fin d'après-midi, le directeur général, Frederick Ogilvie, fit savoir qu'il souhaitait l'accueillir après son émission pour lui offrir un « drink ». Le second appel lancé, Miss Barker et Leonard Miall conduisirent donc le général chez Ogilvie. C'est alors, verre en main, que de Gaulle demanda où était l'enregistrement de son appel de la veille. Miall dut lui répondre qu'il n'y en avait point, faute de moyens : la veille, Winston Churchill s'était adressé au monde, ce qui impliquait la concentration technique de la BBC sur ce sujet. « Je devins alors, rapporte Léonard Miall, le premier Britannique à essuyer les effets des fameuses humeurs (" *temper* ") du général... »

Il n'existe donc aucun enregistrement de l'appel du 18 juin. Mais le texte fut relu quatre fois par des speakers au cours des 24 heures suivantes, intégré aux bulletins d'information en français de la BBC. Charles de Gaulle, très soucieux d'éviter toute contrefaçon, a souvent rappelé cette carence — notamment dans ses *Mémoires*. En 1955, il a même fait diffuser par son collaborateur Olivier Guichard une note en ce sens, attirant aussi l'attention sur la confusion souvent faite entre le texte de l'appel et celui de l'affiche placardée au début de juillet sur les murs de Londres : « La France a perdu une bataille ! Mais la France n'a pas perdu la guerre ! »

Si peu nombreux qu'ils fussent, il y eut tout de même des Français de Londres qui entendirent l'appel et répondirent à l'attente du rebelle. Le premier à se présenter au 8, Seamore Grove, le lendemain matin, raconte Geoffroy de Courcel, fut un mécanicien des usines Hispano-Suiza, dont il inscrivit le nom (qu'il a oublié...) sur la première page d'un registre ouvert à cet effet... Un peu plus tard, arrivèrent les membres d'une délégation de l'Institut français de Londres, puis deux jeunes gens, Pierre Maillaud et Robert Mengin, le premier correspondant de l'agence Havas à Londres, le second attaché de presse à l'ambassade.

Maillaud, qui devait conquérir une juste célébrité sous le nom de Pierre Bourdan, animateur des émissions françaises de la BBC, a rédigé un très beau récit de ces heures où, pour beaucoup, Charles de Gaulle transforma en espoir fou un sage désespoir :

« Le 18 juin 1940, à Londres, la lumière était grise... On eût dit que ce soleil, chassé d'un continent en désordre, faisait en Angleterre une dernière étape et jetait, avant de repartir, une caresse amère à ce qui survivait encore du monde occidental. Et sa lumière était grise du désastre qu'il avait éclairé...

« Nous étions des Français qui allions dans les rues de ce Londres comme des jouets cassés... spectateurs inutiles et honteux sur les rochers d'une plage que recouvre irrésistiblement la marée. Il y avait [...] l'effondrement de toutes les normes, un sol qui se dérobait, l'amertume indicible du présent, l'incohérence de l'avenir imaginé... »

C'est dans cet état de délabrement moral que Pierre Maillaud entend l'appel du 18 juin : et le lendemain, vers 9 heures, il va avec son ami Robert Mengin se présenter à ce général français qu'il n'a jamais vu, mais qu'il lui faut maintenant connaître. Ils gagnent, à deux pas de Park Lane, à l'est de Hyde Park, une petite place tranquille, Seamore Grove * où, au premier étage de la maison sise au numéro 7-8, le général reçoit, dans la matinée du 19, ses premiers visiteurs, civils pour la plupart **.

« ... J'éprouvais pour ma part, une curiosité intense et nerveuse, sensation d'ailleurs réconfortante après le désarroi moral de la veille. [...] Un lieutenant de cavalerie, grand, mince, au regard clair, au grand nez, aux façons courtoises, nous demanda nos noms, donna le sien — de Courcel — et nous fit entrer à sa suite sans autre formalité dans un vaste bureau, d'un ameublement confortable et aussi impersonnel que le reste de l'appartement. C'est là que se tenait, debout, le général de Gaulle.

---

* Aujourd'hui Curzon Place.
** A l'exception du général Rozoy, qui ne vient pas pour se rallier, mais pour mettre en garde le rebelle, et jouera un rôle néfaste — que l'on racontera.

« Je vis un homme d'un autre temps.

« De très haute stature, portant l'uniforme et des leggins, il se tenait excessivement droit. Mais cette rectitude, soulignée par le rejet de la tête en arrière et par la chute des bras, qui épousaient exactement le buste et les hanches, paraissait être, chez lui, une position commode et naturelle. Elle n'imposait au corps aucune raideur dans l'immobilité, bien qu'il en eût, au contraire, dans le mouvement et les gestes. C'est dans le port de tête, indiciblement distant, et dans l'expression du visage qu'on sentait de la raideur. Les traits évoquaient, tout d'abord, un dessin médiéval. On eût voulu les encadrer par le heaume et la mentonnière de mailles.

« ... Ce qui caractérisait ses yeux, c'est qu'ils ne reflétaient rien du monde extérieur ; leur expression ne pouvait pas varier suivant les présences et les atmosphères. Leur regard était comme prédéterminé. [...] L'homme devait être volontaire et intraitable jusque dans ses passions. Il y avait dans ces yeux un feu abstrait, capable de s'allumer soudain, mais pour exprimer, plus que pour communiquer. Il y avait de la noblesse et de la retenue, de la timidité superficielle et une fierté singulière : orgueil de soldat et fierté d'homme qui a " lu tous les livres ". Il y avait du croisé et du pédagogue, du casuiste et du Réformé...

« Nous nous présentâmes. L'entretien dura une dizaine de minutes [12]... »

Maillaud-Bourdan est conquis, quitte à prendre, plus tard, ses distances — et lesquelles ! Mengin trouve l'homme qu'ils viennent de découvrir « gonflé », ce qui, dans l'instant, peut être pris en bonne ou en mauvaise part — lui, c'est la mauvaise — et le refuse d'emblée, en attendant de se situer en dissidence ouverte, on verra comment.

Peu avant midi arriveront d'autres volontaires, Henri de Kérillis sanglé dans un uniforme de capitaine d'aviation, Émile Delavenay collaborateur de la section française de la BBC — qui en tant que tel rendra de multiples services au général de Gaulle dans les semaines suivantes —, Denis Saurat directeur de l'Institut français de Londres, Henry Hauck attaché social à l'ambassade de France et André Weil-Curiel stupéfait de ne pas trouver en arrivant une foule de volontaires assiégeant la maison... Me Weil-Curiel, militant d'une tendance gauchiste de la SFIO, est attaché à l'une des missions françaises à Londres. L'appel du 18 juin — que lui a lu ce matin-là son ami Hauck — l'a transporté. Il voit immédiatement en de Gaulle l'homme de la situation, non seulement parce qu'il est l'auteur de *Vers l'armée de métier,* qu'il a lu, mais « parce qu'il n'appartient pas au monde politique, il ne sera le prisonnier d'aucune faction ». Ce qu'il dit avec flamme à un de Gaulle attentif, mais réservé :

« Hauck et moi étions subjugués. On sentait cet homme méditatif assuré de sa mission. Aucun des hommes éminents que j'avais rencontrés dans ma vie, à l'exception de Léon Blum, ne m'avait fait une impression comparable. Il était fait pour porter l'épée de la France et les sceaux de la République, pour commander obéissance et respect. J'en aurais dansé de joie [13] ! »

Écoutons encore le témoignage de Georges Boris, qui devait devenir l'un des fidèles, et jouer un rôle important dans l'adhésion au gaullisme de Mendès France, et dans le ralliement de Léon Blum :

« Vers le soir, le général rentra, accompagné d'un seul officier. Il me frappa par son calme. Presque aussitôt il m'invita à le suivre dans le salon. Après quelques mots échangés, et à la suite d'une réflexion que j'avais faite, il se mit à expliquer les chances de l'Angleterre [...]. Si l'assaut aérien, à l'abri duquel ce passage et ce débarquement seraient tentés, était repoussé — et la chose était possible — la situation serait d'abord stabilisée, pour être ensuite renversée grâce aux ressources de l'arsenal américain. Nous finirions par gagner la guerre.

« Je revois la chambre perdue dans l'immensité londonienne, où s'est écrite une page de l'histoire de France. Par la baie vitrée, sous l'implacable azur de ce ciel de juin 1940, on voyait se dérouler les frondaisons de Hyde Park. Les bruits de la rue montaient assourdis vers nous. J'écoutais, dite d'une voix lente, aux inflexions très douces, cette claire leçon française faite de logique et de sang-froid, de fermeté et d'honneur. Cette leçon de raison et de foi, le général de Gaulle prenait le temps de la faire au sous-officier réfugié, comme lui, en terre amie mais étrangère [14]... »

Est-ce parce que ces premiers ralliements le confirment dans ses certitudes ? Ou parce que la réponse de Bordeaux à son télégramme prudent du 17 juin — le ministre de la Guerre lui enjoint de « rentrer sans délai » — l'a convaincu de l'inanité de tout ménagement ? Le 19 juin, Charles de Gaulle, de retour à 20 heures devant le micro, hausse le ton, et de façon telle que le Foreign Office, cette fois, va protester auprès du Premier ministre. Qu'on en juge :

« A l'heure où nous sommes, tous les Français comprennent que les formes ordinaires du pouvoir ont disparu.

Devant la confusion des âmes françaises, devant la liquéfaction du gouvernement tombé sous la servitude ennemie, devant l'impossibilité de faire jouer nos institutions, moi, général de Gaulle, soldat et chef français, j'ai conscience de parler au nom de la France.

Au nom de la France, je déclare formellement ce qui suit :

Tout Français qui porte encore des armes a le devoir absolu de continuer la résistance [...]. Dans l'Afrique de Clauzel, de Bugeaud, de Lyautey, de Noguès, tout ce qui a de l'honneur a le strict devoir de refuser l'exécution des conditions ennemies.

Il ne serait pas tolérable que la panique de Bordeaux ait pu traverser la mer.

Soldats de France, où que vous soyez, debout ! »

Cette fois, le gouvernement de Bordeaux, qui attend depuis cinquante heures les conditions de l'armistice, est dénoncé, récusé, déclaré « en liquéfaction » et « tombé sous la servitude ennemie ». La rupture est désormais accomplie.

Voici une question que l'on se posera souvent à propos de Charles de Gaulle : n'a-t-il pas « placé la barre trop haut » ? Ce 19 juin, en effet, il a au moins trois raisons de ne pas forcer la note face à Vichy. Il sait d'abord que ses hôtes anglais le souhaitent, alors qu'il n'a pas encore assuré, à leur égard, sa capacité de rétorsion (et si, exaspéré, Churchill le lâchait soudain ?).

Il sait aussi que le gouvernement du maréchal est sur le point de recevoir les conditions du chancelier nazi, et quelque dédain qu'il éprouve pour les Baudouin et les Weygand, peut-être vaut-il mieux ne pas les dévaloriser trop brutalement à l'heure d'affronter l'ogre : n'y va-t-il pas de l'avenir de la Flotte, de l'Empire, de l'ampleur de la zone où pourront subsister quelques lambeaux de liberté — c'est-à-dire d'action pour cette « résistance » qu'a prétendu susciter l'appel de la veille ?

Enfin, Charles de Gaulle est mal inspiré d'humilier et de caricaturer le pouvoir de Bordeaux, au moment où il est engagé lui-même dans une tentative de ralliement des proconsuls d'Empire qui, de Rabat à Saigon, entendront d'autant moins ses incitations à la poursuite du combat qu'il leur apparaîtra comme un insurgé frénétique dressé contre le vieil homme dont le prestige personnel reste intact aux yeux même de ceux qui, comme Noguès ou Mittelhauser, envisagent de continuer la lutte — mais non d'entrer en dissidence.

Poser ces questions, c'est évidemment s'interroger sur la sincérité du Connétable au moment où, du 19 au 25 juin, il multiplie les messages aux divers proconsuls français pour tenter de les convaincre de poursuivre la guerre.

On a vu que, dans son allocution du 19 juin, Charles de Gaulle a cité le nom du général Noguès, après ceux de quelques grands ancêtres, comme d'un répondant de sa politique de refus de la capitulation. Il sait en effet que, dès le 17 juin, le résident général au Maroc (simultanément responsable à Alger de l'ensemble des Forces françaises en Afrique du Nord) n'a pas plus tôt entendu l'appel du maréchal Pétain à cesser le combat, qu'il a télégraphié à Bordeaux ces quelques phrases qui sonnent presque aussi hardiment que l'appel de Charles de Gaulle — d'autant qu'elles sont, elles, formulées par un homme qui dispose de forces considérables et intactes :

« L'Afrique du Nord tout entière est consternée [...]. Les troupes demandent à continuer la lutte [...]. Je suis prêt, si le gouvernement n'y voit pas d'inconvénient [...], à prendre [...] la responsabilité de cette attitude avec tous les risques qu'elle comporte. » Autrement dit, le général Noguès demande à Pétain et à Weygand la permission de leur désobéir, ou mieux de se considérer comme en marge de la négociation qui va s'ouvrir, quitte à peser sur elle comme l'un des atouts essentiels dont dispose encore la France.

Qui n'aurait vu là une perche tendue ? C'est cette perche que de Gaulle va tenter de saisir, à Londres, en télégraphiant le 19 au « patron » de l'Afrique du Nord : « Suis à Londres en contact officieux et direct avec gouvernement britannique. Me tiens à votre disposition, soit pour combattre sous vos ordres, soit pour toutes démarches qui pourraient vous paraître utiles [15]. »

A cet appel, qui jette une intéressante lumière sur l'idée que se fait alors de sa mission le général de Gaulle, le commandant en chef des forces d'Afrique du Nord ne se contenta pas de répondre par un silence méprisant (un simple général de brigade !). Il fit aussitôt interdire dans la presse qu'il contrôlait (de Casablanca à Tunis) le texte de l'appel du 18 juin que certains journaux métropolitains, on l'a vu, diffusaient, et déclara même à l'officier de liaison britannique à Alger que l'attitude du général de Gaulle était « inconvenante [16] ».

Si vain qu'il soit de refaire l'histoire, il est peu de problèmes aussi fascinants — ne serait-ce qu'au regard de la carrière ultérieure de Charles de Gaulle — que celui qu'on peut formuler en trois mots : « ... et si Noguès ? » Cet ancien lieutenant de Lyautey était un officier de grand style, bon manœuvrier, excellent diplomate, fort connu de l'état-major britannique. Au surplus gendre de Delcassé, l'inventeur de l'« entente cordiale ». Placé comme il l'était, face à Gibraltar, contrôlant une grande partie de la côte sud de la Méditerranée, disposant de forces considérables (il se disait capable, dans un télégramme adressé le 22 juin à Weygand, de résister à toute attaque lancée à travers l'Espagne, envisageant même de déclencher une attaque préventive à travers le Maroc espagnol), il pouvait être considéré par Churchill — et bientôt par Roosevelt — comme l'allié idéal. Compte tenu de ses premiers télégrammes, pourquoi un chef ainsi disposé céda-t-il aux injonctions de Weygand et décida-t-il, après cinq jours d'hésitations, du 17 au 22 juin, de s'incliner ?

Les arguments qu'il avança pour se justifier devant les instances judiciaires des lendemains de la Libération tournent tous autour du « lâchage » du gouvernement de Bordeaux, et surtout du refus que l'amiral Darlan lui opposa, dès le 18 juin, de lui fournir le soutien maritime qu'il réclamait pour se battre. On a aussi allégué que, considérant dès cette époque le facteur américain comme décisif, il avait observé que Washington avait immédiatement procédé à la reconnaissance du gouvernement qui allait devenir celui de Vichy, et que c'était se vouer à un isolement désespéré que de s'enfermer dans une résistance purement nord-africaine.

Claude Bouchinet-Serreulles, mobilisé au Maroc, rendit visite le 18 juin à Mme Noguès, à laquelle était liée sa famille, pour la prier de transmettre au général, alors à Alger, le vœu fervent que formaient ses camarades et lui-même de poursuivre le combat. La femme du résident général lui laissa entendre que d'ici quelques semaines, l'Afrique du Nord rentrerait dans la guerre, insistant surtout pour que « des jeunes gens tels que lui » restent sur place « où la France aurait besoin d'eux ». Mais le ton de son hôtesse est si peu convaincant que, trois jours plus tard, Serreulles prend le chemin de Londres, où il deviendra l'aide de camp du général de Gaulle avant d'être son délégué en France occupée [17].

Gaston Palewski, passé en Afrique du Nord avec son escadrille, avait tenté, lui, le 20 juin, de convaincre Marcel Peyrouton, résident général en Tunisie, de poursuivre la lutte. « Voyons, répond Peyrouton, vous êtes naïf : les Anglais sont déjà en train de négocier avec Hitler. » L'ancien chef de cabinet de Reynaud se précipite chez le consul de Grande-Bretagne pour obtenir un démenti — qui lui est aussitôt fourni. « Bon, fait Peyrouton, convainquez Noguès, c'est de lui que tout dépend. » Le 22, Palewski est à

Alger, pour s'entendre répondre par le commandant en chef : « Darlan me refuse la flotte. Toutes mes hypothèses de résistance reposaient sur elle... » Il ne restera plus à Gaston Palewski qu'à répondre à un télégramme fort bref qu'il reçoit le 28 juin en Tunisie : « Venez me rejoindre immédiatement. » C'est signé de Gaulle [18]...

Le général Noguès avait fini par céder aux pressions exercées sur lui par le général Koeltz, émissaire de Weygand, non sans lui adresser ce télégramme où l'exilé de Londres aurait pu entendre un écho de sa voix : « [Le gouvernement] n'a pas su se rendre compte [...] de l'élément moral et de force que représentait l'Afrique du Nord qui, avec sa marine et l'aviation, pouvait tenir jusqu'à l'usure de nos adversaires. Il le regrettera amèrement [...]. Personnellement je resterai à mon poste [...] pour remplir une mission de sacrifice qui couvre mon front de honte [19]... »

Et il aura trouvé lui aussi une belle formule. A Pierre Parent *, Français du Maroc venu, à la tête d'une délégation, exiger la poursuite du combat, Noguès opposa une fois de plus une réponse évasive, ajoutant : « Rien à faire sans la flotte. Mais nous devons rester, mes amis, en état de colère... » Honte et colère ? Charles Noguès avait tout pour faire un rebelle considérable, assez pour fonder spontanément une légitimité nouvelle. Tout, sauf ce qui fait d'une velléité une volonté, et transforme une conscience coupable en moteur de l'action.

Au surplus, commente Claude Serreulles, c'était un homme « de la génération de l'armistice. Un notable chargé d'ans et d'honneurs, qui avait passé l'âge des dernières audaces. Notre chance fut que de Gaulle ne fût pas même quinquagénaire, mais doté d'une expérience que lui donnait sa prodigieuse familiarité avec l'histoire [20] ». Faut-il en conclure que le destin se joua ici sur une question d'âge et que c'est l'appartenance de Noguès à une certaine classe d'âge qui évita au solitaire du 18 juin d'être marginalisé ? On s'en gardera. Ce n'est pas l'âge, c'est l'ampleur de la vision qui distingue plus que tout les deux hommes. En cette affaire, Noguès ne cesse de raisonner sur le plan régional. De Gaulle pense et parle en termes planétaires, et de longue durée.

Mais l'homme de Londres ne s'était pas contenté d'en appeler à Noguès. C'est à tous les détenteurs de forces et de pouvoirs hors de la métropole vouée à l'occupation directe ou indirecte qu'il s'était adressé.

Entre le 18 et le 25 juin en effet, tandis que se noue et se dénoue la cruelle intrigue de l'armistice qui trouvera, le 22, son épilogue, un ample débat se développe entre Londres, Bordeaux, Rabat, Alger, Tunis, Beyrouth, Djibouti, Dakar, Brazzaville, Tananarive et Saigon. Que Charles de Gaulle ait, dans son for intérieur, dans le tréfonds de son âme, souhaité entraîner dans la lutte, quitte à être leur subordonné, des hommes qu'il a depuis longtemps cessé d'estimer, comme Weygand, auxquels il accorde le bénéfice du doute comme Noguès et Mittelhauser ou auxquels il assure un préjugé favorable comme Catroux et Puaux, le fait est que dans ces jours où

---

* Qui militera plus tard pour l'indépendance du Maroc.

377

le poigne à Londres l'angoisse de la solitude, il incite les chefs militaires et civils français restés hors de la mâchoire de l'occupant à rentrer dans la guerre.

Le 20 juin, c'est un télégramme au ministre de la Défense nationale de Bordeaux qui — transmis très légalement par l'attaché militaire français à Londres, le général Lelong — l'adjure de « gagner la France d'outre-mer et d'y poursuivre la guerre », télégramme dans lequel de Gaulle se déclare prêt à « servir sous l'autorité » de Weygand ou « de toute autre personnalité française décidée à résister ». Communication que le ministre de Pétain se contentera de faire retourner à l'envoyeur enrichie de cette note savoureuse : « Le général Weygand refuse cette lettre " personnelle " ; si le colonel en retraite de Gaulle * croit devoir s'adresser à lui, il le fera sous forme officielle. » Ainsi l'ancien lieutenant de Foch se battait-il fermement, sur le front de la procédure.

Charles de Gaulle pouvait-il se faire la moindre illusion sur les intentions du ministre de la Défense de ce gouvernement qu'il considère d'ores et déjà comme entré dans les voies de la trahison et qui vient de lui manifester ses sentiments, soit par le truchement de Baudouin (qui a fait savoir au Foreign Office, le 19, que l'autorisation donnée au général dissident d'utiliser l'antenne de la BBC était un « acte inamical ») soit par celui du général Colson qui lui enjoint de « regagner immédiatement » le territoire français ? Cet appel à Weygand, est-ce pour mieux faire la preuve du mauvais vouloir de l'équipe Pétain ? Pour consolider son propre dossier, en cas de malheur ? Le fait est que cette démarche-là, dans son absurdité calculée, amène à s'interroger sur les autres.

Aucun de ceux qui furent proches de Charles de Gaulle en ces journées de la fin de juin 1940, à commencer par Courcel et Spears, n'a mis en doute que l'exilé n'ait sincèrement souhaité de notoires concours, dussent-ils rejeter provisoirement au second plan sa téméraire initiative personnelle. Mais la sincérité n'exclut pas la lucidité. On peut souhaiter ce que l'on croit inaccessible.

De Gaulle a trop violemment ressenti lui-même ce qu'a d'« épouvantable », à la veille de la cinquantaine, la rupture avec l'encadrement d'une vie pour ne pas mesurer ce qu'un tel geste pourrait être pour un Noguès, un Mittelhauser, un Peyrouton. Il ne crut vraisemblablement à aucun de ces ralliements, s'agissant de sexagénaires ou de septuagénaires corsetés dans les honneurs et les traditions.

Catroux, certes, sut franchir le Rubicon : mais entre-temps les gouvernants de Bordeaux l'avaient démis de son poste — comme de Gaulle deux semaines plus tôt : l'insoumission est le propre des démunis.

Est-ce parce qu'il était trop « muni » que François Darlan reste, par excellence, l'homme du destin manqué, et celui dont la défection historique aura plus qu'aucune autre ouvert les voies de l'histoire à Charles de Gaulle ?

---

* Général « à titre provisoire » depuis le 25 mai, de Gaulle s'est vu retirer ce grade le 22 juin, étant du même coup « admis à faire valoir ses droits à la retraite ».

Aucune analyse, aucun plaidoyer, aucun réquisitoire n'a encore donné les clés du comportement de cet homme de talent, apparemment fidèle à la République, détenteur du seul atout vraiment opérationnel dont disposât alors la France, qui paraît, au début de juin, décidé à le jouer pour le plus grand bien du pays, de l'État, de l'alliance et de sa propre gloire, et qui s'enferme dans la plus triste ornière, de l'impuissance à la collaboration, des poignées de main avec Hitler aux balles du 24 décembre 1942. Destin beaucoup plus sinistre encore que celui de Laval, parce que le politicien auvergnat ne fait rien qui ne cadre avec son personnage et ses moyens, et qui n'accomplisse sa vocation : alors que tout appelait le marin vers les voies opposées.

L'amiral Darlan était pourtant l'homme qui disait à Jules Moch, le 3 juin : « Si l'on demande un jour l'armistice, je finirai ma carrière par un acte de splendide indiscipline. Je prendrai le commandement de la flotte et nous rallierons l'Angleterre [21]. » Et au commandant d'Astier de la Vigerie : « On se battra jusqu'au bout et s'il le faut, je mettrai la flotte sous pavillon britannique [22]. » Le 15 encore, il s'indigne devant Herriot (cf. *Épisodes*) de la demande d'armistice que préparent, dit-on, Pétain et Weygand, et assure que lui poursuivra la guerre.

Le 16 juin pourtant, Jules Moch a la stupéfaction de lui entendre dire que la résistance est impossible en France et que l'Angleterre sera envahie, qu'Hitler s'apprête à conquérir l'Afrique du Nord en passant par l'Espagne et que la flotte séparée de ses arsenaux et de ses bases ne servira à rien... « [...] Je rappelle à Darlan, raconte Moch, sa déclaration du 3 juin... son " acte de splendide indiscipline ". Il me semble touché, réfléchit un instant... et me répond : " Trop tard, l'Angleterre est fichue (*sic*) d'ici quelques semaines. Et puis voyez-vous, dans le malheur de la patrie, on n'a pas le droit de séparer la flotte du pays [23]. " »

Pour Moch, seule l'offre d'un ministère qui lui aurait été faite par Pétain explique cette volte-face. Explication un peu courte. Dès lors, en tout cas, Darlan est l'homme qui ne fait pas un geste, qui ne dit même pas un mot contre la capitulation, et qui, plutôt que d'être l'organisateur du grand exode vers Alger, se rue à Vichy pour être le second d'un vieillard dont l'esprit ne fonctionne que quelques heures par jour.

« Si Darlan avait choisi de combattre en juin 1940, il aurait été un de Gaulle à la puissance dix », observait Churchill devant Spears. Certes. Ce qu'auraient été les relations entre les deux hommes, et l'avenir du Connétable (que Darlan détestait dès avant le 18 juin 1940) relève de la littérature d'imagination. La subordination de l'amiral au général était inimaginable. Celle du second au premier, impraticable. C'est Muselier qui vint, et son consentement à oublier sa primauté hiérarchique ne suffit pas à éviter la cassure.

Tandis que résonnent ces appels, rejets, sommations et contre-appels d'un méridien à l'autre, se déroule sur le sol français une tragédie à deux faces : l'occupation de l'ensemble du territoire et la recherche hâtive de l'armistice que le maréchal Pétain a appelé de ses vœux sans nuance, le 17 juin, — et qu'attendent avec lui 99 % des citoyens français foudroyés et dolents *.

C'est le 19 au matin que le chancelier du Reich a fait savoir qu'il était prêt à faire connaître « ses » conditions à un arrêt des hostilités, invitant le gouvernement de Bordeaux à désigner ses plénipotentiaires. Ce qui fut aussitôt fait : étaient accrédités le général Huntziger (celui dont de Gaulle voulait faire, douze jours plus tôt, le généralissime) l'ambassadeur Léon Noël (qui représentait la France en Pologne à la veille du désastre) l'amiral Le Luc, chef d'état-major de la marine, le général Bergeret (le même qui prétendait en décembre 1939 prendre l'URSS en tenaille, de la Finlande à la mer Noire...) et le général Parisot. Les cinq hommes, flanqués d'une quinzaine de fonctionnaires, quittent Bordeaux le 20 au début de l'après-midi et, après une halte à Paris, se retrouvent le 21 en forêt de Compiègne, à Rethondes, devant le wagon où Foch a reçu Erzberger et les plénipotentiaires allemands, vingt-deux ans plus tôt.

Tout semble fait par les vainqueurs pour donner raison aux adversaires de l'armistice : c'est une agressive cérémonie de « réparation » qui a été organisée par le Führer, où tout est fait, de sa propre présence et de celle de plusieurs hiérarques du nazisme au violent discours prononcé par le maréchal Keitel et au ruissellement de drapeaux à croix gammée, pour manifester l'abaissement de la France et le solennel triomphe du IIIᵉ Reich. Du wagon de novembre 1918, jadis exposé aux Invalides, Hitler a voulu faire le théâtre d'un psychodrame de l'humiliation française.

Évoquant quarante-trois ans plus tard l'affreuse scène dont il accepta stoïquement d'être l'un des protagonistes, Léon Noël met l'accent sur le ton qu'employa Keitel : « Si je n'avais pas su l'allemand, j'aurais pu croire qu'il s'apprêtait à nous faire fusiller sur-le-champ. Ce n'était qu'un aboiement furieux... » D'Hitler le frappa « l'air morne, le regard d'un bleu indécis comme celui de certains nouveau-nés..., la casquette ridicule parce qu'elle dissimulait un casque... Il n'y avait rien à faire. Nous étions là pour entendre un diktat. Moi qui n'étais venu que pour évoquer l'Alsace, ayant été préfet du Haut-Rhin, je n'ai même pas pu prononcer le mot [24]... »

Mais au-delà de la mise en scène cruelle, il y a une pensée stratégique, celle de l'homme qui compte seul. C'est trois jours plus tôt qu'Adolf Hitler a tracé son plan, à partir de trois idées maîtresses qui révèlent, chez ce furieux, un génie diplomatique à la hauteur du « flair » guerrier grâce auquel il avait su, cinq semaines auparavant, jouer l'avenir de l'Allemagne sur le plan von Manstein, axé sur la traversée en trois jours de la Meuse et des Ardennes par les *Panzer* de Guderian.

---

* Dont l'auteur de ce livre, qui se doit de rappeler ici la banalité proprement sociologique de son attitude au temps du « solstice de juin ».

Première idée : dissocier aussi profondément que possible la France de l'Angleterre, en faisant au vaincu des propositions telles qu' « une entente avec l'Allemagne lui paraisse plus payante que l'alliance anglaise ». Seconde idée : éviter à tout prix que la flotte et les colonies françaises ne glissent dans le camp britannique — et pour cela ne rien exiger d'« intolérable » des envoyés de Bordeaux. Troisième idée : en se refusant à l'occupation totale du territoire français, permettre l'établissement ou la préservation d'un gouvernement français « souverain », capable de couvrir de son autorité la politique impliquée par l'armistice. En ce sens, précisait Hitler à ses collaborateurs « le gouvernement Pétain paraît offrir des perspectives favorables [...]. Son autorité est valable dans ce but[25] ».

Sur ces trois idées de base — divorce franco-anglais, non-évasion de la flotte, maintien d'un gouvernement français — le chancelier nazi dicte à ses collaborateurs, à la fin de la matinée du 17, dès avant que Philippe Pétain appelle à « cesser le combat » et que Charles de Gaulle atterrisse à Londres, un plan de nature à surprendre l'un et l'autre par ce que le vainqueur appelle sa « modération ».

Le mot surprend ? Toute formulation est fonction de l'époque et des « circonstances », pour parler comme de Gaulle. Dans l'état de liquéfaction où en est réduite la nation française, ce que va proposer le Führer est plus conforme à l'idée que se font de lui le maréchal et son clan de Bordeaux qu'à celle qu'en proposent Reynaud (qui le comparait volontiers à Gengis Khan), Mandel, de Gaulle et les observateurs sérieux. Le chef nazi, le bourreau du judaïsme, le conquérant de Prague, le massacreur des Polonais se conduit ici comme un Metternich plebéien.

Avec une troublante pénétration, il a mesuré à quel point la tolérance au pire, le sens de l'honneur et l'esprit de solidarité des Français sont relâchés par la débâcle, à quel point la retraite de Dunkerque a ébranlé l'alliance franco-britannique, à quel point la paternelle figure du maréchal a obnubilé l'esprit critique et la conscience de ses responsabilités qu'a le peuple français. A partir de cette analyse de ce qui est devenu « tolérable » aux yeux des vaincus, il va gagner sur tous les tableaux, neutraliser la flotte, consolider Pétain et opposer la France à la Grande-Bretagne (avec laquelle il n'a jamais cessé d'espérer une transaction et qu'il fait alors sonder par le truchement des Suédois).

Le plan bâti sur ces trois idées-forces par les spécialistes de l'état-major et de la Wilhelmstrasse, et imposé par Hitler à la grotesque voracité de Mussolini * au cours d'un assez orageux face-à-face à Munich, le 18 juin, se présente sous forme d'une convention d'armistice en vingt-trois points qu'Adolf Hitler, assis dans le wagon de Rethondes face à Huntziger, Noël, Le Luc et Bergeret ** leur remet sans mot dire avant que Keitel n'ait aboyé que le texte allemand ne souffrirait « pas la moindre modification », et qu'il ne voyait donc « aucune raison pour que la délégation française soit autorisée à entrer en communication avec son gouvernement[26] ».

* Où le Duce prétendait exiger, faute de victoire, Nice, la Corse et la Tunisie.
** Parisot prépare l'armistice italien.

Les trois premiers articles ont trait à la cessation des combats (qui ne seront interrompus qu'après la conclusion des deux armistices, allemand et italien) et à la délimitation de la zone d'occupation imposée jusqu'au traité de paix — toute la côte atlantique, Paris, l'Ouest, le Nord, le Nord-Est, les provinces les plus riches, près des deux tiers du pays. Les articles 4 à 7 ont trait à la destination de l'armement français, et c'est l'article 8 qui règle le sort de la flotte : hormis ceux dont la France a besoin pour la défense de son Empire colonial, les navires français seront désarmés et rassemblés dans leurs ports d'attache du temps de paix : Brest, Toulon, Cherbourg, Rochefort et Lorient (sauf Toulon, tous sont en zone occupée), les vainqueurs s'engageant « solennellement à ne pas utiliser ces navires et à ne pas les revendiquer lors du traité de paix »...

Les autres articles seraient moins importants (imputation des frais d'entretien des troupes d'occupation, création d'une commission mixte d'armistice, libération des prisonniers allemands, droit pour le IIIe Reich de dénoncer la convention si la France ne remplit pas ses obligations), si n'y était spécifié que les prisonniers français resteraient en captivité jusqu'au traité de paix — c'est une légalisation massive de la prise d'otages — et si un article 19 ne prévoyait la livraison aux nazis des ressortissants allemands réfugiés en France...

Les plénipotentiaires français ayant enfin obtenu l'autorisation de communiquer avec Bordeaux — une fois le 21 au soir, une fois le 22 au matin — transmettent les conditions allemandes à Weygand et au gouvernement Pétain. Deux conseils des ministres se réunissent, l'un dans la nuit du 21, l'autre le 22 à 8 heures ; un mémorandum est rédigé, demandant au vainqueur quelques correctifs : non-occupation de Paris, neutralisation des forces aériennes, envoi de la flotte en Afrique du Nord, non-livraison des ressortissants allemands réfugiés en France (« ce qui serait contraire à l'honneur * »).

Entre-temps, Paul Baudouin, ministre des Affaires étrangères, avait informé l'ambassadeur britannique Ronald Campbell des grandes lignes du diktat allemand, s'attirant la plus cinglante protestation : on était loin, avec le rassemblement de la flotte dans ses « ports d'attache », de la mise « hors de portée » de l'occupant qu'exigeait Londres pour autoriser la France à violer l'accord du 28 mars...

Baudouin fit valoir au visiteur courroucé que ces dispositions ne seraient pas forcément suivies d'effet, et qu'Hitler aurait bien du mal à contraindre des navires français ancrés en Méditerranée à regagner Brest ou Cherbourg. C'était oublier que le chancelier nazi disposait alors de si effrayants moyens de pression sur ses interlocuteurs français qu'il leur avait imposé le diktat de Rethondes comportant des clauses jugées « déshonorantes » avant même l'ouverture des pourparlers, et qu'il pouvait, selon les termes mêmes de l'armistice, exciper à tout instant d'une violation française pour dénoncer l'accord et serrer un peu plus le garrot, territorial ou autre. Au surplus,

---

* Mais sera bel et bien accepté.

quelle confiance pouvait faire Sir Ronald Campbell à un homme qui lui promettait de « flouer » Hitler après avoir ainsi interprété la parole donnée par la France à ses alliés ?

Le tête-à-tête franco-allemand reprit à la fin de la matinée du 22 à Rethondes. Keitel ne toléra qu'un seul amendement : les avions ne seraient pas livrés. S'agissant des ressortissants allemands, il indiqua (oralement) que ne serait exigée de la France que la livraison de ceux qui avaient « incité à la guerre » (ce qui, dans l'esprit d'un nazi, visait par définition tous les juifs *...).

Les délégués français obtinrent une nouvelle communication avec Bordeaux, après que Keitel leur eut signifié à 18 h 30 un ultimatum : le dernier délai pour la signature était fixé à 19 h 30. Weygand lui en ayant donné l'ordre exprès à 18 h 30, Huntziger signa **, le 22 juin 1940 peu avant 19 heures, avec Keitel, la convention d'armistice telle — à quelques nuances près — qu'Hitler l'avait dictée cinq jours plus tôt. Le texte en fut diffusé dans la soirée par la radio de Berlin. C'est alors que l'ambassadeur d'Angleterre, non sans avoir déclaré à ses interlocuteurs français qu'ils « livraient la flotte, contrairement à toutes les promesses », quittait Bordeaux pour s'embarquer à Saint-Jean-de-Luz. Ainsi étaient rompues unilatéralement des relations diplomatiques exprimant une alliance à laquelle le gouvernement de Philippe Pétain avait préféré la neutralisation de la France.

Un débat de fond sur l'armistice du 22 juin 1940 ne trouve pas sa place ici. On a relevé ce que l'analyse qu'en fit Charles de Gaulle avait de simplificateur : dans la position où il s'était mis, et qui postulait que les hommes de Bordeaux avaient trahi les intérêts fondamentaux du pays et porté atteinte à son honneur, il ne pouvait être question, pour l'exilé de Londres, de nuancer une position qui n'était pas celle d'un historien, mais d'un combattant.

Peut-être l'auteur des *Mémoires de guerre,* écrivant dix ans plus tard, aurait-il pu constater que la responsabilité essentielle de Pétain se situait en amont et en aval de l'armistice proprement dit, qu'elle était celle du patron de l'armée française qui avait, en vingt ans, laissé l'Allemagne prendre sur elle une avance décisive, puis celle du fondateur d'un régime basé sur la collaboration avec un occupant barbare, une morale de la culpabilisation collective et la légalisation du racisme le plus vil, plutôt que sur un acte qui est moins la première manifestation du vichysme que la dernière péripétie de la III\ :sup républicaine.

Un désastre ne comporte aucune issue que malheureuse. La question incontournable est celle-ci : une politique alternative était-elle concevable ? Elle reposait tout entière sur la possibilité de poursuivre la lutte à partir de l'Afrique du Nord, la flotte française associée à l'anglaise et les forces de

* Mais, selon Léon Noël, il ne donna pas l'impression d' « attacher une extrême importance à cette exigence. Il eût été possible de faire évader ou de disperser les réfugiés en question. Vichy fit tout au contraire pour les livrer ».
** Ce que Léon Noël évita de faire.

Noguès combinées avec celles du commandant en chef britannique au Proche-Orient, Wavell, étant capables d'infliger des pertes irréparables aux alliés italiens du IIIe Reich, et par là de miner la puissance de l'Axe. Ce qui supposait que la Wehrmacht ne brisât pas ces projets dans l'œuf en marchant sur le Maroc à travers l'Espagne.

On a vu que Noguès s'affirmait dès le 19 juin en mesure de s'opposer à une telle opération. Au surplus, les études menées par de bons spécialistes, tels que le colonel Goutard, et aussi par de bons observateurs de l'Espagne donnent à penser qu'en aucun cas le régime franquiste, plongé dans une situation économique et alimentaire déplorable, n'aurait pris la décision de rompre les ponts avec l'Angleterre, maîtresse des mers, et moins encore avec les États-Unis, maîtres des crédits. Tout ce qui ressort des entretiens Franco-Hitler à Hendaye et Franco-Pétain à Montpellier va dans le même sens. Et les confidents du Führer soulignent volontiers à quel point il se méfiait de toute entreprise axée sur le théâtre méditerranéen.

Les défenseurs de l'armistice citent toujours le témoignage présenté au procès de Pétain par le général Georges, assurant qu'en janvier 1944, à Marrakech, Winston Churchill lui avait confié qu'à son avis « l'armistice de juin 1940 avait rendu service à la Grande-Bretagne et qu'Hitler avait commis une faute en l'accordant, plutôt que de poursuivre la guerre en Afrique du Nord ». Ce ralliement tardif du Premier ministre de la guerre totale à la stratégie Pétain-Weygand doit-il être considéré comme le fond de sa pensée ? Le général Georges, il est vrai, était son ami. Mais Churchill a soutenu tant de fois et avec tant de force la thèse opposée qu'on ne peut retenir la confidence de Marrakech que comme l'un des rebondissements significatifs mais ambigus du grand procès de l'armistice — sur le compte duquel Charles de Gaulle, lui, n'a jamais bougé d'un pouce.

Abandon d'un allié, refus apeuré de jouer toutes les cartes de la France, absurdité de signer un pacte engageant la nation avec un individu tel que le Führer, légalisation et presque sacralisation d'un désastre, l'armistice n'est pas, dans l'esprit du Connétable, la douloureuse mais nécessaire liquidation d'une faillite, il est l'acte fondateur d'un système de trahison *.

---

* L'intérêt de l'armistice, aux yeux des Alliés, ne fait aucun doute. C'est du point de vue de la France, de son unité morale et de son honneur qu'il fait problème.

20. Charles-le-Seul

Avant même de connaître le texte signé à Rethondes et à partir de bribes d'informations recueillies depuis trois jours à Londres, le général de Gaulle était revenu le 22 juin, à 20 heures, devant le micro de la BBC, pour y dénoncer non seulement la « capitulation » mais l' « asservissement » du pays.

C'est donc sur des informations incomplètes ou inexactes[1] et en employant le conditionnel (« nos armes seraient livrées, le territoire français serait occupé ») que l'homme de Londres fonde alors un réquisitoire, certes très émouvant, mais qui le serait plus encore s'il ne se référait qu'aux réalités, en assurant que « beaucoup de Français [refusent] la servitude, pour des raisons qui s'appellent : l'honneur, le bon sens, l'intérêt supérieur de la patrie, [raisons qui] commandent à tous les Français libres de continuer le combat, là où ils seront et comme ils pourront »...

La lecture du texte des accords d'armistice signés le 22 juin, d'où il ressort que la flotte n'est pas vraiment « livrée » (bien que son rassemblement dans des ports dont quatre sur cinq sont contrôlés par l'occupant soit inquiétant, et surtout que la promesse « solennelle » d'Adolf Hitler de « ne pas les utiliser » donne le frisson...) et que la France n'est occupée qu'à demi, ne le fera revenir sur aucun de ses anathèmes. Il faudra attendre la publication des *Mémoires de guerre* pour qu'il reconnaisse simplifications ou exagérations. Pendant quatorze ans, il est entendu une fois pour toutes, dans le discours gaullien, que Pétain, Weygand et Darlan ont livré à l'ennemi le pays, l'Empire et la flotte. Moyennant quoi, l'exilé sera plus véhément et catégorique encore le 24 juin :

> « Ce soir, je dirai simplement, parce qu'il faut que quelqu'un le dise, quelle honte, quelle révolte se lèvent dans le cœur des bons Français [...]. La France et les Français sont, pieds et poings, livrés à l'ennemi [...]. La France est comme un boxeur qu'un coup terrible a terrassé. Elle gît à terre. Mais elle sait, elle sent qu'elle vit toujours d'une vie profonde et forte... Elle sait, elle sent qu'elle vaut beaucoup mieux que la servitude acceptée par le gouvernement de Bordeaux. Elle sait, elle sent que, dans son Empire, des forces puissantes de résistance sont debout pour sauver son honneur. Déjà, en beaucoup de points des terres françaises d'outre-mer, s'est affirmée la volonté de poursuivre la guerre [...]. Un jour, je vous le promets, l'armée mécanique, terrestre, navale, aérienne [...] en commun avec nos alliés, rendra la liberté au monde et la grandeur à la patrie. »

Si le ton du Connétable ne cesse de monter, de se durcir, c'est que la veille, 23 juin, sa cause vient de marquer les points les plus importants depuis son arrivée à Londres. Ce jour-là, en effet, le cabinet britannique publie simultanément deux déclarations qui répondent exactement à ce que pouvait souhaiter le général de Gaulle — à ceci près que, dans le texte qui le vise, il n'est pas expressément nommé.

Dans la première déclaration, qui est un camouflet sans précédent au gouvernement du maréchal Pétain, le cabinet de Winston Churchill proclame que « l'armistice qui vient d'être signé, en violation des accords solennellement conclus entre les gouvernements alliés, place le gouvernement de Bordeaux dans un état d'assujettissement complet à l'ennemi et le prive de toute liberté, de tout droit de représenter de libres citoyens français. En conséquence, le gouvernement de Sa Majesté cesse de considérer le gouvernement de Bordeaux comme celui d'un pays indépendant ».

Dans sa deuxième déclaration, le cabinet britannique indique qu'il a « pris note » du « projet de formation d'un Comité national français provisoire » représentant les « éléments français indépendants résolus à [...] remplir les obligations internationales contractées par la France », qu'il « reconnaîtra » ce comité et « traitera avec lui de toute matière relative à la poursuite de la guerre [2] ».

Le « Comité national français » — voilà l'idée lancée, et dès l'abord entérinée par Churchill. Que le ressentiment du Premier ministre, confronté aux termes d'un armistice dont les stipulations le privent d'un allié et risquent de lui substituer un ennemi, ait joué un rôle important dans ce choix décisif, c'est possible. Mais voilà en tout cas de Gaulle mis sur une orbite qu'il n'a pas fini de parcourir. Des sept lignes de cette proclamation — et des huit que le cabinet de Sa Majesté a consacrées à l'anathème lancé contre le « gouvernement de Bordeaux » — l'exilé va tirer des conséquences alors inimaginables, même par lui.

Pourtant, dès ce premier soir, qui est celui de sa première victoire, celle d'une « légitimité de Gaulle » substituée, au moins dans le regard de Londres, à la « légitimité Pétain », une ombre est portée au tableau : le refus qu'oppose à cette stratégie « londonienne » celui qui apparaît alors comme le plus utile allié français et le complément le plus heureux du « phénomène de Gaulle » : Jean Monnet, l'inventeur du projet d'Union franco-britannique du 16 juin.

On a vu les deux hommes associés, à des titres et dans des esprits divers, à cette dernière tentative d'éviter la dislocation du couple franco-britannique. Le prodigieux geste symbolique qu'est le refus de la capitulation proclamé par le général a eu pour préface l'autre geste symbolique, l'exaltation de la solidarité alliée dans le désastre. Tentative comparable sur le plan historique, aussi grandiose que l'autre et plus fertile encore dans le domaine de l'imaginaire. Bref, entre le soldat d'épopée et l'ingénieux exportateur de cognac promu *manager* de l'effort de guerre interallié, s'était amorcée une des convergences les plus riches de promesses de l'histoire contemporaine (qui renaîtra, à partir de 1943, à Alger, sous une forme ambiguë et dans un cadre moins propice aux bouleversements...). Le « Connétable de France » et le « sourcier de l'Europe » : de quoi rêver...

Mais dès le 23 juin au soir, l'alliance se dénoue. Jean Monnet fait porter à Charles de Gaulle une lettre où, jugeant sa démarche « trop dramatique », « trop personnelle », il exprime une très nette mise en garde :

« Je considère que ce serait une grande faute que d'essayer de constituer en Angleterre une organisation qui pourrait apparaître en France comme une autorité créée à l'étranger sous la protection de l'Angleterre. Je partage complètement votre volonté d'empêcher la France d'abandonner la lutte ; je suis convaincu que le gouvernement de Bordeaux aurait dû mettre en Afrique du Nord le chef de l'État, les présidents des deux Chambres, ainsi qu'un certain nombre de membres du gouvernement qui, d'accord avec le général Noguès, auraient fait de l'Afrique du Nord un bastion de la résistance française. [...] Mais ce n'est pas de Londres qu'en ce moment-ci peut partir l'effort de résurrection. Il apparaîtrait aux Français sous cette forme comme un mouvement protégé par l'Angleterre, inspiré par ses intérêts, et à cause de cela condamné à un échec qui rendrait plus difficiles les efforts ultérieurs de ressaisissement... »

On ne pouvait être plus net, ni donner à la tentative gaulliste un plus sec coup de frein. D'autant que Monnet précise qu'il a mis en garde Cadogan, Vansittart et Spears. La réaction du Connétable est d'une remarquable modération :

> « Mon cher ami,
> Dans de telles heures, il serait absurde que nous nous contrariions mutuellement, puisqu'au fond nous voulons la même chose et que, l'un et l'autre, nous pouvons peut-être beaucoup.
> Venez me voir, là où vous voudrez. Nous serons d'accord. »

Commentaire de Jean Monnet :

« Nous nous revîmes en effet plusieurs fois. Mais nos bons rapports personnels ne suffisaient plus à surmonter notre désaccord... Finalement, il avait respecté mon choix, autant que j'admirais sa détermination[3]. »

René Pleven, adjoint de Jean Monnet qui choisira, lui, la voie gaulliste, explique en partie la rupture par « l'antimilitarisme foncier de ce vieux radical charentais » qu'était son premier chef de file[4].

Le plus curieux, dans cette affaire de divorce, c'est que les deux partenaires semblent se battre à fronts renversés : c'est l'internationaliste Monnet qui juge impossible de se battre dans l'ombre du drapeau britannique ; c'est le nationaliste de Gaulle qui accepte de lever, sur une île étrangère, son propre drapeau (intensément tricolore). Mais l'un et l'autre se retrouvent dans son « emploi », le premier misant plutôt sur l'effort de fabrication d'armements, c'est-à-dire sur les États-Unis, le second tendant avant tout à la dramatisation, au symbole, à l'exaltation des forces morales.

Jean Monnet, après avoir signifié à Pétain d'une part, à Churchill de l'autre, sa démission de président d'un comité interallié condamné par la mort de l'alliance, partira quelques jours plus tard pour les États-Unis où, très écouté de Roosevelt et de son entourage, il continuera à jouer un rôle déterminant dans l'effort de guerre des démocraties contre le nazisme.

« Charles-le-Seul » ? Il est vrai que les ralliements ne viennent pas vite et que ses interlocuteurs britanniques, s'ils ont l'élégance de ne pas lui exprimer leur déception, ne manquent pas de s'interroger sur l'avenir de ce Comité naissant, auquel les proconsuls de l'Empire, pas plus que les personnalités représentatives de la vie politique française, ne semblent pressés de se joindre. Si, le 17 juin, Churchill avait pu juger que Spears ne lui ramenait pas de Bordeaux un « très gros gibier » — ce n'était que de Gaulle... —, la mission conduite entre le 18 et le 20 juin à Bordeaux par Jean Monnet lui-même et Emmanuel Monick, conseiller financier à l'ambassade de France, flanqués de leurs lieutenants René Pleven et Robert Marjolin, avait bien davantage encore pris l'allure d'un coup de bâton dans l'eau.

René Pleven raconte plaisamment cette mésaventure : « Nous étions partis pour Bordeaux quelques heures après l'arrivée du général à Londres, moins pour détourner Pétain et les siens de capituler — c'était trop tard, de toute évidence —, mais pour tenter de recruter quelques alliés de grande envergure en vue de la poursuite de la lutte en Angleterre. Je fus moi-même chargé de convaincre Georges Mandel. Si j'ai échoué, c'est en partie parce que j'étais un provincial, peu au fait des " secrets " de la vie parisienne. Quand je sollicitai l'ancien lieutenant de Clemenceau, il me répondit : " Monsieur, j'ai de trop gros bagages pour vous accompagner... " Cette réponse m'a paru si absurde que je n'insistai pas. On m'éclaira plus tard : Mandel voulait parler de sa maîtresse, Béatrice Bretty, sociétaire de la Comédie-Française aux charmes opulents, et de sa fille. Le jeune Breton que j'étais ne savait pas même cela... Le sachant, aurais-je pu le convaincre ? En tout cas, nous sommes rentrés à Londres à bord d'un hydravion si vaste qu'on aurait pu, disait Monnet, y loger tout le gouvernement français — et de surcroît Mme Bretty[5]... »

Une réflexion d'Elisabeth de Miribel, première des gaullistes londoniennes, on l'a vu, résume assez bien cette phase du mouvement : « Londres, en juin 1940, ce n'était pas une ville où l'on arrivait, mais une ville d'où l'on partait[6]... » Comme cette autre remarque, plus percutante encore, faite un peu plus tard par Charles de Gaulle lui-même à Gaston Palewski qui, venant de le rejoindre, l'interrogeait sur les ralliements et les défections : « Les Français de Londres, cher ami, se répartissent en deux groupes : ceux qui sont aux États-Unis et ceux qui se préparent à y partir[7]... »

Pour beaucoup, en effet, Londres ne sera qu'une escale vers des rivages plus sûrs : ainsi prirent le large trois écrivains alors fort célèbres, Jules

Romains, Henry Bernstein* et André Maurois. De celui-ci, dont toute l'œuvre semblait consacrée à l'exaltation de l'amitié franco-britannique, le départ pour les États-Unis fit dire à Winston Churchill : « Nous le prenions pour un ami, ce n'était qu'un client... » Geoffroy de Courcel ayant tenté de le convaincre de rester à Londres, l'auteur des *Silences du colonel Bramble* lui avait répondu : « Je suis juif, ma famille est en France, ce sont des industriels, je ne peux pas les mettre sur la paille[8]... »

Partirent aussi, après une brève escale anglaise, trois des journalistes français les plus célèbres des années trente, et les plus notoirement hostiles au nazisme : Henri de Kérillis qui, après avoir été l'allié du colonel de Gaulle dans la croisade pour les chars, puis avoir soutenu sa dissidence et demandé à servir à ses côtés à St-Stephens House, allait devenir en Amérique l'un de ses adversaires les plus virulents** ; André Géraud, dit Pertinax et Geneviève Tabouis, nièce du très anglophile ambassadeur Paul Cambon.

Quant aux deux hommes publics français les plus attendus à Londres, Paul Reynaud et Georges Mandel, ils allaient tomber très vite, par des chemins différents, aux mains de la police de Vichy. L'ancien président du Conseil, après avoir accepté l'ambassade de Washington que lui offrait Pétain (choix qu'Albert Lebrun avait refusé de ratifier, estimant que c'était éviter un faux pas à Reynaud, qu'il estimait), se préparait à quitter la France (probablement par Marseille) pour se rendre aux États-Unis quand, le 26 juin, l'automobile qu'il conduisait aux côtés de Mme de Portes eut un accident qui coûta la vie à sa passagère. Blessé lui-même, il fut arrêté au début de septembre. Quant à Mandel, embarqué pour le Maroc à bord du *Massilia* le 20 juin, il fut empêché d'entrer en rapport avec deux émissaires de Churchill, le 26 juin à Casablanca, arrêté par ordre du général Noguès, transféré en France et interné avant d'être déporté et assassiné.

De tous ceux qui partent (pas toujours pour les États-Unis) ou se récusent, le plus notoire est l'ambassadeur Charles Corbin ; lui qui avait voué sa vie professionnelle à l'alliance franco-britannique et soutenu à fond le projet d'Union du 16 juin, démissionne de la carrière au soir de la signature de l'armistice, mais refuse de soutenir de son crédit la tentative gaulliste et quitte l'Angleterre pour prendre sa retraite en Amérique latine. Son plus proche collaborateur, Roger Cambon, fils et neveu des deux architectes français de l'Entente cordiale, démissionne lui aussi : mais, également en désaccord avec la démarche de l'homme du 18 juin, reste à Londres pour partager les épreuves du peuple britannique. Quant à Paul Morand, grand écrivain au jugement incertain, s'il quitte son poste de chef de la mission économique française à Londres, c'est pour devenir, plus tard, ambassadeur de Vichy.

Le général de Gaulle n'est pas plus heureux avec les deux diplomates les plus en vue de la Carrière : le chef de file des « anciens », Alexis Léger,

---

* Qui sera aux États-Unis un ardent prosélyte du gaullisme.
** Il y publiera *De Gaulle dictateur*...

pendant sept ans secrétaire général du Quai d'Orsay, démis un mois plus tôt de ses fonctions par Paul Reynaud (auquel il ne pardonnera jamais ce geste inexpliqué) et celui des « jeunes », Roland de Margerie, l'un des plus constants et éloquents adversaires de l'armistice auprès de Reynaud. Le premier, arrivé à Londres le 20 juin, rend visite le 22 à de Gaulle, qu'il ne semble pas associer à sa rancune contre Reynaud, le félicite de poursuivre la résistance mais, comme Monnet, le met en garde contre la constitution d'une sorte de contre-État sur le sol britannique. Et, comme Monnet, il part pour les États-Unis, où il exercera une influence considérable — et de plus en plus hostile au général de Gaulle — dans l'entourage de Roosevelt.

Le second, qui a noué avec de Gaulle des liens apparemment très forts dans le combat commun pour la poursuite de la guerre, recule néanmoins devant les perspectives qu'ouvre le Connétable. Pour ce haut fonctionnaire, fils, petit-fils et arrière-petit-fils de grands commis de l'État, « entre la discipline et la dissidence », le choix s'impose. Il entraîne dans sa décision de jeunes diplomates qui l'admirent, non sans avoir souhaité rester à Londres, comme François de Rose et Jean-Marc Boegner — qui deviendra plus tard un gaulliste « de choc ». Dans chacune de ces déterminations jouent le souci de revoir la France meurtrie et la famille dispersée, sinon décimée, le sens de la légalité, les amitiés, un pari sur l'avenir et souvent aussi le hasard — en attendant le « coup de hache » de Mers el-Kébir.

Qui dira le rôle joué par l'annulation d'un dîner au cours duquel, au début de juillet, de Gaulle devait recevoir plusieurs de ces jeunes diplomates, dont François de Rose ? Un contact direct avec le Connétable ne l'eût-il pas décidé[9] ? Un autre collaborateur de Margerie au cabinet de Paul Reynaud, Maurice Dejean, rallie très vite de Gaulle, lui. Il deviendra son principal conseiller diplomatique en attendant que René Massigli rejoigne, en 1942, la France libre.

Mais tous ne partaient pas. Certains arrivaient. Où ? Sitôt agréée l'idée du Comité français, le 23 juin, Charles de Gaulle se vit attribuer un local à St-Stephens House, grande bâtisse à usage commercial un peu délabrée, détruite depuis lors, qui s'élevait sur Victoria Embankment, au bord de la Tamise, à deux pas de la Chambre des Communes. Sir Edward Spears, qui y avait ses bureaux, mit le troisième étage à la disposition des « *Free French* ». Le Connétable s'installa dans une pièce triangulaire avec vue sur le fleuve, où furent amenés en hâte une table de bois blanc, un téléphone et quatre chaises. Il épingla au mur une carte de France, une autre du monde, et se mit au travail.

Dans les pièces voisines s'installèrent, autour de Geoffroy de Courcel, les tout premiers ralliés, Elisabeth de Miribel (qui tapait le courrier sur une machine à écrire posée sur une caisse, dans le couloir), Claude Hettier de Boislambert, premier chef de cabinet qui allait bientôt être dépêché en Afrique — où il avait passé l'essentiel de sa vie —, René Pleven, transfuge de la « maison Monnet » qui allait très vite devenir l'homme de confiance du général, et son adjoint Pierre Denis, dit Rauzan, qui prit en charge les dérisoires « finances » de la France libre.

Et puis on vit arriver ceux qui, autour de ces pionniers, allaient constituer le premier noyau de la France libre : le lieutenant Christian Fouchet qui, avec six camarades partis comme lui le 17 juin de Mérignac — où ils avaient croisé, sans le connaître, le Connétable — composait le premier « contingent » de ralliés, les capitaines Tissier et Dewavrin, arrivés de Norvège avec le corps expéditionnaire français, Claude Bouchinet-Serreulles, venu du Maroc, Pierre-Olivier Lapie, officier de légion, naguère député républicain-socialiste de Meurthe-et-Moselle, Mᵉ André Weil-Curiel, Georges Boris, ancien directeur de *la Lumière* et chef de cabinet de Léon Blum, le professeur Cassin, juriste, augure de la SDN à Genève et président de l'Union internationale des Anciens Combattants, André Diethelm, ancien chef de cabinet de Georges Mandel, Maurice Schumann, puis Gaston Palewski...

Quelques-unes de ces arrivées sont tout à fait de nature à réconforter le créateur du Comité français, durement frappé par les départs d'hommes de la qualité de Monnet, Morand ou Margerie*. Prenons trois exemples : ceux de René Cassin, de Maurice Schumann et de Gaston Palewski. Le premier, embarqué sur un navire anglais à Saint-Jean-de-Luz, est arrivé à Londres le 28. Dès le 29, il se présente au général de Gaulle : « En quoi peut bien vous être utile un vieux juriste comme moi ? — Vous tombez à pic ! Il s'agit de préparer un traité d'alliance entre un gouvernement, celui de M. Churchill, et un homme seul, moi... » Cassin admet que le cas est sans précédent, mais qu'il va se mettre à l'étude. Dans quel esprit ? « Nous sommes bien, dans ce projet d'accord, non une légion, mais des alliés reconstituant l'armée française ? — L'armée française ? Nous sommes la France [10] ! »

Le lendemain, c'est Maurice Schumann, passé aussi par le Pays basque, qui retrouve, lui, un homme qu'il connaît. Journaliste diplomatique à l'Agence Havas, collaborateur de la presse catholique sous le pseudonyme d'André Sidobre, il a suivi la carrière de l'homme du *Fil de l'épée*, l'a croisé à *l'Aube* et surtout dans l'entourage de Philippe Serre, d'André Lecomte et des « Amis de *Temps présent* ». C'est lui aussi un ennemi du fascisme et un adversaire militant de Munich. Dès qu'il a eu connaissance du texte du 18 juin, Schumann a rejoint, à Bordeaux, leur ami commun Daniel-Rops qui, peu soucieux lui-même de rompre avec la légalité, lui a donné une lettre de recommandation pour l'auteur dont il a publié *la France et son armée,* et qui est resté son ami.

Charles de Gaulle accueille avec chaleur ce gaulliste préhistorique. Et c'est à lui, dès le 30 juin à 11 heures, qu'il tient ce propos dont la ferveur de celui qui le recueillit, à peine arraché au désastre, ne peut altérer l'évidente authenticité :

> « Je crois que la Russie entrera dans la guerre avant l'Amérique, mais qu'elles y entreront l'une et l'autre. Avez-vous lu *Mein Kampf ?* Hitler pense à l'Ukraine. Il ne résistera pas à l'envie de régler le sort de la Russie,

---

* Le général de Gaulle n'en tiendra définitivement rigueur qu'au second, parce qu'il appartient à cette espèce pour lui sacrée qui est « le grand écrivain ».

et ce sera le commencement de sa perte. [...] Si Hitler avait dû venir à Londres, il y serait déjà. Maintenant, la bataille d'Angleterre ne se livrera plus que dans les airs, et j'espère que quelques aviateurs français y prendront part. [...] En somme, la guerre est un problème terrible, mais résolu. Il reste à ramener toute la France du bon côté [11]. »

Qui, à l'entendre ainsi, ne serait pas devenu d'emblée gaulliste, quitte à le rester moins dévotement ? Autre gaulliste, non de la première heure, mais d'avant l'heure, voici Gaston Palewski, que l'auteur de *l'Armée de métier* avait, du ton le plus impératif, rappelé le 27 juin de Tunisie où il avait rejoint son unité d'aviation de bombardement, après avoir tenté (on l'a indiqué) de convaincre les divers proconsuls nord-africains (il a été un collaborateur de Lyautey) de rester dans la guerre. Palewski fait diligence. Quand il rejoint à Londres, quelques semaines plus tard, l'homme dont il a depuis six ans étroitement épousé la carrière, il prend la direction des Affaires politiques de la France libre, fort de ses amitiés anglaises, de son passé aux côtés de Reynaud et d'une agilité manœuvrière capable de faire pièce aux subtilités de Spears. Dix-huit mois plus tard, il repartira au combat en Afrique orientale.

« Il n'y a pas de France sans épée », rappelle l'auteur des *Mémoires de guerre*. Cette « épée », pour l'heure, c'est un ramas indécis de bataillons jetés sur la terre anglaise par la saumâtre péripétie de Dunkerque ou le « hasard d'une escale » au retour de l'équipée norvégienne. Il y a une division légère alpine, une demi-brigade de légion étrangère, les marins de trois petites unités qui ont rallié des ports anglais, une centaine d'aviateurs et 500 à 600 volontaires venus d'un peu partout que l'on regroupe dans un music-hall londonien, l'Olympia... Étrange épée que voilà.

Il se trouve que le commandant de la division revenue de Norvège est un camarade de Charles de Gaulle à Saint-Cyr, le général Béthouart. On se retrouve. Le contact est bon, et le geste du 18 juin salué avec sympathie. Mais Béthouart n'est pas favorable à l'entreprise de son camarade au point de s'y rallier d'emblée. Parce qu'on n'accepte pas de servir sous un égal ? Non. Le visiteur est de ceux qui ont depuis longtemps reconnu en de Gaulle quelque chose qui transcende les hiérarchies. Mais il constate, autour de lui, beaucoup de réticences et se juge trop mal informé de la situation générale pour prendre une décision aussi capitale, engageant autant d'hommes, sans avoir rencontré ses chefs : il décide donc de regagner d'abord la France. De Gaulle : « Tu verras, c'est une bande de vieux dégonflés ! Et ils ne te laisseront pas repartir... » (Béthouart se fera nommer au Maroc, où il jouera un rôle décisif en faveur de la France libre en novembre 1942.)

Faute du général, il faut tenter de recruter des hommes, que Béthouart a mis de Gaulle en mesure de rencontrer unité par unité. Le général rebelle se rend à Trentham Park, où il prend contact notamment avec quelques cadres de la 13e demi-brigade de légion et quelques unités de chasseurs alpins, entraînant d'un coup un millier d'hommes, encadrés par le colonel Magrin-Verneret, dit Monclar, et le capitaine Koenig. Cela, en dépit de l'hostilité manifestée par la plupart des officiers britanniques, qui font valoir à leurs camarades français que, s'ils servent sous de Gaulle, ils seront « rebelles à leur gouvernement... ».

Arrêtons-nous au cas de l'un de ces « rebelles », qui, ayant surmonté les mises en garde de la majorité de ses camarades, a reçu l'approbation de Béthouart, et dont le ralliement sera de quelque conséquence : il s'appelle André Dewavrin et prendra bientôt le pseudonyme de Passy. Il n'était pas à Trentham Park quand de Gaulle est venu. Mais il a appris son passage, connu ses arguments. Laissant (non sans perplexité) son unité regagner la France, il cherche à gagner Londres, se perd car toutes les plaques et bornes ont été camouflées ou truquées pour dérouter l'envahisseur attendu, apprend enfin que ce général de Gaulle dont il a manqué la visite siège à St-Stephens House, y retrouve son camarade le capitaine Tissier, maître des requêtes au Conseil d'État, ancien directeur de cabinet de Pierre Laval, et dont le Connétable vient de faire son chef d'état-major. Courcel le met en présence du général :

« J'entrai dans une pièce grande et claire. Deux larges fenêtres s'ouvraient sur la Tamise [...]. La forme immense se détend et se lève pour m'accueillir. [Le général] me fait répéter mon nom, puis me pose une série de brèves questions d'une voix nette, incisive, un peu brutale :

— Êtes-vous d'active ou de réserve ?

— Active, mon Général.

— Breveté * ?

— Non.

— Votre origine ?

— École polytechnique.

— Que faisiez-vous avant la mobilisation ?

— Professeur de fortification à l'École spéciale militaire de Saint-Cyr.

— Avez-vous d'autres titres ? Parlez-vous l'anglais ?

— Je suis licencié en droit et parle couramment l'anglais, mon Général.

— Où étiez-vous pendant la guerre ?

— Au corps expéditionnaire en Norvège.

— Alors vous connaissez Tissier. Êtes-vous plus ancien que lui ?

— Non, mon Général.

— Bien. Vous serez chef des 2e et 3e bureaux de mon état-major. Au revoir. A bientôt.

La conversation est terminée. Je salue et je sors. L'accueil a été glacial [12]... »

L'épée du Connétable est courte. Si, dans son esprit, il n'est pas question de jouer les Garibaldi, de créer une « légion » au service de la cause commune, s'il ne s'agit de rien d'autre que de susciter un contre-État qui, de la légitimité dissidente, basculera peu à peu vers la souveraineté unique, s'il

---

* C'est-à-dire passé par l'École de guerre.

prétend opposer puissamment le symbole lumineux d'une France abstraite et planétaire aux ruses paysannes des « maquignons » de Vichy, il lui faut aménager avec ses hôtes une cohabitation sans complaisance, mais lui assurant une base de départ et des moyens d'action. Et d'abord, se faire reconnaître. Le système Pétain a été agréé par Hitler, comme offrant, selon les propres mots du Führer, des « perspectives favorables ». Le mouvement de Gaulle, accueilli d'emblée par Churchill, doit être par lui clairement reconnu.

Dès avant l'arrivée de René Cassin à Londres, Charles de Gaulle s'est attaché à obtenir la première ébauche d'un statut juridique. Dès le 23 juin, il a enregistré simultanément la dénonciation par Londres du caractère « non indépendant » du gouvernement Pétain et la promesse d'une reconnaissance d'un « Comité national français provisoire ». Mais si la mission Monnet-Pleven à Bordeaux a d'ores et déjà échoué, l'envoi de Duff Cooper * à Casablanca auprès des passagers du *Massilia* fait encore planer l'espoir d'un ralliement politique important. Le 26, Churchill apprend que ses envoyés se sont vu refuser de prendre au Maroc le moindre contact. Alors il se retourne vers de Gaulle **, le convoque le 27 à Downing Street et lui déclare : « Vous êtes tout seul ? Eh bien, je vous reconnais tout seul [13] ! » Charles-le-Seul, dans toutes les acceptions du mot, à la fois solitaire et démuni, mais unique et primordial...

Et le lendemain, 28 juin, le cabinet britannique fait diffuser un communiqué aux termes duquel il « reconnaît le général de Gaulle comme chef de tous les Français libres, où qu'ils se trouvent, qui se rallient à lui pour la défense de la cause alliée ». Ce texte, qui suscitera de vives critiques dans l'entourage du Premier ministre, au Foreign Office — surtout de la part de Halifax et de Cadogan — et au War Office, de Gaulle l'accueille avec un empressement, semble-t-il mal contrôlé. Ce même soir, il prend la parole à la radio pour proclamer : « Je prends sous mon autorité tous les Français qui demeurent en territoire britannique ou qui viendraient à s'y trouver [14]... »

« Sous mon autorité... » Bien sûr, nous sommes en guerre, où l'autorité tend à s'exalter et à se concentrer. Bien sûr, le mouvement gaulliste est encore trop exigu pour ne pas forcer la note, et le général trop « seul » pour ne pas tendre à l'hégémonie. Mais il y a, dans cette proclamation, quelque chose de hâtif et d'avide qui est de nature à éveiller, chez les exilés français comme dans les milieux britanniques, une suspicion qui ne cessera de se gonfler, ici et là, en méfiance parfois obsessionnelle. Du communiqué britannique, pour lui si gratifiant, mais tout de même plus prudent, le Connétable eût été bien avisé de tirer de moins immédiates et impérieuses conclusions : « Je prends sous mon autorité... » Bien des malentendus et préventions sortiront de ces cinq mots.

Geste et propos de compensation ? Il n'est pas de jour que l'ancien sous-

---

* Qu'accompagne Lord Gort, chef d'état-major impérial.
** Qui vient de lui adresser un mémorandum proposant la reconnaissance de la France libre.

secrétaire d'État de Paul Reynaud ne reçoive, de Vichy, quelque avanie — dont on peut dire familièrement qu' « il ne les a pas volées », mais qui ne cessent de raviver la plaie creusée en lui par la formidable rupture du 18 juin. Dès le 19, il a reçu l'ordre de regagner la France. Dès le 22, sa nomination de général à titre temporaire a été annulée. Dès le 23, il est « admis à la retraite d'office » par mesure disciplinaire. Le 28, il reçoit, par le truchement de l'ambassade de France à Londres, une note de Paul Baudouin lui enjoignant de « se constituer en état d'arrestation à la maison d'arrêt Saint-Michel à Toulouse avant l'expiration d'un délai de cinq jours » en vue d'être jugé par un tribunal militaire pour « délit d'excitation de militaires à la désobéissance » (à quoi il fait répondre par la même voie : « Cette communication ne présente aucun intérêt à mes yeux »). La procédure aboutira, le 4 juillet, à une condamnation par le tribunal militaire de la XVIIᵉ région (celle de Toulouse) à une peine de quatre ans de prison et 100 francs d'amende...

Mais les autorités de Vichy ne s'en tiendront pas là. Compte tenu de la « coupable indulgence » des juges, un appel « a minima » provoquera l'ouverture d'une nouvelle inculpation. Cette fois, c'est le tribunal militaire de Clermont-Ferrand (XIIIᵉ région, dont le commandant est le général de Lattre de Tassigny) qui est chargé de juger et de condamner l'exilé — entre-temps déchu de la nationalité française.

Intéressant tribunal. Il est présidé par le général Frère, ce commandant de la VIᵉ armée qui, après avoir signé, au début de juin, une des plus belles citations qu'ait reçues Charles de Gaulle, lui a annoncé, le 5 juin 1940, qu'il allait être ministre, lui voue de toute évidence une grande estime — et qui, rallié à la Résistance, sera arrêté et déporté par les occupants *. Et il compte dans ses rangs les généraux de la Porte du Theil, qui a été à Metz l'un des partisans du « colonel Motor », et de la Laurencie qui, après avoir été le représentant à Paris du gouvernement de Vichy, sera l'un des candidats à la succession de Charles de Gaulle quand les Américains chercheront à se débarrasser de lui.

Les juges militaires de Clermont-Ferrand se refusent à retenir contre de Gaulle l'imputation de « trahison » ; mais, admettant qu'il a « déserté » et s'est « mis au service d'une puissance étrangère », ils le condamnent — par 5 voix contre 2 — à la peine capitale, à la confiscation de tous ses biens et à la dégradation militaire. Jugement par contumace, que le maréchal Pétain ratifiera, non sans indiquer qu'il veillera à ce que la peine de mort ne soit pas exécutoire.

Il est facile aujourd'hui de relativiser de telles décisions. Vus de Londres, ces tribunaux de Vichy ne tiraient guère à conséquence : l'exilé fit savoir qu'il tenait le jugement pour « nul et non avenu » et qu'il s'en expliquerait « après la guerre avec les gens de Vichy ». Il savait bien que le vieux maréchal ne le ferait pas fusiller, quoi qu'il arrive. C'est là au moins un point

---

* Avant de mourir au camp de Struthof, il devait révéler à un compagnon qu'il avait voté contre la condamnation.

sur lequel le Connétable faisait confiance à la parole de son ancien patron. Mais à supposer même qu'il tînt pour peu vraisemblable que ce soit tôt ou tard un Laval ou un Darlan qui ait à prendre la décision, et qu'il ait exclu en tout état de cause l'issue fatale, ce n'est pas sous cet angle qu'il faut imaginer ce qu'un officier comme de Gaulle, « hors la loi » de par sa propre volonté, put ressentir de cette cascade d'infamies évoquées à son propos : désertion, perte de la citoyenneté française, dégradation, peloton d'exécution... Dans la quasi-solitude de Londres, ce sont des mots qui durent peser lourd.

D'autant plus lourd que, loin de sombrer dans le néant où l'avait précipité d'emblée l'homme du 18 juin, le gouvernement et le système auxquels Philippe Pétain conférait le prestige que ni la capitulation du 17 juin, ni les clauses infamantes de l'armistice, ni la violation du traité qui unissait son pays à l'Angleterre n'avaient pu encore ternir, prenaient de jour en jour plus d'apparence de légitimité.

Ce régime installé à la va-vite dans une station thermale, ce système agglomérant militaires vaincus, amiraux sans navires et fonctionnaires aigris, cette mise en scène d'opérette ingénue pour une tragédie mal écrite, commençait à prendre consistance [15].

La vertu de la présence, le contrôle des leviers du pouvoir non confisqués par l'armée occupante, la figure sécurisante du vieux chef, la gloire qui s'attachait encore à son nom, l'incarnation réparatrice qu'il proposait de l'immense humiliation que ressentaient alors les Français, l'espèce de transfert qu'il suggérait de leur petite honte sur son nom fabuleux, la satisfaction éprouvée par maints pays de retrouver, sous le képi chargé de gloire ancienne, une France dégradée, peureuse et confinée, la commodité de ne plus avoir affaire qu'à une sorte d'Autriche d'entre Versailles et l'Anschluss, bref, une sorte de complicité générale était en train de promouvoir l' « autorité » concédée — pour ses propres aises — par Hitler en une manière de légitimité.

A l'heure où Charles de Gaulle bataillait dans son bureau de St-Stephens House pour obtenir un mot de Spears, le passage à la France libre de trois aviateurs et le ralliement des Nouvelles-Hébrides, Vichy accueillait le nonce du pape, S. E. Bogomolov, ambassadeur de l'URSS, et bientôt l'amiral Leahy, représentant personnel du président Roosevelt.

Les hommes qui ont contresigné telle ou telle des conditions d'Adolf Hitler qu'ils avaient eux-mêmes déclarées « contraires à l'honneur » se retrouvent pourvus des attributs de la puissance étatique et de la considération officielle de la majorité des puissances. Ceux qui, à partir du 10 juillet 1940, approuvés par l'écrasante majorité d'un Parlement élu sous le signe du Front populaire, bâtissent sur les ruines de la République un « État français » plus monarchique que celui du Roi-Soleil, où le souverain dispose de tous les pouvoirs, exécutif, législatif, judiciaire (puisqu'il peut condamner à la prison un Blum ou un Gamelin avant même le procès), et même constituant, n'exercent leur contrôle direct que sur les deux cinquièmes du territoire français : mais il est équitable d'admettre qu'au moins jusqu'à la promulgation de l'abject « Statut des Juifs » et au tête-à-tête Hitler-Pétain de Montoire (13 octobre 1940), 95 % des citoyens de la zone sud reconnaissent l' « autorité » du maréchal — pourcentage qui ne s'amenuisera que lentement avant le 11 novembre 1942.

En face, dans son grand bureau au bord de la Tamise, Charles de Gaulle, ex-sous-secrétaire d'État, ex-général à titre temporaire, dégradé, dénationalisé, condamné à mort, flanqué d'un vieux juriste, de trois colonels, d'une douzaine de capitaines, d'une secrétaire malhabile, de quelques journalistes, de trois bataillons de légionnaires et de la confiance d'un Premier ministre au génie phosphorescent mais aux humeurs changeantes, prétend incarner ce pays qui ne connaît de lui qu'une voix nocturne aux intonations étranges et aux élans en apparence incontrôlés. Pas une chance...

Il est tout à fait raisonnable de tabler, à la fin de juin 1940 *, sur la défaite de l'Axe et sur la victoire finale des Anglo-Saxons plus ou moins associés à l'URSS. En ce sens, l'entreprise gaullienne se fonde sur les données techniques et matérielles les plus sérieuses, comme il l'a mille fois soutenu lui-même. Mais que de cet énorme bouleversement historique et de la victoire des Alliés émergent le visionnaire de St-Stephens House et son organisation squelettique et décriée, voilà ce que nul observateur sérieux ne peut penser. Aussi bien, confient certains de ceux qui alors le rejoignirent, Charles de Gaulle était peut-être le seul des rebelles de juin à croire au succès. La majorité des militants qui composèrent la première phalange eurent conscience de se battre en desperados, pour l'honneur individuel et collectif. Et lui-même...

Lisons plutôt ce que l'auteur des *Mémoires de guerre,* se remémorant dix ans plus tard ces jours de solitude, écrit alors :

> « ... Parmi les Français, comme dans les autres nations, l'immense concours de la peur, de l'intérêt, du désespoir, provoquait autour de la France un universel abandon [...]. Nul homme au monde, qui fût qualifié, n'agissait comme s'il croyait encore à son indépendance, à sa fierté, à sa grandeur [...]. Devant le vide effrayant du renoncement général, ma mission m'apparut, d'un seul coup, claire et terrible. En ce moment, le pire de son histoire, c'était à moi d'assumer la France [16]. »

---

* Surtout à partir de la défaite de l'aviation nazie dans le ciel de Londre en septembre 1940.

21. Charles-sans-terre

De cet « universel abandon », Charles de Gaulle, au début de juillet, croit avoir tout connu. Presque tous sont partis. Presque aucun n'est venu. Dans le bureau triangulaire de St-Stephens House, est-il un dissident, un rebelle, ou simplement un exilé ? Tout de même, il a rallié quelques enfants perdus, obtenu un micro. Et n'a-t-il pas conquis l'amitié de Winston Churchill ? Il lui reste à connaître encore les limites de cette amitié-là.

De Gaulle n'a jamais douté, dès le 9 juin et le refus opposé par le Premier ministre à la demande qu'il lui a faite en tant que sous-secrétaire d'État de Paul Reynaud de transférer en France une fraction de la Royal Air Force, que le chef du gouvernement britannique, si amples que pussent être ses vues stratégiques, et forte son amitié pour la France, se tenait par-dessus tout pour le gardien de l'île.

Or, la signature de l'armistice — plus précisément des armistices franco-allemand et franco-italien — les 22 et 26 juin, ont résonné comme un tocsin aux oreilles de ce gardien-là que préoccupe avant tout l'avenir de la flotte française. Il est vrai que les navires de Darlan n'ont pas été « livrés » à Hitler, ni à Mussolini. Mais les textes leur enjoignent de regagner leurs ports d'attache du temps de paix : c'est une disposition angoissante pour les Britanniques. Il est vrai que les commissions d'armistice, à la suggestion des Italiens, ont provisoirement aménagé cette disposition, autorisant jusqu'à nouvel ordre les navires à rallier, indépendamment de Toulon — port éloigné de l'armée allemande, sinon de l'italienne —, l'Afrique du Nord. N'est-ce pas un répit offert à M. Churchill et à ses amiraux ? On serait tenté de le croire.

Mais ce « répit » ne leur suffit pas. Dès avant que le gouvernement de Bordeaux ait, à quelques nuances près, accepté le diktat du Führer, avant même que, le 18 juin, à Bordeaux, l'amiral Darlan ait donné à son homologue anglais Sir Dudley Pound, à Lord Lloyd et à Victor Alexander sa parole d'honneur que « sa » flotte ne tomberait « en aucun cas » aux mains de ce qui était encore l'ennemi commun, l'Amirauté anglaise avait préparé l'opération « Catapult », qui ne visait à rien moins qu'à anéantir le gros de la flotte française.

Que ce plan ait été arrêté le 14, le 15 ou le 16 juin importe peu. Ce qui est certain, c'est qu'un certain automatisme avait été prévu à Londres, liant la capitulation de la France à la nécessaire destruction de sa marine. Les limites apportées par les textes des 22 et 26 juin, puis par les commissions d'armistice, à la « livraison » à l'Axe d'une force aggravant la menace d'invasion des îles Britanniques, n'était pas de nature à arrêter la main de l'exécuteur : l'opération « Catapult » restait, à ses yeux, nécessaire.

« Une décision odieuse, la plus monstrueuse et la plus pénible que j'aie jamais eu à prendre... », écrira le Premier ministre dans son histoire de la guerre. On veut bien l'en croire. Parmi les motivations qui lui firent assumer la responsabilité du massacre, et qu'il rappelle dans ce texte, on entend l'écho tragique que donne ce passionné d'histoire aux révolutionnaires français de 1793 : en jetant la tête du roi à l'Europe, Danton et Robespierre proclamaient le caractère implacable de leur détermination et brûlaient leurs vaisseaux.

Ce sont les vaisseaux de l'autre que Churchill a choisi de brûler. Mais en frappant l'allié d'hier, il lançait lui aussi un manifeste d'extrémisme. Le gouvernement capable de cela ne pouvait plus, en aucune manière, accepter le moindre compromis, tel que le chancelier nazi l'envisageait encore. Le gardien de l'île, déclenchant « Catapult », frappait aussi bien les tendances à la transaction qui survivaient à Londres aux déboires de Munich, que les hommes qui venaient de capituler à Bordeaux. En s'affirmant Churchill-le-Terrible, le Premier ministre jetait à Hitler un irrévocable défi.

Que la flotte française n'eût pu en aucun cas échapper à cet holocauste n'apparaît pas une évidence à celui qui, quarante ans après, considère avec soin les propos et les gestes tenus ou accomplis le 3 juillet 1940 en rade d'Oran — et les jours précédents. Coïncidences, sabotage de l'information, silences lourds d'arrière-pensées : Mers el-Kébir est aussi, d'un bout à l'autre, un drame de la non-communication.

La première obscurité remonte à une semaine avant le drame : l'acceptation par les Allemands de la proposition italienne de regroupement des navires à Toulon et en Afrique du Nord n'est pas portée à la connaissance de l'amiral Odend'hal, attaché naval français qui réside encore à Londres et qui, informé, en aurait averti les Britanniques. Même si cette mesure ne faisait que transformer les risques de capture par les Allemands en un danger de saisie par les Italiens, elle était tout de même de nature à soulager les hommes de Londres.

C'est le 27 juin, au lendemain de l'échec de la mission Duff Cooper à Casablanca, et quand il apparaît que Darlan s'est bel et bien résigné à ce que la flotte que lui a confiée la République et qui sort intacte de la première phase de la guerre soit paralysée ou coulée, que l'Amirauté britannique concentre à Gibraltar la « force H », destinée à l'opération « Catapult » et confiée à un personnage de petite envergure, impropre à toute initiative ou négociation, l'amiral Somerville. Du côté français, on ne se doute de rien. L'amiral Gensoul, commandant la flotte mouillée à Mers el-Kébir, port militaire d'Oran, a bien reçu le 24 la visite d'un collègue anglais, l'amiral North, qui lui a fait part des appréhensions de son gouvernement. Mais — le visiteur a-t-il été trop peu explicite ? — Gensoul ne semble pas même avoir entendu l'avertissement.

Le 2 juillet au soir, Winston Churchill prend la « décision odieuse » et donne l'ordre d'agir le lendemain. Le 3, à 7 heures du matin, Somerville fait remettre à Gensoul un ultimatum, donnant à l'amiral français le choix entre cinq hypothèses : se rallier à la Royal Navy pour poursuivre la guerre, rejoindre les ports anglais, gagner les États-Unis, mettre le cap sur les Antilles ou se saborder. Faute de quoi, à 17 h 30, la « force H » ouvrira le feu pour ce qui ne pouvait être un combat — la rade était minée et les navires français, dont le désarmement avait commencé, dans l'impossibilité de manœuvrer —, mais un massacre.

L'amiral Gensoul tenta d'alerter Vichy — où le gouvernement s'était installé la veille, 2 juillet. Mais il ne fit part à ses supérieurs que de deux solutions : internement dans un port anglais ou « combat ». Darlan ne pouvant être joint *, c'est son collaborateur l'amiral Le Luc ** qui prit la décision de rejeter d'emblée toute autre hypothèse que la seconde, et tenta d'envoyer en renfort, pour faire face, les escadres de Toulon et d'Alger. Ce qui ne pouvait qu'inciter Somerville, informé, à précipiter les choses. L'ultimatum rejeté en bloc par Gensoul, la « force H » ouvrit le feu avant 18 heures. En 16 minutes, tout était consommé. Trois des plus beaux bâtiments étaient coulés, 1 380 marins tués, 370 blessés. Seul, le cuirassé *Strasbourg* parvint à glisser entre les mailles du filet et à rallier Toulon.

On a donné quelques-unes des « raisons » de Churchill. On ne connaît pas celles qui poussèrent l'amiral Gensoul à dissimuler à son gouvernement la plupart des issues qui lui étaient offertes. On peut croire que, dans le climat qui régnait à l'époque, les agresseurs ne se faisaient pas beaucoup d'illusions sur les chances de voir accepter une des solutions médianes. Au surplus, le départ pour les États-Unis aussi bien que pour un port des Antilles était en contradiction formelle avec les clauses de l'armistice. Comment aurait réagi Hitler ? Vichy pouvait-il, en ce cas de force majeure, prendre le risque de défier ainsi le Reich ? Le moins que l'on puisse dire, c'est que Gensoul s'empressa de lui éviter de mesurer ainsi les limites de sa docilité.

La canonnade de Mers el-Kébir ne fut pas un geste isolé. Le même jour, à l'heure où Somerville lançait son ultimatum, tous les navires français ancrés à Portsmouth et à Plymouth étaient pris d'assaut par des marins de la Royal Navy et les équipages, qui la veille au soir encore fraternisaient avec leurs hôtes britanniques, étaient internés. Et cinq jours plus tard, le plus moderne des grands vaisseaux de bataille français, le *Richelieu*, était attaqué en rade de Dakar par des avions anglais. C'est plus qu'un sanglant avertissement, c'est une tentative globale d'annihilation de la marine française. '

Charles de Gaulle a appris la canonnade de Mers el-Kébir dans la soirée du 3 juillet. D'après les témoins qui purent, ce soir-là, l'approcher —

---

* Au cours de ces journées tragiques, le ministre de la Marine s'était retiré chez lui à Nérac
** Membre de la délégation qui avait reçu le diktat de Rethondes.

Courcel, Passy, Pleven — il réagit très brutalement, aussi bien en tant que Français solidaire des marins massacrés qu'en tant que chef d'un mouvement adossé aux Anglais, et qu'une telle hécatombe semblait vouer à l'échec : quel recrutement serait désormais possible, surtout dans la marine ? Et il est de fait que si l'opération « Catapult » fit de nombreuses victimes, on peut croire que de Gaulle et son entreprise étaient les plus voyants.

Il s'est trouvé un auteur (et plus ou moins acteur du drame), Yves Bouthillier, ministre des Finances du maréchal Pétain, pour rejeter sur l'homme du 18 juin la responsabilité de Mers el-Kébir — poussant la malice jusqu'à attribuer à un autre l'origine de l'accusation :

« Le maréchal a toujours soupçonné le général de Gaulle d'avoir été l'instigateur de cet extraordinaire attentat. Il y eut quelque apparence. Le mouvement que l'ancien sous-secrétaire d'État du cabinet Paul Reynaud venait de lancer à Londres nous sembla une entreprise dirigée davantage contre la France du maréchal Pétain que contre l'Allemagne d'Hitler. Le danger majeur pour le " gaullisme " naissant était l'établissement de relations confiantes entre Londres et Vichy. Son atout maître, dans le jeu qu'il allait mener pendant quatre ans, serait le sentiment que le maréchal avait trahi le peuple anglais. Saura-t-on jamais le rôle exact du général, car ni M. Churchill ni l'Amirauté anglaise ne livreront leur secret [1]. »

D'autres, comme Robert Mengin [2], retenant d'abusifs propos alors tenus par le général de Gaulle au sujet de la « livraison » de la flotte française aux Allemands (notamment lors de son allocution radiodiffusée du 26 juin), considèrent que si « un Français, un patriote, un officier, est brusquement convaincu que d'autres Français, des militaires, des marins sont capables de livrer leurs bateaux, pourquoi voudrait-on que M. Churchill n'en soit pas également persuadé ? ». En formulant inconsidérément une hypothèse aussi angoissante, le général aurait ainsi pris sa part de responsabilité dans la tragique décision anglaise.

Argument beaucoup plus judicieux que celui de M. Bouthillier. Mais Robert Mengin (qui a servi dans la marine) fonde son raisonnement sur le caractère scandaleux de toute hypothèse de livraison directe ou indirecte de la flotte par des marins français. Il se trouve pourtant que l'amiral Darlan, au nom de la presque totalité de ces marins, avait accepté d'entériner les conditions imposées à Rethondes par Hitler, à savoir le regroupement d'une grande partie des navires français dans quatre ports contrôlés par les occupants. On ne s'empare pas de bateaux à partir de la terre ? Quand on sait comment les bâtiments français ancrés à Plymouth et à Portsmouth furent saisis le 3 juillet par la Royal Navy, et compte tenu de l'audace et du savoir-faire des commandos SS, peut-on considérer comme injurieuse la méfiance exprimée quant au comportement de la flotte en cet été 40 ? Et qu'advint-il des navires de l'amiral Derrien ancrés en rade de Bizerte en novembre 1942 ? Ils tombèrent aux mains de l'Axe. La flotte n'était pas livrée en juin 1940, mais elle n'était pas mise hors de portée du Reich. Oui, un risque de capture existait, qu'on le qualifiât ou non de « mortel » comme le fit Churchill lui-même.

Atteint de plein fouet par le « terrible coup de hache » de Mers el-Kébir, « exaspéré » selon l'un (Passy), « effondré » selon l'autre (Muselier), Charles de Gaulle se ressaisit vite. Quand Spears lui rend visite, le 5, s'attendant au pire, il trouve un homme d'une « étonnante objectivité », qui reconnaît que l'opération était peut-être « inévitable » du point de vue britannique, mais qui la juge si désastreuse de son propre point de vue qu'il envisage « de se retirer au Canada pour y vivre comme un simple particulier », et se donne en tout cas un ou deux jours de délai avant de prendre une décision et exprimer son point de vue à la radio. Sur quoi Sir Edward se précipite chez Churchill pour lui dire que, de ce point de vue, le pire a été évité et que de Gaulle fait preuve d'une « magnifique dignité [3] ».

C'est le 8 juillet seulement (Robert Mengin trouve pour une fois ses réflexes trop lents...) que Charles de Gaulle prend position sur ce que Winston Churchill a qualifié lui-même, devant les Communes qui l'acclamaient, de « lamentable épisode ». Le Connétable a-t-il jamais subi épreuve plus redoutable ? Son entreprise repose encore sur le soutien d'un homme, et cet homme, il lui faut le condamner. Il va le faire, et en consolidant l'alliance. Premier tour de force diplomatique, qui en annonce d'autres :

> « ... Il n'est pas un Français qui n'ait appris avec douleur et avec colère que des navires de la flotte française avaient été coulés par nos Alliés. Cette douleur, cette colère, viennent du plus profond de nous-mêmes. Il n'y a aucune raison de composer avec elles... Cette odieuse tragédie [...] n'est pas [...] un combat glorieux.
> ... Du seul point de vue qui doive finalement compter, c'est-à-dire du point de vue de la victoire et de la délivrance [...] le gouvernement qui fut à Bordeaux avait consenti à livrer nos navires à la discrétion de l'ennemi [...]. Par principe et par nécessité, l'ennemi les aurait un jour employés, soit contre l'Angleterre, soit contre notre propre empire. Eh bien, je dis sans ambages qu'il vaut mieux qu'ils aient été détruits.
> En tenant ce drame pour ce qu'il est, je veux dire pour déplorable et détestable [...] les Français dignes de ce nom ne peuvent méconnaître que la défaite anglaise scellerait pour toujours leur asservissement. Nos deux vieux peuples, nos deux grands peuples demeurent liés l'un à l'autre. Ils succomberont tous les deux ou bien ils gagneront ensemble [4]... »

Si, entre les multiples raisons qu'il a eues de se couvrir les mains du sang des marins de Mers el-Kébir, Churchill y a vu aussi une épreuve décisive de son alliance avec de Gaulle, on peut dire qu'il en a démontré, à lui et au cabinet de guerre, la solidité.

L'alliance tient. Mais combien de ralliements (de marins surtout) coûte cette opération à la France libre, royaume sans terre qui n'a d'avenir apparent que sur les mers et au-delà des mers, et qui, à Londres même, va connaître très vite les déchirements qui, de tout temps, ont divisé et affaibli les émigrations ?

Charles de Gaulle, en ce temps-là, a deux assises : une anglaise, inévitable. Une française, indispensable. Du côté britannique, les choses sont assez claires et changeront peu, jusqu'à ces jours de l'été 1941 où, au Levant, les intérêts de la France libre heurteront de front ceux de la Grande-Bretagne et où certains de ces amis anglais — pour des raisons parfois sérieuses — se transformeront en adversaires. En cet été 1940, Charles de Gaulle, reconnu depuis le 28 juin comme « chef des Français libres », peut compter avant tout sur l'amitié et la confiance du Premier ministre — amitié et confiance consolidées dans l'épreuve de Mers el-Kébir — et de son entourage : Desmond Morton, Edward Spears, le général Ismay, Harold Nicholson, Lord Tyrell. Il compte, dans le cabinet, trois ou quatre amis également sûrs : Anthony Eden, qui est à la Défense, Léo Amery et Alfred Duff Cooper, qui s'occupe de l'information. Et très vite, la famille royale lui manifesta une sympathie voyante, à laquelle la presse fera largement écho.

Mais des réserves sont évidentes au Foreign Office et surtout au War Office. Chez les diplomates, le maître de maison, Lord Halifax, qui fut l'homme de Munich, est sceptique. Son adjoint le plus proche, Sir Alexander Cadogan, est hostile : on trouvera dans ses notes des expressions comme « ce c... de De Gaulle », alors que le sous-secrétaire d'État, Sir Robert Vansittart, est plutôt sympathisant, comme l'ancien ministre à Paris, Oliver Harvey (tous deux plus francophiles que gaullistes...). Chez les militaires, où l'on a peu de goût pour les rebelles, on tient de Gaulle et le gaullisme en petite estime, comme dans la plupart des branches de l'Intelligence Service — certaines sont même franchement hostiles.

Quant à la presse, elle est partagée, naturellement. On ne saurait la réduire à son plus célèbre organe, le *Times* de Londres. Mais compte tenu des traditions de pluralisme respectées, d'une colonne à l'autre, dans les plus grands quotidiens britanniques, un examen attentif des pages de ce journal, en 1940-1941, fait apparaître une attentive sympathie pour la cause et la majorité des initiatives de ce général exilé qui a su, certain jour d'apocalypse, demander asile au peuple anglais pour se battre à ses côtés.

On a déjà relevé l'importance accordée par le *Times* à l'appel du 18 juin. L'intérêt porté par ce journal à l'action du général de Gaulle ne se démentira jamais. Le 25, c'est sous un titre sur trois colonnes, en plus gros caractères que la déclaration que fait ce jour-là Adolf Hitler : « La guerre à l'Ouest est terminée ! », que le *Times* signale l'« immense intérêt » suscité par l'appel du 18 juin. Le 27, c'est sous le titre « Un soldat parle » qu'est citée *in extenso* la réponse de l'exilé à la plaidoirie du maréchal Pétain pour l'armistice.

Quand on considère la force réelle dont disposait alors de Gaulle, ce qu'il représentait, son influence effective sur l'évolution de la guerre, et quand on connaît la religion du « fait » à laquelle sont soumis les grands journaux britanniques, on serait presque tenté de dire qu'en l'occurrence le *Times* viole, par excès de sympathie, les règles d'une déontologie séculaire.

Sur le plan des « faits », de Gaulle n'est alors presque rien : ce journal (comme le *Daily Telegraph*, d'ailleurs, et le *Yorkshire Post*, quotidien fort dévoué à Anthony Eden) le présente comme un facteur capital de la guerre. Déphasage extrêmement rare dans l'histoire de la presse britannique : de Gaulle peut se vanter d'avoir, en ce domaine aussi, provoqué une sorte de révolution... Que Churchill y ait pris une grande part n'y change rien. La tradition de la presse anglaise ne donne pas force de loi aux humeurs et aux « conseils » d'un Premier ministre.

Mais les Français libres ne sauraient se contenter de la sympathie de la plupart des journaux du pays qui les accueille. Un tel mouvement ne peut se passer de son propre moyen d'expression. Il y a certes, dès l'origine, la voix singulière du général de Gaulle. Mais elle ne s'est pas élevée sans provoquer, au sein du cabinet de guerre et du Foreign Office, d'innombrables réserves. Si attentifs que soient Spears et Duff Cooper à arrondir les angles, chaque allocution est prétexte à une guérilla diplomatique.

Le 26 juin, par exemple, la véhémente interpellation qu'adresse de Gaulle à Pétain met le Foreign Office en ébullition. Cadogan lance l'un de ses collaborateurs, Gladwyn Jebb, sur les traces du général, pour lui suggérer quelques atténuations. Devenu Lord Gladwyn, le messager de Cadogan racontera ainsi l'histoire, quarante-deux ans plus tard, lors d'un colloque franco-britannique à Londres * : « Je le retrouve à l'hôtel Rubens. Il me dévisage : " Qui êtes-vous ? " [...] Je conviens de mon rang modeste, mais lui propose quelques légères modifications [...] " Donnez-moi ça ! " Il lit et profère : " Je les trouve ridicules, parfaitement ridicules... " Je lui notifie que, s'il n'accepte pas ces retouches minimes, il sera interdit de micro. Mon ultimatum fit son effet. Tel un éléphant, il piétinait la forêt, pas les baobabs. " Eh bien, j'accepte. C'est ridicule, mais j'accepte... " »

A partir du 8 juillet, et de l'allocution sur Mers el-Kébir (qu'il avait, celle-là, soumise spontanément aux hôtes pris pour cibles, et que nul ne songea à lui demander de retoucher), le contrôle s'atténua. Au mois d'octobre 1940, conformément aux conventions officieuses passées par le Foreign Office avec un envoyé de Vichy, Louis Rougier **, de Gaulle fut prié de ménager un peu la personne de Philippe Pétain. On ne s'en aperçut guère. Il est toujours question des « chefs indignes qui ont brisé l'épée de la France », de « cour du sultan de Vichy », des « responsables de la capitulation [qui] croulent dans la honte et dans la panique ». A raison de trois interventions mensuelles en moyenne, de Gaulle donne le ton, qui est celui d'un combat implacable, quitte à ne s'interdire ni les à-peu-près, ni les excès.

Mais une voix ne saurait suffire. Au cours de l'été 40 se met en place une organisation fort complexe, à partir du service des émissions en langue française de la BBC, renforcées à la fin de juin. Dans ce cadre, cinq minutes (puis dix) par jour sont réservées à la « France libre », laquelle se voit doter, en août, à l'initiative personnelle du général, d'un « porte-parole » qui est Maurice Schumann.

* Novembre 1982.
** Voir plus loin, p. 453-454.

« Du général, indique Maurice Schumann, je n'ai pas reçu une directive en trois ans. Mais j'ai entendu deux ou trois critiques *a posteriori*... pour excès d'indulgence à l'égard de Vichy[5] ! » Indépendamment d'une éloquence bientôt fameuse, d'une fidélité à toute épreuve et d'une pratique impeccable de l'anglais, Schumann peut se prévaloir d'innombrables amitiés londoniennes : il a plusieurs fois accompagné Eden, avant la guerre, dans des voyages diplomatiques, il est l'ami de Duff Cooper et plus encore de l'une des « stars » de la BBC, le grand critique littéraire Raymond Mortimer, spécialiste de la littérature française et longtemps correspondant à Londres des *Nouvelles littéraires*.

Puis fut créé le programme intitulé « Les Français parlent aux Français » qui, pendant près de quatre ans, prit une place importante dans les soirées des citoyens du pays occupé. Les animateurs ? Sous la direction de Michel Saint-Denis, dit Jacques Duchêne, directeur d'une troupe de théâtre français installée à Londres, ce sont Yves Morvan, dit Jean Marin, Breton et navigateur promu éditorialiste du programme, où il représentait éloquemment la tendance la plus conforme aux vues du général, au même titre que Jean Oberlé, et avec plus de nuances l'humoriste et dessinateur Maurice Van Moppès, chargé de donner quelque verve à cette messe radiophonique et patriotique, et ce Pierre Maillaud, dit Bourdan, correspondant de l'Agence Havas à Londres, que nous avons vu se rallier à de Gaulle dès la matinée du 19 juin, avant qu'il prenne, dans ce programme, une part importante, marquée d'un esprit critique assez rare. Il deviendra le patron d'une agence liée à Reuter, qu'il intitula d'abord LEF (Liberté-Égalité-Fraternité), puis AFI (Agence française indépendante), non sans prendre, à l'égard du gaullisme, des distances croissantes, parfois criantes...

Parallèlement à ce programme-vedette, interviennent des personnalités de la France libre, P.-O. Lapie, René Cassin, Georges Boris, Henry Hauck, traitant chacun des problèmes qu'il connaît le mieux. Interventions qui souffrent de la comparaison avec celles du Connétable.

Mais la radio, dût-elle parler à plusieurs voix et sur plusieurs registres, ne pouvait non plus suffire à exprimer le phénomène politique et culturel apparu en juin 1940 à Londres. Aux exilés volontaires en lutte contre le nazisme, il fallait une presse écrite, apte à les informer et à faire connaître leurs efforts et leurs progrès. Dès les premières semaines a été publié un petit bulletin, *14 Juillet,* qui publie un article du général et un autre de Paul-Louis Bret, grand journaliste qui allait quitter Londres. Mais, rédigé à St-Stephens House, il ne peut survivre. Alors un groupe de journalistes de grande réputation, arrivés à Londres pour poursuivre la lutte et refusant de suivre aux États-Unis leurs célèbres confrères Pertinax, Tabouis et Kérillis, décident de créer un vrai quotidien français sur le sol anglais.

Socialistes, amis de Léon Blum, Georges Gombault et son fils Charles étaient arrivés le 28 juin à Londres. Ils y retrouvèrent vite leurs amis Louis Lévy, du *Populaire,* Pierre Comert, qui après avoir été l'un des fondateurs de la Société des Nations, avait dirigé le service de presse du Quai d'Orsay (d'où il avait été limogé pour « bellicisme » par Georges Bonnet), puis

Marcel Hoden et Gustave Moutet, fils d'un ministre du Front populaire. Comert persuada le groupe de créer un journal, y intéressa Duff Cooper qui, le 21 août 1940, tenta de mettre Winston Churchill dans son jeu : « Si ces Français ont quelque chose dans le ventre, coupa le Premier ministre, leur journal paraîtra lundi prochain. Après, cela ne m'intéresse plus[6]. »

France, installé dans les locaux de l'agence Reuter, parut le 26 août, avec un éditorial de Charles de Gaulle : « Tout ce qui sert à frapper l'ennemi est utile et salutaire. Ainsi de *France,* qui veut exhorter au combat. » Le général avait désigné un représentant personnel auprès du journal, André Rabache, qui en était l'un des deux rédacteurs en chef. Mais le lendemain de la sortie du premier numéro, Charles Gombault, corédacteur en chef, recevait un coup de téléphone d' « un officier du QG du général » qui, lui transmettant les félicitations de son chef, ajoutait : « Nous vous saurions gré de supprimer, au-dessous du titre, les mots Liberté-Égalité-Fraternité. — Mais c'est la devise de la République ! — Sans doute, mais dans les circonstances présentes, elle peut être de nature à diviser les Français. » La devise, précise Gombault, fut maintenue[7].

Plusieurs des compagnons alors les plus proches du général de Gaulle (Courcel, Marin, Schumann), invités à commenter ce trait, sans mettre en doute le récit de Charles Gombault (« qui prouve que l' " entourage " était de tendances diverses... »), font valoir que rien, dans les propos que tenait alors, en public et en privé, le général, ne donne à penser qu'il ait pu inspirer une telle démarche. A l'ancien sous-secrétaire d'État de Paul Reynaud, encore hanté par les sinistres combats livrés, de Briare à Bordeaux, autour de ce qui était déjà le cadavre d'une république, il faudra en tout cas de longs mois, et les sollicitations pressantes de résistants de l'intérieur en mission à Londres, pour se prononcer sans ambages sur la nature démocratique du régime que la Libération aurait pour mission de refonder. Mais il le fera.

Solidement doté de sa flambante devise, *France* devait paraître pendant les quatre années suivantes, traversant sans trop d'encombres bombardements et orages politiques, non sans avoir passé en 1941 un accord en bonne et due forme avec l'état-major du général de Gaulle, aux termes duquel ce quotidien s'engageait à s'abstenir « de toute polémique et de toute critique à l'égard des personnes ou des actes de la France libre ». Accord qui en dit long sur les mésententes ou malentendus antérieurs... Animé et rédigé par une équipe nettement orientée « à gauche » (elle avait créé parallèlement à Londres le club Jean-Jaurès), le quotidien de Pierre Comert (qui détestait de Gaulle) se situait sur une autre longueur d'onde que le général et son entourage immédiat — auquel on reviendra.

Si *France* se tint sur une réserve qui provoqua bon nombre de grincements de dents autour du Connétable, que dire de *France libre,* fondé par André Labarthe, brillant physicien qui avait été d'abord conseiller du général de Gaulle pour l'Armement, avant de se tourner vers le journalisme, avec la collaboration de Raymond Aron, arrivé à Londres dès juillet 40 ? C'est à la demande du général que Labarthe avait fondé cette revue mensuelle. Mais les rapports s'aigrirent vite. Les ambitions personnelles de Labarthe, esprit merveilleusement fertile et inventif qui avait vu dans cette publication un tremplin vers des fonctions dont le général s'obstinait à le tenir à l'écart, y furent pour beaucoup. Mais aussi le caractère de la revue, attachée « à l'analyse plus qu'à la propagande », devait écrire Raymond Aron — ce qui est une litote.

En fait, les désaccords avec de Gaulle portaient sinon sur l'essentiel (Labarthe et Aron étaient avant tout des antinazis et des alliés des Anglo-Saxons), tout au moins sur des points aussi importants que la nature du vichysme (Aron rappelait volontiers qu'il avait pour lui la légalité formelle et une solide base populaire) et l'essence de l'autorité du général (il en vint à évoquer l'ombre du bonapartisme...).

A l'opposé de ce « gaullisme mais... » qui se mue parfois en a-gaullisme, se crée un hebdomadaire qui se recommande par une fidélité hyperbolique à l'homme du 18 juin : *la Marseillaise,* dont l'animateur est un journaliste oranais à la verve effervescente nommé François Quilici. Il recevra parfois le concours des plus brillants collaborateurs du général, notamment de Pierre Brossolette, dont un article flamboyant contre le système des partis politiques fera scandale en 1942, venant d'un notoire intellectuel socialiste. Mais si tous, à *la Marseillaise,* partageaient la foi de Brossolette, tous n'avaient pas son talent. L'outrance, parfois, leur en tint lieu.

Ces querelles entre émigrés de Londres, qui n'opposèrent pas seulement partisans et adversaires du général de Gaulle, mais aussi divers types de gaullistes (Robert Mengin les subdivise en « combattants », « carlto-niens * » et « mystificateurs »), sans parler de ceux qui avaient été embrigadés par les Anglais (surtout dans les réseaux de renseignements et dans la RAF), on ne saurait les traiter ici en bloc. On les évoquera au fil des mois, à propos de l'affaire Muselier, de l'affaire Dufour ou des rapports avec la résistance intérieure. Mais pour donner une idée de leur virulence et de leur gravité, on citera quelques témoignages anglais, et quelques cas particulièrement significatifs d'allergie à l'homme du 18 juin.

Rien à coup sûr ne prédisposait les intellectuels du Labour Party à se ranger sous la bannière gaulliste — sinon la haine commune de l'hitlérisme. Mais quand un des membres du club Jean-Jaurès vint lui porter un article prenant à partie le chef des Français libres sur un ton particulièrement acide, Kingsley Martin, rédacteur en chef du *New Statesman and Nation* qui exprime depuis un demi-siècle les idées de l'aile gauche du travaillisme, réagit vivement : « Non! De Gaulle a ses défauts, mais il représente quelque chose de très grand, beaucoup plus que ces donneurs de coups d'épingle. Et en l'attaquant, nous ferions trop de plaisir à Hitler et à Vichy[8] ! »

Fils de Lady Astor (personnage légendaire de l'*establishment* conserva-teur), David Astor, plus tard directeur de l'*Observer,* fut très mêlé à ces débats. Libéral, en sympathie avec les adhérents du club Jean-Jaurès, il

---

* Du QG de Carlton Gardens — les bureaucrates.

devint ensuite officier de liaison du général Koenig. Peu d'Anglais ont été aussi bien informés de la vie interne de la France libre. Comme nous l'interrogions sur l'idée que l'opinion anglaise se faisait, pendant la guerre, de Charles de Gaulle, il répondait :

« Le peuple anglais admirait de Gaulle, compagnon des plus mauvais jours, et respectait son courage. Dans les milieux politiques, on ne critiquait ni ses idées ni son personnage, mais le peu de sympathie qu'il montrait pour la Grande-Bretagne. C'était cela le seul vrai grief. Pour un allié et pour un hôte, on le trouvait bien acariâtre...

« Nous, libéraux anglais, étions mal impressionnés par les informations que nous donnaient nos amis français sur les procédés du BCRA *, sur les méthodes employées par l'entourage du général pour obtenir ralliements ou renseignements. Tout cela ne nous paraissait pas très démocratique. Mais nous comprenions que l'état de guerre et l'exil impliquent des pratiques un peu spéciales. Et nous constatons d'ailleurs une évolution chez de Gaulle, que nous avions vu arriver comme une sorte de général fasciste, et que nous avons vu repartir beaucoup plus ouvert à la démocratie.

« Mais le plus surprenant, dans les rapports entre de Gaulle et les autres, c'était l'attitude des Français. Nous étions constamment surpris de la malveillance de tous ceux qu'on pouvait appeler les intellectuels, de presque tous les hommes politiques, de beaucoup de militaires. Cette défiance qu'il suscitait parmi les membres les plus prestigieux de la communauté française de Londres ne pouvait manquer de nous frapper. Ce n'est pas avec les Britanniques, c'est avec des Français qu'il a eu surtout maille à partir chez nous. Et si ces conflits n'ont pas été plus publics, c'est en raison des pressions exercées par les Britanniques pour ramener le calme [9]. »

On peut discuter tel ou tel point de cette évocation, non le fait que (sauf au moment de l'affaire du Levant, pendant l'été 1941, et à la veille du débarquement allié en Afrique du Nord, au mois de novembre 1942) les critiques les plus dures que le Connétable eut à subir à Londres lui vinrent des milieux français. Mais on ne peut laisser passer ni le « Bonaparte » de l'un, ni le « fasciste » de l'autre sans tenter d'évaluer l' « idéologie dominante » de l'homme et du groupe qui, en juin 1940, « ramassèrent les tronçons du glaive » pour les reforger à partir d'un pays étranger.

On a tenté à diverses reprises de situer Charles de Gaulle sur l'échiquier politique français. Compte tenu de certaines pages du *Fil de l'épée* et de *Vers l'armée de métier* qui fleurent le culte du surhomme et l'exaltation de l'énergie comme une fin en soi, on a relevé déjà à quel point Charles de Gaulle s'est tenu éloigné de l'extrême droite antiparlementaire qui tenait le haut du pavé dans le Paris de la fin des années trente. Lecteur de *l'Action française* (comme la moitié des intellectuels français) et conférencier au

---

* Bureau central de renseignement et d'action, voir plus loin, p. 740-741.

cercle monarchiste Fustel de Coulanges, il ne touche, ni de près ni de loin, à tout ce qui pouvait séduire alors un officier assuré de son génie et écœuré par la déliquescence du régime — Cagoule, synarchie, réseau Corvignolles, Croix-de-feu...

Son seul environnement intellectuel repérable est le groupe du colonel Mayer, d'inspiration fermement démocratique. Quand il s'agit de recruter des alliés pour sa « croisade » en faveur de l'arme blindée, il se tourne vers la gauche (Serre, Déat, Lagrange, Paul-Boncour) plus souvent que vers la droite (Paul Reynaud). Il prend nettement position pour un soutien à la République espagnole, en faveur du pacte avec l'URSS et contre le fascisme sous toutes ses formes — italien presque autant qu'allemand. Et à la veille du désastre, il s'inscrit à une association, les « Amis de *Temps présent* », qui exprime le « christianisme social » le plus nettement hostile au totalitarisme et au racisme.

Difficile, en cet itinéraire, de trouver beaucoup de « fascisme », ou de « bonapartisme ». Mais il est vrai que le de Gaulle qui atterrit à Londres le 17 juin et peut-être plus encore celui qui, « acculé à être lui-même », comme dit Gaston Palewski[10], décide dans les jours qui suivent de « hisser les couleurs », ce de Gaulle qui après avoir connu la débâcle, la montée en flèche du défaitisme parmi les élites républicaines (à une douzaine d'exceptions près), la panique de Bordeaux, l'effondrement de Reynaud, le refus général de rejoindre la France libre, est un homme auquel la IIIᵉ République apparaît comme un régime irrévocablement condamné.

Quand, à la fin de juin, il se refuse à accueillir à ses côtés Pierre Cot, seule personnalité importante du régime abattu à se rallier à lui (« même pour balayer l'escalier, s'il le faut », insiste le visiteur), ce n'est pas parce qu'il croit, comme les imbéciles ou les sectaires, que l'ancien ministre de l'Air du Front populaire a « saboté » l'effort d'armement aérien français. Il sait au contraire ce que démontrera le procès de Riom : que c'est à cette époque que quelque chose fut amorcé, trop tôt interrompu. Mais Pierre Cot incarne avec trop d'éclat la IIIᵉ République radicale et une conduite, non de la guerre, mais de la préparation à la guerre, que tant de Français rejettent avec rage, pour qu'un homme comme le Connétable, avec toute l'originalité qu'il a pourtant dans l'esprit, n'ait pas sa part du sentiment général*.

Lui qui, parvenu à l'âge d'homme, a choisi de servir la République comme le seul régime adapté à la société française du xxᵉ siècle, le voilà qui traverse une sorte de désert d'interrogations. Un phénomène de rejet s'est produit. Il s'est vidé de toute autre idée que de ces deux-ci : mettre la France du côté des vainqueurs et refaire un État digne de ce nom. Pour le reste...

Robert Mengin raconte que l'un de ses amis, pressé par plusieurs journalistes anglais de savoir quelles étaient les idées politiques du général,

---

* Sur la haine que suscite alors Pierre Cot chez nombre de Français libres, on peut citer le témoignage de Charles Gombault qui eut alors à le protéger contre un groupe d'officiers menaçants dans un « pub » londonien. Notons qu'un an plus tard, de Gaulle écrira à Cot, replié aux États-Unis, pour saluer sa conduite comme celle d'un « bon Français ».

organisa un déjeuner au cours duquel de Gaulle répondit aux questions posées sur ce sujet de façon si diverse, si flexible et détachée que les auditeurs, quittant la table, dirent à leur hôte français : « Ce n'est pas un homme politique, c'est un avocat [11] ! »

Pour si ambigu que fût de Gaulle en ces années-là, son entourage l'était plus encore. On lit ou entend couramment que le Connétable était entouré, à Londres, d'extrémistes de droite, de « Camelots du roi » et de Cagoulards. C'est à peu près ce qu'on trouve sous la plume d'un historien aussi respectable que M. Henri Michel, par exemple [12]. Mais qui essaie d'examiner un par un les personnages dont se compose, à la fin de l'été 1940, la phalange qui entoure le chef des Français libres, s'étonne de telles simplifications.

Considérons le corps supposé le plus « gangrené », le 2e Bureau, puis SR, puis BCRAM, puis BCRA, créé et dirigé par le capitaine Dewavrin. Sur les idées politiques de cet officier polytechnicien, on sait peu de chose. Il semble qu'au début de son séjour à Londres, Passy éprouvait pour la République et le système démocratique des sentiments voisins de ceux de son chef — disons mitigés. En tout cas, son tempérament était du genre autoritaire. Mais si, dans ses souvenirs, il parle très ouvertement de l'appartenance à la Cagoule de deux de ses plus proches et efficaces collaborateurs, le capitaine Fourcaud et le lieutenant Duclos, il explique avec tant d'ironie l'origine de la légende qui lui fit attribuer la même appartenance qu'on est tenté de le croire *.

En tout cas, quand le 2e Bureau, puis SR, deviendra le BCRA, cet organisme accueillera des hommes comme Pierre-Bloch, Louis Vallon et Stéphane Hessel, qu'il est bien difficile de classer à droite. Des militants de gauche déclarés, comme Philip, Moulin et Brossolette ne semblent pas avoir eu de scrupules à travailler avec ou dans ce « nid de cagoulards ». On évoquera plus loin le procès fait aux méthodes souvent expéditives du SR-BCRA, appelé aussi « Duke Street », du nom de la rue où était installé cet organisme. Mais sur le plan de l'idéologie de base, le diagnostic doit être nuancé.

Qui sont, hors de ces services contestés, les premiers collaborateurs de l'homme du 18 juin ? Geoffroy de Courcel, diplomate issu d'un milieu conservateur, devait probablement voter à droite avant guerre. Mais à partir du 18 juin 1940, nul ne l'entend proférer d'opinion proprement politique. Il ne se définit que par sa fidélité. Ses successeurs comme aide de camp du général ? Claude Serreulles était, avant la guerre, lecteur de *la Flèche,* organe de la gauche intellectuelle, et François Coulet est avant tout un « malpensant » détestant les conservateurs. Hettier de Boislambert ? Il parlait d' « ordre » et d' « autorité », en 1983, il est vrai, d'un ton qui pouvait donner à penser qu'il n'était pas de ceux, en 1940, qui voulaient ramener le Front populaire au pouvoir.

---

* Lors d'un entretien, en mai 1984, le colonel Dewavrin-Passy nous a précisé qu'enseignant à Saint-Cyr, il avait fermement pris parti pour la République espagnole et contre Münich.

Mais que dire de René Pleven, homme clé de cette équipe, sinon que, Breton de tradition républicaine (qu'on appelle les « bleus »), il fut et reste un libéral dans le plein sens du mot ? Qui pouvait mieux que René Cassin, archétype du démocrate antifasciste, se réclamer de la gauche* ? Pierre-Olivier Lapie était, arrivant à Londres, député socialiste (plus précisément « républicain-socialiste »), ce qui, aux yeux de ses électeurs lorrains, le situait fort à gauche. Et Georges Boris, qui dirigea le cabinet de Blum ? Et Maurice Schumann, antifasciste véhément ? Et l'amiral Muselier, que toute la marine qualifie de « marin rouge » ? Et Jules Hackin ? Et Henry Hauck ? Et bientôt Soustelle, que l'Université elle-même classe parmi ses éléments « avancés » ? Et le général Petit, enfin, ancien camarade de Saint-Cyr dont de Gaulle fait son chef d'état-major et qu'on retrouvera sénateur apparenté aux communistes... ?

Autour de De Gaulle — qui n'a pas attendu à Londres les chefs de la droite française : Flandin, Taittinger, La Rocque ou Piétri, mais ses ennemis jurés Reynaud** ou Mandel, Herriot ou Jeannerey — les « Français libres » ne composent pas un mouvement idéologiquement orienté : et s'il l'était, ce serait plutôt à gauche de l'axe de part et d'autre duquel on pourrait essayer alors de classer les Français (qui s'accommodent très bien pour un temps du climat maurrassien dont est imprégné le Vichy d'Alibert, de Bouthillier et des amiraux). C'est plutôt un microcosme du peuple français — ou de cette partie du peuple qui a décidé de ne pas se résigner.

Un bon témoin donne tout de même un autre son de cloche. André Weil-Curiel, adhérent de la première heure, s'étonne d'être tenu à l'écart. Pourquoi ? René Pleven lui fait comprendre que ses origines juives aussi bien que son passé de militant de la gauche socialiste lui ont fait à St-Stephens House, « si injuste que ce soit », une réputation de « terreur » — ce que René Cassin, juif lui-même, confirmera, lui conseillant parternellement de se tenir un peu tranquille [13]... Weil-Curiel, précisant qu'en l'occurrence de Gaulle intervint en sa faveur comme il le fit pour ses autres collaborateurs juifs (mais qu'il eut à le faire n'en est pas moins sinistre...) jugera ce climat assez trouble pour n'avoir qu'une envie : partir en mission pour la France occupée — ce qu'il fera très vite, à ses risques et périls.

S'il reste permis de parler d'ambiguïté à propos des premiers « Français libres », il faut tout de même rappeler qu'un événement extérieur a, très vite, contribué à clarifier les attitudes Le 10 juillet, à Vichy, le Parlement élu en 1936, prompt à se ruer à la servitude, a offert à Philippe Pétain plus de pouvoirs que n'en détient Mussolini, et, aux applaudissements de Maurras, une couronne plus lourde que n'en a jamais ceint un souverain français. Et il ne s'est trouvé que 80 députés et sénateurs*** pour respecter le mandat qui leur a été confié quatre ans plus tôt, en restant fidèles à la République.

---

* René Cassin déclarait peu avant sa mort à Émile Delavenay : « Vous voyez que j'avais raison : j'ai réussi à orienter de Gaulle vers la démocratie ! » (Lettre de M. Delavenay.)
** Celui de 1940, bien sûr...
*** Les communistes ayant été exclus en 1939.

De Gaulle en a reçu, *a contrario,* une investiture démocratique dont son allocution suivante, celle du 13 juillet, porte il est vrai bien peu de traces. L'occasion était bonne, pourtant, de se situer fermement par rapport à l'absolutisme monarchique surgi du désastre métropolitain. Mais le bonnet phrygien semble encombrer alors le front du Connétable...

N'importe : dès lors que Vichy s'est mué en un Versailles de la déroute, les nouveaux émigrés se trouvent, *volens nolens,* investis d'une mission plus claire. En attendant d'être la France que de Gaulle prétend immédiatement incarner au prix d'une opération intellectuelle qui substitue les symboles au réel, ils sont — conjugués à la résistance intérieure encore balbutiante — la République. Laquelle n'a pas toujours répugné aux procédures expéditives, ni autoritaires*.

Charles de Gaulle eut-il d'emblée conscience de l'importance de l'opinion publique en France occupée (à demi ou totalement) et des initiatives qui en émanèrent, à partir de ses appels de juin (et plus encore de celui de Philippe Pétain, la veille)? Le politologue américain Nicholas Wahl** soutient que c'est la rapide perception qu'eut de Gaulle de la naissance en France d'un esprit de résistance qui assura à la France libre son importance, son efficacité et son prestige. Eût-il négligé cette dimension essentielle de la lutte pour s'en tenir à la consolidation de ses liens avec Churchill et à ses démarches dans l'Empire, il eût été — selon ce très bon spécialiste — balayé par les contrecoups de ses échecs à Dakar ou de son demi-succès au Levant[14].

D'autres font valoir au contraire que le général ne prit conscience que beaucoup plus tard — lors de la visite à Londres de Jean Moulin, à l'automne de 1941 — de l'importance, en soi et pour lui, de la résistance intérieure, et qu'il ne s'appliqua vraiment à organiser et inspirer la Résistance qu'au moment où il lui fallut démontrer à Roosevelt sa légitimité après le débarquement à Alger, en novembre 1942. C'est l'opinion d'hommes aussi autorisés qu'Henri Frenay, le fondateur de « Combat », et Stéphane Hessel, qui fut un proche collaborateur de Passy.

On est tenté d'adopter ici le premier point de vue. Compte tenu du formidable égocentrisme de Charles de Gaulle, du monopole qu'il tendait à s'arroger, de la certitude qu'il a souvent exprimée jusqu'à la fin de 1941, que « sans moi, tout s'écroulerait, et même rien n'aurait existé » (propos tenus à Gaston Palewski), les liens très tôt noués entre Londres et l' « intérieur » montrent l'importance attachée dès l'origine à ce secteur par le général exilé. Il semble en effet que par le truchement du capitaine Dewavrin,et de ses agents en France, surtout Rémy, de Gaulle put constater dès la fin de

---

* Jacques de Sieyès, représentant du général à New York, montrait volontiers une lettre de De Gaulle lui faisant observer qu'il parlait plus souvent de « république » que de « démocratie ».

** Professeur à l'université de New York.

1940 que la France intérieure commençait de « bouger » et qu'à partir de premiers frémissements de résistance, la nation humiliée et occupée avait cessé d'être un terrain à reconquérir pour se muer peu à peu en instrument même de sa libération.

L'auteur des *Mémoires de guerre* fait état d'une photo prise le 14 juin 1940 devant la tombe du Soldat inconnu et montrant une foule prostrée dans le désespoir, qui dès le 19 juin lui fut adressée à Londres, avec ce commentaire : « De Gaulle, nous vous avons entendu. Maintenant, nous vous attendrons ! » ; et aussi de l'amas de fleurs anonymes qui couvraient la tombe de sa mère, morte le 16 juillet 1940 à Paimpont. Naissance du « gaullisme » intérieur ?

Pour sporadiques qu'elles soient, il faut tout de même rappeler que les manifestations du refus opposé à l'occupant datent parfois d'avant le 18 juin (Henri Noguères, historien de la Résistance, date son acte de naissance du 17 juin à 12 h 30, instant de l'appel du maréchal à « cesser le combat »...) [15]. Quand c'est après le 18 juin elles sont souvent dues à des hommes qui n'ont pu entendre l'appel de Charles de Gaulle.

Dès le 17 juin, trois hommes fort différents, Charles Tillon, député communiste *, le général Cochet, commandant l'aviation de la Vᵉ armée **, et Jean Moulin, préfet d'Eure-et-Loir, font chacun à leur manière acte de résistance. Tillon, clandestin depuis le mois d'octobre, caché dans un moulin de Gradignan, dans la banlieue de Bordeaux, n'a pas plus tôt entendu l'appel de Pétain qu'il rédige, le 17 juin 1940 à 15 heures, un tract qui sera diffusé dans la soirée :

« ... Maintenant, ils livrent la France. Après avoir livré les armées du Nord et de l'Est, après avoir livré Paris, ses usines, ses ouvriers, ils jugent pouvoir, avec le concours d'Hitler, livrer le pays tout entier au fascisme. Mais le peuple français ne veut pas de l'esclavage [...]. Il est le nombre. Uni, il sera la force [16] !

Le général Cochet, ancien attaché militaire à Berlin — ce qui lui permet de n'avoir aucune illusion sur le nazisme — réunit ses officiers dans la région du Puy-de-Dôme et leur donne pour consigne, le 17 dans l'après-midi, de lutter contre ceux qui veulent imposer l'armistice au pays. Quant à Jean Moulin, on a très souvent raconté comment il entama la longue marche qui devait faire de lui le chef suprême de la résistance intérieure, et son martyre exemplaire, en refusant de signer un tract que voulait lui faire endosser l'occupant et en tentant de se suicider cette nuit-là, pour ne pas risquer de céder aux tortures.

Ces précurseurs sont très vite suivis par d'autres pionniers : Edmond Michelet qui, dès le 20 juin, groupant autour de lui ses camarades des équipes sociales (catholiques) de Brive, commence à ronéoter un petit bulletin appelant, au nom de Péguy, à la résistance ; le cinéaste Gilbert Renault, qui deviendra « Roulier », « Raymond », puis « Rémy » ; Henri

---

* Déchu par l'Assemblée.
** Dont de Gaulle commandait les chars.

Frenay, capitaine d'infanterie qui fondera bientôt le « Mouvement de libération nationale », précurseur de « Combat », auquel se joindra vite le journaliste Claude Bourdet, très proche de *Temps présent* (mais qui n'y a pas connu de Gaulle), le syndicaliste Christian Pineau, beau-fils de Jean Giraudoux, Emmanuel d'Astier de la Vigerie, qui créera « Libération », Jean-Pierre Lévy, premier animateur de « Franc-Tireur ».

Passy prit-il conscience avant de Gaulle de l'importance capitale de ce facteur ? Dans ses *Souvenirs*, il ne se réfère pas à l'opinion de son chef pour définir la stratégie alors adoptée par ses services vis-à-vis des pionniers de la résistance intérieure. Contre l'avis de ses collègues britanniques (auxquels il rend de fréquents hommages), il refuse de former des « agents » spécialisés pour faire appel, sur le territoire national, à des citoyens liés à leur profession et à leur milieu naturel : « Je voyais dans cette méthode un avantage : celui de rétablir des communications, à travers le pays, entre des groupes qui ne pouvaient, par leur existence même, manquer de faire boule de neige, favorisant ainsi l'éclosion d'une plus vaste résistance. Celle-ci, par son ampleur et son volume, persuaderait nos alliés que la France tout entière rentrait peu à peu dans la lutte [17]. »

Un mois ne s'est pas écoulé depuis la création du 2e Bureau à St-Stephens House, que Dewavrin-Passy a déjà envoyé en France, « bourrés de questionnaires », trois agents chargés d'établir les premiers rapports, sinon sur les prodromes de la Résistance, tout au moins sur l'état de l'opinion publique face à l'armistice, à Vichy et au mouvement de Londres : ce sont tour à tour Jacques Mansion, dit « Jack », l'aspirant Moreau et Gilbert Renault, dont le pseudonyme est alors « Raymond ». Les suivront deux des plus proches collaborateurs de Passy, Duclos dit « Saint-Jacques » et Bereshikoff dit « Corvisart », et le lieutenant de vaisseau d'Estienne d'Orves, dit « Chateauvieux ». Mais ce n'est pas à l'initiative de Passy, c'est à celle d'Hettier de Boislambert, alors chef de cabinet du général de Gaulle, qu'André Weil-Curiel, jeune avocat à la cour de Paris et militant socialiste connu, gagnera la France en juillet 1940.

Improvisations, rivalités, bavures n'y font rien : dès le milieu de l'été 1940, les liens sont établis entre émigrés et occupés, entre les deux « tronçons du glaive » que de Gaulle a prétendu « ramasser ».

Quelle vie mène-t-il à Londres, ce Charles-sans-terre qui, mal guéri encore du « coup de hache » de Mers el-Kébir, tente de rassembler un peu plus de fidèles et quelques armes, essaie de faire croire, sinon à sa légitimité, en tout cas à l'illégitimité de l' « autre », et rêve de départs, de ralliements lointains et de sacres futurs ?

La « France libre » a quitté St-Stephens House et les bords de la Tamise, le 22 juillet, pour Carlton Gardens, charmante place ombragée ouvrant sur le Mall, en lisière de St-James Park où est mise à sa disposition, au n° 4, une grande maison de quatre étages en pierres blanches, assez élégante. Une plaque de faïence bleue indique que là s'élevait la demeure de Lord Palmerston, un des hommes d'État anglais du XIXe siècle les plus fermement francophobes : Charles de Gaulle dut y trouver matière à quelques sarcasmes. Il y est installé lui-même dans le bureau d'angle du premier étage, vaste, clair et bien meublé, au-dessus des services d'information où, sous la direction de Jean Massip, se retrouvent entre autres Georges Boris et Maurice Schumann.

Carlton Gardens servira désormais d'enseigne et de centre nerveux à l'ensemble des organismes ou administrations civiles et militaires de la France libre, le bureau d'angle du Connétable aimantant activités, arrivées et rencontres. Mais au fur et à mesure du développement du gaullisme s'opérera une sorte de déconcentration, de la marine vers l'ancien Institut français, des services du colonel Passy au 10, Duke Street, des organismes de l' « intérieur » à Hill Street, presque toutes ces implantations étant en tout cas situées dans le centre élégant et politique de Londres, de Mayfair à Victoria Station.

Charles de Gaulle lui-même n'a fait que passer à Seamore Grove. Dès le 19 juin, il a vu arriver les siens. Partis de Carantec avec ses enfants, Yvonne de Gaulle a pu embarquer le 18, grâce au consul d'Angleterre, sur un cargo britannique. « Il n'y avait plus beaucoup de bateaux dans le port. Deux allaient partir, un anglais et un polonais : c'est le polonais qui a été coulé », relève sobrement le général [18]. C'est le 19, par Pleven, qu'il apprend que sa famille avait pris pied sur le sol anglais. Une heure après, Yvonne l'appelle au téléphone : « Ah, c'est vous ? Je suis à Londres. Je vous attends... »

L'appartement de Seamore Grove n'a qu'une chambre. Les cinq arrivants (une demoiselle, Marguerite Potel, ne quitte jamais Anne) ne pourraient y tenir, même après le départ de Philippe pour une école de cadets de la marine. Alors, on s'installe à l'hôtel Rubens, face à l'entrée des écuries de Buckingham Palace *, en attendant de trouver un toit permanent. En moins d'une semaine, Mme de Gaulle a jeté son dévolu sur une bizarre villa de style « mock Tudor », dans la périphérie du sud-est de Londres, Petts Wood (Kent). On s'y installe. Le général fait la navette soit par le métro de Victoria, soit transporté par Étienne Bellanger, directeur de Cartier à Londres, l'un des très rares notables de la colonie française qui aient pris son parti. Pendant deux ans, ils entretiendront des relations presque amicales.

Les de Gaulle se plaisaient assez à Petts Wood. Mais au début du mois d'août commença le « blitz ». Deux semaines plus tard, Mme de Gaulle prévint sa propriétaire, Mrs Plummel, qu'elle devait quitter la maison : « Les nuits sont trop agitées, ma petite Anne est effrayée.. » Et elle se mit en quête d'un asile plus serein, qu'elle trouva à Ellesmere, dans le Shropshire, entre Birmingham et Liverpool, non loin d'un couvent des dames de Sion, à Shrewsbury, où avait été inscrite Élisabeth. Gadlas Mall était une vieille baraque sans confort, entourée d'un de ces merveilleux

---

* A l'hôtel Rubens, personne aujourd'hui n'a gardé le moindre souvenir de ces hôtes.

jardins dont l'Angleterre a le secret. Anne y trouva plus de paix, et sa mère s'y plut : mais le général ne pouvait venir, à quatre heures de Londres, qu'une fois par mois.

A partir de la fin de 1941, le général de Gaulle devra se résoudre à vivre le plus souvent séparé de sa femme et de sa fille Anne — ce qui, on l'a dit, lui coûte beaucoup. Il prendra alors une chambre dans un hôtel élégant et discret de Mayfair, le Connaught, où les clients feront de leur mieux pour lui laisser croire qu'il passe inaperçu. Dans ses *Mémoires,* il a rendu hommage à cette « sympathique discrétion » qui lui a permis de « vérifier à mon profit, dit-il, que dans ce grand peuple, chacun respecte la liberté des autres ». Si fort que fût son quant-à-soi, en effet, et implacable sa volonté de ne pas paraître se confondre en des marques de reconnaissance que tel ou tel eût pu interpréter comme un signe de faiblesse ou d'inféodation, l'auteur des *Mémoires de guerre* a su, mieux qu'on ne l'a souvent dit (surtout en Grande-Bretagne) saluer les vertus de ses hôtes :

> « On ne saurait imaginer la généreuse gentillesse que le peuple anglais lui-même montrait partout à notre égard... On ne pouvait compter les gens qui venaient mettre à notre disposition leur travail, leur temps, leur argent... Il faut dire qu'une atmosphère vibrante enveloppait alors l'Angleterre. On attendait, d'un instant à l'autre, l'offensive allemande et, devant cette perspective, tout le monde se fortifiait dans une exemplaire fermeté. C'était un spectacle proprement admirable que de voir chaque Anglais se comporter comme si le salut du pays tenait à sa propre conduite [19]... »

Pour respectueux que chacun fût de sa « privacy », les dirigeants britanniques, à commencer par Churchill, en vinrent vite à souhaiter que leur allié français fût mieux connu du grand public. Un agent de publicité alors célèbre, Richmond Temple, fut chargé de « promouvoir » de Gaulle, qui grommela : « Churchill veut me lancer comme une savonnette », mais finit par accepter de recevoir quelques photographes à Petts Wood. Le résultat est une série de photos que la presse britannique se résigna à publier pour ne pas faire de peine au Premier ministre, mais en se demandant si elles ne desservaient pas ce grand diable d'officier plus raide qu'un horse guard, braquant son œil revêche au-dessus d'une ligne d'horizon où se blottit son petit bout de femme au regard d'alouette. Ces images intensément conventionnelles plurent : on se dit, autour des tasses de thé, que ce Français pointait son nez comme un canon contre Hitler, et que la vertu qui émanait de cette petite dame en robe à pois bleu marine était du meilleur goût en temps de guerre.

Mais il va de soi que ni Churchill ni de Gaulle ne fondent leur entreprise sur l'image que peuvent en donner les journaux illustrés. Pour le Connétable, en attendant que se rassemble à son appel une force capable d'influer sur le cours de la guerre, il s'agit d'imposer la France libre comme un partenaire politique et l'embryon d'un État ; pour Churchill, qui a misé sur de Gaulle l'avenir de ses relations avec la France — quitte à ne pas s'interdire ailleurs quelques contacts... —, il importe de conférer à cet interlocuteur dont le nom est désormais associé au sien et à la stratégie britannique des assises et un prestige dignes d'un allié privilégié du Premier ministre de Sa Majesté.

De ce Churchill dressé comme un clocher sur son île, face à la terreur hitlérienne, un peu surpris que le Reich n'ait pas tenté l'invasion et attendant bien pire — le pilonnage des gros bombardiers nazis qui ont rasé Rotterdam et peuvent demain anéantir vingt cités britanniques — Charles de Gaulle, hôte d'abord agacé, mué peu à peu en frère d'armes ému par la grandeur sereine de ce peuple menacé pour la première fois depuis l'Armada et le camp de Boulogne dans ses propres foyers, a donné entre autres cette image saisissante :

> « Beaucoup, désireux de sortir d'une tension insupportable, en venaient à souhaiter tout haut que l'ennemi risquât l'attaque. M. Churchill, tout le premier, s'impatientait dans l'attente. Je le vois encore, aux Chequers, un jour d'août, tendre les poings vers le ciel en criant : " Ils ne viendront donc pas ! — Êtes-vous si pressé, lui dis-je, de voir vos villes fracassées ? — Comprenez, me répondit-il, que le bombardement d'Oxford, de Coventry, de Canterbury, provoquera aux États-Unis une telle vague d'indignation qu'ils entreront dans la guerre ! " »

De Gaulle, lourd encore des souvenirs de juin et des appels pathétiques de Paul Reynaud auxquels Roosevelt n'avait fait que des réponses évasives, exprime son scepticisme. Churchill riposte à bon droit qu'on secourt une nation qui résiste plutôt qu'un pays qui s'effondre. La conclusion de cet entretien au sommet que propose de Gaulle est célèbre, d'une simplicité que s'autorisent seuls les « Grands » : « M. Churchill et moi tombâmes modestement d'accord [sur] cette conclusion banale mais définitive : en fin de compte, l'Angleterre est une île ; la France, le cap d'un continent ; l'Amérique, un autre monde [20]. » Mais, comme il y a en démocratie des égaux plus égaux que d'autres, il y a, en politique internationale, des « autres » plus ou moins « autres ». On le verra bien.

Les conflits qui, plus tard, aigrirent jusqu'à l'hostilité les rapports entre ces deux gladiateurs (« Il est né pour le grandiose », dit de Gaulle ; et Churchill : « C'est un homme à ma taille ») ne sauraient faire oublier que, plus d'une année durant, et en dépit du massacre de Mers el-Kébir, régna entre eux ce que Geoffroy de Courcel, bon témoin, appelait devant nous « une lune de miel ». Au point, ajoutait-il, qu'un diplomate aussi franco-phile qu'Oliver Harvey en était exaspéré. « Mais enfin, qui est ce de Gaulle pour que Winston en soit à ce point coiffé ? » rageait-on dans les couloirs de Whitehall. Et quand Gaston Palewski, arrivé d'Afrique le 31 août, quelques semaines après l'apparition du météore, éclaira ses innombrables amis anglais sur le Connétable, on entendit de vieux routiers des services de Sa Majesté dire : « Enfin un qui connaît de Gaulle ! Ce n'est donc pas une simple lubie de Churchill [21]... »

En ce temps-là, il ne se passait pas de semaine que l'homme qui avait en charge d'interdire à Hitler de prendre pied sur le sol britannique ne rédigeât quelque note pour presser le Foreign Office, le War Office ou quelques-uns de ses subordonnés de rendre service aux gens de Carlton Gardens. Témoin cette lettre adressée au général Ismay, le 12 juillet 1940, incitant cet homme de confiance à « tout faire, lorsque les Français libres déposeront le 14 juillet une couronne devant la statue de Foch, pour cette cérémonie soit un grand succès [22] »... C'est ce qui s'appelle veiller aux détails.

Deux ou trois cents marins et légionnaires, un détachement motorisé : ce n'était pas une masse humaine que de Gaulle et Muselier passèrent en revue, devant la statue de l'ancien généralissime des armées alliées, ce 14 juillet 1940, à Grosvenor Square, tout près de Victoria Station. Mais beaucoup d'Anglais étaient là, émus, chaleureux. *La Marseillaise* qu'ils ont hurlée ce jour-là, aucun de ceux qui y ont joint leur voix ne l'oubliera. Et c'est alors que va fleurir sur les murs de Londres une affiche surmontée de deux petits drapeaux tricolores, où s'inscrivirent les mots fameux :

> « A tous les Français,
> La France a perdu une bataille, mais la France n'a pas perdu la guerre. Des gouvernants de rencontre ont pu capituler, cédant à la panique, oubliant l'honneur, livrant le pays à la servitude. Cependant, rien n'est perdu !
> ... Voilà pourquoi je convie tous les Français, où qu'ils se trouvent à s'unir avec moi dans l'action, dans le sacrifice et dans l'espérance... »

Parce qu'il est un antigaullisme qui, dans sa fureur, ne sait et ne veut rien concéder, on a contesté au général de Gaulle la paternité de la plus célèbre de ces phrases. L'un attribue à Churchill, l'autre à Duff Cooper (dès lors qu'il était difficile de la mettre dans la bouche de Pétain ou de Darlan...). Il se trouve que dans l'un de ses premiers commentaires sur la campagne de France, Alfred Duff Cooper, ministre de l'Information, a bien dit que « la France a perdu une grande bataille, mais un si grand pays ne saurait manquer de se relever »... Il y a loin de la formule du ministre anglais, qui ne vise qu'à ranimer les courages en rappelant honnêtement une vérité, à celle de De Gaulle, qui tend à frapper, et y réussit. Être ou ne pas être — de qui est-ce, au juste ?

Churchill et de Gaulle ayant partie liée — depuis que le premier a, le 23 juin, dénié toute « indépendance » au cabinet Pétain, puis, le 28, reconnu le second comme « chef des Français libres » — veulent aller plus loin. Le Français, en tout cas. Mais l'Anglais s'est désormais trop engagé pour freiner une légitimation qui sert probablement les intérêts de la lutte antinazie et à coup sûr son prestige intellectuel et sa francophilie de haute époque.

C'est à partir du mémorandum envoyé dès le 26 juin par Charles de Gaulle au cabinet britannique, alors incité à reconnaître un « Comité français » représentatif de la France libre, qui s'ouvrirent, au début de juillet, les négociations en vue d'une légalisation des rapports entre le

Connétable et le Royaume-Uni. Sir William Strang les conduisit du côté anglais, René Cassin du côté français. On sait de quelle façon ce juriste de réputation internationale, rompu aux arguties de la Société des Nations, avait été instruit par le « chef des Français libres » : il ne s'agissait pas de faire admettre une légion française auprès des Alliés, ni même de reconstituer une armée, il s'agissait de se faire admettre pour « la France ». Ce qui, compte tenu des réalités du moment, et du fait que le droit ne peut manquer de tenir compte des faits, relevait du pur paradoxe.

En guise de commentaire de la scène au cours de laquelle de Gaulle lui dit : « Nous sommes la France », Cassin raconte avoir imaginé qu'Hitler les regardait par le trou de la serrure, s'écriant : « Voilà deux fous dignes du cabanon. » Les négociateurs anglais ont gardé un mauvais souvenir de l' « âpreté exaspérante » du négociateur français : chargé d'une mission impossible, Cassin y mit un acharnement et une virtuosité auxquels les vieux routiers du Foreign Office étaient peu accoutumés. Lieutenant de De Gaulle, il reprenait à son compte le prinicipe du général : l'extrême faiblesse impose l'extrême intransigeance.

En cette circonstance à peu près sans précédent qui mettait en balance un homme et un empire, il s'inspira d'un traité signé en octobre 1939 entre la France et la Tchécoslovaquie dépecée, qu'il avait commenté dans une revue de droit. Si différentes que fussent les situations, Cassin, vieil ami de Benès (qu'il avait retrouvé à Londres), y trouva matière à affirmer la souveraineté du mouvement embryonnaire dont il était l'avocat.

Les difficultés vinrent moins de l'obstination professionnelle du juriste que de l'état d'esprit du général de Gaulle. Ce qu'il écrit dans ses *Mémoires* en dit long sur le climat que pouvaient susciter ses interventions dans la négociation :

> « Envisageant l'hypothèse où les vicissitudes de la guerre amèneraient l'Angleterre à une paix de compromis, considérant, d'autre part, que les Britanniques pourraient, d'aventure, être tentés par telle ou telle de nos positions d'outre-mer, j'insistai pour que la Grande-Bretagne garantît le rétablissement des frontières de la Métropole et de l'Empire français... »

Se faire dire cela à Londres, en juillet 1940, par un hôte et supposé ami !

Au surplus, le Connétable, pour bien marquer qu'il n'était pas une force d'appoint, revendiquait « le commandement suprême de la force française », mais, « étant donné le rapport des moyens », admettait (!) « les directives générales du haut commandement britannique ». Ce qui parut à ses interlocuteurs un très mince hommage aux réalités qu'il leur fallut à leur tour reconnaître quand de Gaulle exigea, avec l'accord de Churchill, que les recrues faites depuis juin par le commandement britannique au sein de l'armée française devraient passer sous le contrôle des Français libres, et que ceux-ci ne sauraient « en aucun cas porter les armes contre la France * ».

---

* Formule qui donnera lieu à d'innombrables interprétations. On en reparlera.

Les accords de Gaulle-Churchill furent signés le 7 août, au 10, Downing Street*. Le Premier ministre était assisté de Strang et de Spears. Le général, de Cassin et de Lapie, alors son conseiller pour les affaires étrangères. Ces textes consolidaient, dans le même esprit, la convention de juin, mettant l'accent sur le rôle de l'administration « civile » du mouvement et sur le fait qu'entre deux cocontractants, les dépenses de guerre ne seraient que des avances remboursables après la victoire — symbolisant ainsi le caractère « égalitaire » du traité.

Mais, comme il arrive souvent en matière diplomatique, l'essentiel n'était pas dit par le traité, mais par un « échange de lettres ». Au moment même où il venait de signer avec son hôte le texte officiel, Winston Churchill remettait à Charles de Gaulle une lettre aux termes de laquelle le gouvernement de Sa Majesté se disait « résolu, lorsque les armées alliées auront remporté la victoire, à assurer la restauration intégrale de l'indépendance et de la grandeur de la France ».

Ce message fort généreux se doublait d'une « lettre secrète » d'un ton plus nuancé, où le Premier britannique indiquait : « L'expression " restauration intégrale de l'indépendance et de la grandeur de la France " ne vise pas d'une manière rigoureuse les frontières territoriales. [...] Mais, bien entendu, nous ferons de notre mieux. »

Le Connétable trouva-t-il là la confirmation des soupçons exprimés en cours de négociation ? C'est dans le style le plus circonspect qu'il rétorque, par les mêmes voies, à son partenaire : « ... J'espère que les circonstances permettront un jour au gouvernement britannique de considérer ces questions avec moins de réserve... » Un an plus tard, les deux hommes seront engagés, front contre front, dans le grand débat sur le Levant.

S'il est un domaine où l'alliance entre le cabinet de guerre britannique et la France libre fut heureusement appliqué, ce fut celui des finances. Un accord passé en mars 1941 — sur la base duquel fut créée huit mois plus tard la « Caisse centrale » de la France libre — organisa l'aide financière de Londres à ses alliés de Carlton Gardens. Pierre Denis, dit « Rauzan », qui fut avec René Pleven le principal responsable des finances « gaullistes », a très bien décrit ces mécanismes : « Les dépenses [étaient] effectuées sur la base d'un budget établi par nous [...] soumis au " Treasury " au début de chaque année. Chaque mois les fonds nécessaires à l'exécution de ce budget étaient versés par le " Treasury " au compte du général de Gaulle à la Banque d'Angleterre. Les dépenses réglées pour notre compte par les ministères britanniques (livraison de vivres, de matériel, transports, etc.) faisaient l'objet de factures que ces ministères adressaient à nos services, et qui, après avoir été approuvées par nous, étaient remboursées par le " Treasury " aux ministères intéressés, par le débit du compte général... [sans] intervention directe dans notre administration financière des départements britanniques individuels, le " Treasury " se bornant à exercer un

---

* L'auteur des *Mémoires de guerre* situe la scène aux Chequers, à l'encontre de tous les autres témoins

contrôle général de nos besoins et de nos dépenses. C'est sous ce régime que nous avons vécu... Il faut témoigner de la libéralité et de la largeur de vues avec lesquelles le contrôle du " Treasury " a été exercé[23]. »

Cette dette fut-elle remboursée ? Dans une lettre qu'il nous adressait en février 1984, André Postel-Vinay, qui fut à Londres l'adjoint de Pierre Denis, donnait ces indications : « Calculée à la fin de juin 1943, cette dette s'élevait à 30 millions de livres sterling — ce qui, en francs lourds de 1984 représenterait 2 milliards environ. Ce n'est pas cher ! On peut dire que nous avons commencé à nous autofinancer (par une inflation en francs) à partir du 1er janvier 1943. Le remboursement de la dette de la France libre à l'Angleterre est intervenu très vite après la Libération, comme le souhaitait le général de Gaulle, au printemps 1945. »

Comme Guillaume Guindey, qui fut le directeur des finances extérieures de la France combattante à partir de 1943, André Postel-Vinay met l'accent sur la « remarquable largeur de vues » dont firent preuve en toutes occasions — à la différence de certains chefs de « services spéciaux » — les responsables du Trésor britannique, ne cherchant jamais à exercer, sur Charles de Gaulle, des pressions de type financier.

A partir du 7 août 1940, Charles de Gaulle, toujours sans terre, n'est plus sans droit. Il a trouvé un étrange statut légal, dispose d'une « administration » reconnue par son puissant protecteur. Les forces qui l'ont rallié n'excèdent pas 7 000 combattants, ce qui paraît dérisoire. Mais les ralliements à sa cause commencent à se faire plus significatifs. Dès le 30 juin est arrivé de Gibraltar un personnage de haut rang, le vice-amiral Muselier, dont la réputation fait l'objet de bien des controverses dans la marine (il passe pour franc-maçon !), mais qui a l'intelligence d'accepter — au moins dans un premier temps... — de se ranger sous la bannière d'un chef plus jeune, moins gradé que lui, et qui n'est qu'un simple terrien !

Plus notoire, beaucoup plus notoire encore est ce général Catroux que de Gaulle a connu dès 1916 en captivité et qui vient d'être démis par Vichy de ses fonctions de gouverneur général de l'Indochine. Pourquoi ? D'abord parce qu'il s'est trouvé pris dans une inextricable situation entre un ultimatum des Japonais exigeant le 19 juin la fermeture de la frontière entre l'Indochine et la Chine, le refus des Anglo-Saxons de lui prêter main-forte et les ordres du gouvernement Pétain de faire pièce (sans moyens de remplir la mission) aux exigences de Tokyo. Ensuite parce qu'il n'a pas celé sa désapprobation de l'armistice métropolitain, et donné mission à son fils René alors à Londres, de transmettre ses félicitations au général de Gaulle. Que la sanction prise par Vichy ait contribué à rejeter Catroux vers de Gaulle, qu'il s'y soit mêlé une part de dépit, comme le soutient M. Lémery, ministre des Colonies du cabinet Pétain, c'est bien possible : nous avons vu que les démunis ont, en de telles circonstances, plus de propension à trancher que les nantis.

Reste que ce général célèbre et raffiné, grand expert des affaires d'Orient, réputé pour ses talents diplomatiques, récent titulaire de l'un des plus hauts postes de l'État, le képi marqué de quatre étoiles, eut la généreuse simplicité de venir se ranger sous les ordres de l'homme de juin — dont il devait nous dire, vingt ans plus tard : « A partir du 18 juin 1940, de Gaulle transcendait si manifestement les grades et les dignités que mon geste allait de soi. » Quand Catroux arriva à Londres, le 31 août, de Gaulle était parti pour Dakar : c'est au Tchad qu'ils se retrouveront, quelques semaines plus tard.

Troisième ralliement significatif, au début de septembre : celui d'un ethnologue déjà réputé, à la fois pour sa compétence et son hostilité militante au fascisme, Jacques Soustelle. De Mexico, le « lieutenant Soustelle » a multiplié dès le 18 juin les démarches pour entraîner la communauté française du Mexique, influente et fortunée, du côté de la France libre. Le 13 juillet, il reçoit du général de Gaulle un télégramme le remerciant de son adhésion, non sans lui indiquer que le délégué de la France libre pour l'Amérique est son vieil ami Jacques de Sieyès, qui a été son camarade à Saint-Cyr, qui réside aux États-Unis et s'est prononcé pour lui. Soustelle rejoindra le général à Londres six semaines plus tard — pour une longue route en commun, entrecoupée d'obstacles...

Du ralliement du général Legentilhomme, commandant les forces françaises à Djibouti, de Gaulle avait attendu qu'il fasse basculer vers la France libre cette importante position stratégique de l'Est africain. Le général vint seul. Mais comme ceux du colonel de Larminat, du capitaine de Hauteclocque (le futur Leclerc), des aviateurs Becourt-Foch (petit-fils du maréchal incomparable valeur symbolique aux yeux de Charles de Gaulle), Lionel de Marmier, de Rancourt, Pijeaud, de marins comme Moullec, Villefosse, Savary, il étoffe et diversifie une cohorte encore minuscule mais très représentative dans ses composantes. Ce n'est pas encore une armée. C'est déjà plus qu'une légion. Les épreuves les plus cruelles vont venir à Dakar et au Levant : elles ne provoqueront pas le gonflement des effectifs, mais elles contribueront à forger la cohésion des pionniers.

Dans un article rédigé pour le *Sunday Times* sous ce titre un peu acide mais judicieux : « Notre hôte et quelquefois ami », Susan Raven résume la relation établie entre de Gaulle et les Anglais par cette formule : « Où Churchill les menait, les Anglais le suivaient. » Parlant d'une « sympathie publique sans limite pour les Français libres », de l'action en leur faveur d'une demi-douzaine d'associations spécialisées et de l'aide matérielle apportée à leur cause non seulement par les riches mais par les pauvres des secteurs industriels du nord de l'Angleterre, elle insiste surtout sur le rôle joué, à l'incitation du Premier ministre, par l'*establishment* :

« Lords, ladies et filles d'ambassadeurs patronnèrent toutes sortes de comités. Lady Peel transforma en hôtel sa demeure de Baron Square. Mrs Spears offrit un hôpital de campagne aux Français libres. Un cousin de Mrs Churchill ouvrit un restaurant pour les recrues françaises à l'Olympia. Le captain Edward Molyneux distribua vestes et pantalons, et Olwen Vaugham ouvrit, à St-James Place, le fameux " Petit club français ". »

C'est cette dernière initiative qui fut la plus fêtée par cette société d'exilés en quête de sociabilité. Le « Petit club » fut pendant des années un incomparable centre de rencontres, de retrouvailles et de découvertes. Que d'histoires racontées par les *Free French* commencent par « C'était au Petit club... ». Du point de vue gastronomique, l'entreprise d'Olwen Vaugham est souvent contestée — même par Pierre Mendès France, qui n'était pas un épicurien... En ce qui concerne les échanges et l'amitié, ce fut une réussite totale — bien qu'on n'y pût voir aucune des personnes les plus passionnantes du Londres d'alors : les résistants envoyés de France, que les règles de la clandestinité écartaient de ces lieux très observés.

Selon Susan Raven, de Gaulle était considéré à Londres comme un « intrépide dîneur », un homme qui consacrait aux repas pris avec les plus influents des citoyens britanniques une part importante de ses journées. Que ce soit à l'Automobile Club ou au Savoy, au Ritz ou au Cavalry Club, à Grosvenor House ou au Connaught, le Connétable déjeunait beaucoup en ville, soucieux qu'il était de répandre ses idées et de plaider pour sa cause auprès de tous ceux qui étaient susceptibles de la servir. Si ardent à le faire et avide de contacts que, toujours selon Susan Raven, certains de ses hôtes le trouvaient « assez collant » (« rather sticky »).

Ses journées à Londres ont été très bien racontées par François Coulet, devenu son aide de camp et chef de cabinet* après le départ pour l'Orient de Geoffroy de Courcel, qui avait obtenu du général l'autorisation d'aller combattre l'Afrika Korps. Cette évocation se situe en 1941-1942. Mais, d'après d'autres témoins, elle donne une idée juste de ce que furent, dès 1940, les heures londoniennes de Charles de Gaulle.

Le matin, vers 9 heures — le général se levait assez tard, ce qui lui ressemble peu — ils partaient en voiture pour Carlton Gardens. Rendez-vous, conférences, courrier. Ils rentraient en voiture également, vers 13 heures, à l'hôtel Connaught où, les jours ordinaires, la table était dressée pour trois ou quatre invités : menus très « français », copieux, malgré les restrictions.

« Gastronome, assure Coulet, le général ne dédaignait pas, dans la petite intimité, de faire partager ses connaissances... " Qu'est-ce que la purée Soubise ? Le grand tournant de la cuisine et de la suprématie française en ce domaine date du début du XIXe siècle et de l'invention des grandes sauces.. " » La cuisine du Connaught était bonne. « Quelques nouveautés insulaires furent louées, rapporte l'aide de camp, qui s'en étonne, telles que le roastbeef et le Yorkshire pudding, et surtout le potage à l'orge germé..

---

* Il emploie l'expression de « famulus ». On peut préférer confident

« ... La conversation dirigée par le maître de maison était à la fois toujours plaisante et toujours élevée. Pour laisser à la timidité des nouveaux venus le temps de fondre, de Gaulle commençait l'entretien par un court monologue, commentant les derniers événements avec une espèce de sérénité et presque de jovialité, prédisant que la Méditerranée [serait] un lac germano-italien, le front passant par l'équateur, pour conclure : " Vous verrez, nous vaincrons ! " »

... Cigares, café. Avant 15 heures, le général et son aide de camp, sauf s'il pleuvait à verse ou si un rendez-vous urgent l'attendait à Carlton Gardens, gagnaient à pied le quartier général de la France libre, par Berkeley Square, Piccadilly et St-James, les 1 500 mètres qui séparaient l'hôtel de son bureau. « Les passants regardaient, en la croisant, cette haute figure en uniforme étranger, et beaucoup, qui le reconnaissaient, le saluaient... Les jours de semaine, il restait au bureau jusqu'à 20 heures. Le samedi soir, Charles de Gaulle emportait des dossiers (...) à Petts Wood, puis à Berkhampsted retrouver sa famille et se mettre en civil. »

Un soir, au moment de partir, le général, qui pour une fois n'a pas signalé son départ à son aide de camp par l'interphone, glisse la tête par l'entrebâillement de la porte de Coulet, alors qu'un collaborateur de Passy, Jean Pompéi, commentant le monde et les gens, lance un sonore « Mort aux cons ! ». Voix de De Gaulle, en écho : « Lourde tâche ! »

Quelque temps plus tard, raconte encore Coulet, descendant St-James sur le trottoir de gauche, il lance de but en blanc à son compagnon de promenade : « Le plus beau métier du monde, c'est d'être bibliothécaire... Une bibliothèque municipale dans une petite ville de Bretagne... Brusquement, quand arrive la soixantaine, on se met à écrire une monographie de 80 pages : " Mme de Sévigné est-elle passée par Pontivy ? " Alors on devient frénétique, on envoie des lettres cinglantes au chanoine qui chicane sur une date... »

Ce de Gaulle subjuguant autour de lui à Londres quelques centaines de fidèles (« Nous étions tous amoureux de lui... », confie Jean-Louis Crémieux-Brilhac, d'un air à la fois étonné de lui-même et vaguement nostalgique) ou mettant dans une transe hostile, une sorte de paranoïa du refus, un nombre égal d'irréductibles, un Labarthe, un Comert ou un Mengin (lequel décrit par le menu les ruses déployées par lui pour ne pas signer l'acte d'engagement dans les FFL parce qu'il se réfère nommément à de Gaulle, ou pour éviter d'avoir, au détour d'un couloir de Carlton Gardens, à serrer la main du Connétable .), ses hôtes l'ont vu autrement.

Des journalistes anglais comme Gordon-Lennox et Darsy Gillie, qu'il recevait souvent et avec une prodigalité dans le commentaire dont il usera moins volontiers cinq ans plus tard à Paris, l'ont admiré et bien décrit. Mais des vingt portraits du Charles de Gaulle de Londres qui furent publiés dans une optique britannique, on choisira de citer celui-ci, à la fois féroce et beau, dû à la romancière Mary

Borden, qui fut souvent à ses côtés en tant qu'épouse de Sir Edward Spears puis de directrice d'une ambulance de la France libre :

« ... Il sentait le déshonneur de son pays comme peu d'hommes peuvent sentir quelque chose, il avait littéralement pris sur lui, endossé cette honte nationale comme le Christ les péchés du monde. Il était alors comme un écorché vif auquel le plus léger contact donne envie de mordre [...]. Le malaise que je ressentais en sa présence venait à coup sûr de cette douleur et de cette fureur qui brûlaient en lui...

« ... Sa seule détente, je dirais son seul plaisir, alors, était de haïr. Et il haïssait le monde entier, mais surtout ceux qui tentaient d'être ses amis. Il n'avait jamais prétendu aimer les Anglais [...]. Mais venir vers eux comme un mendiant, avec la misère de son pays inscrite en lettres de feu sur son front et dans son cœur, était intolérable... Littéralement, à ses propres yeux, il était son pays. Quand il parlait pour la France et au nom de la France, il exprimait un fait qu'il voulait désespérément voir tenu pour vrai, défiant le monde entier de ne pas le croire...

« Je le décrirais en ce temps-là comme inhumain, s'il n'y avait cette histoire. C'était un soir de Noël*. Comme il ne pouvait aller rejoindre Mme de Gaulle dans le Shropshire, nous l'avions invité à passer la soirée... Après le dîner, il parla longuement avec mon fils Michael venu nous rejoindre depuis Oxford. Il se détendit, s'adoucit en parlant des études de mon fils, de la jeunesse anglaise. Et quand il fut reparti pour Londres, Michael, qui est pourtant un jeune homme très réservé, vint me trouver pour me dire : " Je voudrais servir sous les ordres du général de Gaulle. "[24] »

On retrouvera ces deux interlocuteurs exaspérés, du Levant à l'Afrique et à Paris, l'une toujours indignée, l'autre toujours écorché ; l'une toujours impatiente de rendre des services — ce qu'elle fit avec éclat, ambulancière, s'attirant la reconnaissance de beaucoup de combattants de la France libre — mais s'attendant en vain à en recevoir des remerciements solennels, l'autre toujours attentif à ce que les marques de reconnaissance ne puissent être en aucune façon prises pour quelque signe de faiblesse. Palewski parla à son propos d'une cuirasse, endossée pour faire face à une tâche surhumaine. Peut-être faudrait-il observer que cet homme qui s'était institué en État ne pouvait avoir avec les autres, au moins en ce temps là, que des rapports d'État à État, qu'inspire rarement la chaleur humaine

Comment évoquer le de Gaulle de Londres pendant l'été 1940, sans rappeler que ce temps-là fut celui du « blitz », de cette énorme bataille aérienne où, comme l'a dit Churchill, se joua le sort de la liberté du monde, ajoutant, dans le style génial d'un Tacite insulaire : « *Never was so much owed by so many to so few***. »

---

* 1940.
* Qu'on ne peut guère traduire moins médiocrement que par . « Jamais telle dette ne fut contractée par tant d'êtres envers si peu d'autres. »

Ici, il faut donner la parole à Pierre Bourdan, qui raconte magnifique-ment cette geste magnifique :

« En août, les attaques allemandes se firent plus pesantes, plus pro fondes, plus constantes. Les vagues d'assaut se succédèrent nuit et jour... L'ennemi voulait forcer l'Angleterre à engager toute son aviation de chasse. Il pouvait se permettre le luxe de sacrifier autant d'appareils que toute la RAF en comptait, et conserver encore une aviation puissante. Il l'essaya.

« Singulière bataille qui, livrée par un temps presque constamment clair, ne suscitait partout qu'une curiosité passionnée, comme un match qui aurait eu tout un peuple pour assistance et pour enjeu. Des toits et des rues de Londres jusqu'aux fermes plantureuses du Kent et du Sussex, on observait intensément les péripéties des combats, comme un spectacle unique. On les suivait avec une confiance inexplicable [...].

« Ce fut par une des premières après-midi de septembre que se disputa la première des grandes batailles aériennes au-dessus de Londres. Tout se passa à haute altitude, probablement quatre ou cinq mille mètres. A l'œil nu, on apercevait des dizaines et des dizaines de petites croix de mica, brillant dans la lumière, qui venaient des quatre points cardinaux, comme à la parade, pour envahir ce ciel. Elles étaient entre la vie et la mort, mais la sérénité de l'air donnait à cette lutte angoissante l'aspect joyeux d'un tournoi [...].

« On devinait une ivresse, une griserie de combat, stimulée par la lumière, par le jeu, par la présence au sol de ces neuf millions de spectateurs qui suivaient dans le ciel les exploits de leurs vedettes dans cette joute à mort [...]. En bas, tous les nez étaient levés. Marchands de journaux, promeneurs, conducteurs d'autobus qui faisaient une pause pour passer le cou au-dehors, boutiquiers sur leur porte, balayeurs appuyés sur leurs balais [...], toute l'Angleterre regardait ces chassés-croisés énigmatiques dont seul le communiqué du soir révélerait la portée et l'issue.

« ... La lutte dura en tout deux cent soixante-dix jours ; deux mois de bataille aérienne d'où la Luftwaffe sortit vaincue... [suivirent] près de sept mois de bombardements nocturnes, guerre d'usure à laquelle elle dut enfin renoncer le 10 mai 1941. Mais, dès la fin de septembre 1940, la victoire aérienne de la RAF faisait de l'invasion de l'Angleterre, hier probable et pratiquement réalisable, une opération des plus hasardeuses [25].

L' « écorché vif » de Londres est resté, à la fin d'août 1940, Charles-sans-terre. Face au tout-puissant vieillard qui somnole à Vichy entre Raphaël Alibert qu'on appelle sa « nounou », son successeur désigné Laval qui s'affaire à parachever un renversement des alliances faisant de la France docile le satellite privilégié du IIIe Reich au sein d'une Europe colonisée, et les amiraux qui ont enfin trouvé un emploi sur les rives de l'Allier faute d'avoir su agir en mer face aux flottes ennemies, qu'est-il donc, que pèse-t-il donc, fort de la seule amitié de Churchill, de la rage de quelques milliers de Français, et de son génie tourmenté ?

Ce qu'il pèse ? La terre qu'il aura rassemblée sous ses pieds, les hommes et les armes qu'il aura groupés autour de lui. Mais ce qu'il est, on peut déjà mieux le savoir à compter de ce jour d'août 1940 où, à la demande de ce Richmond Temple qui, après s'être occupé, à l'incitation de Duff Cooper, de faire connaître son image au public, a souhaité une sorte de définition de lui-même, un automanifeste. Ce texte, peu connu (fut-il jugé trop naïf par les services de propagande britanniques?) mais qu'on retrouvera un an plus tard dans la presse du Caire au moment de l'orageuse visite du Connétable au Levant, mérite d'être lu. Voici le de Gaulle de 1940, vu et surtout « voulu » par lui-même :

> « Je suis un Français libre.
> Je crois en Dieu et en l'avenir de ma patrie.
> Je ne suis l'homme de personne. J'ai une mission et je n'en ai qu'une seule : celle de poursuivre la lutte pour la libération de mon pays.
> Je déclare solennellement que je ne suis attaché à aucun parti politique, ni lié à aucun politicien quel qu'il soit, ni de la droite, ni du centre, ni de la gauche.
> Je n'ai qu'un seul but :
> > Délivrer la France [26]. »

22. A nous l'Empire !

On ne comprendrait rien au comportement du chef des Français libres si l'on n'avait à l'esprit qu'il n'assume les responsabilités sans mesure revendiquées au soir de la défaite qu'avec l'intention la plus ferme de préserver l'intégrité du patrimoine national — qui excède de beaucoup le territoire national. Pour symbolique que soit son geste, cette « incarnation » de la France, de la légitimité française, il ne saurait s'en contenter, si elle restait dans l'abstrait, le vague. Symbole, oui. Mais inscrit dans un cadre très précisément tracé, et qui est celui des frontières de l'Empire à la date du 18 juin 1940. Le caractère un peu magique de l'opération se double d'un aspect très matériel, on dirait notarial...

A dater de cet instant, il se juge dépositaire de cet immense capital, et tenu en conscience et en droit de le remettre, après l'avoir fait fructifier en le transférant dans le camp des combattants puis des vainqueurs, aux mains de la nation française, de la « personne » France. Il s'estime « fidéi-commis » de cet héritage, et la violence avec laquelle il en exigera, de ses alliés aussi bien que de ses adversaires, l'intégrité, dit bien la nature du contrat qu'il a unilatéralement passé avec la collectivité nationale. L'idée de payer de quelque concession territoriale le droit de figurer parmi les vainqueurs lui est totalement étrangère, et même anathème.

Nous retrouverons plus tard un Charles de Gaulle mué en négociateur, et ouvert parfois à telle ou telle concession. Mais ce sera alors parce qu'il se sentira « couvert » par quelque organisme représentatif, et assez grand et fort pour concéder. De 1940 à 1945, comme Churchill est le gardien de l'île, il est, lui, le gardien de l'intégrité de l'Empire.

Le geste terrible qu'il a accompli en rompant avec l'unité de l'État formellement représentée par le maréchal, il ne peut le justifier, à ses yeux comme face au peuple français, qu'en étant l'impeccable et intraitable mainteneur de l'unité des terres.

Empire : le mot surgit dès les premières phrases de l'appel du 18 juin : « ... La France n'est pas seule [...]. Elle a un vaste Empire derrière elle ! » Il a été substitué à celui de « colonies » depuis le début des années trente, quand la IIIᵉ République, inquiète de la montée des périls, tenta de ressusciter un patriotisme jacobin et universaliste incarné par Reynaud et

428

Mandel, tous deux anciens responsables de ce département ministériel.

L' « Empire » c'est-à-dire l'ensemble des terres des cinq continents relevant peu ou prou de l'autorité française, est alors promu à un rôle de mythe compensateur — surtout à partir de juin 1940, pour ce peuple français écrasé, désarmé, et dont la marine même a choisi de s'exiler de l'histoire. L'essentiel ne peut-il pas survivre là-bas, puis repartir de ces terres chaudes et lointaines où l'irrésistible Wehrmacht ne saurait de sitôt prendre pied ?

Charles de Gaulle a bien des raisons de faire de l'Empire, en juin 1940, le pivot de ses espérances et de sa propagande. Certes, on sait qu'en dépit de son intéressante expérience libanaise, il n'est pas jusqu'alors un de ces soldats d'outre-mer dont Faidherbe, Gallieni et Lyautey sont les archétypes. Mais au lendemain du désastre et de sa rupture avec l'État légal, tout le conduit à porter ses regards au-delà des mers, loin de la petite Europe tachée de la croix gammée.

D'abord parce qu'il veut exister, assumer la France, assurer sa légitimité, et qu'il ne saurait le faire à long terme en restant cantonné sur un sol étranger. Faute de terre « française », d'un sol où s'exerce la souveraineté française, comment s'imposer, ne serait-ce qu'à ses propres yeux ?

Au surplus, cet « empire » immense est l'objet d'innombrables convoitises. Laissé aux mains de Vichy, débiles, sinon complices selon lui, il serait vite la proie de la rapacité germano-italienne, à moins de glisser lentement entre des mains « amies » : il n'est si grand empire qui ne tende à s'agrandir — celui de Sa gracieuse Majesté n'échappe pas à la règle. Et les États-Unis sont si hostiles au régime colonial pratiqué par les autres..

Ce de Gaulle qui distinguait alors les hommes selon qu'ils considéraient l'avenir en consultant les uns des cartes, et les autres la mappemonde, a une autre raison d'accorder une importance prépondérante à l'Empire, de nature purement stratégique. L'Afrique lui apparaît comme l'épicentre du conflit qu'il a, dès le 18 juin, défini comme mondial. C'est là, pense-t-il, que se livreront les batailles ultimes. Évaluant alors les chances des belligérants devant un auditoire ami, il prédit naturellement la défaite de l'Axe « Pourquoi ? — Parce que cette fois-ci, nous avons un fossé antichar... — La Manche ? *(haussement d'épaules).* — La Méditerranée ? *(nouvelle dénégation...)* — Non : le Sahara... »

Lui qui veut à tout prix que la France soit présente au combat pour être partie à la victoire, nul théâtre ne lui paraît mieux convenir à cette « rentrée » qu'une Afrique qui est, pour les cadres français et les masses humaines qu'ils contrôlent, un terrain familier. Pour un peu, il dirait qu'à la perte de la bataille de France répondra le gain de la bataille d'Afrique.

Ce projet d'ensemble, l'auteur des *Mémoires de guerre* l'a très nettement résumé :

> « Si j'étais, à d'autres égards, assailli de perplexités, il n'y avait, quant à
> l'action immédiate à entreprendre, aucun doute dans mon esprit [...].
> C'était en Afrique que nous, Français, devions reprendre la lutte [...].

> Dans les vastes étendues de l'Afrique, la France pouvait, en effet, se refaire une armée et une souveraineté, en attendant que l'entrée en ligne d'alliés nouveaux, à côté des anciens, renversât la balance des forces [...]. Alors l'Afrique offrirait, pour rentrer en Europe, une excellente base de départ qui se trouverait être française... Ainsi l'Afrique sera-t-elle à la fois le creuset de la France libre et la base d'une reconquête " française " de l'Europe[1]. »

Mais plutôt que ce texte des *Mémoires* rédigé dix ou douze ans plus tard, peut-être convient-il de retenir, plus circonscrit, plus spontané, le propos tenu devant les officiers de son tout premier état-major, celui de St-Stephens House, dès le 15 juillet 1940, et que rapporte ainsi celui qui est alors le capitaine Dewavrin :

« ... Si nous voulons remettre la France dans la guerre, si nous voulons représenter dignement les intérêts de notre pays, tant vis-à-vis de nos alliés qu'à l'égard des Français de France et de l'étranger qui suivent notre action, il est d'une extrême importance que le siège du gouvernement français qui continue la lutte soit situé sur terre française. [...] C'est pourquoi j'ai décidé — et les renseignements que j'ai me montrent que cela est possible[*] — d'aller établir à Dakar la capitale de l'Empire en guerre. » Dewavrin objectant, en bon officier d'état-major, qu'il serait impossible de tenir Dakar si l'Afrique du Nord restait contrôlée par Vichy (sinon par les armées de l'Axe), le général se refuse à tenir compte de l'objection et donne instruction à ses collaborateurs de se « tenir prêts à partir dans un délai de quatre à six semaines[2] »...

Si hâtifs et pressants qu'ils fussent, ces projets l'eussent été plus encore si Charles de Gaulle avait eu vent du dramatique échange qui se déroulait alors entre Hitler et Vichy, et qui est très longtemps resté enfoui dans les archives. On a souligné la « modération » dont avait fait preuve en ce domaine le chancelier nazi, tenant en marge du diktat de Rethondes le sort immédiat de l'Empire, modération si étrange qu'elle ne pouvait être rapportée qu'à l'instinct du carnassier : si j'effarouche ma proie trop tôt, je risque de la faire fuir. Exiger l'Empire était le faire basculer du côté anglais.

Or, brusquement, le 15 juillet, trois semaines après que Pétain et Weygand eussent à peu près tout accepté, sauf ce que l'on savait ne pas devoir exiger d'eux, l'état-major de Keitel exige la mise à la disposition du Reich d'une grande partie des aérodromes, des lignes de chemin de fer et des ports d'Afrique du Nord. C'est une remise en question radicale de l'armistice, de ce qui permettait à Pétain et Weygand de soutenir qu'ils n'avaient pas tout livré au vainqueur. C'était donner raison à de Gaulle et justifier *a posteriori* ce que ses critiques des « abominables armistices » avaient eu de systématique et d'abusif.

Vichy ayant, cette fois, décidé de ne pas accepter sans réagir le démantèlement de ce qu'on pourrait appeler son « espace de légitimité », et répondu à Hitler par une offre de réouverture des négociations assortie d'un

---

[*] Son informateur était alors Hettier de Boislambert, vieux spécialiste de l'Afrique

appel à son « esprit chevaleresque » de « soldat patriote[3] », l'état-major nazi, inexplicablement, s'en tint là. Preuve qu'il était possible de mettre parfois un frein à l'insatiable rapacité du Führer-chancelier.

Le général de Gaulle — et d'ailleurs les Anglais, dans un premier temps — restèrent dans l'ignorance totale de cette péripétie qui aurait pu tout changer, le parti du refus* l'ayant alors emporté à Vichy, quitte à provoquer une remise en question totale de la politique fondée sur l'armistice. Hitler eût-il poussé ses exigences jusqu'à leurs conséquences ultimes, Vichy se fût peut-être transporté en Algérie, l'entreprise du général de Gaulle perdant ainsi beaucoup de sa signification.

Ce qui ressort de cet épisode avorté, c'est qu'Adolf Hitler se rend compte dès le mois de juillet qu'en préférant favoriser l'installation d'un gouvernement Pétain que de se saisir de l'Afrique du Nord (le pouvait-il ?), il a peut-être joué un jeu de dupes. Plusieurs de ses fidèles, dont Abetz, formuleront plus tard ce regret. De la dimension africaine du conflit, il a eu conscience plus tard que de Gaulle. Trop tard pour lui.

Cap sur Dakar, donc ? Contrairement aux pronostics et aux souhaits de Charles de Gaulle, ce n'est pas au Sénégal, ce n'est même pas en Afrique que la France libre va réussir à s'implanter d'abord dans une terre où flotte le drapeau tricolore, mais dans l'océan Indien et le Pacifique, à bonne distance des forces de l'Axe — encore que la flotte japonaise ne laisse pas d'être active en ces parages.

Le premier ralliement à la France libre fut celui de Chandernagor, où l'administrateur Baron, personnage hardi et pittoresque, fit dès le 20 juin écho à l'appel de Londres, non sans s'attirer un désaveu de son supérieur de Pondichéry, Bonvin — qui devait l'imiter six semaines plus tard. L'ombre de Dupleix tendait ainsi la main au Connétable.

Le 22 juillet, c'est le tour des Nouvelles-Hébrides. A vrai dire, dans ce condominium franco-anglais, la vie du gouverneur Sautot eût été difficile s'il n'avait rejoint ses associés brandissant l'Union Jack. N'importe : le geste est fait. Dès lors, le général de Gaulle ne cesse de harceler gouverneurs et associations patriotiques des îles du Pacifique, de la Polynésie à la Nouvelle-Calédonie, pour qu'ils suivent l'exemple de Sautot à Port-Vila. A Tahiti, un référendum improvisé donne (déjà !) une majorité écrasante à de Gaulle. En Nouvelle-Calédonie, Sautot, mandaté le 27 juillet par de Gaulle, n'a pas de mal à convaincre en septembre une colonie française peu favorable à l'armistice métropolitain.

Bref, la geste du Connétable commence par les terres les plus lointaines — ce qui sied à un stratège qui n'a jamais eu la vue courte, et qui dispose désormais d'un empire à la fois minuscule et gigantesque, sur lequel « le soleil ne se couche pas ».

---

* Animé par Weygand et Charles-Roux.

C'est tout de même en Afrique que vont, très vite, se dérouler les étapes décisives de l'expansion du gaullisme.

L'opération de ralliement de la côte française des Somalis à la France libre paraissait assurée le 19 juin, le général Legentilhomme, commandant les troupes du territoire, ayant affirmé sa volonté de poursuivre la lutte. Attitude d'autant plus logique que Djibouti et sa garnison (une dizaine de milliers d'hommes) s'ajustaient au dispositif militaire anglais au Proche-Orient. Entre l'ensemble des forces britanniques d'Égypte et du Levant (50 000 hommes) et la grosse armée italienne d'Éthiopie (200 000 hommes environ), Djibouti, bastion à peu près inexpugnable à l'entrée de la mer Rouge, était un atout important dans la bataille qui allait se dérouler pour le contrôle de l'Orient.

Mais Legentilhomme — quels que soient les services qu'il rendit ensuite à la France libre — se conduisit alors en « bavard velléitaire » selon Edgard de Larminat qui put mesurer ses capacités et son caractère tout au long de la semaine du 14 au 21 juillet : évadé de la prison de Beyrouth où l'avait fait jeter le général Mittelhauser parce que lui, Larminat, avait pris au sérieux ses promesses de continuer le combat, il avait atterri à Djibouti pour affermir Legentilhomme dans sa décision.

Larminat raconte, avec une verve acide, comment cet officier laissa glisser Djibouti, d'heure en heure, de la résistance à la légalité vichyste, quitte à passer lui-même, en fin de compte, flanqué de ses derniers fidèles , du côté de la France libre. Ce que Larminat appelle « la semaine des dupes[4] » coûta aux Alliés, non seulement la neutralisation d'une position capitale, mais aussi la perte du Somaliland britannique où, après le passage à Vichy du territoire, les forces italiennes n'eurent plus guère de difficultés à pénétrer.

Le comportement de Legentilhomme en l'occurrence, loyal mais indécis, permet de mieux mesurer l'audace, l'autorité naturelle, l'imagination dont feront preuve les autres protagonistes du ralliement de vastes territoires africains à la France libre En ces affaires, l'action personnelle de chacun des hommes engagés joue un rôle capital.

Si, malgré les propos tenus aux officiers de son état-major le 15 juillet, de Gaulle décide d'amorcer l'opération, non par Dakar et l'AOF, mais par l'Afrique équatoriale, c'est qu'il a reçu dès le 17 un éloquent télégramme de Fort-Lamy, capitale du Tchad. Le gouverneur de ce territoire est Félix Éboué, Noir guyanais qui a fait presque toute sa carrière comme administrateur en AEF et a été nommé à Fort-Lamy par Mandel. C'est un personnage vigoureux, aux idées neuves, et dont l'adjoint, Henri Laurentie, chrétien socialisant, est l'un des pionniers d'une politique évolutive dans l'Empire. Le temps est venu, pensent-ils tous deux, d'en préparer l'émancipation.

Éboué, Laurentie et leur adjoint militaire, le commandant Marchand, neveu de l'homme de Fachoda, ont pris d'emblée le parti de l'homme de Londres, et préparent le rattachement du Tchad à la France libre : aussi bien sont-ils les seuls à faire face directement à l'ennemi, le Tchad ayant une immense frontière commune avec la Libye italienne et courant des risques spécifiques du fait des mesures de désarmement partiel prévues par les armistices de juin. Le 17 juillet, donc, Éboué a fait connaître à de Gaulle ses intentions : le ralliement du Tchad n'est plus qu'une question de jours.

Prévenu d'autre part que l'administrateur en chef de Haute-Volta, Louveau, est dans le même état d'esprit, que plusieurs gouverneurs de l'AEF abondent dans le sens d'Éboué, que le haut-commissaire au Cameroun, Brunot, a pris contact avec ses voisins britanniques, Charles de Gaulle passe à l'offensive oratoire. Le 27 juillet, il invite solennellement les territoires de l'Empire à se joindre à lui. Cet appel a ceci de neuf que, s'il est adressé en première analyse aux gouverneurs et administrateurs, il va bien au-delà, en formulant une sorte de menace, qui comporte un risque : « Au besoin, j'en appelle aux populations. » Les populations ? Évidemment, de Gaulle n'a alors dans l'esprit rien qui ressemble à la décolonisation. Il pense surtout aux éléments européens. Mais en appeler aux populations contre des maîtres défaillants, voilà déjà qui peut conduire loin l'homme du *Fil de l'épée...*

De fait, aux premiers jours d'août, c'est un groupe de Français de Brazzaville qui déclenchent le processus en créant une « ligue patriotique pour la liberté et l'honneur », soutenus par des officiers dont le plus notoire est le commandant Colonna d'Ornano. Londres est averti. De Gaulle n'hésite plus — d'autant moins qu'il a obtenu de Churchill, le 31 juillet, la promesse du soutien britannique à l'ensemble de ses entreprises africaines. Le 6 août, il décide l'envoi immédiat en Afrique équatoriale d'une mission composée de Pleven, Parant et Boislambert, auxquels est adjoint, en dernière minute, le capitaine Philippe de Hauteclocque (dont le cousin, porteur du même grade, était chef du 3e bureau des forces françaises libres).

Ce Hauteclocque II, arrivé de France blessé, la tête bandée, après deux évasions, se trouve d'un coup mué en « commandant Leclerc » et embarqué dans l'avion mis à la disposition de l'expédition AEF-Cameroun qui s'envola aussitôt pour Lagos, tandis que le colonel de Larminat, rescapé de Djibouti et passé par Le Cap, les attendait à Léopoldville, d'où il était chargé par de Gaulle de gagner Brazzaville et de s'y proclamer gouverneur général au nom de la France libre...

Le plus étonnant est que ce plan parfaitement rocambolesque en apparence, déclenché par quelques hommes déterminés mais isolés, séparés par des distances énormes, dressés contre la plupart des chefs civils et militaires détenteurs des pouvoirs réels, ne disposant, eux, que de moyens de transport extrêmement aléatoires, — que ce plan qui fait penser aujourd'hui à une sorte de rallye géant, à un jeu scout à l'échelle planétaire, se réalisa point par point, avec une précision de métronome.

Du 26 au 28 août 1940, se déroulèrent ce que les gaullistes appelèrent leurs « Trois Glorieuses » : le 26, ralliement du Tchad, le 27, ralliement du Cameroun, le 28, ralliement du Congo. Moyennant quoi, l'Oubangui Chari, dont le gouverneur, Saint-Mart, n'attendait qu'une telle occasion, se joignit au mouvement. De Libreville, le gouverneur Masson annonça qu'il suivait l'exemple, mais Mgr Tardy, évêque de la ville et un officier de marine suffirent à enrayer le mouvement : seul de toute l'AEF, le Gabon restait pour un temps à Vichy.

La plus significative, la plus *Free French* de ces opérations, c'est au Cameroun qu'elle se déroula. D'abord parce qu'elle partit d'un mouvement d'opinion, animé par un ingénieur des travaux publics nommé Mauclère. Ensuite, parce qu'au Cameroun, la question coloniale était posée de façon très particulière : la victoire hitlérienne y rétablirait la loi allemande, suspendue en 1918. Le débat y était donc une sorte de prolongation de celui qui agitait l'Europe, et de Gaulle était trop habité par l'histoire contemporaine pour ne pas être sensible à l'aspect très franco-allemand de l'opération. Enfin, elle était conduite par celui qui avait été, après Courcel, l'un de ses premiers ralliés, Hettier de Boislambert, et l'homme qui, sitôt apparu à Londres, le 31 juillet, évadé et blessé, avait fait figure de disciple favori, Leclerc.

Partis le 6 août de Londres, les « missionnaires » avaient reçu du Connétable instruction de recruter 2 000 tirailleurs ivoiriens auparavant dirigés sur la Gold-Coast *. Mais le commandant anglais leur trouva si belle allure qu'il les incorpora dans ses propres forces... (On se croirait au temps de Condé ou du prince Eugène.)

Alors, négligeant l'interdiction d'agir à eux adressée par le général commandant les forces au Cameroun britannique, Leclerc et Boislambert embarquent une vingtaine de volontaires — dont deux révérends pères du Saint-Esprit — sur trois pirogues et mettent le cap sur Douala, où ils parviennent sous un déluge et en pleine nuit. Leclerc, « devenu comme par enchantement colonel et gouverneur, occupa avec simplicité le palais » (de Gaulle), puis convoqua notables et sympathisants, harangués par Boislambert (qui « ne s'arrêtait jamais de parler avant que toutes les femmes pleurent », écrit Larminat [5]). Deux compagnies de la garnison de Douala sont mises dans le train de Yaoundé, capitale de la colonie, et Boislambert et Leclerc n'ont plus qu'à télégraphier à Londres la nouvelle de leur succès, non sans ajouter : « Nous vous prions de nous excuser d'avoir pris des grades plus élevés... mais seuls les résultats comptaient... »

C'est par l'affichage d'une bien curieuse proclamation que le nouveau « colonel et commissaire général » Leclerc inaugure ses fonctions et dignités : on y lit en effet que « le Cameroun proclame son indépendance politique et économique » — ce qui n'est pas exactement dans la ligne du fidéicommissaire de Gaulle, mainteneur intransigeant de l'intégrité de l'Empire. Mais, point trop soucieux de cohérence juridique, Leclerc poursuit : « ... Il est prêt à reprendre sa place dans un Empire colonial français libre et décidé à continuer la lutte aux côtés des Alliés, sous les ordres du général de Gaulle... »

Ainsi les choses sont-elles en ordre. L' « indépendance » proclamée ne l'est que face à Vichy, et Carlton Gardens n'a pas matière à s'alarmer. Il faudra encore vingt ans au Cameroun, et le retour au pouvoir de Charles de

---

* Aujourd'hui le Ghana.

Gaulle, pour que le texte de l'affiche de Leclerc trouve enfin son application, non sans que le même officier, plus cohérent avec lui-même que ne le montrent les apparences, ne se soit fait — contre son chef de file de 1940 — le promoteur de l'émancipation coloniale dans un autre territoire : au Viêt-nam, en 1946.

On n'entrera pas dans les détails de tous ces rendez-vous, coups de main, chassés-croisés, proclamations et substitutions équatoriales d'août 1940. Ce qu'on veut en retenir surtout, c'est un style, un ton dont rend très bien compte le livre écrit par l'un des héros de ce *pronunciamiento* géant et qui résume admirablement ce que fut (pour beaucoup) l'esprit des *Free French* : les *Chroniques irrévérencieuses* d'Edgard de Larminat.

Ce nouveau général, qui signe encore ses décrets « colonel » et qui, de même que dans une opérette mexicaine, vient se déclarer gouverneur général de l'AEF au nom d'une armée forte de deux colonels, trois capitaines et un aspirant ; Leclerc, qui ne sait jamais combien il lui faut coudre de galons sur la manche pour en imposer à ses interlocuteurs civils ou militaires, français ou anglais ; Boislambert, qui prend Douala (et le reste du Cameroun) avec trois pirogues et un train ; Pleven-le-tranquille qui atterrit à Fort-Lamy avec le commandant Colonna d'Ornano, au milieu de troupes dont ils ne savent si elles sont là pour leur rendre les honneurs ou les fusiller — ces gens-là ont écrit un chapitre où la France libre n'a pas volé son adjectif.

Citons encore Larminat : « Ayant eu pas mal de choses à combiner dans ma vie, je reste émerveillé de la réussite complète, et à l'heure dite, de ce que nous arrêtâmes définitivement, le 18 août, à cinq Français *desperados*, Leclerc, Pleven, Boislambert, Moitessier et moi-même, sous un gros arbre du gouvernement général de Lagos[6]... »

L'auteur de *la France et son armée* avait jadis choisi d'assez curieux compagnons pour les entraîner dans la croisade pour les chars. Puis, à Londres, il avait vu se former autour de lui un groupe de partisans qui faisait penser parfois au Front populaire — quitte à en éprouver quelque dépit. Le voici maintenant qui lâche sur l'Afrique une bande de jeunes loups aux dents très longues, carnassiers avides de « bouffer du vichyste », toujours prêts à bondir, se trompant parfois de proie mais jamais à court d'allant.

Fût-on sorti major de l'École de guerre, comme Leclerc (mieux loti en ce domaine que son chef de file), on ne respecte ici ni hiérarchie, ni étiquette, ni discipline. Irrévérencieux, les « missionnaires » du Connétable le furent alors sans retenue — et leurs téméraires foucades, qui pour beaucoup débouchent sur la mort, ne laissent pas de conférer au gaullisme naissant une fièvre de fantaisie dont il eût mieux valu qu'il ne guérît jamais. Né d'une rébellion, le gaullisme est alors un vrai sabbat de sorcières. Cette « flamme de la résistance française » allumée le 18 juin est alors ténue, mais dansante comme une torchère.

Grâce à elle, à la fin d'août 1940, de Gaulle a cessé d'être un squatter sur les rives de la Tamise. Quatre capitales d'Afrique, toutes rustiques qu'elles fussent, ont mis sous ses pas de vastes espaces de terre « française ». Est-ce le grand décollage attendu depuis deux mois ?

Dès l'origine, Dakar avait été désignée, par Charles de Gaulle lui-même, comme le point focal de l'entreprise. Dès le 15 juillet, on l'a vu, il a donné à son minuscule état-major l'ordre de préparer l'opération sur la capitale de l'AOF. Dès la fin du mois, il s'en est ouvert à Churchill. Et c'est le 6 août que l'affaire est mise en train, au cours d'un tête-à-tête entre le Premier ministre et le chef des Français libres.

De Gaulle ne pense pas aborder de front la formidable place de Dakar, que Vichy a dotée de moyens de défense considérables, sous l'autorité d'un homme d'envergure et de caractère, Pierre Boisson, venu de Brazzaville à la fin de juin avec mission de « tenir » l'Afrique coûte que coûte face aux gaullistes.

Il envisage plutôt d'investir Dakar à partir de la Guinée, où il serait plus facile d'aborder et d'où, la flotte britannique couvrant l'opération au large, on progresserait vers Dakar en ralliant tour à tour les populations traversées : une « longue marche » à la Mao. Churchill, qui a besoin lui aussi du ralliement de Dakar, base indispensable de la route du Cap et qui deviendrait un nid de corsaires mortels si les sous-marins allemands y trouvaient asile, juge trop lent, lui, ce type d'opération, immobilisant sa flotte de l'Atlantique pendant des semaines au large de la côte africaine.

Alors, le 6 août, face à un de Gaulle fasciné, le Premier ministre, qui se dit « engagé avec un zèle exceptionnel dans l'affaire de Dakar », joue le grand jeu. C'est bien, sous la plume de l'auteur des *Mémoires de guerre*, le « grand artiste d'une grande histoire » qui parle, mime et agit déjà — au moins sur son interlocuteur :

> « Dakar s'éveille un matin, triste et incertaine. Or, sous le soleil levant, voici que les habitants aperçoivent la mer couverte au loin de navires. Une flotte immense. [...] Un inoffensif petit bateau portant le drapeau blanc des parlementaires [...] entre au port. [...] Des avions français libres et britanniques jettent des tracts de sympathie [...]. Le gouverneur sent que, s'il résiste, le terrain va se dérober sous ses pieds. [...] Peut-être voudra-t-il " pour l'honneur " tirer quelques coups de canon. Mais [...] le soir, il dînera avec vous en buvant à la victoire finale. »

Charles de Gaulle n'était pas facilement « épaté ». Ce 6 août, il le fut. Moins par les « ornements séduisants » que par les « arguments solides » développés par Churchill ? Il l'écrit. On n'en jurerait pas... Le fait est que le voilà convaincu — et aussi parce qu'il avait vu le Premier ministre si décidé qu'il estima que, se fût-il abstenu, lui de Gaulle, son grand « frère d'armes » aurait agi seul et pour son compte... Ainsi s'engagea-t-il dans cette aventure dont, quarante-trois ans plus tard, Claude Hettier de Boislambert, qui y fut mêlé de très près, devait nous dire qu'elle fut « une aberrante ânerie [7] »...

« C'est à partir de Rufisque, poursuit Boislambert, petit port voisin qui nous était acquis et d'où nous aurions pu inonder Dakar d'émissaires, qu'il fallait agir. Je connais bien le pays et les gens. Dakar tombait en quarante-huit heures comme un fruit mûr. Mais Churchill voulait " son " opération grandiose et la " grande machine " s'était mise en marche dès le début d'août, alors que nous, les " Africains " du général, nous nous occupions du Cameroun et de l'AEF... »

La « grande machine » montée par Churchill fut baptisée opération Menace et sa direction confiée, aux côtés du général de Gaulle, à l'amiral John Cunningham, frère du meilleur chef de la Royal Navy, Andrew Cunningham qui avait réalisé avec doigté et talent la neutralisation de la flotte française d'Alexandrie, antithèse absolue de la tragédie de Mers el-Kébir. Le 19 août, de Gaulle lui fit parvenir une note sur l' « opinion » à Dakar, que ses renseignements lui font décrire comme « confuse », non sans que « de nombreuses personnes continuent à désapprouver l'armistice et à considérer les Anglais comme des alliés » — dont, au surplus, le ravitaillement dépend[8]... Texte d'un ton fort prudent, et qui ne permet pas de rejeter sur l'optimisme irraisonné et les erreurs de pronostic de Carlton Gardens la responsabilité du fiasco.

L'expédition rêvée par Churchill et agréée par de Gaulle partit le 31 août de Liverpool. Elle ne rassemblait pas, et de loin, l'immense *armada* dont le Premier ministre voulait émerveiller les Dakarois, ne groupant du côté anglais que deux vieux cuirassés, quatre croiseurs, le grand porte-avions *Ark Royal* et quelques destroyers ; du côté français trois avisos et deux chalutiers armés, les Hollandais ayant fourni deux transports de troupes — dont le *Westernland,* sur lequel embarqua de Gaulle, le chef couvert d'un étrange béret de chasseur — pourquoi avoir arboré en mer ce souvenir du bataillon de Trèves ? — et flanqué de Spears.

> « Sur le pont du *Westernland,* ayant quitté le port en pleine alerte de bombardement aérien avec ma petite troupe* et mes minuscules bateaux, je me sentais comme écrasé par la dimension du devoir. Au large, dans la nuit noire, sur la houle qui gonflait l'océan, un pauvre navire étranger, sans canon, toutes lumières éteintes, emportait la fortune de la France[9]. »

On s'est moqué de la formule. Tout dépend de l'idée (certaine ou pas) que l'on se fait de la « fortune de la France ». A vrai dire, les images du général qui ont survécu à l'expédition le montrent, entre Spears et Cunningham ou parlant à d'Argenlieu, sous son grand diable de béret, habité d'une immense mélancolie. On peut y déceler à la fois la prescience d'un homme qui en a rarement manqué et la conscience, vérifiée de détail en détail, d'une aventure mal engagée, pour l' « infortune de la France ».

On mit dix-sept jours pour atteindre Freetown ; mais entre-temps, un premier coup avait été assené à l'entreprise : une flotte française, forte notamment de trois grands croiseurs modernes, partie de Toulon (avec l'accord de la commission d'armistice allemande) pour ramener l'AEF sous le contrôle de Vichy, avait franchi sans encombre le détroit de Gibraltar et

---

* 2 160 hommes.

se dirigeait sur Douala. Surpris de se trouver soudain nez à nez (si l'on peut dire...) avec la flotte de Cunningham, l'amiral Bourragué, venu de Toulon, mit le cap sur Dakar — ce qui sauva l'AEF ralliée à de Gaulle mais fit basculer d'un coup le rapport de forces entre défenseurs et assaillants de la capitale de l'AOF.

Cette irruption de l'escadre de Toulon dans le champ de l'opération Menace a été amplement commentée — les uns rejetant toute la responsabilité sur l'impéritie des défenseurs de Gibraltar qui laissèrent glisser ainsi un redoutable adversaire entre les mailles d'un filet apparemment infranchissable, les autres incriminant des indiscrétions commises par les Français libres, à Londres notamment, et dont Winston Churchill lui-même se fait l'écho dans ses *Mémoires*. L'inefficacité anglaise semble due, en l'occurrence, à des erreurs de transmission, causées elles-mêmes par un bombardement de Londres. Quant aux indiscrétions imputables aux gaullistes et dont Passy se plaignait vivement, J.-B. Duroselle en limite la portée, citant notamment un télégramme de Baudouin qui, en date du 8 septembre *, signale qu'on vient d'apprendre le départ pour l'Afrique de « M. de Gaulle [...] hors-la-loi [contre lequel] n'importe quel moyen doit être employé pour l'empêcher de nuire [10]... »

Il est clair que Vichy et l'Axe furent pris de court par l'expédition. Il est non moins clair que le détournement de la flotte de Toulon sur Dakar remettait en question l'ensemble de l'entreprise. Trois puissants navires servant de bouclier à Boisson, des équipages violemment anglophobes depuis Mers el-Kébir — la toile de fond de l'affaire était totalement modifiée depuis les analyses faites en août à Carlton Gardens.

Churchill réagit aussitôt en ce sens et, dès le 16, proposa à Cunningham de virer de bord, après avoir convoyé de Gaulle et les siens jusqu'à Douala, en terre africaine « libérée ». Solution que de Gaulle se refusa à adopter : dès lors que la flotte anglaise les abandonnait à leur sort, les Français libres étaient à la merci de l'opération de force dirigée à partir de Toulon par Vichy pour reconquérir l'AEF : le Connétable se voit déjà contraint de se replier « dans la brousse et la forêt » équatoriales [11]...

L'amiral Cunningham soutint de Gaulle contre Churchill : pour aléatoire qu'elle soit devenue, l'opération devait suivre son cours. Le cabinet de guerre britannique donna, le 18, le « feu vert ». Cependant, à partir de Freetown, une petite escouade dirigée par Boislambert était dirigée sur le Sénégal, pour y préparer la population et saboter les communications.

L'opération comporte trois volets, qui pourront être mis à exécution successivement. Le premier est le plan *Happy* (heureux), qui vise au ralliement de la ville sans combat, grâce à l'effet produit par l'apparition de la flotte, aux tracts répandus sur la ville et à l'adhésion des populations. Le second est le plan *Sticky* (collant), qui prévoit une « forte pression militaire », allant jusqu'à des bombardements du port par les vaisseaux de

---

* Neuf jours après le départ de l'expédition.

l'amiral Cunningham. Le troisième est le plan *Charles* et consiste en un débarquement à Rufisque, en liaison avec la petite troupe qu'animent Boislambert, l'instituteur Kaouza et le lieutenant Bissagnet entre autres.

C'est à l'aube du 23 septembre que fut déclenché le plan *Happy*. Mais la météo, ce jour-là, était vichyste : un épais brouillard, qui limitait la visibilité à moins de 3 kilomètres, s'étendait sur la baie de Dakar. Piètre circonstance pour une opération imaginée et montée comme un grand spectacle par le metteur en scène Winston Churchill... On a tôt fait, autour du général, de rebaptiser l'opération plan *Unhappy*...

Peu avant 7 heures décollent de l'*Ark Royal* deux petits avions français, des « lucioles », chargés de jeter sur la ville des tracts signés de Gaulle, invitant les défenseurs de Dakar à « prendre la liaison avec les troupes françaises qui viennent les renforcer » et pressant la population de « manifester dans le calme son patriotisme et [de] faire fête à mes soldats ». Quelques minutes plus tard, une vedette (désarmée) dans laquelle avaient notamment pris place Thierry d'Argenlieu et le capitaine Bécourt-Foch accostait aux abords de l'amirauté : les représentants du général de Gaulle demandaient à être reçus par le gouverneur général Boisson pour lui remettre un message, insistant sur le caractère amiable de l'opération et la volonté (supposée) commune de libérer le pays de l'envahisseur, et le désignant pour « un grand rôle à jouer », assurant même : « Votre heure est venue ! »

Mais un officier du port informe les parlementaires que Boisson a donné l'ordre de les faire arrêter : ils réussissent à reprendre place dans l'embarcation qui déhale. Quelques minutes plus tard, sans sommation, deux rafales de mitrailleuses sont tirées sur les hommes au drapeau blanc, blessant grièvement Thierry d'Argenlieu à la jambe. Des manifestations en faveur du ralliement se multiplient en ville : le gouverneur les fit réprimer, jetant en prison les meneurs. La phase initiale, le plan *Happy*, ralliement de la ville à l'amiable sans effusion de sang, avait d'ores et déjà échoué.

Vers midi, le général de Gaulle fait parvenir à l'amiral Cunningham une note indiquant que « le plan *Happy* devait être considéré comme périmé » et qu'il fallait passer au plan *Sticky*, c'est-à-dire qu' « après quelques tirs de votre flotte sur le *Richelieu* et sur Gorée*, essai des avisos français d'entrer dans le port... En cas d'impossibilité, essai du plan *Charles* au début de l'après-midi [12] »...

Le chef des Français libres avait donc bel et bien admis un bombardement de la flotte française et d'une position des défenseurs par la flotte anglaise. Mais les quelques tirs alors déclenchés par les Britanniques n'aboutirent qu'à provoquer une réplique violente du *Richelieu*, et aucun aviso français ne put se frayer la voie vers le quai sans les plus grands risques.

Restait la tentative préconisée par Boislambert, en liaison avec ses propres démarches à terre : le plan *Charles*, un débarquement de troupes gaullistes à Rufisque, petit port situé à une vingtaine de kilomètres de

---

* Îlot au large de Dakar

Dakar, et dont la population était acquise au mouvement. Mais au moment où les arrivants touchaient terre, l'aspirant Coustenoble, que Boislambert tenait pour acquis à sa cause, et qui semble avoir surtout mal compris le sens de la manœuvre [13], fit ouvrir le feu sur les hommes de la France libre : trois morts sur le *Commandant-Duboc*. Cette fois, c'était bien l'échec.

Fallait-il donner l'ordre de repli définitif, conformément au souhait du chef des Français libres, qui — à quelques canonnades près, aucune n'étant le fait de Français — s'était prononcé contre tout combat fratricide ? Dans la journée du 24, Cunningham conféra avec de Gaulle et Spears : si l'opération était interrompue, serait-ce la condamnation du mouvement des Français libres, demanda l'amiral ? Non, fit de Gaulle. Il faut, pour Dakar, s'en tenir là : pour la France libre, ce n'est qu'une bataille perdue... Les trois hommes convinrent donc d'arrêter les frais.

De Londres pourtant, Churchill, exaspéré par les critiques de sa presse, les sarcasmes de Washington et les clameurs de triomphe de Vichy, ordonnait à l'amiral de déclencher le bombardement de la ville et de la flotte de Vichy. Après une journée d'échange de tirs, le *Richelieu* d'une part et le *Résolution* de l'autre ayant été gravement endommagés, un millier de Dakarois et à peu près autant de combattants ayant péri, Cunningham prit sur lui de mettre un terme à l'aventure, approuvé par le général. C'était l'échec.

Gifle pour la France libre. Gifle pour de Gaulle. Comment ? Voici un homme qui prétend incarner non seulement l'esprit de résistance, mais la France. Il se présente avec tous les éléments du prestige et d'une force amie pour consolider les vertus qu'il revendique, et voilà que sa première tentative solennelle, soutenue sans réserve par son grand allié, celui qui vient de faire reculer Hitler dans le ciel de Londres, est un échec sans rémission ! Roosevelt aura beau jeu de faire valoir à Churchill qu'il a là un bien fâcheux allié, qui l'entraîne dans sa première défaite... Et Vichy, et Berlin, et Rome de se gausser. Si le *Times* de Londres écrit, le 27, qu'« il y a là matière à regret, non à accusation », le *New York Times,* lui, pose la question de la justification du mouvement né le 18 juin.

Mais Winston Churchill tint bon. Comme de Gaulle avait su rester à ses côtés lors de l'affaire de Mers el-Kébir, le Premier ministre voulut rester totalement solidaire de son allié après Dakar, et assumer face aux Communes, à ses collègues et à la presse, la responsabilité du désastre — dont il était, on le sait, l'initiateur. Il n'eut pas un mot pour critiquer de Gaulle et alléguer la tension qui pesait sur lui, dans le « tumulte d'aigreurs [14] » qui montait alentour. Il sut même déclarer aux Communes que « tout ce qui s'est passé en cette affaire n'a fait que renforcer le gouvernement de Sa Majesté dans la confiance qu'il porte au général de Gaulle ».

Le 26, pourtant, venant rendre une première visite à d'Argenlieu blessé, Charles de Gaulle soupire : « Si vous saviez, commandant, comme je me sens seul ! » Et il lui pose la question qui est alors sur toutes les lèvres : « Dois-je continuer ? » Écoutons, sur le même thème, l'auteur des *Mémoires de guerre :*

« Les jours qui suivirent me furent cruels. [...] Dans mon étroite cabine, au fond d'une rade écrasée de chaleur, j'achevais d'apprendre ce que peuvent être les réactions de la peur, tant chez des adversaires qui se vengent de l'avoir ressentie, que chez des alliés effrayés soudain par l'échec [15]. »

Ce dernier trait étonne. Il ne peut viser Churchill. Plus près de lui, de Dakar à Freetown, donna-t-on moins de signes de solidarité ? De Gaulle fait allusion à la « mine longue » de Spears, mais parle de l'amiral Cunningham comme d'un « homme de cœur », ce qui exclut un « lâchage » en un pareil moment.

« Seul » ou pas, c'est avec lui-même que se pose le vrai problème. On retrouvera, scandant cette fabuleuse carrière, maints témoignages d'une intense propension au départ, à la rupture. Dès le premier instant, Churchill avait décelé chez le monumental « Connétable de France » une grande « aptitude à la douleur ». Il aurait pu percevoir chez lui une égale aptitude à rompre, à partir, fondée sur une puissance de concentration si intense qu'elle se dénoue périodiquement dans une sorte de relâchement, de dégoût. On ne s'impose pas impunément des fardeaux si formidables... Dans cette série de chutes et tentations de repli qui jalonnent la carrière de Charles de Gaulle, on peut retenir Dakar comme la « première station » — si l'on ne tient compte ni de l'hypothèse formulée dans une lettre à sa mère de quitter l'armée à la fin de la Première Guerre, ni de l'amertume à « porter le harnois » exprimée en 1927, ni de la tentation de démissionner du cabinet Reynaud le 13 juin 1940, ni des questions qu'il se pose après Mers el-Kébir. Et il y en aura bien d'autres — jusqu'au 27 avril 1969.

Cette crise morale provoquée par l'affreux fiasco de Dakar, qui n'est pas seulement un échec politique et stratégique, mais aussi un revers moral, ayant entraîné la mort de près de 200 Français (de l'un et l'autre camp) du fait d'une initiative prise ou approuvée par lui, de Gaulle, on a parfois soutenu qu'il avait pensé en tirer la conséquence ultime, en se suicidant. On retrouve cette rumeur ici et là, notamment dans *Jamais dit* [16] de J.-R. Tournoux : « Quelques jours après Dakar, le général s'entretient à Brazzaville avec M. René Pleven [...] " J'ai songé, confesse-t-il soudain, à me brûler la cervelle "... »

Invité à commenter ce trait, quelques années plus tard, M. Pleven nous répondait vivement : « Je n'ai pas pensé un instant que le général ait réellement eu cette intention... En me disant cela, il avait simplement voulu me faire sentir l'horreur de l'épreuve qu'il avait alors affrontée. C'est un contresens que d'interpréter autrement ses propos [17]... »

L'aumônier de l'expédition, le R.-P. Lacoin, qui a le bon sens d'observer qu' « on n'a pas le droit d'assurer qu'une personne n'a jamais envisagé de se supprimer », indique que le comportement très actif du de Gaulle tel qu'il le vit le lendemain « n'était pas du tout celui d'un homme au désespoir [18] ». Même sentiment chez Spears, autre témoin de ces heures amères. Quant à Geoffroy de Courcel, qui le trouva le 25 au soir « profondément perturbé », il le revit le lendemain « ayant retrouvé tout son goût de l'action et faisant des plans pour de nouvelles entreprises [19] ».

De Freetown, le 27, Charles de Gaulle adressait à Londres ce bref communiqué :

> « Le général de Gaulle a déclaré :
> Le redressement de la France dans la guerre est une partie en plusieurs manches. En ralliant 12 millions d'hommes dans l'Empire, les Français libres ont gagné la première.
> En forçant Vichy à se battre à Dakar, les Allemands ont gagné la seconde. La partie continue. Nous verrons la suite [20]. »

Texte instructif de la façon dont le chef de la France libre sait « encaisser ». La désinvolture du ton, les références sportives avaient leur côté positif et durent plaire à Londres. Mais le Connétable n'en traitait pas moins avec beaucoup de « liberté » les réalités. Parler de « 12 millions » de ralliés en AEF, c'était beaucoup... Affirmer que c'étaient les Allemands qui avaient forcé Boisson à tirer sur les arrivants parce que deux ou trois « observateurs » nazis avaient eu accès auprès du gouverneur général, n'était pas beaucoup plus sérieux. Mais ce qui importait peut-être, en l'occurrence, c'était de montrer que « la partie » continuait et que la France libre reprenait élan après l'échec.

C'est encore l'esprit qui inspire la lettre écrite le lendemain, 28 septembre, à sa femme :

> « Ma chère petite femme chérie,
> Comme tu l'as vu, l'affaire de Dakar n'a pas été un succès. Vichy, qui s'y attendait, avait pris des mesures extraordinaires... Comme je ne voulais pas de bataille rangée entre Français, j'ai retiré mes forces à temps pour l'éviter... Pour le moment, tous les plâtras me tombent sur la tête. Mais mes fidèles me restent fidèles et j'ai bon espoir pour la suite [21]... »

Tout de même, ce retour de Dakar vers Freetown doit être retenu comme l'une des étapes les plus sombres de cette vie déjà traversée d'épreuves. « Après Dakar, estime Maurice Schumann, qui pourtant ne le revit que deux mois plus tard, il ne fut jamais tout à fait heureux [22]... »

Il ne faut pas négliger ici la part de l'humiliation personnelle qui lui fut infligée, aggravée par cette « capacité de souffrir » déjà relevée chez lui. Mais il y a aussi le froid raisonnement de l'analyste et du stratège. Quelle qu'ait pu être la part de ce que, dans son discours aux Communes, Winston Churchill appela « les accidents et les erreurs de Dakar », il y avait une conclusion à tirer de l'aventure : face aux structures du vichysme, représentées par un homme d'envergure et de caractère comme Boisson, la France libre ne « fait pas le poids » — pas encore. Il faut attendre que le rapport des forces global se modifie, que les USA et éventuellement l'URSS entrent dans la guerre — tout cela, nous l'avons vu, fait partie des perspectives tracées par de Gaulle dès la fin de juin 1940 — pour que le mouvement de la France libre, bénéficiant de la plus-value ainsi conférée à la coalition antinazie, puisse rivaliser avec le pouvoir en place à Vichy.

En attendant, il doit tisser sa toile, grappiller ici et là quelque avantage, se

1. Charles, cinq ans et
quelques boucles.
2. Charles, dix ans, et
déjà un col raide.
3. Charles, quinze ans,
pense déjà au général
de Gaulle.

4. M. Henri de Gaulle, «homme de culture,
      de pensée, de tradition»...
5. Jeanne Maillot-de Gaulle, de glace et de feu.
6. Philippe de Gaulle : un air de famille...
7. Pierre de Gaulle, le dernier des frères.

8. 1914: Un lieutenant face au
«feu qui tue».
9. 1917: Le capitaine de Gaulle
entre deux tentatives d'évasion.

10. Émile Mayer.
11. Lucien Nachin.
12. Paul Reynaud.

13. Faute de divisions blindées, un micro est une arme.

14. A Carlton Gardens, une «certaine idée de la France» a pris forme.

15. Jean Moulin.
16. Pierre Brossolette.
17. Le général Delestraint.
18. Emmanuel d'Astier.

19. L'amiral et le général: une profonde incompatibilité d'humeur.
20. En route pour Dakar: l'infortune de la France.
21. Mme de Gaulle et son mari posent pour la presse anglaise.

22. Avec le roi George VI, ami fidèle entre tous.
23. Au Levant, avec les tcherkesses de Collet.
24. Tel que le désigne la propagande nazie.

25. A Alger, le président du CFLN aux côtés d'Henri Frenay (derrière eux, Tixier, Jacquinot, René Mayer, Henri Bonnet).
26. Entre Giraud et Catroux.
27. Quelque part en mer...

28. A Brazzaville, aux côtés de
Félix Éboué.
29. De quel œil regarde-t-il Winston
Churchill ?
30. Eisenhower, sans qui les choses...
31. La France est rentrée dans Paris.
De Gaulle à Leclerc :
«Vous avez de la chance !»

32. De Gaulle et la discipline militaire.
Une lettre inédite à son ami André Lecomte; 1936.

saisir d'un territoire, obtenir tel ou tel ralliement prestigieux, consolider ses institutions et surtout sa représentativité. Ce que va faire de Gaulle, sans jamais oublier qu'il faut voir trop grand pour ne pas être considéré comme trop petit.

Si Dakar et l'AOF ne sont pas encore à sa mesure, pas plus que Rabat ou Alger, il y a ce qui a été rallié déjà, où il lui faut se manifester, et se consolider. Il y a ce Gabon, dissident de la dissidence, arraché *in extremis* par des marins vichystes à la vague de ralliements des « Trois Glorieuses » de l'AEF, qu'il faut décidément aligner sur ses voisins. Les tâches sont là. Alors, émergeant des heures de désespoir vécues dans la cabine étouffante du *Westernland,* le Connétable dresse ses nouveaux plans : c'est dans cet état de surcompensation active, succédant à la dépression de la soirée du 25, que le trouve Courcel le 26.

L'amiral Cunningham lui ayant offert de le convoyer jusqu'à Douala d'où est parti le grand mouvement de rattachement à la France libre, il va transformer l'échec de Dakar — compensé, il ne faut pas l'oublier, par le sauvetage de l'AEF que la flotte de Toulon s'apprêtait à ramener dans le giron du maréchal — en une manifestation de prise en charge solennelle, élargie par l'opération sur le Gabon et la création, en terre de souveraineté française, d'un organisme essentiel de la France libre.

Le 8 octobre, à bord du *Commandant-Duboc,* il accoste à Douala, où l'accueille une foule qui ne semble en rien perturbée par l'échec qu'il vient de subir, et manifeste, écrit-il, « un extrême enthousiasme ». C'est le premier bain de foule de Charles de Gaulle, et son premier débarquement en terre « libérée ». Déjà, Dakar est loin. L'opération sur l' « enclave hostile » du Gabon finira d'effacer l'échec sénégalais.

Mais voici qu'une autre grande pensée traverse l'esprit fertile du Connétable : à partir du Tchad, premier territoire rallié au gaullisme, marcher à travers le Fezzan et la Libye italienne, sur la Méditerranée. Alors il met le cap sur Fort-Lamy, où l'attend Éboué. Le gouverneur, dont « l'esprit [est] assez large pour embrasser les vastes projets », se range à son idée. Mais les officiers auxquels il expose ce plan ne peuvent dissimuler leur « stupeur ». C'est une réaction que de Gaulle provoquera souvent ..

C'est aussi à Fort-Lamy que se produit enfin la rencontre avec Catroux qui, après un premier séjour à Londres, d'où Churchill avait cru devoir l'envoyer au Caire, est venu se mettre à la disposition du Connétable. Évoquant la « déférente amitié » qu'il portait « depuis toujours » à ce « grand chef », l'auteur des *Mémoires de guerre* décoche un double trait où déjà s'épanouit sans retenue son personnage, dans une sorte de préfiguration historique majestueuse :

> « Éboué et tous les assistants connurent, non sans émotion, que pour Catroux, de Gaulle était désormais sorti de l'échelle des grades et investi d'un devoir qui ne se hiérarchisait pas... Je sentis qu'il repartait grandi [23]... »

Qui oserait écrire cela sans s'infliger l'épreuve du ridicule ? Lui.

C'est « le cœur lourd » — car les renseignements ne donnent pas à espérer que l'affaire puisse être menée à l'amiable — mais sans douter du succès, que Charles de Gaulle confie la conquête du Gabon à Leclerc, à d'Argenlieu et à Parant (le quatrième des « conquérants de l'Afrique » désignés en août à Londres et qui est nommé gouverneur du territoire avant l'opération). Pour bien marquer qu'il ne s'agit pas là d'une affaire glorieuse mais d'une mission de mise en ordre, il est annoncé qu'aucune citation ne sera décernée à cette occasion.

Du 5 au 12 novembre, Lambaréné, Libreville, Port-Gentil tombèrent aux mains des gaullistes, non sans que plusieurs combats navals n'eussent opposé unités gaullistes et bâtiments vichystes, tel le *Savorgnan de Brazza* commandé par d'Argenlieu (à peine remis de la fusillade de Dakar) et le *Bougainville* — tandis que le sous-marin qu'il commandait, le *Poncelet*, ayant été atteint par un navire anglais, le commandant de Saussine faisait évacuer ses marins et s'immergeait seul à bord, ce qui vaudra à cet adversaire un hommage ému de l'auteur des *Mémoires de guerre*.

L'affaire de Dakar avait été un échec amer. Celle du Gabon fut une amère victoire. De Gaulle parle de vingt morts. Les historiens de l'autre bord en comptent plus de cent. A force de palabres à la chinoise pour transformer en faux combats de vraies redditions, on évita de plus grandes effusions de sang, notamment à Fort-Gentil où se déploya du côté gaulliste l'imagination du pittoresque commandant de la Porte des Vaux.

Mais comme pour mettre un sinistre sceau final à une affaire qui a des relents de comédie policière, le malheureux gouverneur Masson qui, après s'être rallié à la France libre, s'était déjugé sous la pression d'un évêque et de quelques marins, mit à exécution le projet prêté à de Gaulle après Dakar : ramené de Port-Gentil à Libreville, il se pendit dans sa cabine du *Savorgnan de Brazza*.

Tout de même, de Gaulle sortit de ces quelques semaines africaines, après le fiasco de Dakar, revigoré par l'accueil populaire. Nous avons le témoignage de Larminat, pour lequel ses premiers mots avaient été, au début d'octobre : « Alors, on continue ? » et qui le dépeint ainsi à Brazzaville, prenant « un véritable lavage d'âme salubre et roboratif... Il était d'une humeur charmante... Je connus là quel causeur délicieux il peut être. Un jour, il fredonna pour notre instruction le vieux refrain de Béranger : " Il reviendra quand le tambour battra, etc. "... et ceux du boulangisme... » Mais un jour s'avance vers le Connétable un petit fonctionnaire replet qui, levant vers lui sa barbiche, fait : « Est-il vrai que vous êtes catholique pratiquant ? » Alors on entendit tomber des altitudes une voix lourde : « Oui, et après[24] ? »

Le 24 octobre, à Montoire, localité du Loir-et-Cher située à 80 km à l'intérieur de la zone occupée par le Reich, le maréchal Pétain, six jours après avoir promulgué le sinistre « Statut des Juifs », rencontrait le chancelier Hitler dont il serrait solennellement la main devant les caméras. La « collaboration » du régime de Vichy avec l'occupant, voulue dès le premier jour par Laval et son clan, était désormais la politique officielle de la France.

On ne saurait dire que c'est ce nouveau pas accompli dans le sens de l'inféodation du pays à l'ennemi qui décida de Gaulle à créer alors à Brazzaville le Conseil de défense de l'Empire, le 27 octobre 1940. Mais le geste de Montoire et le ralliement de Vichy à l'antisémitisme nazi contribuaient à miner la légitimité du pouvoir absolu instauré le 10 juillet 1940, et à couper ce gouvernement d'une fraction de sa base populaire. Une immense majorité de Français, assommés par le séisme de juin 1940, avait acclamé Pétain faisant « don de sa personne » à la France. Beaucoup moins d'entre eux étaient prêts à approuver l'alignement du pays sur la stratégie ou l'idéologie nazie.

Aussi bien les attendus que donne aussitôt de Gaulle à la création du Conseil de défense de l'Empire sont-ils beaucoup plus politiques que ses textes antérieurs : les références à la République et au « peuple » apparaissent enfin dans le « manifeste de Brazzaville » du 27 octobre, dans lequel l'homme de juin 40 confirme qu'il « ne faillira pas » au « devoir sacré » de « diriger l'effort français dans la guerre », et cela en prenant « l'engagement solennel de rendre compte de mes actes aux représentants du peuple français dès qu'il aura été possible de les désigner librement ».

Au Conseil de défense de l'Empire, le général de Gaulle a fait entrer ceux qui sont alors à Londres ses deux plus importants collaborateurs, militaire — Muselier — et civil — Cassin ; puis Catroux, le rallié le plus notoire, Larminat qui, de Brazzaville, doit superviser l'ensemble des opérations africaines, le médecin général Sicé, le gouverneur Sautot (qui représente ici l'Océanie) et les deux hommes de pointe que sont d'Argenlieu et Leclerc. Pleven est tenu à l'écart, pour être plus libre de mener les missions les plus diverses. D'autre part, Félix Éboué est nommé gouverneur général de l'AEF, remplacé au Tchad par P.-O. Lapie appelé de Londres. Décidément, la France libre, cruellement humiliée à Dakar, prend corps et forme.

Et le 17 novembre 1940, Charles de Gaulle quitte l'Afrique pour gagner l'Angleterre par Lagos et Gibraltar. Pensant aux compagnons engagés à ses côtés, il leur dédie ces quelques lignes qui donnent à penser que l'épreuve de Dakar est bel et bien surmontée :

> « Je songeais à ce qu'avait pour eux d'exaltant une aventure aux dimensions de la terre. Si rudes que fussent les réalités, peut-être pourrais-je les maîtriser, puisqu'il m'était possible, suivant le mot de Chateaubriand, d' " y mener les Français par les songes "[25]. »

Les réalités et les songes ? Il n'a pas fini d'en mesurer les poids respectifs.

L'Indochine, de Gaulle et ses compagnons, ayant mis l'Afrique au premier rang de leurs préoccupations impériales, ne pouvaient manquer d'y penser. A l'état-major de Carlton Gardens étaient réunis plusieurs hommes qui, du fait de leur carrière ou de leurs activités passées, regardaient naturellement du côté de Hanoi ou de Saigon. Ainsi René Cassin qui, présidant le jury du baccalauréat, y avait mené une enquête au début des années trente sur les questions d'éducation, et en avait ramené un gros et substantiel rapport. Ainsi André Diethelm, dont la famille possédait une grande entreprise à Saigon et qui s'était occupé de la péninsule au cabinet de Georges Mandel. Ainsi Palewski qui y avait accompagné Reynaud en 1931. Ainsi René Pleven, et les marins qui entouraient Muselier. Au surplus, c'était de là-bas que le général de Gaulle avait, en juin, reçu la réponse qui lui avait donné le plus d'espoir : celle du général Catroux.

C'est d'abord en tant que position stratégique de première importance que l'Indochine (dont son ami Paul Reynaud disait qu'elle était « le balcon de la France sur le Pacifique ») retenait l'attention du Connétable. Mais aussi en tant que fraction de l'Empire particulièrement menacée. Il ne lui avait pas fallu attendre de rencontrer Catroux à Fort-Lamy pour apprécier la difficulté qu'aurait la France libre d'agir en bon « fidéicommis » de la collectivité française en ce domaine. Il lui avait suffi de suivre de loin le dialogue entre Catroux et les Japonais. Dès le 18 juin, l'état-major nippon, imitant Mussolini, et faisant peu de cas de certain code de l'honneur pratiqué par les sociétés militaires, s'était empressé de tirer parti de la défaite française pour exiger le contrôle de la frontière sino-tonkinoise par laquelle, disaient-ils (et ce n'était pas faux...), leur ennemi Chiang Kaï-Shek recevait des Anglais l'approvisionnement civil et militaire qui lui permettait de poursuivre à Tchoung-King sa résistance.

Après avoir vainement demandé leur aide aux Anglais et aux Américains, peu soucieux alors de se brouiller avec Tokyo, Catroux avait dû céder aux Japonais le contrôle de la frontière tonkinoise, avant d'être relevé par le ministre des Colonies de Vichy, le socialiste Rivière, et de céder la place à l'amiral Decoux, qui ne pourrait que retarder les empiètements incessants des Japonais. Tokyo poussait déjà la Thaïlande à revendiquer puis envahir les provinces occidentales du Cambodge et du Laos.

L'appel du 18 juin, cependant, avait été entendu et souvent bien accueilli par les Français de la région. Un planteur de Cochinchine nommé Mario Boquet et son collègue de Langlade installé en Malaisie commencèrent à grouper bonnes volontés, armes et surtout informations dirigées sur Londres, avant que l'inspecteur des colonies Cazaux, directeur des finances à Saigon, ne fasse parvenir à de Gaulle, le 16 septembre, un message lui faisant part des sentiments favorables d'une grande partie des Français d'Indochine. Grâce aux réseaux montés par Boquet, Langlade et quelques autres, et aussi au double jeu des services spéciaux de Saigon, Carlton Gardens fut bien informé sur l'Indochine dès l'été 1940.

Aux appels venus d'Indochine, le chef des Français libres ne peut répondre, en octobre, que par des encouragements à conserver leur foi en la France libre, des conseils de prudence et la recommandation de rester en contact avec tous ceux qui, à Tchoung-King auprès de Chiang, à Singapour auprès des Anglais, dans les Comptoirs français des Indes et en Nouvelle-Calédonie, luttaient pour la même cause. Au début de 1941, de Gaulle adresse à Eden un mémorandum à propos de l'Indochine. Mais il sait bien, comme il l'écrit dans les *Mémoires,* que « personne ne fera rien pour aider l'Indochine à résister aux Japonais[26] ».

Ce qui explique la circonspection mélancolique avec laquelle il s'exprime sur le sujet : « L'Indochine [m'] apparaissait alors comme un grand navire désemparé que je ne pourrais secourir qu'après avoir longuement réuni les moyens de sauvetage. Le voyant s'éloigner dans la brume, je me jurais à moi-même de le ramener un jour[27]. »

La bataille d'Afrique de 1940, de Gaulle ne l'aura pas livrée en vain. Certes, l'Afrique du Nord est aux mains de Vichy, sous le contrôle des commissions d'armistice allemande et italienne. Certes, Dakar s'est refusée à lui, et avec éclat. Djibouti n'a pas suivi son gouverneur, le général Legentilhomme, dans son ralliement à la France libre, et Madagascar devra attendre deux ans avant de passer — après quelles péripéties... — sous l'autorité du général de juin 40.

En s'installant en AEF, de Gaulle n'a atteint qu'une partie de ses objectifs. Mais enfin, il a maintenant « sa » terre et ses hommes, ses communications, sa radio : de Brazzaville, il n'est plus soumis aux contrôles parfois tatillons du Foreign Office. Il interpelle qui il veut. Il existe, crée le « Conseil de défense de l'Empire » sans seulement en informer Londres, déclenche à partir du Tchad une offensive miniature vers la Méditerranée Comme l'écrit encore Larminat : « Juchés sur nos cocotiers en Afrique centrale, nous lancions un défi impudent à Hitler et à Vichy. »

Au détriment des relations de la France libre avec ses alliés? Il est vrai que l'affaire de Dakar a transformé en défiance hargneuse la vague antipathie que Roosevelt et ses collaborateurs avaient ressentie d'emblée à son égard, défiance qui aura bientôt des conséquences à propos des Antilles et de Saint-Pierre-et-Miquelon. Il est non moins vrai que certaines de ses initiatives, au Cameroun par exemple, ont agacé des chefs militaires britanniques, et que Churchill a marqué de l'humeur quand il a été mis devant le fait accompli de la création du Conseil de défense de l'Empire : défense qui est, de toute évidence, « tous azimuts »... Déjà s'amorcent, ici et là, les explosions futures.

Mais l'animosité de Washington et l'agacement de Londres sont, pour l'essentiel, mal fondés. Car en se taillant au centre de l'Afrique un Empire délibérément hostile aux forces de l'Axe, le chef des Français libres a créé une force d'attraction et d'équilibre dont la stratégie nazie doit désormais tenir compte, en ménageant les défenses de l'Afrique du Nord. En un sens, de Gaulle couvre et renforce, au sud, le timide double jeu de Weygand à Alger. Il ne travaille pas seulement pour la préservation de la France libre, mais aussi pour préparer les grandes entreprises qui conduiront à la victoire commune.

23. L'ombre de Vichy

D'échec en déception, de Gaulle croît. Mais Vichy « tient ». Le général proclame qu'il est la France. Mais le maréchal maintient — sans outrecuidance — qu'il l'incarne. D'un côté, « une certaine idée ». De l'autre, une évidente réalité. Essence et existence... D'une part, la France telle qu'elle devrait être, d'autre part, les Français tels qu'ils sont — cramponnés dans la tempête au radeau de Vichy, à la vieille gloire et à la présence actuelle du maréchal.

A la fin de 1940, ni la reconnaissance accordée par Churchill au « chef des Français libres », ni la consolidation de l'équipe londonienne, ni les ralliements africains, ni les émissions diffusées par la BBC, ne mettent le « gaullisme » à l'abri d'un isolement qui pourrait le conduire à l'extinction. Une telle entreprise ne vit que de mouvement, de fanfares, de progrès — alors que sa quotidienneté inerte mais bien enracinée assure à Vichy la durée.

Le pouvoir installé dans la station thermale auvergnate comme un retraité colonial podagre — situation qui avait d'abord paru « peu sérieuse » au maréchal lui-même qui aurait préféré s'installer à Lyon [1] — ne vit pas que de sa pesanteur spontanée et du pelotonnement frileux autour du père. En zone sud (dite « non occupée » — ce qui est exact — ou parfois « libre » — ce qui est abusif, compte tenu du formidable voisinage nazi et de la présence des commissions d'armistice), s'est élaborée une sorte de mystique de compensation faite de nostalgie passéiste et rurale, de souvenirs de Verdun, de rancunes contre la IIIe République franc-maçonne, de fragments de Péguy mal cités et de hoquets d'un Maurras cacochyme, d'un peu de corporatisme, de pas mal de cléricalisme et de beaucoup de militarisme de type « anciens combattants ». Pot-pourri qui se présente comme une « révolution nationale », si peu révolutionnaire qu'elle se réfère surtout aux classiques du conservatisme flamboyant et si peu « nationale » qu'elle fait mine d'oublier que les trois cinquièmes du territoire sont aux mains de l'occupant le plus féroce de notre histoire.

Peu importe à la masse traumatisée que ce système soit patronné par un peloton de généraux vaincus pour n'avoir su préparer la guerre, d'amiraux sans navires et de politiciens en mal de revanche à prendre sur la république défunte. L'essentiel est, sous l'égide sécurisante du vieux chef, d'abord la neutralisation du pays blessé et ensuite le grand règlement de comptes avec le passé. Écrasés par l'armée allemande, les Français se vengent sur le

Parlement, les partis et les juifs, cibles moins redoutables que le Führer-chancelier et ses SS.

C'est le temps des transmutations : au présent trop amer est substitué un passé mythique, à l'ennemi et occupant, les cadres malheureux du régime abattu, et à un vieillard somnolent, le vainqueur de 1917. Cette foire aux illusions séduit.

Le maréchal, en sa cour thermale, est populaire. Douze millions de ses portraits seront vendus au public en 1941 : près d'un par foyer... Sur son passage, les foules accourent et on lui donne les enfants à bénir — ou presque. Ni le « Statut des Juifs » qu'il promulgue en octobre 1940 à l'instigation de celui qui est alors son conseiller le plus influent, le juriste maurrassien Raphaël Alibert, avant même que les nazis ou leurs agents français n'aient cherché à le lui imposer, ni la poignée de main au Führer victorieux, geste qui ajoute à la capitulation donnée pour inévitable la touche d'un cordial et solennel consentement, ni la voix accusatrice venue de Londres (et qu'écoutent, dès la fin de 1940, des centaines de milliers de Français, surtout en zone nord) ne peuvent altérer l'image du vieux druide rédempteur.

Les lents progrès accomplis dans l'opinion française par le général de Gaulle — brutalement freinés en juillet par Mers el-Kébir et en septembre par Dakar, relancés en octobre par le tête-à-tête de Montoire — sont de nouveau remis en cause le 13 décembre, quand Pétain fait arrêter Laval* : dans ce geste, l'immense majorité des partisans du maréchal et la plupart des attentistes voient la preuve que le vieil homme est décidément réfractaire à la collaboration avec les nazis, et se persuadent du bien-fondé de la thèse qui assure à la majorité son confort intellectuel : celle qui se résume dans la formule dite de « l'épée et le bouclier ».

Pour beaucoup de Français en effet, jusqu'en novembre 1942, Pétain et de Gaulle ne sont opposés qu'en apparence, et en réalité complémentaires, l'un veillant sur la sauvegarde du foyer national quand l'autre représente, au-delà des mers, la permanence de l'esprit combattant. Vieille dialectique des deux Frances, la gauloise introvertie et casanière, la jacobine semeuse d'idées et de principes. Il faudra bien des mois et bien des évidences pour dissiper ce rêve obstiné.

On ne peut négliger tout à fait non plus l'ambiguïté des attitudes de tel ou tel personnage officiel de Vichy à l'égard de la personne même de De Gaulle. « Nous n'étions pas tous antigaullistes au départ, confie l'ancien ministre de la Production industrielle, François Lehideux. Nous admirions l'homme, estimions son courage. Mais nous détestions qu'il insulte le maréchal, et nous avons rompu en esprit avec lui à partir de Dakar et surtout de l'affaire de Syrie[2]. »

_____
* Dont il parle alors à Jean Chauvel comme d'un « traître » (à lui-même, sinon à la France...). Cf. *Commentaire*, tome I, p. 258.

Mais Vichy n'existe pas seulement aux yeux des Français de la zone sud bien-pensants, paysans et conservateurs. Son crédit international est assez fort, très vite après le désastre et l'acceptation du diktat de Rethondes, pour qu'à l'exception du seul Royaume-Uni — avec lequel les relations diplomatiques ont été rompues au lendemain de Mers el-Kébir — tous les grands États, des USA à l'URSS, du IIIe Reich à l'Italie et au Japon, et de l'Espagne au Canada (pourtant dominion britannique) y voient le pouvoir légitime de la France et maintiennent avec son gouvernement leurs relations diplomatiques.

La décision de faire de Vichy, et non de la France libre, le môle de résistance au nazisme et la matrice du pays à reconstruire, a été prise dès le début de juillet à Washington, moins d'une semaine après la reconnaissance à Londres de Charles de Gaulle comme chef des Français libres. Un télégramme apparemment anodin du secrétaire d'État Cordell Hull daté du 6 juillet 1940 signale simplement que les relations sont « maintenues » avec la France, par le truchement d'une ambassade « temporairement installée à Vichy... ce qui implique la reconnaissance *de facto* de la situation ».

Cette décision se fonde sur la légalité formelle du gouvernement Pétain, évidente jusqu'au 10 juillet 1940. On peut s'étonner que ni le dérapage absolutiste et arbitraire amorcé à partir de la capitulation du Parlement de Vichy, qui fonde la légitimité sur le seul plébiscite permanent, ni le « Statut des Juifs », ni la création d'un système totalitaire n'aient altéré la confiance ainsi accordée à Vichy, assez forte pour que Franklin D. Roosevelt dépêche comme ambassadeur auprès du maréchal, en décembre 1940, un chef militaire du plus haut rang qui est son ami personnel, l'amiral William Leahy, lequel sera, écrit Soustelle, « l'alibi de Pétain comme Pétain est l'alibi des faibles »... Dès lors, le State Department fait mine d'ignorer les Français libres — avec plus de rigueur que Londres ne se détourne de Vichy.

Que l'action diplomatique américaine auprès du maréchal ait eu des aspects positifs, faite surtout de judicieuses et utiles mises en garde contre toute concession au Reich, nul n'en disconvient. Mais le choix catégorique des États-Unis ne contribua pas seulement à affaiblir en France et dans le monde le crédit naissant du « gaullisme », à lier plus étroitement le général à ses hôtes anglais et donc à aviver son intransigeance provocante, il renforça le scepticisme de ceux qui, à Londres, et pour des raisons multiples dont beaucoup tenaient aux vieilles habitudes de l'alliance, mettaient en doute le bien-fondé de l'entreprise née le 18 juin 1940. Beaucoup de hauts fonctionnaires anglais eussent préféré garder le contact avec leurs partenaires traditionnels du Quai d'Orsay et de la Rue de Rivoli, même embourbés en Auvergne, que de se colleter avec ce général arrogant sorti tout armé du cerveau enfiévré du Premier ministre et des bagages de cet intrigant de Spears...

Ainsi pensaient les cadres les plus influents du Foreign Office, du War Office et de l'Amirauté — d'Alexander Cadogan à Ronald Campbell, de Strang à Sargent, de Victor Alexander à Dudley Pound et de Dickens à Dill.

Comment n'auraient-ils pas été ancrés dans leurs préventions en constatant qu'aucun de leurs interlocuteurs de naguère — Corbin, Cambon, Léger, Margerie, Morand, Monnet — n'avait choisi de coopérer avec de Gaulle à Londres, tandis qu'un fort contingent de leurs amis fidèles, comme Charles-Roux et Chauvel, servait l'État français sur les bords de l'Allier ?

On ne saurait sous-estimer en effet l'influence longtemps exercée dans l'entourage du maréchal par le parti anglophile qui, surtout actif au ministère des Affaires étrangères autour de Charles-Roux (démissionnaire fin novembre), contrebat efficacement pendant près d'un an l'anglophobie des amiraux et la germanophilie déclarée du clan Laval — représentée au Quai d'Orsay par Jacques Guérard, le chef de cabinet du ministre Paul Baudouin.

Ce courant de sympathies individuelles et traditionnelles qui passe entre diplomates de Vichy et de Londres, survivant aux plus tragiques péripéties et malentendus, contribuera beaucoup à rendre inconfortable la situation de Charles de Gaulle, constamment menacé — au moins jusqu'au jour de décembre 1940 où Anthony Eden remplace Lord Halifax à la tête du Foreign Office — d'être court-circuité par une initiative venue de Vichy, ou même de Londres.

Winston Churchill n'a-t-il pas eu tort, à la fin de juin, de déclarer que le gouvernement de Vichy avait « cessé d'être indépendant » et de jouer l'avenir des relations anglo-françaises sur le seul général de Gaulle, à l'exclusion du maréchal ? La question ne cesse jamais de se poser jusque dans l'entourage du Premier ministre. Et avant même que s'exercent les pressions de Washington en vue de ménager Vichy et de marginaliser de Gaulle, le Foreign Office s'était préoccupé de renouer les fils avec le gouvernement Pétain et son représentant * en Afrique du Nord, le général Weygand.

La plaque tournante de cette diplomatie de contre-assurance est Madrid. C'est là qu'opère le plus prestigieux des ambassadeurs de Sa Majesté, Sir Samuel Hoare, ancien chef du Foreign Office et naguère partenaire privilégié de Mussolini et de Laval — dont l'homologue français en Espagne est l'ambassadeur de la Baume. Dès le 13 septembre (alors que l'expédition de Dakar paraît toucher au but), le diplomate français remet à son collègue anglais un message de son ministre Baudouin, proposant à Londres un *statu quo* colonial [3] et l'assouplissement du blocus britannique qui permettrait le ravitaillement de Vichy par ses territoires africains. Si Hitler tentait d'intercepter les convois tolérés par Londres, croit pouvoir préciser Baudouin, le maréchal serait prêt à passer en Afrique du Nord pour reprendre la lutte aux côtés du Royaume-Uni (lui qui avait tout fait pour s'opposer à cette stratégie en juin ?).

Pour étrange que soient ces avances, Londres tend l'oreille — et en informe de Gaulle, alors en Afrique. Le 3 octobre, le général répond qu'il a pris note, « avec le plus grand intérêt que pour la première fois dans une

* A partir de septembre 1940.

communication officielle, le gouvernement de Vichy avait envisagé [...] de reprendre la guerre aux côtés de la Grande-Bretagne », mais ajoute tranquillement que si des arrangements de ravitaillement intervenaient, ils devraient être imputés à une « demande du général de Gaulle »...

L'affaire tourne court, Vichy manifestant au fil des jours de moins en moins d'ardeur combative par rapport à la note initiale de Baudouin — évidemment tactique. Churchill ne s'est guère fait d'illusion sur ces sondages mais la reculade de Vichy l'irrite. Aussi décide-t-il, le 20 octobre, d'intervenir directement : cette nuit-là, il adresse au-delà de la Manche une allocution en un français superbement pittoresque où, avec l'accent d'un Falstaff récitant du Rabelais, il dénonce Hitler et « son petit complice italien [qui] trotte craintivement à ses côtés. Tous deux veulent découper la France et son empire. L'un veut la cuisse et l'autre l'aile [...]. [Si] ce monstrueux enfant de la haine et de la défaite est libre d'agir à sa guise, l'Europe ne sera plus qu'une Bochie uniforme offerte à [...] la brutalité des gangsters nazis [...]. Jamais nous ne céderons [...]. Allons, bonne nuit, dormez bien, rassemblez vos forces pour l'aube — car l'aube viendra[4]... »

Si Churchill met avec tant de feu les Français en garde contre les nazis, c'est qu'alors, venue de Berne, plane la rumeur de la signature imminente d'une paix séparée aux termes de laquelle Vichy ferait à Berlin de nouvelles concessions en matière coloniale et navale : on parle de la cession à Hitler des bases en Méditerranée. Quatre jours plus tard, d'ailleurs, ce sera l'entrevue de Montoire..

Mais Vichy n'a pas renoncé à amadouer Londres. Deux jours après l'appel à la résistance lancé par Winston Churchill, atterrit à Londres le professeur Rougier, dont les démarches n'ont pas fini de susciter commentaires et interprétations[5].

Louis Rougier, professeur de philosophie à l'université de Besançon, ami de Jacques Chevalier, secrétaire général du ministère de l'Éducation à Vichy, comme lui fermement maréchaliste et discrètement anglophile, est en relation avec un haut fonctionnaire du ministère anglais de la Guerre économique (MEW). Par le canal du consulat britannique à Genève, il lui câble pour suggérer un arrangement entre Londres et Vichy à propos du blocus.

La réponse est assez encourageante pour que Rougier propose à Baudouin, puis à Weygand, puis à Pétain — qui le reçoit le 20 septembre — de se rendre à Londres en vue d'ouvrir un dialogue. Le maréchal l'y encourage et lui remet une lettre de recommandation pour les autorités britanniques. Via Lisbonne, Louis Rougier gagne Londres où, dès son arrivée, le 22 octobre, il est reçu au Foreign Office par Sir Alexander Cadogan, qui lui propose de rencontrer Churchill — à condition qu'il ne voie pas de Gaulle, précise Rougier*.

---

* Indication étrange, de Gaulle se trouvant alors en Afrique et toute l'opération Rougier 'endant précisément à le court-circuiter.

Reçu le 25 octobre à Downing Street, Rougier tombe sur un Churchill au bord de l'apoplexie : c'est la veille qu'a eu lieu l'entrevue Pétain-Hitler à Montoire, et la presse anglaise ne parle que de livraisons au IIIᵉ Reich de navires et de ports français... Hors de lui, le Premier ministre parle de « bombarder Vichy ».

Le visiteur laisse passer l'orage et trouve le moyen d'exposer sa thèse, celle de la « troisième voie » : Laval veut jeter Vichy dans la guerre aux côtés d'Hitler ; de Gaulle, en s'en prenant aux colonies françaises, va finir par y attirer les nazis ; Pétain et Weygand, eux, sont les seuls garants d'un maintien de la flotte et de l'Empire hors de la mainmise allemande. C'est donc sur eux qu'il faut s'appuyer (ce qui est, nous l'avons vu, la thèse de Washington...). Moyennant quoi, l'émissaire français suggère un accord en trois points : *statu quo* outre-mer, assouplissement du blocus de la France non occupée, arrêt des attaques contre Pétain à la radio de Londres.

Churchill ne dit pas non. Trois jours plus tard, au Foreign Office, Louis Rougier rédige avec William Strang, adjoint de Cadogan, un protocole qui, mettant l'accent sur la détermination unanime du peuple britannique à poursuivre la guerre jusqu'à l'écrasement du Reich, rappelle que l'Angleterre est décidée à rétablir la souveraineté française dans son intégrité si la France l'aide dans son effort de guerre* mais ne répond de rien si son ancien allié cède des bases à l'Axe.

Moyennant quoi les deux gouvernements s'engagent à ne pas chercher à conquérir les colonies contrôlées à cette date par Vichy d'une part, par de Gaulle d'autre part ; Londres laissera passer le ravitaillement transporté d'Afrique du Nord vers les ports de Provence, Vichy ne livrera ni base ni navire à l'Axe, et « remettra l'Empire dans la guerre le jour où les Anglais et leurs alliés éventuels auront fait la preuve de leur force »...

Lisant ce texte singulier, Churchill — qui se garda de le signer — y ajouta deux annotations bien dans sa manière. A propos d'une participation de l'Empire français au combat contre l'Axe, il indique en marge : « Si Weygand dresse l'étendard en Afrique du Nord, il peut compter sur notre appui total et une part de l'aide des États-Unis... » Et, concernant une éventuelle livraison aux nazis de bases méditerranéennes, il lance ce coup de griffe : « Nous ferions tout en ce cas pour abattre un gouvernement coupable d'une trahison aussi vile ! » (« *so base a betrayal* »).

Nanti de ce document qui, non signé, n'a que la valeur d'une déclaration d'intentions, Rougier mit le cap sur Alger en vue de convaincre Weygand, cible principale de la manœuvre. Le commandant en chef en Afrique du Nord le reçut le 6 novembre au moment même, raconte le voyageur, où lui était remise une lettre personnelle de Churchill l'exhortant à « lever l'étendard de la révolte ». En rajoutant ces trois derniers mots, le Premier ministre espérait-il vraiment séduire ce dévot de l'ordre ? Weygand n'était pas seulement allergique à toute révolte. Il attendait que Londres « et ses alliés éventuels » fissent étalage de leur force. On lui prêtait alors ce mot ·

---

* C'est presque mot pour mot les termes de l'accord avec de Gaulle du 28 juin.

« Si les Anglais viennent avec quatre divisions, je leur tire dessus. S'ils viennent avec vingt, je les embrasse[6]. » Rougier n'amenant — et ne promettant — aucune division fut rudement éconduit.

Sur quoi l'autoémissaire regagna Vichy où le maréchal le reçut le 20 novembre (en cachette de Laval, croit bon de préciser Rougier...). Bien que le vieil homme soit resté impassible en écoutant la lecture du « protocole de Londres », le professeur retira de cette entrevue la conviction qu'il en avait entériné au moins l'esprit, et que Vichy se refuserait à toute paix séparée avec Berlin, à toute concession en Afrique du Nord et à toute reconquête des territoires passés sous le contrôle de la France libre — à condition que le général de Gaulle ne tente pas de pousser plus loin ses avantages.

En dépit du ton satisfait qu'il affiche tout au long de son récit (auquel on s'est surtout référé) et des commentaires qui en ont été faits depuis lors par les avocats du maréchal qui voudraient mettre en balance ces démarches en catimini avec la solennelle entrevue de Montoire pour démontrer que Pétain incarnait un raisonnable juste milieu (entre l'alouette Rougier et le cheval Hitler...), le professeur de Besançon estima le bilan de son entreprise si peu positif qu'il partit peu après pour les États-Unis où il s'installa jusqu'à la fin de la guerre, y menant ardemment campagne contre de Gaulle.

Winston Churchill ne sut pas se tenir de mettre de Gaulle dans la confidence[7]. La réaction du général — qui entre-temps avait reçu l'avis du Foreign Office qu' « aucune décision irrémédiable » ne semblait avoir été prise à Montoire — fut plus nuancée qu'on aurait pu l'attendre. S'il brandit, face à Londres, le Conseil de défense de l'Empire qu'il vient de créer à Brazzaville * comme seul dépositaire de l'honneur et de l'avenir français, il reconnaît, sur un ton magnanime et un tantinet protecteur, bien fait pour exaspérer les Britanniques, que « le général de Gaulle et le Conseil de défense de l'Empire français comprennent les raisons qui peuvent amener actuellement le gouvernement britannique à ménager dans la forme le gouvernement de Vichy, aussi longtemps qu'il ne sera pas prouvé que [celui-ci] n'a pas fait à l'Allemagne ou à l'Italie de concessions nouvelles[8] »...

S'il ne fait « aucune objection » à ce que des « encouragements » soient adressés à des « autorités dociles à Vichy » mais dont on ne peut exclure « qu'elles cherchent un jour à s'en affranchir » (il cite au passage Noguès et Weygand), de Gaulle signifie qu' « aucun accord ne saurait être conclu » avec eux sans sa « participation » et son « consentement ». Ayant administré à ses hôtes cette leçon en forme de défi, de Gaulle va se retourner vers Washington, sans même prévenir les Anglais, offrant aux Américains une collaboration militaire dans l'hémisphère occidental **...

Fureur au Foreign Office. Le journal intime du chef de la tendance antigaulliste, Sir Alexander Cadogan, n'est plus qu'une giclée de bile à l'égard de De Gaulle dont il écrit qu'il a « un visage d'ananas et une taille de femme » « J'espère que nous pourrons faire reculer de Gaulle à l'arrière-

---

* Voir chapitre précédent.
** Voir plus loin, p. 515.

plan. C'est un perdant [*looser*]... Télégramme ridicule de ce " c... " [*ass*] de De Gaulle qui prétend sommer Weygand de prendre enfin parti : c'est exactement ce qu'il ne faut pas faire [...]. Je crois que la confiance du Premier ministre en de Gaulle [et en Spears] est enfin ébranlée [9]... »

Elle ne l'est pas. Les commentaires que Churchill consacre dans ses mémoires aux réactions que provoquent chez de Gaulle les tractations entre Londres et Vichy le montrent très compréhensif du point de vue du général : « Il estimait que nous avions un devoir de loyauté envers lui [...] et qu'il fallait se montrer intraitable [avec nous] pour montrer aux Français qu'il n'était pas à la solde de l'Angleterre [10]. »

C'est à cette même époque que Londres « reconnaît » le Conseil de défense de l'Empire, à titre de partenaire d'entité combattante appelée à représenter les Français, mais aucunement comme un gouvernement. Ce que précise de Gaulle dans un télégramme très sec (1er février 1941) à son représentant aux États-Unis, Garreau-Dombasle*, qui a cru pouvoir faire état, auprès de la presse américaine, d'une reconnaissance *de facto* du Conseil par Londres.

Mais pour être « gaulliste » au premier chef, c'est-à-dire churchillien, le Premier ministre n'en reste pas moins attentif à saisir toute occasion de soutenir les courants germanophobes qui pourraient se manifester à Vichy. Ainsi encourage-t-il les démarches faites en ce sens par le ministre du Canada auprès du gouvernement du maréchal, Pierre Dupuy, qu'il appelle joliment « ma petite fenêtre sur l'Allier », surtout à partir du 13 décembre 1940 : l'arrestation de Laval, sur ordre exprès du maréchal qui déteste l'homme plus encore que sa politique pronazie, n'est-elle pas la preuve qu'une chance existe de faire basculer Vichy dans le bon sens ? Si le maréchal a osé infliger ce camouflet à Hitler, et substituer à Laval un politicien au passé notoirement anglophile comme Pierre-Étienne Flandin** c'est que des forces jouent en ce sens, et qu'il faut les encourager.

Va-t-on vers un nouveau renversement des alliances ? Lord Halifax, qui s'apprête à quitter le Foreign Office pour l'ambassade à Washington, ne veut pas se retirer sans avoir tout fait pour renouer les liens avec Vichy. Il alerte son ami Jacques Chevalier, le plus anglophile des collaborateurs de Pétain qui, au lendemain de l'arrestation de Laval, ménage à Pierre Dupuy une audience avec le maréchal. Le récit de l'entretien, tel que le chargé d'affaires canadien le rédigea à l'intention de Londres, est des plus décevants :

« Le maréchal paraissait fatigué. Il faillit s'endormir à trois reprises [...]. Je n'arrivai à le tenir éveillé qu'en répétant à voix forte le nom du général de Gaulle : je dois dire que la réaction était instantanée... » Évoquant le sort des bases françaises en Méditerranée, Dupuy s'entend répéter qu'elles seront défendues contre tout attaquant. « Donc, ai-je dit, vous ne les

---

* Successeur de Sieyès.
** En dépit du télégramme de félicitation adressé après Munich à Hitler — comme aux trois autres acteurs de la conférence.

céderiez jamais aux Allemands? — Cela dépend [...]. Si on m'offre une compensation satisfaisante, il se pourrait que j'y sois obligé... — Mais cela reviendrait à prendre parti pour l'Allemagne et contre l'Angleterre? — Passivement oui, mais pas activement... » Sur quoi le vieil homme assure que la victoire de l'Angleterre lui paraît « très souhaitable » et qu'il ne fera rien qui puisse « nuire à la cause alliée » — insistant de nouveau sur la distinction qu'il fait entre collaboration « active » et « passive ».

Une semaine plus tard, Pierre Dupuy vient rendre compte à Churchill de sa mission auprès de Pétain. Sans dissimuler sa déception, il suggère qu'une démarche soit faite auprès du général de Gaulle pour qu'il cesse de s'en prendre aux Français fidèles à Vichy, et combatte plutôt les Italiens. A quoi Churchill riposte qu'il n'a « aucunement l'intention de ligoter ses amis et de s'en faire des ennemis, dans l'espoir que ses ennemis deviendraient un jour ses amis [11] ».

Voilà qui est net, comme le sont les rapports de Gaulle-Churchill en cette fin de 1940. La conduite du Premier ministre s'inspire alors du très savoureux mémorandum rédigé par Sir Edward Spears :

« Nos laborieux efforts pour amadouer le gouvernement de Vichy pourraient faire penser à ceux d'une personne bien intentionnée qui voudrait donner de la laitue à un lapin alors que celui-ci est poursuivi par une hermine qui vient d'entrer dans sa cage. C'est pour le moins un gâchis de laitue, car même si le lapin était reconnaissant — ce qui ne paraît guère vraisemblable — il resterait malgré tout à la merci de l'hermine... » Or, soutient Spears, Vichy est entièrement « à la merci des Allemands » et « l'Empire français aide puissamment les Allemands » car la « laitue » provenant d'Afrique du Nord et débarquée à Marseille est distribuée au gré des commissions d'armistice...

Ce que de Gaulle exprimera pour sa part de façon encore plus crue, dans une « interview » accordée en août 1941 au journaliste américain George Weller — et qui, pour avoir été démentie, n'en exprimait pas moins, à l'évidence, sa pensée. Weller rapporte qu'ayant demandé à de Gaulle pourquoi le cabinet britannique n'avait pas encore reconnu la « France libre » en tant que « gouvernement », il avait reçu cette réponse : « L'Angleterre a peur de la flotte française [...]. Il existe entre Hitler et l'Angleterre une sorte d'arrangement de fait, Vichy servant d'intermédiaire Vichy rend service à Hitler en maintenant le peuple français en esclavage et en livrant des lambeaux de l'Empire français à l'Allemagne. Mais Vichy sert également les Anglais en refusant de livrer la flotte à Hitler. Comme l'Allemagne, l'Angleterre se sert de Vichy... Échange profitable à l'un et à l'autre... Ainsi le gouvernement de Vichy survivra tant que Londres et Berlin y trouveront leur avantage [12]... »

On aurait tort de penser qu'entre Vichy et la France libre, il n'y a de relations que réfractées à travers les prismes de Londres ou de Washington.

Bien sûr, officiellement, c'est la guerre, on l'a vu à Dakar, en attendant pire. Mais des va-et-vient commencent à s'organiser. Dès l'automne 1940, deux officiers qui, tout en rejetant l'armistice et la collaboration, n'ont pas d'emblée condamné Vichy, s'y emploient : les colonels Groussard et Loustaunau-Lacau. Ce dernier, on s'en souvient, fut le compagnon de Charles de Gaulle à l'École de guerre, puis son successeur comme « officier de plume » auprès de Pétain, et enfin le créateur du réseau anticommuniste « Corvignolles » dans les cadres de l'armée. Tous deux ont d'abord rejoint le maréchal — auquel les attache une fidèle affection. Mais c'est, dans l'un et l'autre cas, pour tenter d'arracher le vieux chef à l'influence de Laval, d'Alibert et de Guérard.

Loustaunau, tentant de sonder le maréchal à propos de la France libre, s'attira moins de rebuffades qu'on ne pourrait l'imaginer (et que ne donne à penser le récit de Pierre Dupuy). Il rapporte qu'à Vichy, Pétain parlait de Charles de Gaulle avec moins de hargne que de nostalgie, reprenant parfois ceux qui, comme l'amiral Darlan ou le général Bergeret, dénonçaient devant lui le « traître de Gaulle ». Henry du Moulin de la Barthète, chef de cabinet (et « porte-plume » officiel) du maréchal rapporte qu'il l'entendit souvent dire de l'homme de Londres : « C'était le meilleur... c'est l'ambition qui l'a perdu. » (Ce qui ne l'empêcha pas, à Montoire, de parler de Charles de Gaulle à Hitler comme d'un « mauvais Français qui avait renié sa patrie[13] ».

Loustaunau : « Et notre ami de Gaulle ? »

Pétain : « De Gaulle nous a lâchés pour aller jouer sa carte personnelle. Je lui en veux de cela. Lorsque les Français le connaîtront mieux, ils le comprendront moins [...]. »

Loustaunau : « Ce n'est tout de même pas mauvais d'avoir un pied en Angleterre ? »

Pétain : « Je n'ai pas besoin de lui si je veux atteindre Churchill[14]... »

Estimant que les ponts ne sont pas tout à fait coupés entre l' « épée et le bouclier », Loustaunau-Lacau écrit à de Gaulle pour tenter d'établir une filière entre les deux camps, faisant valoir ce que la gloire de Pétain représente encore. Il reçoit de Londres, par une voie non précisée, cette réplique, en date du 13 janvier 1941 :

> « Mon cher Ami,
> ...ni moi ni ma famille * — qui est maintenant la plus nombreuse de France — n'acceptons ce qui s'est passé ni ce qui se passe. Nous voulons que l'on fasse son devoir, quelles qu'en puissent être les conséquences, et il n'y a qu'un seul devoir. Toutes les finasseries, tergiversations, cotes mal taillées sont, pour nous, odieuses et condamnables. Ce que Philippe ** a été autrefois ne change rien à la façon dont nous jugeons ce qu'est Philippe dans le présent. Nous aiderons tous ceux qui voudront faire ce qu'ils doivent faire. Nous laissons tomber (et ils tombent très bas) ceux qui ne font pas ce qu'ils doivent[15]... »

* La France libre, évidemment
** Pétain, bien sûr.

Loustaunau se le tiendra pour dit, et se gardera de « tomber très bas » : il est déjà en train de fonder le réseau « Alliance » qui, en liaison avec le SOE britannique, sera l'un des premiers maillons de la résistance intérieure et jouera un rôle décisif dans le renseignement interallié.

Le colonel Groussard agit lui aussi sur deux plans. S'il est à Vichy, selon Jacques Soustelle, l'un des hommes qui ont « pris une part importante à l'éviction de Laval le 13 décembre 1940 [16] » et l'un des organisateurs de la mission Dupuy, il sera aussi celui que le général Huntziger, ministre de la Guerre et signataire de l'armistice, enverra à Londres en avril pour avertir de Gaulle qu'en vue de faire passer l'Afrique du Nord en dissidence, il attendait une aide des Anglais : mais le chef des Français libres vient de partir pour Le Caire. Groussard, rentrant à Vichy, rend compte de sa mission à Pétain, qui, « selon son habitude, s'en déclare satisfait [17] ». Darlan qui, le 10 février 1941, a évincé Flandin avec un programme de collaboration « active », le fait jeter en prison — où il se morfond encore quand Huntziger se tue dans un accident d'avion... Il lui faudra s'évader pour fonder, très vite, le réseau « Gilbert ».

Mais de Gaulle, lui, de Gaulle, son attitude se résume-t-elle aux quelques formules méprisantes de la lettre à Loustaunau-Lacau ? Tout ou rien ? Ici le salut, là les ténèbres ? Certains de ses écrits les plus intimes de cette période révèlent des interrogations, des hésitations même à propos de Vichy, qui témoignent en faveur de sa sensibilité humaine et même de sa finesse politique, mieux que les sentences tranche-montagne de telle ou telle allocution radiophonique.

Prenons deux lettres à son fils Philippe, aspirant à l'école navale de Portsmouth. La première date du 18 décembre 1940, cinq jours après le renvoi de Laval par le maréchal. Nul écho ne s'y manifeste de cet épisode capital :

> « ... Je crois que l'équivoque Pétain-Vichy est en train de se dissiper même pour les aveugles-nés. Bientôt les fantômes et les rêves auront disparu et l'on verra partout, même en Angleterre (!)* qu'entre la France vraie et nous, les " gaullistes " il n'y a que l'ennemi [18]... »

Ici donc, c'est l'Intraitable qui parle, comme à la radio.

Mais deux semaines plus tard, comme s'il n'avait appris qu'entre-temps la révolution de palais de Vichy, Charles de Gaulle écrit à son fils :

> « ... Les gens de Vichy sont en train de choisir décidément entre le crime et le salut. D'après mes renseignements, l'opinion française et même les hommes de Pétain ont fait des progrès dans le bon sens au cours des dernières semaines. Mais tels que je les connais, personnages au fond

---

* C'est l'époque où Pierre Dupuy est reçu à Vichy par le maréchal.

falots et d'ailleurs très compromis par leurs précédents abandons, je serais surpris qu'ils adoptent une attitude vraiment nationale et rentrent dans la guerre. Pourtant, c'est toute la question [19] ? »

Ainsi, tout sceptique qu'il est, n'exclut-il plus un sursaut, le choix d'une « attitude vraiment nationale »... fait par ces hommes dont il dénonce depuis six mois la capitulation, voire la trahison. N'oublions pas la note au Foreign Office, dans laquelle il manifeste un « grand intérêt » quand Vichy évoque l'hypothèse de « rentrer dans la guerre ».

Les preuves qu'il n'a pas renoncé à tout espoir en ce sens — pourvu que le très hypothétique retournement du cabinet Pétain ne soit pas une opération anglo-américano-vichyste l'éliminant du débat —, ce sont les lettres qu'il ne cesse, à intervalle régulier, d'adresser à quelques-uns des personnages les plus notoires du régime maréchaliste. Ainsi envoie-t-il, le 29 janvier 1941, un message à l'amiral de Laborde, seul des chefs de la marine française dont le prestige puisse être mis en balance avec celui de Darlan, et qui commande l'escadre de Toulon* :

> « Amiral,
> Je vous écris comme d'un Français à un Français, d'un soldat à un marin, d'un chef à un chef.
> Il n'est pas possible que la Marine ne veuille pas jouer, contre l'envahisseur de la France, le grand rôle national qui lui revient [...]. Amiral, tel ou tel de vos pairs** peut poursuivre de médiocres plans pour satisfaire son ambition médiocre. Vous, vous avez autre chose à faire. Vous avez à mener [...] à la guerre de libération notre belle et puissante marine. Vous êtes, pour les grandes choses, seul chef désigné, et vous savez bien qu'elle vous suivra [...]. Moi-même et mes compagnons ne voudrions rien d'autre que joindre nos armes aux vôtres [20]... »

De Gaulle peut bien tenter de dresser Laborde contre Darlan, que déteste ce rival. C'est oublier l'anglophobie maladive du premier, plus virulente encore que celle du second, et l'antipathie que lui voue, à lui de Gaulle, le chef de l'escadre de Toulon depuis le jour de juin 1940 où, lui rendant visite à Brest, il a essayé de l'entraîner dans son refus de la politique d'armistice : la « gaullophobie » de Laborde est telle qu'il ne cessera pas, jusqu'en novembre 1942, de harceler Vichy pour qu'on lui confie le commandement d'une expédition de reconquête du Tchad ! On imagine l'accueil qu'il fit au message du chef des Français libres...

Lequel ne fut pas plus heureux en en appelant une fois encore, le 24 février 1941, au patriotisme de Weygand pour l'inciter à ramener l'Afrique du Nord dans la guerre. « Pour quelques jours encore, vous êtes en mesure de jouer un grand rôle national. Après, il sera trop tard... » Mais la formule finale était, à elle seule, de nature à cabrer l'ancien généralissime : « Si votre réponse est : oui, je vous assure de mes respects. » Cet insolent respect conditionnel déplut fort au général d'Alger qui, selon l'un de ses

---

* Où il sabordera la flotte dix-huit mois plus tard.
** Il s'agit de Darlan, bien sûr.

proches, fit répondre à Charles de Gaulle *a.* qu'il devrait être fusillé ; *b.* que lui, Weygand, était trop vieux pour faire un rebelle ; *c.* que la France étant occupée pour les deux tiers par l'ennemi et pour ce qui restait par la marine — ce qui était encore pire — il n'était plus libre de ses mouvements...

Plus révélateur encore de l'ambiguïté ou de la flexibilité des jugements que peut alors porter de Gaulle sur des hommes qui ont dans un premier temps choisi Vichy contre lui, est ce télégramme adressé en mars 1941 à Roland de Margerie, l'ancien directeur de cabinet de Reynaud et à ce titre son compagnon le plus actif dans la lutte contre l'armistice du 6 au 16 juin 1940, mais qui avait choisi deux semaines plus tard de quitter Londres pour Vichy. Cette défection de l'un des hommes clés de la diplomatie française aurait pu le braquer à tout jamais contre Margerie. Mais non. Le 29 mars 1941, de Gaulle télégraphie à Shanghai, où il s'est fait nommer consul général de France :

« ... La tournure prise par les événements et l'opinion réveillée en France ne permettent plus l'abstention à un homme tel que vous [...]. Je vous demande de me rejoindre à Londres sans délai... » Rappelant la présence à ses côtés de Pleven, Dejean, Palewski et du professeur Escarra, de Gaulle poursuit : « Nous devons faire une équipe de gérants des droits et intérêts de la France... » et conclut par cette formule personnelle et vibrante qui, au-delà de la raison d'État et de l'esprit de clan, montre la force, chez lui, de certaines élections : « Venez, mon ami*. »

Ainsi voit-on de Gaulle lui-même s'interroger sur Vichy et accorder le sursis à tel ou tel « vichyste », en un temps il est vrai où le maréchalisme reste ambigu et où les hôtels-ministères de la petite station d'Auvergne sont encore truffés d'honnêtes gens qui n'ont pas renoncé à faire de ce cul-de-sac un point de départ, noyautant, manœuvrant, sabotant à qui mieux mieux et dont beaucoup se retrouveront sous peu, à l'exemple de Loustaunau ou de Groussard, à la tête des réseaux ou des mouvements de résistance.

La concentration des pouvoirs entre les mains de l'amiral Darlan, le 10 février 1941, après que Pétain en eut fait son successeur désigné, précise les contours de la nébuleuse de Vichy.

L'amiral-dauphin croit-il, aussi simplement que le veut sa légende, à la victoire de l'Allemagne et à la nécessité pour la France de se tailler une place de brillant second au côté du vainqueur ? François Lehideux, alors membre de son gouvernement, nous a raconté une curieuse séance au cours de laquelle, en août 1941 dans son bureau et devant un petit groupe composé de Lucien Romier, ministre d'État et intime du maréchal, de l'amiral Auphan et de lui-même, Darlan avait déclaré : « Je considère que désormais l'Allemagne a perdu la guerre. Ce n'est plus qu'une question de temps. Mais en attendant, la France peut-elle rester pendant deux ou trois ans sans gouvernement [21] ? » Mais pour la majorité des observateurs, pour la presse, pour le grand public, la prise en charge des responsabilités par l'amiral, aux dépens de Flandin, signifie bien un coup de barre vers le IIIe Reich.

---

* Cet appel-là non plus, si direct qu'il fût, Margerie ne l'entendra pas.

De Gaulle n'en doute pas, qui télégraphie le lendemain à Larminat : « Arrivée Darlan signifie triomphe politique collaboration » tandis que Churchill note que « Darlan est pire que Laval... ». Dès lors, les interrogations cessent et le chef des Français libres convainc Churchill de manifester solennellement que Vichy a cessé d'être un partenaire digne qu'on lui fasse le moindre crédit.

Plus de laitue pour le lapin pourchassé par l'hermine... A dater du printemps 1941, les relations franco-britanniques cessent d'être triangulaires, et reviennent à la formule du tête-à-tête, dût cette clarification prendre, dans les États du Levant, des formes de plus en plus orageuses.

S'agissant d'aussi rudes jouteurs que Winston Churchill et Charles de Gaulle, le face-à-face n'est pas la situation la plus propre à la sérénité. Il est peu vraisemblable que le chef des Français libres ait jamais souhaité entre eux la présence d'un tiers. Mais il advint peut-être à Churchill de regretter le temps où les fonctionnaires de Sa Majesté pouvaient évoquer une alternative au tête-à-tête avec le général-veto. En Orient, par exemple...

24. Vers l'Orient compliqué.

Quand il considère l'Orient en guerre, Charles de Gaulle ne le fait pas d'un œil non prévenu. Dix ans plus tôt, il a commandé à Beyrouth le 2ᵉ et le 3ᵉ bureau des troupes du Levant. Dix-huit mois durant, il a arpenté, d'Alep à Saïda et — après un crochet par Jérusalem — de Tripoli au djebel Druze, une terre qu'aucun homme, et surtout aucun croyant, ne laisse aisément fuir de sa mémoire.

Abordant l'Afrique, il en ignorait tout ce qu'il n'avait pas lu dans les livres. Peulhs et Wolofs, marabouts ou pasteurs, Bamilékés ou Doualas : il lui fallait interroger Boislambert pour déchiffrer ces énigmes. Mais s'agissant des Alaouites et des Druzes, des Maronites du Kesrouan et des Chiites du Liban-sud, des problèmes du Sandjak et des affaires du Bec de Canard, il sait... Sa prodigieuse mémoire fonctionne ici à plein régime. Et si différents par l'ampleur et les conséquences que soient devenus, en 1941, les problèmes qu'il a étudiés en 1930, il connaît ici l'échiquier, les pions et la plupart des règles du jeu, il sait quels sont les points d'appui de toute stratégie française, les alliés probables, les ennemis certains, les réflexes des uns et les arrière-pensées des autres. On n'a pas été vingt mois en charge du Bureau de renseignement au Levant sans connaître quelque chose à la politique anglaise, sans savoir que Damas est le cœur du monde arabe, et que les affaires de Bagdad se traitent malaisément au Caire.

Au surplus, il n'est pas de domaine où le chef des Français libres ne se sache doté d'un entourage plus compétent et expérimenté : son représentant, Catroux, passe à bon droit — et jusqu'à Londres — pour l'un des plus grands experts de ces questions — et de Gaulle le tient personnellement pour tel depuis plus de quinze ans ; Larminat ne l'a rejoint qu'en brûlant la politesse à Mittelhauser, le commandant en chef au Levant dont il était le chef d'état-major, et le général Legentilhomme, au moment de rallier la France libre, commandait les forces de Djibouti. Quant au représentant des FFL en Palestine, c'est le lumineux Repiton-Preneuf.

Au début de 1941, le gaullisme paraît en mesure de traiter, mieux que tous les autres, les problèmes du Proche-Orient. N'est-il pas, au demeurant, l'allié des Britanniques qui en détiennent les clés ? Posée à cette date, la question n'est pas aussi naïve qu'on le croirait, dût-elle appeler déjà une réponse nuancée...

Telle est la toile de fond sur laquelle va se dessiner l'action du général de Gaulle, et qui explique, sans toujours la justifier, l'assurance hautaine, la virtuosité cassante dont fait preuve, tout au long de la grande crise du Levant, le chef des Français libres. Intraitable à Londres, intolérant avec Vichy, audacieux en Afrique, il lui arrivera de manifester ici une outrecuidance de « spécialiste », une assurance de vieux routier, et des susceptibilités de propriétaire indigné.

Ne négligeons pas non plus le climat psychologique dans lequel il s'engage dans ce débat. Les quatre premiers mois de 1941 ont été, après les mésaventures de la stratégie gaulliste en Afrique noire, d'août à décembre 1940, marqués par une sorte de résurrection guerrière. Les succès du gaullisme avaient été, jusqu'alors, d'ordre psychologique. Il manquait à l'entreprise le sceau de la valeur militaire. C'est ce que lui apportent, de janvier à avril 1941, les raids de la colonne Leclerc vers Mourzouk et Koufra, la participation d'unités françaises aux victoires britanniques de Bardia, de Tobrouk et de Benghazi, la prise de Kub-Kub en Éthiopie et celle de Massaoua en Érythrée — qu'opère à l'avant-garde la 13e demi-brigade de la Légion étrangère commandée par Monclar.

Homme de guerre dont l'objectif primordial est de maintenir la France dans la guerre, de Gaulle tient pour essentielles ces victoires, fussent-elles limitées, symboliques ou provisoires. La France libre a cessé d'être un « lobby * » gaulliste, un groupe de pression animé par un général campé derrière un micro. La France libre est désormais la France combattante. D'un texte de De Gaulle à l'autre, en ces mois-là (notamment dans le discours qu'il prononce le 5 avril à l'Ewart Memorial Hall du Caire) vibre une espérance toute neuve. Militaire, il lui fallait faire sa preuve sur le terrain. Le 14 mars 1941, deux semaines après l'entrée de Leclerc à Koufra, c'est un autre de Gaulle, très loin de la débâcle de juin 1940, très loin du fiasco de Dakar, qui s'envole pour l'Orient.

D'autant que les escales qu'il fait à Brazzaville et à Fort-Lamy lui montrent les territoires africains ralliés à sa cause, bien administrés, et fourmillant d'initiatives et d'entreprises, sous l'impulsion d'hommes comme Éboué, Larminat, Laurentie et Lapie. Et quand il arrive à Khartoum, le 27 mars, c'est au lendemain de la prise de Keren (Érythrée), à laquelle les forces françaises ont pris une part non négligeable. Son humeur est assez sereine pour que, télégraphiant au général Wavell, commandant en chef britannique au Moyen-Orient, pour le féliciter à la veille de son arrivée au Caire, il parle de « vos » (et non de « nos ») victoires...

« Vers l'Orient compliqué, je volais avec des idées simples. » Peu de phrases des *Mémoires de guerre* ont été plus souvent citées, typique qu'elle est du style à la fois décoratif et didactique du général, déjà moulée par les manuels d'histoire.

Idées simples ? Oui. La première lui est chevillée à l'esprit : partout où se

* Comme on ne dit pas encore en Europe...

décide le sort de la guerre, c'est-à-dire l'avenir du monde, la France doit être présente et active. La seconde lui est non moins familière : que la France, en Orient, surtout aux « échelles du Levant », a une place marquée par l'histoire, les services rendus, le mandat confié par la SDN, et ses propres intérêts. La troisième est plus circonstancielle : l'axe de la guerre s'est déplacé. De nord-sud qu'il était à l'origine, il a basculé d'ouest en est. C'est sur le canal de Suez qu'est la « clé de l'action » — ce que semble bien indiquer l'intense effort des nazis sur les deux rives de la Méditerranée —, Yougoslavie et Grèce au nord ; Libye et Égypte au sud, sous l'impulsion de Rommel. Il fallait donc agir là où « tout était en cause » — et d'autant mieux que, du Tchad à Damas, la France disposait de moyens importants, déjà acquis à la France libre ou en mesure de se rallier.

On reviendra sur le bien-fondé de cette analyse, qui donne un caractère central, primordial, à une bataille qui allait assez vite s'avérer secondaire. Les erreurs d'appréciation stratégique de De Gaulle sont assez rares pour qu'on relève celle-là. Encore faut-il indiquer qu'à la date où le chef des Français libres arrête ses plans et se détermine pour y parvenir à « ne ménager rien » (ce qui est peu dire...), il ne peut savoir que le déchenchement de l'opération « Barbarossa », l'invasion de l'URSS par le IIIᵉ Reich — qu'il avait prévue, mais à une date ultérieure —, déclassera et marginalisera dans quelques semaines la campagne du Proche-Orient.

Ainsi, en confondant pour une fois l'accessoire et l'essentiel, le général usera exagérément son crédit vis-à-vis de ses indispensables amis anglais et, pour prix d'un succès partiel, coûteux, et devenu à tout prendre mineur, se retrouvera politiquement isolé au moment du grand tournant de la guerre, provoqué par les successives entrées en lice de l'URSS et des USA.

L'idée de réussir à Damas ce qui avait été manqué à Dakar et d'en faire en quelque sorte la répétition générale de la grande opération sur l'Afrique du Nord qui, dès la première heure, est son projet majeur, remonte à l'automne 1940. Dès le 25 octobre, de Brazzaville, de Gaulle câble à Churchill qu'à l'issue d'une conférence avec Catroux, il vient d'arrêter « le plan d'action pour la Syrie ».

Au début de novembre atterrit à Jérusalem un très discret voyageur nommé M. Chartier que les autorités britanniques accueillent avec courtoisie et installen. dans un appartement isolé des casernes Allenby. C'est là que le capitaine Repiton-Preneuf, officier de liaison des *Free French* auprès du haut-commissaire Harold Mac Michel, se présente à ce gentleman à la fine silhouette habillée de gris qui, bourrant sa pipe de tabac blond, profère d'une voix menue et sur un ton un peu désabusé des propos très intelligents : c'est Catroux, venu prendre ses premiers contacts et sonder le terrain. Il n'a pas besoin de convaincre Repiton, rallié dès la première heure et qui, de concert avec François Coulet animateur à Haïfa de la station de radio *Levant-France libre,* assure l'implantation gaulliste auprès des Britanniques de Palestine et de Transjordanie.

L'enquête de « M. Chartier » ne permet pas de garder beaucoup d'illusions. Tous les efforts faits par les dissidents à coup de messages personnels pour faire des représentants de Pétain de « bons Français libres par correspondance [1] » ont échoué et échoueront. Le Dakar oriental ne réussira pas sans « casse », ni bavure. L'important est qu'il intervienne assez tôt pour qu'entre-temps cet Orient, plus assoupi encore que « compliqué » n'ait glissé aux mains de l'Axe.

Le 31 décembre, en possession du rapport de Catroux, le chef des Français libres prévient son délégué désormais stationné au Caire que des « événements prochains » étaient à prévoir dans « notre Levant » et qu'il doit à cet effet se concerter avec les autorités britanniques d'Égypte et de Palestine. Le 8 mars, de Gaulle signale à son délégué général au Proche-Orient qu'il va recevoir un important armement pour « les troupes du Middle-East ».

Ayant mis au point avec Catroux le plan « Georges » (d'intervention en Syrie) que les Anglais baptiseront opération « Exporter », c'est le 3 mai enfin que le général de Gaulle dévoile ses batteries, dans un télégramme à son plus proche lieutenant :

> « ... Si les circonstances viennent à nous offrir l'occasion de régler la question nous-mêmes, fût-ce en employant la force, en profitant d'une secousse morale des troupes françaises de Syrie, nous devons immédiatement et sans hésiter saisir cette occasion [2]... »

« Secousse morale » ? De Gaulle essaie encore de se donner le change, de le donner aux Anglais, auxquels il suggère encore que, dans leur for intérieur, les vichystes sont en majorité de son bord... Mais il devrait savoir que ce ne sont pas des choses à écrire à Catroux... Alors qu'en juin et juillet 1940, c'est par centaines que les officiers et les soldats étaient passés en Palestine pour rejoindre les Anglais et continuer la guerre à leurs côtés, au printemps 1941, et bien que le haut-commissaire Puaux dont on pouvait toujours espérer un sursaut d'indépendance eût été remplacé par le très conformiste général Dentz, le mouvement de sécession semblait tari.

L'arrivée même en Orient d'un chef aussi prestigieux que le général Catroux qui avait été le patron et restait le modèle de beaucoup de spécialistes des affaires arabes, n'avait déclenché aucun ralliement collectif. Comme l'escadre d'Alexandrie, dans sa rade, résignée à l'abstention sous le contrôle de la flotte de l'amiral Cunningham, cette armée d'Orient sur laquelle on avait tout misé en 1939 restait comme assoupie, sabordée dans les sables, au moment où les forces du Reich progressaient vers l'est.

Ainsi l'état-major des Français libres ne pouvait-il guère compter, en vue d'une action à entreprendre, que sur la petite division confiée en mars au général Legentilhomme : moins de 6 000 hommes assez mal équipés, dotés seulement de 10 chars et 8 canons — auxquels il faut ajouter deux escadrilles d'une douzaine d'avions chacune... Or, Catroux avait reçu cet avertissement de ses informateurs de Beyrouth : « Si vous venez en force, il n'y aura qu'un baroud d'honneur. Si vous vous présentez en état de faiblesse, la résistance sera dure... » La « philosophie » de Weygand en Afrique du Nord...

Les Anglais ? De Gaulle décrit très bien dans ses *Mémoires* la multiplicité des sollicitations qui assaillaient Wavell, « fort bien doué quant au jugement et au sang-froid » et « pas dépourvu d'intelligence stratégique », quand il pénétra dans le bureau du général anglais au Caire, « dans le tumulte et la poussière, incommode et pressant » : tandis qu'en Grèce, les forces anglo-helléniques étaient sur le point de s'effondrer, en Libye, Rommel progressait sans répit vers l'est. Certes, en Éthiopie, les Italiens refluaient au-delà d'Addis-Abeba devant la poussée anglaise. Mais, observe de Gaulle, « absorbé par ses trois fronts de bataille [Wavell] n'entendait, à aucun prix, en voir s'ouvrir un quatrième ». Dès lors, il était clair que les Français libres ne pourraient mener leur opération en Syrie que si une initiative ennemie contraignait le commandant en chef britannique à agir, ou à laisser agir.

Ce n'est pas seulement parce qu'il a « d'autres chats à fouetter » en Méditerranée orientale que l'état-major anglais du Caire ne tient pas à livrer la bataille du Levant. C'est aussi qu'il appréhende de provoquer, ce faisant, le retour, dans un secteur où Londres s'est toujours voulu hégémonique et vient de faire assez de sacrifices pour prétendre le rester, d'une entité française dynamique, ambitieuse sinon querelleuse et avide de « s'affirmer ». Rien ne peut être plus satisfaisant pour la stratégie anglaise au Levant qu'une France sommeillante et pusillanime, résignée à la défaite globale, avide de se faire oublier... Aussi bien les Français libres, lorsqu'ils entreront en Syrie, constateront qu'un accord tacite s'est établi entre les troupes de Vichy et leurs voisins anglais de Palestine et de Transjordanie, enchantés d'une si parfaite inexistence.

Jusqu'au jour où cette « inexistence » s'avérera la couverture d'une félonie à leur égard : la mise à la disposition de l'Allemagne et de ses alliés de positions stratégiques et d'armement détenus par le pouvoir en place à Beyrouth. Alors, mais alors seulement, le commandement britannique en Orient accepte de bouger : c'est la menace directe d'une pénétration des nazis associée à un soulèvement irakien qui les contraint de remettre en cause le commode *statu quo* au Levant, et d'introduire dans cette chasse gardée les trop remuants *Free French*.

Le 2 mai 1941, le chef du gouvernement d'Irak, Rachid Ali el-Keilani, « travaillé » depuis des mois par des émissaires nazis, s'est proclamé en dissidence contre les Anglais* et a déclenché l'attaque contre leur base d'Habbaniah. Ainsi le IIIe Reich tente-t-il de refaire, contre l'Empire

---

* Pays « indépendant » depuis 1930, l'Irak est toujours contrôlé militairement par les Britanniques.

britannique, le « coup » de la révolte arabe réussi par le colonel Lawrence contre les Turcs vingt-cinq ans plus tôt. La perte de Bagdad serait un revers très grave pour Wavell. Mais Berlin doit vite constater que son allié irakien s'est lancé imprudemment dans l'aventure et sera bientôt maté par les Anglais intervenant à partir de l'Inde, si les armes qui lui ont été promises par ses interlocuteurs à croix gammée ne lui sont pas livrées d'extrême urgence.

Pour sauver Rachid Ali et élargir la brèche creusée par lui sur le flanc est de Wavell, la stratégie allemande a besoin de la Syrie, de ses bases et des armes qui y sont entreposées sous le contrôle de la commission d'armistice italienne installée à Beyrouth. Pour cela, Berlin ne manque pas d'atouts.

Dès les lendemains de l'armistice, les services de renseignements anglais et gaullistes ont repéré l'arrivée à Beyrouth et à Damas d'émissaires allemands — un certain Roser, un nommé Eilander. Puis s'installe en janvier 1941 un diplomate de haut rang, von Hintig, vieux spécialiste de l'Orient, délégué du IIIe Reich auprès du haut-commissaire Dentz. Enta· mant un patient travail de désagrégation, il multiplie les incitations au nationalisme syrien et libanais, qui, dans l'esprit des agents nazis, doit articuler son action sur le soulèvement en préparation à Bagdad. Mais Rachid Ali a déclenché son mouvement trop tôt pour que le réseau syrien de von Hintig (animé par Souadi Keilani, apparenté au leader irakien) soit prêt à agir.

Faute d'homologues syriens, les ennemis irakiens de l'Angleterre trouve· ront à Beyrouth comme à Damas des répondants français. Certes, depuis qu'il s'est installé au Grand Sérail de Beyrouth, le général Dentz ne cesse de répéter qu'il défendra les positions françaises « contre tout assaillant ». Mais après avoir, le 5 mai, arrêté avec Abetz l'ensemble d'un plan qui mettra à la disposition de l'Axe les bases aériennes françaises du Levant, l'amiral Darlan, flanqué de Jacques Benoist-Méchin, est reçu par Adolf Hitler à Berchtesgaden les 11 et 12 mai, alors que la révolte antibritannique de Rachid Ali donne de graves signes d'épuisement.

Le lendemain, 13 mai, de Gaulle mande à Catroux :

> « A la suite de l'entrevue Darlan-Hitler, il faut nous attendre à un plein essor de la " collaboration ". Il me paraît évident qu' [elle] jouera d'abord sur le terrain de la Syrie et que nous allons voir l'ennemi à Damas tandis que Vichy déclarera qu'il s'en lave les mains, et n'assume plus le mandat tenu d'une SDN dont il s'est retiré [...]. Nous nous heurtons à l'obstination du général Wavell [qui] empêche par avance toute réaction pratique de notre part [...]. Comme on ne peut imaginer que le général Catroux demeure l'arme au pied en Palestine tandis que l'ennemi entre en Syrie, il est tout à fait nécessaire et tout à fait urgent que vous quittiez Le Caire... »

Ce chantage s'avère payant. Le retrait du représentant de la France libre en Orient ferait apparaître des fissures au sein de l'alliance. Churchill qui admire Wavell mais commence à le trouver timoré, et que son tempérament activiste porte, comme toujours, du côté de De Gaulle, enjoint à son état-major du Caire de soutenir l'initiative des Français libres et télégraphie à de Gaulle, le 15 mai, pour lui demander de « ne pas retirer Catroux de Palestine (où il est) peut-être déjà en train d'agir ? » et l'invite « cordiale- ment » à se rendre lui-même au Caire. C'est le feu vert de Londres à l'opération au Levant. Charles de Gaulle en est si transporté de joie qu'il se laisse aller à rédiger en anglais, pour la première et dernière fois, sa réponse au Premier ministre de Sa Majesté :

« 1 Thank you

2 Catroux remains in Palestine

3 I shall go to Cairo soon

4 You will win the war *. »

Tout est étonnant ici : l'idiome choisi, le style, et surtout la dernière formule, avec ce « you » qui, comme dans la lettre de félicitations à Wavell pour « ses » victoires, distingue l'avenir anglais de celui de ses alliés, fût-ce dans la victoire...

Dès lors, les mécanismes anglo-gaullistes sont mis en marche. Churchill harcèle Wavell — qui, vers le milieu de mai, a envisagé d'abandonner l'Irak ou de négocier un compromis avec Rachid Ali, en vue de concentrer plus de forces sur son flanc ouest, dans le secteur de Tobrouk, face à Rommel — pour qu'il assure à l'opération sur les États du Levant un soutien important, non seulement aérien, mais terrestre. Le Premier ministre s'efforce de persuader le général du Caire qu'il ne s'agit pas là d'une concession faite aux caprices du chef de la France libre mais de la défense dans le monde arabe des intérêts britanniques essentiels. Aussi bien Wavell fait-il — sans enthousiasme — diligence, non sans télégraphier au Premier ministre, le 17 mai, qu'il faut tenir au second plan « les Français libres, qui ne feraient qu'aggraver la situation[3] ».

Les agents hitlériens, de leur côté, se multipliaient. Dès le 12 mai, il est apparu que Darlan avait, à Berchtesgaden, cédé aux exigences d'Hitler concernant l'utilisation permanente des aérodromes de Syrie par l'aviation du Reich — envoyée au secours de Rachid Ali. Le surlendemain, le général Dentz reçoit, à Beyrouth, un télégramme du ministre de la Guerre Huntziger, l'avertissant des concessions faites à Berchtesgaden à propos des bases du Levant et lui demandant si l'application d'une telle mesure ne risque pas de provoquer « des troubles dans l'armée du Levant ». A quoi Dentz répond qu'il faut éviter toute installation permanente d'unités allemandes. Vichy interprète ainsi cet avis : « En cas de survol du Levant par des avions allemands ou italiens, abstenez-vous de toute riposte. Si certains atterrissent, recevez-les [...]. Les avions anglais doivent au contraire être attaqués par tous les moyens[4]... »

Entre-temps, deux émissaires de Vichy et de Berlin avaient été dépêchés

---

* « Merci. Catroux reste en Palestine. J'irai bientôt au Caire. Vous gagnerez la guerre. »

le 10 mai à Dentz pour le « mettre en condition » : l'ancien chef de cabinet de Paul Baudouin (depuis lors éliminé des Affaires étrangères), Jacques Guérard, ardent militant de la collaboration, et Rudolf Rahn, adjoint d'Otto Abetz à Paris, remarquable spécialiste des affaires françaises.

Dans le récit qu'il a fait de sa mission, Rahn, qui agit au Levant sous le pseudonyme de Renouard (ou Renoir), se présente comme une sorte de Baron de Crac, se jouant en virtuose des grotesques fantoches français. On dirait Spears racontant comment il manipula de Gaulle à Bordeaux...

Si veule que se soit avéré le général Dentz, on a les preuves qu'il opposa d'abord quelques objections aux injonctions des visiteurs, comme au premier télégramme d'Huntziger. Mais averti par Guérard et Rahn que toute résistance de sa part attirerait sur la France les plus cruelles représailles du chancelier, Dentz s'inclina devant la triple sommation formulée simultanément par Hitler à Berchtesgaden et par ses émissaires à Beyrouth : accorder à la Luftwaffe la disposition des aéroports de Syrie ; livrer aux insurgés irakiens les armes françaises entreposées à Beyrouth sous le contrôle de la commission d'armistice ; pour gagner du temps, assurer le transfert secret de ces stocks d'armes à leurs destinataires, par le chemin de fer de Bagdad, à travers le territoire de la Turquie — État neutre qui entretient de bonnes relations avec Londres et qui doit donc être abusé puis placé devant le fait accompli [5]... ˃

Toutes ces exigences qui sont, de la part du représentant de la France au Levant, autant d'actes d'inimitié ouverte à l'encontre de la Grande-Bretagne et violent les conventions d'armistice du 22 juin 1940 — comme le démontre dans une lettre indignée au maréchal Pétain le grand jurisconsulte Jules Basdevant (29 mai 1941) — seront agréées par le général Dentz, à cela près qu'il réussit à monnayer les armes livrées à Bagdad (payées 35 millions par les nazis...) et s'efforça de limiter à Alep l'usage des bases aériennes françaises par les avions à croix noires.

Les aviateurs du Reich n'avaient d'ailleurs pas attendu l'autorisation ainsi accordée le 15 mai sous la pression de Rahn (et de Vichy) pour atterrir sur certaines bases françaises : dès le 9, trois Heinkel avaient atterri à Alep. Des Messerschmitt furent repérés le 11 à Rayak, au nord de Beyrouth. A partir du 15, on compta 106 avions allemands dans le ciel syrien, certains repeints aux couleurs irakiennes.

Ces pratiques ayant naturellement suscité des réactions anglaises — qui bombardèrent et surtout mitraillèrent les aéroports ainsi utilisés, de Beyrouth à Alep — le cabinet du général Dentz se mit en mesure d'expliquer que « des avions allemands » ayant « survolé » la Syrie, certains d'entre eux avaient été « contraints à des atterrissages forcés ». Au début de juin, cette version était ainsi amendée : « Des avions étrangers allant de l'ouest vers l'est ont fait escale en Syrie. »

Dentz se sent en situation de plus en plus inconfortable. Le 30 mai, il a câblé à Darlan qu'un certain colonel Jung vient de le sommer de « collaborer sur le plan militaire contre les Anglais ». Cet officier nazi sait en effet que, l'avant-veille, Darlan a signé avec le général von Warlimont les

« protocoles de Paris » qui livrent au Reich plus encore que des bases en Syrie — la disposition de Bizerte, de Dakar, et d'importants stocks d'armements entreposés en métropole... Moyennant quoi Berlin s'engage à des concessions qui donneront à Vichy « les moyens de justifier devant l'opinion publique de son pays l'éventualité d'un conflit armé avec l'Angleterre et les États-Unis [6]* ».

Mais ce renversement des alliances militaires, qui engage Vichy dans la voie de la collaboration active, Darlan a demandé à ses interlocuteurs nazis le temps de le faire admettre à l'opinion et à des gens comme Dentz... Lequel est donc en droit, face aux sommations de Jung, de s'étonner (ou de s'inquiéter ?). « Qu'en est-il ? Une telle collaboration, objecte-t-il, comporte des risques terribles... » Alors, le 5 juin, Darlan répond : « Il n'existe aucun accord de collaboration militaire contre l'Angleterre [...]. A la suite de votre télégramme, ai fait démarche pour retrait le plus tôt possible éléments allemands venus en Syrie, mais je n'ai encore reçu aucune réponse. »

C'est à cette situation, celle d'un encouragement direct et actif des autorités françaises du Levant aux troupes qui se battent contre l'Angleterre avec l'appui aérien du IIIe Reich, qu'est confronté le commandement allié à la fin de mai 1941. Si fâcheuse soit alors la situation de Rachid Ali el-Keilani, que ni les 21 000 fusils ni les 600 mitrailleuses ni les canons de 75 que le général Dentz a laissé filer vers Bagdad ne peuvent sauver de l'effondrement, le 31 mai, l'activité des forces aériennes allemandes à partir d'Alep crée un danger constant et constitue un défi ouvert à la Grande-Bretagne dans une région où toute atteinte à un prestige ancien peut être irrémédiable. Bref, comme l'écrit encore une fois Churchill à Wavell, il ne s'agit pas seulement, en agissant, de favoriser les plans personnels du général de Gaulle...

Au début de juin, tout est prêt (tout ce qui peut l'être, et reste fort maigre...) pour l'expédition de Syrie. C'est alors, le 6, que Winston Churchill adresse à Charles de Gaulle un télégramme capital où, lui exprimant tous ses vœux pour ce qu'il appelle « notre entreprise commune au Levant », rappelant que « l'impossible a été fait pour appuyer les armes de la France libre », il formule l'espoir que « cette action, comme toute notre future politique dans le Moyen-Orient d'ailleurs, soit basée sur une confiance et une collaboration réciproque ».

Et le Premier ministre de Sa Majesté précise : « Il nous faut adopter des attitudes similaires vis-à-vis des Arabes. Vous n'ignorez pas que nous ne cherchons à nous assurer aucun avantage particulier dans l'Empire colonial français et que nous n'avons pas l'intention d'exploiter à notre profit la tragique situation de la France. Mais [...] nous devons faire l'un et l'autre tout ce qui est en notre pouvoir pour donner satisfaction aux aspirations des Arabes... » Voilà qui est mettre les points sur les « i ». On en reparlera ! Et Churchill, ayant glissé sa pointe, de conclure chaleureusement . « A l'heure

---

* Ici, Darlan va plus loin que Laval n'avait jamais osé s'aventurer, sinon en paroles...

où Vichy atteint de nouveau le fond de l'ignominie [...] les Français libres sauvent la gloire de la France[7]. »

A ce message fondamental, lourd déjà de tous les drames à venir, Charles de Gaulle se contente de répondre en remerciant « profondément » Churchill et en l'assurant que les Français libres sont « décidés à vaincre avec vous en alliés fidèles et résolus ».

Fidèles et résolus... L'un et l'autre le sont probablement en intention. Mais l'un et l'autre savent bien, parce qu'ils connaissent leur histoire, que « l'entreprise commune » est lourde de menaces pour l'unité de l'alliance. Le terrain sur lequel on s'engage, l'un tirant l'autre, est miné, depuis que Lesseps a fait du canal de Suez la route des Indes, et surtout depuis qu'en 1917, les deux puissances se partageant cyniquement le Proche-Orient*, Paris s'est assuré le contrôle de Damas, cœur sinon capitale du monde arabe. Opération que le Colonial Office n'a jamais entérinée. Puisque ces Français tiennent si fort à crever cet abcès, et que le chirurgien est aux trois quarts britannique, il faudra bien en tirer les conséquences... Sinon pour réaliser un redécoupage global des « zones d'influence », mais pour corriger ici et là quelques « anomalies » (du point de vue britannique) au djebel Druze et dans le Hauran syrien par exemple...

A propos du plaidoyer en faveur des aspirations arabes amorcé par Churchill à l'adresse de De Gaulle, il faut rappeler aussi que, sur le fond même du problème, celui de l'émergence de la personnalité politique et culturelle du Proche-Orient et de l'avenir respectif des Arabes et des Juifs, les objectifs et les réflexes différaient du tout au tout.

Les Britanniques restaient profondément attachés à un arabisme inspiré de leurs services du Caire, imprégnés de l'esprit de Lawrence dont leur « conseiller oriental », Sir Walter Smart** est l'ingénieux héritier, et des hommes comme John B. Glubb, Maitland Wilson et Spears, les disciples dévots. Longtemps soucieux — surtout Churchill — de maintenir la balance égale entre cette stratégie arabe et un sionisme qui inspire la déclaration Balfour de 1917, les chefs de guerre britanniques ont fait leur choix, exprimé, dans le « Livre blanc » de 1941 qui donne un coup d'arrêt apparemment décisif à l'immigration juive : c'est sur le nationalisme arabe que Londres fonde désormais sa politique orientale.

Tout autre est l'option gaulliste. On ne saurait la définir comme aussi sioniste que celle du Royaume-Uni est arabe. Catroux est là pour plaider la cause des droits arabes. Mais pour des raisons multiples, qui tiennent au goût que de Gaulle a pour les chasseurs d'impossible, donc aux créateurs de *kibboutzim*, à la vocation du gaullisme face au Vichy du « Statut des Juifs », à la méfiance qu'éprouve alors l'homme du 18 juin pour le nationalisme arabe et à l'anglophobie qui fermente en lui, la convergence s'opérera, sur le terrain, entre forces gaullistes et combattants juifs de Palestine levés contre le nazisme.

* En vertu des accords dits Sykes-Picot.
** Le « Mountolive » de Durrell.

Au moment de décrire ce qui fut, après Dakar, la seconde grande initiative militaire de la France libre, engageant dans son entier le prestige de son chef, il importe de citer un texte qui éclaire son état d'esprit à propos du caractère « fratricide » de la lutte. Bien que ce ne soit pas à propos du Levant, mais de Djibouti et du blocus que les Français libres demandent à Londres d'imposer pour contraindre au ralliement la côte des Somalis, que l'homme du 18 juin écrit ce qui suit au général Catroux, le 10 mai 1941, ces lignes sont révélatrices de l'état d'esprit dans lequel il agit alors :

> « ... Quant à l'argument que les Anglais et nous porterions l'odieux de prolonger le blocus de Djibouti, je crois que dans la guerre où nous sommes engagés, cela est presque risible [...]. Nous serions bien naïfs si nous imaginions pouvoir faire l'omelette de la libération française sans accepter de casser quelques œufs [8]... »

Certes, mais quels « œufs » ? Tout ou presque tout le problème est là. Tuer les ennemis est l'essence même de l'acte de guerre. Mais ici, qui est l'ennemi ? Le gaullisme du 18 juin se fonde sur cette idée — simple et irréfutable — que l'ennemi reste l'envahisseur allemand, et non, si décevant qu'il ait pu être, l'allié anglais, avec lequel le peuple français est engagé d'honneur et, au-delà des rivalités et divergences, en accord sur l'essentiel : la valeur de la personne humaine.

Mais ce débat sur la nature de l'ennemi et le sens du combat ne va-t-il pas dégénérer dès lors que celui que l'on soumet au blocus, aujourd'hui, et sur lequel on s'apprête à tirer, demain, est français ? Que certains citoyens français aient alors, par veulerie, fanatisme ou esprit de caste, une attitude moralement pire que celle des nazis, est une chose. Que les armes françaises soient tournées contre des soldats qui obéissent aux ordres d'un gouvernement qui, même depuis le 10 juillet 1940, peut s'affirmer légal, couvert par l'autorité d'un chef légendaire auquel ils ont prêté serment, est une autre chose.

Parce qu'il a répondu à cette question « sans ménager rien », estimant que l'intérêt et l'honneur de la France le commandent, de Gaulle va soulever des haines d'autant plus implacables que ce qui est en jeu ici engage chacun jusqu'au tréfonds, dès lors qu'il a pu choisir, *se* choisir. Ce qui sera à jamais reproché à de Gaulle et resurgira en Algérie vingt ans plus tard, ce n'est pas seulement d'avoir fait tirer sur des Français, mais d'avoir dénudé sans pitié la vanité de certaines formes d'allégeance, et mis en cause, sans merci, la hiérarchie des fidélités.

Charles de Gaulle revient à diverses reprises dans ses *Mémoires* sur le caractère odieux du conflit, sur cette « victoire d'Hitler » que constitue l'affrontement franco-français de Syrie — rendu inévitable selon lui par une politique qui assujettit pour un temps les armes de la France à l'intérêt stratégique du IIIe Reich. Il parle d'« horrible gaspillage » et exprime, « à l'égard de ceux qui s'opposent à nous par point d'honneur, des sentiments confondus d'estime et de commisération[9] ». Mais, ajoute-t-il, « plus m'étreint le chagrin et plus je m'affermis dans la volonté d'en finir ». Et il ajoute alors, dans une lettre à sa femme, qu'il faut « avoir une âme de fer, tant les événements sont cruels et les responsabilités lourdes[10] ».

Ainsi n'est-il pas, en dépit de la légende, le chef cuirassé contre toute compassion — en tout cas dans une occurrence où, chez ce militaire plus traditionnel qu'on le croit souvent, les notions de discipline, de point d'honneur et de fidélité au chef sont d'autant plus prégnantes qu'il dut en faire litière un an plus tôt. La Syrie, après Dakar, rouvre la plaie de juin 40, qui saigne encore.

On a esquissé une description des rapports entre de Gaulle et cet « Orient compliqué ». Mais il faut s'arrêter à ceux qu'il entretient avec le général Catroux. On a dit le caractère exceptionnel du ralliement de ce général prestigieux à l'homme du 18 juin, et aussi l'autorité de « spécialiste » dont jouit, entre l'Atlas et l'Euphrate, ce disciple de Lyautey. C'est pourquoi l'ordre hiérarchique paradoxal établi entre eux d'un commun accord ne peut aller sans à-coups : d'autant que l'un est — ou se veut — tout cabré et cambré dans le défi, quand l'autre est toute finesse et circonspection, et va spontanément à la transaction quand l'essentiel n'est pas en jeu.

De Gaulle sait que son délégué en Orient a jugé de façon fort sévère la conduite de l'opération de Dakar. Et François Coulet qui, avant de devenir l'officier d'ordonnance de De Gaulle, côtoya Catroux au Levant, rapporte que celui-ci ne se faisait pas faute de critiquer « l'intransigeance » du Connétable[11].

Si ouvert aux arguments contraires qu'il puisse être, Catroux n'est pas homme à se laisser rabrouer par un chef plus jeune et moins averti que lui des problèmes spécifiques qu'il a reçu mission de résoudre. De la correspondance échangée entre le chef des Français libres et son délégué général en Orient, on ne dispose que des lettres du premier. Elles sont souvent assez grinçantes pour qu'il soit facile d'imaginer la sécheresse de certaines objections présentées par Catroux à de Gaulle. Ainsi, dès le 21 janvier 1941, l'homme de Londres écrit-il à son représentant au Caire :

> « ... Je suis obligé de vous demander de me marquer plus de confiance. Veuillez ne point imaginer que je fasse rien pour rendre plus difficile la mission très délicate et méritoire que vous avez acceptée[12]. »

Mais la coopération entre les deux chefs reste assez tumultueuse pour qu'un mois plus tard, le 17 février de Gaulle ait dû écrire :

> « ... Je refuse naturellement votre démission. Il n'y a pas de démission acceptable en temps de guerre. Si donc vous persistiez à retirer vos services à la France libre, ce serait un abandon [...]. Personne ne méconnaît

l'importance du concours de votre personnalité au service de notre cause qui est, non pas la mienne, mais celle de la patrie. Mais vous me permettrez, à moi qui suis, vous le savez, votre ami ardent et sincère, de vous dire que votre grandeur consiste précisément à apporter ce concours sans condition ni susceptibilités [13]. »

Georges Catroux « encaisse » cette rude mise au point et poursuit sa tâche. Mais les orages se lèveront à nouveau, et des menaces de démission seront encore proférées, tamisées ou parfois même subtilisées par l'entourage de Catroux, assez fidèle dans l'esprit à son chef pour lui épargner les conséquences de mouvements d'humeur qui prennent souvent, chez les hommes très courtois et contrôlés, des formes particulièrement vives. Il arrivera au lieutenant Buis ou au capitaine de Chevigné, les deux plus proches collaborateurs de Catroux, d' « oublier » de transmettre telle réaction de leur patron à une admonestation de De Gaulle et d'en être, le lendemain, tacitement loués... Mais les contradictions renaîtront à la fin de juillet et manqueront de conduire à la rupture de ce singulier contrat.

Autour des deux chefs s'activent des officiers, qui tranchent autant qu'eux sur l'ordre commun : le colonel Collet, chef des fameux « tcherkesses », le capitaine Repiton-Preneuf, qui manifeste en toutes occasions la scintillante imagination tactique qui, cinq ans plus tard, lui permettra de faire du cavalier nationaliste Leclerc le plus intelligent des négociateurs en Indochine ; François Coulet, que de Gaulle choisira pour être bientôt auprès de lui, le « famulus » ; Chevigné, qui ne sera ministre que dix ans plus tard mais est déjà un combattant intrépide ; Buis, guerrier de 28 ans qui ne sait pas encore s'il ne sera pas, à 30 ans, poète, mais préfère en tout cas la lecture de Mallarmé à celle du tableau d'avancement...

Face à eux, un vieil Alsacien brisé par la défaite — il a été le dernier gouverneur militaire de Paris —, incapable de démêler les fils de l'écheveau formé par les mots d'ordre de Vichy, les invites et invectives gaullistes, les intrigues allemandes, les pressions d'un état-major encore imprégné des directives de Weygand, en tout cas débordé et ne trouvant son salut que dans le recours à la discipline la plus formelle : le général Dentz, qui finira tristement « en prison pour médiocrité » pour reprendre une formule de Montherlant. Son adjoint militaire, le général Arlabosse, est d'une autre trempe : mais à tous les appels des Français libres, il oppose ce credo : « La victoire de l'Allemagne est définitive, nous devons nous en accommoder [14]. »

Du côté anglais, considérons le « quatuor d'Alexandrie » formé par Wavell, dont on a dit à la fois les talents, les réserves fondamentales à l'égard des *Free French* et la répugnance à s'engager au Levant quand il doit faire face, à l'ouest, à Rommel* ; le général Maitland Wilson, dit « Jumbo », pachyderme à l'œil vif qui ne vit que pour assurer l'hégémonie britannique entre Sahara et Anatolie ; le ministre d'État Oliver Lyttelton,

---

* Il sera remplacé à la fin de juin par le général Auchinlek, commandant en chef aux Indes, qui a été chargé d'écraser la révolte irakienne.

ami personnel de Churchill, qui interviendra avec bon sens et sang-froid à partir de juillet, sans pouvoir éviter l'inévitable ; et ce renard qu'est Sir Edward Spears dont les relations avec l'homme du 18 juin se sont assez gravement altérées pour que, le 9 mars, aux *Chequers,* Winston Churchill ait dû demander à Charles de Gaulle, « comme un service personnel », de bien vouloir garder Spears auprès de lui, « quels que soient ses griefs »...

En fait, Sir Edward, dont l'épouse a mis à la disposition des Français libres une ambulance qu'elle dirige sur le terrain avec courage et compétence, jouera hardiment le jeu gaulliste jusqu'au mois de juillet : il intervient notamment avec énergie pour que Wavell engage Maitland Wilson en Syrie avec les *Free French.* C'est plus tard, qu'exaspéré par l'intransigeance de son ancien « protégé » et ressaisi par les démons d'un certain impérialisme, il mettra autant d'acharnement à « contrer » de Gaulle qu'il a mis d'astuce à le servir.

Le 26 mai, à Qastina, près de Gaza, « sous le même soleil qui avait fait bourdonner la tête de Samson attaché aveugle à la meule, la grande et droite silhouette de De Gaulle regarde s'avancer, pour la première fois réunis, ces Français qui un peu partout dans le monde [...] accrochés à l'idée qu'il personnifiait [avaient] abdiqué leur volonté entre ses mains [15] »...

Le chef des Français libres a atterri en hâte au Caire le 25 mai, après avoir télégraphié à Spears que « la marche sur Damas est une question d'heures » car « la situation risque de se gâter très vite du fait de Vichy ou des Allemands ou des nationalistes syriens ou de tous à la fois ». Et il a précisé à Eden que « le texte de la déclaration d'indépendance des États du Levant [...] serait faite au nom de la France libre, c'est-à-dire de la France, au moment de l'action, si cette action a lieu... ». Ainsi de Gaulle fait même jouer l'arabisme anglais en faveur de l'entreprise...

Sitôt arrivé au Levant, il pose immédiatement autour de lui la question clé : les vichystes se battront-ils ? C'est ainsi que le lieutenant Georges Buis, qui a quitté Beyrouth un mois plus tôt, se voit convoqué à Jérusalem par de Gaulle un soir de black-out « à l'anglaise ». Conduit par Repiton, il se trouve soudain assis devant un géant qu'éclaire une loupiote.

De Gaulle : « Tireront-ils sur nous ? — Oui, sans nul doute. » Le général fait état d'autres informateurs qui, au Caire notamment, loin du théâtre d'opération, lui disent : « Tout le monde vous attend ! » Mais le pronostic de Buis, qui arrive d'un Beyrouth où « un gaulliste patinait sur une berge visqueuse », recoupe ceux de Catroux et de Repiton [16].

Plus impressionnant encore est l'avis que formule le dernier des grands ralliés : le colonel Collet. La veille, après avoir longtemps hésité, il a rejoint la France libre à la tête des escadrons tcherkesses qu'il a formés. Il est formel : oui, les vichystes sont résolus à se battre. La Syrie, il faudra la conquérir, et ce sera très dur — comme toute guerre civile.

Ainsi se mettent en place les mécanismes psychiques et matériels, les forces et les argumentations qui constitueront « l'affaire de Syrie ». Jusqu'à la dernière minute, de Gaulle tient à s'expliquer, à ses alliés comme à ses collaborateurs. Le 5 juin, il télégraphie à Pleven, chargé d'orienter la « propagande » des Français libres, que c'est l'entrée des Allemands en Syrie qui, déclenchant la riposte anglaise, rend nécessaire une présence de la France libre pour que les droits et intérêts de la France soient représentés : « Si donc Vichy oppose la force à notre action et assume ainsi la couverture de l'ennemi, Vichy est seul responsable des incidents qui pourraient par malheur survenir. »

Bizarre formulation : de Gaulle, averti par Collet, Repiton, Buis et beaucoup d'autres, sait bien que ce ne sont pas des « incidents » qui s'annoncent, mais une vraie bataille... Thèse ingénieuse ? Plutôt spécieuse. De Gaulle retourne contre Vichy l'argumentation de Weygand, lequel soutenait auprès des Anglo-Saxons qu'en agissant en Afrique, les gaullistes y attiraient les Allemands. C'est pourquoi il fallait défendre Dakar ou Alger contre eux...

Le 6, c'est un télégramme-contrat qu'il adresse à Churchill :

> « ... Je proclamerai et respecterai indépendance États du Levant moyennant un traité avec eux confirmant droits et intérêts de la France. Toute politique qui paraîtrait sacrifier actuellement ces droits et intérêts serait mauvaise et dangereuse au point de vue opinion française [ce qui] ne me paraît pas toujours bien compris localement. Plus vous frappez Vichy, plus vous devez montrer le souci de ménager les intérêts et les sentiments de la France. Le désespoir est un redoutable conseiller [17]. »

Tout est dit — comme par Churchill ce même 6 juin : ces deux messages croisés portent en eux le drame — mieux, la tragédie, car c'est sur le plan le plus haut, et du ton le plus noble, que se mettent en garde, dans tous les sens du terme, les deux « héros » alliés pour le meilleur et pour le pire.

La campagne s'ouvre le 8 juin 1941 à l'aube. Les anglo-gaullistes ne disposent que d'une division australienne, d'un régiment de cavalerie anglaise, d'une brigade d'infanterie indienne, de la petite division du général Legentilhomme et de 70 avions, dont 24 de la France libre : environ 20 000 combattants, 3/4 Britanniques, 1/4 Français. En face, Dentz peut rassembler plus de 30 000 hommes, 120 canons, 80 chars et 90 avions.

Au moment où est déclenchée l'opération « Exporter », le général Catroux, maître d'œuvre du point de vue français, lance deux proclamations. L'une est adressée aux troupes de Dentz, et négligeant tout argument politique ou tactique, ne fait appel qu'au sens de l'honneur des fidèles du maréchal :

« J'entre en Syrie [...]. L'honneur le veut [...]. L'honneur défend qu'au mépris des engagements les plus solennels, l'Allemagne reçoive des mains de la France l'arme puissante des bases syriennes [...]. L'honneur interdit que les peuples du Levant [...] soient placés sous le joug odieux de l'Allemagne... Ces exigences de l'honneur, elles sont les miennes, et elles sont les vôtres. »

A quoi répond un appel du maréchal aux troupes de Dentz qui dénonce « l'attaque menée comme à Dakar, par des Français servant sous un drapeau dissident. Appuyés par des forces impériales britanniques, ils n'hésitent pas à verser le sang de leurs frères qui défendent l'unité de l'Empire et la souveraineté française [...]. La ruse a précédé la force : la propagande, forgeant un prétexte d'agression, a prétendu que les troupes allemandes débarquaient en grand nombre... Vous qui êtes sur place, vous savez que tout cela est faux. Vous savez que les quelques avions qui avaient atterri temporairement sur notre territoire ont quitté maintenant la Syrie * [...]. Vous êtes donc l'objet d'un acte injuste d'agression qui vous révolte.. Vous combattez pour une juste cause ».

La seconde proclamation de Catroux s'adresse aux peuples du Levant **
« Syriens et Libanais,

A l'heure où les forces de la France libre, unies aux forces de la Grande-Bretagne, son allié pénètrent sur votre territoire [...] j'abolis le Mandat *** et je vous proclame libres et indépendants [...]. Un traité sera négocié dès que possible entre vos représentants et moi. En attendant la conclusion, notre situation mutuelle sera celle d'alliés [...]. Si les forces françaises libres franchissent vos frontières, ce n'est pas pour opprimer votre liberté, c'est pour [...] chasser les forces d'Hitler et y faire respecter vos droits en même temps que ceux de la France... » A quoi le représentant de la France tenait à ajouter que si les Syriens et les Libanais se ralliaient aux Alliés, ils se verraient admis « sur-le-champ dans le bloc sterling, ce qui ouvrirait les plus larges possibilités à votre commerce ». Il ne faut rien négliger...

En tout cas, l'engagement diplomatique est clair. La reconnaissance de l'indépendance des Syriens et des Libanais n'est ni conditionnelle ni suspensive (quoi qu'ait soutenu de Gaulle depuis lors). Tout à fait semblable à celle que Londres accordait alors à d'autres États arabes, elle implique seulement la conclusion d'un traité définissant les « rapports réciproques » et, en attendant, pour les uns et les autres, le statut « d'alliés étroitement unis », la seule limitation apparente portée à cette indépendance étant l'alliance de guerre : Syrie et Liban ne se voient interdire que la neutralité (de type égyptien jusqu'en 1942) ou l'hostilité (de type Rachid Ali).

Aux textes de Catroux vient s'ajouter un tract, dont de Gaulle revendique la paternité et qui reprend, de façon assez inattendue, le célèbre slogan du Pétain de 1917 : « On " les " aura[18] ! » Le chef des Français libres, qui séjourne alors au Caire, se porte à partir du 13 juin à Jérusalem, plus près de la bataille, d'où il visite régulièrement les forces au combat et les blessés

---

* Ce qui contredit formellement le télégramme de Darlan à Dentz cité plus haut, p. 471.
** On cite ici la cinquième des huit versions préparées par de Gaulle et Catroux, celle que ce dernier prononça et cite comme telle dans ses mémoires.
*** Confié à la France par la SDN en 1920. Vichy a rompu avec la SDN. Pas de Gaulle

Lorsque, dès la prise de Damas, il s'y installe, il répond à Spears qui lui déconseille d'y séjourner que « les chefs des Français libres disposent par eux-mêmes des meilleurs éléments d'appréciation pour ce qui concerne la conduite à tenir dans les États du Levant » et ajoute, avec une sorte de jubilation rageuse : « La capitale de la France est Paris. Jusqu'à ce que Paris soit délivré, si Dieu le permet, je me tiendrai là où je le jugerai le plus utile pour la conduite de la guerre. » Le ton est donné !

Dès le 8 juin au soir, on sut que les forces de Dentz se battaient bel et bien. Elles n'y mettaient pas d'acharnement face aux Britanniques (nettement supérieures en effectifs — trois contre deux — elles céderont peu à peu le terrain) mais faisaient payer très cher la moindre progression aux gaullistes. Paul Repiton a décrit ainsi cet état d'esprit des fidèles du maréchal, aux yeux desquels les gaullistes « incarnaient l'esprit du Mal, émissaires de toutes les colères, les rancœurs, les faiblesses qui, depuis un an, s'étaient tapies dans les recoins des consciences » et dont les hommes de Vichy se libéraient enfin en les transférant « comme un troupeau de pourceaux » aux « âmes noires » des gaullistes [19].

Partout les Français libres se font précéder de parlementaires brandissant un drapeau blanc. Partout ils sont, comme à Dakar, reçus à coups de fusil (ou de canon...). Ainsi le commandant Brunel, le Dr Relinger, les lieutenants Garbit et Buis et, un peu plus tard, devant Damas, le commandant de Boissoudy qui, se présentant face à un camarade de l'infanterie coloniale, entend l'autre hurler à ses Sénégalais qui hésitent à mitrailler cette silhouette familière : « Mais tirez donc, il porte un casque anglais ! » Boissoudy y perd une jambe, l'adjudant qui l'accompagne est tué. « Les deux camps s'accusent, comme il se doit, des pires horreurs, sans d'ailleurs les pratiquer. Il est entendu, chez Dentz, que les Français libres massacrent leurs prisonniers. Et chez les FFL on songe au sort des camarades condamnés pour désertion [20]. »

Le général Catroux raconte qu'un aviateur des forces de Dentz, abattu, fait prisonnier, et conduit devant lui, s'écria : « Avant de me faire fusiller, entendez-moi ! » Et comme Catroux s'étonne, le prisonnier lui répond que le général Bergeret, ministre de l'Air de Vichy, a mis en garde les équipages contre tout atterrissage chez les gaullistes, car « Catroux fait passer les prisonniers par les armes [21] ».

Relater ces opérations assez confuses serait de peu d'intérêt. Les Français libres qui, débouchant de Galilée, ont piqué sur l'est vers Damas, subissent un rude coup d'arrêt à 20 kilomètres de la ville, tandis qu'un bataillon britannique est taillé en pièces à Kuneitra. Dans le Hauran, Dentz amorce une contre-attaque qui, poursuivie avec conviction, aurait pu être fatale aux assaillants. Mais Wavell ayant fait venir des renforts d'Irak, le sort de la bataille est décidé vers le 15 juin. Sous la poussée des Australiens progressant le long de la côte et des tcherkesses de Collet qui se glissent le long des canaux d'irrigation de la Ghouta, l'immense oasis qui fait une auréole à la capitale syrienne, Damas tombe le 21 juin — quelques heures avant que, se jetant sur l'URSS, Hitler scelle son destin.

Dès le 18 juin, alors que Charles de Gaulle s'adresse à la colonie française du Caire pour dresser un bilan d'un an d'efforts de la France libre, Dentz a demandé au consul général des États-Unis à Beyrouth de s'informer auprès des Britanniques des conditions d'un armistice. Le 19, au Caire — en présence de Wavell et de Catroux — de Gaulle les communique à l'ambassadeur anglais Sir Miles Lampson : traitement honorable pour les militaires et fonctionnaires de Vichy, qui auront le choix entre rapatriement et ralliement mais ne devront pas être rapatriés d'office et en groupe ; garantie par Londres que les droits et intérêts de la France seront préservés, et la France représentée au Levant par les Français libres. Ses interlocuteurs ayant paru approuver ces idées, de Gaulle constate avec stupéfaction, le lendemain, que les conditions transmises à Dentz ne font pas même mention de la France libre... et que rien n'est prévu pour empêcher un rembarquement massif et automatique des vichystes vers la France ! Il télégraphie aussitôt à Eden pour faire toutes réserves sur ce texte et prévenir qu'il s'en tiendra à ce qui a été « convenu * » le 19 au Caire.

Damas pris le 21, Catroux y est le 22, de Gaulle le 23, qui nomme aussitôt son compagnon « délégué général et plénipotentiaire au Levant », précisant qu'il exercera « tous les pouvoirs du haut-commissaire ». Or, dans sa lettre du 6 juin à Churchill, le chef des Français libres avait bien spécifié que Catroux ne serait pas haut-commissaire, titre de l'époque du Mandat. N'était-ce pas jouer sur les mots, et reprendre d'une main ce qui était donné de l'autre ? Chacun, en cette affaire, tire argument des abus de l'autre pour outrer ses prétentions au-delà de son droit, et du bon sens.

Le général Legentilhomme, blessé dans l'action, n'en conduit pas moins les troupes qui participent, le 7 juillet, à la prise de Beyrouth par les Australiens. Le 10, Dentz fait connaître son accord de principe avec les conditions transmises par les Anglais — à condition qu'on n'imposât pas à son délégué de traiter avec des « gaullistes ». Rendez-vous est pris pour le 12 juillet à Saint-Jean d'Acre, en Palestine, où le Royaume-Uni sera représenté par Wilson, Vichy par le général de Verdilhac et, en dépit des mises en garde de Dentz, la France libre par Catroux.

Le capitaine Repiton-Preneuf, assistant de Catroux, raconte avec verve et finesse comment son chef de file réussit à s'imposer dans le débat, où, pendant les premières heures, Verdilhac et son groupe semblent ne pas s'apercevoir de son existence, en rappelant que les combattants de Vichy qui choisiront de se rembarquer ne doivent pas être rapatriés comme un troupeau, mais dans la dignité, avec leurs armes, et que chacun devrait être laissé libre de son choix.

L'interprète officiel ayant dû se récuser, c'est Repiton qui s'empare de ce rôle de médiateur technique, privilégiant son chef de file, qui domine bientôt la conférence de la hauteur de son talent, rappelant avec éloquence que les Français libres tiennent avant tout à préserver la « fierté » de tous

---

* Le mot est abusif. Les Anglais l'ont écouté sans prendre d'engagement.

leurs compatriotes. A quoi Verdilhac, visiblement touché, riposte que cette fierté, il la trouve dans sa fidélité au maréchal.

L'accord de Saint-Jean d'Acre est signé le 14 juillet. Si fort qu'ait brillé Catroux dans le débat, il n'est pas parmi les signataires. Heureusement ! C'est, pour la France libre, un échec. L'accent est mis sur le rapatriement des forces vichystes — contre l'avis exprès de Charles de Gaulle — plus que sur le choix des individus. S'il est prévu, pour laisser quelques chances à la liberté de décision, que ces forces ne conserveront pas jusqu'au départ leur encadrement de guerre, Verdilhac a obtenu que l'embarquement aurait lieu sur des navires fournis par Vichy.

De Gaulle a, dès l'origine, très mal auguré de cette négociation, où il voit la main des « arabisants » du Caire et des spécialistes de l'Intelligence Service et des vieux experts de Transjordanie du type Glubb pacha. Il discerne la volonté de ces spécialistes, représentés à Saint-Jean d'Acre par Wilson, de minimiser impitoyablement les gaullistes pour ne plus voir en Orient qu'une France de Vichy, vaincue, démonétisée, proie à dévorer, vide à combler. En quoi il n'exagère qu'assez peu... Tout corseté de préventions, et bien qu'il sache la France libre bien représentée en l'occurrence, il est persuadé qu'à Saint-Jean d'Acre, « on se fera rouler ».

> « Je n'avais pas d'autre moyen de limiter les dégâts, écrit-il dans ses *Mémoires,* que de prendre du champ et de la hauteur, de gagner quelque nuage et de fondre, à partir de là, sur une convention qui ne m'engagerait pas et que je déchirerais dans la mesure du possible. Le nuage fut Brazzaville. J'y demeurai pendant qu'à Saint-Jean d'Acre était rédigé l'acte dont le fond et la forme dépassaient, dans le mauvais sens, ce que je pouvais redouter [22]... »

Les griefs que fait de Gaulle à l'accord du 14 juillet, c'est d'abord qu'il ne fait pas état des droits de la France et équivaut à une « transmission de la Syrie et du Liban aux Britanniques », reflétant avant tout la volonté de Vichy de faire table rase en provoquant le départ massif des forces de Dentz, sur le ralliement desquelles compte de Gaulle — alors que Londres n'est pas fâché de vider la région de sa substance française...

Et voilà le Connétable en grand courroux reparti pour « l'Orient compliqué », ayant en tête une seule idée, et encore plus simple que naguère : déchirer l'accord de Saint-Jean d'Acre, au risque de rompre avec ses alliés, sinon même avec son plus prestigieux lieutenant, négociateur et coresponsable de la malencontreuse convention.

Constatant que Charles de Gaulle revient de Brazzaville flanqué du général de Larminat, le général Catroux, informé du mauvais accueil que son chef de file a fait au texte de Saint-Jean d'Acre, interroge son chef de cabinet, le lieutenant Buis : « A-t-il pris Larminat avec lui pour lui offrir ma succession ? Croyez-vous qu'il fera ça ? — Je le crois, mon général [23]. » Mais très vite, de Gaulle renonce à cette opération chirurgicale : il lui suffit de retrouver Catroux dans la place pour constater qu'il est irremplaçable, au Levant en tout cas. Larminat devra se contenter du rôle d'adjoint.

Mais s'il suspend la foudre, s'agissant des siens, le général de Gaulle va la déchaîner sur ses alliés. C'est Spears, comme à l'accoutumée (et bien qu'il ait jugé lui-même l'accord absurdement défavorable aux Français libres), qui essuie d'abord la tempête.

Comme il fait valoir à de Gaulle que tout cela va dans le sens de la lutte commune contre le nazisme, il s'attire cette riposte :

« Vous croyez que je souhaite la victoire de l'Angleterre ? Non, seule m'importe celle de la France. — Mais c'est la même chose ! — Pas de mon point de vue, pas du tout ! »

Le 21 juillet, au Caire, Charles de Gaulle est encore tout rempli de colère lorsqu'il fait face au *captain* Oliver Lyttelton dont Churchill vient de faire son ministre d'État, représentant permanent du cabinet de guerre au Proche-Orient. Cet ami du Premier ministre, combattant valeureux de la Première Guerre (d'où il a ramené ce grade auquel il tient) prend ses fonctions avec le préjugé favorable aux Français libres qui est celui de l'entourage de Churchill. Sa bienveillance va être mise à rude épreuve...

S' « enveloppant de glace », de Gaulle signifie au ministre anglais que l' « effort commun » ne saurait aboutir à instaurer « l'autorité britannique à Damas et à Beyrouth ». Lyttelton fait valoir qu'en temps de guerre, le commandement militaire a des droits supérieurs. Or, par l'accord du 7 août 1940, son visiteur a reconnu l'autorité du commandement qui s'exerce en l'occurrence. A quoi le chef de la France libre riposte que cette autorité se limite au domaine stratégique et contre l'ennemi commun. Et il a déjà cette formule prophétique : « Quand nous débarquerons, un jour, sur le sol français, invoquerez-vous les droits du commandement pour prétendre gouverner la France * ! »

Reste, observe le représentant de Churchill, que cette convention est signée et qu'il faut l'appliquer... Non, coupe de Gaulle. Je ne l'ai pas ratifiée. Et, menant à fond de charge, il martèle : « A partir du 24 juillet, soit dans trois jours, les Forces françaises libres ne dépendront plus du commandement britannique en Syrie et au Liban. En outre, je prescris au général Catroux de prendre immédiatement l'autorité sur toute l'étendue de [ce] territoire, quelque opposition qu'il puisse rencontrer de la part de qui que ce soit... » Pour bien marquer que l'alliance ne saurait « fonctionner au détriment de la France », le visiteur insiste : « Si par malheur, le cas se présentait, nous préférerions suspendre nos engagements à l'égard de l'Angleterre... »

Et l'auteur des *Mémoires de guerre* de conclure, sur ce ton à la fois homérique et familier qui n'est qu'à lui : « Je quittai Lyttelton qui, sous les dehors du sang-froid, me parut ému et inquiet. J'étais moi-même assez remué... » Admirable formule. Samson n'ébranle pas sans émoi les colonnes du temple.

La version que Lyttelton ** donne de l'entrevue est naturellement

---

* Tous les drames interalliés de 1944 sont contenus dans ces quelques mots.
** Devenu Lord Chandos, c'est sous ce titre qu'il a publié ses mémoires.

différente, s'agissant moins des mots que du climat. La « glace » du Commandeur lui a paru être de feu... Le ministre anglais se dit « abasourdi » par la brutalité du ton et l'outrance des propos du visiteur ; quant à ses propositions, il lui déclara, précise-t-il, ne pas même les avoir « reçues ». Et il conclut : « La discussion dégénéra en ce que les femmes appellent une scène... »

Mais Oliver Lyttelton, persuadé comme Spears que les Français libres ont été injustement traités à Saint-Jean d'Acre, va de lui-même proposer à de Gaulle, le soir même, un « accord interprétatif », qui sera en fait une révision importante dans les faits, fondamentale dans les principes, de la convention du 14 juillet : les *Free French* sont désormais autorisés à prendre contact avec les troupes et fonctionnaires de Vichy, le matériel militaire récupéré leur sera livré ; en outre, il sera spécifié que l'autorité du commandement britannique s'exerce dans le seul domaine militaire.

De Gaulle a gagné cette bataille. Il n'est pas certain qu'il n'ait pas, d'une certaine façon, perdu une guerre... C'est en tout cas une victoire à la Pyrrhus, le prix payé étant l'hostilité de plusieurs de ses meilleurs alliés, à commencer par Spears. On a dit que, du point de vue de De Gaulle et Catroux, Sir Edward n'était plus *persona grata* depuis des mois. Mais de son point de vue à lui (on le voit bien d'une page à l'autre de *Fulfilment of a mission*) c'est de ces derniers jours de juillet, et surtout du harcèlement infligé à Lyttelton par de Gaulle, de la « scène » du 21 juillet, que date la rupture. On ne traite pas ainsi un ami de Churchill, un ministre de Sa Majesté ! Et l'hostilité de Spears, sur ce terrain où il deviendra bientôt le maître du jeu anglais dans les États du Levant, sera un lourd handicap...

De Gaulle pouvait-il « encaisser » le mauvais traité de Saint-Jean d'Acre ? Le débat reste ouvert. Dans l'histoire de la France libre, c'était un revers diplomatique presque égal au fiasco psychologique et militaire de Dakar, une marginalisation presque intolérable — de l'avis de Spears et de Lyttelton eux-mêmes. Et ce, après avoir consenti le terrible sacrifice du combat fratricide... Fallait-il avaler cette couleuvre, quitte à faire jouer ensuite de vieux mécanismes, compter sur les relations anciennes, la virtuosité de Catroux, le poids psychologique, on dirait même spécifique, qui s'attache déjà à la personne de Charles de Gaulle ? Il apparaît bien que les deux points de vue sont complémentaires : celui de Catroux, tactique. Celui de De Gaulle, stratégique.

« Sans les accords de Saint-Jean d'Acre, nous n'aurions pu pénétrer dans la place », fait observer Georges Buis. Mais, ajoute-t-il, il fallait les amender : « Et cela, seul de Gaulle en était capable[24]. » La suite de l'histoire semble lui donner raison. Que ce soit au djebel Druze ou en Djézireh, d'où les forces et fonctionnaires de Dentz avaient retiré avec eux dossiers et archives pour les rendre inadministrables et appeler les Anglais dans ce vide, la mainmise de Maitland Wilson fut immédiate. A Soueida, chef-lieu du pays druze, les Français libres du commandant de Kersauzon, venus prendre possession du fort, y voient flotter les couleurs anglaises. Protestation. Réclamation. Sommation — toutes vaines. Deux jours plus tard jaillit une note du général de Gaulle à Maitland Wilson : « Je n'ai pas la prétention de vaincre l'Empire britannique, mais si vous n'avez pas évacué Soueida le... nous tirerons. »

Tel est le ton. Abusif ? A coup sûr. Imaginons que le commandement anglais n'ait pas fini par comprendre que, pour les *Free French,* ces minimes affaires de drapeau et de « présence » étaient autant de questions de vie ou de mort ? Qu'être exclus après avoir assumé l'affreuse responsabilité de faire tirer sur des combattants français, c'était pour eux perdre jusqu'à leur raison d'être ? Après les combats fratricides contre Vichy, un affrontement gaullo-britannique à Soueida aurait relevé du suicide. Mais quoi ? Il s'agit d'être ou de ne pas être...

En Djézireh, où l'unité gaulliste envoyée a trouvé aussi la place occupée, de Gaulle et Catroux décident de traiter l'affaire sur place. Georges Buis a raconté cette équipée, les deux vieux « coucous » ridicules abandonnés par Vichy qui décollent au petit matin de Beyrouth, découvrent l'Euphrate « au pifomètre », se posent en cahotant sur le minable terrain de Deir-el-Zor : de Gaulle qui en surgit harangue la foule sortie d'on ne sait où — et le transfert du pouvoir et de drapeaux qui se fait dans la foulée — le tout exprimant à vif le côté artisanal et le style « Western » qu'a pris la croisade du Connétable.

« Partout, écrit Georges Buis, il fallait reprendre pied. Sans cette détermination, alors que la situation était encore mouvante, les Anglais nous remplaçaient partout [...]. Nous entrions dans des gravats [...]. En fait, la Syrie et le Liban étaient bien le seul coin de la planète où c'était une gageure que de tenter une loyale collaboration entre Anglais et Français [...]. Le tandem de Gaulle-Catroux " tient " sur sa seule classe. Eux partis, les Anglais finiraient par avoir notre peau[25]... » Le résumé de cet acteur du drame est éloquent. La version de Spears, contradictoire, l'est aussi.

Entre cette volonté passionnée d' « être » qu'exprimaient là les Français libres, et la propension spontanée à « avoir » que manifestaient les services britanniques locaux, il revenait à Churchill d'arbitrer. S'il ne le fait pas, et laisse la voracité de ses spécialistes se déployer cyniquement, c'est d'abord parce que d'immenses problèmes le requièrent alors : la bataille dans le désert de Libye, l'entrée en guerre de l'URSS le 22 juin 1941, les grands conciliabules avec Roosevelt qui vont aboutir à la publication de la charte de l'Atlantique — et bientôt Pearl Harbor qui jette enfin les États-Unis dans le combat. C'est aussi parce qu'en cet été 1941, de Gaulle lui impose un traitement que pouvait difficilement tolérer un Premier ministre de Sa Majesté, descendant des Marlborough et devenu le champion suprême de la défense d'un monde où la vie fût digne d'être vécue.

Churchill a-t-il conscience de la gravité du différend ? Il y fait certes allusion le 7 juillet dans une lettre à Eden, parlant de « détestables difficultés » avec les Français libres à propos de la Syrie. Mais il ne peut guère s'attarder alors aux émois, justifiés ou non, d'un homme qui ne dispose que de quelques milliers de fusils... C'est à la fin d'août que le scandale éclatera, et non plus par la voie discrète de ces échanges de télégrammes et de messages qu'ignorent le public, la propagande de

Goebbels et l'opinion américaine. Mais par la voie de la presse, la plus sensible à un homme d'État anglo-saxon.

C'est alors en effet, le 27 août 1941, que le *Chicago Daily News,* quotidien à très grand tirage, publie l' « interview » qu'aurait accordée le général de Gaulle lors de son séjour dans le « nuage » de Brazzaville au correspondant américain George Weller, et dont on a déjà cité un extrait*, où sont évoquées crûment les collusions entre Londres et Vichy.

Être Churchill, chef de la croisade antinazie, et s'entendre dire cela par son « protégé », qu'il a parfois informé lui-même de ces tractations, missions et contacts !... L'interview du *Chicago Daily News* met d'autant plus le feu aux poudres que Churchill en reçoit d'abord des États-Unis un résumé où il est accusé d'avoir « passé un marché avec Hitler ». Il écrit à Eden : « ... Il a perdu la tête... ce serait un bon débarras, et nous simplifierait les choses à l'avenir [26]... »

Or, il se trouve que de Gaulle, avant même qu'ait paru l'article du correspondant américain, a fermement démenti avoir accordé la moindre « interview ». Et sitôt qu'il a eu connaissance du texte de Weller, il en a constesté chaque terme, et notamment la phrase à propos de la « peur » que la flotte française inspirerait à l'Angleterre, et menacé de faire expulser Weller d'Afrique française. De toute évidence, ce journaliste a publié des propos tenus bel et bien devant lui par un de Gaulle alors en pleine crise d'anglophobie. Mais il ne s'agit pas, comme le croit Churchill, d'une provocation publique délibérée [27].

Le Premier ministre, ulcéré, n'a cure de ces mises au point. Et le 30 août, rapporte Anthony Eden — les *Mémoires* de Churchill font un silence surprenant sur toute cette affaire —, les membres du cabinet reçoivent du Premier ministre l'ordre de cesser toute relation avec de Gaulle, directive qui vise aussi les « subordonnés » des deux camps. C'est une sorte de gel des rapports entre les associés, une suspension de la convention du 28 juin 1940. Mais Churchill ne parle plus bientôt que de « laisser cuire de Gaulle dans son jus pendant une semaine ».

Le général, averti pendant son voyage de retour à Londres que ses esclandres appellent sur ses collaborateurs de Carlton Gardens de lourdes retombées et qu'il va atterrir dans la tempête, en semble ravi, si l'on en croit son confident et compagnon de route François Coulet. Que pèse la colère de Churchill, et un nuage diplomatique, face à l'injustice faite à la cause de la France libre ?

Atterrissant à Londres le 1er septembre, il apprend que l'accès aux antennes de la BBC lui est jusqu'à nouvel ordre interdit. Qu'à cela ne tienne : aucun Français libre ne participera aux émissions anglaises... Mais en attendant le tête-à-tête avec Winston Churchill qui ne pourra, pense-t-il, que tourner à la confusion de ceux qui ont voulu ignorer la France libre et éliminer la France du Levant, Charles de Gaulle écrit le 3 septembre au Premier ministre, dont il vient de recevoir une communication ressemblant

---

* Voir ci-dessus, p. 457.

à un congé, que l' « interview » de Brazzaville, écho d'une « conversation rapide et impromptue au cours de laquelle M. Weller n'a pris aucune note » n'est que « l'exagération sensationnelle de ce que j'ai pu lui dire »...

Amende honorable ? Sage esquive en tout cas, qui permet à de Gaulle d'indiquer à Churchill que ses « rapports personnels » avec Oliver Lyttelton lui ont laissé la « meilleure impression », mais que « l'attitude des autorités britanniques » en Orient qui a conduit les Français libres « jusqu'au doute extrême » rend indispensable la recherche d'un règlement entre le Premier ministre et lui-même [28].

Churchill, dont ces explications flegmatiques n'ont pas apaisé la fureur (« un marché avec Hitler ! ») fixe le rendez-vous au 12 septembre. Ce tête-à-tête fameux a donné lieu à plusieurs comptes rendus. Le meilleur est dû à John Colville, secrétaire privé du Premier ministre [29]. C'est à ce texte qu'on se référera surtout, non sans utiliser la version que de Gaulle a établie lui-même [30] et rapporter un souvenir qu'en a gardé Geoffroy de Courcel [31].

Churchill a prévenu son secrétaire qu'il ne serrerait pas la main du général, et que ne voulant pas parler français, pour une fois, il lui fallait un interprète : lui, Colville. De Gaulle entre, ne paraît pas s'apercevoir que le Premier ministre ne lui tend pas la main, et attend... Churchill : « General de Gaulle, I have asked you to come. » Colville traduit : « Mon général, je vous ai invité. » Churchill, furibard, le coupe : « Je n'ai pas dit *mon* général, ni parlé d'*invitation*... » Trois minutes ne se sont pas écoulées que Colville, rabroué par l'un et l'autre, bat en retraite et fait appel à un interprète professionnel du Foreign Office, lequel ressortira du bureau peu après, rouge de confusion, assurant — rapporte Courcel, qui attend dans le bureau voisin — qu' « on ne peut travailler avec ces gentlemen ». Alors, on se passera d'interprète : Churchill en revient à son gaulois parlé...

Le Premier ministre formule d'abord les griefs qu'il a sur le cœur, relatifs à l' « anglophobie » du général, dont lui sont revenus vingt témoignages récents et scandaleux. De Gaulle riposte qu'il est absurde d'accuser d'inimitié à l'égard du Royaume-Uni l'homme qui a fait le choix qu'il a fait et livre le combat qu'il poursuit contre l'ennemi commun. Mais il ajoute que certains comportements britanniques au Levant l'ont « ébranlé » : si son isolement et son tempérament personnel l'ont conduit à faire des déclarations trop désagréables pour des oreilles anglaises, « il n'éprouve aucun embarras à en exprimer ses regrets * ».

Churchill admet que des « fautes » ont été commises du côté britannique, mais que le général aurait dû s'en ouvrir à lui. A quoi de Gaulle objecte que, dès le 28 juin, il a formulé toutes les mises en garde nécessaires. Et il fait état des « innombrables humiliations » subies par ses représentants et lui-même. Churchill : l'Angleterre aurait « honte » de se servir du rapport de forces pour se substituer à la France, et ne vise nullement un tel objectif. Mais l'effort de guerre allié en Orient impose que le commandement britannique y exerce le contrôle suprême, et les relations de Londres avec

---

* Formule de la version de De Gaulle, plus précise que dans celle de Colville.

les Arabes impliquent que la Syrie reçoive son indépendance. De Gaulle : la France a spontanément fait cette promesse à Damas, mais « la question ne pourra être réellement réglée qu'à la paix* ».

Le Premier ministre ne paraît pas frappé par ce que cette formule apporte de restrictions et se déclare « conscient de l'importance qu'il y a à traiter la France libre en Syrie de telle façon que la nation française se rende compte que le général de Gaulle y est gardien de ses intérêts ».

Tenant apparemment le sujet pour épuisé, et la querelle vidée, Winston Churchill passe à la question des structures de la France libre : la création d'un « conseil en bonne et due forme** » ne consoliderait-elle pas le mouvement et son prestige ? De Gaulle, sans paraître froissé que Churchill se mêle ainsi des affaires intérieures françaises, répond qu'il pense à la création d'un « Comité national » mais — dans la version de Colville — qu'il y a là un risque de mettre en cause la « cohésion politique » de son mouvement. Dans sa propre rédaction, le général ne fait pas état de cette question de « cohésion » et indique qu'il fit part à son hôte d'un projet de convocation, en janvier, d'un « congrès de la France libre ».

Plus d'une heure s'est passée. Colville, barricadé avec Courcel dans le bureau voisin, s'étonne de ne plus entendre d'éclats de voix. L'irréparable a-t-il été commis, un « acte de violence » peut-être ? Il se hasarde à passer la tête par la porte : les deux hommes sont assis côte à côte, fumant en souriant les cigares du Premier ministre, et Churchill a retouvé son français le plus éloquent pour proposer une rencontre à trois lors de la prochaine visite à Londres d'Oliver Lyttelton...

Formellement, l'incident est clos. Il y a trop de choses entre les deux hommes pour que, sur l'essentiel, les liens ne soient pas, en toute occurrence, plus solides que les contradictions. Mais sur le Levant, l'accord est loin d'être fait. En révélant à Churchill que, dans son esprit, le statut de la Syrie ne peut être « réglé qu'à la paix », de Gaulle a fait éclater les divergences entre les deux points de vue : dans l'esprit des Anglais, l'indépendance syrienne est un moyen de gagner la guerre. Dans celui de Charles de Gaulle, elle est seulement la fin de l'effort commun. Il y a là beaucoup plus qu'un malentendu...

Aussi bien le Premier ministre, à coup sûr heureux de renouer des relations cordiales avec l'homme du 18 juin et de relancer l'alliance qui depuis quatorze mois aura pour l'essentiel servi les intérêts réciproques, n'a rien cédé à propos du Levant. Les algarades de juillet ni les propos d'août 1941 ne sont oubliés. Rien n'est changé de la détermination britannique — sauf quelques formes.

Quand, trois mois plus tard, l'indépendance (conditionnelle) de la Syrie et du Liban aura été proclamée par Catroux, qui Winston Churchill désignera-t-il pour être le premier ambassadeur britannique auprès des deux pays ? Le général Spears, dont il sait qu'il est devenu la personne avec

* Formule du compte rendu de De Gaulle.
** Version Colville.

laquelle de Gaulle et Catroux souhaitaient le moins frayer... Le représentant de la France libre écrira dans ses mémoires que Sir Edward lui a été envoyé par Londres « pour [ses] péchés »...

Churchill devait même pousser plus loin l'expression de sa rancune à propos du Levant. La lecture du chapitre de ses mémoires consacré à la campagne de Syrie ne laisse pas de surprendre. L'auteur ne fait allusion aux Français libres — qui formaient un quart de l'effectif combattant, subirent près de la moitié des pertes et jouaient là une partie à la fois atroce et vitale — que pour dire qu'ils subirent « un échec à 16 kilomètres de Damas ». Perfide, Albion ? Non. Mais les Français ne sont pas les seuls à avoir parfois la mémoire courte...

25. Un amiral à la mer

Ce qui distingue Émile Muselier des autres amiraux de la flotte française pendant la Seconde Guerre mondiale, c'est qu'il choisit de combattre, sur mer, et par les armes, les ennemis de la France. De quelque façon qu'on juge l'homme, son caractère, sa carrière, ses idées, son comportement vis-à-vis du général de Gaulle, il y a cela, qui ne saurait être oublié. Plus gradé que l'homme du 18 juin, comme Catroux, venu à Londres à la fin de juin 1940 sans même connaître l'existence de De Gaulle, et membre d'un corps qui n'a guère tendance à s'inféoder, il sut lui aussi, pendant quatorze mois décisifs, admettre cette autorité singulière « qui ne se hiérarchisait pas » — quitte à rejeter ensuite le joug avec l'extrême maladresse dont font preuve, parfois, les habiles, pour peu qu'ils soient saisis par la colère ou aveuglés par le dépit.

Le 1er janvier 1941, vers la fin de l'après-midi, Charles de Gaulle, qui a dû passer la fête de Noël près de Londres — chez les Spears, on l'a vu — se détend en famille dans la maison dite « de Gadlas Hall », au nord du pays de Galles. Il s'est mis « en civil », heureux d'avoir retrouvé Yvonne et Anne, si tant est que le mot « heureux » lui convienne trois mois après Dakar et un an avant Bir-Hakeim. Le téléphone sonne : c'est Anthony Eden qui, du Foreign Office où il a pris deux semaines plus tôt la succession de Lord Halifax, l'appelle d'une voix inquiète pour lui demander de revenir d'urgence à Londres. « C'est grave, venez vite... »

A la même heure, le colonel Angenot, alors chef d'état-major du général, appelle le commandant Moullec, dit « Moret », chef d'état-major de l'amiral Muselier — lequel est parti la veille représenter la France libre à l'occasion d'une fête donnée par les marins à Portsmouth —, pour le prévenir que le chef des forces navales de la France libre est menacé d'arrestation. Les deux hommes essaient vainement l'un et l'autre de joindre leur « patron » respectif.

Le lundi 2, à 9 h 30, Muselier vient de rentrer chez lui quand il est appréhendé par des policiers, conduit, stupéfait, à New Scotland Yard, et incarcéré avant tout interrogatoire. Deux heures plus tard, de Gaulle, qui a regagné Londres en hâte, est introduit dans le bureau du Foreign Secretary et entend Eden, le visage et la voix altérés, lui signifier que l'amiral est accusé de haute trahison : il aurait livré à Vichy les plans de l'opération de Dakar et négocié la vente à Darlan du *Surcouf*, le plus grand sous-marin du monde.

« Sur quelles preuves fondez-vous une aussi extraordinaire accusation ? » Eden sort un dossier, contenant des lettres adressées à Vichy au mois d'août par l'attaché de l'air français à Londres, le général Rozoy, reparti depuis lors pour la France. « Ce ne peut être qu'une énorme erreur ! » assure de Gaulle, qui formule « les plus expresses réserves » sur le geste accompli par la Sécurité britannique, et ajoute qu'il ne peut s'agir que d' « une machination de Vichy ». Il demande en tout cas qu'un double du dossier lui soit remis, pour l'étudier à loisir, ce qui est fait.

La réaction du chef des Français libres à l'accusation de trahison formulée contre son plus proche lieutenant par ses hôtes et alliés, et à l'incarcération qu'il subit de ce fait, est donc correcte : il proteste, objecte, fait des réserves. Mais les amis de Muselier seront fondés à dire que, compte tenu de la personnalité explosive et cassante de Charles de Gaulle, et de l'idée qu'il se fait de son rôle, de la France libre, de sa légitimité c'est là un réflexe bien mesuré ! Comment n'a-t-il pas aussitôt exigé d'Eden, qui subit son ascendant, la libération immédiate, préalable à toute enquête, de cet amiral français jeté d'un coup dans les geôles anglaises après avoir choisi de risquer sa vie et son honneur pour se battre aux côtés des marins de Sa Majesté ?

Non. De Gaulle ne jette pas d'emblée tout son poids moral et sa détermination physique dans la balance pour arracher d'abord son compagnon le plus prestigieux et le plus symbolique aussi (un marin, vis-à-vis des Britanniques...) à une police étrangère. Et Robert Mengin, ami fidèle de Muselier et qu'on trouve si souvent emporté par une passion incontrôlée à l'encontre du général, est fondé à poser la question : si, face à Eden, ce jour-là, de Gaulle avait vraiment sorti « le grand jeu » et fait éclater sans réserve son indignation et sa totale confiance en l'amiral, les Anglais auraient-ils osé faire de ce prévenu un prisonnier ?

Au cours du même après-midi, l'amiral est transféré en effet dans un cachot de la prison de Pentonville où il est dès lors traité comme un vulgaire délinquant — tandis qu'à un déjeuner auquel sont invitées quelques personnalités de la France libre, à Lancaster House, de Gaulle, avisant Moret, lui lance : « J'en apprends de belles sur votre amiral [1] ! » non sans l'inviter à venir étudier la question avec lui aussitôt à Carlton Gardens.

Le général montre au chef d'état-major de Muselier les photographies des pièces accusatrices : cinq lettres du général Rozoy au gouvernement de Vichy où, après divers renseignements sur les rapports entre de Gaulle, ses collaborateurs et les Anglais, sont divulgués, comme venant de Muselier, les préparatifs de l'expédition de Dakar. Moret réagit aussitôt : ce sont des faux grossiers, pas même plausibles : le général Rozoy, breveté d'état-major, ne s'exprimerait pas avec cette maladresse technique ! De Gaulle est impressionné, mais veut réfléchir encore et demande à Moret de revenir le voir en fin d'après-midi... Le chef d'état-major ne peut se retenir : « Mais le temps passe et nous ne faisons rien contre le traitement ignoble imposé à l'amiral[2]!... » Alors, de Gaulle : « Moret, sortez, où je vous envoie rejoindre votre amiral[3] »

Formule — si elle a été ainsi proférée — des plus fâcheuses : de Gaulle s'oublie jusqu'à laisser entendre qu'il oserait faire jeter, lui, un officier français dans les prisons anglaises ? De toute évidence, l'homme du 18 juin n'est pas lui-même en cette affaire. Parce que ses relations avec l'amiral sont trop lourdes d'arrière-pensées ? Parce qu'il n'a pas confiance en lui, au fond ? Parce qu'il voit autour de lui se monter une cabale ?

La nuit suivante, Moret-Moullec est réveillé par un appel du général : « Venez immédiatement ! » Dans sa chambre de l'hôtel Connaught, de Gaulle est à sa table de travail, les lettres étalées devant lui. « ... Vous avez raison. Ces papiers sont des faux, et tout cela n'est qu'une machination montée par Vichy... » Et il invite le chef d'état-major de Muselier à venir le matin même à Carlton Gardens rédiger avec lui une réfutation en règle des documents produits par les services anglais. Ce qui est fait dans la matinée du 3. Mais on observe que, selon le général lui-même, ce mémoire justificatif, qui réduit à rien le dossier de police et entraînera la libération de l'amiral, ne sera remis par de Gaulle à Spears que le 7 janvier, quatre jours plus tard[4]...

Le 4, alors que Muselier se morfond depuis deux jours dans le froid et l'isolement, l'Amirauté anglaise fait savoir qu'elle ne croit pas à sa culpabilité et qu'il doit s'agir d'une erreur de MI 6* que dirige un tout nouveau venu, le major Younger. Charles de Gaulle se rend au Foreign Office et signifie à Eden que les documents accusateurs étant « hautement suspects », il réclame la libération immédiate de son plus proche lieutenant, qu'il demande (enfin...) à rencontrer. Muselier, atteint d'une congestion, est transféré le même jour à l'infirmerie de la prison de Brixton, où il reçoit la visite de plusieurs de ses collaborateurs et amis.

Le 6, enfin, à New Scotland Yard, l'amiral se voit notifier les pièces d'accusation, dont il dénonce aussitôt la fausseté. Appelés en consultation, des experts lui donnent raison : tout s'éclaire. Survient de Gaulle qui, accueilli très froidement par Muselier, le félicite de l'issue de l'affaire et lui déclare qu'il n'a jamais douté de son innocence. Ce que Muselier, instruit par Moullec, met sèchement en doute. Et il faudra plus de vingt-quatre heures encore pour que de Gaulle se décide à signifier au général Spears que tout délai mis à la libération de l'amiral Muselier entraînerait la rupture entre la France libre et le Royaume-Uni. Exactement ce qu'on souhaitait qu'il fît au début de l'affaire, observe Mengin[5].

Afin de réparer cette « gaffe » monumentale, les autorités britanniques vont multiplier les gestes : excuses d'Eden, invitation à un déjeuner chez les Churchill, audience du roi. Dans ses *Mémoires,* de Gaulle écrit que ce changement d'attitude « parut bientôt excessif** », ajoutant : « comme il apparaîtra par la suite » — ce qui est se consoler bien vite des malheurs des

---

* Military Intelligence.
** A lui, en tout cas..

autres, et écrire l'histoire à coup d'anachronismes. Il précise aussi que cet épisode déplorable n'eut pas que des conséquences fâcheuses — puisqu'il permit la signature, une semaine plus tard, d'un accord de « juridiction » aux termes duquel les Français libres relèveraient dorénavant des tribunaux français statuant conformément aux textes de la justice militaire française.

Mais d'où venait le coup ? De Gaulle s'empressa, on l'a vu, d'y voir la main de Vichy — dont les agents, quittant Londres sans esprit de retour, avaient intérêt à laisser « traîner » derrière eux cette bombe à retardement apparemment amorcée dans les locaux du consulat de France à Londres, en vue de brouiller à la fois les deux principaux chefs des Français libres (les trois, même, des « rivalités » entre Catroux et de Gaulle étant évoquées avec perfidie) et mieux encore la France libre avec les Anglais. Mais Muselier et Moullec pointèrent le doigt vers d'autres responsables : un certain commandant Meffre, dit « Howard » et son adjoint Colin, engagés dans les services de sécurité de Carlton Gardens « sur l'insistance des Anglais, pendant mon séjour en Afrique », écrit de Gaulle, et contre l'avis de Passy, lequel écrit dans ses *Souvenirs* :

« Howard faisait des fiches sur le " personnel en place ". Angenot avait appris qu'il avait obtenu des Anglais un local du côté de Kensington où devaient être entreposés ces trésors de police et où travaillaient ses adjoints pendant que lui-même et sa secrétaire demeuraient à Carlton Gardens avec quelques maigres archives. Le chef d'état-major réussit à découvrir ce gîte, qu'il visita. Il y trouva effectivement, me dit-il, des dossiers sans intérêt concernant les divers officiers du quartier général, et en particulier Moullec, lui-même et moi ; mais Howard ne semblait guère s'être occupé que de notre chasteté [6]... »

L'amiral Muselier va même plus loin : faisant valoir que Meffre-Howard avait été reçu par le général de Gaulle à Carlton Gardens le 27 décembre, cinq jours avant le déclenchement de l'affaire, il insinue que le chef des Français libres n'était peut-être pas étranger à la machination : ce qui est franchement absurde, un tel scandale ne pouvant que nuire aux FFL et servir la propagande de Vichy, voire celle de Goebbels. Au surplus, l'entrevue de Gaulle-Meffre du 27 décembre s'explique d'autant mieux que, trois jours plus tôt, l'amiral s'était plaint auprès du général que cet agent fut venu fouiller dans ses papiers : de Gaulle avait promis de tancer le personnage et de prendre des sanctions. Rien d'étonnant donc à ce qu'il l'ait convoqué. Meffre voulut-il en tirer vengeance en « sortant » le dossier fabriqué * ?

Nul en tout cas n'a de réponse claire — ni de Gaulle, bien qu'il incrimine d'abord Vichy, puis Londres, ni Muselier, ni Passy, ni Mengin — à la question : Meffre était-il simplement un agent anglais ou anglo-gaulliste ? S'il fut introduit par MI 6 à Carlton Gardens, fut-ce pour y brouiller les cartes, ruiner les rapports de Gaulle-Muselier et affaiblir la France libre face

---

* Chassé de la France libre, Meffre finit la guerre en détention, puis, libéré par les Anglais reprit du service dans le « renseignement » en 1945.

à Londres ? Ou fut-il un gaulliste abusif, croyant servir son patron contre son rival ?

Convoqué de nouveau par de Gaulle le 5 janvier, et sommé de s'expliquer, Meffre-Howard ripostait tranquillement : « Même si les allégations des documents sont fausses, ceux-ci offrent l'avantage de nous débarrasser de Muselier », ce qui donne une idée du personnage[7]....

Le tout jette un jour plutôt glauque sur ce que l'auteur des *Mémoires de guerre* appelle « d'âpres conflits de personnes et tragi-comédies de bureaux » et sur les rapports entre services anglais et gaullistes. Il est à noter que Muselier n'incrimina jamais Passy, dont il salua au contraire la loyauté, mais fut beaucoup plus sévère, sans produire la moindre preuve, pour le très proche collaborateur du chef de la France libre qu'était le commandant Antoine, dit « Fontaine » — auquel avaient été confiées, pendant le séjour africain du général, les responsabilités civiles, tandis que Muselier assumait sur place les militaires.

Si quelque chose est clair dans ce que de Gaulle appelle une sombre « histoire d'Intelligence * », c'est d'abord qu'une organisation comme la France libre était perméable à toutes sortes d'infiltrations ; c'est ensuite que les responsables britanniques, en proie à une fièvre obsidionale bien compréhensible, n'étaient pas enclins à considérer les gaullistes comme des alliés au-dessus de tout soupçon — et pas fâchés de rejeter sur eux la responsabilité des bévues de Dakar, hier, ou d'Alger demain ; c'est enfin qu'il avait fallu plusieurs jours et de longues délibérations à Charles de Gaulle pour « couvrir » sans réserves son plus proche lieutenant victime d'une imputation imbécile **... Aussi bien les rapports entre Carlton Gardens et Westminster House, où s'installa vers cette époque l'équipe Muselier, en restèrent-ils à jamais pervertis.

Comment imaginer deux personnages plus antithétiques ? Leur juxtaposition eût enchanté le père Hugo, et excité sa verve : le haut baron du Nord, terrien tout cuirassé de hauteur et raideur, perché pour s'élever encore sur le sommet du clocher de Notre-Dame-la-France, croisé permanent, imbu jusqu'à l'obsession de la grandeur de sa mission, cassant par volonté plus encore que par nature, capable de se murer dans le silence des jours entiers ; et le jovial marin de Marseille (de son père lorrain, il tenait semble-t-il très peu, sinon l'idée de la croix dont il fit l'insigne de la France libre), volubile et preste, avec quelque chose de levantin dans le regard velouté, les gestes multiples, la faconde et le charme envoûtant, toujours en mouvement, toujours discourant, tel que les Anglais — surtout marins — voient volontiers les Français (et tel que les Français imaginent les Italiens...),

---

* L'emploi de la majuscule, ici, vaut dénonciation de l'« intelligence » par excellence, celle de Londres...
** « Qu'on accuse l'amiral d'avoir voulu détourner de ses devoirs la femme du Premier ministre, disait Moullec, je dirais : peut-être. Mais une trahison ! »

galopant d'une bonne fortune à une prouesse et ne cessant de chercher à plaire que pour jeter un gant dans la figure d'un importun, ou d'un rival.

Son plus joli portrait est dû à Edgard de Larminat : « ... En 1940, chef d'état-major au Levant, j'avais reçu la visite de ce vice-amiral en civil qui, curieusement mis sur la touche par Darlan, faisait du journalisme en Turquie et au Levant. Muselier, c'est un type, celui du marin de Méditerranée orientale qui s'est trompé d'époque, la sienne étant celle d'Othello. Il eût fait un remarquable amiral au service de la république de Venise. Ses dons de marin, de corsaire et de négociateur n'eurent guère leur emploi... C'est le marin levantin, la hanche et l'œil lourds, qu'on voit très bien faire un peu de danse du ventre sur la table, en fin de bordée[8]. »

Alain Savary, qui fut son aide de camp et, comme tel, passa plus d'un an dans le bureau même de l'amiral à Westminster House, témoigne qu'on ne pouvait déployer plus « de gentillesse et de bienveillance » qu'Émile Muselier. Il fait observer que « presque tous les marins qui rallièrent la France libre le firent par fidélité personnelle à l' amiral* ». Il met aussi l'accent sur ses qualités d'organisateur, d'animateur — que de Gaulle loue souvent —, et n'était l'intarissable faconde de Muselier et cette manie qu'il avait de s'entourer d'une nuée d'interlocuteurs simultanés, le tient pour un « patron » digne d'estime[9].

Il lui avait fallu des qualités peu banales d'ailleurs, avec la réputation détestable qu'il avait dans la marine — on le disait franc-maçon, opio-mane (?) et porté un peu plus que de raison sur « la gueuse » —, pour gagner ses trois étoiles de vice-amiral sous Darlan qui, bien que proche de lui par les idées professées — l'amiral de la flotte se disait lui aussi très républicain jusqu'au 15 juin 1940... — le haïssait. Aussi avait-il fait mettre à la retraite anticipée, en pleine guerre, ce marin dont tout le monde reconnaissait au moins les qualités manœuvrières et les vertus d'entraîneur d'hommes.

Bien qu'il fût le seul commandant de bord à résister à la mutinerie de la mer Noire, en avril 1919, Muselier passait pour « de gauche ». A la fin de juin 1940, c'est par Gibraltar qu'il avait gagné l'Angleterre, seul des cinquante amiraux français à préférer la poursuite de la guerre contre les nazis à la gestion de la préfecture du Var, à la censure des journaux de Lyon ou au patient désarmement de quelque croiseur sous le soleil d'Afrique.

Surmontant les épreuves de Mers el-Kébir et du hold-up accompli par la Navy sur les navires français stationnés dans les ports anglais, il s'était mis à l'ouvrage pour rebâtir une flotte, avec l'aide d'hommes comme Moullec — déjà très proche des communistes — Auboyneau, Gayral, Cabanier, Ortoli, Villefosse, Wietzel, Burin des Roziers**, créant l'école de cadets où se forme, entre autres, le fils du général de Gaulle. Et il avait amorcé cette renaissance navale française en étroite et amicale relation avec ses collègues britanniques — tour de force...

---

* Ce qu'on ne peut dire à propos de Charles de Gaulle.
** Cousin du futur secrétaire général de l'Élysée

L'orage de janvier 1941 n'avait pas éclaté dans un ciel serein. Déjà les rapports entre le général — 50 ans, deux étoiles « temporaires » — et l'amiral — 63 ans, trois étoiles bien cousues — étaient plus lourds d'arrière-pensées que ceux que Catroux avait voulu établir avec de Gaulle (lesquels n'allaient pas, on l'a vu, sans secousses...). Muselier n'a jamais caché, dès le premier jour, qu'il n'était pas d'accord avec ce qu'avait de politique le projet gaulliste, et qu'il eût préféré participer à une entreprise purement militaire aux côtés des Anglais contre le nazisme.

S'estimant, dès l'origine, abusivement mis aux ordres d'un général d'infanterie, il a plus mal supporté encore d'être chapeauté par une « délégation d'état-major » qui, de Carlton Gardens, a la haute main sur toutes les composantes de la France libre — comme l'équipe de l'Élysée, sous la Ve République, régentera tous les ministères.

Quant au général, le « vibrionnage » de Muselier l'exaspérait. Au début de décembre 1940, Passy, louant devant lui la loyauté et l'efficacité de Muselier, provoqua cette sèche interruption : « C'est un insupportable touche-à-tout ! » Situation que résume bien le fidèle ami de Muselier qu'était Héron de Villefosse : entre ces « deux personnalités militaires françaises d'une trempe exceptionnelle, également décidées à effacer l'humiliation de la défaite [...] les relations ne pouvaient être véritablement réglées par la subordination de l'un à l'autre. » Mais c'est de la scandaleuse incarcération dont Muselier attribue, sinon l'origine, au moins la prolongation à son chef de file, que date l'aigrissement définitif des relations entre le Connétable et le Corsaire.

On a indiqué en passant l'esprit « républicain » d'Émile Muselier, et relevé la sujétion que lui imposait la structure provisoire de la France libre ne pouvait convenir aisément ni à l'aîné, ni au marin, ni au démocrate traditionnel — dans la mesure où la situation de la France libre, maigre vaisseau ballotté par une houle immense et en butte à quelques pirates, était propice à l'exercice de la démocratie. Se référer en l'occurrence à l'exemple anglais — d'ailleurs admirable — n'a pas beaucoup de sens, tant les situations, les pouvoirs, les structures et les risques sont différents.

On n'a pas oublié que lors de l'entretien mouvementé du 12 septembre 1941, de Gaulle et Churchill se sont entretenus du projet de création d'un « conseil » de la France libre auquel travaillent les services de Carlton Gardens, parallèlement à l'équipe Muselier. Chacun revendique la paternité d'une idée toute naturelle — qui traduit, chez de Gaulle, la volonté d'élargir les assises et la légitimité du mouvement, chez Muselier la tendance à équilibrer l'autorité du général, sinon à la tenir en lisière.

Dans ses *Mémoires*, de Gaulle présente Muselier comme « l'instrument » des groupes qui « rejetaient l'autorité de De Gaulle ». Ce qui est une malveillance gratuite. L'amiral n'était manipulé que par lui-même, mais peut-être fut-il vraiment, comme le dépeint avec verve le chef de la France libre, doté d'

> « une personnalité double. En tant que marin, il montrait une valeur qui méritait grande considération, et à laquelle était due, pour une large part, l'organisation de nos petites forces navales. Mais il était périodiquement saisi par une sorte de tracassin qui le poussait aux intrigues [10] ».

Intrigue est le mot qu'on emploie pour disqualifier ceux dont l'activité vous déplaît. Mais l'amiral à coup sûr goûtait les jeux politiques, et rêvait de s'y affirmer, avec son charme naturel et une expérience formée au cours d'une carrière menée contre vents et marées. Bref, sitôt qu'il sut que de Gaulle se résignait à quelque chose comme une diversification ou un élargissement du directoire des Français libres, son sang démocratique ne fit qu'un tour, et il multiplia les suggestions. Mais de Gaulle ne voulait ni se laisser imposer un projet « extérieur » ni se faire prendre de vitesse. Le tout est dit noblement à la page 219 des *Mémoires de guerre* :

> « Le champ d'action [allant] s'élargissant, il me fallait placer à la tête de l'entreprise un organisme adéquat. De Gaulle ne pouvait plus suffire à tout diriger [...]. La forme collégiale étant, pour tous les États, celle du pouvoir, nous aiderions à nous faire reconnaître en l'adoptant pour nous-mêmes. Par ordonnance du 24 septembre 1941, j'instituai le Comité national. »

Muselier avait tout fait pour n'être pas, lui-même, mis devant le fait accompli. Les deux lettres qu'il avait adressées à de Gaulle, les 18 et 20 septembre, étaient des adjurations à ne pas mettre en péril les alliances de la France libre par des initiatives trop cassantes, ni la démocratie par une politique trop personnalisée. Ce que résume un peu abusivement le général en écrivant que pour sauvegarder les unes et l'autre « il proposait que je me place moi-même en situation honorifique et que je lui laisse, à lui, la réalité du pouvoir ».

En fait, c'est seulement dans la première de ses deux lettres que l'amiral réclamait la direction effective du comité en fonction, de Gaulle ne gardant qu'une prééminence nominale. Dans la seconde, il s'attribuait seulement la vice-présidence, mais le contrôle des décisions politiques, flanqué de son chef d'état-major Moret-Moullec et d'André Labarthe — tous deux censeurs véhéments entre tous de Charles de Gaulle.

Entre la remise du premier et du second projet, avait eu lieu ce qu'on a appelé le « déjeuner du Savoy » offert par deux personnalités britanniques — Lord Bessborough et Desmond Morton, intimes de Churchill — à Muselier et Labarthe, en présence de Dejean, conseiller politique des FFL et ami de Muselier*. Les Britanniques avaient à la fois donné une sorte de caution au « complot », non sans calmer la voracité des conjurés. De Gaulle n'avait pas manqué d'en être informé par Dejean.

---

* Au point que certains gaullistes croyaient Dejean passé dans le « clan Muselier ».

Ainsi prévenu de la gravité de l'opération, le général propose à l'amiral d'entrer dans le comité comme commissaire à la marine, Labarthe recevant la direction de l' « action politique » et de l'information, (et Moullec rien du tout). L'amiral rejette ces propositions — puis téléphone à Maurice Dejean pour lui signifier que, puisque de Gaulle refuse de tenir compte de ses avis, lui, Muselier, ne veut « rien avoir de commun avec ce comité » et que « la marine continuera à faire la guerre, n'ayant qu'un rôle purement militaire, en liaison étroite avec l'Amirauté britannique et sans se mêler des questions politiques [11] ».

C'est le genre de situation où de Gaulle brille de tous ses feux, ceux de la foudre. Il la lance sur le malheureux Muselier, sous forme d'une lettre datée du 23 septembre 1941 :

> « ... Vous êtes sorti de votre droit et de votre devoir quand vous m'avez notifié votre décision de vous séparer de la France libre et d'en séparer la Marine que j'ai placée sous vos ordres. Sur ce fait, votre action constitue un abus intolérable du commandement militaire que je vous ai confié sur une force française libre dont les officiers et les hommes sont engagés comme Français libres et liés à mon autorité par un contrat d'engagement. En outre, vous portez atteinte à l'union dans un mouvement dont l'union fait toute la force, dans un mouvement qui, en présence de l'ennemi et dans la situation où se trouve la France, représente peut-être la seule chance de salut de la Patrie...
> [...]
> Je ne vous laisserai pas faire.
> Tenant compte de vos services passés et des influences fâcheuses qui ont pu s'exercer sur vous de la part de certains éléments non combattants de l'émigration, je vous laisse vingt-quatre heures pour revenir au bon sens et au devoir.
> J'attendrai votre réponse jusqu'à demain, 24 septembre, à 16 heures. Passé ce délai, je prendrai les mesures nécessaires pour que vous soyez mis hors d'état de nuire et que votre conduite soit publiquement connue, c'est-à-dire stigmatisée.
> Je dois ajouter que je me suis assuré, dans cette triste affaire, de l'appui de nos alliés sur le sol de qui nous nous trouvons et qui m'ont reconnu comme chef des Français libres.
> Je vous adresse mon salut [12]. »

Muselier s'était cru de taille à défier le Connétable. Il ne l'était pas. Ses amis de l'Amirauté aussi bien que ceux du Foreign Office s'employèrent à faciliter sa reddition : il accepta enfin d'entrer dans le Comité « gaulliste », non sans avoir demandé à réfléchir jusqu'à la dernière minute et avoir consulté ses amis. Moullec lui conseilla de s'abstenir, Labarthe évoqua une fois de plus la « dictature » menaçante. Tout bien considéré, l'amiral téléphona au général : « Ce que vous faites n'est pas viable ; néanmoins, dans l'intérêt supérieur de la Marine et de la France, j'accepte. »

Était-ce encore une manœuvre anglaise ? Faut-il penser qu'après avoir voulu détruire Muselier pour affaiblir de Gaulle (affaire Howard), les services de l' « Intelligence » alliés à ceux de l'Amirauté avaient poussé cette fois l'amiral vers les sommets pour faire pièce à l'intraitable interlocuteur d'Oliver Lyttelton et de Churchill ? Il est de fait qu'en toute cette crise, Muselier se réfère constamment à ses amis anglais, allant même jusqu'à faire grief à de Gaulle de ne pas les avoir consultés avant de former le Comité français...

A l'issue de cette escarmouche de chefs, le Comité est enfin constitué. Il est composé de 10 personnes rassemblées autour d'un de Gaulle dont l'autorité sort renforcée de la crise, par l'ascendant qu'il a affirmé sur son rival, et par les textes eux-mêmes : Pleven est commissaire * aux Finances, à l'Économie et aux Colonies ; Cassin à la Justice et à l'Éducation ; l'amiral Muselier à la Marine ; le général Legentilhomme à la Guerre ; le général Valin à l'Air ; Diethelm à l'Intérieur et au Travail ; Dejean aux Affaires étrangères. Thierry d'Argenlieu est commissaire sans portefeuille **. En outre, Henri Hauck était nommé directeur des affaires sociales, et Hervé Alphand, directeur des affaires économiques.

La presse anglaise fit bon accueil et large place à la création du CNF, que, le 24 septembre 1941, le *Times* qualifie « d'espèce de gouvernement provisoire » (*something in the nature of a provisional government*), qui « désormais, partagera l'autorité du général de Gaulle ». Ce qui était, pour un journal aussi « autorisé », s'avancer beaucoup...

Ainsi, à force de se vouloir « le plus égal des égaux », l'amiral Émile Muselier n'était plus qu'un otage du vainqueur. Mais, pour amère que fût, de son point de vue, la fable, il ne faudrait pas en déduire que cette bataille pour le pouvoir, inhérente à tout groupe insuffisamment institutionnalisé, fut une guerre inexpiable entre le « dictateur » et Brutus. Alain Savary, resté tout au long du débat aux côtés de Muselier à Westminster House, témoigne que si certains, tels que Moullec, se conduisaient comme s'il s'agissait entre les deux « maîtres » d'hostilités déclarées, lui et quelques autres, refusant de privilégier les aspects conflictuels de l'affaire, réussirent, jusqu'en 1942, à rester fidèles à Muselier sans pratiquer un antigaullisme qui leur paraissait suicidaire [13].

Comme souvent, l'action parut être la voie vers la synthèse. Comment mieux ressouder une alliance que dans un risque pris en commun ? A la fin de 1941, deux mois après la tragi-comédie « institutionnelle » de septembre, sembla venir à maturité un projet qui était, lui aussi, le fruit des cogitations parallèles de Carlton Gardens et de Westminster House.

Saint-Pierre et Miquelon sont deux îlots proches de la côte canadienne, peuplés de 5 à 6 000 pêcheurs, sur lesquels s'exerce la souveraineté française — résidu infime d'un grand empire. Sitôt qu'il eût jeté ses regards sur la

---

* Le titre de « ministre » paraissant impliquer une prétention à former un « gouvernement » a été jugée prématuré.
** Dans ses *Mémoires*, le général de Gaulle cite Catroux comme commissaire sans portefeuille. Il ajoute qu'à sa demande de se joindre au Comité national français, Jacques Maritain et Alexis Léger avaient fait des réponses « déférentes mais négatives »

mappemonde en tant que chef des Français libres, de Gaulle jugea « scandaleux que, tout près de Terre-Neuve, un petit archipel français, dont la population demandait à se joindre à nous, fût maintenu sous l'obédience de Vichy ».

D'autant qu'un émetteur radio d'une certaine puissance y diffusait la propagande du maréchal et, selon certains journaux canadiens, des renseignements à destination de l'Axe : aussi bien Londres et Ottawa étaient-ils favorables à une opération de « ralliement » du type de celle qui avait réussi à Brazzaville et échoué à Dakar. Alors que les États-Unis, toujours soucieux de ménager le gouvernement Pétain, et qui étaient entrés en pourparlers avec l'amiral Robert, haut-commissaire de Vichy pour les Antilles en vue d'établir un *modus vivendi* neutralisant les territoires français d'Amérique, y étaient défavorables.

Apprenant que Washington s'apprêtait à signer l'accord négocié avec Robert au moment même où l'amiral Muselier s'embarquait pour le Canada en vue d'inspecter les bâtiments français (notamment ce sous-marin *Surcouf* qu'on l'accusait un peu plus tôt de vouloir livrer à l'ennemi...), de Gaulle confia au commandant des forces navales françaises libres la mission d'opérer, à l'occasion de ce voyage, le ralliement des deux îlots. N'était-ce pas donner à Muselier l'occasion d'une action d'éclat, scellant son retour au sein des FFL ?

L'amiral, qui depuis longtemps méditait l'opération, s'y lança avec fougue, certain de l'approbation de ses amis anglais. Mais de Gaulle ne jugea pas utile de lui signaler que, mis en garde par Washington, Churchill lui avait demandé de surseoir au ralliement de Saint-Pierre. Le général avait-il promis au Premier ministre de freiner Muselier ? L'avait-il mal compris ? Ou jugea-t-il préférable de ne pas l'avoir entendu ?

Le fait est que, le 24 novembre, Muselier, flanqué du commandant de Villefosse et de l'enseigne Savary [14] cinglait vers Saint-Pierre à bord de la corvette *Mimosa* — par une si grosse mer qu'il y perdit sa casquette mais non sa faconde, ni sa bonne humeur —, n'ignorant pas tout à fait que l'entreprise bousculait un peu la volonté américaine — ce qui n'est pas fait pour déplaire à ce jovial corsaire — mais insuffisamment informé des obstacles diplomatiques qui se dressaient.

Le 7 décembre au soir, dans la tempête, la radio du bord crachote la nouvelle immense qui paraît sceller le destin de la guerre : l'aviation japonaise a décimé la flotte américaine de Pearl Harbor, les États-Unis sont entraînés dans la guerre, six mois après l'URSS. Sur le pont du navire, Muselier, Savary et Villefosse se retrouvent dans la bourrasque et, écrit ce dernier, « hurlent plus fort que le vent [...] : pour Saint-Pierre, ça change tout ! ». Désormais, en effet, les États-Unis sont des alliés : ce qui était un bon tour joué à des neutres ne devient-il pas un mauvais coup porté à des compagnons d'armes ?

Arrivé à Ottawa, l'amiral Muselier, estimant ne plus pouvoir agir par surprise, demande l'accord de ses hôtes et des représentants des États-Unis — lesquels confirment leur hostilité à l'opération. Dans le même temps, il reçoit un câble de son chef d'état-major, Moullec, l'informant que Londres s'est aligné sur la position américaine. Or, du point de vue stratégique, les FNFL relèvent de l'Amirauté. Mais au moment même où il s'est décidé à renoncer, en prévenant de Gaulle, Muselier reçoit de Carlton Gardens un télégramme comminatoire :

« Nous savons de source certaine que les Canadiens ont l'intention de faire eux-mêmes destruction du poste de TSF de Saint-Pierre-et-Miquelon *. Dans ces conditions, je vous prescris de procéder au ralliement de Saint-Pierre-et-Miquelon par vos propres moyens et sans rien dire aux étrangers. Je prends l'entière responsabilité de cette opération devenue indispensable pour conserver à la France ses possessions. »

Contrevenir aux prescriptions de l'Amirauté dont il dépend ou refuser d'obéir à un ordre aussi net du chef des Français libres... ? Selon Robert Mengin, l'amiral balança, puis se décida enfin à obéir à de Gaulle (discipline militaire) mais en prenant la décision de démissionner du Comité directeur formé en septembre (dissociation politique).

Persuadé qu'il est l'instrument d'une folie, Muselier débarque le 24 décembre 1941, veille de Noël, à Saint-Pierre où il est accueilli par une population enthousiaste : un référendum aussitôt organisé tourne au plébiscite en faveur de la France libre : depuis les « Trois Glorieuses » des 27, 28 et 29 août 1940 en Afrique, c'est l'opération la plus « propre ** » et convaincante du gaullisme. La France libre sera désormais représentée à Saint-Pierre par un administrateur de 23 ans, Alain Savary, auquel le chef de la France libre n'a donné qu'une consigne . « Il faut être centripète et non pas centrifuge [15] ! »

Mais le coût politico-diplomatique de l'opération va être plus lourd encore que ne l'avait prévu Muselier. De Gaulle écrit dans ses *Mémoires* qu'il avait prévu qu'elle serait « entérinée sans secousse » par les Américains, sinon quelque « mauvaise humeur dans les bureaux du State Department ». Or, ajoute-t-il, ce fut « une vraie tempête ». Il arrive que son sens de la tragédie historique souffle à ce grand mémorialiste des images plus fortes... Cataclysme, séisme ?

Dans son mémorial, Roosevelt ironise sur cette manifestation de « courroux du chef redoutable et incorrigible de la France libre » alors qu'il est lui-même en conférence avec Churchill et le Premier ministre canadien à Québec. Mais le secrétaire d'État Cordell Hull, perdant son sang-froid, assure que de Gaulle avait violé une promesse (qu'il n'avait jamais expressément donnée ***), que l'action des « navires soi-disant (*so-called*) " français libres " » avait été accomplie « sans que le gouvernement des États-Unis [...] y ait donné son consentement » et que Washington avait

---

* Dans ses *Mémoires*, de Gaulle écrit que les Canadiens voulaient s'en « assurer ».

** Cette consultation populaire n'était pas la première qui sanctionnait une opération des FFL : un référendum s'était déroulé à Tahiti.

*** Dans une note adressée en janvier au gouvernement américain, de Gaulle faisait valoir qu'il s'était bien engagé, le 17 décembre dans la matinée, à surseoir à l'opération mais que le même soir, il avait appris que Washington avait fini par convaincre les Canadiens d'opérer eux-mêmes — ce qui changeait tout, du point de vue de la souveraineté française.

demandé à Ottawa d'étudier les moyens en vue de « restaurer le *statu quo* dans les îles ».

Triple « gaffe », et triple incongruité. Ainsi, pour Cordell Hull, les « Français libres » ne constituaient qu'un « soi-disant » (*so-called*) mouvement* — terminologie employée par Vichy ? Ainsi, pour substituer tel Français à tel autre, en terre française, il fallait le « consentement » de Washington ? Ainsi, ce diplomate américain envisageait de lancer ses alliés canadiens dans une expédition pour restaurer, en terre étrangère, la légalité de Vichy ?

On peut juger en l'occurrence que le bon sens n'était pas du côté de Charles de Gaulle ; deux semaines après une entrée en guerre des États-Unis qui changeait la face du monde, le ralliement de Saint-Pierre, s'il gênait ces nouveaux et décisifs alliés, pouvait attendre : c'était le point de vue de Muselier et de bon nombre de gaullistes ; c'est aujourd'hui l'opinion de la plupart des historiens. Mais si outrecuidant qu'ait pu être en l'occurrence l'homme du 18 juin, la réaction du chef de la diplomatie américaine, révélant à la fois son ignorance des valeurs en présence et son mépris des données historiques, aboutissait presque à la justifier : c'est ce qu'écrivit, au début de janvier, la majorité de la presse américaine, à commencer par son plus illustre commentateur, Walter Lippman.

L'opinion publique des États-Unis aurait-elle été secouée par cette minuscule affaire, alors que s'embrasait le Pacifique, que, de Pittsburgh à Seattle, le colosse industriel américain entrait en branle et que partout les *boys* endossaient l'uniforme, si les nouvelles de la guerre avaient été meilleures ? Roosevelt n'était pas fâché de distraire l'opinion avec sa petite guerre contre le général de Gaulle — dût-elle le tourner en ridicule —, alors que la flotte et les armées de Tojo multipliaient les succès contre MacArthur. Il serait temps de rendre leur hiérarchie aux problèmes quand on aurait brisé les premières vagues japonaises...

Aussi bien la tempête allait-elle s'apaiser. Le 19 janvier, Cordell Hull, recevant Adrien Tixier, nouveau représentant de la France libre aux États-Unis, expliquait de façon plus posée et plus rationnelle la ligne de conduite de son gouvernement vis-à-vis des gaullistes. Le 22, à Londres, Churchill recevait de Gaulle et, non sans lui faire grief de s'être, en l'affaire, aliéné Roosevelt, lui proposait une reconnaissance du fait accompli moyennant la publication d'un communiqué sauvant la face du département d'État de Washington.

L'amiral Muselier, tout soutenu qu'il fut par de larges secteurs de la presse de New York, se sentait en position fort inconfortable, confronté qu'il était à ses collègues américains et canadiens, qui freinaient ses communications et lui coupaient les vivres... Prisonnier de sa victoire comme Bonaparte en Égypte, il n'eut de cesse qu'il pût mettre les choses au clair, à Londres, avec de Gaulle et l'Amirauté. Le 27 février, il atterrissait à

---

* La presse américaine s'empara de la formule pour parler du *so-called State Départment*, se gaussant de ce secrétaire d'État qu'une « piqûre de puce » empêchait de dormir.

Londres — empli de cette double certitude : que de Gaulle l'avait jeté dans une aventure absurde sans même l'informer, et que la réussite de l'opération de Saint-Pierre lui donnait, à lui, Muselier, une stature nouvelle, le mettant en meilleure posture pour tenir tête au « dictateur » contre lequel ne cessait de le monter son chef d'état-major, le commandant Moullec.

C'est un de Gaulle radieux et cordial qui l'accueillit à Heston — le félicitant de sa réussite et lui proposant de repartir pour une expédition plus grisante encore : le ralliement de Madagascar. Mais en attendant, il lui demandait de se séparer de son plus proche collaborateur, ce Moullec en qui de Gaulle — qui avait fait déchiffrer la correspondance en code entre les deux hommes — s'était depuis longtemps découvert un ennemi acharné. Mais Muselier revenait dans un état d'esprit de vainqueur décidé à exploiter sa victoire qui le disposait mal aux concessions.

D'autant qu'autour de lui s'organisait une manière de complot ou de fronde, dont les trois animateurs étaient d'abord Moullec, Labarthe, mais aussi une Mrs Michaelis, épouse d'un milliardaire sud-africain. Partageant désormais la vie de l'amiral, cette dame influente avait mis à sa disposition Westminster House, quelques autres résidences, et ses relations. L'Amirauté ne faisait pas mystère de ses sympathies pour cette intrigue, notamment le Premier Lord Victor Alexander, travailliste aussi antigaulliste que son ami H. G. Wells.

Comme six mois plus tôt, on prépara la succession, sur le double thème du refus du pouvoir personnel et de la bonne entente avec les Alliés — thèmes que le traitement de l'affaire de Saint-Pierre-et-Miquelon par de Gaulle avait mis plus crûment que jamais en lumière.

Ainsi le Muselier qui se rend à la réunion du Comité national français, le 3 mars, dans la salle de l'horloge de Carlton Gardens, est-il d'humeur conquérante : celle du héros du jour. C'est du ton le plus engageant que le général de Gaulle le prie de présenter le compte rendu de sa mission. Dans le récit qu'il en fait d'abord, l'amiral se cantonne aux aspects militaires et techniques de l'entreprise. « Voilà une affaire parfaitement menée, fait de Gaulle. Vous voyez, messieurs, que j'ai eu raison de donner l'ordre d'occupation* malgré l'avis de nos alliés... »

Propos malheureux. L'amiral n'attendait qu'une occasion pour déclencher l'offensive diplomatique : c'est le général qui la lui offre. Alors il fonce, accusant carrément de Gaulle de lui avoir caché la vérité, d'abord à propos de la promesse qui aurait été faite aux Américains de surseoir à l'opération ; ensuite à l'occasion de l'entrevue Churchill-de Gaulle du 22 janvier, qui, selon le Foreign Office, aurait été si négative que le Premier ministre avait été jusqu'à évoquer la révision des accords du 7 août 1940... « Pourquoi ne m'en a-t-on pas informé ? » Dejean, commissaire aux Affaires étrangères, dément cette version de l'entrevue de Downing Street et assure qu'aucun compte rendu n'en existe. « Le voici ! fait Muselier en l'extirpant de sa serviette... C'est la seconde fois que je vous prends en flagrant délit

---

* C'est le mot employé dans la seule version existante de la séance, qui est de Muselier

d'inexactitude ! » poursuit l'amiral, regardant Dejean mais visant évidemment de Gaulle. Et se retournant vers le chef des Français libres, il déclare : « Dans ces conditions, il ne m'est plus possible de continuer à collaborer avec ce comité. Je vous donne ma démission de commissaire national. »

Dès le soir, Émile Muselier rédige une lettre de démission que le général de Gaulle publie avec délectation en annexe de ses *Mémoires,* tant elle révèle, entre les deux hommes, l'inégalité des styles et des aptitudes à s'élever au niveau des grandes affaires. Le message de l'amiral, dénonçant « certaines faiblesses de l'organisation actuelle de la France libre » et une « tendance fâcheuse de certaines autorités de notre mouvement à l'emploi de méthodes inadmissibles », confirmait que son auteur ne pourrait plus prêter à de Gaulle « un concours de caractère politique », mais ajoutait que « les forces navales françaises libres continueront, comme par le passé, à faire la guerre aux côtés de nos alliés » et concluait : « Personnellement, je suis prêt à prendre part à toute opération militaire que vous jugerez bon de me confier en accord avec nos alliés [16]. »

Étrange manifeste qui, en pleine guerre, prétend instituer une coopération conditionnelle de la marine avec les autres armes — c'est le concept de « fief » que de Gaulle décelait déjà chez Darlan en juin 1940 — et seulement dans le cas où les ordres reçus auraient l'approbation de Londres et de Washington...

De Gaulle réagit posément, en trois temps. Le 4, il écrivit à l'amiral, prenant acte de sa démission et exprimant l'espoir de pouvoir « utiliser [ses] hautes qualités et [sa] grande expérience de chef de la marine ». Le 5, il lui donnait pour successeur le commandant Auboyneau, promu contre-amiral, et envoyait Moullec commander le *Triomphant.* Et le 6, Muselier se voyait octroyer trente jours de « permission »...

C'est alors que l'amiral Émile Muselier sortit d'une ligne de conduite qui ne laissait pas d'attirer sur lui la sympathie. Il en appela à l'intervention anglaise. Son ami l'amiral Dickens et Mrs Michaelis mirent en branle le gouvernement et l'Amirauté, et, le 6 mars, le général de Gaulle reçut la visite conjointe des deux plus imposants personnages du cabinet de guerre, le Foreign Secretary Anthony Eden et le Premier Lord de l'Amirauté, Victor Alexander, venus lui signifier que le gouvernement de Sa Majesté exigeait le maintien de l'amiral Muselier à la tête de la marine des Français libres...

S'ils avaient voulu ruiner les dernières chances d'entente avec Muselier, les dirigeants britanniques * ne s'y seraient pas pris autrement. Le général décide de faire front, en tentant de rallier tous ceux des marins qui n'avaient pas fait allégeance personnelle à l'amiral. Il écrit d'abord à Eden une lettre d'une grande élévation où, mettant l'accent sur le caractère « symbolique » de son action, sur « l'espérance » qu'il entretient face à la trahison, et sur la « fierté » qui en est la condition, il refuse de mettre en péril ces trois

_____
* Comment un homme de la finesse d'Anthony Eden commit-il un tel impair, connaissant de Gaulle comme il le connaissait ?

données essentielles en s'inclinant devant la mise en demeure britannique. Et, jouant le tout pour le tout, il réclame aux autorités britanniques, en application de l'accord de juridiction signé un an plus tôt, la mise aux arrêts de rigueur de l'amiral.

Le 18 mars, n'ayant pas reçu la moindre réponse du gouvernement de Sa Majesté et pouvant s'estimer à la veille d'une décision dramatique, il se retire à la campagne (chez lui, à Berkhamsted) après avoir remis à trois collaborateurs fidèles, Pleven, Diethelm et Coulet, un « testament politique » où il écrit notamment :

> « Si je suis amené à renoncer à l'œuvre que j'ai entreprise, la nation française doit savoir pourquoi.
> J'ai voulu maintenir la France dans la guerre contre l'envahisseur. Cela n'est possible, actuellement, qu'aux côtés et avec l'appui des Britanniques. Mais cela n'est concevable que dans l'indépendance et la dignité. Or, l'intervention du gouvernement britannique dans la vilaine crise provoquée par Muselier est intolérable autant qu'absurde...
> La France a déjà compris dans quelle voie et de quelle façon j'ai tout fait pour la servir. Elle comprendra que, si je m'arrête, c'est parce que mon devoir envers elle m'interdit d'aller plus loin. Elle choisira sa route en conséquence. Les hommes passent. La France continue [17]. »

La solennité du ton révèle à quel point l'homme du 18 juin se sentit alors menacé. Venu à Westminster House le 10 pour convaincre les cadres des FNFL du bien-fondé de ses décisions, il s'était heurté à l'amiral, qui avait refusé de le laisser s'adresser à ses officiers hors de sa présence — et n'avait pu attirer vers lui que les trois officiers les plus anciens.

Mais, le 19, l'amiral Muselier commettait sa deuxième erreur capitale : il appelait les FNFL à une « grève générale ». En faisant appel aux Britanniques contre de Gaulle, il avait isolé la marine du mouvement. En appelant à une grève qui, à leurs yeux, parut une mutinerie, il se coupa des Anglais, très stricts en matière de discipline navale. Aussi bien l'Amirauté donnet-elle conseil à Muselier et à Moullec de se tenir quelques semaines à l'écart. La partie, pour l'amiral, était perdue *.

Charles de Gaulle n'avait pas souhaité cette « victoire » écrasante et coûteuse, qui privait la France libre d'un marin de grande capacité, d'un chef d'envergure, d'un organisateur sans égal dans le mouvement, à l'action duquel était due la création d'une marine active et dont le rôle dans la libération du pays ne cessa de grandir. Et elle le priva, lui, de Gaulle, d'un interlocuteur, voire d'un contradicteur, bien utile à un chef de son tempérament.

Commentant une déclaration d'Émile Muselier qui lui signifiait quelques jours après avoir reçu une nouvelle invite à coopérer, que sa « mission

---

* Il tentera, l'année suivante, de revenir au premier plan, à Alger, dans le sillage de Giraud

auprès de la France libre était terminée », de Gaulle écrit sèchement : « Je l'ai regretté pour lui. » Pour lui ? Ou pour l'ensemble du mouvement ?

Nul doute qu'en cette irritante affaire, l'amiral mit le plus souvent les torts de son côté — bien qu'il eût raison de se méfier de l'opération de Saint-Pierre (dont les retombées s'avéreront très vite déplorables) et d'exiger que le responsable d'une telle entreprise fût tenu soigneusement informé des fluctuations du climat politique dans lequel elle se déroulait.

Mais quoi ? De Gaulle ou Muselier ? Si le dilemme était ainsi résumé, la cause de la France libre, qui ne se confondait pas avec les faits et gestes d'un personnage hors du commun mais pouvait difficilement lui survivre, exigeait que prévalût cette solution mélancolique.

26. Le grand tournant : de Barbarossa à Pearl Harbor

Un an... Voilà un an déjà, Charles de Gaulle a proclamé que « la flamme de la résistance française [...] ne s'éteindra pas » — en un temps où seules d'infimes escouades, de Londres à Chartres, de Marseille à Bordeaux, étaient animées de la même conviction. Quand, le 18 juin 1941 au Caire, le chef des Français libres rappelle qu' « une année a passé dans le combat, la douleur, l'espérance » (plus de douleurs que de combats, et même, pour beaucoup, que d'espérance), la France libre n'est encore que la troisième et minuscule zone d'une France matériellement foudroyée mais grâce à lui associée au camp de la liberté et s'acharnant, dans « l'affreuse faiblesse » où elle se débat, à conquérir, d'homme en homme, d'arpent de terre en château de sable et de tolérance des uns en aumône des autres, sa place au soleil. Un soleil encore si terne, si indécis, que de bons observateurs neutres croient encore, sinon à la victoire de l'Axe, au moins à un compromis qui ne pourrait se faire qu'aux dépens des intransigeants.

Le pire a été évité : l'invasion de l'Angleterre. L'île tient bon et le seul nazi qui y ait pris pied, Rudolf Hess, confident du Führer tombé du ciel pour offrir à Churchill une paix de compromis, a été jeté dans un cachot. Mais tenu en échec devant le fossé antichar que la nature a octroyé aux Anglais, et dans le ciel de Londres où s'est déployé leur héroïsme, Hitler progresse partout où il n'a pas à sauver du désastre son encombrant allié de Rome. Du début de mars à la fin de mai 1941, il a soumis, occupé ou écrasé la Bulgarie, la Grèce, la Yougoslavie et la Crète — tandis qu'au sud de la Méditerranée, Rommel reprenait Benghazi. Et son seul échec, en Irak et en Syrie (où il n'a engagé que quelques dizaines de pilotes), ne va pas sans lui rapporter d'intéressants dividendes politiques : la réaction antibritannique en France métropolitaine et les dissensions entre la France libre et ses alliés de Londres.

Dans l'Atlantique, les convois britanniques chargés des précieux armements américains fournis à bon compte grâce à la loi prêt-bail (mars 1941) subissent du fait des sous-marins nazis des pertes croissantes (100 000 tonnes en mars, 200 000 en avril, 300 000 en mai...) et, dans le Pacifique, l'engagement progressif des Japonais (surtout en Indochine où aucune résistance significative ne peut encore leur être opposée) fait prévoir de rudes revers pour l'Empire britannique, dès lors que Tokyo sera passé de l'empiétement permanent à une belligérance active dont chacun se demande seulement la forme qu'elle prendra.

Considérant le planisphère, en ce jour du solstice de juin 1941, avec l'attention imaginative et passionnée qui leur est commune, Winston Churchill et Charles de Gaulle peuvent bien se répéter qu'un an plus tôt, ils étaient au fond d'un abîme d'où ils remontent peu à peu : ils doivent aussi constater que l'écrasement du IIIe Reich et la restauration des deux puissances dans leur grandeur ancienne ne sont encore que des hypothèses de travail — d'un travail d'Hercule.

Le 21 juin 1941, à Jérusalem, Charles de Gaulle peut certes se prévaloir de la participation française à la prise de Damas et à la récupération par les Alliés de cette zone clé qu'est le Levant : il sait bien aussi que cette opération est par beaucoup d'aspects une guerre civile, qu'en dépit de la collusion du malheureux Dentz avec les agents du Reich, il n'a pu rallier à sa cause qu'une petite minorité des Français du Levant. Il constate enfin que le succès militaire partiel auquel il vient, à force d'acharnement, de s'associer, lui coûte déjà très cher vis-à-vis de l'opinion française et de la société militaire, pour ne pas parler de l'aigrissement de ses rapports avec ses seuls et nécessaires alliés.

Bref, c'est dans un monde où l'ennemi dispose partout de l'initiative qu'un an après son appel, l'avenir de la France libre se joue : et là même où de Gaulle participe activement à une opération qui tourne à l'avantage du camp de la liberté, au Levant, c'est « en un combat douteux » (sinon pour les acteurs, du moins pour les témoins lointains du drame) qu'il engage les meilleurs des siens, militairement contre leurs compatriotes, politiquement contre leurs seuls alliés...

Il n'est pas de progrès de la France libre qu'on ne lui fasse payer d'un prix moral exorbitant, non seulement à Vichy ou à Berlin, mais à Londres ou à Washington. Qu'en sera-t-il quand on sera devant Alger, devant Paris, face au traité de paix ?

Soudain, dans la nuit du 21 au 22 juin 1941, les armées du Reich se jettent sur une Russie soviétique où Staline, confiant en la « loyauté » d'Adolf Hitler, refuse depuis des semaines de prendre la moindre précaution défensive*. Seize heures plus tard, Churchill se saisit d'un micro et clame : « Nous venons d'atteindre un des sommets de la guerre... Nous donnerons à la Russie et au peuple russe toute l'aide dont nous pouvons disposer... La cause des Russes qui se battent pour leur patrie est celle de tous les peuples qui se battent pour leur liberté dans le monde... »

La réaction du général de Gaulle, tout à son affaire au Levant, sera beaucoup plus lente. Sa première déclaration publique date seulement du 11 juillet, à la radio de Brazzaville, où il proclame assez bizarrement qu'en

---

* Il faut consulter sur ce point les *Mémoires* du maréchal Joukov, qui sont décisifs.

Russie « cette campagne dont l'ennemi s'imaginait qu'elle serait facile et rapide, prend au contraire l'allure d'un de ces romans russes qu'on croit à chaque chapitre sur le point de finir et qui recommencent toujours »...

Dès le 24 juin, néanmoins, le général a télégraphié à Carlton Gardens ses directives en vue d'orienter la propagande des FFL :

> « Sans discuter actuellement les vices et mêmes les crimes du régime soviétique, nous sommes très franchement avec les Russes puisqu'ils combattent les Allemands [...]. Les avions, les chars et les soldats allemands que les Russes détruisent et détruiront ne seront plus là pour nous empêcher de libérer la France[1]. »

Et il prescrit une démarche « discrète mais nette » auprès de M. Maïsky, ambassadeur soviétique à Londres, en vue d'organiser avec l'URSS des « relations militaires ».

A quoi, M. Maïsky, recevant aimablement René Cassin et Maurice Dejean le 28 juin, et se disant touché du parti pris par le général de Gaulle *, fera observer que son pays continuant à entretenir des relations avec Vichy, il convient que ses rapports avec les FFL gardent un caractère privé... Mais six semaines plus tard, Pétain ayant rompu avec Moscou sur les instances du IIIe Reich, l'ambassadeur soviétique à Londres accueille tout autrement les mêmes visiteurs et laisse entendre que son gouvernement pourrait s'aligner sur celui de M. Churchill en reconnaissant de Gaulle pour chef de tous les Français libres — geste accompli en effet le 26 septembre : aux termes d'une lettre de Maïsky à de Gaulle, l'URSS s'engage, comme l'avait fait le Royaume-Uni, à assurer « la restauration de l'indépendance et de la grandeur de la France » après la victoire commune.

Charles de Gaulle expose ainsi, dans ses *Mémoires,* le profond renversement de points de vue provoqué par le déclenchement de l'opération « Barbarossa » :

> « On vit des dirigeants du Kremlin, dans l'extrême désarroi où les plongeait l'invasion, retourner leur attitude immédiatement et sans réserve. Alors que la radio de Moscou n'avait pas cessé d'invectiver contre " les impérialistes anglais " et " leurs mercenaires gaullistes " jusqu'à l'instant même où les chars allemands franchissaient la frontière russe, on entendit les ondes de Moscou prodiguer les éloges à Churchill et à de Gaulle littéralement une heure après[2]... »

Passant de ce sarcasme de situation à un réalisme de grand style, le Connétable poursuit :

> « ... Pour la France écrasée, le fait que la Russie se trouvait jetée dans la guerre ouvrait les plus grandes espérances. A moins que le Reich ne réussît rapidement à liquider l'armée des Soviets ** celle-ci ferait subir à

---

* Dont il n'est jamais question, jusqu'alors, dans ses propres mémoires...
** Hypothèse que retenaient alors beaucoup de spécialistes anglo-saxons, persuadés que l'échec subi par l'URSS en Finlande démontrait la médiocrité de l'Armée rouge.

l'adversaire une constante et terrible usure. Je ne doutais évidemment pas qu'une victoire à laquelle les Soviets auraient pris une part capitale pourrait, de leur fait, dresser ensuite d'autres périls devant le monde. On devait en tenir compte, tout en luttant à leurs côtés, mais je pensais qu'avant de philosopher, il fallait vivre, c'est-à-dire vaincre [...]. D'autre part, la présence [de la Russie] dans le camp des Alliés apportait à la France combattante, vis-à-vis des Anglo-Saxons, un élément d'équilibre dont je comptais bien me servir[3]. »

Admirable, ce « d'autre part » ! Certes, le général de Gaulle voit d'abord, dans l'ouverture du front russe, une chance globale offerte à la stratégie occidentale, l'affaiblissement à long terme du Reich. Mais il a tout aussitôt compris, y attachant une importance presque égale, que ce renversement stratégique serait pour lui l'origine d'une véritable libération ou mieux d'un élargissement diplomatique.

Dès lors qu'il peut s'accoter à un autre allié, à l'Est, Charles de Gaulle cesse d'être ce « pauvre sous l'escalier » contraint à tendre la main au passage des Lords de l'Amirauté, des ministres et des généraux de Sa Majesté. Si profonde soit son aversion pour les gens du Kremlin et leur système (sentiment qu'exprime la première phrase de ses directives du 24 juin 1941), on sait depuis longtemps (depuis la signature du pacte franco-russe, six ans plus tôt, et la lettre qu'il écrivait alors à sa mère) qu'il n'hésitera pas à s'allier à ces diables lointains contre ceux qui oppriment, *hic et nunc*, sa patrie.

Ne négligeons pas pour autant, dans cette phrase sur les « crimes » de l'URSS, l'habileté tactique. Il sait bien que l'alliance avec les « bolcheviks » lui sera reprochée et qu'il y perdra des sympathies — s'il a l'assurance d'y trouver beaucoup de nouveaux alliés. Au moment où, dans l'opinion française, le maréchalisme évolue vers l'inféodation croissante de Darlan à Hitler que manifestent les concessions connues au Levant et attendues en Afrique du Nord, l'homme de Londres devrait en bénéficier. Mais son rapprochement avec Moscou suscite un haut-le-corps chez beaucoup d'indécis.

Les « bolcheviks » font aussi peur que jamais — surtout depuis la guerre contre la Finlande, le partage de la Pologne, la colonisation des États baltes. L'alliance nouée en 1941 est, pour le gaullisme, à double tranchant : pour la presse de Paris, de Gaulle qui était jusqu'alors caricaturé en « culotte de peau » d'extrême droite manipulée par la City de Londres, se mue soudain en homme lige du bolchevisme. Et une certaine propagande — surtout celle qu'animera Philippe Henriot — marquera des points en faisant de lui l'homme au couteau entre les dents...

C'est le prix à payer pour les deux atouts majeurs qu'il vient d'empocher : militaire, car il voit vite, à l'ampleur des masses mises en présence, que d'ici à l'entrée des États-Unis dans la guerre, c'est du côté de Smolensk que se joue le sort du monde (et nul moins que lui n'oublie que tous ceux qui se sont exposés à y livrer bataille en hiver y ont laissé leur peau et leurs os) ; et diplomatique, car l'entrée en guerre de l'URSS l'arrache à un tête-à-tête avec les Britanniques dont l'affaire du Levant lui a rappelé les périls.

Sur cette « nouvelle donne », et les perspectives qu'elle ouvre au chef des Français libres, on dispose d'un document extrêmement curieux, publié dans un ouvrage soviétique sur les relations franco-russes pendant la guerre : le compte rendu d'une conversation entre l'ambassadeur d'URSS à Ankara, Serge Vinogradov* et un représentant des FFL, Géraud Jouve, ancien journaliste**, le 10 août 1941 :

« Le général de Gaulle, déclare Jouve au diplomate soviétique, attache une énorme importance à l'établissement de relations directes entre la France libre et l'URSS, car ces deux pays sont des puissances continentales et ont de ce fait des problèmes et des objectifs spécifiques différents de ceux des puissances anglo-saxonnes. La victoire sur l'Allemagne nous posera, en tant qu'État du continent, des problèmes que les Anglo-Saxons ne se posent pas, et ne comprennent pas [4]... »

Texte à retenir, car il pose bien les problèmes de Yalta et de l'après-guerre. On y voit que le déclenchement du conflit à l'Est n'est pas apparu seulement à Charles de Gaulle comme l'occasion d'user la machine de guerre hitlérienne dans la masse humaine, les grands espaces et le climat russes, ni même seulement comme l'occasion de se libérer de la tutelle de ses amis anglais, mais aussi comme une remise en question radicale de l'équilibre mondial. Une fois de plus, cependant, ce de Gaulle qui voit si loin, si clair et si profond, ne paraît pas mesurer les risques immenses où l'entraînera un tel jeu entre puissances « continentales ». Le mémorialiste signale sagement — expérience faite — les périls ainsi courus : c'est en 1954...

Ajoutons ici, à propos de ces conciliabules d'Ankara entre Vinogradov et Jouve, qu'après une autre rencontre, le 21 août, l'ambassadeur russe câbla à son gouvernement que « la grande différence entre de Gaulle et les Anglais, c'est que ceux-ci continuent à espérer une coopération avec Vichy, alors que le général est convaincu que ce régime est définitivement engagé dans la politique de collaboration avec l'Allemagne ».

Dès lors va se nouer une singulière relation entre le Connétable et les diplomates soviétiques. Et d'abord avec M. Bogomolov, que Moscou a tranquillement transféré de Vichy à Londres, où il représente l'URSS auprès des divers gouvernements en exil, et aussi du Comité national français. Le portrait qu'en trace l'auteur des *Mémoires de guerre* ne manque ni d'ironie ni d'une touche de sympathie : « Dans la mesure où l'écrasant conformisme qui lui était imposé lui permettait de se montrer humain [...] il savait pratiquer l'humour, allant même jusqu'au sourire... »

Ce que disait alors de Gaulle à Bogomolov, ce n'est pas par lui que nous le savons, mais par l'ouvrage soviétique déjà cité. Ainsi le 25 novembre 1941 : « Le sort du monde étant en train de se décider dans la guerre russo-allemande, il n'y a rien que le général souhaite autant que de faire participer des Français à ce combat... » Et le 9 décembre : « Le général m'a annoncé

---

* Que l'on retrouvera à Paris...
** Et futur ambassadeur.

qu'il allait envoyer en Union soviétique une mission composée de deux civils et d'un militaire [...]. Il a décidé aussi d'envoyer sur le front de l'Est l'une des deux divisions dont il dispose maintenant en Syrie. Il croit pouvoir obtenir leur transport jusqu'à Tabriz... »

Charles de Gaulle parla-t-il aussi à son interlocuteur d'un possible transfert de son propre quartier général de Londres à Beyrouth, pour être plus près du front de l'Est où se décidait le sort de la guerre ? Le journaliste anglais Alexander Werth, qui représentait alors le *New Statesman and Nation* en URSS, croit pouvoir l'écrire[5]. On ne trouve trace nulle part ailleurs de ce projet.

Le premier représentant des FFL auprès de l'URSS au combat fut le général Petit, chef d'état-major de De Gaulle (et son ancien condisciple, on l'a dit, à Saint-Cyr). L'accueil qu'il reçut de tous (à commencer par Staline) fut assorti de telles « avances » que l'on pouvait se demander, écrit l'auteur des *Mémoires de guerre,* si l'objectif n'en était que « professionnel ». (Ceci est publié en 1954, alors que le général Émile Petit avait en effet succombé à ces « avances » et était devenu, après la Libération, un très notoire compagnon de route du communisme.)

D'autres Français libres ne coururent pas le même risque : évadés de camps allemands vers la Russie en 1940, le capitaine Billotte et treize autres officiers* y avaient été internés par les Soviétiques dans des conditions répugnantes, avant d'être libérés au lendemain du 22 juin 1941 et dirigés, par Mourmansk et Arkhangelsk, sur Londres — où Billotte prit la relève de Petit à la tête de l'état-major de Carlton Gardens.

Le projet de transfert vers le front de l'Est d'une division prélevée sur les forces commandées par Catroux à Beyrouth se heurta à de longues et acides objections britanniques. Et le 3 mai 1942, le général Auchinlek, commandant en chef au Proche-Orient, mit purement et simplement son veto au départ pour le Caucase de ces troupes — bien qu'il refusât simultanément de les engager dans la bataille du *Western Desert.* La coopération avec l'URSS devra se cantonner au domaine aérien.

Le 20 janvier 1942, un mois après que Joukov eut brisé devant Moscou les assauts de la Wehrmacht grâce à la faute stratégique commise par Hitler** en dispersant sa force blindée entre ses trois groupes d'armées au lieu de les concentrer en bélier, au centre, pour frapper la Russie « droit au cœur », Charles de Gaulle, revenu au micro de la radio de Londres, proclame en un style que ses nouveaux alliés ont marqué de leur sceau :

> « Il n'est pas un bon Français qui n'acclame la victoire de la Russie... L'ennemi vient [...] d'essuyer l'un des plus grands échecs que l'Histoire ait enregistrés [...]. La libération et la vengeance deviennent de ce coup, pour la France, de douces probabilités. La mort de chaque soldat allemand [...] gelé en Russie [...] donne à la France une chance de plus de se redresser et de vaincre [...]. Les traîtres et les lâches qui ont livré [la France] à l'ennemi

---

* Dont les lieutenants de Boissieu, futur gendre du général de Gaulle, et Crémieux-Brilhac, qui allait diriger la documentation des FFL à Londres.
** Dénoncée notamment par Guderian dans ses *Mémoires d'un soldat.*

[...] ne manqueront pas de crier que notre victoire à côté de la Russie entraînerait chez nous ce bouleversement social dont ils ont peur par-dessus tout. La nation française méprise cette insulte... Elle se connaît assez bien pour savoir que le choix de son propre régime ne sera jamais que sa propre affaire. Et d'ailleurs, elle n'a payé que trop cher l'alliance honteuse des privilèges et l'internationale des Académies ! »

Eh ! Voilà un ton nouveau... L'humour singulier que M. Bogomolov dispense dans ses entretiens colorerait-il désormais la vision du Connétable ? Véhémence, crudité des images, recours au mot de vengeance, évocation des « privilèges » et des « académies » — il y a de la Carmagnole dans ce discours-là. Décidément, la situation, l'environnement et la mission modèlent les hommes — même celui-là ! — tout autant que l'origine et la formation. Hommage aux « circonstances » !

La grande alliance à l'Est va ainsi se développer de semaine en semaine. En février, Roger Garreau part pour l'URSS diriger la mission diplomatique de la France libre. En mai 1942, c'est à M. Molotov lui-même, en visite à Londres, que fait face le général. Après avoir salué en lui le « représentant de la vraie France », le plus proche collaborateur de Staline, arguant de ce qu'il n'existait « entre la France et la Russie* pas le moindre sujet de contestation possible, ni politique ni économique », fit valoir que si l'URSS est l'alliée de la Grande-Bretagne et des États-Unis, « avec la France, elle désire avoir une alliance indépendante [6] ».

Ces excellents propos peuvent enchanter de Gaulle — non lui faire perdre sa lucidité. Il l'avait en tout cas retrouvée quand il écrivit dans ses *Mémoires* que Molotov « avait certainement conclu naguère avec Ribbentrop l'accord germano-soviétique avec la même assurance ». Et conclut avec élégance : « En [ce] rouage parfaitement agencé d'une impeccable mécanique, je crois avoir reconnu une complète réussite du système totalitaire. J'en ai salué la grandeur. Mais, quoi qu'on ait pu me cacher de ce qui était au fond des choses, j'en ai senti la mélancolie. » Ainsi Charles de Gaulle passe-t-il du style du « Père Duchesne » de l'allocution de janvier à ces grâces pointues, dignes des *Mémoires d'outre-tombe*...

Au cours de l'entretien, Molotov étant revenu sur la suggestion faite à Carlton Gardens de dépêcher des unités combattantes sur le front russe — participation à laquelle son gouvernement attachait, dit-il, « une grande importance » —, de Gaulle, qui venait d'essuyer le refus de l'état-major britannique, dut se résigner, sans incriminer pour une fois les Anglais, à répondre que pour l'heure la présence des troupes « de terre » des FFL était « indispensable » au Proche-Orient. Mais de Gaulle proposa l'envoi en Union soviétique d'une trentaine de pilotes — qui seront l'avant-garde de l'escadrille « Normandie » — puis du régiment « Normandie-Niemen » qui, sous les ordres du colonel Pouyade, sera la seule unité occidentale associée à la victoire soviétique.

* C'est de Gaulle qui a rédigé le compte rendu. Molotov employa plus vraisemblablement le vocable « Union soviétique ›

Une autre question clé traitée lors de l'entretien avec Molotov fut celle du « second front », vital aux yeux des Soviétiques, qui attendaient des puissances occidentales * qu'elles prissent à revers l'ennemi commun, jouant le rôle du marteau quand l'URSS aura celui d'enclume.

C'est de Gaulle lui-même qui, selon les Soviétiques, aborda cette question brûlante, affirmant qu'il s'efforçait de persuader ses alliés d'entreprendre « très prochainement » cette opération et assurant que les « patriotes » avaient récemment, dans le nord de la France, mené des actions de sabotage facilitant un éventuel débarquement. Mais, ajoutait amèrement le général, les Anglais se refusaient à fournir le matériel de transmission, de propagande et de combat, permettant à de telles initiatives de se développer : notation déplaisante, à propos du plus constant adversaire du nazisme, et adressée au représentant d'un État qui avait récemment permis que s'accomplisse le grand dessein continental du IIIe Reich à l'Ouest...

Un mois plus tard, Moscou rendait public un communiqué qui manifestait la volonté de l'URSS de voir la France « reprendre dans le monde sa place de grande puissance démocratique antihitlérienne[7] ». Tout irait pour le mieux, si la question polonaise ne se profilait déjà à l'horizon — le gouvernement Sikorski commençant, selon un télégramme du CNF à Garreau du 21 juin 1942, à « prendre ombrage » de l'intimité croissante entre Moscou et la France libre...

Mais les Soviétiques ne parlent pas seulement, avec de Gaulle, de stratégie. Il leur arrive aussi de l'interroger sur ce que pourrait être le régime d'une France libérée de l'occupant et de Vichy. Nous disposons de deux types de réponses du chef de la France libre — l'une interprétée par Maïsky après un entretien avec de Gaulle en février 1942, l'autre rédigée par le général lui-même après l'entretien avec Molotov. La première ne dut pas laisser de préoccuper les Russes : leur ambassadeur résumait les vues exprimées devant lui par de Gaulle prédisant que la France serait gouvernée après la victoire selon des recettes mêlant le fascisme à l'italienne et le bonapartisme, modernisé, avec « un exécutif fort, un parlement corporatif[8] ». On peut se demander si, à Londres, Maïsky avait écouté de Gaulle, ou les amis de Muselier.

Dans le compte rendu qu'il a établi lui-même de la conversation avec Molotov, Charles de Gaulle écrit qu'il avait ainsi défini ses intentions :

> « Le peuple français [étant] hostile à tout fascisme, il reviendrait à un régime démocratique. Mais il ne retournerait pas purement et simplement au système parlementaire [...]. Il souhaiterait plus de force et de stabilité dans l'exécutif. Les préoccupations d'ordre social joueraient un rôle plus grand que les questions purement politiques[9]... »

En somme, Maïsky avait simplement caricaturé des vues encore ambiguës, où les mauvais esprits pouvaient trouver des traces d'une « révolution nationale » version de Gaulle.

_____
* Les États-Unis sont entrés en guerre cinq mois plus tôt.

Voici, en tout cas, pour le chef des Français libres, l'ouverture de riches perspectives. Du fait de la guerre à l'Est, il passe de la géométrie plane à la géométrie dans l'espace, il entre dans la troisième dimension. Désormais, il n'est plus l'écuyer de Winston Churchill, tenu en lisière par le War Office, censuré par le Foreign Office, dépendant de l'Intelligence Service. Il dispose d'un recours, d'une alternative.

On peut compter sur lui pour rappeler constamment à Eden ou à Churchill qu'il est le seul des Alliés occidentaux à se battre (au moins symboliquement) aux côtés de l'Armée rouge, qu'il lui est toujours loisible d'aller s'installer à Moscou, et que pour ce qui est de l'avenir de l'Allemagne, nul n'est mieux placé pour donner des avis qu'un Français, sinon un Russe...

L'ouverture du front de l'Est a une autre conséquence, capitale : le passage massif du parti communiste français dans la résistance active. Jusqu'alors, après une brève période de collaboration symbolisée par la tentative de reparution de *l'Humanité* sous le contrôle allemand, le PCF s'était contenté de ne pas désavouer les actions de plus en plus fréquentes et audacieuses déclenchées par les plus antifascistes de ses militants, à l'exemple de Charles Tillon [10] ou d'Auguste Lecœur dans le Nord [11]. Désormais, les FTP (franc-tireurs et partisans) sur le plan militaire, et le Front national, dans le domaine politique, vont mener la vie dure à l'occupant.

Dans le compte rendu de son entretien avec Molotov, de Gaulle exprime ces réalités sous une forme soigneusement enveloppée : « Dès maintenant, les événements de Russie exercent sur une partie des masses françaises une attraction que l'on ne saurait négliger... » Dès maintenant ? Il y a bientôt vingt-cinq ans que cette « attraction » s'exerce... Mais il est vrai que les fidélités anciennes sont alors fouettées par la résistance soviétique, et que, d'une certaine façon, le « front de l'Est » passe désormais par le territoire divisé de la France.

Notons toutefois que ce changement de perspective diplomatique et militaire modifie moins radicalement qu'on aurait pu le penser le comportement et les initiatives du général. Mis à part l'allocution très « sans-culotte » du 22 janvier citée plus haut, et la multiplication des liens avec l'Est dont témoignent les entretiens avec Bogomolov, les réceptions de Garreau au Kremlin et de Petit par les chefs de l'Armée rouge, les moyens croissants offerts à l'escadrille « Normandie-Niemen », le de Gaulle de ces mois-là ne joue pas les fier-à-bras de la révolution, et ne déploie pas cyniquement les armes du chantage dont il dispose désormais.

S'il est vrai que ses relations avec les Britanniques, de la première phase de l'affaire du Levant au troisième épisode de l'histoire Muselier et au déclenchement de l'opération sur Madagascar, vont d'aigrissement en sommation, c'est aussi l'époque du rapprochement avec Washington

Peu de temps en effet avant que s'ouvrent à l'est ces perspectives immenses, Charles de Gaulle avait pratiqué une ouverture audacieuse en direction des États-Unis. Il n'ignorait certes pas les préventions nourries à son encontre à la Maison-Blanche et au Département d'État. Il constatait, de Londres en Afrique centrale et du Caire à Beyrouth, l'extrême réserve observée à son égard par les diplomates et les militaires américains. Il déplorait que Roosevelt eût envoyé auprès de Pétain un amiral prestigieux, quand il était, lui, contraint à de brèves rencontres (d'ailleurs cordiales) avec John Winant, l'ambassadeur des USA à Londres. Mais il se persuadait que seules de fausses analyses fondaient ces erreurs d'orientation, et que le cours des choses, tel qu'il s'efforçait de le réorienter, instruirait enfin Roosevelt et les siens.

Bref, le 19 mai 1941, deux mois après le vote de la loi « prêt-bail » qui, ouvrant un crédit immédiat à l'Angleterre en matière d'armes, faisait des États-Unis « l'arsenal des démocraties » et les poussait d'autant plus vers le conflit que la flotte de guerre américaine était autorisée à protéger contre les sous-marins nazis les convois naviguant vers Liverpool, de Gaulle, alors à Brazzaville, adresse à Pleven une directive capitale :

« Étant donné l'attitude presque belligérante des États-Unis, écrit-il, le moment est venu pour nous d'organiser nos relations avec l'Amérique. Je compte vous confier personnellement cette mission. »

Et le chef des Français libres, dessinant ainsi les axes de la mission Pleven : relations diplomatiques permanentes, échanges économiques, achats de matériel de guerre, propagande de recrutement de « bonnes volontés », octroyait à son homme de confiance n° 1 autant de semaines qu'il lui faudrait pour accomplir sa mission, qui devait rester « discrète [...] notamment vis-à-vis des Britanniques [12] ».

Quinze jours plus tard, du Caire, de Gaulle transmettait au consul général des États-Unis, M. Kirk, un aide-mémoire plus significatif encore, dans lequel il faisait valoir que dans la perspective d'une entrée en guerre des USA, les îles Britanniques, trop vulnérables à l'aviation nazie, ne sauraient être la meilleure base pour la stratégie de Washington, qui trouverait au contraire le terrain le plus favorable en Afrique centrale : de Douala à Brazzaville et à Fort-Lamy, un réseau stratégique s'offrait, que la France libre mettrait volontiers à la disposition de l'état-major américain.

On ne pouvait être plus obligeant — et plus clairvoyant au surplus. Certes, le général de Gaulle pressait en même temps Pleven de tenter de lier à de telles offres l'amorce d'une reconnaissance de la France libre — qui, limitée ou non, aurait de vives répercussions à Vichy. Mais du point de vue de la stratégie américaine, le « plan de Gaulle », comportant des promesses précises à propos d'une zone de guerre appelée à devenir importante, valait-il moins que les très vagues intentions formulées par Weygand à Alger ?

Le fait est que Washington dédaigne en bloc ces avances, et n'accorde d'abord à Pleven qu'un accueil réservé. Quel émissaire pourtant eût été mieux choisi ? Aussi souple et accommodant que son chef de file était cassant, parlant parfaitement l'anglais, connaissant bien la société américaine (il avait travaillé pendant dix ans à Londres pour une entreprise de téléphone qui avait son siège social outre-atlantique), il gardait de bonnes relations avec son ancien « patron » de Londres, Jean Monnet, très prisé à Washington.

Dans les premiers messages de Pleven, on perçoit la déception de voir la France libre si mal connue, et ne bénéficiant guère du déclin du prestige de Vichy. Mais, peu à peu, les portes s'entrouvrent. Si Cordell Hull et Sumner Welles (le State Department) continuent à le tenir à l'écart, l'émissaire du général est reçu par Henry Morgenthau, secrétaire au Trésor (le plus « gaulliste » des ministres de Roosevelt), Harry Hopkins (qui est à FDR ce que Pleven est à de Gaulle), Henry Stimson, secrétaire à la Guerre, et le vice-président Wallace, tandis qu'une série d'articles d'Henry Bernstein contre Pétain, dans le *New York Herald Tribune,* fait sensation.

Enfin, le State Department se décide à offrir trois concessions : l'aide de la Croix-Rouge à la France libre, la participation de Pleven à des conversations avec Londres et Washington mais seulement à titre d' « expert », et l'envoi en Afrique d'un émissaire américain, le colonel H. F. Cunningham. A quoi de Gaulle répond : pas de médicaments sans armes, pas de participation à des entretiens sur un plan inférieur, et bienvenue à Cunningham...

C'est alors que Franklin Roosevelt et Winston Churchill rendent publique la charte de l'Atlantique, élaborée au début d'août au large des côtes canadiennes, texte qui rapproche encore Washington de la belligérance en l'associant si étroitement à la Grande-Bretagne que leurs « buts de guerre » sont confondus. Hitler ne peut plus se faire la moindre illusion : il va lui falloir affronter la puissance américaine, alors qu'il s'enfonce dans les immensités russes.

La « charte » d'août 1941 est un compendium d'esprit rooseveltien-démocrate, unanimiste, anticolonialiste. Il y est spécifié entre autres que les peuples libérés du nazisme pourront choisir librement leur gouvernement et que les « nations unies » qui émergeront de la victoire totale sur le Reich et ses alliés ne rechercheront aucun « agrandissement territorial » : littérature fort honorable, mais que le Premier ministre britannique ne signa vraisemblablement que « la langue dans la joue », en se disant que l'entrée en guerre des États-Unis valait cet énoncé de principes autant que Paris avait valu une messe.

La réaction du général de Gaulle (qui, présent, aurait peut-être fait de même...) est beaucoup moins favorable. La note qu'il adresse de Brazzaville à ses collaborateurs de Londres est un de ces textes sur lesquels bute le biographe, s'interrogeant sur les rapports que cet homme surprenant entretenait avec la réalité, et le génie qu'il lui a fallu pour survivre à ces « trous d'air », attitude qui poussa un jour son vieux camarade Loustaunau-

Lacau à le décrire comme « un homme dont l'ascenseur ne s'arrête jamais à l'étage »...

Étudiant le texte de la charte, Charles de Gaulle ne pouvait manquer de faire des réserves : comment disposer du sort du monde hors d'une présence française ? Mais sur quoi portent en l'occurrence ses réserves ? Sur ce que le texte sous-entend à l'encontre du régime colonial ? Non. Sur le refus de tout « agrandissement territorial » ? Voici un exilé cantonné dans quelques immeubles londoniens, quelques cases en Afrique et quelques palais au Levant, et qui se hérisse parce qu'au lendemain d'une hypothétique victoire, on s'apprête à refuser à la France de 1940 tout « agrandissement »... Et il précise : « Nous devons nous ménager la possibilité d'une extension de notre position dans les pays rhénans en cas d'écroulement du Reich [13]. »

Ce texte stupéfiant resta, heureusement pour la France libre, à usage interne — mais l'on y trouve déjà la source d'innombrables heurts et malentendus avec les Anglo-Saxons, dans les quatre années à venir.

La mission Pleven n'en progresse pas moins. Le 5 septembre, au cours d'une conférence de presse, on a la surprise d'entendre le secrétaire d'État Cordell Hull déclarer à propos de la France libre, que « nos relations — sous tous rapports — avec ce groupe sont des plus cordiales ». Certes, « groupe » est un mot bien vague. Mais « cordial » l'est un peu moins. Et quelques jours plus tard, l'émissaire du général peut câbler à Londres que ses hôtes américains sont d'accord pour agréer une délégation de la France libre à Washington. « Cet organisme n'aurait pas de statut diplomatique défini » mais son chef aurait avec le State Department des « contacts officiels ». En attendant qu'une décision soit prise, Pleven suggère deux noms : ceux d'Étienne Boegner, fils du pasteur, qui représenterait la grande bourgeoisie protestante, disposant ainsi d'atouts intéressants dans les milieux dirigeants américains, et d'Adrien Tixier, syndicaliste et socialiste, représentant la France au Bureau international du Travail.

De Gaulle répond aussitôt :

> « Je choisis Tixier. Il est réputé être un homme loyal et solide. Les syndicats français, aussi bien ceux de l'ancienne CGT que les chrétiens, ont une excellente attitude en France. Enfin, l'affaire sociale est la grande affaire pour demain [14]. »

Significatifs, ces attendus. Choix d'un syndicaliste contre un notable, importance accordée à la résistance intérieure, reconnaissance de la prééminence des problèmes sociaux. Décidément, l'homme de Londres n'est pas au bout de ses ambiguïtés... Quitte, en se manifestant ainsi démocrate « avancé », à faire un choix malheureux du strict point de vue diplomatique : brusque, emporté, mal embouché, le brave Tixier « réussira » aussi mal à Washington que Pleven y avait brillamment opéré la « percée » gaulliste.

N'importe : tandis que la diplomatie soviétique multiplie à son endroit les bonnes grâces, le chef des Français libres conquiert lentement son aire américaine. Le déclenchement d'une résistance active en France et par contrecoup les terribles représailles exercées par l'occupant nazi contre les otages de Châteaubriant, notamment, font basculer l'opinion américaine de la France officielle, dont l'apparence est qu'elle s'abandonne progressivement à la collaboration, à la France qui se bat — et que la presse américaine décrit de plus en plus comme inspirée par le Comité de Londres et son chef.

Si, le 1er octobre, Sumner Welles, ministre d'État adjoint, recevant enfin René Pleven, se montre « très froid » selon le visiteur, il n'en rappelle pas moins que le gouvernement des États-Unis se propose de restaurer « l'indépendance et l'intégrité* de la France et de l'Empire ». Et six semaines plus tard, accueillant le représentant du Comité de Londres (Boegner, en attendant Tixier), le même Sumner Welles lui déclare qu' « il considère la situation en France [de Vichy] avec un grand pessimisme » et « le jeu [américain] comme perdu ». Boegner lui demandant si cela justifiait l'action conduite par le général de Gaulle, et faisait prévoir « un appui croissant au mouvement français libre », le diplomate américain acquiesce.

Quelque chose comme une coopération américano-gaulliste est en train de se développer. Le progrès principal en est à coup sûr, le 11 novembre 1941, l'extension à la France libre de la loi « prêt-bail » (*lend lease*), ouverture d'un crédit illimité en vue de la livraison de matériel de guerre — mesure que Churchill avait considérée six mois plus tôt comme un pas décisif dans la participation des États-Unis à la lutte.

Auparavant, le 11 septembre, le général avait écrit à Pleven de négocier avec les autorités de Washington la mise à la disposition de l'état-major américain des bases navales dans les îles françaises du Pacifique, Nouvelle-Calédonie, Nouvelles-Hébrides ou Tahiti. En dépit d'orages provoqués par les maladresses réciproques, le projet prendra forme.

A la même époque, le colonel Cunningham, flanqué d'un diplomate du State Department, Laurence Taylor, ancien secrétaire à l'ambassade des USA à Paris, débarque en Afrique « française libre » où, sur les recommandations pressantes du général de Gaulle, plusieurs fois renouvelées à Brazzaville, Douala et Fort-Lamy, il est accueilli en ami et en allié. En ayant exprimé ses remerciements au chef des Français libres, il reçoit, le 5 octobre, ce télégramme de Charles de Gaulle :

> « Mon cher Colonel,
> Je suis profondément touché de votre message et je vous souhaite, au nom de tous les Français libres et de tous ceux qui veulent le redevenir, une cordiale bienvenue en territoire français où vous venez pour servir la cause sacrée de la liberté. Je suis persuadé que la venue de votre mission en Afrique française est une date importante dans l'histoire de cette guerre [...]. Je vous demande de transmettre aux autorités des États-Unis d'Amérique l'expression de notre gratitude et de notre confiante amitié. »

Voilà ce qu'écrivait de Gaulle à l'occasion du simple envoi d'une mission officieuse. Était-il l'antiaméricain frénétique que l'on s'est plu à présenter ?

* Mot clé pour de Gaulle. Mais il ne figure pas encore dans un texte officiel

Le succès de la mission Cunningham est tel qu'à Alger, Weygand s'en alarme. De Washington, Hull met sévèrement Cunningham en garde contre toute publicité. Les gaullistes africains s'appliquent à contrevenir à ce mot d'ordre et Cunningham ne cachant pas les impressions favorables qu'il recueille, c'est de Vichy que vient cette fois la protestation, contre cette mission « inamicale ».

Mais Weygand n'est bientôt plus en mesure de protester contre la mission Cunningham : le 18 novembre 1941, il est démis de son poste par un Pétain qui, recevant le lendemain les représentations de l'ambassadeur Leahy, ne peut que gémir : « Je ne suis qu'un prisonnier... » Quand on pense à tout ce que Washington a investi sur Weygand, pierre angulaire de son édifice diplomatique, suprême pensée de MM. Hull, Welles et Murphy, on aurait pu prévoir que cette capitulation de Vichy modifierait radicalement la politique « française » de Washington.

Jusqu'à ce 18 novembre, le « pari » sur un Weygand soutenu à Vichy par Pétain, dans la perspective d'un débarquement en Algérie, s'expliquait — fût-il fondé sur des analyses insuffisantes de l'opinion. Mais dès lors que la pression nazie a fait « sauter » le chaînon essentiel de cette politique, n'est-il pas temps de modifier l'orientation carrément vichyste de la diplomatie washingtonienne ? Dans un télégramme à Roosevelt, Leahy va jusqu'à préconiser « une révision complète » de la politique qu'il a jusqu'alors incarnée. Rien de tel ne lui sera prescrit.

Ce qui est beaucoup plus surprenant encore, et incite à trouver quelque chose d'obsessionnel dans la conduite (en ce domaine) de la politique des États-Unis, c'est que l'événement même du 7 décembre 1941, l'entrée en guerre des États-Unis, ne remettra même pas en cause cette collusion.

Bien au contraire : la mission Cunningham est rappelée avant la fin de l'année, le paquebot français *Normandie* est saisi par les autorités américaines (pour d'excellentes raisons militaires, mais sans qu'en soit même avisé le CNF...) et, dans les îles françaises du Pacifique, le général Patch, accueilli en ami par les autorités des FFL, se conduit comme en pays conquis ; dans une piteuse querelle entre hauts fonctionnaires gaullistes, qui oppose d'Argenlieu à Sautot, il prend parti pour le second, le premier étant soutenu par de Gaulle...

Légalement « neutres » jusqu'à Pearl Harbor, les États-Unis pouvaient préférer tabler sur un autre « neutre », afin d'armer cette neutralité politiquement collaborationniste de réalités militaires pro-occidentales. Mais dès lors qu'ils sont entrés en belligérance, il est d'autant plus déconcertant de les voir persévérer dans leur accointance avec Vichy que le glissement de Darlan vers la collaboration avec l'Allemagne s'accentue au point, on l'a vu, d'entraîner l'élimination de Weygand ; que l'opinion publique française bascule en sens inverse ; et que se développe la résistance active, dont les références à la France libre sont évidentes : c'est le 12 août 1941 que le maréchal Pétain, s'adressant aux Français, s'inquiète du « vent mauvais qui se lève » dans le pays et le 21 août que le premier officier allemand est abattu à Paris...

De la révolte qui s'empare alors du général de Gaulle, confronté à ce mépris obstiné de Washington, on a deux témoignages éloquents. Le premier est un télégramme à Winston Churchill, qui s'est battu à la fin de décembre pour tenter de faire admettre à Roosevelt l'opération de Saint-Pierre, et qui vient de prononcer à Québec un discours résolument anti-vichyste assorti d'un plaidoyer pour la France libre :

> « J'ai toutes raisons de craindre que l'attitude actuelle du State Depart-ment [...], à l'égard des Français libres et de Vichy, ne fasse beaucoup de tort à l'esprit de lutte en France et ailleurs. Je redoute l'impression fâcheuse que va produire sur l'opinion [...] cette sorte de préférence accordée publiquement par le gouvernement des États-Unis aux responsa-bles de la capitulation et aux coupables de la collaboration. Il ne me paraît pas bon que, dans la guerre, le prix soit remis aux apôtres du déshon-neur. »

Et de Gaulle d'ajouter, sur un ton de confidence entre vieux guerriers revenus de mêmes épreuves :

> « Je vous dis cela à vous parce que je sais que vous le sentez* et que vous êtes le seul à pouvoir le dire comme il faut[15]. »

Plus significative encore est cette réponse qu'il fait, le 29 janvier, à un télégramme d'Adrien Tixier qui, enfin accrédité à Washington, a été reçu par Cordell Hull. Non sans cordialité, le secrétaire d'État a justifié sa politique provichyste et son refus de reconnaître le CNF de Londres par le souci — vital pour la stratégie occidentale — d'éviter que Pétain, rejeté par les démocraties, ne cède à l'Axe la flotte et les bases françaises de Méditerranée. A quoi de Gaulle réplique ceci, en demandant à Tixier de transmettre son texte à M. Hull :

> « Si la guerre était simplement un jeu d'échecs, où les pièces sont des objets sans âme, la position actuelle du State Department, en ce qui concerne la France, pourrait être comprise par nous. Mais la guerre est une chose morale. Pour que des hommes fassent la guerre, il est nécessaire qu'ils se croient moralement obligés de la faire et, qu'en la faisant, ils soient moralement soutenus [...]. Les égards accordés par les États-Unis à celles des autorités françaises dont la raison d'être est d'empêcher la France de combattre constituent, pour la nation française, un élément très dangereux de démoralisation... d'autant plus nocif qu'il s'oppose à l'attitude, tout au moins disgracieuse, du gouvernement des États-Unis vis-à-vis des seuls Français* qui continuent la guerre aux côtés des Alliés... »

Et joignant à ces préoccupations morales des arguments plus réalistes, comme toujours, le général avertit ainsi Washington, par le truchement de Tixier :

> « Si la nation française ne doit pas avoir l'impression qu'elle aura, au total, combattu, souffert et remporté la victoire avec ses alliés anglo-saxons et

---

* C'est l'un des thèmes du discours du Premier ministre à Québec.
** Ce qui est faire peu de cas des réseaux qui travaillent en Afrique du Nord et en France, sans liaison avec les FFL, pour les Anglais et les Américains.

pour la même cause, il est extrêmement probable qu'elle sera portée à séparer son destin de leur destin [...]. Quelque ordre que la victoire éventuelle des démocraties puisse donner au monde de demain, il n'y manquera pas de gens qui, plus tôt ou plus tard, rêveront de tout autre chose. »

Et, mettant les points sur les « i », de Gaulle conclut :

> « Il serait infiniment dangereux que ces tendances subversives, qu'elles soient nationales ou sociales, ou les deux à la fois, rencontrent l'orgueil blessé et la déception irritée de la France [16]. »

Texte essentiel où, sur le double plan de l'éthique et du machiavélisme, s'exprime dans sa profondeur l'esprit du gaullisme combattant. La guerre est chose morale. Elle est aussi un jeu où chacun (en France et dans le monde) doit être et sera rétribué selon ses actes... Or, avant Pearl Harbor, il y a eu « Barbarossa » ; le coup d'arrêt donné à Hitler devant Moscou dessine le monde de demain aussi bien que la victoire de la RAF au-dessus de Londres et que le gigantesque effort d'armement américain. Quand le peuple de France choisira son avenir, il le fera en fonction de ce qui aura été fait, par lui et pour lui... Jamais jusqu'alors, Charles de Gaulle n'avait si clairement exposé ses buts de guerre qui, au-delà de l'écrasement du nazisme, visent à refaire une France préservée, par son « bon combat », des « tendances subversives ».

Mais aucune définition du de Gaulle qui pénètre, ses maigres armes en main, dans la deuxième phase de la guerre — ouverte en deux coups de tonnerre successifs, par l'invasion allemande en Russie et l'agression japonaise à Pearl Harbor — ne saurait être plus parlante que l'évocation faite par le colonel Passy d'une certaine journée de décembre 1941.

C'est un dimanche. Le général a invité le chef de ses services de renseignements à passer la journée dans sa petite maison de campagne de Berkhamsted, à 50 kilomètres de Londres, en famille. Pendant le trajet en auto, puis au cours d'une longue promenade à pied, les deux hommes font un tour d'horizon sur la situation en France, où les progrès de la Résistance sont, estiment-ils, très lents.

Le nom du général de Gaulle commence à s'imposer, mais quand, le 31 octobre, il a réclamé un « garde-à-vous » massif, il n'a guère été entendu. Les tracts clandestins circulent de plus en plus — qu'ils soient distribués par les services britanniques, communistes ou gaullistes —, les transmissions s'améliorent, mais les organisations qui peu à peu surgissent sont divisées, cloisonnées, et peu sont en rapport avec les FFL. Bref, le bilan qu'il dresse est assez décevant pour que Passy offre à son hôte de le décharger du SR et de l'envoyer dans une unité combattante — offre que de Gaulle repousse sèchement.

« Nous rentrâmes de notre longue promenade et chacun alla s'asseoir dans un fauteuil du salon. Le général tourna le bouton de la radio [...]. Les Japonais venaient d'attaquer la flotte américaine à Pearl Harbor.

« De Gaulle coupa le contact et se plongea dans une méditation profonde que je me gardai d'interrompre. Un temps qui me parut interminable s'écoula ; puis le général se mit à parler et me dit à peu près ceci : " Maintenant la guerre est définitivement gagnée ! Et l'avenir nous prépare deux phases : la première sera le sauvetage de l'Allemagne par les Alliés ; quant à la seconde, je crains que ce ne soit une guerre entre les Russes et les Américains... et cette guerre-là, les Américains risquent bien de la perdre s'ils ne savent pas prendre à temps les mesures nécessaires * ! »

« Cette guerre est mondiale ! » avait proclamé le 18 juin un certain général de Gaulle, se refusant à lire le destin en termes d'un face-à-face franco-allemand sur le seul territoire métropolitain. La bataille de France était perdue : il exigeait d'aller en appel, sur le plan mondial. Et voilà que moins de dix-huit mois plus tard, la guerre était devenue planétaire. Le prophète avait vu juste. Restait au stratège à l'élever au plan universel, et d'abord en s'affirmant, dans la coalition, un partenaire militant et par là respecté.

---

* Dans une lettre à l'auteur, (29 mai 1984), le colonel Passy précise que, lisant son manuscrit en 1947, le général de Gaulle lui avait demandé de substituer « risquent de la perdre » à « la perdront » — première rédaction du mémorialiste. C'était en 1947, au début de la guerre froide...

27. L'ostracisme : FDR et le Connétable

Charles de Gaulle fut et reste à coup sûr le Français du XXᵉ siècle le plus haï et le plus révéré — plus même que ne l'ont été avant lui Jaurès, Clemenceau ou Léon Blum. La plupart des haines et des dévouements qu'il a suscités se fondent sur un acte, un geste, une attitude repérables : résistance, épuration, libération, décolonisation... Mais, en marge de toutes ces relations extrêmes provoquées ou entretenues par la nature tragique de sa carrière, la forme contradictoire des situations où il s'exprima et le caractère outrancier de sa personnalité, il en est une qui frappe par quelque chose d'imprévisible, d'irrationnel, d'abstrait, et aussi par son exceptionnelle importance politique et stratégique : celle qu'il entretint, près de cinq années durant, avec le président Roosevelt.

On a, d'une crise à l'autre, amorcé une description des rapports entre le général et Winston Churchill — qui continueront à nous occuper. Pour orageux qu'ils fussent, et souvent coûteux à la cause commune, on n'y a guère trouvé matière à surprise. Entre le Premier ministre et le général, les affrontements reflètent l'extrême difficulté à accorder deux natures dominatrices et combatives, exprimant deux histoires, deux ambitions nationales et deux intérêts d'État souvent antagonistes (en Orient surtout), dans un climat exacerbant les contradictions — avivées en outre chez de Gaulle, par la conscience douloureuse d'être assisté, contrôlé et, sinon humilié, du moins inférieurisé et, chez Churchill, par l'étonnement de voir sa très sincère francophilie si mal payée de retour.

Le phénomène d'allergie, qui dès l'origine empoisonna les rapports Roosevelt-de Gaulle, est beaucoup moins propre à la description, ne serait-ce que parce qu'il ne s'enracine guère dans l'histoire. Qu'il y ait eu, là aussi, heurt de personnalités dominatrices n'est pas niable : mais les relations directes se réduisant à cinq rencontres, dont trois assez brèves et à quelques communications du général restées à peu près sans réponse, on ne saurait voir là l'essentiel du différend. Et si, dans le face-à-face Churchill-de Gaulle, les « mauvais coups » sont assez équitablement partagés (ceux de l'Anglais sont plus rares, mais mieux assénés...), dans les échanges entre le président et le général, c'est chez le premier surtout qu'on relève une *misperception* irrationnelle et obstinée, qui finit par relever de l'aveuglement et aboutit à un ostracisme poussé au-delà du raisonnable.

Bien sûr, on se fourvoierait en réduisant les relations de guerre entre les

États-Unis et la France libre aux rapports personnels FDR-de Gaulle, alors qu'on est un peu mieux fondé à le faire en centrant les relations franco-britanniques sur celles des deux « héros ». L'animosité témoignée au gaullisme par Washington a bien d'autres sources que les humeurs et même la volonté du président : les affaires françaises et plus particulièrement celles de la France libre n'occupaient par la force des choses que peu de place dans l'esprit de celui qui, pour assurer le triomphe des démocraties, devait d'abord considérer l'univers du Pacifique, puis le monde atlantique, l'URSS, le théâtre de la Méditerranée et enfin la Manche — sans compter le champ de bataille de Washington, qui ne fut pas toujours le moindre.

Profondément inégale du fait des forces en présence et des circonstances, la relation entre Franklin Roosevelt et Charles de Gaulle fut modelée d'abord par de multiples intermédiaires, des notes de « spécialistes », des confidences, des rapports, des ragots — et il est de ce point de vue peu de dossiers dont la lecture stupéfie davantage que ceux qui, dans les archives américaines, sont consacrés à l'homme du 18 juin. Mais le rôle du chef est d'interpréter le document qu'on lui fournit. Constatons que dans le procès ainsi instruit contre de Gaulle, chacune des interventions du chef de la coalition antinazie fut celle, non de l'avocat, ni même du président du tribunal, mais du procureur.

En quête d'explications, j'ai interrogé entre autres deux des hommes les mieux placés pour répondre : Alger Hiss, qui fut l'un des conseillers diplomatiques de FDR (à Yalta notamment) avant de devenir l'une des plus fameuses victimes du « maccarthysme », et Arthur Schlesinger Jr, son plus célèbre biographe.

Pour le premier, la responsabilité de ce qu'il appelle la « froideur » de FDR à l'égard de De Gaulle retombe sur les tendances « particulièrement réactionnaires » de la section européenne du State Department, sur l' « animosité » de Churchill, exaspéré par ses querelles permanentes avec le général, et aussi sur l'incompatibilité entre le nationalisme « aigu et indomptable » du leader français et les plans de restructuration du monde élaborés par Roosevelt [1].

D'après Mr Schlesinger, cette antipathie doit être rapportée à trois facteurs : *a.* la disproportion ressentie par FDR entre l'amour-propre de De Gaulle et les objectifs alliés, *b.* la détestable réputation faite par les Anglais au BCRA et au colonel Passy, *c.* la conviction du président que la France n'avait plus sa place dans le directoire des grandes puissances auquel il voulait confier l'avenir du monde. L'historien américain ajoute que cette attitude politique de FDR n'était pas due à une « excentricité personnelle », mais était cordialement partagée par Cordell Hull et la majorité du State Department [2] ».

Bien des choses il est vrai séparaient le président des États-Unis du chef de la France libre. Voici bientôt un demi-siècle, un Américain et un

Français étaient des gens beaucoup plus différents que ne le sont, dans les années quatre-vingt, leurs héritiers. Considérant le cours des choses, en 1940, Churchill et de Gaulle avaient conclu que, pour divers que fussent leurs deux pays, l'Amérique était « un autre monde ». Il n'est que de lire la presse ou les minutes des débats parlementaires de Washington, en juin 1940, pour constater à quel point les deux planètes sont distantes. Il est vrai que le jour même où Charles de Gaulle lance son appel à la résistance, Franklin Roosevelt fait faire un pas décisif à l'engagement américain en appelant au ministère de la Guerre un vieux républicain, Henry Stimson, parce qu'il se proclame partisan de la conscription — ce qui est plus qu'un symbole. Mais que les deux sociétés politiques sont donc encore distantes !

Entre parlementaires de part et d'autre de l'océan, ici un Vandenberg, un Sol Bloom ou un Taft, là un Herriot, un Auriol ou un Flandin, on trouverait néanmoins des points communs. Mais entre le grand politicien Roosevelt, nourri dans le sérail du parti démocrate de l'État de New York, et le raide saint-cyrien qu'est de Gaulle, quelles zones de contact trouver ? Une seule : depuis le mois de janvier 1933, le chef de l'Exécutif américain et l'auteur du *Fil de l'épée* ont une grande ambition commune : la destruction du nazisme. Leurs motivations peuvent être différentes, leurs méthodes contradictoires, l'objectif est le même. Mais il se trouve que, le moment venu de mettre en action cette convergence essentielle, les voies divergeront totalement...

Entre mille contradictions qui les dissocieront face à l'ennemi commun, il y a celle qui a trait à deux carrières opposées. Celle de l'Américain, illustre au moment où s'ouvre le conflit, n'est qu'une voie royale : d'un milieu patricien qui compte déjà un président *, il vole de parlement en ministère et de gouvernorat en présidence. Celle du Français est hérissée de défis et d'un miracle. Deux visions de l'État aussi s'opposent, dessinées de façon antithétique par les traditions historiques du fédéralisme anticolonialiste ici, et là du centralisme colonisateur. C'est, entre vingt mobiles, le fédéralisme spontané de l'Américain qui à partir de 1940 le conduit à fractionner ses relations avec la France, en traitant avec les « autorités locales ». Rien n'est plus anathème au centralisateur de Gaulle **.

Ajoutera-t-on à ces premières contradictions l'antipathie qu'un politicien « civil » tel que Roosevelt aurait pu éprouver pour un militaire mêlé à la vie publique ? L'argument surgit dans plusieurs textes : mais FDR était le successeur de présidents qui s'appelaient George Washington, Andrew Jackson, Horace Grant... Les généraux n'ont pas laissé de jouer dans l'histoire des États-Unis un rôle qui n'entraîna jamais la grande République vers les abîmes du militarisme.

Peut-on dire aussi qu'un militaire fit beaucoup pour orienter FDR du côté du maréchal Pétain plutôt que de Charles de Gaulle : le vieux général Pershing, chef du corps expéditionnaire américain pendant la Première

---

* Son cousin Théodore, dit « Teddy », le conquérant de Cuba.
** « Être centripète, et non centrifuge ! »

Guerre, gardait un attachement profond à Pétain, qui, ayant souvent proclamé qu'il fallait « attendre les Américains » pour abattre l'Allemagne impériale, l'avait accueilli en sauveur et l'avait traité en égal ? Aux yeux de Pershing, toucher à Pétain était d'un iconoclaste * : Du point de vue de Washington de Gaulle fut d'abord l'insulteur du plus américanophile des grands chefs français.

Autre différence fondamentale : celle de leurs relations à l'histoire. « Si le général de Gaulle a mal apprécié les États-Unis et Roosevelt, nous disait René Pleven, l'homme du monde le mieux placé pour analyser ces distorsions, c'est parce qu'il était un homme aux yeux duquel l'histoire comptait plus que tout. Sa tendance naturelle et constante était de recourir, pour comprendre et expliquer la politique et les États, à l'histoire. D'où le bonheur qu'il éprouve à décrire l'Angleterre, l'Allemagne ou la Chine, et à traiter avec elles. Mais avec les États-Unis, le voilà démuni : il ne trouve pas de clés historiques... Non que les États-Unis n'aient pas d'histoire. Mais de Gaulle ne la connaissait pas, en 1940, et ne la tenait pas pour comparable à celle des " vraies " nations [3]. »

Voilà une bonne indication. Face à Roosevelt, de Gaulle est, si l'on peut dire, à court d'histoire. Mais ce qui est pire, c'est que Roosevelt ne sent pas, lui, à quel point l'histoire détermine son interlocuteur. Il ne songe qu'à se gausser de ses références (« Il se prend pour Jeanne d'Arc, pour Napoléon, pour Clemenceau... »). L'important, chez de Gaulle, n'est pas telle ou telle réincarnation supposée — avec laquelle n'importe quel autre partenaire non prévenu eût pris la distance nécessaire. Elle est la part du mythe, du symbole, des références à ce que Bismarck appelait « les impondérables » — pour s'en méfier, mais en tenir compte.

Chez Roosevelt — et c'est ce qui fait sa grandeur historique — le passé ne compte guère. Il est tout entier tendu, on dirait mieux en l'occurrence braqué vers l'avenir, à partir des réalités les plus pondérables. Qu'est-ce que ce général échappé on ne sait trop comment à une armée de vaincus, qui vient lui parler de « droits imprescriptibles », de « grandeur ancienne » et de « France immortelle » ?

Non moins importante, entre eux, est l'opposition de leurs conceptions de la guerre, ou plutôt des rapports entre guerre et politique. Pour le général de Gaulle, qui a écrit et répété mille fois que « la France s'est faite à coups d'épée » et qui pouvait reprendre à son compte la formule sur la « guerre accoucheuse de l'histoire », le recours aux armes n'est qu'un moment (spasmodique) de la politique. Toute action de guerre relève, au niveau supérieur, de l'art de conduire les États. C'est elle qui modèle les nations. Le code civil sort de Marengo. Il n'est pas d'assaut contre Douaumont, de parachutage sur la Bretagne, de libération d'Avranches ou de Saint-Dié qui, selon lui, ne reflète l'histoire d'hier, ne façonne celle de demain, qui ne manifeste ces valeurs et ces horreurs dont est fait un peuple.

* Quand le vieux général reçut de Gaulle à Washington en juillet 1944, il lui demanda d'emblée des nouvelles de Pétain (cf. plus loin, p. 792).

La guerre est ce par quoi s'exprime, *fortissimo,* une nation, par quoi se dévoile, tous masques arrachés, une culture. Si fort qu'on veuille l'éviter, avec quelque douleur qu'on s'y laisse entraîner, elle est un moment essentiel de la grande coulée historique, l'instant où le ciseau du sculpteur entaille la pierre et dessine ce qui sera demain le visage d'un peuple. Charles de Gaulle n'est-il pas celui qui, d'abord, le 18 juin, a « maintenu la France dans la guerre » parce qu'il croit que c'est dans cette affreuse fournaise qu'elle forgera sa renaissance, par là qu'elle acquerra ses droits à l'existence, sa dignité de partenaire ?

Rien ne pouvait paraître plus absurde aux yeux de Franklin D. Roosevelt (qui aurait vraisemblablement refusé de reconnaître en ces vues quelque parenté avec celles de son cousin Théodore — dont il s'inspirait d'ailleurs fort peu). Pour FDR, la guerre devait entraîner ce que Milton Viorst, historien de ses relations avec de Gaulle, appelle « un moratoire de la politique[4] », une parenthèse historique. Selon lui, la guerre n'était qu'une immense corvée, le combat contre une maladie honteuse, une opération prophylactique : quelque chose comme le nettoyage de tranchées ou une action policière répressive. Alors, seul compte le résultat. Quand il s'agit de purger Chicago de sa pègre ou d'abattre la Mafia, faut-il s'interroger sur les antécédents de l'inspecteur chargé d'envoyer Al Capone en prison ? Le moindre prix humain, voilà la loi.

Pourquoi me battre pour une ville, fût-elle Rome ou Strasbourg, si je peux convaincre les occupants de m'y laisser entrer, quitte à en partager avec eux les clés ? Si un *deal* avec Quisling me permet d'épargner la vie d'un soldat américain en faisant rentrer tôt (ou tard) la Norvège dans le camp des démocraties, pourquoi livrerais-je bataille ? Nous retrouverons bientôt ces idées, formulées par FDR, à propos d'Alger, et d'ailleurs...

Ainsi, sur cette affaire des relations entre guerre et politique, entre signification et rendement, entre histoire et tactique, verra-t-on Charles de Gaulle, élève de Machiavel, admirateur de Clausewitz, opposer les valeurs morales au puritain Franklin Roosevelt — certains puritains anglo-saxons ayant ceci de commun avec le jésuite Molina qu'ils savent relativiser l'histoire, sinon le dogme.

Antiaméricain, de Gaulle ? L'imputation est si banale, si courante, qu'on hésite à poser la question. Et pourtant... Ne considérons pas d'abord l'exclu des grandes décisions de la guerre, la « tête de Turc » du State Department, l'exilé de Yalta. Prenons l'homme qui accède aux grandes responsabilités, en 1940. Voilà un officier français qui, en 1917, n'a pas apprécié à sa juste valeur l'apport des combattants américains — comme Pétain, qui les commanda, fut l'un des rares à savoir le faire. Sa correspondance de prisonnier porte quelques traces d'une ironie d'officier européen classique à l'égard des Yankees. Et entre les deux guerres, il ne laissera pas de cribler de flèches telle ou telle des grandes initiatives européennes de Washington, du plan Dawes au pacte Briand-Kellogg.

Mais sitôt qu'il fait le grand choix de sa carrière militaire, celui qui le conduit à faire campagne pour les divisions cuirassées, on le voit soudain pris d'une juste révérence pour la civilisation industrielle, dont les États-Unis sont, dans les années trente, le modèle reconnu. L'article sur la mobilisation économique que publie en 1933 le commandant de Gaulle * fait la part belle au système américain, sur un ton que peu d'officiers européens eussent alors adopté. Intime collaborateur de Paul Reynaud, grand admirateur lui-même et assez bon connaisseur des choses américaines, de Gaulle ne peut manquer d'être imprégné de cet état d'esprit. Et quand vient l'heure de la catastrophe, c'est aux États-Unis, comme Reynaud, qu'il pense et à eux qu'il s'adresse : ainsi l'appel du 18 juin fait-il expressément référence à l' « immense industrie des États-Unis ».

Certes, l'accueil fait par Washington aux appels désespérés lancés par Reynaud quelques jours plus tôt, et l'atmosphère qui règne à Londres autour d'une ambassade américaine à laquelle l'ambassadeur Joë Kennedy communiquait son défaitisme, sinon son progermanisme, n'était pas de nature à faire de Charles de Gaulle, au moment où il se jette dans la grande aventure, un ami inconditionnel des États-Unis.

Mais enfin, s'il prend ces risques immenses, ce n'est pas seulement parce qu'il a foi en la ténacité britannique et parce qu'il espère de prochains ralliements dans l'Empire : c'est aussi parce qu'il a confiance en la solidarité américaine. Et quand Jean Monnet refuse de se joindre à lui, préférant aller aux États-Unis contribuer à l'effort de guerre commun, il ne condamne nullement cette stratégie parallèle, conscient lui aussi que c'est de l'impulsion donnée aux fabrications d'armements américaines que dépend largement l'issue du conflit.

Non, de Gaulle n'est pas spontanément antiaméricain au moment où il amorce son entreprise. Le mémorandum qu'il adresse le 5 juin 1941 au State Department, offrant de mettre les aéroports et les bases qu'il contrôle en Afrique à la disposition de l'état-major américain **, l'importance extrême qu'il donne un mois plus tard à la mission Pleven, l'accueil qu'il fait au colonel Cunningham en Afrique, tout le montre bien disposé à l'égard de ce très puissant (trop puissant ?) allié.

Sitôt que les obstacles se dressent, à Saint-Pierre, en Nouvelle-Calédonie, ou simplement au Département d'État, alors on le voit se cabrer, quelquefois jusqu'à la furie, et mettre les torts de son côté. Mais si ses ripostes sont alors abusives, ce sont des réactions, plutôt que les expressions d'une prévention. Observations qui ont trait au de Gaulle d'avant « l'expédient provisoire » d'Alger, avant Anfa et les innombrables escarmouches qui suivront, mais dont on peut vérifier le bien-fondé jusqu'au début de 1945.

A ce de Gaulle dont l'antiaméricanisme est moins spontané qu'on ne l'a dit, Franklin Roosevelt fait-il face avec des sentiments d'abord aussi

---

* Voir ci-dessus, p. 216.
** Voir ci-dessus, p. 515.

« francophiles » que ceux dont se prévaut Winston Churchill ? Nul doute que le grand président américain, issu d'un milieu de la côte orientale des États-Unis encore nourri de culture européenne, ne fut bien disposé à l'égard de la France jusqu'en juin 1940. Membre du gouvernement de guerre qui avait conduit la stratégie américaine en 1918, alors admirateur des chefs militaires français, il avait été plus tard de ceux, comme la plupart des responsables américains, qui trouvaient abusives les exigences de Clemenceau ou de Foch. Mais à l'approche de la guerre, en 1938-39, se fiant à son ambassadeur à Paris et ami William Bullitt, qui restait assuré de la suprématie militaire française, il faisait confiance à la coalition franco-britannique pour purger l'Europe de la « peste brune ». Après le désastre, en juillet 1940, William Bullitt écrivait à Roosevelt : « De façon extraordinaire, les responsables français entendent rompre totalement avec ce que la France a représenté depuis deux générations. Leur défaite physique et morale a été si totale qu'ils ont absolument accepté que la France devienne une province de l'Allemagne nazie... Leur espoir est que la France soit une province favorite de l'Allemagne. » Roosevelt partageait cette opinion : c'est la défaite de 1940 qui d'un coup le persuada que la France abâtardie s'était disqualifiée en tant que puissance mondiale.

Comme tant d'autres de par le monde, il en fut certes consterné. Il faut lire sur ce point les notes qu'a rédigées le témoin direct que fut René de Chambrun, avocat international, gendre de Pierre Laval, ami personnel du maréchal Pétain, officier de liaison auprès de l'armée anglaise jusqu'à Dunkerque — puis, à la demande de l'ambassadeur William Bullitt, envoyé aux États-Unis par Paul Reynaud à titre d' « attaché militaire spécial », le 9 juin 1940.

Descendant de La Fayette, neveu de la fille de Théodore Roosevelt, Alice Longworth, il était plus *persona grata* que quiconque à Washington : il avait d'ailleurs la double nationalité. Bien que favorable aux républicains, il fut reçu d'emblée et avec amitié par le président qui, dès son arrivée dans la capitale fédérale, l'invita, le 14 juin, sur son yacht le *Potomac**.

René de Chambrun décrit cette étrange croisière, où sont aussi conviés Harry Hopkins et Averell Harriman. C'est l'heure du thé. Il fait une chaleur torride. On apporte un radiogramme au président, annonçant que la Wehrmacht a traversé la Seine et marche sur la Loire. « Il semble terriblement déprimé, note Chambrun, et me dit, en laissant tomber les bras le long de son fauteuil roulant : " *René, the show is over* ", puis ajoute avec un soupir : " *I don't think that Great Britain can hold out**.* " » A quoi le visiteur lui répond que, s'il voit malheureusement juste à propos de la France, il se trompe en ce qui concerne la Grande-Bretagne[5].

Ce Roosevelt « terriblement déprimé » par l'effondrement militaire français en vient à perdre jusqu'à cet optimisme fondamental qui fut l'une de ses vertus d'homme d'État. Ces instants-là le marqueront jusqu'à sa fin.

---

* A la même heure, à Moscou, Maurice Thorez embarque pour une croisière sur la Moskova...

** « La comédie est finie », « Je ne crois pas que la Grande-Bretagne tiendra. »

Cette France qui non seulement lui manque, mais manque à la parole donnée à ses alliés de Londres, après l'avoir conduit lui-même au bord de l'effondrement (car la chute de l'Angleterre serait pour lui un désastre politique) il ne le lui pardonnera jamais.

Une telle observation ne retire rien des services immenses que rendit cet homme d'État à la cause de la liberté du monde, et plus précisément de la libération de la France, services que n'égalent, entre 1940 et 1945, aucun de ceux des autres coalisés : sans son action directe, audacieuse, obstinée, quand les États-Unis seraient-ils entrés dans la guerre ? Anglais et Russes auraient-ils surmonté les désastres de 1941-1942 ? Mais cette observation donne un début d'explication au traitement que FDR allait désormais donner aux affaires françaises : cette nation abattue, dont le vieux maréchal qui sut faire si bon accueil aux troupes américaines en 1917 assure qu'elle a bien mérité sa défaite, ne saurait plus jouer qu'un rôle passif.

N'oublions pas cette composante essentielle de la personnalité et de la doctrine de F. D. Roosevelt : l'anticolonialisme. Bien sûr, il ne tient pas la France pour la seule coupable du péché colonial : Angleterre, Pays-Bas ou Portugal relèvent à ses yeux de la même condamnation. Mais entre toutes les vilenies coloniales, celles qui retiennent avant tout son attention sont celles que perpètre la France en Indochine et en Afrique du Nord.

Sur l'Indochine, son regard fut-il orienté par l' « asiatophilie » diffuse des romans de Pearl Buck ? Par les équipes américaines envoyées en Chine pour soutenir Chiang Kaï-shek contre l'invasion japonaise ? Ou simplement par son idéologie puritaine ? Le fait est qu'au moment où se pose la question de l'avenir de l'Indochine, au début de 1944, FDR dicta une courte note pour exclure tout retour du colonisateur car « la France a pillé (milked *) l'Indochine pendant cent ans. Le peuple d'Indochine mérite mieux que cela ». Si peu favorable que l'on soit au régime fondé à Hanoi en 1884, voici un résumé de la situation que FDR n'aurait peut-être pas osé signer à propos des Philippines...

S'agissant de l'Afrique du Nord, tout a été dit sur les tentatives du président américain en vue de la détacher de l'orbite française, notamment lors de l'entrevue qu'il se ménagea à Anfa avec celui qui était alors le sultan « protégé », Sidi Mohammed ben Youssef. Là encore, FDR pointait le doigt sur une situation qui était une fâcheuse séquelle de ce système condamné, et une séquelle « française ». Lui qui avait pris tant de soin à ménager Vichy dans les autres domaines ne pouvait se retenir d'ébranler ainsi l'une des bases du pouvoir sur lequel il s'appuyait alors, et dont le général Noguès était le garant fort apprécié de l'état-major américain : dès lors que lui était donnée l'occasion de porter un coup au système impérial français, il ne pouvait résister à son impulsion profonde. A ses yeux, la France est non seulement la vaincue de 1940, mais aussi la citadelle du colonialisme...

La thèse de FDR, dans ces années-là, est qu' « il n'y a pas de France », que ce pays est *res nullius* (on retrouve ces formules dans plusieurs de ses

---

* La traduction exacte est « trait » (de *milk*, lait).

entretiens) tant que le peuple français ne s'est pas prononcé par voie électorale. Point de vue respectable. Mais, de cette France qui n'existe pas, il choisit de retenir une fraction, très majoritaire il est vrai, mais d'où le principe électoral est par définition exclu, quand l'autre partie, la France libre, proclame à cor et à cri qu'elle consultera aussitôt que possible les citoyens. Et la fraction ouvertement non démocratique qu'il « élit », lui, Roosevelt, il lui assure une promotion morale et politique considérable en lui dépêchant un ambassadeur d'exception, William Leahy, dont chacun sait qu'il représente à la fois l'entourage du patron de la Maison-Blanche et la très prestigieuse Navy. Ce n'est pas là un lien maintenu, une simple permanence assurée. C'est un hommage solennel rendu au maréchal et aux amiraux de Vichy.

Pour servir ses objectifs stratégiques, ses préjugés, ses impulsions, et en vertu d'une singulière analyse de la situation, Franklin Roosevelt, considérant une France « qui n'existe pas », décide d'en faire « exister » une, sur le plan diplomatique en tout cas, et de manifester aux yeux du monde et des citoyens français que lui, l'homme le plus puissant de l'univers, le vainqueur assuré, a désigné pour seuls légitimes les Français qui ne se battent pas, et les gouvernants qui, deux ou trois fois par an, mettent leur main dans celle d'Adolf Hitler.

Comment ne pas s'étonner de l'argumentation de l'excellent historien américain Arthur L. Funk qui soutient[6] que FDR n'avait aucune prévention contre de Gaulle et la France libre et que le seul fondement de la politique américaine fut alors le souci « de ne pas commettre les mêmes erreurs que le président Wilson en 1919, lorsque, ayant passé des accords avec des gouvernements à la Conférence de la paix, il revint à Washington pour y découvrir qu'il ne pouvait obtenir le soutien ni du Sénat ni des partis politiques américains pour la ratification des traités ou de la Société des Nations. Roosevelt voulait être assuré que tout ce qu'il pourrait rapporter au Sénat serait accepté. Par conséquent, il ne voulait reconnaître aucun gouvernement dans un pays *occupé* avant que le peuple n'ait fait entendre sa voix. Il était intransigeant sur ce point » ?

Intransigeant ? Alors pourquoi avoir reconnu un Pétain non élu en 1940 ? Et, en Italie, en 1944, un Bonomi moins élu encore ?

Elle reste mystérieuse, tout de même, cette option immédiate et sans nuance que fait FDR pour Vichy et contre de Gaulle dès la fin de juin 1940, sans rien savoir d'autre de la situation d'ensemble que la liquidation de la puissance française — hormis la flotte et l'Empire — et les risques très réels d'un effondrement britannique tels que les lui présentent son ambassade à Londres, et bon nombre d'experts américains sur place.

Réflexe de moraliste, qui estime que le vieux maréchal a raison de sermonner les Français en les persuadant de leur culpabilité, en entretenant chez eux le complexe de la faute, du péché, cause de tout le mal ? Réaction de réaliste politique, qui établit un bilan, tire un trait et juge la France éliminée en tant que puissance et appelée seulement à un rôle de plate-forme pour la reconquête de l'Europe ? Ou plutôt calcul d'homme d'État qui, dans la perspective d'une invasion des îles Britanniques, tient à se réserver une fenêtre sur l'Europe et croit la trouver dans ce Vichy humilié mais commode et fourmillant de visiteurs et d'informateurs ? De cette France neutralisée sous l'égide d'une vieille gloire, pourquoi ne pas faire une sorte de grande Suisse, dont les possessions nord-africaines pourraient être commodément transformées en un porte-avion américain ?

A partir de cette donnée, dont il faut bien reconnaître la dimension rationnelle — surtout en cas d'effondrement britannique... —, de Gaulle n'est qu'un gêneur, constamment agité d'idées fumeuses, de récriminations et d'exigences. Ce *master plan* domine la conjoncture. Et quand le projet en question s'abîme dans la liquidation de ce qui restait d'indépendance à Vichy, le 11 novembre 1942, alors il sera trop tard pour réviser ce point de vue pratique : le président des États-Unis ne saurait s'être trompé — surtout à moins de deux ans des élections... Il a choisi un camp, il s'y tient, et bien au-delà de l' « expédient provisoire » Darlan. Que de Gaulle rentre dans le rang, ou qu'il se taise. C'est de Washington seulement que l'on peut avoir une vue globale, de Guam à Sydney et de l'Oural à Gibraltar. Les aspirations provinciales attendront...

La France ? Qu'elle se contente de ne pas faire obstacle à la machine de guerre des libérateurs qui choisiront leur moment et leurs moyens pour réaliser la grande opération de police. Des Français, on ne peut plus rien attendre que le rôle des badauds dans l'arrestation des gangsters : qu'ils se plaquent bien contre le mur pour laisser passer les *G. Men* venus rétablir l'ordre : « Messieurs-dames, il n'y a rien à voir ! »

Que les Français aménagent les aires d'atterrissage, fournissent quelques renseignements, sabotent quelques trains, proposent leurs experts (s'il s'en trouve...). Moyennant quoi on leur rétrocédera un territoire métropolitain pas trop inférieur à celui de 1940 (à quelques exceptions près, du côté de la Belgique, qu'il faudrait agrandir), sous l'égide d'une haute commission américaine qui les rééduquera, et d'une police internationale qui, dans une France « désarmée », maintiendra l'ordre intérieur et extérieur... Ceci n'est pas une caricature : c'est l'avenir réservé à la France par FDR, tel qu'il ressort de l'ensemble des idées que formula * le chef de l'Exécutif américain de 1940 à 1944, et jusqu'après le débarquement de Normandie.

Des vues aussi étranges, où de Gaulle n'apparaît jamais que comme le résidu minuscule et grotesquement anachronique d'une histoire révolue, signifient donc bien autre chose chez Roosevelt que la mauvaise perception d'un personnage et d'une politique. Elle touche à la « certaine idée » qu'il se faisait, à partir de 1940, de la France.

Mais si le président américain — à la différence de bon nombre de ses collaborateurs, à commencer par Eisenhower — semble toujours croire que

---

* Voir plus loin, p 647.

la France n'a pas été vaincue par Hitler, comme les Pays-Bas, mais par les Alliés, comme l'Italie, et donc qu'elle relève non pas d'une « libération » mais d'une occupation militaire *, c'est d'abord parce qu'il n'a jamais voulu tenir compte, entre 1940 et 1944, que du pouvoir dont Laval et Darlan ont, à diverses reprises, tenté de faire l'allié actif des puissances de l'Axe, et que, depuis Montoire, le maréchal Pétain a placé sous le signe de la « collaboration » — et jamais de la France libre. Dès lors que la France, en 1944 comme en 1940, c'est Pétain et Laval, comment en effet ne pas la considérer comme une vaincue ? FDR est logique avec lui-même...

Vue réaliste, « raisonnable » ? Peut-être. Mais qui aurait conduit à quel type de relations entre les États-Unis « occupants » et le peuple français, en 1944, si la France libre et résistante ne s'était pas interposée entre les anciens occupants et les arrivants, donnant à ceux-ci leur caution populaire et les fondant ainsi en libérateurs ?

L'ostracisme en quoi se résume l'attitude de FDR envers de Gaulle a des origines personnelles, on l'a vu. Il se fonde d'abord sur des contradictions engageant au plus profond les deux hommes, s'agissant de la guerre, de la politique et de l'avenir de la France. Mais cela, l'un et l'autre le savaient-ils ? Quand furent-ils instruits de ces divergences ? Et par qui ? Du côté de De Gaulle, les choses sont simples. Dès 1940, il avait tous les moyens de s'informer sur son illustre partenaire, dont la gloire faisait, de chaque mot, un événement. Au surplus, peu d'influences s'exerçaient sur lui. Et s'il prêtait l'oreille aux avis de tel ou tel — Pleven, Cassin, Palewski, et à partir de l'été 1941 Billotte —, on peut exclure qu'une influence antiaméricaine fût venue de là : Pleven et Billotte étaient même (et sont restés) des amis déclarés de la démocratie américaine... Pour de Gaulle, jusqu'à ce qu'il en subisse les rebuffades répétées, Roosevelt est avant tout l'homme qui va faire de la puissance industrielle l'instrument de la dénazification du monde.

Franklin D. Roosevelt, lui, ignorait en juin 1940 jusqu'au nom de Charles de Gaulle (semblable en ceci à la plupart des Français), et ne dut guère prêter attention à la phrase que lui adressa Churchill le 12 juin, au lendemain de la formation du dernier cabinet Reynaud, signalant qu' « un jeune général décidé à se battre » faisait partie de la combinaison **. C'est donc par des tiers, « experts » ou non, qu'il put se faire une idée de l'homme qu'il allait souvent trouver sur sa route, et du mouvement qu'il animait.

Dans la formation de ce « dossier de Gaulle » qui contribuera à informer désormais les décisions de FDR, on doit distinguer quatre sources. D'abord Churchill, sa correspondance et leurs entretiens, que les références à de Gaulle émailleront de plus en plus souvent. Puis les dépêches officielles

---

* Voir chapitre 36.
** Mais chose surprenante, et qui en dit déjà long sur les « informations » qui concerneront de Gaulle, il est alors présenté par une dépêche de l'ambassade US à Paris comme « un protégé de Mme de Portes » !

américaines, de l'ambassade de Londres à celle de Vichy et au consulat d'Alger. Ensuite le climat créé autour de la Maison-Blanche par l'ensemble des collaborateurs, civils et militaires, du président, et par les nombreux exilés français qui, sollicités ou non, donnèrent leur avis. Enfin les échanges personnels entre FDR et de Gaulle, qui se réduisent à deux tête-à-tête en janvier 1943 à Anfa, à trois audiences du général à la Maison-Blanche en juillet 1944, et à quelques notes ou lettres adressées plus ou moins directement par le général au président.

Les informations et jugements venant de Winston Churchill, pour favorables qu'ils puissent être (jusqu'en janvier 1943) semblent avoir joué dans l'esprit de Roosevelt un rôle négatif : non que l'Américain ait négligé les avis de l'Anglais, qu'il admirait, mais parce qu'il le tenait pour un romantique, superbement égaré dans notre siècle, et dont la passion seule dictait opinions et actions.

Que cette passion s'exerçât aux dépens d'un tyran raciste comme Hitler, elle lui paraissait héroïque et saine ; qu'elle se manifestât en faveur d'un général français qui, d'un ton arrogant, avait prétendu décider du moment où les États-Unis devraient intervenir dans la guerre et vouait aux gémonies le vieux maréchal qui se sacrifiait pour sauver son peuple dans le désastre, elle lui semblait absurde. Vieilles affinités entre nationalistes européens... S'il fallait bien nouer l'effort de guerre américain à la stratégie de ce vieux *jingo* * de Churchill, un seul de l'espèce suffisait dans la coalition...

Au surplus, la stratégie américaine ne saurait se confondre avec celle de l'Empire britannique, et encore moins dépendre d'elle. Dès lors que Churchill avait un « protégé » et prétendait centrer sur lui sa politique continentale, les dirigeants américains ne pouvaient manquer d'y voir un pion dans le jeu anglais, l'instrument d'un *set up* dont il convenait de se méfier. Oui à l'admirable ténacité britannique, aux sérieux avis de l'état-major impérial, non aux astuces conservatrices de Downing Street et du Foreign Office. Si Churchill a « son » Français, il nous faut avoir le (ou les) nôtres : Monnet, Léger, La Laurencie, Giraud, Darlan ?

L'histoire des relations diplomatiques franco-américaines est riche d'exemples d'une amitié lucide : de Benjamin Franklin et Thomas Jefferson à Myron T. Herrick et à « Chip » Bohlen, les États-Unis furent souvent représentés en France par des hommes éminents et informés. Et réciproquement. Mais au cours de la période qui nous intéresse ici, il semble qu'un mauvais génie se soit acharné à faire brouiller les cartes par des gens uniquement préoccupés d'envenimer relations et perspectives.

Certes, Washington n'était pas représenté à Paris par un personnage comme Joë Kennedy, qui tenait toute forme de résistance à l'hitlérisme pour un suicide, et aux yeux duquel Munich représentait le chef-d'œuvre de la diplomatie contemporaine. William Bullitt, ambassadeur des USA à Paris était lui, hostile au totalitarisme. Il aimait la France, avait d'innombrables

---

* Chauvin impérialiste.

amis — dont son voisin de palier Léon Blum *. Mais tout ce qu'on peut lire de lui semble gribouillé par un hanneton. Non qu'il manquât de bonne volonté, ni d'informateurs. Mais il était doué de peu de jugement, tenant en 1939 la France pour invincible, luttant contre toute alliance avec l'Est, jugeant de son devoir, le 13 juin 1940, de rester à Paris pour intimider les Allemands au lieu de remplir sa mission auprès du gouvernement en fuite et d'essayer, comme son collègue britannique Campbell, de convaincre Reynaud de se maintenir. Aussi bien ne revint-il pas à Washington auréolé d'un grand prestige. Son vieil ami FDR ne l'écoutait guère plus — et le malheur voulut que cet oracle déconsidéré fût l'un de ceux qui parlèrent plutôt. à partir de 1943, en faveur de la France libre !

Ce sont bien plus les dépêches envoyées de Paris jusqu'à la fin de juin 1941, puis de Londres et enfin de Vichy par des diplomates de second rang, mais professionnels chevronnés, comme Maynard Barnes et Freeman Matthews, qui orientèrent le président des États-Unis et le State Department sur la France et les chefs qui pouvaient la diriger ou la représenter. Sous la plume de Barnes **, la France fracassée et défaite a cessé d'exister comme nation. Sous celle de Freeman Matthews, les gaullistes forment une sorte de gang, formule que reprendra à son compte le ministre de l'Intérieur de FDR, Harold Ickes.

Les premières mentions de la France libre dans les dépêches américaines datent de l'accord du 28 juin, par lequel Churchill reconnaissait de Gaulle comme « chef des Français libres ». Cette initiative ne suscite guère d'intérêt à Washington, où l'on ne reçoit de l'ambassade de Londres que des indications selon lesquelles de Gaulle est tantôt un « personnage sans relief », tantôt un « chef arrogant ». Bientôt après, les mêmes observateurs assurent que « les Anglais sont fatigués de lui ». Les premiers commentaires américains ont trait à l'échec de Dakar, dont Roosevelt, hostile dès l'origine à l'opération, impute aussi bien l'initiative que les bavures aux seuls gaullistes. Nous savons ce qu'il en est... Et sitôt que l'amiral Leahy s'installe à Vichy, flanqué du « grand connaisseur » de la France qu'est supposé être Freeman Matthews, le State Department n'entend plus, sur de Gaulle, que les accusations colportées contre lui autour du maréchal.

Tels sont les éléments de base à partir desquels le président pourrait, un an après, réviser ou corriger son choix de juin 1940. La décision qu'il a prise d'emblée de ne voir la France qu'à Vichy lui est personnelle : mais toute révision éventuelle de cette orientation de base dépend du « dossier de Gaulle ». Or, de ce dossier, il ressort (on résume le moins misérable) qu'il s'agit d' « une vipère que le maréchal a couvé dans son sein » ou d'un « apprenti fasciste » — quand le nom de Hitler n'est pas prononcé... Le général Donovan, chef de ce qui sera l'OSS ***, ébauche de ce qui sera la CIA, le tient pour « fou », et Hershel Johnson, conseiller à l'ambassade des USA à Londres, voit en lui un « provocateur ».

---

* Au 25, quai de Bourbon.
** Que l'on retrouvera en août 1942 consul général des USA à Brazzaville.
*** Office of Strategic Services.

Le 5 juin 1941, pourtant, le chef des Français libres — sait-il ce qu'on écrit sur lui à Washington ? — remet au consul des États-Unis au Caire un mémorandum dans lequel il propose de mettre les bases africaines contrôlées par les Français libres à la disposition des États-Unis, avec des attendus qui démontrent que ce « fou » raisonne assez bien, et que ce « fasciste » n'est pas précisément l'ennemi des États-Unis. Or, ce texte est considéré comme sans importance par les experts des services diplomatiques. Mais ces « spécialistes », dont l'opinion contribua beaucoup à former celle du président, qui étaient-ils ?

Leur chef de file officiel était M. Cordell Hull, secrétaire d'État, ancien sénateur démocrate du Sud qui avait aidé Wilson à rompre avec l'isolationnisme en 1917. Honnête homme à coup sûr mais, sorti d'un hameau du Tennessee, ignorant tout de la France — sinon que, victorieuse, elle avait causé quelques tracas au président des États-Unis vingt ans plus tôt et que, vaincue, elle en occasionnait plus encore à son patron de 1940... Déjà septuagénaire, M. Hull inclinait naturellement vers la classe d'âge qui régnait à Vichy. Et l'affaire de Saint-Pierre-et-Miquelon blessa profondément cet ancien magistrat qui, très imbu de sa dignité, supporta très mal les quolibets qu'inspira à la presse américaine sa réaction démesurée à la « piqûre de puce ». Mais, à la différence de celui de Roosevelt, l'antigaullisme de M. Hull, plus circonstanciel que dogmatique, et moins envenimé par la vanité et le souci de sa réputation, s'atténua sur la fin.

L'adjoint de Cordell Hull, le sous-secrétaire d'État Sumner Welles, avait la haute main sur les affaires européennes, dont il passait pour être un expert parce qu'il affectait le style oxfordien, parlait un peu le français et avait fait une longue tournée en Europe au début de la guerre. Relevons qu'à l'issue de cette enquête, il estimait n'avoir rencontré sur le vieux continent qu'un seul homme de premier plan « Mussolini, ce paysan de génie » sur lequel, pensait-il, il faudrait fonder toute tentative de paix.

M. Welles, s'il fut plus lucide que ses collègues à propos de la résistance de Vichy aux exigences de Hitler, et prit en considération un peu plus tôt qu'eux les efforts de la France libre, ne parvint jamais à dissimuler la méfiance que lui inspiraient son chef et ses porte-parole. Pour lui, les seuls Français dignes d'intérêt étaient ceux qu'il avait rencontrés à Paris au début de 1940 — Herriot, Daladier, Reynaud, Mandel, et non ces de Gaulle, ces Pleven et ces Tixier que personne de son monde ne connaissait... Mais il voyait beaucoup Alexis Léger, qui l'avait accueilli au Quai d'Orsay et s'était retiré à Washington. On verra que ces contacts eurent leur importance politique.

Le troisième homme du State Department en matière d'affaires européennes, Adolf Berle, fit preuve d'un peu plus de compétence et d'un peu moins de préventions. Dans le livre que sa femme Béatrice a tiré de ses papiers, *Navigating the rapids*[7], on trouve des notations réalistes sur les progrès de la France libre, et des interrogations (en janvier puis en avril 1942, par exemple) sur l'éventualité d'un changement de cap de Washington entre Pétain et de Gaulle. Mais on le voit constamment obsédé par la crainte d'être manipulé par le Foreign Office et le désir de Churchill de « sanctifier » de Gaulle... Il se présente comme l'un de ceux qui ont pris la décision de tenir la France libre « *out of the picture* » lors du débarquement en Afrique du Nord. Et le préfacier de son livre, l'historien et journaliste Max Ascoli, ne croit pas devoir distinguer son attitude de celle de FDR à propos de la France : « Dans leur antagonisme vis-à-vis de la France libre et de De Gaulle, le président, Berle et la plupart des officiels de Washington allèrent à l'extrême (*went to the extreme*). »

Essentiel fut, vis-à-vis du président et du State Department le rôle de leurs deux représentants auprès de la France officielle, William Leahy, ancien « amiral de la flotte » (comme Darlan) et Robert Murphy. La mission de l'amiral à Vichy dura quinze mois, de décembre 1940 à avril 1942 — date de son rappel, décidé pour protester contre le retour aux affaires de Pierre Laval.

La lecture du livre de souvenirs* que Leahy a consacré à sa mission en Auvergne est édifiante : il n'est de France que là où il est, et même quand, écœuré d'abord par le limogeage de Weygand, puis indigné par le rappel de Laval à Vichy, il parle d'une « révision de la politique des États-Unis », jamais il ne s'autorise à évoquer l'alternative qui semblait alors s'imposer. Vieux militaire partenaire d'un très vieux chef, amiral entouré des amiraux dont était constellée la cour de Vichy, il ne semble guère s'être interrogé que pour la forme sur la nature du régime qu'il confortait de son prestige. Dans un de ses rapports à Roosevelt, Leahy explique, sur le ton le plus sérieux, qu'il convient de distinguer les « degaullistes », la petite poignée de fidèles du général, et les gaullistes qui sont des patriotes amoureux de l'ancienne France qui s'appelait la Gaule...

On ne saurait se faire une idée de l'animosité que le mouvement de la France libre inspirait à William Leahy si on ne rappelait qu'après la guerre, il lui arriva de dire à un interlocuteur qui déplorait que l'Europe de l'Est eût été « livrée » à Staline : « Oui. Mais nous avons aussi livré la France aux gaullistes ! » C'est cet homme que Roosevelt appela auprès de lui, après son retour de Vichy, pour être son chef d'état-major personnel, son conseiller, un confident presque aussi important que Harry Hopkins et ce, aux heures décisives des débarquements de novembre 1942 et de juin 1944. Quand, dans l'entourage de FDR, le nom de De Gaulle était prononcé, voilà le genre de réflexions que l'on pouvait entendre...

Robert Murphy était l'une des vedettes de la diplomatie américaine, et s'était affirmé bon connaisseur des affaires françaises à l'ambassade de Paris. D'origine irlandaise, catholique, très conservateur, il aimait les militaires (sauf de Gaulle !), les « gens bien », les duchesses et le clergé : Weygand était son homme. Aussi bien l'envoya-t-on en Algérie où il déploya une impressionnante activité pour consolider la position du délégué général de Vichy, considérant que seul le régime du maréchal lui avait

---

* *I was there* (J'étais là).

permis de noyauter l'Afrique du Nord de plus de trente « consuls » américains, réels ou simulés, et de pousser en avant les officiers antiallemands comme Beaufre et Faye.

L'auteur des *Mémoires de guerre* reconnaît Murphy pour « habile et résolu », non sans assurer qu'il était « porté à croire que la France, c'était les gens avec qui il dînait en ville ». Imputation que vérifient assez bien les propres textes du diplomate américain et les commentaires qui émaillent son livre, *Diplomat among Warriors*. Intelligent, énergique, aimable, plein d'entregent, modéré et parfois pénétrant dans ses commentaires — même à propos de De Gaulle * —, Murphy joua, auprès de Weygand, et plus encore peut-être après son limogeage et son remplacement par le très conformiste Yves Chatel, un rôle décisif dans la préparation du débarquement américain : le moins qu'on puisse dire est que son action s'inscrivit constamment contre celle de la France libre — dont il utilisa sans gêne apparent les jeunes militants pour ouvrir la route aux forces américaines débarquées à Alger, avant de les laisser incarcérer par le pouvoir néo-vichyste. Tout ce qui émanait de lui, en tout cas, d'Alger ou d'ailleurs, ne pouvait que prévenir Roosevelt, Hull et Welles contre de Gaulle et les siens.

Mentionnons ici comme un des fondements de l'antigaullisme du président Roosevelt les dépêches adressées à ses services par l'ambassade des USA à Londres, à propos des méthodes utilisées par les agents du BCRA de Passy et Brossolette. C'est un musée des horreurs.

Informé par des observateurs de Scotland Yard, le conseiller de l'ambassade Freeman Matthews, dont nous avons déjà trouvé la trace à Paris et à Vichy et qui ne dissimula jamais d'ailleurs ses sympathies pour Pétain, consacre des pages de ses dépêches à rapporter les dénonciations de la police anglaise à propos des pratiques des « tortionnaires » du BCRA, commodément assimilés à la Gestapo. Aussi bien M. Matthews ne se gêne jamais pour traiter de Gaulle d' « apprenti Hitler[8] ».

Il se trouve que Franklin Roosevelt avait un goût particulier pour ce genre de dépêches et les lisait en priorité. Elles ne purent que le confirmer dans son aversion pour le « nazi » de Carlton Gardens. On y reviendra au moment de relater le voyage de Winston Churchill à Washington, quand la campagne prit un tour si violent qu'elle conduisit le Premier ministre à projeter de rompre avec le général.

Franklin Roosevelt n'avait-il donc que des antigaullistes autour de lui ? Non. Si l'on connaît très mal l'opinion qu'avait, du mouvement des Français libres, l'homme qu'il écoutait peut-être avec le plus de respect, Felix Frankfurter, juge à la Cour suprême, on sait, par les écrits de l'un et de nombreux témoignages sur l'autre, que son principal confident, Harry Hopkins, après avoir fait bon accueil à René Pleven dès l'été 1941, tenta parfois de faire revenir FDR sur ses préventions à l'encontre de l'homme du 18 juin.

L'ambassadeur des USA à Londres, John Winant, ne semble pas avoir desservi les Français libres. Le secrétaire adjoint à la Défense, John

---

* Voir plus loin sa remarquable analyse de la conférence d'Anfa.

MacCloy, grand avocat new-yorkais, fit de son mieux, lui, pour mettre en lumière la communauté d'intérêts et d'objectifs entre les Français combattants et les États-Unis. A deux ou trois occasions près, l'influence du général Eisenhower se fit sentir dans le même sens, nous le verrons. Quant à Henry Morgenthau Jr, secrétaire au Trésor, il plaida souvent la cause de la France libre à la Maison-Blanche. Le secrétaire au Trésor s'élevait surtout contre l'imputation de fascisme, voire d'antisémitisme[9] formulée contre Charles de Gaulle par des dirigeants américains qui soutenaient, contre lui, un régime de Vichy où l'on faisait ouvertement de ces vices des vertus !

Mais l'effet des plaidoiries de Hopkins, de Morgenthau ou de MacCloy fut constamment contrebattu, chez Roosevelt, par les avis, conseils et mises en garde formulées par les personnalités françaises auxquelles il accordait le plus de crédit. Trois noms viennent aussitôt à l'esprit, ceux de René de Chambrun, de Jean Monnet et d'Alexis Léger.

On a déjà vu le premier sur le pont du *Potomac*, recueillant les premières réactions de FDR à la nouvelle de l'effondrement de la France. Le 1er août suivant, le chef de l'Exécutif américain reçoit à nouveau René de Chambrun. Après une longue discussion à propos du système qui se met en place depuis un mois à Vichy et sur lequel il formule bon nombre d'objections pertinentes, FDR, se disant « intrigué par de Gaulle », demande à son hôte des « renseignements » sur le chef des Français libres. Des notes de Chambrun, il ressort qu'il répondit simplement avoir vu de Gaulle « deux ou trois fois dans l'antichambre du maréchal Pétain, aux Invalides ». Ce qui, en matière de renseignements, était un peu bref.

René de Chambrun savait-il si peu de chose sur un personnage qui, dans les milieux que fréquentait un homme aussi répandu que lui, avait suscité beaucoup de controverses ? On parierait volontiers qu'il en dit plus long et que ce qu'il confia à FDR ne contribua pas à tourner en sympathie la curiosité du président (il faut voir sur quel ton le visiteur parle, dans ces notes, de tous les Français qui, aux États-Unis, se manifestent déjà comme gaullistes — à commencer par Henry Bernstein[10]...).

Pour autant qu'on le sache, le gendre de Laval ne fut plus reçu à la Maison-Blanche pendant les années qui suivirent*. Mais on sait que FDR lui gardait son amitié, et que Chambrun fut un lien constant entre Philippe Pétain, qui le tutoyait et le traitait comme un fils adoptif, et le président des États-Unis. On imagine en tout cas que, cantonné ou non en coulisses, cet avocat disert, fort bien informé et à demi américain ne servit pas, dans l'esprit de Roosevelt, l' « image » de Charles de Gaulle...

Plus important fut néanmoins Jean Monnet, ne serait-ce que parce qu'il rendait d'éminents services à l'effort de guerre commun, donnant à la Commission interalliée d'armements une impulsion qu'un homme comme Keynes devait estimer « décisive ». Nul Français n'a jamais joui à Washington d'un tel crédit. Or, Monnet avait quitté Londres et de Gaulle à la fin de

---

* Peut-être parce qu'il était trop proche de l'homme que Washington croyait combattre en soutenant le maréchal et Weygand.

juin 1940, condamnant (non sans arguments ni noblesse, on l'a vu) l'entreprise « politique » de l'homme du 18 juin qui aurait dû, selon lui, se cantonner dans un rôle militaire.

Si discret qu'il ait voulu rester ensuite *, s'efforçant de ne pas desservir expressément de Gaulle auprès des Américains, sa présence à Washington était comprise comme une sorte de désaveu permanent du gaullisme que, par tempérament de Charentais du « juste milieu », d'homme d'affaires réaliste et d'internationaliste spontané, il goûtait peu. On a cité à ce propos René Pleven, qui avait été son homme de confiance avant d'être celui du général. Il n'est que de lire le rapport d'ensemble sur la France qu'il adressait à Roosevelt à la fin de 1940, pour constater à quel point il était alors éloigné du gaullisme : le nom du chef des Français libres n'est même pas cité, trois mois après le ralliement aux FFL d'un tiers de l'Afrique française...

Mais l'influence primordiale exercée sur les dirigeants américains fut celle d'Alexis Léger qui, après s'être entretenu avec de Gaulle, à Londres, le 20 juin 1940, avait choisi de s'installer à Washington dans les fonctions modestes de secrétaire de la bibliothèque du Congrès, écrivant alors quelques-uns des poèmes qui assurent la gloire de Saint-John Perse.

On a vu que Charles de Gaulle, qui l'avait bien connu autrefois au temps où Léger était secrétaire général du Quai d'Orsay, le croyait encore assez favorable à la France libre pour lui proposer, en septembre 1941, d'entrer — en même temps que Jacques Maritain — dans ce Comité national dont Émile Muselier contestait la composition et les attributions. Le général reçut du diplomate une réponse « déférente mais négative ». Ce qui n'empêcha pas Léger, trois mois plus tard, lors d'un entretien avec Adolf Berle à propos de l'affaire de Saint-Pierre-et-Miquelon, de protester contre le « choix de Vichy » fait par Washington, et de soutenir vigoureusement l'action conduite par de Gaulle dans le cadre de la « souveraineté française [11] ».

Mais Walter Lippman, lors d'un entretien que j'eus avec lui dans sa propriété du Maine à la fin de juillet 1971, me rappelait les efforts déployés par l'ancien secrétaire général du Quai d'Orsay pour convaincre l'attorney général Francis Biddle, dont il était l'ami intime, Sumner Welles et au-delà Roosevelt, des dangers de « guerre civile » que la France libre, et surtout la personnalité de Charles de Gaulle, feraient courir à la France après sa libération « car jamais, soutenait Léger, les Français n'accepteront des gouvernants venus de l'extérieur ». C'est encore l'un des arguments qu'il employa pour décourager Pierre Mendès France, lequel essayait en 1942 de le réconcilier avec le général de Gaulle [12].

L'hostilité du poète-diplomate envers le général remontait-elle à un des épisodes qui marquèrent sa vie — sa brutale éviction du Quai d'Orsay par Paul Reynaud, qu'il put, pour tout ou partie, imputer au jeune colonel qui

---

* « Bien qu'on ne me consultât pas particulièrement en tant que Français, j'étais plus écouté sur les problèmes européens que mes compatriotes de Washington : ceux de la Résistance étaient rares aux États-Unis et divisés par des intrigues ; ceux qui représentaient Vichy étaient sans crédit. Je ne rencontrais ni les uns ni les autres » (*Mémoires*, p. 200).

était alors un des conseillers les plus écoutés du président du Conseil ? Bien que Léger, qui avait été jusqu'en 1936 un ferme opposant au fascisme, glissât alors dans le camp de l'apaisement *, nulle trace n'existe de gestes ou de propos défavorables au secrétaire général du Quai d'Orsay que l'on dût imputer au conseiller militaire de Reynaud.

Le passage de Léger d'une certaine froideur à une hostilité militante à l'encontre de la France libre, que l'on peut situer en 1942, entre le premier et le second voyage de René Pleven à Washington, peut être rapporté, plutôt qu'à des faits anciens, au choix alors fait par de Gaulle de confier la direction de la diplomatie de la France libre à René Massigli, réputé l'ennemi juré de Léger, qu'il accusait d'avoir été l'inspirateur de Munich et de toutes les décisions consacrant le glissement de la France vers la décadence **.

En tout état de cause, l'auteur d'*Amers* aura joué un rôle essentiel dans ce psychodrame d'incompréhension qui se joua, autour de Roosevelt, à propos de l'homme du 18 juin. Son intervention la plus notoire auprès de Roosevelt, une lettre du 31 janvier 1944 dénonçant le danger de césarisme que faisait courir à la France l'instauration d'un pouvoir gaulliste ***, relança de façon décisive les préventions washingtoniennes contre le général, au moment où les réalités, sur le territoire national, eussent pu les atténuer.

Tout le monde peut se tromper, et personne, ni Laval, ni de Gaulle, ni Staline, ni Churchill, n'avait exactement prévu ce qui se passa en France pendant l'été 1944. Alexis Léger fut-il de tous, le plus aveugle ? Pierre Mendès France affirmait pour sa part qu'on lui avait imputé à tort une part de responsabilité dans le projet d'administration anglo-américaine de la France « occupée », tel qu'il fut élaboré à Washington au début de 1944, et qu'il avait pu relever à Washington, entre 1942 et 1944, des cas où Léger avait évité des heurts entre FDR et de Gaulle.

A ces trois consultants français, proches ou lointains de Roosevelt, ajoutons Roger Cambon, ministre-conseiller à l'ambassade de France à Londres qui, refusant en juillet 1940, au moment de la rupture des relations franco-britanniques de quitter cette ville dont il voulait partager les épreuves, ne cessa dans son exil de dénoncer de Gaulle, qu'il détesta d'emblée : très écouté de ses collègues de l'ambassade américaine, il est souvent cité par eux pour les mises en garde contre l'autoritarisme du général. Et ils songeront à faire de lui, en 1943, auprès de Giraud, un gouverneur général de l'Algérie...

Ce qu'il faut dire aussi, c'est que le climat qui régna pendant trois ans dans l'ensemble de la « colonie » française aux États-Unis, plus divisée encore que celle de Londres en gaullistes fanatiques, sympathisants de la

---

* Il fut l'inventeur de la « non-intervention » en Espagne.

** Toutefois, au moment où (le 12 février 1943) il prend la direction de la diplomatie de la France combattante, René Massigli écrit à Alexis Léger une lettre lui expliquant les raisons de ce choix, et faisant valoir que la libération de la France passe par le combat du « gaullisme naturellement encadré et réformé » (papiers Massigli, archives diplomatiques, n° 1485).

*** Remarquablement commentée par Bruno Étienne au colloque Saint-John Perse d'Aix-en-Provence en 1981.

France libre, maréchalistes antiallemands, vichystes de choc, patriotes sans étiquette, attentistes discrets, créatures des Américains et démocrates de gauche ou d'extrême gauche, catégories qu'incarnèrent entre autres Philippe Barrès et Ève Curie, Charles Boyer et André Maurois, Camille Chautemps, Pierre Lazareff, Saint-Exupéry, Henri Laugier et Pierre Cot, ne contribua pas à éclairer la Maison-Blanche. Mais peut-être pouvait-on attendre que ce fourmillement lui fît se poser des questions.

Ce qui déconcerte, en cette douloureuse affaire, ce n'est pas que Franklin Roosevelt ait eu quelques préjugés — qui n'en a? — ni même que ces préjugés fussent fondés sur une vision si pessimiste de la France qu'elle pût se réduire à quelques vieillards militaires confinés dans une vision passéiste et figés dans la crainte de déclencher l'apocalypse : c'est que ces préventions n'aient pu être corrigées ou atténuées par aucune objection, qu'elle vînt de son entourage le plus intime (Hopkins, Morgenthau) ou de personnalités (françaises entre autres) dont FDR pouvait attendre quelque compétence dans le jugement et quelque sûreté dans l'information.

La plus remarquable de ces interventions vint d'un homme que le leader du *New Deal* ne pouvait manquer d'admirer ; qui, au temps de son gouvernement, avait entretenu avec lui des rapports de confiante estime, et auquel sa condition de détenu conférait une sorte d'auréole supplémentaire : Léon Blum. Incarcéré à Bourassol après avoir contraint, par sa seule éloquence, les juges de la cour de Riom à interrompre le procès intenté par Vichy aux « responsables » de la guerre de 1939 *, ce qui lui avait valu l'acclamation enthousiaste de la presse américaine **, l'ancien chef du gouvernement de Front populaire avait écrit, de sa prison, à la demande du général de Gaulle, un message en faveur de la France libre adressé au président des États-Unis. Il faut rappeler ce texte, parce que, venant d'un homme qui symbolisait aux yeux du monde l'esprit d'une république étranglée, il constitue le plus impressionnant certificat de légitimité démocratique que pût alors recevoir un dirigeant français :

« C'est un bonheur, au milieu de tant de désastres, que cet homme existe [...]. Si le général de Gaulle incarne cette unité ***, c'est qu'il en est, dans une large mesure, l'auteur. Ce sont ses actes et ses paroles qui l'ont créée [...]. C'est lui qui a ranimé peu à peu l'honneur national, l'amour de la liberté, la conscience patriotique et civique [...]. Je ne fais pas seulement cette profession de foi en mon nom personnel, je sais que je suis l'interprète de tous les socialistes regroupés en France, dans la zone occupée comme dans la zone " libre **** " ; je suis convaincu que j'exprime l'opinion de la masse des républicains — bourgeois, ouvriers ou paysans. On sert la France démocratique en aidant le général de Gaulle à prendre dès à présent l'attitude d'un chef [13]... »

---

* Daladier, Jacomet et le général Gamelin en étaient les coaccusés.
** Dans le *New Yorker*, notamment.
*** De la résistance nationale.
**** « Tous » était un peu excessif, surtout s'agissant de la zone « libre »

Franklin Delano Roosevelt lut-il ce texte ? Jugea-t-on utile de le lui dissimuler ? Ou bien, l'ayant lu, négligea-t-il ce témoignage venu d'une prison où le gouvernement de Vichy détenait, en vertu d'une pure « lettre de cachet » du souverain absolu qu'était le maréchal, l'auteur de ce solennel certificat ? Crut-il connaître mieux la France, ses sentiments, ses intérêts, son âme profonde, que le leader socialiste qui avait tant fait pour conforter l'esprit républicain en son pays, et l'ouvrir sur les autres sociétés démocratiques, à commencer par celle des États-Unis ? L'époque où lui est adressé ce message d'outre-liberté est aussi celle où la politique américaine multiplia ses manœuvres les plus hostiles à de Gaulle et aux siens, celle du débarquement en Algérie.

Estima-t-on à la Maison-Blanche que le témoignage de Bourassol émanait d'un homme épuisé, privé de sa lucidité, empêché par son état de s'informer sérieusement ? Il était alors possible de consulter, soit les manifestes de soutien à de Gaulle émanant des plus notoires représentants du système républicain, soit les textes publiés par le Comité national français de Londres, et de se faire ainsi une idée des intentions manifestées par de Gaulle et ses compagnons.

Était-ce le socialisme de Blum qui gênait Roosevelt ? Il pouvait alors se fonder sur l'avis d'un homme qui incarnait la démocratie française avec autant de vraisemblance et plus de « modération » : le président du Sénat, Jules Jeanneney. Le 30 juin 1942, de Gaulle lui ayant fait remettre par un émissaire de la Résistance une demande de consultation sur la façon d'envisager la solution des problèmes juridiques posés par l'instauration d'un gouvernement provisoire et l'organisation de la représentation du pays, et assurant « l'ancien collaborateur de Clemenceau que moi-même et mes compagnons ne renoncerons jamais à maintenir une France combattante, et au président du Sénat de la République que nous sommes résolus à sauvegarder la démocratie », M. Jeanneney répondait notamment à cette requête, peu césarienne en apparence :

« Étant... établi que la souveraineté nationale ne pourrait être exercée ni légalement, ni matériellement, par le Parlement en fonction, c'est à la Nation elle-même qu'il appartient de l'assumer. Une fois la France libérée, ce sera à son peuple de fixer son destin politique et de se donner, au moyen d'une libre consultation électorale, les institutions et les hommes de son choix [...]. Il faudra donc recourir à la formation d'un gouvernement provisoire, ayant mission de rendre cette consultation possible et gouverner en attendant. Tâche redoutable qui comportera évidemment le péril d'exercer à nouveau des pleins pouvoirs [...]. Il ne serait point sage de la confier à une seule personne. » En conclusion de quoi M. Jeanneney suggérait la création d'un Comité de salut national de la République française [14].

On veut bien croire que le président des États-Unis n'avait pas le temps de lire le moindre extrait des discours du général de Gaulle, pas même celui qu'il prononça à l'Albert Hall de Londres pour le second anniversaire du 18 juin 1940 — discours où, citant le vice-président Henry Wallace qui définissait cette guerre comme « *the war of the common man** » », le chef des Français libres proclamait que la victoire devrait être avant tout celle des « masses profondes du peuple, restées les plus vaillantes et les plus fidèles », et qu'il faudrait remettre en cause un « ordre social et moral qui a joué contre la nation ». Réactionnaire, fasciste, chauvin, ce général ?

Si le plus mince extrait de ce discours avait échappé aux dirigeants américains, ne pouvait-on espérer qu'ils entendraient un écho de la déclaration faite cinq jours plus tard par de Gaulle à la presse clandestine en France, sur les « buts de guerre du peuple français » ? Recourant, en lui donnant une tonalité populaire, à la très monarchique formule « Nous voulons... » par cinq fois répétée, de Gaulle formulait ainsi un programme résolument démocratique :

« Que le peuple français soit seul et unique maître chez lui » ; « que le système totalitaire [...] aussi bien que le système de coalition d'intérêts particuliers qui a, chez nous, joué contre l'intérêt national [soient] simultanément et à jamais renversés » ; « que soient réalisées [...] contre la tyrannie du perpétuel abus [...] la sécurité nationale et la sécurité sociale [...] buts impératifs et conjugués » ; « que l'idéal séculaire français de liberté, d'égalité et de fraternité soit désormais mis en pratique chez nous » ; que soit établie « la solidarité et l'aide mutuelle de toutes les nations [...] la France occupant, dans ce système international, la place éminente qui lui est assignée par sa valeur et par son génie ». Ce dernier membre de phrase excepté, y avait-il là un seul mot que FDR eût récusé au moment de rédiger sa propre plate-forme électorale ?

Admettons encore qu'aucun des spécialistes des affaires françaises n'ait jugé bon de transmettre la moindre bribe de ce dernier texte au chef de l'Exécutif américain. On sait en tout cas que FDR eut l'occasion de lire la traduction d'une lettre que Charles de Gaulle rédigea à son intention le 6 octobre 1942 et confia à André Philip, député socialiste envoyé auprès de lui par la Résistance qu'il avait nommé « commissaire à l'Intérieur » puis choisi pour prendre un premier contact à Washington avec le président des États-Unis, en vue de préparer sa propre visite à FDR. Il se trouve que Philip arriva à Washington dans les semaines troublées qui précédèrent le débarquement en Afrique du Nord dont Washington tenait à écarter à tout prix les FFL, qu'il fut de ce fait « lanterné » et que FDR ne le reçut que le 20 novembre 1942.

De cet entretien, Adrien Tixier, qui accompagnait naturellement André Philip tandis que Sumner Welles flanquait le président, a établi un compte rendu où s'étale, de façon caricaturale, l'incompatibilité de vue entre FDR et les porte-parole du général. Et d'autant mieux que Tixier ne fait rien pour gommer le style véhément, on peut même dire brutal d'André Philip. Le résumé que m'en fit vingt ans plus tard celui-ci [15] dit bien ce qui séparait, fondamentalement, le grand président engagé dans l'immense opération d'Alger où il recourt à l' « expédient » Darlan, de ces Français qui

---

* La guerre de l'homme du peuple.

prétendaient ressusciter d'emblée une France maîtresse d'elle-même avant d'avoir livré bataille — sinon celle, alors indéfinissable, de la Résistance.

Comme l'ancien député de Lyon, émissaire officiel du Comité national de Londres, lui parle des aspirations de la France combattante, FDR le coupe :

« Pour moi, il n'y a plus de France, politiquement parlant, jusqu'au moment où des élections lui donneront des représentants...

— Mais en attendant ces élections, et pour les organiser ?

— Nous entraînons actuellement un corps de spécialistes politico-militaires qui assureront l'administration de la France en attendant le rétablissement de la démocratie...

— Monsieur le Président, pour le peuple français, un occupant étranger n'est qu'un occupant...

— Moi, fait Roosevelt, je ne suis pas un idéaliste comme Wilson, je m'intéresse avant tout à l'efficacité, j'ai des problèmes à résoudre. Ceux qui m'y aident sont les bienvenus. Aujourd'hui, Darlan me donne Alger, et je crie : Vive Darlan ! Si Quisling me donne Oslo, je crie : Vive Quisling !... Que demain Laval me donne Paris et je crie : Vive Laval ! »

Rappelant vingt-deux ans plus tard cet entretien, le leader socialiste ajoutait : « Au bout de quelques minutes, je murmurai en l'écoutant : tout de même, Léon Blum a une autre classe... Dix minutes plus tard, je me dis : non, c'est plutôt à Herriot qu'il me fait penser. Et après une demi-heure, je conclus : décidément, c'est à Laval... »

Faisons la part de la fougueuse intolérance morale que sa générosité faisait pardonner à cet homme de foi : le fait est qu'un tel rapport présenté quelques jours plus tard à de Gaulle, au plus fort des tractations entre Darlan et les généraux américains, ne fut pas pour faire tomber les appréhensions du général.

Ce n'est qu'après cet entretien qui acheva de le convaincre du « fanatisme » des gaullistes que le président Roosevelt put prendre connaissance de la lettre qu'André Philip lui apportait de la part du général de Gaulle. Dans ce message, le général tentait à la fois d'expliquer au président américain pourquoi il avait décidé de déclencher en juin 1940 la résistance, et comment depuis lors, il entendait « ramener la France au combat aux côtés des Nations unies en sauvegardant à la fois sa sensibilité et son unité ». C'est un beau plaidoyer :

> « Hier, nul autre ne s'est présenté qui ait entraîné un groupe ou un territoire français... J'étais seul. Fallait-il me taire ? Demain, après l'expérience odieuse de pouvoir personnel faite par Pétain grâce à la connivence des Allemands... qui donc aurait l'absurdité d'imaginer qu'on pût établir et maintenir en France un pouvoir personnel ? »

Mais Charles de Gaulle affaiblit la portée de son argumentation en assurant à FDR que « personne ne [l'] accusait de viser à la dictature [...] pas même [ses] adversaires de Vichy », assertion que Roosevelt ne pouvait que juger mal fondée, lui qui ne connaissait, du « dossier de Gaulle », que ce type d'imputations ! Faut-il croire que c'est cette « gaffe » qui ôta tout effet à ce message émouvant, au terme duquel le général rendait hommage au « prestige immense et incontesté dont jouissaient en France le nom et la personne » de FDR ?

Le fait est que le chef de l'Exécutif américain, ainsi requis de prêter attention à la France combattante, choisit de ne pas même répondre à l'appel de ce patriote étranger, allié et démuni. Il se contenta de joindre à l'appel de Charles de Gaulle une brève annotation à usage interne, assurant que « si cette lettre avait été écrite à l'époque où le mouvement gaulliste s'organisait, elle aurait eu un effet positif sur nos relations, mais elle vient deux ans trop tard »... FDR ajoute que « de Gaulle ne veut pas admettre que nos informations sur la France sont aussi bonnes que les siennes * », que son « aveuglement est d'autant plus tragique que notre collaboration avec lui se développe chaque jour », que « la France doit être sauvée non seulement par les Français hors de France, mais par les Français de France » et que « le général de Gaulle semble vouloir s'imposer au peuple français en se servant des armées alliées ». Tous les thèmes, inchangés, du désaccord...

Ainsi Franklin Roosevelt continue-t-il de raisonner, après avoir reçu un militant de la Résistance comme Philip, venu lui parler au nom de ceux des « Français de France » qui luttaient, dans une France qui depuis une semaine ne comportait plus même de zone « libre », contre le nazisme. En 1940, le président américain avait choisi, contre de Gaulle, un Pétain disposant d'une autorité considérable et d'une certaine marge de manœuvre. Mais désormais, il maintient l'exclusive contre le chef d'un mouvement auquel ne faisait même plus ombrage le mythe de Vichy, et que les leaders de la démocratie française, de Léon Blum à Herriot et de Jules Jeanneney à Mendès France, désignaient comme l'animateur et l'unificateur de la lutte des « Français de France »...

On verra souvent un de Gaulle soulevé d'une passion antiaméricaine fort dommageable à l'intérêt commun. Mais vit-on jamais chez lui aveuglement aussi obstiné, aussi serein que celui de FDR, ici ? L'antigaullisme de Roosevelt a ceci de confondant, s'agissant d'un homme supérieur et (quoi qu'en ait dit André Philip) capable de s'élever aux sommets de la pensée stratégique, que les faits n'en sont que des composants très secondaires.

Certes, le fiasco de Dakar (attribué avant tout aux fuites découvertes dans les milieux gaullistes de Londres alors que les négligences de l'Amirauté, à Gibraltar, pesèrent d'un poids plus lourd) fut l'un des arguments sur lesquels FDR fonda son refus d'associer désormais les gaullistes à aucune des grandes entreprises alliées. Certes, le défi de Saint-Pierre-et-Miquelon le confirma dans l'idée que la France libre tenait moins compte de l'intérêt de la coalition que de ses visées propres, encore que d'après les mémoires de Churchill, FDR n'ait pas attaché autant d'importance à l'affaire que le fit Cordell Hull. Ce qui vient bien conforter notre thèse : ce ne sont pas des faits qui motivent l'attitude de Roosevelt.

---

* Ce qui est tout de même beaucoup s'avancer..

Certes, la violence des réactions provoquées chez de Gaulle par le débarquement à Madagascar* des Britanniques sans que le CNF de Londres en fût prévenu, lui fit juger de Gaulle « insupportable » ; et certes, les manœuvres dilatoires de De Gaulle à la veille de la conférence d'Anfa, les propos qu'il lui tint là, les exigences impérieuses qu'il manifesta face à Giraud, leurs entrevues de juillet 1944, armèrent encore son animosité. Mais aucun de ces éléments de mésentente ne semble avoir de rapport de causalité avec l'antipathie primordiale, élémentaire, viscérale qu'on a tenté de décrire, car ils lui sont postérieurs.

Quoi que puisse faire ou dire de Gaulle, en bien ou en mal, on a l'impression constante que Franklin Delano Roosevelt n'y attache pas plus d'importance que le pèlerin de La Mecque aux pierres de la route ou à la beauté des couchers de soleil : tout est dit, la certitude est acquise, une fois pour toutes. Qu'importent les péripéties ?

Ce qui n'est pas une raison pour nous de nous en désintéresser...

* Voir chapitre suivant.

28. « Vous n'êtes pas la France ! »

Le malheur contribue rarement à l'affermissement des alliances. Tout au long de la tragique année 1942 qui, avant d'être celle d'El Alamein, de Stalingrad et du débarquement en Afrique du Nord, fut marquée par une cascade de revers britanniques en Asie et en Afrique, de Singapour à Tobrouk et sur toutes les mers, de Gaulle allait pouvoir le vérifier.

Que Winston Churchill, alors affamé de victoire sur le nazisme plus qu'attentif au rang de l'Angleterre, eût été contraint de prendre le parti de n'être « plus que le lieutenant de Roosevelt » s'obligeant en toutes occasions à lui emboîter le pas, et « que les Anglais éprouvassent quelque " mélancolie " [...] de se voir dépossédés du premier rôle que depuis deux ans et avec quel mérite ! ils avaient joué dans la guerre [1] », n'augurait rien de très bon pour les relations entre l'homme du 18 juin et le Premier ministre britannique.

L'humiliation et l'angoisse sont mauvaises conseillères. Toute satellisation incite celui qui en est affecté à rechercher plus satellite que lui. Du temps qu'il se dressait seul face à l'impérialisme nazi, Churchill tendait spontanément à grandir les trop rares fidèles que son énergie avait suscités et groupés. Depuis qu'il disposait d'alliés formidables, et qu'il lui avait fallu rentrer dans le rang, la France libre se relativisait à ses yeux. Elle n'était plus ce commando héroïque qui avait su accourir à sa rescousse, mais un membre mineur de la coalition, dérisoire du point de vue militaire et fort encombrant du point de vue politique ; pour l'une et l'autre raison, on la tiendra donc à l'écart de toutes les décisions et actions importantes, notamment de celles qui concernent des territoires relevant alors de la souveraineté française, Madagascar et l'Afrique du Nord.

Du temps qu'il décidait lui-même, Winston Churchill faisait équipe, pour conquérir Dakar ou Damas, avec Charles de Gaulle. Maintenant qu'il est réduit au rôle de brillant second, il va tenir celui qui n'est plus que son protégé — parce que F.D. Roosevelt l'en a convaincu, et parce qu'il obéit à la loi d'infériorisation de l'infériorisé — à l'écart des opérations sur Diégo-Suarez ou Alger. Il faudra la furieuse volonté du Connétable, et surtout l'arbitrage du peuple français pour que cette marginalisation progressive des FFL n'aille pas jusqu'à l'exclusion radicale méditée par Franklin Roosevelt.

De cette amère évolution, de Gaulle est si conscient, dès le début de l'année 1942, qu'il s'en ouvre spontanément à un visiteur voué à un rôle important dans la suite de cette histoire : Pierre Mendès France. Évadé de la prison de Clermont-Ferrand où l'avait jeté l'un des tribunaux les plus infâmes de Vichy (qui n'en fut pas avare), le député de l'Eure a réussi le 1er mars 1942 à gagner Londres où le général le reçoit sur-le-champ. Le dialogue tourne vite à un monologue gaullien :

« Ai-je eu raison à Saint-Pierre-et-Miquelon?... Ai-je eu raison en Syrie? » et même « Ai-je eu raison le 18 juin? » Ce que Mendès France commentait ainsi : « Cela ne signifiait pas bien sûr qu'il s'interrogeait sur le point de savoir s'il avait eu raison de choisir entre les Allemands et les Alliés [...] mais se demandait s'il avait eu raison de faire confiance aux Anglais[2]? »

C'est notamment parce qu'il se pose alors ce type de questions, appelées à devenir plus poignantes encore dans les mois suivants à propos de Madagascar et du Levant, que le chef des Français libres, devenus le 14 juillet 1942 la « France combattante » — comme pour mieux marquer qu'il s'agit désormais moins de « n'être pas Vichy » que d'être, positivement, ceux qui, se battant, acquièrent des droits à la victoire —, Charles de Gaulle tente plus ardemment que jamais de diversifier ses contacts et ses appuis.

Du côté de Washington, les perspectives semblent soudain s'éclairer : John Winant, qui représentant les États-Unis à Londres laisse percer de timides sympathies personnelles pour de Gaulle (lequel multiplie, lui, les éloges à l'adresse de ce « bon ambassadeur ») a deux entretiens très importants avec le chef des « Français combattants » le 21 mai et le 30 juin 1942. Winant parle d'associer l'auteur de *Vers l'armée de métier* à la direction de la stratégie générale de l'alliance — tandis qu'à Washington, John MacCloy, sous-secrétaire d'État à la guerre, s'informe des modalités d'une telle collaboration avec le colonel de Chevigné, délégué militaire des FFL aux États-Unis.

Le tout aboutit à l'accord du 9 juillet 1942, qui situe à leur zénith les rapports américano-gaullistes. Aux termes de cette convention, le gouvernement des États-Unis « reconnaît la contribution du général de Gaulle (à la cause alliée) et les efforts du Comité national français afin de maintenir vivant l'esprit traditionnel de la France et de ses institutions » et salue en eux le « symbole de la résistance française contre les puissances de l'Axe ». Et s'il continue de mettre l'accent sur ses rapports avec les « autorités locales », il se déclare prêt à « centraliser la discussion afférente à la poursuite de la guerre avec le CNF à Londres ».

Disposition capitale qui, complétée par la désignation de deux chefs militaires de haut rang, l'amiral Stark et le général Bolté comme délégués auprès de la France combattante *, conduit de Gaulle à qualifier l'accord de « satisfaisant à divers points de vue ». Réaction trop rare pour n'être pas signalée...

Mais se manifeste en contrepartie un signe très net de la « décrue » des sympathies officielles anglaises à l'égard du général de Gaulle, comme si

---

* Et des gouvernements en exil à Londres

s'appliquait ici le principe des vases communiquants . ce pas en avant de Washington, si conforme en apparence aux vues de Londres qui avait servi de courtier, n'eut pour écho, du côté du Foreign Office, qu'un message étrangement réservé de M. Anthony Eden au général de Gaulle.

En retrait sur le texte américain, le Foreign Office ne mentionnait pas le Comité national français, mais le « Free french national comittee » comme représentant des Français libres (ce qui était en rester à la déclaration du 28 juin 1940, après deux ans de luttes et de développement du gaullisme) et prenait bien soin de spécifier au destinataire : « Le gouvernement de Sa Majesté ne saurait accréditer auprès de vous de représentant diplomatique... ce qui impliquerait votre reconnaissance comme chef d'un État souverain. » Ainsi Londres choisissait le moment où la France combattante semblait enfin admise comme partenaire (symbolique...) par Washington et recevait une adhésion de plus en plus évidente de la résistance intérieure, pour ne plus mettre l'accent que sur les freins à toute reconnaissance.

En revanche, les Soviétiques faisaient tout alors pour s'imposer comme partenaires privilégiés de la « France combattante » — appellation de nature à les impressionner favorablement : ils en appréciaient la sonorité militante. Développant les intentions formulées dans le communiqué rédigé après l'entrevue de Gaulle-Molotov, ils allaient reconnaître le Comité national français comme « organe directeur de la France combattante, ayant seul qualité pour organiser la participation des citoyens à la guerre [...] et pour représenter auprès du gouvernement de l'URSS les intérêts français ». Mais quand, à la radio de Londres, Maurice Schumann voulut lire un commentaire saluant ce geste important de l'Union soviétique alliée, il se vit purement et simplement interdire d'antenne [3]...

Oui, les relations entre le général de Gaulle et ses alliés britanniques — sans lesquels, il ne faut pas se lasser de le rappeler, la France libre n'aurait pu se manifester, survivre ou tout simplement exister — étaient déjà cruellement compromises par les premières querelles du Levant, les retombées de l'affaire Muselier et les pressions de la Maison-Blanche, mais aussi par les mobiles sociopsychologiques qu'on a tenté plus haut de suggérer, quand l'affaire de Madagascar vint porter au rouge l'indignation du chef des Français combattants.

Cinq mois durant, du début de mai à la fin de septembre 1942, le couple franco-britannique traversa une crise qui devait laisser des blessures profondes, en dépit de la bonne volonté que manifestèrent d'une part Pleven, Dejean et Billotte, de l'autre Anthony Eden, le major Morton * et l'excellent Mr Charles Peake, représentant (« non diplomatique »!) du Foreign Office auprès de Carlton Gardens, dont l'auteur des *Mémoires de guerre* parle toujours avec une impayable et amicale commisération : être alors le tampon entre Winston Churchill et Charles de Gaulle...

L'attitude de Churchill au cours de cet été 1942, le Connétable en donne une description et une explication pénétrantes :

---

* Chef du secrétariat privé de Churchill.

« ... Tout dépendait du Premier ministre. Or celui-ci ne pouvait, au fond de lui-même, se résoudre à admettre l'indépendance de la France libre [...]. Chaque fois que nous nous heurtions [...] il faisait de notre désaccord comme une affaire personnelle. Il en était blessé et chagriné à proportion de l'amitié qui nous liait l'un à l'autre. Ces dispositions de l'esprit et du sentiment, jointes aux recettes de sa tactique politique, le jetaient dans des crises de colère * qui secouaient rudement nos rapports. »

Mais, ajoute de Gaulle, « d'autres raisons concouraient à rendre alors ce grand homme irascible » : et d'énumérer les revers alors subis, sur mer, en Extrême-Orient et en Cyrénaïque, par les armes et la flotte britanniques, parfois dans des conditions humiliantes pour l'orgueil britannique, ce dont M. Churchill « souffrait comme Anglais et comme combattant [4] ».

Le 5 mai 1942, à 3 heures du matin, le général de Gaulle est réveillé par le rédacteur d'une agence de presse qui lui annonce le débarquement des troupes britanniques à Diégo-Suarez, la principale base navale de Madagascar : l'opération « Ironclad » est en cours. La stupéfaction et la colère de Charles de Gaulle sont envenimées, quelques heures plus tard, par la publication à Washington d'une note indiquant que « les États-Unis et la Grande-Bretagne sont d'accord pour que Madagascar soit restituée à la France dès que l'occupation de cette île ne serait plus indispensable à la cause commune des Nations unies »... Restituée ? Parce qu'elle était confisquée pour la durée de la guerre ? Et confisquée à la dérobée, sans que la moindre notification en fût faite par les arrivants à leurs alliés français, alors qu'il s'entretenait lui, de Gaulle, la veille encore, avec des interlocuteurs du Foreign Office ?

On a assez souvent mis l'accent sur le caractère outrecuidant, voire provocant, de telle ou telle initiative ou réaction du Connétable, pour ne pas reconnaître qu'ici, le procédé justifie amplement sa fureur. Car il ne s'agit pas d'un projet proprement anglais, ou américain, dont on aurait simplement négligé, à la demande des États-Unis ou par inadvertance, de prévenir de Gaulle. L'opération sur la grande île de l'océan Indien est au centre des préoccupations anglo-gaullistes depuis des mois, et c'est très sciemment et très obstinément que les coresponsables du fiasco de Dakar ont éliminé les FFL d'une opération plus facile que celle de septembre 1940, et de nature à consolider le prestige des exilés en multipliant largement leur aire d'expansion et leur impact sur la stratégie globale des Alliés (est-ce cela, précisément, qu'on voulait éviter ?).

Reportons-nous six mois en arrière. Le 8 décembre 1941, accueillant comme chaque jour le commandant Pierre Billotte dans son bureau de Carlton Gardens, le général de Gaulle commente d'abord en quelques phrases l'agression japonaise contre Pearl Harbor et les premières perspectives de la guerre nippo-américaine qui s'ouvre, puis interroge son chef d'état-major : « De votre point de vue, et indépendamment du sort de

---

* Le lecteur pourrait croire que la colère ne venait qu'au Premier ministre... Qu'il se détrompe !

551

l'Indochine, quelles conséquences stratégiques voyez-vous se dégager de l'affaire ? » Et Billotte, aussitôt : « L'océan Indien devient un théâtre d'opération majeur, et Madagascar prend soudain une importance stratégique considérable : les Japonais vont chercher à s'en emparer... — Parfait, riposte de Gaulle, mettez-vous au travail[5]... »

Dès le surlendemain, 10 décembre, de Gaulle et Billotte s'entretiennent de la question avec le nouveau chef d'état-major impérial britannique, le général Alan Brooke ; ils conviennent que le ralliement de Madagascar s'impose. Six jours plus tard, de Gaulle s'en ouvre par lettre à Winston Churchill. Et le 11 février, un plan d'intervention français — visant au premier chef Majunga — est soumis à l'état-major britannique, tandis que le représentant des FFL en Afrique du Sud, le colonel Pechkoff, est chargé de sonder les autorités sud-africaines sur leur réaction éventuelle à une telle entreprise.

Le 19 février encore, de Gaulle se fait plus pressant dans une lettre au Premier ministre, précisant qu'en vue du ralliement de l'île, les FFL ne demandent à leurs alliés qu'un appui aérien et naval[6]. Enfin, le 9 avril, le Comité national a adressé une note pressante au Foreign Office, insistant sur l'urgence d'une opération avec la participation des FFL, compte tenu des risques d'intervention japonaise *.

Les discussions franco-britanniques sont poussées assez loin pour que le Premier ministre lui-même ait, dans une note adressée à ses chefs d'état-major, soupesé les arguments favorables ou non (de son point de vue) à une participation des Français libres au débarquement à Madagascar, précisant que pour sa part, il ne se hâterait pas de l'exclure, n'oubliant pas que « le Cameroun avait été rallié par 12 hommes »... Il ajoutait qu'en tout cas, il fallait éviter une opération mixte franco-anglaise.

Ainsi, dans cette affaire qui engageait au plus haut point l'intérêt de la coalition mais plus immédiatement les Français combattants, le général de Gaulle était-il mis sèchement devant le fait accompli, et prévenu par la presse qu'un fragment essentiel de l' « Empire » était conquis par ses alliés... La première bouffée de colère passée, sa réaction, telle que la raconte Pierre Billotte, est assez pittoresque pour être contée.

Le général remet à son chef d'état-major, pour appréciation, un projet de note destiné à Eden. Billotte, pourtant habitué aux ruades du général, le juge d'une « violence inaccoutumée », et met son chef en garde contre le risque qu'il prend ainsi de s'aliéner son meilleur interlocuteur britannique. « Lisez, jusqu'au bout », fait de Gaulle, narquois. L'autre découvre en effet, au bas du projet, « signé : Billotte »... Il revendique le droit à une « mise au point » personnelle, que lui accorde un de Gaulle dont il sent d'un coup « le plaisir tombé de moitié ».

---

* Cette intervention était de plus en plus couramment envisagée. A Vichy, Pierre Laval avertissait obligeamment l'ambassadeur nippon que les ordres donnés au gouverneur général Annet étaient de tirer à vue sur tout attaquant anglais ou gaulliste ; s'agissant d'Américains, de parlementer pour tenter de les faire renoncer ; et de ne gêner en rien les unités japonaises qui viendraient à se manifester...

Le résultat est une « représentation » dans le style Quai d'Orsay, qui suscite une réponse « totalement négative » dans le style Foreign Office. « Que ceci vous serve de leçon, me dit alors de Gaulle. Il est des occasions où vous pourrez vous présenter avec votre tasse de thé à la main et obtenir des résultats ; elles sont rares. Aujourd'hui il vous fallait brandir votre sabre à chaque ligne et frapper d'estoc et de taille ; peut-être même auriez-vous dû argumenter à coups de chars[7]... »

Charles de Gaulle attendra six jours pour répondre à l'invite qu'Eden lui a lancée, dès le 6, de débattre de l'affaire en tête à tête. Le 12, le ministre anglais reconnaît loyalement qu'il aurait dû le prévenir. « Mais, ajoute-t-il, nous avons craint que vous ne vouliez participer à l'opération... » A quoi de Gaulle ne se donne même pas la peine de lui rappeler que cette « crainte » est étrange, s'agissant d'un projet commun, et lui jette : « ... Si les conditions actuelles durent, nous nous disloquerons ! »

Le chef de la diplomatie britannique affirme alors que la Grande-Bretagne n'a aucune visée sur Madagascar et souhaite que l'administration française continue à fonctionner. De Gaulle le coupe : « Quelle administration ? » et comprend que Londres et Washington ont en tête de négocier avec le gouverneur général vichyste Annet qui continuerait à administrer l'île, les arrivants se contentant de tenir Diégo-Suarez.

Moyennant quoi, affirme M. Eden, le souhait du gouvernement britannique est que ce soient les *Free French* qui exercent l'autorité sur la grande île. De Gaulle insistant pour en avoir l'assurance officielle obtient la publication d'un communiqué aux termes duquel est proclamée l'intention du gouvernement britannique de voir « le Comité national français jouer le rôle qui lui revient *(due part)* dans l'administration du territoire libéré ».

Mais le communiqué restera lettre morte. Les Britanniques, durement accueillis à Diégo-Suarez qu'ils prennent après quarante-huit heures de combat, se contentent d'occuper la base conquise et laissent opérer le gouverneur Annet dans l'ensemble de l'île. Quand le Comité national de Londres décide d'envoyer le colonel Pechkoff à Diégo-Suarez pour presser les choses et assurer aux Français libres la *due part* qui leur a été reconnue en mai, il lui est tout simplement interdit de s'y rendre.

Plus grave encore. Dans le courant de mai, on apprit une nouvelle d'une importance considérable pour les *Free French* (compte tenu de ce qui s'était passé en Syrie) : sur les 1 200 défenseurs vichystes de Diégo-Suarez, 930 avaient demandé de se rallier à la France libre contre moins d'un dixième à Beyrouth l'année précédente : ce signe d'une évolution très significative des esprits fut censuré à la BBC...

Quelles que puissent être les « intentions » de Londres, la pression de Washington jouait dans le sens du *statu quo*, et il fallut attendre six mois pour que, d'ordre en contrordre, le pouvoir de Vichy fût exclu de la grande île — où Franklin Roosevelt songera un jour, on le verra, à envoyer un gouverneur inattendu : Charles de Gaulle.

Au début de juin 1942, on sent de Gaulle hors de lui : cette « perfidie d'Albion » l'a frappé d'autant plus douloureusement qu'il relève d'une grave et mystérieuse maladie, sur la nature de laquelle le corps médical s'interrogea longtemps, et que l'entourage du général fit tout pour camoufler, compte tenu du climat qui régnait au lendemain de l'affaire Muselier dans les rapports entre Londres et les FFL. Pierre Billotte, le seul de ses proches à signaler la gravité de ce mal [8], précise qu'elle maintint le général plusieurs jours entre la vie et la mort et que seul un rallié récent, le Dr Lischwitz, réussit à diagnostiquer une forme aiguë de paludisme dont sera de nouveau atteint de Gaulle en janvier 1944 à Alger, et à l'enrayer *.

Alors, le 6 juin, au cours d'une entrevue avec l'ambassadeur soviétique Bogomolov, le général demande à son interlocuteur si l'URSS lui donnerait éventuellement l'hospitalité, à lui, au Comité national français et aux forces dont ils disposent... Le même jour, il adresse à cinq des hommes qui constituent de par le monde l'ossature de la France libre, de Beyrouth à Brazzaville et de Fort-Lamy à Nouméa (Catroux, Larminat, Éboué, Leclerc et d'Argenlieu) un télégramme pathétique qui leur fait part, non seulement de sa réaction après le coup de Diégo-Suarez, mais aussi des soupçons qu'il nourrit quant aux intentions anglo-américaines sur Dakar et la boucle du Niger, où la France libre sera traitée de la même façon. Et il ajoute :

> « Si mes soupçons se réalisaient, je n'accepterais pas de rester associé aux puissances anglo-saxonnes... J'estimerais que ce serait une forfaiture de leur continuer notre concours direct... »

Alors, poursuit le général, il nous faudrait

> « nous rassembler, comme nous pourrions, dans les territoires que nous avons libérés. Tenir ces territoires. N'entretenir avec les Anglo-Saxons aucune relation [...], avertir le peuple français et l'opinion mondiale [...]. Ce serait, je crois, le moyen suprême à tenter, le cas échéant, pour faire reculer l'impérialisme [9] »...

Étrange message, que plusieurs des destinataires durent lire en se demandant ce qui arrivait à leur chef de file. De toute évidence, Charles de Gaulle n'y est pas tout à fait lui-même : outrance dans la rédaction, vague dans les informations et les perspectives, et plus étonnant encore, maladresses dans la rédaction. Dans l'affaire du « testament secret », rédigé trois mois auparavant à l'occasion de l'affaire Muselier, de Gaulle peut se croire « liquidé » par Londres. Et sa réaction reste secrète.

En ce début de juin 1942, il vient de subir un coup de Jarnac de son allié le plus proche : mais le développement de ses relations internationales et des adhésions en France même a fortement consolidé son *bargaining power* **, au point que le Foreign Office a été contraint de battre en retraite. Ce SOS lancé à ses plus fidèles et lointains compagnons qui, dans leurs postes isolés, disposant de moins d'informations, risquent d'en être ébranlés, est l'un des

---

* Le Dr Lischwitz deviendra le médecin personnel du général qui ne lui marchandera pas son estime, humaine aussi bien que professionnelle.
** Pouvoir de marchandage.

« temps faibles » du Connétable en guerre. Sitôt que la carcasse faiblit, le fardeau se fait lourd...

Mais un coup d'éclat va soudain rendre à Charles de Gaulle l'espérance et l'énergie : dans un fortin du désert de Cyrénaïque appelé Bir Hakeim, une brigade des FFL commandée par le général Koenig (dont le chef des Français libres a réussi à imposer aux Britanniques la participation à la campagne de la VIIIe armée britannique dans le *Western desert*) rappelle soudain à l'attention du monde occidental la valeur combative des Français qui poursuivent la guerre. Pour la première fois depuis juin 1940, les voilà, après les batailles fratricides du Gabon et de Syrie et les offensives contre les Italiens en Libye et en Éthiopie, face aux meilleures unités de la Wehrmacht commandées par le plus grand chef de guerre de l'époque, Rommel.

Le général Ritchie leur a confié une mission de sacrifice : tenir une semaine le sud du front, pour sauver le gros de ses forces menacées d'encerclement par la progression foudroyante de Rommel. Koenig et ses 3 300 hommes tinrent du 27 mai au 11 juin contre des forces trois fois supérieures, soulevant une flambée d'enthousiasme dans la presse anglo-américaine *. Le 10 juin, de Gaulle télégraphie à Koenig, qui s'apprête à ramener les trois quarts de son effectif dans les lignes britanniques : « Sachez et dites à vos troupes que toute la France vous regarde et que vous êtes son orgueil ! »

C'est un tout autre de Gaulle que celui qui, quatre jours plus tôt, envisageait de se replier sur l'URSS (sinon à Brazzaville) que Winston Churchill accueille, à Downing Street. Rendant hommage d'entrée de jeu et sur le ton le plus ému, à ce que viennent d'accomplir les hommes de Koenig à Bir Hakeim (« un des plus beaux faits d'armes de cette guerre ! »), le Premier ministre déplore que son hôte ait été « froissé » par la procédure choisie en vue de rencontrer « moins de résistance » et ajoute comme l'avait fait un mois plus tôt Eden, que la Grande-Bretagne n'a aucune visée sur l'île.

« Je suis l'ami de la France ! assure Churchill. Je veux une grande France, pour la sécurité et l'équilibre de l'Europe...

— C'est vrai. Vous l'avez prouvé en continuant à jouer la carte de la France après l'armistice de Vichy... Nos noms sont attachés à cette politique. Si vous y renonciez, ce serait mauvais pour vous comme pour nous !

— Mais vous n'êtes pas mon seul allié !

— La politique américaine à notre égard est atroce !

— Avec Roosevelt, ne brusquez rien ! Voyez comme, moi, je plie et me relève !

— Parce que vous êtes assis sur un État solide, une nation rassemblée,

---

* Il faut la minutieuse animosité dont fait preuve à tout instant Robert Mengin à l'encontre du gaullisme, sous toutes ses formes, pour tenter de minimiser l'action de Bir Hakeim, citant un colonel anglais « francophile » (!) qui lui déclare à cette occasion : « C'est la première fois que nous engageons des Français contre les Allemands. Et c'est la dernière ! » (*De Gaulle à Londres*, p. 281).

une grande armée... Moi, je suis trop pauvre pour que je puisse me courber... »

Alors Churchill ne se contient plus :

« Un jour, nous serons en France ! Peut-être l'année prochaine*... En tout cas, nous y serons ensemble. Je ne vous lâcherai pas [10] ! »

Six semaines plus tard, partant pour l'Afrique et le Levant, Charles de Gaulle vient s'entretenir de nouveau avec le Premier ministre, toujours aussi cordial. Mais quelques piques, dans la conversation, annoncent que, de nouveau, les nuages vont s'amoncelant. On parle du Levant.

De Gaulle : « Spears s'y agite beaucoup. Il nous crée des difficultés. » Churchill, agacé : « Spears a beaucoup d'ennemis. Mais il a un ami, c'est le Premier ministre ! » Et d'ajouter que l'indépendance accordée par la France libre à la Syrie et au Liban ne satisfait pas les populations. Alors, de Gaulle se cabre à son tour : « Elles sont aussi satisfaites qu'en Irak, en Palestine ou en Égypte** ! »

Puis il en vient à Madagascar : « Si vous nous aviez laissé débarquer à Majunga tandis que vous opériez à Diégo-Suarez, l'affaire serait terminée depuis longtemps... Au lieu de cela, vous perdez votre temps à négocier avec le gouverneur de Vichy ! » Churchill : « Il est méchant, ce gouverneur ! » De Gaulle : « Quand vous traitez avec Vichy, vous traitez avec Hitler... Hitler est méchant ! » Moyennant quoi les deux champions se séparent en bons amis. Encore un instant de douceur...

Mais avant de partir pour un voyage en Orient qui ranimera et fera culminer la querelle avec Londres, le général de Gaulle va jouer le rôle central d'une étrange comédie franco-américaine qui, sans que personne pour une fois n'ait prémédité le pire, va aggraver encore les relations entre la France combattante et ses alliés.

Nous sommes le 23 juillet 1942. Cinq jours plus tôt ont atterri à Londres le général George Marshall, chef d'état-major des armées américaines et l'amiral King, son homologue de la marine, qui y ont retrouvé le général Eisenhower, d'ores et déjà désigné pour prendre le commandement des grandes opérations interalliées sur le front eurafricain. Ce rassemblement de grands chefs américains fait augurer d'immenses événements pour les mois qui viennent.

De Gaulle n'est pas le dernier à s'en aviser. Observant que Washington vient de faire quelques pas vers lui (l'offre de l'ambassadeur Winant de l'associer aux délibérations stratégiques interalliées, l'accord du 9 juillet qui le définit comme le « symbole » de la France au combat, la désignation auprès des FFL de l'amiral Stark et du général Bolté et la présence de ces

---

* Les projets de débarquement alors étudiés avec l'état-major américain n'excluaient pas un débarquement en 1943.
** Ces pays sont encore sous « influence » anglaise.

deux chefs et d'Eisenhower aux cérémonies militaires du 14 juillet à Londres), il s'interroge sur les raisons de cette évolution : n'est-on pas en train de préparer à Washington l'admission des Français libres dans le « club » très fermé des « nations unies », en vue de les associer à la grande opération qui se prépare en direction du continent ?

Persuadés qu'ils sont de l'imminence d'une grande initiative, son chef d'état-major Pierre Billotte et lui-même viennent de rédiger un plan prévoyant un débarquement entre le Pas-de-Calais et le Cotentin, engageant une cinquantaine de divisions dont deux françaises, qui pourrait se situer au début de 1943.

Le chef des Français combattants demande donc à rencontrer le général Marshall — qui lui propose de le recevoir le 23 juillet. Quand de Gaulle pénètre dans la « suite » 429 de l'hôtel Claridge où a été fixé le rendez-vous, il constate que le face-à-face prévu s'est transformé en conférence : accompagné de son seul aide de camp François Coulet (qui servira d'interprète) il voit, rangés autour de Marshall, l'amiral King, Eisenhower et son adjoint Mark Clark, l'amiral Stark et le général Bolté. Est-ce l'effet de sa surprise, ou de la gêne qu'éprouvent — on verra pourquoi — les Américains ? Rarement prise de contact aura été plus vaine, ou même malencontreuse.

Certes, l'excellent général Marshall (qui paraît n'avoir jamais partagé les préventions de F. D. Roosevelt à l'encontre de Charles de Gaulle) tente de créer une ambiance favorable en saluant avec chaleur les hauts faits de Bir Hakeim et le bon comportement d'ensemble des combattants français engagés sur les divers fronts. Puis il s'arrête, et reste coi. De Gaulle, venu de toute évidence pour s'entendre dévoiler — au moins dans leurs grandes lignes — les projets d'offensive sur le second front, attend. Un long silence s'écoule. Visiblement, les Américains ne sont là que pour observer, *in vivo*, le mystérieux général de Gaulle, voir s'il ressemble à un aurochs, à une statue de Napoléon ou à un chef « fasciste », et souhaitent limiter l'entretien à des relations protocolaires.

Alors Charles de Gaulle tente de relancer la « conférence ». Des informations sur notre situation militaire vous intéresseraient-elles ? Marshall et les siens peuvent difficilement répondre que non. De Gaulle se lance dans un exposé truffé de chiffres — qui ne sauraient paraître que dérisoires à ses auditeurs : 6 000 combattants ici, 10 000 là, 20 000 ailleurs. Eisenhower, lui, ne compte plus en unités, mais en divisions...

Le général de Gaulle en est conscient. Aussi en vient-il à une évocation plus précise — et qui paraît surprendre ses auditeurs — des activités de la France libre sur le territoire national, tant en matière de renseignements que d'action, et sur les services que pourraient rendre ces organisations et ces réseaux pour appuyer une « action concomitante ».

Nouveau silence...

Derechef de Gaulle, tentant de ranimer ce face-à-face qui promettait tant et qui tourne au monologue, s'offre à présenter aux visiteurs américains les projets français « en vue de l'ouverture du second front ». Nouvelle

557

acceptation des muets d'outre-Atlantique. Le chef des Français libres amorce une description de ce plan, dont un exemplaire a été remis la veille au général Eisenhower — qui assure en avoir déjà pris connaissance. De Gaulle tient à mettre l'accent sur le rôle qu'aurait à jouer en l'occurrence la population française, et sur le fait que les « Alliés devraient donc souscrire à certaines conditions ».

« Nouveau silence », signale le compte rendu établi à Carlton Gardens... Si peu bavard que soit, par nature, George Catlett Marshall, les deux Français doivent commencer à se douter que quelque chose ne va pas. De Gaulle en tire les conséquences en levant la séance après une demi-heure d'entretien, regrettant tout à coup le vieux lion Churchill, ses fureurs et son éloquence élisabéthaine.

Pourquoi ce fiasco ? Tout simplement parce que les Américains, qui étaient un mois plus tôt partisans d'un débarquement en France vers le début de l'année 1943, conformément à un plan assez voisin des projets français, venaient d'apprendre que leurs collègues britanniques avaient d'ores et déjà fait prévaloir sur la leur une stratégie axée sur l'Europe méridionale et la Méditerranée.

En cas de débarquement en France, et quelles que soient les thèses officielles de Washington à propos du gaullisme, cet avatar du fascisme, Marshall et ses compagnons tenaient la coopération avec la France combattante pour indispensable : d'où l'amélioration des rapports gaullo-américains au cours des trois derniers mois. Mais le report à une date très ultérieure de l'opération sur l'Europe occidentale et le choix du détour vers l'Afrique du Nord et la Méditerranée rejetaient en position marginale le Connétable et les siens, dont l'état-major américain — d'accord sur ce point avec la Maison-Blanche — tenait l'influence pour négligeable, sinon négative, en Afrique du Nord.

La décision de renoncer à l'opération « Sledgehammer » sur la Normandie ou du moins de la reporter à plus tard, au bénéfice de l'opération « Gymnast » sur l'Afrique du Nord, ne sera officiellement prise à Washington que le lendemain 24 juillet. Mais Marshall et King savaient très bien à quoi s'en tenir : très vite après leur arrivée à Londres, ils ont pu constater que, pour une fois, Roosevelt s'était incliné devant Churchill, et que le détour nord-africain était décidé. D'où l'extrême gêne où ils étaient de faire face à un homme qui se croyait au centre du débat et dont ils savaient, eux, qu'il allait être une fois de plus rejeté à la périphérie.

Marshall était un homme de trop bonne qualité pour ne pas ressentir tout ce que leur situation respective comportait de trouble. Son silence était l'expression d'une gêne, pris qu'il était entre les devoirs du secret opérationnel (surtout avec ces bavards de Français qui avaient trop parlé avant Dakar...) et le sentiment de solidarité qu'il éprouvait envers cet homme qui était, sympathie ou pas, son frère d'armes.

L'échec de cette étrange conférence-monologue fut si patent qu'en rédigeant le compte rendu (ou mettant au point celui de Coulet), le général de Gaulle crut bon d'ajouter des guillemets au mot final : « ... Le général se retire après une demi-heure d' " entretien " [11]. » Il lui faudra attendre près de huit mois après ce monologue entrecoupé pour que les chefs de l'armada jugent utile de « s'entretenir » enfin avec lui...

Le 5 août 1942, Charles de Gaulle s'envole donc à nouveau pour l'Orient, où il va passer quelques semaines qui ne seront qu'un long orage, bien qu'il y ait recueilli l'impression d'un « accueil enthousiaste » des populations : ce qui prouve que ses *Mémoires* reflètent parfois ses convictions plus que la réalité. Certes, ce personnage flamboyant, éloquent et hardi, dépositaire d'une grande tradition historique et culturelle, ne peut manquer de soulever l'intérêt de populations orientales qui, dans l'insondable tohu-bohu de la guerre, ne distinguaient clairement que l'apparition de héros dotés de quelque charisme ou de chances de succès.

Surgissant aux portes d'une cité d'Orient en ces temps de miracles et de cataclysmes alternés, Rommel ou Montgomery, Churchill ou de Gaulle ne pouvaient manquer de susciter une effervescence interrogative. Mais les foules qu'évoquent les *Mémoires de guerre,* plus discrètement le livre de Catroux et moins encore celui de Spears* ou tel témoin interrogé depuis lors**, avaient quelques raisons de ne pas laisser déborder leur ferveur au passage d'un responsable de la France combattante : moins en raison de la propagande hostile que distillaient les responsables locaux britanniques, que du fait de la déception provoquée chez les Syriens et les Libanais par la politique des gaullistes à leur égard.

On n'a pas oublié qu'en pénétrant en Syrie, le 8 juin 1941, le général Catroux a adressé aux peuples du Levant une proclamation dont le texte (soigneusement revu par de Gaulle) leur promettait l'indépendance, laquelle devait être assortie d'un traité d'alliance : restriction classique en ces régions (en ce temps-là au moins). Quatre mois plus tard, toujours relu (et de fort près) par son chef, Catroux a proclamé en effet l'indépendance de la Syrie, et deux mois plus tard encore celle du Liban.

Mais depuis que ces gestes ont été accomplis, la politique de la France combattante au Levant ressemble à un tango : un pas en avant, deux en arrière, quand ce n'est trois. Il faut admettre que dans ce Levant mal guéri de la courte guerre de juin 1941 et mal apaisé par les accords contrastés de Saint-Jean-d'Acre et du Caire, les conflits prenaient un caractère d'autant plus indéchiffrable qu'ils se déroulaient aux abords du désert égypto-libyen, théâtre de l'une des batailles où se joue le sort de la guerre entre la VIIIe armée britannique et l'Afrikakorps.

Dans la hargne que mettent les Britanniques à faire prévaloir leur point de vue sur celui des gaullistes, il y a beaucoup de l'irritation provoquée par ces querelles latérales à propos d'un bordj syrien ou du Grand Sérail de

---

* *Fulfilment of a mission.*
** Le Libanais Georges Naccache, par exemple.

Beyrouth, quand tant d'hommes meurent tout près de là pour barrer la route à Rommel, jusqu'aux portes du Caire. Si le maréchal allemand franchit le Nil, que subsistera-t-il des profits et des pertes enregistrés au Levant ?

Que de conflits se superposent alors de Damas à Jérusalem ! Celui qui oppose la volonté d'émancipation arabe aux deux impérialismes européens encore en place, l'anglais et le français. Celui qui met face à face ces deux « alliés », l'un au Caire, l'autre à Beyrouth, soudés entre eux par de vieilles rancunes. Celui qui complique les relations entre Londres, où l'on s'efforçait non sans hypocrisie d'appliquer le *modus vivendi* de Gaulle-Lyttelton pour ne pas s'aliéner la France combattante, et les spécialistes des affaires d'Orient du « Colonial Office », acharnés à assurer enfin à ce secteur troublé une *pax britannica* sans rivale. Celui que suscitent, contre la France combattante, les nombreux fonctionnaires vichystes restés sur place. Enfin celui qui, sous des formes parfois vives, crée des incidents épistolaires entre Catroux et de Gaulle.

D'où la prodigieuse cacophonie à quoi semblent se résumer alors manœuvres des uns et veto des autres, sommations et défis, scènes tumultueuses et coups de main dans la pénombre. Dans ce vacarme, l'apparition du Connétable, bardé de méfiance et exaspéré par le coup de Madagascar, ne peut manquer de provoquer quelques éclats additionnels.

Ses rancœurs et ses alarmes, Charles de Gaulle se hâte de les exprimer à sa manière au nouveau ministre d'État britannique au Proche-Orient, l'Australien Richard Casey, successeur de Lyttelton. Leur tête-à-tête, le 8 août 1942 au Caire, est comme un écho de celui qui, un an plus tôt, opposant le général français au « captain » Lyttelton, avait dévasté les relations franco-britanniques avant d'aboutir à un raisonnable mais tardif accord. La seule différence entre l'entrevue de 1941 et celle de 1942, c'est que la seconde ne dégénéra pas en une « scène » comme avec l'Anglais, mais, selon le ministre australien, « en un échange de hurlements », et ne déboucha sur aucun arrangement.

M. Casey avait, il est vrai, une conception assez singulière de la diplomatie : accueillant un visiteur qu'on avait bien dû lui décrire comme peu accommodant à propos des droits et responsabilités de la France, il lui déclara d'entrée de jeu qu'il fallait organiser des élections en Syrie et au Liban. De Gaulle (qui, dans une lettre écrite à Pleven à la même époque, se déclare persuadé qu'il faudra tôt ou tard consulter les électeurs syriens et libanais) réagit comme si l'Australien lui avait craché à la figure :

> « Des élections ? En faites-vous, en Égypte * ? Ne croyez-vous pas que les autorités britanniques ont des tâches plus urgentes en Orient que d'orienter la politique dans les pays administrés par la France ? Battre Rommel, par exemple ? Vous êtes en mesure de nous contraindre à quitter le Levant, en excitant la xénophobie des Arabes [...] mais vous n'y

_____

* En Égypte, oui. Mais c'est un pays qui a déjà vingt ans d'expérience démocratique. On n'en parle ni en Jordanie ni en Irak, autres pays sous « influence » anglaise.

gagnerez qu'une position plus instable pour vous, et dans le peuple français, un grief ineffaçable! »

D'un côté, des arrière-pensées, des intrigues et des maladresses. De l'autre, une paranoïa de la persécution. D'un côté, un système digestif. De l'autre, un système nerveux. Des alliés, en somme...

Charles de Gaulle, en maltraitant ainsi le représentant de Sa Majesté, est d'autant plus mal inspiré que Richard Casey était alors en train de préparer l'éviction de Sir Edward Spears, dont l'agitation lui paraissait presque aussi exaspérante qu'à de Gaulle ou à Catroux. Ce défi jeté à la tête de son ministre ne pourra qu'ancrer Churchill dans son obstination à maintenir Spears.

Sir Edward était-il d'ailleurs le monomaniaque de l'intrigue francophobe que voyaient en lui les chefs de la France libre ? Il apparaît, à lire son propre récit de ces épisodes extravagants, qu'il se préoccupait alors d'éloigner du Levant John Bagot Glubb (auquel le roi Abdallah de Jordanie allait décerner le titre de « pacha ») au motif que cet officier « dressait les indigènes contre les représentants de la France ». Voilà une information dont ne disposait pas alors l'ingénieux général Catroux qui, dînant un soir avec Churchill au Caire, lui suggère, pour se débarrasser de Sir Edward, de le faire entrer à la Chambre des Lords... Le Premier ministre est intraitable. Et Catroux de conclure en soupirant : « Je gardais donc Spears, pour mes péchés et peut-être aussi pour ceux de la France... »

Qui essaie aujourd'hui de mettre un peu de sang-froid et de clarté dans ces querelles de mauvais voisinage doit formuler au moins trois observations. D'abord que les Anglais, supportant le poids essentiel de la guerre et menant alors dans le *Western desert* une bataille décisive, avaient besoin d'un minimum de solidarité arabe : au Caire, ce foyer d'arabo-islamisme où se jouait une partie capitale, beaucoup (à commencer par le roi Farouk) n'escomptaient-ils pas une victoire allemande et ne s'apprêtaient-ils pas à jeter des palmes sous les chenilles des chars de Rommel*? Au-delà des rivalités entre impérialistes, il y avait donc un intérêt général, que sous-estimaient un peu trop peut-être les chefs de la France combattante.

Mais de Gaulle et les siens, d'un bordj du Hauran à un village du Chouf, défendaient bien autre chose que des positions coloniales. Agrippés de par le monde à des territoires encore dérisoires, disposant de forces minimes et dispersées, constamment dénoncés par Vichy comme des agents anglais, ils ne pouvaient céder un pouce de ceci ou de cela, surtout à l'Angleterre, sans offrir une prime à Laval et à ses amis, sans se renier en tant que France combattante, sans déclencher un processus de déclin qui aurait anéanti jusqu'à leur raison d'être.

De cela, des hommes comme Churchill et surtout Eden avaient conscience, soucieux qu'ils étaient de retrouver, la paix venue, une France

---

* Le prestige du maréchal allemand était immense. Les gamins du Caire criaient : « *Yiahia* (vive) *R'mel* » (mot qui signifie sable).

forte à leurs côtés — ne serait-ce que pour faire front contre Staline, sinon contre Roosevelt, impatients l'un et l'autre par des voies différentes de liquider les empires du XIXᵉ siècle et de remettre à son rang la vieille Europe. Mais il y avait les vieux réflexes impériaux, et les exigences tactiques de la guerre.

Troisième constatation : si honorables que soient les objectifs à long terme de la stratégie gaulliste, ses applications au Levant sont marquées à la fois par un jésuitisme irritant et une outrance verbale qui ne peut que lui aliéner les alliés les plus utiles. Ainsi le consul général américain à Beyrouth, Mr Gwynn, qui avait à diverses reprises signalé à son gouvernement que Spears outrepassait, par ses interventions, les limites d'une mission diplomatique, fut si heurté par les propos du Connétable qu'il adressa à Washington un rapport selon lequel le général de Gaulle lui aurait parlé de « déclarer la guerre à l'Angleterre »...

Jésuitisme ? Certes, la situation juridique est compliquée. La France, alors même qu'elle a reconnu l'indépendance de la Syrie et du Liban, reste détentrice d'un « mandat » de la Société des Nations, qu'il est difficile de déclarer aboli sans en référer à l'organisme qui en a confié l'exercice à la France. Mais qui peut affirmer en 1942 que la SDN a encore une existence ? De Gaulle qui, à la différence de Vichy, s'est refusé à la quitter, excipe volontiers de ce lien juridique abstrait afin de revendiquer pour la France au combat des « responsabilités » qui auraient gagné à reposer sur des fondements plus sûrs...

D'où un discours visant à justifier le contrôle encore exercé par la France sur la défense et la diplomatie, les échanges et la monnaie, la police et l'enseignement de ces États « indépendants », discours où l'opportunisme le dispute au juridisme, et qui a bien du mal à convaincre une société politique toute vibrante de finesse : comment abuser par de tels stratagèmes, des hommes comme Émile Eddé, Bichara el-Khoury, Riad el-Sohl, Hachem Atassi ou Khaled el-Azem, qui pouvaient en remontrer aux plus vieux routiers de la diplomatie européenne...

Dans les télégrammes qu'il adresse alors à ses collaborateurs du Comité de Londres — Pleven, Cassin, Dejean — Charles de Gaulle assortit ses philippiques antianglaises de professions de foi en l'harmonie politique entre la France combattante et les Arabes. Ainsi écrit-il le 17 août, de Damas :

> « ... Jamais l'action de la France ne se serait exercée plus aisément et plus utilement à l'égard de la Syrie et du Liban sans les ingérences britanniques [...]. Tout le monde ici désire la présence active de la France [...]. Les troubles ne proviennent que de Spears [...]. L'autorité du général Catroux est indiscutée... »

Et quelques jours plus tard, de Beyrouth, à l'issue d'un voyage qui l'a conduit de Damas à Soueida, Palmyre, Deir-el-Zor, Alep, Homs, Lattaquié : « Partout s'est manifesté un enthousiasme réel et exceptionnel en faveur de la France... » Le même jour, il rédige à Beyrouth un mémorandum où sont résumés tous ses griefs contre les « interférences » britanniques et qui se conclut sur une note menaçante à propos des ingérences anglaises qui « ruinent la possibilité même d'une collaboration sincère et efficace avec les Britanniques au Levant » et risquent de contraindre la France combattante « à en tirer les conséquences ».

Et dans un télégramme adressé le 2 septembre à Pleven et Dejean, il se dit « profondément inquiet quant à l'avenir des rapports franco-anglais, tout au moins en Orient... », compte tenu d'une stratégie politique « qu'il ne nous est pas permis d'accepter sans forfaiture », parce qu'elle ne vise à rien de moins qu'à établir d'abord « un condominium » conduisant à la « domination britannique ».

Plus significatif encore de ces obsessions et de cet acharnement à trancher dans le vif est le télégramme qu'il adresse le 5 au malheureux Dejean, occupé, de par ses fonctions, à jeter un peu d'eau sur ce feu... :

> « L'attitude que j'ai adoptée vis-à-vis du gouvernement britannique au Levant est la seule qui soit conforme à notre dignité et à nos responsabilités [...]. Une seule chose fait obstacle à la voracité stupide de nos alliés ici, et cette chose c'est la crainte de nous pousser à bout [...]. Nous ne grandirons pas en nous abaissant. Je prétends être soutenu par le commissaire national aux Affaires étrangères * dans une tâche, une fois de plus, difficile. Si vous ne vous croyez pas en mesure de la faire, votre devoir est de me le dire [12]. »

Plusieurs autres facteurs contribuent à envenimer la querelle. Dans une lettre à Pleven et Dejean du 12 septembre, de Gaulle met très finement l'accent sur deux d'entre eux : « ... L'irritation et l'alarme des Anglais » viennent à la fois « de ce que nous avons porté la question d'Orient sur le terrain diplomatique interallié [...]. Je regrette certes que M. Churchill ait été blessé de voir les Américains mis au courant par moi »... mais « nous sommes étranglés par les muets du sérail britannique ». D'autre part, observe le général, « ce qui trouble Londres est ma présence dans l'Empire français au moment où [...] d'importants événements, soit en France, soit dans l'Empire français... sont imminents ».

Le chef de la France combattante (mieux informé qu'on ne l'a longtemps cru des projets alliés visant l'Afrique du Nord) voit bien que Churchill souhaiterait pouvoir le garder sous sa coupe et le contrôler en une occurrence aussi grave : dès lors que Roosevelt a obtenu de lui de tenir de Gaulle « hors du coup », quelle pourra être la réaction de ce diable d'homme ? Ira-t-il cette fois jusqu'à se désolidariser, lui et ses amis de la Résistance, d'une entreprise étrangère déclenchée sur le sol français sans consultation ou participation des représentants de la France au combat ?

Pressentant ainsi l'inquiétude de Churchill, qui lui donne barre sur le Premier ministre, de Gaulle va le lanterner quelques semaines. Churchill, l'a prié de regagner Londres dès le début de septembre ? Il n'y reviendra

---

* C'est-à-dire Dejean.

que le 25, après une longue tournée en AEF qui vise à marquer que le chef des Français combattants n'est pas seulement l'hôte d'un gouvernement étranger, mais un souverain sur ses terres.

Avant de quitter Beyrouth, Charles de Gaulle aura pris soin d'élargir encore le « cadre interallié » de la dispute avec Londres en s'entretenant avec Wendell Willkie, candidat malheureux à la présidence des États-Unis*, contre FDR — que le vainqueur a envoyé en mission à travers le monde. En route vers l'URSS, il fait escale à Beyrouth et a demandé lui aussi à rencontrer ce général français qui fait l'objet de tant de controverses.

Le face-à-face du leader républicain et du général ne fut pas un fiasco comme celui de Londres avec Marshall : le récit qu'en ont fait l'un et l'autre montre que le dialogue fut très vivant, l'échange très nourri et que « le courant passa » entre le Connétable et le politicien yankee, jugé « du genre bon garçon chaleureux** ».

Mais ayant rédigé ses *Mémoires* quelques années après Mr Willkie, de Gaulle avait entre-temps pu apprécier la qualité de l'humour auquel recourait l'émissaire du président des États-Unis : « Au sujet de ma personne, il ne se déroba point [...] au conformisme plaisantin de la malveillance. » L'entretien s'étant déroulé dans le bureau du haut-commissaire de France au Levant, meublé six ans plus tôt par le titulaire d'un mobilier empire, Willkie suggéra que de Gaulle se prenait pour Napoléon ; comme il était vêtu de blanc, ce qui est banal sous ces latitudes, il évoqua les fastes de Versailles ; comme un collaborateur se référait à la « mission » du général, le visiteur crut drôle de citer Jeanne d'Arc. Tous les clichés dont se nourrissait la polémique rooseveltienne...

Entre deux de ces notations apparemment destinées à rappeler qu'il était allé à l'école, Wendell Willkie, ayant averti son interlocuteur que leur entretien ferait l'objet d'un rapport au président des États-Unis, s'était assez judicieusement informé des causes de la querelle anglo-française au Levant, et de ce qui pourrait être fait pour l'apaiser. A sa question sur le point de savoir si les Anglais avaient des ambitions sur certaines possessions françaises, le général répliqua : « S'ils en nourrissaient, leur attitude ne serait pas différente... » On ne se sépara pas avant que Willkie n'assure de Gaulle de sa sympathie et de son hostilité au maintien des relations diplomatiques entre Washinghon et Vichy.

Mais quoi ? Ni l'humour de chewing-gum ni la sympathie du voyageur ne changeaient grand-chose à la crise entre le gouvernement de Sa Majesté et la France combattante, tant à propos du Levant que de Madagascar. Pour ne pas parler de Djibouti, où Londres refusait toujours d'imposer le blocus qui livrerait le territoire aux gaullistes.

Une décision de Londres pourtant allait offrir une occasion de sortir de l'impasse : le 9 septembre, Anthony Eden convoqua Dejean au Foreign

---

* En novembre 1940, Willkie était le candidat du parti républicain.
** Dans le rapport rédigé après l'entretien, de Gaulle lui donne aussi de la « finesse ». Le mot a disparu...

Office pour l'avertir que les négociations avec le gouverneur vichyste de Madagascar étant rompues, les forces britanniques allaient s'emparer de Majunga et prendre le contrôle de l'ensemble de l'île : moyennant quoi le Comité national français serait invité à prendre aussitôt en charge (« *assume at once* ») l'administration de l'île. Le ministre anglais ajoutait que son gouvernement souhaitait « reprendre la négociation avec le général ».

Cette importante concession à propos de la grande île ne visait-elle qu'à couvrir, soit de nouveaux empiétements au Levant, soit un silence lourd de signification touchant aux grandes opérations en cours ? Le de Gaulle de cette saison-là, enragé d'anglophobie, inclina à le croire, non sans ajouter à l'adresse de Pleven et Dejean : « Cependant, je ne peux penser que la bonne intention manifestée par M. Eden... soit une simple manœuvre. » Et il décida de regagner Londres, après un majestueux détour par son domaine africain.

Mais il n'atterrira pas à Londres avant d'avoir accablé ses représentants de sommations fracassantes, comme pour envenimer au mieux l'accueil que doit lui faire, dès son arrivée, Winston Churchill. Le 19 septembre, de Brazzaville, à Pleven et Dejean qui lui ont mandé que le gouvernement britannique envisage de surseoir au passage des pouvoirs à l'administration gaulliste à Madagascar en raison des propos anglophobes tenus par lui à Beyrouth, il expédie ces quelques phrases en rafale :

> « ... Il est simplement monstrueux que Churchill et Eden paraissent révoquer leurs engagements sous prétexte que je ne serais pas accouru auprès d'eux au coup de sifflet. Si l'Angleterre n'exécute pas ses engagements, nous n'avons ni le goût ni le droit de rester en relations avec elle !... »

Et, le même jour, il prie Tixier de cesser toute démarche en vue de la reconnaissance du Comité national français par Washington en lançant : « La France n'est pas un candidat poli qui passe un examen ! » Voilà en quelles dispositions d'esprit se trouve le Connétable qui atterrit à Londres le 25 septembre 1942 : la main sur la rapière.

Il n'est plus tout à fait le de Gaulle écorché, tout pantelant de souffrance et de honte, qui a « mal à la France » et porte en écharpe la défaite de l'armistice, décrit par Lady Spears* deux ans plus tôt. Il a grandi, s'est affermi. En 1940, tout douloureux qu'il fut, déjà décidé à ne jamais plier parce qu'il était trop faible pour le faire, l'accueil des uns, la compréhension des autres, le ralliement de celui-ci, un geste de celui-là l'incitaient parfois à la bienveillance. Le voici maintenant à mi-hauteur de l'escalade, sachant qu'il a fait le plus dur mais en situation assez périlleuse pour jeter alentour un regard angoissé et donc implacable.

Il n'est plus celui qu'on peut écarter d'un revers de bras — ni Roosevelt ni même Churchill. S'il vient à la rencontre de celui qui lui a permis d'être, ce n'est pas afin de lui demander la permission de survivre, mais en vue

---

* Mary Borden.

d'exiger pour lui les droits qui sont ceux de la France, non plus en tant qu'avant-garde audacieuse et symbole historique, mais en tant que nation, tout simplement, en attendant l'État restauré.

C'est le 30 septembre *, à 17 h 30, que Charles de Gaulle, flanqué de René Pleven, est accueilli au 10, Downing Street par un Premier ministre déjà crispé de colère, entouré d'Anthony Eden et de Desmond Morton. Churchill tente tout d'abord de préserver son calme par le recours à la politesse, et remercie le général d'être venu jusqu'à Londres à son invitation.

« J'accueillis le compliment, écrit de Gaulle, avec un humour égal à celui qui l'inspirait. » Mais son compte rendu de l'entretien, dans les *Mémoires*, est haché de mots tels que : « confrontation », « diatribes », « ton acerbe et passionné », s'agissant du Premier ministre et même « d'emportement » chez Eden — qui n'en était pas coutumier. Et dans un télégramme à Catroux, rédigé peu après la visite à Downing Street, il parle d'une « entrevue très mauvaise » où « les ministres anglais ont pris un ton de colère froide et passionnée qui a appelé de notre part de dures réponses [13] ».

Si éclairantes que soient ces indications, il faut se reporter aussi, pour mesurer l'intérêt de l'échange et sa violence sans précédent, au compte rendu officiel britannique tel que l'a publié François Kersaudy [14]. C'est un document irremplaçable sur les rapports entre dirigeants britanniques et français en 1942 **.

Churchill attaque, sur un ton encore contenu, en reprochant au visiteur de n'avoir pas su éviter les « éclats » lors de son séjour en Syrie. A quoi de Gaulle riposte en alléguant les manifestations d'une « déplorable rivalité franco-britannique ». Il n'est « pas question de rivalité », assure Churchill, arguant que Londres ne pourrait accepter que ses positions militaires au Proche-Orient soient menacées parce que les promesses faites au peuple syrien (des élections notamment) ne seraient pas tenues. Et il ne craint pas d'évoquer une hypothèse « d'insurrections ».

Le général, dont le ton commence à monter, riposte en mettant l'accent sur le refus opposé à une telle procédure par les gouvernements syrien et libanais qui « démissionneraient si on leur forçait la main *** »... Mais Churchill en revient à son idée de tension entre les autorités françaises du Levant et les « populations locales » : et il en tire — cruellement — argument pour affirmer que son gouvernement n'est pas pressé « de risquer des difficultés de ce genre sur d'autres théâtres de guerre importants, comme à Madagascar par exemple ».

Le défi est flagrant. De Gaulle le relève violemment en faisant l'historique du « fait accompli » de Madagascar — terrain sur lequel il est plus solide qu'à propos de l'opinion publique en Syrie — et en rappelant que l'Angleterre, qui s'est engagée le 13 mai 1942 à confier l'administration de

---

* L'auteur des *Mémoires de guerre* donne par erreur la date du 29.
** Le récit qui va suivre se réfère alternativement à ces deux sources.
*** Certes : les hommes qu'a mis en place la France combattante n'ont pas intérêt à se remettre en question face aux électeurs...

l'île à la France combattante, tente maintenant de se dérober à sa promesse. « C'est là, dit-il, une affaire très grave, qui remet en question la coopération entre la France et l'Angleterre. »

Churchill, coupant : « Entre le général de Gaulle et l'Angleterre... » Et c'est alors (ici, il faut passer du compte rendu anglais au récit du général, qui met mieux l'accent sur la « fureur » qui s'empare du Premier ministre et, en artiste, lui donne un meilleur rythme, sans changer un mot de la version anglaise) :

« Vous dites que vous êtes la France ! Vous n'êtes pas la France ! Je ne vous reconnais pas comme la France ! La France, où est-elle ?

— Pourquoi discutez-vous de ces questions avec moi, si je ne suis pas la France ?

— Tout cela a été consigné par écrit. Vous n'êtes pas la France. Vous êtes la France combattante...

— ... J'agis au nom de la France. Je combats aux côtés de l'Angleterre mais non pour le compte de l'Angleterre. Je parle au nom de la France et je suis responsable devant elle [...]. Le peuple français est convaincu que je parle pour la France, et il me soutiendra aussi longtemps qu'il le croira...

— J'essaye toujours de me faire une idée de ce qui est la France. Il y a d'autres parties et d'autres aspects de la France qui pourraient prendre davantage d'importance [...]. J'avais espéré que nous pourrions combattre côte à côte. Mais mes espoirs ont été déçus parce que vous êtes si combatif que non content de lutter contre l'Allemagne, l'Italie et le Japon, vous voulez aussi combattre l'Angleterre et l'Amérique...

— Je prends cela comme une plaisanterie, mais elle n'est pas du meilleur goût [...]. S'il y a un homme dont les Anglais n'ont pas à se plaindre, c'est bien moi.

— ... En fait, vous n'avez pas de pire ennemi que vous-même... Nous portons un fardeau très lourd à cause de la France. Les choses ne peuvent pas continuer ainsi...

— J'ai fait des erreurs. Tout le monde fait des erreurs. Malheureusement, vous m'avez isolé et tenu à l'écart...

— ... Nous avons les plus grandes difficultés à travailler avec vous [...]. Vous avez semé le désordre partout où vous êtes passé. La situation est maintenant critique. Cela m'attriste, parce que j'ai une grande admiration pour votre personnalité et votre action passée. Mais je ne puis vous considérer comme un camarade ou un ami...

— ... Les Français de France seraient bien surpris s'ils entendaient cela. Je dois ma réputation en France au fait que j'ai voulu continuer la lutte à vos côtés... Mais c'est justement pour cela que nous devons donner au peuple français le sentiment que la France combattante est traitée comme une véritable alliée et non comme une créature des Anglais...

— Je pense que vous avez fait une grave erreur en repoussant l'amitié que nous vous avons offerte, et en interrompant une collaboration qui vous aurait été très utile... Vous ne nous avez absolument pas aidés. Au lieu de faire la guerre à l'Allemagne, vous avez fait la guerre à l'Angleterre [...] et vous avez été le principal obstacle à une collaboration effective avec la Grande-Bretagne et les États-Unis...

— J'en tirerai les conséquences... »

Les visiteurs partis, Churchill devait dire à Eden qu'il était « désolé pour le général. C'est vraiment un idiot ». Et Eden, lui, confiait à l'un de ses collaborateurs : « Je n'ai jamais vu une telle grossièreté depuis Ribbentrop [15]... » Jugements qui reflètent mal le compte rendu ci-dessus, d'origine britannique pour l'essentiel, où le Connétable ne se manifeste ni comme un « idiot » ni comme un nazi.

Mais, de quelque façon que l'on apprécie telle ou telle attitude des uns ou des autres, « colère froide » des Britanniques ou « grossièreté » du général de Gaulle, l'échange est prodigieusement éloquent. On est accoutumé de dire qu'entre les « Grands », il se dit peu de chose et que des formules d'accueil au communiqué final, on regarde souvent voler les mouches. Ce corps à corps de Downing Street est là pour démentir cette légende. Passions, ruses, rancunes, nostalgies s'y étalent comme chez les grands dramaturges politiques (on ne se croit pas tenu pour autant de hasarder la traditionnelle référence à Shakespeare...).

Tout a été dit, en tout cas. Et si peu ébranlable que soit l'homme du 18 juin, lorsqu'il sort du 10, Downing Street après avoir entendu dire par Winston Churchill que « d'autres parties et d'autres aspects de la France pourraient prendre davantage d'importance », il lui faut évidemment faire effort sur lui-même pour marcher, aux côtés de René Pleven, d'un pas aussi assuré que naguère. Roosevelt a-t-il réussi à imposer à Churchill une autre politique française, celle qui passe par le « Vichy antiallemand » ? C'est-à-dire par ce qui sera le « giraudisme » ?

Le lendemain, présidant la séance du Comité national (« la plus émouvante de celles auxquelles j'ai assisté », rappelle aujourd'hui Jacques Soustelle [16]), il proposera à ses collègues de remettre sa démission, si son éloignement « doit servir les intérêts de la France ». Le refus est massif. Il persévérera.

Le péril n'en est pas moins grand, à la veille de ce qui, de toute évidence, se prépare. Ne risque-t-on pas une prise en charge de la France par les Alliés faisant abstraction de la France combattante ? Charles de Gaulle mesure l'immensité du danger. Mais il sait aussi qu'il dispose désormais d'alliances plus profondes et durables que celles qui lui ont jusqu'ici permis d'exister. Plus profondes et durables, parce qu'elles sont enracinées dans le terroir même de la France.

29. Mais qu'est-ce que la Résistance ?

Ce n'est pas parce qu'il a lancé le mot dès le 18 juin 1940 que Charles de Gaulle conçut très vite ce qu'était, ou pourrait être, la « résistance ». Dans l'esprit de cet officier de chars particulièrement doué pour la stratégie générale et qui n'a pas mis longtemps à maîtriser les problèmes politiques, la guerre secrète, la guérilla et les maquis n'étaient pas des données très claires. Un de Gaulle des années quatre-vingt aurait lu Mao et Giap, Guevara et Marighela. L'homme du 18 juin connaissait mieux son Guibert, son Clausewitz et son von Bernhardi.

Le Connétable n'était pas homme à négliger les « forces morales » que son maître Ardant du Picq a placées au centre de l'action de guerre. Il avait une conscience aiguë des dimensions « politiques » de la guerre et avait su comprendre ce qu'il peut y avoir de nationalisme guerrier dans une révolution, des soldats de l'an II à la Commune. Mais pour lui, cette résistance qu'il prétendait enflammer, c'était d'abord celle d'un corps militaire disloqué qui, ranimé et rassemblé, manifesterait la permanence de la nation française et assurerait sa présence dans le camp des vainqueurs et son droit à rebâtir l'Europe et le monde. De là à prévoir les maquis du Limousin et l'insurrection parisienne...

On a vu que ni lui, ni André Dewavrin, dit Passy, auquel il a d'entrée de jeu confié les « services spéciaux » de la France libre, n'ont beaucoup tardé néanmoins à porter attention au front intérieur. Mais pendant près de dix-huit mois, en dépit des exploits de « Rémy », de « Saint-Jacques », ou du sacrifice d'Estienne d'Orves et des missions d'Yvon Morandat ou d'André Weil-Curiel, ils sont restés peu informés de ce qui se passait en France. Les premiers émissaires de la Résistance à Londres, notamment Christian Pineau, sont surpris (en mars 1942) de l'insuffisance de leur information, six mois après l'arrivée en Grande-Bretagne de Jean Moulin. Il faudra attendre la désignation d'André Philip au commissariat à l'Intérieur, en juillet 1942, pour que la symbiose s'opère. C'est alors seulement qu'un véritable échange d'informations et de services s'organise entre l'état-major de Londres et ceux qui mènent, sous ses diverses formes, la lutte contre l'occupant.

Charles de Gaulle a ses raisons pour considérer les affaires « de l'intérieur » avec quelque méfiance. La première est qu'il ne connaît pas très bien le terrain, l'ayant assez peu fréquenté. Il a surtout servi à Paris, et à l'étranger. Pendant ses deux ans de commandement à Metz, moteurs et chenilles ont retenu son attention plus que la condition ouvrière ou les élections cantonales. Et on ne saurait dire que six années passées dans les états-majors parisiens lui ont permis d'entendre battre le pouls de la « France profonde ». Il a des lumières peu banales pour un officier sur les arcanes de la vie parlementaire, acquises lors de sa tumultueuse campagne pour les divisions cuirassées. Mais s'il a pu apprécier quelques leaders politiques, il connaît peu leurs électeurs, c'est-à-dire ceux qui sont aujourd'hui face à l'occupant.

Au surplus, la Résistance est un univers dont, jusqu'en 1942 en tout cas, les initiatives lui échappent le plus souvent, et dont les mécanismes lui sont à peu près étrangers. Prescrire action ou inaction à Catroux, à Larminat ou à Leclerc, voire à Pleven, il sait cela, comme il sait, par intuition, faire face à Churchill ou à Molotov. Mais comment manipuler des hommes dont il ne connaît les noms ni les visages, ni le terrain d'action, ni les moyens, et dont les mobiles sont souvent si différents des siens, sinon antagonistes à long terme — ces hommes qui, risquant à tout instant leur peau, ont des raisons de n'en faire qu'à leur tête ?

Et puis, il y a ces « interférences » britanniques (puis américaines) qui, dans son esprit, brouillent le jeu. Que Spears s'ingère dans les affaires de Syrie, il ne le supporte déjà pas. Mais que dire de ces agents anglais qu'il sent à tout instant si actifs sur le sol même de la patrie ? Pire : avec le concours de très nombreux citoyens français qui, pour des raisons qu'il se refuse à tenir pour nobles ou désintéressées — sinon fortuites — ont choisi de « travailler » contre l'occupant avec les services de Sa Majesté, plus efficaces et mieux rodés ? Ces « immixtions » dans ce qu'il considère une tâche nationale le mettent hors de lui. Il faudra en tenir compte...

S'agissant de ce grand ensemble de volontés, d'informations et d'actes qui constitue ce qu'on appelle la Résistance française, il importe de distinguer soigneusement diverses composantes, faute de quoi on tombe dans le confusionnisme et l'on risque de mal apprécier ce que fut le rôle de Charles de Gaulle et de ceux qui, de Passy à Moulin, de Rémy à Brossolette, de Bingen à Serreulles, de Manuel à Vallon, ont formé l'ossature de la résistance « gaulliste ».

Première distinction : entre l'intérieur et l'extérieur. Jusqu'au milieu de l'été 1942 (moment où, à Londres, André Philip, venu de France, remplace André Diethelm à la tête des services dits « de l'intérieur ») le tricot qui se tisse entre Carlton Gardens (puis Hill Street*) et la Résistance métropolitaine est encore lâche. On tâtonne, on se cherche, et il n'y a pas grand-chose de commun entre ceux qui échappent à la police de Vichy dans les traboules lyonnaises et à la Gestapo du côté de Massy-Palaiseau, et les messieurs de Mayfair — sinon les missions de quelques pionniers héroïques, d'Estienne

* Siège du commissariat à l'Intérieur.

d'Orves, Rémy, Weil-Curiel, Julitte ou Morandat — et en sens inverse Christian Pineau.

Deuxième distinction : entre le « civil » et le « militaire ». C'est là que l'on retrouve ce qui traîne de conservatisme d'état-major dans l'esprit du général de Gaulle. Pour lui, qui a commandé le 2e bureau à Beyrouth, il ne saurait y avoir de confusion entre ce dont fut chargé un officier comme lui (et aujourd'hui Passy) et les tâches où s'interpénètrent politique, propagande et intoxication, qu'il faut laisser aux « civils » : les premiers seront dirigés sur Duke Street, les autres sur Hill Street. Mais de Gaulle est un homme trop intelligent pour ne pas admettre un jour qu'il s'est trompé : vers la fin de 1942, l'ensemble des services axés sur le territoire national seront enfin regroupés — après beaucoup de temps perdu — le BCRAM (Bureau central de renseignement et d'action militaires) devenant le BCRA, enrichi d'une section « NM » (non militaire) à laquelle Bingen donnera une impulsion décisive.

Entre « renseignement » et « action », les traditions militaires ne sont pas seules à opérer le partage. Et il est vrai que la recherche des informations et le passage à l'action — sabotage, attaque de convois, tirs ponctuels — demandent rarement les mêmes qualités et donc les mêmes hommes.

A propos du renseignement, on a fait allusion au débat qui s'instaura dès 1940 entre experts anglais et néophytes français recrutés au hasard à Londres (Passy était professeur de fortifications...), les Britanniques proposant de former des « spécialistes », Passy leur opposant que des hommes maintenus dans leur milieu familial, social et professionnel fourniraient des renseignements plus sûrs que ceux « d'agents » professionnalisés et par là détachés de leurs sources. Faisant prévaloir ses vues, le chef des services spéciaux contribua sans l'avoir voulu à consolider l'autonomie de « l'intérieur » sur « l'extérieur », du corps de la Résistance sur son cerveau londonien mais aussi (et cela très sciemment) à valoriser l'élément proprement français (la source) sur les apports de la technique et des moyens anglais.

On a déjà évoqué les tensions qui, dans l'esprit de De Gaulle d'abord, et dans la réalité quotidienne, se manifestèrent entre les réseaux du major Buckmaster et ceux de Passy, et d'autant plus que le premier avait la haute main sur nombre d'agents français et s'efforçait de les détourner de la France libre pour les recruter, sans beaucoup de ménagement : ainsi fit-il avec Jean Moulin... Si le réseau « confrérie Notre-Dame » (CND) fondé par Gilbert Renault, dit Raymond, dit Roulier, dit Jean-Luc, dit Rémy, fut par excellence celui de la France libre, le réseau « Alliance », fondé en octobre 1940 et auquel sont liés entre autres les noms de Loustaunau-Lacau et de Marie-Madeleine Méric (Fourcade), relevait pour l'essentiel de l'Intelligence Service et du SOE. Quant au réseau « Carte » d'André Girard, il était carrément antigaulliste. Dire qui fut plus efficace ? Le fait est que, chaque fois que la situation se tendait entre Churchill et de Gaulle, les transmissions se bloquaient entre les services de Passy et le continent...

La distinction entre « réseaux » et « mouvements » n'est pas moins nécessaire. Les premiers avaient essentiellement pour objectif la découverte et la transmission de renseignements en vue de l'action, éventuellement l'action elle-même. Surtout implantés en zone nord, où stationnait l'occupant, cible des actions alliées, ils étaient strictement structurés, cloisonnés, et par destination même reliés à Londres d'où — qu'il s'agisse du SOE anglais ou du BCRA français — devaient partir les coups contre l'occupant et ses alliés. Les « mouvements » étaient moins dessinés, plus politiques, visant à ranimer et dynamiser l'opinion autant qu'à informer ou à agir, mais certains — Combat, Libération — eurent leur branche « action ». Et certains chefs de mouvements prirent la direction de réseaux, comme Christian Pineau formant, à partir de Libération-Nord, l'organisation Phalanx.

S'il convient de ne pas confondre réseaux et mouvements, il faut distinguer en outre ceux-ci des partis politiques et des syndicats, qui amorcent leur renaissance à partir de 1941 * dans la mouvance de tel ou tel mouvement (Libération-Nord groupe surtout des syndicalistes socialistes. Libération-Sud une proportion croissante de communistes), les autres sous des formes, sigles ou masques divers. Si le CAS (Comité d'action socialiste) se confond avec la SFIO, les Francs-tireurs et partisans français ne sont pas seulement l'expression militaire du parti communiste, ni le Front national son habillage politique : on y trouve bon nombre d'ecclésiastiques...

Il faut en venir ici à une autre distinction, capitale : entre zone sud (dite « libre » ou non occupée) et zone nord (ou occupée, à laquelle on peut, non sans abus, assimiler les régions « interdites » ou « annexées », le Nord, la Lorraine et l'Alsace) où l'adversaire n'est pas la police de Vichy mais la Wehrmacht ou la Gestapo. Il est évident que sous le régime vichyste, réseaux et mouvements ont plus de latitude de se développer et d'agir que sous la férule nazie.

D'où la thèse soutenue par les avocats de Vichy, les Américains et, vingt ans plus tard, par Rémy lui-même, selon laquelle le maréchal Pétain serait le premier résistant de France, la signature de l'armistice ayant permis de préserver de l'occupation un territoire d'où purent être déclenchée la Résistance et amorcée la reconquête.

Certes, les deux situations étaient différentes, ne serait-ce qu'en raison des complicités découvertes à Vichy : la plupart des réseaux de renseignements et de contre-espionnage y étaient antinazis. Leurs premiers chefs, les colonels Heurteaux, Rivet et Groussard, protégèrent puis alimentèrent les réseaux alliés avant de les rejoindre, comme le colonel Paillole.

En novembre 1942, l'envahissement de la zone « libre » bouleversa le travail des réseaux et mouvements et en décapita plusieurs. Mais, provoquant ici et là une sorte de démaillage du filet policier tendu sur la zone nord (ni la Wehrmacht ni la Gestapo n'étaient extensibles à merci, il faut plus d'effectifs et de moyens pour surveiller la France entière que les 3/5 de son

---

* Les premières initiatives, celles de 1940, se situent hors des partis (notamment celles de Tillon par rapport au PCF).

territoire), il entraîna en contrepartie une réunification de la Résistance.

L'une des idées maîtresses d'Hitler, en juin 1940, avait été de diviser les Français en leur imposant des statuts différents. Le 11 novembre 1942, le « domaine réservé » vichyste est anéanti (avec les illusions maréchalistes) : il n'y a plus qu'occupés et occupants (flanqués de leurs agents). La Résistance y perd beaucoup des siens (à commencer par Jean Moulin) mais y gagne une cohésion essentielle.

Reste que si l'histoire s'est attachée surtout à décrire les personnages et les mouvements de la zone sud, peut-être parce qu'ils étaient plus colorés, surtout parce qu'au nord, la surveillance plus implacable a freiné la constitution des archives, c'est en zone nord que s'accomplit l'essentiel de ce que la Résistance a apporté à la cause de la libération collective. La répression fut plus redoutable au nord, mais les concours spontanés plus décidés et plus ardents : l'occupation directe suscite plus l'héroïsme que l'oppression larvée. C'est là surtout que se réalisa cette levée en masse des obscurs qui donna, selon Christian Pineau, son vrai visage à la Résistance [1].

A noter aussi que, vues de Londres, les différences entre nord et sud ne sont pas si radicales qu'on pourrait le penser : s'il est vrai que la Résistance s'y dessine à travers ses émissaires, il faut rappeler que des quatre pionniers artisans de la grande synthèse, Moulin, Pineau, Brossolette et Philip, deux venaient du Nord et deux du Sud. Et que si Jean Moulin fut désigné pour unifier la résistance-sud, il se mêla très vite des affaires du Nord... Ce qui n'alla pas sans irriter Passy. Le BCRA, même démilitarisé en partie, tend avant tout à recueillir des renseignements sur l'armée d'occupation : c'est donc au nord qu'il opère surtout. Les initiatives de Moulin dans cette direction créent des interférences.

Cela dit, l'histoire ne peut manquer de retenir des clivages qui furent importants, sur le triple plan des relations humaines, de l'organisation et de l'idéologie. Tout était plus tranché au nord, plus compliqué au sud — où, dans la demi-teinte d'un maréchalisme crédité d'antigermanisme, se nuancèrent à l'infini tactiques, idées, liaisons et projets.

Dernière césure enfin : celle, historique, qu'opère la date du 22 juin 1941. A dater du déclenchement de l'invasion de la Russie soviétique par le IIIe Reich, une force considérable est libérée pour l'action, en France : celle du parti communiste, qui jouera un rôle capital. Pendant un an, la collaboration entre Hitler et Staline avait pris des formes multiples et très actives, allant des échanges de matériaux stratégiques et d'informations militaires à la livraison de réfugiés politiques (notamment communistes et juifs) à Hitler · ce qui explique la stupéfaction de Staline lorsqu'il se vit attaqué par le IIIe Reich le 22 juin 1941. Pour le PCF, c'est l'époque du slogan : « Ni soldats de l'Angleterre avec de Gaulle, ni soldats de l'Allemagne avec Pétain ! » C'est alors que Pierre Villon, qui deviendra le leader du Front national, écrit dans des carnets : « ... Le clan anglophile doit [...] se dire qu'il est dangereux de compter sur Hitler pour sauvegarder ses privilèges [et qu'] il faut avoir de Gaulle en réserve comme futur dictateur [...]. Ce qui manque encore à mon avis c'est un affaiblissement

« substantiel » de l'Angleterre et de l'Amérique. Mais il n'est pas indispensable pour soviétiser l'Europe [...]. Quant au gaullisme, il sera balayé et nous servira, si nous donnons la liberté, la paix et le pain (avec du beurre) au pays avant que l'Angleterre n'arrive à le faire. Et je ne la vois pas capable d'assurer un débarquement en France pour libérer le pays, avant que les Allemands ne se révoltent. Dans ce cas nous n'attendrons pas de Gaulle pour instaurer les Soviets[2]... »

La direction officielle du PCF ira pendant six mois jusqu'à une tentative de collaboration avec l'occupant, essayant notamment d'obtenir des nazis l'autorisation de publier sous leur contrôle l'*Humanité* à Paris. Lors de la grande grève des mineurs qui, en mai-juin 1941, révèle la vitalité du mouvement ouvrier, les tracts communistes dénoncent en vrac la Gestapo, les ingénieurs gaullistes, le patronat, les Princes de l'Église et même les « ouvriers gaullistes ». Et jusqu'au 22 juin 1941, Jacques Duclos se contenta de laisser certains des cadres du PCF et nombre de ses militants prendre des initiatives contre Vichy d'abord, contre l'occupant ensuite.

Les plus remarquables furent évidemment celles de Charles Tillon, délégué du Parti pour le Sud-Ouest qui, dès le mois de juin 1940, à partir de la périphérie bordelaise du Bouscat d'abord, puis de la grande banlieue parisienne de Palaiseau, prend l'initiative de monter un double réseau de propagande par tracts et d'action directe, forme (sans en référer à Jacques Duclos, chef du parti sur le territoire national) des équipes de « TP » (travaux particuliers) puis fonde l'hebdomadaire *France nouvelle* (septembre 1941) et enfin — cette fois après concertation avec les autres chefs du parti — les FTPF (Francs-tireurs et partisans français).

C'est, dit-il aujourd'hui, en s'inspirant des tactiques adoptées par son compatriote du Guesclin dans la forêt de Brocéliande que Tillon réinvente une guérilla fondée sur l'idée de la « boule de mercure, que l'on prend dans ses doigts sans jamais la retenir ». De Gaulle ? « Je l'écoutais, mais m'occupais de mon église à moi... Je l'ai plus tard reconnu pour mon chef, mais je n'ai jamais obéi à son ordre de ne pas tuer d'Allemands[3]. »

« ... Ne pas tuer d'Allemands ? » Qu'est-ce à dire ?

La radio de Londres, où Charles de Gaulle s'exprimait environ deux fois par mois * n'a pas été le Chantecler des énergies françaises. Beaucoup qui d'abord n'avaient pas entendu l'appel du 18 juin, qui ne l'écoutaient pas ou désapprouvaient telle ou telle de ses simplifications, de ses outrances ou de ses rodomontades, n'en furent pas des militants moins actifs de la Résistance. Mais on ne saurait évoquer ce qui fut fait contre l'occupation ou la neutralisation du territoire national, et moins encore la part que prit Charles de Gaulle à sa libération, sans rappeler ce que furent ces émissions historiques.

On a signalé déjà l'installation au quatrième étage de la BBC, dominant

_____
* Soixante-sept fois de 1940 à 1944.

Oxford Circus, d'une équipe de Français dont la figure de proue est Maurice Schumann, « porte-parole de la France combattante », censé, au cours des cinq minutes d' « Honneur et Patrie » exprimer la pensée même du général, parfois remplacé (en 1943) par Pierre Brossolette et Pierre-Olivier Lapie.

Dans la demi-heure réservée ensuite par la direction de la BBC à la « France combattante » s'exprime — sous le contrôle très libéral du chef de service anglais, Darsie Gillie, ancien correspondant du *Manchester Guardian* à Paris et sous la direction de Michel Saint-Denis, dit Jacques Duchesne — l'équipe des « Français parlent aux Français », dont l'ancien officier de marine Yves Morvan dit Jean Marin, le journaliste Pierre Maillaud, dit Bourdan, le poète Jacques Brunius dit Borel, Jean Oberlé et Maurice Van Moppès, dessinateur au bagou fort vif, et plus tard André Gillois et Pierre Dac.

Tous ne sont pas des « gaullistes » fervents, loin de là. Mais tous participent, l'un avec lyrisme, l'autre avec ironie, le troisième avec flamme, à la sauvegarde en France occupée d'un certain espoir qui se fera, de mois en mois, certitude. Tous contribuent à maintenir un lien entre ceux qui se sentent libres et ceux qui se voient asservis. Ainsi jouent-ils leur rôle dans la Résistance, comme des intervenants plus occasionnels — Georges Boris, René Cassin, Henry Hauck, Myriam Cendrars, François Quilici, Louis de Villefosse — et deux grands écrivains dont sont retransmis des messages : Jacques Maritain et Georges Bernanos *.

Mais cette émission quotidienne n'a pas seulement pour objectif de maintenir le « moral ». Elle est la source de véritables campagnes de propagande militante, d'abord en diffusant des mots d'ordre de mobilisation pour les manifestations sur le territoire national, notamment le 1er mai, puis le 14 juillet 1942. Dans un rapport confidentiel au chef du gouvernement (alors Pierre Laval) le préfet régional de Marseille signale, le 17 juillet 1942, qu' « il n'est plus possible d'apposer par voie d'affiches des consignes contraires à celles des agitateurs de Londres[4] ».

Mieux encore : cette émission jouera un rôle de plus en plus direct dans les mouvements et activités des combattants de la Résistance quand elle sera truffée, à partir de juin 1941, des fameux « messages personnels » qui signalent, soit une consigne à exécuter, soit une arrivée à Londres, soit un parachutage en Corrèze : alors en entendant « les pissenlits n'aiment pas la sardine », l'un sait que son radio est arrivé sain et sauf à Londres ; pour l'autre, « le père Noël s'habille en rose » signifie que Morandat ou Bingen est en route pour une aire d'atterrissage du côté de Valence ; et le troisième, écoutant « Louis XIV salue Vercingétorix » sait que tel réseau, démantelé, est devenu peu sûr.

Ce brûlot de journalistes et de chansonniers patriotes allumé en juin 1940 se développe bientôt en un grand service de guerre psychologique, surtout à partir du moment où la section « NM » (non militaire) du BCRA de Passy se renforce sous l'impulsion d'hommes comme Jacques Bingen et Louis

---

* Qui vivent l'un aux États-Unis, le second au Brésil.

Vallon, et où le commissariat à l'Intérieur est confié à l'animateur bouillonnant qu'est André Philip. La richesse politique et militante de l'émission ne cessera de croître en fonction des informations que recueillent ces organismes et que rassemble, puis diffuse l'équipe de documentation de Jean-Louis Crémieux-Brilhac.

Des premiers courriers apportés de France au début de 1941 par Rémy à ceux que convoient en 1942 Jean Moulin, Brossolette, d'Astier ou Frenay, la moisson change de nature. Il ne s'agit plus seulement de renseignements sur tel sabotage à accomplir (quelquefois décisif comme la destruction en février 1942 de l'émetteur de radio de Bruneval, face à la côte anglaise) ou sur l'état du moral à Rennes ou à Grenoble, mais d'informations politiques et stratégiques capitales sur la livraison au Reich des aérodromes syriens, l'annexion de l'Alsace ou la livraison à Hitler des réfugiés politiques allemands en 1942 : l'émission française de la BBC est devenue une plaque tournante de l'information mondiale et une rampe de lancement de l'action psychologique contre l'occupant nazi.

Cette activité ne va pas sans conflit avec les autorités britanniques qui ont leurs propres armes de propagande vers la France, notamment l'excellent *Courrier de l'air,* parachuté à des centaines de milliers d'exemplaires sur la France.

Quand se manifestent les premiers heurts graves entre Churchill et de Gaulle (septembre 1941) les communications avec le continent — source principale de l'émission française de la BBC — sont interrompues pour une ou deux semaines. Au lendemain du fumant corps-à-corps Churchill-de Gaulle du 30 septembre 1942, le chef de la France combattante est interdit d'antenne : et l'exclusion se fera plus catégorique et plus durable après le débarquement allié en Afrique du Nord, quand Charles de Gaulle et ses compagnons prétendront dénoncer le scandale que constitue la collaboration avec l'amiral Darlan, instaurée par ceux qui prétendent libérer la France de cette « trahison » qu'il incarne.

On a cité un certain nombre d'interventions de Charles de Gaulle sur les ondes de la BBC, relatives à l'armistice, à Mers el-Kébir, à la politique de collaboration, aux ralliements de territoires africains, à la création de tel ou tel organisme de la France libre ou à ses relations avec les grands alliés.

Ces textes, détachés de cette voix qui les portait, solennelle, sarcastique et syncopée, surgissant de l'ombre et des brouillages comme le Hollandais maudit des vagues de la Baltique, ne suffisent pas à dire ce que fut alors sa présence dans la vie quotidienne (nocturne) des Français, suscitant la ferveur et l'irritation, la colère ou l'espérance. Présence importante en tout cas, les bulletins d'écoute de Vichy estimant à 300 000 les auditeurs réguliers de ces allocutions au début de 1941, et les multipliant par dix l'année suivante : progression qui dut se poursuivre jusqu'en 1944.

Les interventions radiophoniques du général de Gaulle furent à coup sûr un facteur de mobilisation de l'opinion : mais en une occurrence au moins, la voix venue de Londres déconcerta nombre de ses auditeurs, et des plus fervents : lorsque, le 23 octobre 1941, de Gaulle donna pour mot d'ordre de

« ne pas tuer d'Allemands ». Pour apprécier cette consigne donnée avec beaucoup d'éclat, il faut d'abord retracer les circonstances dans lesquelles elle intervint. Il faut ensuite citer les attendus de la décision.

Le 27 juin 1941, un jeune ouvrier nommé Colette tire sur Pierre Laval et Marcel Déat, symboles de la collaboration avec le Reich. Le 29, le lieutenant de vaisseau d'Estienne d'Orves, l'un des premiers envoyés de la France libre sur le sol national, arrêté six mois plus tôt, est fusillé. Le 21 août, le militant communiste Fabien abat un officier allemand sortant d'une voiture de métro, à Paris. Les attentats se multiplient en septembre, suivis d'exécutions d'otages à Lille. Une première mise en garde vient de Londres, le 20 septembre par la bouche de Pierre Bourdan : « Ne vous lancez pas aujourd'hui dans une révolte vaine [...] il faut à notre cause des alliés et non des sacrifiés ! »

Mais le 20 octobre, le Feldkommandant de la place de Nantes est abattu, et le 21, à Bordeaux, c'est le tour d'un haut fonctionnaire nazi. Le 22, 47 otages (presque tous communistes) sont fusillés à Châteaubriant, près de Nantes, et 50 au camp de Souges, près de Bordeaux. Dans tout l'Occident libre, l'émotion est profonde. Alors, le 23, à la radio de Londres, le général de Gaulle prend la parole :

> « Dans cette phase terrible de la lutte contre l'ennemi, il faut que le peuple français reçoive un mot d'ordre. Ce mot d'ordre, je vais le lui donner. Il vient du Comité national français qui dirige la nation dans sa résistance. Voici ! Il est absolument normal et il est absolument justifié que les Allemands soient tués par les Français. Si les Allemands ne voulaient pas recevoir la mort de nos mains, ils n'avaient qu'à rester chez eux [...]. Mais il y a une tactique à la guerre. La guerre des Français doit être conduite par ceux qui en ont la charge, c'est-à-dire par moi-même et par le Comité national [...]. Or, actuellement, la consigne que je donne pour le territoire occupé, c'est de ne pas y tuer* d'Allemands. Cela, pour une seule mais très bonne raison, c'est qu'il est, en ce moment, trop facile à l'ennemi de riposter par le massacre de nos combattants [...] momentanément désarmés. Dès que nous serons en mesure de passer tous ensemble à l'attaque, par l'extérieur et par l'intérieur, vous recevrez les ordres voulus. Jusque-là, patience, préparation, résolution[5]... »

Cet appel du général, s'il eut plus d'auditeurs que celui du 18 juin, suscita lui aussi quelques réserves, mais pas tout à fait du même bord. Dans son *Histoire de la Résistance en France*[6], Henri Noguères le critique sur deux points. D'abord parce que le général « fait savoir aux combattants de l'intérieur qu'il se considère comme leur chef... (se livrant là) à une de ces anticipations optimistes dont il a le secret ». Ensuite, parce qu'il « préconise une tactique à laquelle les résistants de l'intérieur donneront bientôt un nom : « l'attentisme ».

Citant d'une part le colonel Passy qui, dans ses *Mémoires*, estime

---

* Dans les *Mémoires de guerre*, II (p. 228), on lit « tuer ouvertement ». Ce mot, qui ne figure pas dans les textes de l'époque, que signifie-t-il ? S'agit-il simplement d'une mise en garde contre les attentats individuels mais pas contre les sabotages pouvant entraîner la mort ?

honnêtement qu'à cette époque, le général, s'il avait du prestige aux yeux des résistants, « n'influait pas encore sur leurs actes », et Charles Tillon qui, dans ses *FTP* et dans *On chantait rouge*[7] comme dans l'entretien cité plus haut, rejette cette « hautaine consigne » et précise qu'il fallut « désobéir au général par devoir » ; enfin Rémy qui, peu favorable *a priori* à ce type d'action (il avait condamné l'attentat de Fabien) écrit dans *On m'appelait Rémy* qu'il lui « suffisait de suivre les fusillades à la trace pour recruter de nouveaux engagements », Henri Noguères assure que la consigne du 23 octobre 1941 reflète bien les intentions du général et de son entourage : « Limiter dans le temps et dans l'espace, renseignement mis à part, l'intervention de la Résistance intérieure française. »

C'est ce qui s'appelle poser un problème au fond, et le résoudre vite. De Gaulle, Passy, Diethelm, Boris et consorts se méfiaient-ils alors de la résistance intérieure ? Craignaient-ils qu'elle leur échappe et surtout qu'elle ne se développe en une guerre révolutionnaire qui orienterait la Résistance et la libération vers d'autres perspectives que celles qu'entendait tracer Charles de Gaulle ? C'est là une grave question, dont la réponse ne peut être qu'entrevue dans les textes et les documents de l'époque.

On a constaté que, dans le texte même du 23 octobre, le général donne priorité à l'action « extérieure » sur « l'intérieure », la priorité chronologique en tout cas. Et, dût-on ne pas considérer ici les *Mémoires de guerre* (rédigés au début des années cinquante, en pleine « guerre froide ») comme le reflet exact des idées de l'homme de Carlton Gardens, on y a lu un commentaire fort nuancé sur l'entrée en guerre de l'Union soviétique et les risques qu'elle pourrait entraîner, dans le monde et en France. Faut-il juger un peu trop catégorique la description qu'Henri Noguères fait des intentions qu'on peut prêter alors à de Gaulle et Passy ? Leur idée était-elle de « limiter dans le temps et dans l'espace l'intervention de la Résistance française », ou plutôt de la contrôler, ce qui n'est pas exactement la même chose ? Notons ce qu'écrit Frenay (que l'indulgence n'aveugle pas à propos des hommes de Londres) :

« Au fur et à mesure que [...] la Résistance se développait et s'organisait [...] elle prenait conscience d'elle-même et de sa force. A Londres aussi, on s'en avisait. Il est vraisemblable que de Gaulle a envisagé le risque de voir se camper face à lui une Résistance prétendant représenter la France et qui, aux yeux de l'opinion publique avait le grand prestige de n'avoir pas cessé de vivre et de combattre sur le sol de la patrie[8]. »

Inutile de « tourner autour du pot » : de Gaulle et son équipe, assez éloignés de ce « fascisme » dont on les taxe au cercle Jean-Jaurès ou à Washington pour donner à leur organisation de l'action politique en France des chefs qui (Passy mis à part) sont tous issus du Front populaire, de Jean Moulin et André Philip à Brossolette, Vallon, Boris ou Pierre-Bloch, n'en retiennent pas moins de l'entrée en guerre de l'URSS à l'est et du PCF dans la lutte en France, qu'elle donne impulsion à un projet spécifique — lequel, à long terme en tout cas, n'est pas celui pour lequel ils se battent.

Certes, il n'est pas question de refuser quelque alliance ou coopération que ce soit, et très vite (février 1942) les liens se nouent avec les FTP, le « Front national » et le PCF. Mais un problème immense se pose. De Gaulle est l'homme qui, dès 1935, a plaidé pour le pacte franco-soviétique ; qui, dès le début de juillet 1941, a salué l'effort de guerre de l'URSS et qui multiplie les contacts avec la Russie en lutte. Mais il est aussi celui qui, dès la soirée du 7 décembre 1941, a annoncé à Passy que les États-Unis et l'URSS entreraient tôt ou tard en conflit, et que les premiers n'avaient pas les meilleures chances de l'emporter. Cette réflexion, il ne l'a pas étendue d'emblée, ce soir-là, à l'avenir de la France et à ses propres relations avec le PCF. Mais il n'est pas homme à négliger ce type de supputations. Ni à se retenir de croire que la stratégie de l'action directe et du harcèlement de l'occupant, qui est de toute évidence celle du PCF à partir de la fin de juin 1941, tend à la création de situations révolutionnaires, au moins locales*.

A dater de l'entrée en guerre de l'URSS, la France est grosse d'une révolution. A dater de l'entrée en guerre des États-Unis, elle est justiciable d'un débarquement. L'un des problèmes stratégiques essentiels dans l'esprit de Charles de Gaulle plus encore que de ses grands alliés, est de savoir qui aura la priorité (et donc la prééminence ?) entre ceci et cela. Quels que fussent ses griefs à l'encontre des dirigeants américains, ses différends avec Winston Churchill, son projet ne donnerait priorité à la révolution que si l'entreprise anglo-saxonne prenait les allures d'une colossale opération de police sur le thème rooseveltien : « Il n'y a plus de France... »

Dans l'esprit de Charles de Gaulle, la libération de la France aura pour origine un débarquement (qu'il situe déjà entre Dunkerque et Cherbourg) impliquant un fort contingent français, et se développera grâce à l'intervention de la résistance intérieure. Le débarquement ayant automatiquement fait « rentrer la France et les Français dans la guerre », conformément au premier de ses objectifs de juin 1940, la participation d'unités militaires françaises, puis des forces de la Résistance, y apposera le sceau proprement national.

Mais gardons-nous de circonscrire le débat à propos de la « hautaine consigne » du 23 octobre 1941 à des arguments strictement professionnels, politiques et stratégiques. Quand ils évoquent ces « sacrifices » et ces « massacres », ni Bourdan ni de Gaulle ne raisonnent simplement en stratèges ou en observateurs dégagés. Ils expriment aussi une compassion de citoyens français face aux horreurs de Châteaubriant et de Souges — horreurs d'autant plus intolérables qu'elles ne servent pas strictement la

---

* Dans *Résistant de la première heure* (p. 68), Pierre Villon raconte ainsi sa première entrevue avec Rémy en octobre 1942 : « Je rencontre Rémy chez le docteur Descombs (du FN des médecins), qui l'a hébergé. Et là s'opposent clairement deux conceptions de la Résistance. L'attentisme de Londres : il faut arrêter toute action armée, attendre, pour être fin prêts, le jour J, l'heure H. De Gaulle sera là, et nous aurons besoin de tout le monde pour occuper, avant l'arrivée des Alliés, mairies et préfectures, afin de pouvoir proclamer le général chef de l'État [...] Dans ce discours, je vois, certes, le reflet de dissensions entre de Gaulle et les Alliés. Mais aussi et surtout, une peur commune, non seulement des communistes, mais du peuple, la crainte d'une insurrection populaire. »

cause à laquelle ils se sont voués — mais plutôt celle d'une révolution dont ils appréhendent certains développements.

Le débat autour de la consigne du 23 octobre ne porte pas seulement sur la justification des attentats antinazis, mais aussi sur les limites de l'autorité qu'exerce alors Charles de Gaulle sur la résistance intérieure. Là, Henri Noguères, qui parle en praticien, en acteur et en témoin, ne saurait être contesté. Il est tout à fait fondé à mettre en doute cette autorité. Son scepticisme n'est pas démenti, mais plutôt confirmé par cette observation : ces journées de la fin d'octobre et du début de novembre 1941 sont précisément celles où se nouent, autrement que par les allées et venues d'agents comme Rémy, Saint-Jacques ou Julitte, les premiers échanges importants entre la France libre et la Résistance.

Le 18 octobre, à Montpellier, deux émissaires de Passy prennent contact avec un professeur de droit nommé Pierre-Henri Teitgen, dit « Tristan », animateur du mouvement Liberté qui fusionnera bientôt avec le Mouvement de libération française de Frenay pour former Combat ; deux jours plus tard débarque à Bournemouth un ancien préfet d'Eure-et-Loir révoqué par Vichy qui s'appelle Jean Moulin. Et deux semaines après, un jeune militant syndicaliste chrétien nommé Léon Morandat est parachuté dans la région de Toulouse. Sous le pseudonyme de Yvon, cet émissaire, qui parle au nom du général de Gaulle, transmet à tous ceux qui l'accueillent une consigne de regroupement des diverses organisations et mouvements. Et ce « mot d'ordre », il le donne à des hommes comme André Philip, Robert Lacoste et Georges Bidault. Trois mois avant celle de Jean Moulin, cette mission Morandat, c'est vraiment le passage d'une époque à l'autre, de celle des contacts ponctuels entre « agents » à celle des rapports permanents entre militants.

Marquant bien l'importance de cet épisode, Henri Noguères raconte que les hommes chargés d'accueillir le mystérieux « Yvon », Pierre Bertaux et ses camarades de réseau de la région toulousaine, posèrent aussitôt à l'émissaire tombé du ciel de Londres la question qui leur brûlait les lèvres : « Le débarquement, c'est pour quand ? » Et quand Morandat crut loyal et prudent de leur répondre : « Pas pour le printemps prochain, mais pour le suivant », cette réponse atterra à ce point le petit groupe que Bertaux jugea bon de les réunir pour leur déclarer que, compte tenu d'une échéance aussi lointaine, ils étaient en droit de reprendre leur liberté par rapport au réseau — ce qu'aucun d'eux ne fit... Cette histoire confirme que le général de Gaulle n'était pas le seul à donner priorité au débarquement sur le soulèvement populaire.

C'est l'année 1942 qui marque la soudure entre le Comité de Londres et la Résistance sur le sol national. Un nom symbolise, sans pour autant la résumer, cette ample opération qui, entre bien d'autres conséquences et gains réciproques, assurera au général de Gaulle les bases politiques et psychologiques lui permettant d'abord de survivre à l'ostracisme dont le frappent les Alliés lors du débarquement en Afrique du Nord, puis de s'imposer comme le chef de l'ensemble des Français combattants en 1944 : celui de Jean Moulin.

On ne peut et on ne doit pas focaliser cette vaste opération de symbiose sur le seul « Rex ». Après les pionniers de 1940, les émissaires de 1941 et Yvon Morandat, des personnages et des organisations multiples participent, à partir de 1942, à ce grand rendez-vous : Christian Pineau est à Londres en mars, Pierre Brossolette en avril, André Philip en juillet, Emmanuel d'Astier et Henri Frenay en septembre. Mais c'est tout de même l'ancien préfet qui est le pivot de l'opération.

Pourquoi le général de Gaulle, confronté à l'immense « inconnue » de la Résistance et décidant de s'en faire une arme unifiée, fixa-t-il son choix, pour accomplir cette tâche capitale, sur l'ancien chef de cabinet de Pierre Cot — ce même Pierre Cot dont il avait refusé le concours dix-huit mois plus tôt, le trouvant trop « marqué » à gauche ? Moulin ne différait en rien sur ce point de son ancien patron — et il se trouvera toujours des gens comme Henri Frenay pour dénoncer en lui un crypto-communiste.

La décision du général, qui ne reçut Jean Moulin qu'un mois après son arrivée à Londres, à la fin de novembre 1941, tient à diverses raisons. La première a trait aux fonctions anciennes exercées par le visiteur. Pour si rétif qu'il se soit montré à diverses hiérarchies, Charles de Gaulle avait une telle religion de l'État qu'à ses yeux, être préfet était une vertu, comme appartenir au Conseil d'État ou à l'inspection des Finances. Ce n'est pas par hasard que tous ceux qu'il a délégués dans des fonctions centrales en France (Moulin, Bollaert, Parodi, Chaban) appartenaient à ces grands corps. En Jean Moulin, Charles de Gaulle voit d'abord le représentant de l'État, de l'ordre républicain : c'est autour de ce principe qu'il veut organiser la Résistance.

Seconde vertu de Moulin, à ses yeux : l'ancienneté de son entrée dans la lutte. Au moment même ou lui, de Londres proclamait l'exigence de la Résistance, le préfet de Chartres s'opposait, sur place, à l'envahisseur et se tranchait la gorge pour ne pas signer le texte qu'il exigeait de lui. Quel représentant plus digne de lui, et de cette mission, que ce pionnier qui a signé son propre appel de son sang ?

Mais le comportement de Jean Moulin le séduit aussi pour une autre raison : son refus à l'occupant. Sitôt accompli le geste héroïque, il a voulu d'emblée lui donner forme et durée en rejoignant Londres. Remis sur pied et révoqué par Vichy, couvrant ses premiers contacts d'une activité de marchand de tableaux sur la Côte d'Azur, il n'a qu'une pensée : la France libre. D'autres ont créé un mouvement, ronéoté une petite feuille. Lui n'a eu qu'un point de ralliement, en dépit de l'avanie infligée à son ami Cot auquel il reste totalement fidèle : Londres. Comment de Gaulle ne serait-il pas frappé par cette aimantation ?

Tout cela était acquis lors de la rencontre entre les deux hommes. Mais ce qui se dit entre eux noue plus solidement encore un accord presque spontané. Car ils n'ont l'un et l'autre qu'un mot à la bouche : l'unité. Là encore, la convergence est irrésistible. Moulin aurait pu parler d'enthousiasme, d'audace, d'efficacité : de Gaulle l'en eût loué. Mais il a mis spontanément l'accent sur ce qui pouvait retenir plus fortement l'attention du chef des Français libres : le rassemblement de cette myriade de mouvements, organisations, partis et syndicats. Fût-il de Gaulle, un militaire aime les situations simples : rameutez-moi tous ces gens !

Sont-ils, dès ce moment, exactement sur la même longueur d'ondes ? De Gaulle est-il aussi persuadé que Moulin du caractère populaire de la Résistance, de la nécessité d'en préserver la saveur « républicaine » ? Dans un premier temps, en tout cas, ce qui importe, c'est de coordonner les initiatives de ceux qui se battent et de les faire tendre vers l'unité. Le pluralisme ? C'est pour une autre phase. Moulin est-il aussi persuadé que de Gaulle du « destin national » qui est désormais celui du chef de la France combattante ? Pour la durée de la guerre, en tout cas, il tient pour essentiel de faire du général le rassembleur et le chef.

Le 1ᵉʳ janvier 1942, à 2 heures du matin, Jean Moulin, dit « Rex », est parachuté avec deux compagnons, dont un radio, au-dessus de la région des Alpilles où il a passé son enfance et possède une bergerie, entre Arles et Eygalières. Il est porteur d'un ordre de mission microfilmé caché dans une boîte d'allumettes, signé par le général de Gaulle :

« Je désigne M. Jean Moulin, préfet, comme mon représentant et comme délégué du Comité national français pour la zone sud, non directement occupée, de la métropole. M. Moulin a pour mission de réaliser dans cette zone l'unité d'action de tous les éléments qui résistent à l'ennemi et à ses collaborateurs*. »

Dès le lendemain, il est à Marseille, et y contacte, chez Agnès Bidault, deux des principaux chefs de Combat, Henri Frenay et Chevance-Bertin. Puis viendront d'autres affidés du même mouvement, Edmond Michelet, Teitgen, de Menthon... Et à la fin de janvier, les animateurs d'autres organisations, Emmanuel d'Astier et Aubrac pour Libération, Antoine Avinin puis Jean-Pierre Lévy pour Franc-Tireur. Il a fait tache d'huile plus vite que prévu.

Tous, ou presque tous, hésiteront avant d'accepter sinon ce que vient de leur dire « Rex », en tout cas ce qu'il est. Le délégué du général offre des moyens (500 000 francs, dont il remet d'emblée la moitié au principal groupe, Combat), des liaisons, un appareil radio, pour commencer, et aussi un principe : l'unification. Mais chacun comprend bien, à entendre cet homme jeune, mince et brun, irradiant la force et la confiance, et dont

---

* Les termes de cet ordre de mission sont importants. Moulin voit son terrain d'action limité à la zone sud, laquelle dépend du commissariat à l'Intérieur (Diethelm). La zone nord relève du BCRAM, de Passy. Quand, par la force des choses « Rex » s'occupera de la zone nord, des grincements se feront entendre.

l'autorité relaye, dans un registre fort différent mais non moins évident, celle du général, que c'est d'un patron qu'il s'agit.

Parce qu'il est le plus puissant, le seul qui pourrait à la rigueur préserver son autonomie — il a monté les premiers groupes paramilitaires, étant lui-même ancien officier, et multiplie les contacts « tous azimuts » — Frenay dit « Charvet », renâcle. S'il accepte peu à peu de s'inféoder, par souci d'efficacité, ce sera constamment en tentant de distinguer la discipline militaire, qu'il accepte, d'une subordination politique, qu'il tentera toujours de rejeter. Son échec à y parvenir développera en lui une rancœur de moins en moins contenue à l'encontre de Moulin, et plus tard du général de Gaulle.

L'intervention de « Rex » ne provoque pas une rapide convergence entre les mouvements. Mais elle permet d'enrayer, sinon de faire oublier, une crise grave entre les divers groupes de la Résistance. Peu après son atterrissage en France, une vague d'arrestations décime l'organisation de Frenay qui, après avoir obtenu l'accord de son comité directeur, part pour Vichy où il espère obtenir la libération des prisonniers. Le 28 janvier, il est mis en présence de Pierre Pucheu, le ministre de l'Intérieur que la Résistance juge responsable de l'exécution des otages de Châteaubriant. Étrange face-à-face que celui du « traître » et du « terroriste », qui ouvre des perspectives singulières sur ce que furent les rapports (avant la création de la Milice et l'intervention de Darnand) entre les deux France.

Frenay obtient de Pucheu la promesse qu'aucun autre de ses camarades ne sera arrêté. Il ne donne rien en échange. Mais cette initiative suscite de violentes réactions de la part des autres organisations. Emmanuel d'Astier dit « Bernard », accuse « Charvet » de « faute très grave » contre l'esprit de la Résistance. L'opération « unification » commence mal? La caution que « Rex » donne au chef de Combat évite le pire.

D'autant que l'épisode de ce qu'Emmanuel d'Astier appelait un jour devant nous un « Montoire de la Résistance [9] » n'est pas le seul où ait éclaté la rivalité entre les deux chefs. Trois mois plus tôt, à la mi-octobre 1941, Henri Frenay a accepté de rencontrer le général de La Laurencie, ancien délégué du maréchal à Paris, qui se targue de pouvoir rapidement renverser le régime de Vichy et en est à former son gouvernement... Le fait qu'il soit accompagné de deux émissaires américains, dont l'un est le colonel Legge, attaché militaire à Berne, et l'autre rien moins que M. Allen Dulles, chef des services spéciaux pour l'Europe, dit bien l'origine et le sens de la manœuvre.

Acceptant une seconde rencontre, Frenay a voulu s'y faire accompagner par d'Astier. Le général renouvelle ses offres de service : « Mais, objecte Frenay, vous ne pouvez tout de même pas faire abstraction de De Gaulle. Il existe et à la libération, il sera là. Y avez-vous pensé? » A quoi La Laurencie* rétorque : « Mais oui, nous l'amnistierons [10]... » Emmanuel d'Astier fit la fortune de ce mot, non sans faire observer au passage que ce

---

* Membre du tribunal militaire qui a condamné de Gaulle à mort....

« Charvet » n'était décidément pas difficile sur le choix de ses fréquentations...

L'idée de convergence n'en progresse pas moins, parfois indépendamment des démarches de « Rex ». A la fin de 1941, Rémy est entré en relations avec le colonel Beaufils, dit « Joseph », dit « Drumont », responsable de groupes de résistance communistes que Tillon est en train d'organiser en « Francs-tireurs et partisans français » (FTPF) qui prendront cette appellation à la fin de janvier 1942. En février, c'est son adjoint François Faure (dit « Paco », fils d'Élie Faure) qui, avec l'accord exprès de Londres, rencontre « Joseph » devenu porte-parole des FTPF, puis Marcel Prenant, qui deviendra l'adjoint de Tillon, en vue d'une coopération militaire [11]. Coopération qui prendra forme quand, à la fin de l'année 1942 sera formée sous l'égide du général de Gaulle l' « Armée secrète » — non sans que, du côté communiste, on ne se plaigne constamment d'être oublié au moment des parachutages d'armes...

Fin avril, Moulin peut annoncer à Londres la création de trois organismes permettant, non d'unifier mouvements et réseaux, mais de coordonner certaines formes de lutte et de préparer l'avenir dans le cadre d'organisations verticales : l'Armée secrète (AS), le Bureau d'information et de presse (BIP) et le Comité général d'études (CGE).

L'AS n'avait pas pour mission, à l'origine, de rivaliser avec les FTP et autres tenants de l'action immédiate et du harcèlement de l'armée d'occupation. Conformément à la ligne tracée le 23 octobre 1941 par le général de Gaulle, elle visait d'abord à organiser clandestinement des forces destinées à surgir le « jour J ». D'où les sarcasmes que lui réservèrent longtemps activistes et communistes, les taxant d' « attentisme ». Mais le 21 mai 1943, dans une note adressée au commandant de « l'armée de l'intérieur * », le général de Gaulle précisera que « le principe d'actions immédiates est admis ». On y reviendra.

Le Bureau d'information et de presse est tout naturellement confié au plus notoire des journalistes engagés dans la résistance active, Georges Bidault, très proche de Combat. Quant au Comité général d'études, qui a pour tâche de préparer à la fois les institutions qui pourraient être proposées aux Français après leur libération et les conditions de paix qui devraient être suggérées aux Alliés, il regroupe notamment les juristes ralliés dès l'origine aux premiers mouvements de résistance, les démocrates-chrétiens François de Menthon et Pierre-Henri Teitgen, le radical Paul Bastid, Alexandre Parodi, Michel Debré et le syndicaliste Robert Lacoste.

Si la « percée » gaulliste sur le territoire national tend à se manifester désormais par l'activité de Jean Moulin, d'autres liens vont s'établir puis se multiplier à partir du début de 1942. Le plus significatif sera la venue à Londres du syndicaliste Christian Pineau, dirigeant de Libération-Nord, qui, contacté en janvier par Rémy dans la petite librairie de la rue de la

---

* Appellation qui succède à l'AS et précède celle de FFI (Forces françaises de l'intérieur), plus globale.

Pompe que gèrent, en manière de couverture, Pierre et Gilberte Brossolette, a accepté d'emblée de gagner Londres pour y prendre contact avec le général de Gaulle : ce voyage sera le premier au cours duquel un des chefs de la Résistance pourra décrire au général de Gaulle, *in vivo,* ce qu'est la France occupée et l'action qu'on y mène. Jusqu'alors, ces informations n'ont été données que par des agents perpétuellement mobiles ou par un homme comme Moulin qui n'a pas vraiment milité au sein de la population et s'est cantonné à la zone sud.

Il faut s'arrêter à ce face-à-face Pineau-de Gaulle. Le premier l'a très bien raconté, et nul récit ne donne une description plus vivante des idées et des réactions du général vis-à-vis de la Résistance au début de 1942.

A la veille de partir pour Londres, en février 1942, Christian Pineau se rend en zone non occupée pour prendre l'avis des dirigeants de la Résistance au Sud. Il y rencontre André Philip, Emmanuel d'Astier et Henri Frenay* qui insistent sur la nécessité d'obtenir que le général de Gaulle prenne plus clairement position en faveur de la démocratie, ouvrant des perspectives d'avenir radicalement opposées à celles de Vichy. « Ce que tu devrais rapporter, suggère Philip, c'est un manifeste adressé à nos mouvements. S'il répond en gros à nos idées, nous pourrons, en en faisant notre charte, unifier l'esprit de la Résistance. »

Quand Pineau arrive à Londres, que représente pour lui le général ? Il l'a résumé en quelques phrases : « ... Il n'est pas notre chef. Nous avons pris sans lui nos initiatives, nous les aurions prises en tout état de cause, même s'il n'avait pas parlé le 18 juin. Il ne vit pas sur le territoire national, donc il ne partage pas nos dangers. Néanmoins, nous sommes pour la plupart prêts à reconnaître son autorité. Car il nous faut un drapeau, sinon un guide [12]... »

Christian Pineau aura trois conversations avec de Gaulle. Il évoque ainsi la première : « Sans dire un mot, il [de Gaulle] me conduit jusqu'à un fauteuil... Puis me regardant droit dans les yeux, prononce ses premières paroles : " Maintenant, parlez-moi de la France " [...] Quand j'en viens au message que la Résistance voudrait recevoir de lui, il a un léger froncement de sourcil. Manifestement il est surpris, ne voit pas ce que je souhaite... »

Quand le général parle à son tour, Pineau a la surprise de constater que son discours n'est pas une réponse au sien : il évoque les troupes d'Afrique qui représentent pour lui la Résistance française, les relations avec les Alliés. « Il est à la fois plein de fierté et d'amertume... »

S'agissant de la Résistance, il convient qu'il en ignore presque tout. Il ne semble pas s'émouvoir particulièrement au récit des périls très spécifiques que courent ceux qui défient la Gestapo. Quant au message à adresser à la Résistance, il est circonspect. Se démarquer du maréchal ? « Il a accepté la défaite, moi pas ! Quand la France sera libérée, nous restaurerons la République, les Français diront eux-mêmes ce qu'ils veulent... »

Pineau a-t-il échoué ? Quelques jours plus tard, il retrouve de Gaulle. Le

---

* Qui, pour sa part, dans *La nuit finira,* ne parle pas de cette rencontre.

général a rédigé un texte que le visiteur trouve superbe, mais qui ne répond pas à son attente. La discussion s'ouvre.

« La condamnation de la IIIe République est si sévère, fait observer Pineau, que, sans en nommer aucun, elle atteint tous les hommes qui l'ont dirigée. Or, il en est parmi ceux-ci, prêts à rejoindre la France libre, qui supporteront mal qu'on les juge avec la même sévérité que les tenants de la collaboration. » Le général éclate : « Puisqu'on me demande un message, je l'enverrai sans cacher ce que je pense. C'est moi de Gaulle, ou vous, qui vous adressez aux Français ? » Il se refuse à toute correction. Et, comme Pineau, au moment de prendre congé, lui demande s'il n'a pas de communication à faire aux syndicalistes, il prononce dans un sourire une phrase qui glace le visiteur : « Dites simplement à ces braves gens [sic] que je ne les trahirai pas [13]. »

C'est seulement au moment où le voyageur s'apprête à monter dans l'avion qui le ramène en France que survient un motocycliste porteur d'une enveloppe de la part du général de Gaulle. Il s'agit d'une nouvelle version du message, comportant quelques-unes des modifications demandées. La dénonciation de Vichy est plus politique : « Un autre [régime] sorti d'une criminelle capitulation, s'exalte en pouvoir personnel. » Au surplus, hommage est rendu à l' « idéal séculaire français de liberté, d'égalité et de fraternité*. » Pineau a eu gain de cause. Mais il a mesuré la force du personnage, et son âpreté de négociateur, la rancune qu'il voue à la IIIe République, sa méfiance pour ce qu'il appellera plus tard « le régime des partis ». Enfin, si elle s'est trouvée un bien rude patron, la Résistance a sa charte * qui, sans combler tout à fait l'attente d'André Philip, le convaincra trois mois plus tard de rejoindre Londres.

Avant lui va surgir auprès du général et de Passy un homme d'une trempe exceptionnelle et d'un rayonnement singulier, lui aussi venu de la gauche la plus démocratique et la plus militante, de l'antinazisme le plus authentique, manifesté notamment contre les accords de Munich : Pierre Brossolette. Son prestige de journaliste socialiste et de « leader d'opinion » était grand. Sitôt qu'il atterrit à Londres le 26 avril 1942, de l'avion qui vient de ramener Christian Pineau en France (la BBC a annoncé la nouvelle à ses camarades en proclamant que « la pétrolette a vidé son jacquet [14] »), il s'impose comme un trait d'union entre l'intérieur et Londres d'une force comparable à celle de Jean Moulin, et plus voyante, d'abord parce que Brossolette se manifeste publiquement et ensuite parce qu'il le fait avec éclat, en faveur d'une adhésion totale à ce qu'on pourrait appeler déjà le « gaullisme idéologique ».

Sur-le-champ, il s'est lié d'une amitié fraternelle, emportée, avec Passy — dont le contact avec tant d'autres « métropolitains » aura été négatif. Et très vite, il voit de Gaulle dont il dit à Gilberte, sa femme, lors de son premier retour en France : « L'homme est à la hauteur de la tâche... Il écoute, il a montré un profond désir de comprendre, de s'identifier à la France occupée.

---

* C'est le texte dont on a donné des extraits dans le chapitre 27, p. 544.

Et aussi d'élargir les bases, l'étendue de sa représentation à Londres. »

L'action fondamentale de Brossolette aura été parallèle à celle de Moulin, et complémentaire : tandis que l'ancien préfet faisait converger les diverses forces de résistance sur le territoire national, l'ancien journaliste travaillait au regroupement des divers organismes londoniens. Nul plus que lui n'a contribué à gommer les vaines discriminations et les cloisonnements artificiels entre « civils » et « militaires », entre gens de l' « action » et gens du « renseignement », entre hommes « de l'intérieur » et « de l'extérieur ». Son intimité avec Passy y aura évidemment contribué et aussi l'attention que le général porte aux propos et aux suggestions de cet intellectuel féru d'histoire, qui savait aussi bien que lui citer Michelet et situer Rossel.

Deux textes résument le Pierre Brossolette de ce temps-là. Le premier est une lettre personnelle au général de Gaulle, qui le met en garde contre son autoritarisme avec une intrépide lucidité :

« ... Votre manière de traiter les hommes et de ne pas leur permettre de traiter les problèmes éveille en nous une douloureuse préoccupation, je dirais même une véritable anxiété. Il y a des sujets sur lesquels vous ne tolérez aucune contradiction, aucun débat même [...]. Dans ce cas votre ton fait comprendre aux interlocuteurs qu'à vos yeux leur dissentiment ne peut provenir que d'une sorte d'infirmité de la pensée ou du patriotisme [...]. La superbe et l'offense ne sont pas une recommandation auprès de ceux qui sont et demeurent résolus à vous aider. Encore moins en seront-elles une auprès de la Nation que vous voulez unir... Je me permets de vous supplier de faire sur vous-même l'effort nécessaire, pendant qu'il en est temps encore[15]... »

L'adjuration serait belle en tout état de cause. Mais, beaucoup mieux, il s'agit d'une lettre au modèle... C'est, entre cent autres, la preuve que Pierre Brossolette n'était pas seulement un écrivain de talent, mais un homme brave, et dans le domaine le plus difficile qui soit : celui du rapport avec les grands hommes. Le compagnon qui a écrit cela aura beaucoup manqué à Charles de Gaulle...

Brossolette est aussi celui qui, sachant mettre de Gaulle en garde contre lui-même, osait mettre ses camarades en garde contre l'antigaullisme. Dans un article publié par *la Marseillaise* le 27 septembre 1942, dénonçant la permanence à l'étranger des vieux clivages politiques balayés en France par la défaite, l'occupation et les choix qui s'imposaient désormais indépendamment des frontières de partis, l'ancien éditorialiste du *Populaire* écrivait : « En France, on est gaulliste ou antigaulliste. Et on ne peut pas être autre chose [...]. En opposition au mouvement général de rénovation nationale, nous assisterons à des tentatives partielles de reconstitution des anciens partis politiques. Tous les Français de France, qui ont mesuré les malheurs du pays et qu'a soulevés le souffle nouveau de la Résistance et du redressement, pensent sans doute comme moi que rien ne pourra être plus lamentable [...]. Une telle tentative est vouée à l'échec [...]. Elle serait un danger pour tous... »

Un tel homme pouvait bien se faire le censeur de son caractère et de ses méthodes : Charles de Gaulle se sentait plus proche de ce discours de la « rénovation nationale » que des mises en garde de Christian Pineau contre toute condamnation de la IIIᵉ République. Et pourtant, un an plus tard, c'est contre cette thèse et pour celle (incarnée par Jean Moulin) de la reconstitution des partis provisoirement rassemblés, que Charles de Gaulle se prononcera, engageant l'ensemble des mécanismes dont Pierre Brossolette a tant contribué à lui assurer le contrôle. Car viendra un temps où le gaullisme, confronté à de nouvelles épreuves, nationales et surtout internationales, devra moins s'affirmer créateur qu'héritier, et moins neuf que raisonnable...

Ce flamboyant, ce provocant article de *la Marseillaise* ne résume pas la pensée ni même la stratégie de Pierre Brossolette tout au long des seize mois qui lui restent à vivre. Le scandale provoqué par cette « sortie », non seulement au sein du cercle Jean-Jaurès (directement visé, et où l'on était plus intolérant au gaullisme que ne l'eut probablement été son inspirateur) mais aussi chez pas mal des « Français de France », surtout socialistes, qui faisaient d'autre part grief à Brossolette d'avoir amené avec lui à Londres, pour élargir les bases du gaullisme, l'ancien adjoint du colonel de La Rocque à la tête des Croix-de-Feu, Charles Vallin, l'incita à nuancer ses propos et sa vision.

Mais ce qu'on a appelé la grande querelle entre Jean Moulin et Pierre Brossolette * sera fait notamment de cette différence de conceptions sur le rôle des partis qui divisera la Résistance. Frenay, Passy, Brossolette d'une part, Moulin, d'Astier, socialistes et communistes de l'autre, s'affronteront à propos de la substitution aux partis d'organismes fortement structurés, transcendant les rivalités passées et exprimant l'esprit neuf de la Résistance ? De Gaulle tranchera en faveur des seconds.

C'est encore un socialiste qui vient, à la fin de juillet 1942, consolider à Londres, le parti de l'intérieur : André Philip, professeur de droit (économie politique) à l'université de Lyon, dirigeant de la SFIO et député du Rhône. A Pineau qui, trois mois plus tôt, citait ce nom parmi ceux des responsables de la Résistance les plus impatients d'obtenir un manifeste de lui, le général avait dit : « Tiens, Philip est avec vous ? Je le ferais bien venir à Londres... » Le 27 juillet, il est là. Et il n'a pas plus tôt atterri qu'il tient une conférence de presse : « Que pensez-vous du général de Gaulle ? — Le général ? Je m'en fiche... Je viens rejoindre le sous-secrétaire d'État à la guerre du dernier gouvernement libre, donc légitime, de la IIIᵉ République ! [16] ».

L'argument séduit de Gaulle : voilà bien de quoi impressionner Roosevelt (on est encore dans la période de « lune de miel américano-gaulliste » de l'été 42 **). Il entraîne Philip dans une longue promenade nocturne : « Le général me fit pendant trois heures la plus belle des leçons d'agrégation sur l'État et la Nation. Dès qu'il se tut, je lui dis : " Mon général, sitôt la guerre

---

* Voir plus loin, chapitre 34.
** Nous avons déjà vu que Roosevelt ne fut pas ébranlé par l'éloquence de Philip...

gagnée, je me séparerai de vous. Vous vous battez pour restaurer la grandeur nationale. Moi, pour bâtir une Europe socialiste et démocratique... " »

Moyennant quoi André Philip est nommé le 28 juillet commissaire national à l'Intérieur. Succédant au très discret Diethelm, il va apporter au traitement des relations entre la Résistance et Londres son ardeur un peu brouillonne, sa fougue éloquente et des façons de sanglier vertueux qui auront plus de succès auprès des militants de Libération ou de Franc-tireur que face au président Roosevelt. De Gaulle et Passy le jugeront souvent « gaffeur » : mais que pèsent ses maladresses, au regard de cette foi qui l'emporte, et de sa compétence ?

C'est au moment culminant de la crise qui oppose Charles de Gaulle à ses alliés et hôtes britanniques, (automne 1942) et à la fin de la brève « lune de miel » américano-gaulliste, que, par une sorte de compensation historique, se déroule à Londres la plus importante conférence (jusqu'alors) de l'histoire de la Résistance : celle qui réunit d'une part les chefs des deux principaux mouvements métropolitains, Henri Frenay (« Charvet ») pour Combat et Emmanuel d'Astier (« Bernard ») pour Libération*, le « troisième grand », Jean-Pierre Lévy (de Franc-tireur) ayant été en même temps que Jean Moulin empêché par une série de contretemps de gagner Londres, et d'autre part Philip, Soustelle**, Passy, Brossolette, Vallon, et le général lui-même.

C'est le 1er septembre qu'à bord d'un petit cotre doté d'un équipage polonais, Frenay et d'Astier ont embarqué de la calanque d'En-vau, près de Cassis. Ils sont arrivés à Londres le 17. Retardés par la prolongation du séjour du général en Afrique, les entretiens se déroulent entre le 3 et le 15 octobre. L'absence de « Rex » en affaiblit un peu la portée, mais deux mesures importantes sont tout de même prises après une intervention du général de Gaulle : la désignation du chef de l'Armée secrète et la coordination des grands mouvements, que prépare depuis neuf mois Jean Moulin.

Très vite, il apparut aux « londoniens » que le seul point d'accord entre « Charvet » et « Bernard » était leur commune opposition à « Rex », dont l'autorité leur apparaissait abusive et tatillonne. Mais Philip et (quelles que soient leurs divergences avec lui) Passy et Brossolette défendent fermement Moulin, pièce maîtresse de l'ensemble du dispositif. Le sixième jour, libéré de ses démêlés avec Downing Street, de Gaulle entre personnellement en jeu pour « couvrir » sans réserve son délégué en France. « Son autorité, son prestige — son tempérament aussi et sa " manière " — ont pesé, le moment venu de la décision, de façon déterminante », écrit Henri Noguères [17]. « Rex » restera à son poste, consolidé.

Contraint de céder sur le problème personnel que pose Moulin à ses yeux comme à ceux de d'Astier, Frenay va se battre avec acharnement contre

---

* Qui a déjà fait un séjour à Londres, en mai, avant de remplir une mission aux États-Unis.
** Alors commissaire à l'Information, mais de plus en plus associé à ce type d'action.

l'idée dont « Rex » est, au nom du Connétable, le champion : celle de l'unification des organisations et partis au sein d'un organisme commun. Écoutons-le plaider :

« L'organisme dont nous parlons, du fait même qu'il s'estimera représentatif, se sentira la vocation de prendre position sur tous les problèmes. Or en France et ici les perspectives sont inévitablement différentes, comme le sont les conditions de vie. Ne doit-on pas craindre que ces différences amènent des oppositions et peut-être même des conflits ?

— Eh bien, dit de Gaulle, on essaiera de s'entendre.

— Et si on n'y parvient pas, on sera dans l'impasse...

— Non, car je donnerai des ordres... »

Frenay retient son souffle...

« Nous sommes au cœur du problème : la nature des rapports entre de Gaulle et la Résistance... Un grand silence s'établit autour de la table.

— Mon général, reprend le leader de Combat, l'action que nous menons en France a deux aspects indissociables, mais de nature différente. D'une part, dans l'Armée secrète et les Groupes-Francs, nous sommes des soldats et à ce titre, intégrés dans un dispositif d'ensemble. Nos tâches lors du débarquement seront fixées par l'état-major interallié et par vous-même et, cela va sans dire, nous obéirons. Par ailleurs, nous sommes des citoyens libres de leurs pensées et de leurs actes. Cette liberté de jugement, nous ne pouvons l'aliéner, ce qui signifie qu'à vos ordres, dans ce domaine, nous obéirons ou nous n'obéirons pas.

Le général reste quelques instants silencieux...

— Eh bien, Charvet, la France choisira entre vous et moi [18]. »

Mais l'accord se fit tout de même sur un principe, celui d'une simple « coordination » entre les divers groupes, Frenay espérant ainsi préserver son autonomie, d'Astier se persuadant que, grâce à cette formule plus souple, il ne serait pas absorbé par Combat, trop puissant pour qu'il puisse s'y frotter de trop près. Au surplus, il a sur son rival un avantage : il a séduit Charles de Gaulle qui, agacé par le côté « jugulaire » de « Charvet », ancien officier d'active, est envoûté par le brio et le charme anarchisant de « Bernard ». C'est lui qui a choisi de l'envoyer en mission aux États-Unis, où de bons contacts ont été pris.

Enfin, les visiteurs et leurs hôtes arrivent à s'entendre sur un point important : la désignation du chef de l'Armée secrète dont Jean Moulin et Henri Frenay ont décidé la création six mois plus tôt. « Charvet » n'a pas dissimulé à ses hôtes qu'il est candidat à ce commandement. Mais il est vite isolé : d'Astier ne tient pas à voir ainsi promu son rival, les « londoniens » le jugent par trop rétif, et l'ensemble des conférants préfère mettre en place un général. Frenay, lui, n'était, en juin 1940, que capitaine*. Lors de la conférence, de Gaulle a déclaré sèchement à Frenay : « J'ai des généraux à caser, puisqu'il y en a maintenant qui veulent se battre [19] ! » Un général a le pas sur un capitaine, fut-il breveté.

---

* Leclerc aussi, qui sera bientôt promu général.

C'est Frenay, et non de Gaulle qui lance dans la discussion le nom du général Delestraint. On n'a pas oublié que cet officier avait été très lié au Connétable en 1936-39, au temps de la croisade pour les chars, dont Delestraint est un des meilleurs spécialistes français. Bien qu'il soit proposé par « Charvet », de Gaulle ne saurait le rejeter. L'unanimité se fait vite sur son nom. Et le 23 octobre, recevant l'acceptation de Delestraint (le poste est périlleux*!) Charles de Gaulle lui écrit aussitôt : « Personne n'était plus qualifié que vous pour entreprendre cela. Et c'est le moment! Je vous embrasse, mon général, nous referons l'armée française [20]. »

En somme, la conférence d'octobre 1942, en dépit de l'absence de Jean Moulin et de Jean-Pierre Lévy, marque un progrès — en tout cas celui de l'emprise de Londres sur l'intérieur. Le général en tire les conclusions en adressant à Jean Moulin, le 22 octobre 1942 ce message qui est une solennelle confirmation de ses pouvoirs :

> « La présence simultanée à Londres de Bernard et de Charvet a permis d'établir l'entente entre leurs deux mouvements de résistance et de fixer les conditions de leur activité sous l'autorité du Comité national... [...]. Les dispositions qui ont été arrêtées faciliteront l'exécution de la mission qui vous est confiée. Vous aurez à assurer la présidence du comité de coordination au sein duquel seront représentés les trois principaux mouvements de résistance : Combat, Franc-Tireur et Libération... Toutes les (autres) organisations de résistance... devront être invitées à affilier leurs adhérents à l'un de ces mouvements et à verser leurs groupes d'action dans les unités de l'Armée secrète en cours de constitution [...]. Je tiens à vous redire que vous avez mon entière confiance et je vous adresse toutes mes amitiés [21]. »

« Sous l'autorité du Comité national »... Charles de Gaulle ne s'est pas contenté de maintenir son délégué contre la fronde des chefs, et de préciser sa mission. Il fait sonner une « autorité » qui, depuis un an, depuis le temps de la « hautaine consigne » du 23 octobre 1941 — si peu obéie par ceux qu'elle visait à convaincre — ne s'est pas simplement accrue : elle s'est, en un an, constituée.

Depuis le parachutage en Provence de « Rex », de Gaulle a tissé des liens puissants et organiques avec l'intérieur, il s'est entouré d'une équipe forgée aux terribles épreuves de la lutte clandestine, a signé un manifeste qui est déjà comme une charte des combattants, a pris contact avec les communistes par le truchement de Rémy et bousculé les divers agents et instruments des politiques anglo-saxonnes, provoquant le rejet dans l'ombre du général de la Laurencie, figure de proue d'une nouvelle intrigue américaine.

Et tandis que la Wehrmacht échoue, pendant l'été 1942, dans son gigantesque effort pour porter le coup de grâce à l'URSS, les États-Unis commencent, dans le Pacifique, à renverser le cours de la bataille : incomparable « doping » pour la Résistance. Enfin, le retour au pouvoir de

---

* Delestraint sera déporté et exécuté à Dachau.

Laval à Vichy et sa déclaration en faveur de la victoire nazie offrent à Londres et à ses alliés métropolitains un admirable repoussoir.

Si contesté qu'il soit encore en tant que chef politique ou dans la personne de son délégué en France, Charles de Gaulle peut se présenter à l'automne 1942 comme le fédérateur de la Résistance sur le territoire national. N'est-ce pas plus qu'il n'en faut pour convaincre Franklin Roosevelt, pour regagner la confiance de Winston Churchill ?

Ni Roosevelt ni même Churchill ne se laissent pourtant convaincre, à la veille du grand événement qui va transformer le rapport de forces, changer le sort de la guerre, et bouleverser les perspectives de la libération nationale.

IV

Les conquérants

30. La torche et la cendre

Alger et l'Afrique du Nord sont au centre des préoccupations de Charles de Gaulle depuis le début du conflit. En juin 1940, il a voulu y entraîner Reynaud et l'État. Au lendemain de l'armistice, c'est le proconsul de Rabat, Noguès, qu'il a d'abord voulu associer à son refus. Quand Catroux se rallie à la France libre, il lui écrit qu'une seule mission est digne de lui : l'Afrique du Nord. Et si, dans le grand débat stratégique anglo-américain à propos du « second front », il a pris, contre le projet anglais visant la Méditerranée, le parti de Marshall préconisant l'attaque directe de la « forteresse Europe », de Gaulle se garde de sous-estimer le bastion stratégique nord-africain que la France combattante, à partir de ses deux bases clés de Brazzaville au sud et de Beyrouth à l'est, lorgne avec passion.

En est-elle absente ? C'est l'opinion de Robert Murphy qui, depuis 1940, sous le titre de consul général des États-Unis à Alger — puis de « représentant personnel » du président Roosevelt — dirige la manœuvre prévue. Les rapports qu'il adresse à la Maison-Blanche et au Département d'État concluent à l'inexistence du gaullisme nord-africain — et bien plus, à sa nocivité : selon Murphy, l'alliance avec cette force négligeable n'aurait qu'un effet : dresser contre l'entreprise les vraies forces, celles de Vichy.

Au surplus, fait-il valoir, les précédents de Dakar et du Levant ont démontré une fois pour toutes que les *Free French* étaient détestés par l'ensemble des forces armées et des administrations françaises, et que leur participation à une entreprise menée par les Alliés en assurait l'échec [1]. Et ce sera, au moins jusqu'au mois de juin 1943, l'avis de Washington — entériné, de guerre lasse, par Londres.

Absente d'Algérie, la France libre ? « Il n'y a pas 10 % de gaullistes dans ce pays ! » objecte Robert Murphy, à la fin de 1942, à un porte-parole du général qui proteste contre l'ostracisme qui frappe les Français combattants. Moins de 10 % ? C'est probablement vrai.

Écartons d'emblée de la discussion les 90 % de la population formée par les Musulmans, totalement exclus de la vie politique et de la décision Aucune enquête n'a jamais pu être faite sur leurs sentiments à l'époque : le seul « sondage » réel fut la participation, souvent héroïque, de 150 000 combattants nord-africains aux campagnes de 1943-1944, de la Tunisie à l'Italie et au débarquement-sud. Si limité soit le pouvoir de décision individuel en matière militaire, si importante soit l'équation personnelle des chefs immédiats, il ne paraît pas que passer de Weygand à Leclerc ait posé beaucoup de problèmes aux goumiers et aux tirailleurs — et c'est sous les ordres d'un général rallié à de Gaulle dès avant le débarquement, Monsabert, qu'Ahmed Ben Bella mérita d'être décoré de la médaille militaire à Cassino.

Dans les milieux européens dominait à coup sûr l'esprit « maréchaliste ». Tant que Weygand fut le représentant de Pétain à Alger, le mythe du « père » Pétain et la mystique du « chef » proche se conjuguèrent pour rassembler autour de la francisque et du « serment au maréchal » une population de tradition plutôt conservatrice, en majorité hostile à la IIIᵉ République « juive et franc-maçonne », et d'autant plus attachée à l'ordre que sa survie en terre d'Afrique paraissait en dépendre. La « légion des combattants » et le « service d'ordre légionnaire », avant-gardes du vichysme, groupèrent très vite plusieurs dizaines de milliers d'adhérents, et le PPF (Parti populaire français) de Doriot recruta abondamment — y compris en milieu musulman, où il bénéficia de la complicité d'une frange du PPA (Parti du peuple algérien).

L'immense majorité des forces armées campait sur les mêmes positions. La marine, en vertu de traditions exacerbées par le souvenir douloureux de Mers el-Kébir. L'armée de terre, parce qu'elle avait reçu le renfort, à partir de juillet 1941, d'unités évacuées du Levant après l'accord de Saint-Jean-d'Acre et ulcérées par cette humiliante retraite. Mais bon nombre d'officiers avaient depuis longtemps rallié le camp gaulliste. On les retrouvera. Quant à l'aviation, les rapports américains eux-mêmes l'estimaient plus perméable aux influences de Londres : des « désertions » d'aviateurs vers Gibraltar avaient été enregistrées, et les sympathies pour la France libre d'un homme comme le général Bouscat — qui servira de truchement entre Giraud et de Gaulle — étaient notoires.

Mais la France libre avait poussé tout de même des racines dans la population algéroise et oranaise, où un vieux courant de gauche grossi par le repli vers l'Afrique du Nord de nombreux républicains espagnols se conjuguait avec une résistance diffuse au « maréchalisme », vive surtout dans les milieux juifs que le système de Vichy avait frappés de plein fouet par l'abolition du décret Crémieux — texte datant de 1870, accordant d'office la nationalité française aux israélites d'Algérie. Très attachée, pour mille raisons, à la tradition républicaine, cette communauté dynamique et bien pourvue en hommes de valeur fournit au « gaullisme » d'Algérie nombre de ses meilleurs militants, dont l'élément de pointe fut la famille Aboulker.

Beaucoup de gaullistes aussi dans la police — dont le fameux commissaire Achiary — et dans l'enseignement, qui donnera à la « conspiration » gaulliste deux de ses meilleures têtes : René Capitant, animateur de la branche nord-africaine du mouvement Combat et Louis Joxe, plus proche de Libération.

Moins de 10 % de gaullistes ? S'il y en avait beaucoup plus en France métropolitaine à la fin de 1942, ce n'était pas depuis très longtemps. Et chacun sait que les grandes mutations historiques sont rarement déclenchées par des groupes beaucoup plus nombreux. C'est à l'heure de la ratification que l'on se compte

La décision stratégique axant le débarquement des Alliés sur l'Afrique du Nord plutôt que sur le continent européen a été prise, on l'a vu, en juillet 1942. Quand le général de Gaulle fait face aux grands chefs américains le 23 juillet à Londres, jouant pour une fois le rôle de dupe qu'il imposera plus souvent aux autres, George Marshall, son principal « interlocuteur » sait que son plan d'attaque directe de l'Europe occidentale, dit « Sledgehammer », mis au point en avril 1942 et dont la réalisation était prévue pour le début de 1943, est abandonné ou reporté à beaucoup plus tard, F. D. Roosevelt ayant cédé, contre l'avis de tous ses conseillers militaires, aux pressions de Winston Churchill.

Les arguments du Premier ministre anglais sont multiples. Il est alors engagé à fond dans la bataille de Cyrénaïque — où, dans la première semaine de novembre, l'Angleterre va remporter à El Alamein sa plus grande victoire terrestre de la guerre. Tout l'oriente donc vers le théâtre d'opération méditerranéen. Une vaste manœuvre prenant Rommel de dos et chassant une fois pour toutes la Wehrmacht du front méridional lui semble la plus urgente. Au surplus, l'effort fourni au *Western desert* ne lui permet pas d'engager dans une opération telle que « Sledgehammer » les importants effectifs britanniques qui, selon lui, doivent être au cœur d'une grande opération sur l'ouest européen.

Enfin, le Premier ministre britannique voit dans l'attaque par le flanc sud l'amorce d'une énorme opération qui, à travers l'Italie et la Yougoslavie, le « ventre mou » de l'Europe, portera les Alliés en un secteur politico-stratégique — Balkans, Danube, Carpathes — où il ne faut pas laisser Staline s'aventurer trop avant. Les réflexions que de Gaulle faisait devant Passy en décembre 1941 sur les futures victoires russes, Churchill ne manquait pas de les faire devant Eden ou Morton — en ayant, lui, les moyens de réaliser ses idées.

Si profonde soit la confiance qu'il a en George Marshall, et si pressé qu'il soit de porter à Hitler des coups mortels, le président des États-Unis s'est laissé convaincre par son éloquent partenaire, à condition d'avoir l'affaire bien en main et d'en exclure totalement les *Free French*. Les arguments de Churchill ont prévalu d'abord parce que Marshall a dû convenir que, compte tenu des immenses opérations que prépare Douglas MacArthur dans le Pacifique, il ne disposera pas des moyens suffisants pour *Sledgehammer* avant le mois d'avril 1943. Ensuite parce que les quelque 200 000 hommes qu'il aura pu alors rassembler ne le mettront pas en mesure de briser la Wehrmacht : il devra se contenter d'établir une vaste tête de pont dans le Nord-Ouest de la France, créant ainsi le second front réclamé par les Soviétiques, sans emporter la décision.

Faut-il suggérer d'autres mobiles chez Roosevelt ? Ce crochet par l'Afrique du Nord ne lui permettait-il pas, en effet, d'atteindre deux objectifs plus personnels : purger l'Afrique du Nord du colonialisme français et remettre au général de Gaulle ce que Milton Viorst appelle joliment un « visa pour l'oubli » ?

Toujours est-il que la décision de juillet 1942 en faveur de l'opération « Gymnast » (qui sera rebaptisée « Torch ») en prévoit la réalisation pour la fin d'octobre. Le moins que l'on puisse dire est que la cible choisie n'était pas inconnue. M. Murphy et les 33 consuls américains qu'il avait implantés d'Agadir à Gabès « travaillaient » patiemment le terrain, à la base en faisant valoir auprès des populations que les importantes livraisons de tissus, de thé et de sucre qu'elles recevaient étaient dues à la générosité américaine, et au sommet en s'efforçant d'associer à l'entreprise des cadres dynamiques et surtout un chef français prestigieux.

Le premier « choix » de Robert Murphy fut naturellement le général Weygand, qu'un fort parti antiallemand, antigaulliste et proaméricain soutenait dans l'ensemble de l'Afrique du Nord, animé par le très intelligent et influent Emmanuel Monick, ancien conseiller financier à Washington devenu secrétaire général du protectorat au Maroc*. Même après son éviction d'Alger (imposée à Pétain par Hitler en novembre 1941) Weygand resta le « candidat » de Murphy qui, en mars 1942, lui dépêchait encore à Cannes un émissaire (le neveu de MacArthur) pour le convaincre de servir au moins de drapeau à l'opération « Gymnast » : « Ce n'est pas à mon âge que l'on devient rebelle... », soupira l'ancien proconsul.

Faute de Weygand, les Américains s'abouchèrent avec un collectif dont le rôle devait être essentiel et qu'on a commodément appelé le « groupe des cinq », bien qu'ils fussent peu groupés et beaucoup plus de cinq... En forçant les choses, on peut tout de même limiter à ce chiffre l'équipe assez hétéroclite qui constitua le *brain trust* français de Murphy pour l'ensemble de la manœuvre.

D'abord Jacques Lemaigre-Dubreuil, grand industriel** et comploteur-né, mêlé aux affaires du 6 février 1934, proche de la Cagoule, mais aussi antiallemand que proaméricain ; son bras droit Jean Rigault, habile manœuvrier auquel il avait confié la direction financière de son journal *le Jour-Écho de Paris,* l'une des publications les moins « collaborationnistes » de la zone sud ; le colonel de réserve Van Hecke, chef des Chantiers de jeunesse ; le diplomate Tarbé de Saint-Hardouin, qui avait été le second d'André François-Poncet à l'ambassade de France à Berlin ; enfin le lieutenant Henri d'Astier de la Vigerie, jeune frère du leader de Libération et d'un général d'aviation gaulliste, qui, au 2ᵉ bureau d'Oran, exerçait une influence sans commune mesure avec son modeste grade.

Aucun de ces « cinq » (qui sont tantôt trois, tantôt vingt) n'est (alors) gaulliste***. Tous sont à la recherche d'un homme qui n'a jamais été pour

---

* On le retrouvera, à l'heure de la libération de Paris, secrétaire général aux Finances.
** Les huiles Lesieur.
*** Deux d'entre eux, Van Hecke et d'Astier, le deviendront, à des titres divers

aucun d'eux Weygand, mais pourrait être n'importe quel militaire de haut rang non inféodé à Vichy.

Aux côtés des « cinq », les uns en marge de cette bizarre constellation, les autres en concurrence directe avec elle travaillent deux équipes. L'une est formée de militaires patriotes. Le capitaine Beaufre, membre de l'état-major de Weygand, mais beaucoup moins enclin que son chef à tolérer les ambiguïtés et l'immobilisme de Vichy, s'efforce de regrouper tous les éléments antiallemands du vichysme algérois en vue de préparer un accueil pacifique au débarquement qui ne saurait manquer de se produire tôt ou tard, l'important étant pour lui, qui connaissait bien son monde, d'éviter que les Alliés ne fussent reçus à Alger comme à Dakar ou à Damas. Le colonel Faye, lui, est plus engagé : il est le correspondant en Afrique du Nord du réseau « Alliance » de Loustaunau-Lacau. Beaufre et Faye* sont en contact avec les généraux Mast et Béthouart, acquis d'avance à l'idée d'une rentrée dans la guerre. Arrêté en mai 1941, Beaufre sera libéré en novembre, et sera dès lors au centre du jeu.

Et puis il y a le groupe gaulliste, dont l'inspirateur est René Capitant, professeur de droit, flanqué de son collègue Louis Joxe (qui enseigne l'histoire au lycée), du commissaire André Achiary (chargé du contre-espionnage, il joue un rôle clé dans toutes ces intrigues) de Mᵉ René Moatti, du Dr Aboulker et de son fils José, de Louis Fradin, de l'étrange lieutenant abbé Louis Cordier, affecté au 2ᵉ bureau de l'état-major où il est en contact étroit avec Henri d'Astier, de Roger Carcassone, qui agit à Oran, de Bernard Karsenty, du colonel Jousse, major de la garnison qui, comme tel, dispose de beaucoup de leviers... Bref, là encore, beaucoup de nuances, mais pas mal de moyens d'action : on les retrouvera.

Eux, les gaullistes, ils ne sont pas en quête d'un chef. Mais les « cinq », et leurs alliés militaires qui ne veulent pas entendre parler de De Gaulle (« inexportable en Afrique du Nord », estime Beaufre) cherchent un homme, si possible un général.

La Laurencie n'est pas sérieux ; Odic, qui un an plus tôt a refusé de se rallier à de Gaulle, ne « fait pas le poids » ; et, commandant les troupes de l'ensemble nord-africain, Juin est un sphinx qui décourage toute tentative. Alors ?

Le 17 avril 1942, le général d'armée Henri Giraud, fait prisonnier le 19 mai 1940, s'est évadé de la forteresse allemande de Königstein. C'est un exploit, qui restaure le prestige de l'un des trois ou quatre chefs militaires français dont le nom, dès avant sa capture, avait atteint le grand public et acquis une véritable notoriété. Au début de la guerre, la rumeur publique en faisait le grand chef des années à venir. Reynaud avait même songé à lui offrir, dès le mois de mai 1940, la succession de Gamelin. On rappelait ses

---

* Le second sera arrêté et fusillé par les occupants.

compagnes du Maroc, on vantait sa bravoure de zouave pontifical, on s'extasiait sur sa superbe prestance, et beaucoup mettaient à son crédit le mépris de fer qu'il affichait pour tout ce qui touchait, de près ou de loin, à la « politique ».

Son collègue Catroux, qui l'avait bien connu au Maroc, résumait sa personnalité dans un demi-sourire, en disant : « Giraud, comme colonel, eut du rayonnement [2]... » Nous l'avons vu se heurter au colonel de Gaulle à Metz où, chef de la région militaire, il prétendait interdire à son subordonné d'assurer aux unités de chars une autonomie qui fut l'un des secrets de la victoire allemande.

Dans ses *Mémoires de guerre,* de Gaulle dit de lui, avant de relater leurs démêlés fameux : « Je pensais que... ce grand chef que j'estimais fort [...] pourrait jouer un grand rôle... » La suite de l'histoire montre que cette « pensée » ne fit pas que traverser son esprit. Elle lui inspira en tout cas une invitation pressante (et répétée) à rejoindre la France combattante.

Mais si forte qu'elle fût alors, l'« estime » de Charles de Gaulle n'était rien comparée à la flambée d'enthousiasme soulevée, dans la pénombre maussade d'Alger, par l'apparition de cet homme « neuf », auquel son évasion, saluée par une explosion de fureur dans le camp hitlérien, confère un caractère quelque peu miraculeux. Weygand n'a pas plus tôt désarmé les meilleures volontés que s'avance sur la scène un héros plus ingambe, à vrai dire providentiel.

Ni Murphy ni Lemaigre-Dubreuil ne voient malice à ce que, sa liberté à peine recouvrée, Giraud soit allé à Vichy se présenter au maréchal et, froidement menacé par Laval d'être « restitué » à Hitler, ait dû plaider sa cause auprès d'Otto Abetz, s'expliquer avec Darlan, enfin concéder à Philippe Pétain la signature d'une lettre (déjà rédigée à son intention, mais qu'il doit recopier de sa main) où il proclame sa fidélité inconditionnelle au vieux chef :

« Monsieur le Maréchal [...]. Je tiens à vous exprimer mes sentiments de parfait loyalisme. Je suis pleinement d'accord avec vous. Je vous donne ma parole d'officier que je ne ferai rien qui puisse gêner en quoi que ce soit vos rapports avec le gouvernement allemand ou entraver l'œuvre que vous avez chargé l'amiral Darlan ou le président Pierre Laval d'accomplir sous votre autorité. Mon passé est garant de ma loyauté. » (Les sept derniers mots avaient été rajoutés par le signataire.)

Dans son livre *Mes évasions,* le général Giraud n'a pas le courage de citer ce texte, se contentant d'écrire qu'un collaborateur du maréchal lui avait apporté le 4 mai 1942 « une lettre toute faite qui n'est pas un serment, mais une déclaration de loyalisme au maréchal. Celui-ci m'engage vivement à la signer. Pour qu'on me laisse tranquille, j'y consens [3] »... Mais croit-il qu'on va le laisser « tranquille » ? Deux semaines plus tard, il est de nouveau convoqué à Vichy où, en présence de Laval et de cet agent nazi nommé Rahn que nous avons vu opérer au Levant, le maréchal, lui parlant « en termes pathétiques de son âge, de son désir de conclure la paix » lui fait comprendre, sans le dire expressément, bien entendu, « qu'il est de [son] devoir de Français de [se] rendre volontairement aux Allemands[4] ». Ce à quoi, cette fois, Henri-Honoré Giraud ne « consent » pas.

Cette époque troublée a vu fleurir des textes plus compromettants que la lettre du 4 mai. Mais on ne peut pas dire que d'avoir signé ces lignes destinât précisément le général Giraud à devenir le champion ou le symbole de la libération nationale. Ce que beaucoup pourtant crurent possible, en France et hors de France. Le retour de Laval en avril 1942 ruinant les espoirs nourris par les promoteurs de l'entente cordiale américano-vichyste, faudrait-il donc en passer par l'impossible de Gaulle ? Mais non, voici que surgissait l'homme providentiel, incarnant un Vichy antiallemand conforme au rêve des trois quarts de la bourgeoisie française, de la majorité des notables et des cadres de l'armée — et bien entendu du président Roosevelt.

Charles de Gaulle ne fut pas le seul à sentir passer le vent de ce boulet-là. L'amiral Darlan aussi qui, écarté quelques semaines plus tôt des réalités du pouvoir par Pierre Laval, et jugeant du coup la collaboration moins séduisante, tentait alors quelques ouvertures surprenantes, tant du côté de la Résistance que des Américains[5]. En octobre, lors d'une visite à Alger où le représente personnellement l'amiral Fenard (qui laisse dire que ses sympathies personnelles vont aux Alliés) il charge un officier de son entourage de contacter Robert Murphy, indiquant qu'il reviendra en inspection le mois suivant et qu'il a des propositions à faire. Darlan n'est pas sans flairer quelque chose comme une grande opération alliée : mais comme la plupart des gens réputés « bien informés », il croit plutôt à un débarquement sur la côte d'Afrique occidentale ; il en a parlé au Maroc, en octobre, avec le général Noguès.

Le débarquement, Charles de Gaulle en a eu vent dès le mois d'août. Peut-être avant. Lors de son entrevue du 28 juillet avec Anthony Eden, alors qu'il est déjà mis en alerte par l'arrivée à Londres (et même peut-être par les silences pesants) des chefs militaires américains, il a abordé la question du « second front ». Le ministre britannique, plus « carré » qu'à son ordinaire, lui indique qu'il « ne faut guère y songer maintenant ». « De grands espoirs vont être déçus », rétorque de Gaulle — qui confirme à son interlocuteur son prochain départ pour l'Afrique et le Levant. Alors il s'entend dire ceci, qui ne manquera pas de cheminer dans sa tête : « Revenez aussitôt que possible. Il sera bon en effet que vous soyez ici au moment où d'importantes décisions seront prises... »

Anthony Eden en a certainement dit là plus qu'il n'était autorisé à le faire par ses alliés américains. Ainsi aiguillé, en tout cas, le Connétable ne manquera pas de faire son enquête au Levant où Catroux, fin limier et qui entretient d'assez bons rapports avec l'état-major britannique, lui en dira un peu plus long. Toujours est-il que le 27 août, s'arrachant un instant aux « chikayas » d'Orient, le chef de la France combattante câble à ses représentants à Londres, Pleven et Dejean :

« J'ai la conviction, étayée sur beaucoup d'indices, que les États-Unis ont maintenant pris la décision de débarquer des troupes en Afrique du Nord française [...]. Les Américains se figurent qu'ils obtiendront tout au moins la passivité partielle des autorités de Vichy [...]. Le maréchal Pétain donnera, sans aucun doute, l'ordre de se battre en Afrique contre les Alliés [...]. Les Américains avaient, d'abord, cru qu'il leur serait possible d'ouvrir un second front en France cette année... Maintenant, leur plan a changé et, du même coup, nous les voyons reprendre leur réserve vis-à-vis du Comité national[6]. »

On ne saurait dire plus de choses en moins de mots, ni allier plus de lucidité dans l'immédiat à une plus sûre prescience. Nous savons depuis longtemps que le Connétable n'est jamais plus grand que dans l'adversité. Or, il y est. Alors même qu'il a tout fait pour aigrir jusqu'au cri ses rapports avec Churchill, mettant beaucoup de torts de son côté, il se voit rejeté par Washington au moment où s'amorce cette rentrée de la France dans la guerre qui est son grand dessein et devrait être son grand œuvre. Tout lui dit que l'affaire se dessine sans lui, c'est-à-dire contre lui, et que tous les dieux se tournent vers le troisième homme, vers ce Pétain gaullisé, vers ce de Gaulle pétinisé qu'est Henri Giraud.

L'opération qui tend désormais à se centrer sur ce nom prend en effet son essor, menée essentiellement par trois hommes : Lemaigre-Dubreuil qui, attaché à son état-major (de la IXe armée) en 1939, lui rend visite dans la région lyonnaise ; le colonel Solborg (adjoint de William Donovan, chef des services spéciaux américains), qui n'a pas de mal à persuader la Maison-Blanche et l'état-major du général Eisenhower que Giraud est l'homme de la situation, appelé par la population d'Afrique du Nord et d'ores et déjà appuyé par les « résistants » algérois ; enfin le capitaine Beaufre, qui se fait le cerveau du général évadé. Mais si intelligent et imaginatif que soit Beaufre, on va vérifier qu'il n'est de bon cerveau que de soi-même, et que le père Joseph ou Harry Hopkins ne furent grands que parce que leurs « conseillers » l'étaient d'abord...

Le scénario visant à investir Giraud est émaillé de malentendus, de faux-semblants, de roueries américaines et de naïvetés du principal intéressé — qui, sitôt informé du rôle éminent qu'on lui destine, exige le commandement en chef de l'opération (ce qui surprend Eisenhower !) et prétend la réorienter sur la côte méridionale de la France (ce qui le déconcerte plus encore). Mais au cours d'un séjour à Washington, au début d'octobre, Robert Murphy achève d'accréditer Giraud — qui, entre-temps, avait accepté que priorité fût donnée à l'opération « Torch » sur celle qu'il projetait lui-même en Provence, et admis que le commandement « interallié » qu'il revendiquait ne lui fût confié que deux jours après le déclenchement de l'opération.

C'est alors que va se dérouler l'un des épisodes les plus rocambolesques d'une guerre si totale que l'horrible n'y a jamais tout à fait refoulé le bouffon. Tandis que Murphy achevait son séjour à Washington, ses collaborateurs algérois demandaient aux « cinq » d'organiser aux environs d'Alger une réunion en vue de la préparation du débarquement, avec la participation de « grands chefs de l'US Army ». On choisit une villa proche de Cherchell d'où les propriétaires (les Simian) furent priés de déguerpir. Et, dans la nuit du 20 au 21 octobre, on se retrouva d'abord entre vieilles connaissances — d'un côté R. D. Murphy et son adjoint Knight ; de l'autre, trois des « cinq » (d'Astier, Van Ecke et Rigault) le général Mast, le capitaine de frégate Barjot et le colonel Jousse. Alors Murphy annonça l'arrivée imminente d'un sous-marin porteur de trois membres de l'état-major d'Eisenhower... Mais, la mer étant mauvaise, la nuit passa sans qu'on vît rien venir ; on repartit bredouille.

Le lendemain seulement — et non sans qu'un serviteur arabe, alerté par cet afflux de grosses voitures américaines en ce lieu désert, n'ait alerté la police, manquant faire échouer l'affaire, qu'il faut camoufler en partie fine... —, débarquent de canots pneumatiques extraits d'un sous-marin, trois Américains tous trempés qui ne sont rien de moins que le général Mark Clark, adjoint direct d'Eisenhower, le général Lemnitzer* et le colonel Holmes, trait d'union entre le commandant en chef et Robert Murphy...

Personne ne saura jamais pourquoi l'état-major américain aventura ainsi sur les flots plusieurs de ses chefs les plus importants en vue d'une « conférence d'état-major » où furent certes abordées les questions relatives aux lieux et aux moyens du débarquement mais où la date de l'opération fut dissimulée aux participants français. Ceux-ci quittèrent Cherchell persuadés que l'opération aurait lieu en mars alors que leurs hôtes savaient qu'elle était fixée au 7, 8 ou 9 novembre !

De ces conciliabules, les Français devaient surtout retenir un propos du général Mark Clark : « L'opération s'effectuera avec des moyens qui dépassent l'imagination... » Et chacun de rêver à une armada de centaines de milliers d'hommes : celle que réclamaient Weygand ou Noguès pour lui faire bon accueil. Ils furent, d'Agadir à Alger, 35 000. Enfin, Van Hecke et ses compagnons crurent avoir obtenu à Cherchell la promesse d'une relève rapide, par les forces américaines, de l'opération de « neutralisation » d'Alger qu'ils s'engageaient à accomplir dans la nuit du débarquement. Nous verrons comment fut tenu cet engagement. Murphy devait dire plus tard qu'il s'agissait, cette nuit-là, à Cherchell, d'une « prise de contact psychologique ». Aussi psychologique que la « conférence » de Gaulle-Marshall du 23 juillet à Londres...

A la veille de cette surprenante conférence « sous-marine », Robert Murphy avait adressé au général Giraud, le 19 octobre, une lettre qui a parfois été présentée comme un « accord Giraud-Murphy » — terminologie très abusive dans la mesure où il ne s'agit que d'un assez vague engagement de principe sur trois points : les États-Unis considèrent la France comme une alliée (ce qui était bon à dire) ; le rétablissement de son intégrité territoriale, en métropole et outre-mer, est un des buts de guerre des Alliés ; et « en cas d'intervention ennemie sur un territoire nord ou ouest-africain »

---

* Futur commandant en chef de l'OTAN.

enfin, la « coordination du commandement » sera confiée au général Giraud.

Mais ce texte plein de choses utiles, lointain écho de l'accord Churchill-de Gaulle du 7 août 1940, devait être complété par un singulier échange de lettres. Le général Giraud ayant, le 28 octobre, poussé plus avant la correspondance avec Murphy en formulant l'exigence que fussent exclus du débarquement attendu les Anglais et « les Français dissidents » (la terminologie utilisée à Vichy...), le diplomate américain s'empressa de lui répondre en citant ses propos mot pour mot — et bien sûr la phrase sur les « Français dissidents » — en ajoutant simplement : « Je suis heureux de vous assurer que les vues étudiées par vous sont tout à fait en harmonie avec celles de mon gouvernement [7]. »

Parbleu ! Quel plus beau cadeau pouvait recevoir le maître d'œuvre de l'opération, représentant personnel de FDR, que cette exclusive prononcée par ce général français contre les Français combattants ? En agissant ainsi le général Giraud donnait licence aux Américains d'intervenir dans les affaires françaises et de discriminer qui bon leur semblerait, en se référant à ce nouvel arbitre des intérêts français.

Les gaullistes algérois engagés dans l'opération — ne serait-ce que par la présence de plusieurs d'entre eux (Mast et Jousse) au rendez-vous de Cherchell — ne pouvaient manquer de savoir dans quel esprit s'apprêtait à agir le général Giraud, auquel on prêtait cette formule : « D'abord éliminer les communistes*, ensuite les gaullistes. » Soustelle cite une note rédigée par Henri d'Astier à l'intention du général de Gaulle où il rappelle les mises en garde adressées par lui aux Américains, lesquels lui auraient signifié que « le débarquement ne se ferait que si le général Giraud en prenait le commandement » et que « si nous ne tombions pas d'accord avec eux sur ce point, ils abandonneraient momentanément l'Europe pour concentrer leurs efforts sur le Pacifique »... « C'est pourquoi, assure Henri d'Astier, j'ai accepté cette solution, au nom des groupes de combat... »

Croire que les Américains allaient renoncer à leur projet en raison du seul désaccord d'un petit groupe d'hommes courageux dont ils voulaient bien accepter le concours tout en méprisant la cause à laquelle ils s'étaient voués, était bien naïf. Il s'agissait là de plans arrêtés depuis juillet entre Londres et Washington à l'issue de longues conférences au sommet, d'une stratégie générale de la guerre antinazie que ne pouvait infléchir le noyau gaulliste d'Alger — apte à jouer un rôle local important, mais qui n'était, en l'occurrence, qu'une goutte dans l'océan.

Passy et Soustelle décrivent les tentatives faites par les gaullistes londoniens et algérois pour coordonner leurs efforts et préparer une parade à l'exclusion radicale de la France combattante réalisée par Washington au nom du général Giraud. Le BCRA a créé au début de 1942 une section « Afrique du Nord » dirigée par le capitaine Semidei, dit Servais, mais il se heurte à un véritable barrage de la part des Anglais. Passy tente d'utiliser les

---

* Déportés depuis 1939 par centaines dans le Sud-Algérien. On y reviendra.

services du commandant Aumeran que Londres laisse partir pour les États-Unis, mais refuse de laisser revenir à Londres. Deux émissaires importants, envoyés en Algérie, Clairant et Daniélou, dit Clamorgan, disparaissent en mer ou en plein ciel.

A Alger, les groupes de combat animés par José Aboulker, Guy Calvet et le capitaine Pillafort, tentant d'obtenir des armes des Américains, se voient concéder quelques pistolets, et surtout des cigarettes. Les deux principaux dirigeants gaullistes, René Capitant et Louis Joxe, partent en mission pour la métropole. Le premier se concerte avec l'état-major de Combat — qui lui apprend que l'opération est prévue pour le mois de novembre —, revient à Alger en rendant compte de la décision de ses camarades métropolitains : l'organisation doit s'engager à fond dans la libération d'Alger. De même Louis Joxe, décidé à éviter que l'Algérie soit « un angle mort dans le dispositif de la France libre[8] », se rend à Lyon, y rencontre les Martin-Chauffier, Georges Altman, animateur de Franc-Tireur et Emmanuel d'Astier, leader de Libération qui lui dit : « Il va se passer de grandes choses, il faut en être[9] ! »

Le 5 novembre au matin, ayant reçu la veille un télégramme de son représentant à Alger, l'amiral Fenard, l'informant que l'état de son fils Alain, frappé depuis quelques mois par la poliomyélite, s'est aggravé, l'amiral Darlan s'envole de Vichy dans le plus grand secret. A Alger, il confère aussitôt avec le général Juin *, qui commande l'ensemble des forces françaises en Afrique du Nord : la ville est pleine de rumeurs. Des événements se préparent de toute évidence. Qui frappera d'abord ? Les Américains où les Allemands. Et où ? A Dakar ? A Bizerte ? A Alger ?

L'amiral se calfeutre dans un strict incognito, à l'amirauté. On n'en finit jamais de s'interroger sur les vraies raisons de sa venue en Algérie — purement fortuite et due seulement à la maladie de son fils, n'ont cessé de soutenir ses proches et ses exégètes ; évidemment liée à ses entretiens du mois précédent avec Noguès et les Américains, soutiennent d'autres qui, pour conforter leur argumentation, mettent surtout en lumière le rôle clé joué par l'amiral Fenard ** au centre de la toile[10]... On sait en tout cas qu'il était en contact depuis près d'un mois avec des collaborateurs de Murphy.

Autour de De Gaulle, à Londres, c'est le mutisme. Dans son histoire de la guerre, Winston Churchill écrit sans hypocrisie qu'il était « pleinement conscient de la gravité de l'affront qui était fait à de Gaulle[11] », non seulement en excluant de l'opération la France combattante mais même en la dissimulant à l'homme qui est venu se joindre à lui dans le désastre. Le Premier ministre a bien tenté de convaincre Roosevelt de tenir au moins de Gaulle informé quelques jours avant le jour J : FDR s'est entêté, ne cessant

---

* Qui, le 26 octobre, au cours de la brève visite de Darlan à Alger, l'a averti que les Américains préparaient un débarquement — information dont l'amiral ne semble pas avoir tenu compte.
** Qui deviendra l'année suivante l'un des représentants de la France combattante à Washington, et, à ce titre, l'organisateur du voyage de Charles de Gaulle aux États-Unis.

d'invoquer le précédent de Dakar (sujet sur lequel Churchill sait pourtant à quoi s'en tenir...).

« De toutes les discussions qui précédèrent l'opération *Torch* (lit-on dans *le Mémorial de Roosevelt*) il ressortait que l'éternelle question — toujours aussi épineuse — du général de Gaulle et de la France combattante, se poserait à nouveau. Là-dessus Roosevelt demeurait inflexible. Il écrivit : " Je juge indispensable que de Gaulle soit tenu à l'écart et qu'il ne lui soit communiqué aucun renseignement, sans qu'on se préoccupe de savoir s'il s'en irritera ou deviendra plus irritant. " » Et son historiographe, Robert Sherwood, de préciser : « C'est Roosevelt lui-même, et non pas le Département d'État qui était responsable de cette politique, à laquelle Churchill n'opposa pas une grande résistance [12]. »

Winston Churchill est d'autant plus soumis aux décisions de son collègue américain sur le plan tactique, qu'il lui a en quelque sorte imposé son option stratégique : « Torch » contre « Sledgehammer ». Alors, tant pis pour de Gaulle. Alger et le maître plan de Churchill vers le « ventre mou » de l'Europe, à travers la Méditerranée, valent bien cette avanie infligée au compagnon de juin 40...

Une ultime tentative sera faite tout de même par la France combattante pour éviter d'être totalement évincée du combat. A la fin d'octobre, Passy convoque son collègue américain Arthur Roseborough, de l'OSS, auquel il fait valoir que la solution Giraud risque de couper la Résistance des Alliés. L'émissaire américain alerte son patron, le général Donovan, et quelques jours plus tard, revient trouver Passy : « Nous voudrions savoir quelle serait l'attitude du général de Gaulle vis-à-vis des autorités administratives d'Afrique du Nord s'il était appelé à former le gouvernement provisoire à Alger. » Passy transmet aussitôt la question au général, qui lui répond : « Je ferai avec ces fonctionnaires ce que j'ai fait en Syrie. Ceux qui avaient collaboré avec l'ennemi (une douzaine) ont été relégués en AEF. Les autres sont restés à leurs postes et ont servi loyalement... » Roseborough câbla aussitôt cette réponse à Washington. Personne n'en entendit plus parler [13]...

Mais Londres offrira tout de même au Connétable un « lot de consolation » : le 6 novembre, Anthony Eden vient le voir, « tout sucre et miel », raconte l'auteur des *Mémoires de guerre*, pour lui annoncer que le gouvernement de Sa Majesté, s'étant définitivement assuré la veille le contrôle de Madagascar, avait décidé de rétrocéder l'île à la France combattante, et proposait même d'annoncer, dans un communiqué commun, le départ pour Tananarive du général Legentilhomme, déjà nommé haut-commissaire. « J'en conclus, écrit non sans flegme le mémorialiste, flairant la " consolation " sous le " lot ", qu'en Afrique du Nord, les choses allaient s'accomplir [14]. » Et comme il n'est jamais à court de perspicacité sarcastique, peut-être reçoit-il l'invitation à déjeuner du Premier ministre, aux Chequers, le 8 novembre, comme une consolation suprême...

Dans la soirée du samedi 7 novembre, les émetteurs radio des États-Unis diffusent ce message : « Allô, Robert... Franklin arrive*... » Peu de signaux de ce genre, en ce temps-là, furent aussi clairs : Robert est le prénom de Murphy et Franklin, celui du chef suprême des forces américaines. Ce samedi soir, l'ambassadeur soviétique donne une réception à Londres pour le vingt-cinquième anniversaire de la révolution**. On y voit le général de Gaulle, apparemment imperméable aux rumeurs. Certains savent déjà, alentour, que la flotte américaine est en mer depuis le 24 octobre...

Soudain, Jan Masaryk, fils du fondateur de la Tchécoslovaquie, prend à part Pleven : « C'est pour cette nuit [15] ! » Entraînant Soustelle, Pleven court jusqu'à Carlton Gardens, où on lui dit que le général est reparti chez lui. Peu après minuit, le général Ismay, chef d'état-major personnel de Churchill, fait appeler le colonel Billotte, qui remplit les mêmes fonctions auprès de De Gaulle : « Le débarquement commence dans trois heures, du Maroc au Constantinois. — Vous allez être reçus à coups de canon... », fait Billotte qui, depuis un mois, a étudié toutes les éventualités avec de Gaulle

C'est vers 6 heures seulement, le 8, que le chef d'état-major décide de se présenter chez le général, assuré de déchaîner la tempête. Laquelle sera à la mesure de l'événement, de la procédure choisie, et de l'homme. Tout en enfilant une robe de chambre sur son pyjama blanc, le Connétable rugit : « J'espère que les gens de Vichy vont les jeter*** à la mer ! On ne pénètre pas en France par effraction ! » Et pendant deux heures, Billotte subit la « répétition générale » de l'algarade que son chef de file s'apprête à infliger à Churchill, tout à l'heure, aux Chequers...

Mais quoi ? L'événement va son cours... Puisqu'on ne peut, une fois de plus, que prendre le train en marche, autant le faire, et en ménageant l'avenir. Toute la matinée, le général travaille sur un canevas que lui a présenté Billotte : il s'agit du texte de l'allocution qu'il est censé prononcer dans l'après-midi à la BBC. Rien de tel que l'écriture pour reprendre son sang-froid. Et quand, peu avant midi, Charles Peake, qui représente le Foreign Office auprès de lui, arrive en courbant les épaules, assuré du pire (que lui ont fait prévoir ses collègues compatissants) il trouve un Connétable serein et qui se dit enchanté de la confirmation du repas chez le Premier ministre.

Lorsque de Gaulle arrive aux Chequers, où Churchill est prévenu par Peake que l'orage est déjà passé, on ne sait que très peu de chose sur les opérations en cours. Le Premier ministre précise seulement à son hôte qu'hormis la participation de la flotte et de l'aviation anglaises, l'opération est purement américaine. « Quelque peu gêné », assure de Gaulle dans son récit, le Premier ministre commente ainsi l'exclusion de la France combattante :

---

* Dans ses *Mémoires*, de Gaulle écrit bizarrement que ce message fut « Robert arrive ! ».
** Octobre se situe, à Pétrograd, en novembre.
*** Pierre Billotte m'a précisé que ce fut bien « jeter » et pas f... qui fut dit...

« Nous avons été contraints d'en passer par là. Soyez assuré, cependant, que nous ne renonçons aucunement à nos accords avec vous [...]. A mesure que l'affaire prendra son développement, nous, Anglais, devrons entrer en ligne. Nous aurons alors notre mot à dire. Ce sera pour vous appuyer. Vous avez été avec nous dans les pires moments de la guerre. Nous ne vous abandonnerons pas dès que l'horizon s'éclaircit. »

Comme en passant, Churchill glisse à son hôte : « Savez-vous que Darlan est à Alger ? » De Gaulle ne précise pas ce que fut sa réaction à cette nouvelle considérable. Il se contente de rapporter les critiques qu'il formule contre l'opération : d'abord, en jouant une fois de plus Vichy contre la France combattante, les Américains se préparent de rudes déboires et n'éviteront pas l'effusion de sang ; ensuite, en négligeant de s'assurer de Bizerte, ils laissent à l'ennemi toutes les chances d'une redoutable contre-attaque...

Regagnant ensuite Carlton Gardens, de Gaulle préside à 17 heures une séance du Comité national — auquel il rend compte de l'entretien des Chequers. Le général met l'accent sur ce qu'ont de commun les réactions de Churchill et les siennes (le communiqué américain ne fait même pas mention des alliés britanniques !) et sur l'offre que lui a faite le Premier ministre d'envoyer une délégation de la Résistance française en Afrique du Nord (Frenay et d'Astier sont encore à Londres). Il rapporte aussi qu'il a montré à son hôte une lettre d'encouragement qu'il vient de recevoir de Georges Mandel* : sur quoi Churchill lui a demandé si, au cas où un gouvernement provisoire serait formé en Afrique du Nord, il accepterait d'y inclure l'ancien ministre de l'Intérieur. De Gaulle : « Certainement. Je serais heureux qu'un homme comme Mandel fut présent dans le gouvernement provisoire de la France. »

Et dans un télégramme rédigé aussitôt après à l'adresse des grands proconsuls de la France combattante, de Gaulle ajoute que son hôte lui a confirmé le rôle « purement militaire » confié à Giraud, l'incertitude où l'on est que son nom ait suffi à rallier les forces vichystes, et l'importance décisive du concours prêté aux troupes de débarquement par « les éléments gaullistes ».

Tous les témoins sont d'accord : Charles de Gaulle, en ce jour qui, dans l'esprit de certains, devait être celui de son « visa pour l'oubli », déborde d'entrain et de confiance. Soustelle le décrit cet après-midi-là, pensant tout haut devant lui : « Ses yeux brillaient, il marchait de long en large, les mains dans son ceinturon », se disant rasséréné par l'expression de la relative solidarité anglaise, convenant que « Giraud est un bon soldat » mais répétant que ce qu'il faut éviter, c'est la « dissidence dans la Résistance. Pas d'entreprise séparée »... Ayant dit, il se met à rédiger son appel.

Ce qu'entendront ce soir-là les centaines de milliers d'auditeurs impatients de connaître les réactions et décisions du chef de la France combattante, est bien loin de refléter les orages du matin. Il n'est plus

_____
* Alors emprisonné.

question de jeter les intervenants à la mer. Effraction ou pas, le Connétable donne aval et impulsion, sur le ton le plus grand, à l'entreprise immense qui, si elle met en cause son destin personnel, entrouvre les portes de la libération :

« Les Alliés de la France ont entrepris d'entraîner l'Afrique du Nord française dans la guerre de libération. Ils commencent à y débarquer des forces énormes. Il s'agit de faire en sorte que notre Algérie, notre Maroc, notre Tunisie constituent la base de départ pour la libération de la France. Nos alliés américains sont à la tête de cette entreprise.

Le moment est très bien choisi... Nos alliés britanniques, secondés par les troupes françaises, viennent de chasser d'Égypte les Allemands et les Italiens et pénètrent en Cyrénaïque [...]. Nos alliés russes ont définitivement brisé [...] la suprême offensive de l'ennemi... Le peuple français, rassemblé dans la résistance, n'attend que l'occasion pour se lever tout entier [...].

Chefs français, soldats, marins, aviateurs, fonctionnaires, colons..., levez-vous donc ! Aidez nos alliés !... Ne vous souciez pas des noms ni des formules [...]. Méprisez les cris des traîtres qui voudraient vous persuader que nos alliés veulent prendre pour eux notre Empire...

Allons ! Voici le grand moment. Voici l'heure du bon sens et du courage. Partout l'ennemi chancelle et fléchit. Français de l'Afrique du Nord ! Que par vous nous rentrions en ligne d'un bout à l'autre de la Méditerranée, et voilà la guerre gagnée grâce à la France ! »

Jusqu'à cette minute-là, on a pu faire maintes réserves sur les décisions et les propos de Charles de Gaulle, y relever des traces d'intolérance, d'ambition individuelle, de griefs personnels ou une sorte de spasme nationaliste parfois contraire aux intérêts du plus grand nombre — que d'autres auraient pu mieux représenter, fût-ce avec moins d'éclat ou de talent. Mais là, compte tenu de ce que les quatre derniers mots ont d'emphatique, de Gaulle confond la critique. Quels mots plus éloquents, plus justes et désintéressés pouvait-on attendre de cet « ambitieux », de cet « égoïste » ?

Sans rien savoir encore de ce qui l'attend, de ce que sera sa place dans le formidable chambardement qui se déclenche, il se jette en avant dans la mêlée, incitant chacun à oublier « les noms et les formules » pour ne servir que la cause collective. Ces alliés américains pour lesquels il plaide avec une force sans égale en ces heures, ne sont-ils pas ceux qui viennent, avec une minutie mesquine, une obstination rageuse, de l'exclure ? Sans souci de « rouler pour Giraud », comme on dirait aujourd'hui, il se rue à la rescousse d'une entreprise qui prétend être son « visa pour l'oubli », parce qu'il y va de l'intérêt général. Il est peu de dire que « Franklin » ni « Robert » — pour ne pas parler de Giraud — ne lui sauront aucun gré de cette attitude fraternelle.

Il est vrai qu'à la même heure, FDR se soucie peu de l'accueil réservé à « Torch » par de Gaulle — plus attentif, une fois de plus, aux réactions de Pétain qu'il appelle, dans la première rédaction de son message à Vichy, « Mon cher vieil ami » (formule que Winston Churchill obtiendra qu'il retire...). Dans ce message, Roosevelt explique à Pétain pourquoi il a lancé sur l'Afrique du Nord son armada libératrice :

« Nous venons parmi vous pour repousser les cruels envahisseurs qui voulaient faire disparaître pour toujours votre droit de vous gouverner vous-mêmes, d'avoir la religion de votre choix, de vivre comme vous l'entendez dans la paix et la sécurité. Nous venons parmi vous seulement pour réduire et vaincre vos ennemis. Ayez foi en notre parole. Nous ne voulons vous causer aucun préjudice. »

A quoi le maréchal ripostera, non sans pertinence :

« Vous invoquez des prétextes que rien ne justifie. Vous prêtez à vos ennemis des intentions qui ne se sont jamais traduites en actes. J'ai toujours déclaré que nous défendrions notre empire s'il était attaqué ; vous saviez que nous le défendrions contre tout agresseur quel qu'il soit. Vous saviez que je tiendrais ma parole. »

Des témoins de l'audience accordée ce matin-là, 8 novembre, au chargé d'affaires américain Tuck, ont noté qu'ayant lu sagement au visiteur cette vigoureuse protestation, le « cher vieil ami » se retourna et regagna ses appartements en sifflotant...

Mais que se passe-t-il donc à Alger, où cohabitent soudain Darlan et les maréchalistes antiallemands qui, depuis deux ans, le vomissent, les troupes américaines et ces groupes de gaullistes (qui, du point de vue américain, ne sont peut-être plus tout à fait ces « gangsters » dont parlait aimablement tel ou tel collaborateur de FDR ?). Et que devient Giraud ? Que se passe-t-il à Vichy, indépendamment du sifflotement ambigu du maréchal ? Et comment réagissent, à la brusque émergence de Darlan, les chefs de la France combattante ?

Alger n'était pas une place à « cueillir » comme un fruit mûr. Contrairement aux indices rassemblés par M. Murphy et ses agents, si fiers de leurs informations recueillies depuis deux ans, le vichysme n'y avait pas tourné en bloc au proaméricanisme. Les États-Unis y étaient plutôt populaires, mais 10 000 hommes de troupe et 20 000 civils armés, groupés dans des organisations de type « SOL » (service d'ordre légionnaire), étaient avant tout prêts à répondre aux ordres du maréchal, quels qu'ils fussent — c'est-à-dire de « résister à toute agression », *d'où* qu'elle vienne.

Trois hypothèses se présentaient. Ou bien ces forces se rallieraient d'emblée aux intervenants (seul M. Murphy, supposé très bien informé, y comptait) ; ou bien elles combattraient, ce qui, compte tenu des maigres effectifs engagés par Washington, risquait de conduire à un nouveau Dakar ; ou bien des partisans organisés de l'intérieur étoufferaient dans l'œuf toute résistance. Bien qu'il n'ait pas renoncé, contre l'évidence, à voir se réaliser la première hypothèse, Robert Murphy et les « conjurés de Cherchell » avaient mis au point la troisième.

Lors de la rocambolesque conférence du 21 octobre, il a été convenu que, peu avant l'heure du débarquement (qu'on finirait par leur communiquer...), les partisans algérois se chargeraient de « neutraliser » les principaux chefs militaires, de prendre le contrôle des communications et d'occuper les états-majors. De leur côté, les Américains s'engageaient à intervenir assez vite — dans un délai de quelques heures — pour assurer la relève de cette avant-garde. Trois cents jeunes gens environ la composent, rassemblés autour d'un état-major qui comprend notamment — sous le « patronage » du général Mast — le colonel Van Hecke, Henri d'Astier, le capitaine Pillafort, l'aspirant Pauphilet et le commissaire Achiary. Mais les deux hommes clés de l'opération sont le colonel Jousse, « major de garnison », qui en tant que tel, distribue missions, sauf-conduits et brassards, et José Aboulker, chef de l'organisation improvisée dite « VP » (volontaires de place).

L'affaire est risquée. « Ce sera la victoire ou douze balles dans la peau », assure le capitaine Pillafort (une seule suffira pour le tuer, le 9 novembre). Mais les « VP » sont très motivés. Beaucoup sont gaullistes, en majorité affiliés à Combat sous l'influence de René Capitant. Certains sont royalistes, comme Henri d'Astier. Tous sont hostiles au régime de Vichy et acquis aux Alliés. Ils sont très jeunes pour la plupart : entre 18 et 25 ans.

Le « gaullisme » des « VP » a été mis en question. Certes les tendances du groupe sont multiples, Fernand Bonnier de la Chapelle étant, on le verra, beaucoup moins à gauche que José Aboulker, par exemple. Mais prenons le cas de ce dernier, le chef de file. Au moment où il adhère au groupe, quelques semaines avant l'opération, Jean Daniel [16] a un entretien avec Aboulker, et lui demande (entre autres questions) de qui dépend l'organisation. Réponse de José Aboulker : « Attention : jusqu'à l'arrivée de De Gaulle à Alger, pas question d'obéir à qui que ce soit ! » Inspiration gaulliste, donc, sinon obédience — en attendant que le général lui-même mette les choses au clair.

Le samedi 7 novembre, quand la radio commence à diffuser le slogan « Allô Robert, Franklin arrive », le colonel Jousse distribue, à défaut d'armes (José Aboulker dispose seul d'une mitraillette, à lui remise par Murphy) les consignes (« Pas de sang versé ! ») et le mot de passe avec les intervenants (« Whisky ? » réponse : « Soda »...) et les tâches : d'abord se saisir des grands chefs militaires (Darlan — dont on vient d'apprendre la présence — Juin, Koeltz...) puis arrêter les policiers les plus influents, enfin occuper le central de communications. Vers 2 heures du matin, le 8 novembre, la mission est accomplie. Appréhendé par les « VP », l'amiral Darlan parlemente avec Murphy. Certains des conjurés ont proposé de le liquider d'office — mais c'est contraire aux ordres de Jousse.

C'est à 3 heures, le dimanche 8, que commence le débarquement, salué par des coups de canon des forts de l'amirauté. Les premiers soldats américains prennent pied à Sidi-Ferruch, où le général Mast se porte à la rencontre du général Ryder, responsable de l'opération, qu'il faudra supplier d'activer la manœuvre : car un peu partout en ville, les « forces de l'ordre » vichystes, gardes mobiles et SOL surtout, réagissent. D'abord prises de court et abusées par les ordres fantaisistes communiqués par Jousse, Aboulker et Achiary, elles se reprennent et contre-attaquent.

Mais, depuis minuit, l'essentiel se passe à la villa des Oliviers, résidence du général Juin, passée sous le contrôle des « VP ». C'est là que Murphy a convoqué Darlan, flanqué de Fenard. Le diplomate américain — qui n'a appris que quelques heures plus tôt la présence à Alger du « dauphin » du maréchal — lui fait un résumé de la situation et l'invite à prévenir toute effusion de sang. L'amiral s'y refuse, et rappelle à l'amirauté les ordres de combat déjà donnés. A 3 heures, la bataille s'ouvre donc, tandis que se développe la reprise en main de la ville par les autorités vichystes galvanisées par les ordres de Darlan et par le message radiodiffusé de Pétain, qui appelle à la résistance contre les Américains.

Tout va-t-il « capoter »? Non. La machine répressive est enrayée par l'action de Jousse et des VP. Peu à peu, au cours de la journée du 8, les forces de Ryder progressent vers le centre de la ville, non sans avoir à combattre : c'est au cours de ces accrochages que sont tués entre autres le capitaine Pillafort et le lieutenant Dreyfus.

L'opération conduite par une équipe qui, de l'intérieur d'Alger, et sous le drapeau de la France combattante, a pris tous les risques pour paver la route aux intervenants, et a dû attendre ceux-ci bien au-delà du délai prévu à Cherchell, va-t-elle tourner au bénéfice de l'homme qui a fait tirer, trente heures durant, sur les libérateurs? M. Murphy préfère introniser celui-ci que ceux-là.

Mais à l'heure où, à Alger, tout conduit à l'armistice, un personnage vient de faire irruption dans le débat : Henri Giraud, qui a atterri à Blida, venant de Gibraltar où il a été transporté en sous-marin par les hommes du réseau « Alliance » de Loustaunau-Lacau, et où les Américains l'ont installé depuis trois jours. Toujours aussi bien informés par Murphy, ils sont persuadés de tenir en lui l'atout maître qui « fera tomber les murailles de Jéricho » et surmontera les contradictions. Mais lisons ce qu'écrit l'ancien commandant de la IXe armée :

« De l'avion anglais qui m'emmenait (de Gibraltar) vers Alger [...] j'étais avant tout anxieux de la réaction allemande. Toute autre préoccupation passait au second plan. L'avenir devait m'apprendre rapidement que la question n'était pas aussi simple, que je me trompais étrangement sur l'état d'esprit que j'allais trouver en Afrique du Nord... Ma proclamation aux troupes, lue à la radio au point du jour, avait secoué bien des indécis... Cependant quand l'avion se pose vers 15 heures sur le terrain de Blida, un silence de mort règne sur la région. Un homme seul m'attend : (Murphy)... »

A Gibraltar, Giraud était parvenu avec Eisenhower à un accord aux termes duquel il « consentait à coopérer avec les forces américaines » à condition d'être investi du commandement en chef là où combattaient des troupes françaises, Washington s'engageant à assurer le rétablissement de la France et de son empire dans leur intégralité. Le généralissime allié estime donc tenir là son allié privilégié, qui lui assure la coopération des forces et de l'administration françaises. Aussi, quand il atterrit à Alger en même temps que Giraud à Blida, et qu'il apprend que Murphy et le général Clark sont en train d'offrir à Darlan les responsabilités qu'il comptait, en accord avec la Maison-Blanche et le State Department, remettre à Giraud, il explose : « Je n'admettrai jamais cela [17] ! » Mais il lui faudra bientôt, comme Giraud lui-même, tenir compte des réalités :

« La fraîcheur de l'accueil des Français d'Afrique au général Giraud, écrit Eisenhower, donna un coup terrible à nos espérances : il fut complètement ignoré ! Il fit un discours radiodiffusé annonçant qu'il prenait la direction de l'Afrique du Nord et se mettait à la tête des forces françaises, lesquelles devraient cesser le combat contre les Alliés, mais son discours n'eut pas le moindre effet. Je me demandai même si un nombre important d'auditeurs l'avaient écouté [18]... »

Darlan, qui a reçu le 9 un message de Pétain (« Je suis heureux que vous soyez sur place. Vous pouvez agir et me renseigner. Vous avez toute ma confiance »), l'a-t-il interprété comme lui laissant pleine liberté de décision ? Dans le livre qu'il a consacré à l'amiral, Jules Moch le conteste, précisant que lorsque Vichy propose à Darlan ce même jour, à 9 h 30, un appui de l'aviation allemande contre les Américains, Darlan répond à 9 h 57 en acceptant bel et bien ce « concours [19] ». Trente-six heures après le débarquement, l'amiral est donc là plus que jamais dans le camp de la collaboration militaire avec les nazis. Et il enjoint alors à ses collègues de Tunis de se mettre à la disposition de l'Axe.

Quand il rencontre Clark et Murphy, qui lui lisent le projet d'armistice et lui donnent une demi-heure pour signer, Darlan refuse de traiter sans en référer à Vichy. Clark lui répond que, s'il ne signe pas, c'est Giraud qui le fera. Darlan s'emporte. Juin intervenant en médiateur, l'amiral finit par se déclarer « prêt à signer [...] au nom du maréchal », le 10 novembre à midi. Ayant obtenu le papier qu'ils désiraient, Clark et Murphy se retournent vers Giraud et lui expliquent que Darlan étant leur prisonnier, c'est à lui qu'ils offrent « le pouvoir civil et militaire en Afrique du Nord ». Giraud refuse.

« Clark se retire, excédé, avec Murphy : il faut un chef politique en Afrique du Nord, une ébauche de gouvernement indépendant de Vichy. Qui prendre d'autre que Darlan, s'il accepte de rompre avec Pétain et de collaborer avec les Alliés ? » Peut-être. Mais Darlan — s'il accepte de collaborer avec Washington — ne rompt pas avec Pétain...

Ce n'est pas du tout avec un « autre Darlan » que traitent ainsi Clark et Murphy. C'est avec un homme qui se réclame strictement du maréchal et de l'idéologie de Vichy, et qui incite ses collègues de Tunis à se battre aux côtés de l'Axe. Mais après tout, ce n'est là que la matérialisation un peu crue de la stratégie de Roosevelt depuis trente mois, celle des « réalités » et des « autorités locales ».

Giraud se contentera donc du commandement militaire que lui offre Darlan, soudain promu « haut-commissaire pour l'Afrique du Nord » sans cesser de se présenter comme le représentant du maréchal Pétain — lequel, de Vichy, dénonce publiquement sa « félonie »...

Mais, s'il faut en croire plusieurs de ses collaborateurs de l'époque, notamment l'amiral Auphan (à Vichy) et le général Bergeret (lui, à Alger) le maréchal adresse à Darlan, le 10, un télégramme secret pour l'approuver de cesser le combat contre les Américains *...

Situation si abracadabrante qu'elle donne à Winston Churchill l'occasion de jeter aux Communes ce mot superbe : « Si Darlan faisait fusiller Pétain, il le ferait certainement au nom du maréchal [20]... »

Mais que fait de Gaulle, à Londres ? De Gaulle qui a bien accepté de s'effacer provisoirement devant Giraud, le 8, mais qui ne saurait le faire devant Darlan ? Comment réagissent-ils, lui et les Français combattants, à l'intronisation par les Américains de l'homme des visites à Berchtesgaden ?

Le 9 novembre, alors que les combats se poursuivent de Casablanca à Alger, et qu'avec l'assentiment des amiraux Esteva et Derrien **, les forces du Reich atterrissent à Tunis pour prendre à revers les Américains, il observe que « les mines sont longues dans les milieux alliés de Londres ». Recevant le représentant des USA auprès de la France combattante, l'amiral Stark, il constate que le commandant américain est complètement désorienté par le cours des choses, fort différent de celui qu'avait fait prévoir depuis deux ans Robert Murphy. Il lui demande les moyens d'envoyer à Alger une délégation de la France combattante *** composée de deux hommes de « l'extérieur », Pleven et Billotte, et deux de « l'intérieur », Frenay et d'Astier — qui sont toujours à Londres. Stark promet de faire de son mieux, en accord avec Churchill : mais la consolidation de Darlan, dans les jours qui suivent, fait d'Alger un Vichy du sud, passé du protectorat allemand au protectorat américain, et rend impensable la mission projetée.

Le 11 novembre, à l'Albert Hall de Londres, tandis que la Wehrmacht se rue sur la zone jusqu'alors « non occupée », la France combattante rassemble ses fidèles. Dans les *Mémoires de guerre*, le général évoque la « houle de l'enthousiasme » sous laquelle « la joie et l'anxiété » se disputent les esprits. De bons témoins, comme Hervé Alphand [21] mettent plutôt l'accent sur la colère qui gronde dans les cœurs : quoi ? La France combattante a-t-elle choisi de poursuivre la lutte au côté des démocraties pour prolonger Vichy en Afrique, pour consolider à Alger, sous la protection de ses alliés américains, l'homme qui, disposant en juin 40 des dernières armes de la France face au nazisme, a choisi de les paralyser avant de servir ouvertement, en Orient, la stratégie hitlérienne, et qui prétend toujours agir « au nom du maréchal » — lequel n'est plus qu'un prisonnier ?

Le général de Gaulle se fait l'expression de cette sourde fureur, non sans « tenir les portes ouvertes aux hommes de bonne volonté ». Il requiert le

---

* Le texte de ce télégramme secret n'a jamais été retrouvé.
** Qui livrent bel et bien à l'Axe la flotte de Bizerte.
*** Conformément à une idée formulée par Churchill le 8, on l'a vu.

concours « de tous » mais sans rien concéder sur l'essentiel, car son objectif reste bien de « rétablir intégralement les lois de la République ». Propos qui ne peuvent séduire un Giraud rallié à Darlan, aux yeux duquel la République est anathème.

Le mouvement de juin 40 est-il voué à l'isolement et à l'extinction ? De Gaulle est-il de nouveau Charles-le-Seul ? Quelques jours plus tard, dans le carnet qu'il rédige à Londres, Hervé Alphand notera ceci : « L'ombre de la paix négociée plane, qui permettrait, pour " lutter contre le bolchévisme " de reconstituer une Allemagne forte [22]. » Si Washington utilise ici Darlan, pourquoi pas, là-bas, Goering... Mais où est donc la victoire totale que Roosevelt et Churchill se sont juré un an plus tôt de remporter sur le nazisme ? Sur l'Afrique du Nord, les Alliés ont brandi leur « torche » : mais c'est une odeur de cendre qu'elle dégage...

Pour les gaullistes, il est temps de réagir — d'autant qu'à la radio de Londres vient de s'installer un censeur américain qui interdit toute attaque contre Darlan ou Pétain. Le premier ne négocie-t-il pas — avec le général Clark — des « accords » de pure capitulation (signés le 22 novembre), ce Rethondes au soleil aux termes duquel tous les pouvoirs réels sont remis entre les mains du commandement américain ? L'amiral reste fidèle à la « collaboration ». Il a simplement changé de suzerain.

Première réaction de Charles de Gaulle : elle s'adresse aux États-Unis Le 15, recevant un message de l'amiral Stark, représentant de Roosevelt auprès de la France combattante, qui lui présente le *Darlan deal* comme une « étape », de Gaulle riposte : « Je comprends que les États-Unis paient la trahison des traîtres si elle leur paraît profitable, mais cela ne doit pas être payé sur l'honneur de la France. » Note que Stark refusera de recevoir. .

Et les Anglais, comment réagissent-ils, eux ? Churchill et Eden ont invité de Gaulle, le 16 novembre, à une réflexion en commun sur le tour nouveau que le maintien de Darlan à Alger « au nom du maréchal » donnait au conflit. Churchill, déclarant « partager les sentiments » du général, fait valoir les arguments de l'utilité statistique qui fondent le recours à cet « expédient ». A quoi, s'il faut en croire ses *Mémoires,* de Gaulle répliqua par l'une de ses apostrophes les plus impressionnantes :

> « ... Vous invoquez des raisons stratégiques, mais c'est une erreur stratégique que de se mettre en contradiction avec le caractère moral de cette guerre. Nous ne sommes plus au XVIIIᵉ siècle, où Frédéric payait des gens à la Cour de Vienne pour pouvoir prendre la Silésie, ni au temps de la Renaissance italienne où on utilisait les sbires de Milan ou les spadassins de Florence. Encore ne les mettait-on pas ensuite à la tête des peuples libérés. Aujourd'hui, nous faisons la guerre avec l'âme, le sang, la souffrance des peuples. »

Et le Connétable de poursuivre :

> « Je montrai alors à Churchill et Eden les télégrammes reçus de France et qui traduisaient la stupeur de l'opinion... Si la France devait, un jour, constater que, du fait des Anglo-Saxons, sa libération, c'est Darlan, vous

pourrez peut-être gagner la guerre du point de vue militaire, vous la perdriez moralement et, en définitive, il n'y aurait qu'un seul vainqueur : Staline[23]. »

Quelque « mise au point » et enjolivement qu'ait apporté dix ans plus tard le rédacteur des *Mémoires* au propos du général courroucé, on peut tenir pour assuré qu'il fit ainsi valoir, et sur ce ton, cet argument profond : le « caractère moral » de cette guerre. Et si étrange que la situation puisse paraître, ce sont les deux Machiavels européens qui s'en font les avocats auprès du puritain Roosevelt. Car Machiavel n'est lui-même que s'il tient compte aussi des valeurs morales.

Winston Churchill, qui a emmené son interlocuteur déjeuner à Downing Street, reprend ainsi l'entretien : « Pour vous, si la conjoncture est pénible, la position est magnifique. Giraud est, dès à présent, liquidé politiquement. Darlan sera, à échéance, impossible. Vous resterez le seul... Ne vous heurtez pas de front avec les Américains. Ils viendront à vous, car il n'y a pas d'alternative... » A quoi le général riposte en pressant le Premier ministre de ne pas laisser l'Amérique prendre la direction du conflit car, dit-il, « C'est à vous de l'exercer, tout au moins dans le domaine moral[24]... »

Le soir même, le Comité national français diffuse de Londres, le texte suivant : « Le général de Gaulle et le CNF font connaître qu'ils ne prennent aucune part et n'assument aucune responsabilité dans les négociations en cours en Afrique du Nord avec les délégués de Vichy. Si ces négociations devaient conduire à des dispositions qui auraient pour effet de consacrer le régime de Vichy en Afrique du Nord, celles-ci ne pourraient, évidemment, être acceptées par la France combattante. L'union de tous les territoires français d'outre-mer dans le combat pour la libération n'est possible que dans des conditions conformes à la volonté et à la dignité du peuple français. »

A ce défi, les autorités américaines répondent par l'intensification des interdits, ukases et pressions contre le porte-parole de la France combattante.

Au milieu de novembre atterrissent à Londres deux voyageurs importants. L'un est le général François d'Astier de la Vigerie, frère d'Emmanuel et d'Henri, qui se rallie à la France libre *. L'autre est Yvon Morandat qui, après avoir été l'un des premiers émissaires du gaullisme en métropole, revient porteur de grandes nouvelles : la presque totalité des organisations de résistance, partis politiques et syndicats ** viennent de publier un texte proclamant qu'il reconnaissent le général de Gaulle comme chef de la résistance nationale et réclament son installation à Alger au nom du peuple français.

Prenant la parole sur les ondes de la BBC, Morandat exprime la

---

* Dont il était déjà un sympathisant notoire. De Gaulle fera bientôt de lui son adjoint militaire.
** Combat, Libération, Franc-Tireur, la CGT, la CFTC, le CAS (socialiste), le parti radical et la Fédération républicaine.

stupéfaction et la colère que « l'expédient provisoire » provoque dans l'opinion française. Le censeur américain laisse passer cette protestation, mais non le texte qui reconnaît, au nom de la résistance intérieure, le *leadership* de Charles de Gaulle. Et le 21 novembre, quand le général tente lui-même de dire, devant le micro qui depuis trente mois répercute ses appels, que les Français se refusent à une libération « déshonorée » (Pierre Bourdan a parlé la veille d'une libération « pourrie »), il se voit notifier par le Foreign Office l'interdiction de s'exprimer ainsi tant que Washington n'aura pas donné son aval : et trois jours plus tard, Churchill tient à s'excuser auprès de lui d'avoir dû se plier à ce veto de FDR.

En fait, le Premier ministre de Sa Majesté peut bien s'emporter parfois en public et surtout en privé contre l'alliance avec le « traître Darlan » : il glisse de jour en jour vers une résignation de plus en plus docile aux initiatives de Roosevelt. Il lui arrive même de dire à Eden qu' « après tout, Darlan a plus fait pour nous que de Gaulle » et l'un de ses conseillers pour les affaires françaises, Oliver Harvey, note alors dans son journal que « le Premier ministre est de plus en plus favorable à Darlan [25] ».

La presse anglo-saxonne, cependant, se déchaîne : « Tant en Grande-Bretagne qu'aux États-Unis, un cri d'indignation s'éleva [...]. Ce " honteux marchandage " avec un " Quisling " aussi notoire constituait une indigne trahison de l'idéal des Alliés [26]. » Roosevelt se sent, pour une fois, directement visé. Certes, il reste tout à fait d'accord avec l'initiative de Clark et Murphy, et persiste à traiter les réserves formulées du côté de la France combattante en ricanant, manifestant son mépris pour tout ce qui peut ressembler à une conscience nationale française. Dans un message à Churchill, il écrit :

« En ce qui concerne de Gaulle, j'ai éprouvé jusqu'à présent une intime satisfaction à le laisser entre vos mains [...]. Nous ne devons pas perdre de vue qu'il y a également une querelle entre Giraud et Darlan, chacun d'eux revendiquant le commandement militaire absolu des forces françaises en Afrique du Nord et de l'Ouest. Ce que nous devons surtout bien faire comprendre à ces trois " prima donna ", c'est que la situation est aujourd'hui tout entière subordonnée à des conditions militaires et que toute décision prise par l'un quelconque d'entre eux, ou par eux tous, doit être soumise à l'examen et à l'approbation d'Eisenhower [27]. »

Mais FDR, fin connaisseur de l'opinion publique, se sent menacé par ses représentants ; c'est à elle qu'il lui faut s'adresser. Le 16 novembre, il convoque la presse pour lui déclarer : « L'accord provisoire actuel n'est qu'un expédient temporaire uniquement justifié par des nécessités de guerre. [Il] atteint deux objectifs d'intérêt militaire. Le premier consistait à sauver des vies américaines et britanniques, des vies françaises aussi, d'ailleurs (!). Le second a permis d'éviter, à Alger et au Maroc, une période de " nettoyage " [...]. La proclamation de l'amiral Darlan a rendu inutiles [les] opérations de nettoyage. Toutes les dispositions de l'accord temporaire passé avec lui s'appliquent seulement à la situation locale actuelle. J'ai demandé la libération de toutes les personnes emprisonnées en Afrique du

Nord pour s'être opposées aux tentatives de domination mondiale des nazis, et j'ai demandé l'abrogation de toutes les lois et décrets inspirés par les gouvernements nazis ou les idéologies nazies... » (Ce qui est reconnaître que huit jours après le débarquement, les prisons algéroises sont encore pleines de combattants antinazis, et que les textes de Vichy sont encore en vigueur...)

« Expédient temporaire », l'intronisation de Darlan ? Dans les semaines qui suivent, rien ne change à Alger. Les lois raciales restent en application. Les portraits du maréchal sont partout. Les internés politiques (gaullistes et communistes) restent en prison. Quant à FDR, c'est quelques jours plus tard, le 23 novembre que, recevant André Philip et Adrien Tixier, il a prononcé la phrase fatidique qui a tant indigné ses visiteurs : « Si Laval me donne Paris, je traiterai avec Laval * ! » Et, pour bien marquer qu'il s'agit d'une politique à long terme, il dit alors à son confident Leahy, à propos des oppositions qui se manifestent sur le choix de Darlan : « Je suis un Hollandais têtu **. »

Si Darlan a « donné Alger » aux Alliés, est-il aussi capable de leur offrir « sa » flotte, ce « fief », ce domaine qu'il a constitué et sur lequel il règne sans partage depuis sept ans ? Quel meilleur moyen de démontrer son autorité et de se concilier Londres, après Washington ? Dans un télégramme à Roosevelt du 14 novembre, Eisenhower, rallié à « l'expédient » Darlan, a précisément fait valoir que le rejet de l'amiral serait « renoncer à nos espoirs sur la flotte de Toulon [28] ».

C'est sans le moindre doute d'être obéi que l'amiral a donné l'ordre, le 13 novembre, au responsable de cette flotte, Jean de Laborde, de rallier Alger. Il n'en reçoit qu'un refus insultant, ponctué, dit-on, du mot de Cambronne... La haine personnelle de Laborde à l'encontre de Darlan (qu'il tenait pour un intrigant plus ou moins franc-maçon) se doublait d'une anglophobie frénétique. Quelques jours avant Darlan (le 12 novembre) Auboyneau, qui a succédé à Muselier à la tête des forces navales gaullistes, avait déjà appelé la flotte de Toulon à se joindre aux « armées de la délivrance ». Si Darlan s'était attiré une réponse méprisante, Auboyneau, lui, ne reçut pas même de réplique...

Depuis le 11 novembre et l'occupation de la zone sud, la rade de Toulon avait été isolée, Hitler ayant accepté de ne pas s'attaquer à la flotte, « par admiration pour notre marine », affirmait l'amiral de Laborde. Le 18 pourtant, cet honnête admirateur exigeait que la plus importante unité affectée à la défense de la flotte fût retirée... Et bientôt, plusieurs unités de SS occupaient les hauteurs alentour. « Parés aux sabordages », 75 navires sont bloqués là, dont 3 des plus beaux cuirassés du monde, 8 croiseurs et 16 sous-marins. Qui (sinon l'amiral de Laborde) peut croire qu'Hitler, ayant envahi la zone « libre », va leur laisser longtemps une chance de se joindre enfin aux forces alliées ?

---

* Voir ci-dessus, p. 545.
** Les Roosevelt sont d'origine néerlandaise.

Dans la nuit du 26 au 27 novembre, en application du plan « Lila », le 1er corps blindé SS se jette sur le port de Toulon pour « prévenir le ralliement de la flotte aux fauteurs de guerre judéo-anglais » (écrit Hitler à Pétain). Ainsi pris au piège qu'il a obstinément voulu refermer sur lui, l'amiral de Laborde donna l'ordre — prêt depuis juin 40 — d'envoyer par le fond la flotte dont il s'était refusé à faire une arme de combat. Tout plutôt que de se battre du côté des Alliés *...

Tandis que s'engloutissait dans la rade de Toulon, sous les yeux dépités des assaillants allemands, la plus belle flotte de haute mer que se soit donnée le peuple de France, Charles de Gaulle, cette fois laissé libre de s'exprimer, clame à la radio de Londres que « privés, sans doute, de toute autre issue ** ces marins français ont, de leurs mains, détruit la flotte française afin que soit, du moins, épargnée à la patrie la honte suprême de voir ses vaisseaux devenir vaisseaux ennemis [...]. Un frisson de douleur, de pitié, de fureur, a traversé (la France) tout entière »...

Dans ses *Mémoires,* le général personnalise le drame et se décrit « submergé de colère et de chagrin » (c'est en référence au grand suicide de Toulon qu'il a intitulé ce chapitre « Tragédie ») et recevant les condoléances « noblement exprimées mais sourdement satisfaites » de Winston Churchill. Ce qui est inutilement teinter d'anglophobie un déboire maritime français dont le Royaume-Uni est, cette fois, bien innocent.

Mais où l'on voit que, dans son isolement apparent et d'un désastre à l'autre, le général de Gaulle est désormais porté par le flot, c'est qu'il n'y a plus d'épreuve qui désormais ne le serve — qui ne fasse en tout cas émerger plus puissamment sa personnalité. Son exclusion de l'opération « Torch » a fait scandale : le voilà plus grand d'en être exilé. L'expédient Darlan, cette « affaire sale », lui a donné *a contrario* une auréole de vertu. Le sabordage de Toulon, dans son absurdité sanglante, accentue le caractère d'impasse de toute la stratégie de Vichy, plus ou moins récupérée et ranimée en Afrique du Nord, où Giraud en est éclaboussé. Et chaque jour qui passe à Alger ette une ombre plus noire sur ce vichysme à la sauce américaine.

Darlan, profondément humilié par le refus de la flotte de se rallier à lui — d'autant que l'amiral Robert à la Martinique et l'amiral Godfroy à Alexandrie ont imité Laborde et rejeté son ordre de ralliement à Alger — et privé, par le sabordage, de l'œuvre de sa vie, remporte certes quelques succès : avant tout, l'adhésion à son changement de cap, sinon de camp, du plus grand proconsul d'Afrique, ce même gouverneur général Boisson qui avait deux ans plus tôt refoulé de Gaulle à Dakar. Le ralliement de ce parangon du maréchalisme, des sept territoires et des 80 000 hommes dont il dispose, achève d'isoler Vichy et d'abaisser Pétain, en élargissant les assises de l'amiral d'Alger. Du coup, Darlan se proclame chef de l'État et s'entoure

---

* En juillet 1940, à Mers el-Kébir, la flotte avait reçu de Darlan l'ordre de se battre contre les intervenants anglais. Mais contre les nazis, pas question...
** 5 sous-marins réussissent tout de même à prendre le large. 3 parvinrent à bon port, dont le fameux *Casabianca.*

d'une manière de « gouvernement » où l'on retrouve deux des « cinq » comploteurs des mois passés, Saint-Hardouin et Rigault, un financier plein d'entregent venu du Maroc, Ludovic Tron, et l'inévitable général Bergeret, l'homme à tout faire de ce trouble univers de bas-empire.

Mais un mois après sa « reconnaissance » par les autorités américaines, François Darlan voit se flétrir d'heure en heure son surprenant pouvoir. Le sabordage du 27 novembre lui a porté un coup mortel. A Vichy le sardonique Abel Bonnard assure que ce marin à bouffarde n'est plus « qu'une pipe branchée sur le néant ». Toutes les arguties du monde — ainsi que la tentative de fonder sa « légitimité » sur une mission à lui confiée par le maréchal au temps où le vieux chef était « libre » — ne peuvent donner vie à une fiction stratégique insoutenable : il tire la source de son autorité de Vichy, qui est l'une des cibles de la croisade dans laquelle il est impliqué !

L'ensemble de la presse anglo-saxonne mène une campagne forcenée contre ce « putois puant de Darlan », et tous les journalistes savent que, dans leur correspondance, Eisenhower et Clark le désignent par ces initiales plus insultantes encore : YBSOB (*yellow belly son of a bitch**). Il essaie bien de remonter cette pente : le 13 décembre, il convoque la presse internationale à sa résidence d'El Biar mais, tentant de justifier sa « collaboration » par la contrainte à laquelle il aurait été soumis, il achève de s'aliéner les dernières sympathies. « *Pokerface...* », murmure un des participants. « Impression générale désastreuse », conclut Renée Pierre-Gosset[29]. Il confie à Murphy que « quatre complots » se trament autour de lui. « Tu finiras par te faire assassiner ! » lui dit sa femme. Et lui-même, qui reçoit menaces de mort et avis de la police, semble flotter dans une sorte d'acceptation fataliste, rapportent plusieurs témoins de ces journées de décembre[30].

Le 14 décembre, de Gaulle annonce à son représentant à Washington, Adrien Tixier, que les Américains ont accepté de transporter à Alger le général François d'Astier de la Vigerie, pionnier du « second débarquement » : celui des gaullistes à Alger.

Empêché d'envoyer là-bas les missionnaires de son choix, Pleven, Billotte, Frenay et Emmanuel d'Astier, qu'il voulait faire suivre de Pierre Brossolette — le chef de la France combattante a choisi de leur substituer ce militaire prestigieux qui est frère à la fois de l'un des chefs de la résistance intérieure et de l'un des hommes qui détiennent le pouvoir en Algérie : homme clé du débarquement, Henri d'Astier est secrétaire général de la police. L'émissaire est chargé d'une mission d'information. Il « pourra » contacter Giraud, précise de Gaulle, en aucun cas Darlan. En fait, piloté par son frère Henri, le général d'Astier verra beaucoup de monde — de Lemaigre-Dubreuil au comte de Paris et de Capitant à Murphy — qui lui propose de rendre visite à l'amiral : ce que d'Astier, enfreignant la consigne de Londres, accepte de faire.

Le visiteur ne trouve à Alger que les signes les plus clairs du mécontente-

---

* Ce foireux fils de pute (pour simplifier...).

ment et de la déception. Darlan, flanqué de Bergeret et de Giraud, lui paraît soucieux de « plastronner » mais son entourage est « sombre, tendu, plein de cautèle et de griefs », selon l'auteur des *Mémoires de guerre*. Comme il fait état devant cet aréopage militaire des sentiments de l'opinion française, il est interrompu par l'amiral, qui l'accuse d'être venu à Alger « susciter le désordre ». D'Astier en profite pour suggérer tout simplement à l'amiral de se retirer « au plus tôt », afin de dénouer une situation devenue inextricable, en laissant ses pouvoirs militaires aux mains de Giraud.

Le « chef de l'État » ne veut pas en entendre davantage et exige du visiteur qu'il plie bagages et regagne Londres aussitôt. Moyennant quoi l'émissaire de la France combattante peut faire dès le lendemain à son chef de file un rapport que celui-ci qualifie « d'assez optimiste » dans un télégramme à Catroux. Plus précis dans ses *Mémoires,* de Gaulle écrit que, d'après François d'Astier, « Darlan sentant le sol se dérober sous ses pas, quitterait, à bref délai, la place* ».

Cette image d'un Darlan à bout de souffle et déjà politiquement liquidé est-elle formulée ici pour innocenter l'ensemble du mouvement gaulliste, et en tout cas son état-major, du meurtre alors imminent ? Il est vrai que le geste accompli le lendemain du départ forcé de François d'Astier de la Vigerie servira si bien les visées du Comité de Londres qu'il lui sera souvent imputé, dans les innombrables ouvrages et articles consacrés au sujet. « Is fecit... » Est-ce pour cela que l'auteur des *Mémoires de guerre* tient à laisser entendre que son émissaire quitta un homme « fini » ?

Le fait est que cette impression d'un Darlan crépusculaire qu'a recueilli le 10 décembre à Gibraltar le général Catroux, secrètement contacté par un émissaire de l'amiral, le commandant de Beaufort, lui annonçant la retraite prochaine de Darlan, est également attestée par maints témoignages et par les sources américaines elles-mêmes. Ainsi lit-on dans le livre de W. Langer que « les discussions qui se tinrent à Gibraltar (le 12 décembre) imposèrent la conviction que Darlan devait s'en aller. On décida, cependant, qu'il vaudrait mieux l'amener à démissionner, en lui permettant de désigner un successeur. Cela, pensait-on, ne devait pas être difficile, car Darlan avait plus d'esprit que de courage[31] ».

Le 20 novembre, dans une grange du cap Matifou, à une vingtaine de kilomètres d'Alger, quatre jeunes gens, membres d'un « corps franc » constitué d'une douzaine de volontaires qui s'entraînaient en ces lieux déserts en vue de s'engager dans l'armée britannique en Tunisie, écoutent leur chef de file, l'aspirant Philippe Ragueneau, 24 ans, leur faire part d'un grand projet. Venus des Chantiers de jeunesse de Van Hecke, ils ont tous participé au coup de la nuit du 7 au 8 novembre et pris part à la

---

* C'est le pronostic que faisait depuis le 15 décembre, devant ses visiteurs, son *alter ego,* Bergeret.

« neutralisation » de Darlan. Que leur dit Ragueneau ? Que Darlan fait écran entre la France et sa libération et doit être éliminé physiquement, d'urgence.

Tous les jeunes gens présents sont volontaires. Alors, on tirera à la courte paille le nom de l'exécutant. Aussitôt dit, aussitôt fait : Ragueneau se hâte d'annoncer qu'il est désigné par le sort, mais le plus jeune, Fernand Bonnier de la Chapelle, 20 ans, n'a pas de peine à faire valoir que c'est lui qui a « gagné ». La décision est bientôt prise : tandis que ses camarades rejoindront, comme prévu, les forces britanniques à Sbeitla (Tunisie), Fernand Bonnier gagnera Alger et préparera le geste qu'il s'est engagé à accomplir.

Pendant un mois, le jeune homme va prendre des contacts, s'informer des habitudes de l'amiral, demander conseil. Il retrouve des compagnons du coup de force de la nuit du 7 novembre (Mario Faivre et Sabatier notamment) et voit deux hommes qu'il connaît déjà, Henri d'Astier de la Vigerie*, secrétaire général à la police, dont la protection, muette ou déclarée, lui sera fort utile, et surtout le lieutenant-abbé Cordier. Tous deux sont monarchistes, d'où l'on a inféré que Bonnier l'était aussi (ce que conteste Ragueneau [32]).

Au cours des heures qui précédèrent son exécution, Bonnier assura aux policiers qu'il avait aussi rencontré le comte de Paris mais celui-ci l'a très fermement démenti et sur ce point, on ne croit pas devoir douter de sa parole. En tout cas, le jeune homme, qui fut en rapport avec diverses personnalités algéroises, dont Marc Jacquet, fut reçu par une personnalité royaliste, le banquier Pose. De toute évidence, avant de se retrouver au palais d'été d'Alger où sont installés les bureaux du haut-commissariat, face à l'homme qu'il a juré de tuer, Bonnier a été entretenu, conforté dans son projet par plusieurs interlocuteurs monarchistes et gaullistes.

Le 24 décembre 1942, peu avant 15 heures, Fernand Bonnier de la Chapelle descend d'une Peugeot noire conduite par son ami Mario Faivre et où ont pris place deux autres camarades (Sabatier et Jean-Bernard d'Astier semble-t-il). Il a, dans sa poche, un revolver remis par Cordier en même temps qu'un plan du palais et qu'une carte d'identité au nom de Morand. Le planton le reconnaît (il est déjà venu le matin pour s'entendre dire que l'amiral, absent, serait là l'après-midi) et l'introduit dans la salle d'attente où on lui fait remplir une fiche : l'amiral ne va pas tarder, « M. Morand » sera reçu après le visiteur qui a maintenant rendez-vous, Pierre Bourdan, l'un des « Français qui parlent aux Français » de Radio-Londres**.

Au moment où François Darlan, flanqué de son aide de camp le commandant Hourcade, ayant traversé le vestibule où attend Bonnier, va mettre la main sur la porte de son bureau et se retourne en entendant venir, Bonnier tire deux fois : atteint à la face et à la poitrine, l'amiral s'écroule. Il

---

* Dont le fils est son ami.
** Qui évoque l'épisode dans *Carnets des jours d'attente* : il sort du bureau de Giraud auquel il est, d'évidence, rallié.

ne reprendra pas connaissance et mourra trois heures plus tard à l'hôpital Maillot.

Bonnier est aussitôt désarmé, tabassé, appréhendé et livré à la police : placé comme il l'était, il n'avait pas une chance d'échapper. Aussitôt interrogé par le commissaire Garidacci, il est déféré à une « cour martiale » réunie par le général Bergeret qui le « juge » au cours de la nuit du 25 au 26 décembre. Le huis clos est rigoureux : seul l'avocat du jeune homme est admis à l'audience. Fernand Bonnier de la Chapelle qui a cru visiblement à une intervention en sa faveur jusqu'à la dernière minute, est fusillé le 26 au petit matin. Tant de hâte donne à penser que les autorités néo-vichystes d'Alger se sont attachés à étouffer des révélations qui auraient pu être gênantes*. Pour qui ? Pour les gaullistes ? Peut-on croire que Giraud et Bergeret étaient hommes à couvrir ces « gens de Londres » qu'ils vomissaient ?

Tout donne à penser que l'entourage de Darlan pensa aussitôt au complot royaliste, guidé qu'il était vers cette piste par les quelques indications données au cours de son interrogatoire par le jeune meurtrier : les noms de Louis Cordier et d'Henri d'Astier furent plusieurs fois cités — ce qui permit au général Bergeret de faire procéder à leur arrestation le 10 janvier, accompagnés, en vertu d'une classique opération d'amalgame, du commissaire Achiary, gaulliste républicain, lui. Le policier, chargeant (en toute sincérité) d'Astier et Cordier, se fit mettre hors de cause, avant qu'un non-lieu général fût prononcé six mois plus tard par Giraud.

Si dérisoire qu'ait été l'organisation de l'attentat, si plausible que soit donc la thèse d'un geste accompli par le délégué d'un petit groupe de boys-scouts exaltés, il s'est trouvé beaucoup d'enquêteurs et de témoins pour mettre en cause soit le groupe monarchiste fidèle au comte de Paris, arrivé à Alger le 10 décembre (il résidait au Maroc) soit la France combattante, soit une combinaison des deux (associés en les personnes de Henri et François d'Astier de la Vigerie).

L'argument selon lequel, montée par le BCRA, l'opération n'aurait évidemment pas eu ce caractère puéril et n'aurait pas fait porter tout le poids de l'affaire sur un adolescent que n'importe quel policier professionnel pouvait faire parler à sa guise, peut n'être pas suffisant. Aussi bien la thèse la plus répandue est-elle celle qui attribue la responsabilité du meurtre aux monarchistes. Dans une émission de télévision diffusée en 1978, Alain Decaux a reproduit une déclaration de Mme Henri d'Astier mettant en cause le prétendant au trône qui, au cours d'une des nuits précédant le meurtre, alité, en proie à une fièvre violente, aurait déclaré à plusieurs fidèles, dont Henri d'Astier :

« " J'ai maintenant la certitude que Darlan est un traître. Son maintien au pouvoir empêche toute solution. Je vous donne l'ordre de l'éliminer sans délai. Tout doit être terminé pour le 24. " Mon mari lui a demandé ce qu'il entendait par " éliminer ". Le comte de Paris a répondu : " Le faire disparaître. " De nouveau Henri l'a interrogé : " Par tous les moyens ?

---

* Giraud précise dans ses souvenirs qu'il fit tout pour hâter l'exécution de Bonnier.

C'est cela que vous voulez dire ? " Alors le Prince a déclaré : " Oui c'est cela, le faire disparaître par tous les moyens. " » Le démenti formulé par le comte de Paris dans ses mémoires n'a pas convaincu tout le monde.

Mais d'autres préfèrent incriminer directement le général de Gaulle et le Comité de Londres. C'est naturellement le cas de M. Fabre-Luce qui se fonde aussi bien sur un propos de M. François d'Astier tenu le 22 décembre à l'hôtel Aletti après un entretien avec le comte de Paris : « Darlan... va disparaître physiquement [33] », que sur des indications selon lesquelles aurait été trouvée sur Bonnier une somme en dollars provenant de Londres (selon une « révélation » de l'Intelligence Service).

Dans une interview publiée par l'*Express* le 3 décembre 1975, le colonel Paillole, qui fut chargé de l'enquête, assure que Bonnier avait été trouvé « porteur de 2 000 dollars. Le juge militaire désigné pour faire l'enquête n'a pas tardé à découvrir qu'ils provenaient d'une somme découverte chez Henri d'Astier. Les numéros des billets permettaient bientôt d'en connaître la provenance grâce à l'Intelligence Service. Ces dollars avaient été remis en décembre 1942 aux services financiers du général de Gaulle par les Britanniques. Une autorisation de sortie pour l'AFN en avait été donnée au bénéfice du général François d'Astier de la Vigerie, frère d'Henri... »

Cette « preuve par les dollars » ne sonne pas très juste. Un salaire pour le crime ? Ce n'est pas le genre de Bonnier. Un viatique pour la suite de l'opération ? Tout montre le jeune homme résigné à sa capture — quitte à attendre une intervention venue d'en haut. Quant au rôle joué en l'occurrence par l'Intelligence Service, on peut s'étonner qu'un vieux spécialiste des luttes entre « services » tienne pour décisif l' « aveu » fait, à l'encontre du chef de la France combattante, par ces alliés aux sincérités successives ou simultanées.

L'aspect le plus déconcertant de l'affaire reste l'attitude d'Henri d'Astier. Qu'il ait, sans intervenir, laissé fusiller Bonnier sur lequel il exerçait une influence indubitable et qui était un ami de son fils, alors qu'il était encore un haut fonctionnaire de la police, lui, ce condottiere peu suspect de lâcheté, jette une ombre pesante sur l'ensemble de l'opération. Si la complicité de Cordier ne paraît pas faire de doute, c'est la version Ragueneau — celle du petit groupe d'inspiration gaulliste mais isolé et sans contact, en l'occurrence, avec les responsables de la France combattante — qui reste la plus convaincante.

A Londres, dans les jours qui suivirent, les réactions du général et des siens sont un mélange de circonspection formelle et de satisfaction contenue. Le premier commentaire émanant de la France combattante, celui de Jean Martin, le 25, ne porte aucun jugement moral et se contente d'observer que cet « événement » qui n'a pas « troublé l'ordre public en Afrique du Nord » ne saurait « ralentir... le retour de cette partie de notre Empire dans la guerre [34] ». C'est ce qui s'appelle du sang-froid...

Quant au général, qui parle d'abord à ses proches de « crime », il se manifeste sur le sujet de trois façons. Dans un télégramme du 25 décembre au général Legentilhomme, alors au Caire en route vers Madagascar accompagné du capitaine de Boissieu qui le reproduit dans un livre[35], de Gaulle fait savoir à tous les responsables de la France combattante que « ni lui ni ses collaborateurs » ne sont pour rien dans l'assassinat de Darlan. Puis, dans un message du 26 décembre au général Catroux auquel on a déjà fait allusion, il indique que, si les conclusions ramenées de son voyage à Alger par François d'Astier étaient assez « optimistes », elles le sont « davantage après la fin de Darlan ». Ce qui n'est pas montrer beaucoup d'hypocrisie.

Et il en viendra après quelques jours à parler purement et simplement de « l'exécution » de Darlan... Presque aussi significatif enfin est le silence qu'il garde sur la fin de l'amiral dans l'allocution qu'il prononce trois jours plus tard à la radio. Taire un tel événement, qui vient de faire basculer le rapport des forces en Afrique du Nord et bien au-delà, est singulier, et peu dans sa manière.

Quant à la version définitive de l'affaire Darlan que tiendra à donner Charles de Gaulle dans ses *Mémoires*, elle tient en trois phrases : « Nul particulier n'a le droit de tuer hors du champ de bataille [...]. La conduite de Darlan, comme gouvernant et comme chef, relevait de la justice nationale et non de celle d'un groupe ou d'un individu. » Mais poursuit le général, les conditions de l'enquête, du jugement et de l'exécution du meurtrier « furent une sorte de défi aux circonstances qui, sans justifier le drame, l'expliquaient et, dans une certaine mesure, l'excusaient[36] ». C'est le mot d'excuse qui surnage *...

Quelle que soit sa relation à l'acte accompli — à nos yeux non démontrée et en tout cas fort indirecte —, le geste le plus important du général de Gaulle, dans ces heures-là, est le message qu'il adresse le 25 au général Giraud, pour lui proposer de le rencontrer aussitôt « soit en Algérie, soit au Tchad » (la seconde hypothèse pour bien marquer qu'il pourrait être la puissance invitante) afin de trouver dans « l'indice » et « l'avertissement » qu'est l'élimination de Darlan, l'occasion de créer un « pouvoir central provisoire ».

L'évadé de Königstein va en effet se trouver investi, par l'élimination de Darlan, des responsabilités suprêmes en Afrique du Nord : si une disposition secrète prise par Darlan a désigné Noguès pour lui succéder, et si un courant pousse alors en avant le comte de Paris qui a des partisans au sein du Conseil de l'Empire formé sur-le-champ et groupant Chatel, Noguès, Boisson, Bergeret et Giraud, c'est ce dernier qui émerge. Poussé par les Américains, il est nommé « commandant en chef civil et militaire ».

Au télégramme du chef de la France combattante, Giraud, après quatre jours de silence, répond sèchement qu'il juge « l'atmosphère défavorable » à une rencontre en tête à tête mais n'exclut pas de recevoir un émissaire de Londres. Sur quoi de Gaulle télégraphie à ses proconsuls : « Les dispositions [...] du général Giraud à notre égard ne sont pas mauvaises mais il est à

---

* Philippe Ragueneau, qui a revendiqué la responsabilité première de la liquidation de Darlan, est devenu une personnalité influente du gaullisme.

redouter qu'il entre plus ou moins dans le jeu américain [37]. » Ce qui est ce qu'on appelle une litote. Le général de Gaulle n'a pas accoutumé de jouer ainsi les naïfs...

Tant de mesure lui viendrait-elle de l'euphorie qui sourd alors de la plupart de ses télégrammes ? Qu'il s'adresse alors à son délégué à Washington, Tixier, à Catroux ou à ses autres proconsuls d'Afrique ou d'Asie, en ces derniers jours de 1942, on le voit possédé d'une certitude de victoire : non plus de celle des Alliés (dont il n'a cessé d'être persuadé que par bouffées de découragement passager) mais de la sienne propre. Pourquoi ? Ses analyses et ses observations convergent en ce sens, au moment où, menée sans lui et dans la confusion la plus sinistre, la bataille d'Afrique du Nord débouche enfin sur de meilleures perspectives stratégiques.

Si l'acariâtre Connétable se mue alors en un impatient candidat au pouvoir, si ce M. Veto se transforme en un champion du « plus vite », c'est d'abord parce que l'invraisemblable grenouillage d'Alger, l'effondrement d'un maréchalisme que ne couvre même plus la fiction d'une zone libre, l'élimination de Darlan et la preuve que Giraud donne chaque jour de son incapacité pavent la route devant lui. Il n'est pas jusqu'à l'anéantissement de la flotte qui ne le serve : tout l'échafaudage de raisons bonnes et mauvaises qui ont conduit Washington à « jouer » Vichy (la zone libre comme source de renseignement, la flotte, la gloire du maréchal, les chances d'installation sans coup férir en Afrique du Nord) s'est effondré ou a été déjà réalisé. A quoi sert désormais tout ce qui n'est pas lui ?

De Gaulle sait bien que les préventions à son encontre demeurent violentes. Il sait bien que l'ensemble du personnel américain lui reste hostile — comme d'ailleurs la majorité du corps militaire français. Mais quoi ? La tendance est inversée. Sur les décombres du mythe fracassé de Vichy, on verra un temps errer Giraud. Mais c'est lui, de Gaulle, qui est la solution, et la seule : les perspectives tracées par Churchill, dès le 16 novembre*, s'avèrent chaque jour plus prophétiques.

Mais d'autres facteurs jouent dans le même sens. Si le ralliement de la grande majorité des mouvements de la résistance intérieure à l'homme du 18 juin date de la diffusion du message remis à Pineau au printemps précédent, il attache plus d'importance encore au courrier que Morandat lui a remis à Londres, au lendemain de l'intronisation de Darlan à Alger. Cette adhésion, cette fidélité dont lui ont alors fait part organisations de résistance, partis et syndicats, l'encourageant à ne s'incliner ni devant Darlan, ni devant Giraud, l'assurent dans la conviction qu'il est décidément mandaté par ceux qui ont accompli la tâche la plus dure contre l'occupant pour exprimer l'exigence d'une France qui ne saurait être traitée par les Alliés comme une aire d'atterrissage, mais doit être reconnue comme un partenaire au combat. Et il va jouer de cet atout en grand virtuose.

* Voir plus haut. p. 616.

D'autant qu'elle s'agrandit, la France combattante. Ces semaines de novembre et de décembre 1942 sont pour de Gaulle, chef militaire, celles d'une profonde satisfaction : venue du Tchad, la colonne motorisée que commande celui de tous ses fidèles pour lequel il éprouve dès l'origine une dilection particulière, le jeune général Leclerc, a conquis en moins d'un mois le Fezzan italien et se porte vers la Tunisie, à la rencontre de la glorieuse VIIIe armée britannique. Dans le même temps, Legentilhomme, après avoir recueilli le ralliement de Djibouti, installe à Madagascar une administration cent pour cent gaulliste, tandis que La Réunion adhère à son tour à la France combattante dont il faudra désormais tenir compte dans l'océan Indien.

Mais ce qui fait alors du gaullisme « une force qui va », ce n'est pas seulement le dynamisme de ses chefs, la lucidité des combattants de l'ombre, le sens de l'opportunité dont font preuve des dizaines d'administrateurs et d'officiers : c'est la manifestation d'une sorte de légitimité profonde qui ne se fonde ni sur l'occupation d'un sol, ni sur une hérédité quelconque, ni sur des réalités dominantes, mais sur un juste rapport entre l'action et la morale.

On peut certes ricaner à propos de l'éthique politique de Charles de Gaulle, sur ses conceptions de l'équité, sur le peu de cas qu'il fait à l'occasion de la sensibilité, des arguments ou même de la vie des autres. Mais l'écouter et l'observer au cours de cette traversée qui va le mener de Londres à Alger et d'Anfa à Paris, c'est voir en fin de compte s'accomplir ce qu'il faut bien appeler l'avènement de la justice — avec ce qu'elle peut avoir de terrible.

La phase qui s'ouvre alors, en janvier 1943, est peut-être la plus significative de la vie du Connétable, celle où le personnage se concentre, prend sa densité, son « eau », comme on dit d'une pierre. Non certes parce qu'en dix mois, il circonvient, ridiculise et élimine le malheureux Giraud, artichaut mangé feuille à feuille par un rival qui s'est fait les dents sur des adversaires d'une autre stature, mais parce qu'il va, lui, réputé machiavélien et maurrassien, symboliser la part irréductible de morale et de foi qui entre dans toute grande politique. Procédés et propos resteront souvent cyniques, sinon brutaux : mais il se dressera comme celui pour qui la politique est faite aussi de valeurs permanentes. Et la conscience qu'il en a décuple sa force.

Cet homme dont on a recueilli tant de preuves du peu d'estime qu'il a pour ses semblables démontre alors avec une simplicité foudroyante que quand il est question de liberté et d'intégrité nationale, et si « utile » que ce soit, un Darlan ne peut être substitué à un Leclerc, un Laval à un Jean Moulin. La clarté de De Gaulle, en ce grand tournoi politique de 1943-1944, réinvente la politique : quitte à revenir, plus tard, à l'opacité de « la fin et les moyens ».

Face aux inventeurs « d'expédients », de Gaulle n'est pas Antigone face à Créon. Mais une espèce de pureté lui sert alors d'anneau de Siegfried, à travers les flammes.

31. Le quatuor d'Anfa

Et voici que surgit des brumes le grand dessein du rebelle de juin 1940, tout entier résumé dans le dialogue alors rapporté par René Cassin : « Ainsi, nous sommes l'armée française? — Non, nous sommes la France *... » Le propos qui paraissait à la fois sublime et burlesque au sage juriste n'est plus maintenant qu'une anticipation.

Trente mois plus tôt, de Gaulle a refusé de n'être que le chef de cette légion étrangère à la Garibaldi imaginée par Jean Monnet, pour revendiquer en bloc la légitimité française, s'affirmer dépositaire de la souveraineté nationale et entamer, à partir de Londres, la réinvention de l'État. Folie pure. Au début de 1943, cette folie est en train de devenir raisonnable.

Pétain privé de ses derniers lambeaux de légitimité par son obstination à s'agripper au territoire qu'il ne protège même plus de l'occupation totale, Darlan assassiné, le peuple résistant rallié pour l'essentiel à Londres, les unités militaires françaises au combat sur trois continents, Charles de Gaulle n'a plus qu'à prendre pied à Alger, cessant d'être l'hôte et l'obligé de Churchill, pour installer, aux côtés puis à la place d'un Giraud dont il a depuis longtemps pris la mesure, ce « pouvoir central » que ses alliés lui contestent mais qui n'a cessé d'être son objectif. Volonté de puissance? Bien sûr. Mais surtout conscience que, faute de cet attribut essentiel de la souveraineté, la France ne sera que tolérée au festin de la victoire et remodelée au gré de la stratégie des vainqueurs.

Il lui faut donc reprendre l'offensive, en direction de ceux qui détiennent les clés d'Alger, et des grandes puissances. Mais sa hâte inquiète les uns et les autres. L'offre de rencontre à Alger lancée au général Giraud est d'abord rejetée. Le projet de voyage à Washington, où Franklin Roosevelt l'a invité dès le mois de novembre par le truchement de Philip et qui a d'abord été fixé à la fin de décembre est soudain reporté au 10 janvier puis à la fin du mois. Alors il faut forcer le destin et en appeler, une fois de plus, à l'opinion publique.

Le 2 janvier 1943, Charles de Gaulle diffuse une déclaration qui est comme une de ces bombes éclairantes que l'attaquant lance dans la nuit pour illuminer son assaut :

> « La confusion intérieure ne cesse de s'accroître en Afrique du Nord et en Afrique occidentale françaises. La raison de cette confusion est que

* Voir plus haut, p. 419.

628

l'autorité française n'y a point de base après l'écroulement de Vichy, puisque la grande force nationale d'ardeur, de cohésion et d'expérience que constitue la France Combattante et qui a déjà remis dans la guerre et dans la République une grande partie de l'Empire, n'est pas représentée officiellement dans ces territoires français [...]. Le remède à cette confusion, c'est l'établissement [...] d'un pouvoir central provisoire et élargi, ayant pour fondement l'union nationale, pour inspiration l'esprit de guerre et de libération, pour lois les lois de la République, jusqu'à ce que la nation ait fait connaître sa volonté.
Telle est la tradition de la démocratie française. C'est ainsi qu'en 1870, après la chute de l'Empire, les hommes de la défense nationale prirent provisoirement le pouvoir, au nom de la République, pour diriger l'effort de la nation dans la guerre [...]. J'ai proposé au général Giraud de me rencontrer immédiatement en territoire français [...]. La situation de la France et la situation générale de la guerre ne permettent aucun retard[1]. »

Voilà. Il a dévoilé ses batteries, fixé son objectif : le « pouvoir central provisoire ». Qui m'aime me suive ! Il sait qu'en dépit des références appuyées qu'il y fait à la République et à la démocratie, ce texte est de nature non seulement à exaspérer les dirigeants américains, ouvertement mis en cause, mais à irriter le gouvernement britannique associé à l'entreprise. Il n'en a cure, certain qu'il est du soutien des opinions publiques.

A-t-il placé cette fois la barre trop haut ? De Washington, Tixier lui signale que les médias populaires — radio et presse de province — réagissent de façon défavorable à son intervention, l'accusant de « détruire l'autorité du général Eisenhower et de mettre en péril l'expédition américaine par des troubles intérieurs[2] ».

Mais la presse anglaise, qui juge sévèrement la conduite de l'affaire nord-africaine par les autorités de Washington, le soutient vigoureusement, comme la majorité de la Chambre des Communes.

Churchill en est agacé mais il accorde à Eden qu'il n'est plus possible de soutenir la thèse rooseveltienne d'une France considérée comme *res nullius* jusqu'à une consultation nationale hypothétique et lointaine. Sur ce point, de Gaulle a raison : on ne peut priver plus longtemps son pays de toute représentation. Comment Londres pourra-t-il concilier aspirations françaises et détermination américaine ? Un rapprochement entre de Gaulle, interprète des unes, et Giraud, poussé par l'autre, serait un premier pas.

C'est alors, dans les premiers jours de janvier 1943, que prend forme un projet de rencontre en terre africaine du Premier ministre britannique et du président américain, afin de bien marquer la cohésion de l'alliance et réaffirmer les buts de guerre communs. Churchill, vieil amoureux du Maroc, propose Casablanca. En dépit des avis de ses conseillers et des services de sécurité qui désapprouvent sinon le voyage du moins le site, Roosevelt s'enthousiasme pour le projet et donne rendez-vous à Churchill le 14 janvier 1943.

Le Premier ministre britannique entend bien faire de cette rencontre, dont le premier objectif — il ne faut pas l'oublier — est d'arrêter les grandes décisions stratégiques en vue de la reconquête de l'Europe, le cadre d'un début de solution du problème français, sous son égide et au mieux de ses intérêts, face à FDR (et Giraud) d'une part, à de Gaulle de l'autre. Les hommes d'État anglais ont toujours aimé jouer les « honnêtes courtiers » — la grandeur britannique en fait foi. Winston Churchill atterrit à Casablanca le 13 janvier, bien décidé à patronner la rencontre de Gaulle-Giraud et à en faire une victoire britannique.

La conférence ne se tiendra pas au cœur de la grande ville populeuse où tout peut arriver, mais dans le beau quartier périphérique d'Anfa, où ont été réquisitionnés un grand hôtel et un ensemble de luxueuses villas. Entouré d'un formidable service d'ordre, des généraux Marshall et Eisenhower, de Hopkins, Murphy, Harriman, et sous la protection de l'US Army dont le chef est, au Maroc, le général Patton, Franklin Roosevelt rejoint son partenaire anglais le 14, dans un état d'esprit que décrit ainsi Eisenhower :

« Optimiste et plein d'entrain, presque enjoué, il semblait puiser une énergie morale extraordinaire dans le fait qu'il avait pu s'évader secrètement de Washington pour venir participer à une rencontre historique sur un territoire où, à peine deux mois plus tôt, la bataille se déroulait encore... [mais] il se demandait si la France pourrait retrouver son ancien prestige et sa puissance en Europe et, sur ce point, se montrait très pessimiste. En conséquence, son esprit était préoccupé par les moyens de s'assurer le contrôle de certains points stratégiques de l'Empire français que la France, pensait-il, ne serait plus en mesure de conserver[3] » (à commencer par le Maroc, précisément...).

Robert Murphy est, pour sa part, plus acide : « Dans ce climat languide et cette atmosphère exotique [...] son humeur était celle d'un gamin en vacances, ce qui explique la façon légère, presque frivole, dont il aborda certains problèmes délicats qu'il avait à traiter [...]. Pour ce qui est de De Gaulle, il était évident que le président n'avait pas le moins du monde changé son opinion... Le président déplorait toujours ce qu'il appelait la promptitude, si ce n'est l'impatience de De Gaulle à déclencher des guerres civiles [...]. Roosevelt était plus que jamais convaincu qu'il avait eu raison de traiter avec Vichy de 1940 à 1942... il n'abandonna jamais cette attitude, bien qu'elle devienne de plus en plus difficile à soutenir[4]. »

Aussi bien ce que Murphy appelle « frivolité » que ce qu'Eisenhower présente comme du « pessimisme » au sujet de la France vont s'exprimer très vite dans cette suggestion faite par FDR à Winston Churchill dès son arrivée à Anfa : « Nous appellerons Giraud le marié, et je le ferai venir d'Alger. Quant à vous, vous ferez venir de Londres la mariée, de Gaulle, et nous arrangerons un mariage forcé (*shotgun wedding*). » Qu'un tel trait de vulgarité ait pu échapper à ce grand homme d'État laisse confondu.

Mais le pire n'est pas que FDR « en vacances » ait pu s'autoriser ce propos de garçon de bain : c'est qu'il ait trouvé si drôle cette façon de traiter la France et les Français dans le malheur qu'il réédita sans cesse la plaisanterie dans les jours et les mois suivants. Ainsi nos gouverneurs coloniaux traitaient-ils parfois les souverains d'opérette qu'ils avaient suscités...

Winston Churchill laissait rarement traîner son esprit à une altitude aussi basse. Mais l'humour présidentiel cadrant en l'occurrence avec ses propres vues, il câbla aussitôt à Eden de remettre au général de Gaulle un message l'invitant à le « rejoindre ici par le premier avion disponible » car, précisait le Premier ministre, « j'ai la possibilité d'organiser un entretien entre vous et Giraud »...

Churchill connaissait bien le nationalisme cabré de Charles de Gaulle. Pouvait-il croire que le chef des Français combattants ferait bon accueil — quelque avantage qu'il y puisse trouver — à cette convocation lancée par un chef d'État étranger à réunir en terre « française » deux chefs militaires français ? La réaction du Connétable fut d'autant plus défavorable qu'il flaira quelque piège sous l'ambiguïté de la procédure : pourquoi le Premier ministre lui coupait-il l'herbe sous le pied en reprenant à son compte une invitation qu'il avait déjà lancée lui-même à Giraud ? Pourquoi lui dissimulait-il la présence de Roosevelt à Casablanca ? Voulait-il amener ainsi au rendez-vous le « poulain » de l'écurie britannique, pendant que FDR y conduisait son propre champion ? Ce serait, écrit-il, « une comédie inconvenante ».

Si, dans sa réponse — tout de même mesurée — à Churchill, il se contente de qualifier son message d' « inattendu », et s'il le remercie avec une politesse étudiée des « sentiments qui l'inspirent », de Gaulle répond que la présence d'un « haut aréopage allié autour de conversations Giraud-de Gaulle » ne lui paraît pas favorable à un « accord efficace » et que « des entretiens simples et directs entre chefs français » (tels qu'il les a plusieurs fois proposés) seraient préférables. Et tout en faisant valoir que « l'intérêt supérieur de la France » ne contredit en rien « celui de la guerre et des Nations unies », il décline l'invitation du Premier ministre.

Winston Churchill a subi de plus pénibles avanies de Charles de Gaulle. Mais celle-ci lui est d'autant plus douloureuse qu'il l'éprouve en présence de ses partenaires américains, qui ne se font pas faute de laisser paraître un certain apitoiement... Ainsi son « enfant terrible » refuse de lui obéir ? Passant de la « frivolité » au « sens des réalités » le plus cru, FDR interpelle Churchill : « Qui paie pour la nourriture de De Gaulle ? — Eh bien, c'est nous *... — Pourquoi ne pas lui couper les vivres ? Il viendra peut-être [5] ? » Et, de plus en plus en verve, le président des États-Unis câble à son secrétaire d'État, le très puritain Cordell Hull :

« Nous avons amené le marié, Giraud, qui était tout à fait disposé à conclure le mariage, et certainement dans les termes que nous lui aurions dictés **. Pourtant, nos amis n'ont pu faire venir la mariée, la capricieuse " Lady de Gaulle ". Elle a pris ombrage de nos projets, ne veut voir aucun d'entre nous et ne paraît nullement disposée à partager la couche de Giraud [6]... »

Alors la pression sur de Gaulle va s'aggraver

---

* Churchill sait très bien que ce n'est plus tout à fait vrai depuis le milieu de 1942.
** S'il déteste de Gaulle, FDR fait apparemment peu de cas de Giraud.

Le général Giraud est arrivé à Anfa dès le 17, flanqué notamment de deux conseillers, André Poniatowski, fort hostile à de Gaulle, et Lemaigre-Dubreuil, qui l'est plus encore. Celui-ci rentre d'un séjour à Washington où, de concert avec Cordell Hull et les experts du State Department, il a posé les bases d'un accord par lequel les États-Unis reconnaîtraient le seul Giraud comme dépositaire (*trustee*) des droits et intérêts de la France jusqu'à la fin de la guerre. C'est à travers Giraud (qui ne manquera de s'en faire l'écho complaisant) que vont être formulées les menaces des promoteurs du *shotgun wedding*. Dans la soirée du 18, Henri Giraud, s'entretient avec le président des États-Unis, quand survient Winston Churchill :

« J'ai l'impression que le scénario a été préparé. Il jette son chapeau sur le canapé et, maugréant, déclare que le général de Gaulle fait des difficultés pour venir... Dans ces conditions, il va télégraphier à Londres qu'il n'admet pas une pareille attitude, et que le général de Gaulle doit choisir entre sa venue ici et les subsides que le Trésor anglais verse au Comité national. S'il refuse de se rendre à Casablanca, l'accord passé en 1940 entre lui et le gouvernement de Sa Majesté sera annulé. M. Roosevelt approuve cette attitude. Je n'interviens pas et n'ai pas à intervenir dans cette discussion. Ce n'est pas moi qui ai monté cette affaire[7]. »

Et on ne résiste pas à la tentation de citer la suite, qui résume si bien l'état d'esprit d'Henri Giraud à cette époque... : « Je n'ai aucune objection à faire à un accord entre le général de Gaulle et moi, bien au contraire. Je l'estime un excellent Français, et j'aurais été libre le 25 juin 1940, sans nul doute aurais-je aussi quitté la France. Sur de multiples points nous avons les mêmes idées. Par contre, je ne puis admettre le personnel dont il s'est entouré et qui rappelle trop les excités de 1936, auxquels j'attribue une grande part dans la catastrophe française. Avec de Gaulle et les militaires convaincus de la première heure, tout ce qu'on voudra ; avec ceux qui sont, avant tout, venus mettre à Londres ou en Amérique leurs personnes et leurs capitaux, toutes réserves[8]. »

L'ultimatum de Churchill va être à la mesure de ce que fait prévoir la « scène du chapeau ». S'il n'y est plus question d'annuler les accords du 7 août 1940 (quel démenti à soi-même s'infligerait le Premier ministre, au moment où l'isolé qu'il a l'intuition géniale de soutenir en juin 1940 est devenu le chef de la Résistance française !), le message qu'Anthony Eden remet le 19 à de Gaulle est une sommation.

Churchill, rappelant que l'invitation lancée le 16 janvier émanait aussi du président des États-Unis, signifie au Connétable que les dispositions étudiées à Casablanca seront prises avec ou sans sa participation ; que s'il rejette cette « occasion unique », son attitude serait « presque universellement condamnée par l'opinion publique » ; qu'il ne pourrait plus être question de l'invitation aux États-Unis que lui avait adressée le président Roosevelt ; que les tentatives actuelles d'union ne pourraient être poursuivies « tant que lui, de Gaulle, resterait chef du mouvement » et enfin, qu'un nouveau rejet aurait « des conséquences extrêmement graves pour l'avenir de la France combattante ».

Rédigeant ses mémoires, le général écrira · « Ce que le message comportait de menaçant [...] après maintes expériences, ne m'impressionnait plus beaucoup. » Son sentiment le portait à l'abstention. Mais, « impressionné » ou non par la sommation du Premier ministre et de son partenaire américain, il consulta le Comité national français, qui se prononça en majorité pour la participation aux entretiens de Casablanca : à la fin de la journée du 20, il câbla donc à Churchill que, bien qu'il s'agisse de

> « prendre part à l'improviste... à des entretiens dont je ne connais ni le programme ni les conditions [sur des] problèmes qui engagent à tous égards l'avenir de l'Empire français et celui de la France [...], la situation générale de la guerre et l'état où se trouve provisoirement la France ne me permettent pas de refuser de rencontrer le président des États-Unis et le Premier ministre de Sa Majesté »...

Charles de Gaulle, qui a choisi de se faire accompagner de deux « négociateurs » de tempérament, Catroux et Palewski, et de deux « militants », d'Argenlieu et Boislambert (d'autant moins porté à la conciliation qu'il vient de s'évader de la prison de Gannat où l'a fait jeter Boisson, deux ans plus tôt, après l'échec de l'opération sur Dakar...) atterrit à Fedala, aéroport militaire de Casablanca, le 22 janvier en fin de matinée — alors que s'achève la conférence stratégique au cours de laquelle les chefs militaires anglais ont une seconde fois fait prévaloir leurs vues sur celles de l'état-major américain : les Alliés ne débarqueront pas sur la côte de l'Europe occidentale en 1943, mais, conformément au plan britannique, en Sicile. Toujours la stratégie périphérique.

S'il ignore cette décision qu'il aurait à coup sûr combattue pour peu qu'on l'eût consulté, il ne peut faire semblant de ne pas remarquer le style donné par les autorités américaines à sa visite : aucune troupe ne rend les honneurs, on ne lui a délégué que des personnalités de second ou de troisième rang, il se heurte partout à des sentinelles américaines et, au moment où il monte dans l'auto mise à sa disposition (il ne se résigne même pas tout à fait à ce qu'elle soit elle aussi américaine !), le général Wilbur, qui fut jadis son camarade à l'École de guerre et a été chargé à ce titre de l'accueillir au nom du président des États-Unis, « trempa un chiffon dans la boue et en barbouilla les glaces... Précautions [qui] avaient pour but de cacher la présence au Maroc du général de Gaulle [9]... »

Pire : un réseau de barbelés encercle la conférence, des gardes — toujours américains — veillant à ne laisser entrer ni sortir personne, faisant jusqu'au ménage... Bref, l'auteur des *Mémoires de guerre* se croit à Sainte-Hélène : « c'était la captivité », conclut-il. Le fait qu'on lui applique ces règles et de surcroît « en terre de souveraineté française » lui donne l'impression d' « une sorte d'outrage ».

D'où le ton qu'il adopte une heure plus tard à la table de Giraud qui l'a invité à déjeuner, le revoyant pour la première fois depuis Metz, et l'a accueilli d'un condescendant « Bonjour, Gaulle ! » » : « Eh quoi ? Je vous ai par quatre fois proposé de nous voir, et c'est dans cette enceinte de fil de fer, au milieu des étrangers, qu'il me faut vous rencontrer ? Ne sentez-vous pas ce que cela a d'odieux du point de vue national ? »

L'auteur des *Mémoires de guerre* recourt à son humour en dents de scie pour affirmer que « le repas fut, néanmoins, cordial »... Vraiment ? Précisant que l'hôte ne se retint pas de raconter son « extraordinaire évasion de Königstein » — il omet d'ajouter qu'au moment où Giraud se taisait dans un murmure flatteur, il crut bon de lancer : « Et si vous nous racontiez maintenant, mon général, comment vous avez été fait prisonnier ? »

La première visite qu'il reçoit est celle d'Harold MacMillan, dont Churchill vient de faire son ministre-délégué pour l'Afrique du Nord, et qui va jouer dans la suite de l'histoire un rôle important, le plus souvent en faveur de la France combattante. Disposition qui n'empêche pas le ministre britannique de brocarder ainsi son nouvel interlocuteur — avec plus de bonheur que le président des États-Unis :

« Le général de Gaulle est un de ces chevaux, qui ou bien refusent carrément de se présenter au départ, ou bien s'emballent et partent avant le signal, ou bien choisissent de faire la course sur un parcours différent de celui que les commissaires ont fixé pour l'épreuve. Il y a quelque chose de presque comique dans l'alternance entre son refus d'accepter une invitation à venir en Afrique du Nord et l'insistance qu'il met à vouloir s'y rendre sans y être invité [10]... »

Mais, « comique » ou pas, MacMillan réussit à entraîner le général chez Churchill. Et les voilà de nouveau face à face... De grande scène du III en tête-à-tête belliqueux, on hésite à qualifier et classer ces rendez-vous dans la jungle imités de Kipling. Bagherra et Rikki-Tikki-Tavi... Lequel, entre eux, fut le plus tragique, le plus pittoresque, le plus mouvementé ? Dans son histoire de la guerre, le Premier ministre parle, cette fois, d'un entretien « glacial ». De Gaulle rapporte qu'il interpella violemment son interlocuteur (peut-on dire son « producteur » ?) sur ces baïonnettes américaines qui l'encerclent et le hantent, en « terre française » : « Si j'avais su, je ne serai pas venu ! — C'est un pays occupé ! » gronde l'Anglais. Et pour bien apposer son sceau sur ce dialogue en forme de typhon, il lance à de Gaulle, en franco-churchillien dont François Kersaudy a si bien su retrouver et préserver l'irremplaçable saveur : « Si vous m'obstaclerez, je vous liquiderai ! »

En attendant, les deux champions en viennent au fond des choses : l'organisation d'un pouvoir français associant giraudisme et gaullisme en vue de la poursuite de la guerre ; et Churchill de décrire une équipe composée de l'actuel commandant en chef à Alger (qui disposerait seul des pouvoirs militaires), du général Georges, l'un des deux grands vaincus de mai 1940 mais qui est son « ami personnel », du chef de la France combattante et des grands proconsuls du néo-vichysme : Noguès, Boisson, Bergeret, auxquels se joindrait l'ancien ministre de l'Intérieur de Pétain, Peyrouton, récemment nommé par Giraud gouverneur général de l'Algérie...

« Je répondis à M. Churchill — écrit de Gaulle qu'il faut citer sans en perdre une miette — que cette solution pouvait paraître adéquate au niveau — d'ailleurs très estimable — des sergents-majors américains, mais que je n'imaginais pas que lui-même la prît au sérieux [...]. Les Alliés avaient, en dehors de moi, contre moi, instauré un système qui fonctionnait à Alger. N'y trouvant, apparemment, qu'une satisfaction médiocre, ils projetaient, à présent, d'y noyer la France combattante. Mais celle-ci ne s'y prêterait pas. S'il lui fallait disparaître, elle préférait le faire avec honneur[11]. »

Le Premier ministre de Sa Majesté britannique ne pouvait goûter ni cette leçon relative aux affaires françaises qu'il pouvait prétendre bien connaître, ni ce rappel aux exigences de l'honneur Mais dans son insolence, l'objection du Connétable était pertinente. Churchill prenait-il « au sérieux » en effet ce projet d'amalgame entre des hommes tels que Boisson, Bergeret, Peyrouton, et ceux qu'ils avaient naguère jetés en prison ou fait condamner à mort ? Imaginait-il de Gaulle retournant vers Moulin, Brossolette et d'Astier en tant que brillant second d'un comité néo-vichyste ?

Avait-il si peu réfléchi à la nature de l'entreprise de son hôte et à la profondeur de ces trente mois de guerre civile française pour prétendre ainsi associer d'emblée l'eau et le feu, alors qu'en France occupée, la police de Vichy — dont se réclamait toujours Giraud — traquait à mort les partisans du général de Gaulle et qu'à Alger même, sous la responsabilité du commandant en chef civil et militaire, quelques-uns des fidèles de la France combattante venaient d'être appréhendés, accusés d'un complot de Fantomas contre M. Murphy dont le diplomate américain s'était empressé de démentir l'existence ?

Charles de Gaulle devait maintenant affronter Franklin Roosevelt. Le rendez-vous qu'on lui avait donné était tardif : le général ne savait pas que FDR était auparavant occupé à recevoir à dîner le sultan du Maroc, Sidi Mohammed ben Youssef, en présence du général Noguès, son « protecteur » attitré et, qu'au cours de ce dîner, le président avait tenu à son hôte des propos qui ne visaient pas précisément à la consolidation de l'autorité française sur l'empire chérifien, si l'on en croit le récit fait par le fils du président américain, Elliott.

Initiative et propos que les Anglais jugèrent aussi sévèrement que l'eût fait de Gaulle s'il en avait été alors informé. Ainsi fait Harold MacMillan[12] : « Roosevelt n'aida certainement pas à arranger les choses en offrant un dîner en l'honneur du sultan le jour même où de Gaulle arrivait au camp d'Anfa [...]. La manœuvre de Roosevelt était singulière et peu politique [...]. Churchill tenait le geste du président américain pour une « provocation délibérée ». Roosevelt parla beaucoup des aspirations à l'indépendance des peuples colonisés et de la fin prochaine de l' « impérialisme », ce qui était aussi embarrassant pour les Anglais que pour les Français. Il s'étendit ensuite longuement sur les possibilités de coopération économique entre l'Amérique et le Maroc après la guerre [...]. Tout cela rajouta de l'huile sur le feu. »

En dépit des arrière-pensées et des amertumes qui eussent pu l'alourdir, le premier entretien Roosevelt-de Gaulle se déroula sur un ton cordial Selon l'auteur des *Mémoires de guerre,* le président,

> « comme chaque fois que je le vis par la suite, se montra empressé à porter son esprit vers le mien, usant du charme, pour me convaincre, plutôt que des arguments, mais attaché, une fois pour toutes, au parti qu'il avait pris [...]. Nous fîmes assaut de bonne grâce [...], lui traçant d'un pointillé léger la même esquisse que d'un trait lourd m'avait dessinée Churchill et me laissant doucement entendre que cette solution s'imposerait parce que lui-même l'avait résolu[13] »...

Si nuancés qu'aient pu être les propos échangés, ce tête-à-tête n'en fut pas moins l'un des plus lourds de menaces réelles de tous ceux qu'a retenus l'histoire diplomatique. Pour s'en convaincre, il faut lire l'évocation qu'en a faite Harry Hopkins, le plus proche conseiller et confident de Franklin Roosevelt.

Hopkins décrit l'arrivée du général « froid et sévère », accompagné de Boislambert, choisi parce qu'il parlait parfaitement l'anglais, et Roosevelt, vêtu de blanc qui, pendant les premières minutes, garda auprès de lui son fils Elliott.

« Soudain, raconte-t-il, je remarquai que tous les hommes des Services secrets étaient dissimulés derrière le rideau et au-dessus de la galerie du living-room, postés à toutes les portes qui donnaient accès à la pièce ; j'aperçus même une mitraillette aux mains de l'un d'eux... » S'esquivant en catimini pour en savoir plus, il trouve les gardes du corps de la présidence « armés jusqu'aux dents, et munis d'une douzaine de mitraillettes au moins. Je leur en demandai la raison. Ils me répondirent qu'ils croyaient devoir prendre toutes les précautions nécessaires pour qu'il n'arrivât rien au président. On n'avait pas fait tout ce fourbi quand Giraud avait rencontré le président ».

Le confident de FDR commente ainsi cette mobilisation : « Elle est significative de l'atmosphère dans laquelle se meut de Gaulle à Casablanca. Pour moi, le spectacle du Service secret en armes m'a paru d'une drôlerie impayable, et jamais une pièce de Gilbert et Sullivan * ne m'a autant amusé. Ce pauvre général de Gaulle, qui n'en savait probablement rien, a été mis en joue ** par des armes à feu pendant toute sa visite. »

Et Harry Hopkins d'ajouter cette autre remarque significative : « J'étais présent à tous les entretiens entre le Président et le général de Gaulle. A la suite des rencontres de Casablanca, il circula partout une histoire, apocryphe d'ailleurs, mais dont le président favorisa, il me semble, la diffusion. On racontait que, lors de la première entrevue, de Gaulle s'était comparé à Clemenceau, mais qu'à la suivante, il avait déclaré que Jeanne d'Arc était peut-être davantage son modèle, et le président aurait dit à de Gaulle qu'il

---

* Auteurs d'opérettes très populaires dans les pays anglo-saxons.
** « Covered », bizarrement traduit dans *Le Mémorial* par « protégé » !

devrait bien choisir entre les deux. Cette histoire est une invention pure et simple... bien que j'aie entendu le président la raconter [...]. Elle a été maintes fois reproduite dans les journaux américains [14] »

Ce hors-la-loi si redoutable qu'il faut le tenir en joue quand il rencontre le président des États-Unis, ce chef d'un mouvement d'exilés que le leader du plus grand État du monde croit bon de disqualifier à coups d'anecdotes apocryphes, se retire, lui, assez satisfait de cet entretien à l'ombre des mitraillettes. A son aide de camp Boislambert, il glisse, lui d'ordinaire si circonspect et âpre dans le jugement : « ... J'ai rencontré aujourd'hui un grand homme d'État. Je crois que nous nous sommes bien entendus et compris [15]. »

Le moins que l'on puisse dire est que FDR vit les choses sous un autre angle, et ne modifia son point de vue sur l'interlocuteur que dans la mesure où il constata que cet homme si sauvage pouvait être sensible à sa force de séduction légendaire. Et le jugement qu'il porte alors sur de Gaulle est moins généreux que celui du général sur lui-même. Parlant à son fils Elliott, il soupire : « ... De Gaulle est décidé à instaurer sa dictature en France. Il n'y a pas d'homme en qui j'aie moins confiance... »

C'est le lendemain, 23 janvier, que se déroule le tête-à-tête Giraud-de Gaulle au cours duquel se joue le pari de Churchill. Un accord peut-il sortir de cette confrontation entre deux visions si antinomiques de la France et des relations entre la France et ses alliés ?

C'est Giraud qui expose d'abord son plan, très voisin, et pour cause, de celui qu'ont déjà présenté à de Gaulle (d'un « trait lourd » puis « en pointillé »...) Churchill et Roosevelt. Un triumvirat serait constitué, présidé par Giraud (doté en outre de tous les pouvoirs militaires, y compris sur la Résistance française, sous l'autorité d'Eisenhower) assisté de De Gaulle, promu, pour l' « équivalence », général d'armée, et de Georges, auquel Churchill tenait décidément. Les proconsuls vichystes resteraient en place, bien que Giraud envisageât de se séparer à la rigueur de Bergeret et d'associer à l'ensemble Catroux (ou peut-être Éboué).

« En somme, rétorqua de Gaulle, c'est le Consulat à la discrétion de l'étranger. Mais Bonaparte... obtenait du peuple une approbation pour ainsi dire unanime... » Et de prolonger, entre Henri-Honoré Giraud et le vainqueur de Marengo, un parallèle inutilement blessant — d'autant qu'il l'assaisonne d'un rappel, plus juste mais cruel, d'un passé très récent ·

> « C'est de Darlan [...] que vous tenez vos fonctions. C'est au nom du maréchal que vous les avez prises. Tout le monde connaît votre lettre à Pétain *... Croyez-vous, dans ces conditions, obtenir du peuple français cette adhésion élémentaire sans laquelle un gouvernement ne peut être

---

* Que, lors du premier tête-à-tête, de Gaulle a brandie avec indignation devant Giraud.

qu'une fiction, à moins qu'il ne devienne la cible d'une révolution... Par rapport [...] aux Anglo-Saxons, comment pourrez-vous sauvegarder la souveraineté française ? »

Giraud peut bien objecter qu'il vient d'obtenir des Américains les moyens d'armer d'ici six mois douze divisions et que son rival serait bien en peine d'en dire autant, de Gaulle balaie d'un geste ce type d'arguments et, impitoyable, lui assène les siens qu'il présente comme la « solution du bon sens » : lui, de Gaulle, formera à Alger « un gouvernement de guerre qui deviendra, au moment voulu, celui de la République », Giraud recevant pour sa part le commandement de l'armée de la libération... De Gaulle admet, « à la rigueur », qu'ils forment ensemble un « pouvoir central », mais à condition que cet organisme « condamne Vichy [...], se rattache à la République et s'identifie aux yeux du monde à l'indépendance de la France ».

L'accord est manifestement irréalisable (ne serait-ce que sur la condamnation de Vichy). Mais le Connétable croit voir son partenaire « plus obstiné que convaincu ». Dès lors que se sont établis entre eux des rapports où la hiérarchie n'a plus de part, et où la décision sera faite par le talent et l'énergie, l'homme de juin 40 sait bien qu'il l'emportera sur celui d'avril 42... A moins que les Américains, avec ou sans le concours de Churchill, ne jettent tout leur poids dans la balance...

Voici précisément Robert Murphy qui s'avance, arborant un grand sourire. Il est porteur d'un texte qui, approuvé selon lui par Roosevelt, offre la solution : peu importe que les deux généraux n'aient pu s'entendre, puisqu'il a tout arrangé. C'est le fameux « mémorandum d'Anfa », rédigé de la main de Jacques Lemaigre-Dubreuil à l'issue de ses entretiens de Washington avec Cordell Hull et les experts du Département d'État — qui comporte la reconnaissance pure et simple de Giraud, fondée sur les « accords » Giraud-Murphy du 2 novembre 1942, à la veille du débarquement, déclarés « toujours en vigueur ». Il faut en lire quelques phrases :

« ... La France ne possède plus de gouvernement. Dans l'intérêt du peuple français et afin de sauvegarder le passé, le présent et l'avenir de la France, le président des États-Unis et le Premier ministre britannique reconnaissent au commandant en chef français, dont le quartier général est à Alger, le droit et le devoir d'agir comme gérant des intérêts français, militaires, économiques et financiers, qui sont associés ou s'associeront avec le mouvement de libération maintenant établi en Afrique du Nord et en Afrique occidentale française. Ils s'engagent à l'aider dans cette tâche par tous les moyens en leur pouvoir, jusqu'au jour où le peuple français pourra désigner librement son gouvernement régulier. »

Du point de vue militaire, il était précisé que l'« intérêt commun » étant d'unir tous les Français luttant contre les Allemands « sous une seule autorité, toute facilité devait être donnée au général Giraud pour promouvoir cette amélioration ».

Ainsi Franklin Delano Roosevelt, ce parangon de la démocratie, qui opposait si fermement à de Gaulle la thèse de la France *res nullius,* en dépit des adhésions évidentes et solennelles reçues depuis des mois par le chef de la France combattante des plus notables représentants de la démocratie française, de Jeanneney à Blum et à Herriot, remettait-il solennellement à un homme sans aucun appui populaire apparent et fort de ses seuls talents militaires la totalité des pouvoirs de « gérant des intérêts français » jusqu'à une consultation lointaine et aléatoire. C'était donner à l'homme de la lettre à Pétain un atout décisif. Le plus étrange en l'affaire est que ce texte allait être signé par Roosevelt et Giraud sans que M. Churchill, qui est pourtant mis en cause, fût consulté, et au vu de sa seule version française *, sans que le président des États-Unis en demandât même une traduction anglaise...

L'historien américain Arthur Funk[16] s'est posé la question de savoir pourquoi FDR prit le risque de signer ainsi à la sauvette un document aussi provocant, « morceau de propagande antigaulliste », risquant d'altérer gravement ses relations avec Londres et de dresser contre lui l'ensemble de la Résistance française, ainsi bafouée ou niée dans la personne de celui qu'elle reconnaissait déjà pour son chef.

Ce document que Cordell Hull qualifiait d'« accord après boire » (*over a drink*) et dont le secrétaire à la guerre Stimson assure qu'il obtint du président l'aveu qu'il l'avait signé sans l'avoir entièrement lu, montre jusqu'où alla, pendant cette conférence, ce que Murphy avait appelé la « futilité » de ce « gamin en vacances », et dénote une absence de sang-froid qui le conduisit, selon Funk, à n'adopter ce texte que « pour offenser de Gaulle[17] ». Personnage clé de la bataille d'Anfa, MacMillan écrit que cette action de FDR fut « non seulement légère, mais répréhensible... Qu'il pût faire une telle chose demeure le mystère d'Anfa[18] ».

Ce texte qu'on lui dissimulait, Winston Churchill s'employa naturellement à l'amender. Éliminant toute référence à « l'accord » Murphy-Giraud du 2 novembre, il fit substituer à « la France ne possède pas de gouvernement » cette formule plus subtile : « La question du futur gouvernement français ne comporte pas encore de solution définitive. » Mais la « reconnaissance » de Giraud comme « gérant des intérêts français » n'était pas remise en cause : M. Churchill n'a jamais expliqué comment il arrangeait ce ralliement à l'initiative « après boire » de FDR avec ses propres engagements d'août 40 avec de Gaulle et la France libre...

Le « mémorandum d'Anfa » fut signé dans la matinée du 24 janvier, en présence seulement de Roosevelt, Murphy et Giraud. De Gaulle qui se flattait l'avant-veille d'avoir été « compris » par le président des États-Unis, alors même que celui-ci s'apprêtait à signer un texte l'excluant radicalement de toute accession au « pouvoir central », ne connut du « mémorandum » que ce que Murphy voulut bien lui en dire dans la soirée du 23 : s'agissait-il, dans l'esprit du diplomate américain, d'une pression pour obtenir de De Gaulle qu'il signe l'accord proposé avec Giraud, ou d'une sanction de son

---

* Celle qu'avait rédigée Lemaigre-Dubreuil.

refus ? Le fait est que le Connétable en apprit assez ce soir-là pour comprendre qu'il était menacé du pire.

Et bien qu'il connût parfaitement la force du mouvement qui le poussait en avant et le caractère désormais inexpugnable de sa position du fait de l'appui populaire dont il disposait en France même, ces pressions qui s'exercent sur lui, le climat « concentrationnaire » où il a l'impression de se trouver et ce qu'il sait du « lâchage » britannique, le jettent ce soir-là dans l'un de ces états d'angoisse qui — du lendemain de Dakar à l'affaire Muselier et en d'autres occurrences — l'ont conduit en quelque sorte à « faire appel à l'histoire ».

Alors il rédige ce qu'on a un peu abusivement appelé « le testament d'Anfa[19] ». Moins pathétique que le document remis à René Pleven six mois plus tôt alors qu'il se croit menacé de liquidation par ses hôtes anglais*, ce texte a le mérite de résumer avec émotion et simplicité ses réactions à ce qu'il considère comme un risque de rupture totale avec ses alliés.

C'est à un homme de confiance, le commandant Loys Tochon, son ancien élève à Saint-Cyr alors en garnison à Casablanca, qu'il fait tenir en secret par Boislambert ce message dramatique, avec mission, si les choses venaient à se gâter, de faire connaître à l'opinion publique la vérité sur son comportement à Anfa. Sont-ce les mitraillettes entrevues la veille au soir dans la villa de FDR, les menaces de Churchill, les sentinelles américaines qui patrouillent partout ? Les craintes qui s'expriment ici ne lui ressemblent guère. Elles révèlent en tout cas l'état de trouble où il est :

« Comme vous vous en doutez, je me trouve ici depuis hier, attiré par l'aréopage anglo-américain qui s'est enfermé dans cette enceinte [...]. Il s'agit d'obliger la France combattante à se subordonner au général Giraud [...]. Le désir des Américains est d'établir en Afrique du Nord et si possible dans tout l'Empire, en attendant qu'ils l'établissent en France, un pouvoir français qui ne tienne que grâce à eux et n'ait, par conséquent, rien à leur refuser. La combinaison Giraud est, à cet égard, idéale... parce qu'elle leur procure les réalités sous des apparences honorables... Nos négociations [ont] lieu, non point dignement et librement, mais au milieu et sous le contrôle des Anglo-Saxons, dans l'ambiance qu'ils ont créée ici pour la circonstance et qui rappelle celle de Berchtesgaden (sic).
Je ne sais pas comment les choses vont finalement tourner. Il est parfaitement possible que l'aveuglement et la colère des Américains et des Anglais (sic) ne me place dans une situation telle que notre action devienne impossible. Je préfère cela à une capitulation. Dans l'hypothèse extrême d'une rupture, il n'y a pas à douter que Washington et Londres présenteront les choses à leur manière, c'est-à-dire en m'accablant. J'aurais alors peu de moyens d'informer la France et l'Empire. C'est pourquoi je vous écris cette lettre en vous demandant d'en faire état le plus publiquement possible si les choses se gâtaient tout à fait. En particulier, veuillez la communiquer dès à présent au professeur Capitant à Alger. Les bons Français d'Afrique du Nord pourront ainsi voir que je ne les ai pas trahis[20]. »

* Voir p. 504.

Étrange texte, étrange démarche... Non seulement du fait de la référence incongrue à Berchtesgaden et de la maladresse fiévreuse de la rédaction, mais aussi de la dramatisation des issues d'un débat qui, en mettant les choses au pire (on n'a pas entendu dire que Roosevelt et Churchill aient traité leurs partenaires incommodes comme d'autres l'ont fait de Schuschnigg ou Dubcek) pouvait s'achever par un repli du général à Brazzaville, où la France combattante disposait d'une antenne assez puissante. Certes, le combat de propagande eût été inégal : mais de larges secteurs de la presse anglo-américaine, qui lui étaient favorables, pouvaient rétablir l'équilibre. Étrange aussi cette volonté de ne pas apparaître comme un « traître » aux yeux de Capitant et de ses amis — preuve en tout cas que l'opinion des mouvements de résistance compte alors avant tout à ses yeux.

Tandis que Charles de Gaulle confie ainsi ses angoisses aux plus fidèles de ses disciples, les médiateurs (mot ici abusif, dès lors qu'il implique de la part des intéressés une position médiane...) anglo-saxons s'affairent à trouver au moins une formule sauvant la face des « marieurs ». Sera-t-il dit que les chefs des deux puissants empires d'Occident auront échoué à faire plier un exilé arrogant ?

Tout au long de la nuit du 23 janvier, la villa du président fut le siège d'une vraie bataille. Murphy soutenait qu'il était inutile de continuer à négocier avec le général de Gaulle, Roosevelt l'approuvait. « J'estimai, écrit MacMillan, qu'il fallait faire d'autres tentatives en vue de trouver une formule, soutenu en cela par Churchill et, d'une façon tout à fait inattendue, par Harry Hopkins. Murphy et moi esquissâmes donc une nouvelle formule que nous fîmes approuver par nos chefs, et nous passâmes la plus grande partie de la matinée suivante à essayer de persuader de Gaulle d'y souscrire. »

Le diplomate anglais explique — sans tout à fait le comprendre — le refus du Connétable par le fait que le projet a trait, non au « pouvoir central » français qu'exige de plus en plus la situation, selon lui, mais à un simple « comité administratif ». Il semble négliger que dans le texte proposé, une primauté structurelle est accordée à Giraud (et nous savons que Roosevelt et Murphy ont en poche le « mémorandum » qui réduit ces discussions à l'état de billevisées, assurant à Giraud non plus la prééminence, mais une reconnaissance exclusive et sans limites)...

C'est avec l'accord de ses quatre compagnons, y compris les souples négociateurs que sont Catroux et Palewski, que de Gaulle refuse de signer le communiqué rédigé par MacMillan et Murphy, annonçant que les deux généraux, « d'accord sur les principes des Nations unies, se proposent de former un comité commun pour administrer l'Empire dans la guerre ». L'auteur des *Mémoires de guerre* fonde son refus sur trois raisons : ce projet le cantonne dans des fonctions administratives ; il implique un accord sur le fond qui n'existe pas ; enfin, cette définition de l'avenir français paraît « résulter d'une intervention étrangère ». Toutefois, ajoute-t-il sur un ton souverain, « j'acceptai de revoir le président et le Premier ministre »...

Il est seul. Il est (ou se sent) détenu dans ce *compound* américain où n'importe quel colonel de MP a plus de pouvoir que lui. Il est déjà exclu de la moindre espérance de pouvoir par un texte que Robert Murphy a en poche — et il consent à bien vouloir s'entretenir à nouveau avec les deux hommes dont dépend le sort du monde...

« Ce fut la plus rude de nos rencontres... », dit-il du face-à-face qui alors l'oppose à Winston Spencer Churchill, Premier ministre de Sa Majesté britannique, l'homme qui lui a permis d'exister trente mois plus tôt et auquel il vient d'infliger un camouflet insupportable en ruinant son scénario d'« honnête courtier ».

La force de polarisation que détient Charles de Gaulle, sa puissance attractive-répulsive, sa faculté de bouleversement, l'empire qu'il exerce sur les autres, on les mesure ici à plein : voici un homme, le chef du gouvernement britannique qui, quelques semaines après El Alamein et au moment où le désastre hitlérien à Stalingrad se révèle dans toute son ampleur, vient d'obtenir à Anfa un triomphe dans le domaine qui — très justement — compte avant tout pour lui, celui de la conduite de la guerre, faisant de nouveau plier son tout-puissant partenaire américain en obtenant le développement de la stratégie périphérique vers la Sicile et, pense-t-il, les Balkans. Et cet homme comblé, ce lutteur désormais assuré de la victoire, n'est plus ce matin-là qu'un vieillard éperdu de colère contre celui qui ne se contente pas de lui avoir volé son *show,* mais lui inflige le sien — celui d'une solitude impériale...

Les menaces qu'il profère ce matin-là, Churchill semble en avoir éprouvé si peu de fierté qu'il va jusqu'à taire cette entrevue dans son « histoire » de la guerre. Retenons donc ce qu'en rapporte le seul de Gaulle — qui s'entend menacer d'une campagne impitoyable dans la presse, à la radio, aux Communes, et jusque dans l'opinion française, qui sera appelée à le juger ! « Libre à vous de vous déshonorer ! » aurait-il répliqué. Mais cette formule qu'il a confiée à Soustelle [21], il se garde à son tour de la reprendre dans ses *Mémoires,* préférant citer ce propos plus conforme à la taille des deux personnages :

> « Je me bornai à lui répondre que mon amitié pour lui et mon attachement à l'alliance anglaise me faisaient déplorer l'attitude qu'il avait prise [...] inacceptable pour la France, inquiétante pour l'Europe, regrettable pour l'Angleterre. »

Évoquant de telles rencontres, le mémorialiste des années cinquante se donne rarement le mauvais rôle...

Avec Roosevelt, la distance est telle que les apparences de la sérénité peuvent être préservées. Au fond, le président se réjouit secrètement de l'intransigeance du général : ne démontre-t-elle pas qu'il a toujours eu raison de ne pas faire fond sur cet homme impossible ? Mais le doute se glisse dans l'entourage de Roosevelt. Harry Hopkins décrit une fois encore de Gaulle entrant dans le living-room de FDR « calme et sûr de lui — il m'a plu... », mais refusant le « communiqué commun » et Roosevelt « exhortant le général, en termes énergiques, à la conciliation »...

De Gaulle cite pour sa part des arguments très significatifs du chef de l'Exécutif américain :

« Dans les affaires humaines, il faut offrir du drame au public... Une déclaration commune des chefs français, et même s'il ne s'agissait que d'un accord théorique, produirait l'effet dramatique qui doit être recherché. » A quoi le Connétable répond majestueusement : « Laissez-moi faire. Il y aura un communiqué, bien que ce ne puisse être le vôtre. »

Allons, rien n'est perdu : FDR aura son « effet dramatique ». Churchill surgit dans le salon du président, encore rouge de colère, et agite son doigt sous le nez du général de Gaulle en rugissant : « Général, il ne faut pas obstacler la guerre[22] ! » Roosevelt le calme et, MacMillan veillant sur de Gaulle, envoie Murphy chercher le général Giraud. Dans le jardin de la villa se rassemblent des dizaines de journalistes amenés le matin même d'Alger par avion pour une conférence de presse dont ils ne savent pas encore qu'elle sera l'une des plus surprenantes de la guerre.

Voici Giraud. Alors, Franklin Roosevelt se tourne vers de Gaulle : « Accepteriez-vous, tout au moins, d'être photographié à mes côtés et aux côtés du Premier ministre britannique, en même temps que le général Giraud ? — Bien volontiers, fait de Gaulle, car j'ai la plus haute estime pour ce grand soldat. — Iriez-vous jusqu'à serrer la main du général Giraud en notre présence et devant l'objectif ? — *I shall do that for you** », rétorque un Connétable soudain-rallié à la religion des médias anglo-saxons[23].

Alors FDR se fait porter dans le jardin où sont préparés quatre fauteuils, fait asseoir à sa droite Giraud, à sa gauche de Gaulle, voisin de Churchill — qui, sous son chapeau rabattu et derrière son gros cigare, a retrouvé quelque chose comme un sourire — devant la cohorte des reporters médusés.

Donnons la parole à Hopkins : « J'avoue qu'ils formaient un groupe assez solennel. Les caméras se mirent à tourner. Le président demande à de Gaulle et à Giraud de se serrer la main. Ils se levèrent et s'exécutèrent. Quelques-uns des opérateurs n'ayant pu enregistrer la scène, les généraux durent recommencer[24]. »

Autre son de cloche, de la part de Churchill : « On ne peut regarder sans rire les images qui fixent cet événement, même en les replaçant dans le cadre de cette époque tragique[25]. » Rire ? Décidément, cet épisode marocain l'inspire mal. Giraud est assez digne et de belle prestance. De Gaulle tient à laisser paraître qu'il fait à chacun beaucoup d'honneur en paraissant là, et qu'il est à la limite des concessions... C'est par là qu'un esprit prévenu, comme l'est alors le Premier ministre, peut trouver matière à rire. Deux jours plus tard, prenant quelque repos dans son cher Marrakech, il lancera au consul américain Kenneth Pendar, qui l'interroge sur de Gaulle : « Ne parlons plus de celui-là. Nous l'appellerons Jeanne d'Arc, et nous chercherons des évêques pour le brûler[26] ! »

Sitôt les clichés pris, Giraud et de Gaulle se retirent, laissant les deux chefs de la coalition annoncer au monde les résultats de la conférence

---

* Je ferai cela pour vous.

militaire, qui se résument en la formule fameuse que Roosevelt avait empruntée, raconte-t-il, à son lointain prédécesseur le général Grant : pas d'autre solution à la guerre que l'« *inconditional surrender* », la capitulation sans condition de l'ennemi : El Alamein, Stalingrad et Midway permettent désormais aux Alliés de ne plus rien ménager.

De Gaulle n'oublie pas qu'il a promis à Roosevelt un communiqué où s'exprimerait sous une forme quelconque un progrès vers l'entente. Dès lors que la conférence est terminée, donc l'hypothèque « étrangère » levée, et après avoir consenti à Roosevelt les images qui lui permettront d' « offrir son drame au public » et de lui donner à croire que la « question française trouvait son *deus ex machina* en [sa] personne », il réunit ses collaborateurs et rédige le texte suivant, qu'il proposera à Giraud « sans l'avoir, bien entendu, fait connaître aux Alliés [27] »... :

> « A l'issue de leur première rencontre en Afrique du Nord française, le général de Gaulle et le général Giraud font en commun la déclaration suivante :
> " Nous nous sommes vus. Nous avons causé. Nous avons constaté notre accord complet sur le but à atteindre qui est la libération de la France et le triomphe des principes démocratiques par la défaite totale de l'ennemi. Ce but sera atteint par l'union dans la guerre de tous les Français luttant côte à côte avec tous leurs alliés. " »

Lorsque le général Catroux vint soumettre ce texte, pour accord, au général Giraud, celui-ci ne fit pas objection à la priorité que s'était arrogée son partenaire, ni sur le ton si typiquement gaullien du deuxième paragraphe, mais seulement sur l'une des formules employées. « Vous y croyez, vous, aux " principes démocratiques "? — Oui, répondit Catroux, mais on peut mettre, si vous voulez, " libertés humaines ". » Formule que Giraud jugea préférable et qui fut de ce fait substituée à la première dans le texte que reproduisent les *Mémoires de guerre* [28]. Nous contant, quinze ans plus tard, cet épisode, Catroux y voyait le résumé du conflit qui opposa, des mois durant, les deux généraux...

Le bilan d'Anfa? Dans un télégramme adressé deux jours plus tard à Éboué, à Leclerc et aux délégués de la France combattante à travers le monde, de Gaulle le qualifiait de « modeste », précisant que si les contacts avec Giraud avaient été cordiaux, le système qu'il proposait ne pouvait être accepté, d'abord parce qu'il aboutirait à fondre la France combattante dans un « système local africain » et mettre l'ensemble « comme Giraud lui-même, à la discrétion des Américains », et qu'au surplus, il ne saurait être admis « par les masses françaises ».

Quelque chose surprend dans ce texte : le ton de satisfaction qu'il laisse percer à propos de ses relations avec FDR : « Mes conversations avec Roosevelt ont été bonnes. J'ai l'impression qu'il a découvert ce qu'est la

France combattante. Cela peut avoir de grandes conséquences pour la suite... » Ainsi constate-t-on que ce misanthrope altier pouvait être abusé, fût-ce par un ennemi. MacMillan se moque de Roosevelt qui « avait l'illusion que de Gaulle avait succombé à son charme ». En fait, Roosevelt ne se trompait qu'à demi. Ce texte du Connétable, et diverses confidences qu'il fit alors, tendent à montrer que s'il ne « succomba » point, il fut au moins sensible aux grâces prodiguées par un homme qui n'avait qu'une idée en tête : l'éliminer.

Mais le plus surprenant en l'affaire, c'est que les conclusions tirées par le général de Gaulle après Anfa sont moins « gaullistes » que celles de ses partenaires ou adversaires. Tandis que Harold MacMillan estime simplement qu'il émergea de ces débats « comme un homme d'État dans la grande tradition française [29] », Robert Murphy découvrant, dans la hargneuse confusion d'Anfa, ce qu'il aurait pu déchiffrer dans les textes et les rapports qui étaient, depuis des années, à sa disposition, écrit :

« Churchill et Roosevelt quittèrent Casablanca, persuadés d'avoir relégué de Gaulle à une place subalterne. En réalité de Gaulle avait posé les jalons d'une série d'événements qui devaient bientôt rendre perplexes et humilier ses ennemis français en Afrique...

« La victoire, non proclamée, que de Gaulle remporta à Casablanca, était un grand pas dans son plan pour assurer à la France une part importante des conquêtes alliées, dont la restauration de l'Empire français [...]. La faute de calcul que nous fîmes tous à Casablanca était de penser que pour de Gaulle, tout comme pour nous, la priorité était de gagner la guerre [...]. Ses pensées étaient en avance de deux longueurs sur les nôtres. En 1943 [...] de Gaulle calcula justement que la victoire alliée était acquise et que la France partagerait cette victoire, quel qu'ait pu être le rôle des soldats français. Ce général à l'esprit politique avait décidé que son rôle était de se concentrer sur la restauration de la France comme grande puissance. Il sentait qu'il pourrait obtenir des concessions plus grandes pour la France pendant la guerre que plus tard [30]. »

Comment un homme capable d'analyses si pénétrantes s'était-il enfermé si longtemps dans un système fondé sur la perpétuation des valeurs mortes de Vichy et du néo-vichysme nord-africain, politique qui allait bientôt l'exclure de tout rôle significatif à Alger ?

Charles de Gaulle n'avait pas encore quitté Anfa qu'il commençait à mesurer l'effet des rancunes qu'il venait de susciter en « obstaclant » Winston Churchill, et en se montrant à Roosevelt sous son vrai jour : non pas celui d'un matamore fasciste dont on pourrait se débarrasser au nom des bons principes démocratiques, mais comme un homme d'État dont le nationalisme hyperbolique ne faisait qu'enflammer les talents.

Au moment de quitter le Maroc, le général a demandé à ses hôtes de mettre à sa disposition un avion pour aller inspecter les forces françaises en

Libye. Il s'est heurté à un refus tout juste poli. Rentré à Londres, il a renouvelé sa démarche. Cette fois, le bon Mr Peake lui fait parvenir un message embrouillé d'où il ressort que ce voyage, surtout s'il se prolonge jusqu'au Levant (comme le projette de Gaulle), n'est « pas conforme aux intérêts des Nations unies ». Et quand Churchill, ayant accepté, après de longues semaines, de recevoir à nouveau le chef de la France combattante, s'entend dire : « Quoi ? Je suis votre prisonnier ? Vous voulez m'expédier à l'île de Man ? », il riposte en rugissant : « Non, pour vous, ce sera la Tour de Londres ! »

De cette effrayante dégradation de rapports qui avaient été deux ans plus tôt ceux de chevaliers de la Table ronde, François Kersaudy a retracé avec un soin extrême les étapes, dont les archives britanniques portent d'innombrables témoignages. A dater de la fin de janvier 1943, il n'est plus de jour ou de semaine que le chef du cabinet britannique ne harcèle son entourage, d'Eden au plus modeste des confidents, pour que soit châtié de façon exemplaire l'homme qui lui a manqué à Anfa non sans lui rappeler qu'il ne suffit pas d'être un grand homme, et francophile, et parrain de la France libre, pour disposer à son gré de l'avenir du peuple français. Passe encore de le braver ! Mais lui signifier que les affaires françaises ne le regardent pas...

D'autant que le général ne craint pas de ranimer la polémique en déclarant, au cours d'une conférence de presse tenue à Londres le 9 février, que la crise politique en Afrique du Nord résulte de ce que « la France combattante a été tenue à l'écart de la conception, de la préparation et de l'exécution de cette affaire », ce qui n'a pas manqué d'« étonner les Français ». Il y a pire : dans son adresse aux journalistes londoniens, de Gaulle a salué le « très grand homme d'État » qu'est Roosevelt, mais s'est contenté d'une allusion à Winston Churchill... Humiliation préméditée, et devant son public !

Alors il n'est pas de représailles que le vieux « champion » ne médite de déclencher contre son allié. Un jour, il a l'idée (heureusement contrebattue par Eden) d'« associer Pierre-Étienne Flandin à l'administration de l'Afrique du Nord » — sachant que ce serait une véritable gifle à de Gaulle que de ressusciter contre lui l'homme du télégramme de félicitations à Hitler au lendemain de Munich, l'ancien ministre des Affaires étrangères de Pétain [31]. Un autre jour, il demande au Foreign Office de préparer des « instructions à la presse et à la BBC en cas de rupture avec le général de Gaulle [32] ». Et quand le général s'enferme ostensiblement à Hampstead pour marquer son irritation d'être confiné en Angleterre, le vieux Winston téléphone à Charles Peake, mué bien malgré lui en Hudson Lowe * : « Vous veillerez personnellement à ce que le Monstre de Hampstead ne s'échappe pas [33] ! »

C'est sur ces entrefaites qu'Anthony Eden entreprend un voyage à Washington où il sera beaucoup question de la France et du chef des Français combattants : et le secrétaire au Foreign Office doit constater que

_____
* Le geôlier de Napoléon à Sainte-Hélène.

si antigaulliste qu'il soit devenu, Churchill ferait encore figure d'agent du BCRA s'il s'aventurait dans ces parages...

Au cours d'un dîner à la Maison-Blanche, il lui est donné de découvrir la réalité des sentiments que nourrit Franklin Roosevelt à l'encontre, non seulement de De Gaulle, mais de la France. Le président lui fait d'abord part de son projet de voir, lors du débarquement en France, les forces militaires anglo-américaines prendre en main, directement, l'administration des territoires « libérés ». Le ministre anglais n'a pas eu le temps de tenter de démontrer à son hôte l'incongruité d'un tel projet, s'agissant non d'ennemis mais d'alliés, solennellement présentés comme tels à Anfa, il lui faut alors écouter la description de l'avenir de l'Europe occidentale telle que la voit FDR :

« D'après lui, la Grande-Bretagne, les États-Unis et la Russie devraient détenir, après la guerre, l'ensemble des armements européens. Les petites puissances n'auraient à leur disposition rien de plus dangereux que des fusils. Il envisageait aussi une prise en main de l'ensemble de l'Europe par les trois puissances [...]. S'agissant de l'avenir de la Belgique, il a préconisé [...] la création d'un État appelé la Wallonie qui comprendrait la partie wallonne de la Belgique, ainsi que le Luxembourg, l'Alsace-Lorraine et une partie du Nord de la France [34]... »

Voilà où en était le chef de la plus grande nation du monde au mois de mars 1943. On se refuse à imaginer ce qu'aurait pu être la réaction de Charles de Gaulle si l'aimable et amical secrétaire du Foreign Office lui avait alors fait part de ses notes de voyage... Se serait-il contenté d'atténuer quelque peu les éloges adressés le 9 février au « très grand homme d'État » qui avait su l'éblouir à Anfa ?

Est-ce parce que le rapport que lui fait Eden de ces billevisées présidentielles lui fait toucher du doigt le risque qu'il y a, du point de vue de l'avenir de l'Europe, à s'inféoder sans réserve à Washington ? Churchill accueille de nouveau de Gaulle le 2 avril pour lui rappeler, entre autres choses, que « dans l'intérêt de l'Europe, et notamment de l'Angleterre, il faut une France forte... même si à divers égards elle devait être en désaccord avec la Grande-Bretagne [35] »... Mais le Premier ministre ne peut se retenir de s'engager sur le terrain délicat des affaires françaises, conseillant à son visiteur de s'entendre avec Noguès, Peyrouton et Boisson...

Propos d'autant moins fait pour détendre l'atmosphère que Churchill fait comprendre à de Gaulle qu'il ne saurait partir pour Alger avant que l'« entente » soit faite. L'« entente, pour M. Churchill, signifiait bien entendu l'acceptation des conditions qui m'avaient été notifiées à Anfa [36] », commente aigrement le Connétable, qui ne tardera pas à apprendre que M. Churchill lui a menti en affirmant au cours de l'entretien que c'est le général Eisenhower qui s'oppose à son arrivée en Algérie : en fait, c'est le Foreign Office qui, en forçant les textes, a fait endosser au commandant en chef interallié la responsabilité de ce veto.

Ainsi est manquée la chance de renouer la bonne alliance de 1940. Et l'éloignement de Winston Churchill va s'approfondir, s'envenimer en une fiévreuse hostilité pour de Gaulle à l'occasion du voyage qu'il entreprend aux États-Unis, où se déroule la conférence « Trident ». A Washington, le 5 mai 1943, il reçoit des mains de Roosevelt un mémorandum qui n'est qu'une machine de guerre contre de Gaulle — et n'est pourtant qu'une esquisse de celui que remettront au président ses spécialistes des affaires françaises, le 20 janvier 1944.

« ... La conduite de la mariée continue d'empirer, soutenait FDR à l'adresse de son hôte [...]. De Gaulle utilise ses services de propagande pour créer des dissensions entre les Arabes et les Juifs *. Les intrigues continuelles de De Gaulle me dérangent de plus en plus [...]. Lorsque nous entrerons en France proprement dite, il nous faudra considérer cela comme une occupation militaire, organisée par des généraux anglais ou américains [...]. A mon avis, le Comité national français devrait être réorganisé afin d'en exclure quelques-uns des éléments inacceptables comme Philip **. Nous devons envisager la création d'un comité français entièrement nouveau, dont la composition devrait être approuvée par vous et par moi [qui] pourrait avoir un rôle consultatif. Giraud devrait être nommé commandant en chef [...] et, bien entendu, siégerait au Comité national consultatif... Je ne sais quoi faire de De Gaulle. Vous voudrez peut-être le nommer gouverneur de Madagascar [37]. »

En ses heures les plus navrantes, la colonisation française s'est-elle jamais comportée de façon plus méprisante et aveugle à l'égard des territoires d'outre-mer que ce « très grand homme d'État » engagé dans une croisade pour la liberté du monde ? Parlait-on autrement des combinaisons échafaudées à propos de Vichy entre Ribbentrop et Otto Abetz ? Telle est l'idée que se fait de la France et des Français Franklin Delano Roosevelt, qu'une bataille perdue (et la gesticulation compensatoire de l'homme du 18 juin) a ainsi suffi à transformer, vis-à-vis du pays de La Fayette et Rochambeau, en potentat colonial. Il faut lire ces textes élémentaires et arrogants pour juger le général outrecuidant qui osa en faire des chiffons de papier — sauvant ainsi l'avenir des relations entre les États-Unis et la France qui ne sauraient être fondés que sur l'estime réciproque.

Pris dans cette atmosphère gaullophobe et gallophobe, martelé de mots qui dénoncent tantôt l'anglophobie de l'homme du 18 juin, tantôt ses tendances fascistes, tantôt ses sympathies pour le communisme, Winston Churchill adresse le 21 mai à Eden un télégramme qui ne conclut pas à moins qu'à abandonner l'homme du 18 juin 1940 :

« ... Je demande à mes collègues d'examiner d'urgence la question de savoir si nous ne devrions pas dès maintenant éliminer de Gaulle en tant que force politique [...]. Nous dirions dans ce cas au Comité national français que nous cesserons d'avoir des relations avec lui ou de lui donner de l'argent aussi longtemps que de Gaulle en fera partie [...]. Je serais quant à moi tout

---

* C'est-à-dire qu'à Alger les gaullistes réclamaient le rétablissement du décret Crémieux, accordant la nationalité française aux juifs algériens...
** FDR n'a jamais « digéré » les vérités que lui a assenées le ministre socialiste en novembre 1942 à la Maison-Blanche.

à fait disposé à défendre cette politique devant le Parlement et à montrer à tout le monde que le mouvement de résistance en France, qui est au cœur même de la mystique gaulliste, ne s'identifie plus à cet homme vaniteux et malveillant [...]. On ne peut vraiment pas laisser ce gaffeur et cet empêcheur de tourner en rond poursuivre ses néfastes activités [...]. Il ne nous est plus possible de reconnaître la validité des lettres que nous avons échangées en 1940 [...]. Il faudrait introduire Herriot et Léger dans un comité dont de Gaulle serait exclu... »

Ce texte au bas duquel on souffre de voir la signature du grand Premier ministre associe la mauvaise foi à l'ignorance des réalités. Passons sur les arguments qu'on a jugés peu dignes de figurer ici, et qui vont du soin qu'aurait pris le général de mettre sa femme à l'abri en Grande-Bretagne avant d'y chercher lui-même refuge, au projet qu'il nourrirait d'assassiner Giraud... Il faut dire que les rapports des agents américains de l'époque à l'encontre des gaullistes sont le plus souvent de ce calibre...

Mais là où M. Churchill, supposé bon connaisseur de la France, n'a vraiment pas de chance, c'est quand il fait état de la non-identification entre la Résistance et de Gaulle, au moment même où elle trouve son couronnement dans la formation du Conseil national de la Résistance, le 10 mai 1943, onze jours avant le télégramme churchillien ! Plus malencontreux encore : le Premier ministre de Sa Majesté suggère « l'entrée d'Édouard Herriot dans un comité dont de Gaulle serait exclu » neuf jours après que Carlton Gardens eut reçu un message que le dernier président de la Chambre des députés, symbole de la République française, alors incarcéré, a réussi à envoyer de sa prison, offrant d'entrer dans un gouvernement présidé par de Gaulle « seul homme susceptible de réaliser l'union des Français » ! Winston Churchill tombait décidément mal...

Et ses collègues de Whitehall reçurent ce piteux télégramme avec d'autant plus de consternation que, quatre jours plus tôt, le 17 mai, le chef de la France combattante venait précisément de recevoir de Giraud l'invitation qu'il attendait depuis si longtemps de se rendre à Alger pour former avec lui le fameux « pouvoir central français » préconisé par de Gaulle dans son message du 2 janvier 1943...

M. Churchill conseillait au cabinet britannique d'abandonner l'allié de 1940 au moment même où la Résistance française s'unifiait sous son égide ; où Herriot, parangon de la démocratie française le désignait (après Blum, Marin, Queuille et Jeanneney) comme chef du prochain gouvernement français ; et où Giraud enfin le reconnaissait pour partenaire sur un pied d'égalité...

Fermement épaulé par le vice-premier ministre Attlee, Anthony Eden fit prévaloir un rejet très ferme de la suggestion du Premier ministre. Il note dans ses mémoires : « Conseil de cabinet... Il est question de De Gaulle et de la proposition de Winston de rompre avec lui dès maintenant. Tout le monde est contre et le dit courageusement[38]... » Et Churchill recevra le lendemain, en rafale, trois communiqués, baptisés Alcove I, II et III qui font honneur à l'esprit démocratique au sein d'un gouvernement britannique, fût-il en guerre.

Au vieux héros égaré par la colère et manipulé par ses tout-puissants alliés, les ministres de Sa Majesté donnent une leçon de sang-froid et d'équité, lui signifiant que si de Gaulle était écarté, pas un seul des membres du Comité national n'accepterait de rester en place, que les Forces françaises libres se détacheraient de l'alliance, et qu'en agissant comme le proposait le Premier ministre, les Alliés se verraient accusés « d'intervenir intempestivement dans les affaires purement françaises » et de traiter la France « comme un protectorat anglo-américain [39] ». Tout est dit, avec une admirable fermeté.

Winston Churchill se le tint pour dit, non sans riposter aigrement : « Je vous aurai averti des dangers que *votre* * soutien au général de Gaulle fait courir à l'unité anglo-américaine... Il me serait extrêmement pénible d'avoir à rompre cette harmonie à cause d'un Français qui est l'ennemi juré de la Grande-Bretagne et qui pourrait bien amener la guerre civile en France [40]... » Dans son histoire de la guerre, comme chaque fois qu'il se sent en fâcheuse posture (et semblable en cela à de Gaulle), Churchill passe fort brièvement sur cet épisode : « A cette époque, il s'en fallut de peu que nous ne rompions toute relation avec cet homme intolérable [41]. »

---

* C'est moi qui souligne

32. Un plus un égale un

L'histoire de la dévoration d'Henri Giraud par Charles de Gaulle pendant les six premiers mois de 1943 mérite-t-elle d'être contée ? Il serait presque futile d'en retracer les péripéties, tant l'énergie de l'un l'emporte à l'évidence sur la masse de l'autre et tant la conclusion s'inscrit vite sur le mur, si elle n'était le fruit d'une triple évolution d'où émergera la France de la libération, et qu'il faudra constamment garder à l'esprit pour éviter de se laisser piéger par un pittoresque feuilleton militaire : l'unification de la résistance intérieure sous le drapeau gaulliste, l'aggravation de la pression américaine en vue d'éliminer l'homme de Londres, et la dégradation progressive du mythe vichyste dans l'Afrique du Nord au combat. C'est la combinaison, l'interaction de ces trois mouvements qui aboutit à la conquête du pouvoir algérois par les hommes à la croix de Lorraine et donne son importance à cette période, tant en ce qui concerne la libération de la France que la construction du personnage de Charles de Gaulle.

Au cours d'une conférence de presse tenue à Londres le 9 février 1943, peu après son retour de Casablanca, de Gaulle déclarait que vouloir réduire ce « grand débat national » à un conflit entre généraux était « une mauvaise plaisanterie [...] une opérette avec un peu de sang [1] ». On ne saurait négliger pourtant cet aspect des choses : derrière ces deux enseignes inégalement étoilées se manifestent et s'affrontent en effet deux France, celle de la tradition et celle de la novation. Entre Giraud et de Gaulle, c'est le débat essentiel ouvert en juin 1940 entre Vichy et Londres qui se poursuit — allégé du procès en trahison intenté par de Gaulle à Pétain.

Acteur et mémorialiste de ce débat, le général Catroux fait profondément observer que « ce qu'or a appelé une querelle de généraux était un conflit d'ordre moral ». Les hommes de la France combattante devaient-ils, dans l'intérêt immédiat de l' « union » et donc de l'action de guerre, pousser très loin les concessions à tout ce qui, chez Giraud, était d'une part une survie de Pétain, de l'autre la main-mise de Roosevelt sur l'avenir français ? Ou bien devaient-ils être avant tout fidèles au message profond de la France combattante et de la résistance intérieure, qui tenaient de Gaulle pour leur mandataire ?

C'était en somme, affinée, approfondie, épurée, la question qui s'était posée aux responsables américains le 8 novembre 1942 : réalisme militaire ou respect des principes ? Le président des États-Unis, avec l'aval de plus en plus manifeste du Premier ministre britannique, avait choisi l' « expédient provisoire », le *Darlan deal,* au nom des intérêts d'État américain et de l'économie des vies humaines. Les hommes à la croix de Lorraine, démunis de tout, sauf des « signes » dont ils étaient porteurs, ne pouvaient se contenter de telles solutions.

L' « expédient », pour eux, s'incorporait à l'avenir du pays à reconstruire. Un pacte avec Giraud, c'est-à-dire avec la pensée de Pétain sous les armes de Roosevelt, risquait de conduire très loin et, d'une procédure de guerre, faire une réorientation structurelle. Sectarisme, intransigeance, fanatisme ? Oui. Mais l'effondrement historique de 1940 n'appelait-il pas, dialectiquement, un spasme de cette nature ?

Henri-Honoré Giraud semble sorti d'une boîte de soldats de plomb. Taille haute, noble visage, regard clair, jarrets cambrés, moustaches en forme de sabres, c'est « le général » tel qu'ont rêvé de le devenir deux ou trois générations de jeunes Français, de Waterloo au 14 mai 1940*. L'uniforme absorbe tout son être, et il ne saurait pour lui être d'honnête homme hors de cet habit — sinon sous la soutane. Il méprise si fort tout ce qui touche à la politique qu'à la veille de la guerre, son ministre Édouard Daladier voyait en lui un « fasciste » — lui attribuant ainsi une faculté d'approfondissement idéologique tout à fait étrangère à son esprit.

De droite, certes, il l'est, comme il est grand, beau et brave, par essence. S'il a jamais lu un journal, ce ne put être que *l'Action française,* sinon, parce qu'il trouve Maurras obscur et Daudet un peu leste, *l'Écho de Paris.* Lut-il d'autre prose que celle de René Bazin et d'Henri Bordeaux ? Sa bête noire était le Front populaire. Il avait, de sa captivité, écrit en juillet 1940 une lettre à Pétain pour l'inciter à abolir une fois pour toutes la « république des camarades » et son culte des « loisirs »... Fit-il d'autre rêve que de rentrer à Metz — dont il avait été le gouverneur militaire — sur son cheval noir ?

Nul vice en cet homme tout lisse**. Le mot candeur, à son propos, s'impose. N'en donne-t-il point l'exemple, sur le champ de bataille où il se retrouve soudain, stupéfait, environné d'ennemis ; à Vichy où il recopie et signe, sans presque la lire, une lettre qui l'associe non seulement à Pétain mais à Laval, qu'il méprise ; puis sur le rocher de Gibraltar où il attend, le 8 novembre 1942, qu'Eisenhower lui cède le commandement suprême de la « croisade en Europe » ? Et s'il tenta de faire sien et d'illustrer un slogan forgé à Londres mais qui le résume assez bien : « Un seul but, la victoire », il faut bien rappeler aussi que ce vieux spécialiste du Maroc — où il apparaît que l'esprit de Lyautey ne soufflait pas pour tous — prétendit résumer l'ensemble de sa « politique indigène » en ces quelques mots très simples : « Le Juif à l'échoppe, l'Arabe à la charrue. »

---

* Date qui est à la fois celle de l'effondrement du front français et de la capture du général.
** Notons tout de même que René Massigli, qui eut souvent affaire à lui, le qualifia devant nous de « fourbe ».

652

Ce soldat-militaire (les deux choses ne vont pas toujours de pair) précipité malgré lui dans le domaine de la vie publique, y chemine équipé d'un petit nombre d'axiomes « tous terrains » qui lui serviront de doctrine. D'abord — et c'est le seul point qu'il a en commun avec de Gaulle — que la France, victime d'un accident temporaire, doit, en vertu d'un droit imprescriptible, être replacée au premier rang. Ensuite que le corps militaire français, quelques déboires qu'il ait connus, l'emporte en compétence sur ses alliés et ennemis. Puis que les impératifs militaires dominent tous les autres et qu'un homme en képi a le pas sur un homme en chapeau. Enfin, que les malheurs de la France lui viennent de s'être abandonnée aux poisons de la démocratie et qu'il n'est de salut que dans le retour à un ordre inspiré par le respect des hiérarchies — et d'abord la militaire : général d'armée à 5 étoiles, ce n'est pas lui qui suivrait l'exemple aberrant de son collègue Catroux se figeant au garde-à-vous devant un blanc-bec de général porteur de deux étoiles à titre temporaire...

Avec ça bon homme, d'humeur plutôt douce, la voix flûtée, faisant bon accueil à de jeunes gaullistes comme Joxe, acceptant quelque temps de son rival railleries, insolences et perfidies, glorieux mais sans fanatisme ni exclusive, paternel avec la troupe, goûtant la soupe, payant de sa personne, capable même de rire de la plaisanterie d'un simple subordonné, oubliant aussi aisément les injures que les promesses, et capable de longanimité dans le succès, de sérénité dans l'épreuve. De quelle encyclopédie illustrée de la chose militaire a-t-il surgi un jour, de quelle enluminure d'Épinal, et en quel siècle, archétype d'un clergé militaire dont les saints patrons seraient Bayard et le chevalier d'Assas, le tambour d'Arcole, Mac Mahon et Castelnau ?

Écoutons, à son propos, l'homme qui fut alors chargé d'être sa matière grise, et s'y épuisa. Jean Monnet dépeint Henri Giraud comme « un homme de grande allure au regard vide et clair*, conscient de son prestige d'officier héroïque, intraitable sur les problèmes militaires, hésitant sur les autres. Je ne porterai pas de jugement sur son intelligence qui était celle d'un général formé longtemps aux affaires du désert et enclin à la simplification[2] ». N'insistons pas sur la délicate férocité qui serpente sous ces gentillesses comme sous celle de MacMillan : « Le général Giraud avait le charme qui manquait à de Gaulle, mais il n'avait que cela... »

Retenons aussi le trait venu d'un homme de l'autre bord, qui ne perdit jamais sa lucidité à propos de son chef de file à lui. Sortant d'un entretien avec Giraud, Hervé Alphand en dit ceci : « ... C'est physiquement comme moralement, une sorte d'Albert Lebrun** militaire... Pas de comparaison possible avec cette force déchaînée, furieuse, brutale, cette figure qui rompt avec tout le passé, cette explosion contre les erreurs, les fautes, les trahisons, qu'est de Gaulle[3]... »

Pas de comparaison possible ?

---

* Monnet parle ailleurs de son œil « de chat de porcelaine ».
** Le Président de la République de 1940.

Le Charles de Gaulle qui fait face en ces mois-là à Henri Giraud n'est que l'un des avatars de l'homme multiple dont ce livre prétend retracer le parcours. Les caprices de la situation qui l'oppose à ce monument de candeur moustachue qu'est Henri Giraud font ressortir par antithèse tout ce qui, chez l'homme de Londres, est cautèle politique, manipulation machiavélienne, intraitable réalisme, tout ce qui se résume dans le « politique d'abord » — la seule leçon qu'il ait retenue de Maurras (et pratiquée avec plus de pertinence que l'auteur de *l'Enquête sur la monarchie*). On l'a dit, et toute la séquence algéroise va être l'illustration du principe qu'il ne cesse de proclamer, souvent contre ses camarades, depuis 1924 et la publication de *la Discorde chez l'ennemi* : l'hégémonie appartient au pouvoir politique, qui décide, le militaire n'étant chargé que d'exécuter.

S'il est vrai qu'à Anfa, il disait à Giraud : « Vous serez Foch, moi Clemenceau* », c'était bien résumer sa vision des choses — sachant que l'autre n'était pas Foch... Tout le problème est là. Mais, compte tenu du poids spécifique des deux personnages et de l' « énergie cinétique » (1/2 MV2) qu'ils dégagent l'un et l'autre, eussent-ils professé les principes inverses, le vainqueur eût été le même — mais non le gouvernement de la France au lendemain de la guerre.

Si le sort parut hésiter quelque temps entre eux (trois ou quatre mois) ce fut beaucoup parce que l'aîné se battait sur un terrain qui le portait — majorité nostalgique de Vichy en Algérie et dans l'armée, forces américaines acquises à sa cause — quand l'autre tirait surtout sa force d'une énergie extérieure au débat, la Résistance métropolitaine dont la pesée ne pouvait s'exercer qu'à travers le montage verbal qu'en faisait le gaullisme, et la mise en place progressive des cadres venus de Londres. Ces cadres qu'on appelait les *hadjis* — ils étaient ceux qui avaient reçu la sacralisation aux côtés du prophète... — s'opposaient tout naturellement aux *moustachis,* les gens de Giraud. N'était-on pas, à Alger, dans l'univers méditerranéen des prophètes, des sectes et des janissaires ?

Mais on ne saurait évoquer ces rapports de forces et de personnes sans tenir compte de l'extrême âpreté caractérielle du personnage contre lequel tente de faire digue le candide général Giraud. Empruntons à ce sujet deux traits, l'un à un homme qui le déteste, l'autre à l'un de ses fidèles. De Charles de Gaulle, Alexis Léger, adversaire tenace, dira à Girard de Charbonnières : « Il n'aime pas gagner ; il aime vaincre [4]. »

Est-il si différent, le trait emprunté à Louis Joxe, qui, en ces mois-là et en nombre d'occurrences ultérieures, rendit de fiers services au Connétable ? « Fier, hautain, orgueilleux, arrogant, il l'est assurément. Par le temps qui court, qui s'en plaindrait** ? Réservé, méfiant, rancunier, voire dur, blessant et parfois vindicatif... On le dit méprisant. Son attitude reste souvent indifférente et lointaine, ses vues sur le fond de la nature humaine pessimistes, mais dans les temps difficiles, le mépris devient vertu [5]... »

---

* Formule rapportée par MacMillan.
** M. Churchill en tout cas, entre beaucoup d'autres...

Louis Joxe, qui n'est pas prodigue de mépris, lui, en est-il assuré ? Le mépris comme matière première de la sociabilité politique peut être aussi une faiblesse. Elle est celle de Charles de Gaulle qui pâtira longtemps de ne pas savoir faire crédit à moins grand que lui — il y a foule — d'une certaine aptitude à servir la collectivité nationale si c'est par d'autres voies que celles qu'il a décrétées justes, de mal apprécier aussi que le patriotisme puisse prendre des formes multiples — et au surplus, qu'il n'est pas l'apanage des seuls Français.

Moins verrouillé dans son armure de mépris, plus sensible au relatif, moins concentré sur cet absolu national en quoi il a érigé sa propre personne, Charles de Gaulle aurait-il survécu à l'épreuve que lui imposent alors ses alliés ? Mais cette épreuve aurait-elle été si menaçante s'il n'avait obstinément défié, nié, menacé, s'il ne s'était si hardiment refusé ? Étant faible, il a choisi que tout fût épreuve de force, assuré ainsi de se durcir. Mais un jour ne vient-il pas où la cuirasse devient une fin en soi et finit par se substituer à l'homme ?

On ne saurait esquiver non plus la question constamment posée alors par les « marieurs » d'Anfa, celle de l' « ambition personnelle » de Charles de Gaulle. On reviendra en temps utile sur les risques d'instauration d'un régime autoritaire, voire fasciste, qu'auraient pu impliquer sa personnalité hyperbolique et ce qui traînait encore de militarisme dans le mépris qu'il affichait pour le corps dont il était issu. Tenons-nous-en pour l'instant à l'aspect « personnel » de sa ruée vers le pouvoir, en cette année 1943.

S'il est vrai qu'en juin 1940, le réfugié de Londres tenta d'associer à son entreprise des chefs militaires ou politiques — Noguès et Mandel notamment — qui n'eussent pas manqué de « chapeauter » son entreprise et de s'imposer à ses dépens comme figures de proue de la résistance au vainqueur, s'il faut lui faire crédit de la sincérité de ces appels, il est non moins vrai qu'en 1943, il met sa formidable volonté au service d'un seul but : s'imposer comme chef unique de la France au combat. Refusant de se laisser diluer dans un quelconque directoire comme on tente de le lui imposer à Anfa, ou de n'être que le brillant second d'un Premier consul assuré de l'assistance inconditionnelle des États-Unis, il exige au moins l'égalité de traitement et de rang avec Giraud, parce que seule une égalité formelle lui permettra de faire valoir sa prééminence essentielle.

Ambition personnelle ? Comment distinguer, chez un personnage à ce point symbolique, ce qui est volonté de puissance et conscience d'incarnation ? Dans cette exigence à écarter son rival, on peut voir s'exprimer aussi bien le sens national (de qui, de quoi donc l'autre sera-t-il le paravent ?) que l'impatience à régner.

S'agissant du débat Giraud-de Gaulle, l'image du pot de terre contre le pot de fer vient tout naturellement à l'esprit. Mais on aurait tort de croire que c'est par sa seule dureté, par sa pugnacité, son agressivité que de Gaulle surclasse alors son rival : c'est aussi et surtout parce qu'il joue chaque « coup » en pensant à moyen ou à long terme : plus loin en tout cas que chacun de ses partenaires (les communistes mis à part peut-être). L'idée

655

ressort bien du texte de Robert Murphy qu'on a cité plus haut*. Elle se dégage mieux encore de ce trait de René Massigli, qui devint alors son principal collaborateur diplomatique : « De Gaulle a le regard incurvé au-delà de l'horizon[6]. »

Cette presbytie de stratège risque de lui jouer de mauvais tours, et il est vrai que tout au long de cette période, à force de braquer sa longue-vue sur Paris, l'Europe et la reconstruction du monde, il va frôler des précipices où il manque de s'abîmer. Il refuse de tenir compte des réalités sociopolitiques algéroises qui portent un temps encore son rival — et c'est, en ce domaine, le flair politique de Catroux qui le sauvera. Il néglige les nuages formidables qui s'amoncellent contre lui entre Londres et Washington, et là c'est Massigli qui jouera les paratonnerres. Enfin il traite longtemps avec désinvolture le tout-puissant personnage qu'est Eisenhower, dont un simple signe peut le jeter à bas. En l'occurrence, c'est la naturelle équité du commandant en chef américain qui limitera les risques et lui évitera l'excommunication majeure et définitive des deux chefs de la coalition antinazie.

Au-delà de toutes les antithèses caractérielles et culturelles, transcendant les épisodes et péripéties, le face-à-face de Gaulle-Giraud se résume enfin en ce débat qui divise la société française depuis près de deux siècles, entre le parti de l'ordre** et celui du mouvement. Le « parti de l'ordre » c'est, dans la tradition des sociologues politiques français, l'attachement au passé, le respect des valeurs éternelles, la religion comme structure, les bonnes mœurs, la solidarité entre le trône, le sabre et l'autel, le respect des hiérarchies familiales, professionnelles, nationales, c'est le conservatisme. Le mouvement, c'est tout ce qui bouge, et dérange l'ordre établi — du « moteur combattant » à la levée en armes d'un peuple opprimé ou occupé.

De quelque façon que l'on situe Charles de Gaulle par rapport aux principes démocratiques et à la doctrine révolutionnaire élaborée lors des fiévreux débats qui se déroulent alors entre combattants de l'ombre et émissaires du Comité national, l'homme du 18 juin est en 1943, par une force des choses qu'il s'est incorporée, l'héritier du grand mouvement qui, de 1793 à Gambetta et de la Commune au plan de réarmement du troisième gouvernement du Front populaire, unit les revendications de justice et d'égalité aux impératifs patriotiques. Avatar singulier pour l'auteur du *Fil de l'épée*? Il n'est pas le seul des « Amis de *Temps présent* » de 1940 à militer dans ce camp-là...

Giraud incarne avec une sorte de perfection la France inverse, dont le conservatisme structurel, résumé dans la caserne, humanisé par la famille, encadré par le haut clergé, n'implique pas d'emblée le « plutôt Hitler que Blum » qui conduit à la collaboration. Le rêve de ce type d'hommes, c'est plutôt un Vichy sans Allemands. En avril 1943, Catroux assurera que si l'on

---

* Voir p. 645.
** D'autres disent ici « résistance » — mais en l'occurrence le mot « colle » trop mal aux réalités du temps.

votait, « le peuple choisirait de Gaulle, les cadres Giraud »... Pourquoi, dans ces conditions, voudriez-vous qu'il fût démocrate, le général d'Alger ?

« ... La Résistance, qui est au cœur de la mystique gaulliste... », écrivait Winston Churchill *. De la mystique ? Ou plus simplement du « problème français » ? On reviendra sur la maturation sociale de la Résistance au cours de ces années 1943-1944. Ce qu'il importe de rappeler, avant de décrire la conquête d'Alger par le gaullisme (parce qu'elle en fut l'un des moteurs), c'est la prise en charge progressive de la Résistance par les équipes de Londres — le « commissariat à l'Intérieur » dirigé par André Philip et le BCRA de Passy et Brossolette.

Il est d'ailleurs significatif qu'émanent presque simultanément (les 21 et 23 février 1943) de Carlton Gardens les deux textes de base qui, l'un vers la France occupée (source de sa légitimité populaire), l'autre vers l'Algérie (objectif de sa manœuvre) définissent coup sur coup et en deux temps la stratégie globale que le général de Gaulle a pris soin d'axer sur ce point d'appui et cet objectif.

Le 12 février 1943, Jean Moulin qui, en treize mois et non sans d'âpres conflits, a pris l'ascendant au nom du général sur l'ensemble des organisations de résistance, atterrit en Angleterre, en même temps que le général Delestraint, chef de l'Armée secrète. Au cours des semaines qui suivent, tous deux ont de très nombreux contacts avec les responsables du Comité national français et les chefs militaires britanniques : ainsi, le 21 février, Moulin et Delestraint sont-ils reçus par le général Alan Brooke, chef de l'état-major impérial britannique.

Le même jour, le général de Gaulle, qui a eu avec Jean Moulin deux très longs entretiens nocturnes au cours desquels il a exprimé au visiteur, avec une chaleur très rare chez lui, la confiance qu'il lui fait, avant de le décorer de l'ordre de la Libération et de le nommer « commissaire en mission » (membre du Comité national), remet ses instructions à « Rex », qui va devenir « Max » pour son ultime mission, celle qui s'achèvera à Caluire le 21 juin suivant. Ces instructions du 21 février sont essentielles, dans la mesure où elles soudent l'insurrection interne (réunifiée par l'invasion de la zone sud, le 11 novembre 1942) à l'organisation extérieure née en juin 1940 sur un sol étranger. Lisons-les :

> « Jean Moulin [...] devient le seul représentant permanent du général de Gaulle et du Comité national pour l'ensemble du territoire métropolitain [...]. Il doit être créé, dans les plus courts délais possibles, un Conseil de la Résistance unique pour l'ensemble du territoire métropolitain et présidé par Jean Moulin [...]. Ce Conseil de la Résistance assurera la représentation des groupements de résistance, des formations politiques résistantes et

* Voir plus haut, p. 649.

des syndicats ouvriers résistants. Le rassemblement doit s effectuer sur la base des principes suivants :
— contre les Allemands, leurs alliés et leurs complices, par tous les moyens et particulièrement les armes à la main,
— contre toutes les dictatures et notamment celle de Vichy, quel que soit le visage dont elle se pare,
— avec de Gaulle, dans le combat qu'il mène pour libérer le territoire et redonner la parole aux Français.
... Le Conseil de la Résistance forme l'embryon d'une représentation nationale réduite, conseil politique du général de Gaulle à son arrivée en France[7]... »

Il faut s'arrêter un instant à ce texte capital, qui porte en germe deux ans d'histoire. Parce qu'il proclame l'hégémonie de l'homme de Londres — et bientôt d'Alger — sur le mouvement qui s'enfle soudain, en ces premiers mois de l'année 1943 et pour des raisons qu'on dira, et va s'épanouir en insurrection nationale. Parce qu'il impose à cette constellation d'efforts autonomes une unité quasi militaire, sous l'autorité directe d'un homme presque aussi autoritaire que le chef de la France combattante. Parce qu'il associe à cette unification et restaure donc dans leur dignité historique les « formations politiques » (on n'a pas osé encore écrire « partis »). Parce que sont prises pour cibles « toutes les dictatures, notamment celle de Vichy quel que soit le visage dont elle se pare » — ce qui peut viser Alger et le giraudisme... Parce que, seize mois après la diffusion du mot d'ordre « ne pas tuer d'Allemands », consigne est donnée de lutter contre l'occupant « les armes à la main ». Enfin, parce que ce qui est défini là, c'est bien une représentation nationale autour de De Gaulle « à son arrivée en France »

On a fait crédit à Charles de Gaulle de son aptitude à jouer toujours un ou deux coups d'avance sur ses adversaires. Ici, il est précédé par Roosevelt, qui a d'ores et déjà décidé de traiter la France non en pays libéré mais en pays occupé, soumis à une administration militaire anglo-américaine. Les deux projets sont antagonistes. Le moins qu'on puisse dire est que le chef de la France combattante fait tout ce qu'il faut pour n'être pas placé devant le fait accompli américain, et pour opposer les attributs de la souveraineté populaire à toute tentative d'imposer à la France un « protectorat » (d'ores et déjà dénoncé comme tel par Anthony Eden et ses collègues). Qui prendra l'autre de vitesse ? En plaçant la résistance sous sa bannière, et en jetant les bases d'une « représentation nationale réduite », le général vient de s'assurer une position clé, à court terme pour installer à Alger le « pouvoir central provisoire », à plus long terme pour faire pièce aux visées de Washington.

Mais, des mois durant, Roosevelt et Churchill affecteront de minimiser le rapprochement, puis la soudure, entre le Comité national de Londres et la Résistance. En avril encore, Churchill prétend, on l'a vu, que les deux forces se disjoignent. A l'exception du Foreign Office où Alexander Cadogan reste immuablement antigaulliste mais où Eden et le « ministre résident » en Afrique du Nord Harold MacMillan font prévaloir leurs vues, à l'exception bientôt du général Eisenhower qui se désolidarisera peu à peu de l'antigaullisme militant de la Maison-Blanche et du State Department, la stratégie française des chefs de la grande alliance reste fondée sur l'éviction de l' « homme insupportable ».

Le Premier ministre britannique en est si entêté qu'il tiendra à séjourner à Alger, à la veille et au lendemain de l'arrivée du général de Gaulle, pour ranimer le zèle de Robert Murphy et de l'état-major américain contre celui qui va cesser d'être l'exilé de Londres. Est-ce précisément pour cela, parce qu'il échappe ainsi à son emprise, que le vieux champion s'est pris d'exécration pour son protégé de naguère ?

Tout au long de cette période, les pressions alliées prennent les formes les plus diverses. Ainsi de Gaulle reçoit-il en mars la visite du cardinal Spellmann, archevêque de New York, qui débarque, comme par hasard, d'Alger. Le général a raconté cet épisode avec une ironie d'ancien élève des Pères, qui en fait une des jolies pages des *Mémoires de guerre :*

> « Ce prélat, d'une éminente piété, abordait les problèmes de ce monde avec l'évident souci de ne servir que la cause de Dieu. Mais la plus grande dévotion ne saurait empêcher que les affaires soient les affaires... »

C'est pourquoi, tout empli des conseils de Roosevelt, au nom duquel il se présente, le cardinal donne au général les conseils de sa sagesse :

> « Liberté, égalité, charité, telle était, suivant lui, la devise dont il convenait que s'inspirât ma conduite. " Liberté " signifiait que je devais m'abstenir de poser des conditions à l'union de la France combattante avec le général Giraud ; " égalité ", qu'il me fallait entrer dans le triumvirat * dont on m'avait parlé à Anfa ; " charité ", que le pardon s'imposait à l'égard des hommes en place à Alger, Rabat et Dakar[8]... »

En conclusion, et déployant tout le zèle de sa charité, Spellmann avertit benoîtement de Gaulle qu'il serait bien regrettable qu'on eût à se passer de lui à l'heure de la libération de son pays...

Mais, à la même époque, le chef de la France combattante a la satisfaction de constater que des États-Unis peut venir autre chose que l'hostilité méprisante du président ou ces incitations archiépiscopales à la résignation. Le 3 avril 1943, le commandant Laporte, officier de liaison de la France combattante auprès du général Douglas MacArthur, lui fait part des confidences que vient de lui faire la commandant en chef des forces alliées dans le Pacifique :

> « ... Comme Américain et comme soldat, je suis honteux de la façon dont certains, dans mon pays, ont traité votre chef [...]. La vilenie qui marque la triste affaire de l'Afrique du Nord française sera longue à effacer... Personnellement, je désapprouve l'attitude de Roosevelt et de Churchill envers le général de Gaulle. Dites-lui mon affection et mon admiration. Il a derrière lui la majorité des peuples américain et britannique, lesquels ne

---

* Giraud, de Gaulle, Georges...

pourraient pas admettre, sans protester, semblable lâchage... Dites-lui que je lui souhaite de réussir entièrement dans son opposition à tout accord qui tendrait à le diminuer ou à le placer en sous-ordre[9]... »

Bien sûr, il faut tenir compte ici des humeurs de MacArthur à l'égard de FDR. Il faut voir aussi ce qui, dans le personnage de De Gaulle, flatte le culte de la personnalité qu'entretient, autour de lui, le vainqueur de Guadalcanal. Ce témoignage éclatant n'est pas un brevet de bonne conduite : mais c'est tout de même un signe encourageant, dans l'état d'isolement apparent où, dans ses rapports avec les Américains, se débat Charles de Gaulle.

Mais il a d'autres alliés, et ne le laisse pas ignorer. D'autant moins que l'Union soviétique, quels que puissent être les sursauts à venir de la Wehrmacht — qui reprend Karkhov en février — a d'ores et déjà gagné en janvier la bataille décisive, celle de Stalingrad. Le représentant du Comité national auprès de Staline, Roger Garreau, a dès lors mission de multiplier les avances auprès de ses hôtes. « N'était l'appui soviétique, déclare-t-il à Molotov le 26 mars, peut-être la France combattante n'aurait-elle pu survivre à la crise de novembre [10]... » Et l'arrivée à Londres, fin janvier, d'un représentant officiel du parti communiste auprès du Comité national, Fernand Grenier *, ne peut que renforcer ses liens avec l'URSS. Poursuivi par la vindicte de Roosevelt et de Churchill, de Gaulle n'entame pas sans atouts sa conquête de l'Algérie...

A l'issue de la conférence d'Anfa, le seul accord précis intervenu entre Giraud et de Gaulle avait porté sur l'échange de représentations réciproques, le général Catroux devant diriger à Alger celle du général de Londres, et le colonel de Linarès ** celle, à Londres, du général d'Alger. Avant de prendre congé de sa mission au Levant, Catroux fit, du 15 au 18 février, un bref séjour à Alger, d'où il tira, à l'usage de De Gaulle, les conclusions suivantes :

« ... Giraud [...] a déçu. L'auberge est demeurée la même, seule l'enseigne a changé [...]. La clientèle de Vichy commence à comprendre que les jeux sont faits et que les Alliés gagneront la guerre... On a le droit de conclure que l'Algérie peut être regroupée et prise en main... Cela ne peut être fait sans Giraud parce qu'il est en place. Il s'agit de le conduire... Ce qui ne me paraît pas impossible avec du temps et de la patience, si je suis présent à ses côtés [11]... »

Cette entreprise eût-elle été menée à bien — compte tenu de l'adresse proverbiale de ce général-gentilhomme, plus antithétique encore par rapport à Giraud que ne l'est son chef de file — si un allié providentiel ne lui était venu ? Et le plus étrange, et ce qui incite à voir là-dessous quelque

---

* Voir chapitre suivant.
** Qui deviendra dix ans plus tard commandant en chef au Tonkin.

miracle, ou quelque diablerie, c'est que le renfort qui permit à Georges Catroux de « conduire » le Candide du Palais d'été lui vint des États-Unis. Et lui vint même de Franklin Delano Roosevelt...

C'est le tout-puissant chef de la croisade antigaulliste lui-même, c'est FDR qui désigna, pour servir de mentor politique à Henri Giraud, l'homme qui allait, de concert avec Catroux (et avec l'appui bienveillant de Harold MacMillan) circonvenir, canaliser et réduire à merci le commandant en chef civil et militaire. Cet homme s'appelait Jean Monnet.

Et l'un des ricanements de l'histoire dont est si fertile la carrière de Charles de Gaulle est que l'homme que le président des États-Unis choisit pour éclairer Giraud et le muscler contre son rival (et que le Connétable, dans ses mauvais jours, n'était lui-même pas loin de tenir pour un « agent des Anglo-Saxons ») contribua, presque autant que Catroux, à amener doucement le commandant en chef civil et militaire sur le terrain où l'attendait le Connétable. L'ayant beaucoup calomnié, de Gaulle reconnaît dans ses *Mémoires* que Jean Monnet fut « l'inspirateur de cette évolution ». C'est aussi l'avis de M. Murphy, qui ne pardonna pas à Monnet de l'avoir « chapeauté », et d'avoir en quelque sorte détourné le général Giraud de ses directives [12].

C'est le 23 février, deux jours après avoir donné à Jean Moulin sa mission décisive, que le Comité de Londres signifie au général Giraud la ligne de conduite qu'il entend suivre pour le supplanter :

« ... Le Comité national français, préoccupé, non certes de rivalités de personnes qui ne doivent pas exister et qui n'existent pas, mais du rassemblement du peuple et de l'Empire français dans la guerre aux côtés de tous les alliés, est résolu [...] à faire tous ses efforts pour [...] obtenir l'unification. » Mais à certaines conditions : il faut que le « prétendu armistice » conclu par un « pseudo-gouvernement » soit tenu pour « nul et non avenu ». D'où l'impossibilité de laisser « aux principaux postes de direction des hommes qui ont pris une responsabilité dans la capitulation et la collaboration avec l'ennemi »... En conséquence, « dans tous les territoires français [...] libérés, les libertés fondamentales doivent être restaurées... La légalité républicaine doit être rétablie »... Dès la libération, « sera élue au suffrage universel la représentation nationale, laquelle aura seule qualité pour établir la constitution de la France, désigner son gouvernement, juger les actes accomplis par tout organisme qui aura assuré la gestion provisoire des intérêts nationaux... En attendant la libération totale du territoire... il sera utile, dès qu'aura été constitué un pouvoir central provisoire... de créer auprès de ce pouvoir, un conseil consultatif de la Résistance française [qui] aurait pour fonction de donner une expression à l'opinion française »...

On voit ainsi s'agencer la manœuvre du stratège, usant hardiment des positions qu'il assure ici pour en faire déjà des armes en vue de conquérir, là-bas, l'autre bastion. Soumettant l'homme d'Alger à une pression psychologique et politique fondée sur l'exigence d'un retour à la démocratie, il fait sonner très haut sa volonté de recourir à l'opinion publique contre ces rémanences du passé qui encombrent encore l' « auberge » algéroise.

Henri Giraud est prévenu. Ce n'est pas seulement un rival qui fourbit là-bas ses armes pour pénétrer dans la place. C'est aussi une masse qui est convoquée, au nom de la démocratie, pour réclamer ses droits — une masse que guide un impitoyable champion. De Gaulle n'a pas plus tôt jeté ses premiers jalons ici (Moulin et Delestraint ne regagneront pas la France avant le 23 mars) qu'il argue déjà du succès éventuel de cette initiative (la création du Conseil de la Résistance) pour la retourner contre Giraud. En économie des affaires, on parlerait de « cavalerie », un mot qui, à la guerre, ne saurait détonner... Mais c'est ce qui s'appelle hâter les choses.

Il serait injuste toutefois d'attribuer cette hâte fébrile à la seule impatience de se saisir des leviers du pouvoir. Dans diverses correspondances de l'époque, reflétant à coup sûr des informations à lui transmises par Moulin et Delestraint, le général met l'accent sur l'approfondissement de la détresse publique en ce quatrième hiver de guerre. L'extension de l'occupation à l'ensemble du pays, la raréfaction de tous les produits, l'alourdissement des prélèvements alimentaires de l'occupant, la création du STO (Service du travail obligatoire) et de la milice, tout contribue à créer un sentiment d'exaspération, à irriter l'attente. Quand agiront-ils ? Quand finira cette nuit ? Nul n'a mieux décrit cette fièvre que le grand économiste Charles Rist : « Nous sommes ici comme les mineurs qui entendent les coups des sauveteurs qui approchent, mais qui sont encore loin. Il n'y a plus qu'une chose qui occupe : combien de temps [13] ? »

Si peu suspect soit-il de sensiblerie, Charles de Gaulle est frappé par ces rapports, et si l'on veut même lui refuser le crédit de la sympathie que susciterait en lui cette détresse, on peut au moins croire qu'il mesurait le péril où peut entraîner, vers quelque extrême que ce soit, une masse désespérée. La pression qu'il exerce alors sur ses interlocuteurs, partenaires et adversaires, tant par les missions qu'il dirige en rafales sur la France que par les notes dont il bombarde tour à tour Catroux et Giraud, s'explique aussi par cette certitude qu'il a d'une immense, douloureuse et périlleuse impatience nationale.

Précurseur de Catroux à Alger, le diplomate Léon Marchal, dont la sagacité fondée sur la connaissance du terrain devait s'affirmer si souvent, écrit le 13 mars à Londres : « ... La majorité de l'opinion est d'ores et déjà avec nous » depuis qu'elle est « désintoxiquée » et « en mesure de comprendre ce qu'est la France combattante... L'autorité du général Giraud s'effrite chaque jour... Nous sommes l'objet des avances les plus nettes... La prochaine arrivée du général Catroux prend figure de grand événement ».

Mais le « grand événement » que Marchal voyait dans l'arrivée de Catroux se produit dès le lendemain : le général Giraud, refoulant ses sentiments profonds, se rallie, publiquement, à ces « principes démocratiques » qu'il avait fait biffer du communiqué d'Anfa. Ce retournement n'était pas le fruit d'une subite illumination, ni même d'une observation des phénomènes d'opinion relevés par Marchal : il était la résultante de deux influences rivales mais en l'occurrence convergentes, celle d'André Labarthe et celle de Jean Monnet.

Arrivé à la fin de février à Alger et rencontrant Giraud le 1er mars, auréolé de la recommandation personnelle du président des États-Unis, Monnet avait commencé son travail de naturalisation du « soldat de plomb ». Au bénéfice du général de Gaulle ? Non. Monnet est resté à son égard presque aussi réservé qu'en juin 1940. Mais vers un juste milieu où le chef de la France libre aura plus vite rejoint Giraud, avant de le soumettre.

Louis Joxe a finement décrit la stratégie de Jean Monnet — qu'il n'a pas laissé de tirer obstinément vers la rive gaulliste, exerçant sur Monnet l'influence que Monnet exerçait sur Giraud : « Il avait rapidement jugé le général Giraud... Il entreprit de le " démocratiser ", de le peindre, de l'orner et par là même, d'agir sur le Comité de Londres [14]... » (ou *vers* le Comité de Londres ?). Le fait est que l'homme de confiance de Roosevelt, de touche en retouche, amena Candide aux abords du camp de Machiavel.

Pour commencer, il fut de ceux qui le convainquirent de prononcer ce discours du 14 mars qui fait trois pas décisifs dans le sens attendu par de Gaulle : il dénonce l'armistice, c'est-à-dire la légitimité du régime du maréchal, il met l'accent — contre les thèses de Roosevelt — sur la « souveraineté » française, et il rend hommage à la démocratie.

Ce discours n'est pas seulement un début d'alignement de Giraud sur de Gaulle. Sa rédaction, et les discussions qui l'ont suivie, vont faire éclater l'équipe qui s'est constituée, depuis le mois de novembre, autour du général d'Alger. Dans l'esprit du premier rédacteur du discours, Jean Rigault, il devait s'agir d'une sorte de manifeste résumant, face à Londres, la doctrine algéroise, d'un document vigoureux, permettant de négocier avec les gaullistes en position de force.

Mais André Labarthe, le transfuge antigaulliste de Londres dont Giraud a fait son conseiller à la propagande, et le journaliste Paul Bringuier ont rédigé pour leur part un tout autre texte, d'inspiration antivichyste et républicaine. En en prenant connaissance, Rigault se fâche et parle de « naïveté ». A quoi Labarthe riposte : « ... Nous avons tout, l'armée et l'argent. Avec ce discours, nous enlevons à de Gaulle son programme... — Prendre le programme des autres, ça s'appelle se rallier », réplique Rigault [15]. C'est lui qui aura vu juste.

C'est probablement dans cet esprit de ralliement que Jean Monnet avait conduit discrètement la manœuvre et mis la dernière main au discours. Quoi ? Capituler devant de Gaulle ? Abandonner le maréchal ? Les giraudistes historiques (Rigault, Lemaigre-Dubreuil, le général Bergeret, le général Chambe) n'avaient plus que la ressource de démissionner. Ainsi cette manœuvre préparée par Labarthe pour couper l'herbe sous le pied de De Gaulle en lui confisquant son programme, aboutit à isoler Giraud, en lui donnant, face à de Gaulle, l'apparence d'un capitulard.

Pierre Ordioni, alors très proche collaborateur de Giraud, a décrit avec beaucoup de verve [16] les réactions des *moustachis* à l'écoute de ce discours « démagogique », le désarroi de Rigault, la colère de Chambe, la stupéfaction de Lemaigre-Dubreuil — et aussi le commentaire très caractéristique du général qui, littéralement sommé de s'expliquer par ceux dont il vient de trahir les convictions les plus profondes, s'étonne qu'ils prennent son discours au sérieux : « Mais voyons, je ne crois pas un mot de ce que j'ai dit là : c'est de la politique ! » Car, dans l'esprit de l'évadé de Königstein, la « politique », c'est cela, la duperie, le double langage, la dérision... Ainsi traitée, elle finit toujours par se venger, la politique...

« Si Paris valait bien une messe, l'armement américain valait bien un discours », dira un peu plus tard Giraud, montrant qu'il prend toujours le subtil Monnet pour le porte-parole de Roosevelt, dispensateur des armes. Mais il s'empresse de tirer toutes les conséquences de ces propos soufflés par d'autres pour revendiquer auprès de la France combattante la qualité d'interlocuteur valable. Dès le 15, il écrit à Catroux : « J'ai tenu à exposer hier les principes qui guident ma conduite. Il ne subsiste donc plus aucune équivoque entre nous... Je suis prêt à accueillir le général de Gaulle afin de donner à [l'] union une forme concrète... » A quoi le Connétable répond par un communiqué dont on relèvera en passant la forme souveraine :

« Au sujet des déclarations faites par le général Giraud, le général de Gaulle a dit : " Nous* constatons avec satisfaction que ces déclarations marquent, à beaucoup d'égard, un grand progrès vers la doctrine de la France combattante telle qu'elle fut définie et soutenue depuis juin 1940. " »

Ce majestueux satisfecit ne va pas sans arrière-pensées. Quatre jours plus tard, dans une lettre à Catroux, de Gaulle met le discours du 14 mars au compte d'une manœuvre américaine visant à « peindre Giraud en démocrate » pour le mettre, lui, « au pied du mur ». Il sait le rôle joué en l'affaire par Monnet, qu'il continue à tenir pour un simple agent de Roosevelt (toujours la tentation du mépris...), et conclut rudement son message : « L'union avec Giraud est très désirable, mais certainement pas à tout prix. Mes résolutions sont prises. »

Sa « résolution » est d'autant plus offensive que les signes se multiplient un peu partout en sa faveur, au moment où Jean Moulin et le général Delestraint reviennent en France pour y consolider l'emprise gaulliste. Un jour, ce sont deux hauts fonctionnaires des finances déjà notoires qui, avant de gagner leur poste à Alger, demandent à passer par Londres pour manifester que, dans leur esprit, l'union doit se faire « derrière le général de Gaulle » : l'un d'eux s'appelle Maurice Couve de Murville. Un peu plus tard, on apprend que dans toutes les localités sud-tunisiennes reconquises par les troupes alliées, des manifestations se multiplient en faveur de la France combattante. Et le maire de Cayenne manifeste l'intention de rallier

---

* Le « nous » est ici purement de majesté, puisque c'est l'organisme commun qui le met dans sa bouche.

la Guyane au même drapeau, en dépit d'une opposition ouverte de Washington. Le gaullisme a le vent en poupe.

Tant de signes ne peuvent faire qu'Alger soit déjà acquise à la croix de Lorraine. Rémanences du vichysme ? Pesanteur du corps expéditionnaire américain et des agents de Murphy ? Conséquences du coup de barre verbal donné le 14 mars par Giraud, et suivi tout de même de quelques effets : la Légion des combattants, cette expression suprême du maréchalisme, est « réformée », son avant-garde, le SOL est dissoute, la plupart des prisonniers politiques (dont les 27 députés communistes) sont libérés des camps, les dispositions légales antisémites sont rapportées.

Giraud a affaibli sa position, sa force de marchandage face à de Gaulle. Mais il a aussi atténué son image d'héritier, de continuateur du vichysme. Plus faible, il est aussi plus crédible : si, du côté de l'Amérique officielle, il n'avait pas beaucoup de cartes à acquérir, les détenant presque toutes, il obtient des ralliements dans la presse, et parmi la colonie française aux États-Unis où Henri de Kérillis, déjà en rupture avec de Gaulle (qui l'a « négligé », dit-il) se rallie à lui, comme Geneviève Tabouis. Du côté anglais, une évolution se dessine en sa faveur ; dans l'opinion moyenne française, on se pose des questions. Et jusqu'au cœur même de l'état-major gaulliste, le « nouveau Giraud » suscite quelques échos favorables.

Le général Catroux, délégué du CNF pour l'Afrique du Nord, était arrivé à Alger le 25 mars, entouré d'une équipe de grande allure : le colonel Pech-Koff, Girard de Charbonnières * et Léon Marchal — déjà dans la place. De ses premiers entretiens — cordiaux — avec Giraud, « vieux Marocain » comme lui, Catroux retira l'impression qu'une entente était possible, et rapidement, sur la base d'un partage des fonctions militaires et politiques entre les deux généraux. Il suggéra, avant même d'en avoir référé à de Gaulle, un plan d'après lequel Giraud serait reconnu comme une sorte de « chef constitutionnel » avec le titre de « lieutenant général de la République », assurant le commandement des armées, promulguant les lois et représentant la France combattante auprès des Alliés, de Gaulle recevant la présidence de l'organisme exécutif et législatif de l'Empire, véritable foyer de l'autorité. Une « primauté d'apparence » (Catroux) étant reconnu à l'aîné **, les réalités du pouvoir iraient au cadet.

Charles de Gaulle, semblant oublier qu'en application de son principe de base — le politique a le pas sur le militaire — un tel système lui assure la direction des affaires, rejette sèchement ces suggestions qui ne lui paraissent conformes ni à l'« idéal » ni à la « solidarité » de la France combattante, et reviennent à placer la France « sous l'autorité personnelle d'un homme que rien ne qualifie pour l'exercer » et qui a suscité depuis trois mois une « méfiance presque générale ». Ici, le Connétable montre ses limites en tant que politique, le projet Catroux lui ouvrant la voie vers l'exercice de

---

* Dont je n'ai guère pu utiliser le remarquable récit *Le Duel Giraud-de Gaulle*.
** Et non la « prépondérance politique » comme l'écrit de Gaulle dans ses *Mémoires* (II, p. 97).

l'autorité réelle, et manifeste à quel point la « gloire » et les apparences comptent encore pour lui... « C'était l'avenir de la nation qui se jouait dans ce débat », écrit l'auteur des *Mémoires de guerre* confondant plus que jamais la nation et lui-même. C'était en tout cas « un » avenir qui se jouait, celui d'une France avant tout soucieuse de sa souveraineté et de son rang.

Tandis que le subtil, le souple Catroux — dont les avis, mieux écoutés par son chef de file, eussent peut-être fait gagner des mois à la négociation — est convoqué à Londres pour y apporter sa contribution à une relance des initiatives gaullistes, une autre mission, parallèle à la sienne, mais qui trouve sa source à Alger, va contribuer à tisser la toile dont sera fait l'accord. Le protagoniste en est un général d'aviation, René Bouscat, représentant du réseau « Alliance » en Afrique du Nord et qui, sans se rallier jamais à la France combattante, ne cache pas son admiration pour de Gaulle dont il a été le collègue à l'Institut des hautes études militaires en 1937. Giraud a eu la bonne grâce de juger que ces sympathies pour son rival ne disqualifiaient pas Bouscat en tant que médiateur entre Londres et Alger.

Le 17 avril, René Bouscat part pour Londres, croisant quelque part dans le ciel le général Catroux en route pour Alger, porteur des dernières instructions du CNF. Il est reçu dès le 20 par de Gaulle, qui l'accueille en camarade et qu'il retrouve peu changé, « un peu plus grave, plus tassé, le regard aigu sous les arcades fortes »... Le Connétable va droit au but : ou bien

> « Giraud est le grand chef militaire et dans ce cas n'a aucun pouvoir politique »,

ou bien

> « il partage avec moi-même, également, les responsabilités du gouverne-ment et, dans ce cas, n'est plus chef militaire... J'accepte que Giraud prenne place devant moi à la table du Conseil. Je ne puis accepter plus... Si l'accord ne se fait pas, tant pis... La France tout entière est avec moi... Que Giraud fasse attention ! Même victorieux, s'il va en France sans moi, il sera reçu à coups de fusil... »

Quant au rôle de la France dans le monde, le Connétable le décrit déjà comme une mission d'équilibre entre les blocs, d'indépendance rigoureuse par rapport aux alliances [17]...

Et Bouscat de noter dans son carnet de voyage : « J'ai eu devant moi un homme manifestement rompu à l'exercice du pouvoir, et ayant acquis une très grande confiance en lui-même... Il est intimement convaincu de son mérite et ce qui domine le personnage actuel, c'est son assurance. Conséquence inéluctable, il est ambitieux, très ambitieux... De Gaulle l'emportera, ne peut pas ne pas l'emporter... » Et à Giraud, il câble : « De Gaulle m'a exprimé avec force sa ferme volonté de réaliser l'accord. Ai eu l'impression néanmoins que propositions emportées par général Catroux constituaient sa dernière proposition [18]. »

Ces dernières propositions, c'est l'offre d'une dyarchie, d'un organe central à deux têtes, d'une coprésidence faisant alterner les deux généraux.

Elle semble avoir été bien accueillie d'abord à Alger, et par les Alliés. Mais, pour des raison que J.-B. Duroselle [19] attribue au réflexe d'un commandant en chef « gonflé » par les succès militaires alors remportés par les forces françaises en Tunisie *, voici que Giraud renâcle, s'accroche à son « commandement en chef civil et militaire » et — soudain empli de zèle républicain — insiste pour que soit appliquée la loi Tréveneuc de 1872 qui prévoyait qu'en cas de vacance des organes représentant la souveraineté nationale, le soin de désigner les nouveaux pouvoirs serait confié aux conseils généraux **.

Mais le général Giraud jouait décidément de malchance. Il n'avait pas plus tôt lancé son idée d'appel à l'arbitrage de ces organismes que les trois conseils généraux d'Algérie (qui, au début de décembre, s'étaient prononcés en faveur du comte de Paris) rendaient cette fois (le 19 avril) un vibrant hommage au général de Gaulle, donnant ainsi la mesure de la solidité de leurs convictions : il apparaissait déjà que ces groupes de notables se détermineraient en fonction de la loi du plus fort, et iraient avec l'opinion, ne pouvant jouer qu'un rôle de ratification provisoire des courants populaires. Fragile barrière contre ce gaullisme qu'on prétendait museler, ou canaliser...

De toute évidence, Giraud, prêt à pactiser sur l'essentiel, cherche à gagner du temps sur les détails. La lettre qu'il adresse le 27 avril à de Gaulle est une acceptation de la dyarchie. Mais il ne veut rencontrer de Gaulle que loin d'Alger, à Marrakech ou à Biskra... Le Connétable ronge son frein, c'est un homme « sombre, contracté » qui reçoit Bouscat le 28 avril :

> « ... Giraud [...] veut être à la fois chef du gouvernement et commandant en chef. Ça non !... Je veux aller à Alger sans tarder... Si je n'ai pas, le 3 mai, une réponse favorable, je demande à Catroux de rentrer et je vous rends votre liberté. »

Et il rappelle sèchement à Catroux que « l'affaire se joue non pas entre nous et Giraud, qui n'est rien, mais entre nous et le gouvernement des États-Unis [20] ».

Le Connétable insiste d'autant plus pour être accueilli à Alger que, le 1er mai, à l'occasion de la fête du Travail, « une manifestation monstre, à laquelle gaullistes et communistes participent fraternellement aux cris de : " C'est de Gaulle qu'il nous faut ! " montre que, cette fois, les temps ont vraiment changé [21] ».

---

* Voir chapitre suivant.

** Cette idée, qui deviendra la « tarte à la crème » de tous ceux qui veulent prévenir une dictature gaulliste, ne prévoit pas une libération lente, département par département (comme il advint). Quand jugerait-on ces organismes suffisamment libres et nombreux pour représenter la nation ? En juin, au moment de la libération de Bayeux, ou en février de l'année suivante, quand Colmar serait arraché à l'occupant ? Et en attendant, comment serait gouvernée la France ? Au surplus, quelle est la valeur « politique » et même représentative d'un conseil général ? Sur quels thèmes sont élus ses membres, notables ruraux choisis pour leurs capacités techniques ou leur clientèle, beaucoup plus que pour leur signification politique ? C'était là, tout simplement, poser les bases d'un néo-vichysme cantonal et en attendant, du protectorat américain prévu par Roosevelt.

Les temps, oui. Mais de Gaulle ?

C'est à cette époque que le général reçoit à Londres un envoyé des Services spéciaux français, le capitaine Bonnefous, qui s'est prévalu auprès de ses chefs d'Alger, le colonel Rivet et le commandant Paillole, de relations amicales avec de Gaulle (dont témoigne, un échange de correspondance) pour se faire charger d'une mission en vue de l'unification des services de Rivet et de Passy.

A Carlton Gardens, Bonnefous est l'objet d'une de ces réceptions qui ont aliéné au Connétable tant d'alliés et d'amis potentiels. C'est le colonel Paillole qui rapporte cette entrevue « catastrophique » telle que la lui conta son envoyé :

« Sans nul doute induit en erreur par des rapports tendancieux, de Gaulle, glacial, m'a reçu assis. Il n'a fait aucune allusion à nos rapports amicaux de treize années :

" Alors, Bonnefous, qu'est-ce que vous faites à Londres ?

— J'y représente les Services de contre-espionnage et de Sécurité militaire français.

— Ah ! Vous êtes un agent de Vichy ?

— Comment pouvez-vous dire cela ? Mes chefs sont le colonel Rivet et le commandant Paillole. Je suis ici pour assurer et renforcer les liaisons avec l'IS et votre BCRA.

— Alors vous êtes un agent anglais ? Eh bien ! Allez, Bonnefous... "

« J'étais stupéfait. Devant de tels propos et des accusations aussi puériles, mon visage reflétait mon indignation. De Gaulle s'est levé et en me reconduisant à la porte de son cabinet a ajouté :

" Un jour, Bonnefous, la France fera le compte de ceux qui l'ont bien servie...

— Mais, mon Général, nous ne demandons qu'à collaborer !

— Il ne s'agit pas de collaborer. " »

Commentaire du colonel Paillote :

« L'orgueil, le sectarisme seront-ils plus forts que la raison et l'intérêt national ? Giraud à qui je crois nécessaire de rendre compte de notre échec, en tire la leçon à sa façon : " Je vous l'ai dit. Il sera bien difficile de nous entendre. Nous ne sommes pas sur la même longueur d'onde. Ici 'un seul but, la victoire !', là-bas 'un seul but : le pouvoir !' [22] " »

René Bouscat est traité de tout autre façon. Face à lui, de Gaulle en revient à ses plans de voyage : « ... Ce pourrait être très simple. J'arrive en avion à Maison-Blanche... Je me rends au Palais d'été. En cours de route, la foule m'acclame*. Qu'y peut-on ? Nous nous montrons ensemble à un balcon avec Giraud. L'union est faite, c'est fini... » L'étonnant, avec de Gaulle, c'est qu'on a souvent l'impression qu'il aurait pu écrire ses *Mémoires* vingt ans plus tôt...

---

* A la date du 8 mai, pourtant, Catroux relève que deux manifestations se déroulant à Alger, l'une purement militaire, l'autre gaulliste, c'est la première qui a rassemblé la foule la plus dense.

C'est fini ? Presque. Le 18 mai, Bouscat le retrouve plein d'entrain et de confiance. Sans épargner au visiteur sa traditionnelle diatribe contre les « Anglo-Saxons » et la « duperie » du débarquement sans cesse reporté, il en revient à sa stratégie algéroise : « ... J'amène tout à Giraud, car j'amène la France, et cependant, j'accepte qu'il s'asseye devant moi à égalité. Mais je ne veux pas rentrer en Afrique du Nord par l'office. » Un compromis, comme l'y incite son visiteur, à l'instar de Catroux ?

> « Pour la France, je représente un certain nombre d'idées : la résistance, la lutte contre Vichy, la sanction contre les collaborationnistes, etc. Si j'allais à Alger sans que le règlement de ces problèmes soit assuré, je trahirais la confiance que l'on a placée en moi. Je ne peux pas trahir la France... »

Mais le 21 mai, c'est un homme qui, s'efforçant de ne pas le laisser paraître, éprouve d'évidence une « grande satisfaction », qui accueille le général Bouscat : en date du 17 mai, Giraud lui a fait une réponse conforme à ses exigences, bien qu'une phrase exprimât un reste de désaccord sur l'essentiel : « Nous ne... pouvons pas être le gouvernement de la France », rappelle Giraud. Le chef de la France combattante a bousculé d'autres interdits... Du moment qu'il est attendu, sans entrave, à Alger, le reste viendra de surcroît. Le 23, le Comité national réuni à Carlton Gardens entend Catroux commenter le dernier état des propositions Giraud : elles font l'unanimité. Le général de Gaulle partira le 30 pour Alger.

Avant de quitter Londres, le général de Gaulle (qui a appris dans la nuit du 27 au 28 mai que ce jour-là, dans un appartement de la rue du Four, à Paris, le Conseil national de la Résistance avait tenu sa première réunion sous la présidence de Jean Moulin) écrit au roi George VI pour lui dire, selon les *Mémoires de guerre* :

> « Combien j'étais reconnaissant, à lui-même, à son gouvernement, à son peuple, de l'accueil qu'ils m'avaient fait aux jours tragiques de 1940 et de l'hospitalité qu'ils avaient, depuis lors, accordée à la France libre et à son chef. »

On peut être un partenaire exaspérant et un homme bien élevé.

Quand il demande à faire ses adieux à Winston Churchill, on lui fait répondre que le Premier ministre est parti « pour une destination inconnue » — qui est, chacun le sait, et surtout de Gaulle, Alger... Ils se reverront, pour le meilleur et pour le pire, non sans que de Gaulle ait écrit ce soir-là à Churchill : « ... Je suis plus que jamais convaincu que vous serez l'homme des jours de gloire comme vous avez été l'homme des pires moments [23] ! » C'est donc Anthony Eden qui reçut les adieux du Connétable, au cours d'un entretien que le visiteur qualifia d' « amical ». Il suffisait pour cela que M. Eden laissât parler sa nature, et que de Gaulle eût quelque mémoire...

> « Que pensez-vous de nous ? me demanda le ministre anglais. — Rien, observai-je, n'est plus aimable que votre peuple. De votre politique, je

n'en *(sic)* pense pas toujours autant. — Savez-vous, me dit M. Eden avec bonne humeur, que vous nous avez causé plus de difficultés que tous nos alliés d'Europe ? [Ah ! le certificat que lui avait décerné là le chef de la diplomatie britannique ! Il ne pouvait manquer de reprendre au bond cette balle de match] : — Je n'en doute pas, répondis-je en souriant moi aussi. La France est une grande puissance [24]. »

Le 30 mai, un peu avant midi, le général de Gaulle, entouré de quelques fidèles — Massigli, Philip, Palewski, Billotte, Teyssot et Charles-Roux * — descend d'un avion Lockheed (à cocardes françaises) piloté par Lionel de Marmier, sur l'aéroport de Boufarik, à une vingtaine de kilomètres d'Alger. Il n'aura pas eu droit à l'accueil à Maison-Blanche...

Sur l'aire d'atterrissage, il aperçoit Giraud et Catroux. Charles de Gaulle s'avance, la main tendue, souriant : « Bonjour, mon Général. » L'homme aux grandes moustaches fait un pas : « Bonjour, Gaulle **. » Ce n'est pas beaucoup plus chaleureux qu'à Anfa. « Accueil sans éclat, note Catroux, peu fait pour frapper les imaginations [25]. » Mais son chef de cabinet Charbonnières, peu suspect de minimiser la valeur des gestes du général de Gaulle, écrit que le chef de la France combattante fut accueilli « comme il convenait » et conformément à un plan dressé par Catroux lui-même. Si Boufarik fut préféré à Maison-Blanche, précise-t-il, c'est que le premier aéroport avait été rétrocédé à la France, pas le second, « américanisé » par les accords Darlan-Clark [26].

Cette fois, en tout cas, Giraud s'est dérangé. Et de Gaulle d'observer que « les représentants des missions américaines et britanniques se sont placés derrière les Français », qu'on joue *la Marseillaise,* qu'on rend les honneurs, et (ciel !) que les voitures sont françaises...

Du premier tête-à-tête des deux généraux, dans la voiture qui les conduit au Palais d'été, on citera un récit, dû à un témoin qui ne devait pas être gaulliste. Si outrée soit ici la caricature du ton gaullien, si favorable à l'aîné soit ce rapport (évidemment dû à Giraud ou à son aide de camp) il a l'intérêt de décrire un climat, celui dans lequel vivait Giraud, et une image, celle qu'on se faisait, au Palais d'été, des arrivants :

« Quelles sont les personnalités, demande de Gaulle, hautain, que vous amenez au Comité ? Les miennes, Philip et Massigli, sont de premier plan..

— Jean Monnet, réplique Giraud...

— Oui, coupe de Gaulle, ce petit financier à la solde de l'Angleterre. .

— Et puis le général Georges...

— Ah, vous voulez reconstituer le " 4 bis*** "... Le général Georges a été assez " moche " pendant la guerre.

— Je réserve mon opinion, répond sèchement Giraud [...].

— En tout cas, reprend de Gaulle, je veux éliminer tout de suite Noguès [...] Peyrouton, Boisson ****.

---

* Les deux derniers sont ses aides de camp.
** Affectation vaine. On dit « de Gaulle », comme de Lattre.
*** L'ancien état-major de Pétain. Voir chapitre 10.
**** Respectivement résident général au Maroc, gouverneur général de l'AOF et de l'Algérie

— ... Nous verrons. Il faut dire " nous " et non " je ". Je suppose que vous irez voir Eisenhower demain.

— Jamais de la vie ! Je suis ici chez moi. J'irai le voir s'il vient d'abord chez moi.

— Vous êtes chez vous... Dites plutôt que vous êtes chez " nous "[27]... »

Au cours du déjeuner au Palais d'été, assis à côté du général Georges qui n'est pas de ceux auxquels il est enclin à faire des grâces, Charles de Gaulle médite sur les hommes qui forment les « deux équipes rassemblées autour de la table, aussi remuants et assurés d'eux-mêmes qu'avant le drame ». Il y a ceux, écrit-il, qui ont « tout » (armée, politique, finances, administration, radio, soutien des Alliés) et ceux qui n'ont « rien ». Mais « attitudes et regards révèlent déjà, assure-t-il, où se trouve l'ascendant. Chacun, au fond de lui-même, sait comment finira le débat[28] ». Il reçoit une indication favorable dans l'après-midi où, déposant une croix de Lorraine au monument aux morts, et sans qu'aucune annonce officielle en ait été faite, il est acclamé par une foule mobilisée par les militants de Combat. « Rien »? Si. Il y a les troupes politiques. En attendant les autres.

On engage le fer dès le lendemain matin, 31 mai, à 9 heures, au lycée Fromentin, sur les hauteurs d'Alger, réquisitionné comme siège central du pouvoir — en tout cas de ses apparences. De Gaulle fait face à Giraud. De puissance à puissance ? Il est en position de force, ne serait-ce que parce que son « parti » est plus nombreux que l'autre : à ses côtés sont Catroux, Massigli et Philip. Georges et Monnet encadrent Giraud. Aussi bien attaque-t-il d'emblée, et décrétant que le Comité national français ne saurait accepter la substitution d'une autre autorité à la sienne sans que soit réaffirmé le principe de la suprématie du « politique » sur les divers pouvoirs militaires, et sans qu'il soit admis qu'aucune subordination à des chefs étrangers n'irait sans approbation expresse du nouvel organisme français. Puis il exige le renvoi du général Noguès et des gouverneurs généraux Boisson et Peyrouton.

« ... La controverse, raconte Catroux, se poursuivit jusqu'au moment où nous vîmes de Gaulle refermer sa serviette, se lever sans mot dire et prendre la porte qu'il referma avec quelque fracas. Un nuage passa sur les visages... Puis Giraud, visiblement interloqué, leva la séance et on se dispersa[29]. »

Il n'y a donc pas eu de « round d'observation » : d'entrée de jeu, le Connétable impose à son rival une pression asphyxiante. Dès le lendemain, il tient une conférence de presse pour mettre l'accent aussi bien sur la « souveraineté » de la France que sur la nécessaire exclusion des hommes qui ont collaboré avec Vichy. Aussi bien, le soir même, reçoit-il une lettre de démission de Marcel Peyrouton.

Affaire sérieuse : on savait que cet ancien ministre de l'Intérieur de Vichy avait été nommé gouverneur général de l'Algérie sur les instances du président des États-Unis. Et il se trouve que sa lettre de démission fut adressée d'abord au seul de Gaulle, Giraud ne la recevant que le lendemain, en même temps que la lettre d'acceptation du « coprésident ». Soumis à la pression psychologique imposée par le Connétable et se voyant perdu, Peyrouton voulut-il laisser derrière lui un explosif, en dressant l'un contre l'autre les deux chefs ? Le fait est que la presse s'enflamma, et que l'honnête général Giraud réagit avec une telle violence qu'Harold MacMillan en conclut qu'il avait « perdu la tête ».

De la lettre qu'il adressa ce soir-là à son rival, on présume qu'elle ne lui fut pas, pour une fois, soufflée par le judicieux Monnet mais par André Labarthe *. De Gaulle y était accusé de vouloir « établir en France un régime copié sur le nazisme, appuyé sur des SS » et se voyait sommé par son interlocuteur de publier une déclaration « désavouant ces projets [30] ». Dans le même temps, l'entourage de Giraud prévenait celui de De Gaulle que d'importantes forces militaires étaient mises en place pour prévenir toute tentative de subversion... Aussitôt le colonel Billotte, chef d'état-major de la France combattante, adressait à tous les chefs de corps un message les avertissant du projet du général Giraud et les priant de se manifester en faveur de la France combattante : ce qui firent les quatre cinquièmes des officiers [31].

A la même heure, Catroux a la stupéfaction de recevoir, impromptu, la visite de l'amiral Muselier, venu lui annoncer que Giraud l'a appelé à ses côtés et chargé de la « sécurité » pour la région d'Alger, en vue de « prévenir un coup de force »... Initiative dont le « coprésident » n'a pu manquer de mesurer le caractère provocant. Armer Muselier contre de Gaulle... On fait état dans les « milieux informés » d'un télégramme de Roosevelt à Churchill lui conseillant de mettre de Gaulle dans un avion, de le transporter loin d'Alger et de l'y retenir prisonnier, « que Giraud le nourrisse ou pas »...

Si fort qu'il condamne l'appel à Muselier et les meneurs du clan Giraud, Catroux, ne peut pas approuver le geste de son chef de file acceptant la démission de Peyrouton sans consultation avec le coprésident. Et d'autant moins qu'il vient d'apprendre que sa décision a été arrachée à l'ancien gouverneur général par le très gaulliste colonel Jousse. Il s'en va le dire à de Gaulle : « Vous avez empiété sur ses droits ! — Giraud n'a pas de droits ici ! — Comment, il n'a pas de droits ? — Pas plus que vous-même n'avez de droits à Beyrouth ! — Mon droit provient de ce que j'y suis », conclut Catroux, qui offre sur-le-champ sa démission au Connétable, lequel ne l'en convoque pas moins pour la prochaine séance du Comité [32].

De bons observateurs — l'agence Reuter notamment — assurèrent que dans la soirée du 2 juin 1943 pesa sur Alger une atmosphère de putsch, que l'arrestation de De Gaulle et d'une vingtaine de ses collaborateurs fut envisagée par les officiers de l'entourage de Giraud, sous le prétexte que l'agitation qu'ils entretenaient de concert avec leurs partisans mettait en péril les « communications alliées [33] ». De Gaulle, d'ordinaire indifférent à

---

* Dont on retrouve un par un tous les arguments polémiques coutumiers.

sa sécurité, câble au Comité de Londres qu'il se sent pris dans un « guet-apens ». Qui menaça qui ? Personne en tout cas n'arrêta personne et tout le monde se retrouva le lendemain au lycée Fromentin...

Le général Giraud a-t-il ainsi épuisé d'un coup ses réserves combatives ? Dès la séance du 3 juin, de Gaulle s'impose comme le « patron » qui n'aura plus à surmonter que des manœuvres dilatoires, à vrai dire innombrables. C'est un texte rédigé et lu par lui, et adopté sans discussion, qui signifie au monde la création du Comité français de libération nationale (CFLN), le « pouvoir central français » qui « dirige l'effort français dans la guerre [...], exerce la souveraineté française sur tous les territoires placés hors du pouvoir de l'ennemi [...] assure la gestion et la défense de tous les intérêts français dans le monde »... Le Comité, qui « remettra ses pouvoirs au gouvernement provisoire qui sera constitué conformément aux lois de la République dès la libération totale du territoire [...] s'engage solennellement à rétablir toutes les libertés françaises, les lois de la République et le régime républicain... ».

C'est un texte qui aurait pu être rédigé à Londres. Giraud doit en outre capituler sur la question des proconsuls, Noguès suivant l'exemple de Peyrouton en démissionnant, bientôt imité par Boisson. Catroux devenait gouverneur général de l'Algérie, tout en étant maintenu au Comité. Et deux jours plus tard, la victoire des hommes de Londres était complétée par l'élargissement du Comité, trois « giraudistes », René Mayer, le Dr Abadie et Couve de Murville (celui-ci déjà fort attiré par l'autre équipe...) faisant face à quatre gaullistes : Pleven, Diethelm, Tixier (rappelé de Washington où il est remplacé par Hoppenot) et Henri Bonnet, chargé de l'information.

Le Connétable « tient » sa majorité automatique, tempérée par l'action médiane et très constructive des trois giraudistes « gaullisants », Jean Monnet, Couve de Murville et René Mayer, et des trois gaullistes modérés que sont Catroux, Massigli et Bonnet. Au surplus, le secrétariat général du CFLN — fonction essentielle dans tout organisme encore balbutiant — est confié au gaulliste Louis Joxe (bientôt flanqué de deux adjoints, Edgar Faure et Raymond Offroy).

Mais le jeu du pouvoir français se déroule sous le regard d'un public international avide de jouer les arbitres. Depuis la fin du mois de mai réside dans une villa écartée d'Alger un personnage peu banal : Winston Churchill. Le 6 juin*, il invite à un « déjeuner de campagne » Giraud et de Gaulle. Celui-ci s'étonnant, et de sa présence, et de cette initiative, le Premier ministre lui donne à entendre qu'il est là pour éviter « quelque trop brutale secousse, par exemple si, d'un seul coup, vous aviez dévoré Giraud** »... Quelle que soit la réponse que fit, sur-le-champ, le Connétable, celle qu'il a située à ce point des *Mémoires de guerre* mérite d'être citée : « Telle n'était point mon intention... J'entendais procéder par étapes [34]. »

---

* Churchill et Eden situent ce déjeuner le 4.
** Churchill ne cite pas ce propos dans ses propres mémoires.

Il reste à de Gaulle une bataille à gagner : celle de l'affirmation sans réserve de la suprématie de cet organisme politique (français) sur toutes les hiérarchies militaires — ce qui ne signifie pas seulement la prééminence de De Gaulle sur Giraud, mais l'autonomie du CFLN par rapport au commandement allié. Sur ce point, tout de même, Giraud résiste, avec l'appui de Georges, revendiquant toujours le commandement militaire.

Alors de Gaulle joue une fois de plus de son arme de prédilection : la retraite au désert dans un silence tonitruant. S' « enveloppant d'affliction », écrira-t-il, il verrouille la porte de la villa des Glycines, sa résidence algéroise, affirmant le 9 juin qu'il ne participera plus aux débats du CFLN, et parlant même de partir pour Brazzaville. Il ne sortira de son Aventin que le 15.

Quelques jours plus tard, MacMillan annonce à cet ermite qu'il est invité à déjeuner par un certain « général Lyon ». C'est le roi George VI, venu incognito visiter les forces britanniques en Afrique du Nord. « Si je quitte le gouvernement, fait de Gaulle en souriant, le général Lyon m'invitera-t-il quand même ? » Le déjeuner est « très réussi », assure le ministre de Churchill (de Gaulle était depuis 1940 très sympathique au roi). Sur quoi le Connétable — qui, ce 13 juin, est encore « en grève » — demande à MacMillan ce qu'il fait de son après-midi, et apprenant qu'il va se baigner à Tipasa, lui demande de l'accompagner, seul. Le croquis que trace ici le futur Premier ministre est savoureux :

« J'ai passé trois heures et demie de voiture, de promenade dans les ruines et de discussion incessante avec cet homme étrange — attirant et pourtant impossible. Nous avons parlé de tous les sujets imaginables, de politique, de religion, de philosophie, des classiques d'histoire ancienne et moderne, etc. Tout se rapportait plus ou moins aux problèmes qui préoccupent son esprit.

« Je me rappelle encore avec plaisir ce curieux épisode. Je me baignais nu à la pointe extrême de l'ancienne cité romaine, tandis que de Gaulle restait assis sur un rocher, drapé dans sa dignité, en uniforme, avec ceinturon et képi. Puis nous fîmes un excellent petit dîner dans une auberge dont le patron était tout excité.

« Il est très difficile de savoir comment le prendre. Je fais de mon mieux. Je crois qu'il m'aime bien et qu'il est reconnaissant d'avoir quelqu'un en qui il a confiance et à qui il peut parler librement. Je crois que je l'ai persuadé de rester au Comité jusqu'à nouvel ordre et de donner à cet organisme une chance de fonctionner. Mais je crains qu'il ne soit toujours quelqu'un avec qui il sera très difficile de travailler. C'est un autocrate de nature[35]... »

L'intervention anglaise dans les affaires embrouillées du « gouvernement » — c'est ainsi que de Gaulle a désormais choisi d'appeler, tout simplement, le Comité formé le 3 juin — ne prend pas toujours cette forme souriante. Mais elle reste mesurée. L'immixtion américaine dans ce que le correspondant du *New York Times*, un certain Callender, décrit aimablement comme la « farce française », va prendre un tout autre style, inspiré par ce que le général Eisenhower appelle sans ménagement la mentalité de « conquérant » du président Roosevelt.

Le 17 juin, le général en chef invite Giraud et de Gaulle à une conférence en vue d'harmoniser les points de vue à propos de la participation française à la poursuite de la guerre. « Ike » a reçu de FDR l'ordre de signifier à de Gaulle qu'aucune autorité ne lui serait reconnue dans le domaine militaire « parce que les Alliés n'ont pas confiance en lui ». On est à la limite de l'injure. Mais Eisenhower, d'abord parce qu'il était naturellement bienveillant, ensuite parce qu'il commence à trouver abusives les préventions de la Maison-Blanche contre de Gaulle, présente les choses un peu plus souplement, sans dissimuler pour autant que l'armée française ne bénéficiera des fournitures américaines que si Giraud reste commandant en chef... C'est un diktat.

De Gaulle, ulcéré, a beau dénoncer comme intolérable cette « interférence étrangère dans l'exercice des pouvoirs français », rappeler que pendant la Première Guerre mondiale, les alliés américains de la France n'ont pendant des mois combattu qu'avec des canons et des chars français sans que Paris se soit cru en droit d'intervenir dans les attributions du général Pershing, le commandant en chef allié reste intraitable. Mais il l'est avec assez de courtoisie et de bonhomie pour que l'auteur des *Mémoires de guerre*, évoquant cette scène cruelle, salue « cet homme au cœur généreux », qui sut se montrer « adroit et souple », qui « ressentait la sympathie mystérieuse qui depuis tantôt deux siècles, rapprochait son pays du mien » et qu'on ne saurait rendre responsable du fait que « cette fois, les États-Unis écoutèrent moins notre détresse que l'appel de la domination * ».

Eisenhower est plus discret, dans ses propres mémoires, sur le compte de son rude interlocuteur — non sans analyser très finement les raisons de la haine que la majorité vichyste des officiers français portait à de Gaulle : en refusant d'accepter la capitulation, il avait donné à ceux qui avaient refusé de le suivre l'apparence de « poltrons »... Découvrant de Gaulle à l'occasion de ce rugueux contact, il avait été, assure MacMillan, frappé par sa « puissante personnalité ».

Le diktat américain isola encore un peu plus Giraud et Georges au sein du Comité : refusant de répondre au texte remis par Eisenhower à de Gaulle, les « quatorze » se résignèrent de nouveau à un partage, Giraud gardant le commandement de l'armée dite « d'Afrique », issue de Vichy, de Gaulle l'autorité sur les forces de la « France combattante ». Mais ce dernier recevait la présidence d'un « comité militaire » coordonnant l'ensemble. Mesure qui irrita si fort Washington que James Dunn **, chargé des affaires françaises au Département d'État, déclara à l'ambassadeur du CFLN Henri Hoppenot qu'il était impossible de s'entendre avec de Gaulle et que la seule solution serait de lui donner le commandement d'une division blindée [36]...

---

* De Gaulle dit « domination » là où Eisenhower parle de « conquête ».

** Qui, devenu dix ans plus tard ambassadeur à Paris, se créera une notoriété en adressant une note si brutale au chef du gouvernement, le pacifique M. Pinay, qu'elle lui fut retournée sans commentaire.

Et quand le gouverneur général Boisson finit par envoyer sa démission, quelques jours plus tard (au seul Giraud), Roosevelt parla de faire débarquer des troupes américaines à Dakar pour y maintenir l'homme du 23 septembre 1940... MacMillan assure qu'il fallut les mises en garde de Murphy pour l'en dissuader ! C'est Eisenhower lui-même qui écrit que, s'agissant de la France, le président n'avait jamais qu'un mot à la bouche, celui de « contrainte ».

Soudain, le 2 juillet, sans s'être concerté avec le CFLN qui en fut simplement avisé, le général Giraud partit pour Washington. Tentative de « reprendre la main » contre de Gaulle ? La presse américaine s'empressa de présenter ce voyage comme une opération antigaulliste, mais rien ne fut fait clairement en ce sens. Même la réception du général à la Maison-Blanche resta discrète, FDR mettant avec soin l'accent sur le caractère strictement militaire de la visite et en profitant pour rappeler son axiome : « La France n'existe plus. » Reçu au seul ministère de la Guerre, Giraud y prononça une adresse aux journalistes. Mais ayant parlé de la politique d'« union » à Alger, il vit son texte censuré... Il n'avait pas le droit de sortir du terrain délimité par ses hôtes. Visiblement, il a déçu les Américains qui ont voulu le dresser « contre de Gaulle et l'unité française », comme l'écrit MacMillan.

Le 14 juillet lui-même ne donna lieu à New York à aucune manifestation susceptible de grandir ou conforter le « coprésident » du CFLN — alors que dans le même temps, sur le forum d'Alger, de Gaulle clamait, devant une foule énorme et exaltée : « Voici quinze siècles que nous sommes la France ! » Déjà le grand ton de 1944 et de 1958... Et déjà Alger a basculé, du vichysme qui rassurait l'esprit conservateur d'une société coloniale, au gaullisme qui enchante le lyrisme de ces Méditerranéens.

Dès lors, Giraud, en dépit du succès militaire de sa mission qui accélère les livraisons américaines, en dépit des victoires remportées en Italie par des troupes qui lui restent fidèles en esprit, a perdu la partie. Le 1er juin, il avait tout en main — armée, police, médias, et les Américains ; une camarilla ardemment antigaulliste se pressait autour de lui, de Lemaigre-Dubreuil au général Prioux, de Labarthe à Muselier, prête à tout pour abattre son rival. Deux mois plus tard, ses velléités, ses hésitations, ses foucades l'ont coupé de ses amis. Il en est réduit à quelques « coups », certains fort beaux, comme la libération de la Corse conduite, en septembre 1943, à l'insu du CFLN, avec panache et non sans l'appui décisif des communistes locaux. Mais de Gaulle ayant eu l'habileté de se déclarer, au moins en paroles, prêt à prendre l'événement pour ce qu'il était, une étape de la libération nationale, et non pour ce que certains avaient voulu en faire, une revanche de Giraud sur lui, l'opération fut simplement bénéfique et ne modifia pas un rapport de forces d'ores et déjà établi. Giraud assure dans ses souvenirs que son succès corse lui valut d'être expulsé du CFLN : on se gardera de soutenir le contraire...

La dyarchie au sein du Comité français de libération nationale n'est plus qu'une fiction. Charles de Gaulle s'exprime désormais en chef unique du « gouvernement » français. Qu'il visite la Tunisie en juin ou le Maroc en août, c'est en tant que leader de la nation qu'il parle. Sous l'outrance du propos, ce qu'il en dit dans les *Mémoires de guerre* exprime bien cette insurrection du réel qui le porta en quelques mois de la condition du semi-clandestin de Boufarik à celle du plébiscité du Forum d'Alger :

> « C'est l'État qu'on voyait reparaître... avec d'autant plus de relief qu'il n'était pas anonyme... Une espèce de marée des volontés et des sentiments consacrait cette légitimité profonde qui procède du salut public[37]... »

Formules séduisantes et redoutables, dont il n'aura que trop tendance à faire usage, et qui reflètent mieux sa vision de l'histoire que l'esprit des lois et l'état de droit. Ces « déchaînements d'émotion » où il veut trouver la source de la légitimité qui le charge d' « incarner et de conduire l'État » ont bien un sens, *hic et nunc*, face à l'ostracisme américain, aux manœuvres du néo-vichysme, à la théorie de la vacuité française qui arme de juridisme les rancunes de Roosevelt et d'Alexis Léger. Mais ne sent-il pas, écrivant cela dix ans plus tard, ce qui peut se cacher sous ces mots ?

Le 31 juillet, le Connétable met à mort la dyarchie — qui n'aura duré que deux mois... Désormais, écrit-il, la présidence du CFLN « incombe au seul de Gaulle », Giraud ne gardant que le droit de signer les textes arrêtés hors de sa présence. En revanche, sous le contrôle du Comité militaire présidé par de Gaulle, il est confirmé comme « commandant en chef des forces françaises », se déclarant enchanté de revenir à ce qui fait sa raison d'être. Il devait tirer, dans ses souvenirs, la conclusion de cette aventure où l'avaient lancé quelques hommes avant tout soucieux de faire pièce à de Gaulle :

« Je me suis laissé battre sans combat. Ce n'est certes pas à mon honneur. On s'était plu jadis, à me reconnaître de réelles qualités militaires. La libération de l'Afrique du Nord n'avait pas été trop mal menée et j'ai montré, plus tard en Corse, que je n'avais rien perdu de mon coup d'œil et de mon audace. Sur le plan politique, j'ai été d'une incompétence, d'une maladresse et d'une faiblesse inconcevables. Chacun son métier, les vaches seront bien gardées[38]. »

Chez Henri-Honoré Giraud, la droiture du cœur n'allait décidément pas de pair avec la qualité du style.

Ainsi s'est constitué, dès l'été 1943, l'ébauche de ce qu'on peut déjà appeler l' « État gaulliste[39] » dominé par la formidable, l'hégémonique personnalité du général de Gaulle, et marqué par ses origines aventureuses et son caractère provisoire — mais dont le fonctionnement ne donne lieu à aucun esclandre de la part de républicains aussi pointilleux que René Massigli, Jean Monnet, André Philip ou René Mayer. Et même quand le rejoindront ces incarnations de l'esprit de la IIIᵉ République que sont Henri Queuille, Louis Jacquinot ou Pierre Mendès France, on ne parlera ni de coups de force ni de bruits de bottes.

Le 26 août 1943, enfin, le Comité français de libération nationale — dont les généraux Giraud et Georges sont toujours membres — est reconnu, avec éclat par Moscou *, avec restrictions par Londres **, avec plus que des réserves par Washington ***. C'est bien ce « pouvoir central » à la création duquel il a voué son énergie depuis des mois, avec l'agrément répété et solennel des organisations de résistance, que Charles de Gaulle peut brandir face au monde entier. Les batailles formelles, juridiques, protocolaires ne font que commencer. Il lui faudra plus de quinze mois encore pour être reconnu par Washington...

Mais à la « légitimité profonde » dont il se prévaut déjà si hautement, née de son geste du 18 juin 1940, confortée par les ralliements des territoires, des foules et des combattants, Charles de Gaulle est en passe de fournir la caution, plus modeste mais plus sûre, de la légalité.

---

* Qui reconnaît le CFLN pour « représentant des intérêts gouvernementaux de la République française ».
** Qui voit en lui « un organisme compétent pour assurer la défense des intérêts français ».
*** Qui le tient pour « l'organisme gouvernant les territoires d'outre-mer français [...] en attendant que le peuple français choisisse librement son gouvernement ».

33. Le poids des armes

Sitôt nommé secrétaire général du Comité français de libération nationale, Louis Joxe est reçu par de Gaulle à la villa des Glycines, le 3 juin. « Par où commençons-nous ? » fait le Connétable. Et aussitôt, sans même attendre la réponse : « Par l'armée [1]... »

Le refus de tenir la défaite pour acquise, qui est l'essence même du gaullisme, implique la décision de poursuivre la lutte. Le 18 juin n'est pas seulement un réquisitoire contre les fauteurs de défaite et une promesse de victoire. C'est un appel aux armes. Et le leitmotiv des jours, des mois suivants, c'est avant tout un « continuons le combat ». Que fort peu d'officiers, que guère plus de soldats aient su entendre cette sommation, qu'au cours du premier mois moins de 7 000 hommes se soient joints à l'homme de Londres ne peut faire que le gaullisme ne fût d'abord cela : une fureur de combattre.

Plus tard il s'enflera en revendication de légitimité contre Vichy, en exigence d'intégrité territoriale face à la politique coloniale anglaise, en proclamation de représentativité nationale à l'adresse de Washington. Mais la France libre, c'est d'abord la présence d'une fraction du pays dans la guerre, parce qu'il y va de l'honneur de la nation, du respect de la parole donnée, de la dignité de l'homme face au nazisme, et parce que seule la participation au combat donne droit au partage de la victoire.

Dans l'ouvrage qu'il a intitulé *De Gaulle contre le gaullisme* (mais pourquoi alors parler de « gaullisme » ?), Émile Muselier accuse l'homme du 18 juin de s'être engagé et absorbé dans les problèmes politiques au point de négliger d'envoyer au combat les volontaires rassemblés par son appel, et ensuite de ne l'avoir fait qu'en vue d'un combat fratricide au « mépris des engagements solennels » pris par le fondateur du mouvement. Polémique vaine.

Manque de pugnacité ? On peut reprocher bien des choses à de Gaulle (lui, Muselier notamment), son autoritarisme, son égocentrisme, son outrecuidance, mais non un manque de pugnacité. Clamant le 14 juillet 1940 qu'il a « ramassé le tronçon du glaive », le Connétable annonce le 23, avec une sorte d'ivresse, que deux jours plus tôt, la lutte a repris entre la France et le Reich, plusieurs aviateurs français ayant participé à un bombardement de la Ruhr.

Mépris des engagements ? Muselier savait que les accords Churchill-de Gaulle du 7 août 1940 excluaient tout combat des Français libres « contre la

France », pas contre *des* Français. Lui-même, en acceptant d'assurer le ralliement de Saint-Pierre, n'avait-il pas pris le risque d'une lutte « fratricide » ? Devait-on considérer comme intouchables, parce que « Français » d'origine, les volontaires de la LVF, les miliciens ?

Non certes, Charles de Gaulle n'est pas coupable de temporisation : ce dont on peut lui faire grief, c'est plutôt d'une hâte qui est peut-être à l'origine du lamentable pas de clerc de Dakar, sinon des vies humaines qu'a coûtées le ralliement du Gabon ou celui de la Syrie. Et si le chef des Français libres n'eut pas à pousser dans les reins les premiers officiers *Free French,* les Montclar, les Larminat, les Leclerc, les Koenig, les Chevigné, c'est que c'étaient de vrais enragés, des gens qui n'avaient poursuivi la lutte que pour en faire trop, comme s'ils voulaient rayer de l'histoire, par leur exubérance belliqueuse, la carence de ces régiments encasernés, de ces flottes au mouillage, de ces escadrilles piégées à l'heure où l'histoire se fait, où la nation est en droit d'attendre de ses « militaires » qu'ils se conduisent en soldats.

La rentrée des forces françaises dans la guerre, en violation de l'armistice de juin 1940 — qui met tout Français portant les armes contre l'armée du IIIᵉ Reich en situation de franc-tireur et le rend justiciable du peloton d'exécution * — s'opère en trois temps. Le premier, c'est celui des pionniers, isolés ou en « colonnes », qui va du bombardement du 21 juillet 1940 à la marche de Leclerc sur Koufra ; au cours du second, s'opère la reconstitution des grandes unités, de la demi-brigade de Koenig présente à Bir Hakeim aux deux divisions françaises libres de Larminat, engagées aux côtés de la VIIIᵉ armée britannique tout au long de l'année 1942 ; la troisième commence avec la campagne de Tunisie, où s'amorce aigrement l'amalgame entre giraudistes et gaullistes, s'épanouit en Italie sous forme de « corps expéditionnaire » sous les ordres de Juin, et culmine avec le débarquement en Provence de la Iʳᵉ armée française, le 15 août 1944. Quatre ans après l'armistice de Rethondes, de Gaulle a restitué aux forces françaises, qu'elles émanent de la France libre, du néo-vichysme d'Afrique du Nord ou des maquis métropolitains, un rôle actif dans la libération du pays et dans la victoire sur le nazisme.

De Gaulle, vraiment ? De Gaulle seul ? Certes non. On ne saurait lui imputer la valeur combative de la première grande unité qui ait joué un véritable rôle stratégique dans une phase importante de la guerre, la résistance du corps d'armée venu d'Algérie (général Koeltz) qui, en Tunisie, soutient pendant près de deux mois, au côté des forces britanniques du général Anderson, la pression exercée par la Wehrmacht après le fléchissement des premières troupes américaines engagées. On ne peut que

---

* Après Bir Hakeim, la Wehrmacht annonça que les prisonniers français seraient exécutés. Aussitôt de Gaulle fit savoir que ses prisonniers seraient traités de même. Alors Berlin fit marche arrière.

partiellement porter à son crédit le déploiement des talents du général Juin de Tunis à Rome, ou les succès de Jean de Lattre à la tête de la Ire armée. Mais il est vrai qu'aucun de ces chefs, liés à des époques et des titres divers au régime du maréchal Pétain (Juin surtout) n'aurait pu manifester ces vertus si l'homme de Londres avait fait passer ses griefs politiques avant les exigences du combat.

On ne saurait non plus minimiser les services rendus par le général Giraud dans le réarmement de cette armée renaissante. Le prisonnier de Königstein avait formulé ainsi, dans une lettre à ses fils, l'axiome sur lequel il croyait devoir fonder le redressement militaire : les esprits sont formés en France, les troupes en Afrique, le matériel en Amérique. Sitôt libéré, il s'était attaché à nouer ces trois idées, préservant l'esprit de Vichy dans les corps de troupe africains et mettant l'accent, dès ses premiers contacts avec Murphy et Eisenhower, sur la priorité à donner au réarmement des troupes françaises par les États-Unis.

Dès l'entrevue d'Anfa, le protégé de Robert Murphy obtient les moyens d'équiper dans les deux mois à venir trois divisions d'infanterie, une brigade blindée, une centaine d'avions, et la promesse, plus lointaine, d'un armement suffisant pour huit autres divisions, dont trois cuirassées, et trois ou quatre cents appareils. Quand il part pour les États-Unis, le 2 juillet 1943, Giraud est nanti des conseils et de la caution de Jean Monnet qui a été l'inspirateur puis l'animateur, auprès de Roosevelt, du *Victory program* arrêté le 6 janvier 1942 (300 000 avions, 100 000 tanks, 125 000 bateaux...).

On a déjà dit le fiasco politique que fut le voyage de Giraud aux États-Unis. Mais non sa fertilité en matière d'armement. De ce séjour du général qui n'est plus le « coprésident » du CFLN que pour quelques semaines, date l'accélération décisive des livraisons américaines, qui permit de mettre sur pied des unités aussi performantes que la 2e division blindée du général Leclerc.

Valait-il donc mieux prendre les Américains avec le miel Giraud qu'avec le vinaigre de Gaulle ? L'histoire de la Libération et de l'après-guerre français eût été à coup sûr plus sereine. Au prix de quels abandons de souveraineté ? Au surplus, la « solution Giraud » impliquait un suffrage populaire qu'il ne pouvait plus, à cette époque-là, recueillir.

Car si puissantes soient les armes, l'essentiel est d'en faire usage, avec conviction et dans un esprit solidaire : au printemps 1940, l'armement français, au moins à terre, n'était-il pas sensiblement égal à celui de la Wehrmacht ? Les « moyens » importants obtenus par Henri Giraud pendant l'été 1943 devaient tendre à une fin qui n'était pas seulement militaire, et mis en œuvre par des combattants dont les regards ne se portaient pas simplement sur la ligne de crête derrière laquelle s'abritaient les soldats de von Arnim.

« Cette guerre est une guerre morale », rappelait de Gaulle à Churchill, le 16 novembre 1942. Une guerre où n'étaient pas interchangeables, au moins dans les rangs français, un Bergeret et un Bouscat, un Esteva et un d'Argenlieu. La fracture historique de juin 1940 n'était pas de celles que pouvaient réduire, à l'intérieur d'un corps de troupe, de simples recettes de commandement.

On a cité déjà tel propos du capitaine Repiton-Preneuf au moment d'entrer dans la campagne de Syrie contre les forces de Dentz, telle ou telle formule des savoureuses *Chroniques irrévérencieuses* d'Edgard de Larminat. On pourrait en citer dix autres de ce calibre pour dire l'inimitié entre combattants gaullistes et vichystes ! Retenons celui-ci, de ce capitaine Buis qui, après avoir été le bras droit de Catroux, sera désormais de « tous les coups » aux côtés de Leclerc :

« Pour qu'une troupe supporte trois ans d'épreuves comme celles qu'ont affrontées les hommes de Montclar ou de Koenig, il lui faut une sacrée motivation. Pour nous, soldats gaullistes, ce fut le mépris pour ceux qui auraient pu continuer le combat et ne l'avaient pas fait. Ce mépris nous contraignait à toutes les audaces, pour " leur " montrer. C'est pourquoi l'amalgame s'est fait si tard — s'il s'est jamais fait [2]... »

Étrange troupe que ces *Free French* où l'on avait de la discipline l'idée que pouvaient s'en faire des hommes qui avaient fondé leur vie sur le grand refus d'obéissance de juin 1940, et pour la hiérarchie le respect que pouvaient éprouver des hommes auxquels leur chef de file commandait à l'occasion de coudre sur leurs épaules autant de galons qu'il en fallait pour impressionner alliés ou adversaires, se prévalant lui-même d'étoiles fort précaires et à l'occasion négligées...

Discipline, hiérarchie ? Retenons ces traits, que rapporte Pierre Messmer, l'un des premiers ralliés de Londres, alors lieutenant d'infanterie coloniale :

« A la veille de l'opération sur le Gabon, où nous savions devoir affronter des compatriotes, certains d'entre nous (dont Magrin-Verneret*) ont exprimé leur répugnance (pas moi...). Alors, on a décidé de voter. Informé de cette procédure singulière, Koenig est venu nous voir un à un pour éviter les défections. Seul d'entre les officiers, notre camarade de Lamaze a demandé à n'être engagé qu'en situation de non-combattant (sur ce coup-là : il en a fait d'autres !).

« Et on a recommencé en Palestine, à la veille de l'opération sur la Syrie. C'est encore Magrin-Verneret, fichtrement antivichyste pourtant, qui nous réunit au camp de Qastina et nous dit : " J'en suis pas. " Alors il a fallu trouver un chef pour le régiment de légion auquel j'appartenais désormais. On a décidé de le désigner par référendum. Un type qui nous aurait été imposé d'en haut n'aurait pas été accepté : on l'aurait viré. De Lamaze, de nouveau, a refusé. Nous, on voulait Amilakvari, un dieu**. Mais il n'était encore que jeune commandant. Alors on s'est rabattu sur Cazaux... Vous imaginez la tête qu'a faite de Gaulle quand on l'a informé de ces

---

* Dit Montclar, le premier officier supérieur qui ait rejoint la France libre.
** Tué à El Alamein.

machinations " révolutionnaires " ! Furieux, le grand Charles, furieux ! Il voulait nous donner une leçon. Et puis, il a avalé la pilule : on se battait bien. »

Écoutons Leclerc — qui refuse de porter sa troisième étoile pour ne pas humilier ses camarades de la même promotion — parler aux deux types d'officiers qu'il regroupe au sein de la 2ᵉ DB, en septembre 1943, à Temara, près de Rabat : « Les anciens des FFL, vous êtes selon mon cœur, mais il vous faudra oublier le vieil homme pour ne pas rendre ma tâche impossible... Les nouveaux, vous êtes admis ici à part entière : mais il faut cesser d'être ce que vous êtes pour devenir ce que nous sommes... » Ou encore, aux mêmes : « Il faudra combler avec des cadavres le fossé que vous avez creusé... » Bigre ! Leclerc est aussi cet officier qui fait scandale en refusant d'assister à une cérémonie à propos du sabordage de la flotte de Toulon : « Quoi ? Honorer une flotte qui a refusé de se battre ! »

Cette troupe querelleuse ne fait pas seulement profession d'intolérance. Elle manifeste aussi des vertus de rusticité et d'austérité peu banales. A la veille du raid sur Koufra, on prépare les camions de ravitaillement. Et le vin, où le met-on ? Leclerc, avec un coup d'œil féroce : « Pas de vin ! » A une troupe française... La guerre, pense-t-il, ce n'est pas un métier, ni une entreprise de travaux publics. C'est un engagement total, une passion, l'aventure de la résurrection. Qui vient ici nous parler de pinard ?

Amalgame, ou digestion ? Dans l'esprit des hommes de la France libre, de ceux qui ont fait Massaoua, Damas, Bir Hakeim ou Koufra, il ne saurait s'agir de fusion, mais de naturalisation — si tant est que ces *moustachis* giraudistes, c'est-à-dire vichystes, soient capables de s'aligner et, pour reprendre la formule de Leclerc, de « devenir ce que nous sommes »...

Pour des hommes comme Beaufre, qui de l'entourage de Weygand à celui de Giraud n'a pas cessé depuis deux ans de préparer la rentrée de la France dans la guerre, et encouru de ce fait l'hostilité militante de l'ennemi (jusqu'en prison), ce type d'exigence est d'autant moins facile à encaisser que de Gaulle ne fait rien (jusqu'en juin 1943) pour en atténuer les aspérités : contre ceux des officiers gaullistes qui, tel Catroux, tentent d'arrondir les angles et mettent leurs jeunes camarades en garde contre le « débauchage » systématique des giraudistes et la « récupération » sans vergogne de leurs équipements, le Connétable soutient à fond ceux qui, comme Leclerc, estiment, en ce domaine, tous les coups permis : la joie de « piquer » une tente, une jeep, un camion ou un piper-cub* à une unité vichyste !

Pierre-Olivier Lapie, tour à tour député de Nancy, conseiller diplomatique de De Gaulle à Londres et gouverneur au Tchad, se retrouve alors à la tête d'une compagnie de légion *Free French*. Il raconte drôlement comment il lui fallait refuser du monde, moins pour respecter ce que Catroux appelait « les convenances » que parce qu'il n'avait pas les équipements nécessaires. Jouait, dans le sens du passage de « chez Giraud » à « chez de Gaulle », le

---

* Petit avion de reconnaissance.

prestige de faits d'armes comme celui de Koufra, une atmosphère de liberté violente et aussi, concède-t-il en riant, « les arguments vestimentaires »... En mai, dans le Sud-Tunisien, il vaut mieux aller en short et chemisette, à l'anglaise, qu'emmailloté de drap comme dans la vieille armée d'Afrique[3]...

Ainsi s'amorça, au niveau de la troupe et des petits cadres, l'opération de type carnivore qui faisait peu à peu disparaître Henri Giraud dans le tube digestif de Charles de Gaulle. Opération qui ne fut pas facilitée pourtant par le cadre où elle se situait : celui de l'alliance anglo-saxonne. Du 8 novembre 1942 à l'armistice de mai 1945 en effet, les forces françaises, venues des pistes du Tchad aussi bien que de l'état-major de Rabat, se battent constamment dans un environnement anglo-américain. Et quels que soient les liens tissés au *Western desert* entre gens de Montgomery et gens de Larminat, les faveurs des Alliés s'orientent, à la base comme au sommet, plutôt du côté des *moustachis*.

Comme, dans les grandes négociations, l'outrecuidance batailleuse du Connétable exaspère Roosevelt et Churchill, le style des *Free French,* ce qu'il symbolise d'indiscipline et de mépris des hiérarchies, déconcerte les chefs militaires alliés et la plupart de leurs subordonnés. Ces gens piaffants réclamant toujours quelque chose comme un dû — et d'abord des responsabilités et des risques — ces hommes au verbe haut, ces coqs français à la crête insolente indisposent souvent. Comment les « tenir », comment les encadrer ?

Voici un trait significatif de cet état d'esprit, tel que l'a rapporté le général de Guillebon*. Quand les Anglais décidèrent de prendre le contrôle de Madagascar sans de Gaulle, ils provoquèrent une réaction si brutale qu'ils le coupèrent littéralement de ses territoires : plus de courrier, plus de radio, plus d'avion.

« Alors, raconte-t-il, le général Leclerc, commandant supérieur à Brazzaville, me donne l'ordre de préparer au Tchad des actions militaires hostiles à la Grande-Bretagne. Je décidai de bloquer le trafic aérien : or, tous les avions de combat destinés au *Middle East* transitaient par le Tchad. Ravitaillement, soutien, réparations, hébergement, radio et gonio représentaient un besoin vital pour la Royal Air Force du *Western desert.* Outre l'interdiction de survol, je préparai le désarmement et l'internement de nombreux militaires britanniques stationnés au Tchad [...].

« Je convoquai à Fort-Lamy, l'un après l'autre, les officiers qui auraient à appliquer de tels ordres qui méritaient bien une explication et je leur fis contresigner les ordres préparatoires que j'envoyais à Brazzaville. De son côté, le général Leclerc convoqua le consul général britannique M. Parr qui arriva, paraît-il, en jaquette et pantalon rayé. Sans ménagement, le général Leclerc reprocha au gouvernement britannique de couper nos relations avec notre chef de gouvernement et de jouer sur la discorde chez les Français

---

* Qui fut, dès l'origine, l'un des plus proches compagnons de Leclerc, avant d'être son chef d'état-major.

libres. Puis il lui fit lire les ordres préparatoires. Le lendemain tout était en ordre[4]. »

Comment s'étonner après cela que, dans l'esprit de beaucoup de Britanniques, comme le dit Guillebon, les *Free French* « portaient la tare de la rébellion... » ?

Un officier giraudiste, chargé de la liaison avec l'armée anglaise en Tunisie après avoir occupé de grands postes à Vichy et à Alger, nous a décrit ce type de relations : « Aux yeux de mes camarades anglais, les *Free French* avaient trois défauts rédhibitoires : ils vous donnaient toujours l'impression qu'on était des dégonflés, ils méprisaient le confort et ils posaient constamment les problèmes en termes politiques ou moraux. Le moyen de faire la guerre, dans ces conditions[5] ! »

D'un point de vue plus général, il faut revenir ici à l'observation faite à propos de la guerre du Levant, en juin 1941 : face à un officier anglais ou américain, un interlocuteur venu des rangs vichystes est, par définition, plus acommodant, plus enclin à entrer dans le moule. De Maitland Wilson à Saint-Jean d'Acre à Bradley en Normandie, les « grands alliés » préfèrent, au moins du strict point de vue professionnel, avoir affaire à ceux qui ont à se faire pardonner la résistance de Dakar ou de Casablanca qu'amadouer les types qui, tout seuls, ont pris Koufra... Quitte, au moment où Rommel se rebiffe du côté de Gabès, à préférer que ce soit Leclerc qui soit en ligne pour tenir le coup.

Nous voici donc en Tunisie. Il faut souligner le rôle essentiel que joua cette longue et dure campagne — de novembre 1942 à mai 1943 — dans la rentrée en guerre de l'armée française. C'est là que les forces neutralisées depuis l'été 1940 renouèrent avec le combat. Là que fut remis « en selle » le meilleur professionnel de sa génération, Alphonse Juin. Là que les plus intransigeants gaullistes durent reconnaître que leurs camarades vichystes n'avaient pas, dans l'inaction, perdu toutes vertus guerrières. Ce furent en effet les petites forces du général Barré puis la division de Constantine et le corps d'armée d'Alger qui, après l'attaque menée par les Anglais sur Tunis, permirent aux forces américaines de se regrouper et de préparer la contre-offensive du mois de mars.

L'affaire avait été mal engagée. En dépit des avis de Catroux (ancien chef du 19e corps à Alger) à ses collègues britanniques, le débarquement allié avait négligé Tunis et Bizerte, bases dont le contrôle aurait pu permettre aux assaillants d'élargir l'entreprise aux dimensions de la Méditerranée et servirent en fait aux défenseurs à déclencher la contre-attaque. A Tunis l'amiral Esteva, à Bizerte l'amiral Derrien avaient, sur les ordres de Vichy expressément confirmés le 9 par Darlan, fait bon accueil à la Wehrmacht, et permis au général Nehring d'établir dans ce secteur privilégié une excellente tête de pont, donnant à l'Axe la chance, non seulement de se maintenir en Afrique du Nord, mais de préparer une reconquête. Le général Barré avait néanmoins pu soustraire ses forces à l'intervention ennemie, faire retraite vers l'ouest et les hauteurs de la Tunisie centrale qu'on appelle la « dorsale », en attendant les renforts promis d'Alger.

Pendant près de trois mois, nulle initiative d'importance stratégique ne fut prise, jusqu'à ce qu'en février, retraitant vers l'ouest après sa défaite d'El Alamein, Rommel tente une vaste opération d'enveloppement du front tunisien par le sud, de Gabès à Constantine. Alors la guerre s'anime. En mars, à Kasserine où les forces françaises sont bousculées, les Américains stoppent la progression allemande, tandis qu'une offensive de Juin sur Zaghouan provoque une terrible saignée. Mais ce prix payé, les forces anglaises enfoncent les défenses allemandes à Medjez el-Bab : au début de mai, les unités de la Wehrmacht craquent partout, de Sfax à Bizerte. Et dans le cap Bon, les 250 000 combattants du général von Arnim se rendent aux forces alliées.

Si elle manifeste bien cette rentrée dans la guerre qu'il a si ardemment recherchée, l'affaire de Tunisie échappe apparemment au général de Gaulle, dominée qu'elle est, du point de vue français, par Giraud et Juin. En fait, surtout à partir du mois de mars, et plus encore, après le 30 mai, la Tunisie joue un rôle important d'abord dans sa victoire sur Giraud, ensuite dans la définition de l'homme « de gouvernement » qu'il prétend être devenu.

Le déroulement même de la bataille ne peut manquer d'influer sur l'issue du débat avec Giraud. On n'en veut pour preuve que cette phrase des *Mémoires* : « Comment justifier l'éloignement où j'étais tenu (à Londres), quand le sol de la Tunisie voyait, engagées dans la même bataille, du même cœur, vers les mêmes objectifs, les troupes d'Afrique et les FFL ? » Mieux encore, les péripéties et l'issue de la bataille pèsent, en sa faveur, sur la négociation. Certes, c'est Henri Giraud qui doit normalement se prévaloir des succès enregistrés puis de la victoire. Mais Charles de Gaulle peut porter à son compte bon nombre de signes encourageants. Non seulement les FFL se distinguent avec un éclat particulier, mais ses combattants sont constamment l'objet d'ovations populaires où l'on voit autant d'appels à de Gaulle — de Gabès à Bizerte, de Sousse à Tunis.

L'entrée des forces françaises à Sfax, notamment, donne lieu à de telles manifestations en faveur de la croix de Lorraine que le *New York Herald* écrit : « ... devant les ovations de la Tunisie libérée, est-il encore permis de chercher où se trouvent la force et la gloire de notre cause ? » Le plébiscite s'amplifia encore lors de l'entrée à Tunis. Dans *African Trilogy*, Alan Moorehead, alors officier de presse dans l'armée britannique, évoque ainsi cet épisode : « Tandis que nos équipes de propagande collaient des affiches représentant le général Giraud, la croix de Lorraine était crayonnée partout sur les murs de la capitale : il était vraiment difficile d'expliquer aux Tunisois que ce n'était pas de Gaulle qui les avait libérés, mais un autre général qui s'appelait Giraud. »

A ce référendum « politique » s'ajoute un référendum « militaire » : un peu partout, des unités « giraudistes » demandent à se rallier aux hommes à la croix de Lorraine : le 4ᵉ spahis, à Sfax, exige de « passer chez Leclerc » ou menace de se débander ; ailleurs, c'est le 7ᵉ régiment de chasseurs d'Afrique, récemment confié au colonel Van Hecke, le metteur en scène du débarquement d'Alger qui, formé par les jeunes gens des Chantiers de jeunesse, se rallie. Et quand Catroux, sermonné par Giraud qui lui reproche d'inciter ses troupes à la désobéissance, met Leclerc en garde contre ces ralliements (non « conformes aux convenances »), il s'attire une brutale semonce de De Gaulle dont Leclerc reçoit le 5 mai ce télégramme : « Il faut accepter tous ceux qui veulent nous rallier [...]. L'opinion de l'étranger importe peu[6]. »

Elle importe tout de même assez pour que quelques sanctions soient prises contre ceux qui, en ce domaine, exagèrent : « J'avais monté une véritable filière de passage des giraudistes vers nos unités, raconte Pierre Messmer. Ça marchait si bien que, vers la fin d'avril, j'ai été convoqué par Koenig qui, d'ordinaire, me passait tout. A la demande de l'état-major interallié, il se voyait contraint de me sermonner, et même de m'éloigner : on me trouva une opportune mission aux Antilles[7]... »

Mais la campagne de Tunisie n'est pas seulement pour de Gaulle l'occasion de « grignoter » Giraud sur le plan politique aussi bien que militaire. Elle lui donne aussi l'occasion de s'arracher à l'esprit de secte qui a marqué si vigoureusement jusqu'alors l'histoire de la France libre, et de réinventer un sens de l'État qui ne demandait, chez lui, qu'à s'affirmer. Sitôt qu'il a pris pied à Alger, assuré déjà de sa prééminence, il renoue avec un homme que les trois années qui viennent de se dérouler ont séparé de lui, sans faire oublier à l'un ni à l'autre des liens antérieurs : Alphonse Juin, le « major » de sa promotion à Saint-Cyr.

Dès le 2 juin 1943, alors qu'autour de lui se met en place ce qu'il a appelé le « guet-apens » d'Alger et que les bruits de bottes se font insistants, il écrit à son ancien camarade :

« Mon cher Juin,
Je voudrais te voir * [...]. Ce que tu as fait depuis le début de la campagne en Tunisie m'est connu. Je t'en exprime mes vifs compliments. Sache que tu peux avoir confiance en mon estime et en mon amitié. »

Texte remarquable, moins par le style que par ce qu'il signifie. N'oublions pas que Juin a été le bras droit de Weygand, puis de Darlan. Que s'il a, dès le 9 novembre, incité l'amiral à ordonner ce cessez-le-feu face aux troupes alliées, il a été le symbole même de cette armée d'Afrique qui s'est résignée à ne pas combattre depuis trois ans — un symbole d'autant plus éloquent qu'il est réputé le meilleur tacticien de l'armée.

Quand, dès la fin de 1942, Charles de Gaulle a cité Juin parmi les chefs dont la France pouvait attendre beaucoup (comme il avait fait pour Noguès le 19 juin 1940) nombre de gaullistes de la première heure en ont été

---

* Tutoiement de camarade d'école, très rare chez lui.

choqués, tel son aide de camp, Claude Serreulles[8] car Juin n'est pas seulement un fonctionnaire de Vichy : il a rempli, aux côtés de ce parangon de la collaboration qu'est Benoist-Méchin, une mission auprès de Goering. Il revient de loin...

La lettre de De Gaulle est pour lui comme une levée d'écrou. Sa réponse est chaleureuse : « Ton mot... me touche infiniment... Je fais des vœux pour un rapide dénouement à Alger dans le sens de l'union... On a confiance en toi... » Cette « confiance », venant de l'homme que la majorité des officiers d'Afrique tiennent pour le plus capable et le moins « politique » d'entre eux, est importante. Si de Gaulle, surmontant ses préventions, a su rendre justice à ce grand professionnel en vue des campagnes à venir, Juin, lui, jette dans la balance l'adhésion discrète, mais connue aussitôt de ceux qui comptent, du plus prestigieux des *moustachis.*

La bataille de Tunisie n'a donc pas seulement fait basculer l'ensemble de l'armée française * dans la guerre : elle a provoqué aussi le transfert du gros de ces forces sous la bannière à la croix de Lorraine. C'est encore Messmer qui le dit : « Jusqu'à la Tunisie, le nom de De Gaulle n'était pas une référence constante chez nous. On le suivait parce que c'était la bonne voie, mais on n'y pensait guère. C'est en Tunisie que nous avons appris vraiment à être " gaullistes ", contre le " giraudisme "... » Depuis trois ans, en somme, de Gaulle devançait le cours de l'histoire. Ici, l'histoire le rattrape. Si prophète qu'il se veuille, tout homme public savoure ces moments-là.

En Tunisie, de Gaulle a « volé la mise » à Giraud sur le plan des relations publiques, et accéléré la « naturalisation » à son profit d'une forte fraction des forces tenues pour fidèles au giraudisme. Trois mois plus tard, l'ancien « commandant en chef civil et militaire », réduit à des fonctions honorifiques dans le cadre du CFLN, mais qui garde le commandement de l'ensemble des troupes françaises, va tenter de s'assurer enfin un triomphe sans partage en déclenchant et patronnant la libération de la Corse.

Dès le mois d'avril 1941, la France libre s'était manifestée dans l'île : Fred Scamaroni, Corse et proche collaborateur de Passy, y avait créé un réseau avec l'appui de Paul Giaccobi, sénateur radical de l'île. Trois mois plus tard, à l'initiative du dirigeant communiste Arthur Giovoni et de son adjoint militaire « Cesari » était fondé le Front national, auquel adhérait bientôt un cousin du général de Gaulle, Henri Maillot.

Le développement de la Résistance fut brisé après l'occupation de l'île, en novembre 1942, par de très importantes forces italiennes, peu à peu renforcées par des unités SS. Mais à partir de décembre 1942, le sous-marin *Casabianca* (qui sous les ordres du commandant Lherminier avait réussi à échapper au grand suicide de Toulon) débarqua à plusieurs reprises des armes et du matériel radio fourni par les Anglais qui transportèrent aussi, un peu plus tard, un officier investi de la confiance du général

* En métropole, il n'y a plus sous les armes, depuis le 11 novembre 1942, qu'un régiment symbolique, le « 1er régiment de France », commandé par un autre camarade de De Gaulle à Saint-Cyr.

Giraud, le commandant Colonna d'Istria, porteur d'un nom prestigieux.

Dès lors, Giraud prend directement en main la libération de l'île. A l'insu du CFLN (dont il reste membre et dont il commande les troupes) mais avec l'accord de l'état-major britannique, il fait convoyer à Alger, par les soins de Colonna, le dirigeant communiste Giovoni, avec lequel il arrête les plans de l'opération. Quelques jours plus tard, le 8 septembre, la capitulation de l'Italie fasciste * est l'occasion de manifestations qui, à Ajaccio, se développent en une insurrection : le ralliement de la ville au Comité d'Alger est proclamé.

Bien que des milliers de soldats italiens se joignent au mouvement, plusieurs unités fascistes et une brigade blindée de SS tiennent Bastia et l'est de l'île. Giraud dépêche alors trois thabors marocains, un escadron de spahis et le « bataillon de choc » formé aux portes d'Alger par le commandant Gambiez — qui donne là les premières preuves d'une valeur sans égale : du 13 septembre au 4 octobre, après de très durs combats au col de Teghime, la côte est et Bastia sont à leur tour libérés.

C'est le 9 septembre seulement, jour du soulèvement d'Ajaccio, que le général Giraud a informé de Gaulle de ses initiatives. Lequel s'en est déclaré d'abord « froissé et mécontent », annonçant à son collègue qu'il « en tirerait les conséquences [9] ». Dès le lendemain, le CFLN exprimait à la fois ses « reproches » au commandant en chef du fait de la procédure adoptée, et sa « confiance » pour mener à bien l'opération si bizarrement entreprise. Il désignait en tout cas comme préfet de la Corse un officier gaulliste inconditionnel, le commandant Luizet, flanqué d'un adjoint du même cru, François Coulet, ancien aide de camp du général.

Dès le lendemain de la prise de Bastia, de Gaulle gagne l'île où l'a précédé Giraud. Ayant « rendu justice... aux capacités militaires du général Giraud », il décide de l'« amener à quitter le gouvernement, tout en continuant à faire emploi de ses services [10] ». Là encore, survenant après son rival, le Connétable va, par la seule vertu d'une énergie proprement politique, accaparer le succès et s'imposer, en quelques discours et contacts populaires, comme le bénéficiaire immédiat de l'opération. En douterait-on ? Il suffit de se reporter à ses *Mémoires* : « Ma visite dissipa les ombres... ». Qu'objecter à cela ?

Et si même l'éclat de la victoire illumine un peu trop à ses yeux l'ex-« coprésident », le Connétable peut en prendre son parti : en court-circuitant le CFLN, Giraud s'y est aliéné ses derniers partisans — Georges excepté. Son éviction n'est plus qu'une question de décrets. Le voilà marginalisé dans son ghetto militaire...

Quand, le 19 juin 1943, Eisenhower avait convoqué les deux généraux français coprésidents du CFLN pour leur signifier que l'équipement

---

* Voir plus loin, p. 691.

américain ne serait fourni aux forces françaises que si Giraud en demeurait le chef, il avait ajouté que cette exigence ne visait qu'à assurer ses arrières à la veille du déclenchement d'une opération sur les côtes de l'Italie. Pour la première fois, les chefs militaires français étaient mis dans la confidence d'un projet allié ! Mais aucune participation ne leur était demandée.

Au moment d'affronter un ennemi qui avait prétendu porter le coup de grâce à la France vaincue de juin 1940 et que, depuis lors, la France combattante n'avait cessé de défier, de l'Éthiopie au Fezzan, et en dépit du rôle joué en Tunisie par la nouvelle armée française, Churchill et Roosevelt avaient décidé une fois de plus de tenir les *Free French* à l'écart : et si de Gaulle, ayant pris part à la bataille, se mêlait d'intervenir dans le règlement de paix avec ses voisins ? Ne pousserait-il pas même l'insolence jusqu'à en prendre argument ensuite pour vouloir se mêler du traitement de ses affaires nationales lors du débarquement en France, et après ?

C'est donc sans la moindre participation des forces de Giraud qui viennent de faire en Tunisie la preuve de leur efficacité, sur un terrain et dans des conditions climatiques très comparables à ceux que vont retrouver les Alliés sur la côte orientale de la Sicile, que le débarquement s'opère le 10 juillet 1943 sous les ordres du général britannique Harold Alexander. Il faudra trente-huit jours à George Patton, le bouillant commandant de la VIIᵉ armée américaine, pour conquérir les pentes de l'Etna et pénétrer dans Messine — déjà évacuée par les forces italo-allemandes. Mais entre-temps la campagne de Sicile aura entraîné un événement politique majeur : dès le 25 juillet, Mussolini a été désavoué et chassé par le grand conseil fasciste et le roi a désigné, pour lui succéder, le maréchal Badoglio — dont chacun sait qu'il a autant d'appétit à poursuivre la lutte que son collègue Philippe Pétain en 1940.

Dès lors se pose la question du règlement de l'affaire, compte tenu de l'exclusion des forces militaires françaises. Le 27, parlant à Radio-Alger, de Gaulle pose le problème dans toute son ampleur, sous l'angle idéologique aussi bien que diplomatique :

> « La chute de Mussolini est le signe éclatant de la défaite certaine de l'Axe. Elle est, en même temps, la preuve de l'échec de ce système politique, social et moral, qualifié de totalitarisme, qui prétendait acheter la grandeur au prix de la liberté [...] [C'] est pour les démocraties, d'abord une justification, puisqu'elle démontre leur capacité de l'emporter sur qui les a bravées, ensuite l'occasion de prouver qu'elles sont fidèles à elles-mêmes et savent — comme le fit naguère la Révolution française — apporter à tous les pays où pénètrent leurs armes, le droit et les moyens de pratiquer leurs propres principes* [...]. Je dis aussi que la liquidation éventuelle de la guerre italienne ne pourrait être durable sans la France [11]. »

Les Alliés sont prévenus. Cinq jours plus tard, ces vues sont précisées dans une note remise aux gouvernements de Londres et de Washington

---

* Donc, pas d' « expédient provisoire » de type algérois...

« sur l'importance d'une participation française [...] aux pourparlers qui consacreront la défaite italienne [en vue de] la protection des intérêts français [...] au sein d'une commission de caractère interallié [12] ». Mais il n'est pires sourds que ceux qui ne veulent pas entendre. Le 8 septembre, René Massigli, chef de la diplomatie du CFLN, reçoit la visite de MM. Murphy et MacMillan, venus l'informer qu'à la suite de contacts pris avec des officiers italiens dès le 22 août, un armistice « purement militaire » a été signé la veille entre le général Eisenhower et les représentants du maréchal Badoglio.

Massigli observe sèchement qu'une fois de plus, les Français ont été tenus à l'écart. M. MacMillan rétorque d'abord qu'il s'agit surtout d'un « coup de bluff » pour désorienter l'opinion italienne à la veille du nouveau débarquement tenté au sud de Naples ; puis il assure que le général Giraud a été mis au courant. Enquête faite, il apparaît que le commandant en chef n'a rien su de ces tractations : les représentants américain et britannique en sont réduits à faire leurs excuses « au général Giraud ».

Quelques jours plus tard, le gouvernement britannique informe Alger que le CFLN sera bientôt admis, en tant que représentant de la France, dans le Comité de la Méditerranée, habilité notamment à discuter du sort de l'Italie. Avancée diplomatique ? Prix de consolation ? Charles de Gaulle ne voit pas les choses ainsi : porté par nature (et tactique) à retenir plutôt l'avanie formelle qui a été infligée, en sa personne, à la France, qu'à s'extasier sur les cadeaux qu'on lui fait pour l'apaiser, il choisit de marquer aux Alliés son « mécontentement » et sa « déception ». Après tout, n'est-ce pas à coups de cravache qu'il progresse depuis plus de trois ans ?

Et de fait, il va marquer deux points. D'abord avec l'admission du CFLN à la « Commission pour l'Italie », où il se fera représenter par un délégué de stature internationale, Maurice Couve de Murville (qui amorce là sa conversion des finances à la diplomatie). Ensuite, parce qu'il va être fait appel aux troupes françaises pour la seconde phase de la guerre italienne. Mais peut-être faut-il rapporter aux rudes lois de la nécessité ce que le Connétable attribuera à l'efficacité de ses habituelles procédures d'intimidation.

Les opérations dans la péninsule, en effet, ne tournent pas bien. Si la patiente poussée de Montgomery et les coups de boutoir de Patton ont bel et bien disloqué l'armée de Kesselring, que ne soutiennent même plus les derniers soldats de Mussolini (réinstallé pour quelques mois, par les agents nazis, à la tête d'une fantomatique « république de Salo »), le débarquement opéré par le général Clark à Salerne, le 9 septembre, bien que combiné avec l'annonce de la capitulation de Badoglio, manque de tourner à la catastrophe. Quand ils parviennent à Naples, « les Alliés sont à bout de souffle et découvrent que, sur ce terrain montagneux, il leur faudrait de l'infanterie plus que des blindés. D'où l'idée d'avoir recours aux forces françaises [13] »...

Il se trouve que, depuis le 18 mai 1943, à la veille de l'arrivée de De Gaulle à Alger, le général Giraud a confié à Alphonse Juin le soin de former un « corps expéditionnaire français », doté peu à peu des armes promises à Anfa au « commandant en chef civil et militaire ». Fruit de l' « amalgame » en cours entre *Free French* et *moustachis*, il comprend deux divisions marocaines (Dody et Sevez), une algérienne (Monsabert) et la 1ʳᵉ DFL dont Diego Brosset a hérité de Koenig et de Larminat — toutes dotées d'un nouveau matériel, américain pour les trois premières, britannique pour la dernière.

Le 25 novembre, Juin et ses premiers éléments avancés débarquent à Naples. Deux semaines plus tard, ils sont engagés dans une première offensive sur Rome, par Cassino. Mais le débarquement d'Anzio, qui doit flanquer l'opération, n'est qu'un demi-succès. La progression des forces de Juin qui a modifié le plan de l'état-major interallié en vue non plus d'affronter, mais de déborder Cassino, est stoppée par la Wehrmacht. C'est un échec, mais qui impose les nouveaux arrivés comme une force de frappe stratégique désormais indispensable.

Curieusement, cette donnée de la situation ne paraît pas essentielle à l'auteur des *Mémoires de guerre,* beaucoup moins éloquent sur l'autorité que confère à ses thèses le comportement de Juin et de ses hommes en Italie que sur les aspects diplomatiques et psychologiques de l'affaire. Il s'attache surtout à évoquer les analogies qu'en dépit de ses avertissements, les Alliés laissent s'établir entre le *Darlan deal* d'Alger et la *combinazione* qui associe le roi Victor-Emmanuel et Badoglio à la poursuite de l'effort de guerre allié *.

Ce n'est qu'au printemps suivant, du 11 mai au 6 juin, que le corps expéditionnaire français — dont les effectifs sont passés de 15 000 à 115 000 hommes de novembre 1943 à mai 1944 — recueillera les fruits de ces premiers efforts : l'offensive du Garigliano à Rome, la prise du Belvédère qui restera, aux dires de Clark lui-même, le fait d'armes majeur de la campagne. Mais les effets politiques de la « rentrée dans la guerre » d'une grande unité agissant sous le drapeau français sont d'ores et déjà considérables. C'est grâce à cet effort guerrier que le CFLN peut désormais « parler plus haut dans le domaine politique ».

Le président Roosevelt excepté, il n'est plus guère de responsable américain ou britannique qui ne reconnaisse que la France a cessé d'être *res nullius.* « Gouvernement » ou « comité », une autorité centrale dont les forces modifient ainsi le cours de la guerre a désormais voix au chapitre. Il faudra attendre un an encore pour que le chef de l'Exécutif américain se rende à l'évidence.

Mais les perspectives stratégiques du général de Gaulle ne sauraient se borner au théâtre méditerranéen. Si, privé de toute marine, il ne prétend

---

* Ce nouvel « expédient » n'en fait-il pas prévoir un autre en France, où Laval et les enragés de la collaboration éliminés, serait constitué, flanqué de quelques notables attentistes, un directoire néo-vichyste ?

figurer dans la grande bataille du Pacifique que sous forme de détenteur de bases aussi importantes que celle de Nouméa (sans oublier pour autant, à partir de 1943, de nouer des contacts avec ceux qui, en Indochine, ont refusé de se résigner et préparent, aux côtés des Anglais, le retour), il porte la plus vive attention au frond de l'est et à l'affirmation d'une présence française aux côtés de l'Armée rouge.

Il n'a pu, en février 1942, obtenir des Britanniques le transport de la 1re division des FFL dans le Caucase ou en Iran. Mais il a réussi, après ses entretiens avec Molotov de mai 1942, à faire transférer en URSS le groupe de chasse Normandie qui, équipé de « yak » soviétiques, engagé dans de multiples combats *, acquerra un prestige peu banal auprès des Soviétiques et deviendra, sous le commandement du colonel Pouyade, le « régiment Normandie-Niemen », seule force occidentale luttant côte à côte avec l'Armée rouge sur le front de l'est.

On verra que, hormis quelques gestes diplomatiques en faveur du CFLN, ces efforts n'inciteront pas Staline à une meilleure compréhension des aspirations françaises, de la conférence de Téhéran à celle de Yalta : rien n'est plus voisin de l'incompréhension méprisante de Roosevelt à l'égard de De Gaulle que celle de Staline. Elle se résume dans le mot fameux du dictateur soviétique à propos du pape : « Combien de divisions ? »

On peut même dire que de Gaulle aura essuyé peu d'échecs diplomatiques aussi cuisants que cette indifférence de Staline à la coopération militaire de la France libre — à quelques décorations et hommages près. Ce qui le confirmera dans l'idée que la politique des États n'a décidément rien à voir avec les sentiments. Mais avait-il bien besoin de se voir administrer cette preuve, et par Staline ?

La guerre, c'est bien sur tous les fronts qu'elle se livre. Peu d'entre eux furent aussi importants, dans cette guerre qui n'était pas seulement « morale », mais assez totale pour être aussi « psychologique », sinon psychique, que celui du renseignement, de l'intoxication, de ce qu'on appelle plus généralement les « services spéciaux ». La France, en proie à une armée étrangère et jetée comme un corps endormi en marge de la bataille, était avant tout le théâtre d'un combat d'information et d'influence, d'actions multiformes et secrètes visant à gagner les esprits et les courages en attendant que s'y livrent les combats décisifs.

Parce qu'il n'est pas de domaine où la division soit plus ruineuse que celui de l'esprit, c'est peut-être en matière de guerre secrète que le dualisme instauré à Alger freinait le plus gravement la mise en place et les progrès du nouveau pouvoir. De plus en plus confiné dans ses tâches militaires, le général Giraud veillait soigneusement sur le « SR » qu'il avait hérité de

---

* 5 000 missions, 268 appareils de la Luftwaffe abattus, 5 pilotes faits « héros de l'Union soviétique » : ce sont les chiffres donnés par le général Jiline, de l'Institut d'histoire militaire de Moscou au colloque sur la libération de la France tenu en octobre 1974 à Paris.

l'époque du débarquement — les trois chefs des Services spéciaux de Vichy, le général Ronin, le colonel Rivet et le commandant Paillole étant alors passés à Alger sans arme ni bagage, mais forts d'une compétence reconnue par leurs collègues anglais. Les trois hommes, à vrai dire, avaient depuis longtemps transformé le double jeu des premiers mois en une collusion de plus en plus active avec les Alliés, au point de ne pouvoir — l'eussent-ils voulu — poursuivre leur activité à Vichy après l'occupation du territoire entier par la Wehrmacht.

Paillole avait remonté en Algérie, avec l'encouragement de Giraud et l'appui des animateurs du réseau « Alliance » et de l'Intelligence Service, un système concurrent du BCRA de Passy. Entre Paillole et celui-ci s'instaura donc une rivalité qui, incarnée par leurs chefs respectifs, prit l'allure d'un conflit de pouvoir et de doctrines. Pour de Gaulle, attaché à la suprématie du politique, les Services spéciaux devaient être rattachés au gouvernement — qu'il dominait. Dans l'esprit de Giraud, ils n'étaient qu'un des atouts du commandement — qu'il assurait. Ainsi se projetait comme sur une épure, en ce domaine clé, un débat frontal.

« La lutte pour le pouvoir et la prédominance d'une certaine conception de la libération de la France et de ses conséquences politiques fut la cause profonde d'affrontements pénibles. Nous en fûmes l'enjeu », écrit Paillole, qui ajoute que cet affrontement passa « les limites de la décence de mai 1943 à avril 1944 [14] ».

A quoi son compétiteur Jacques Soustelle oppose cet argument : « Les services de Rivet et de Paillole étaient [...] coupés de la réalité complexe de la France occupée [...] défaut fondamental qui, joint aux vices d'une structure périmée, empêchait cet instrument de rendre les services qu'on aurait pu en attendre [15]. »

L' « amalgame » était-il moins difficile en ce domaine qu'en d'autres? Non, bien que les deux mécanismes fussent complémentaires. Recourant à une comparaison sportive, on pourrait dire que Passy l'emportait dans le jeu d'attaque, la « conquête de la balle », c'est-à-dire du renseignement, Paillole dans la défense, le contre-espionnage, la sécurité. Mais il est plus simple de faire passer d'un camp à l'autre un régiment de chars qu'un écheveau complexe d'agents, d'informateurs, de partisans liés par des traditions, des principes, des intérêts et des fidélités de longue date.

La tension entre services fut-elle alors avivée par une tentative de coup de force qu'aurait montée Paillole au début de novembre 1943? André Philip racontait volontiers, vingt ans plus tard [16], que cet officier avait projeté de faire enlever de Gaulle par des marins du *Richelieu*, et que c'était lui Philip qui, en postant une troupe de fidèles devant la villa des Glycines, et en parlant de formidables mesures de protection sur une ligne téléphonique qu'il savait écoutée par Paillole, avait étouffé dans l'œuf la tentative... On cite ce trait pour donner une idée de la fièvre où vivaient anciens et nouveaux adhérents de la France combattante...

Charles de Gaulle tenta tout de même d'opérer la synthèse des services rivaux sous l'égide d'un homme que ses origines militaires pouvaient accréditer auprès de Rivet et Paillole, son ancienneté dans la Résistance imposer à Passy et Brossolette : le général Cochet qui, dès juin 1940, avait publiquement dénoncé l'armistice et agi en conséquence. Mais son « incompétence » selon Paillole, son esprit « amer et soupçonneux » selon Soustelle, le conduisirent à court-circuiter les uns et les autres. Si bien qu'après deux semaines, Passy ne rendait plus compte qu'à de Gaulle et Paillole qu'à Giraud. D'où la prompte démission de Cochet.

C'est alors qu'est créée, le 27 novembre 1943, la « direction générale des Services spéciaux » (DGSS) censée regrouper les deux « maisons » sous la direction de cet homme de confiance du Connétable qu'est Jacques Soustelle. Giraud proteste d'autant plus vivement que la mesure coïncide avec une nouvelle phase de son exclusion du Comité. Le 30, une conférence réunit Soustelle et Passy, Rivet et Paillole. Les hommes de Londres parlent en maîtres. Leurs propos signifient que leurs collègues venus de Vichy seront réduits à jouer des rôles de conseillers techniques [17].

Quelques semaines plus tard, de Gaulle reçoit Rivet, cordialement. Il semble embarrassé par des décisions qu'il semble juger hâtives, mais reste persuadé que le long séjour à Vichy des hommes de Rivet les a « corrompus » et maintient que les réseaux ont une « tâche politique en complément de leur mission militaire ». Sortant de l'entretien, Rivet confie à Paillole qu'il est surpris de « l'importance que de Gaulle attache aux ragots », mais qu'il a été écouté. Il constatera que ses arguments n'ont pas été retenus.

C'est le 2 mai 1944 que Paillole aura enfin « son » explication avec de Gaulle, qui l'a entre-temps confirmé dans son rôle de patron du contre-espionnage. Le général semble s'intéresser surtout aux activités du colonel Malaise qui, à Madrid, travaille pour Rivet non sans manifester au gaullisme une antipathie militante : « Il agit à sa façon contre l'ennemi, soutient Paillole. — Avec les Américains ? Il faut surveiller cela. Nos Alliés peuvent être nos pires ennemis... » Mais, un peu plus tard, le Connétable, rendant hommage au travail du visiteur, rappelle que Soustelle lui a fait le plus grand éloge de son service « et de la confiance dont il jouit chez les Anglais et les Américains. Je compte sur vous [18] »... Tonalité un peu différente.

Si Paillole, à force de compétence, maintient son autonomie au sein de la DGSS, l'ensemble du SR n'est plus bientôt, prétend Rivet, qu'un « bazar hottentot », Soustelle résistant mal, dit-il, « aux poussées d'une foule aveuglée de passion partisane et éperdue d'orgueil [...]. Une cohorte de soi-disant purs parmi les purs, de fidèles parmi les plus fidèles impose dans ce fragile édifice des méthodes à base de délation et de mouchardage [19] ».

On n'imagine guère deux systèmes rivaux se décrivant de façon différente. La force des choses, c'est-à-dire la victoire politique des hommes de Londres, de ceux qui avaient cru dès l'abord à la « guerre totale » sur ceux qui, en toute sincérité, avaient pensé livrer, contre le même ennemi, une guerre comme les autres, l'emportait. Il est bien possible que l'on fut mieux placé, à Vichy, pour nuire à l'occupant. Mais il se trouve que, dans cette guerre-là, être à Vichy était un symbole, et même un acte, dont se prévalait l'ennemi.

Dès le début de 1944, en tout cas, le général de Gaulle s'est assuré la haute main sur tous les organismes travaillant en France occupée, grâce à la création du Comité d'action en France auquel prenaient part notamment les commissaires à l'Intérieur (Emmanuel d'Astier remplaçant André Philip), à la Guerre (à partir d'octobre 1943, André Le Troquer) Soustelle, Billotte et, jusqu'à sa retraite en avril 1944, le général Giraud. Celui-ci protesta contre la présence de Soustelle, « ce civil ». « Si cela vous gêne, fit aimablement de Gaulle, nous l'habillerons en général [20]... »

Comité « d'action »? De la pointe du Raz au Vercors, des taillis du Limousin aux collines de l'Ain, du plateau des Glières à la forêt des Ardennes, en effet, une armée était au combat. Après les initiatives éparses prises dès 1940, cette lente levée des armes s'était faite en quatre temps : l'ouverture de la guerre germano-russe, le 22 juin 1941, avait mis en branle l'appareil de combat clandestin du parti communiste ; la fondation de l'Armée secrète confiée en octobre 1942 au général Delestraint avait amorcé le regroupement des « groupes francs » créés par plusieurs mouvements de résistance ; l'invasion de la zone sud à partir du 11 novembre 1942, accompagnée de la dissolution de l'armée de l'armistice, avait donné élan à l'Organisation de résistance de l'armée (ORA) tandis que la mise en place par l'occupant du Service du travail obligatoire (STO) à partir de février 1943, jetait hors de la légalité — sinon tout de suite et toujours au combat — des dizaines de milliers de jeunes gens qui allaient former un vivier pour les recruteurs des diverses organisations de combat contre le système de l'occupation-collaboration.

Il va de soi que toute activité contre l'occupant (renseignement, intoxication ou propagande), dans la mesure où elle affaiblit, déconcerte, affole l'occupant et procure informations et plans aux diverses forces qui travaillent à la libération du territoire, est à porter au compte de l'effort de guerre. Mais puisqu'il s'agit ici des opérations militaires qui ont contribué à la rentrée de la France dans la guerre et par là à la consolidation de la France combattante, on s'en tiendra d'abord aux organisations plus précisément vouées à l'action.

On a dit les prodromes de ce passage à l'action en métropole, les initiatives de Charles Tillon qui, dès le début de 1941, à partir de ses petits groupes de TP (sigle qui pouvait, dit-il drôlement, signifier aussi bien « Travaux particuliers » que « Travailleurs partisans »), entreprend divers sabotages. On a indiqué que dès 1942, Henri Frenay avait doté Combat de groupes d'action qu'il consent, non sans hésitation, à fondre en octobre 1942 dans l'ensemble où Londres, par le truchement de Moulin, puis du général lui-même, parvient à l'entraîner.

C'est au cours de l'année 1942 que se mettent en place les trois organismes que les Alliés peuvent tenir pour leur avant-garde en France : les FTP à direction communiste, l'AS sous commandement gaulliste, l'ORA longtemps d'inspiration giraudiste, qui peu à peu se fondront dans le regroupement de la fin de l'année 1943 sous l'égide du Conseil national de la Résistance et de son Comité d'action militaire *, puis en avril 1944 dans les FFI (Forces françaises de l'intérieur) confiées au général Koenig.

Les FTP prirent ce nom à partir de février 1942. Ils étaient d'abord formés de jeunes gens membres ou proches du parti communiste de la MOI (main-d'œuvre immigrée, tel Manouchian), des OS (organisations spéciales) et des TP. Charles Tillon qui, dès le mois d'août 1941, avait lancé dans le premier numéro de *France d'abord* un appel à l'« action immédiate », en fut le fondateur avant d'en être le chef, aux côtés d'Eugène Henaff, Raoul Vallet et Albert Ouzoulias. Il assure, dans *les FTP* aussi bien que dans *On chantait rouge,* que l'organisation regroupait 25 000 hommes au milieu de 1943, et dix fois plus à la veille de la Libération. Chiffres non vérifiables, dans l'état actuel de la documentation. Ce qui est clair, c'est que les FTP constituèrent à partir de 1942 l'organisation paramilitaire la plus active et la plus efficace contre l'occupant.

Il est non moins certain que, dès le mois de janvier 1943, elle s'était rattachée à la France combattante — Fernand Grenier, député de Saint-Denis, accueilli à Londres par de Gaulle en tant que représentant du PCF, lui ayant transmis un message de Tillon où il est dit que les FTP « demandent au grand soldat que vous êtes de ne pas laisser ignorer qu'ils font aussi partie de la *France combattante*[21] ». A quoi le général devait répondre que cette adhésion était une « manifestation de l'unité française ».

Dès lors, le Connétable comptabilisera cette organisation révolutionnaire dans « ses » effectifs politico-militaires. Il en tiendra compte, et dans ses débats avec les Anglo-Américains, et dans ses rapports avec Moscou, et au moment de la Libération, trouvant d'ailleurs tout naturel de la fondre dans la Ire armée française, réalisant tant bien que mal avec elle l'amalgame péniblement opéré, sur l'autre rive, avec les *moustachis.*

L'Armée secrète, sans être sa « chose », avait été fondée sous son égide et placée sous la direction d'un fidèle, le général Charles Delestraint. On a vu que, candidat à ce commandement auquel il était le mieux préparé, Henri Frenay en fut écarté sur les instances d'Emmanuel d'Astier. Deux de ses collaborateurs, le capitaine Gastaldo, son ancien camarade à Saint-Cyr, et Marcel Peck, chargé du recrutement pour Combat, avaient proposé Delestraint. On a vu aussi que de Gaulle avait accepté d'emblée de confier l'organisation de l'action militaire en France à celui dont il avait été le plus proche collaborateur dans les chars.

Rentré le 23 mars 1943 en France après un séjour à Londres au cours duquel il avait rencontré plusieurs des principaux chefs militaires alliés, Delestraint, nanti du pseudonyme de « Vidal », s'était assez vite heurté aux

---

* COMAC.

chefs des mouvements de résistance. Pendant les quelques dix semaines où il put exercer ces responsabilités périlleuses (de son retour à Londres à son arrestation, le 9 juin 1943), il dut faire face à divers types de critiques.

Laissons à Claude Bourdet qui, avant sa déportation, fut le plus proche lieutenant de Frenay à la direction de Combat*, le soin de les résumer :

« La première, c'était la difficulté qu'il avait, militaire de carrière de 55 ans, de " dépouiller le vieil homme " et de mesurer à quel point cette guerre était neuve : nous, résistants de Combat, avions fait preuve d'un bizarre militarisme en choisissant un officier général pour cette tâche si singulière. La seconde, assez voisine, avait trait à ce que les plus acides d'entre nous appelaient le " jourjisme " — la référence à ce fameux " jour J " en vue duquel il convenait de se préparer et d'amasser les armes : les FTP, au nom de la doctrine de l' " action immédiate ", n'étaient pas les seuls à critiquer cette vue héritée du fameux mot d'ordre gaulliste du 23 octobre 1941**. Enfin — et là, c'était essentiellement un grief des amis de Tillon —, on accusait Delestraint de viser avant tout à la constitution et à la consolidation de " maquis " immobiles, cibles commodes pour l'ennemi, et de confisquer à leur profit les armes parachutées de Londres dont étaient sevrés les groupes FTP.

« Tout cela, Frenay le disait sans ménagement à Delestraint, notamment lors d'une réunion du début de mai 1943, à l'issue de laquelle le chef de l'AS se rebiffa, non sans noblesse... Après la capture et l'envoi en déportation de " Vidal ", c'est encore la direction de Combat qui, après la désastreuse réunion de Caluire (convoquée par Moulin pour trouver un successeur à Delestraint), a mis en avant le nom d'un autre officier : Dejussieu, dit Pontcarral, mieux préparé à ce type de lutte, marqué à gauche (il passait pour franc-maçon, ce qui, dans l'armée, vous situait...) et plus familier des cadres de la clandestinité. Mais Dejussieu-Pontcarral tomba à son tour, moins de six mois plus tard, aux mains de l'occupant. Son successeur, Malleret dit Joinville, ne fut pas proposé par nous, mais par les communistes qui avaient de bonnes raisons de le désigner [22]... »

Cette Armée secrète qu'il contrôle et dont il confie le plus souvent le commandement à des militaires — douze DMR (délégués militaires régionaux) que finira par coiffer un délégué militaire national par intérim, Jacques Chaban-Delmas —, Charles de Gaulle lui a assigné des tâches qui, dans ses propos publics, ont beaucoup varié. S'il parle le 18 avril 1942 d' « insurrection nationale » et s'il affirme, le 14 juillet de la même année que dans la lutte « entre le peuple et la Bastille, c'est toujours la Bastille qui finit par avoir tort », il insiste aussi sur « l'ordre » dans lequel doit s'accomplir l'effort de libération. Aussi bien se rallie-t-il assez vite, contre l'avis de l'état-major FTP et de bon nombre de chefs de Combat et de Libération, à la stratégie des « maquis mobilisateurs » en vue de fixer puis de tronçonner les forces occupantes, maquis chargés d'appliquer dans le

---

* Et qui avait joué un rôle décisif, après Gastaldo et Peck, dans le choix de Delestraint.
** « Ne pas tuer d'Allemands. »

Vercors et sur les Glières, le plan « Montagnard », et dans le Massif central le plan « Caïman ».

Il serait injuste cependant d'enfermer Delestraint dans un rôle de temporisateur et — lui, le vieux partisan du « moteur combattant » — d'immobilisateur de l'Armée secrète. Quelques jours avant son arrestation le 4 juin 1943, Jean Moulin écrivait à Londres pour signaler qu'après avoir pris contact avec des dirigeants FTP « Vidal » s'était rallié à l' « action immédiate » dont le général de Gaulle avait admis très clairement le principe dans une « instruction » du 21 mai [23], couvrant de son autorité un mouvement qui, sous l'impulsion de Tillon, prend alors une véritable ampleur.

Reste que l'AS aura levé, de novembre 1942 à juin 1944, une centaine de milliers de combattants effectifs qui, du Périgord aux Alpes, de l'Ain à la Bretagne — où ils reçurent notamment les renforts des parachutistes du 2e RCP détachés des forces anglaises — créèrent des zones interdites à l'occupant, bloquèrent ses transports, sabotèrent les diverses formes de communication et désorganisèrent l'appareil d'État vichyste. Dès avant le « jour J », cette force, placée à partir d'avril 1944 sous les ordres du général Koenig, joue un rôle assez important dans la stratégie générale interalliée pour que le général Eisenhower déclare que, dans la bataille pour la libération de la France, elle avait valu « quinze divisions ».

L'ORA eut pour premier chef de file le général Frère (ancien chef de la VIIe armée, puis président du tribunal militaire de Clermont-Ferrand qui avait condamné à mort le général de Gaulle) assisté du général Verneau*. C'est à l'origine (fin 1942) une organisation fort méfiante à l'égard du gaullisme, proche du giraudisme, et très éloignée de l'action directe. Quand, en janvier 1943, un émissaire de Delestraint-Vidal vient contacter Frère à Chamalières, il est reçu très froidement et s'entend dire que « ce n'est pas le moment de s'engager dans des aventures [24] ».

Mais l'influence à la tête de l'ORA passe bientôt du général Frère au colonel Descour qui, à Lyon, amorce les premiers contacts avec l'AS gaulliste, puis au colonel Revers qui, lui, s'engage dans une franche politique de coopération à laquelle contribue le lieutenant-colonel Navarre, recruté par Paillole pour servir Giraud, mais qui élargit sa mission. A la fin de septembre 1943, envoyé par Revers en Algérie, le commandant Zeller ne se contente pas d'y voir Giraud, mais aussi de Gaulle. Et c'est à cette époque que se noue de la façon la plus spectaculaire l'alliance entre l'AS et l'ORA : c'est la première qui organise l'évasion du général de Lattre de Tassigny de la prison de Riom, mais c'est la seconde qui assure son départ pour Londres à bord d'un Lysander du BCRA [25].

Désormais, le corps des officiers métropolitains, restés giraudistes de

---

* Frère et Verneau sont morts en déportation.

cœur ou de sensibilité, bascule vers le gaullisme qui apparaît de plus en plus comme un principe d'action. Or, le moment de l'action approche...

Dans l'un des libelles produits contre Charles de Gaulle par des services spéciaux américains qui n'arrêtaient de le traiter de nazi que pour l'accuser de « se nourrir au marché noir », l'une des imputations formulées contre le chef de la France combattante est qu'on le voyait peu sur les champs de bataille. Passons sur la qualité de l'argument, s'agissant d'un homme dont la couardise fut, de notoriété publique, le moindre défaut. Retenons plutôt ce qui constitue l'un des éléments les plus permanents d'incompréhension entre le Connétable et ses plus puissants alliés : la subordination de l'acte de guerre à l'action politique.

On ne saurait douter que le général de brigade à titre temporaire (ou, pour parler comme Weygand, le colonel en retraite) Charles de Gaulle ait souvent souhaité se retrouver aux côtés de Larminat, de Leclerc ou de Koenig sur la ligne de feu. Son impavidité presque monstrueuse y faisait merveille et il y trouvait l'occasion de mots historiques où sa férocité se donnait libre cours. Mais quoi ? N'avait-il pas de bons spécialistes pour cela ? *De minimis non curat praetor.* Il avait une trop haute idée de ses responsabilités politiques — et de lui-même en tant que chargé de cette mission — pour aventurer ainsi, dans quelque griserie mineure, ce qu'Emmanuel d'Astier appellera « le Symbole ».

A lui de convoquer les armes de la France en vue de la restauration de la souveraineté nationale. A d'autres de les faire parler. « Général ? Je ne le suis plus, dit-il un jour à MacMillan. Je me suis situé au-dessus de ces hiérarchies. » Dénoncer ce point de vue, c'est contester la raison d'être de l'entreprise déclenchée en juin 1940.

Mais on peut n'être plus général et mesurer l'importance politique de l'action militaire : à la guerre, il est difficile de ne pas la juger considérable.

34. Les soutiers et le timonier

Être la France... La vision apparemment absurde de juin 1940 est en train de s'incorporer à la réalité — en se transformant. A l'origine, le Connétable fonde cette ambition sur une fiction étatique, sur l'adhésion de soldats épars, le ralliement de territoires lointains et une intransigeance provocante à l'égard des Alliés : une mystique, des atouts périphériques et un caractère.

A dater de la fin de 1942, des conférences avec les chefs de la Résistance à Londres, de son exclusion du débarquement en Afrique du Nord, du refus opposé aux expédients d'Alger et aux fausses synthèses d'Anfa, une clarification s'opère et une représentation se dessine : de Gaulle, enté sur la Résistance, s'enracine dans le terreau où réapparaît, sous le peuple écrasé, la nation vivante. Il devient peu à peu ce qu'il a voulu être.

« Si ce n'avait été lui, ç'aurait été un autre... », soutient Claude Bourdet[1]. Est-ce bien sûr? On peut toujours imaginer un Weygand, un Darlan, un Noguès, un Giraud, faisant, en juin 1940, le « bon choix », prenant le large et continuant la guerre aux côtés des Anglais. Hitler n'aurait pas moins été vaincu, la France moins débarrassée de l'occupation nazie. Mais ni la nature des relations entre le chef extérieur et la Résistance, ni la paix civile après la Libération, ni la qualité des rapports avec les Alliés n'eussent été les mêmes, ni les structures du pouvoir en France ni surtout la situation de ce pays dans le monde après la guerre.

En bien ou en mal, de Gaulle est irremplaçable, irréductible et singulier, parce qu'il est à la fois l'incarnation farouche d'un principe, celui de la souveraineté nationale, et le plus hardi manipulateur de cette matière première de la politique que sont les « circonstances ».

Aussi bien que dans ses rapports avec ses puissants alliés étrangers, avec les ralliés politiques et les gens en uniforme, on va le voir user sans cesse de cet alliage de raideur conceptuelle et de flexibilité tactique dans ses relations — de plus en plus centrales et décisives — avec la Résistance dans laquelle, surmontant ses préventions et méfiances des premières années, il voit, à partir du mois de mai 1943, la source de sa légitimité et le point d'appui de sa stratégie interalliée.

Être la France? Il ne saurait mieux y prétendre qu'en devenant la Résistance sans se laisser « coiffer » par elle. La grande opération de recentrage stratégique, de réenracinement métropolitain et populaire du gaullisme s'amorce au début de 1943, au moment où Passy et Brossolette d'une part, Moulin et Delestraint de l'autre partent pour la France mettre en place les structures d'action dessinées à Londres. Mais ce mouvement ne saurait être qu'unanimiste, du point de vue des principes comme pour des raisons tactiques. Choisissant pour équipage ceux que Brossolette a appelés « les soutiers de la gloire », il ne saurait en être le « timonier » qu'en convoquant tous ceux qui se battent, et notamment les plus efficaces : les communistes.

Au temps où l'*Humanité* clandestine * dénonçait à Paris « de Gaulle, laquais des banquiers de la City », la radio de la France libre observait, à l'égard du PCF comme de l'URSS, la plus grande réserve. Le mot « communiste » n'était jamais prononcé. Tout se passait comme si de Gaulle, tenant pour assurée la confrontation entre Hitler et Staline, ne voulait rien dire ou faire qui gênât le retour au bercail des « frères séparés » communistes [2]. Et à partir du 22 juin 1941, se manifestent une cordialité, et même une convergence de vues qui prennent toutes (presque toutes) les formes possibles.

Il est vrai que reste sans réponse la suggestion faite par un membre du gouvernement soviétique au capitaine Billotte (futur chef d'état-major de De Gaulle) au moment de son transfert d'URSS à Londres en septembre 1941 : quelle serait la réaction du général si Maurice Thorez demandait à partir pour Londres avec son « détachement » pour rejoindre de Gaulle [3] ? Tout donne à penser que le Connétable jugea le sujet trop délicat pour ne pas faire mine de n'avoir rien entendu. Mais ce type d'idées chemine.

Dix mois plus tard, au début de mai 1942, Rémy ** et son adjoint Paco rencontrent à Paris Beaufils, dit « Joseph », ou le « colonel Drumont », représentant des FTP. Des liens sont noués, que le BCRA, informé par Rémy, tentera d'approfondir, en dépit de ce que Passy appelle les « atermoiements de cette organisation [4] ». Mais entre Beaufils et Rémy, les échanges aboutissent à une invitation lancée de Londres au PCF pour qu'il désigne un représentant auprès de Carlton Gardens. C'est Fernand Grenier, député de Saint-Denis, qui partit pour Londres avec Rémy au début de janvier 1943.

Fernand Grenier a raconté sa première entrevue avec de Gaulle, auquel il aurait, d'emblée, réclamé une « aide accrue aux patriotes qui se battent les armes à la main »...

« Vous verrez cela avec Passy », me coupe-t-il (avec un accent qui semble dire : assez sur ce sujet). De Gaulle me pose alors deux questions : " Et Giraud, qu'en pensez-vous ? Que se passera-t-il après la Libération ? " Je lui réponds qu'à notre avis, il faut [...] le plus vite possible [...] constituer à Alger un gouvernement provisoire de Gaulle-Giraud. [...] Après la

---

* Faute d'avoir obtenu des nazis l'autorisation de reparaître au grand jour, refus qui a sauvé de la honte la direction du PCF.
** Que ses opinions d'extrême droite n'ont pas détourné de cette alliance nécessaire.

libération de la France [...] c'est le peuple français lui-même qui se prononcera sur les institutions qu'il désire.

« L'entretien a été franc [...]. En sortant de l'état-major de la France combattante, je me pose cependant une question : pourquoi le général est-il si peu préoccupé de ce qui se passe actuellement en France et tellement de ce qui se passera à la Libération ! [...] Je m'attendais à ce qu'il me pose une foule de questions concernant la lutte armée des FTP, les déportations, la vie dans les prisons, etc. Rien, rien ! » Mais Grenier n'en ajoute pas moins « Pourquoi le cacher ? Je fais confiance au général... Renseigné, il agira mieux en faveur de la Résistance[5]. »

Charles de Gaulle, en tout cas, saisit la balle au bond et adressa au Comité central du Parti, vers le 10 février, une lettre cordiale :

> « L'arrivée de Fernand Grenier, l'adhésion du parti communiste au Comité national qu'il m'a apportée en votre nom, la mise à ma disposition, en tant que commandant en chef des Forces françaises combattantes, des vaillantes formations de francs-tireurs que vous avez constituées et animées — voilà autant de manifestations de l'unité française [...].
> De grands efforts, de grands sacrifices vous seront demandés après tous ceux que les membres de votre Parti ont déjà* consentis au service de la France [...] Il importe que les Français patriotes prennent leur part aux côtés de nos alliés russes et anglo-saxons à la libération du territoire national. Je sais que la France combattante peut compter sur le parti communiste français. »

Dès lors, le PCF devient partie prenante de l'ensemble de la stratégie de la France combattante. Entre l'état-major gaulliste et lui, les relations seront souvent âpres, quelquefois même orageuses (surtout en juillet 1944 à Alger lors de l'affaire du Vercors**). Les représentants communistes à Londres — après Fernand Grenier, ce sera Waldeck Rochet — se plaignirent souvent des entraves mises à leurs interventions radiophoniques à la BBC et surtout des discriminations opérées entre l'AS et les FTP pour les parachutages d'armes[6].

Bien qu'à l'occasion les porte-parole du PCF aient pris un malin plaisir à rendre hommage au général Giraud et que Waldeck Rochet ait critiqué son élimination, les rapports entre le parti de Thorez et le CNF, puis CFLN, furent bons dans l'ensemble. « Le rassemblement, écrivait Grenier le 21 mars 1943, dans *la Marseillaise,* est fait autour du général de Gaulle (... qui) a été le premier à ne pas désespérer (bien qu'il) soit jugé trop rouge par les uns, trop blanc par les autres. » On verra qu'au sein même du PCF, d'autres points de vue se feront jour.

---

* Dans le texte publié en fac-similé par Ch.-L. Foulon[7], on observe que de Gaulle a corrigé la rédaction proposée par le BCRA en substituant à propos des services rendus par le PCF à la France le mot « déjà » à l'ironique « récemment »...

** Voir plus loin chapitre 36.

Alliance ainsi faite avec l'organisation la moins assimilable à ses plans. Charles de Gaulle allait pouvoir déployer sa stratégie métropolitaine en trois phases. La première consiste en une mission conjuguée en France du chef du BCRA et de son plus proche conseiller, Passy et Brossolette, chargés entre autres missions de recenser et regrouper les forces sur lesquelles pouvait compter, en zone nord, la France combattante. La seconde intéresse essentiellement le général Delestraint, qu'un avion ramène en France le 23 mars, chargé à la fois de rassembler et prendre en main l'ensemble des moyens dont dispose l'Armée secrète, d'imposer son autorité et d'organiser le passage progressif vers l'application de la tactique d' « action immédiate » dont les communistes ont pris l'initiative. La troisième, la plus fameuse, a pour protagoniste Jean Moulin : elle a trait à la création du Conseil national de la Résistance, en application de la directive que le général de Gaulle a remise le 21 février à son délégué national.

Mais cette vaste entreprise de prise en charge de l'ensemble de la Résistance par le général de Gaulle a été précédée d'une mission (dite « Pallas ») plus discrète en apparence, mais qui fut peut-être la plus décisive, accomplie entre décembre 1942 et janvier 1943 par André Manuel, l'adjoint de Passy à la tête du BCRA. Le rapport établi par cet officier après son retour à Londres jouera un rôle essentiel dans le mûrissement de la stratégie métropolitaine du général.

Remis à ses destinataires au début de février 1943, le « rapport Pallas » est avant tout un constat : celui de l'importance qu'ont gardé les partis politiques dans la vie du pays. Cette observation se fonde sur de très nombreux contacts — mais avant tout sur un entretien avec Daniel Mayer. Le secrétaire général du Comité d'action socialiste s'est dit prêt à soutenir « un gouvernement autoritaire à principes démocratiques » dirigé par le général de Gaulle, « qui donne les garanties démocratiques que nous exigeons, en attendant que la parole soit rendue au peuple français [...] dix-huit mois à deux ans » plus tard. Afin que le général soit « soutenu et garanti par les représentants des diverses expressions de l'opinion publique », Daniel Mayer suggérait que « les partis politiques et mouvements syndicaux ayant résisté depuis juin 1940 et qui vont de Marin à Thorez* soient admis à participer à l'action clandestine sur le plan politique », ce qui vaudrait au général de Gaulle, lors de la libération, « la caution de l'unanimité française [8] ».

Ces vues, tant à propos du « gouvernement autoritaire à principes démocratiques » que de la « caution » qu'il pourrait ainsi obtenir de l'opinion et des masses, ne pouvaient que séduire Charles de Gaulle : ce type de gouvernement était bien celui qu'il voulait et voudra toujours instituer, cette « caution unanime » étant celle qu'il prétendra sans cesse obtenir. Le « rapport Pallas » le confirmait dans ses vues.

* Ce qui était une vue optimiste, pour le second en tout cas...

Les thèses énoncées dans le rapport établi par le commandant Manuel étaient d'autant mieux de nature à impressionner le général qu'il avait reçu trois mois plus tôt une lettre de Léon Blum, dont les messages revêtaient une sorte de valeur prophétique, lancés par un prisonnier prenant, pour le faire, toutes sortes de risques. Au surplus, l'ancien chef du gouvernement de Front populaire venait de faire pour le général le plus beau geste qu'il en pouvait espérer : la lettre [9] dans laquelle, s'adressant à Churchill et à Roosevelt, il se portait garant des intentions démocratiques du général et de son caractère représentatif des aspirations françaises. En vain, on le sait... Enfin, Léon Blum était alors l'homme du procès de Riom (février-avril 1942) auquel le régime de Vichy avait stupidement offert une tribune publique et qui s'y était fait le « procureur de la nation » face à l'occupant, première grande voix de protestataire s'élevant sur le sol national depuis deux ans.

D'où l'impact de la lettre que le Connétable reçut alors du prisonnier de Riom : « Il n'y a pas d'État démocratique sans parti. On doit les moraliser, les revérifier, non les éliminer... Un État démocratique est forcément une fédération de partis... » Cette dernière formule séduisit-elle le destinataire ? C'est douteux. Mais l'avertissement ainsi lancé par le vieux chef socialiste qui vient de se déclarer si hautement solidaire de son entreprise s'inscrit dans la vision d'avenir du général.

Charles de Gaulle ne reviendra jamais sur sa méfiance à l'égard des partis. Mais il est assez bon stratège pour savoir hiérarchiser les urgences, et assez assuré de sa force et de ses talents pour se juger apte à relever tous les défis. Or, la hiérarchie des urgences, c'est d'abord la libération du territoire, ensuite l'instauration d'un pouvoir assez fort pour faire face aux terribles exigences de la libération, enfin la restauration d'une véritable indépendance nationale. Autant de mots d'ordre qui requièrent toutes formes d'adhésion, de représentations, de cautions, en France et à l'étranger. Allons donc pour la mobilisation des partis...

Au surplus, le chef de la France combattante ne s'est-il pas engagé déjà avec le parti communiste, en invitant un représentant officiel à le rejoindre à Londres, parce qu'il a mesuré la puissance du PCF, des FTP et du Front national ? Il ne peut et ne veut prendre les risques de l'apparition d'un « titisme » français : pour pouvoir présenter au monde une résistance unie, solidaire et fidèle, il lui faut l'adhésion des communistes, sans laquelle, à la libération, la situation serait incontrôlable.

Mais comment alors traiter les autres partis ? On peut certes soutenir que le PCF n'est pas un parti comme les autres, de par ses origines, ses structures, son histoire récente, ses pratiques. Mais comment faire valoir de tels arguments à ses rivaux : être non démocratique serait-il une vertu, en ces temps de résistance au totalitarisme ? Si le PCF est représenté à Londres par Grenier, les socialistes ne le sont guère moins par Gouin. Et la vie démocratique française ne saurait se résumer aux deux grands partis de gauche : sous des formes assurément diverses, l'esprit de résistance a animé d'autres courants d'opinion, à commencer par les démocrates populaires d'inspiration chrétienne et diverses tendances du nationalisme. Alors ?

Le choix que fait de Gaulle s'exprime notamment dans sa lettre à Léon Blum de février 1943, rédigée peu avant la fameuse instruction à Jean Moulin :

> « Nous savons quel est le rôle joué dans cette résistance — et au premier rang — par le parti socialiste. Nous discernons que l'influence des cadres politiques liés à celle des idées qu'ils personnifient toujours, du moment qu'ils ne les ont pas trahies, devient un élément essentiel dans le rassemblement du peuple pour l'action. C'est pourquoi nous souhaitons la formation à l'intérieur du pays d'un organisme concret groupant, sous le signe unique de la lutte pour la patrie et pour la démocratie, les représentants des partis [10]. »

Tout n'est-il pas dit ? Du rapport Manuel à cet échange entre Blum et de Gaulle, la stratégie politique de la France combattante vis-à-vis de la Résistance semble résumée, et les décisions arrêtées : un front des mouvements, syndicats et partis soutenant un gouvernement provisoire nanti d'un mandat en attendant la consultation populaire après la Libération. Solution expéditive ? C'est celle qu'après les pères conscrits de la République, Herriot et Jeanneney, préconisent ces dévots de la démocratie que sont Léon Blum et Daniel Mayer *...

Et pourtant la partie est loin d'être jouée. Contre cette stratégie Blum-de Gaulle (qu'a assumée, non sans hésitations, on le verra, Jean Moulin), on va voir opérer en toute bonne foi des hommes comme le gaulliste intégriste qu'est Passy, comme l'ardent socialiste qu'est Brossolette, parce qu'ils sont allergiques aux anciens partis. Plus gaullistes que de Gaulle ? C'est là qu'on mesure à quel point le Connétable est difficilement réductible au gaullisme.

Lui à qui, six mois plus tôt, Christian Pineau devait arracher les mots pour que, dans son message à la Résistance, il différencie les torts de la IIIe République des vices de Vichy, lui qui n'avait pas de mots trop sévères — les mêmes qu'il retrouvera trois ans plus tard — contre les partis, le voilà, stratège multiforme et flexible, utilisateur des circonstances, qui réinvente les organisations politiques.

Le mettra-t-on en parallèle avec le Giraud jetant « Paris vaut bien une messe » en se disant rallié à la démocratie ? Non. La lettre à Blum n'est pas écrite par un autre, ni émaillée de clins d'œil à la cantonade. C'est le fruit d'une libre décision, que l'on peut croire chargée d'arrière-pensées tactiques, mais qui dessine une « ligne », celle de ce « gouvernement autoritaire à principes démocratiques », de ce pouvoir personnifié à assises pluralistes qui résumera, pendant un quart de siècle, le gaullisme politique.

---

* « Les véritables parrains du CNR », estime aujourd'hui Passy.

La mission dite « Arquebuse-Brumaire » (d'après les pseudonymes des deux protagonistes*) à laquelle Winston Churchill tenta pendant deux jours de s'opposer, estimant que Passy détenait trop de secrets militaires pour être aventuré sur le sol français, mais que le chef du BCRA imposa parce qu'il l'estimait vitale pour la sauvegarde de son autorité par rapport à ceux qui risquaient leur vie jour et nuit face à la Gestapo, se déroula en deux temps.

Pierre Brossolette (« Brumaire ») partit le 26 janvier 1943, Passy (« Arquebuse ») le 26 février, flanqué à sa demande d'un agent du SOE, le major Yeo Thomas, dit « Shelley ». Ils se retrouvèrent à Paris le 27 février.

Leur mission était cantonnée à la zone nord. Elle était triple : la première tendait à assurer un cloisonnement plus rigoureux entre « le renseignement » et « l'action » à l'intérieur des mouvements comme des réseaux. La seconde consistait à établir un « inventaire de toutes les forces qui, soit dans le cadre des groupements de résistance [...] soit dans le cadre des organisations politiques, syndicales ou religieuses, peuvent jouer un rôle dans le soulèvement national en vue de la libération... ». Le troisième était la recherche de « cadres d'une administration provisoire [...] au jour de la libération[11] ».

Un ordre de mission leur avait été remis en outre qui les autorisait à « exprimer et interpréter les directives du général de Gaulle[12] ». Formule qui ouvrait un champ très large aux initiatives — et aussi aux conflits d' « interprétation », on va le voir. Du point de vue technique du « renseignement et action », et s'agissant des personnes (les futurs cadres de la France libérée), la mission « Arquebuse » ne donna pas matière, semble-t-il, à des contradictions trop voyantes. Mais leur mission n° 2, ces contacts avec les « organisations politiques » en vue du soulèvement, allait être matière au débat le plus grave qu'ait connu la Résistance — avec celui qui avait trait depuis 1941 au principe de l' « action immédiate », et celui qui s'instaurerait à propos de l'unification, deux mois plus tard.

Pas plus que dans la directive remise le 21 février à Jean Moulin, le mot de « parti » n'apparaît dans celle-ci. Mais c'est bien de la chose qu'il s'agit. Et c'est là qu'Arquebuse et surtout Brumaire vont entrer en contradiction avec Rex qui, un mois plus tard, devenu Max, atterrira à son tour en France, nanti de pouvoirs d'une ampleur dont ni Brossolette ni même Passy (qui est lui, parti de Londres après la remise de ses directives à Moulin) n'ont été informés. Or le dernier texte du général est de nature à porter ombrage à ses deux premiers missionnaires, dès lors qu'il élargit les compétences de Moulin aux deux zones alors que ses prédécesseurs peuvent croire que les pleins pouvoirs de décision sur la zone nord leur sont reconnus. Machiavélisme du chef ne dédaignant pas d'opposer service à service et, homme à homme ? Ou simple cafouillage bureaucratique ?

Mais le débat ne va pas porter seulement sur un problème de compétences territoriales : il concernera un choix politique majeur. Faut-il ou non, pour assurer la légitimité démocratique du général au regard de ses

* Brossolette est tour à tour « Brumaire » et le « commandant Bourgat ».

adversaires et de ses alliés, reconstituer les anciens partis politiques et en faire les partenaires, voire les égaux des mouvements de résistance ?

S'ils ne connaissent pas l'ampleur des pouvoirs conférés après leur départ à Jean Moulin, ni même l'extension de ses compétences territoriales, Brossolette-Brumaire et Passy-Arquebuse savent que le délégué général doit revenir en France à la fin de mars. Et ils sont assez informés des intentions prêtées à Max, ne serait-ce que par les contacts qu'ils prennent avec ses lieutenants en zone nord, Meunier et Manhès, pour souhaiter le prendre de vitesse en « interprétant » (le mot figure, on l'a vu, sur leur ordre de mission) la pensée du général.

Depuis le mois d'octobre 1942, les conférences tenues avec Frenay et d'Astier et la création des MUR (mouvements unifiés de la Résistance) en janvier 1943, il est clair que l'état-major de Carlton Gardens a en vue de coordonner, sinon d'unir, les organisations de résistance en vue de présenter un front uni aux rivaux, amis et alliés et que cette unification tend à s'élargir du côté des partis.

Or, Pierre Brossolette, socialiste convaincu, longtemps porte-parole de la SFIO en matière de politique étrangère et membre du cercle Jean-Jaurès à Londres, a violemment dénoncé dans un article de *la Marseillaise* cité plus haut, les « vieux partis » de la IIIe République. Pour lui, il s'agit là de cadavres définitivement expulsés de la vie nationale. Pense-t-il à un « rassemblement » purement gaulliste, à d'autres formes de représentation * ? Il dispose de deux textes, l'un dans lequel son chef de file lui enjoint de prendre contact avec les « organisations politiques, syndicales ou religieuses » qui pourraient participer à la libération du pays, l'autre qui lui donne latitude d'« interpréter » les directives de Londres. Alors il va tenter, avant l'arrivée de Jean Moulin qu'il sait beaucoup plus favorable que lui à une union englobant les partis, de créer des faits accomplis.

En se hâtant de contacter, puis de réunir les représentants des cinq principales organisations de résistance de la zone nord (OCM, Libération, Front national, Ceux de la Résistance, Ceux de la libération) Arquebuse et Brumaire obtiennent d'eux un accord dont ils peuvent câbler le texte à Londres, dans la soirée du 26 mars — alors que Jean Moulin, passé par la zone sud, est attendu à Paris le 30. Ce texte prévoit la représentation au sein du CNR des « nuances de l'esprit français résistant (communisme, socialisme, libre pensée, catholicisme, nationalisme) » mais rejette la « commission exécutive permanente » envisagée à Londres.

Ainsi, prenant de court l'homme qui est chargé de réaliser, les deux zones confondues, le « grand dessein » unificateur incluant les partis (ne serait-ce que parce que l'un d'eux, le PCF, est officiellement représenté à Londres et s'exprime en tant que tel dans divers tracts de la Résistance), Brumaire et Arquebuse ont fait adopter un texte qui se contente de mentionner des

---

* En mai 1984, le colonel Passy définissait ainsi à l'intention de l'auteur le « projet » de Brossolette : clarifier la vie politique française en répartissant ses forces en un grand parti « travailliste » et un grand parti « conservateur ». Le modèle anglais...

« nuances de l'esprit » (frein à la reconnaissance des partis) et exclut toute « commission exécutive » (frein à l'unification). Sur les deux plans des composantes et des formes de l'unification, c'est une « interprétation » remarquablement restrictive du projet de Londres, alors, répétons-le, que le meneur de jeu dépêché par Carlton Gardens est attendu quatre jours plus tard.

Dans le doute, il faut parier sur la bonne foi des gens. Surtout quand il s'agit d'hommes de cette trempe, et à ce point dévoués à leur tâche. Les deux émissaires ont agi en pionniers, et pour limité qu'il soit, l'accord obtenu entre les « cinq » est un pas en avant. Car c'est en zone nord que la synthèse, même timide, est la plus difficile à réaliser.

On ne dispose d'aucun texte ni même d'aucune relation orale indiquant ce que put être la réaction de Charles de Gaulle aux initiatives de Brumaire et Arquebuse. Cette discrétion donne à penser qu'il jugea sagement que Passy et Brossolette avaient ouvert le chemin, et que cette union en pointillé (quelle que fussent les « nuances » ainsi apportées au projet d'union), préparait la voie à Jean Moulin, auquel il reviendrait de mettre les points sur les « i ».

Mais ce n'est pas de cette façon que Max prit les choses. Il se jugea, non trahi, mais floué, et ne prit pas de gants pour s'en expliquer avec ses deux camarades*. Évoquant, d'après les souvenirs de son mari, la première de ces deux « explications », qui se déroula au bois de Boulogne, le 31 mars, Gilberte Brossolette emploie le mot d'« altercation » et parle d'une « totale et violente franchise [13] ».

D'après le récit du colonel Passy, qui en fut tour à tour le témoin et le participant, le débat s'anima dès que Brossolette entreprit d'expliquer à Moulin pourquoi il valait mieux grouper au sein du Comité de coordination les « tendances fondamentales de la pensée française » que les partis politiques. C'était attaquer de front, sur l'essentiel.

Max, plutôt que de plaider immédiatement sur le fond, s'en prit d'abord aux procédures. Pourquoi avoir écarté des négociations ses proches collaborateurs en zone nord? Puis il s'éleva contre le fait d'avoir privilégié, lors de ce premier groupement, l'OCM (Organisation civile et militaire) qui passait pour réactionnaire et technocratique. Le ton montant de part et d'autre, Passy jugea bon de reporter la suite au lendemain, dans l'appartement de la place des Ternes** que son camarade et lui occupaient depuis leur arrivée à Paris — plus propice à une discussion en clair que les allées du bois de Boulogne où trois hommes jeunes et véhéments risquaient d'attirer une attention malveillante.

---

* Dans son étude sur *Jean Moulin et le CNR* (Institut d'études du temps présent, p. 125) Daniel Cordier, qui fut son très proche collaborateur, écrit à ce propos que « Brossolette préparait... la transformation de la Résistance en " parti ", Moulin... la renaissance des institutions. Brossolette était un homme politique, Moulin un homme d'État ».

** Dans une communication publiée à la suite du *Jean Moulin et le CNR* de Daniel Cordier (p. 67), Pierre Meunier, adjoint de Max, indique que cette réunion, à laquelle il assista, de même que « Pal », se déroula rue de Rome. Il précise aussi que, au moment où Moulin se retirait, Passy le prit à part pour lui dire : « Vous avez un grand chef, gardez-le bien ! » Mais l'ancien chef du BCRA ne se souvient pas d'avoir prononcé cette phrase (entretien de mai 1984).

Le lendemain, 1ᵉʳ avril, le débat sera encore plus vif, les deux hommes se faisant l'un à l'autre grief d'une « ambition » qui, si l'on considère aujourd'hui les formes que prenait alors cette noble passion, ne paraît plus un grief, mais un hommage... Passy raconte qu'il tint à raccompagner Moulin, calmé, mais « plein d'une haine froide » contre Brumaire, et assure que ce qu'il put obtenir de mieux entre eux fut « une paix armée ». Statut qui n'en portera pas moins ses fruits...

La mission de Max s'ouvre donc sous le signe du conflit. Et pourtant, deux jours plus tard, lors de la réunion d'ensemble convoquée avenue des Ternes par Passy à la demande du délégué national, une soudaine convergence va se manifester autour de Jean Moulin. Jouant ses cartes avec prudence, mettant en sourdine tout ce qui pourrait être pris pour un exécutif permanent de la Résistance, il obtient de tous les participants (OCM comprise, supposée la plus rétive mais que convainc le ralliement de Brossolette aux vues de Moulin) un accord de principe en vue de la création du Conseil national de la Résistance.

Le CNR serait formé non seulement des cinq organisations de zone nord déjà regroupées à l'appel d'Arquebuse et Brumaire et des trois grands mouvements de la zone sud (Combat, Libération et Franc-Tireur) mais des deux principaux syndicats (CGT et CFTC) et de six organisations politiques : PCF, CAS*, radicaux, démocrates populaires, et deux petits partis de droite**. Ce ralliement à ses vues est si soudain — compte tenu des gants qu'il a pris — que Moulin se garde de proposer une date précise pour la création du CNR : ayant empoché cette mise en zone nord, il lui faut maintenant étendre l'opération au sud.

C'est, si l'on peut dire, son « terrain » qu'il laboure inlassablement depuis le 1ᵉʳ janvier 1942 : seize mois de démarches, arbitrages, argumentations en vue d'organiser la convergence des mouvements, puis leur unité. On sait quelles oppositions il dut déjà surmonter pour obtenir des mouvements et de leurs chefs une simple coordination, puis la fondation des MUR, coiffés d'un comité directeur au début de 1943. Nées de l'héroïsme de quelques-uns, dont l'isolement au sein d'une société d'abord hostile ou indifférente a accru la méfiance, de telles organisations avaient vocation au cloisonnement et au particularisme, et par là à la préservation de toutes les formes d'autonomie. « Nous étions des loups, des idéologues aventureux qui ne voulions pas que l'on mît le grappin sur nous », disait Emmanuel d'Astier. Unir des Français est toujours difficile. Mais des Français rebelles !

Or Moulin veut aller, en ce sens, de plus en plus loin. Passer de la « coordination » à l'« unité » était une entreprise hardie. Plus audacieux encore était d'englober dans cet ensemble les « partis politiques » — deux mots qui, à eux seuls, faisaient bouillir des hommes comme les fondateurs de Combat et de Libération, dont le mépris pour ces organismes n'avait

---

* Comité d'action socialiste.
** L'Alliance démocratique, le parti de Paul Reynaud, et la Fédération républicaine, le parti de Louis Marin.

d'égal que celui du général de Gaulle au temps de la visite à Londres de Christian Pineau.

« Nous voulions bien coopérer avec le parti communiste, dont nous voyions les militants combattre avec courage, rappelle Claude Bourdet. Nous admettions à la rigueur de nous allier avec ce qui restait du parti socialiste... Mais les autres, ces radicaux fantômes, ces espèces de petits partis de droite... Ah non [14] ! »

Ces propos, Jean Moulin eût été homme à les tenir, quelques mois avant d'entamer sa campagne unificatrice du printemps 1943. Moins d'un an auparavant, le 22 juin 1942, rencontrant à Toulouse un groupe de jeunes socialistes, il entend l'un d'eux, André Boyer, avocat marseillais fondateur (avec Pierre et Boris Fourcaud) du réseau « Brutus », flanqué de son collègue Gaston Defferre (dit Leroux), préconiser une unification de la Résistance englobant les partis en tant que partenaires des mouvements.

Bien qu'elle soit soutenue par Yvon Morandat, qui fut son précurseur en tant qu'émissaire du général auprès de la Résistance, cette idée paraît d'abord irrecevable à Jean Moulin qui, avec l'accord de Pineau, la fait échouer [15]. Il n'est alors guère moins hostile aux partis que Brossolette ou Bourdet, et assez averti de l'état d'esprit des militants de l'ombre pour estimer la suggestion vouée au rejet, et susceptible de provoquer de nouvelles dissensions.

On a souvent dit ou écrit que c'est Max qui ressuscita les partis pour élargir et étoffer son CNR. Non. C'est le général de Gaulle, personnellement, qui prit cette décision, pour les raisons qu'on a dites, sous l'influence du « rapport Pallas », de Léon Blum et de son commissaire à l'Intérieur André Philip. Moulin ne fut pas l'instigateur de cette stratégie. Il n'en fut que l'exécutant, ne s'y ralliant que sur les instances de son chef. Mais comme beaucoup de convertis, il débordera d'une ardeur extrême dans la réalisation du projet — non sans adresse, comme on l'a vu.

Mais cette fois, il va affronter de plus rudes épreuves encore. S'il est, en zone sud, mieux assuré de son environnement, de ses appuis et de ses liaisons qu'à Paris, il se heurte à un adversaire plus redoutable que Brossolette et ses amis de l'OCM — parce que Brumaire est, avec ses passions, ses humeurs et ses préventions, un gaulliste fidèle et que sitôt qu'il a compris que c'est bien la pensée du général qu'exprime et exécute son interlocuteur, il se range loyalement à ses vues.

Henri Frenay, le créateur de Combat, responsable de l'action militaire au sein des MUR, c'est autre chose. C'est le créateur et le chef du plus ancien et plus puissant mouvement. C'est le pionnier par excellence. C'est « Charvet », le « patron ». Si sarcastique que puisse être le regard que pose sur lui, lors des conférences de coordination, son rival Emmanuel d'Astier qui le surnommera « Figure de chef », c'est Frenay qui pèse le plus lourd et parle le plus fort, assuré qu'il est de son rôle historique, de sa compétence militaire, de son expérience de la clandestinité, de l'ampleur de ses assises. Il est le seul qui ose tenir tête, non seulement à Max, mais au général lui-même (on en a donné quelques exemples). D'Astier ne pèche ni par timidité ni par conformisme, ayant découvert quelques failles dans la statue de celui qu'il appelle « le Symbole ». Mais il a été trop séduit pour oser se dresser contre le général autrement que par quelques sarcasmes, ou de brefs refus.

Frenay, plus rude, moins fin, raisonne en termes de rapports de forces et de services rendus. Au 18 juin 1940, il oppose tranquillement ses deux ans et demi de traque, d'audaces et d'inventions, et estime qu'il parle à de Gaulle d'égal à égal. Mais peut-être n'a-t-il pas mesuré que l'homme de Londres a grandi, qu'en prenant pied à Alger il s'est enraciné, qu'en tenant tête à Roosevelt et Churchill, il a pris une dimension internationale, et que les ralliements de grands chefs militaires — Juin, de Lattre — le confortent sans cesse.

Charvet a mal évalué, en regard, son propre reflux — que manifestent les distances prises à son égard par le très fort courant démocrate-chrétien de Bidault, Menthon et Teitgen. Leur adhésion, en 1941, a permis à Frenay de transformer son petit Mouvement de libération française en Combat. Leur éloignement — relatif — l'affaiblit d'autant. On le verra tout au long du duel qu'engage, contre l'opération d'unification exécutée par Max, un Charvet qui ne se laissera pas embrigader sans tenter de préserver sa personnalité.

Ses thèses, il les ramasse dans une lettre adressée à Max au moment où celui-ci quitte Paris pour Lyon, le 7 avril. C'est un réquisitoire qu'on ne peut lire sans quelque gêne, sachant ce qui est advenu à Jean Moulin. Mais c'est un document saisissant sur l'esprit de la Résistance :

« ... Laissez-moi vous le dire amicalement mais fermement, vous ne connaissez qu'un seul côté de la Résistance. Vous n'avez plaqué votre œil qu'au seul gros bout de la lunette. Vous n'avez pas eu le temps de regarder par le petit bout [...]. Cette méconnaissance que vous avez du travail réel est grave [...]. Vous avez accepté, sinon proposé, que nos budgets soient réduits... La Résistance et le gaullisme dont la Résistance est le principal soutien sont arrêtés dans leur progression au moment où ils allaient recueillir les fruits de deux années d'efforts...

« ... Le général de Gaulle et les FFC* retirent leur force principale de la Résistance française, organisée ou non. Les mouvements de la résistance se sont spontanément ralliés au général, et c'est la spontanéité de leur adhésion qui en fait le poids [...]. La liberté d'organisation des mouvements doit donc être farouchement sauvegardée. Si les Nations unies** venaient à croire que les dirigeants de la Résistance ne sont que des agents appointés du Comité national, leur opinion n'aurait plus aucune force et le gaullisme perdrait l'essentiel de son influence [...]. Or, nous assistons en ce moment même... à une tentative de fonctionnarisation de la Résistance***... Lorsque nous émettons des avis qui ne sont pas exactement calqués sur ceux qui nous viennent de Londres, vous vous scandalisez et pour un peu vous nous accuseriez de félonie... »

---

* Forces françaises combattantes.
** Les Alliés.
*** Frenay, en octobre 1942, à Londres, a accepté d'entrer au BCRA, comme commandant, avec une solde.

Et Charvet rappelle alors l'argument qu'il a opposé au général lors de son voyage à Londres de l'automne 1942. Du point de vue militaire, la Résistance est (non sans réserves...) aux ordres de Londres. Du point de vue politique, elle se tient pour indépendante. Et il précise ainsi sa thèse : nous nous considérons comme un parti qui soutient un gouvernement, sans pour autant être à sa discrétion...

C'est, on le voit, l'autorité de Jean Moulin qui est ici mise en cause, globalement. A l'homme dont de Gaulle a fait son plénipotentiaire, chargé de rassembler, coiffer et conduire les forces bouillonnantes mais disparates qui se sont levées sur le sol national, Charvet oppose un refus d'obéissance, étayant ce refus sur une argumentation ingénieuse et forte, à propos surtout du caractère irremplaçable de la spontanéité de l'adhésion de la Résistance. Mais a-t-il mesuré ce qu'est devenu Moulin, de quels pouvoirs il dispose désormais, et qu'à la veille de l'affirmation de l'autorité du général de Gaulle à Alger et des grands événements qui se préparent sur le front français, lui, Frenay, ne « fait pas le poids » ?

Henri Frenay croit, il est vrai, pouvoir fonder cette revendication d'indépendance sur un atout sérieux : une plus grande autonomie financière par rapport à Londres. L'un de ses lieutenants, Guillain de Benouville, vient en effet d'entrer en contact en Suisse avec l'un des grands patrons de l'OSS américaine, qui lui a offert une aide illimitée — sans prétendre la faire dépendre d'un ralliement au « giraudisme » : boîte aux lettres, moyens d'impression, fonds d'une ampleur considérable, tout était mis à la disposition de l'envoyé de Combat. Benouville a précisé à des interlocuteurs que rien ne saurait être conclu sans l'accord du Comité national français. En attendant, il a fait rapport — en l'absence de Max — au comité directeur des MUR, qui l'a autorisé à poursuivre les contacts. Pouvait-on refuser de tels atouts, dès lors qu'ils n'étaient assortis d'aucune condition politique, et que le Comité national français réduisait son aide ?

Oui, certes, clama Jean Moulin dès lors qu'il en fut informé, oui, il faut refuser... Entrer dans cette voie, c'est donner barre aux Services spéciaux américains sur la Résistance française, sur toute la stratégie du gaullisme. Accepter d'être financé par les agents de Roosevelt, c'est pour la Résistance aliéner une part de son indépendance à une heure où se joue une partie décisive avec Washington : c'est alors en effet (Frenay et ses amis ne peuvent pas le savoir) que se déclenche aux États-Unis la pire campagne antigaulliste à l'occasion de la visite de Churchill. Les partisans de ce général qui est traité de nazi dans les notes qui circulent entre Londres et Washington peuvent-ils accepter les subsides de ces mêmes services qui fabriquent libelles et faux témoignages contre le chef de la. France combattante ?

Pour tenter d'apaiser le conflit, André Philip proposera que soient acceptées les offres américaines, à condition qu'elles transitent par le délégué général. Ce que Frenay, dans un rapport adressé à Londres un mois plus tard, qualifiera de geste de « méfiance » à l'encontre des MUR et de lui-même. « L'argent américain peut être remis à Rex* mais pas à nous [...]. Il y a des injures qu'on ne tolère pas [16]. » On voit jusqu'où le ton est monté, et dans quel climat va s'ouvrir la phase capitale de la mission Moulin : la constitution du CNR avec participation des partis...

Alors, avant d'engager le fer avec ses partenaires (ou subordonnés ?) des MUR, Jean Moulin, soucieux d'associer plus étroitement encore à sa mission le chef de la France combattante, lui adresse, le 7 mai, un message d'un intérêt capital. Ce n'est pas du meilleur Max. L'argumentation qu'il déploie là surprend parfois, ou déçoit. Mais c'est déjà un testament politique, et une manœuvre stratégique essentielle.

L'objectif de Max n'est pas seulement de consolider son propre crédit auprès du général. Il lui faut aussi affaiblir à ses yeux l'audience de Charvet. Il va donc rappeler, non sans quelque perfidie, les contacts noués par son contradicteur tantôt avec Vichy**, tantôt avec les Américains, évoquer les critiques formulées par Frenay contre de Gaulle qui aurait selon lui agi « avec légèreté » en nommant Delestraint à la tête de l'Armée secrète, indiquer que le nom de De Gaulle a été retiré de certaines éditions du bulletin de Combat — autant d'accusations de lèse-majesté. Puis, s'adressant directement au général, auquel il rappelle complaisamment que la Résistance ne saurait avoir d'autre chef militaire que lui, de Gaulle, il reprend la thèse de Charvet alléguant, pour refuser toute sujétion politique au général, qu'il se considérait comme le chef d'un parti soutenant un gouvernement sans lui être inféodé, et la retourne ainsi :

« ... A l'heure actuelle ***, j'estime que vous devez vous considérer bien plus comme un chef de parti que comme un chef de gouvernement. De quoi s'agit-il, en dehors de la libération du territoire ? Il s'agit, pour vous, de prendre le pouvoir contre les Allemands, contre Vichy, contre Giraud et peut-être contre les Alliés. Dans ces conditions, ceux qu'on appelle très justement les gaullistes, ne doivent avoir et n'ont, en fait, qu'un chef politique, c'est vous [...]. Il est au demeurant, piquant de constater que les plus fervents apôtres de l'obédience envers vous... sont maintenant les tenants des anciens partis politiques... »

Texte singulier, qu'il faut tenter de lire dans l'optique qui était alors celle du général de Gaulle, engagé, en mai 1943, dans la dernière phase de sa « prise d'Alger ». Stéphane Hessel nous disait qu'entre bien des talents, Jean Moulin avait celui de savoir rédiger un rapport à de Gaulle [17]. Est-ce bien le cas ici ? Passons sur la partie du texte qui n'est qu'un réquisitoire contre Charvet : le destinataire les ayant bien cherchés, les coups portés sont efficaces, encore que l'imputation selon laquelle les chefs des MUR n'auraient pas droit à la critique parce qu'ils sont appointés par le Comité national ne soit pas du niveau que l'on attendrait de Jean Moulin. Après tout, le général n'a-t-il pas longtemps dépendu financièrement de Churchill sans pour autant le ménager ?

---

* Le pseudonyme de Max ne sera reconnu que plus tard.
** Voir chapitre 25.
*** Mai 1943.

Mais comment le Connétable prit-il cette suggestion de devenir lui-même « chef de parti » ? Nulle idée ne lui était, *a priori,* plus étrangère — et alors même qu'il fondera quatre ans plus tard, le « rassemblement du peuple français », il écartera violemment l'objection qui lui sera faite d'avoir pris la tête d'un « parti ». Nulle trace n'est restée d'une remarque qu'il aurait faite en ce sens à Max. Relevons d'ailleurs que vingt mois plus tôt, l'idée de créer en France un parti d'inspiration résistante sous le vocable de « Libération » ayant été formulée à Radio-Brazzaville, le général câblait aussitôt aux responsables de cette station : « Le parti français de la libération, c'est la France libre [18]. » Les circonstances, toujours les circonstances...

Mais le « grand dessein » de Gaulle-Moulin progresse. Surmontant les obstacles que dressent sur sa route l'ombrageux Frenay-Charvet et le piaffant d'Astier-Bernard (Jean-Pierre Lévy et ses compagnons de Franc-Tireur sont moins égocentriques), Max peut annoncer à Londres dès le 7 mai, que « l'accord s'est finalement réalisé ». Il fournit même la liste des membres du Conseil national de la Résistance, non sans indiquer qu'il a dû renoncer à la création d'une « commission permanente » du CNR. Qualifiant l'opération de « laborieuse » (il se réfère discrètement aux mises en garde de Brossolette, sans évoquer les tensions qui les ont accompagnées), il annonce au général de Gaulle qu'il compte pouvoir « réunir cette assemblée avant la fin de ce mois ».

Une semaine plus tard, le 15 mai, Jean Moulin — qui sait à quel point sa mission est articulée sur l'opération conduite par son chef de file en direction d'Alger — adresse à Londres, en tant que président du CNR, le premier message du « parlement » de la Résistance, proclamant qu'à la veille du départ du général de Gaulle pour l'Algérie, « tous les mouvements et partis de résistance* de la zone nord et de la zone sud lui renouvellent [...] l'assurance de leur attachement total aux principes qu'il incarne... », assurant que « le peuple de France n'admettra jamais la subordination du général de Gaulle au général Giraud », et réclamant « l'installation rapide à Alger d'un gouvernement provisoire sous la présidence du général de Gaulle [qui] demeurera le seul chef de la Résistance française, quelle que soit l'issue des négociations ».

De ce texte-sommation, Charles de Gaulle devait écrire dans ses *Mémoires* qu'il eut « un effet décisif ». Et il précise : « J'en fus, à l'instant même, plus fort, tandis que Washington et Londres mesuraient sans plaisir, mais non sans lucidité, la portée de l'événement. » Et l'on sait que, deux jours plus tard, Giraud invitait son compétiteur à Alger.

Simultanément, le chef de la France combattante adressait à l'organisme naissant un message rappelant que

> « la guerre présente est [...] avant tout pour la France, une colossale révolution [...] il est [...] immédiatement nécessaire que la nation fasse en sorte d'émerger de la libération dans l'ordre et dans l'indépendance, ce qui implique qu'elle soit organisée par avance de manière à être aussitôt

---

* « Partis de résistance » : la formule est à retenir.

gouvernée, administrée suivant ce qu'elle-même désire, en attendant qu'elle puisse s'exprimer normalement par le suffrage des citoyens. Au moment de la libération elle-même, le Conseil doit apparaître comme une sorte de première représentation des désirs et des sentiments de tous ceux qui, à l'intérieur, auront participé à la lutte [afin de] faire valoir sans délai, vis-à-vis des puissances étrangères, les droits et les intérêts de la France[19] ».

Ainsi, les choses sont claires. Le CNR, parlement provisoire de la France métropolitaine au combat n'est pas seulement, selon le mot de Claude Bourdet, le moyen de « noyer le PCF et Combat dans une vaste guimauve politique ». Il a pour mission dans l'esprit de De Gaulle, d'incarner une nation déjà prête à assumer elle-même les responsabilités de sa libération et de la gestion qui s'ensuivra. C'est l'instrument par excellence du défi à Roosevelt : non, la France ne subira pas ce « protectorat » contre lequel Anthony Eden a d'ores et déjà mis en garde ses interlocuteurs de Washington. Et ceux qui le lui disent, ce ne sont pas un général mégalomane et sa camarilla squelettique, ce sont les hommes qui luttent jour et nuit depuis trois ans au péril de leur vie contre l'occupant.

En tout cas, le Connétable, en créant le CNR, fait d'une pierre trois coups : en bon militaire, il réalise le rassemblement d'une résistance disparate ; en bon politique, il noie ses deux antagonistes immédiats ou prochains, Frenay et le PCF, dans un ensemble qui peut les neutraliser ; en bon diplomate, il assure sa légitimité face à de méprisants alliés.

C'est le 27 mai 1943, au 48 de la rue du Four *, presque à l'angle de la rue de Rennes, que se déroula la séance inaugurale du Conseil national de la Résistance, composé de 17 membres. Moulin avait tenu à ce que la réunion ait lieu dans la capitale. Parce que la valeur de symbole en était ainsi plus forte ? Pour vaincre les réserves des organisations de la zone nord ? Parce que son opposant n° 1, Frenay, y était moins assuré ? Ni celui-ci, ni d'Astier, ni J.-P. Lévy (qui étaient à Londres) n'assistèrent à la séance. Ils y étaient représentés (avec éclat) par Bourdet, Copeau et Claudius-Petit. Nul ne mit en doute que l'assemblée fût représentative : Le Troquer y était délégué par le parti socialiste, Mercier par le PCF, Bidault par les démocrates populaires, Saillant par la CGT, Gaston Tessier par la CFTC...

Max, président d'office, tint à préciser que si « comme le général de Gaulle [l']a dit et écrit, le jeu de la démocratie supposait l'existence de partis organisés, la présence au sein du Conseil de représentants des anciens partis ne devait pas être considérée comme sanctionnant officiellement la reconstitution des dits partis tels qu'ils fonctionnaient avant l'armistice » et que seuls « un effort intellectuel » et la « discipline » permettraient d'assurer « la solidité et la stabilité de la vie publique française[20] ». Puis était adoptée à l'unanimité une « motion Bidault » (les liens entre Moulin et lui sont déjà étroits) qui, rendant hommage aux combattants français engagés dans la guerre, réclamait la création d'un gouvernement provisoire présidé par de Gaulle

_____
* Chez M. Corbin, ancien collaborateur de Pierre Cot, comme Jean Moulin.

Mais les objections de Frenay-Charvet n'en tombèrent pas pour autant. Le leader de Combat qui, nous expliquait-il, voyait dans la création du CNR à la fois la domestication de la Résistance au bénéfice du prestige du seul de Gaulle, et une chance historique donnée au PCF d'apparaître « un parti comme les autres » avant de surclasser ses rivaux[21], devait déclarer plus tard que le jour de la constitution du CNR fut l' « un des plus tristes de [sa] vie » et que Jean Moulin avait été, ce faisant, « le fossoyeur de la Résistance ». Aussi bien va-t-il encourager une opération, conduite par les dirigeants de l'OCM (Blocq-Mascart notamment) pour créer en marge du Conseil un Comité central des organisations de résistance excluant les partis et qui, plus concentré que le CNR, aurait plus d'efficacité. Était-ce là couper court au type d'unification assuré par le CNR ? La valeur symbolique de la réunion du 27 mai fut tout de même la plus forte.

Mais Jean Moulin va devoir faire face très vite à des urgences plus cruelles que le désaveu obstiné du fondateur de Combat : deux semaines après la fondation du CNR, le plus important de ses collaborateurs, le général Delestraint, dit Vidal, était arrêté à Paris, au métro de La Muette, en même temps que son adjoint le capitaine Gastaldo.

Le général constituait, pour l'Armée secrète, un atout maître : à la fois proposé par Frenay et soutenu par de Gaulle qui lui était personnellement lié, respecté par les cadres militaires en raison de ses états de service, agréé par les chefs interalliés qui l'avaient reçu à Londres en mars, assez lucide pour s'adapter peu à peu aux exigences de l' « action immédiate », Vidal, qui n'avait que le défaut de prendre trop de risques et de se camoufler insuffisamment, serait difficilement remplaçable. La question ainsi posée était pressante. Et c'est la recherche d'une solution rapide qui allait conduire Moulin à sa perte.

Si éclatante en effet soit la réussite de sa mission, Jean Moulin est alors un homme étrangement isolé. Pour conserver plus de liberté de mouvements et limiter les risques autour de lui, il n'a voulu qu'un état-major léger, constitué surtout par ses deux secrétaires, de Graaf à Lyon, Daniel Cordier à Paris — et ses deux délégués en zone nord, Meunier et Chambeiron *. Mais la double tâche dont il est maintenant investi — à la fois délégué général de De Gaulle et président du CNR — lui fait soudain sentir son isolement. Il le ressent d'autant mieux que la conscience du péril l'assaille, s'accentue de semaine en semaine : au point qu'il s'en est ouvert au général lors de leurs entretiens de Hampstead, en mars.

Charles de Gaulle, peu prodigue de ce genre de considération, et qui affecta toujours en ce domaine un cynisme très professionnel ** comme pour se défendre d'un excès de compassion vis-à-vis de ceux qu'il savait envoyer à une mort probable, le décrit dans ses *Mémoires,* « devenu impressionnant de conviction et d'autorité » mais « conscient que ses jours étaient comptés ».

---

* Le troisième, Manhès, a été arrêté en avril.
** « Un métier où on se fait toujours pincer », disait-il à Rémy..

Le 7 mai, Max envoie ce message à de Gaulle, qui sonne comme un appel au secours : « Je suis recherché maintenant tout à la fois par Vichy et la Gestapo qui, en partie grâce aux méthodes de certains éléments des mouvements, n'ignore rien de mon identité ni de mes activités. Je suis bien décidé à tenir le plus longtemps possible, mais si je venais à disparaître, je n'aurais pas eu le temps de mettre au courant mes successeurs. »

Voilà un texte qui mériterait une exégèse minutieuse, à la fois parce qu'il met en cause les « méthodes des mouvements » (des mots qui seront exploités plus tard...), parce qu'il se croit dévoilé par ses ennemis plus qu'il ne l'est en réalité et parce qu'il parle de « ses » successeurs, conscient qu'il est de la nécessité de différencier les deux fonctions de président du CNR et de délégué du général de Gaulle.

Cet isolement qu'aggrave le sentiment d'être pourchassé devrait être atténué : Londres lui a promis de lui envoyer un adjoint. Claude Serreulles, pendant deux ans aide de camp du général, s'est porté volontaire. Passy et Brossolette le lui ont fait connaître en mars, lors de son séjour à Londres. Serreulles, qui veut se battre, a demandé à de Gaulle de rejoindre Moulin. « Impossible, a grommelé le général : vous figurez sur trop de photos à côté de moi : vous vous feriez arrêter tout de suite ! » De Gaulle a fini toutefois par céder aux instances du BCRA et le parachutage de Serreulles — qui a pris l'aimable pseudonyme de Sophie — est fixé pour la fin d'avril : mais l'avion est atteint par la *flak* allemande et le passager, blessé, doit rentrer à Londres.

« C'est le 15 juin seulement que je réussis à prendre pied dans la région de Mâcon, où j'eus la stupéfaction de constater que personne ne m'attendait. Je dus gagner Lyon en tortillard et y chercher Max, avec qui un agent de liaison me mit enfin en contact, le 19 juin[*]. J'avais l'impression de tomber comme un cheveu sur la soupe... Moulin me dit : " Je ne comptais plus du tout sur vous, je vous avais oublié... ", mais il me fit très bon accueil, et nous partîmes pour une longue promenade de deux heures dans le parc de Bagatelle.

« Il était à court d'informations et m'interrogea avec passion sur l'évolution du débat de Gaulle-Giraud à Alger. Puis il demanda ce que je voulais faire. Je lui dis que j'avais surtout étudié les dossiers en vue d'être son adjoint politique pour la zone nord. " Non, me dit-il. C'est sur le plan militaire que j'ai besoin d'aide, depuis l'arrestation de Delestraint. Une réunion va se tenir incessamment pour pourvoir à sa succession. Vous y assisterez... " Jean Moulin ne m'apparut pas du tout, pendant ces heures-là, comme un homme traqué ou épuisé. Il était très maître de lui, en plein exercice de sa mission[22]... »

Revoyant Serreulles le lendemain pour parler de la succession de Delestraint, Max donne rendez-vous à son nouveau collaborateur le 21, jour où doit se tenir une réunion décisive, en présence des hommes les mieux à même de trouver une solution au problème de la direction de l'AS — les

---

[*] Deux jours seulement avant le guet-apens de Caluire.

colonels Lacaze et Schwarzfeld, Henry Aubry, chef d'état-major de l'organisation (représentant Combat), Raymond Aubrac, responsable de l'action militaire pour Libération et André Lassagne, professeur de lettres auquel Moulin pense confier d'importantes responsabilités. Serreulles et Moulin se reverront encore dans la matinée du 21 juin, quelques heures avant le rendez-vous de Caluire : le premier y fera la connaissance d'Aubrac.

« Pourquoi n'étais-je pas au rendez-vous tragique de Caluire ? raconte Serreulles : parce que, devant prendre le funiculaire qu'on appelle là-bas " la ficelle ", je me suis trompé de ligne, et prenant la mauvaise, n'ai trouvé personne en haut. Pour plus de sécurité, seuls Moulin, Aubry et Lassagne étaient informés du lieu de la rencontre, la maison du Dr Dugoujon : nous devions nous rassembler par groupes de trois au terminus de " la ficelle ", et de là gagner le point de rendez-vous. Je me suis donc trouvé seul et perdu, désespéré à l'idée de ce que Moulin pourrait penser de son nouvel adjoint pendant que mes camarades partaient pour le guet-apens [23]. »

On ne racontera pas ici l'arrestation de Moulin et de ses compagnons ni les faits et gestes de Hardy, amené là par Aubry et dont l'immédiate évasion a donné lieu à tant de suspicions, préférant renvoyer le lecteur au meilleur récit à ce jour, celui d'Henri Noguères [24], ni les circonstances de la mort de Max, si bien reconstituées par ses biographes, sa sœur Laure, Henri Michel et Henri Calef, préférant nous arrêter à la situation créée par la « chute » du président du CNR et de ceux en qui il croyait, semble-t-il, les successeurs possibles de Delestraint : Aubrac et Lassagne. En quel état de dévastation laisse-t-il la Résistance, et les acquis de mai ? Il faut rendre ici la parole à Claude Serreulles, qu'un mécanisme mystérieux a d'abord connecté comme par enchantement sur l'entreprise, puis déconnecté heureusement de la grande rafle.

« J'avais rendez-vous dans la soirée du 21 avec Aubrac, pour faire le point sur la réunion de Caluire. Ne le voyant pas venir, j'eus le pressentiment du drame. La confirmation m'en fut donnée le lendemain matin par l'agent de liaison, Maurice. Je pris alors la décision, imposée par les circonstances, de prendre la succession de Moulin — par intérim bien sûr. Je télégraphiai aussitôt à de Gaulle à Alger : " Je continue. " Puis je fis quelques suggestions : Billotte pourrait venir prendre la succession militaire, Soustelle la succession politique... [25] »

Serreulles a pour atout d'avoir été pendant deux ans le confident du chef de la France combattante. Qu'il n'ait que 30 ans ne le distingue pas de la plupart des dirigeants de la Résistance. Mais il n'est que depuis trois jours directement mêlé à la grande mission. S'il en connaît admirablement l'histoire et les complexités, il n'en a pas encore partagé les épreuves. Au surplus, son allure très « bon jeune homme », très « sciences po », suscite des ricanements : Pascal Copeau (qui collaborera loyalement avec lui) ne s'est pas fait faute de brocarder « le parapluie et la serviette de cuir noir » du délégué par intérim que les « vieux briscards » comme lui ne « prenaient pas au sérieux [26] ». Le pire, c'est l'isolement où est laissé par Londres le délégué par intérim, et dont s'aperçoivent très vite les chefs des MUR. Cet intérimaire tombé du ciel est-il seulement mandaté par de Gaulle ? La disparition de Moulin ranime tout naturellement ici et là les appétits d'autonomie : l'unificateur abattu, que peut-il subsister de l'union ?

Le silence du BCRA a une raison : Passy attend de toute évidence la désignation de Pierre Brossolette comme successeur de Max. Serreulles justifie honnêtement ce point de vue : « Brossolette avait des titres éblouissants pour prendre la suite de Jean Moulin. Son talent, son courage de lion, son passé étaient hors de pair : il était le seul homme ayant à la fois assez d'expérience de la résistance intérieure et des connaissances intimes des mécanismes de Londres pour être de taille à succéder à Max. Pourquoi ne fut-il pas désigné par le général ? Je ne l'ai jamais su... » Tentant de répondre à la même question, Gilberte Brossolette écrit : « Pierre s'était fait des adversaires, il s'était attiré des inimitiés à force de reparties vives, de mots durs et cinglants[27]. »

Il semble surtout que les chefs de la résistance intérieure aient craint que sa nomination ne les mît plus durement encore qu'avec Moulin sous la férule du BCRA sous forme d'un tout-puissant tandem Brossolette-Passy : un « patron » passe encore, mais deux... Et aussi, Brumaire avait pris avec trop d'éclat position contre l'unification englobant les partis, que le général voulait alors séduire. Enfin Brossolette n'était pas un de ces grands commis de l'État auxquels de Gaulle tenait tant. Il n'était pas préfet, pas même recteur d'université. Seulement journaliste...

Cible de l'ironie des uns, objet du silence des autres, Serreulles doit faire face. Il a la surprise de constater que, peut-être sous l'effet du choc produit par le drame de Caluire, les responsables de la zone sud ne font guère obstacle à l'initiative qu'il a prise d'assurer la relève. Les « vieux briscards » ont la loyauté de donner à ce blanc-bec la chance — si l'on peut dire ! — de faire ses preuves.

Il va trouver plus de préventions à Paris, où il arrive le 10 juillet, au moment même où les leaders de l'OCM et de Ceux de la Résistance, Blocq-Mascart et Vogüe, mettent sur pied ce Comité central de la Résistance dont on a vu qu'il ne vise à rien de moins qu'à se substituer au CNR. Serreulles s'entend signifier qu'il ne sera pas invité à la réunion constitutive de cet organisme. Mais ayant observé que l'opération montée par l'OCM et le CDLR (avec l'appui de Combat) n'est pas suivie par les autres mouvements (Libération, Franc-Tireur et le Front national surtout tiennent à la structure créée par Moulin), le délégué par intérim contre-attaque, fait annuler la réunion prévue par Blocq-Mascart et en convoque une autre, le lendemain 13 juillet, à l'Institut de géographie, boulevard Saint-Germain : et il trouve moyen de la présider ! Dès lors, ce Comité central ne sera qu'un pâle reflet du CNR. Le Conseil créé par Max est sauvé — à condition de trouver un président...

Très vite, en effet, Claude Serreulles a pris la décision de ne pas cumuler les deux tâches de délégué du général et de président du CNR — bien que communistes et socialistes lui aient suggéré de le faire. Le général de

Gaulle, toujours soucieux d'assurer centralisation et « prise directe », lui a fait brièvement grief dans ses *Mémoires* de n'avoir pas pris ce risque : (« Si mon nouveau mandataire avait pu s'imposer personnellement, il eût pris (aussi) la présidence du CNR... »), mais il ne lui en donna pas l'ordre*.

Serreulles qui est sur le terrain, lui, au contact des sensibilités, estime que le président doit être élu par les membres du Conseil. Alors, qui ? Georges Bidault lui paraît s'imposer. Il est à la fois un cadre chevronné de la Résistance, une personnalité politique et un intime de Jean Moulin : comme chef du BIP (Bureau d'information et de presse), il a travaillé pendant des mois côte à côte avec le délégué général, et c'est lui que Max a choisi pour présenter la première motion lors de la séance inaugurale du CNR. Il est aimable, habile, souple...

Trop souple ? Claude Bourdet raconte que Georges Bidault, qui était à l'origine l'un de ses camarades de Combat, vint à cette époque lui demander s'il était d'accord pour qu'il adhère au Front national. L'adjoint de Frenay lui ayant répondu qu'une telle décision ne relevait que de lui seul, le patron du BIP s'inscrivit donc dans cette organisation communisante. Nul geste ne pouvait être plus utile à son élection à la tête du CNR où le PCF et ses satellites disposaient de quatre voix. Bien que d'autres organisations, comme Libération, eussent préféré soutenir Parodi, c'est Georges Bidault qui fut en fin de compte choisi (septembre 1943) non sans que les « grands électeurs » Mercier et Chambeiron n'aient, dit-on, poussé à la roue en assurant à chacun, au moment de recueillir les voix, que tous les autres avaient déjà voté pour Bidault[28]...

Ce qui frappe, tout au long de cette période, c'est la discrétion, par rapport à ces développements essentiels, des équipes de Londres et d'Alger. On pourrait croire que l'élimination de Max a coupé le cordon ombilical entre les grands organismes de la résistance intérieure et ses parrains extérieurs. D'ailleurs tous les grands mémorialistes de la France combattante, du général lui-même à Passy et à Soustelle, glissent rapidement sur le sujet, comme si la succession de Jean Moulin n'avait pas posé de problèmes, ni revêtu une importance capitale...

En fait, l'auteur des *Mémoires de guerre* semble tenir le CNR pour admirable jusqu'à la mort de Moulin, et fort sujet à caution ensuite. Curieux dédain, quand on pense à quel point la naissance du CNR avait favorisé sa victoire d'Alger, et devait aider à sa conquête de Paris. Le CNR, fondé « par en haut », sorte de toit posé sur des structures hétéroclites, émanation personnelle du grand chef et de son proche lieutenant, était bâti de telle façon qu'il risquait fort de s'effondrer une fois l'architecte éliminé.

L'admirable est qu'il n'en fut rien, et qu'adroitement mis en selle par Serreulles, Bidault et l'équipe chargée de la relève aient su tenir la route, avec l'aide de plus en plus encombrante (ou dominante) des divers éléments communistes ou communisants. Devinrent-ils, entre leurs mains, des marionnettes, comme on le dit parfois autour du général de Gaulle ?

---

* Et assure l'intéressé, ne lui en parla jamais depuis lors...

Soyons clairs : dans l'esprit de celui-ci, le premier CNR avait deux vertus éminentes : il était, à travers Max, son œuvre ; et il lui avait permis, en une phase cruciale de sa lutte pour le pouvoir, celle de la « prise d'Alger », de jeter un atout maître sur la table. Dès lors que ce résultat est atteint, dès lors que l'homme auquel il a confié cette « tâche immense » disparaît, le CNR reste certes un des piliers de sa légitimité, mais il se manifeste bientôt aussi comme un petit parlement au verbe haut, qui ne se contente plus d'acclamer, mais croit pouvoir conseiller, revendiquer, contester, projeter... Cet organisme qui lui a permis d'éliminer Giraud va-t-il devenir un instrument du PCF pour le domestiquer, lui, de Gaulle ?

Nous n'en sommes pas là. Mais seulement au redémarrage d'un Conseil national de la Résistance qui a survécu au désastre, et qu'animent, autour de Bidault, Pascal Copeau et le PCF, tandis que se développent à ses côtés les activités du CGE (Comité général d'études), fondé au printemps 1942 par Jean Moulin et qui a pris une extension et une importance croissantes, grâce au dévouement de ses premiers animateurs : François de Menthon (Primus), Paul Bastid (Secundus), Robert Lacoste (Tertius), Alexandre Parodi (Quartus) puis Pierre-Henri Teitgen (Tristan), René Courtin, le bâtonnier Charpentier, Michel Debré, Pierre Lefaucheux...

D'abord très hostile à la création du CNR — plusieurs des membres de ce groupe sont, ou issus de Combat, ou membres de l'OCM — le CGE, que le général de Gaulle a chargé d'être à la fois le *brain trust* de la Résistance et un embryon de Sénat ou de Conseil d'État de la France combattante, collaborera de plus en plus activement avec le CNR. Georges Bidault, son président, n'est-il pas l'ami très proche de plusieurs d'entre eux ?

Si le CNR survit ainsi à son fondateur, quitte à subir des mutations alors imprévues, la délégation générale en France du général de Gaulle va faire l'objet d'une dévolution plus compliquée encore. L'intérim de Serreulles ne pouvait s'éterniser. Le 16 août, le successeur du délégué général reçoit un renfort qu'il appelait de tous ses vœux : son ami le plus cher, Jacques Bingen, l'une des têtes politiques du BCRA aux côtés de Louis Vallon, est parachuté en Touraine. Ingénieur de formation, socialiste de conviction, c'est une personnalité hors série. Il est officiellement chargé de la délégation en zone sud, Serreulles « gardant » la zone nord. En fait, ses activités n'obéiront à aucune règle géographique : il formera avec Serreulles une équipe dont la cohésion fait penser à celle que forment à Londres Passy et Brossolette.

Pour assumer, avec le titre de délégué général, la succession directe de Jean Moulin, le général de Gaulle désigne, en septembre, un autre fonctionnaire d'autorité, Emile Bollaert. Alors que Moulin, préfet de Chartres, se coupait la gorge plutôt que d'exécuter un ordre humiliant de l'occupant, Bollaert, préfet de Lyon (où il était l'ami d'Herriot) refusait de servir Vichy. C'est toujours à cette fraction rebelle de l'État, mais expression de l'État tout de même — comme lui —, que le Connétable fait appel pour guider la résistance intérieure. Ce choix ne plaît pas à tout le monde, d'autant moins que le Comité d'Alger a précisé que, dès la libération, Bollaert deviendrait préfet de police de Paris : « Le brevet de préfet de police, observe sèchement Teitgen, ne qualifie pas son titulaire pour être lieutenant général du royaume [29]... »

Charles de Gaulle n'a cure de ces objections. Il tient à Bollaert, grand commis de l'État. Et il n'est pas seul à y tenir. Passy et Brossolette aussi, qui s'entendent mal avec l'équipe Serreulles-Bingen, et pensent que l'ancien préfet de Lyon, plus administratif que politique, sera surtout un exécutant de leurs décisions. C'est Pierre Brossolette qui est d'ailleurs chargé de contacter Bollaert (dit « Baudouin ») pour le « mettre au parfum », puis le conduire à Alger où il sera intronisé par le général. De Gaulle ne lui ayant pas attribué ces fonctions qu'il a à coup sûr souhaité assumer, il en prend son parti, trop intellectuel pour ne pas préférer, à l'exercice direct du pouvoir, ce rôle d'instigateur, d'éminence grise, de « mentor » (c'est le mot qu'emploie Gilberte Brossolette dans son livre).

Et c'est alors que Brumaire repart, au milieu de septembre, pour sa dernière mission. « Une de trop », a dit sombrement Passy à Gilberte, son épouse. Mais Pierre Brossolette a voulu à tout prix retrouver l'action, les responsabilités directes, dussent-elles lui apporter maintes déceptions, lui donner l'impression que les mécanismes du combat clandestin sont en train de se détraquer [30] et le mettre souvent en opposition avec l'équipe Serreulles-Bingen, qu'il chargera volontiers dans ses rapports. Six mois encore, et il tombera entre les mains de la Gestapo — choisissant, pour éviter de parler, de se jeter du sixième étage d'un immeuble de l'avenue Foch où opèrent ses bourreaux.

Le « Symbole ». C'est Emmanuel d'Astier de la Vigerie qui a tenté de résumer ainsi en un mot cette lointaine galaxie qu'est à lui seul, aux yeux des hommes de la Résistance, Charles de Gaulle. Le mot est beau, pour ce qu'il a d'abstrait, et fait écho à cette « certaine idée de la France » sans laquelle la Résistance n'aurait trouvé pour répondant à Londres qu'une petite légion étrangère et les admirables mécanismes de guerre secrète qui n'ont cessé de donner la victoire à l'empire britannique et à ses alliés.

Mais, en deçà de cette idée, de ce projet, il y a un certain homme, une certaine énergie, une stratégie de la libération-domination, perçue de façons fort diverses par ceux qui lui font visite pour de courtes missions « entre deux lunes* » ou qui sont venus s'agréger définitivement au foyer de l'action (à Londres ou à Alger). Et de cette perception ont découlé, de l'un à l'autre, un engagement ou une hostilité, un éloignement ou une fidélité qui ont laissé leur marque sur l'évolution de la Résistance et l'histoire ultérieure du gaullisme et de la France.

* Période de nuit claire, permettant atterrissages et décollages.

Que d'Astier, Brossolette ou Vallon soient conquis et adoubés par le Connétable ; que Frenay, Rivet ou Sermoy se heurtent à lui, et c'est l'efficacité de tel mouvement qui s'en ressent, l'équilibre des forces au sein de la Résistance qui en est affecté. D'où l'importance de ce qu'on pourrait appeler la « rencontre avec de Gaulle », ce contact au sens mécanique, électrique, cette prise directe qui est l'un des thèmes centraux de l'historiographie gaullienne. Faute de ce contact direct, il faut s'interroger aussi sur la présence du Symbole dans l'engagement de chacun, quand il lutte contre l'occupant.

Considérons d'abord des cas de résistants qui n'ont pas eu de contact direct avec le général — ce qui fut évidemment le lot du plus grand nombre. Germaine Tillion qui fut des premiers animateurs du réseau du Musée de l'homme avant d'être déportée à Ravensbrück, écrit ceci :

« Je ne me souviens plus à partir de quelle date on a commencé à nous appeler *gaullistes.* Pas tout de suite, en tout cas. *Gaullistes,* nous l'étions cependant, en ce sens que nous avons considéré le général de Gaulle, dès le 18 juin 1940, comme " l'homme qui avait raison ", ou plutôt " l'homme qui était du même avis que nous " — mais nous ne savions presque rien de lui [...]. Parmi les " résistants " de 1940, j'en connais qui ne sont devenus " gaullistes " qu'en 1942 et d'autres qui ne le sont pas devenus : ils ne pouvaient pas supporter la présence des Allemands en France et n'avaient pas besoin d'autre motif d'agir. Quant à moi, ce n'est qu'en captivité — donc au-delà de l'action et même de la vie — que j'ai connu au sujet du général de Gaulle des détails vivants : je les ai accueillis avec une gratitude infinie. *Nous avions raison,* et de cela, aucun de nous, je crois, n'a douté — mais quel immense réconfort de se dire que tant de souffrances n'étaient pas vaines, qu'elles étaient coordonnées et capitalisées quelque part, en vue d'une finalité raisonnable, par un homme lucide, intègre et inflexible, à la mesure des énormes exigences de notre confiance [31]. »

Puis écoutons Claude Bourdet :

« Gaulliste ? Je l'ai probablement été, vers 1942. Avant cette date, je ne pensais qu'à lutter contre les nazis, sans me référer spécialement à la croix de Lorraine. Je me suis abouché avec un réseau polonais, avec des Anglais, puis ai pensé partir pour Londres. En zone nord, sous la pression directe de l'occupant nazi, la droite étant patriote, la Résistance a eu très vite pour chefs les leaders naturels de la société, commis de l'État, chefs d'entreprise (à l'OCM), syndicalistes (à Libération-Nord). En zone sud, la droite était vichyste. La Résistance, c'était l'antidroite : elle avait besoin d'une figure à opposer à celle de Pétain. Elle a dû improviser. La référence à de Gaulle était utile. Mais j'ai commencé à m'écarter, sinon du gaullisme, en tout cas de la direction londonienne, puis algéroise, quand, en 1943, s'est révélée l'absurdité des consignes données à Jean Moulin : séparer l'Armée secrète des mouvements, freiner l' " action immédiate ", ranimer les partis pour les faire rentrer dans le CNR [32]. »

La « rencontre avec de Gaulle »..

On a déjà évoqué tel ou tel de ces contacts : la réception de Pineau, le premier heurt avec Frenay, l'accueil fait à Grenier... Venons-en à quelques face-à-face particulièrement significatifs, ne serait-ce que pour les traces qu'ils ont laissées. Tel celui qui lia, d'orage en malentendu et d'opération de charme en envoûtement (définitif) Emmanuel d'Astier à Charles de Gaulle. Casanova chez Don Juan ? Un type de relations qui conduit rarement à l'harmonie... Le fondateur de Libération est à Londres en avril 1942 :

« Cette nuit, j'ai été appelé soudain chez lui... Il est las. Il remue de l'histoire comme au temps de Fachoda. Il a beau n'être que le chef d'une poignée d'hommes et de quelques terres lointaines, ses ennemis et son orgueil l'ont fait si grand qu'il parle comme s'il portait mille ans d'histoire ou s'il s'y voyait inscrit avec cent ans de recul. Il brosse un sombre tableau de son calvaire — celui de la personne France. Et je pense soudain qu'il ne se livre à cette noire ferveur que pour exciter le génie français à retrouver cette puissance nationale et historique, la seule à laquelle il croit.

« Lui, qui pourtant a su tirer d'une folie tant de sagesse, il ne voit qu'empirisme. Il sent, il incarne si bien la nation qu'il en oublie les hommes et l'immédiat, et l'incohérence, et l'utopie nécessaire, et ce lointain futur qui s'appelle humanité. Comment le lui dire : on ne peut pas disputer avec un Symbole de ce qu'il symbolise [33]. »

Entre aristocrates atypiques, entre grands prédateurs de l'intelligence, entre virtuoses de la domination, l'alliance s'est faite, en toute bizarrerie. Le marginal de l'histoire a fait jaillir chez le marginal de la société quelque chose qui ne se tarira point, en dépit des ruses de l'un, des sarcasmes de l'autre. Et de cette fascination de d'Astier naîtront bien d'autres envoûtements — de presque tous ceux qui, d'Aubrac à Morandat, ont fait Libération.

En matière d'antithèse, voici Daniel Mayer, produit typique de la démocratie française, qui a déjà découvert le « père » en Léon Blum et se méfie par définition du « héros » — surtout s'il porte l'uniforme. En avril 1943, à Londres, il vient vers le Connétable en ambassadeur du socialisme métropolitain, impatient de manifester son adhésion au chef de la France combattante non sans essayer de réconcilier les deux familles socialistes londoniennes, gaullistes (Brossolette, Philip, Hauck, Boris) et antigaullistes (Comert, Lévy, les Gombault...).

De Gaulle le reçoit trois jours après son arrivée.

« Un long bureau à franchir de bout en bout, ce qui ne met pas à l'aise. Un fauteuil où l'on s'assied face à lui et à la lumière, avec l'impression d'être sous un projecteur implacable. Je ne suis pas plus tôt installé qu'il se lance dans un violent réquisitoire contre Londres et ses empiètements coloniaux. Pas moyen d'en tirer autre chose *. Pour un homme arrivant de France où l'Angleterre est considérée comme l'amie, la démocratie modèle et le havre

---

* Avril 1943, c'est l'époque du voyage de Churchill à Washington et de sa tentative de « lâcher » définitivement de Gaulle.

de la liberté du monde, une telle manifestation de désunion est atterrante.

« Je suis sorti de là avec un seul désir : que l'avion du retour s'abîme dans la Manche. Tout plutôt que d'avoir à écrire un rapport désespérant la Résistance... J'ajouterai que ce désir de suicide n'a pas été fugitif, et qu'il s'est précisé au cours des deux ou trois journées suivantes. Puis, je me suis rendu au cercle Jean-Jaurès, où mes amis antigaullistes m'ont donné le conseil qui a tout sauvé : il faut savoir lui tenir tête !

« Le surlendemain, je suis convoqué de nouveau à Carlton Gardens. De Gaulle attaque : " Ces Américains ! Vous ne croiriez pas... — Pardonnez-moi, mon Général, mais je ne suis pas venu de France à Londres pour rendre compte de vos difficultés avec Churchill et Roosevelt, mais d'abord pour vous faire part du soutien du socialisme français à la France combattante... "

« Alors j'ai vu un de Gaulle absolument adorable, parlant de la Résistance, de la démocratie française, de ses principaux chefs " qui ne sont pas venus mais dont je connais la sympathie " — et de citer Louis Marin, dont il salue " le courage ", Édouard Herriot, Léon Blum " qui a dû beaucoup souffrir ", etc. Il exprime son estime pour les résistants — surtout, m'a-t-il semblé, pour ceux qui rentrent en France... Je n'avais plus du tout envie de me suicider. Mais cette seconde impression sur de Gaulle n'effaçait pas la première : elle la corrigeait [34]... »

Voici encore le témoignage de Jean-Pierre Lévy, fondateur de Franc-Tireur, celui des mouvements avec lequel Londres eut probablement les relations les plus sereines (peut-être parce que son leader avait refusé de s'inscrire au BCRA comme Frenay et d'Astier avaient accepté de le faire en octobre 1942) :

« Il a d'abord été très froid, disant : " Vous avez une heure pour tout m'expliquer... " Puis, quand j'ai eu fini, il m'a dit : " Revenez demain. " Alors, il a été beaucoup plus loquace, et même cordial : " On me dit que je ne suis entouré que de Juifs et de cagoulards ! Eh, je prends ce que je trouve ! Je prends ceux qui viennent ici, hein ? Et vous, vous les sélection-nez, vos types ? " Tout compte fait, je suis reparti pour la France, après ces deux entretiens, avec une confiance consolidée : l'homme était bien à la mesure de sa tâche. Nous ne nous étions pas trompés. De là à lui faire une confiance aveugle [35] ! »

Autre cas de figure : celui d'André Postel-Vinay, jeune inspecteur des finances engagé dès 1940 dans toutes les formes de résistance possibles (réseau du Musée de l'homme, services spéciaux de l'armée avec le commandant d'Entreveaux, OCM avec le colonel Touny, Intelligence Service avec Patrick O'Leary). Arrêté par la Gestapo en août 1942, il tente de se suicider puis simule la folie, est admis grâce au grand neurologiste Clovis Vincent à Sainte-Anne d'où il s'évade. A Londres, toujours respectueux des titres et parchemins, le général fait de lui le responsable en second des finances de la France libre.

Le premier entretien commence assez mal. Averti par Pierre Brossolette de ne pas trop se vanter auprès du Connétable de sa coopération avec les services anglais, Postel-Vinay s'en garde bien. Mais après quelques développements cordiaux, de Gaulle pose la question :

« " Et si les Français étaient prévenus d'un différend profond entre le gouvernement britannique et moi-même, quelles répercussions psychologiques pensez-vous que cela aurait ? — Ce serait un beau cadeau pour la propagande allemande. Il faut tout faire pour éviter cela ! " »

« Le général se garde de le prendre de haut et m'annonce qu'il m'a choisi pour être l'adjoint du directeur des finances de la France libre, Pierre Denis, dit Rauzan.

« Je prends mes fonctions. Parti pour un très long séjour en Afrique, Rauzan me laisse la direction des finances. C'est alors que la France libre procède à une émission de billets. Les titres devaient être signés. Ma famille étant restée en France (et arrêtée en bloc, au moment de mon évasion, avant d'être relâchée mais surveillée de près), je ne pouvais me servir de mon nom.

« Ayant pris pour pseudonyme Duval, c'est ainsi que je signais. Quelques semaines plus tard, entrant à Carlton Gardens, je croise le général dans l'escalier. Il me serre courtoisement la main, puis continue de descendre. Et je l'entends dire, à la cantonade : " Duval... Duval... Est-ce que j'ai changé de nom, moi ? " [36] »

Restons à Londres. L'un des spécialistes du renseignement et de l'action politique du BCRA est Stéphane Hessel, qui a réussi en mars 1942 à y rejoindre son ami Tony Mella, l'inventeur des fameux messages personnels de la BBC, et travaille à ses côtés. Est-il « gaulliste » ? Issu d'une famille juive exilée d'Allemagne en 1933, c'est avant tout un antifasciste, et un démocrate exigeant.

« Pas question de ne pas adhérer à la France libre. Mais de Gaulle ? Nous étions habités par un triple soupçon. L'un, naïf : travaille-t-il pour sa propre gloire ? Sans importance : et quand ça serait ? Le second, plus profond : jusqu'où et vers quoi conduit cette lutte exaspérée pour l'indépendance ? Un conflit avec les Alliés ? Troisième soupçon, le plus grave : que sera ce chef formidable pour la démocratie française, demain ? Quel régime, quelle société prétend-il bâtir ?

« Ces interrogations nous étaient familières, en tout cas jusqu'au 11 novembre 1942 et à son discours de l'Albert Hall au lendemain du débarquement en Afrique du Nord. Ce jour-là, nos doutes sont tombés : c'est alors, de novembre 1942 à son départ pour Alger, le 30 mai 1943, que nous avons pris conscience de la signification de sa politique en même temps que de son personnage, qui se modelait sous nos yeux. C'est alors qu'il a défini lui-même son rôle et ses moyens, ses objectifs et ses limites, les exigences de l'indépendance française dans le cadre de la victoire sur le nazisme.

« C'est alors qu'il a bâti sa stratégie de libération et de prise du pouvoir en s'appuyant avant tout sur la résistance intérieure, avec la conscience d'être la France — qu'il était vraiment, contre l'occupant aussi bien que contre les campagnes américaines, ces tentatives d'imposer le giraudisme, ces plans pour traiter la France en vaincue et lui imposer un protectorat étranger. Oui, c'est alors que nous sommes devenus gaullistes, ma femme (qui arrivait des États-Unis, écœurée par la propagande de Washington et de ses porte-parole français), mes amis et moi. Mais je ne crois pas que nous ayons jamais perdu notre sens critique[37] ! »

Très proche de lui, dirigeant la section de documentation et de propagande du commissariat à l'Intérieur, voici Jean-Louis Crémieux-Brilhac, arrivé à Londres en passant par l'URSS où il avait été interné par les Soviétiques aux côtés du capitaine Billotte et du lieutenant de Boissieu. Encore un bon démocrate de tradition, d'abord méfiant et peu à peu envoûté par le Connétable :

« Nous qui travaillions si près de lui, nous subissions davantage de jour en jour son emprise : nous étions, à la lettre, amoureux du général de Gaulle. Il est difficile de se faire une idée de ce qu'il était à cette époque, de cette lucidité, cette force intellectuelle, cette ampleur et cette profondeur de vision. Depuis lors, il m'est arrivé de m'étonner de ce que fut notre attachement londonien. Mais étonnement ou pas, je puis vous certifier que cela fut[38] ! »

Revenons en France. De juin 1940 à la libération du pays, il est difficile d'agir plus continûment et plus hardiment que ne l'ont fait, unis ou séparés par les vicissitudes du combat (et de la prison), Lucie et Raymond Aubrac. Elle, fille de paysans devenue agrégée d'histoire, membre des Jeunesses communistes, éloignée du Parti par le pacte d'août 1939 ; lui, ingénieur des Ponts sans référence idéologique autre que « la gauche » comme horizon de pensée et l'antinazisme comme moteur. La réaction commune contre Vichy et contre l'occupation est immédiate, d'autant qu'ils sont en relation avec André Philip, Jean Cavaillès, Jean-Pierre Vernant, puis Emmanuel d'Astier... De mission de renseignements en émission de radio et en tracts de propagande, on se retrouve à Libération.

« Gaullistes ? Quand nous entreprenons la lutte, nous sommes des gens de gauche, antimilitaristes, de tendance anarchisante. Pour nous, de Gaulle, c'est un général : notre première réaction, c'est la méfiance. Mais puisqu'il combat les nazis, tant mieux... Notre " conversion " s'est faite en trois ou quatre temps. D'abord, Jean Cavaillès voit d'Astier — qui lui fait de De Gaulle un portait plutôt déconcertant, en tout cas de nature à séduire des intellectuels. Puis nous nous lions à d'Astier lui-même, qui transforme notre rapport à de Gaulle en quelque chose comme de l'amour-haine. Tout cela était passionnel et ambigu.

« Ensuite, poursuit Raymond Aubrac, nous avons rationalisé cette relation, surtout après ma rencontre avec Jean Moulin — que j'ai été le premier des responsables de Libération à contacter, sous la colonnade du théâtre de Lyon, en janvier 1942, et que nous revoyions souvent. Notre " gaullisme " s'est alors fondé sur une observation et un raisonnement : de Gaulle étant ce qu'il était, son existence offrait la meilleure protection contre l'évolution de la Résistance vers une guerre civile à la yougoslave : Tito contre Mihajlović. La radicalisation des mouvements comme Libération en zone sud, la vitalité des courants de droite, surtout en zone nord risquaient de conduire à des affrontements tragiques : de Gaulle et Moulin étaient seuls capables de les prévenir[39]... »

On a dit aussi la déception de tel ou tel, l'antipathie spontanée de Frenay, chef enraciné et fondateur, confronté chaque jour et chaque nuit à un péril mortel, supportant mal de se voir embrigadé et chapeauté par un chef extérieur et mal informé (selon lui) des réalités quotidiennes du combat. Il faut tenir compte de la réaction de Jean Cavaillès, qui « travaillé » par d'Astier, découvre à Londres un de Gaulle intellectuellement égal à sa légende, mais qu'il voit si peu attentif à l'homme, si peu sensible aux épreuves subies par ceux de l'intérieur, que ce philosophe combattant résumera ses impressions en cinq mots : « Il n'est pas humain[40]. »

Pas humain ? On ne récusera pas la grande voix de Cavaillès. Mais ici, il faut citer ce message adressé par Charles de Gaulle aux responsables du réseau NAP* de Paris, le 23 août 1943 :

> « Mes camarades,
> Ce que vous faites, ce que vous souffrez dans la Résistance, c'est-à-dire dans le combat, l'honneur et la grandeur de la France en dépendent. La fin approche.
> Voici venir la récompense. Bientôt, tous ensemble, nous pourrons pleurer de joie[41]. »

Des mots qu'il n'a jamais dits, de toute évidence, à Frenay ni à Jean Cavaillès...

Mais aucun de ces rapports de « soutier » à timonier n'est aussi chargé de signification et de riche ambiguïté que celui qui unit, jusqu'au-delà de la mort, Jacques Bingen à Charles de Gaulle.

Chargé de diriger la marine marchande dans le premier Comité français de 1940 avant d'être supplanté par Muselier, puis d'animer les services politiques du BCRA, Jacques Bingen avait été parachuté en France, on l'a vu, le 16 août 1943, pour partager avec Serreulles la tâche écrasante de succéder à Jean Moulin comme délégué général sur le territoire métropolitain. Cet ingénieur de 33 ans, originaire de la bourgeoisie juive de Paris, apparenté aux Citroën, s'affirma alors comme l'un des trois ou quatre personnages les plus exceptionnels qu'ait révélés la Résistance. Mais il ne vit pas la Libération : au moment d'être arrêté par la Gestapo, en juin 1944, il eut le temps de s'empoisonner.

On citera les extraits de deux lettres de Jacques Bingen : la première, du 14 août 1943, est un testament rédigé au moment où il part en mission pour la France ; la seconde, du 14 avril 1944, est une sorte de rapport de fin de mission. Dans les deux cas, Jacques Bingen évoque le personnage et les responsabilités de Charles de Gaulle sur un ton d'une noblesse et d'une exigence incomparables.

* Novautage des administrations publiques, fondé par Claude Bourdet.

Dans le testament d'août 1943, le nouveau délégué pour la zone sud tient à expliquer les raisons de son choix de combattre « sur le front intérieur » pour y rejoindre ses amis qui y poursuivent un « combat dangereux et inégal » pour « une cause sacrée ». Puis, avant d'adresser ses adieux à sa mère et à ses proches, il consacre à de Gaulle ces quelques phrases :

« Je prie qu'on dise au général de Gaulle toute l'admiration que, peu à peu, j'ai acquise pour lui. Il a été l'émanation même de la France pendant ces dures années. Je le supplie de conserver sa noblesse et sa pureté mais de ne pas oublier après la radieuse victoire que, si la France est une grande dame, les Français seront très fatigués. Il faudra qu'il ait pour eux, non seulement beaucoup d'ambition, mais aussi beaucoup d'indulgente tendresse... »

Huit mois plus tard, le 14 avril 1944, quelques semaines avant de tomber aux mains de la Gestapo, Jacques Bingen devait ajouter, à ces adieux déchirants, ce post-scriptum en forme d'avertissement, plus beau encore :

« J'écris ce soir ces quelques pages parce que, pour la première fois, je me sens réellement menacé et qu'en tout cas les semaines à venir vont nous apporter, sans doute au pays tout entier, et certainement à nous, une grande, sanglante et je l'espère, merveilleuse aventure *...

« ... Que ma mère [...] que mes amis les plus chers... sachent combien j'ai été prodigieusement heureux pendant ces huit mois... Aucune souffrance ne pourra jamais retirer l'acquis de la joie de vivre que je viens d'éprouver [... pendant] cette paradisiaque période d'enfer... »

Ayant clamé sa « joie », Bingen tient aussi à crier sa colère contre les fautes et les carences de la France combattante :

« D'octobre à avril ni le Comité ** ni ses services spécialisés *** ni les services amis **** n'ont rempli le minimum de leur devoir... En six mois, je n'ai pas reçu un seul courrier complet. Jamais je n'ai reçu un mot de réconfort, jamais une lettre (ou une carte) d'encouragement. Carence scandaleuse et inhumaine... [responsable de] la chute d'amis et camarades nombreux... »

Et c'est alors que Jacques Bingen met en cause le chef de la France combattante :

« Enfin m'adressant à Charles (à qui il faut montrer ce qui précède) je le mets en garde contre trois graves erreurs qui risquent de coûter cher, non seulement à lui (c'est son affaire) mais à la France qui espère en lui.

« 1. Contrairement à ce que pense Charles, le choix des hommes a une importance extrême, et ce bon choix, minutieux, révisable, patient, est le devoir n° 1 et la charge principale d'un vrai chef. Un homme n'en vaut pas un autre. Tous ne sont pas également méprisables. La " fidélité " n'est pas toujours un signe de dévouement.

« 2. On ne peut pas être novateur, " révolutionnaire " et être obnubilé

---

* Le débarquement se produira sept semaines plus tard.
** Le CFLN présidé par de Gaulle.
*** La DGSS d'Alger. dirigée par Jacques Soustelle.
**** Les services anglais.

par les titres officiels, comme l'est Charles. Un général, un évêque, un ambassadeur, un conseiller à la Cour des comptes, un ancien ministre méritent tout au plus un préjugé favorable, et cela dans certains postes et pas dans tous. Ni Staline ni Hitler n'auraient eu leurs réussites, même temporaires, s'ils avaient été " embourgeoisés " dans le fond de leur âme comme l'est encore Charles. Attention, c'est très grave.

« 3. Que Charles ne se croie pas attendu comme le Messie. Certes il sera, à juste titre, très bien reçu ici, et les espoirs de millions de Français et de Françaises sont attachés à ce qu'il fera. Mais son crédit n'est *pas* illimité, loin de là. Qu'il se méfie et soit *humain,* en politique intérieure comme en politique extérieure et dans le choix de son entourage. Gare aux fidèles dociles qui ne sont que des ambitieux roublards et sans valeur. Ils peuvent le faire vite culbuter [42]. »

Tel fut le dernier regard jeté par Jacques Bingen sur son combat, ses compagnons et son chef. Charles de Gaulle lut-il cet admirable avertissement lancé, aux approches d'une mort acceptée, par ce combattant au regard intrépide ? S'il le lut, gageons qu'il en éprouva moins d'aigreur que de fierté. Avoir inspiré ces paroles de voyant !

Quant à tenir compte des mises en garde...

35. Le gouvernement, enfin...

L'État a traversé la mer Dès la fin de 1943, Vichy, où le vieux maréchal ne respire plus que sous le contrôle d'un « conseiller » nazi nommé Renthe-Fink et où règne un Laval flanqué de Joseph Darnand, secrétaire général au « maintien de l'ordre », c'est-à-dire à la terreur que fait régner la Milice, Vichy s'abîme dans une honte rageuse.

Trois ans plus tôt, la capitale des amiraux curistes pouvait revendiquer la gestion du réel. A Londres vivait un grand rêve, mais un rêve. A Vichy survivaient les réalités — légalité formelle, appareil d'État, représentation internationale, le tout fondé sur une large adhésion populaire. Depuis un an au moins, en tout cas depuis l'occupation de la zone sud, tout a basculé. Le maréchal garde quelque chose de son impact personnel sur les foules *, mais Vichy n'est plus qu'un mythe délaissé. C'est à Alger qu'agit l'État et que se remodèle la nation.

Quoi de plus dissemblable en apparence que la petite ville d'eau auvergnate blottie entre ses volcans et ses sources, frileux agglutinement d'hôtels cossus et de promenades en circuit fermé, et la lumineuse cité des corsaires dressée sur la rade immense, dominant la mer ? Que de similitudes pourtant entre ces deux avatars de l'État, ce provisoire où le pouvoir s'entasse en grommelant, hôtels là-bas, ici villas ; de l'hôtel du Parc et du pavillon Sévigné aux Glycines, aux Oliviers et au lycée Fromentin (que tout le monde appelle « le lycée Papillon »), ce ne sont que bureaux-boudoirs et salles de bains muées en salles de conférences. Comme à Vichy, l'histoire se fait à Alger entre deux portes, entre deux chaises. Mais ce n'est pas la même, on le sait. Tout, là-bas, tendait au repli, à la clôture, à l'exaltation du passé. Ici, au vent du large, on se déploie, on ambitionne, on fait des plans non plus pour survivre, mais pour renaître.

Le général avait eu, en arrivant en Algérie, l'idée bizarre de transporter le siège du gouvernement à Blida. Pour s'épargner les pressions de la rue ? Pour tenir ses distances par rapport à Giraud ? Louis Joxe raconte qu'il eut toutes les peines du monde à le détourner d'un projet qui eût compliqué à coup sûr les inextricables problèmes d'installation et de logement qui, ajoutés aux alimentaires, n'étaient pas pour détendre l'atmosphère.

« Alger, écrit Jacques Soustelle, fourmillait d'uniformes, de jeeps, de camions. De toutes parts hommes et véhicules dévalaient ou grimpaient, les

---

* On le verra en avril 1944 à Paris, où il reçoit un chaleureux accueil populaire.

cafés débordaient, il fallait faire queue pour trouver place dans un restaurant... Quant aux hôtels... réquisitionnés en tout ou en partie par les Alliés, seules les plus hautes autorités pouvaient, après force coups de téléphone, vous découvrir un alvéole... Tant de gens couchaient littéralement dans la rue que je vis certains parlementaires déconfits... se venger de ce piètre logement en reprochant au chef du régime provisoire le peu de cas qu'il faisait de la représentation nationale [1]... »

Charles de Gaulle et les siens — son fils excepté, qui poursuit sa carrière de marin — gîtent à la villa des Oliviers *, plaisante résidence de notable turc, avec juste assez d'Orient dans les lignes et les couleurs pour marquer qu'on a quitté Londres, mais point de pittoresque extravagant, qu'il a ainsi définie à sa femme, dès son arrivée : « Une maison comme il nous faut. » Et il a maintenu son bureau dans cette villa des Glycines que les services de Giraud lui ont affectée le 30 mai 1943, sans générosité excessive, réservant à leur patron l'imposant Palais d'été.

Les Glycines ? « Un bric-à-brac de meubles, de bibelots, de papiers, de machines à écrire, écrit Soustelle : beaucoup de gens y dormaient encore sur des lits de camp que l'on repliait dans la journée. Cela tenait du fort Chabrol et du quartier général en opérations. Au rez-de-chaussée, Palewski, de Courcel et Charles-Roux maintenaient à grand-peine un peu d'ordre autour du petit salon où le général de Gaulle travaillait imperturbable, par une chaleur de 40° [2]... »

Dans le petit salon des Glycines, Charles de Gaulle « pétrit la lourde pâte » avec une sorte de nostalgie : où est le temps où la mystique du refus ne s'était pas muée en politique ? « Maintenant [que] le but se rapproche... j'ai l'impression de fouler un terrain plus meuble, de respirer un air moins pur. Autour de moi les intérêts se dressent, les rivalités s'opposent, les hommes sont chaque jour plus humains [3]... » L'étrange formule, et qui en dit si long ! Eh oui : cette « idée de la France » que l'on s'est faite, et que l'apparente folie de l'entreprise a maintenue dans sa pureté hautaine, voilà qu'elle se mesure au réel, aux humains trop humains — ô Cavaillès...

« Lourde pâte » ? Lourdes tâches en tout cas. Trois d'entre elles dominent : reconstruire l'État ; lui assurer une audience internationale par la victoire et la négociation ; et enfin, dégager une nation plus ou moins rassemblée de la guerre civile qui, sur le terrain et dans les cœurs, fait plus que jamais rage. Tâches indissolubles, puisque la « rentrée » internationale de la France dépend aussi bien de la tenue des combattants sur les champs de bataille que de la réorganisation de l'appareil d'État et de l'unité lentement reconquise, de la base au sommet, sur les déchirements. Mais tâches distinctes, que le Connétable affronte dans un ordre conforme aux hiérarchies intellectuelles qu'il a depuis longtemps établies (l'État premier servi...) mais aussi aux « circonstances ».

Il ne suffit pas que ces missions soient lourdes, et enchevêtrées. De Gaulle constate aussi qu'à Alger, il est moins bien placé qu'à Londres sinon

---

* Maintenant la résidence de l'ambassadeur de France en Algérie.

pour agir, en tout cas pour se « faire entendre », comme il le dit dans ses *Mémoires*, « les ondes d'Alger [étant] en France moins familières que celles de la BBC ». Au surplus, l'Algérie n'est pas, pour la Résistance, le porte-avions idéal que reste Londres : de là-bas, une ou deux heures suffisent pour passer du champ de bataille à l'état-major ; d'Alger, il faut tripler les délais et les efforts. Aussi bien les services responsables de l'action à l'intérieur maintiennent-ils à Londres de fortes structures (Passy, Boris) alors que le commissariat à l'Intérieur (Philip, puis d'Astier) et la DGSS de Soustelle travaillent à Alger : dispersion à laquelle s'ajoutent le mauvais état des communications et la prolifération des services d'écoutes (qui brouillent les communications à l'infini...).

L'instrument branle dans le manche. Mais il faut agir, agir très vite : s'il a tendance à trouver son entourage et ses partenaires « trop humains », le général ne laisse pas d'être sensible, lui aussi, aux épreuves qui accablent le pays, donc à l'urgence d'une solution. Au fur et à mesure que l'espoir grandit, la pression se fait plus insupportable — qu'il s'agisse des réquisitions en hommes par le STO de Sauckel, des prélèvements alimentaires et financiers, de la répression que Darnand mène férocement comme une chasse à courre, et aussi des bombardements alliés. Sur ce thème de « la misère où s'étiole le plus grand nombre des Français », l'auteur des *Mémoires de guerre* est sobrement éloquent, non sans rappeler le tribut payé par les siens — sœur et frère, neveux et nièces déportés[*]. A son fils Philippe, il écrit le 26 octobre : « La France s'épuise[4]... »

D'abord, réinventer, assembler et mettre en mouvement l'appareil de l'État. C'est-à-dire, pour commencer, un exécutif digne de ce nom et une représentation nationale capable de témoigner, en attendant les élections promises, de l'esprit démocratique des futures institutions, et de refléter, peu ou prou, les aspirations populaires.

C'est le 17 septembre 1943 qu'a été prise (faut-il préciser par qui ?) la décision de réunir à Alger une « Assemblée consultative » en vue de fournir « une expression aussi large que possible, dans les circonstances présentes, de l'opinion nationale », étant entendu que cet organisme serait dissous dès que serait « constituée l'assemblée chargée de désigner le gouvernement provisoire ». Cette ébauche de représentation nationale est formée de quarante représentants de la Résistance métropolitaine (dont Henry Frenay, Jacques Médéric, André Hauriou, Louis Vallon...), douze délégués de la Résistance extra-métropolitaine (Henri d'Astier, René Capitant, René Cassin, Francis Perrin...), vingt membres de la Chambre des députés et du Sénat[**] (tels que Vincent Auriol, Pierre Cot, Louis Jacquinot, Jules Moch, Henri Queuille...) et douze représentants des Conseils généraux (parmi lesquels, à Alger, un seul musulman !). Une femme : Lucie Aubrac.

Emmanuel d'Astier a acidement évoqué l'accouchement, dans le curieux

---

[*] Terrible tribut : sa sœur Marie-Agnès et son beau-frère Cailliau, comme son frère Pierre et sa nièce Geneviève sont déportés. Son frère Jacques, le paralytique, n'a été soustrait que de justesse à la Gestapo.

[**] Ressuscités de leur anéantissement du 10 juillet 1940.

bâtiment qui est, sur le port, le Palais des délégations, de ce sous-parlement de « consultants » que « de Gaulle va jeter dans les jambes de ses adversaires ».

« N'ayant jamais mis les pieds dans une assemblée, j'étais curieux. La plupart des hommes présents étaient des novices comme moi : il ne fallut que quelques heures pour qu'ils fussent manœuvrés par les parlementaires chevronnés, quel que fût le discrédit qui pesait sur eux et qui les avait incités à une prudence et à une humilité qu'ils allaient bientôt secouer. Dans les couloirs se déroulaient les manœuvres pour la présidence* et les vice-présidences... Dans la salle des séances, les hommes étaient assis en cercle, somnolents, inattentifs ou impressionnés... Il n'y a là qu'un balbutiement. J'essaie d'établir un lien entre la vie clandestine française, le jeu secret du Symbole et cette parade[5]... »

La session inaugurale avait été ouverte, le 3 novembre, par Charles de Gaulle encore accompagné par le général Giraud. Dénonçant le « régime abominable de pouvoir personnel » qui a « mis au cachot la nation souveraine », saluant la Résistance, « expression élémentaire de la volonté nationale », il avait fait appel au concours de l'Assemblée, définie comme « un début de résurrection des institutions représentatives françaises dont dépend l'avenir de notre démocratie ». On ne pouvait être plus respectueux des grands principes, et les acclamations des délégués, aussi bien que les commentaires de la presse anglo-américaine, avaient fait à l'intervention du Connétable un écho imposant.

Satisfait de ses débuts parlementaires (il n'avait jusqu'alors que l'expérience d'un « nègre », celui de Paul Reynaud parqué dans les tribunes du Palais-Bourbon), Charles de Gaulle se réservera bon nombre d'occasions d'intervenir. Il le fera une quinzaine de fois, imposant dans cette petite arène de boiserie sombre sa haute éloquence de cardinal botté, ses cadences militaires et sa diction chargée d'aventures, de sarcasmes et d'émotions épiques.

Mais si attentif qu'il fût à l'activité de cet organe démocratique greffé sur le système spontanément autoritaire qu'il patronne et développe de mois en mois, c'est l'Exécutif surtout qui est l'objet de ses soins. A partir du groupe des Sept constitué le 3 juin 1943 au temps du « bicéphalisme », élargi à seize membres quelques semaines plus tard, le Connétable n'a de cesse qu'il n'ait fait un vrai gouvernement — à partir de juillet, c'est le mot qu'il emploie dans ses discours et sa correspondance — assuré d'assises plus larges, d'une représentativité plus évidente, d'un prestige plus vif, et aussi d'un accrochage plus ferme à la résistance intérieure.

Que signifiait alors le système de la « dyarchie », expédient presque aussi provisoire que l'autre ? Giraud pouvait bien arguer des accords passés, des promesses faites... Le dynamisme implacable de l'autre faisait son œuvre. Le 2 octobre, le CFLN adopta une motion précisant qu'il « élirait *son* président, pour une durée d'un an, lequel serait rééligible ». La « monar-

---

* Qui échoit au socialiste « londonien » Félix Gouin

chie » étant rétablie, il ne restait à Charles de Gaulle qu'à faire glisser hors de l'équipage son ancien *alter ego*. Le 6 novembre, il obtint de tous ses collègues une démission collective, que Louis Joxe fut chargé de faire contresigner par Giraud aussi bien que par Georges. Le second s'obstina, puis obtempéra. Le premier, n'ayant pas bien compris de quoi il s'agissait, s'exécuta d'emblée, si naïvement conforme à sa légende que l'émissaire du Connétable ne put que réprimer un vague remords... Sentiment qu'on ne saurait, en l'occurrence, attribuer à Charles l'Unique.

La procédure d'exclusion de Giraud, toujours commandant en chef nominal, se développera, de titre en fonctions, jusqu'en avril 1944. Mais désormais, l'homme venu de Londres a le champ libre pour remodeler et muscler « son » Exécutif, pour injecter dans les structures de ce comité de hauts fonctionnaires, de notables et de militaires, une dose de plus en plus massive de résistants métropolitains et de personnalités politiques. Ainsi, de septembre à novembre 1943, sont appelés à y siéger François de Menthon, animateur de Comité général d'études créé par Jean Moulin, André Le Troquer, député socialiste et ancien avocat de Blum, René Capitant, leader des gaullistes algérois, Louis Jacquinot, député conservateur lorrain, et Henri Queuille, personnage symbolique du radicalisme provincial et de la continuité gouvernementale *.

Le 9 novembre enfin, le général de Gaulle présente à l'opinion publique internationale un Comité de libération (il dit, lui, « gouvernement ») conforme à ses vœux. Louis Joxe et Emmanuel d'Astier ont raconté, chacun à sa manière, les péripéties de cette opération où l'on voit que, si peu rompu qu'il fût aux « magouilles » du parlementarisme, le Connétable ne dédaignait pas toujours de pencher sa haute taille sur d'aussi menus travaux, capable comme tout un chacun d'astuces plus courtes que lui et de ruses moins hautes que son style.

Il a proposé le portefeuille de l'Intérieur au leader de Libération (qui a accepté) puis, tenant compte de l'opposition de quelques-uns (les représentants de Combat notamment), lui annonce qu'il aura l'Information. D'Astier refuse, annonce qu'il repart pour Londres mais s'entend donner un rendez-vous pour le lendemain, à la fin de la séance du nouveau Comité. En arrivant sur le perron du pavillon central du lycée Fromentin, il voit Joxe s'agiter :

« ... " On vous attend pour siéger... "

« Je lui explique la scène du matin et mon prochain départ. Il lève les bras au ciel :

" ... Mais il y a une chaise vide. Il manque un ministre... Ce n'est pas sérieux.

— Un ministre de quoi ? de l'Intérieur ou de l'Information ?

— Je vais voir [...]. Allons, venez. Il dit que tout s'arrangera... "[6] »

Henry Frenay, lui, se voit confier la charge des prisonniers et déportés, rôle qu' « il n'apprécie guère », relève Louis Joxe, qui précise : « L'homme

---

* Il a déjà été douze fois ministre

semble vieillir d'un coup ; il renâcle. Il a d'autres états d'âme, il trouve en particulier que la dérive vers la gauche s'accentue sans raison... trouvant partout du communisme, comme d'autres de l'arsenic dans un bâton de chaise... Il pense (comme d'Astier) que la période héroïque est en voie de se terminer [7]... »

Mais la « musculation » du CFLN se fait aussi par l'appel à des personnalités politiques de premier plan. Gaston Defferre (Leroux dans la clandestinité), reçu par de Gaulle avant le départ pour Alger, lui a conseillé de faire appel à Pierre Mendès France qui, ayant refusé, on l'a vu, toute fonction politique, se bat depuis quelques mois avec l'escadrille « Lorraine ». « Encore un juif... », lâche le Connétable (propos que l'intéressé commentait ainsi : « L'antisémitisme lui était étranger. Mais il était sensible aux équilibres et à l'opinion publique qui, elle, et surtout en Afrique du Nord, était de ce point de vue moins innocente que lui [8]... »).

Quoi qu'il en soit, le 9 novembre, le capitaine Mendès France reçoit, sur la base anglaise d'Hartfordshire, un télégramme du chef de la France combattante qui se termine par ces mots impératifs : « Compte sur présence immédiate à Alger, amitiés. » Une semaine plus tard, l'ancien secrétaire d'État de Léon Blum succède à Couve de Murville à la tête du commissariat aux Finances — où il dressera des plans pour la réanimation de l'économie française qu'il ne lui sera loisible que pendant quelques mois de mettre à exécution.

Ainsi élargi, fort du concours de personnages de la taille de Catroux, de Jean Monnet, de Massigli, de René Mayer et de Mendès France, le CFLN de novembre 1943 a l'allure d'un vrai gouvernement de la France. Mais plus approche la libération, plus s'accumulent menaces, contestations et exclusions.

Le 25 novembre 1943, Charles de Gaulle définit ainsi devant l'Assemblée consultative l'objectif prioritaire qui est plus que jamais le sien (mais ne l'a-t-il pas été, dès l'origine ?) : « Le retour d'une grande puissance à sa place de grande puissance par le chemin de la guerre et de l'effort. » Mais s'il a commencé de rassembler entre ses mains l'essentiel des moyens d'action, il est bien loin encore d'avoir convaincu les Alliés qui, tout au long de cette fin d'année 1943, continuent de se concerter, de Moscou au Caire et de Londres à Téhéran, sans tenir le moindre compte des avis et des aspirations de la France combattante.

Washington continue de « considérer la France comme une jachère et le gouvernement de Gaulle comme un accident incommode [9] ». Il faut bien admettre en effet que, conformément à la confidence faite en juillet 1943 à René Massigli par le président tchèque Édouard Benès rentrant de Washington, « Roosevelt n'est pas seulement antigaulliste : il est tout bonnement antifrançais » — comme l'est le maréchal Smuts, Premier ministre sud-africain, qui proclame à Londres en décembre que la France, ayant cessé d'être une grande puissance, n'a plus d'autre ressource que d'adhérer au Commonwealth...

Contre ces imposantes préventions, de Gaulle peut-il compter sur un contrepoids soviétique ? On a dit les efforts déployés du côté de Moscou — surtout au temps des grandes crises avec Churchill (septembre 1942, avril 1943), où Staline y a répondu en accordant au CFLN une semi-reconnaissance, plus explicite que celle des deux autres grands. Mais lorsque se réunit à Moscou, en octobre 1943, la conférence des ministres des Affaires étrangères (Eden, Hull et Molotov), Staline ne fait aucune objection à l'exclusion des Français — dont la présence, ne fût-ce qu'en tant qu'observateurs, eût pu servir ses desseins —, comme il sera d'accord avec Roosevelt pour le faire à Yalta.

Envoyé quelques mois plus tard en mission à Moscou par le CFLN, Pierre Cot s'entendra dire que, quelque sympathie qu'on ait pour la France combattante, les intérêts de l'Union soviétique lui imposent de faire prévaloir ses rapports avec Roosevelt sur les relations avec de Gaulle [10]. Tout est dit, et on retrouvera presque les mêmes mots, à la même époque, dans la bouche de Churchill. N'est-ce pas l'auteur des *Mémoires de guerre* qui écrit : « La diplomatie ne connaît que les réalités ? » Ce qui, s'agissant de sa propre histoire, n'est pas tout à fait exact...

Les Britanniques ? Passé la grande fureur antigaulliste qui mène Winston Churchill aux limites de la rupture avec de Gaulle au printemps 1943, les efforts d'une équipe (Eden, MacMillan, Duff Cooper, Oliver Harvey) fidèle à l'Entente cordiale, et qui ne croit pas qu'une nation foudroyée par une défaite militaire cesse pour autant d'être une « réalité », rétablissent un climat d'alliance, d'autant mieux que leur font écho, sur l'autre rive, les démarches patientes d'anglophiles aussi déterminés que René Massigli, René Pleven et Pierre Viénot, l' « ambassadeur » du CFLN à Londres *. Mais trois affaires, l'une de portée internationale — le rebondissement de la crise du Levant — et les autres de plus médiocre apparence, mais qui mettent en question de part et d'autre les principes de la souveraineté nationale, vont corrompre les résultats acquis.

« Le talent de Catroux, observe Georges Buis, on n'a jamais pu le mesurer mieux qu'après son départ du Levant, quand de Gaulle l'a rappelé à Alger : lui parti, tout s'est dégradé très vite à Beyrouth [11]. » Moins de six mois en effet après le départ de l'homme qui avait proclamé l'indépendance des deux États du Levant, l'incendie se rallumait au Liban.

Qu'il y ait été encouragé ou non par Sir Edward Spears et les Services spéciaux britanniques, le Premier ministre libanais Ryad el-Sohl — à vrai dire tout à fait de taille à oser et entreprendre par lui-même — fait voter le 8 novembre 1943 par l'Assemblée élue cinq mois plus tôt l'abrogation du Mandat français sur le Levant. La reconnaissance de l'indépendance du

---

* Ancien sous-secrétaire d'État aux Affaires étrangères du gouvernement de Front populaire.

pays par la France combattante impliquait-elle cette annulation unilatérale d'un statut international? Le geste, intervenant sous le couvert de la présence britannique, prit aux yeux des officiels français l'allure d'un double défi.

L'ambassadeur Helleu, qui avait succédé à Catroux comme haut-commissaire à Beyrouth, perdit son sang-froid, mit son veto au vote de l'Assemblée et (sans en référer à Alger) alla jusqu'à faire arrêter non seulement le Premier ministre Ryad el-Sohl, mais aussi le président de la République Bichara el-Khoury! Manifestations, répression : plusieurs morts libanais...

De Gaulle réagit aussitôt en expédiant Catroux sur place et en câblant à Helleu, le 13 : « Les mesures que vous avez cru devoir prendre étaient peut-être nécessaires. En tout cas, je dois considérer qu'elles l'étaient puisque vous les avez prises... Nous ne vous désavouerons pas [12]. » Mais c'est bien là pourtant qu'il faudra en venir, sous la pression des circonstances — et des Anglais. Sitôt arrivé au Levant, l'envoyé du CFLN se trouve en effet en présence d'un ultimatum du ministre britannique au Caire, Richard Casey *, qui exige la libération immédiate du président et du ministre internés, le commandement britannique au Proche-Orient ne pouvant, en raison de l'état de guerre, tolérer quelque incident que ce soit.

Londres va jusqu'à menacer d' « intervenir militairement » pour pallier toute « défaillance » de l'autorité française : procédure et formulation systématiquement humiliantes que ne justifiaient pas tout à fait la sanglante bévue du haut-commissaire français. Dans une lettre à Massigli, de Gaulle envisage, pour faire reculer Londres, un retrait pur et simple du Levant (auquel pense également Catroux) non sans se dire persuadé que les Libanais sont prêts à « s'accommoder de notre énergie [13] ». En quoi il se trompe lourdement, comme son envoyé le lui démontrera.

Il faudra céder sur les instances de Catroux qui, « en dépit du caractère odieux des exigences britanniques », juge indispensable « le geste généreux de réparation que le Liban attend de nous » : Bichara el-Khoury et Ryad el-Sohl seront libérés et le premier rétabli dans ses fonctions. Mais Pierre Viénot entendra ses interlocuteurs au Foreign Office reconnaître que toute l'affaire a été conduite avec brutalité et maladresse par Churchill qui, persuadé que tout venait d'un « coup de tête de De Gaulle », a voulu lui donner une bonne leçon, irrité qu'il est par le remaniement du CFLN et l'élimination de Giraud et de Georges... Étranges relations, où le théâtre et le sport semblent avoir plus de part que la diplomatie! En tout cas, de Gaulle est bel et bien allé à Canossa.

Cette nouvelle poussée de fièvre franco-britannique est envenimée par des affaires plus mineures, mais qui n'en animent pas moins le Premier ministre contre le général.

---

* Que nous avons vu, un an plus tôt, confronté violemment à de Gaulle.

Maurice Dufour, officier de l'armée de Vichy recruté par l'Intelligence Service, était passé en Angleterre au début de 1942 puis avait rallié la France libre sans révéler ses précédentes activités. Soupçonné d'avoir été « infiltré » par ses derniers employeurs, il est arrêté, accusé d'usurpation de grade et de désertion et interné à Duke Street, où il y est interrogé sans ménagement. Évadé du camp FFL de Camberley, il rejoint les Britanniques et intente en septembre 1943 un procès au général de Gaulle, au colonel Passy et au capitaine Wybot* — entre autres — pour séquestration arbitraire et tortures. Acte isolé ? Excentricité ? Pas du tout. Le Foreign Office convoque en effet Pierre Viénot pour lui signifier qu'étant donné l'absolue séparation des pouvoirs en Grande-Bretagne, la justice suivrait son cours — un *sollicitor* ayant été désigné d'office pour défendre le général de Gaulle — à moins qu'un « arrangement amiable » n'intervînt entre l'homme du 18 juin et Dufour...

On imagine la réaction du Connétable (qui ne consacre d'ailleurs pas moins de quatre pages de ses *Mémoires* à cette sombre affaire !). Il a beau jeu de rappeler [14] que conformément aux accords Churchill-de Gaulle du 7 août 1940 et surtout à la convention Eden-de Gaulle du 15 janvier 1941 (passée à la suite de la scandaleuse arrestation de Muselier), les membres des Forces françaises libres en Grande-Bretagne ne relèvent que de la justice militaire française. Dans une communication à Viénot, le général observe d'ailleurs froidement que si Dufour a été « maltraité », il n'a qu'à se plaindre aux autorités françaises qui feront une enquête... La pression exercée sur le chef de la France combattante pour qu'il se soumît à la procédure criminelle s'exerça jusqu'au jour où ses propres services purent opposer à Londres une affaire de même nature, un *Free French* nommé Stéphane Manier ayant été déclaré « suicidé » dans un local de la police anglaise...

La presse anglo-saxonne — surtout américaine — fit une large place à l'affaire « Dufour contre de Gaulle » — alors que circulaient des libelles contre la France combattante et sa « Gestapo », et notamment un mémorandum remis par Roosevelt à Churchill où l'homme du 18 juin était traité tantôt d'apprenti-dictateur, tantôt de nazi... Dans la bataille diplomatique qui préludait au débarquement à l'Ouest (que la rumeur générale situait alors au printemps 1944) tous les coups étaient, comme d'habitude, permis.

« L'affaire Dufour » n'est pas la seule qui ait donné matière à de vives campagnes de la presse anglo-américaine contre le BCRA et ses méthodes. On a cité tel rapport de l'honorable Mr Freeman-Matthews évoquant à leur propos la Gestapo et dénonçant les tortures infligées par ces « nazis français », rapports qui émurent à juste titre Roosevelt et Churchill, avant qu'une note du Foreign Office fasse tomber la fièvre.

L'un des officiers du BCRA chargé des interrogatoires a, sur ce point, longuement répondu au nôtre. Il en ressort qu'indépendamment du cas Dufour (qui selon lui ne fut pas torturé, mais brutalement houspillé, faisant

---

* Chef du service de contre-espionnage.

d'ailleurs cesser ce harcèlement par son attitude crâne), il y eut trois « affaires » où purent être incriminées les méthodes du contre-espionnage gaulliste : à propos de Pelletier-Laroche, de Béziers et de Pétin.

Dans les trois cas, des pressions furent exercées (coups, agenouillements sur une règle) qui étaient de nature à justifier de vives critiques. Dans le premier cas surtout — il s'agissait d'un radio parachuté en France qui, arrêté par les Allemands et ayant été « retourné » par eux et infiltré en Angleterre à des fins d'espionnage, fut de ce fait condamné à mort, puis gracié par le général de Gaulle —, les méthodes employées furent telles que le suspect tenta de se suicider et fut rattrapé de justesse au moment où il passait par la fenêtre, non sans que les policemen britanniques qui surveillaient l'immeuble n'aient entrevu le drame et fait leur rapport.

Des « bavures » de type policier, il y en eut donc. Mais rien, selon notre témoin (et acteur) qui fut de commune mesure avec les réquisitoires indignés des « observateurs » américains et des opposants français *.

Alors se multiplient les conciliabules interalliés en vue des opérations qui doivent mettre le IIIᵉ Reich à genoux. Du 19 octobre au 3 novembre se réunissent à Moscou les ministres des Affaires étrangères des trois grandes puissances alliées, Eden, Hull et Molotov qui, si l'on en croit le premier, s'accordent aisément, tant en ce qui concerne l'ouverture du « second front » que les livraisons d'armements occidentaux à l'URSS et les mesures à prendre en vue de la réorganisation de l'Europe. Sur le chemin du retour, Cordell Hull et Anthony Eden font escale à Alger. L'Américain y trouve l'occasion d'un premier tête-à-tête avec le général de Gaulle qui n'est pas, découvre-t-il avec une charmante stupéfaction, l'ogre fasciste que lui dépeignent les rapports de ses agents.

C'est ainsi que le 30 octobre, Henri Hoppenot, représentant du CFLN à Washington, signale que « M. Cordell Hull aurait fait part ici de l'impression très heureuse qu'il aurait rapportée de son entretien récent avec le général de Gaulle [ajoutant] que le gouvernement américain paraissait avoir été jusqu'ici mal informé relativement à la personnalité du général et à ses idées [15] »... On ne sait pas ce qui advint aux « mauvais informateurs », mais il est de fait qu'à dater de cette rencontre, on constatera, chez le vieux secrétaire d'État de Washington, des dispositions un peu plus favorables aux thèses de la France combattante.

Du 28 novembre au 1ᵉʳ décembre, à Téhéran, ce sont les trois leaders de la coalition, Roosevelt, Staline et Churchill qui prennent la décision capitale : les deux débarquements prévus pour le printemps 1944 auront lieu sur les côtes françaises et non en Yougoslavie, comme le proposait avec insistance le Premier ministre britannique.

Winston Churchill qui avait jusqu'alors toujours su convaincre Roosevelt

---

* Ajoutons cette observation faite à l'auteur par le colonel Passy (mai 1984) : « On a parlé des salles de torture de Duke Street... L'immeuble était petit, constamment ouvert à des visiteurs étrangers. Qui n'aurait entendu les cris des " suppliciés " ? »

d'adopter ses choix stratégiques s'est heurté cette fois à Staline — morceau plus rude à croquer. Le dictateur soviétique sait bien que le projet britannique tend à lui barrer la route des Balkans et du Danube. Quelles que soient ses intentions de l'époque, il n'entend pas se voir imposer la moindre contrainte préalable. Il vient donc à la rescousse des stratèges américains, qui font adopter leur projet « Overlord », reporté un an plus tôt au bénéfice du « Torch ». Et voici donc la France remise sous les feux des projecteurs — et par voie de conséquence la question de l'exercice du pouvoir dans les territoires libérés. Une affaire à suivre...

Mais ce qui s'est passé d'essentiel à Téhéran, ce n'est pas seulement la préférence accordée à la stratégie américaine sur l'anglaise et l'avantage qu'y trouve l'Union soviétique : c'est aussi que Staline y a parlé « comme celui à qui l'on vient rendre compte », écrit l'auteur des *Mémoires de guerre*. Sans rien dévoiler de ses propres projets, il a obtenu que ses deux partenaires lui révèlent leurs propres plans, entre lesquels il s'est instauré l'arbitre. De Gaulle l'observe sans joie — ne se faisant pas trop d'illusions sur l'avantage que peut en obtenir la France.

Du côté occidental, il lui faut bien constater que les choses n'ont jamais été pires. Quatre mois avant le débarquement en Afrique du Nord, les chefs militaires américains avaient tenu à rencontrer de Gaulle. Maintenant les deux dirigeants anglais et américain, au moment même de faire de la France le prochain champ de bataille où va se décider le sort de l'Europe, ne songent même pas à consulter un expert militaire français, ni un porte-parole des populations qui vont servir de toile de fond à cette tragédie. Si l'observation lui fut faite, Franklin Roosevelt dut répondre qu'il n'avait pas consulté Pétain avant l'opération « Torch », ni Mussolini avant le débarquement en Sicile...

Les décisions prises, ni l'un ni l'autre des deux leaders occidentaux ne s'avisa de tenir le CFLN informé, fût-ce de façon vague (comment avoir confiance en ces Français ?), de leurs travaux et de leurs décisions. On a assez souvent dénoncé ici les outrances du Connétable pour se retenir d'observer que si Roosevelt et Churchill avaient voulu dresser de Gaulle contre eux, ils ne pouvaient se comporter autrement. Avec quarante ans de recul, on est encore étonné d'un si minutieux mépris.

La tempête entre de Gaulle et ses alliés est ranimée par l'arrestation, le 20 décembre 1943, de trois hommes avec lesquels Churchill se découvre soudain des liens amicaux : Boisson, Peyrouton et Flandin. A-t-il oublié ce jour du 23 septembre 1940 où, à Dakar, le gouverneur général Boisson faisait tirer sur la flotte britannique ? A-t-il oublié que Peyrouton fut ministre de l'Intérieur de Vichy puis le plus important collaborateur à Alger de ce Darlan que Londres vomissait alors ? A-t-il oublié que Flandin, avant d'être le successeur de Laval à Vichy, envoyait à Hitler (comme aux autres signataires) un télégramme de félicitations au lendemain de ces accords de Munich que lui, Churchill, tenait pour pure trahison ?

Que le CFLN ait sévi contre ces hommes qui avaient indirectement servi les intérêts du IIIe Reich relevait de la souveraineté française, comme les mesures prises en Angleterre contre le leader fasciste Mosley étaient du ressort de l'autorité britannique. Mais le Premier ministre, refusant d'entrer dans ces vues, fulmine contre le Connétable.

Quinze jours après avoir écrit à Roosevelt que les « lamentables excès » commis par les Français au Levant* justifiaient « une rupture » avec de Gaulle qu'approuverait « l'opinion publique mondiale », le Premier ministre récidive en câblant au président des États-Unis ces mots qui ne semblent écrits que pour le pousser au pire : « Les Américains ont dans cette affaire des obligations plus contraignantes que nous [...]. J'espère donc que vous prendrez toutes les mesures en votre pouvoir pour faire comprendre au Comité français la folie de son initiative présente. » FDR ne demande pas mieux : il télégraphie à Eisenhower de donner « ordre » au Comité de ne prendre aucune mesure contre les personnalités visées. FDR pense-t-il à faire tirer les canons de sa flotte sur Alger, comme sur Dakar du temps où Boisson en a été rappelé** ? Le Foreign Office et, semble-t-il, Eisenhower réussiront à faire tomber la fièvre. Mais une fois de plus le pire a été envisagé. Contre les folies de ces indigènes français, la diplomatie de la canonnière s'impose.

Quittant Téhéran, Winston Churchill, comme il l'avait fait à l'aller, séjourne en Afrique du Nord, négligeant bien sûr d'en aviser les autorités compétentes. Ne voyage-t-il pas sous le nom de « colonel Warden » ? Cette désinvolture grandiose exaspère le président du CFLN. Aussi, quand le Premier ministre, installé à Marrakech (relevant de maladie, il a choisi d'y finir sa convalescence), invite Charles de Gaulle à l'y rejoindre, le 12 janvier, il n'en reçoit d'abord qu'une réponse très réservée. MacMillan, chargé de transmettre l'invitation du « colonel Warden » rapporte par le menu[16] les hésitations de l'un, les impatiences de l'autre, jeu subtil et violent auquel sont rompus les deux grands premiers rôles.

Bref, de Gaulle atterrit le 12 janvier à Marrakech où l'attend le Premier ministre entouré d'une cour imposante. De cette entrevue de Marrakech, nous ne disposons de pas moins de huit versions, plus ou moins directes, dont celles des deux principaux intéressés, et trois d'Emmanuel d'Astier. Compte tenu des drames qui venaient de se dérouler, tant à propos des arrestations de Boisson, Peyrouton et Flandin qu'au sujet de Dufour et plus encore de la crise libanaise — sans parler des coquetteries des dernières heures —, il y avait beaucoup à craindre de ce tête-à-tête en terre marocaine. Duff Cooper, récent successeur de MacMillan, l'appréhendait fort. Est-ce pour ne pas faire mentir son pronostic, ou parce qu'il n'avait pas été témoin des précédentes empoignades entre les deux champions ? Son récit est le seul qui jette une ombre sur le face-à-face.

Dans *Old Men forget*, il décrit de Gaulle comme « très âpre », parlant

---

* C'est l'époque où M. Churchill fait de nouveau arrêter Gandhi.
** Cf. plus haut, p. 676.

« comme s'il était un combiné de Roosevelt et de Staline », mais indique que les deux hommes se séparèrent « amicalement ». Churchill, mémorialiste, donne un écho plus chaleureux de l'entrevue, citant de lui-même un mot charmant : « Maintenant que le général de Gaulle parle si bien l'anglais, il comprend mieux mon français » — qui fit, dit-il, « éclater de rire » son interlocuteur. Dès lors « désarmé », le Connétable aurait subi sans exploser ses remontrances, qui eurent trait surtout au sort réservé à Boisson, Peyrouton et Flandin.

Face à cette ingérence tranquille du Premier ministre dans ses affaires, Charles de Gaulle fut inflexible (ce dut être le côté Staline relevé par Duff Cooper), se référant à la volonté populaire (là, c'était plutôt le côté Roosevelt) qui, exprimée par l'Assemblée consultative d'Alger, exigeait la mise en jugement des hauts responsables de la collaboration. Mais le mémorialiste donne de son vis-à-vis l'image coutumière d'un personnage « pittoresque et chaleureux », sans préciser que lorsqu'il tenta d'aborder les deux problèmes qui, dans son esprit, devaient fournir les thèmes de la rencontre — l'armement de la Résistance française et la prise en charge par le CFLN de l'administration des territoires libérés par le débarquement —, Winston Churchill fit mine de n'avoir rien entendu... Du point de vue politique, c'est un échec. Mais avant d'évoquer la revue qu'il organisa le lendemain en l'honneur de son hôte *, Charles de Gaulle prend soin de terminer son évocation du tête-à-tête de Marrakech en saluant cette « alliance à laquelle j'étais attaché [17] ».

Parce qu'en cette affaire il s'agit de théâtre autant que d'histoire, il faut citer quelque chose des versions qu'en a proposées d'Astier, ses fonctions gouvernementales ne le détournant pas de se présenter là surtout en maquisard avide d'armes, et en reporter assoiffé d'images :

« ... Le Symbole me raconte brièvement son entrevue avec Churchill. Il le reconnaît son égal plus aisément depuis qu'il peut le plaindre : " Il est très fatigué... C'est le déclin... oui, je lui ai parlé d'armement : il est d'accord mais il ne faut pas y compter, quel intérêt y trouveraient-ils ? "

« Je ne réponds pas. J'ai affaire au coq gaulois dressé devant le taureau d'Albion, et les deux emblèmes finissent par cacher les deux pays... L'Angleterre étant plus grande, Churchill se sent quelque indulgence et quelque amitié pour de Gaulle qui garde, lui, la contenance d'un homme supérieur à son destin, supérieur au destin de son pays. »

Mais le regard de d'Astier se situe au-delà de la littérature journalistique quand il rend compte, quelques jours plus tard, des entretiens qu'il a poursuivis avec Churchill après le départ du général.

« Le Premier ministre s'est montré satisfait de ses entretiens avec vous. Il a fait de votre personne et de ce que vous représentez un vif éloge. Pour lui, vous êtes incontestablement " l'homme de la France ", vous avez réussi, etc. Il a naturellement assaisonné son discours de remarques amères sur votre " xénophobie " et votre " esprit agressif " à son égard depuis la

---

* Mot ici fort approprié puisqu'il traduit à la fois le « guest » et le « host » anglais...

campagne de Syrie... » Le fondateur de Libération assure ensuite que Churchill a fait bon accueil à sa demande d'armes pour la Résistance et qu'en rentrant à Londres, il a lui, d'Astier, constaté une nette « amélioration de nos rapports avec les services britanniques » qui mettent « des moyens accrus à la disposition de leurs homologues français [18] ».

Peut-être n'est-il pas superflu de donner à cet étrange dialogue sous les palmiers, croqué par un Delacroix ironique, la conclusion tirée beaucoup plus tard par un autre témoin, Gaston Palewski : « Le mieux qu'on puisse en dire, c'est qu'il doit y avoir quelque chose entre ces deux pays et qu'il devait y avoir quelque chose entre ces deux hommes, car cette invitation au Maroc par un Anglais déplaisait fort au général, il ne s'est dit à Marrakech que des choses désagréables, et pourtant tout ce qui aurait dû conduire à la rupture y contribua à la renaissance de l'Entente cordiale [19]... »

Les Soviétiques convaincus de la représentativité du CFLN, les Britanniques ne faisant plus dépendre une complète réconciliation que de conditions (l'arrêt des poursuites contre les hommes de Vichy) évidemment absurdes et ne reflétant que les humeurs personnelles et changeantes de Churchill, des personnalités américaines aussi considérables que Cordell Hull corrigeant leur point de vue à l'égard du général de Gaulle, tout ce qui touche à l'avenir, à la libération et à la souveraineté de la France bute désormais sur Franklin D. Roosevelt.

Duff Cooper écrit alors « qu'il est intolérable qu'un vieil homme obstiné s'oppose ainsi à toutes les solutions ». Mais il se trouve que cet « obstiné » est l'homme le plus puissant du monde. Et rien ne peut alors faire prévoir une évolution dans l'attitude globale qu'il a arrêtée à l'égard de la France et que François Kersaudy résume ainsi : « ... Une hostilité viscérale à l'égard du général de Gaulle et de son mouvement, un certain appétit pour une partie de l'Empire français, un mépris complet de la souveraineté française, et une sympathie persistante pour le vieux maréchal Pétain, le tout dissimulé sous les apparences d'un respect scrupuleux du " véritable choix " [des] Français [20]... »

Le Comité français de libération nationale n'a jamais formulé de demande expresse de reconnaissance auprès de ses alliés. Nanti des assurances plus ou moins précises formulées à son égard par Moscou, Londres et Washington à la fin d'août 1943, de Gaulle tient la chose pour assurée, répétant en public ou en privé que seule désormais lui importe la décision du peuple français — qu'il déclare d'ailleurs acquise...

Ce n'est pas sur ce terrain de principes qu'il se bat, mais, plus habilement, sur celui de l'administration des territoires qui seront libérés par les débarquements dont il ne peut plus ignorer, un mois après les entretiens de Téhéran, qu'ils auront la France pour objectif. Prétendant tout bonnement exercer le pouvoir en France libérée, en application de la souveraineté nationale, il va déclencher une triple offensive pour faire admettre par les Américains (les Anglais étant plus ou moins acquis à l'idée) que nul autre pouvoir que celui du Comité d'Alger ne saurait administrer, au fur et à mesure de sa libération, le peuple français.

Dès le 27 septembre 1943, au lendemain de la capitulation italienne, le CFLN communique aux Alliés une note stipulant qu'il entend bien exercer l'autorité en terre française, compte tenu des prérogatives normalement exercées, dans le domaine militaire, par le haut commandement allié. Dans les semaines qui suivent, René Massigli, ayant assuré la participation de la France à la Commission de contrôle pour l'Italie*, demande la révision des accords Darlan-Clark de novembre 1942. Enfin, au mois de décembre, le CFLN dépêche aux États-Unis, pour une mission aux facettes multiples mais à l'objectif très simple — l'admission de la France comme partenaire à part entière dans l'alliance —, Jean Monnet, membre du CFLN « en mission » et Hervé Alphand, adjoint de Massigli pour les affaires économiques.

Sur le premier thème, celui de l'administration des Territoires libérés, la partie s'engage sous les pires auspices. Roosevelt ne l'a pas caché, dès sa première rencontre avec un dirigeant de la France combattante, André Philip, le 16 novembre 1942 : la France « libérée » sera soumise à une « occupation » anglo-américaine. En septembre 1943, lors d'un séjour à Londres, Hervé Alphand est informé par le commander Tracy Kittredge**, attaché naval américain, du projet d'administration intérimaire que son gouvernement s'apprête à adresser à Alger :

« C'est une bombe, écrit Alphand. Le commandement allié se chargera de l'administration et nommera les fonctionnaires... Il ne reconnaîtra pas Vichy, *sauf* pour se faire remettre par lui les pouvoirs ! » Et le paisible Hervé Alphand, qui était déjà et devait s'affirmer plus encore l'un des artisans les plus fervents de l'alliance franco-américaine, écrit fermement : « Cela ne se réalisera pas (sinon) il pourrait en résulter d'affreux mais durables malentendus[21]... » Ce dernier mot vaut en l'occurrence mille ans de diplomatie chinoise, ou de litote à la française.

Quelques semaines plus tard, à la veille de la conférence de Téhéran, le président des États-Unis résume ainsi ses vues à l'intention du secrétaire d'État Cordell Hull : « ... Je suis de plus en plus enclin à voir l'occupation de la France, lorsqu'elle se produira, comme une occupation purement militaire[22]. » « Occupation » : le mot est répété deux fois. Et le « de plus en plus » du président vaut qu'on s'y arrête : est-ce parce que la résistance antinazie est « de plus en plus » forte, l'autorité du CFLN « de plus en plus » reconnue, Vichy « de plus en plus » démonétisé, que Roosevelt se sent ainsi « de plus en plus » enclin à soumettre la France à une occupation militaire, du type de celle qu'on impose aux ennemis ?

Cette note reste évidemment inconnue des responsables français. Mais ils ne pourront plus entretenir la moindre illusion après l'entretien qu'ont, le 2

---

* Où Maurice Couve de Murville va représenter la France.

** Auteur de quelques-uns des rapports les plus venimeux contre la France combattante et ses dirigeants.

décembre 1943, Henri Hoppenot et James Dunn. D'entrée de jeu, ce responsable des affaires françaises au State Department signifie au visiteur qu'il n'est pas question de négocier avec le CFLN, ni sur les bases proposées par la note du 27 septembre ni sur d'autres, les décisions des Alliés étant irrévocables. Et s'agissant de la monnaie, Mr Dunn précise qu'elle sera celle que fera imprimer le commandement allié.

Hoppenot a beau faire valoir que ce procédé convaincrait les Français qu'ils sont traités en nation occupée — comme les pays qui ont fait la guerre aux États-Unis — et les inciterait à faire le rapprochement entre ces devises et les marks militaires allemands dont ils font l'expérience, précisant que les arrivants « pourraient difficilement commettre une faute plus lourde », rien n'y fait : Mr Dunn se refuse à la moindre discussion : c'est une affaire, dit-il, qui relève uniquement de l'autorité militaire[23].

Ainsi prévenu des intentions de Washington, le président du CFLN charge Pierre Viénot de sonder les intentions du Foreign Office. Sont-elles analogues ? « En somme, vous envisagez un projet d'AMGOT* pour la France ? » fait Viénot. Et comme son interlocuteur, Sir Orme Sargent, se récrie, le visiteur, anglophile militant et assez ennemi de toute outrecuidance pour trouver parfois de Gaulle « odieux », met les points sur les « i » : « ... Si vous faites de l'AMGOT en France, vous le ferez seuls [...] sans collaboration aucune du Comité. Vous aurez à faire face aux troubles que seule l'autorité du Comité, reconnu comme gouvernement par la presque unanimité du pays, peut éviter... » Et Viénot de conclure : « Mon interlocuteur a été visiblement ému par ces perspectives [...]. On ne peut se passer de nous et on le sait. Nous sommes sur un terrain solide[24]. »

Mais pour « solide » que soit le terrain, le partenaire y mène un jeu qui ne vise qu'à la domestication du CFLN. On le voit à propos des accords Darlan-Clark, signés en pleine période d' « expédient provisoire » par un homme prêt, pour être intronisé, à tout céder à ce vainqueur-ci comme il l'avait fait au précédent occupant. L'expédient n'était-il pas si provisoire qu'il ne frappât de précarité les actes passés sous ce paradoxal régime ?

Pouvait-il honnêtement considérer que ce qui avait été fait « au nom de Pétain » restait opposable à une autorité dont l'essence même était de nier ce type de solution ? Une convention passée par Paris avec le général Lee en 1863 aurait-elle été opposable cinq ans plus tard au général Grant** ? D'autant que les accords Darlan-Clark étaient léonins, ne serait-ce que parce qu'ils plaçaient toutes les installations militaires d'Afrique du Nord sous la coupe des arrivants : ports, fortifications, aéroports, transports... Système d'occupation militaire, de capitulation juridique et de protectorat politique. Statut si humiliant que Giraud lui-même en demanda la dénonciation dès le lendemain de la mort de Darlan.

Pendant dix mois, d'août 1943 à mai 1944, René Massigli s'acharna à

---

* Allied military government for occupied territories.
** Pendant la guerre de Sécession, Lee était le chef de l'armée sudiste, Grant le chef des forces de l'Union — et successeur de Lincoln à la présidence

réclamer l'abrogation d'un texte qui rabaissait l'autorité française au rang de fiction. Par trois fois, Robert Murphy, puis son successeur Edwin Wilson, firent répondre que l'affaire était à l'étude. Les quelques correctifs obtenus par Massigli étant aussitôt annulés par les occupants, il ne restait qu'une solution : le 13 mai 1944, le général de Gaulle prit la décision de dénoncer purement et simplement ce dernier résidu de l' « expédient provisoire ». L'armée américaine ne semble pas en avoir subi d'inconvénients.

Mais le plan rooseveltien d'administration de la France par les Alliés n'entre pas moins dans sa phase préparatoire. Déjà sont recrutés les agents de l'AMGOT, formés à Charlottesville, en Virginie : ils sont censés apprendre là, en deux mois, comment devenir préfet de Chartres ou sous-préfet de Carpentras. En deux mois ? Bigre ! C'est pourquoi on les appelle *sixty days marvels,* les merveilles de soixante jours [25]...

Parallèlement était mise à l'étude l'impression des billets destinés à être mis en circulation au moment du débarquement. Franklin Roosevelt s'opposant à ce que ces coupures puissent porter la moindre indication incitant à croire que de Gaulle et le Comité seraient appelés à gouverner la France, le secrétaire du Trésor, Henry Morgenthau Jr (dont nous avons vu qu'il fut, dès les premiers jours, le dirigeant américain le plus favorable aux *Free French*), suggéra que l'on imprimât au moins la mention « République française ». Objection de FDR : « Comment savoir à quel gouvernement nous aurons affaire ?... Ce sera peut-être un empire... — C'est justement ce que nous voulons éviter de faire croire [...] — Je connais tous ces arguments... De Gaulle est sur le déclin... » Exemple typique d'argumentation rooseveltienne [26]...

Un espoir subsistait cependant de clarifier ces rapports franco-américains empoisonnés par le « vieil homme obstiné » : il résidait avant tout dans la mission Jean Monnet, que Charles de Gaulle avait nommé « commissaire en mission » pour qu'il pût se consacrer entièrement à cette tâche de la réconciliation avec Washington — désignation qui signifiait bien que le Connétable ne cherchait pas la « bagarre » et, lui envoyant ce très bienveillant et amical interlocuteur, était décidé à ne rien négliger pour amadouer son plus puissant partenaire.

Moins d'un mois après l'arrivée de la mission à Washington, Hervé Alphand note dans son journal : « Nous progressons avec Jean Monnet dans la bonne direction. L'atmosphère envers la France est détendue ici... Toutes les administrations sont maintenant convaincues de la nécessité [...] de traiter avec une autorité française qui ait la confiance de la nation [27]. » Et Jean Monnet croit pouvoir préciser lui-même quelques jours plus tard dans un rapport à de Gaulle et Massigli : « Les négociations dont le Comité m'avait chargé et qui concernaient la reconnaissance du Comité comme seule autorité nationale en France au moment du débarquement [...] sont sur le point d'aboutir [28]. »

Cet optimisme, dont Monnet devra bientôt reconnaître la vanité, se fonde sur les revirements de ce qu'Alphand appelle « les administrations » : non seulement le Département d'État (bien que la section « Europe » restât violemment antigaulliste) mais surtout le War Office où le vieux ministre Henry Stimson, sous l'influence de son sous-secrétaire d'État John Mac Cloy, est convaincu désormais qu'une entente avec le CFLN sera dans l'intérêt des troupes d'invasion, et que « superviser les élections d'un grand pays comme la France entraînerait de terribles dangers et risquait de détruire pour toujours l'amitié entre les deux pays[29]. »

Mais tout projet, tout progrès venait échouer sur le bureau du président, dont les deux principaux conseillers pour les affaires françaises étaient plus que jamais l'amiral Leahy, dont l'axiome immuable restait, en ce printemps 1944 : « Le seul homme capable de réconcilier les Français est le maréchal Pétain », et Alexis Léger, qui ne cessait depuis quelques mois d'entretenir FDR dans sa hantise d'une confiscation du pouvoir par le général de Gaulle[30].

Ainsi, du côté de Washington, les issues sont bouchées, du moins jusqu'au débarquement. En attendant, Charles de Gaulle va s'employer à mettre un peu d'ordre dans la maison, qu'il s'agisse des institutions provisoires, des relations entre « les deux France » ou de l'Empire. Et il se préoccupe d'abord du sort de cette Afrique d'où est partie la vaste opération de reconquête amorcée à la fin d'août 1940 et qui porte aujourd'hui, comme une lourde vague, la France combattante aux portes mêmes de la métropole.

L'idée d'ajuster aux circonstances le statut de l'Afrique et la condition des Africains a germé d'abord dans l'esprit des trois hommes qui, de Fort-Lamy à Brazzaville, ont été les pionniers civils de cette Afrique où de Gaulle est venu chercher les espaces, les armes et les hommes nécessaires à la libération : Félix Éboué, Henri Laurentie et Pierre-Olivier Lapie — le premier gouverneur du Tchad, puis de l'AEF, le second secrétaire général de l'Afrique combattante, le troisième ancien député socialiste de Nancy, conseiller diplomatique de De Gaulle à Londres, puis successeur d'Éboué à Fort-Lamy. Tous trois sont des « libéraux » — surtout le second — enclins à des solutions orientant peuples et territoires africains vers leur émancipation.

René Pleven est commissaire aux Colonies. C'est un homme intelligent et souple, plus prudent que les trois précédents mais accessible à leurs arguments — pour peu que le général de Gaulle n'y fasse pas opposition. C'est lui en tout cas qui, le 13 octobre 1943, annonce à la radio de Brazzaville la réunion, trois mois plus tard, d'une conférence en vue « d'assurer le progrès des populations françaises du continent africain ».

Charles de Gaulle a immédiatement saisi l'intérêt du projet, pour toute une série de raisons. D'abord parce qu'il a pris conscience du caractère proprement bouleversant de la guerre, jugeant dès 1941 que cette « révolution... peut amener une profonde et salutaire transformation... révélant l'Afrique à elle-même[31] ». Il en a conclu que, de cet ébranlement, les pouvoirs coloniaux ne pourraient sortir que réformateurs ou brisés. Ensuite et surtout parce qu'il voit se dessiner une vaste entreprise américaine de remise en question du système colonial, sous forme d'internationalisation ou de *trusteeship* — sinon de simple transfert de souveraineté.

Soit par l'entremise du Conseil fédéral des églises protestantes qui, animé par John Foster Dulles, dénonçait en 1942 l'« illégitimité » de la colonisation [32], soit par celle de la presse ou des membres du Congrès, qui se contentent plus prosaïquement de revendiquer Dakar ou Nouméa, soit enfin et surtout par celle de la Maison-Blanche, mêlant le moralisme des uns au réalisme des autres, l'offensive américaine est constante contre ce que l'on appelle l'« Empire » français.

Dans l'esprit du Connétable, il ne saurait être question de subir en Afrique, de la part des États-Unis, l'opération de sape conduite par les Britanniques au Levant. Il faut prendre les devants : la conférence de Brazzaville manifestera que la France entend faire évoluer l'Afrique de son propre gré et selon son propre rythme, et accorder à ses « protégés » un meilleur statut que la ségrégation réservée aux Noirs d'Alabama ou de Caroline du Sud. Le préambule de la conférence proclame d'ailleurs que c'est « sans attendre la charte de l'Atlantique [que] la France a fait du principe l'Afrique aux Africains l'origine et la fin de sa politique coloniale »...

Mais ces vastes perspectives seront freinées par une double préoccupation. La première est l'une des constantes de l'histoire de la France libre : en se saisissant de la « légitimité » française en 1940, le général de Gaulle s'est instauré le fidéicommis d'un certain patrimoine et s'est engagé à le restituer à la nation au jour de la libération. Aussi a-t-il les mains liées sitôt qu'il s'agit, de Damas à Dakar, de traiter les grandes affaires de l'« Empire » en fonction des circonstances. Ce qui explique, selon Gaston Palewski, la « timidité » des décisions de Brazzaville [33].

Il faut tenir compte aussi d'une autre donnée. Quelques semaines avant l'ouverture de la conférence, Pierre-Olivier Lapie, devenu entre-temps délégué à l'Assemblée consultative, rendant visite au président du CFLN, lui suggérait de faire de la réunion prévue au Congo une nuit du 4 août coloniale et d'ouvrir largement les portes au fédéralisme. Ce qui lui valut cette remarquable réponse : « L'autonomie ? Je ne crois pas sage actuellement de l'accorder, pour diverses raisons dont la principale est celle-ci : les Européens d'Afrique du Nord saisiraient l'occasion pour s'en prévaloir, détacher l'Algérie de la métropole et créer une Afrique du Sud ségrégationniste à Alger : cela ne serait pas digne de la France, et nous ne pouvons pas en prendre le risque [34]... »

Le général de Gaulle qui « avec une solennité voulue », écrit-il dans ses *Mémoires,* a gagné le Congo en passant par le Maroc et Dakar (il s'estime accueilli avec « un enthousiasme indescriptible » là où on l'avait reçu « voici trois ans... à coups de canon ! »), ouvre la conférence le 30 janvier 1944, en ces lieux tout imbibés de souvenirs d'une France libre naissante, par un discours où il proclame qu'

> « en Afrique française [...] il n'y aurait aucun progrès qui soit un progrès *
> si les hommes, sur leur terre natale, n'en profitaient pas, moralement et
> matériellement, s'ils ne pouvaient s'élever peu à peu jusqu'au niveau où ils
> seront capables de participer chez eux à la gestion de leurs propres affaires.
> C'est le devoir de la France de faire en sorte qu'il en soit ainsi [35] ».

Mais à l'issue de huit journées de travaux auxquels étaient conviés dix-huit gouverneurs et hauts fonctionnaires — mais aucun Africain — en présence de neuf délégués de l'Assemblée consultative d'Alger conduits par leur président Félix Gouin et d'une vingtaine d'observateurs et experts, la conférence devait proclamer, en exergue solennel de ses « recommandations » finales, que « les fins de l'œuvre de civilisation accomplie par la France dans ses colonies écartent toute idée d'autonomie, toute possibilité d'évolution hors du bloc français de l'Empire ; la constitution éventuelle, même lointaine, de *self-governements* dans les colonies est à écarter ». Si le général de Gaulle avait voulu damer le pion aux Américains et opposer à leurs visées d'audacieuses initiatives françaises, c'était raté ! Le poids des habitudes et des prépondérances l'emportait sur l'imagination.

Dans ses *Mémoires,* écrits au temps du débat colonial le plus aigu, Charles de Gaulle fera mine d'applaudir à ces conclusions, assurant que les « questions constitutionnelles » ne pouvaient trouver de réponses à Brazzaville, mais que « la route était tracée ». Peu d'épisodes de l'histoire du gaullisme sont aussi ambigus que celui-là. Peu ont donné lieu à des commentaires plus contradictoires. Ouverture ou « tour de vis » ? Vision prospective ou train-train administratif ? Ou plutôt promotion des individus aux dépens d'une émancipation des collectivités ?

Voici une première réponse, donnée par l'un des participants, venu en « observateur » du Maroc, Jacques Berque **, qui n'a jamais péché par conservatisme ou timidité. Un beau croquis prélude au pronostic ironique :

« Lorsque, dans le rapide crépuscule, de Gaulle, sur la rive du Congo, décora la fille du roi qui avait traité avec Brazza et, avec une gaucherie superbe, lui donna l'accolade, ces Français dont j'étais, venus d'un pays encore humilié, se sentirent transportés d'espoir.

« De Gaulle avait alors la figure d'un mousquetaire. Il se mouvait avec des gestes rapides et impérieux. Un signe, du bout du salon d'Éboué, et Gouin, président de l'Assemblée, se précipitait. Une parole, et le brouhaha se taisait [...]. Des gouverneurs coloniaux médiocres pour la plupart, me sembla-t-il, et parmi lesquels tranchait Éboué : silhouette noire trapue d'où sortait une voix d'intellectuel de gauche [...].

« Les séances de la conférence étaient ternes, ne sortant pas de l'administratif. Toutes étaient empreintes de ce jacobinisme des bonnes

---

* Tournure typiquement gaullienne dont on voit ici l'une des premières applications..
** Depuis lors professeur au Collège de France.

intentions qui refuse à jamais de se dessaisir de rien, escomptant tout du maintien de sa " présence ". Et pourtant des foules de Noirs, du côté belge comme du côté français du lac, acclamaient un espoir nouveau. Tant il est vrai que gestes et discours ne valent pas par leur explicite, mais par leur symbole [...]. Celui du général [...] alarma et consterna les colons... Une fois de plus, la France était « perdue » d'avance. Mais moi, qui avais tenu à rendre visite à Allal el-Fasi* dans son exil de Mayama, je me demandais où était l'avance [...]. Bien qu'entamant un processus gigantesque, le discours de Brazzaville n'entendait pas aller plus loin que Brazza[36]. »

Celui qui fut l'animateur et la cheville ouvrière de ces travaux, le gouverneur Henri Laurentie, propose, quarante ans plus tard, cette synthèse :

« A Brazzaville, deux tendances s'affrontaient : assimilation d'une part (prônée par le gouverneur Saller) ou liberté politique octroyée aux territoires (proposée par Éboué et Laurentie). Les premiers étaient pour une citoyenneté reconnue à tous, les seconds pour une évolution vers l'autonomie, et peut-être l'indépendance. Le général ne se prononçait pas clairement : selon sa méthode, il laissait mûrir. Pleven restait neutre. Éboué, qui était sourd, avait de la peine à suivre**... Le résultat est un tissu de propositions contradictoires qui ne tiennent pas debout.

« Mais les Africains, bien que non conviés aux débats***, les suivaient avec ferveur, persuadés que l'évolution était en marche : ainsi se créa la légende de Brazzaville — que devait conforter le général après son retour en France, lors de sa conférence de presse du 25 octobre 1944, se prononçant alors pour un système d'autonomie. L'idée chemina, qu'il devait quinze ans plus tard faire passer dans les faits[37]... »

A l'ambiguïté de Brazzaville allaient faire écho les contradictions d'Alger. En faisant du général Catroux le gouverneur général de l'Algérie, commissaire d'État pour les affaires musulmanes, de Gaulle savait qu'il optait pour une politique neuve, cet officier s'étant constamment signalé par sa vision prospective des choses, sa répugnance naturelle à réprimer (confortée par l'expérience) et son inclination vers les solutions négociées ou amiables.

Sitôt rentré de sa mission au Levant où il avait été chargé de panser les plaies ouvertes par la navrante répression de novembre 1943****, Catroux mit au point une réforme étudiée dès sa désignation au gouvernement général de l'Algérie, en juin : la reconnaissance de la plénitude des droits politiques à certaines catégories de Musulmans (anciens combattants et titulaires de diplômes secondaires), communauté jusqu'alors cantonnée en bloc, par son

---

* Leader nationaliste marocain déporté par les autorités de Rabat.
** Il devait mourir trois mois plus tard au Caire.
*** Plusieurs d'entre eux remirent néanmoins des rapports, dont M. Fily Dabo Sissoko, délégué du canton de Nyamba, qu'on retrouvera membre d'un gouvernement de la IVᵉ République : il se prononçait avec vigueur contre l'assimilation et pour un développement original conduisant à l'association.
**** Voir ci-dessus, p. 738-739.

« statut personnel », dans le ghetto du « 2ᵉ collège » qui en faisait des sous-hommes, et l'égalité (numérique) de représentation des deux communautés dans les conseils élus*.

Le 12 décembre 1943, c'est Charles de Gaulle qui, à Constantine, sur une tribune dressée place de la Brèche, rend publiques les décisions préparées par Catroux — lesquelles épouvantent les Européens sans satisfaire les porte-parole d'un nationalisme en pleine expansion, « dopé » par la présence américaine. L'auteur des *Mémoires de guerre* assure avoir vu « pleurer d'émotion » le Dr Benjelloul, porte-parole traditionnel des revendications musulmanes (non nationalistes) devant la tribune de la place de la Brèche. N'en doutons pas. C'était pour ce pionnier des droits individuels la réalisation d'un rêve. Mais à la même époque Ferhat Abbas, qui au lendemain du débarquement allié a rendu public un « manifeste » appelant à l'émancipation de l'Algérie, se morfond en déportation dans un petit poste du sud-oranais. Et Messali Hadj erre d'un exil à l'autre.

Que pense alors Charles de Gaulle de l'avenir de l'Algérie ? André Philip rapportait qu'ayant parlé au général, au lendemain du discours de Constantine, d'une nécessaire évolution vers l'autonomie interne des départements algériens, s'attira cette riposte : « Autonomie ? Voyons, Philip, c'est par l'indépendance que tout cela finira[38] ! » Et, à la même époque, Maurice Schumann entendait le président du CFLN lui dire que s'il n'estimait pas devoir mettre en cause, pour l'instant, la « fiction » des départements, il pensait que « ceux qui s'imaginent qu'au lendemain d'une guerre comme celle-ci, le *statu quo* peut être prolongé et l'Algérie rester ce qu'on nous a enseigné... se trompent lourdement[39]. »

Vues prophétiques comme toujours, et, comme toujours, courtes réformes. Dans le style élégamment lyautéen qui est celui de Catroux, c'est encore une administration coloniale et coercitive qui se perpétue en Algérie. Et pourtant, ce seront les Musulmans alors réprimés qui placeront leur espoir en de Gaulle. Ce sont les Européens, si bien protégés, qui ne lui pardonneront jamais l'initiative de Constantine : ils ont bien compris que la seule évocation du concept d'égalité et la reconnaissance de « droits » acquis par les Musulmans sur les champs de bataille** remettent en cause le fondement même du système basé sur la prépondérance absolue d'une minorité.

Mais le problème de rapports intercommunautaires ne se pose pas seulement entre Musulmans et Européens. Il divise plus cruellement alors les « deux peuples » français : celui qui a suivi le maréchal et celui qui s'est rallié au général. Tandis qu'en métropole fait rage ce que Henri Amouroux a appelé l'« impitoyable guerre civile[40] », envenimée de mois en mois par le

---

* Décisions qui ont fait l'objet des ordonnances du 17 mars 1944.
** Dont, vingt-deux ans plus tôt, Clemenceau avait voulu faire la base d'une réforme qui fut étouffée dans l'œuf par les « prépondérants ».

développement des maquis (qui se multiplient par dix de janvier à août 1944) et l'aggravation de la répression conduite par la Milice de Darnand, à Alger, le CFLN doit d'ores et déjà tracer la frontière entre ce qui sera la réconciliation et ce qui est déjà la répression.

Laissé libre de choisir, Charles de Gaulle aurait-il posé, dès cette époque, le problème de l' « épuration », sachant à la fois l'insuffisance des dossiers relatifs aux personnages incriminés dont disposait sur place la justice et les difficultés que ne cessaient de susciter, entre ses alliés et lui-même, ce type de poursuite ? Le fait est que, dès le 8 août 1943, il a déclaré que l' « union nationale ne peut se faire et ne peut durer que si l'État sait distinguer les bons serviteurs et punir les criminels [41] ». Un mois plus tard, le CFLN décide le renvoi devant une Haute Cour de tous ceux qui ont exercé des pouvoirs de décision à Vichy. Et en novembre, c'est le nouveau commissaire à la Justice, François de Menthon, juriste respecté, qui déclare que « la justice est une arme pour aider la Résistance ».

Mais c'est surtout la pression de l'Assemblée consultative qui semble avoir accéléré les procédures envisagées. Le 12 et le 13 janvier 1944, au cours de deux séances passionnées, les représentants de la Résistance métropolitaine exigent « la mise en jugement rapide des traîtres » dont le nouveau pouvoir a pu s'assurer. Jacques Médéric, l'un de leurs chefs *, réclame une prompte justice, « faute de quoi le gouvernement d'Alger perdrait la confiance du peuple de France... Nous avons été envoyés ici pour exiger certaines choses. Aujourd'hui, nous exigeons que justice soit faite »... Et Médéric citait quatre noms : ceux de Pucheu, de Boisson, de l'amiral Derrien et du général Bergeret **.

Aussi bien le débat ne porte-t-il pas, ce jour-là, sur la nécessité d'agir, mais sur les procédures, la majorité de l'Assemblée réclamant la création de tribunaux d'exception, le CFLN tentant de faire prévaloir le recours aux juridictions traditionnelles. En tout cas, l'Assemblée ne se sépara pas sans avoir exprimé son regret des « lenteurs apportées au châtiment des traîtres ».

Pression décisive sur de Gaulle ? Entendant le lendemain, à Marrakech, Winston Churchill se plaindre du traitement réservé à Boisson, Peyrouton et Flandin, le général se contenta de lui montrer un journal qui rendait compte des débats de l'Assemblée d'Alger, ajoutant : « J'ai voulu démocratiser mon pouvoir... Il me faut désormais tenir compte de l'opinion publique... »

Très vite, le grand débat va se circonscrire au « cas Pucheu ». L'homme est d'une tout autre stature que les autres. Ses responsabilités plus lourdes. Les passions qu'il suscite, surtout dans les milieux communistes, beaucoup plus vives. Un Boisson, un Peyrouton peuvent invoquer pour excuses une légalité, des ordres reçus. Lui a pris des initiatives, et les assume avec

---

* Arrêté par la Gestapo quelques semaines plus tard, lors d'une ultime mission en France, il se suicida.
** Respectivement ancien ministre de l'Intérieur de Vichy, ancien gouverneur général de l'AOF, ancien préfet maritime de Bizerte, ancien « bras droit » de Darlan.

intrépidité. Son procès sera, dans sa plénitude, celui de Vichy : il s'ouvrira donc, dès lors que le seul homme qui aurait pu y faire obstacle, le général Giraud, se refuse à en prendre le risque.

Pierre Pucheu est ce qu'on appelle un « chef ». Éloquent, athlétique, courageux, ce normalien d'origine modeste est devenu, à 40 ans, patron des usines Japy. Figure de proue du patronat de combat, il a servi d'agent de liaison entre le grand capital et le PPF fasciste de Doriot, dont il a été membre jusqu'en 1940. Au début de 1941, il entre au gouvernement de Vichy, dont il devient, en juillet, ministre de l'Intérieur. Trois mois plus tard, il joue un rôle central (on y reviendra) dans l'exécution, le 21 octobre 1941, à Châteaubriant, de 47 otages communistes. Au mois de janvier suivant, il reçoit secrètement Henry Frenay et tente de passer un accord avec lui. En vain : le chef de Combat s'y refuse. En avril 1942, le retour de Laval au pouvoir rejette hors de Vichy ce fasciste antiallemand : il se retrouve ambassadeur à Berne.

Quelques mois plus tard, il passe en Espagne et cherche à rejoindre l'Afrique du Nord pour y combattre les nazis. Il écrit en ce sens, le 4 février 1943, au général Giraud alors « commandant en chef civil et militaire » qui lui répond le 15 en lui faisant savoir qu'il a « à tort ou à raison accumulé contre [lui] beaucoup d'inimitiés » mais que lui, Giraud, est prêt à « l'accueillir et à [lui] donner une place dans une unité combattante » à condition qu'il ne « fasse pas de politique » et qu'il vienne « sous un nom d'emprunt, pour éviter tout incident ».

Lettre qui, dans l'esprit de Pucheu, vaut sauf-conduit. Le voici au Maroc, où son protecteur, averti qu'il s'est mis dans un mauvais cas, lui enjoint de se faire oublier dans la lointaine garnison de Ksar-es-Souk. Mais depuis qu'il a été légalisé, en juin, le PCF a entrepris de régler ses comptes. Et, Laval et Darnand exceptés, il n'en a pas de plus inexpiables qu'avec l'homme qui est soupçonné d'avoir désigné aux nazis les victimes de Châteaubriant.

Le 15 août, Pierre Pucheu est appréhendé à Ksar-es-Souk et incarcéré à la prison de Meknès — sans que Giraud ne tente un geste. Dès avant l'ouverture du procès, l'organe londonien de la France combattante, *la Marseillaise*, exige une justice exemplaire. Pucheu ne peut guère se faire d'illusion. S'il est défendu par trois avocats de talent, dont l'excellent bâtonnier de Meknès, Me Paul Buttin *, il comparaît devant une juridiction spéciale composée de deux magistrats civils et trois généraux, dotée d'un procureur très « motivé » contre lui, le général Weiss.

Le procès s'ouvre le 5 mars à Alger. Pierre Pucheu, d'entrée de jeu, récuse le tribunal. Le principal témoin à charge est Fernand Grenier, député communiste de Saint-Denis et membre de l'Assemblée consultative, qui, interné à Châteaubriant, à réussi à s'en évader avant la terrible journée du 21 octobre 1941. Il traite Pucheu d'assassin, sans apporter la preuve que c'est le ministre qui a établi la liste des otages à fusiller. Ce que Pucheu nie

---

* En France, alors, les prisonniers de la Milice n'ont droit à aucun défenseur.

fermement. Me Buttin demandant au témoin s'il « sait » ce dont il accuse le prévenu, Grenier répond : « Nous le pensons... »

La défense attend beaucoup du général Giraud qui vient à la barre le lendemain 6 mars — peu après avoir appris la mort de sa fille, déportée quelques mois plus tôt en Allemagne. Cette douloureuse circonstance ne sert pas l'accusé. A aucun moment le général n'aura pour Pucheu un mot de compréhension ni de solidarité, et sa conclusion est un appel au châtiment des « mauvais Français ». Aussi bien murmure-t-on dans Alger qu' « un passeport signé Giraud vous amène droit au poteau [42] ».

La cause est entendue. Pour convaincre le tribunal, le général Weiss, accusateur, n'aura plus qu'à citer les textes de Vichy créant, sous l'autorité de Pucheu, les terribles juridictions spéciales. Me Buttin pourra bien arguer que depuis le départ de Pucheu, la répression, sous Laval et Darnand, s'est aggravée : peine perdue. Le 11 mars les juges, qui ont reçu de Jacques Bingen, délégué du CFLN en France, un télégramme assurant que « toute faiblesse du tribunal accroîtrait, au moment de la libération, les règlements de comptes individuels », et entendu l'accusé plaider une dernière fois non coupable, prononcent la peine de mort.

Six jours plus tard, et en dépit d'une démarche de Giraud, Charles de Gaulle se refuse à gracier Pucheu, qui sera fusillé le 20 mars, à l'aube, dans la cour de la prison de Hussein-Dey, clamant très haut qu'il est victime d'un « assassinat politique » et commandant lui-même la salve du peloton. Le fait est que cette instruction bâclée, ce procès hâtif, et la carence de l'homme qui avait couvert la venue de Pucheu en Afrique du Nord, font apparaître cette « justice » sous un jour sinistre.

Évoquant l'affaire dans ses *Mémoires*, de Gaulle écrit dix ans plus tard qu'à Alger, en mars 1944, « tout donne à penser » que Pucheu a désigné les otages au bourreau. Et il ajoute : « On en trouvera la preuve à la libération [43]. » Ce qui est dire qu'on a condamné Pucheu avant d'avoir les preuves de sa culpabilité entière... Henri Giraud, pour sa part, apprenant que le condamné s'était exprimé sur son compte « de la façon la plus brutale au moment de son exécution », se contente d'écrire dans *Un seul but, la victoire* : « Je décline toute responsabilité dans la mort de Pierre Pucheu. » Ce qui est ajouter la mauvaise foi à la pusillanimité*.

« La raison d'État exige un rapide exemple », écrit l'auteur des *Mémoires de guerre* [44]. La raison d'État... L'argument Bingen, certes, était fort ; forts aussi les rappels des crimes que commettait alors la Milice, forts les appels à la rigueur des résistants menacés. Mais l'épisode reste terriblement trouble, et le général en demeure troublé. A la veille de l'exécution, il demande aux avocats de faire savoir au condamné qu'il lui « garde [son] estime » et qu'ayant lui-même des enfants, il fera « élever ceux de Pierre Pucheu dans le respect de leur père ** ». Et le lendemain, Louis Joxe entend de Gaulle, « les traits creusés par l'insomnie » lui confier :

---

* Dans une lettre adressée le 23 mars à Giraud, de Gaulle met durement au clair leurs responsabilités respectives (*Lettres, Notes...*, V, p. 174-176).
** Ce qui, apprend-on de la famille de Pierre Pucher, ne fut pas fait.

« Si je l'avais gracié, les criminels de cette nature prendraient tous le chemin d'Alger... Nos prisons se rempliraient et leurs locataires attendraient paisiblement la fin de la guerre et l'oubli[45] ! »

Un autre épisode illustre ce même souci du Connétable. Louis Vallon racontait que, quelque temps avant l'affaire Pucheu, le BCRA avait reçu avis que Darnand — oui, Darnand lui-même — avait offert de rejoindre Londres en y dénonçant Pétain et son régime. Quelle aubaine politique ! L'hypothèse d'un accueil fait à Darnand avait été étudiée. C'est de Gaulle qui avait coupé court, violemment : « Eh quoi ? Si Darquier de Pellepoix * se faisait circoncire, il faudrait que je l'accepte, lui aussi[46] ! »

Tandis que passe ainsi une « justice » qui n'a pas fini de cracher ses arrêts incertains et cruels, l'État s'organise, pièce à pièce, autour d'un CFLN qui déjà ne se voit plus que sous les attributs d'un gouvernement déclaré. En attendant que le plus puissant de ses alliés veuille bien admettre cette réalité, de Gaulle décide, agit et sévit comme si nul autre que lui et son équipe ne devait exercer l'autorité sur les Français, à mesure de leur libération.

Il n'est plus un des hommes publics auxquels les Français ont depuis vingt ans accordé régulièrement leurs suffrages, de Louis Marin à droite aux communistes à gauche, en passant par Jeanneney, Herriot, Reynaud, Mandel, Blum, Mendès France, Queuille ou Paul-Boncour, qui ne se soit prononcé, en prenant tous les risques pour le faire, en faveur de cette « légitimité » conquise par Charles de Gaulle à la pointe de l'épée. Il n'est pas non plus de chef militaire prestigieux de la génération appelée à commander les armées de la libération, de Juin à de Lattre, de Sevez à Revers, qui ne se soit mis aux ordres de l'homme du 18 juin.

Est-ce assez pour faire taire les légalistes sourcilleux ? Certes non. Mais c'est là un terrain où Charles de Gaulle ne se sent pas fragile. Lors d'une séance du Comité, le commissaire d'État Henri Queuille, qui siège à sa droite, objecte au président que telle disposition n'est peut-être pas tout à fait conforme à la légalité républicaine. Alors on entend le Connétable, de sa voix la plus solennelle : « Monsieur le commissaire d'État, vous êtes-vous déjà aperçu que vous faites partie d'un gouvernement insurrectionnel[47] ? »

Aussi bien les décisions du CFLN prises par ordonnances, du 10 janvier 1944 au 3 juin, relèvent-elles d'un esprit qui emprunte sa terminologie, quand ce n'est pas son inspiration, à la Ire République plutôt qu'à la IIIe. Le 10 janvier, ce ne sont pas 89 préfets, mais bien 18 « commissaires de la République » que désigne le CFLN, dont les choix montrent éloquemment que l'État républicain qui s'enfante ne sera pas une simple résurrection du régime abattu en juin 1940 : si un tiers environ des hommes qui sont chargés de faire vivre la République nouvelle sur les décombres de Vichy — et peut-être face aux armées alliées — viennent de l'administration classique, la majorité est faite de ceux qui, de Raymond Aubrac à Yves Farge

* Commissaire aux Question juives à Vichy, professionnel de l'antisémitisme.

(« Grégoire »), et à Jean Cassou, tireront leur autorité de leurs hauts faits dans la lutte contre l'occupant.

Le 14 mars, une ordonnance fait connaître au monde que chaque parcelle de territoire libéré sera administrée par un délégué désigné par le CFLN. Ce texte résout en principe le problème qui depuis des mois préoccupe les chancelleries américaine, anglaise et française. Les Alliés ne sont pas d'accord ? On verra bien. Washington et Londres sont placés devant un fait accompli, celui d'un appareil d'État entièrement constitué. Puis est promulgué, le 21 avril, un texte rappelant que « le peuple français décide souverainement de ses futures institutions »... et qu'une « Assemblée nationale *est* convoquée dès que les circonstances permettront de procéder à des élections régulières »... En attendant, les conseils municipaux et conseils généraux en place en 1939 seront rétablis. Quant à l'Assemblée consultative, elle se transportera en France et assurera l'intérim de la représentation nationale en attendant l'élection de l'Assemblée constituante.

Il ne manque à cet édifice audacieux qu'un gouvernement ainsi dénommé. « Ce qui est acquis dans les faits, écrit l'auteur des *Mémoires de guerre,* doit être marqué dans les termes. Il est temps que le gouvernement prenne le nom qui lui revient... » Mais auparavant, le général de Gaulle aura voulu accomplir deux gestes : élargir l'imminent « gouvernement » aux dimensions de cette lutte qui l'a rendu possible, en y incluant des représentants du parti communiste, et lancer un dernier appel aux Alliés.

Des « représentants du parti communiste » au gouvernement ? Charles de Gaulle n'aime guère cette présentation des choses. Recevant le 1er janvier 1944 une lettre des responsables du PCF à Alger manifestant le désir « d'aider le gouvernement », il répond par un vif éloge des « Français communistes » qui « servent bien leur pays en faisant passer le devoir national avant toute autre considération [48] ». Cette mise au point faite, le dialogue est noué.

Le 18 mars, à la tribune de l'Assemblée, de Gaulle exprime l'intention de « rassembler au sein du gouvernement toutes les forces en lutte pour la libération ». Six jours plus tard, une lettre de la délégation du PCF fait savoir au général que le parti « est prêt à participer au CFLN ». Le 28 mars, une délégation conduite par Billoux, Bonte et Marty est reçue à la villa des Glycines. Et le 4 avril, François Billoux devient commissaire d'État et Fernand Grenier commissaire à l'Air, en même temps qu'André Le Troquer est chargé de l'administration des territoires libérés — et que le général Giraud, privé de son commandement, refuse l'inspection générale des forces armées que lui propose de Gaulle et se retire dans la petite ville de Mazagran *.

Avant de couronner cet édifice par la proclamation ouverte du « gouvernement » provisoire, le général de Gaulle tente de s'adresser à ses alliés,

---

* Il y sera visé par un attentat qu'il attribuera, contre toute vraisemblance, à quelque « agent gaulliste ».

pour ne pas être accusé de leur jeter à la tête ce qui pourrait apparaître comme un défi. Évoquant le 7 mai, à Tunis, le « moment où les armées de la liberté s'apprêtent à porter sur notre sol les péripéties et les destructions du combat... » et où « se fixent dans tous les esprits les idées et les sentiments d'où sortira l'ordre futur du monde », il conclut : « Nous souhaitons ardemment que les réalités françaises soient décidément reconnues... »

Mais l'appel le plus ardent à cette reconnaissance, ce n'est pas lui qui le lance. Le 13 mai *, les travées de l'Assemblée consultative sont combles. On a appris que Vincent Auriol va proclamer à la tribune l'adhésion solennelle au « gouvernement » de la démocratie française dont il est, vieux parlementaire de gauche et intime de Blum, un personnage symbolique entre tous. Ce ministre du Front populaire parle clair :

« On ne reconnaît pas le Comité ou l'Assemblée pour ne pas préjuger de l'avenir du peuple français et le laisser libre de manifester son opinion. Mais, observe Auriol, pour qu'il vote, ce peuple, il faut bien qu'un gouvernement le convoque, prépare les lois électorales, administre le territoire. Quelle autorité peut faire cela ? Ni Pétain, ni Hitler, ni certains dont nous parlons... C'est donc le gouvernement *de fait* qui assurera cette tâche...

« L'hémicycle commence à vibrer, ceux qui " savent " retiennent un instant leur souffle, ceux qui ne sont pas tout à fait au courant lèvent la tête, chacun comprend que le propos s'adresse au monde entier.

« Ce gouvernement, c'est le peuple qui l'adoptera, poursuit Auriol. C'est à lui qu'on donne les **armes**, c'est lui que tous les partis, anciens ou nouveaux, ont **choisi car il est** fidèle à la France, à ses alliés et à la République...

« L'orateur se **tourne vers le général** :

« Quand on me dit qu'il ne faut pas encourager la dictature, ce sont les ouvriers de Ferryville qui répondent à votre cri de " Vive la République ", monsieur le Président, par le double cri de " Vive la République ", " Vive de Gaulle ! " rassemblant ainsi l'homme et la République qu'il leur a promise [...]. Il faut prendre garde de blesser le patriotisme ou la susceptibilité d'un peuple car il en résultera un amer nationalisme » (les membres du corps diplomatique présents dans les loges du public suivent l'orateur avec attention).

« Alors Vincent Auriol brandit un document qu'il a lu et relu, dit-il, " les larmes aux yeux " et qui exprime l'appui total du Conseil de la Résistance. L'orateur martèle ses mots avec gravité.

« Le Conseil national de la Résistance, à l'approche des jours décisifs pour lesquels le peuple français se prépare dans un esprit de sacrifice [...] proclame que le CFLN est le gouvernement légitime de la France [...] sans connaître les raisons d'un délai dont l'opinion française se sent réellement atteinte [... il affirme que] cette reconnaissance, la logique, le bon sens, la nécessité l'imposeront tôt ou tard...

---

* Déjà, et à Alger.

« L'Assemblée se dresse, le général de Gaulle lève la main, le président lui donne la parole pour s'exprimer, dit-il, " au nom du gouvernement " [49]. »

Peine perdue : quand, le 1er juin, à Washington, Henri Hoppenot demande à Cordell Hull si quelque évolution peut être attendue de la part des États-Unis, le secrétaire d'État, chef officiel de la diplomatie américaine, lui répond non sans mélancolie qu'il ne peut rien dire, « toutes les affaires françaises [étant] à la décision exclusive du président [50] »...

Alors le 3 juin, le CFLN rend publique une ordonnance ainsi rédigée — on devine par qui :

« Le Comité français de la libération nationale prend le nom de Gouvernement provisoire de la République française. »

Le Rubicon était moins large que la Méditerranée. Mais César avait, pour patronner son entreprise, moins de pères conscrits de la République que n'en a recrutés le Connétable.

36. « Overlord »

Eisenhower et de Gaulle face à face...

L'un, trapu et bien posé sur le sol, visage clair de grenouille affable, détenteur flegmatique d'un pouvoir sans limite et qui fait la guerre comme il dirigerait la General Motors (ou la majorité républicaine du Sénat), alignant des chiffres, étudiant les dossiers, négociant avec les centres de décision et prenant d'innombrables contacts ; l'autre, instable comme un coureur s'élançant vers le but, rageusement tendu vers l'impossible, toujours un ton au-dessus, péremptoire et fulgurant, assez grand toutefois pour que l'orgueil n'emplisse pas son personnage tout entier, et qui a fait de son combat une mission, une tragédie et un symbole. L'un n'est que réserve de puissance, l'autre que pauvreté cabrée. Mais ces contraires se reconnaissent.

Les voilà le 30 décembre 1943, dans le petit salon de la villa des Glycines, qui sert de bureau au président de ce qui est encore le CFLN*. Il s'agit d'une visite « impromptue », précise l'Américain qui tient à saluer son hôte avant de quitter l'Afrique du Nord pour les États-Unis, puis la Grande-Bretagne, d'où il lancera l'assaut sur la forteresse Europe.

De Gaulle exprime aussitôt la satisfaction qu'il éprouve à voir un tel chef prendre le commandement d'opérations qui sont, dit-il, « vitales pour mon pays » et enchaîne sur le développement des forces françaises, sur les plans du général de Lattre en vue du débarquement en Provence et sur la nécessaire participation d'une grande unité française à l' « opération du Nord ». Propos qu'il conclut par cette adjuration : « N'arrivez pas à Paris sans troupes françaises ! »

Le général Eisenhower : « Soyez certain que je n'imagine pas d'entrer à Paris sans vos troupes [...]. On me fait une réputation de brusquerie [...]. J'ai eu l'impression que vous me jugiez sans suffisamment tenir compte des problèmes qui se posaient à moi, dans l'exécution de ma mission vis-à-vis de mon gouvernement [...]. Il m'a semblé alors que vous ne vouliez pas m'apporter votre entier concours [...]. Vous aviez en tant que gouvernement, vos très difficiles problèmes. Mais [...] la conduite des opérations [...] me semblait dominer tout [...].

« Je reconnais aujourd'hui que j'ai commis une injustice à votre égard et je tenais à vous le dire. »

Nous nous référons surtout ici à la meilleure version de l'entretien, celle qui a été établie aussitôt par le cabinet du général de Gaulle et figure dans les annexes des *Mémoires de guerre*, II p 674-676.

761

Le général de Gaulle : « You are a man*. »

Hommage ainsi rendu au visiteur dans le style de Kipling, de Gaulle l'assure que tout sera fait pour aider le commandement en chef interallié et le prie, « quand une difficulté surgira », de lui « faire confiance » et de prendre contact avec lui — notamment « quand se posera sur le terrain la question de Paris ».

Le général Eisenhower : « ... Je suis prêt à faire une déclaration exprimant la confiance que j'emporte de nos contacts, reconnaissant l'injustice que j'ai commise à votre égard en ajoutant que vous vous êtes déclaré prêt, en ce qui vous concerne, à m'aider dans ma mission. Pour la prochaine campagne de France, j'aurai besoin de votre appui, du concours de vos fonctionnaires, du soutien de l'opinion française. Je ne sais encore quelle position théorique mon gouvernement me prescrira de prendre dans mes rapports avec vous. Mais en dehors des principes, il y a les faits. Je tiens à vous dire que, dans les faits, je ne connaîtrai en France d'autre autorité que la vôtre **. »

Voilà de Gaulle conforté d'un coup, et l'avenir défini en quelques phrases. Certes, c'est le président des États-Unis qui est le chef des armées, et Eisenhower sait bien, dès cette époque, que Roosevelt fera tout pour empêcher de Gaulle et les siens d'assumer le pouvoir dans la France libérée. Mais face à cette « position théorique » que rien ne modifiera — en dépit de l'évidence, de la raison, de l'élémentaire respect dû à des alliés — « il y a les faits ». De Gaulle ennemi de l'*a priori* (la « position théorique »), ami des « circonstances » a trouvé là un allié de poids. Et il se trouve que c'est l'homme qui aura en main, sur le terrain, les armes de la liberté.

La « position théorique » de son gouvernement, Eisenhower l'ignore moins qu'il ne dit. Lors d'un récent séjour à Washington, il n'a pas manqué d'apprendre que la Maison-Blanche est intraitable sur deux points qui mettent tout responsable américain en opposition radicale avec les thèses d'Alger : d'une part, que l'état-major interallié disposera à sa guise des forces françaises mises à sa disposition ; d'autre part, qu'il exercera une autorité totale, politique aussi bien que militaire, sur les territoires libérés aussi bien que dans la zone des combats.

Lors de trois réunions récentes, les 16, 17 et 27 décembre, des contradictions flagrantes sont apparues entre de Gaulle, Giraud et Massigli d'une part, et de l'autre l'ambassadeur américain Wilson et le général Bedell-Smith, chef d'état-major d'Eisenhower. De Gaulle est allé jusqu'à déclarer que si l'emploi des grandes unités françaises par l'état-major allié n'était pas jugé par le CFLN de nature à « répondre à l'intérêt national », il saurait reprendre « nos armées et notre liberté d'action ».

Mais lors de la troisième conférence, le 27 décembre, le général Bedell-Smith a donné l'assurance que le gros des forces françaises étant destiné au débarquement du Sud, au sein d'une armée si possible « autonome », une

---

* « Vous êtes un homme. »
** On verra que les choses ne seront pas aussi simples...

division française serait désignée pour l'opération du Nord. Sur quoi de Gaulle a admis que l'on pourrait s'entendre sur ces bases, à condition qu'il s'agisse, pour le débarquement de Normandie, c'est-à-dire la marche sur Paris, d'une division blindée. On en est là...

Des progrès dans l'harmonisation entre les efforts alliés et la participation française semblent donc avoir été faits. Mais le président des États-Unis a convaincu le Premier ministre de Sa Majesté de tenir le général et le CFLN dans l'ignorance du calendrier prévu pour la libération de la France.

On l'avait baptisée « Overlord ». C'est en mai 1943, lors des conférences tenues avec Churchill à Washington, que les grandes lignes en avaient été arrêtées, avant d'être confirmées lors de la conférence de Téhéran. Axée sur les plages de Normandie *, elle devait être complétée par un débarquement sur les côtes de Provence, auquel fut donné le nom de code « Anvil ** ».

Pour « Overlord » étaient déjà rassemblées en Grande-Bretagne, au mois de mars 1944, des forces américaines évaluées à plus d'un million d'hommes. Le débarquement au Nord était prévu pour les alentours du 1er mai 1944, l'opération « Anvil » devant suivre deux ou trois mois plus tard.

De tous ces plans — assez voisins, pour « Overlord », de celui que de Gaulle et Billotte ont préparé au printemps 1943, et pour « Anvil », de ce que Giraud et Beaufre ont suggéré à peu près à la même époque —, le CFLN et son chef ne seront informés que pour ce qui a trait à l'emploi des combattants français. Et rien en tout cas au sujet des dates choisies. Quand il arrive à Churchill d'objecter timidement à son grand allié que, cette fois, s'agissant du territoire français et d'une autorité établie dans les faits, cette mise à l'écart prend un caractère choquant, Roosevelt lui répond automatiquement en rappelant le fiasco de Dakar...

Charles de Gaulle et ses collaborateurs n'en prennent pas moins leurs dispositions pour participer, aussitôt et le mieux possible, à la bataille. L'essentiel des forces françaises est retenu en Italie, où les effectifs engagés dans la progression vers Rome sous le commandement de Juin avoisinent les 130 000 hommes. Dans son entretien avec Eisenhower, de Gaulle a reconnu qu'il ne disposait en Angleterre que de 2 000 hommes... Mais il a quasiment obtenu de son interlocuteur la promesse de faire transporter en Grande-Bretagne une division blindée — ou plutôt les effectifs et les cadres d'une division blindée qui serait pourvue sur place du matériel transporté des États-Unis.

C'est à la 2e DB préparée au combat par le général Leclerc à Temara, près de Rabat, qu'est dévolue cette tâche : être la grande unité française sans

* En vertu de renseignements fournis à l'état-major interallié par la Résistance française.
** Enclume.

laquelle Eisenhower « n'imagine pas d'entrer à Paris ». Elle sera acheminée sur la Grande-Bretagne (près de Hull) au début d'avril 1944.

Le 28 mars 1944, le CFLN a désigné le général Koenig comme son délégué militaire auprès du haut commandement allié pour la grande « opération du Nord » — et un peu plus tard, comme commandant en chef des forces françaises de l'intérieur — supervisant le chef de l'Armée secrète (Dejussieu-« Pontcarral », puis Malleret-« Joinville »). Depuis Bir-Hakeim, Koenig dispose d'un grand crédit personnel en Angleterre. Sa désignation provoque une relance des demandes anglaises à Washington : comment tenir un tel compagnon d'armes à l'écart des projets « Overlord » ? FDR restera inflexible.

Mieux, il convaincra alors le gouvernement britannique d'interdire à dater du 19 avril toutes communications chiffrées entre Alger et ses délégations diplomatique et militaire à Londres, en raison de la nécessité de préserver le secret à la veille des grandes opérations prévues. Au moment où commencent les choses sérieuses, les Français doivent être sourds et aveugles. De Gaulle ne fut pas le seul à voir là ce qu'il appelle « un outrage ». Aussitôt Koenig et Viénot se virent interdire d'entretenir quelque rapport que ce soit avec leurs interlocuteurs anglais...

Winston Churchill et Anthony Eden mesurent bien les inconvénients de cette situation : le chef de l'État américain est le chef de la coalition, le dispensateur de la puissance, des armes et des moyens. Mais le général français est — surtout depuis le 4 avril, l'élargissement du CFLN et l'élimination de Giraud — l'arbitre de la situation sur le territoire français, c'est-à-dire sur le champ de bataille. Entre le maître du feu et le maître du lieu, il n'est plus possible que le désaccord persiste indéfiniment. L'honnête courtier britannique ne pourrait-il parvenir à les aboucher ?...

Les points de vue ont rarement été aussi antagonistes. Alors que, le 14 mars, le CFLN remettait aux mains de délégués les pouvoirs dont il se considère d'ores et déjà comme détenteur dans les territoires libérés, le lendemain le président Roosevelt adressait à cet effet au général Eisenhower une directive lui rappelant que, disposant des pleins pouvoirs dans ces mêmes territoires, il « pourrait consulter » le CFLN, « comme d'autres autorités », au cours de l'exécution de sa mission. Comment concilier des thèses aussi contradictoires ? Pour de Gaulle, il y a un pouvoir, le sien. Pour Roosevelt, il y en a un autre, « celui d'un dieu », qu'il a conféré à Eisenhower. Deux souverains pour une même terre...

Quelques semaines plus tard, cependant, le secrétaire d'État Cordell Hull assouplit — comme il ne cessera plus de le faire — le point de vue du président, présentant l'administration des terres libérées en France comme relevant d'une concertation entre le commandant en chef interallié et les autorités françaises. De toute évidence, Jean Monnet est passé par là. Si déçu qu'il soit de la lenteur de ses progrès, le « missionnaire » du général grignote peu à peu les résistances de l'administration et souligne, à l'attention d'Alger, telle ou telle avancée légère des Américains. Il met surtout en valeur la marge de manœuvre laissée, dans la directive de FDR aussi bien que dans le discours de Cordell Hull, au commandant en chef : car il sait désormais, comme de Gaulle, qu'Eisenhower n'ignore plus qui détient les clés de la France...

C'est alors que Londres choisit d'intervenir : Duff Cooper, ambassadeur de Sa Majesté auprès du CFLN, est chargé de faire savoir à Charles de Gaulle que le Premier ministre se fait fort d'arranger sa réception à Washington par le président Roosevelt, pour peu qu'il en manifeste le souhait par le truchement de sa délégation aux États-Unis. De Gaulle est naturellement mortifié d'avoir à solliciter le bon vouloir d'un homme dont il n'a reçu, depuis des années, que des rebuffades et éprouvé que des procédés « profondément désobligeants ». Mais ayant longuement consulté Massigli, il se résigne à « laisser la porte ouverte sans toutefois franchir le seuil », en rédigeant ce billet à l'adresse de l'ambassadeur britannique :

« Monsieur l'Ambassadeur, au sujet de l'affaire dont vous m'avez fait l'honneur de me parler hier, je puis vous dire que je suis d'accord pour que le projet que vous m'avez exposé puisse suivre son cours[1]... » Ainsi le Connétable pouvait-il écrire parfois avec un duvet. Mais ne doutons pas que ces mots en forme de nuage lui aient beaucoup coûté...

Nanti de cette tiède bénédiction, Churchill va de l'avant et avertit le président américain de la prochaine démarche du général de Gaulle — qui ne sera faite que si l'accord de Washington est par avance acquis... A quoi, fidèle à sa ligne de conduite, Franklin Roosevelt répond que « la question devra être soulevée dans un mois par les représentants français à Washington »... Dans un mois... alors que le besoin d'entente est pressant ? L'intention d'humilier le demandeur est si évidente que Winston Churchill, tout aligné qu'il soit sur les volontés de son grand allié, ne peut se retenir de lui écrire : « J'espérais que vous pourriez faire un peu mieux que cela[2] ! »

Tous les textes et correspondances relatifs à cette période montrent un de Gaulle très maître de lui. Alors que Londres interrompt ses moyens de communication, alors que Washington le lanterne comme un dictateur de république bananière, il se retient de presque tout ce qui pourrait faire affleurer, aux regards de l'opinion mondiale, le différend. La conférence de presse qu'il tient le 21 avril n'est qu'un fleuve de miel, notamment au sujet de Cordell Hull, et quand Jean Monnet lui rend compte de la fin de non-recevoir que ses interlocuteurs américains continuent d'opposer à tout ce qui a trait à la souveraineté française, il lui répond qu'il préfère se garder dans les circonstances présentes de toute polémique[3].

La seule explosion que s'autorise de Gaulle, c'est un discours prononcé le 7 mai à Tunis au cours duquel il riposte à ceux qui pensent — c'est l'esprit de la directive de Roosevelt — que lors de sa progression en France, l'état-major interallié traitera ici avec un maire gaulliste, là avec un préfet vichyste :

> « A ceux qui supposent qu'à sa libération, la France pourrait en revenir à l'époque féodale et se répartir entre plusieurs gouvernements, nous leur donnons rendez-vous, un jour prochain, à Marseille sur la Canebière, à

Lyon sur la place Bellecour, à Lille sur la place Nationale, à Bordeaux sur les Quinconces, à Paris quelque part entre l'Arc de triomphe et Notre-Dame * ! »

Mais à quelques semaines du débarquement (prévu l'année précédente pour le 1er mai, il a été reporté à la première semaine de juin), n'est-il pas absurde, voire suicidaire, de ne pas savoir quelle sera l'autorité sur laquelle devra s'appuyer le commandant allié au plus fort de la bataille ? La presse anglaise le crie, les journaux américains le répètent : qu'attend-on pour traiter avec le CFLN, qu'il soit reconnu *de facto* ou *de jure* ?

A la Chambre des communes, c'est un véritable harcèlement que doit subir Anthony Eden — dont chacun sait qu'il est *in petto* d'accord avec ses contradicteurs. Aussi bien finit-il par lâcher à un interpellateur qui le somme de répondre, le 19 avril, si oui ou non c'est avec le CFLN qu'auront à traiter les Alliés, ces deux mots qui en disent beaucoup plus long que n'en ont fait entendre en six mois des centaines de dépêches de Londres ou de Washington : « *Yes, Sir.* »

Mais tous les projets d'accord avec le CFLN s'amoncellent et s'enlisent sur le bureau de Roosevelt. Pour les débloquer, Londres va reprendre l'initiative. Un facteur nouveau détermine les Anglais à agir, indépendamment de l'urgence liée à l'imminence du débarquement et de la pression de l'opinion publique anglaise qu'exprime une presse depuis quelques semaines si gauiiiste que Fleet Street ** semble s'être transporté en bloc à Carlton Gardens : le prestige que confèrent soudain à la France combattante les victoires remportées par le corps expéditionnaire français en Italie. C'est le 14 mai que Juin crève le front allemand sur le Garigliano.

Alors, le 24 mai, Winston Churchill annonce aux Communes que le général de Gaulle est invité à Londres en vue de négocier les rapports entre le commandement interallié et les autorités françaises. Il croit avoir satisfait ainsi l'attente de l'opinion : il suscite une véritable vague de protestations. C'est Harold Nicholson, écrivain réputé, francophile plus déclaré encore que Churchill et député conservateur, qui se fait le plus vigoureux interprète de ces protestations en lui lançant que ces tergiversations avant de reconnaître purement et simplement le CFLN sont à la fois « grotesques » et « discourtoises », s'agissant d'une « nation amie qui est en train de reprendre son rang » et d'un homme qui « comme le Premier ministre, a fait front dès 1940 »...

A l'invitation que lui transmet Duff Cooper, de Gaulle, qu'exaspère la docilité d'un homme de la grandeur de Churchill face à son allié américain, répond sèchement que « le gouvernement décidera de la réponse à donner ». C'est ce jour-là que le CFLN, dès avant la publication de l'ordonnance du 3 juin, décide de s'attribuer l'appellation de « gouvernement ».

Bien sûr, les nouveaux ministres se prononcent en faveur du voyage de

---

* Il aura été fidèle, six mois plus tard, à tous ces rendez-vous.
** Centre nerveux des journaux londoniens.

De Gaulle à Londres, non sans préciser que le général ne sera accompagné en Grande-Bretagne d'aucun membre du gouvernement, pour bien marquer qu'en raison de l'absence de tout représentant de l'Éxécutif américain et donc de l'impossibilité de conversations tripartites en vue de dégager une solution au problème des responsabilités politiques en France, il n'est pas question de « négocier ». Au surplus, de Gaulle met pour condition à son voyage la levée de l'interdiction imposée depuis un mois par les autorités britanniques à l'usage du chiffre entre Londres et Alger. Ce à quoi s'engage sur-le-champ l'ambassadeur de Sa Majesté.

Et pour que Londres ne se leurre pas sur la signification de sa visite et ne croie pas à quelque assouplissement de sa part, de Gaulle a adressé à Viénot, le 25, un télégramme où il réitère ses prises de position avec une brutalité foudroyante : « Nous ne demandons rien. Il y a nous, ou bien le chaos. Si les alliés de l'Ouest provoquent le chaos en France, ils en auront la responsabilité et [...] seront les perdants... »

Est-ce parce qu'il constate que de Gaulle est plus obstiné encore que lui, et que l'approche du grand événement ne fait que donner plus de poids à l'humeur de son vis-à-vis, en affaiblissant les justifications de la sienne ? Voici que Roosevelt prend une surprenante initiative : le 27 mai, Charles de Gaulle reçoit dans le plus grand secret la visite de l'amiral Fénard, ancien homme de confiance de Darlan dont le CFLN a fait le chef de sa mission navale aux États-Unis. C'est ce rescapé de « l'expédient provisoire » qu'a choisi FDR, comme pour manifester la continuité de sa politique au moment où il vire de bord, pour glisser discrètement à l'oreille du chef du gouvernement d'Alger que si l' « on » se refuse à perdre la face en l'invitant officiellement, il suffirait qu'il accepte le principe d'une visite à Washington pour que les missions diplomatiques règlent l'affaire « sans qu'il soit nécessaire de publier officiellement qui, de Roosevelt ou de De Gaulle, aura pris l'initiative »...

L'auteur des *Mémoires de guerre* évoque ce souvenir avec une délectation de gourmet. Que les ruses des autres lui paraissent naïves ! Quel régal pour un cynique de grand style... Il décrit ainsi ses réactions :

> « L'effusion n'était pas de mise. Je chargeai l'amiral Fénard de faire une réponse d'attente, prenant acte de l'invitation que m'adressait Roosevelt [...] mais j'allais partir pour Londres. Il convenait que le contact fût repris plus tard. »

C'est donc FDR qui attendra : ô délices... Et le mémorialiste d'ajouter ces quelques mots dont on ne peut douter qu'ils lui vinrent sur-le-champ à l'esprit :

> « La démarche du président acheva de m'éclairer. Il m'apparaissait que la partie longuement et durement menée vis-à-vis des Alliés pour l'indépendance française allait se dénouer dans le sens voulu... »

Le 2 juin, il reçoit un message très chaleureux de Churchill, du meilleur Churchill : « Venez maintenant, je vous prie, avec vos collègues, aussitôt que possible et dans le plus grand secret. Je vous donne personnellement l'assurance que c'est dans l'intérêt de la France. Je vous envoie mon propre York*, ainsi qu'un autre York, pour vous. »

En arrivant deux jours plus tard d'Alger à Carlton Gardens, accompagné de Palewski et Béthouart, il est accueilli par une lettre du Premier ministre qui évoque les plus beaux jours du compagnonnage des héros :

« Mon cher général de Gaulle,

Bienvenue sur ces rivages ! De très grands événements militaires vont avoir lieu, je serais heureux que vous puissiez venir me voir ici, dans mon train, qui est près du quartier général du général Eisenhower... [qui] espère votre visite et vous exposera la situation militaire [...]. Je serais heureux de vous offrir à déjeuner [4]... »

Le général de Gaulle a atterri à Londres dans la matinée du 4, le jour même où les forces alliées — françaises entre autres — pénètrent dans Rome. C'est la plus grande victoire à laquelle aient pris part, depuis quatre ans, en masse et au premier rang, des combattants français. Et le lendemain, de Gaulle adresse à Juin ce télégramme dans le style de Bonaparte : « L'armée française a sa large part dans la grande victoire de Rome. Il le fallait ! Vous l'avez fait ! Général Juin, vous-même et les troupes sous vos ordres êtes dignes de la patrie [5]. » Cette atmosphère ne sera pas étrangère au comportement, dans les heures qui suivent, du général victorieux sur le front italien et que l'on traite en auxiliaire aveugle au moment même où se déclenche l'opération majeure sur le sol de son propre pays.

Winston Churchill accueille de Gaulle, flanqué de Viénot et Béthouart, dans son train bloqué près de la gare de Portsmouth. « Idée originale », observe ironiquement de Gaulle. Il sait pourtant que les wagons jouent depuis longtemps un rôle important dans la vie des stratèges, et que Churchill adore, revêtu d'uniformes variés, jouer les militaires. Eden, d'accord une fois de plus avec le Connétable, signale pour sa part que le train du Premier ministre ne disposait que d'une baignoire et d'un téléphone et que « Churchill était toujours dans la baignoire et le général Ismay toujours au téléphone, si bien qu'il était pratiquement impossible de faire quoi que ce soit [6] ».

Le Premier ministre de Sa Majesté accueille le général de Gaulle avec effusion et — écrira le visiteur — « tout de suite, engage le fer ». Il décrit d'abord de saisissante manière la vaste entreprise guerrière qui va se déployer à partir des rivages anglais, mettant l'accent sur « le rôle capital que va jouer la Royal Navy ».

Charles de Gaulle, toujours sensible à la grandeur, fût-elle celle des autres, exprime son « admiration pour cet aboutissement ». Admiration dont il prend tacitement sa propre part : voilà l'homme, voilà le peuple dont

* L'avion personnel du Premier ministre.

il s'est refusé, en plein désastre, à détacher la fortune de la France, et qui reçoivent aujourd'hui

> « la justification éclatante de la politique de courage que [Churchill] a personnifiée depuis les plus sombres jours... Quoi que les événements prochains doivent encore coûter à la France, elle est fière d'être en ligne, malgré tout, aux côtés des alliés pour la libération de l'Europe. Dans ce moment de l'Histoire, un même souffle d'estime et d'amitié passe sur tous les Français et tous les Anglais qui sont là[7] ».

Tout change, dès lors qu'on « en vient aux affaires ». Profitant de l'émotion que viennent de susciter les circonstances et son éloquence phosphorescente, Churchill, qui a entraîné à table, dans le wagon voisin, ses visiteurs, croit le moment venu de « parler politique ».

Mais autant il a séduit son visiteur dans le rôle du héraut d'armes de la croisade en Europe, autant il l'irrite en jetant soudain sur la table l'idée d'une négociation improvisée. De Gaulle n'a-t-il pas précisé à Duff Cooper que n'étant accompagné d'aucun ministre, il a accepté l'invitation de Londres « pour le débarquement », et non en vue d'une négociation que les Alliés ont niée en se refusant à tenir le moindre compte des suggestions françaises ?

Depuis un moment, raconte Béthouart, « je sens de Gaulle tendu, ulcéré d'être ainsi invité en spectateur et au dernier moment, sans aucune discussion ni entente préalable sur la question capitale de l'exercice du pouvoir en France libérée, qui va pourtant se poser aussitôt[8] »... Aussi, quand Churchill suggère, au dessert, de « parler politique », les témoins voient de Gaule se roidir et lancer, de son ton le plus rogue : « Politique ? Pourquoi ? ». Il en faut davantage pour démonter Churchill, qui en revient à son grand dessein : le rapprochement entre le président américain et de Gaulle. Ne pourrait-on conclure d'abord un accord franco-britannique, que de Gaulle irait « soumettre* » à Washington ? Même si Roosevelt ne l'approuvait pas, les deux hommes auraient au moins causé, et FDR en viendrait tôt ou tard à une reconnaissance de l'administration d'Alger...

Alors de Gaulle « explose » :

> « Pourquoi semblez-vous croire que j'aie à poser devant Roosevelt ma candidature pour (*sic*) le pouvoir en France ? Le gouvernement français existe. Je n'ai rien à demander dans ce domaine aux États-Unis d'Amérique, non plus qu'à la Grande-Bretagne. Ceci dit, il est important pour tous les alliés qu'on organise les rapports de l'administration française et du commandement militaire. Il y a neuf mois que nous l'avons proposé. Comme demain les armées vont débarquer, je comprends votre hâte de voir régler la question. Nous-mêmes y sommes prêts. Mais où est, pour ce règlement, le représentant américain ? [...] D'ailleurs, je note que les gouvernements de Washington et de Londres ont pris leurs dispositions pour se passer d'un accord avec nous. [...] les troupes qui s'apprêtent à débarquer sont munies d'une monnaie soi-disant française [...] que le

---

* C'est le mot employé dans la version de l'auteur des *Mémoires de guerre*.

Gouvernement de la République ne reconnaît absolument pas [...]. Demain, le général Eisenhower [...] d'accord avec vous [proclamera] qu'il prend la France sous son autorité. Comment voulez-vous que nous traitions sur ces bases[9] ? »

Et selon Béthouart, il croit bon d'ajouter : « Allez, faites la guerre avec votre fausse monnaie. »

En matière d'explosion, Churchill n'est pas homme à se laisser distancer. Le rugissement étant son registre favori, il rugit : « Et vous ! Comment voulez-vous que nous, Britanniques, prenions une position séparée de celle des États-Unis ? Nous allons libérer l'Europe, mais c'est parce que les Américains sont avec nous pour le faire. Car, sachez-le ! Chaque fois qu'il nous faudra choisir entre l'Europe et le grand large, nous serons toujours pour le grand large. Chaque fois qu'il me faudra choisir entre vous et Roosevelt, je choisirai toujours Roosevelt. » Ces mots sont restés justement fameux. Ils portaient en eux quarante ans d'histoire à venir, peut-être beaucoup plus. Mais tandis que le grand homme les jette à la face de son hôte, celui-ci regarde Eden qui, « hochant la tête, ne [lui] paraît guère convaincu ». Quant à Bevin, il intervient, rompant avec une solidarité légendaire face aux étrangers, en déclarant au général que le Premier ministre n'a parlé que « pour son propre compte », et pas « au nom du cabinet britannique[10] ».

Sa fureur pour un instant retombée, Winston Churchill trouve en lui la grandeur d'âme de lever son verre : « A de Gaulle, qui n'a jamais accepté la défaite. » A quoi le général répond : « A l'Angleterre, à la victoire, à l'Europe[11]. » Allons, chacun est à la hauteur de lui-même par le ton. Mais sur le fond ? Ce « grand large » qu'évoque ainsi le Premier ministre de Sa Majesté n'est-il pas une tutelle abusive, et exagérément subie ? Et chez de Gaulle, l'urgence ne pourrait-elle conduire, au moins avec Londres, à tenir un meilleur compte des « circonstances » ?

Il est 16 heures quand le Premier ministre, un peu boudiné dans son uniforme bleu de colonel de la Royal Air Force, emmène ses hôtes au quartier général d'Eisenhower, une baraque de trappeur dans un boqueteau voisin. « Ike » et son chef d'état-major, l'austère Bedell-Smith, se mettent en frais pour éclairer les visiteurs français « avec beaucoup de clarté et de maîtrise de soi », relève de Gaulle : huit divisions, 10 000 avions, 4 000 navires sont prêts à bondir vers les côtes normandes. « Je constate que, dans cette affaire très risquée et très complexe, l'aptitude des Anglo-Saxons à établir ce qu'ils appellent le " planning " s'est déployée au maximum », observe le visiteur, qui reste un bon officier d'état-major.

Une inconnue encore, tout de même : l'heure de l'action. Tout a été étudié par un assaut entre le 3 et le 6 juin : l'aube sera précoce, et la marée très basse découvrira au maximum les pièges dressés par les défenseurs. Or, observe Eisenhower dans ses mémoires, « les nouvelles, dans la matinée du 4 juin, étaient décourageantes : nuages bas, vent fort, vagues formidables... L'appui aérien serait impossible, le maniement des embarcations difficile...

Montgomery* pensait qu'il fallait y aller. Tedder** était contre. Si nous avions persisté à tenter l'opération le 5 juin, elle aurait presque certainement tourné au désastre »... Mais alors, faut-il reporter l'attaque à une autre lune, la retarder de plusieurs semaines ?

Le commandant en chef a l'intelligente courtoisie de se retourner vers le général de Gaulle : « Qu'en pensez-vous ? » Le visiteur, répondant qu'il approuve par avance sans réserve le parti que prendra l'unique responsable, ajoute néanmoins : « A votre place, je ne différerais pas, (compte tenu) des inconvénients d'un délai de plusieurs semaines qui prolongerait la tension morale des exécutants et compromettrait le secret. »

Comme tout à l'heure avec Churchill, tout commence bien avec « Ike ». Mais tout va, avec lui aussi, se gâter. Au moment où de Gaulle et Béthouart, édifiés, s'apprêtent à se retirer, le commandant en chef tend au premier, « avec une gêne manifeste », un feuillet dactylographié : c'est le texte d'une proclamation qu'Eisenhower est chargé de lire à l'adresse des peuples de l'Europe occidentale, notamment du peuple français, à l'heure de l'assaut.

« Une proclamation ? fait de Gaulle. Pourquoi ? » Il lit le texte, et une fois de plus, se fige. Rien n'est plus éloigné des propos que lui a tenus Eisenhower le 30 décembre aux Glycines (« Je ne traiterai qu'avec vous »). La proclamation que lui montre aujourd'hui son hôte est un reflet fidèle — bien qu'un peu atténué par lui, dit-on — des thèses rooseveltiennes. Alors qu'aux autres peuples, Ike s'adresse en soldat, les Français, eux, sont invités à « exécuter ses ordres », l'administration en place ici et là devant « continuer d'exercer ses fonctions » en attendant que « les Français choisissent eux-mêmes leurs représentants et leur gouvernement ». Dans ce « factum », souligne de Gaulle, « pas un mot de l'autorité française qui, depuis des années, suscite et dirige l'effort de guerre de notre peuple qui a fait à Eisenhower l'honneur de placer sous son commandement une grande partie de l'armée française*** »...

Le général américain est trop lucide pour ne pas sentir que son interlocuteur est ulcéré par son texte. Il lui déclare aimablement (mais non sans hypocrisie, on le verra) : « Je suis prêt à le modifier suivant vos observations. » Dans la nuit, de Gaulle rédige en hâte un appel où sans se nommer à aucun moment, ni faire référence à son gouvernement, il se contente d'inciter les populations libérées à « suivre les ordres de l'autorité française qualifiée » qui « assurera, quand les oppresseurs auront été chassés, les moyens de choisir vous-mêmes vos représentants et votre gouvernement [12] ». On ne saurait être plus discret, plus fidèle au principe d'autodétermination qui inspire, aux dires de leur président, les États-Unis. Mais l'aimable Eisenhower s'est moqué de Charles de Gaulle : le texte qu'il a ordre de lire est imprimé et distribué depuis plusieurs jours déjà... Ce qu'entendront les Français, c'est donc un appel qui nie l'appel du 18 juin.

* Commandant en chef terrestre.
** Commandant en chef adjoint d'Eisenhower. Tous deux sont britanniques.
*** La formule est un peu forcée, bien sûr...

C'est une sommation à n'obéir, en tous domaines, qu'à un général étranger.

Tout ce qui suivra, de cette fin de journée du 4 juin à l'après-midi du 6, trente heures plus tard, et qui n'est pas du meilleur de Gaulle, découle de cette lugubre comédie. Le général voudra d'autant plus faire cavalier seul qu'on lui refuse sa monture. Quand dans l'après-midi du 5, ayant réinstallé ses pénates à l'hôtel Connaught et retrouvé Carlton Gardens, il reçoit la visite de l'excellent Mr Peake venu lui annoncer que, le débarquement ayant été décidé pour le lendemain à l'aube, il était prévu qu'il parlerait à la radio après les souverains de Norvège, des Pays-Bas, du Luxembourg, le Premier ministre de Belgique et le général Eisenhower, il refuse tout net, ne voulant pas, en parlant après le commandant en chef, paraître, dit-il, « avaliser ce qu'il aura dit et que je désapprouve ».

En arrivant à la réunion du cabinet de guerre convoqué en fin d'après-midi, Churchill est informé (mal...) que de Gaulle refuse de parler et d'envoyer auprès des unités alliées qui vont débarquer en Normandie la mission de liaison militaire prévue. Devant ses ministres, il explose d'une telle rage qu'Alexander Cadogan, le moins gaulliste des collaborateurs d'Eden, note dans son journal : « Nous avons eu droit à une harangue passionnée du Premier ministre contre le général de Gaulle. Chaque fois que ce sujet revient sur le tapis, nous nous éloignons de la politique, de la diplomatie et même du bon sens. Roosevelt, le Premier ministre — et aussi de Gaulle, il faut bien le reconnaître — se conduisent comme des jeunes filles à l'approche de la puberté [13]... » Où l'on voit que Cadogan se faisait une idée pessimiste de ce que sont les jeunes filles.

La nuit qui s'ouvre, en effet, n'a de précédent dans aucun couvent ou lycée connu. Entre 9 heures du soir le 5 et 4 heures le 6 — alors que les avant-gardes du débarquement sautent sur la plage de Sainte-Madeleine — va se dérouler le plus échevelé des affrontements entre Churchill et de Gaulle : qu'ils aient eu Viénot et Eden pour truchements a seulement empêché que les deux héros n'en viennent, comme dans *l'Iliade*, aux mains.

Vers 21 heures, le 5 juin, Eden téléphone à Viénot de passer le voir : la crise ouverte par les refus de De Gaulle est très grave. Viénot accourt au Foreign Office pour démentir que de Gaulle refuse de parler (il rédige déjà son texte) mais pour confirmer le refus de l'envoi de la mission de liaison, incompatible avec l'esprit AMGOT de l'entreprise : la France combattante ne peut pas s'associer à une « occupation » du sol national.

Eden ainsi éclairé, sinon rassuré, Viénot retourne à l'hôtel Connaught où de Gaulle l'accueille par des imprécations contre Churchill, qu'il traite de gangster : « On a voulu m'avoir. On ne m'aura pas. Je leur dénie le droit de savoir si je parle à la France ! » Viénot, dont la loyauté est mise en cause, riposte qu'il a été le premier à prévenir les Alliés que « s'il devait y avoir AMGOT, ce serait sans nous » et qu'il n'a pas cessé de mettre le CFLN en garde contre la situation où l'on se débat aujourd'hui, en ce moment crucial.

De Gaulle : « Le CFLN n'existe pas. Ce sont des gens sans consistance... »

772

Viénot : « Si le CFLN n'est pas responsable de l'erreur, c'est vous, général de Gaulle, qui l'êtes... »

L'ambassadeur repart porteur des décision du général : de Gaulle parlera — à son heure et sans contrôle — mais la mission militaire ne partira pas. Parti à la rencontre d'Eden, c'est Churchill, flanqué de son secrétaire d'État, que Viénot trouve, et va entendre !

« J'expose le malentendu qui s'est produit au sujet du *talk* à la radio. Eden est visiblement soulagé. Churchill éclate en imprécations. Il n'est plus sensible à aucun fait. C'est une explosion de tempérament [...] une explosion de haine contre de Gaulle, accusé de "trahison en pleine bataille ". Il me répète dix fois que c'est une monstrueuse incompréhension du sacrifice des jeunes Anglais et Américains qui vont mourir pour la France. " C'est du sang qui n'a pas de valeur pour vous " [...].

« A plusieurs reprises, je me lève et lui dis : " Je ne peux entendre parler de la sorte. " A un moment, il dit qu'après avoir connu de Gaulle, les malheurs subis par la France lui paraissent compréhensibles et mérités...

« A la fin de l'entretien, où j'ai eu peine souvent à me dominer et à cacher mon émotion [...] Churchill ne se lève pas, ne me tend pas la main [...]. Je lui dis : " Vous avez été injuste ; vous m'avez dit des choses fausses, violentes, que vous regretterez. Moi, dans cette nuit historique, ce que je veux vous dire, c'est que, malgré tout, la France vous remercie. "

« Churchill me regarde avec des yeux stupéfaits, émus. Il s'agite. Je sors. »

Premier commentaire d'Eden à ses collaborateurs : « Cela a été horrible. »

Retour de Pierre Viénot auprès de De Gaulle, qu'il trouve calme, détendu et serein, faisant observer que lorsqu'on parle avec Churchill « tout tourne en violence ». Avec Churchill seulement ? Viénot observe qu'ayant « humilié » l'adversaire, il peut pardonner.

« Il me dit : " Je vais vous donner le fond de ma pensée. Il faut causer, organiser un dîner avec Eden, Duff Cooper et vous. Nous irons au fond des questions. Il y a une solidarité franco-britannique à créer. La formule de 1940 * n'est plus possible, mais il faut trouver quelque chose de plus permanent qu'une alliance sur une base économique et sur une base de sécurité. "

« A propos de son idée de conversation avec Eden, je lui fais remarquer qu'elle est plus difficile aujourd'hui qu'hier, quand il la refusait avec mépris. Je lui rapporte le mot d'Eden : " De Gaulle a l'air de considérer que la Grande-Bretagne n'existe plus. " De Gaulle me répond : " Il se trompe tout de même un peu. " Il y a à la fois une nuance de regret d'avoir été trop loin et la satisfaction orgueilleuse **. »

* Le fameux plan d'union qu'il a téléphoné à Reynaud le 16 juin 1940, et qui fut aussitôt repoussé par le cabinet français.
** Ce récit de Pierre Viénot, dicté à son collaborateur et ami Jacques Kayser (leader des « jeunes turcs » radicaux aux côtés de Mendès France et auteur d'un livre sur *l'Affaire Dreyfus*) dans la matinée du 6 juin 1944, a été publié sous une forme plus complète par son épouse Andrée Viénot dans *Le Monde* du 6 juin 1974.

Mais tandis que le Français retrouve sa raison, l'Anglais va s'enfoncer dans sa fureur : ce de Gaulle est un ennemi de l'Angleterre. Il n'y a plus qu'une chose à faire de lui : qu'Eisenhower « le mette dans un avion et qu'il le renvoie à Alger, enchaîné si c'est nécessaire. Il ne faut pas le laisser entrer en France [14] ! » Accouru pour tenter d'apaiser son chef de file, Eden le trouve, raconte d'Astier, en train de dicter une lettre adressée à de Gaulle, lui enjoignant de quitter sur-le-champ le territoire britannique...

Mais Anthony Eden n'en est pas à un sauvetage près : la lettre de congé à de Gaulle sera brûlée. Et le général promet, avant que la nuit du 5 au 6 s'achève, qu'il parlera dans l'après-midi du 6. Mais pour dire quoi ? Il va de soi qu'il ne soumettra rien à personne, et surtout pas aux censeurs de la radio. Et s'il allait dire au peuple français ce qu'il pense vraiment de Franklin Roosevelt, et décrire l'état de ses relations présentes avec Winston Churchill ? Le Foreign Office est aux aguets, décidé à couper court à un discours dévastateur.

Il pourrait l'être de deux façons. Ou en laissant paraître quelque chose des dissensions interalliées, ou en poussant au déclenchement de « l'insurrection générale » dont les services alliés ne veulent pas. Dès le début de mai, le SOE britannique du colonel Buckmaster et les services de l'Intérieur du CFLN représenté à Londres par Georges Boris se sont affrontés à ce sujet. Un accord est intervenu, prévoyant que l' « insurrection » ne serait prônée et déclenchée que sur ordre direct du général Koenig, et par zones [15].

Mais il se trouve que, dès la soirée du 5 juin, les messages lancés par la BBC, anglaise aussi bien que française, vont déclencher un mouvement beaucoup plus considérable que prévu. Il ne s'agit plus seulement de sabotage des communications tel que l'ont planifié le SOE et le BCRA, mais d'un début de soulèvement. C'est dans une dynamique insurrectionnelle, qui déjà emporte la coordination entre débarquement et « action immédiate » au-delà de ce qu'avaient prévu Eisenhower, la propagande anglaise et même Koenig, que se situe l'appel de Charles de Gaulle, le 6 juin 1944.

Cette nuit-là, celle de la veillée d'armes, Charles de Gaulle a tenu à la passer — entre deux visites de Viénot — avec son fils, qui a touché terre pour quelques heures. Le grand secret, il le laisse échapper, dans un murmure, alors que les premiers parachutistes touchent terre : « C'est pour cette nuit... »

Il prend la parole au début de l'après-midi. Cette allocution qui alarme tant ses hôtes anglais est un appel aux armes — mais il a pris soin de ne pas utiliser la formule la plus explosive, celle de l' « insurrection nationale » :

> « La bataille suprême est engagée... C'est la bataille de France et c'est la bataille de la France... Cette bataille, la France va la mener avec fureur. Elle va la mener en bon ordre... Pour les fils de la France, où qu'ils soient,

quels qu'ils soient, le devoir simple et sacré est de combattre l'ennemi par tous les moyens dont ils disposent...
Les consignes données par le gouvernement français et par les chefs français qu'il a qualifiés pour le faire [doivent être] exactement suivies [...]. L'action menée par nous sur les arrières de l'ennemi [doit être] conjuguée aussi étroitement que possible avec celles que mènent de front les armées alliées et françaises... Que tous ceux qui sont capables d'agir, soit par les armes, soit par les destructions, soit par le renseignement, soit par le refus du travail utile à l'ennemi, ne se laissent pas faire prisonniers, se dérobent d'avance à la clôture et à la déportation...
La bataille de France a commencé. Il n'y a plus, dans la nation, dans l'Empire, dans les armées, qu'une seule et même espérance. Derrière le nuage si lourd de notre sang et de nos larmes voici que reparaît le soleil de notre grandeur [16]. »

N'aurait-il pu être plus généreux et explicite à l'endroit de l'immense effort libérateur des Alliés ? N'aurait-il pu parler de gouvernement « provisoire » ? N'aurait-il pas dû être plus prudent quant à l'entrée dans le combat des forces de l'intérieur * ? Allons, c'est dans le bon sens tout de même que crie cet écorché vif : cette voix-là fera se lever pas mal d'énergies...

Mais ce nouvel appel lancé au peuple de France, s'il a libéré un instant le président du GPRF des arguties et des accrochages secondaires, ne l'a pas désarmé, pas plus que la violence de la bataille qui se déroule autour de Bayeux. Avant même de retrouver l'antenne fameuse de la BBC, il a adressé à ses collègues du gouvernement d'Alger, le 6 juin, un télégramme évoquant la « tempête » de Londres, l'urgence d'une protestation officielle contre l'émission de la « fausse monnaie » que vont utiliser les Alliés en France, et exprimant son amère conviction que « dans l'esprit de Churchill entièrement d'accord avec Roosevelt, mon voyage ici a pour principal objet de couvrir leur marchandise [17] ».

Le dîner qu'il donne le 8 juin à Carlton Gardens en l'honneur d'Anthony Eden n'est pas fait pour arranger les choses. Il ne trouve rien de mieux que de dénoncer la « dépendance » de Londres vis-à-vis des États-Unis (n'est-ce pas, cela aussi, une ingérence dans les affaires d'un autre État ?). Eden ne détendra pas l'atmosphère en citant la pièce fameuse de Goldsmith, *She stoops to conquer*. De Gaulle ** l'ignore à coup sûr, mais sait assez d'anglais pour en rejeter violemment la philosophie : s'abaisser pour conquérir !

Tandis que l'on s'égratigne ainsi entre Grands, la bataille fait rage, sur la côte du Calvados, d'Omaha Beach (Colleville) à Utah Beach (La Madeleine) et de la pointe du Hoc à Courseulles. On apprend dès la soirée du 6 que le débarquement — auquel ne participe directement qu'une seule unité française, le bataillon de choc *** du commandant Kieffer — a réussi : c'est-à-dire que 156 000 hommes ont pris pied en vingt heures sur le continent et que le Mur de l'Atlantique a cédé sur 50 kilomètres entre la Vire et l'Orne. Dès le lendemain, quand Eisenhower visite la tête de pont, les Anglais ont

* Voir plus loin, p. 784.
** Dont la première langue est l'allemand.
*** 300 hommes.

pris Bayeux et les Américains Isigny, mais une contre-attaque de *panzers* bloque les premiers à quelques kilomètres de Caen, où la bataille opposant dix divisions de Rommel à huit américaines (Bradley) et six britanniques et canadiennes (Montgomery) s'engage le 11.

Le 12 juin, alors que la tête de pont s'est développée — 100 kilomètres de large sur 20 de profondeur environ —, Winston Churchill rend visite aux troupes engagées près de Bayeux : il a cru bon de s'y rendre, non pas en compagnie du général de Gaulle (qui n'y est pas encore « autorisé ») mais du maréchal Smuts, l'homme qui veut inféoder la France au Commonwealth. La presse britannique s'enflamme, jugeant indécent que le Premier ministre ne prenne pas pied sur le sol français en compagnie de l'homme qui s'est rangé à ses côtés, sur le sol britannique, quatre ans plus tôt. Aux Communes, des voix s'élèvent pour demander s'il est bien vrai que le général de Gaulle, ayant émis le vœu de se rendre en France, en a été empêché...

La pression se fait d'autant plus vive que les rapports de l'Intelligence britannique signalent qu' « il y a un nom et un nom seulement sur toutes les lèvres — de Gaulle... Les témoignages semblent unanimes [18] ». Dans le même temps, tous les gouvernements en exil à Londres — sauf celui des Pays-Bas — reconnaissent le « gouvernement provisoire » du général de Gaulle, notamment ce parangon de la démocratie internationale qu'est la Tchécoslovaquie d'Édouard Benès. Alors, de part et d'autre de l'Atlantique, les leaders d'opinion les plus notoires, de Walter Lippman, Edgar Mowrer et Dorothy Thompson à Harold Nicholson, Harold King ou Darcy Gillie « font entendre que la plaisanterie a assez duré [19] ».

Le Premier ministre de Sa Majesté va donc se décider à autoriser le voyage en France du chef du gouvernement français. Mais ce n'est pas sans réserves, ni restrictions. Churchill spécifie dans une note adressée à Eden que « de Gaulle ne pourra tenir là-bas de réunions publiques, ni rassembler de foules dans les rues. Il aimerait certainement qu'il y ait des manifestations afin d'apparaître comme le futur président de la République française. Je suggère qu'il traverse lentement la ville * en voiture et serre quelques mains avant de rentrer, et fasse seulement ici les déclarations qu'il jugera nécessaires. D'un autre côté, il devra être traité avec la plus grande courtoisie [20] ».

Stupéfiant protocole, que l'on dirait établi par un gouverneur colonial à propos d'un déplacement de notable africain dit « protégé ». Rappelons qu'il s'agit du chef du gouvernement d'un pays dont les forces armées sont au combat, dont les maquisards se font tuer sur tout le territoire pour aider à la progression des Alliés et dont les habitants de plusieurs agglomérations sont alors massacrés en représailles du débarquement...

La veille du voyage encore, alors que le général de Gaulle dîne au Foreign Office où Anthony Eden a voulu célébrer son imminent retour sur la terre française, le maître de maison reçoit au cours du dîner un message du

* Bayeux.

Premier ministre — dont l'absence est fort remarquée — soulevant quelques objections ultimes au voyage. Après une brève consultation avec Attlee, Premier ministre adjoint et les trois membres du cabinet de guerre présents, Eden décide de maintenir les plans déjà arrêtés. Comme en avril 1943, ses collègues auront sauvé l'entente des foudres du vieux leader...

A la veille de sa visite en France, Charles de Gaulle désigne son ancien aide de camp François Coulet pour le poste clé de commissaire de la République pour la région normande libérée, et le colonel de Chevigné, l'ancien attaché militaire à Washington, comme responsable militaire du secteur. Ainsi sera bien marqué, par la présence de deux hommes de confiance très connus dans les milieux alliés, la prise en charge par le GPRF de la zone libérée.

L'État français a, lui aussi, établi sa tête de pont.

37. Le plébiscite ?

A l'aube du 14 juin, le contre-torpilleur la *Combattante*, qui vient de participer, sous les ordres du commandant Patou, aux combats du débarquement, appareille à Portsmouth. La veille au soir ont pris place à son bord, avec le général de Gaulle, Pierre Viénot, Béthouart, d'Argenlieu, Palewski, Billotte, Courcel, Teyssot (alors son aide de camp) et enfin Coulet et Chevigné qui vont prendre leurs postes en Normandie.

Au moment de reprendre pied sur la terre de France, le croirait-on ? le général est morose. Une fête organisée par les marins, la veille au soir, peu après l'embarquement, l'a laissé de glace. Au petit matin, on le voit dressé sur la passerelle, guettant l'apparition de la côte d'en face. Le commandant vient le saluer. De Gaulle le toise : « Patou, je ne céderai pas... » L'autre, un peu interloqué : « Bien sûr, mon Général ! — ... sur l'affaire des billets de banque libellés en francs et émis en Amérique. C'est de la fausse monnaie [1] ! »

On accoste peu après midi sur une plage située entre Courseulles et Graye-sur-mer [*]. De Gaulle, engoncé dans une énorme vareuse de drap qui semble l'isoler du monde, s'enferme dans son mutisme. Noué par l'émotion, au moment de retoucher terre en France ? Hanté par l'ampleur de sa tâche ? L'un de ses compagnons, Boislambert [**] s'approche de lui : « Avez-vous pensé, mon Général, qu'il y a quatre ans, jour pour jour, les Allemands entraient dans Paris ? » Un silence. Puis de Gaulle : « Ils ont eu tort, Boislambert... »

Après quelques pas sur la plage encombrée des véhicules d'un régiment canadien qui vient de débarquer, de Gaulle prend place dans une jeep (T8 — 5537365) conduite par un sergent écossais qui a pris soin de fixer à son pare-brise un pavillon tricolore. Sur le siège arrière se sont casés Béthouart et Viénot. On se dirige, avant de gagner Bayeux, vers le quartier général de Montgomery. Mais le contact avec le peuple de France, quel est-il ? Le général Béthouart a bien décrit ces premières approches :

« Bientôt apparaissent des compatriotes. Ils sont généralement âgés, les femmes vêtues de noir. Ils regardent sans comprendre, ne reconnaissent pas les uniformes français. Nous nous arrêtons, leur parlons. Ils s'exclament

---

[*] Une polémique s'est élevée depuis lors entre les deux municipalités pour savoir sur laquelle avait ce jour-là pris pied le général. Courseulles l'a emporté.
[**] Un autre récit fait de Viénot l'interlocuteur du général.

avec joie. L'un d'eux, hypnotisé par mes quatre étoiles, me dit : " C'est vous, le général de Gaulle ? — Non, c'est lui, là, devant moi. " L'homme regarde les deux étoiles du général, manifestement stupéfait[2]... »

Derrière eux, soudain, le galop d'un cheval, insolite au milieu de cette armada motorisée. La jeep du général, prise dans un embouteillage, doit stopper. Alors on voit sauter de sa monture un prêtre : c'est M. Paris, curé de Vaux-sur-Seulles, qui apostrophe le général de Gaulle :

« Mon Général ! J'ai écouté votre appel du 18 juin, j'ai aidé les patriotes, j'ai recueilli des parachutistes, j'ai été en liaison avec les maquis, et vous avez traversé mon village sans même vous arrêter pour me serrer la main ! Eh bien, si j'avais pu me douter que ça se passerait comme ça... ». Souriant, de Gaulle descend de la jeep et prend le prêtre dans ses bras : « Monsieur le Curé, je ne vous serre pas la main, je vous embrasse. »

Un peu plus loin, la jeep croise deux gendarmes qui pédalent paisiblement en direction de Courseulles. De Gaulle fait arrêter la jeep, demande qu'on les appelle. Mettant pied à terre, les deux gendarmes saluent au garde-à-vous cet officier au long manteau de drap boutonné jusqu'au col, coiffé d'un képi dont ils ignorent que les deux étoiles de bronze n'y sont fixées qu'à titre temporaire, ce qui leur évite de lui demander ses papiers. De toute évidence, ils ignorent à qui ils ont affaire. Le chef de la France libre se présente. Affolés, les deux gendarmes laissent choir leurs machines sur la chaussée pour rectifier la position, balbutiant des excuses.

« Mes amis, fait de Gaulle, rendez-moi un service. Je me rends à Bayeux. Voulez-vous être assez aimables pour faire demi-tour afin d'annoncer mon arrivée, ce qui empêchera que personne ne soit pris au dépourvu ? Nous ne bougerons pas d'ici avant un quart d'heure. » Enfourchant leurs vélos, les gendarmes filent vers Bayeux. Se tournant vers ceux qui l'accompagnent, le général déclare : « Messieurs, la reconnaissance est faite[3] ! »

Et les voici chez Montgomery, installé dans un château Louis XIII que continuent d'habiter, comme si de rien n'était, ses propriétaires. Le général anglais travaille dans un camion-bureau décoré de photos d'Eisenhower et de Rommel. De Gaulle le décrit alliant « la prudence à la rigueur » et « l'ardeur à l'humour » et ajoute que ses opérations « vont leur train... A l'entendre, je me convaincs que, sous ses ordres, les choses iront vigoureusement, mais sans hâte ni témérité ».

Voici Bayeux, où il est accueilli par le maire et par Coulet qui a, depuis une heure, pris ses fonctions. Surprise : la ville, au cœur de la bataille dont elle a été l'objet, est presque intacte. Les combattants anglais ont préservé au mieux la cité chère aux Plantagenêts... Le sous-préfet de Vichy, toujours en fonction, manifeste son ralliement en retirant en hâte de la salle d'honneur la photo du maréchal Pétain que personne n'a songé, depuis huit jours, à décrocher.

Cette entrée à Bayeux, Béthouart l'a décrite comme « triomphale » et a parlé des « acclamations d'une foule enthousiaste ». L'auteur des *Mémoires de guerre* assure qu' « à la vue du général de Gaulle, une espèce de stupeur

779

saisit les habitants qui ensuite éclatent en vivats ou bien fondent en larmes... Les enfants m'entourent. Les femmes sourient et sanglotent. Les hommes me tendent les mains. Nous allons ainsi tous ensemble, bouleversés et fraternels, sentant la joie, la fierté, l'espérance nationales remonter du fond des abîmes... » D'autres témoins de ces scènes les évoquent sur un ton plus retenu, sans nier pour autant la chaleur de l'accueil. Faut-il, comme le fait Béthouart — qui y était... —, parler de « plébiscite », dès cette traversée chaleureuse de Bayeux ? La tendance est bonne, en tout cas.

Sur la place du château, on a tendu une vaste banderole tricolore, sur laquelle sont épinglés les drapeaux américain, anglais et canadien. Une petite estrade, un micro devant lequel on voit surgir le lieutenant Maurice Schumann, livide d'émotion sous son grand béret, qui lance, comme à Londres : « Honneur et patrie ! Voici le général de Gaulle ! » Juché sur le podium que flanquent Béthouart et Koenig, le visiteur lance à la foule :

> « ... Ce n'est pas le moment de parler d'émotion. Ce que le pays attend de vous à l'arrière du front c'est que vous continuiez le combat... Notre cri, maintenant comme toujours, est le cri du combat... Je vous promets que nous continuerons la guerre jusqu'à ce que la souveraineté de chaque pouce de territoire français soit rétablie. Personne ne nous empêchera de le faire. Nous combattons aux côtés des Alliés, avec les Alliés, comme un allié... »

Mais 30 kilomètres plus loin c'est, à Isigny, l'image beaucoup plus poignante qu'à Bayeux des horreurs de cette bataille. La petite ville, qu'étaient chargés de conquérir, non les Anglais mais les Américains, est en ruine, et c'est au milieu des décombres qu'a été tracée la voie à travers laquelle circule la jeep du général. Aussi l'émotion revêt-elle ici une tout autre force. On « tire encore des cadavres de dessous les décombres [4] », précise le visiteur, qui sent ici, tous les témoins l'ont observé, une vraie communion s'opérer entre les survivants et lui : c'est l'étape d'Isigny surtout qui marquera pour lui ce 14 juin.

Dans ce décor tragique, le général va, intimidé, au milieu d'un peuple intimidé. Mais l'un et l'autre se mesurent, s'ajustent, se « considèrent ». Lui marche d'un pas encore incertain ; il n'a pas encore cet air de vieux champion qu'il prendra plus tard, naviguant sur la houle populaire. Il est alors un leader en instance, et son charisme n'agit pas encore (la Normandie, il est vrai, n'est pas une terre bénie du gaullisme de guerre : à Toulouse, à Nancy, à Rennes ou à Lille, l'accueil eût été plus intense).

Le visage surprend, l'allure, la taille (et jusqu'aux deux étoiles) déconcertent les gosses, les curés et les gendarmes bas-normands. Mais le nom parle à tous. La foule s'amasse autour de lui, surprise, de plus en plus attentive, chaleureuse, enthousiaste à la fin. Ainsi, la voix anguleuse du procureur de la nation, la voix nocturne et exigeante survenue à travers les brumes du brouillage, c'était celle de ce géant en capote couleur de terre, qui va à longues enjambées, considérant les ruines d'un air mélancolique et orgueilleux — les ruines de « son » pays...

On revient vers Courseulles et la *Combattante,* en passant par Grand-camp, bourg de pêcheurs ravagé par les bombardements. Chemin faisant, le Connétable salue les détachements de troupes alliées qui gagnent le front, et « quelques escouades de nos forces de l'intérieur » dont certaines, précise-t-il, « ont efficacement aidé au débarquement ».

C'est de nuit que se fait le voyage de retour, car l'aviation allemande ne cesse de harceler les bâtiments alliés. A bord de la *Combattante,* le général, plus loquace qu'à l'aller, glisse à Béthouart : « Tu vois, il fallait mettre les Alliés devant le fait accompli. Nos autorités nouvelles sont en place ; tu verras qu'ils ne diront rien... La souveraineté nationale est pratiquement assurée. Nous pouvons rentrer à Alger ! »

La conclusion de cette journée très dense, l'auteur des *Mémoires de guerre* la tire ainsi : « La preuve est faite [...] le peuple français a montré à qui il s'en remet du devoir de le conduire. » Formule trop hâtive, ou trop lourde ? La « preuve » ? Une forte indication, en tout cas. Le « conduire » ? Voilà un mot que tous ceux qui se battent sous son drapeau ne reprendraient pas à leur compte... Mais plus encore qu'un plébiscite pour de Gaulle, cette marche à travers les ruines libérées est, en quelques heures, la mise à mort de l'AMGOT.

Il faut ici donner la parole à son « exécuteur », François Coulet :

« En quittant le PC de Montgomery, de Gaulle lui avait lancé d'un ton négligent : " Derrière moi, je laisse le commandant Coulet, qui s'occupera de la population... " C'est la seule notification que reçurent les Alliés de mon investiture. »

« A Bayeux, je constatai d'abord que les caisses publiques regorgeaient d'argent, ce qui rendait inutile la " fausse monnaie " mise en circulation par les Alliés : les prudents Normands l'avaient d'ailleurs refusée d'emblée.. J'étais bel et bien dans la place, nanti sans contestation de l'autorité, reconnu par " la population "...

« Les gens de l'AMGOT et des Civil Affairs ne se présentèrent qu'une semaine plus tard. Sur un ton extrêmement désagréable, ils me firent savoir que priorité était donnée aux problèmes militaires et qu'ils me " toléraient en attendant les instructions de leurs gouvernements ". Quelques mois plus tard, j'appris du chef d'état-major d'Eisenhower, le général Bedell-Smith, qu'une opération avait été préparée pour se saisir de moi et me réexpédier en Angleterre... C'est probablement sur intervention d'Eisenhower que cette folie ne fut pas commise. Quelle aurait pu être la réaction du général de Gaulle ?

« Ce qui a permis l'opération dont j'étais l'exécutant de se dérouler paisiblement et de réinstaller " en douceur " l'État français chez lui, c'est que Bayeux était dans une zone contrôlée à 80 % par les Britanniques, infiniment mieux informés des réalités françaises que les Américains[5]... »

Une semaine après l'appel d'Eisenhower, nulle autre autorité n'a paru que celles qu'installe le général de Gaulle. Non, la Normandie n'est pas un « *occupied territory* », une terre ennemie et conquise. C'est, pour le salut des relations entre la France, la Grande-Bretagne et les États-Unis, une terre libérée, prise en main par un allié de MM. Churchill et Roosevelt, incommode mais résolu.

Dès l'après-midi du 15 juin, Anthony Eden, impressionné par ce qu'on lui a rapporté de l'accueil fait par les Normands à Charles de Gaulle et par une presse qui, à l'exemple du *Daily Mail,* salue « cette démonstration si simple, si spontanée », accourt à Carlton Gardens. Le secrétaire du Foreign Office n'est pas de ceux, on le sait, que chagrinent ces nouvelles où il voit le moyen de forcer la main, enfin, à son Premier ministre, puis au président des États-Unis : la reconnaissance du GPRF n'est plus qu'une question de semaines...

Certes, le gracieux animateur de la diplomatie anglaise eût préféré que, du rapprochement qui va inévitablement s'opérer entre de Gaulle et Roosevelt, entre le « grand large » et la presqu'île française, le gouvernement de Sa Majesté fût l'artisan, et par là le bénéficiaire, comme il s'était employé à le faire. Mais il compte encore parvenir, avec Viénot, à un accord qu'il ne restera plus qu'à communiquer à Washington en vue d'une signature commune par les Anglais, les Français et les Américains. En tout cas, assure Eden, « Roosevelt n'attend plus que [le] voyage [de De Gaulle] à Washington pour réviser sa position ».

Jugeant « acceptables » ces perspectives, Charles de Gaulle estime le moment venu d'adresser à Churchill un message pour « verser du baume sur les blessures qu'il s'est faites à lui-même »... Aussi lui écrit-il pour vanter la « puissance du peuple de Grande-Bretagne », ses « sentiments d'amitié à l'égard de la France » et l' « attachement indissoluble » des deux nations ; et saluant « l'imprenable bastion de l'Europe qui en est à présent l'un des principaux libérateurs », il se dit assuré que le Royaume-Uni et son Premier ministre se sont ainsi acquis « un honneur immortel ». Le général de Gaulle a eu de plus grandes réussites littéraires, mais il semble ici avoir mis un peu de son cœur dans l'ardeur du style.

Winston Churchill est encore trop marri des coups de griffe qu'ils ont échangés du 4 au 6 juin pour se laisser aller à sa générosité naturelle. Sa réponse est chagrine, et même étriquée. Il exprime le regret de n'avoir pu aider à améliorer les relations entre le CFLN et Washington. « Dès 1907... ami sincère de la France », il éprouve « un grand chagrin » que la visite qu'il a « personnellement organisée » n'ait pas été l'occasion de l' « arrangement espéré » et se contente maintenant de souhaiter que « ce n'ait pas été la dernière chance[6] ». Insondable naïveté des grands politiques ! Churchill sait très bien que son grand dessein est en voie d'accomplissement, et que de Gaulle est attendu à Washington. Mais ce n'est pas un arrangement « à l'anglaise » et de cela, face au Connétable sarcastique, il ne peut se retenir de se lamenter comme un tuteur dupé...

La mélancolie de M. Churchill ne pèsera pas longtemps sur les démarches de la diplomatie anglaise. Rentré à Alger le 16 juin, le général de Gaulle y reçoit, le 30, une lettre de Pierre Viénot qui lui fait part des éclatants résultats de la négociation entreprise avec Anthony Eden : « Je crois pouvoir dire que nous sommes arrivés à ce " succès à 90 % " que je vous avais laissé espérer : un accord qui constitue, en pratique, une véritable reconnaissance du gouvernement provisoire ; une affirmation catégorique de la souveraineté française ; la disparition de toute idée de " supervision " du commandant en chef, même dans la zone de l'avant ; l'affirmation d'une complète égalité du gouvernement provisoire avec les gouvernements alliés... »

Comme disait Eisenhower, « il y a les faits ». Mais pour assurer leur prééminence sur les théories, mieux vaut les éclairer. Avant d'aller à Washington lever la dernière hypothèque qui pèse encore — indépendamment de l'occupant nazi ! — sur l'indépendance française, le chef du gouvernement provisoire ira en Italie, non seulement pour saluer les troupes que Juin conduit à la victoire mais pour y prendre contact avec les représentants du nouveau gouvernement italien, celui de M. Bonomi qui, après l'abdication de Victor-Emmanuel, a succédé au maréchal Badoglio.

Il projette aussi d'y faire visite au pape. Car, écrit-il quinze ans plus tard avec une sérénité qui ne dut pas toujours être la sienne entre 1940 et 1944, « le Saint-Siège, conformément à son éternelle prudence, était resté jusqu'alors sur une complète réserve à l'égard de la France combattante, puis du gouvernement d'Alger. Mgr Valerio Valeri, qui occupait en 1940 la nonciature à Paris, avait gardé ses fonctions à Vichy auprès du maréchal »...

Du Saint-Père et de l'accueil réservé au chef du nouveau gouvernement français, de Gaulle propose une description où l'élève des bons pères l'emporte, en apparence, sur l'ennemi de l'Axe : il n'y est question que de « bienveillance » et de « sensibilité », de « lucide pensée », pour ne pas parler de la « charge surnaturelle » et des dons d' « autorité », du « rayonnement » et de l'éloquence que Dieu a impartis à ce pontife « pitoyable » autant que « politique ». Rien ne semble plus tourmenter le visiteur, pas même le terrible silence du successeur de Pie XI (qui avait, lui, dénoncé clairement le nazisme) à propos du sort des juifs et plus généralement des victimes du totalitarisme. De l'entretien avec de Gaulle, il ressort que Pie XII a pris, en juin 1944, une plus vive conscience de ce fléau : car il s'agit désormais des progrès du communisme *...

Mais l'essentiel, c'est tout de même sur le terrain, entre Caen et Saint-Lô, qu'il se déroule. Du point de vue français, la bataille concerne avant tout les forces françaises de l'intérieur, évaluées alors à près de 300 000 hommes, placées depuis la fin de mars sous les ordres du général Koenig, dont dépendent le délégué militaire national, Chaban-Delmas et (en principe) le chef d'état-major des forces de l'intérieur, Malleret-Joinville et le « COMAC **». Mais Koenig est totalement sous la coupe du commandement interallié, tant pour ce qui concerne l'armement que l'emploi, les communications que la tactique générale. Or, l'un des problèmes les plus pressants que pose alors la « bataille de France » est celui de l'articulation entre le soulèvement des FFI et l'offensive des Alliés.

---

* « A little masterpiece of *vacherie* », écrit, de ce portrait, Alexander Werth (*De Gaulle*, p. 165). On peut trouver que la « vacherie », ici, est plus proche de l'esprit des jésuites que de celui de Pascal.
** Comité d'action militaire qu'ont pris en main les communistes.

Le débat entre l' « action immédiate » et la temporisation avait fait rage, on l'a vu, depuis trois ans entre Londres et ses mandataires d'une part, et de larges secteurs de la résistance intérieure (surtout les communistes) de l'autre, qui dénonçaient le « jourjisme », le report de l'action du « jour J ». Cette conception qui paraissait émaner directement du général de Gaulle avait évolué jusqu'au ralliement, en mai 1943, du commandant de l'Armée secrète au principe de l'action immédiate. Et le 18 mai 1944, de Gaulle avait écrit dans une directive datée d'Alger :

> « Les forces de l'intérieur devront, dès le débarquement des Alliés, intervenir directement dans la bataille, en liaison avec les forces alliées, par des actions visant à la libération de zones entières du territoire[7]. »

Audacieux, trop audacieux propos... Mais enfin, le « jour J » est là. Le signal est donné. L'heure de l'action de masse n'a-t-elle pas sonné ?

Au moment où s'engage le combat de Normandie, le débat vient de rebondir. Envoyé en France par le général de Gaulle en avril 1944 pour coordonner les plans militaires, Lucien Rachline, dit « Socrate », avait signé avec le nouveau délégué général (successeur de Bollaert), Alexandre Parodi, dit « Quartus », et avec les deux principaux représentants militaires de De Gaulle en France, le colonel Ely * dit « Algèbre » et Chaban-Delmas, un procès-verbal aux termes duquel l'insurrection nationale ne serait pas déclenchée automatiquement par le débarquement, mais seulement sur décision du gouvernement d'Alger[8]. Texte qui avait été immédiatement dénoncé par Malleret-Joinville et ses amis communistes.

Le débat aurait dû être tranché par les proclamations et appels lancés le 6 juin, à l'aube par Eisenhower et à 16 heures par de Gaulle. Il n'en a rien été. Tandis que le général en chef déclarait que « chacun de vous doit continuer sa tâche actuelle, s'il n'a pas reçu l'ordre de faire autrement » — ce qui pouvait passer pour un ordre de temporisation ou au moins une consigne de prudence — le président du gouvernement provisoire (dont Eisenhower écrit dans ses mémoires qu'on espérait de lui des consignes de même nature) lance un véritable appel aux armes : « ... le devoir simple et sacré est de combattre l'ennemi par tous les moyens ». Mais il n'a pas appelé explicitement à l' « insurrection nationale », on l'a vu.

L'ambiguïté de la position du général de Gaulle est attestée, au surplus, par le contre-projet de proclamation qu'il a remis, le 5 juin à Eisenhower. Dans ce texte, par le truchement du général américain, de Gaulle incitait la population à « ... ne pas compromettre par une insurrection prématurée le concours qu'elle pourra fournir le moment venu[9] »... En somme, de Gaulle « homme-symbole » appelait aux armes au moment où de Gaulle, le stratège, conseillait la temporisation...

Le 6 juin en tout cas, deux « lignes » s'opposent : à l'intérieur, celle de Socrate-Quartus (attendre les ordres) et celle des communistes ** qui — de

---

* Le futur chef d'état-major général.
** Formule évidemment simplificatrice.

l'état-major des FFI (Joinville) au comité militaire du CNR (Villon) et aux FTP (Tillon) — contrôlent le gros des forces disponibles, militant plus que jamais pour l' « action immédiate » ; et à l'extérieur, celle d'Eisenhower et celle de la proclamation publique du général de Gaulle. En fait, l'état-major d'Eisenhower (Bedell-Smith) et les services spéciaux interalliés ont déclenché dès le 6 juin la mise à feu des explosifs qu'ils contrôlent directement en France et les sages consignes de Socrate-Quartus sont vites dépassées par « l'appel du 6 juin ».

Une fois de plus, les « circonstances », combinaison hasardeuse et dynamique d'événements incontrôlables et de passions irrépressibles, commandent. Appelées par le chef militaire à patienter mais par le chef politique à agir, incitées par le délégué militaire du chef politique à attendre les ordres, mais par les services spéciaux du chef militaire à se mettre en mouvement, les masses organisées ou semi-encadrées sentent, au plus profond, que « jour J » ou pas, la décision est là.

Dans les départements directement concernés par la bataille, en tout cas — Calvados, Manche et plus accessoirement Orne et Eure —, l'action de quelques milliers de FFI est essentiellement faite de sabotages de ponts tels que ceux de Fervacques, de Vire, de Vassy, de Prêtreville... (en application du « plan tortue »), de voies ferrées (« plan vert »), de guérilla dans le bocage (« plan rouge ») et de guidage des parachutistes alliés. En Bretagne — dans le Morbihan surtout — se déclenche une opération modèle, conduite à la fois par les maquis du général Guillaudot, qui groupent près de 10 000 combattants entraînés et les parachutistes du 2e RCP commandés par le colonel Bourgouin.

Mais un peu partout à travers le pays, des initiatives sont prises — conformément aux incitations du Charles de Gaulle « public » sinon de sa pensée intime — qui, dans plusieurs cas, vont tourner au tragique, du Mont-Mouchet (Auvergne) en Corrèze et au Vercors. Les tentatives de s'emparer de villes comme Tulle, Ussel ou Guéret, même si elles réussissent pour quelques heures, ne peuvent provoquer, tant que les forces nazies sont encore fraîches et coordonnées, que des désastres.

On ne peut nier que plusieurs de ces tragédies aient été accompagnées d'actions réellement retardatrices, celles notamment qui freinèrent la fameuse division SS *Das Reich,* rappelée de la région toulousaine vers la Normandie sur ordre du maréchal von Rundstedt. Mais le prix payé ici et là semble avoir outrepassé toute justification militaire : les 650 suppliciés d'Oradour, en échange de combien d'autres vies ont-ils été sacrifiés ?

Dans plusieurs secteurs, notamment dans le Languedoc-Roussillon où les états-majors de l'AS et des FTP ont bien conjugué leurs efforts et limité d'abord l'ampleur des opérations, ou dans la région toulousaine qui bénéficie des directives d'un excellent chef de guerre, Ravanel, l'action conduite est « payante » et sera saluée comme telle par Eisenhower.

Actions efficaces ici mais là suicidaires conduisent les responsables nationaux à dresser, quatre jours après le débarquement, un bilan tel que le général Koenig fait diffuser le 10 juin, et rediffuser deux fois en une semaine

785

le message suivant : « Freinez au maximum activité guérilla. Impossible actuellement vous ravitailler en armes et munitions en quantité suffisante. Rompre partout contact dans mesure du possible pour permettre phase réorganisation. Évitez gros rassemblement. Constituez petits groupes isolés [10]. »

Texte surprenant. Il aura fallu quatre jours de bataille pour que les responsables désignés par le général de Gaulle pour mener ce type de guerre* donnent ainsi les directives les plus élémentaires en telle occurrence. « Évitez gros rassemblements », « constituez petits groupes isolés »... On peut être certain que Tillon, l'homme à la « boule de mercure », n'avait pas besoin d'entendre de tels avis pour conduire la lutte la plus nuisible aux occupants. Au surplus, ce brusque coup de frein est donné en pleine phase de combats. Du Mont-Mouchet au Vercors, il est trop tard pour crier « pouce ! » aux hommes vert-de-gris. La répression est commencée : ce que Henri Noguères, valeureux combattant du Midi, appelle non sans colère la « pause-Koenig », intervient ou trop tôt ou trop tard.

De tout évidence, l'état-major des forces françaises de l'intérieur « cafouille » parce qu'il n'a pas une véritable expérience de ce type de guerre, ni surtout le contrôle sur la fraction majoritaire des combattants qui obéissent aux directives du parti communiste (ou des FTP) plutôt qu'à lui. D'où le terrible gâchis qui provoquera en fin de compte de trop lourdes pertes en vies humaines.

Il ne s'agit pas de faire ici le procès du général Koenig, admirable combattant chargé à l'improviste d'une mission qui lui sied mal, ni de dénoncer le « cavalier seul » du PCF. Mais il faut observer qu'au moment même où il s'apprête à remonter sa plus grande victoire politique, le triomphe du GPRF sur l'AMGOT consacrant l'indépendance nationale, le général de Gaulle subit un échec militaire et humain : les forces françaises de l'intérieur n'opèrent pas comme il l'a espéré leur soudure avec les Alliés.

Cette résistance qui a assuré sa légitimité contre Vichy, Darlan, Giraud, Londres et Washington ne répond pas, du point de vue militaire, à ses impulsions, parce que, divisée entre trois branches — AS, FTP, ORA — elle n'est vraiment « son » armée que pour ce qui concerne la première. Il lui faudra trois mois pour la reprendre en main. C'est en octobre seulement que toutes les branches des FFI seront plus ou moins intégrées à l'armée française et au service de l'État. Mais en ce mois de juin où se déroule la bataille décisive, l'énorme mouvement révolutionnaire qu'avait pressenti et annoncé le président du gouvernement provisoire s'épand et reflue comme une vague sans digue ni écluse.

Il est d'ailleurs frappant de constater combien rares sont les textes du général de Gaulle relatifs à l'action des forces françaises de l'intérieur au cours de cette phase décisive qui va du 6 juin à la fin de juillet. Les *Mémoires de guerre* rédigés des années après sont très nourris sur le sujet. Mais des textes rédigés sur-le-champ et qu'on trouve en annexe des

---

* L'état-major de Koenig ne comptait aucun des chefs militaires de la résistance intérieure

Mémoires et dans les *Lettres, Notes et Carnets,* il y a fort peu — jusqu'aux tout derniers jours du mois de juillet où deux messages du général de Gaulle viennent rappeler que ses préoccupations diplomatiques et ses voyages en Italie ou aux États-Unis ne le détournent pas du déroulement de la bataille.

Le premier est adressé à Alexandre Parodi (Quartus), son délégué général en France. Le président du GPRF rappelle qu'il ne faut « négliger aucune forme de la lutte intérieure contre l'ennemi » et que « c'est naturellement le combat proprement dit, celui des forces armées de l'intérieur, qui doit être l'essentiel ».

Le deuxième est une lettre adressée aux généraux Eisenhower et Maitland Wilson, soulignant l'activité de la Résistance française « instrument efficace dans le domaine du renseignement et de l'action », qui mérite une place accrue « dans les opérations alliées présentes et prochaines », notamment en Bretagne « dont les maquis sont particulièrement vivaces, et en dépit des revers successifs du plateau des Glières, de l'Ubaye et du Vercors [où] le déclenchement de la guérilla a été prématuré ». Et le général de Gaulle précise :

> « Dans les phases prochaines de la bataille, la Résistance française serait normalement capable de réalisations plus efficaces que celles qui sont actuellement envisagées ; à condition de lui consacrer les appuis nécessaires, il serait raisonnable d'espérer des succès à la fois plus rapides et plus décisifs, et finalement moins lourds en dommages de toute nature pour la France. »

On aime cette dernière touche, qui montre le général soucieux de n'attirer sur son pays et sur son peuple qu'un minimum d'épreuves. Mais il faut bien admettre que si les extraordinaires dividendes diplomatiques et politiques qu'il est en train de toucher, et qui se résument en ces quelques mots : résurrection de la souveraineté française, sont à porter à son crédit et doivent être attribués à son énergie, à son acharnement, à un orgueil armé d'un talent et d'une persévérance incomparables, les conditions d'engagement des citoyens français dans le combat, en juin 1944, appellent de profondes réserves. Il est d'ailleurs significatif que le texte de son « appel du 6 juin » ne figure pas en annexe des *Mémoires de guerre* mais seulement, plus tard, dans le recueil des *Discours et Messages.*

Sachant à quel point la masse des résistants dépendait dans l'action de fournitures que les Alliés, jetés dans la fournaise de Normandie, ne pourraient plus guère leur livrer, devait-il appeler aux armes comme il l'a fait, du 17 mai à Alger au 6 juin à la BBC ? C'est le texte de l'appel qu'il se proposait de faire lire par Eisenhower qui était celui d'un chef responsable « Pas d'insurrection prématurée... »

Propos moins glorieux que celui, pour bas-relief de Rude, qu'il lance au lieu même d'où était parti son appel solitaire, quatre ans plus tôt ? Certes, mais propos plus juste. En juin 1940, Charles de Gaulle est condamné à la folie, sauf à désespérer de la France. En 1944, il est condamné à la raison, pour ne pas saigner la France. Il aura mieux relevé le défi de l'excès que celui de la mesure.

38. Un voyage en Amérique

Y aller ou pas ? Quand de Gaulle rentre à Alger, le 16 juin, fort du plébiscite normand, c'est la question du jour. Les avances discrètes mais répétées de Washington appellent une réponse. Une chance s'offre. Mais les risques sont grands.

Ces démarches américaines prennent trois formes : l'une est militaire, l'autre diplomatique, la troisième vient de la Maison-Blanche. Les militaires sont les plus impatients : c'est eux en effet qui ont à résoudre les problèmes les plus urgents, dans la tête de pont de Bayeux : Chevigné s'est fait reconnaître, les officiers de liaison français arrivent, les mécanismes ont embrayé. Mais des hommes aussi méthodiques que Marshall, Eisenhower et Bedell-Smith ont besoin de mieux connaître leurs partenaires et surtout les pouvoirs dont ils disposent.

L'offensive diplomatique est plus patiente et traditionnelle : elle reflète l'évolution d'hommes comme Cordell Hull et son ambassadeur à Alger, Edwin Wilson, et le crédit qu'est en train de s'assurer à Washington le séduisant Henri Hoppenot. Pour ces hommes de textes attachés aux formes, la situation de ce gouvernement qui n'en est pas un confine à l'absurde, et il faut en sortir. Quant à Roosevelt, il navigue au plus près, hanté par la perspective électorale qui s'ouvre : il va solliciter, le 1er novembre, le troisième renouvellement de son mandat.

FDR ne peut pas se permettre une réélection pénible : or, il fait face à un candidat très sérieux, le gouverneur Thomas Dewey. Il lui faut donc à la fois ménager le secteur d'opinion favorable à de Gaulle — qui se développe rapidement — sans avoir l'air d'avouer qu'il s'est trompé. La réconciliation avec de Gaulle ne saurait prendre la forme d'un repentir du tout-puissant et infaillible président.

Le chef de l'Exécutif américain a-t-il vraiment changé d'opinion à propos du Connétable ? Non. Il le tient toujours pour un « Français fanatique à l'esprit étroit », déclare à son ministre de la Guerre Henry Stimson que c'est « un dingue » et assure à qui veut l'entendre autour de lui que « de Gaulle va s'effondrer », que d' « autres partis vont apparaître » et qu' « il deviendra un personnage très modeste [1] ».

La presse américaine est loin elle-même d'être convertie, dans ses profondeurs, à la cause de la France combattante. Ses leaders les plus notoires, comme Lippman, Mowrer ou les frères Alsop, se prononcent certes en faveur du général : mais en ce mois de juin 1944, les préventions restent vives, et la bataille de France ne sert pas le prestige de Charles de Gaulle aux yeux de tous.

Dans un télégramme adressé à Alger le 16 juin 1944, Henri Hoppenot signale le déclenchement d'une violente campagne de presse (évidemment impulsée par la Maison-Blanche et le State Department) à la suite du refus du général de Gaulle d'envoyer en Normandie tous les officiers de liaison promis : sur le thème « les Américains se font tuer pendant que les Français font de la politique et que le général de Gaulle gêne l'effort de guerre allié », argument que le président distille lui-même dans ses conférences de presse. Plusieurs journaux populaires s'en prennent à la France et au général, et certains vont même jusqu'à dénier toute valeur démonstrative à la visite en Normandie, attribuant la ferveur populaire à une simple « réaction sentimentale à la vue d'un képi »...

Les démarches américaines en vue de la visite de De Gaulle à Washington se multiplient pourtant. A Londres, le président du GPRF a reçu tour à tour le général Bedell-Smith qui l'a, dit-il « littéralement adjuré d'accepter la rencontre avec le président », tandis que l'amiral Fénard, toujours discret, réitérait l'invite faite un mois plus tôt. A Alger enfin, l'ambassadeur américain insiste, appuyé par son collègue anglais : le général est attendu quand il veut, qu'il propose une date...

Est-ce un piège ? De Gaulle pose la question au GPRF. Même en l'absence de Monnet et de Mendès France, une nette majorité (Massigli, Pleven, René Mayer...) se prononce en faveur de la visite, non sans approuver le caractère très personnel qu'entend lui laisser le général — qui définit ainsi l'esprit de sa mission dans un télégramme à Hoppenot, le 24 juin :

> « ... Je considérerais... ce voyage comme un hommage rendu par la France en guerre au président lui-même, ainsi qu'au peuple américain et aux armées américaines qui ont fait et font tant d'efforts et subissent tant de sacrifices... pour la libération de l'Europe et de l'Asie... Compte tenu de l'état actuel des relations franco-américaines ainsi que de l'atmosphère assez obscure et chargée qui les entoure... je ne compte rien demander ni rien réclamer, spécifiquement... En particulier, la reconnaissance formelle du gouvernement provisoire par les États-Unis est une question qui m'intéresse peu et que je ne soulèverai pas. L'économie pratique des rapports franco-américains me paraît beaucoup plus importante et urgente[2]... »

Bien que son ambassadeur à Washington l'ait mis en garde contre les manœuvres de tel ou tel (« l'amiral Leahy, m'a dit un de nos amis américains, ne cherchera qu'à vous jouer des tours... »), Charles de Gaulle prend sa décision à la fin de juin. Et c'est de Rome qu'il écrit à Massigli pour formuler son acceptation, en précisant bien qu'il est résolu à « n'entreprendre et à n'accepter aucune négociation... sur aucun sujet[3] ».

La visite, prévue du 6 au 10 juillet, ne sera pas circonscrite à Washington : le général fera escale à New York, puis rentrera par Ottawa, Montréal et Québec. New York ?

> « Il serait ridicule que j'aille aux États-Unis sans me rendre à New York. Il serait inconvenant que j'aille à New York en me cachant... Il ne s'agit pas de provoquer à New York des manifestations au point de vue de la politique intérieure américaine *. Il s'agit pour le chef du gouvernement français de témoigner à la plus grande ville des États-Unis l'amitié de la France en guerre pour l'Amérique en guerre. La chose peut et doit se faire dignement [4]. »

Mais dans un autre télégramme, le Connétable — qui a recommandé à Hoppenot d'organiser le voyage « de façon très très libérale » — exclut énergiquement de rencontrer « ni Alexis Léger, ni Labarthe, ni Tabouis, ni Kérillis, ni Géraud, ni Chautemps » ajoutant « je ne fais pas d'exclusive pour les autres ». Curieuse « brochette », que cette académie de l'antigaullisme new-yorkais, où sont rangés pêle-mêle des adversaires aussi actifs du gaullisme que Labarthe et Kérillis ** et des tièdes comme Tabouis ou Géraud, dit Pertinax qui ont parfois écrit des articles très favorables au général, notamment le second en 1941. Mais de Gaulle a et aura toujours, surtout dans cette profession, « ses têtes », qui sont souvent des têtes de Turc...

C'est le 5 juillet que Charles de Gaulle, accompagné de Palewski, Béthouart, Rancourt, Paris, Baubé et Teyssot *** s'envole pour Washington, d'un aéroport qui s'appelle Maison-Blanche, à bord d'un avion envoyé par Franklin Roosevelt. La veille, à l'occasion de l'*Independance day*, il a adressé un chaleureux message au président des États-Unis : rappelant que « les forces armées américaines prodiguent, comme elles l'ont fait il y a vingt-cinq ans, leur valeur héroïque pour la libération du sol français », il exprime « la gratitude de [son] pays à leur égard ».

Au cours du vol entre Alger et Washington (alors près de trente heures), le général a un long entretien avec Hervé Alphand qui, en marge du voyage officiel, va poursuivre aux côtés de Jean Monnet la longue négociation entreprise depuis huit mois sur les droits de la France et l'aide, tant économique que militaire, que lui fournissent les États-Unis — négociation dont l'objectif est désormais d'aligner les relations franco-américaines sur le projet d'accord réalisé à Londres entre Eden et Viénot.

Cette conversation « encourage grandement » Alphand, qui écrit : « Le général voit clair et ne veut pas de cette France maurrassienne, xénophobe, repliée sur elle-même [que] j'avais crainte, je dois le dire. Mais non, il désire [...] avant tout remettre la France à sa place... donner aux Français la mystique de la reconstruction, les unir sans les tyranniser [5]... » Notation intéressante car Alphand, tout gaulliste qu'il est, sombre rarement dans la dévotion...

En prenant pied sur la terre américaine, le Connétable a l'une de ces

---

* Le *challenger* de Roosevelt, Dewey, est gouverneur de l'État de New York, et c'est la presse new-yorkaise qui a apporté le meilleur soutien au gaullisme.
** Auteur de *De Gaulle dictateur*.
*** Il retrouvera à Washington Pierre Mendès France, qui participe aux travaux de la conférence de Bretton-Woods, et sera intégré à l'équipe des visiteurs

inspirations qui font déjà de lui le virtuose des « relations publiques » qui s'affirmera quinze ans plus tard : c'est en anglais qu'il prononce, laborieusement, sa première adresse à l'opinion américaine :

> « I am happy to be on american soil to meet president Roosevelt. I salute and pay tribute to all those american men and women who at home are relentlessly working for the war and, also, those brave american boys : soldiers, sailors and airmen who abroad are fighting our common enemies. The whole french people is thinking of you and salutes you, Americans, our friends *... »

« Au seuil de la Maison-Blanche, Franklin Roosevelt m'accueille, tout sourire et cordialité... », écrira l'auteur des *Mémoires de guerre*. On ne saurait douter de la cordialité de ce sourire, qu'une photographie a figé pour la postérité, ni de la chaleur de la poignée de main qu'échangent l'homme tout-puissant cloué à son fauteuil, sous le regard attentif de l'irremplaçable Miss LeHand, et l'immense visiteur, incliné avec sa gaucherie d'albatros bien élevé.

Faut-il faire confiance, ici, au mémorialiste ? Ce serait prendre beaucoup de risques, ou accorder à ses hôtes d'exceptionnels talents dramatiques. A le lire, ce ne sont alors pour lui que témoignages d'estime et d'amitié, en ces lieux où il est tenu par les uns pour un histrion, par d'autres pour un fasciste, par une minorité seulement pour le véritable représentant de la France au combat.

Le fait est que le climat est bon. A son arrivée à l'aéroport, de Gaulle n'a été accueilli que par des militaires. Mais il est logé à Blair House, la maison des hôtes officiels. Et il aura droit à trois entretiens en tête à tête avec le président, par qui il a l'impression, on le verra, d'avoir été compris — comme il l'avait cru, déjà, à Anfa... (comme quoi les grands pessimistes peuvent, eux aussi, se laisser duper : les optimistes à la Roosevelt seraient-ils les vrais cyniques ?).

Thé chez le président, dîner chez Cordell Hull, déjeuner le lendemain à la Maison-Blanche (« solennel mais très cordial », assure encore le visiteur), dîner chez Henry Stimson, soirée offerte par Hoppenot où se pressent sénateurs et diplomates — oui, l'accueil réservé à ce « dingue » est conforme aux espérances des partisans du voyage. A tel point que la presse anglaise manifeste d'abord un certain agacement, et que Churchill commence à trouver que ses efforts de rapprochement ont peut-être dépassé ses espérances...

Le visiteur ne manque d'accomplir aucun des gestes rituels qu'on attend

---

* « Je suis heureux d'être sur le sol des États-Unis pour saluer le président Roosevelt. Je salue et rends hommage à tous ces hommes et femmes d'Amérique qui travaillent sans relâche pour la guerre et aussi ces braves garçons — soldats, marins et aviateurs — qui combattent nos ennemis communs, etc. »

de lui, du tombeau du soldat inconnu d'Arlington à Mount-Vernon, haut lieu du souvenir de George Washington, et à l'hôpital militaire où le vieux général Pershing achève une très longue vie. C'est de toute évidence sans penser à mal que l'ancien commandant en chef du corps expéditionnaire américain en Europe demande à de Gaulle, d'entrée de jeu, des nouvelles de son « vieil ami Pétain ». Le général a assez d'usage pour répondre paisiblement : « Il va bien, je pense... », ce qui n'est pas s'engager outre mesure...

Dans ses *Mémoires*, Charles de Gaulle procède à une grandiose distribution de prix à ses hôtes américains. Si le secrétaire d'État Hull reçoit une pique relative à ce que « sa connaissance de ce qui n'est pas l'Amérique a de sommaire », il se voit incontinent reconnaître de la « hauteur d'âme » ; le secrétaire au Trésor Morgenthau est (justement) qualifié d' « ami de notre cause », Marshall d' « organisateur hardi », l'amiral King décrit comme « ardent et imaginatif »... Quant à l'amiral Leahy, c'est au tour de Charles de Gaulle de montrer quelque « hauteur d'âme » en se contentant de le dire « surpris par des événements qui défient son conformisme... étonné de me voir là mais en prenant son parti »... Et le Connétable de ramasser son jugement global sur le personnel dirigeant américain en une courte phrase : « ... En raison de la personnalité étincelante de Roosevelt [chacun] ne s'accorde à lui-même qu'un éclat limité[6]... »

La « personnalité étincelante de Roosevelt »... Faut-il qu'il savoure la grandeur, de Gaulle, pour saluer ainsi cet homme qui, depuis quatre ans, n'a cessé, en le négligeant et l'humiliant, de négliger et d'humilier la France ! Le portrait du président américain que trace le mémorialiste est célèbre. En trois entretiens où l'un et l'autre se gardent d'aborder les sujets de brûlante actualité (que l'on traite dans les bureaux voisins à la lumière, très positive, des tête-à-tête au sommet) il a eu le temps d'étudier l'homme tout en recevant le choc de ses propos où « l'idéalisme habille la volonté de puissance ». On ne peut faire ici l'économie de quelques citations :

> « Je vois avec admiration couler le torrent de confiance qui emporte l'élite* américaine et j'observe que l'optimisme va bien à qui en a les moyens. Le président Roosevelt lui, ne doute pas de les avoir [...]. Sa conception me paraît grandiose autant qu'inquiétante pour l'Europe et pour la France... Dans sa pensée, un directoire à quatre, Amérique, Russie soviétique, Chine, Grande-Bretagne, réglera les problèmes de l'univers... Un parlement des Nations unies donnera un aspect démocratique à ce pouvoir des " quatre Grands ". La force américaine [disposera] de bases réparties dans toutes les régions du monde et dont certaines seront choisies en territoire français... »

Que Charles de Gaulle n'ait pas, à ces mots, bondi ; que FDR, « cet artiste, ce séducteur [qui] procède par touches légères » n'ait pas déclenché ainsi une violente philippique du Connétable qui a si souvent déchaîné ses

---

* Pas « les milieux dirigeants » : « l'élite ». Le mot est fort, surtout venant d'un ancien élève des jésuites.

foudres pour beaucoup moins que cela, donne la mesure du talent de ce grand politique et de son charme. Roosevelt eut droit bien sûr à un cours magistral de l'ancien professeur de Saint-Cyr sur ces réalités menues qui s'appellent l'Europe et la France — mais de Gaulle eut soin, parlant de sa patrie, de rappeler à FDR qu' « elle fut, est et sera toujours votre alliée ».

« Le grand esprit de Roosevelt est accessible à ces considérations », assure de Gaulle, qui relève chez son hôte une « réelle dilection pour la France » que n'aurait altérée que la déception provoquée par le « désastre d'hier ». N'aimer un pays que vainqueur, est-ce l'aimer ? Charles de Gaulle a le bon goût de ne pas poser la question : c'est dire à quel point l'Américain l'envoûte. Mais pas au point tout de même de le retenir d'écrire, au temps des *Mémoires* :

> « Les propos du président américain achèvent de me prouver que, dans les affaires entre États, la logique et le sentiment ne pèsent pas lourd en comparaison des réalités de la puissance ; que ce qui importe, c'est ce que l'on prend et ce que l'on sait retenir ; que la France, pour retrouver sa place, ne doit compter que sur elle-même... »

Et il prête à Roosevelt cette conclusion :

> « ... Il est vrai que pour servir la France, personne ne saurait remplacer le peuple français[7]. »

Ainsi, fasciné par cette mixture singulière « d'idéalisme et de volonté de puissance », c'est de la seconde que de Gaulle aura retenu la leçon (« ce qui importe, c'est ce que l'on prend et que l'on sait tenir »). De ces quelques heures passées dans le bureau ovale de la Maison-Blanche avec l'homme le plus puissant de l'époque, le Connétable aura retenu une idée qu'il aurait pu emprunter au grand Frédéric — et qu'il avait d'ailleurs trouvée tout seul...

Ce face-à-face avec Franklin Delano Roosevelt, Charles de Gaulle a quelque mérite à lui avoir gardé, douze ans plus tard, les couleurs de son émerveillement immédiat. Entre-temps, il aura pu en effet connaître ce que son hôte écrivait de lui, dans une lettre non destinée à la publication et qui doit, de ce fait, être sincère*. Au congressman J. C. Baldwin, qui n'était pourtant pas de ses intimes, le président écrivait une semaine après le départ du général : « ... Nous avons causé, d'une manière approfondie, de l'avenir de la France, de ses colonies, de la paix du monde, etc. Quand il s'agit des problèmes futurs, il semble tout à fait " traitable " du moment que la France est traitée sur une base mondiale. Il est très susceptible en ce qui concerne l'honneur de la France, mais je pense qu'il est essentiellement égoïste[8]... »

Encore un mot fameux, composante essentielle de l'historiographie gaullienne, pour peu qu'on le complète par le bref commentaire de Charles de Gaulle : « Je ne saurai jamais si Franklin Roosevelt a pensé que, dans les affaires concernant la France, Charles de Gaulle était égoïste pour la France

---

* Que lui transmit un obligeant anonyme.

ou bien pour lui[9]. » Avouons que la distinction n'est pas toujours facile à faire. Qu'est-ce donc qu'être « égoïste pour soi » quand on est assuré d'incarner la France ? Mais le texte de Roosevelt, éclairé par son comportement global, incite à donner à la formule, quelque regret qu'on en ait pour ce grand homme, son interprétation la plus terre à terre. Il sera dit que, jusqu'à la dernière minute, l'ayant charmé, Franklin Roosevelt aura « raté » de Gaulle...

Charles de Gaulle a choisi d'affronter la presse avant son départ de Washington pour New York. Les questions, comme il en va avec les meilleurs journalistes américains, vont aller d'emblée au cœur des problèmes. Ainsi l'un d'eux lui demande si « les États-Unis ont, selon lui, l'intention de porter atteinte à la souveraineté française ». Réponse du visiteur :

> « Je suis convaincu que ni le président Roosevelt, ni le gouvernement américain, ni le peuple américain n'ont l'intention d'annexer aucun territoire français, et tous les Français sont convaincus de cela. Mais l'organisation de la sécurité internationale qui intéresse tous les territoires, et en particulier les territoires français, pourra donner lieu à des discussions amicales... »

(S'il s'était agi de remettre à l'ONU Dakar ou Saigon, il n'est pas certain que ces discussions eussent été, avec lui, amicales...) Et quand on lui demande si, en vue d'être reconnu par Washington, il envisage d'organiser en France un plébiscite, il répond beaucoup plus sèchement : « ... la façon dont les Français procéderont à la reconstruction de la France est une question exclusivement française »... Un ton que l'on réentendra.

Dans l'ensemble, la presse est bonne, et même très bonne, compte tenu d'où l'on vient... Selon le *Chicago Daily News,* « le général a fait revivre, ici, à Washington, la vieille amitié entre la France et les États-Unis... Le président [a] dissipé les nuages qui pesaient sur nos relations... et régularisé une situation qui avait causé pour le moins un malaise depuis le jour où nos troupes débarquaient en Afrique du Nord »... *The Nation,* hebdomadaire d'une gauche très militante, écrit pour sa part que « Mr Roosevelt s'est enfin retiré d'une position intenable, quelles que soient les réserves par lesquelles il cherche à masquer cette retraite. Soyons-lui-en donc reconnaissants »...

Mais le meilleur commentaire est, une fois de plus, celui du *New York Times,* sous la plume d'Ann MacCormick :

« Le général de Gaulle, en chair et en os, paraît subtilement différent de ses photographies. Il est plus humain, moins austère, moins formidable au sens français du terme [mais] du point de vue du comportement comme de la stature, il n'a rien du type habituel du Français...

« Le général était bien forcé de crier, car la voix de la France était, à cette époque, si étouffée et si faible ! Il a continué ainsi depuis lors, se rendant insupportable, afin que les Alliés n'oublient pas que la France est une puissance dont il faut tenir compte... Le général peut aujourd'hui parler plus doucement...

« Nulle part, sauf parmi ses compatriotes, il n'a reçu les acclamations qui l'ont accueilli ici... L'homme qui, dans les jours d'humiliation profonde, a tant fait pour maintenir la dignité de son pays, n'aura pas manqué d'être touché par ces ovations...

« La sécurité de la France, comme la nôtre, dépendent désormais de conceptions nouvelles [...]. L'homme d'État français [est] certain maintenant que la France sera associée à l'organisation du système... Tant que la France était dépendante, elle devait affirmer son indépendance, mais [...] au fur et à mesure qu'elle recouvrera sa liberté d'action et qu'elle sera traitée sur un pied d'égalité, elle inclinera de plus en plus à accepter les nécessités de l'interdépendance. »

On ne saurait analyser le comportement d'un homme et sa vision politique du monde avec plus d'intelligente sympathie. Mais pour ce qui est de l'interdépendance...

Intéressante aussi est la réaction de la presse anglaise : le 13 juillet, le *Times,* resté sur la réserve par rapport aux thèses gaullistes depuis la fameuse nuit du 5 juin et le débarquement, publie un éditorial très constructif : « En faisant confiance aux personnalités par lesquelles la France peut désormais s'exprimer et en reconnaissant avec franchise le rôle de la France en tant qu'un des belligérants les plus importants, nous pourrons faire de la bonne volonté manifestée sur les champs de bataille de Normandie la base d'une alliance durable et fructueuse en bienfaits pour l'avenir du monde. »

Chacun s'accorde à trouver que de Gaulle s' « intéresse à tout ce qui l'entoure », qu'il pose beaucoup de questions et qu'il n'essaie pas de faire oublier l'actuelle misère de la France par l'affectation de morgue qui a fait sa légende. Cordell Hull se félicite de lui voir mettre volontiers l'accent, en public et en privé, sur l'effort de guerre américain, jugé par lui « prodigieux ». William Bullitt* est surpris de l'intérêt qu'il prend à tout ce qui touche aux élections présidentielles qui approchent. Henry Wallace, le futur vice-président, est surpris par sa simplicité, et Walter Lippman, qui l'a si bien soutenu, se félicite de le voir « parler déjà beaucoup plus de la paix que de la guerre, et beaucoup plus d'équilibre que de revanche [10] ».

Est-ce un nouveau de Gaulle qui est en train de naître ? Cet homme obsédé de l'histoire la plus classique, et si peu informé en matière de finances, d'économie et de production, éprouve comme un « coup de foudre » pour cette Amérique explosant de promesses et de créativité industrielle. Plusieurs de ses compagnons d'alors, notamment son aide de camp Léo Teyssot, gardent le souvenir d'un de Gaulle « heureux comme il

* L'ancien ambassadeur US à Paris.

le fut très rarement au cours de sa vie[11] ». Le succès de ses relations, au cours de ces journées du 6 au 10 juillet 1944, est largement dû à cette alacrité où il vit alors.

Convenons-en : ni la nature du génie américain ni les rapports qu'il a entretenus jusqu'alors avec cette nation ne le portaient, d'évidence, à cette relation privilégiée. Si bien qu'il ne faudra jamais oublier, dans l'étude du personnage, cette euphorie américaine, qui fait bien ressortir ce qui, dans ce croisé médiéval, est moderniste et même futuriste.

Faut-il simplement ramener tout ceci à de la vénération pour la grandeur — Empire State Building et General Motors, aptitude à construire 30 000 avions par an et à jeter un million d'hommes sur les côtes de l'Europe en même temps que deux millions vers les îles de l'Asie ? Non. C'est moins la taille de l'entreprise qui l'intéresse que ce qu'elle révèle à la fois d'optimisme, de dynamisme et de créativité. De Gaulle fut-il le plus américain des Français depuis Tocqueville ? Le cours de l'histoire, qui les aura presque constamment placés, les États-Unis et lui, en porte à faux, ne l'aura pas voulu. Mais la chance s'est présentée.

Ce qui n'empêche pas de Gaulle de garder son sang-froid d'homme d'État. S'il reçoit du président une photo dédicacée « Au général de Gaulle, qui est mon ami » (ce qui est beaucoup dire !), il câble le 7 à Massigli, sur un ton plus professionnel :

> « Mon séjour à Washington se déroule [...] dans une ambiance que de part et d'autre on veut rendre cordiale. J'ai revu longuement ce matin le président seul à seul avant le déjeuner à la Maison-Blanche et je le reverrai encore une fois demain. MM. Hopkins, Morgenthau et MacCloy font dire chacun de son côté qu'ils viennent d'obtenir l'approbation du président pour un texte d'accord avec nous très analogue au projet d'accord de Viénot avec les Anglais. Je m'attends à voir sortir le papier demain de la poche du président*. Je lui répondrai que nous étudierons cela au gouvernement dès mon retour[12]... »

C'est la consigne qu'il donne également à Pierre Mendès France, son ministre des Finances, qu'il a retrouvé à Washington — venu de Bretton-Woods où se déroule la conférence en vue de mettre sur pied une organisation monétaire mondiale. Cette lettre est plus intéressante, encore plus significative de cette dualité où il vit alors entre l'émerveillement et la méfiance. « Mon cher Ami, [...] si Morgenthau vous aborde, ne négociez vous-même à aucun prix. La voie diplomatique est ouverte et c'est la seule qui permette d'opérer avec recul, réserve et sans surprise[13]... » Voilà un homme qui, jusque dans la griserie, sait garder sa tête.

Mais « par la voie diplomatique » aussi bien que par celles qu'il emprunte ici (où la presse parlée comme écrite joue le rôle essentiel qui lui est reconnu dans cette société d'échanges et de débats), les « affaires » de l'indépendance française progressent à grands pas. Pendant le séjour du général aux États-Unis parviennent à Washington des rapports favorables sur le

---

* Attente qui fut déçue, mais pas pour longtemps.

comportement de l'administration provisoire — civile et militaire — en Normandie libérée.

Chaque jour qui passe enfonce un peu plus dans le néant, l'AMGOT et les supposées « autorités locales ». Coulet et Chevigné ont bonne presse. Si bien qu'avant de quitter Washington, le président du GPRF peut câbler à Alger : « ... Quant aux principaux problèmes d'avenir, je crois que nous pouvons penser qu'on ne cherchera plus à les régler sans la France. »

Le 10, en fin de matinée, Charles de Gaulle et son équipe partent pour New York, où il leur faut éviter de remettre en cause les progrès faits à Washington : le problème consiste à « ne pas fournir d'occasion à des manifestations populaires qui, à trois mois des élections présidentielles, pourraient sembler dirigées contre ce qui était, jusque-là, la politique du président [14] »...

Il sera résolu ainsi : le maire de New York, Fiorello La Guardia, ancien parlementaire républicain, s'est rallié fougueusement à FDR et fait campagne pour lui. En prenant personnellement en main le triomphe new-yorkais du général, il en fera, par ricochet, un triomphe de Roosevelt... « Tout bouillonnant d'amitié », écrira le général mémorialiste, le maire de New York accueille le visiteur à l'Hôtel de Ville où se presse une telle foule que les vieux Français libres de New York n'y trouvent pas tous place.

Rien de plus drôle que les photos de cette journée où l'on voit côte à côte Doublepatte-de Gaulle et Patachon-La Guardia saluant la foule, l'un souriant et l'autre hilare. Le petit Sicilien s'est pris pour de Gaulle d'une tendresse où les préoccupations électorales ne jouent peut-être qu'un rôle mineur. A force de la représenter et de l'administrer, La Guardia a fini par s'identifier à cette foule que le général considère avec surprise. Et voilà de Gaulle qui glisse tout d'un coup à Mendès France, enchanté par le climat très populaire de cette journée :

« En somme, mes partisans, ce sont les Nègres et les Portoricains, les malbâtis et les cocus, les émigrés et les juifs ? — Eh oui, mon Général, fait Mendès, il faut vous y faire : vous voilà devenu le chef d'une manière de Front populaire [15]... »

Premier véritable « bain de foule » de Charles de Gaulle ? Non, il y a eu le 3 juin 1943, à Alger, puis le 14 juillet 1943, il y a eu la visite à Bayeux et à Isigny, telle ou telle escale à Brazzaville, à Tunis ou à Dakar. Mais jamais encore comme ce jour-là, l'homme du 18 juin n'aura pu apprécier la nature profonde de son combat, quelles que fussent, à l'origine, les raisons de son refus. En prenant sa décision, le Connétable est entré dans un certain camp, celui de l'antinazisme où ce n'était pas parmi les privilégiés, les prépondérants, les notables que l'on recrutait d'abord.

Pour tous ceux qui l'acclament ce jour-là dans la rue de New York, de Gaulle est moins un général français patriote que le chef d'un mouvement et le symbole d'un refus, celui qu'il a opposé à un pouvoir qui a chassé, poursuivi et molesté ces immigrants devenus les électeurs de La Guardia et de Roosevelt. De cette solidarité, il ne prend peut-être pas conscience sans étonnement. Mais il la salue avec chaleur en se saisissant du micro :

> « ... Depuis les terribles jours de juin 40 [...] que de fois nous avons vu venir de New York les encouragements, les sympathies et les secours... Que de fois vous-même, Monsieur le Maire, avez su exprimer et diriger cela avec une éloquence, une ardeur, une activité que les Français n'oublieront jamais ! Votre ville, qui est littéralement un monde, a discerné dès les premiers instants où était l'âme de la France... Vous n'avez écouté que votre idéal généreux, votre foi dans la puissance du droit et de la démocratie... C'est à nous Français qu'il appartient de prouver que nous saurons rendre concours pour concours, fidélité pour fidélité [16]... »

Les New-Yorkais remerciés, il va prendre contact aussi avec les exilés français au siège de *France for ever*, cette association fondée en 1941 par Eugène Houdry, industriel de Philadelphie qui, ce faisant, n'a pas manqué d'affronter outrages et déceptions mais a maintenu la permanence d'un courant « Français libre » dans des milieux où le vichysme d'abord, puis le giraudisme, étaient mieux portés. C'est l'un des leaders de *France for ever*, le grand avocat Henry Torrès, qui salue de Gaulle dont l'œil aigu ne manque pas de repérer dans l'assistance, comme un peu plus tard lors de la réception au Waldorf Astoria, les visages de gens qui lui étaient naguère moins favorables — ces gens qui, rappelle-t-il acidement dans ses *Mémoires,* lui « ont prodigué leurs critiques, voire leurs insultes ». Il n'est pas homme à oublier aisément ses griefs.

Le soir, on l'arrachera à un dîner avec Mgr Spellmann — qui a su entre-temps réviser ses idées — pour l'emmener au Madison Square Garden où l'illustre chanteuse noire Marian Anderson chante en son honneur, de sa voix de cuivre chaud, *la Marseillaise.* Un peu étourdi de ce triomphe à la Carpentier, il grommelle à l'adresse de son aide de camp, dans le taxi du retour : « Vous enverrez des fleurs à cette femme [17]... »

Le 11 juillet, Charles de Gaulle est à Québec — un site sur lequel on aura l'occasion de revenir. Cette visite de 1944 ne préfigure en rien celle de 1967. Certes, l'auteur des *Mémoires de guerre* écrira qu'il s'y est senti « submergé par une vague de fierté française, bientôt recouverte par celle d'une douleur inconsolée ». La formule est noble. Mais si la société québecoise réserva au général une réception de chef d'État, dont Mgr Vachon, évêque de la ville, garde un souvenir ému [18], le souvenir de la plupart des témoins n'évoque pas de grandes « vagues » d'enthousiasme. Il ne faut pas oublier que le « Canada français » fut profondément imprégné par l'esprit de Vichy et, bien que le tribut qu'il ait dû payer fût très lourd (combien de jeunes Québecois ne sont pas revenus du raid de Dieppe ou du débarquement ?), plutôt rétif à épouser, en application des décisions d'Ottawa, la querelle d'un Commonwealth auquel il se sentait peu lié.

Bien qu'il ait évoqué avec beaucoup de chaleur la réception que lui fit le lendemain Montréal, c'est, chose curieuse, de son escale à Ottawa que le général de Gaulle semble être resté le plus frappé, au moins quand il rédige ses mémoires. Qu'il s'agisse de l'effort de guerre consenti par le gouvernement fédéral, des recherches sur l'arme nucléaire poursuivies au Canada avec l'aide de chercheurs français comme Pierre Auger et Bertrand

Goldschmidt (qui collaborent, écrit de Gaulle, « avec mon autorisation, à ce travail d'apocalypse »), des qualités du Premier ministre Mackenzie King, des vertus du gouverneur général Lord Athlone ou de celles du général Vanier qui représente Ottawa auprès du GPRF, ce ne sont qu'hommages à ce Canada fédéral qu'il lui arrivera plus tard de traiter autrement...

Quand, le 13 juillet, Charles de Gaulle atterrit à Alger, c'est pour y recevoir les dividendes de son voyage : une déclaration de Washington qui comporte à coup sûr moins de mots qu'il n'a fallu de mois de bataille implacable pour l'arracher, mais qui dit à peu près tout : « Les États-Unis reconnaissent que le Comité français de la libération nationale est qualifié pour assurer l'administration de la France. » Certes, Washington s'est abstenu de parler de « gouvernement provisoire » : mais comme le disait le général en partant pour l'Amérique, ce n'est pas tant la reconnaissance formelle qui importe que « l'économie générale » des relations entre les deux pays et avant tout cette « administration de la France » pour laquelle M. Roosevelt et les siens reconnaissent que le GPRF est « qualifié ».

La veille de la publication de ce communiqué décisif que le président des États-Unis a commenté la veille au cours d'une conférence de presse dans un sens très positif et même extensif, Henri Hoppenot télégraphiait à Alger pour préciser que, désormais, tous progrès réalisés entre le GPRF et Londres seraient étendus à Washington et réciproquement. Tant en ce qui concerne l'administration française de la France que la liaison avec les armées alliées et la monnaie dont le pouvoir français est reconnu comme seule autorité émettrice, tous les objectifs que s'est tracés de Gaulle en proclamant le GPRF sont atteints.

Car tandis que le général de Gaulle jouait les Christophe Colomb diplomatiques, la négociation conduite à Londres par Anthony Eden et Pierre Viénot, dans un climat qui mêlait, racontait Georges Boris, « un peu de tragédie classique à beaucoup d'opéra bouffe », allait vers son terme annoncé dès le 30 juin par le représentant de la France, Pierre Viénot lequel ne devait pas survivre longtemps à son succès.

Ce socialiste de 46 ans qui avait fait merveille aussi bien dans l'entourage de Lyautey au Maroc que de Léon Blum dans le cabinet du Front populaire (il était sous-secrétaire d'État aux Affaires étrangères) ; qui avait été condamné par Vichy, s'était évadé de la même prison que Mendès France et avait rejoint Londres pour y assumer, en dépit du délabrement de sa santé, le poste le plus redoutable, celui de médiateur entre de Gaulle et Churchill, avait été soumis au cours du dernier mois à deux épreuves extrêmes : la terrible nuit du 5 au 6 juin, où, courant de l'ouragan de Gaulle au typhon Churchill, il avait fait l'expérience de l'histoire sous sa forme la plus hystérique, puis aux retrouvailles avec la terre de France, le 14 juin. Lui qui avait supporté d'être maltraité jusqu'à la goujaterie par les deux grands hommes revint épuisé de la fabuleuse journée du 14 juin — le sable de Courseulles, les ruines d'Isigny, de Gaulle fendant les flots d'une foule émerveillée... C'en était trop.

Il fut emporté par une crise cardiaque le 20 juillet 1944, ayant connu tout cela et bâti de ses mains — mêlées à celles, alors fraternelles, d'Anthony Eden — le traité par lequel la France retrouvait son indépendance. Son mince visage brun construit autour du nez en bec d'aigle qui le faisait si fort ressembler au prince de Condé (il était député de Rocroi...) perché au sommet d'une longue silhouette pliée, ne hanterait plus les couloirs du Foreign Office ni les escaliers de Carlton Gardens. Il avait fait sa tâche. Mais il allait beaucoup manquer à de Gaulle, et à son pays.

Succès total, de Londres à Washington? Charles de Gaulle n'est pas assez naïf — ni même assez ébloui par son voyage — pour le croire. L'extraordinaire puissance américaine, la confiance qui en émane, l'ont bouleversé. Mais quand il mesure toute cette force et cette ambition aux réalités françaises, dussent-elles être exaltées par un sursaut de fierté nationale et son propre génie, il lui vient, en regagnant la villa des Oliviers, une sorte d'angoisse. Écoutons le voyageur se confier à un collaborateur qui est déjà un ami, Louis Joxe :

« Dans tout cela, où est la France? (un temps, et puis :) Elle est en nous [19]. »

39. « Français, encore un effort... »

« Nous rapportons à la France l'Indépendance, l'Empire et l'Épée. » Les *Mémoires de guerre* sont écrits avec un éclat souverain, mais ne dédaignent pas toujours de simplifier.

L'indépendance? Les accords que Monnet et Alphand achèvent de négocier à Washington, à la fin de juillet 1944, en sont l'expression juridique. L'Empire? Si on le limitait à l'Afrique, ce serait vrai. Mais du côté du Levant *, on a vu de quelles hypothèques il est alors affecté ; quant à l'Indochine, ce n'est pas un télégramme du président du GPRF au général Mordant, appelé à prendre la tête, là-bas, d'une résistance (encore problématique) à la présence japonaise, ni la création à Alger d'un Comité *ad hoc* présidé par René Pleven, qui peuvent la restituer à la France. L'épée? Elle est à coup sûr plus acérée qu'au moment où, quatre ans plus tôt, certain général rebelle prenait pour la première fois la parole à la radio de Londres. Mais il faut, sur ce point, rendre la parole à l'auteur des *Mémoires de guerre* :

« Comme elle est courte, l'épée de la France, au moment où les Alliés se lancent à l'assaut de l'Europe ! Jamais encore notre pays n'a, en si grave occasion, été réduit à des forces relativement aussi limitées... »

Mais quoi? Elles existent à nouveau, et participent au combat. Ce corps expéditionnaire que le général Juin a conduit à la victoire en Italie se regroupe en Corse et en Afrique du Nord pour devenir la Ire armée ** du général de Lattre, chargée, sous le commandement de l'Américain Patch, de marcher sur le Rhin à partir des rivages de Provence, après avoir conquis pour se faire la main, l'île d'Elbe — le 18 juin. Transférée en avril du Maroc au pays de Galles, puis auprès de Hull, la 2e division blindée du général Leclerc, la mieux équipée des unités françaises, a débarqué en Normandie le 1er août en vue de participer à la marche sur Paris.

Quelques-unes des plus audacieuses entreprises des forces françaises de l'intérieur ont été écrasées par l'ennemi, dans les Alpes et le Massif central notamment. Mais en Bretagne où les parachutistes de Bourgouin épaulaient les maquisards de Guillaudot, les occupants ont fait place nette dès la fin de juillet 1944 : opération d'un intérêt majeur, Eisenhower ayant fait connaître qu'il ne lancerait pas la grande offensive vers Paris tant que, sur ses arrières, la péninsule ne serait pas purgée des unités de la Wehrmacht.

* Si tant est que l'on range dans l' « Empire » les territoires sous mandat.
** Appelée d'abord l' « armée B ».

Alors, tout est-il dit ?

Non. A la fin de juillet 1944, entre Charles de Gaulle et le sacre, trois obstacles se dressent encore : une Wehrmacht qui, sous les ordres des grands capitaines que sont von Rundstedt et Rommel, garde sa combativité et résiste fermement, entre Caen et Avranches, aux pressions britanniques et aux coups de boutoir américains ; des initiatives insurrectionnelles, plus ou moins orchestrées par le Parti communiste, dont on peut croire qu'elles risquent de mettre en cause l'autorité de l'État incarné désormais par l'homme d'Alger ; et une manœuvre politique de Pierre Laval qui, pour peu que les occupants s'y prêtent et que les Américains l'encouragent risque, sinon de l'exclure, en tout cas de le marginaliser pour un temps ou de le compromettre.

La preuve que de Gaulle ne croit pas la partie définitivement jouée dès la fin de juillet, c'est le message qu'il adresse le 31 à son délégué en France, Alexandre Parodi, dit Quartus : « ... une fraction importante du territoire métropolitain sera libérée d'ici sept à huit semaines. Toutefois, il ne faut pas s'attendre à la libération très prochaine de Paris [1] ». Ou encore cette allocution qu'il adresse le lendemain aux élèves officiers de l'école militaire de Cherchell (que ce chef décidément peu banal appelle « mes chers enfants ») : « Nous sommes à la dernière phase, mais pas à la fin de la dernière phase. Vous arriverez à temps pour employer vos armes contre l'ennemi [2] ! »

A la date du 1er août 1944, cinquante-cinq jours après le débarquement, seuls deux départements sont remis à l'administration de Coulet : la Manche et le Calvados. Les plans de l'état-major allié ont été tenus en échec par une très forte résistance allemande dans les secteurs de Saint-Lô et surtout de Caen où deux batailles, l'une du 11 au 16 juin, l'autre du 1er au 10 juillet, n'ont pas été de trop pour prendre la ville.

Mais le 7 août, après l'engagement de la 2e DB de Leclerc dans la bataille et à la veille du débarquement de la Ire armée en Provence, écoutons de Gaulle s'adresser au peuple français à la radio d'Alger. Comme le ton, soudain, a changé !

> « La bataille de France, la bataille de la France s'étend et se précipite. Tandis qu'en Normandie l'ennemi recule [...] en Bretagne sa résistance achève de s'effondrer... J'annonce que bientôt, très bientôt, une puissante armée française, dotée du matériel le plus moderne et rompue au combat, se déploiera sur le front interallié de France... Voici venue l'heure de la grande revanche ! [...] Il n'est pas un Français qui ne sente et qui ne sache que le devoir simple et sacré est de prendre part immédiatement à ce suprême effort guerrier du pays [3]... »

Deux faits importants sont intervenus entre-temps, modifiant les perspectives : le 20 juillet, en Prusse orientale, une conjuration militaire a tenté d'éliminer Hitler ; chargé de faire sauter à la bombe le quartier général du dictateur nazi, le colonel von Stauffenberg a échoué, Hitler est sauf ; mais la campagne d'épuration qu'il déclenche dans la Wehrmacht perturbe le haut commandement allemand en France, et pousse bientôt au suicide son chef le plus populaire, Rommel. D'où un ébranlement qui mine la résistance opposée jusqu'alors par les nazis aux entreprises alliées.

C'est le 31 juillet que se produit la percée tant attendue : tandis que les forces britanniques de Montgomery attirent sur elles, autour de Caen, le gros des forces allemandes qui barrent la route de Paris, une large opération de débordement se développe par le sud sous les ordres du général américain George Patton : l'épisode capital en est ce qu'on a appelé la « percée d'Avranches ». Tandis que Montgomery s'accroche au sol dans la tradition britannique de Wellington, Patton se rue au galop, dans le style des westerns de Ford.

Cette chevauchée d'enveloppement retient tout particulièrement l'attention de Charles de Gaulle. Une grande unité française y est associée, la plus prestigieuse, la plus chère à son cœur et qu'il a littéralement imposée à Eisenhower pour symboliser la participation des armes françaises à la libération de Paris : la division blindée du général Leclerc.

Pourquoi la 2ᵉ DB ? D'abord parce que le chef qui la commande est, de tous les compagnons qui se sont associés à son entreprise depuis quatre ans, celui qui en incarne le mieux l'esprit, défiant le plus hardiment (et avec le plus constant succès) le destin contraire ; ensuite parce que, sous les ordres de ce gaulliste intraitable en esprit s'accomplit dans un climat de victoire la fusion laborieuse mais plus nécessaire que toute autre, dans l'esprit de Charles de Gaulle, entre les deux armées, celle des *Free French* et celle que Giraud a su rameuter contre l'occupant.

Entre le 501ᵉ régiment de chars, tankistes au béret noir traditionnel venus du *Western desert,* sinon de la guerre d'Espagne (côté *Frente Popular,* bien sûr) si rétifs à l'autorité qu'on les dit commandés par une sorte de « soviet de capitaines [4] » et les cavaliers traditionalistes du 12ᵉ chasseurs d'Afrique au calot d'azur du colonel de Langlade (qu'on eût plutôt cherché, en Espagne, de l'autre côté...) l'amalgame doit préfigurer celui qu'il faudra bien opérer entre les *hadjis* de Londres et ceux qui applaudissaient encore Pétain le 11 avril à Paris.

De cette sollicitude de Charles de Gaulle pour l'engagement de la 2ᵉ DB et son comportement, on a de bons témoignages. Ainsi télégraphie-t-il le 12 août au général Koenig :

> « Je tiens à être constamment et personnellement tenu par vous au courant des opérations (de la division Leclerc). Je suppose que vous avez fait le nécessaire auprès du commandement interallié pour recevoir sans délai les rapports de Leclerc ainsi que les informations le concernant [5]. »

Ainsi branché sur les faits et gestes de ces fidèles entre tous, de Gaulle s'enchante de les voir s'engouffrer avec Patton entre Avranches et Mortain en une percée vertigineuse qui dévale vers le sud, puis oblique vers l'est : Alençon, Le Mans, Chartres... Le général de Gaulle, que l'on surprendra parfois quelques années plus tard campé devant un écran de télévision pour y suivre un match du tournoi des Cinq Nations, sait-il en 1944 à quel point la manœuvre par laquelle Montgomery fixe la « mêlée » adverse afin que le puissant ouvreur Patton puisse « faire le trou » en vue d'envoyer à l'essai ce grand ailier qu'est Leclerc relève du meilleur rugby ? Gageons qu'il n'a pas besoin de cette métaphore sportive pour apprécier l'opération en connaisseur...

La bataille classique, sur le front nord-ouest, tourne bien, au moment où elle s'amorce au sud. L'opération tour à tour baptisée « Anvil » puis « Dragoon », est déclenchée le 15 août. Le général Patch a été rappelé du Pacifique (où il a eu quelques démêlés, en Nouvelle-Calédonie, avec le très gaulliste amiral d'Argenlieu), pour commander l'ensemble de la manœuvre, dirigeant la VIIIe armée américaine sur Grenoble par la route Napoléon, tandis que le général de Lattre, débarqué le 15 entre le Rayol, Saint-Raphaël et Cavalaire, a pour objectifs Toulon, Marseille, la vallée du Rhône, Lyon et le Rhin.

Personnellement impliqué dans la chevauchée de la 2e DB, le général de Gaulle n'en suit pas avec moins de passion ce qu'accomplit l' « armée B ». De Lattre s'empare de Toulon le 22 avec une semaine d'avance sur les plans, de Marseille le 25, près d'un mois plus tôt que prévu. Et la prise de Lyon, si elle s'opère dans un climat beaucoup plus réservé qu'on ne l'eût attendu de la capitale de la Résistance, interviendra elle aussi, le 2 septembre, des semaines avant la date prévue par le général Patch. Ces unités forgées pendant la campagne d'Italie ont gardé le mordant que leur avait donné Juin, exalté par les retrouvailles du sol national — ou par ce qui est, pour beaucoup de Nord-Africains, une découverte.

Si durs que soient ici et là les combats, le sort de la bataille de France ne paraît plus guère faire de doute à partir du milieu du mois d'août, c'est-à-dire de la réussite, au-delà des prévisions, du débarquement de Provence. Mais si la défaite allemande est assurée, la victoire alliée peut prendre des formes très diverses, selon que Paris sera pris à une date ou à une autre, et selon que ses premiers libérateurs brandiront un étendard ou un autre. A cette date en effet, diverses hypothèses se présentent, dont dépend la nature du pouvoir qui va s'instaurer en France, et singulièrement l'avenir politique du général de Gaulle.

Le déroulement général de la manœuvre déclenchée à partir de la percée d'Avranches porte en lui la reconquête de Paris par la 3e armée US, celle du général Patton, dont la 2e DB n'est, au sein du 15e corps d'armée du général Gerow, qu'une des composantes. Mais quand? Eisenhower est tenté de piquer vers le nord, pour encercler la Wehrmacht. Or, à partir du 15 août, la grève de la police parisienne manifeste qu'une insurrection parisienne va tenter de libérer la capitale de sa propre initiative, et peut-être installer à Paris un pouvoir de fait avec lequel devrait au moins composer le chef du gouvernement d'Alger.

Le plan du général de Gaulle, qui vise naturellement à assurer la libération de Paris par la plus fidèle à sa cause des grandes unités militaires françaises, la division Leclerc, ne peut être réalisé que si les généraux

Eisenhower et Patton acceptent, d'abord de mettre le cap sur Paris, ensuite de placer en pointe la division Leclerc, et si le soulèvement parisien ne prend pas de vitesse la progression de la 2e DB — ou n'est pas écrasé auparavant, comme l'est alors à Varsovie le soulèvement contre les nazis.

D'où une manœuvre d'une complexité à la mesure du rude génie politique de Charles de Gaulle, qui doit à la fois convaincre les Américains de renoncer à leur plan — le meilleur du point de vue tactique — qui consiste à contourner Paris par le sud ; à leur faire adopter une orientation nouvelle, plus rapide mais plus coûteuse, de marche forcée sur Paris pour y faire déboucher Leclerc avant que l'insurrection n'y ait tout à fait triomphé ou ne soit décapitée. Et avant que l' « opération Laval » n'ait porté ses fruits...

Revenons sur ces divers points.

Il est difficile, quarante ans plus tard, de se faire une idée précise de ce que pensait Charles de Gaulle, en août 1944, du mouvement insurrectionnel et de la part qu'y prenait le parti communiste, du danger qu'une telle stratégie pouvait comporter pour l'ordre et l'unité de la France. Les seuls textes vraiment nets que l'on puisse consulter sont les pages des *Mémoires de guerre* consacrées aux journées d'août 1944[6]. Pour pénétrantes qu'elles soient, nourries de faits, de supputations judicieuses et de quelques éléments de preuves, elles ont été sinon rédigées, en tout cas publiées à une époque où les relations entre le général et le PCF n'étaient plus celles de la « grande alliance de guerre ». Entre-temps de rudes conflits s'étaient déroulés et un certain nombre de révélations avaient été faites.

N'importe. Le général, pour n'être pas impartial, est assez historien pour être écouté. Mais assez engagé pour que l'observateur d'aujourd'hui ne se retienne pas de proposer d'autres interprétations du débat. On citera donc successivement des textes du général contemporains des faits, ses commentaires de mémorialiste politique, et quelques points de vue différents.

On a dit les flottements que manifestent les directives données par de Gaulle aux responsables de la résistance intérieure à partir du 6 juin 1944, appelant à la levée en masse tout en souhaitant faire dire à Eisenhower qu'une insurrection générale risque d'être prématurée, laissant Koenig réclamer « la pause » dans l' « action immédiate » puis glorifiant le sacrifice des combattants spontanés à la tribune de l'assemblée d'Alger le 25 juillet et à la radio le 7 août. Mais ayant alors exalté le combat de « nos troupes de l'intérieur », on le verra, le 11 août, rédiger une nouvelle « directive aux résistants », beaucoup plus circonspecte :

> « Pour Paris et les grandes villes occupées :
> 1. Ne pas accomplir de travaux utiles à l'ennemi ; si l'ennemi veut les imposer, faire grève.
> 2. Si l'ennemi fléchit, se saisir du personnel qu'il emploie à n'importe quel titre dans l'usine. En faire des otages..

3. ... de toute façon, empêcher l'ennemi en retraite de retirer son personnel et son matériel.
4. Reprendre le travail immédiatement et en ordre dès que les forces alliées arrivent[7]. »

Curieux texte, d'un réalisme minutieux et qui révèle le souci de tenir soigneusement en main les forces populaires en leur assignant des objectifs professionnels (on dirait presque syndicaux) autant que militaires.

Trois jours plus tard, afin d'assurer plus sûrement l'autorité d'Alger, il prend la double décision de nommer Alexandre Parodi « délégué général » dans les territoires occupés et membre à part entière du gouvernement — comme l'était l'année précédente Jean Moulin. Et le même jour, télégraphiant à Roosevelt, il croit bon d'assurer que d'après les rapports qu'il reçoit de France, « il sera possible d'y établir, à la libération, sans grandes secousses, le bon ordre[8] »...

De Gaulle ne se sent pas tenu à ne dire à FDR que la vérité... Mais on peut tout de même retenir cette note d'optimisme qui correspond à la majorité des informations reçues alors des « territoires libérés », c'est-à-dire la basse Normandie et de très larges secteurs de la Bretagne — informations confirmées trois jours plus tard par André Le Troquer qui, au nom du gouvernement, est installé à Bayeux depuis le 12 août. Cette sérénité contraste avec le ton employé dans ses mémoires par le général :

> « ... Certains éléments politiques de la Résistance... voulaient tirer parti de l'exaltation, peut-être de l'état d'anarchie, que la lutte provoquerait dans la capitale pour y saisir les leviers de commande avant que je ne les prenne. C'était, tout naturellement, l'intention des communistes. S'ils parvenaient à s'instituer les dirigeants du soulèvement et à disposer de la force à Paris, ils auraient beau jeu d'y établir un gouvernement de fait où ils seraient prépondérants... A mon arrivée, je trouverais en fonction ce gouvernement " populaire ", qui ceindrait mon front de lauriers, m'inviterait à prendre en son sein la place qu'il me désignerait et tirerait tous les fils... jusqu'au jour où serait établie la dictature dite du prolétariat[9]. »

On reviendra sur le cas de Paris. Mais faut-il, aussi hardiment que le fait ici l'auteur des *Mémoires de guerre,* dresser face à face l'insurrection populaire et l'État, et laisser entendre que l'une n'allait pas sans mettre l'autre en question, que les FTP, le Front national et les organisations de la Résistance fortement noyautées par les communistes (comme le CNR et son bras armé, le COMAC) ne visaient à abattre Vichy et les nazis que pour mieux barrer la route à de Gaulle ou s'emparer, avant lui, du pouvoir ?

Les historiens ont généralement tendance à déprécier aujourd'hui cette vision des choses. Ils se réfèrent, tel J.-B. Duroselle, aux rapports que faisait alors tenir au général son ambassadeur à Moscou, Roger Garreau, sur ses fréquents entretiens avec le secrétaire général du PCF, Maurice Thorez — lequel l'assura, en janvier puis en avril 1944, que son parti excluait toute prise du pouvoir « lors de la libération [ou] pendant la période de convalescence et de restauration du pays... » avec une insistance et une précision qui ne laissaient pas d'impressionner le diplomate.

Il est même admis que la direction du PCF sur le territoire métropolitain (Duclos et Frachon en tête) si exaltée qu'elle fût par les progrès foudroyants réalisés depuis le début de l'année 1944 par le PCF vers lequel affluaient les adhésions, se refusait elle aussi à céder au vertige et analysait lucidement le rapport de forces entre un parti appuyé sur des milices mal armées et l'ensemble des armées alliées qui (indépendamment des différends entre leurs gouvernants et de Gaulle) appuieraient à coup sûr le général contre toute forme de « subversion ».

La question n'en reste pas moins ouverte pour ce qui a trait à un organisme certes dépendant du PCF, les Francs-tireurs et partisans (FTP) mais doté d'une certaine autonomie opérationnelle par rapport au Parti, conduit par des hommes débordant d'une confiance en eux acquise à force de triompher d'épreuves très périlleuses et animés d'un certain romantisme révolutionnaire. Les FTP ne pouvaient-ils substituer à l'analyse « scientifique » un certain volontarisme ? Un Charles Tillon, leur chef national, un Georges Guingouin, ce Tito limousin qui avait suscité la « petite Russie » de Haute-Vienne, ne furent-ils pas tentés de considérer que le pouvoir est au bout du fusil ?

Tillon, que j'interrogeais en juin 1983, s'en défendait fermement : « Notre objectif était purement antifasciste. Nous nous battions pour extirper de France le fascisme sous sa double face allemande et française. Jamais nous n'avons pensé à une prise de pouvoir... Dans la chaudière française, nous avions un rôle concret, qui ne visait qu'à purger le pays de l'occupant et des autorités de Vichy. Même quand nous avons constaté la méfiance des Alliés pour tout ce qui pouvait ressembler chez nous à des attitudes révolutionnaires, même quand nous avons observé que les hommes de Vichy faisaient souvent place à des personnages animés d'une idéologie assez voisine, nous n'avons jamais pensé à user de nos armes contre les hommes de Londres et d'Alger [10]. »

Jacques Soustelle, alors directeur général des Services spéciaux et du comité d'action en métropole, multipliant les citations (à vrai dire éloquentes) de quelques-uns des principaux responsables du Front national et du COMAC, parle de la « mainmise communiste sur toutes les formations militaires, c'est-à-dire les leviers du pouvoir [11] ». Il l'écrit dans *Envers et contre tout* et en reste aujourd'hui assuré, avec plus de détachement mais non moins de conviction.

L'un des chefs de la Résistance les plus liés aux communistes, Pascal Copeau, substitut d'Emmanuel d'Astier à la tête de Libération, a soutenu qu' « au printemps 1944 il y a si l'on veut, deux pouvoirs : le pouvoir de la résistance intérieure et le pouvoir du général de Gaulle. Il y eut des difficultés... mais... la primauté accordée au pouvoir du général de Gaulle n'a jamais été réellement contestée [12] ». C'est aussi l'opinion d'un autre ancien « compagnon de route » et camarade de d'Astier, Raymond Aubrac, et d'hommes aussi peu suspects de complaisance à l'endroit des communistes que Léo Hamon et Michel Debré. Mais non, on le sait, celle d'Henri Frenay...

Encore des indications contradictoires... En janvier 1944, tandis que les CDL (comité de libération, souvent suscités par le PCF) demandent que les pouvoirs soient dévolus dans les cités et les villages « à main levée » dans le cadre où sous l'égide du CNR détenant la délégation en métropole de l'autorité du CFLN, Florimond Bonte, à l'Assemblée d'Alger, proclame que « le peuple français ne veut à aucun prix de la tutelle d'une AMGOT alliée *ou française* [13] ». Que recouvre cette dernière expression ? Une AMGOT française, est-ce tout pouvoir venu d'outre-mer ? Cette suggestion est-elle un appel au refus de tout autre autorité que celle du CNR, alors dominé par les communistes ?

Mais le 20 juillet 1944, Émile Laffon, personnage important de la délégation auprès de Parodi, adresse à Alger un rapport dans lequel il affirme qu' « il n'y a pour demain aucun danger communiste réel... Ils désirent [...] tout obtenir par les voies légales... Ils ne prendront certainement pas l'initiative d'une rupture, ni maintenant ni même dans les premiers temps de la libération [14] ». Non seulement de Gaulle entérine ce point de vue, mais il donne alors raison à ces tenants de la légalisation et intégration du PCF contre ceux, comme Roland Pré (Oronte) qui ont déjà des réflexes de chasse aux sorcières.

Laissons le soin de conclure à un homme qui, à la direction de Combat, eut souvent maille à partir avec le PCF et ses représentants officiels ou camouflés, Claude Bourdet :

« Il est difficile de répondre par oui ou par non. Il faut en tout cas distinguer entre ce que nous avons cru à l'époque et ce que nous savons maintenant. En 1943-44, voyant s'opérer une pénétration croissante de militants dans les organisations à tous les niveaux, nous pouvions difficilement imaginer que, pour reprendre un mot de Malraux à propos du RPF, les communistes s'avançaient " jusqu'au Rubicon pour y pêcher à la ligne ". Et pourtant... Quand on regarde les choses de plus près, hors du climat qui régnait alors, on constate qu'ils ont fait tout ce que fait une organisation politique : s'assurer autant de positions que possible, en vue de l'exercice, tôt ou tard, de tout ou partie du pouvoir. C'est l'essence de l'action politique...

« Tel que je connais de Gaulle, je ne crois pas qu'il ait cru une seconde à ce qu'il écrit, dix ans plus tard, dans les *Mémoires de guerre* sur le " complot communiste ". Personnellement, je ne pense pas qu'il y ait eu, même à l'échelon régional, un ou plusieurs plans communistes en vue de la prise de pouvoir pendant l'été 1944. Au COMAC comme à la direction des FTP, on faisait des analyses sérieuses : le rapport de forces n'était pas favorable [15]... »

On verra, à propos de la libération de Paris, le flux des événements faire parfois peu de cas des plans et des intentions profondes. Et s'il est vrai que la description de ses rapports avec les communistes en août 1944 faite par le général dans ses *Mémoires* semble quelque peu dramatisée, il n'est pas moins vrai que l'insurrection parisienne mit en branle des forces et des émotions qui pouvaient prendre tout le monde par surprise, et déborder les projets de Jacques Duclos comme ceux de Charles de Gaulle.

Artificielle ou non, une menace contre l'avènement du président du GPRF se dessinait donc sur sa gauche. Sur sa droite, la manœuvre qui fut alors amorcée est, elle, beaucoup mieux repérable. Elle prit deux formes distinctes. L'une, à l'enseigne sinon à l'initiative de Pétain, tendait à faire du général l'héritier légitime du maréchal. L'autre, inventée par Laval, tentait de dresser entre de Gaulle et le pouvoir l'écran des institutions de la IIIe République : c'était en quelque sorte la résurrection de l'idée du *vacuum* légal nourrie à Washington par Alexis Léger, et « vendue » depuis 1942 par l'ancien secrétaire général du Quai d'Orsay à ses amis du Département d'État.

Le maréchal avait, dès le mois de novembre 1943, pensé à une convocation des Chambres de 1940 et désigné un directoire de sept personnalités * pour assurer une transition entre lui et un pouvoir gaulliste dont l'avènement lui paraissait dès lors inévitable. Plutôt qu'être chassé, pourquoi ne pas se poser en généreux donateur ?

Comment des hommes qui avaient assumé le pouvoir en 1940 au nom des réalités, de la matérialité des faits, pouvaient-ils imaginer que, rejetés avec mépris par celui qui n'était rien quand eux disposaient de presque tout, ils pourraient se faire entendre de lui alors qu'ils n'étaient plus rien (rien vraiment, ce Vichy déserté d'août 1944, d'où fuyaient tous les rats...) et que lui était déjà presque tout ? Pétain avait, il est vrai, dans les yeux cette foule parisienne qui l'avait acclamé en avril 1944 autour de l'Hôtel de Ville...

Le vieux maréchal, il faut le reconnaître, n'avait guère d'illusions. Il confiait au plus notoire des émissaires qu'il utilisait alors, l'amiral Auphan : « Je connais de Gaulle... Il est trop orgueilleux... Vous pourrez lui dire, en tout cas, que je n'ai jamais eu l'intention de le faire fusiller... » Et il ajoutait : « Je suis prêt à m'effacer... Ne cassons pas la légalité, ne brisons pas la légitimité... évitons la révolution... » Gabriel Auphan, ancien chef de cabinet de Darlan, avait été le plus ardent de ses ministres à inciter le maréchal à se retirer en novembre 1942 ; il partit le 11 août à la rencontre de De Gaulle, auquel il put faire remettre à Paris, le 27 août, un message suggérant une passation de pouvoirs à l'amiable afin d' « éviter la guerre civile ». Suggestion que le général de Gaulle se refusa à prendre en considération.

Trois jours après le départ de l'amiral Auphan pour la capitale, le 14, Henri Ingrand qui venait d'être nommé commissaire de la République à Clermont-Ferrand avait reçu un autre émissaire de Vichy, le capitaine Oliol, d'après lequel le maréchal, craignant que les Allemands ou la Milice ne tentent de s'assurer de sa personne, demandait de se mettre sous la protection des forces françaises de l'intérieur. Il proposait de faire une déclaration conseillant aux Français de suivre le général de Gaulle, ce qui

---

* Voir tome II, chapitre 2.

assurerait « la continuité du pouvoir légitime, en évitant au gouvernement provisoire d'être installé par les Américains [16] ». Admirable préoccupation, de la part d'un homme dont le gouvernement avait eu de plus compromettants protecteurs !

Ingrand et ses collaborateurs transmirent ce message à Alger — où il ne fut reçu, précise Soustelle, que le 21, après le départ du général pour la France. Le directeur de la DGSS, « pour une fois d'accord avec d'Astier », jugea qu'il n'était pas question de faire « introniser de Gaulle par Pétain », et câbla aussitôt à Clermont-Ferrand pour couper court à cette tentative « d'établir un lien entre l'usurpation de Vichy et le gouvernement provisoire ». Ce qui ne découragea pas Vichy, dont un nouvel émissaire, se présentant sous le nom de « Satine », jugea bon d'avertir Alger, via Ingrand, que les Américains avaient interdit le territoire français à de Gaulle, sauf si un accord intervenait entre Pétain et lui [17].

Un peu plus sérieuse fut l'opération déclenchée simultanément par Pierre Laval qui ne visait pas, lui, à se transformer en parrain de Charles de Gaulle, mais visait à l'exclure en ressuscitant un parlement fantôme, celui de la IIIᵉ République qu'il avait lui-même égorgé et piétiné le 10 juillet 1940 à Vichy. Cette manœuvre, Laval ne pouvait la mener à bien qu'avec le consentement des Allemands, l'appui des Américains et la complicité de l'un des grands notables de la République. Nous verrons que ni la première ni la troisième condition ne furent remplies, et que la deuxième resta en suspens. Il apparut en tout cas dans cet été 1944 que Pierre Laval était moins anathème à Franklin Roosevelt qu'à Adolf Hitler...

L'homme sur lequel Laval avait choisi de bâtir son opération était le président de la Chambre de 1936, Édouard Herriot. Président du Sénat, Jules Jeanneney était plus symbolique encore, mais bien qu'il vécût encore libre dans la région grenobloise, chacun le savait favorable à de Gaulle et d'ailleurs peu maniable. Herriot n'était guère moins favorable au général (Laval ne devait pas ignorer sa lettre du mois de mai 1943*) mais d'un caractère moins ferme. Au surplus, on le disait un peu déséquilibré donc plus fragile face à un manipulateur aussi habile que le chef du gouvernement de Vichy.

Arrivé à Paris le 10 août après avoir, selon son biographe Alfred Mallet, vainement tenté de convaincre Pétain de se réfugier au QG d'Eisenhower, Laval fit approuver son plan par une assemblée improvisée de maires de la région parisienne (nommés par Vichy). Après avoir sondé sans succès d'anciens ministres comme le radical Anatole de Monzie et le socialiste Paul Faure, il obtint le feu vert de son ami Otto Abetz et tenta alors d'entrer en contact avec les Américains. Un certain Enfière, ami d'Herriot, fit part du projet à Allen Dulles, chef des Services secrets américains en Europe, basé à Berne. Lequel fit simplement répondre à Laval : « Si vous faites libérer Herriot, Roosevelt vous en tiendra compte [18]. » Ce que de Gaulle traduit abusivement dans ses *Mémoires* par cette formule : « Il vérifie que

---

* Voir ci-dessus, chapitre 32.

Washington verrait d'un bon œil un projet qui tend à coiffer ou à écarter de Gaulle [19]. »

Le 12, tandis que les blindés de Patton foncent en direction de Chartres et que de Lattre met la dernière main à la préparation de son « combat des Maures », Pierre Laval va jusqu'à Nancy chercher Herriot, interné à l'hôpital de Mareville, pour le ramener à Paris — « sans aucune condition », précise-t-il. Il ne s'agit que de convoquer le Parlement de 1940... Herriot dont le cerveau, quoi qu'on en dise alors, fonctionne encore assez bien, et qui connaît son Laval, regarde la carte, apprécie la situation et, pour gagner du temps, déclare qu'il ne fera rien sans avoir consulté Jeanneney — qui est bien loin...

Mais déjà l'opération Laval a été éventée par les ultras de la collaboration et l'état-major du Führer. Si, comme l'écrit de Gaulle, « Abetz, Ribbentrop et d'autres jugent que, la France une fois libérée, il serait bon qu'il y ait à Paris un Exécutif qui traînerait les séquelles de Vichy plutôt qu'un gouvernement sans peur et sans reproche » — ce qui est interprétation rationnelle — les vrais idéologues du nazisme s'irritent de cet expédient qui semble un hommage rendu *in extremis* par la nouvelle Europe aux symboles de la démocratie exécrée : ici Déat, Darnand et Brinon, là Hitler et Himmler coupent court à la manœuvre : Herriot est arrêté le 16, emmené vers l'Allemagne le 17 ; il sera interné du côté de Potsdam (et libéré par l'Armée rouge huit mois plus tard).

Ainsi les chefs nazis auront-ils de leurs propres mains détruit le dernier obstacle qui se dressait sur la voie royale conduisant Charles de Gaulle vers le sacre. Encore convient-il d'ajouter, comme le fait de Gaulle à propos de ce « complot désespéré », qu'en dernier ressort, la réussite de l'opération eût exigé que lui-même s'y prêtât. Ce qui, le connaissant...

Au surplus, le gouvernement d'Alger vient de subir deux défaites : l'une, psychologique et tout simplement humiliante, est le refus définitif opposé par l'état-major interallié à une opération sur le Massif central dite « Caïman » (ou « C ») à laquelle de Gaulle tenait beaucoup, en étant l'inventeur et l'ayant confiée à son homme de confiance, Pierre Billotte : réalisée presque totalement par des troupes françaises, elle aurait été « du point de vue national français, la consécration finale des efforts de la France métropolitaine pour se libérer de l'ennemi [20] ». Arguant du manque de moyens susceptibles d'être mis à la disposition du GPRF, et peu soucieux de lui voir prendre trop d'initiatives, le général Maitland Wilson, puis Eisenhower, y mirent le holà, privant de Gaulle à la fois d'une opération symbolique et de l'occasion d'implanter des troupes sûres en cette Auvergne dont le régime défunt avait fait son sanctuaire, mais où les maquis proliféraient.

Cette lourde déconvenue pourtant n'était rien à côté du terrible revers moral et humain que fut la chute du Vercors. Application majeure de la stratégie élaborée du temps du général Delestraint, celle des « maquis mobilisateurs » voués à devenir les premiers fragments de la France libérée, ces bastions rassemblant plusieurs milliers de maquisards (aux Glières, au

Mont-Mouchet ou au Vercors) avaient été dénoncés comme inefficaces et dangereux par les meilleurs spécialistes de la guerre secrète — à commencer par les FTP.

Augure militaire de la région Rhône-Alpes, le colonel Descour (dit « Bayard ») se défendra plus tard d'avoir voulu faire du Vercors un bastion apte à se défendre contre toute contre-offensive allemande, mais plutôt un foyer d'où rayonneraient des actions multiformes déclenchées en coordination avec le débarquement-sud, qu'Alger présentait comme imminent.

Quand, le 6 juin, le général de Gaulle avait appelé les « fils de France à combattre par tous les moyens dont ils disposent », les quelque 3 000 maquisards du Vercors pouvaient croire le moment venu de se manifester en position de combat, assurés que le gouvernement d'Alger s'était préparé à les soutenir et que les armes alliées n'allaient pas tarder à déboucher du sud, par la vallée du Rhône et la route Napoléon. Les parachutages, de fait, s'accélérèrent, du 28 juin au 7 juillet et des instructeurs leur furent envoyés de Londres. Mais le déclenchement du débarquement fut plus tardif qu'ils n'attendaient — alors que, sur le massif qui domine Grenoble, la dissidence avait pris un caractère si voyant que l'occupant ne pouvait manquer de réagir.

Les chefs du maquis — Pierre Dalloz, Alban Vistel, le capitaine Alain Le Ray* — surent dès le début de juillet que le drame couvait : les secours reçus de Londres et d'Alger étaient sans commune mesure avec les forces de répression rassemblées par les occupants. Le 8, Dalloz vint à Alger réclamer un accroissement rapide des envois d'armes et de munitions, sinon l'accélération du débarquement-sud. Le 11, le 16 et le 17, trois parachutages étaient réalisés à partir d'Alger[21], tandis que Londres expédiait encore plus d'un millier de containers sur la zone. Mais les assaillants déclenchèrent le 20 juillet une opération massive, écrasant les maquisards sous le nombre : 650 d'entre eux furent tués**, tandis que 280 civils du village de Vassieux étaient torturés et massacrés par un régiment de SS mongols.

Ce désastre pouvait-il être évité ? Dans un beau récit intitulé le Peuple impopulaire[22], Alain Prévost, fils de Jean, a soutenu que les maquisards du Vercors avaient été abandonnés par Alger et Londres : trop « rouges » pour plaire.

Alain Le Ray conteste vigoureusement ce point de vue. Il rappelle d'abord que c'est une poussée spontanée de réfractaires qui rassembla des effectifs excessifs sur le plateau, puis une exaltation collective qui les fit se manifester prématurément. Observant ensuite que les communistes étaient en nombre infime dans le Vercors, il assure qu'aucune discrimination idéologique ne fut donc opérée[23].

La chute du Vercors allait néanmoins provoquer une violente crise entre le général de Gaulle et les communistes au sein du gouvernement d'Alger, Fernand Grenier, commissaire à l'Air et dirigeant du PCF, ayant déclaré à

---

* Gendre de François Mauriac.
** Dont le grand écrivain Jean Prévost.

la presse que l'écrasement des maquisards était dû à des carences du commandement et que le GPRF était responsable de l' « abandon » du Vercors.

La réaction de De Gaulle fut celle qu'on pouvait escompter. Louis Joxe l'a fort bien décrite : « ... Le 27 juillet au matin, le général arrive dans le décor mauresque du Palais d'été, le visage fermé, le teint plombé. [...] Pas question d'aborder l'ordre du jour. Il s'adresse directement à Grenier et lui reproche d'avoir accusé le gouvernement de manifester un " attentisme " que les communistes considèrent comme un crime contre la patrie. » De Gaulle exige des excuses écrites, ou la démission de Grenier — qui, pour la rédaction de sa lettre, pourra se faire assister par Joxe...

« Chacun se retire. Billoux* demeure auprès de Grenier, nous nous regardons longuement tous les trois. Grenier rédige [...]. Dehors le gouvernement tout entier contemple attentivement le gravier des allées. Le général va et vient [...]. L'atmosphère n'a jamais été aussi tendue. Mais [Grenier et Billoux] ont choisi la raison d'État [...] la séance est reprise, le général lit le texte proposé par Grenier.

" Passons à l'ordre du jour, l'incident est clos. "

« Le soir même, la presse d'Alger publie la " mise au point " de Grenier indiquant que " le gouvernement a fait tout ce qui lui était possible pour apporter l'appui matériel et moral aux maquis et aux FFI, car il a toujours considéré et continue à considérer qu'au moment où la bataille suprême est engagée, l'attentisme serait un crime contre la patrie " [24]. »

Le président du GPRF a contraint à une retraite humiliante le PCF, moins attaché à son prestige qu'à la participation au pouvoir. Mais Charles de Gaulle qui, dans ses *Mémoires* choisit à propos du Vercors de mettre l'accent sur les pertes que subirent les Allemands (« plusieurs milliers d'hommes ») ne peut manquer de juger, *in petto*, que là encore le prix payé est bien lourd. Plus encore que des retards techniques et des lenteurs d'acheminement des transports, c'est une tactique fondée sur l'engagement prématuré du maquis — dû en partie à ses directives du 18 mai et du 6 juin — qui est à l'origine du massacre.

En lui, le tacticien de la guerre secrète n'aura jamais été à la hauteur du stratège planétaire, du diplomate ni de l'éveilleur d'énergies.

* L'autre ministre communiste.

40. Le sacre

Qu'a-t-il de commun avec celui qui est parti quatre ans plus tôt, semi-clandestin aventuré dans l'impossible, agrippé au radeau des vaincus, plus temporaire que général, plus illégal qu'héroïque, plus scandaleux que prophète, gibier de tribunal voué aux foudres des notables prudents et des militaires plus fidèles à leur serment au maréchal qu'aux exigences de l'indépendance nationale.

D'échec en rejet, condamné par Vichy, moqué par les notables, honni par ses pairs, nié par Roosevelt, renié par Churchill, il a survécu, grandi, maîtrisé le destin. Et maintenant, modelé quatre années durant par la plus formidable « houle de l'histoire » qu'ait jamais affrontée navigateur de haute mer à bord d'une coque de noix, le voici tel qu'en lui-même enfin l'épreuve l'a changé.

Nous savons qu'il n'a jamais douté d'être à la tête des « affaires de la France ». Général de 15 ans ou conférencier à l'École de guerre, auteur du *Fil de l'épée*, colonel de chars ou sous-secrétaire d'État, ce ne sont que les avatars d'une prépondérance en voie d'accomplissement. Gaston Palewski le percevait confusément dès leur première rencontre, en 1934, sans oser se formuler la question à lui-même : que pèseraient, face à un tel homme, les chefs du parlementarisme français ? Il n'a même pas eu à les affronter, les trouvant très tôt ralliés et consentant — non sans grandeur d'âme — à la « relève » qu'il assure. Et les voici maintenant qui, à l'instar de tous les Français, tournent leurs regards fascinés vers cet inconnu en qui s'incarne l'avenir.

Il a surpris d'abord : ce nom mythique venu du fond des âges, cette voix tour à tour stridente et trop grave qui surgissait, avec des inflexions de trompette et de cor de chasse, de l'autre côté de la mer, à travers brumes et brouillages... Il a ému ensuite, guetteur pathétique qui, non content de rester debout, lançait à travers la nuit de vraies raisons d'espérer. Il a irrité aussi, outrecuidant avec minutie et niant jusqu'à l'évidence d'un effondrement collectif qui allait beaucoup plus loin et plus profond que les humiliations de Rethondes et la présence d'uniformes vert-de-gris sur les Champs-Élysées. Il a convaincu enfin, quand les quelques fruits de l'armistice se sont corrompus, quand le maréchal a voulu rester prisonnier du piège de Vichy et quand, lui, l'émigré, il a obtenu des combattants de l'intérieur un suffrage sans appel.

Et le voici enfin qui marche vers le sacre à travers un décor de ruines et de barbelés, dans un brouhaha de cris jaillis des chambres de tortures et de chant des partisans, intransigeant porteur d'une légitimité hiératique — un sacre sans cathédrale de Reims, sans manteau constellé d'abeilles ou de fleurs de lys, sans formule sacramentelle ni messe laïque.

La République n'attend pas d'être proclamée par sa voix — dût-elle craindre d'être étouffée sous son poids. Il lui suffira de paraître, de déployer ses antennes démesurées, de faire vibrer sa voix de prêcheur de croisade pour que Coutances, Rennes, Chartres et Paris accueillent avec une gratitude stupéfaite ce personnage qui se définit lui-même comme « quelque peu fabuleux ».

Mais derrière ces mots et ces rêves, quel est l'homme qui s'avance?

D'emblée, c'est le géant qui frappe les imaginations. Ces cent quatre-vingt-quatorze centimètres propulsés au-dessus des agitations moyennes de ses contemporains retiennent l'attention des plus indifférents, et aussi cette façon irrationnelle qu'il a d'en user, semblable à ces colosses de kermesses flamandes agités par Till l'Espiègle. Bizarres moulinets, surprenants sursauts, étranges élancements. Rien de moins conforme aux us et coutumes, aux qu'en-dira-t-on, normes anthropologiques et règles innombrables forgés au pays de Vaugelas et de M. Faguet.

« Drôle de corps », dit-on d'un original. Aucune formule ne lui sied mieux. Il n'a pas fini d'étonner son monde rien qu'à entrer dans une pièce, rien qu'à dresser, au-dessus du populaire, ses bras en forme de mât de cocagne. Et pour peu que le terrain s'y prête, comme aux abords de Montcornet en mai 1940, il juge bon de hausser sa grandeur sur quelque butte, remblai ou talus pour mettre encore d'autres couches d'air entre le regard de ses interlocuteurs et le sien. La foudre doit tomber de haut.

Ensuite, la tête. Surmontée ou non de ce képi en forme de tuyau avorté que l'armée française inflige à ses gradés les plus considérables, elle bourgeonne en méplats improbables, en un nez surtout dont l'ampleur bourbonienne s'accentue d'être braquée sur le contradicteur comme une bouche à feu, si massif qu'il a confisqué l'aspérité du menton et fait oublier un front cerné de mèches brunes qu'on dirait plaquées là par une pluie imaginaire.

Visage d'avant notre époque moyenne et ordonnée, tête pour le heaume, la fraise ou la perruque, face comme un parchemin griffonné par Froissart ou Commynes qu'éclairent d'un feu circonspect les yeux petits, dardés comme la baïonnette d'une sentinelle du fond des orbites en forme de caverne.

« Un homme à peindre », eût dit un bon auteur du temps où le Louvre n'était pas encore un musée, non sans ajouter : « Quelle physionomie ! »

Peint ou pas (il le sera très peu), il saisit, déconcerte et refuse de se laisser oublier. Maréchal de Guise, cardinal de Montmorency ou sénéchal des Ardennes, combien de portraits de cette sorte ornent les salles d'armes de très vieux châteaux de chez nous, entre la cuirasse du capitaine des mousquets et l'écu du mestre de camp ? Sous les murailles de Jérusalem, Godefroy de Bouillon et Renaud de Châtillon durent avoir la démarche lourde, les gestes démesurés, les éclats de voix, les coups d'œil fulgurants que les Français vont apprendre à connaître en cet été 1944, après Winston Churchill, Robert Murphy et Henri Giraud...

Ce corps singulier l'embarrasse-t-il ? Il s'en soucie comme d'une guigne, n'étant incommodé ni par le chaud ni par le froid et restant fort peu sensible à la douleur — éprouvée du fait des blessures de 1914 à 1916, mais non de maladies dont il fut presque toujours exempt — hormis deux crises d'origine plus ou moins paludéenne qui l'ont terrassé durant quelques jours, à Londres en mars 1942 et à Alger en janvier 1944.

Les intempéries lui sont indifférentes. Il a bon appétit, mange vite, boit modérément et peut supporter un long jeûne — au moins à l'époque où nous sommes. Cette grande carcasse où il abrite son grand rêve ne l'incommode pas. Il y voit plutôt quelques avantages : d'abord qu'elle le transforme en sémaphore, donnant à ses gestes, au V que dessinent ses bras, une ampleur surhumaine ; ensuite qu'elle lui donne une valeur d'enseigne vivante : « A la plus grande France. »

C'est un soldat. Jusqu'à l'époque où nous sommes — août 1944 — il ne se hâte guère de dépouiller l'uniforme, même quand il s'agit de charmer chefs politiques ou hommes d'État étrangers peu suspects de militarisme, et ne se « met en civil » que dans l'intimité familiale. Il se plaît (n'est-ce qu'affectation ?) dans les sangles, harnois, ceinturons, baudriers, bottes et leggins — tout ce qui gêne un homme ordinaire. Il a beau mépriser — en paroles tout au moins — la presque totalité de ses confrères, il retient mal des réflexes corporatifs, adore reprendre le style d'état-major, rédiger des communiqués, user du vocabulaire de caserne et même ressortir les vieilles plaisanteries de Saint-Cyr. Et il consacre beaucoup de pages de ses *Mémoires de guerre* aux affaires de boutique.

La guerre n'est jamais que la forme la plus convulsive de la politique, c'est vrai. Il le dit et l'écrit. Et dans l'ordre des valeurs, il place l'écrivain au-dessus du grand commis de l'État, et celui-ci au-dessus de l'officier. Mais enfin, sa profession est là. S'il a peu d'estime pour les militaires, il prise fort les guerriers. Le métier des armes, il l'a choisi, l'a fait avec passion et l'aime encore assez pour lui réserver ses sarcasmes les plus féroces.

C'est un politique. Ambitieux dans ses vues, ingénieux dans les procédures, implacable dans l'exécution, attentif aux circonstances, il a pour seule inhibition cette « idée » qu'il se fait de la France, raide comme une flèche de cathédrale et qui met dans sa démarche une sorte d'ankylose — celle, glorieuse, du mutilé. Un grand dessein sied au grand politique, certes Encore faut-il qu'il sache n'en être pas prisonnier, qu'il ose lancer alentour quelques reconnaissances, tâter d'autres portes, flairer d'autres pistes. La France est-elle tout en elle-même ? Sa grandeur toute en son rang ? On y reviendra.

Reste cet alliage de superbe dans l'objectif et de ductilité dans la démarche qui a conduit l'exilé de 1940 aux grands rendez-vous de 1944. « J'étais venu rejoindre Jeanne d'Arc : j'ai servi Louis XI », disait volontiers l'un de ses collaborateurs, sans croire un instant lui faire ainsi le moindre tort.

C'est un intellectuel : on veut dire quelqu'un dont la vie, les décisions, les actes sont inspirés et motivés par des idées. Certes, on a constamment marqué à quel point cet homme d'action se méfiait des doctrines et s'attachait à tenir compte des circonstances. Dans son esprit, en effet les doctrines sont nocives en ce qu'elles coagulent en systèmes le libre mouvement des idées. Ce machiavélien est un idéaliste qui, attentif au réel, le conceptualise par un constant effort de volonté. Dans la formule fameuse qui lui sert à jamais de devise : « Toute ma vie, je me suis fait une certaine idée de la France », le mot clé semble être « fait ». Inspiré par une idée, certes : mais par une idée qu'il s'est faite, qu'il a sculptée à son image, exigeante, orgueilleuse, inaccessible. On dirait d'un jansénisme de la France.

Réaliste, de Gaulle ? Certes, dans les visées immédiates et les procédures, et dont la stratégie n'est presbyte que pour corriger la myopie générale qui sévit autour de lui dans le pouvoir, les institutions, l'entourage, dans le siècle... Mais c'est un réaliste de l'imaginaire qui « traite », manipule et triture de sa main puissante des données préalablement modelées par son génie inventif. Et Dieu sait si, conjuguées, la volonté et l'imagination de Charles de Gaulle s'entendent à modifier les données du réel tel que le voient les petits hommes...

C'est un homme, encore. Un homme dont frappe, aux jours les plus violents, l'attention qu'il porte aux affaires des siens, aux études puis aux affectations militaires de Philippe, aux travaux d'Élisabeth, au sort du « tout-petit ». On a cité des lettres à son épouse d'une tendresse et d'un abandon surprenants — sans que la pesée de l'histoire y soit jamais escamotée. Il ne juge pas Yvonne indigne d'être informée de ses préoccupations majeures de « Symbole » et de président du GPRF.

Une foi religieuse double-t-elle sa foi nationale — et celle qu'il voue au personnage qu'il a inventé ? Beaucoup de ses partenaires, ayant éprouvé l'implacable rudesse de ses procédés et pâti des détours de sa démarche, ont mis en doute qu'un si féroce combattant puisse être un bon chrétien Question à laquelle on se gardera de donner une réponse simple. Retenons toutefois qu'appelé par un agent de relations publiques londonien à donner une description de lui-même à la fin de 1940, il indique, dès la seconde phrase de cet autoportrait : « Je crois en Dieu. » Retenons aussi cette réponse faite à son neveu Michel Cailliau qui, lui demande si son grand dessein s'accommode d'une croyance religieuse : « Je suis chrétien par l'histoire et la géographie. » Formule qui peut être tenue pour positive par les uns, négative par les autres...

C'est un artiste, enfin. On a dit qu'à ses yeux le poète l'emporte sur le capitaine vainqueur. L'écrivain, en tout cas, n'abdique jamais en lui, et d'autant moins qu'il écrit avec peine, raturant, se reprenant. Agit-il pour trouver des sujets dignes de lui et d'un art qui eût détonné, s'agissant des affaires de César Birotteau ou même de celles du cabinet de Paul Reynaud ? « De Gaulle est un homme qui, où qu'il soit, ne cesse de crayonner le brouillon de ses mémoires », disait de lui un homme qui l'avait observé sans complaisance, l'ambassadeur Jean Chauvel.

Redessiner la carte du monde pour trouver, chemin faisant, matière à écrire un chef-d'œuvre ? Pourquoi cette dichotomie, quand écrire (ou « écrire-parler ») peut être la meilleure arme de l'homme d'action, sinon la meilleure action ? « Je ne parle pas pour ne rien faire », disait-il. Et il est vrai que se saisissant de la dépouille d'un pays assassiné pour la ranimer et lui rendre au moins les apparences de la grandeur, et longtemps démuni de tout autre moyen, il n'a pas trouvé mieux que des phrases, du 18 juin 1940 au 7 août 1944.

Derrière les mots qu'il lance ainsi depuis quatre ans comme autant de bouteilles à la mer, les Français vont voir paraître un visage et un corps. Mais ainsi incarnés, ce sont encore des mots qui les conduiront, forgés et assemblés par un poète tragique qui semble ne s'affairer à grandir la France que pour ajuster une histoire chancelante à son style majestueux.

Le vendredi 18 août, alors que les blindés américains foncent sur Chartres, que les avant-gardes de De Lattre sont en vue de Toulon et qu'à Paris l'explosion est si imminente que Chaban, dit « Arc », câble à Koenig que les Alliés doivent se hâter de marcher sur la ville, Charles de Gaulle s'envole pour la France. Le dénouement se précipite : il a hâte de se saisir, sur place, des commandes.

C'est la veille qu'Herriot enlevé de Paris par la Gestapo, l'opération Laval a tourné court. C'est le surlendemain que le maréchal, ayant renoncé à se mettre « sous la protection » des forces françaises de l'intérieur (« ils vont vous assassiner », lui ont dit ses familiers), sera emmené vers Belfort par une unité de la Wehrmacht, non sans avoir protesté contre cet « acte de force qui le place dans l'impossibilité d'exercer [ses] prérogatives de chef de l'État français [1] ».

De Gaulle a eu, au départ de Maison-Blanche, des problèmes de transport, les Américains ayant insisté pour que le général prît place dans une « forteresse volante » plutôt que dans son modeste Lockheed habituel.

Mais pour des raisons multiples, faciles à imaginer quand on connaît l'homme, et dont la plus simple est qu'il tient à son pilote habituel, Lionel de Marmier *, le président du GPRF fera route dans le vieux Lockheed désarmé.

Il contestera, après avoir fait escale à Casablanca, que son appareil est prêt au départ quand la « forteresse » américaine — où a pris place le général Juin — est retardée par une avarie — qui se reproduira à l'escale de Gibraltar. Faut-il y voir la volonté de ses alliés de retarder un peu encore son arrivée sur le sol national ? Le gouverneur de Gibraltar lui conseille d'attendre. Il s'envole donc, et atterrit enfin, le dimanche 20 août, à 8 heures, sur le petit aérodrome normand de Maupertuis.

Accueilli par Koenig et Coulet, il se fait communiquer les nouvelles. Elles sont bonnes. Dans le secteur nord-ouest, la chevauchée de Patton s'accélère suivant un arc de cercle qui enveloppe la capitale. A Paris, où ses deux principaux représentants, Parodi et Chaban, ont donné leur accord, la veille, au déclenchement de l'insurrection fomentée depuis plusieurs jours par les communistes, les policiers en grève depuis quatre jours se sont emparés de la Préfecture ; un peu partout éclatent des combats, des représentants du GPRF s'installent dans les ministères, la Résistance s'empare de plusieurs mairies de la périphérie — et la plupart des observateurs notent la faible résistance opposée par les occupants...

Bon. Il faut faire vite, à la fois pour éviter que l'insurrection soit écrasée, et pour ne pas voir s'installer un « pouvoir de fait » à Paris. Aussitôt conduit au quartier général d'Eisenhower, de Gaulle félicite son hôte pour « l'allure foudroyante du succès des forces alliées » — puis écoute le commandant en chef, plus cordial que jamais (et flanqué désormais d'un officier, le général Bill Morgan, qui ne cessera plus de servir la cause des Français auprès de son patron **) lui exposer la marche des opérations et les perspectives qui s'ouvrent. Tandis que l'aile gauche alliée — le groupe d'armées Montgomery — a enfin desserré l'étau ennemi et progresse vers Rouen, l'aile droite, que commande Bradley, développe la vaste manœuvre confiée à Patton et exécutée par deux colonnes, l'une qui a pris pour objectif Mantes, au nord, et l'autre Melun, au sud de la capitale. Et de là, Eisenhower s'apprête à lancer Patton et ses colonnes cuirassées vers la Lorraine

Et Paris ? De Gaulle s'étonne :

> « ... Je saisis mal pourquoi, passant la Seine à Melun, à Mantes, à Rouen, il n'y a qu'à Paris que vous ne passiez pas... S'il s'agissait d'un lieu quelconque, non de la capitale de la France, mon avis ne vous engagerait pas, car normalement c'est de vous que relève la conduite des opérations. Mais le sort de Paris intéresse de manière essentielle le gouvernement français. C'est pourquoi je me vois obligé d'intervenir et de vous inviter à y envoyer mes troupes. Il va de soi que c'est la 2e division blindée française qui doit être désignée en premier lieu [2]. »

* Qui accomplit là l'une de ses dernières missions.
** Ce que signale notamment Hettier de Boislambert, officier de liaison auprès de l'état-major américain.

A en croire le président du GPRF, Eisenhower « ne cacha pas son embarras », arguant du risque de destructions qu'impliquait une opération sur Paris et objectant que « la Résistance s'était engagée trop tôt — Pourquoi trop tôt ? » fait de Gaulle, alors que les Alliés atteignent en plusieurs points la Seine et sont à moins de 50 kilomètres de Paris ? Le commandant en chef allié, qui donne à de Gaulle l'impression d'être, dans son for intérieur, d'accord avec lui *, assure son interlocuteur que sans pouvoir fixer une date précise, il donnera avant peu l'ordre de marcher sur Paris, la 2ᵉ DB étant bien entendu chargée de la mission.

Les tergiversations d'un homme dont il connaît la sympathie pour ce qu'il représente intriguent de Gaulle. Qu'y a-t-il derrière cette attitude ? Roosevelt ? N'essaie-t-on pas de gagner du temps pour permettre à la manœuvre Laval-Herriot, ou à quelque autre de même nature, de suivre son cours ? Pourquoi d'ailleurs vient-on de muter la division Leclerc de la IIIᵉ armée, celle de Patton, toujours en flèche, à la VIIᵉ, celle de Hodges, maintenue en réserve ? N'est-ce pas pour éviter « qu'elle filât vers la tour Eiffel[3] » ? D'ailleurs quand Patton a reçu le 15 août la visite de Leclerc, réclamant de foncer sur Paris, il l'a traité d' « enfant » et lui a signifié qu'il n'entendait pas que des commandants de divisions viennent lui dire « où ils veulent combattre[4] ».

Et pourquoi l'accord organisant les rapports entre le commandant allié et les forces françaises qui venait d'être conclu avec Washington et Londres n'était-il toujours pas signé entre Eisenhower et Koenig ? Que signifiaient décidément ces délais et ces faux-fuyants ? Et de crainte que le lecteur puisse croire que ces questions lui sont dictées par quelque rancune à l'encontre du président des États-Unis, l'auteur des *Mémoires de guerre* juge utile d'écrire : « Juin tira de ses contacts avec l'état-major les mêmes conclusions que moi[5]. »

Un bain de foule à travers le Cotentin, le Perche et la Bretagne va balayer ces miasmes : de Cherbourg à Coutances, Avranches, Fougères et Rennes, de Gaulle se sent porté « par une grande vague d'enthousiasme et d'émotion populaires ». De la capitale bretonne, il lance deux messages dont les effets se feront sentir dans les jours suivants. D'abord, à Dwight Eisenhower :

> « Mon cher général,
> Les informations que je reçois aujourd'hui de Paris me font penser qu'étant donné la disparition presque complète des forces de police et des forces allemandes à Paris et l'état d'extrême disette alimentaire qui y règne, de graves troubles sont à prévoir dans la capitale avant très peu de temps. Je crois qu'il est nécessaire de faire occuper Paris au plus tôt par les forces françaises et alliées, même s'il devait se produire quelques combats et quelques dégâts à l'intérieur de la ville. S'il se créait maintenant dans Paris une situation de désordre, il serait ensuite difficile de s'en rendre maître sans sérieux incidents, et cela pourrait même gêner les opérations militaires ultérieures. Je vous envoie le général Koenig, nommé gouverneur militaire de Paris... »

* En témoignent les pages de *Croisade en Europe* consacrées au sujet.

Ce nouvel appel lancé à l'homme dont tout dépend, le général câble à ses collègues du gouvernement d'Alger :

> « ... L'esprit des populations est réellement magnifique. La grande question immédiate est celle de Paris. Les Allemands n'y ont laissé que quelques éléments militaires. La police française a disparu. L'administration de Vichy est impuissante. Certains éléments de la population ont commencé à piller les stocks de ravitaillement et les boutiques. Si les forces alliées n'occupent pas Paris à bref délai, des troubles graves peuvent se produire[6]... »

Ce même jour, de Gaulle reçoit une lettre que Leclerc lui fait porter depuis son PC proche d'Argentan. D'où il ressort qu'il n'est de professeur d'audace qui ne puisse trouver son maître : après un rapide rappel des opérations conduites depuis deux semaines à travers la Normandie, le chef de la 2e DB lui annonce tout de go qu'il vient, lui, Leclerc, de prendre la décision de diriger sur Paris, avec Versailles pour premier objectif, un détachement commandé par le lieutenant-colonel de Guillebon, qui a « l'ordre de prendre le contact, de me renseigner et d'entrer dans Paris si l'ennemi se replie ».

Quand on sait ce qu'étaient les grandes opérations interalliées, la minutie de leur préparation, la complexité des mécanismes mis en branle — et aussi, en l'occurrence, la gravité des problèmes politiques posés —, l'initiative alors prise par Leclerc, l'envoi de cette colonne blindée à travers la nature avant d'avoir reçu l'ordre d'Eisenhower, relevait à coup sûr du conseil de guerre[*]. L'esprit du 18 juin imprégnait vraiment ces hommes-là... Aussi bien de Gaulle câble-t-il dès le lendemain matin à ce chef selon son cœur : « ... J'approuve votre intention. Eisenhower m'a promis que vous alliez recevoir Paris comme direction... Je coucherai ce soir au Mans et tâcherai de vous rencontrer demain[7]... »

La question de la « prise de pouvoir » à Paris, qui devait encore donner lieu à des débats si tumultueux, avait été planifiée avec soin par la délégation générale du GPRF en France. Dans un télégramme adressé le 11 août à Alger, Alexandre Parodi et son équipe définissaient ainsi les mesures prises en commun par la délégation, le commandement militaire, la police et le Comité parisien de libération :

« Le secteur gouvernemental, libéré par la force, sera directement aux ordres du gouvernement. Le secteur non gouvernemental sera libéré par les forces françaises de l'intérieur et mis à la disposition du Comité parisien de libération... La libération de la capitale sera confiée à des forces dont la répartition a été fixée comme suit : garde républicaine et gendarmerie pour les trois quarts ; milices patriotiques et forces françaises de l'intérieur pour

---

[*] Le général Gerow, supérieur direct de Leclerc, réagira durement. En vain. Leclerc est plus dur..

un quart... Des détachements mixtes sont prévus pour tous les immeubles à caractère symbolique... La police elle-même et des éléments de la Résistance réaliseront l'occupation de la préfecture de police... »

Curieux texte, qui a des allures de traité entre puissances étrangères et qui, dans sa minutie, exprime bien la complexité et la gravité des problèmes qui se posaient alors. Qui prend quoi ? On imagine qu'en lisant un tel texte, vrai compromis entre l'État et les organisations populaires, Charles de Gaulle dut sursauter et se dire qu'il valait décidément mieux être sur place...

Il faut dès lors tenter de synchroniser deux démarches : celle, en quelque sorte éruptive, de Paris pour se libérer ; celle, tactique, de Charles de Gaulle pour précipiter l'intervention de la 2ᵉ DB et se porter lui-même au centre du dispositif où se joue le sort de millions de Parisiens et l'avènement de sa légitimité. Mais qui veut tenter de synchroniser et d'emboîter ces deux opérations doit tenir compte du jeu d'au moins six forces distinctes (pour simplifier...) :

— Celle de l'occupant allemand, qui s'incarne en un chef assez traditionnel, le général von Choltitz, officier sans imagination mais sans fanatisme qui n'est pas plus tenté de détruire Paris (bien qu'il en ait reçu l'ordre du Führer [*]) que de pactiser avec les « terroristes » surgis du pavé parisien : il dispose encore d'environ 25 000 hommes, de plusieurs centaines de blindés et de canons, et d'une imposante réserve d'explosifs. Faire sauter Paris ? Mais les ponts sont indispensables au repli des forces encore considérables stationnées au sud de la Seine...

— Celle des représentants du GPRF (Parodi, Chaban, Roland Pré, le préfet de police Luizet, etc.), la gendarmerie et la police, autrement dit l'État, bien soudé dans l'ensemble, encore qu'un désaccord éphémère soit intervenu entre Chaban (qui, en possession d'informations émanant des Alliés, tenta longtemps de freiner l'insurrection, persuadé que, laissés à elle-même, elle risquait de déboucher sur un Vercors urbain, infiniment plus sanglant que l'autre) et Parodi, qui ne minimise pas plus que lui les risques, mais tient davantage compte d'un autre facteur essentiel : l'unité de la Résistance. Retarder l'explosion, c'est risquer de la muer en une implosion, et provoquer la dislocation du mouvement entre révolutionnaires (le COMAC, le Front national, les communistes) et les tenants de l'État. Alors se profilerait la guerre civile...

— Celle des mouvements de résistance, regroupés dans le CPL (Comité parisien de la libération), dont le président est le communiste André Tollet, particulièrement impétueux (l'esprit de finesse ne lui ayant pas été imparti) et la tête politique le très intelligent Léo Hamon (hanté, lui, par le siège de Varsovie et le massacre par les SS de la population insurgée, que laisse froidement opérer l'Armée rouge).

— Celle des forces françaises de l'intérieur, dont le chef régional (pour l'ensemble de l'Ile-de-France) est le colonel Tanguy, dit « Rol », commu-

---

[*] C'est le fameux *Paris brûle-t-il ?* dont Lapierre et Collins ont fait le titre de leur livre savoureux.

niste d'une réelle valeur militaire, ancien combattant d'Espagne rompu au combat urbain — qui joue un rôle d'autant plus important qu'il est soutenu à fond, sinon poussé en avant par le COMAC, le Comité militaire du CNR, dont les animateurs sont Villon et Valrimont *, tous deux membres du PCF.

— Celle dont dispose plus directement le général de Gaulle, cette 2ᵉ DB qu'il brûle d'engager le plus tôt possible dans la bataille — et dont on sait qu'elle dispose, à partir du 22 août, d'une avant-garde très aventurée du côté de Versailles.

— Et enfin l'armée américaine, arbitre suprême mais périphérique, qui n'interviendra que pour appuyer les coups assenés par d'autres, mais pèsera à diverses reprises sur les décisions ou les calculs des uns et des autres..

Le 22 août, le général de Gaulle est au Mans. C'est là qu'il apprend d'abord, par un message de Parodi, que la trêve — ou plutôt la suspension d'armes — proposée par le consul de Suède Raoul Nordling et acceptée par Parodi, Chaban et Hamon dans la nuit du 19 au 20, mais combattue par les communistes (Rol, Tollet, Villon surtout) ** a été rompue dès le lendemain, non sans avoir, soulignent ses avocats, « permis en gagnant du temps de mieux synchroniser le soulèvement avec l'arrivée de la 2ᵉ DB [8] ».

En même temps que la reprise des combats — qui n'ont d'ailleurs jamais cessé, le colonel Rol, principal responsable militaire du côté français, n'ayant pas entériné la suspension d'armes [9] —, Charles de Gaulle apprend, le 22, que la plupart des édifices publics parisiens sont aux mains de la Résistance, mais que dans la perspective de la dure bataille qui va se rallumer après la rupture de la « trêve », les combattants de l'intérieur demandent à la fois l'intervention de l'aviation contre les troupes allemandes rappelées vers Paris, le parachutage de commandos alliés aux abords de la capitale, et l'acheminement d'armes par voie aérienne.

Enfin, dans la soirée de ce même 22 août, le président du GPRF reçoit la nouvelle qu'il attendait entre toutes : Eisenhower vient d'ouvrir à Leclerc la route de Paris. Mais le commandant en chef n'a pas cédé seulement aux sollicitations du général de Gaulle. Une autre intervention a pesé sur sa décision : celle d'un officier de l'état-major de Rol, le commandant Cocteau, dit « Gallois », qui, parti le 20 de Paris pour Corbeil en vue de convaincre le général Patton de pénétrer dans Paris pour soutenir les insurgés ***, a été renvoyé par le commandant de la IIIᵉ armée vers l'état-major de son supérieur, Omar Bradley. Ému par le rapport de Gallois sur les risques courus par les Parisiens, sur leur détermination et l'effet

---

* Dont le livre sur *La Libération* est un constant appel à « l'insurrection nationale ».
** Et dont de Gaulle écrit qu'elle lui causa « une désagréable impression ».
*** Ce qui semble infirmer les thèses selon lesquelles les dirigeants communistes étaient partisans de retarder au maximum l'arrivée des Américains. A moins que la situation fût alors jugée si périlleuse qu'il parut préférable d' « assurer le coup » de la victoire parisienne, quitte à en reporter à plus tard l'exploitation politique.

psychologique immense qu'aurait la libération de la capitale, le chef d'état-major de Bradley a incité Eisenhower à revoir ses plans et à donner mission à une grande unité de secourir l'insurrection parisienne.

Bref, dans la soirée du 22, Leclerc reçoit l'ordre de marcher sur Paris. Marcher? C'est d'une ruée qu'il faut parler. Ceux qu'on appelle les « loups », ces hommes venus de Koufra et qui viennent de livrer une très dure bataille à Écouché, sont « lâchés » sur Paris *...

Du 21 au soir au 22, dans Paris, trois événements d'importance capitale, à la fois symbolique et réelle, se déroulent. D'abord, à l'appel du Comité parisien de libération, surgissent les barricades : non seulement dans le vieux Paris révolutionnaire, de la Nation à la République, de la place d'Italie au Père-Lachaise, mais aussi rue de Rivoli, de l'Hôtel de Ville au théâtre Français, qui est littéralement hérissée d'obstacles : c'est l'axe essentiel d'une stratégie de défense parisienne.

Dans l'après-midi, se tient à l'hôtel Matignon, sous la présidence de Parodi (qui a échangé son pseudonyme de « Quartus » contre ceux de « Cérat », puis de « Février »), le premier « Conseil des ministres » en miniature de la libération. En fait, autour de Parodi, véritable ministre, il n'y a là que des « secrétaires généraux » (Miné, Guignebert, Monick, Bloch-Lainé...) mis en place en attendant les ministres.

« Nous sommes tous arrivés à pied, Parodi compris, entre deux fusillades, raconte François Bloch-Lainé. Un commandant de gardes mobiles, portant toujours sa francisque **, dirigeait l'accueil, puis soudain s'est excusé : " Je ne m'absente qu'un instant, messieurs, pour aller arrêter mon colonel... "[10] » Mais les participants — dont Yvon Morandat, qui avait, la veille, à bicyclette, réoccupé le siège du gouvernement en compagnie de sa femme Claire (improvisée secrétaire de séance) — ont bien conscience de participer à une renaissance de l'État[11]...

Et c'est surtout en cette fin d'après-midi que resurgit dans Paris une presse sortie de la clandestinité et qui porte — aux côtés des « anciens », *le Figaro, le Populaire* et *l'Humanité* — des titres flambant neufs et liés à trois ans de lutte souterraine : *Combat, Libération, Franc-Tireur, Défense de la France*... Dès ce soir-là, les forces de Choltitz se sont pratiquement barricadées dans six « points d'appui » et c'est alors, selon le colonel Rol, que « Paris a gagné sa bataille[12] ».

Le 23 août, Charles de Gaulle quitte Le Mans pour Chartres. Évoquant cette étrange progression oblique vers Paris, au gré d'une stratégie interalliée dont il est toujours prêt à contester le bien-fondé, il met surtout l'accent sur le climat populaire dans lequel il évolue : « Je me sentais

---

* D'où l'étrangeté de la présentation de cet épisode par Kriegel-Valrimont, qui assure que Leclerc « s'inquiète des résistances qu'il risque de rencontrer ». Le choix des mots « s'inquiète » et « risque » est si peu conforme au personnage ! (*La Libération*, p. 230).
** Insigne de fidélité au maréchal.

entraîné par une espèce de fleuve de joie... » Partout on l'arrête, on l'acclame, on le supplie de prendre la parole : il le fait avec profusion, et non sans émotion. Son esprit a beau être tout entier tendu vers Paris, les risques qu'y courent encore une population peu armée et un État dont l'autorité reste problématique, il sait participer à cet émoi que son nom, son apparence, sa légende suscitent.

C'est la veille, en arrivant au Mans, que se situe l'épisode le plus savoureux de cette chevauchée. A peine installé dans ses fonctions de commissaire de la République à Angers, Michel Debré a pris place dans la voiture qui conduit le général de Laval vers Chartres. En arrivant au Mans, la foule est devenue énorme. Un groupe de femmes enthousiastes bloque le véhicule et l'une d'elles, un bouquet à la main, clame : « Vive le maréchal ! » — et on la voit aussitôt affolée de sa méprise. Alors Charles de Gaulle prend le bras de Debré : « Comment voulez-vous qu'ils s'y retrouvent [13] ? »

A Chartres, il reçoit de Leclerc un mot lui annonçant que Guillebon s'est trouvé face à « pas mal d'Allemands » dans le secteur de Trappes, au sud de Paris, et que même si « les FFI ont libéré l'intérieur de Paris », il va falloir combattre. Conclusion : « J'engagerai donc l'opération demain matin au petit jour. » Sur quoi de Gaulle fait tenir à Leclerc ce billet dans le style de Bonaparte à Lannes :

> « Je reçois le capitaine Janney et votre mot.
> Je voudrais vous voir aujourd'hui.
> Je compte être à Rambouillet ce soir et vous y voir.
> Je vous embrasse. »

Puis il met le cap sur Rambouillet où, après avoir tout au long de l'après-midi doublé les chars de la 2e DB en route pour Paris, il s'installe au château. C'est là qu'il convoque Leclerc. L'homme qui a reçu la plus belle mission dont puisse être investi un patriote français : libérer Paris, expose devant le chef surgi quatre ans plus tôt en plein désastre le plan de pénétration dans la ville : dès le lendemain, au point du jour, c'est le colonel Pierre Billotte, depuis deux ans le plus proche et constant collaborateur militaire du général de Gaulle, qui sera chargé de l'assaut principal*, par Antony et la porte de Gentilly, avec pour objectif final l'hôtel Meurice, où s'est installé von Choltitz. Il sera flanqué du groupement** de Langlade, qui a pour axe Clamart et le pont de Sèvres, et soutenu par le groupement Dio, qui empruntera les portes d'Orléans et d'Italie.

Ici, un détail curieux : dans ses *Mémoires*, Charles de Gaulle écrit qu'il prescrivit à Leclerc de fixer son poste de commandement à la gare Montparnasse, où il lui donnait rendez-vous. Or, une semaine plus tard, racontant la Libération à Louis Joxe arrivé d'Alger, il lui dit ceci : « Leclerc me fait savoir qu'il s'est installé à la gare Montparnasse. Une gare ! Recevoir

---

* Il est peu de dire que ce choix suscite quelques jalousies parmi les vieux compagnons de Leclerc.

** La 2e DB était formée de quatre « groupements tactiques » (GT) autonomes.

là-dedans la reddition des Allemands, y installer son poste de commandement... Une gare ! Quelle idée ! Enfin, nous aurons tout vu... » (le de Gaulle de Joxe ne paraît-il pas plus vrai ici que le de Gaulle de De Gaulle ?).

Mais il faut tout de même rendre la parole au mémorialiste, pour cet élan très authentique qu'il a vers son compagnon le plus cher :

> « Alors, regardant ce jeune chef en proie déjà à la bataille et qui voyait s'offrir à sa valeur un concours extraordinaire de circonstances bien agencées, je lui dis : " Vous avez de la chance ! " Je pensais aussi qu'à la guerre, la chance des généraux, c'est l'honneur des gouvernements. »

Curieux propos, où l'affection vraie le dispute à l'auto satisfaction, et le ton de Napoléon à celui de M. Prudhomme...

Mais le texte le plus « gaullien » peut-être de tous ceux qu'ont inspirés ces heures d'imminence historique, c'est le court message qu'il adresse ce soir-là à « son » préfet de police, Charles Luizet, qui lui a fait tenir un rapport par un émissaire improvisé, le Dr Favreau, parvenu à Rambouillet en traversant les positions ennemies :

> « La journée de demain sera décisive dans le sens que nous voulons. Quand j'arriverai, j'irai tout de suite au " centre ". Nous organiserons aussitôt le reste avec Quartus et avec vous. Je pense que le général Koenig sera avec moi, et M. Le Troquer aussi [14]... »

Chaque mot ici serait à isoler et commenter, tant il en dit sur de Gaulle et l'esprit dans lequel il aborde cette dernière étape. Ce « centre », ce « nous » qui, n'étant pas collectif puisque la fin de la phrase tient compte aussi de Luizet, ne saurait être que de majesté, cet ordre des préséances qu'il choisit, rejetant le nom du ministre civil derrière un « aussi » protecteur... Mais le mieux est de laisser au mémorialiste le soin de commenter : dix ans plus tard, il s'analyse avec une formidable pertinence :

> « ... Mon intention [était] d'aller d'abord, non point à l'Hôtel de Ville où siégeaient le Conseil de la Résistance et le Comité parisien de libération, mais " au centre ". Dans mon esprit, cela signifiait au ministère de la Guerre, centre tout indiqué pour le gouvernement et le commandement français. Ce n'était point que je n'eusse hâte de prendre contact avec les chefs de l'insurrection parisienne. Mais je voulais qu'il fût établi que l'État, après les épreuves qui n'avaient pu ni le détruire ni l'asservir, rentrait d'abord tout simplement chez lui. Lisant les journaux, *Combat, Défense de la France, Franc-Tireur* [...], je me trouvais tout à la fois heureux de l'esprit de lutte qui y était exprimé et confirmé dans ma volonté de n'accepter pour mon pouvoir aucune sorte d'investiture, à part celle que la voix des foules me donnait directement [15] »

Le propos est d'une telle éloquence, sinon bonapartiste, au moins consulaire, qu'on s'en voudrait de le noyer dans quelque glose. Mais il faut, sinon le nuancer, en tout cas le compléter par une confidence faite quelques jours plus tard à Louis Joxe et par un propos tenu le lendemain, dans ce même château de Rambouillet, à un jeune homme nommé Philippe Viannay.

Il expliquait ainsi à Joxe le choix du ministère de la Guerre pour « centre » du nouveau pouvoir, plutôt que Matignon, le Quai d'Orsay ou l'hôtel de Lassay : « ... Je campe ici, vous comprenez pourquoi ? La guerre n'est pas terminée, il faut qu'on le sache pour le cas où on aurait tendance à l'oublier, et puis, le ministère de la Guerre, c'est Clemenceau. Je n'occupe d'ailleurs pas son bureau, notez-le [16]. »

Viannay, à la fois créateur du mouvement Défense de la France * et commandant des FFI de Seine-et-Oise, est le type d'homme que de Gaulle peut vouloir, en ces heures-là, s'attacher. Il s'entend dire qu'il y a « trois forces en France, le capital, les communistes et de Gaulle. — Et la Résistance ? — La Résistance, c'est de Gaulle ! » Comme le visiteur fait part au général de l'espoir qu'ont ses camarades et lui-même de voir le libérateur se doter d'un pouvoir fort et durable pour réaliser une vraie révolution, de Gaulle l'interrompt : « La dictature, je sais comment on y entre, je ne sais pas comment on en sort. La France est un pays qui continue, ce n'est pas un pays qui commence [17]... »

Dans la même soirée du 23, le général reçoit encore une visite : celle d'une surprenante délégation conduite par le banquier Alexandre de Saint-Phalle, conseiller financier de Parodi, de Jean Laurent, ancien chef de cabinet du sous-secrétaire d'État à la Défense du gouvernement Reynaud, devenu directeur de la Banque de l'Indochine, du frère du consul Nordling et d'un certain baron Poch-Pastor, aide de camp de von Choltitz et (selon de Gaulle) « agent des Alliés ». Les milieux d'affaires, les Américains, les plus réalistes des Allemands. Étrange équipe...

Que voulaient ces émissaires ? D'abord, comme tous les possédants, hâter l'entrée des troupes régulières dans Paris. Ensuite convaincre de Gaulle de convoquer l'Assemblée nationale pour donner des bases légales au nouveau pouvoir. S'agit-il d'une séquelle des manœuvres amorcées par Pétain et Laval les jours précédents ? Quelle sollicitude, chez tous ces gens, attentifs à conférer à de Gaulle une légalité, à l'opposer au pouvoir de la rue !

On imagine l'effet que de telles suggestions purent produire sur un homme qui, s'il refusait de voir hypothéquer ce qu'il considérait comme « son » pouvoir par des patriotes insurgés auxquels allaient sa sympathie (et sa méfiance...), était moins incliné encore à tolérer que le pouvoir de l'argent et le parlementarisme le plus avarié s'arrogeassent le moindre droit de regard sur lui. La participation à cette démarche de celui qui, ayant la chance prodigieuse d'être son chef de cabinet, en juin 1940, n'avait pas cru devoir le rejoindre à Londres, n'était pas faite pour lui donner plus d'autorité...

Le 24 août, la bataille fait rage dans Paris : c'est probablement le jour où,

---

* Auquel a adhéré la nièce du général, Geneviève, depuis lors déportée

émergeant d'une « trêve » décriée, les volontaires parisiens ont manifesté le plus de mordant, utilisant avec habileté le système de barricades qui leur permettent d'affronter les sorties des blindés ennemis sur les axes principaux. Sur la rive gauche, les forces de Choltitz ne tiennent plus guère que deux points d'appui : le secteur Luxembourg-Sénat-Odéon et celui de l'École militaire et des Invalides. Sur la rive droite, l'Étoile, la Défense, la Muette, Clignancourt. Mais elles multiplient les patrouilles, qui causent aux insurgés des pertes douloureuses — et en subissent de plus lourdes.

C'est ce matin-là qu'a paru dans le Figaro le plus beau texte alors consacré à Charles de Gaulle « Le Premier des nôtres », de François Mauriac, qui est, sur la face du libérateur, comme un projecteur braqué. Le moral des combattants parisiens est d'autant plus élevé que dans le cours de l'après-midi, un avion de reconnaissance de la 2ᵉ DB a lancé sur l'île de la Cité un message du colonel Crépin qui, au nom de Leclerc, déclare : « Tenez bon, nous arrivons ! », que diffuse aussitôt la radio insurgée dont s'est saisie une équipe dirigée par Jean Guignebert et Pierre Crénesse [18].

« Nous arrivons » ? Certes, mais non sans mal. Les forces que Leclerc comptait jeter dans la ville dès la soirée du 24 se heurtent, dans les secteurs de Massy et de la Croix-de-Berny, à une forte résistance. Elles éprouvent des pertes. Durement accroché à Antony et à Fresnes, le colonel Billotte décide d'y faire étape pour la nuit et de ne déclencher l'assaut que le lendemain au lever du jour, décevant quelque peu Leclerc, qui ne se retient pas de lancer sur Paris un raid de sa façon : à la tombée de la nuit, le capitaine Dronne, vieux baroudeur d'Afrique à l'accent rocailleux et à la barbe en collier, surnommé « le brêle » (du nom des mulets de l'Atlas) est dépêché avec trois véhicules jusqu'au cœur de Paris. Dès le 24 au soir, sur la place de l'Hôtel de Ville, Dronne pourra saluer au nom des rescapés du Tchad les hommes des barricades parisiennes.

La décision de Billotte fait aussi mentir de Gaulle qui, le 24 à 8 heures, a télégraphié à Alger : « La division Leclerc entre à Paris aujourd'hui. Je compte m'y trouver personnellement ce soir », ajoutant à l'intention de ses collègues : « Parodi a la situation bien en main. Contrairement à ce qui avait été dit, la capitale est en bon état... Je demande à tous les membres du gouvernement de me rejoindre sans délai à Paris [19]... »

C'est ce même 24 août que le général reçoit un télégramme qui l'émeut : le roi George VI, ayant entendu la BBC annoncer que Paris était libéré (l'anticipation peut être une forme d'information...), lui exprime la « profonde émotion » qu'il éprouve en apprenant que « les habitants de Paris ont chassé l'envahisseur » et conclut sans emphase excessive : « Je me réjouis avec Votre Excellence, en cette heure de leur triomphe, comme je me suis associé à eux pendant leurs longues années de souffrances [20]. » Texte dont le Connétable, jamais à court d'analyses décapantes, jusque dans les heures de triomphe, tire argument pour opposer entre eux ses alliés, la chaleur des Anglais contrastant avec le ton empreint d'une certaine « aigreur » de la Voix de l'Amérique.

Le 25, Paris — où peu encore savent que Dronne-le-précurseur est entré dans la ville — s'éveille dans une clarté miraculeuse. Un ciel aussi lumineux, taché de-ci, de-là par la fumée de l'incendie d'un char ou d'une barricade, on le croit réservé aux triomphes et aux tragédies. Qui ne retient son souffle ? Les combats se font moins vifs, ce matin-là : d'acteur qu'il s'est voulu, chacun se mue en spectateur. Cette journée est à d'autres.

Par les portes d'Orléans et de Gentilly, par le pont de Sèvres et par Auteuil, les *Sherman,* les *jeeps,* les *TD* et les *command cars* de Leclerc, de Billotte, de Guillebon, de Dio, de Crépin et de Rouvillois pénètrent la ville comme des vrilles une planche, dans un climat stupéfiant où s'entremêlent combats et vivats, rafales et acclamations, inimaginable symbiose d'altercation et de jubilation : quel dramaturge historique a su mêler ainsi l'exultation à l'angoisse, ayant pris soin de ne pas exclure du tableau les damnés avant d'y faire entrer les élus ?

Alors on a vu jaillir en ces lieux marqués par tant de grâce et de tragédies, de joie de vivre, de violences et de bonheur mêlés, des hommes dressés sur ces monstres d'acier que le colonel de Gaulle voulait dix ans plus tôt jeter à la face du Führer — La Horie, Branet, Buis, Galley, Karcher, Franjoux, Massu, tous venus de l'autre côté de la terre et de l'histoire, tous fous de rage conquérante. Irrésistibles, ces *Free French* cuirassés par la traversée du feu, ces hommes à qui de Gaulle, les rencontrant en ces jours d'euphorie, dit : « Vous êtes encore là ? Vous avez de la chance... »

Dès 9 heures, Billotte surgit à la préfecture de police, Massu un peu plus tard à l'Étoile, Buis à 10 heures sur la Concorde — et Leclerc est déjà installé à la gare Montparnasse, d'où il ordonne l'ensemble des opérations, en attendant l'arrivée de De Gaulle prévue pour le milieu de l'après-midi La principale consiste à obtenir la reddition de von Choltitz.

Dès 10 heures, Billotte, qui se nomme pour la circonstance général, a fait remettre à Choltitz un ultimatum qui parle, en cas de rejet, d' « extermination totale ». Le commandant du « Gross Paris » ayant prétendu n'avoir « pas reçu » ce message, les hommes de la 2ᵉ DB — La Horie, Franjoux, Karcher — donnent l'assaut peu avant 14 h 30 à l'hôtel Meurice, poste de commandement de Choltitz. Ils s'assurent de la personne du général allemand et l'emmènent à la préfecture de police où l'attend le général Leclerc, qui a en poche sa nomination de gouverneur militaire de Paris par intérim — en attendant Koenig.

« Sind Sie General von Choltitz ? Ich bin général Leclerc... »

C'est alors qu'est signé par les deux chefs l'acte de reddition de la garnison de Paris — avant que soit paraphé, une heure plus tard, gare Montparnasse, un second texte, appelant les troupes de la garnison allemande à cesser le combat. Celui-ci est contresigné, à la demande des chefs de la Résistance — qu'approuve Chaban-Delmas — par le colonel Rol, commandant des FFI de l'Ile-de-France et animateur depuis six jours de l'insurrection parisienne.

Cette cosignature apposée sur le second document, que Leclerc accepta de très bonne grâce * de voir figurer à côté de la sienne, a donné lieu à d'innombrables gloses et commentaires, et surtout à des critiques fort acides du général de Gaulle. L'auteur des *Mémoires de guerre* rapporte que lorsque Leclerc lui présenta le texte de la convention revêtu de la signature de Rol à côté de celle de Choltitz et de la sienne, il lui fit grief d'avoir accepté ce compagnonnage, parce qu'il était alors, comme gouverneur militaire de Paris, « l'officier le plus élevé en grade, par conséquent le seul responsable ». Mais surtout, ajouta-t-il, « la réclamation qui vous a conduit à admettre ce libellé procède d'une tendance inacceptable ». Et de montrer à Leclerc une proclamation diffusée le matin même par le CNR, « se donnant pour " la nation française " et ne faisant nulle allusion au gouvernement, ni au général de Gaulle ».

Ceci est écrit dix ans plus tard, après de rudes conflits avec les partis, et notamment le PCF. Mais tout de même, donner tant d'importance, si longtemps plus tard, à cette escarmouche protocolaire ! Si encore le CNR, le CPL ou le PCF avaient tenté d'en tirer parti...Mais aucun défi sérieux ne fut alors lancé à l'autorité de l'État **. Du fait de l'intransigeance du général ? Certes. Mais pourquoi, évoquant ce jour de bonheur, le mémorialiste se donne-t-il la peine de piquer Leclerc de cette flèche — dût-il ajouter qu'il n'en donna pas moins l'accolade « à ce noble compagnon » ?

Retrouvons Charles de Gaulle au matin de ce jour entre les jours, arpentant la terrasse du château de Rambouillet et méditant sur les leçons et hasards de l'histoire. Ce soir, Rome sera de nouveau dans Rome. Ainsi, il a fallu quatre ans et deux mois pour qu'il dispose enfin de l'une des six grandes divisions blindées qu'il réclamait dès 1933 — ce moteur cuirassé qui lui permet aujourd'hui de rétablir l'indépendance et l'État. C'est, observe-t-il, de la « carence du pouvoir » qu'est venu tout le mal. D'où cette conclusion : « Je suis d'autant plus résolu à ne pas laisser entamer le mien. La mission dont je suis investi me semble aussi claire que possible. Montant en voiture pour entrer dans Paris, je me sens à la fois étreint par l'émotion et rempli de sérénité. »

Il faut une heure à un voyageur normal pour aller du château de Rambouillet au centre de Paris, pour peu que les portes ne soient pas trop encombrées. Il n'en faudra pas davantage ce 25 août à l'homme qui a mis quatre ans pour aller de Bordeaux à Rambouillet — passant par Londres, Brazzaville, Beyrouth, Alger, Washington et Chartres — pour atteindre la gare Montparnasse.

Ce voyage, c'est une navigation à travers une « exultante marée »,

* Comme en témoigne Kriegel-Valrimont.
** A Paris tout au moins. Il est même curieux que de bons léninistes comme Villon ou Valrimont aient si peu tenté de tirer parti des circonstances, sinon pour proclamer la Commune, au moins pour se saisir de gages plus importants. Tito leur en fera bientôt grief...

surtout à partir de Longjumeau. La foule s'épaissit d'heure en heure. Du côté de la porte d'Orléans, il faut la fendre. Mais la multitude qui s'est entassée de Denfert-Rochereau à la Seine, sur le boulevard Saint-Michel surtout — qui peut douter qu'il ira d'abord à l'Hôtel de Ville où l'attendent les chefs de la Résistance ? — en est pour sa déception : il bifurque par l'avenue du Maine presque déserte pour gagner la gare Montparnasse.

C'est là que vers 16 h 15 l'accueille un mince guerrier aux yeux bleus, tendu comme un arc et dont la canne semble une épée : Philippe de Hauteclocque, dit Leclerc, qui présente aussitôt à son chef deux compagnons, le colonel Rol-Tanguy et le général Chaban-Delmas. Rien en le chef des FFI ne surprend de Gaulle, qui avait prévu sous le béret noir, cette robustesse jeune et active d'ouvrier armé. L'aspect de son « délégué militaire national », en revanche, le laisse pantois, à tel point qu'il en oublie presque de lui tendre la main *. Quoi ? C'est à ce godelureau, mi-boy-scout, mi-collégien d'Eton, surmonté d'un calot de piou-piou chéri par sa marraine, qu'il a confié la responsabilité de maintenir l'État au cœur de l'insurrection ? « Ça alors, ça alors... », l'entend-on murmurer. Mais il se reprend et donne l'accolade à ce général imberbe dont le caractère temporaire lui apparaît déjà plus évident que le sien [21]...

Quoi qu'il ait dit alors à Rol-Tanguy, il lui consacre dans ses *Mémoires* ces mots équitables :

> « C'est l'action des forces de l'intérieur qui a, au cours des précédentes journées, chassé l'ennemi de nos rues, décimé et démoralisé ses troupes, bloqué ses unités dans leurs îlots fortifiés. En outre, depuis le matin, les groupes de partisans, qui n'ont qu'un bien pauvre armement ! assistent bravement les troupes régulières dans le nettoyage des nids de résistance allemands... »

C'est alors que se place l'épisode de l'algarade faite à Leclerc pour avoir accepté que Rol, le chef de ces troupes auxquelles le général rend ainsi hommage, signe à ses côtés l'un des documents qui sanctionnent la victoire commune et la libération des Parisiens. Déraison d'État... Quelques photos subsistent de ces scènes, où l'on voit l'immense Connétable, assis dans un fauteuil placé derrière une table dressée on ne sait trop où dans le hall aujourd'hui détruit, étudiant, lunettes sur le nez, entre un Leclerc à la mèche battant l'œil et un Rol drapé dans sa dignité nouvelle, les plans établis en commun pour les dernières opérations de nettoyage et de remise en ordre. Entré sur les traces de Leclerc, le général américain Barton se tient à l'écart, poussant l'amicale discrétion jusqu'à dire ce soir-là à son collègue français : « Aujourd'hui, vous auriez dû être seuls ! »

Charles de Gaulle, qui a eu le temps de prendre dans ses bras son fils Philippe, enseigne du régiment de fusiliers-marins de la 2e DB, engagé dans les combats autour du Palais-Bourbon, quitte un peu avant 17 heures la gare

---

* Delmas, dit « Chaban », dit « Arc » n'a fait qu'une liaison à Londres, en juillet. De Gaulle n'y était pas.

Montparnasse pour « le centre » : par le boulevard des Invalides, qu'a tant de fois arpenté le commandant, puis le colonel de Gaulle, en route pour le « 4 bis », il pique sur la rue Saint-Dominique. Mais une fusillade à la hauteur de Saint-François-Xavier (paroisse de sa famille...) le contraint à obliquer pour prendre la rue Vaneau. Il fait enfin son entrée vers 17 heures au 14, rue Saint-Dominique, non sans que son officier d'intendance (qui, en dépit de la légende, précède parfois...) ait eu quelque mal à en faire sortir, pour lui laisser la place, une unité de FFI.

Comment ne pas citer ici ce classique de la littérature gaullienne, l'évocation du retour de Charles de Gaulle en ces lieux d'où, quatre années plus tôt, l'a chassé la débâcle :

> « ... La France a failli sombrer. Mais au ministère de la Guerre, l'aspect des choses demeure immuable... Pas un meuble, pas une tapisserie, pas un rideau n'ont été déplacés... » (Il croit même reconnaître les huissiers) « ... Sur la table, le téléphone est resté à la même place et l'on voit inscrits, sous les boutons d'appel, exactement les mêmes noms. Tout à l'heure, on me dira qu'il en est ainsi des autres immeubles où s'encadrait la République. Rien n'y manque, excepté l'État. Il m'appartient de m'y remettre. Aussi m'y suis-je d'abord installé [22]. »

Les deux « piliers de l'État » que sont, en l'attendant, le préfet de police Charles Luizet et le délégué général Alexandre Parodi (auquel un collaborateur du général aurait dit, lors de son arrivée au « 14 » : « Inscrivez-vous, on vous donnera un rendez-vous »!), viennent faire le point avec lui. L'ordre public et le ravitaillement sont leurs deux préoccupations majeures. Et soutenus par Yvon Morandat, l'un des premiers émissaires politiques de Londres sur le sol national, qui les accompagne, ils lui dépeignent aussi « l'irritation qu'ont ressentie le Conseil national de la Résistance et le Comité parisien de libération quand ils ont appris que le général n'allait pas à eux, directement, comme pour sceller l'unanimité nationale. Le général ne pourrait-il revenir sur sa décision ? Parodi plaide. Ces hommes qui ont pris depuis des années les risques les plus tragiques n'ont-ils pas droit à être reconnus ce jour-là pour le cœur de la nation ? En vain. Charles de Gaulle préfère donner priorité au centre de l'État.

Et comme pour mieux manifester sa volonté irréductible de faire prévaloir les structures sur les mouvements, fût-ce aux yeux de Parodi et de Morandat qui ont tant de raisons de se sentir en accord de sentiments avec les délaissés de l'Hôtel de Ville, il précise que sa première visite, en sortant du « centre », sera pour la préfecture de police, et la seconde seulement pour les hommes de la résistance civile. Mais avant de gagner ces deux objectifs, il fixe avec ses visiteurs le plan de ce qui sera demain la grande heure de la libération : le défilé sur les Champs-Élysées et au-delà, de l'arc de triomphe à Notre-Dame.

Parodi et Luizet se disent à la fois « enthousiasmés et préoccupés » par ce projet. On peut dire qu'il y a de quoi... Aventurer à travers une marée humaine ce personnage symbolique, éminemment irremplaçable, au cœur d'une ville où l'ennemi se terre encore, enfiévré de sa défaite, où d'innombrables séides du régime abattu ne peuvent penser qu'à la revanche ou à la vengeance, quelle folie ! Mais quoi ? quand on a commencé par le 18 juin *...

La préfecture de police l'accueille donc la première. A-t-il exprimé le vœu que ne soit présent aucun des policiers mêlés depuis quelques années à tant de sinistres opérations de « maintien de l'ordre » dans Paris ? Des surprises étaient alors possibles... Le mémorialiste a choisi de ne voir là, en tout cas, que ceux qui ont, dix jours plus tôt, donné le « signal du combat », prenant ainsi leur revanche d'une « longue humiliation ».

Et le voilà parti, à pied, fendant une foule énorme, entouré de Parodi, Luizet, Le Troquer et Juin, pour l'Hôtel de Ville : sur les marches de la maison d'Étienne Marcel l'attendent — aux côtés du préfet de la Seine, Flouret — les présidents du CNR et du CPL, Georges Bidault et André Tollet, leur « irritation » refoulée. Montant en hâte les marches du grand escalier, le visiteur interpelle Flouret « Où en est l'épuration ?... Il faut... qu'on règle cette question en quelques semaines [23]... »

On gagne le grand salon :

> « ... Malgré la fatigue qui se peint sur les visages, l'excitation des périls courus et des événements vécus, je ne vois pas un seul geste, je n'entends pas un seul mot qui ne soient d'une dignité parfaite. Admirable réussite d'une réunion depuis longtemps rêvée et qu'ont payée tant d'efforts, de chagrins, de morts [24] ! »

Et aux hommages que lui rendent alors Georges Bidault et Georges Marrane **, Charles de Gaulle répond par l'un de ses plus beaux textes, qu'il dit, en ses *Mémoires,* avoir improvisé — et il faut bien l'en croire :

> « Pourquoi voulez-vous que nous dissimulions l'émotion qui nous étreint tous, hommes et femmes, qui sommes ici chez nous, dans Paris debout pour se libérer et qui a su le faire de ses mains ? Non ! nous ne dissimulerons pas cette émotion profonde et sacrée. Il y a des minutes qui dépassent chacune de nos pauvres vies.
> Paris ! Paris outragé ! Paris brisé ! Paris martyrisé ! mais Paris libéré ! libéré par lui-même, libéré par son peuple avec le concours des armées de la France, avec l'appui et le concours de la France tout entière, de la France qui se bat, de la seule France... »

Le film qui a été alors tourné, ce qui nous en reste en tout cas, montre la haute stature dominant les visages levés comme dans une Ascension du Greco, ses bras qui semblent figurer une lyre, le visage livide du géant renversé en arrière comme pour une consécration... Un climat proprement mystique. Et la voix fameuse qui psalmodie ces phrases intensément

---

* On vient précisément d'arrêter à l'Hôtel de Ville deux miliciens (dont l'un des assassins de Georges Mandel) porteurs d'armes et qui ne dissimulent pas leur intention d'abattre de Gaulle : ils seront fusillés le lendemain.
** Au nom du CPL ; il a été désigné pour ce faire de préférence à Tollet.

lyriques, à la dimension du moment, ces phrases jaillies de cette communauté enivrée et consciente... Là, de Gaulle est vraiment l'interprète de la
nation, l'écho des grands orateurs chrétiens aussi bien que des convention-
nels appelant à la levée en masse : car il s'est trouvé que ce stratège
machiavélien était aussi, porté par l'événement, un grand orateur populaire...

Mais le conflit est sur cet homme, en cet homme. Il n'a pas plus tôt poussé
ce cri de vérité, ce cri de ralliement, qu'un débat va renaître. Bidault, au
bord des larmes, se tourne vers lui : « Mon général, nous vous demandons
ici, au nom de la France résistante, de proclamer solennellement la
République devant le peuple rassemblé. » L'idée est belle, et digne de
l'instant que vivent ces hommes. En cinq phrases cinglantes, qui tombent
comme des coups de sabre sur le malheureux Bidault, le Connétable la
foudroie :

> « La République n'a jamais cessé d'être. La France libre, la France
> combattante, le Comité français de libération nationale l'ont tour à tour
> incorporée *. Vichy fut toujours et demeure nul et non avenu. Moi-même
> suis le président du gouvernement de la République. Pourquoi irais-je la
> proclamer ? »

C'est la thèse, marmoréenne, de la légitimité assumée depuis le 18 juin
1940, qu'il a opposée à Alger à ceux qui avaient déjà tenté de lui faire
adopter cette idée. La leçon n'est-elle pas trop dure, humiliante ? Edgard
Pisani, alors bras droit de Luizet, écrira trente ans plus tard : « Il avait peut-
être raison. Mais ça nous aurait fait tellement plaisir [25] ! » Certains déjà, au
CNR, au CDL, songent à relever ce « défi », à prendre leur revanche de
cette « distance » qu'il ne cesse de marquer. Tandis que, non content
d'apparaître à la fenêtre de l'Hôtel de Ville, de Gaulle se hisse debout sur le
rebord, géant dans sa niche, et fait ainsi redoubler l'ovation, ils envisagent
de proclamer, en son absence et malgré lui, dans un climat d'amertume
enfiévrée, cette République qu'il prétend incarner sans trêve [26].

Le personnage, alors, est à la fois d'une force, d'une diversité, d'une
brutalité qui se confondent. Lui qui vient de lancer, à l'Hôtel de Ville, l'un
des plus ardents cris d'amour qu'ait jamais inspirés une ville, il se recontrôle
immédiatement (Mounet-Sully savait-il essuyer si vite les yeux crevés
d'Œdipe ?) et reprend en détail, point par point, la direction de l'affaire —
tics officiels et ruses protocolaires compris. La domination de l'artiste par le
politique, le contraire de ce que fut Lamartine en ces lieux...

On aurait pourtant préféré qu'il fût capable de rendre mieux justice
d'emblée à ceux qui, depuis des années, luttent ici, sur place, contre la
Gestapo. Il ne s'agit pas de comparer des formes diverses de courage. Mais
ici, le monstre froid de l'État écrase par trop brutalement les émotions et les
élans. Plus apte à s'ouvrir à ce type de communion, pourtant, serait-il là ?

François Bloch-Lainé, impeccable témoin et fort peu enclin à marchander

---

* Pas question ici du CNR..

son admiration, l'a vu cet après-midi-là « gêné, distant », créant une atmosphère qui manquait de « vibration ». Mais, ajoute-t-il, on était « trop heureux pour être déçus », même si, « autour de la grande silhouette gauche et intimidante, ça grouillait déjà d'habiles qui renouaient des fils : " Cher Palewski, quelle joie de vous revoir ! " C'est entreprenant, c'est même courageux, les opportunistes [27] »...

Est-ce parce que déjà le gagne le mépris de ce genre d'attitude ? Une heure plus tard, rentré rue Saint-Dominique, il y accueille Maurice Schumann par ces mots étonnants : « On ne m'y reprendra plus ! »

Paris libéré ! l'événement miracle est aussitôt connu du monde entier, jusqu'aux lieux où la nouvelle peut causer la plus juste joie : dans les camps de concentration. Christian Pineau nous a raconté qu'à Buchenwald — où « le bulletin d'information allemand était très sérieux », on l'apprit dès la nuit qui suivit l'entrée de de Gaulle à Paris.

A Dachau, Edmond Michelet fut aussitôt convoqué par les trois chefs politiques du camp, un Tchèque, un Polonais et un Yougoslave, jusque-là un peu dédaigneux à l'égard des Français, qui lui annoncèrent, les larmes aux yeux, « la plus grande nouvelle depuis que nous sommes ici : Paris est libéré, et Paris est intact [28] ! » En Grande-Bretagne, l'enthousiasme fut à la mesure des services incomparables que le Royaume-Uni avait rendus depuis quatre ans à la libération de la France, et Anthony Eden, ami fidèle entre tous, exprima à la BBC une joie qui sonnait juste.

Mais dans Paris libéré, les conflits surgissent partout. De l'un d'eux au moins, de Gaulle n'est pas l'instigateur : celui qui oppose à la Résistance les plus hautes instances catholiques. Dès le 25 août, le cardinal archevêque de Paris, Mgr Suhard, a été prévenu qu'étant donné son attitude sous l'occupation (il a accueilli quatre mois plus tôt le maréchal Pétain à Notre-Dame) sa présence lors de la cérémonie prévue pour le 26 n'est « pas souhaitée ». Le prélat se dit « très chagriné » et déclare aux émissaires de la Résistance : « Vous pouvez chanter votre *Te Deum,* mais il n'y aura pas d'invitation... » Ce mot d' « invitation », en ces heures... Le cardinal rédigera une protestation, qui sera lue dans les églises le dimanche suivant. Et pendant la cérémonie, l' « un de ses collaborateurs, Mgr Brot, abordant le général de Gaulle, lui demandera : " Mon général, puis-je présenter à Son Éminence vos regrets de l'incident ? — Oui, répondit le général. — Vous dites bien, mon général... — Oui, mes regrets " [29] ».

Conflit toujours — mais cette fois plus traditionnel : avec les Alliés. De Gaulle a prescrit à Leclerc de faire de la 2ᵉ DB la garde d'honneur du sacre, le lendemain. Mais dans la matinée du 26 août, Leclerc reçoit une note de son supérieur direct, le général Gerow, commandant le 5ᵉ corps d'armée américain, qui lui signifie ceci : « Opérant sous mon commandement direct, vous ne devez pas accepter d'ordres venant d'autres sources. Je crois savoir que vous avez reçu du général de Gaulle l'instruction de faire participer vos troupes à une parade, cet après-midi, à 14 heures. Vous ne tiendrez pas compte de cet ordre [...]. Les troupes sous votre commandement ne participeront pas à la parade, ni cet après-midi ni à aucun moment, sauf sur ordre que j'aurai signé personnellement. »

On n'épiloguera pas longtemps sur le compte de cet officier, qui a pris des risques personnels et rendu des services éminents pour la libération de la France. Il a donc droit à notre reconnaissance. Mais il faut bien dire aussi qu'un homme mêlé, à un échelon élevé, à de tels événements et qui s'avère assez incapable d'en mesurer la grandeur pour se comporter en adjudant de quartier au cœur d'un miracle, est un lourdaud. C'est d'un mot plus bref que le qualifiaient les officiers de la 2ᵉ DB qui ont combattu sous ses ordres.

Bien sûr, il aurait fallu fusiller de Gaulle et Leclerc pour les faire renoncer a un plan dont la portée symbolique leur paraît irremplaçable. Gerow en sera pour son humiliation. Tout au long de la matinée du 26 août, annoncée d'heure en heure par la radio, la cérémonie se met en place. De l'arc de triomphe à Notre-Dame sont tour à tour disposés les fantassins du 1ᵉʳ régiment de marche du Tchad, anciens parmi les anciens, les automitrailleuses des spahis, les chars du « 501 », les « tanks-destroyers » des fusiliers marins, dont l'un s'appelle Philippe de Gaulle.

Et à 14 heures, les héros de la fête commencent à se rassembler sur la place de l'Étoile, tandis que des haut-parleurs diffusent cet appel saisissant : « Le général de Gaulle confie sa sécurité au peuple de Paris. Il lui demande de faire lui-même le service d'ordre et d'aider dans cette tâche la police et les FFI, fatigués par cinq jours de combats. »

Autour de De Gaulle, très pâle, et qui vient de déposer une croix de Lorraine en glaïeuls sur le tombeau du Soldat inconnu, il y a le président du CNR Georges Bidault et celui du CPL André Tollet, flanqués de Georges Marrane et de Léo Hamon ; il y a les deux membres du gouvernement présents à Paris, Alexandre Parodi et André Le Troquer ; le délégué militaire national Chaban-Delmas, le préfet de police Luizet, le préfet de la Seine Flouret ; les membres les plus notoires du CNR, Daniel Mayer, Joseph Laniel... ; il y a les généraux Juin, Koenig, Valin et Leclerc, l'amiral d'Argenlieu ; et puis, comme toujours, ceux qui savent se placer, ceux qui sont partout la foule, ceux qui ont d'autant plus envie d'être vus là qu'on les a vus ailleurs...

Au moment où la première ligne se forme, de Gaulle au centre, et de part et d'autre Bidault et Parodi, Le Troquer et Laniel, le général, du haut de la dunette où la nature a obligeamment placé son regard, avise un tout jeune homme, porteur du brassard des FFI, une cigarette au coin de la bouche, qui s'apprête à jouer les Gavroche dans cette célébration de Paris insurgé. Quel plus joli symbole ? De Gaulle lui fait un signe : il accourt, fou de joie : le général l'a remarqué, et veut en sa personne rendre hommage à tous ces jeunes gens qui viennent de combattre pour que cette minute soit possible. A trois pas de lui, le général l'arrête : « On ne fume pas dans les défilés [30] ! »

Enfin, à 15 heures et 18 minutes, dans un hourvari immense, dans un nuage de poussière dorée, comme une vague qui transforme en fleuve marin la plus illustre avenue du monde, le cortège s'ébranle, précédé pendant quelques minutes par un huissier à chaîne... A la hauteur du Grand-Palais, la statue de Clemenceau, cravatée de tricolore, semble entrer dans la foule. « C'est le défilé le plus insolite qu'ait jamais vu cette avenue chargée d'histoire, la victoire la plus éclatante qu'ait vécue Paris depuis la prise de la Bastille », écrit le reporter de *Time-Magazine*[31].

Ces images sont fameuses, ne serait-ce que parce qu'elles ressemblent à la description qu'en a donnée l'auteur des *Mémoires de guerre*. Mais avant de céder la parole au récitant des strophes du sacre, retenons ce trait encore, qui dit pas mal de choses : on marche au pas du général de Gaulle, qui n'est pas lent. Mais soudain, alors qu'il a soigneusement, au départ, pris ses distances, il sent à ses côtés un autre marcheur, sur la même ligne. C'est Bidault, qui s'entend dire d'une voix aussi coupante que la veille à l'Hôtel de Ville : « Un peu en arrière, s'il vous plaît ! »

Et maintenant, le mémorialiste :

> « ... Devant moi, les Champs-Élysées.
> Ah ! c'est la mer ! Une foule immense est massée de part et d'autre de la chaussée. Peut-être deux millions d'âmes. Les toits aussi sont noirs de monde... Si loin que porte ma vue, ce n'est qu'une houle vivante, dans le soleil, sous le tricolore... Puisque chacun de ceux qui sont là a, dans son cœur, choisi Charles de Gaulle comme recours de sa peine et symbole de son espérance, il s'agit qu'il le voie, familier et fraternel, et qu'à cette vue resplendisse l'unité nationale... Il est vrai... que [je] n'ai pas le physique ni le goût des attitudes et des gestes qui peuvent flatter l'assistance. Mais je suis sûr qu'elle ne les attend pas.
> Je vais donc, ému et tranquille, au milieu de l'exultation indicible de la foule, sous la tempête des voix qui font retentir mon nom... Il se passe, en ce moment, un de ces miracles de la conscience nationale, un de ces gestes de la France qui parfois, au long des siècles, viennent illuminer notre Histoire... Et moi, au centre de ce déchaînement, je me sens remplir une fonction qui dépasse de très haut ma personne, servir d'instrument au destin[32]. »

Totalisant à ce point la collectivité nationale, mesure-t-il bien l'immensité du risque qu'il court, et lui fait courir ? A-t-il conscience du danger qui plane sur lui et cette foule gigantesque ? A moins de 80 kilomètres de là, un général de la Wehrmacht a en poche l'ordre exprès du Führer de précipiter sur Paris une pluie de V1 et de V2, les plus terribles explosifs de l'époque. Mais là n'est pas le problème. A tel conseiller qui lui a fait valoir tantôt l'ampleur du risque, il a riposté : « Le défilé fera l'unité politique de la nation. »

Le pari prodigieux est tenu.

Mais au cœur même du triomphe, il ne serait pas de Gaulle, il ne serait pas « la France », si ses déchirements, à cette minute-là, ne vivaient pas en lui comme une conscience coupable :

« ... Je ne puis, non plus, ignorer l'obstiné dessein des communistes, ni la rancune de tant de notables qui ne me pardonnent pas leur erreur, ni le prurit d'agitation qui de nouveau travaille les partis. Tout en marchant à la tête du cortège, je sens qu'en ce moment même des ambitions me font escorte en même temps que des dévouements... »

Être de Gaulle, c'est cela aussi. A force d'incarner, on incorpore tout, les miasmes sont présents au plus fort du bonheur. Intolérable d'être le symbole...

Il traverse avec une noblesse très consciente d'elle-même, mais sans condescendance, ce peuple meurtri pour lequel sa présence est comme une levée d'écrou. Prêtons attention à ce geste des mains entrouvertes qu'il trouve alors, des mains offertes à la foule émue. Un geste de « tapisserie », que l'on dirait inventé par Péguy.

Se dit-il alors, comme Clemenceau au soir du 11 novembre 1918 : « Je voudrais mourir maintenant » ? Lui, moins sentimental, moins personnel, plus orgueilleux encore, il pense à l'histoire de France, à la place de la France dans le monde, à sa place dans l'histoire de la France.

Le Sacre est fait.

Le rebelle est devenu le souverain.

Notes

Chapitre 1 (p. 9 à 33)

1. Charles de Gaulle, *Lettres, Notes et Carnets* (1905-1918), Paris, Plon, 1980, tome I, p. 7-8.
2. L. Nachin, *Charles de Gaulle, général de France*, Paris, Éditions Colbert, 1944.
3. Publiée par J.-R. Tournoux dans *Jamais dit*, Paris, Plon, 1971, p. 383.
4. Lettre inédite, communiquée par Claude Mauriac.
5. J. Gonnet, *Les Origines bourguignonnes du général de Gaulle*, Chalon-sur-Saône, Éditions J. Renaux, 1945.
6. *Mémoire généalogique de la famille de Gaulle*.
7. *La Cour et la Ville*, Bruxelles, Éditions libres, 1945.
8. *Mémoire généalogique...*
9. *Ibid.*
10. *En ce temps-là, de Gaulle*, n° 6, p. 18.
11. Témoignage du Pr Juliot de la Morandière rapporté par J.-R. Tournoux, *Jamais dit*.
12. *L'Espoir*, n° 39, juin 1982, p. 66.
13. O. Guichard, *Mon général*, Paris, Grasset, 1980, p. 25.
14. *La Cour et la Ville*.
15. P.-M. de La Gorce, *De Gaulle entre deux mondes*, Paris, Fayard, 1964, p. 40.
16. Paris, Le Seuil, 1978.
17. Entretien avec Jean Mauriac, *L'Espoir*, n° 39.
18. *La Revue des deux mondes*, 1963.
19. *En ce temps-là...*, n° 7, p. 23.
20. *Lettres, Notes...*, I, p. 26.
21. *Articles et Écrits*, Paris, Plon, 1982, p. 24-27.
22. Stanley Hoffmann, *De Gaulle, artiste de la politique*, Paris, Le Seuil, 1973, p. 21-26.
23. *Lettres, Notes...*, I, p. 39.

Chapitre 2 (p. 34 à 56)

1. *Mémoires d'un Français rebelle*, Paris, Laffont, 1948, p. 18.
2. *Mon général*, p. 27.
3. *En ce temps-là...*, n° 8, p. 23.
4. *Charles de Gaulle, général de France*, p. 17.
5. *Lettres, Notes...*, I, p. 45.
6. *Ibid.*, p. 47.
7. *Un certain capitaine de Gaulle*, Paris, Fayard, 1973, p. 35-38.
8. *Charles de Gaulle, général de France*, p. 23.
9. *Mémoires de guerre*, tome I, *L'Appel 1940-1942*, Paris, Plon, 1954, p. 2.
10. J. Pouget, *Un certain capitaine de Gaulle*, p. 42.
11. *Charles de Gaulle, général de France*, p. 19.
12. *Lettres, Notes...*, I, p. 59-61.
13. J.-R. Tournoux, *Pétain et de Gaulle*, Paris, Plon, 1964, p. 66. La formule semble être rédigée à l'adresse de De Gaulle...
14. *Lettres, Notes...*, I, p. 57.
15. Cité pour la première fois par J.-R. Tournoux dans *Pétain et de Gaulle*, p. 383.
16. *Un certain capitaine de Gaulle*, p. 49.
17. *Lettres, Notes...*, I, p. 67.

18. *Ibid.*, p. 67.
19. Entretien avec l'auteur, juin 1972.
20. Entretien avec l'auteur, mars 1983.
21. Charles de Gaulle, *La France et son armée,* Paris, Plon, 1938, p. 238.

Chapitre 3 (p. 57 à 74)

1. *Lettres, Notes...*, I, p. 79-80.
2. *Ibid.*, p. 78.
3. *Ibid.*, p. 82.
4. *La France et son armée*, p. 243.
5. *Lettres, Notes...*, I, p. 106-107.
6. *Ibid.*, p. 122.
7. *Ibid.*, p. 130-131.
8. *Ibid.*, p. 143.
9. *En ce temps-là...*, n° 6, p. 95.
10. *Lettres, Notes...*, I, p. 185.
11. *Ibid.*, p. 205.
12. *Ibid.*, p. 273.
13. Lettre au colonel Boud'hors, 8 décembre 1918, in *Lettres, Notes...*, I, p. 527.
14. *Un certain capitaine de Gaulle*, p. 94.
15. *Lettres, Notes...*, I, p. 527.

Chapitre 4 (p. 75 à 98)

1. *Lettres, Notes...*, I, p. 311.
2. *Ibid.*, p. 317.
3. *Ibid.*, p. 317.
4. *Lettres, Notes...*, I, p. 336-337.
5. *Un certain capitaine de Gaulle.*
6. *Lettres, Notes...*, I, p. 295 s.
7. Entretien avec l'auteur, mars 1964.
8 *Lettres, Notes...*, I, p. 413-497.
9. *Ibid.*, p. 417-418.
10. *Revue de la France libre*, 1ᵉʳ trimestre 1981, p. 6-10.
11. *Un certain capitaine de Gaulle*, p. 114.
12 *Lettres, Notes...*, I, p. 302-306.
13. *Ibid.*, p. 411.
14. *Revue de la France libre.* Voir plus loin la suite de ce portrait, p. 91
15. *Lettres, Notes...*, I, p. 503.
16. *Ibid.*, p. 506.
17. *Ibid.*, p. 519-520.
18. *Ibid.*, p. 521.
19. *Ibid.*, p. 525.
20. *Ibid.*, p. 536.

Chapitre 5 (p. 99 à 126)

1. *Lettres, Notes et Carnets* (1918-juin 1940), Paris, Plon, 1980, tome II, p. 14.
2. *Ibid.*, p. 16.
3. *Ibid.*, p. 17.
4. *Ibid.*, p. 44.
5. N° 22, p. 86.
6. *Lettres, Notes...*, II, p. 79.
7. Cat-Mackiewiecz, *Les Yeux verts*, Varsovie, Éditions Pax.
8. *Lettres, Notes...*, II, p. 102.
9. *Ibid.*, p. 35.
10. *Yvonne de Gaulle, ma sœur*, Paris, Plon, 1980.

11. *Lettres, Notes...*, II, p. 91.
12. *Ibid.*, p. 77.
13. *Ibid.*, p. 89.
14. *Ibid.*, p. 117-118.
15. *Yvonne de Gaulle, ma sœur*, p. 54.
16. *Mémoires d'un Français rebelle*, p.55.
17. Paris, Flammarion, 1962, p. 122-123.
18. *Miroir de l'histoire*, 1964.
19. *Mémoires d'un Français rebelle*, p. 51.
20. Publiées pour la première fois par J.-R. Tournoux dans *Pétain et de Gaulle*.
21. Paris, Berger-Levrault, 1924.
22. *Lettres, Notes...*, II, p. 212 s.

Chapitre 6 (p. 127 à 150)

1. *Mémoires d'un Français rebelle*, p. 93.
2. *Un certain capitaine de Gaulle*, p. 186.
3. *Charles de Gaulle, général de France*, p. 43.
4. *Ibid.*, p. 46.
5. J. Nobécourt et J. Planchais, *Une histoire politique de l'armée*, Paris, Le Seuil, 1967, I, p. 150.
6. *Lettres, Notes...*, II, p. 217-218.
7. *Ibid.*, p. 261-272.
8. J.-R. Tournoux, *Jamais dit*, p. 30.
9. *Pétain et de Gaulle*, p. 108.
10. *Lettres, Notes...*, II, p. 310-311. (C'est cette lettre qui est curieusement datée du 3 mars 1927.)
11. *Cahiers du cercle Fustel de Coulanges*, n° 1, octobre 1928.
12. *Charles de Gaulle, général de France*, p. 51-52.
13. *Jamais dit*, p. 36.
14. La correspondance Pétain-de Gaulle est publiée dans *En ce temps-là...*, n°s 15-16.
15. *Lettres, Notes...*, II, p. 330.
16. *Ibid.*, II, p. 336-350.
17. *Ibid.*, p. 296.
18. *Ibid.*, p. 290.
19. *Charles de Gaulle, général de France*, p. 52.

Chapitre 7 (p. 151 à 175)

1. *Charles de Gaulle, général de France*, p. 49.
2. *En ce temps-là...*, n° 29.
3. Entretien avec l'auteur, juillet 1978.
4. *Journal officiel*, débats parlementaires, 17 mars 1929.
5. *Charles de Gaulle, général de France*, p. 54-55.
6. *Lettres, Notes..*, II, p. 350-351.
7. *Charles de Gaulle, général de France*, p. 10.
8. P. 134.
9. *Ibid.*, p. 506.
10. *De Gaulle*, Paris, Le Seuil, 1965 (rééditions 1969 et 1970).
11. *Yvonne de Gaulle, ma sœur*, p. 94.
12. *Lettres, Notes...*, II, p. 354.
13. *Une histoire politique de l'armée*, p. 120.
14. *Lettres, Notes...*, II, p. 360.
15. *Charles de Gaulle, général de France*, p. 57.
16. Lettre à l'auteur, octobre 1965.
17. *En ce temps-là...*, n° 15.
18. Texte communiqué à l'auteur par le bâtonnier de Bigault du Granrut, neveu du général.
19. *Lettres, Notes...*, II, p. 255-256.

20. *Le Fil de l'épée*, Paris, Plon, 1971, p. 64-66.
21. *Ibid.*, p. 200.
22. *Ibid.*, p. 202.
23. *Ibid.*, p. 202.
24. *Charles de Gaulle, général de France*, p. 61.

Chapitre 8 (p. 176 à 188)

1. Entretien avec l'auteur, janvier 1983.
2. *Cette chance que j'ai eue*, Paris, Plon, 1973, p. 54.
3. Entretien avec l'auteur, 16 novembre 1982.
4. Entretien avec l'auteur, 16 novembre 1982.
5. Pierre de Boisdeffre, *De Gaulle malgré lui*, Paris, Albin Michel, 1978.
6. *Mémoires d'un Français rebelle*, p. 118.
7. J.-R. Tournoux, *Le Tourment et la Fatalité*, Paris, Plon, 1974, p. 1.
8. Marcel Jullian, *Madame de Gaulle*, Paris, Stock, 1982, p. 117.
9. *En ce temps-là...*, n° 30, p. 117-119.
10. *Lettres, Notes...*, II, p. 355.
11. *Ibid.*, p. 282.
12. *Cette chance que j'ai eue*, et *Yvonne de Gaulle, ma sœur*.
13. *Cette chance que j'ai eue*, p. 49.
14. M. Jullian, *Madame de Gaulle*, p. 14.

Chapitre 9 (p. 191 à 205)

1. Lieutenant-colonel Nachin, *Témoignages, Lettres et Textes*, Paris, Berger-Levrault, 1953. p. 39.
2. *Lettres, Notes...*, II, p. 294.
3. Lieutenant-colonel Nachin, *Témoignages, Lettres et Textes*, p. 31.
4. L. Nachin, *Paroles d'adieu*, opuscule inédit.
5. Paris, Gallimard, 1923.
6. Jean Auburtin, *Le Colonel de Gaulle*, Paris, Plon, 1965, p. 9.
7. Catalogue de l'exposition « Charles de Gaulle, 1932 », p. 62.
8. *Mon général*, p. 59.

Chapitre 10 (p. 206 à 223)

1. *Lettres, Notes...*, II, p. 372-373.
2. Cité par J. Nobécourt, *Une histoire politique de l'armée*, p. 222.
3. N° 3, 1932.
4. J. Paul-Boncour, *Les Luttes républicaines*, tome II, *Entre deux guerres*, p. 228-229 (ouvrage publié en 1945, rédigé en 1942 à Londres).
5. *Journal officiel* du 16 avril 1936.
6. *Une histoire politique de l'armée*, p. 223.
7. *Lettres, Notes...*, II, p. 442.

Chapitre 11 (p. 224 à 237)

1. *Mémoires de guerre*, tome I, p. 10.
2. *Une histoire politique de l'armée*, p. 194.
3. *Journal des anciens enfants de troupe*, p. 63-70.
4. Lettre à l'auteur, 15 novembre 1966.
5. *Le Général Delestraint*, Paris, Presses de la Cité, 1972, p. 44.
6. *La Revue politique et parlementaire*, n° 462.
7. E. Pognon, *De Gaulle et l'armée*, Paris, Plon, 1976, p. 92

8. *Vers l'armée de métier*, p. 210 (éd. 1971).
9. Entretien avec Gaston Palewski, février 1983.
10. *Lettres, Notes...*, II, p. 420. Texte de novembre 1936.

Chapitre 12 (p. 238 à 259)

1. *Charles de Gaulle*, par Philippe Barrès, Paris, Plon, 1944, p. 8 (1re éd. 1941).
2. Entretien avec l'auteur, 3 mai 1983.
3. Entretien avec Philippe Serre, 5 mai 1983.
4. *Le Colonel de Gaulle*, p. 26.
5. P. Reynaud, *Venu de ma montagne*, Paris, Flammarion, 1960, p. 430.
6. Publiées dans *Paul Reynaud, mon père*, d'Évelyne Demey, Paris, Plon, 1980, p. 287-321, et dans *Lettres, Notes...*, II, p. 376-494.
7. *Lettres, Notes...*, II, p. 380.
8. *Ibid.*, p. 381.
9. *Ibid.*, p. 381. Dans ses *Mémoires*, de Gaulle parle d'« intervention saisissante ».
10. *Mémoires d'un Français rebelle*, p. 120.
11. *Mémoires de guerre*, I, p. 13.
12. *La Vie socialiste*, avril 1935. L'article est signé Paul Perrin.
13. Entretien avec l'auteur, 5 février 1983.
14. *Lettres, Notes...*, II, p. 457.
15. Entretien avec Madeleine Lagrange, juillet 1983.
16. Hommage à Léo Lagrange, le 9 juin 1945, salle Pleyel.
17. *Le Colonel de Gaulle*, p. 41.
18. Robert Aron, *De Gaulle*, Paris, librairie académique Perrin, 1972, p. 42-43.
19. *Le Colonel de Gaulle*, p. 49. Texte bizarrement présenté dans les *Lettres, Notes et Carnets* comme une « Note isolée ».
20. *Œuvre (1940-1945)*, Paris, Albin Michel, 1972, p. 14.
21. *Mémoires de guerre*, I, p. 19-20.
22. Entretien avec l'auteur, octobre 1983.
23. Lettre inédite.
24. Paris, Flammarion, 1957.
25. *Lettres, Notes...*, II, p. 43.
26. *De Gaulle*, Paris, Flammarion, 1984, p. 56.

Chapitre 13 (p. 260 à 272)

1. Entretien avec l'auteur, juin 1965.
2. J.-F. Perrette, *Le Général Delestraint*, p. 62.
3. *Ibid.*, p. 64.
4. *Cette chance que j'ai eue*, p. 57-58.
5. Entretien avec l'auteur, octobre 1983.
6. G. Buis, *Les Fanfares perdues*, Paris, Le Seuil, 1975, p. 38.
7. *Lettres, Notes...*, II, p. 454.
8. *Charles de Gaulle, général de France*, p. 86.
9. Ce qu'il fait dans ses *Écrits sur la guerre*, Paris, Plon, 1967, traduction Noldé, p 250.
10. *Un certain capitaine de Gaulle*, p. 127.
11. *Lettres, Notes...*, II, p. 474.
12. P. Huard, *Le Colonel de Gaulle et ses blindés*, Paris, Plon, 1980, p. 20.
13. *Ibid.*, p. 22.
14. Et communiqué à Paul Huard, qui les a publiées.
15. Entretien avec l'auteur, mai 1983.
16. *En ce temps-là...*, n° 38, p. 5.
17. *Lettres, Notes...*, II, p. 429.
18. *Le Colonel de Gaulle et ses blindés*, p. 25.
19. *Lettres, Notes...*, II, p. 474-476.
20. *Ibid.*, p. 475.
21. Entretien avec l'auteur, 4 mai 1983.
22. *Charles de Gaulle, général de France*, p. 88.

Chapitre 14 (p. 273 à 287)

1. *En ce temps-là...*, n° 15.
2. *L'Histoire de l'armée française,* Paris, Flammarion, 1938.
3. P. 411.
4. *Lettres, Notes...,* II, p. 471-473.
5. *En ce temps-là...*, n° 15, p. 2-3.
6. *Pétain et de Gaulle,* p. 411.
7. *Lettres, Notes...,* II, p. 478.
8. Très amicalement communiqué par Jean Pouget, l'auteur d'*Un certain capitaine de Gaulle,* déjà souvent cité.
9. *Lettres, Notes...,* II, p. 424.
10. Entretien avec l'auteur, 4 janvier 1983.
11. *Lettres, Notes et Carnets* (juin 1940-juillet 1941), Paris, Plon, 1981, tome III, p. 429-431

Chapitre 15 (p. 288 à 307)

1. *The Second World War,* Cassel, Londres, 1949, tome I, p. 10.
2. *Une histoire politique de l'armée,* p. 285.
3. *Lettres, Notes et Carnets* (1918-juin 1940), II, p. 484.
4. *Mémoires de guerre,* I, p. 22.
5. *Ibid.,* p. 22.
6. Entretiens avec l'auteur, 5 mai 1983 et 9 juillet 1983.
7. Entretien avec l'auteur, février 1984.
8. Stanislas Fumet, *Histoire de Dieu dans ma vie,* Paris, Fayard-Mame, 1978, p. 430.
9. J.-R. Tournoux, *Jamais dit,* p. 61.
10. *Mémoires de guerre,* I, p. 22.
11. P. Huard, *Le Colonel de Gaulle et ses blindés,* p. 26.
12. *Lettres, Notes...,* II, p. 489.
13. *Mémoires de guerre,* I, p. 23.
14. *Ibid.*
15. *Lettres, Notes...,* II, p. 486.
16. J.-F. Perrette, *Le Général Delestraint,* p. 70.
17. Général Bourret, *La Tragédie de l'armée française,* Paris, La Table ronde, 1947, p. 161
18. *Mémoires de guerre,* I, p. 23.
19. *Œuvre* (cité dans mon *Léon Blum,* Paris, Le Seuil, 1977).
20. *Charles de Gaulle, général de France,* p. 98-105.
21. Entretien avec Pierre Billotte, juin 1983.
22. *Le Colonel de Gaulle et ses blindés,* p. 40.
23. *Lettres, Notes...,* II, p. 467.
24. *Ibid.,* p. 472-473.
25. J.-B. Duroselle, *L'Abîme,* Paris, Imprimerie nationale, 1982, p. 91-92.
26. *Mémoires de guerre,* I, p. 26.
27. *Lettres, Notes...,* II, p. 491.
28. *Ibid.,* p. 473.
29. *Mémoires de guerre,* I, p. 27.
30. Entretien avec l'auteur, 1er juin 1983.
31. *Lettres, Notes...,* II, p. 491.
32. *Mémoires de guerre,* I, p. 28.
33. *Lettres, Notes...,* II, p. 492.
34. *Ibid.,* p. 494 (voir lettre précédente...).
35. *Ibid.,* p. 492.
36. P. Reynaud, *Mémoires,* p. 338.

Chapitre 16 (p. 308 à 321)

1. Paul Baudouin, *Neuf mois au gouvernement, avril-décembre 1940,* Paris, Éditions de la Table ronde, 1948, p. 50.

2. *Lettres, Notes...*, II, p. 495.
3. *Le Colonel de Gaulle et ses blindés*, p. 59-60.
4. *Mémoires de guerre*, I, p. 30.
5. *Ibid.*, p. 30.
6. *Lettres, Notes...*, II, p. 502.
7. *Mémoires de guerre*, I, p. 31.
8. *Le Colonel de Gaulle et ses blindés*, p. 143.
9. *Mémoires de guerre*, I, p. 34.
10. *Le Colonel de Gaulle et ses blindés*, p. 279.
11. *Ibid.*, p. 285.
12. *Lettres, Notes...*, II, p. 496.
13. Entretien avec l'auteur, juin 1983.
14. H. Guderian, *Mémoires d'un soldat.*
15. *Écrits de Paris*, 1955.
16. Notes inédites rédigées en 1966.
17. *Le Colonel de Gaulle et ses blindés*, p. 295-304.
18. Entretien avec l'auteur, juin 1983.
19. *Lettres, Notes...*, II, p. 500.
20. *Ibid.*, II, p. 475-476.
21. *Ibid.*, II, p. 476-477.
22. *Lettres, Notes...*, II, p. 476-477.

Chapitre 17 (p. 322 à 346)

1. Ce chapitre et le suivant se réfèrent surtout (indépendamment des informations directes fournies à l'auteur par MM. Palewski, de Courcel, Pleven, Schumann et Massigli) à ces ouvrages : les *Mémoires de guerre*, I, de Charles de Gaulle ; *The Second World War*, tome II, de Winston Churchill ; *La Chute de la France*, de Edward Spears ; les *Mémoires*, II, d'Anthony Eden ; les *Mémoires*, de Jean Monnet ; *Un certain 18 juin*, de Maurice Schumann ; *Le 18 juin*, de Henri Amouroux ; *Neuf Mois au gouvernement*, de Paul Baudouin ; *L'Abîme*, de Jean-Baptiste Duroselle ; *Journal politique*, de Jules Jeanneney.
2. D. Leca, *La Rupture de 1940*, Paris, Fayard, 1978, p. 166-167.
3. *Journal d'une défaite*, Paris, Fayard, 1976, p. 399.
4. Il y a là, autour de Reynaud, MM. Frossard, Chichery, Jean Prouvost (qui sera l'un des pires adversaires de l'homme de Londres), Février, Delbos et Pernot.
5. E. Spears, *La Chute de la France*, Paris, Presses de la Cité, 1961, tome II, p. 103.
6. Villelume appartient en effet au cabinet du ministre, pas à celui du sous-secrétaire d'État...
7. *Journal d'une défaite*, p. 393.
8. *La Rupture de 1940*, p. 102.
9. Entretien avec l'auteur, février 1983.
10. Entretien avec l'auteur, juin 1965.
11. Entretien de Geoffroy de Courcel avec l'auteur, février 1983.
12. *Mémoires de guerre*, I, p. 44.
13. M. Weygand, *En lisant les Mémoires de guerre du général de Gaulle*, Paris, Flammarion, 1955, p. 36.
14. *Mémoires de guerre*, I, p. 45.
15. *En ce temps-là...*, n° 6, p. 85.
16. *Mémoires de guerre*, I, p. 46.
17. *Ibid.*, p. 47.
18. *Ibid.*, p. 51.
19. *En lisant les Mémoires de guerre du général de Gaulle*, p. 51.
20. *Mémoires de guerre*, I, p. 53.
21. *Ibid.*, p. 54.
22. *Ibid.*, p. 55.
23. J. Jeanneney, *Journal politique*, Paris, Armand Colin, 1972, p. 67.
24. *Mémoires de guerre*, I, p. 57.
25. *Ibid.*, p. 57.
26. H. Amouroux, *Paris-Match*, 15 novembre 1970.
27. *Mémoires de guerre*, I, p. 58.
28. *Ibid.*, p. 59.
29. *Ibid.*, p. 60.
30. Entretien avec l'auteur, 5 février 1983.

31. H. Amouroux, *Paris-Match,* 15 novembre 1970.
32. J. Monnet, *Mémoires,* Paris, Fayard, 1976, p. 20-30.
33. *Mémoires de guerre,* I, p. 62-63.
34. H. Amouroux, *Paris-Match,* 15 novembre 1970.
35. *Mémoires de guerre,* I, p. 63.
36. J. Monnet, *Mémoires,* p. 167-174.
37. H. Amouroux, *Paris-Match,* 15 novembre 1970.
38. *Mémoires de guerre,* I, p. 65.
39. J. Monnet, *Mémoires,* p. 24.
40. Entretien avec l'auteur, février 1983.

Chapitre 18 (p. 347 à 359)

1. *Neuf Mois au gouvernement,* p. 78.
2. M. Fabre-Luce, notamment.
3. *Un combat sans merci : l'affaire Pétain-de Gaulle,* Paris, Albin Michel, 1966, p. 191.
4. H. Amouroux, *Paris-Match,* 15 novembre 1970.
5. *Mémoires de guerre,* I, p. 65.
6. Entretien avec G. de Courcel, février 1983.
7. H. Amouroux, *Le 18 juin,* Paris, Fayard, 1964, p. 444.
8. Entretien avec l'auteur, février 1983.
9. *Mémoires de guerre,* I, p. 67.
10. *Mémoires de guerre,* I, p. 67.
11. *Ibid.,* p. 71.
12. Entretien de l'auteur avec André Malraux, janvier 1973.
13. Entretien avec Geneviève de Gaulle, juillet 1964.
14. Entretien avec l'auteur, mai 1983.
15. *La Rupture de 1940,* p. 108-109.

Chapitre 19 (p. 363 à 384)

1. *Lettres, Notes...,* II, p. 503.
2. *Mémoires de guerre,* I, p. 69.
3. *Ibid.,* p. 70.
4. Entretien avec l'auteur, juin 1983.
5. Entretien avec l'auteur, 15 février 1983.
6. Publié par Maurice Schumann dans *Un certain 18 juin,* Paris, Plon, 1980.
7. Le document original est publié dans *En ce temps-là...,* n° 9.
8. Entretien avec l'auteur, 15 juin 1983.
9. Entretien de M. Parker avec l'auteur, 1964.
10. *The History of broadcasting in the UK,* ASA Briggs, Oxford Press, p. 242.
11. Récit d'E. Barker, *En ce temps-là...,* n° 9, p. 128.
12. P. Bourdan, *Carnets des jours d'attente — juin 40-juin 44,* Paris, Éditions Pierre Trémois, 1945, p. 9-32.
13. Entretien avec l'auteur, novembre 1983.
14. *La France au combat,* n° 1, août-septembre 1943.
15. *Mémoires de guerre,* I, p. 268.
16. M. Schumann, *Un certain 18 juin,* p. 236.
17. Entretien avec l'auteur, 22 février 1983.
18. Entretien avec l'auteur, 30 mai 1983.
19. André Trichet, *Revue d'histoire de la Seconde Guerre mondiale,* n° 3, p. 36.
20. Entretien avec l'auteur, octobre 1983.
21. J. Moch, *Conversations avec Darlan,* Paris, Plon, 1968, p. 149.
22. C. Longuechaud, *L' « Abominable » Armistice de 40,* Paris, Plon, 1980.
23. *Conversations avec Darlan,* p. 149.
24. Entretien avec l'auteur, 10 août 1983.
25. Ces vues du Führer sont admirablement résumées dans une lettre du général Böhme (publiée par *Le Monde*), qui fut alors chargé de rédiger les conditions allemandes, au colonel Goutard, auteur d'un excellent livre sur l'armistice
26. Entretien avec M. Léon Noël

Chapitre 20 (p. 385 à 397)

1. Dans ses *Mémoires*, Charles de Gaulle incrimine les agences de presse anglaises et américaines, admettant pour sa part (dix ans plus tard) qu'il n'y avait pas « mainmise directe » de l'ennemi sur la flotte.
2. Textes publiés dans *Mémoires de guerre*, I, p. 270.
3. J. Monnet, *Mémoires*, p. 174-175.
4. Entretien avec l'auteur, mars 1983.
5. *Idem.*
6. Entretien avec l'auteur, juillet 1977.
7. Entretien avec l'auteur, 5 mai 1983.
8. Entretien avec l'auteur, février 1983.
9. Entretien avec l'auteur, juillet 1983.
10. R. Cassin, *Les Hommes partis de rien*, Paris, Plon, 1974.
11. Entretien avec l'auteur, juin 1983.
12. Colonel Passy, *Souvenirs*, Raoul Solar, 1946, p. 32-33.
13. *Les Hommes partis de rien*, p. 76.
14. *Discours et Messages*, Paris, Plon, 1970, tome I, p. 10.
15. Jean Chauvel, *Commentaire*, Paris, Fayard, 1960, tome I, p. 137.
16. *Mémoires de guerre*, I, p. 73-74.

Chapitre 21 (p. 398 à 427)

1. Y. Bouthillier, *Le Drame de Vichy*, Paris, Plon, 1950, tome I, p. 148-149.
2. *De Gaulle à Londres*, Paris, La Table ronde, 1965, p. 82-83.
3. E. Spears, *Two Men who Saved France*, Londres, Eyre and Spottiswoode, 1966, p. 164.
4. *Mémoires de guerre*, I, p. 275-276.
5. Entretien avec l'auteur, 16 juin 1983.
6. Charles Gombault, *Un journal, une aventure*, Paris, Gallimard, 1982, p. 29-35.
7. *Ibid.*
8. Alexander Werth, *De Gaulle*, Londres, Penguin Books, 1965, p. 112.
9. Entretien avec l'auteur, 17 juin 1983.
10. Entretien avec l'auteur, novembre 1983.
11. *De Gaulle à Londres*, p. 197.
12. *Histoire de la France libre*, Paris, PUF, 1972, p. 29.
13. A. Weil-Curiel, *Le Jour se lève à Londres*, Éditions du Myrte, 1945, tome I, p. 331.
14. Entretien avec l'auteur, juillet 1983.
15. H. Noguères, *Histoire de la Résistance en France*, Paris, Laffont, 1967, tome I, p. 29.
16. C. Tillon, *On chantait rouge*, Paris, Laffont, 1977, p. 301.
17. *10, Duke Street, Souvenirs*, tome II, p. 60.
18. H. Amouroux, *Paris-Match*, 15 novembre 1970.
19. *Mémoires de guerre*, I, p. 86.
20. *Ibid.*, p. 88.
21. Entretien avec l'auteur, mai 1983.
22. F. Kersaudy, *De Gaulle et Churchill*, Paris, Plon, 1981, p. 75.
23. *Souvenirs de la France libre*, Paris, Berger-Levrault, 1947, p. 212.
24. *Journey down a blind alley*, Londres, Hutchinson, p. 113-115. (Traduction de l'auteur.)
25. *Carnets des jours d'attente — juin 40-juin 44.*
26. *Lettres, Notes et Carnets* (juin 1940-juillet 1941), III, p. 76.

Chapitre 22 (p. 428 à 448)

1. *Mémoires de guerre*, I, p. 89.
2. *Souvenirs*, p. 41.
3. J.-B. Duroselle, *L'Abîme*, p. 237.
4. *Chroniques irrévérencieuses*, Paris, Plon, 1962, p. 92-110.
5. *Ibid.*, p. 137.
6. *Ibid.*, p. 128.
7. Entretien avec l'auteur, mai 1983.

8. *Lettres, Notes...*, III, p. 89.
9. *Mémoires de guerre*, I, p. 101.
10. *L'Abîme*, p. 245.
11. *Mémoires de guerre*, I, p. 103.
12. *Lettres, Notes...*, III, p. 122.
13. Entretien avec Claude Hettier de Boislambert, octobre 1983
14. *Mémoires de guerre*, I, p. 109.
15. *Ibid.*, p. 109.
16. *Jamais dit*, p. 88.
17. Entretien avec l'auteur, mars 1983.
18. *En ce temps-là...*, n° 13, p. 28.
19. Entretien avec l'auteur, février 1983.
20. *Lettres, Notes...*, III, p. 125.
21. *Ibid.*, p. 127.
22. Entretien avec l'auteur, juin 1983.
23. *Mémoires de guerre*, I, p. 114.
24. *Chroniques irrévérencieuses*, p. 173.
25. *Mémoires de guerre*, I, p. 120.
26. *Ibid.*, p. 137.
27. *Ibid.*, p. 137.

Chapitre 23 (p. 449 à 462)

1. *Commentaire*, tome I, p. 80.
2. Entretien avec l'auteur, juin 1983.
3. L. L. Woodward, *British Foreign Policy*, in *Second World War*, Londres, 1970, p. 410.
4. *The Second World War*, tome II, p. 453.
5. L. Rougier, *Mission secrète à Londres*, Montréal, Beauchemin, 1946.
6. J. Soustelle, *Envers et contre tout*, p. 82.
7. R. Cassin, *Les Hommes partis de rien*, p. 236.
8. *Mémoires de guerre*, I, p. 303.
9. *Cadogan Diaries*, Londres, Cassell, 1971, p. 336.
10. *The Second World War*, tome II, p. 451.
11. *Ralston Diary*, cité par F. Kersaudy, *De Gaulle et Churchill*, p. 101.
12. E. Spears, *The Free French, Vichy and ourselves*, cité par F. Kersaudy, *De Gaulle et Churchill*, p. 108.
13. Récit de l'interprète Paul Schmidt.
14. *Mémoires d'un Français rebelle*, p. 203.
15. *Lettres, Notes...*, III, p. 224-225.
16. *Envers et contre tout*, p. 89.
17. *Ibid.*, p. 89.
18. *Lettres, Notes...*, III, p. 202-203.
19. *Ibid.*, p. 212.
20. *Ibid.*, p. 241-242.
21. Entretien avec l'auteur, juillet 1983.

Chapitre 24 (p. 463 à 488)

1. François Coulet, *Vertu des temps difficiles*, Paris, Plon, 1967, p. 90.
2. *Lettres, Notes...*, III, p. 309.
3. *The Second World War*, tome III, p. 341.
4. H. Seyrig, *Les Allemands en Syrie sous le gouvernement de Vichy*, brochure reproduite dans *L'Espoir*.
5. *Ibid.*
6. J.-B. Duroselle, *L'Abîme*, p. 287.
7. *The Second World War*, tome III, p. 345-346
8. *Lettres, Notes* III, p. 318.
9. *Mémoires de guerre*, I, p. 160.
10. *Lettres, Notes...*, III, p. 375.
11. *Vertu des temps difficiles*, p. 90.

12. *Lettres, Notes...*, III, p. 232.
13. *Ibid.*, p. 259.
14. P. Repiton-Preneuf, Mémoire inédit communiqué par G. Buis, p. 43.
15. *Ibid.*, p. 59.
16. Entretien avec l'auteur, août 1983.
17. *Lettres, Notes...*, III, p. 355-356.
18. *Ibid.*, p. 345.
19. P. Repiton-Preneuf, Mémoire inédit, p. 102.
20. J. Nobécourt et J. Planchais, *Une histoire politique de l'armée*, tome II, p. 31.
21. Général Georges Catroux, *Dans la bataille de Méditerranée*, Paris, Julliard, 1949, p. 117.
22. *Mémoires de guerre*, I, p. 164.
23. Entretien avec l'auteur, août 1983.
24. Entretien avec l'auteur, août 1983.
25. *Les Fanfares perdues*, p. 78.
26. *De Gaulle et Churchill*, p. 128.
27. *Lettres, Notes et Carnets* (juillet 1941-mai 1943), Paris, Plon, 1982, tome IV, p. 32.
28. *Ibid.*, p. 54.
29. *Footprints in time*, Londres, Collins, 1976, p. 113-115.
30. *Lettres, Notes...*, IV, p. 59-63.
31. Entretien avec l'auteur, juin 1983.

Chapitre 25 (p. 489 à 505)

1. *De Gaulle à Londres*, p. 173.
2. *Ibid.*, p. 173.
3. *Ibid.*, p. 175.
4. *Mémoires de guerre*, I, p. 334.
5. *De Gaulle à Londres*, p. 178.
6. *Souvenirs*, tome I, p. 129.
7. *Ibid.*, p. 132.
8. *Chroniques irrévérencieuses*, p. 325.
9. Entretien avec l'auteur, septembre 1983.
10. *Mémoires de guerre*, I, p. 220-221.
11. *De Gaulle à Londres*, p. 176.
12. *Lettres, Notes...*, IV, p. 70-71.
13. Entretien avec l'auteur, 7 septembre 1983.
14. *Id.*
15. Lettre inédite.
16. *Mémoires de guerre*, I, p. 656.
17. *Ibid.*, p. 659.

Chapitre 26 (p. 506 à 522)

1. *Mémoires de guerre*, I, p. 541.
2. *Ibid.*, p. 193.
3. *Ibid.*
4. *Sovietsko Frantsuskie otnoshenyia vo vremia* (Les relations soviéto-françaises pendant la guerre), Moscou, 1959, p. 44.
5. *De Gaulle*, p. 132.
6. *Mémoires de guerre*, I, p. 549-550.
7. *Les Relations soviéto-françaises...*, p. 81.
8. *Ibid.*, p. 60.
9. *Mémoires de guerre*, I, p. 551.
10. *On chantait rouge*, p. 343.
11. Entretien avec l'auteur, mars 1984.
12. *Mémoires de guerre*, I, p. 471.
13. *Ibid.*, p. 482.
14. *Ibid.*, p. 482.
15. *Ibid.*, p. 503.
16. *Ibid.*, p. 520-521

Chapitre 27 (p. 523 à 547)

1. Lettre à l'auteur.
2. Lettre à l'auteur.
3. Entretien avec l'auteur, 15 mars 1983.
4. *Les Alliés ennemis : FDR et de Gaulle,* Paris, Denoël, 1965, p. 110.
5. *Notes et Souvenirs sur ma mission aux États-Unis* (mémoire aimablement communiqué par M. de Chambrun, inédit au moment de sa consultation par l'auteur), p. 9.
6. Colloque « La libération de la France », 1974.
7. New York, 1973.
8. Nerin Gun, *Les Secrets des archives américaines* (Pétain, Laval et de Gaulle), Paris, Albin Michel, 1979, tome I, p. 373.
9. Entretien de l'auteur avec Pierre Mendès France, mars 1981.
10. *Notes et Souvenirs sur ma mission aux États-Unis,* p. 41.
11. *Navigating the rapids,* p. 391.
12. Entretien avec l'auteur, mars 1981.
13. *Œuvre de Léon Blum,* tome VII.
14. *Journal politique,* p. 314-317.
15. Entretien avec l'auteur, juillet 1964.

Chapitre 28 (p. 548 à 568)

1. *Mémoires de guerre,* II, p. 3.
2. Entretien avec l'auteur, novembre 1980.
3. J. Soustelle, *Envers et contre tout,* p. 359.
4. *Mémoires de guerre,* I, p. 199.
5. Entretien avec l'auteur, juin 1983.
6. *Lettres, Notes...,* IV, p. 209.
7. *Le Temps des armes,* Paris, Plon, 1972, p. 223-224.
8. *Ibid.,* p. 225.
9. *Mémoires de guerre,* I, p. 602-603.
10. *Ibid.,* p. 604-605 et compte rendu britannique cité par Kersaudy *De Gaulle et Churchill,* p. 159-161.
11. *Mémoire de guerre,* II, p. 343-345.
12. *Lettres, Notes...,* IV, p. 363-369.
13. *Mémoires de guerre,* II, p. 373.
14. *De Gaulle et Churchill,* p. 172-177.
15. *De Gaulle et Churchill,* p. 178.
16. Entretien avec l'auteur, juin 1983.

Chapitre 29 (p. 569 à 592)

1. Entretien avec l'auteur, janvier 1984.
2. Pierre Villon, *Résistant de la première heure,* Paris, Éditions sociales, 1983, p. 182-184
3. Entretien avec l'auteur, juin 1983.
4. *Les Voix de la liberté,* « Ici Londres », Documentation française, 1975, 5 volumes.
5. *Les Voix de la liberté,* « Ici Londres », tome I, p. 314-315.
6. Tome II, p. 156-162.
7. Ibid., p. 344.
8. *La nuit finira,* Paris, Laffont, 1973, p. 565.
9. Entretien avec l'auteur, décembre 1964.
10. *La nuit finira,* p. 119-120.
11. Marcel Prenant, in *Vie et Mort des Français, 1934-1945,* Paris, Hachette, 1971, p. 385
12. *La Simple Vérité,* Paris, Poche-Hachette, 1969, tome I, p. 150.
13. *Ibid.,* p. 168-169.
14. Gilberte Brossolette, *Il s'appelait Pierre Brossolette,* Paris, Albin Michel, 1976, p. 134.
15. *Ibid.,* p. 281.
16. Entretien avec l'auteur, décembre 1964.
17. *Histoire de la Résistance en France,* p. 611.
18. *La nuit finira,* p. 256-257.
19. Entretien avec le général de Boissieu, mars 1983.

20. *Mémoires de guerre,* II, p. 37b.
21. *Ibid.,* p. 376.

Chapitre 30 (p. 595 à 627)

1. R. Murphy, *Diplomat among warriors,* New York, Doubleday, 1964, p. 73-75.
2. Entretien avec l'auteur, 1965.
3. H. Giraud, *Mes évasions,* Paris, Julliard, 1949, p. 139.
4. *Ibid.,* p. 142.
5. Renée Pierre-Gosset, *Expédients provisoires,* Paris, Fasquelle, 1945, p. 148-156.
6. *Mémoires de guerre,* II, p. 360.
7. J. Soustelle, *Envers et contre tout,* p. 442.
8. L. Joxe, *Victoires sur la nuit,* Paris, Flammarion, 1981, p. 41.
9. *Ibid.,* p. 47.
10. Voir notamment *Expédients provisoires,* p. 154-160.
11. *The Second World War,* tome IV, p. 542.
12. R. Sherwood, *Le Mémorial de Roosevelt,* d'après les papiers de Harry Hopkins, volume II, 1959, p. 176.
13. Passy, *10, Duke Street, Souvenirs,* tome II, p. 352.
14. *Mémoires de Guerre,* II, p. 35.
15. Entretien avec l'auteur, mars 1983.
16. Entretien avec l'auteur, novembre 1983.
17. *Expédients provisoires,* p. 172.
18. D. Eisenhower, *Croisade en Europe,* Laffont, 1949, p. 134.
19. *Conversation avec Darlan,* p. 171.
20. *The Second World War,* tome IV, p. 641.
21. Entretien avec l'auteur, novembre 1983.
22. H. Alphand, *L'Étonnement d'être,* Paris, Fayard, 1977, p. 130.
23. *Lettres, Notes...,* IV, p. 434.
24. *Mémoires de guerre,* II, p. 51.
25. F. Kersaudy, *De Gaulle et Churchill,* p. 192.
26. W. Langer, *Le Jeu américain à Vichy,* Paris, Plon, 1948, p. 385.
27. *Le Mémorial de Roosevelt,* II, p. 187.
28. *Ibid.,* p. 190.
29. *Expédients provisoires,* p. 213.
30. John Mac Vane, *Micro au poing,* p. 124.
31. *Le Jeu américain à Vichy,* p. 394.
32. Entretien avec l'auteur, novembre 1983.
33. A. Fabre-Luce, *Deux Crimes d'Alger,* Paris, Julliard, 1980, p. 45.
34. *Les Voix de la liberté,* « Ici, Londres », tome III, p. 54.
35. Général de Boissieu, *Pour combattre avec de Gaulle,* Paris, Plon, 1981, p. 171.
36. *Mémoires de guerre,* II, p. 67.
37. *Lettres, Notes...,* IV, p. 476.

Chapitre 31 (p. 628 à 650)

1. *Mémoires de guerre,* II, p. 432.
2. *Ibid.,* p. 434.
3. *Croisade en Europe,* p. 151.
4. *Diplomat among warriors,* p. 165-170.
5. W. Leahy, *I was there,* p. 173.
6. *De Gaulle et Churchill,* p. 206.
7. H. Giraud, *Un seul but : la victoire,* Paris, Julliard, 1949, p. 98.
8. *Ibid.,* p. 99.
9. *Mémoires de guerre,* II, p. 76.
10. H. MacMillan, *La Grande Tourmente,* Paris, Plon, 1968, p. 365.
11. *Mémoires de guerre,* II, p. 78.
12. *La Grande Tourmente,* p. 300.
13. *Mémoires de guerre,* II, p. 79-80.
14. *Le Mémorial de Roosevelt,* II, p. 223.

15. C. Hettier de Boislambert, *Les Fers de l'espoir*, Paris, Plon, 1973, p. 383.
16. A. Funk, *The Anfa Memorandum,* Journal of modern history, nᵒ XXVI, p. 246-254.
17. *Ibid.*, p. 251.
18. *La Grande Tourmente*, p. 309.
19. *En ce temps-là...*, nᵒ 30, p. 27.
20. *Ibid.*, p. 28-29.
21. *Envers et contre tout*, tome II, p. 124.
22. *Diplomate among warriors*, p. 175.
23. *Mémoires de guerre*, II, p. 85.
24. *Le Mémorial de Roosevelt*, II, p. 231.
25. *The Second World War*, IV.
26. *Adventures in diplomacy*, Cassell, 1966, p. 141.
27. *Mémoires de guerre*, II, p. 86.
28. *Ibid.*, p. 440.
29. *La Grande Tourmente*, p. 305.
30. *Diplomat among warriors*, p. 277.
31. A. Eden, *Mémoires*, II, p. 367.
32. *De Gaulle et Churchill*, p. 222.
33. *Ibid.*, p. 222.
34. A. Eden, *Mémoires*, II, p. 373.
35. *De Gaulle et Churchill*, p. 227.
36. *Mémoires de guerre*, II, p. 96.
37. *Le mémorial de Roosevelt*, II.
38. *Mémoires*, II, p. 386.
39. *De Gaulle et Churchill*, p. 237.
40. *Ibid.*, p. 238.
41. *The Second World War*, p. 716.

Chapitre 32 (p. 651 à 678)

1. *Envers et contre tout*, tome II, p. 181-182.
2. J. Monnet, *Mémoires*, p. 221.
3. H. Alphand, *L'étonnement d'être*, p. 156.
4. Girard de Charbonnières, *Le Duel Giraud-de Gaulle*, Paris, Plon, 1984, p. 204.
5. *Victoires sur la nuit*, p. 141.
6. Entretien avec l'auteur, octobre 1983.
7. *Mémoires de guerre*, II, p. 445.
8. *Ibid.*, p. 95.
9. *Ibid.*, p. 461-462.
10. A. Werth, *De Gaulle*, p. 151.
11. *Mémoires de guerre*, II, p. 444.
12. *Diplomat among warriors*, p. 199.
13. Charles Rist, *Une saison gâtée*, Paris, Fayard, 1983.
14. *Victoires sur la nuit*, p. 100.
15. Claude Paillat, *L'Échiquier d'Alger*, Paris, Laffont, 1967, p. 216-218.
16. Pierre Ordioni, *Tout commence à Alger*, Paris, Stock, 1972, p. 543.
17. René Bouscat, *De Gaulle-Giraud, dossier d'une mission*, Paris, Flammarion, 1967, p. 92.
18. *Ibid.*, p. 95.
19. *L'Abîme*, p. 425.
20. *Mémoires de guerre*, II, p. 469.
21. Yves M. Danan, *La Vie politique à Alger 1940-1944*, Paris, Librairie générale de droit et de jurisprudence, 1963, p. 173.
22. Paillole, *Services spéciaux*, Paris, Laffont, 1975, p. 466.
23. *Lettres, Notes...*, IV, p. 600.
24. *Mémoires de guerre*, II, p. 102.
25. *Dans la bataille de Méditerranée*, p. 365.
26. *Le Duel Giraud-de Gaulle*, p. 199.
27. C. Paillat, *L'Échiquier d'Alger*, p. 251.
28. *Mémoires de guerre*, II, p. 366.
29. *Dans la bataille de Méditerranée*, p. 370
30. *Mémoires de guerre*, II, p. 488.
31. *La Vie politique à Alger 1940-1944*, p. 188.

32. *Dans la bataille de Méditerranée*, p. 369.
33. *La Vie politique à Alger 1940-1944*, p. 188.
34. *Mémoires de guerre*, II, p. 110.
35. *La Grande Tourmente*, p. 381.
36. *L'Abîme*, p. 442.
37. *Mémoires de guerre*, II, p. 123.
38. *Un seul but, la victoire*, p. 265.
39. *L'Abîme*, p. 473.

Chapitre 33 (p. 679 à 700)

1. *Victoires sur la nuit*, p. 122.
2. Entretien avec l'auteur, août 1983.
3. Entretien avec l'auteur, mai 1983.
4. Général de Guillebon, *Colloque sur la libération de la France*, Paris, 1974, p. 586.
5. Entretien avec l'auteur, octobre 1983.
6. *Lettres, Notes...*, IV, p. 583.
7. Entretien avec l'auteur, octobre 1983.
8. Entretien avec l'auteur, octobre 1983.
9. *Mémoires de guerre*, II, p. 143.
10. *Ibid.*, p. 145.
11. *Discours et Messages*, I, p. 314.
12. *Mémoires de guerre*, II, p. 519-520.
13. Général Beaufre, in *Vie et Mort des Français*, p. 460.
14. *Services spéciaux*, p. 526.
15. *Envers et contre tout*, p. 286.
16. Entretien avec l'auteur, juillet 1964.
17. *Services spéciaux*, p. 530.
18. *Ibid.*, p. 539.
19. *Ibid.*, 540.
20. *Envers et contre tout*, p. 293.
21. *On chantait rouge*, p. 354-355.
22. Entretien avec l'auteur, novembre 1983.
23. H. Noguères, *Histoire de la Résistance en France*, p. 352.
24. J.-F. Perrette, *Le Général Delestraint*, p. 104-105.
25. *Histoire de la Résistance en France*, p. 630.

Chapitre 34 (p. 701 à 731)

1. Entretien avec l'auteur, octobre 1983.
2. J.-L. Crémieux-Brilhac, entretien avec l'auteur, juin 1983.
3. Pierre Billotte, entretien avec l'auteur, juillet 1983.
4. *Duke Street, Souvenirs*, tome II, p. 309.
5. F. Grenier, *C'était ainsi*, Paris, Éditions sociales, 1959, p. 131-133.
6. J. Duclos, *Mémoires*, Paris, Fayard, tome II, p. 300.
7. *Colloque sur la libération de la France*, Paris, A. Colin, 1974, p. 42.
8. *Livre blanc du BCRA*, communiqué par l'un de ses rédacteurs.
9. J. Lacouture, *Léon Blum*, Paris, Le Seuil, 1977, p. 492.
10. *Lettre à Léon Blum*, archives L. Blum FNSP, février 1943.
11. Gilberte Brossolette, *Il s'appelait Pierre Brossolette*, p. 193.
12. *Ibid*, p. 194.
13. Entretien avec l'auteur, juillet 1983.
14. Entretien avec l'auteur, décembre 1983.
15. *Jean Moulin et le CNR*, p. 95.
16. H. Noguères, *Histoire de la Résistance en France*, p. 291.
17. Entretien avec l'auteur, octobre 1983.
18. *Revue de la France libre*, novembre 1983, p. 10.
19. *Mémoires de guerre*, II, p. 474.
20. Rapport à André Philip, cité dans H. Noguères, *Histoire de la Résistance en France*, tome III, p. 400-402.

21. Entretien avec l'auteur, 1965.
22. Entretien avec l'auteur, juin 1983.
23. Entretien avec l'auteur, juin 1983.
24. *Histoire de la Résistance en France,* tome III, p. 438-461.
25. Entretien avec l'auteur, juin 1983.
26. *Histoire de la Résistance en France,* tome III, p. 281.
27. *Il s'appelait Pierre Brossolette,* p. 210.
28. Jacques Debû-Bridel, entretien avec l'auteur, 1979.
29. Diane de Bellescize, *Les Neuf Sages de la Résistance,* Paris, Plon, 1979, p. 145.
30. *Il s'appelait Pierre Brossolette,* p. 214.
31. *Revue d'histoire de la Deuxième Guerre mondiale,* octobre 1962.
32. Entretien avec l'auteur, novembre 1983.
33. E. d'Astier de la Vigerie, *Sept Fois sept jours,* Paris, Éditions de Minuit, 1947, p. 80-81.
34. Entretien avec l'auteur, juillet 1983.
35. Entretien avec l'auteur, octobre 1983.
36. Entretien avec l'auteur, décembre 1983.
37. Entretien avec l'auteur, novembre 1983.
38. Entretien avec l'auteur, juillet 1983.
39. Entretien avec l'auteur, novembre 1983.
40. Gabrielle Ferrières, *Jean Cavaillès,* Paris, Le Seuil, 1982, p. 183.
41. *Lettres, Notes...,* IV, p. 64-65.
42. Lettres de Jacques Bingen, communiquées par Jeanine Raynaud à laquelle j'exprime ma vive reconnaissance.

Chapitre 35 (p. 732 à 760)

1. *Envers et contre tout,* tome II, p. 264-265.
2. *Ibid.,* p. 264.
3. *Mémoires de guerre,* II, p. 172.
4. *Lettres, Notes...,* IV, p. 97.
5. *Sept Fois sept jours,* p. 138.
6. *Ibid.,* p. 142-143.
7. *Victoires sur la nuit,* p. 189.
8. Entretien avec l'auteur, juin 1980
9. *Mémoires de guerre,* II, p. 188.
10. Entretien avec l'auteur, 1976.
11. Entretien avec l'auteur, juin 1983.
12. *Mémoires de guerre,* II, p. 598.
13. *Lettres, Notes...,* IV, p. 107.
14. *Mémoires de guerre,* II, p. 219.
15. *Ibid.,* p. 595.
16. *La Grande Tourmente,* p. 447-450.
17. *Mémoires de guerre,* II, p. 116.
18. *Ibid.,* p. 616.
19. Entretien avec l'auteur, juin 1983.
20. *De Gaulle et Churchill,* p. 271-272.
21. H. Alphand, *L'Étonnement d'être,* p. 167.
22. *De Gaulle et Churchill,* p. 272.
23. *Mémoires de guerre,* II, p. 606.
24. *Ibid.,* p. 608.
25. Entretien de Pierre Billotte avec l'auteur, juin 1964.
26. *Morgenthau Diaries,* New York, Truffel, 1970, p. 168.
27. *L'Étonnement d'être,* p. 173.
28. Cité dans J.-B. Duroselle, *L'Abîme,* p. 493.
29. Henry Stimson et Mac George Bundy, *On active service in peace and war,* Harper and Brothers, 1948, p. 546.
30. *L'Étonnement d'être,* p. 174.
31. Discours à la Royal African Society, *Discours et Messages,*   p. 121.
32. Cité par Eric Branca, colloque de Nice, janvier 1983.
33. Colloque de Nice, introduction.
34. Entretien avec l'auteur, juin 1983.

35. *Discours et Messages*, I, p. 373.
36. Lettre à l'auteur, 9 décembre 1983.
37. Lettre à l'auteur, 20 novembre 1983.
38. Entretien avec l'auteur, juillet 1964.
39. Cité par E. Branca, colloque de Nice.
40. H. Amouroux, *La Vie des Français sous l'occupation*, Paris, Fayard, 1983, tome V.
41. *Discours et Messages*, I, p. 318.
42. J.-P. Azéma, *De Munich à la Libération*, Paris, Le Seuil, 1979, p. 309.
43. *Mémoires de guerre*, II, p. 179.
44. *Ibid.*, p. 179.
45. *Victoires sur la nuit*, p. 136.
46. Entretien avec l'auteur, 1971.
47. *Victoires sur la nuit*, p. 151.
48. *Lettres, Notes...*, IV, p. 138.
49. *Victoires sur la nuit*, p. 179-180.
50. *Mémoires de guerre*, II, p. 639.

Chapitre 36 (p. 761 à 777)

1. *Mémoires de guerre*, II, p. 626.
2. *De Gaulle et Churchill*, p. 276.
3. *Lettres, Notes...*, IV, p. 193.
4. *Mémoires de guerre*, II, p. 640.
5. *Ibid.*, p. 694.
6. *Mémoires*, II, p. 453.
7. *Mémoires de guerre*, II, p. 223.
8. Béthouart, *Cinq Années d'espérance*, p. 240.
9. *Mémoires de guerre*, II, p. 223-224.
10. *Ibid.*, p. 224.
11. *Cinq Années d'espérance*, p. 243.
12. *Lettres, Notes...*, IV, p. 229.
13. *De Gaulle et Churchill*, p. 296.
14. André Gillois, *Histoire secrète des Français à Londres*, Paris, Le Cercle du nouveau livre, 1973, p. 23.
15. Colloque sur la libération de la France, J.-L. Crémieux-Brilhac, Paris, 1974, p. 20.
16. *Discours et Messages*, I, p. 407.
17. *Lettres, Notes...* IV, p. 233.
18. *De Gaulle et Churchill*, p. 302.
19. *Mémoires de guerre*, II, p. 228.
20. *De Gaulle et Churchill*, p. 301 (note).

Chapitre 37 (p. 778 à 787)

1. *Victoires sur la nuit*, p. 147.
2. *Cinq Années d'espérance*, p. 249.
3. Rémy, *Dix Ans avec de Gaulle*, Paris, France-Empire, 1971, p. 146.
4. *Mémoires de guerre*, II, p. 231.
5. Entretien avec l'auteur, mai 1984.
6. *Mémoires de guerre*, II, p. 231.
7. *Ibid.*, p. 689.
8. *Envers et contre tout*, tome II, p. 373.
9. *Lettres, Notes...*, IV, p. 229.
10. *Histoire de la Résistance en France*, p. 147.

Chapitre 38 (p. 788 à 800)

1. *De Gaulle et Churchill*, p. 309.
2. *Mémoires de guerre*, II, p. 648-649.

3. *Ibid.*, p. 651.
4. *Lettres, Notes...*, IV, p. 257-259.
5. *L'Étonnement d'être*, p. 179.
6. *Mémoires de guerre*, II, p. 237.
7. *Ibid.*, p. 237-240.
8. *Ibid.*, p. 240.
9. *Ibid.*, p. 241.
10. Entretien avec l'auteur, 1971.
11. Entretien avec l'auteur, 1964.
12. *Lettres, Notes...*, IV, p. 261-262.
13. J. Lacouture, *Pierre Mendès France*, Paris, Le Seuil, 1981, p. 160.
14. *Mémoires de guerre*, II, p. 655.
15. Entretien avec l'auteur, juin 1980.
16. *Lettres, Notes...*, IV, p. 262-263.
17. Entretien avec Léo Teyssot, juin 1964.
18. Entretien avec l'auteur, avril 1983.
19. *Victoires sur la nuit*, p. 150.

Chapitre 39 (p. 801 à 813)

1. *Lettres, Notes...*, IV, p. 275.
2. *Ibid.*, p. 279-280.
3. *Discours et Messages*, I, p. 437.
4. Entretien avec Georges Buis (qui était l'un d'eux), septembre 1983.
5. *Mémoires de guerre*, II, p. 697.
6. *Ibid.*, p. 291-293.
7. *Lettres, Notes...*, IV, p. 289.
8. *Ibid.*, p. 291-292.
9. *Mémoires de guerre*, II, p. 291-292.
10. Entretien avec l'auteur, juin 1983.
11. *Envers et contre tout*, II, p. 423-430.
12. Colloque sur la libération de la France, p. 413.
13. *Ibid.*
14. *Ibid.*
15. Entretien avec l'auteur, novembre 1983.
16. *Mémoires de guerre*, II, p. 701.
17. *Envers et contre tout*, II, p. 483.
18. *L'Abîme*, p. 469.
19. *Mémoires de guerre*, II, p. 290.
20. *Lettres, Notes...*, IV, p. 277.
21. *Envers et contre tout*, II, p. 409.
22. A. Prévost, *Le Peuple impopulaire*, Paris, Le Seuil, 1956.
23. Entretien avec l'auteur, février 1984.
24. *Victoires sur la nuit*, p. 195.

Chapitre 40 (p. 814 à 838)

1. *L'Abîme*, p. 472.
2. *Mémoires de guerre*, II, p. 296.
3. *Ibid.*, p. 297.
4. *Carnets secrets de Patton*, présentés par M. Blumenson, Paris, Plon, 1975, p. 323.
5. *Mémoires de guerre*, II, p. 297
6. *Ibid.*, p. 703.
7. *Ibid.*, p. 705.
8. Entretiens avec Léo Hamon (mars 1984) et Jacques Chaban-Delmas (septembre 1983).
9. Maurice Kriegel-Valrimont, *La Libération*, Paris, Éditions de Minuit, 1964, p. 195.
10. Entretien de François Bloch-Lainé avec l'auteur, janvier 1984.
11. Entretien de Claire Morandat avec l'auteur, novembre 1983.
12. *Le Monde*, 25-26 août 1969.
13. Entretien de Michel Debré avec l'auteur, février 1984.

14. *Mémoires de guerre,* II, p. 303.
15 *Ibid.,* p. 303.
16. *Victoires sur la nuit,* p. 238.
17. Entretien avec l'auteur, février 1984.
18. D. Lapierre et L. Collins, *Paris brûle-t-il?,* Paris, Laffont, 1964.
19. *Mémoires de guerre,* II, p. 708.
20. *Ibid.,* p. 709.
21. Entretien avec Jacques Chaban-Delmas, septembre 1983.
22. *Mémoires de guerre,* II, p. 306.
23. Robert Aron, *Histoire de la libération de la France,* Paris, Fayard, 1959, p. 441.
24. *Mémoires de guerre,* II, p. 308.
25. E. Pisani, *Le Général indivis,* Paris, Albin Michel, p. 20.
26. Léo Hamon, entretien avec l'auteur, mars 1984.
27. François Bloch-Lainé, *Profession : fonctionnaire,* Paris, Le Seuil, 1976, p. 67-68.
28. E. Michelet, *La querelle de la fidélité,* Paris, Fayard, 1971, p. 70.
29. R. Aron, *Histoire de la libération de la France,* p. 57.
30. Entretien avec Daniel Mayer, juin 1983.
31. 4 septembre 1944.
32. *Mémoires de guerre,* II, p. 311-312.

Index des personnages contemporains[1]

1. Les exigences de la mise en pages nous ont contraints à ne retenir que les principaux noms cités, ceux des personnages du drame, à l'exclusion des historiens et journalistes.

Table

III

Le feu sur la terre

IV

Les conquérants

IMPRIMERIE SEPC À SAINT-AMAND (5-90)
D. L. SEPTEMBRE 1984. N° 6968-17 (458)

Ouvrages de Jean Lacouture

L'Égypte en mouvement
en collaboration avec Simonne Lacouture
Le Seuil, 1956

Le Maroc à l'épreuve
en collaboration avec Simonne Lacouture
Le Seuil, 1958

La Fin d'une guerre
en collaboration avec Philippe Devillers
Le Seuil, 1960, nouvelle édition 1969

Cinq Hommes et la France
Le Seuil, 1961

Le Poids du tiers monde
en collaboration avec Jean Baumier
Arthaud, 1962

De Gaulle
Le Seuil, 1965, nouvelle édition 1971

Le Vietnam entre deux paix
Le Seuil, 1965

Hô Chi Minh
Le Seuil, 1967, nouvelle édition 1976

Quatre Hommes et leur peuple
Sur-pouvoir et sous-développement
Le Seuil, 1969

Nasser
Le Seuil, 1971

L'Indochine vue de Pékin
(entretiens avec le prince Sihanouk)
Le Seuil, 1972

André Malraux, une vie dans le siècle
Le Seuil, Prix Aujourd'hui, 1973
coll. « Points Histoire », 1976

Un sang d'encre
Stock-Seuil, 1974

Les Émirats mirages
en collaboration avec G. Dardaud et Simonne Lacouture
Le Seuil, 1975

Vietnam, voyage à travers une victoire
en collaboration avec Simonne Lacouture
Le Seuil, 1976

Léon Blum
Le Seuil, 1977
coll. « Points Histoire », 1979

Survive le peuple cambodgien
Le Seuil, 1978

Le rugby, c'est un monde
Le Seuil, coll. « Points Actuels », 1979

Signes du Taureau
Julliard, 1979

François Mauriac
Le Seuil, Bourse Goncourt de la biographie, 1980
coll. « Points », 1989, 2 vol.
1. Le sondeur d'abîmes (1885-1933)
2. Un citoyen du siècle (1933-1970)

Julie de Lespinasse
en collaboration avec M.-C. d'Aragon
Ramsay, 1980

Pierre Mendès France
Le Seuil, 1981

Le Piéton de Bordeaux
ACE, 1981

En passant par la France
Journal de voyage
en collaboration avec Simonne Lacouture
Le Seuil, 1982

Profils perdus
53 portraits contemporains
A.-M. Métailié, 1983

De Gaulle
2. Le Politique (1944-1959)
3. Le Souverain (1959-1970)
Le Seuil, 1985 et 1986

Algérie : la guerre est finie
Éd. Complexe, Bruxelles, 1985

De Gaulle ou l'éternel défi
en collaboration avec Roland Mehl
Le Seuil, 1988

Champollion
Une vie de lumière
Grasset, 1989

Enquête sur l'auteur
Arléa, 1989

Table des illustrations